CLAUDE KANNAS

LE Bescherelle pratique

DE LA LANGUE FRANÇAISE

HATIER

Coordination éditoriale : Alain-Michel Martin
Création et réalisation maquette, ingénierie éditoriale : Alain Joly - Désormais
Avec la collaboration de Sylvia Froli et Catherine Delmont
Dircction artistique : Hatier
Correction : Colette Malandain

Nous remercions la société Librios (Londres) pour l'aimable utilisation de son logiciel d'informatique éditoriale.
Remerciements à Adeline Lesot pour sa relecture.

Avant-propos

Le *Bescherelle pratique* est conçu pour résoudre toutes les difficultés du français au quotidien : hésitation sur une orthographe, un accord, une formulation, un singulier ou un pluriel dans une expression, une règle de grammaire ou le sens d'un terme de grammaire, etc. Par son organisation, le *Bescherelle pratique* permet au lecteur d'avoir immédiatement la réponse à sa question, puis, s'il le souhaite, d'avoir accès aux règles qui lui permettront de comprendre et d'apprendre. Cette conception originale fait du *Bescherelle pratique* un ouvrage qui s'adresse à tous, dans toutes les situations où l'on a à écrire ou à s'exprimer.

Le *Bescherelle pratique* est construit en trois parties :
- le dictionnaire d'orthographe et d'expression écrite et orale ;
- les annexes au dictionnaire ;
- la grammaire alphabétique.

Ces trois parties communiquent entre elles par un système de renvois qui permet de passer de l'exemple à la règle, d'un cas particulier à une généralité, etc.

Le dictionnaire d'orthographe

La nomenclature

Avec près de 20000 mots et expressions, le *Bescherelle pratique* couvre tout le vocabulaire utile à la vie quotidienne, quelle que soit la situation : courrier, bureau, mémo, exposé, vie scolaire, etc. N'ont pas été retenus les termes techniques ou très spécialisés d'une part et les mots très familiers ou argotiques d'autre part.

Ordre alphabétique et familles de mots

Connaître les systèmes de formation des mots est essentiel pour acquérir une bonne maîtrise de l'orthographe. C'est pourquoi nous avons choisi de traiter dans un même article un mot de base et ses dérivés par suffixation.

Cette présentation par familles de mots offre un double avantage :
- elle permet de mémoriser les grands principes de formation des mots (ex. : *prudence*, *prud<u>ent</u>*, *prud<u>emment</u>* pour la formation des adverbes ; *pardon*, *pardo<u>nn</u>er*, avec *nn* pour les verbes dérivés de noms en *-on*) ;
- elle permet de mettre en évidence les ressemblances ou les différences entre le mot de base et le dérivé (ex. : *hôtel*, *hôtelier*, *hôtellerie*, tous avec *ô* ; mais *infâme*, avec *â*, et *infamie* sans accent ; *conjuguer* mais *conjugaison* sans *u* après le *g*, etc.).

Toutefois, pour ne pas gêner la recherche par ordre alphabétique, le dérivé reste à son ordre quand il est trop éloigné du mot de base ou quand il donne lieu à un article spécifique.

Les exemples

Tous les mots susceptibles de présenter une difficulté lorsqu'ils sont employés « en situation » sont accompagnés d'exemples qui permettent au lecteur de trouver une réponse à son hésitation.

Les conjugaisons

À l'exception des verbes réguliers en *-er* (type *chanter*, tableau 1) et en *-ir* (type *finir*, tableau 9), les verbes sont accompagnés d'un numéro de conjugaison qui renvoie aux tableaux modèles, pp. 475-512. Toutefois, pour quelques verbes très irréguliers comme *pleuvoir*, verbe défectif et impersonnel, ou *naître*, seul dans son genre, la conjugaison est donnée dans son entier à la fin de l'article du dictionnaire.

Les variantes orthographiques

Lorsqu'un mot peut s'écrire de deux ou trois façons, l'article est traité à l'ordre alphabétique de l'orthographe principale. Il arrive que les dictionnaires ne soient pas tous d'accord sur l'orthographe ou le pluriel d'un mot. Nous avons chaque fois privilégié la forme la plus courante ou la plus régulière.

Les recommandations

La formule « On recommande » introduit trois types de recommandations officielles :

- celles des commissions de terminologie qui proposent des termes susceptibles de se substituer aux mots anglais et qui paraissent au *Journal officiel* ;
- celles qui résultent du rapport du Conseil supérieur de la langue française (dont on trouvera un résumé p. 513) sur la francisation des mots étrangers ou sur le pluriel des mots composés ;
- celles qui concernent les noms de marques ou « mots déposés ».

Les annexes au dictionnaire

Elles ont été conçues comme un complément au dictionnaire. Le dictionnaire donne une réponse immédiate sur un mot, les annexes proposent des chapitres synthétiques.

Ainsi, si l'on veut connaître, par exemple, la conjugaison d'un verbe en *-dre*, si l'on veut écrire un nombre en chiffres romains, arabes ou en toutes lettres, si l'on hésite sur l'écriture d'un son, si l'on veut trouver plusieurs exemples de mots sur le genre desquels on hésite, il suffit de se reporter aux chapitres concernés.

Enfin, parce que la langue évolue et que les dictionnaires de référence ne sont pas toujours d'accord entre eux, nous avons tenu à rendre compte des recommandations du Conseil supérieur de la langue française sur les « propositions de rectifications orthographiques ». Certaines d'entre elles sont déjà entrées dans l'usage, pour les autres l'avenir nous le dira.

La grammaire alphabétique

Parce que bien souvent on a oublié et les règles de grammaire et la signification des termes employés, parce que, d'une génération à l'autre, les méthodes et la terminologie ont changé, nous avons choisi de présenter la grammaire du *Bescherelle pratique* par ordre alphabétique. On trouvera dans cette partie l'explication des termes utilisés dans la plupart des grammaires (traditionnelles et modernes) et les grandes règles qui permettent de résoudre les difficultés du français.

Claude Kannas

Sommaire

Table des notices du dictionnaire d'orthographe

Les notices (sur fond jaune) présentent, à l'ordre alphabétique du mot principal, de précieux compléments au dictionnaire.

Orthographe d'usage

Orthographe grammaticale

Signes de ponctuation et signes graphiques

Aides à la rédaction

Table des principaux paragraphes de la grammaire alphabétique

Ces paragraphes donnent les grandes règles qui permettent de résoudre les principales difficultés du français.

Présentation du dictionnaire

Dérivés du mot de base — Catégorie grammaticale — Renvoi au tableau de conjugaison — Autre catégorie grammaticale — Exemples — Prononciation — Renvoi à la règle dans la partie grammaire — Expression ou locution

prudence n.f. *Conduire avec prudence.*
▸ **prudent, -e** adj.
▸ **prudemment** adv. Avec **emm** qui se prononce [am]. Voir gramm. § 9.

apercevoir v.t. CONJ. 16 Avec un seul **p** et **ç** devant *o* et *u* : *j'aperçois, il aperçut. J'ai aperçu Marie, je l'ai aperçue.* ◆ v.pr. **s'apercevoir de, que** : *Elle s'est aperçue de son erreur, elle s'en est aperçue. Ils se sont aperçus qu'ils s'étaient trompés.* Voir gramm. § 29.

écho n.m. On prononce [éko]. *J'ai eu des échos de votre affaire. Nos propositions sont restées sans écho.* – **se faire l'écho de** : *Elles se sont fait l'écho de tous ces racontars.*

Forme incorrecte — Indication du sens quand il y a un risque de confusion

antédiluvien, -enne adj. (Avant le Déluge) Avec **anté** et non ✕ *anti*.

affleurer v.i. (Apparaître à la surface) Ne pas confondre avec ***effleurer*** (toucher à peine).

Les deux orthographes sont possibles — Renvoi à un autre mot — Niveau de langue — Mot équivalent

confiture n.f. Est au singulier ou au pluriel dans *pot de confiture(s)*...

février n.m. Les noms de mois s'écrivent avec une minuscule. → date

gratis adv. FAM. On prononce le **s**. *Je l'ai eu gratis* (= gratuitement).

Les encadrés attirent l'attention sur des points d'orthographe ou de prononciation

> **-euil/-ueil** Le son [euy'] s'écrit **euil**, sauf après **c** ou **g** où il s'écrit **ueil** : *écureuil, feuille,* mais *accueil, accueillir, orgueil, orgueilleux.*

Les mots grammaticaux sont présentés sur un fond vert

> **est-ce que** mot interrogatif
> • S'écrit avec un seul trait d'union entre *est* et *ce* (inversion du pronom sujet). Devant une voyelle, on écrit **est-ce qu'** : *Est-ce qu'il viendra ?*
> • Dans une langue soignée, on évitera l'emploi de **est-ce que** quand il est inutile.

Les notices, dont la liste est donnée page 6, apportent des compléments au dictionnaire

> **Les noms de jours**
> **1.** Les noms de jours s'écrivent sans majuscule. *Paris, jeudi 4 juillet.*
> **2.** Ils prennent la marque du pluriel. *Tous les jeudis.* Mais on écrit...

Présentation de la grammaire

CONDITIONNEL

Dans cette phrase, la proposition principale *je viendrai* exprime une action ou un fait soumis à une condition, la subordonnée *si tu es d'accord* (ou *à condition que tu sois d'accord*) exprime la condition nécessaire à l'action.

ATTENTION Il ne faut pas confondre la proposition **subordonnée de condition** introduite par *si* avec le mode conditionnel. → conditionnel

La conjonction *si* est toujours suivie de l'indicatif. Elle n'est jamais suivie du conditionnel. On ne dira donc jamais ✗ *si j'aurais su*, mais *si j'avais su*.

Si tu le veux,	*je viens / je viendrai / il viendra.* (indicatif présent ou futur)
Si tu le voulais,	*je viendrais / il viendrait.* (conditionnel présent)
Si tu l'avais voulu,	*je serais venu / il serait venu.* (conditionnel passé)

Tous les termes utilisés dans les règles sont définis à leur ordre alphabétique

conditionnel

Le conditionnel est un des **modes personnels** du verbe. Le conditionnel

- présente un fait comme imaginaire :
  Nous serions des géants et nous dominerions le monde !
- introduit une hypothèse, une supposition :
  Au cas où tu pourrais venir, préviens-nous.
- présente un fait comme possible mais pas sûr :
  Il y a eu un incendie. Il y aurait dix victimes.
- soumet un fait, une action à une condition exprimée à l'imparfait : → condition
  Si j'étais riche, je ferais le tour du monde.
- atténue une demande (conditionnel dit « de politesse ») :
  Pourrais-je parler au directeur, s'il vous plaît ?
- s'emploie pour donner un conseil :
  Tu devrais aller voir ce film, il est formidable !
- permet d'exprimer le futur dans un contexte au passé (futur du passé) :
  Je savais qu'il arriverait bientôt.

C

Malgré son nom, le **conditionnel n'exprime pas la condition** et ne s'emploie jamais après *si*. On ne dira donc jamais ✗ *si j'aurais su*... → condition

Les trombones rouges attirent l'attention sur les erreurs à ne pas commettre ou sont des « pense-bêtes » qui permettent de les éviter

567

CONDITIONNEL

Les paragraphes, dont on trouvera la liste p. 7, donnent les grandes règles qui permettent de résoudre les difficultés du français

§ 15 BIEN FORMER LE CONDITIONNEL PRÉSENT

1. Les terminaisons du conditionnel présent sont : *-rais, -rais, -rait, -rions, -riez, -raient* et non ✗ *-erais, -erais*, etc.
Il faut donc dire pour les verbes en *-tre* : *vous mettriez* et non ✗ *vous metteriez*,
et écrire pour les verbes en *-re* : *vous concluriez* et non ✗ *vous conclueriez*.
En revanche, il ne faut pas oublier le *e* du radical des verbes en :

-ier	*vous copieriez*	du verbe *copier*
-uer	*vous remueriez*	du verbe *remuer*
-éer	*vous créeriez*	du verbe *créer*
-yer	*vous nettoieriez*	du verbe *nettoyer*.

2. Quand on hésite entre la terminaison en *-rais* du conditionnel et celle en *-rai* du futur, il suffit de mettre le verbe à la troisième personne.

	Si c'était possible, j'aimerais que tu viennes.
On dirait	*Si c'était possible, il aimerait que tu viennes.*
et non	✗ *Si c'était possible, il aimera que tu viennes.*

conjonction

Une **conjonction** est un mot invariable qui sert à mettre en relation, à « joindre » deux mots, deux groupes de mots ou deux propositions.

les conjonctions de coordination *mais, ou, et, donc, or, ni, car*

Elles relient deux mots, deux groupes de mots ou deux propositions qui ont la même fonction dans la phrase.

Pierre aime le chocolat **et** *le café.*
(*et* relie deux noms COD)
Pierre **et** *moi sommes du même avis.*
(*et* relie un nom et un pronom sujets)
Pierre chante **et** *Jacques écoute.*
(*et* relie deux propositions)

REMARQUE Certains adverbes, ou locutions adverbiales, jouent le même rôle qu'une conjonction de coordination, en particulier pour coordonner deux propositions : *puis, pourtant, en effet, ensuite, par contre, alors, cependant, toutefois, néanmoins*, etc.

les conjonctions de subordination

Elles relient une proposition subordonnée à une autre proposition dont elle dépend.
Les principales conjonctions de subordination sont : *que, quand, parce que, puisque, si, comme*, etc. → subordonnée
On trouvera à leur ordre, dans la partie dictionnaire, toutes ces conjonctions avec l'indication du mode (indicatif ou subjonctif) qu'elles demandent.

568

Abréviations et signes utilisés dans l'ouvrage

Catégories grammaticales

adj.	adjectif
adv.	adverbe
conj.	conjonction
fém.	féminin
interj.	interjection
inv.	invariable
loc.	locution
masc.	masculin
n.	nom
n.f.	nom féminin
n.m.	nom masculin
plur.	pluriel
prép.	préposition
pron.	pronom
sing.	singulier
v.i.	verbe intransitif
v.pr.	verbe pronominal
v.t.	verbe transitif
v.t.ind.	verbe transitif indirect

Niveaux de langue

FAM.	langue familière
PÉJOR.	péjoratif
LITT.	langue littéraire

Renvois

CONJ. **8**	se reporter au tableau de conjugaison 8 dans le cahier central
Voir gramm. § 8	voir le paragraphe 8 dans la grammaire
→	renvoi à une entrée

Autres signes

◆	introduit une autre catégorie grammaticale
▸	introduit un dérivé
ǀ	indique que la liaison est interdite (ex. : *les ǀ haricots*)
✕	précède une forme incorrecte
▷	indique que l'article n'est pas terminé

Dictionnaire d'orthographe

A

a n.m.inv. Comme tous les noms de lettre, **a** est invariable. *Il y a trois a dans bla-bla-bla.*

à prép.

- S'emploie pour introduire des compléments. *Aller à Paris. Penser à Jacques. Une tasse à café. Un verre à pied.* – REMARQUE Pour indiquer l'appartenance, on dit : *un ami de Pierre* et non ✗ *un ami à Pierre.* La préposition **à** ne s'emploie que devant un pronom : *C'est un ami à lui.*
- Se combine avec les articles *le* ou *les* pour former les articles définis contractés. *Aller au bureau de poste.* Voir *article* dans la partie grammaire.
- S'emploie dans de nombreuses locutions adverbiales. ***À la longue. À juste titre. À tort et à travers. À vrai dire.***

On écrit *à* ou *a* ?

1. On emploie **à** préposition chaque fois qu'il s'agit d'un groupe complément ou adverbial. Dans ce cas, on peut très souvent le remplacer par une autre préposition. *Il roule à 100 km/h. (Il fait du 100 km/h.) J'habite à Paris. (J'habite dans Paris.) Un manteau à capuche. (Un manteau avec capuche.)*

2. On emploie **à** devant un verbe à l'infinitif. *J'ai à faire. Penser à partir.*

3. On emploie **a** quand il s'agit du verbe (ou de l'auxiliaire) ***avoir***. Dans ce cas, on peut le remplacer par *avait. Il a faim (il avait faim). Il a travaillé (il avait travaillé).* Le verbe qui suit est au participe passé.

4. On emploie **a** dans les locutions latines : *a contrario, a priori, a posteriori.*

abaisser v.t. *Abaisser une perpendiculaire.* ◆ v.pr. *Elle ne s'est pas abaissée à lui répondre.*

abandon n.m. *Des maisons laissées à l'abandon.*
▸**abandonner** v.t. et v.pr. Avec **nn**. *Abandonner une maison. Une maison abandonnée. – Elle s'est abandonnée dans ses bras !*

abasourdir v.t. Le **s** se prononce [z]. (Ce mot n'a aucun rapport avec l'adjectif *sourd.*) *Elle est abasourdie par cette nouvelle.*

abat-jour n.m.inv. *Des abat-jour.*

abats n.m.plur. Il ne faut pas confondre les ***abats*** (foie, rognons, ris, gésier, etc.) avec les ***abattis*** (pattes, ailerons de volaille, etc.).

abattage n.m. Avec **tt** comme dans ***abattre***. *L'abattage des arbres, des animaux.*

abattement n.m. Avec **tt** comme dans ***abattre***. *Un abattement de 10 %.*

abattis n.m. Avec **tt**. Il ne faut pas confondre les ***abattis*** (pattes, ailerons de volaille, etc.) et les ***abats*** (foie, rognons, ris, gésier, etc.).

abattoir n.m. Avec **tt** comme dans *abattre.*

abattre v.t. et v.pr. CONJ.37, sauf au passé simple : *il abattit,* et au participe passé : *abattu. Les arbres que le bûcheron a abattus. La pluie s'est abattue sur nous.* – ATTENTION Au conditionnel, on dit *vous abattriez* et non ✗ *vous abatteriez.*

abattu, -e adj. Avec **tt** comme dans *abattre. J'ai trouvé Marie très abattue.*

abbaye n.f. Avec **bb** comme dans *abbé*. On prononce [abé'i].

abbé n.m. Avec **bb**. *L'abbé Pierre.*

abc n.m.inv. *C'est l'abc du métier.*

abcès n.m. Avec un accent grave.

abdiquer v.t. ou v.i. *Le roi a abdiqué.*
▸**abdication** n.f. Avec **c**.

abdomen n.m. On prononce [-mèn']. *Des abdomens.*
▸**abdominal, -e, -aux** adj. *Des douleurs abdominales. Les muscles abdominaux.*

abeille n.f.

aberrant, -e adj. Avec **rr** comme dans *erreur. Une histoire aberrante.*
▸**aberration** n.f.

abhorrer v.t. Avec un **h** et **rr** comme dans *horreur. J'abhorre le mensonge.*

abîme n.m. (Gouffre) Avec **î**. Ne pas confondre avec ***abyme***.

abîmer v.t. et v.pr. *Aline a abîmé ses jouets. Les jouets qu'elle a abîmés. Les légumes se sont abîmés.* Mais *Marie s'est abîmé les yeux.* Voir gramm. § 29(3).

abjurer v.t. (Renoncer) On **abjure** une religion. Ne pas confondre avec ***adjurer*** (supplier).

ablation n.f. On parle de l'**ablation** d'un organe et de l'***amputation*** d'un membre.

ablution n.f. S'emploie surtout au pluriel. *Faire ses ablutions.*

abnégation n.f. *Faire preuve d'abnégation.*

aboiement n.m. Avec un **e** muet. *Les aboiements d'un chien.* (Les noms en *-ment*, dérivés des verbes en *-oyer*, ont un **e** muet : *déploiement, tutoiement*, etc.)

abolir v.t. On **abolit** un usage, mais on ***abroge*** une loi. *La peine de mort a été abolie dans de nombreux pays.*
▸**abolition** n.f. *L'abolition de l'esclavage.*

abominable adj. *Un crime abominable.*

abondance n.f. *Avoir des légumes en abondance.*
▸**abondant, -e** adj.
▸**abondamment** adv.
▸**abonder** v.i. *Les légumes abondent en été. La région abonde de ou en légumes.*

abonner v.t. et v.pr. *On a abonné Sylvie à son journal favori. On l'a abonnée. Ils se sont abonnés.*
▸**abonné, -e** adj. et n.
▸**abonnement** n.m.

abord n.m. – **au premier abord** s'emploie en langue courante. Dans une langue plus recherchée, on peut dire **de prime abord**. – **d'abord** s'écrit toujours en deux mots, comme *d'ailleurs*.

abordable adj. *Des prix abordables.*

aborder v.t. *Nous avons abordé cette question, nous l'avons abordée.*

aborigène n. et adj. *Les aborigènes d'Australie sont ceux qui vivent en Australie depuis toujours.* – REMARQUE Ce mot signifie « depuis l'origine » ; le *ab* latin signifiant « depuis ». Il ne faut pas confondre avec les mots qui commencent par *arbor*, « arbre », et donc ne pas dire ✕ *arborigène*.

aboutir v.t.ind. *Nos recherches n'ont pas abouti. Elles n'ont abouti à rien.*
▸**abouti, -e** adj. *Des projets aboutis* (= menés à bien).

aboutissants n.m.plur. ➜ tenants

aboyer v.i. CONJ.6 Avec **i** devant un *e* muet. *Les chiens aboient. Ils aboyaient.* – ATTENTION À l'indicatif imparfait et au subjonctif présent : *(que) vous aboyiez.*

abrasif, -ive adj. et n.m. *Du papier abrasif. De la poudre abrasive. De l'abrasif.*

abréger v.t. CONJ.4 Avec **é** ou **è** : *abrégez, abrège* ; et un **e** devant *a* et *o* : *il abrégeait, nous abrégeons. Nous avons dû abréger nos vacances. Nos vacances ont été abrégées.*
▸**abrégé** n.m. *En abrégé.*

abreuver v.t. et v.pr. *Une terre abreuvée d'eau. Marie, on l'a abreuvée d'injures. – Les animaux se sont abreuvés à l'abreuvoir.*
▸**abreuvoir** n.m.

abréviation n.f. Voir ce mot dans la partie grammaire et p. 527.

abri n.m. *Trouver un abri contre la pluie.* – **à l'abri** : *Tous étaient à l'abri.*

Abribus n.m. Mot déposé. Avec une majuscule.

abricot n.m.
▸**abricotier** n.m.

abriter v.t. et v.pr *Marie, je l'ai abritée sous mon parapluie. Elles se sont abritées du vent. – Un endroit bien abrité.*

abroger v.t. On **abroge** une loi, un décret, mais on ***abolit*** un usage.

a

▸abrogation n.f.

abrupt, -e adj. On prononce le **p** et le **t**.

abrutir v.t. *La chaleur nous a un peu abrutis.*
▸abrutissant, -e adj.

abscons, -e adj. Le **s** final ne se prononce pas au masculin. Le féminin est rare. *Un texte abscons* (= difficile à comprendre).

absence n.f. *En l'absence de M. Durand, veuillez vous adresser à son adjoint.*
▸absent, -e adj. *Il a été absent du bureau toute la semaine. Elle était absente à la cérémonie.* (On emploie plutôt *de* quand il s'agit d'un lieu et *à* quand il ne s'agit pas d'un lieu.)
▸absenter (s') v.pr. *Elle s'est absentée plusieurs jours de l'école.*

absolu, -e adj. et n.m. Voir ce mot dans la partie grammaire. – *Un pouvoir absolu. Une confiance absolue. Dans l'absolu, il n'a pas tort.*
▸absolument adv. L'emploi de cet adverbe pour dire *oui* est souvent critiqué.

absolution n.f. *Donner l'absolution.*

absorber v.t. *L'eau que la terre a absorbée.*
▸absorbant, -e adj. *Du papier absorbant.*
▸absorption n.f. Attention, le nom s'écrit avec un **p** et le verbe avec un **b**.

absoudre v.t. Se conjugue comme ***résoudre*** (voir ce mot), mais les formes du participe passé sont *absous, absoute.*

abstenir (s') v.pr. CONJ. 10 *Elles se sont abstenues de parler.* Voir gramm. § 29.
▸abstention n.f. *Il y a eu 20 % d'abstentions.*

abstraction n.f. *Abstraction faite de cet incident, c'est un bon élément.*

abstrait, -e adj. *Un nom abstrait.* Voir ce mot dans la partie grammaire.

absurde adj. et n.m.

absurdité n.f.

abus n.m. Avec un **s**.
▸abuser v.t. (Tromper) *Elle s'est laissé abuser. On l'a abusée. Si je ne m'abuse.* ◆ v.t.ind. (User avec excès) *Il ne faut pas abuser de ce bon chocolat.*
▸abusif, -ive adj.

abyme n.m. – **en abyme**, comme un tableau représenté dans un tableau, lui-même dans un tableau, etc. *Un dessin en abyme.* Ne pas confondre avec ***abîme*** (gouffre).

acabit n.m. Avec un **t** qui ne se prononce pas. – Ne s'emploie que dans les expressions plutôt péjoratives : *de cet acabit, du même acabit, de tout acabit.*

acacia n.m. Deux fois un seul **c**.

académie n.f. Avec un seul **c**. On écrit avec une majuscule l'*Académie française.*
▸académicien, -enne n.

acajou n.m. et adj.inv. Le nom de l'arbre prend un *s* au pluriel, mais l'adjectif désignant la couleur est invariable : *des cheveux acajou.* Voir gramm. § 8(2).

acariâtre adj. Avec **â**. → -atre/-âtre

acarien n.m.

accabler v.t. Avec **cc**. *Ils sont accablés de dettes.*
▸accablant, -e adj.

accalmie n.f. Avec **cc**.

accaparer v.t. Avec **cc** et un seul **p**. *Son travail l'accapare. Elle est accaparée par son travail.* – REMARQUE La construction *s'accaparer quelque chose* est incorrecte (sauf en Belgique). Il vaut mieux dire *s'emparer de quelque chose.*
▸accaparant, -e adj.

accéder v.t.ind. CONJ. 4 Avec **é** ou **è** : *nous accédons, ils accèdent. On accède à un lieu, à un poste.*

accélérer v.i. et v.t. CONJ. 4 Avec **é** ou **è** : *nous accélérons, ils accélèrent. – Travailler à un rythme accéléré.* – **en accéléré** : *Passer des films en accéléré.*
▸accélérateur n.m.
▸accélération n.f.

accent n.m. Voir ce mot dans la partie grammaire.
▸accentuer v.t. et v.pr. *Accentuer une lettre. Une lettre accentuée. Accentuer ses efforts. La chaleur s'est accentuée.* – ATTENTION Au futur et au conditionnel : *il accentuera(it).*

accepter v.t. *Ils ont accepté nos excuses, ils les ont acceptées. J'accepte de partir et que tu viennes avec moi.*
▸acceptation n.f. (Dire oui) Ne pas confondre avec ***acception*** (sens d'un mot).

acception n.f. (Sens d'un mot) Ne pas confondre avec ***acceptation*** (dire oui). *Employer un mot dans toute l'acception du terme* (= au sens plein). – **sans acception de personne** signifie « sans tenir compte d'untel ou d'untel ». Il ne faut pas dire ✗ *sans exception de personne.*

accès n.m. Avec un accent grave. – **1.** (Possibilité d'accéder) *Avoir accès à un lieu, à une information.* – **2.** (Poussée) *Un accès de fièvre, de folie.* Ne pas confondre avec ***excès*** (abus).
▸**accessible** adj. Sans accent. *Un endroit, un livre accessible à tous.*
▸**accession** n.f. Sans accent. *L'accession au pouvoir, à la propriété.*

accessoire adj. *Jouer un rôle accessoire* (≠ essentiel). ◆ n.m. *Des accessoires de robot.*

accident n.m. *C'est arrivé par accident* (= par hasard). *Des accidents de voiture.* Ne pas confondre avec ***incident***.
▸**accidenté, -e** adj.
▸**accidentel, -elle** adj.
▸**accidentellement** adv.

acclamer v.t. Avec **cc**.
▸**acclamation** n.f. *Il est arrivé sous les acclamations du public* (= applaudissements). S'emploie surtout au pluriel, sauf dans l'expression *vote par acclamation*.

acclimatation n.f. Avec **cc**. *Des jardins d'acclimatation.*

accolade n.f. Avec **cc** et un seul **l**. – **1.** *Donner, recevoir l'accolade* (= les bras autour du cou). Ce mot n'a rien à voir avec le mot *colle*. – **2.** L'**accolade** est un signe qui permet de réunir plusieurs lignes ({).

accommoder v.t. et v.pr. Avec **cc** et **mm**. *Elle s'est accommodée à son nouveau genre de vie* (= s'habituer). *Ils se sont accommodés de résultats moyens* (= se contenter).
▸**accommodant, -e** adj. On dit plutôt de quelqu'un qu'il a un caractère **accommodant** et qu'il est ***arrangeant*** dans une situation particulière.

accompagner v.t. et v.pr. *Les personnes qu'on a accompagnées. Ils se sont accompagnés à la guitare.* – ATTENTION À l'indicatif imparfait et au subjonctif présent : *(que) nous accompagnions.*
▸**accompagnateur, -trice** n.
▸**accompagnement** n.m.

accomplir v.t. *Elles ont accompli des exploits. Les exploits qu'elles ont accomplis.*

accord n.m. Voir ce mot dans la partie grammaire. – **d'accord** est invariable. *Ils sont tous d'accord avec toi.*

accordéon n.m. Avec **cc**. *Jouer de l'accordéon. Jouer un air à l'accordéon.* – **en accordéon** : *des chaussettes en accordéon.*
▸**accordéoniste** n. Avec un seul **n**.

accorder v.t. et v.pr. **1.** *On lui a accordé une faveur. La faveur qu'on lui a accordée. – Elle s'est accordé deux jours de repos. Les deux jours de repos qu'elle s'est accordés.* Voir gramm. § 29. – **2.** *L'adjectif s'accorde avec le nom. Elle s'est bien accordée avec Jean.*

accotement n.m. Avec **cc** et un seul **t**.

accoucher v.i., v.t.ind. et v.t. *Ma sœur a accouché hier. Elle a accouché d'une petite fille. La petite fille dont elle a accouché est brune. Le médecin qui l'a accouchée.*
▸**accouchement** n.m.

accouder (s') v.pr. Avec **cc**.
▸**accoudoir** n.m.

accoupler (s') v.pr. Avec **cc**. *Les oiseaux se sont accouplés.*

accourir v.t. CONJ.12 Avec **cc** et un seul **r** comme dans ***courir***. – ATTENTION Au futur, on dit *ils accourront*, en faisant entendre les [r], et non ✗ *ils accoureront.* – REMARQUE Se conjugue le plus souvent avec l'auxiliaire ***avoir***, mais on peut employer l'auxiliaire ***être*** pour marquer le résultat de l'action. *Nous avons accouru. Nous sommes accourus.*

accoutrer v.t. et v.pr. PÉJOR.
▸**accoutrement** n.m. Avec **cc**.

accoutumer v.t. et v.pr. Avec **cc**. *Elle s'est accoutumée à son sort.*
▸**accoutumance** n.f.
▸**accoutumée (à l')** loc.adv. Avec **ée**. *Comme à l'accoutumée* (= comme d'habitude).

accréditer v.t. Avec **cc**. *Accréditer une nouvelle, une information* (≠ démentir).

accro adj. et n. FAM. (Abréviation de « accroché ») Ne pas confondre avec ***accroc*** (trou). *Ils sont accros au jazz. Les accros du jazz.*

accroc n.m. Avec un **c** final.

accrocher v.t. *Tes dessins, je les ai accrochés au mur.* ◆ v.pr. *Ils se sont accrochés avec leur supérieur.*
▸**accrochage** n.m.

accroire v.t. Ne s'emploie que dans les expressions *faire accroire* ou *laisser accroire* (= faire croire quelque chose de faux).

accroître v.t. et v.pr. CONJ.36 Avec **î** devant *t*. *J'accrois, il accroît. Nous avons accru notre production. Notre production s'est accrue. – Le vent souffla avec une violence accrue.*
▸**accroissement** n.m.

accroupir (s') v.pr. Avec **cc** et un seul **p** comme dans ***croupe***. *Nous nous étions accroupis pour jouer aux billes.*

accueil n.m. Avec **ueil** comme dans *recueil.* ➜ -euil/-ueil
▸**accueillir** v.t. CONJ.15 *Les enfants que j'ai accueillis vont bien.* – ATTENTION À l'indicatif imparfait et au subjonctif : *(que) nous accueillions.*

accumuler v.t. et v.pr. *Ils ont accumulé des preuves. Les preuves qu'ils ont accumulées. Les preuves contre lui se sont accumulées.*
▸**accumulation** n.f. *Une accumulation de neige. Une accumulation de preuves.*

accuser v.t. et v.pr. *On a accusé Marie de vol. On l'a accusée d'un vol. Ils se sont accusés d'avoir commis ce vol.* – **accuser réception de** : *Nous accusons réception de votre lettre du…*
▸**accusé, -e** n. *Le banc des accusés.* ◆ n.m. – **accusé de réception** : *des accusés de réception.*
▸**accusation** n.f.

achalandé, -e adj. Au sens propre, un magasin *bien achalandé* a beaucoup de clients (le *chaland* était un client). L'expression s'emploie aujourd'hui au sens de « bien approvisionné ».

acharner (s') v.pr. *Les lions se sont acharnés sur leur proie. Pourquoi t'acharnes-tu contre moi ? – Il s'acharne à me contredire.*
▸**acharnement** n.m.

acheter v.t. et v.pr. CONJ.2 Avec **e** ou **è** : *nous achetons, ils achètent. Les fleurs que tu as achetées sont belles. Combien en as-tu achetées ? J'en ai acheté beaucoup.* ➜ en[2] – *Elle s'est acheté des fleurs. Les fleurs qu'elle s'est achetées.* Voir gramm. § 29(3). – ATTENTION Il n'y a pas de *s* à l'impératif, sauf devant ***en*** : *Achète des fleurs. Achètes-en beaucoup.*
▸**achat** n.m.
▸**acheteur, -euse** n.

achever v.t. et v.pr. CONJ.2 Avec **e** ou **è** : *nous achevons, ils achèvent. Nous avons achevé les travaux. Nous les avons achevés. La séance s'est achevée à 20 heures.*
▸**achèvement** n.m. Avec **è**.

achopper v.i. Avec **pp**. *Achopper sur un mot.*

acide adj. et n.m.

acidulé, -e adj. *Des bonbons acidulés.*

acier n.m.
▸**aciérie** n.f. Avec **é**.

acné n.f. Ce mot est féminin. *Une acné juvénile très sérieuse. Avoir de l'acné.*

acolyte n.m. Attention, un seul **c** et **y**. Ce mot est le plus souvent péjoratif.

acompte n.m. Avec un seul **c**. Ne pas confondre avec ***arrhes***. Un **acompte** peut être remboursé, les ***arrhes*** ne le sont pas.

a contrario loc.inv. Locution latine sans accent.

à-côté n.m. *Des à-côtés.* Le nom s'écrit avec un trait d'union, la locution s'écrit sans trait d'union. *Ce métier a des à-côtés intéressants. Il habite à côté.*

à-coup n.m. *Des à-coups.* – **par à-coups**, **sans à-coups** sont toujours au pluriel.

acoustique adj. et n.f. Avec un seul **c**.

acquérir v.t. Avec **cqu**. *Nous avons acquis une maison. La maison que nous avons acquise.* – REMARQUE Attention à la conjugaison : *j'acquiers* et non ✕ *j'acquierre* ; *j'acquerrai* et non ✕ *j'acquérirai* ; *j'ai acquis* et non ✕ *j'ai acquéri*, etc.
CONJUGAISON INDICATIF présent : *j'acquiers, il acquiert, nous acquérons, ils acquièrent.* imparfait : *j'acquérais…* passé simple : *j'acquis, il acquit, nous acquîmes, ils acquirent.*

futur : *j'acquerrai, il acquerra, nous acquerrons, ils acquerront.* **CONDITIONNEL** présent : *j'acquerrais, il acquerrait, nous acquerrions, ils acquerraient.* **SUBJONCTIF** présent : *(que) j'acquière, il acquière, nous acquérions, ils acquièrent.* imparfait : *(que) j'acquisse, il acquît, ils acquissent.* **IMPÉRATIF** : *acquiers, acquérons, acquérez.* **PARTICIPE** présent : *acquérant.* passé : *acquis, acquise.*
▸**acquéreur** n.m. Ce mot n'a pas de féminin. *Elle s'est portée acquéreur.*

acquiescer v.i. et v.t.ind. Avec **sç** devant *a* et *o* : *il acquiesça, nous acquiesçons.* – ATTENTION Il n'y a jamais d'accent sur le **e**, même si on prononce tantôt [é] : *nous acquiesçons*, tantôt [è] : *il acquiesce.* – *Acquiescer à la demande de quelqu'un.*

acquis n.m. (Du verbe *acquérir*) Avec un **s**. *Ne pas renoncer à ses acquis.* Ne pas confondre avec ***acquit***, du verbe *acquitter*.

acquisition n.f.

acquit n.m. (Du verbe *acquitter*) Avec un **t**. Ne pas confondre avec ***acquis***, du verbe *acquérir*. – S'emploie surtout dans les formules *pour acquit* (= reconnaissance d'un paiement) et *par acquit de conscience* (= pour avoir la conscience tranquille).

acquitter v.t. Avec **tt**. *L'accusé a été acquitté.* ◆ v.pr. *Elle s'est acquittée de ses dettes.*
▸**acquittement** n.m.

âcre adj. (Qui pique, qui irrite) Avec **â** comme *âpre*. *Une fumée âcre.*

acrobate n. *Un* ou *une acrobate.*
▸**acrobatie** n.f. On prononce [si]. → -tie
▸**acrobatique** adj.

acronyme n.m. Voir ce mot dans la partie grammaire.

acrylique n.m. Attention à la place du **y**.

acte n.m. *Des actes de naissance. Prendre acte de.*

acteur, -trice n. *Un acteur, une actrice.*

actif, -ive adj. et n.m. Voir ce mot dans la partie grammaire.

action n.f. *Des moyens d'action. Des actions d'éclat.*

actionnaire n. Avec **nn**.

actionner v.t. Avec **nn**.

activité n.f. *Ils sont en activité.*

actualité n.f.
▸**actuel, -elle** adj. *L'époque actuelle.*
▸**actuellement** adv.

acupuncteur, -trice n. On a aussi écrit **acuponcteur**.
▸**acupuncture** n.f. On a aussi écrit **acuponcture**.

adapter v.t. et v.pr. *Adapter un roman à l'écran. Ils se sont bien adaptés à leur nouvelle vie.*
▸**adaptation** n.f.

additif n.m. Avec **dd** comme dans *addition*.

addition n.f. Avec **dd**.
▸**additionner** v.t. Avec **dd** et **nn**.

adepte n. *Cette idée a fait des adeptes. Marie est une adepte de la planche à voile.*

adéquat, -e adj. On prononce [koi] au masculin et [koit'] au féminin.
▸**adéquation** n.f. On prononce [koi]. *Agir en adéquation avec ses idées.*

adhérence n.f. (Fait de coller) Ne pas confondre avec ***adhésion***.

adhérent, -e adj. Avec **ent**. Adjectif qui correspond à ***adhérence***. *Des pneus bien adhérents.* ◆ n. Nom qui correspond à ***adhésion***. *Le club compte ses adhérents.*

adhérer v.t.ind. CONJ.4 Avec **é** ou **è** : *nous adhérons, ils adhèrent. Des pneus qui adhèrent bien à la route. – Adhérer à un club.*

adhésif, -ive adj. et n.m. *Du papier adhésif. Une bande adhésive. De l'adhésif.*

adhésion n.f. *Payer son adhésion à un club.* Ne pas confondre avec ***adhérence*** (= fait de coller).

adieu interj. et n.m. *Dire adieu à quelqu'un. Faire ses adieux. Donner un dîner d'adieux* (= pour faire ses adieux). *Un mot d'adieu* (= pour dire adieu).

adjectif n.m. Voir ce mot dans la partie grammaire.

adjoint, -e n. et adj. S'emploie sans trait d'union après un nom de fonction. *Le directeur adjoint.*

adjuger v.t. et v.pr. Avec **e** devant *a* et *o* : *il adjugeait, nous adjugeons. On lui a adjugé la*

a

meilleure place. C'est la meilleure place qu'on lui a adjugée. Il s'est adjugé la meilleure place. C'est la meilleure place qu'il s'est adjugée. Voir gramm. § 29(3).

adjurer v.t. (Prier) *Je vous adjure de dire la vérité.* Ne pas confondre avec ***abjurer*** (renoncer à sa foi).

admettre v.t. CONJ.37 *Marie est admise en sixième.* – **admettre que** est suivi de l'indicatif quand il signifie « reconnaître comme vrai » et qu'il est à la forme affirmative : *J'admets que tu as raison.* Il est suivi du subjonctif quand il est à la forme négative ou qu'il signifie « tolérer » ou « supposer » : *Je n'admets pas que tu aies raison. Admettons qu'il vienne.* – ATTENTION Au conditionnel, on dit *vous admettriez* et non X *admetteriez*.

administration n.f. Prend une majuscule pour désigner l'ensemble des services publics. *Travailler dans l'Administration.*
▸**administratif, -ive** adj.

admirer v.t. *Je les ai admirés.*
▸**admiration** n.f. *J'ai beaucoup d'admiration pour eux.*
▸**admirateur, -trice** n. *Je suis une grande admiratrice de Picasso.*
▸**admiratif, -ive** adj. *Un regard admiratif. Marie est très admirative devant tes talents.*

admissible adj.

admission n.f.

adolescence n.f. Avec **sc**.
▸**adolescent, -e** n.

adonner (s') v.pr. *Ils se sont adonnés à ce sport avec passion.*

adopter v.t. *La petite fille qu'ils ont adoptée.*
▸**adoptif, -ive** adj. *Un enfant adoptif. Une mère adoptive.*
▸**adoption** n.f.

adorable adj.

adorer v.t. *On a adoré cette pièce de théâtre. On l'a adorée. J'adorerais voir ce film, et que tu viennes avec moi. – Un dieu adoré par un peuple. Un enfant adoré de tous. Ma fille adorée.*
▸**adoration** n.f.

adoucir v.t. et v.pr. *Sa peau s'est adoucie.*
▸**adoucissant, -e** adj. et n.m. *Une lotion adoucissante. Un adoucissant.* Ne pas confondre avec ***adoucisseur***.
▸**adoucisseur** n.m. *Un adoucisseur d'eau.*

adresse n.f. *Quels sont vos nom et adresse ?*

adresser v.t. et v.pr. *Adresser une remarque à quelqu'un. Elle s'est adressée à la foule.*

adroit, -e adj.

adulte adj. et n.

adultère n.m. Avec **ère**.

advenir v.i. CONJ.10 Ne s'emploie qu'à la 3e personne et avec l'auxiliaire ***être***. *Il advint que la reine mourut. Qu'est-il advenu de... ? Advienne que pourra. Quoi qu'il advienne. Les événements (qui sont) advenus ces jours-ci.*

adverbe n.m. Voir ce mot dans la partie grammaire.

adversaire n. Avec **aire** comme *partenaire*.

adverse adj. *La partie adverse.*
▸**adversité** n.f. *Dans l'adversité, il faut faire face. Lutter contre l'adversité.*

aérer v.t. CONJ.4 Avec **é** ou **è** : *nous aérons, ils aèrent. Une pièce bien aérée.*

aérien, -enne adj. *La navigation aérienne.*

> **aér(o)- 1.** Préfixe qui signifie « air » : *aérer, aérien.* Les mots formés avec **aéro-** s'écrivent tous sans trait d'union, sauf *aéro-club.* – **2.** Attention à la place du **r**. Bien prononcer et bien écrire **aéro** et non X *aréo*.

aéro-club n.m. *Des aéro-clubs.*

aérodrome n.m. *Un aérodrome* (= installations pour le décollage et l'atterrissage des avions). Ne pas confondre avec ***aéroport*** ou ***aérogare***. → aér(o)-

aérodynamique adj. → aér(o)-

aérogare n.f. *Une aérogare* (= installations pour les passagers et les marchandises). Ne pas confondre avec ***aéroport*** et ***aérodrome***. → aér(o)-

aéronautique n.f. et adj. L'**aéronautique** concerne les avions. Ne pas confondre avec l'***astronautique*** qui concerne l'espace. → aér(o)-

aérophagie n.f. Avec **ph**. Bien prononcer [a-éro].

aéroport n.m. Bien prononcer [a-éro]. L'**aéroport** regroupe l'***aérodrome*** et l'***aérogare***. ➜ aér(o)-

af- Les mots qui commencent par **af-** ont tous deux **f** sauf *afin*, *afghan*, *africain* et certains mots étrangers.

affaiblir v.t. et v.pr. *La maladie a beaucoup affaibli Marie. Elle s'est beaucoup affaiblie. Je l'ai trouvée très affaiblie.*

affaire n.f. **1.** S'écrit avec une majuscule pour désigner une administration : *les Affaires étrangères* ; avec une minuscule dans les autres cas : *S'occuper des affaires courantes, des affaires municipales.* – **2.** Est au singulier dans *se tirer d'affaire, être tiré d'affaire* ; et au pluriel dans *toutes affaires cessantes.*

On écrit *affaire* ou *à faire* ?

1. **avoir affaire à** : *Je n'ai jamais eu affaire à lui. Attention ou tu auras affaire à moi !* L'expression est toujours suivie de *à*.

2. **avoir à faire** : *Ne me dérangez pas, j'ai à faire, j'ai du travail à faire, j'ai beaucoup à faire. Qu'as-tu à faire ? Il n'y a rien à faire.* Il s'agit du verbe *faire*. L'expression peut s'employer seule ou avec un complément d'objet.

affaisser (s') v.pr. *La route s'est affaissée.*

affaler (s') v.pr. Avec un seul **l**. *Elle s'est affalée sur son lit.*

affamer v.t. *La marche nous a tous affamés. Des populations affamées.*

affectation n.f. ➜ affecter

affecter v.t. **1.** *On l'a affecté à ce poste* (= on l'a nommé). *C'est son **affectation**.* – **2.** *Elle a été très affectée par cette mauvaise nouvelle* (= peinée). – **3.** *Cette maladie affecte les reins* (= toucher). Ne pas confondre avec ***infecter***.

affectif, -ive adj.

affection n.f. **1.** *Avoir de l'affection pour quelqu'un* (= tendresse). – **2.** *Souffrir d'une affection des reins* (= maladie). Ne pas confondre avec ***infection*** (= développement de microbes).

▸**affectueux, -euse** adj.
▸**affectueusement** adv.

afférent, -e adj. Avec **ent**. *Les dossiers afférents à ce projet, les dossiers y afférents.*

affiche n.f.
▸**afficher** v.t. et v.pr. *Il a affiché des photos au mur. Les photos qu'il a affichées au mur. – Ils se sont affichés ensemble au restaurant.*
▸**affichage** n.m.

affilée (d') loc.adv. *Travailler 10 heures d'affilée.*

affilier (s') v.pr. *Ils se sont affiliés à un club de sport.* – ATTENTION Au futur et au conditionnel : *il s'affiliera(it).*

affiner v.t. et v.pr. *Cette coiffure affine le visage. Elle s'est affinée cet été.*

affinité n.f. *Avoir des affinités avec quelqu'un.*

affirmatif, -ive adj. Voir ce mot dans la partie grammaire.

affirmative n.f. – **par l'affirmative** : *Il a répondu par l'affirmative* (= en disant oui). – **dans l'affirmative** (= si c'est oui).

affirmer v.t. *J'affirme que c'est vrai.*
▸**affirmation** n.f.

affixe n.m. Voir ce mot dans la partie grammaire.

affleurer v.i. (Apparaître à la surface) Ne pas confondre avec ***effleurer*** (toucher à peine).

affliger v.t. et v.pr. (Peiner) Avec **e** devant *a* et *o* : *il s'affligeait, nous nous affligeons.* Ne pas confondre avec ***infliger*** (faire subir).
▸**affligeant, -e** adj. Avec **ge**.

affluer v.i. *La foule afflue. Le sang afflue au cerveau.* – ATTENTION Au futur et au conditionnel : *il affluera(it).*
▸**affluence** n.f. *Aux heures d'affluence.*
▸**affluent** n.m. Avec **ent**. *Les affluents de la Seine.*
▸**afflux** n.m. Avec **x** comme dans *flux*.

affoler v.t. et v.pr. Avec un seul **l**. *Ces histoires m'affolent. Marie s'est affolée pour rien.*
▸**affolant, -e** adj.
▸**affolement** n.m. *Dans l'affolement général.*

affranchir v.t. *Affranchir une lettre. Une lettre insuffisamment affranchie.* ◆ v.t. et v.pr. (Libérer) *Affranchir des esclaves. Elle s'est affranchie de toute contrainte.*
▸**affranchissement** n.m.

affres n.f.plur. *Les affres de la douleur.*

affreux, -euse adj.
▸**affreusement** adv.

affriolant, -e adj. Avec un seul **l**. *Une tenue affriolante.*

affront n.m. Avec **t**.

affronter v.t. et v.pr. *Affronter l'ennemi, le danger. Les deux groupes se sont affrontés. – S'affronter à une difficulté.*
▸**affrontement** n.m.

affubler v.t. *Qui les a affublés de ces surnoms ridicules ?*

affût n.m. Avec **û**. *Ils sont toujours à l'affût du moindre ragot.*

affûter v.t. Avec **û**. *Affûter des couteaux. Des couteaux bien affûtés.*

aficionado n.m. Mot espagnol. Avec un seul **f**. *Les aficionados du football.*

afin Indique le but. – **afin de** + infinitif, **afin que** + subjonctif : *afin de réussir, afin qu'il réussisse.*

a fortiori loc.adv. Locution latine. Sans accent. On prononce [aforsiori].

africain, -e adj. et n. *Il est africain. C'est un Africain.* (Le nom de personne prend une majuscule.)

after-shave n.m.inv. Mot anglais. *Des after-shave.* On recommande ***après-rasage***.

agacer v.t. Avec **ç** devant *a* et *o* : *il m'agaçait, nous l'agaçons. Ces histoires l'agaçaient. Elle était très agacée.*
▸**agaçant, -e** adj. Avec **ç**.
▸**agacement** n.m.

agapes n.f.plur. Avec un seul **p**. *Faire des agapes* (= un festin).

agate n.f. (Pierre dure) Sans *h*. Ne pas confondre avec le prénom *Agathe*.

âge n.m. Avec **â**.
▸**âgé, -e** adj. Avec **â**.

agence n.f. S'écrit avec une majuscule pour désigner certains organismes : *l'Agence nationale pour l'emploi.*

agencer v.t. Avec **ç** devant *a* et *o* : *il agençait, nous agençons. Ils ont bien agencé leur maison, ils l'ont bien agencée.*

agenda n.m. Avec **en** qui se prononce [in].

agenouiller (s') v.pr. *Ils se sont agenouillés.*

agent n.m. Voir ce mot dans la partie grammaire.

agglomération n.f. Avec **gg**. *L'agglomération parisienne* (= Paris et ses banlieues).

aggloméré n.m. Avec **gg**. *Un panneau en aggloméré.*

agglutiner v.t. et v.pr. Avec **gg**.

aggraver v.t. et v.pr. Avec **gg**, contrairement à *agrandir*. *La situation s'est aggravée.*
▸**aggravation** n.f.

agile adj.
▸**agilité** n.f. Avec **ité** : *agile, agilité,* mais *habile, habileté.*

agio n.m. *Calculer les agios.*

agir v.i. *Le médicament a agi.* ◆ v.pr. impersonnel – **il s'agit de** : *De quoi s'agit-il ? C'est ce dont il s'agit, c'est de cela qu'il s'agit. La personne dont il s'agit...* – REMARQUE On emploie ***dont*** pour remplacer le complément introduit par ***de*** : *l'histoire dont il s'agit* et non ✗ *qu'il s'agit.* On emploie ***que*** quand le complément introduit par *de* est présent dans la phrase : *C'est de cette histoire qu'il s'agit* et non ✗ *C'est de cette histoire dont il s'agit.* – **s'agissant de** s'emploie parfois au sens de « en ce qui concerne ».
▸**agissements** n.m.plur. Est péjoratif.

agiter v.t. et v.pr. *Agiter un mouchoir. La malade s'agite. Elle est agitée.*
▸**agitation** n.f.
▸**agitateur, -trice** n.

agneau n.m. *Des agneaux.*

agonie n.f. *Ces malades sont à l'agonie.*

agonir v.t. *Agonir quelqu'un d'injures* (= le couvrir d'injures). *On l'agonissait d'injures.* Ne pas confondre avec ***agoniser*** (= être à l'agonie).

agoniser v.i. *Le malade agonise. Pendant qu'il agonisait...* Ne pas confondre avec ***agonir*** (= couvrir d'injures).

agrafe n.f. Avec un seul **f**.
▸**agrafer** v.t.

agraire adj. Avec **ai**. *Une réforme agraire.*

agrandir v.t. et v.pr. Avec un seul **g**. *Agrandir une photo. La ville s'est agrandie.*
▸**agrandissement** n.m.

agréable adj.

agréer v.t. *Ils ont agréé votre demande. Votre demande a été agréée.* – S'emploie dans des formules de politesse. *Veuillez agréer, Monsieur, mes salutations distinguées.* ◆ v.t.ind. (Convenir à) *Si cette proposition agrée à tous. Si cela vous agrée.* – ATTENTION Au futur et au conditionnel : *il agréera(it).*

agrégation n.f. Deux fois un seul **g**.
▸**agrégé, -e** adj. et n.

agrément n.m. *Donner son agrément à un projet.*

agrémenter v.t. *Il a agrémenté son histoire de détails savoureux.*

agrès n.m. Avec **ès**. S'emploie surtout au pluriel.

agresser v.t. Sans accent et avec un seul **g**.
▸**agression** n.f.
▸**agresseur** n.m. Ce mot n'a pas de féminin. *Son agresseur était une femme.*
▸**agressif, -ive** adj.
▸**agressivité** n.f.

agricole adj.
▸**agriculteur, -trice** n.
▸**agriculture** n.f.

agripper v.t. et v.pr. Avec un seul **g** et **pp**. *Ils ont agrippé la barre. Ils se sont agrippés à la barre.*

agroalimentaire adj. En un seul mot.

agrume n.m. Est du masculin : *un agrume.*

aguets n.m.plur. Sans accent circonflexe. *Être aux aguets.*

ah interj. L'interjection est suivie d'un point d'exclamation mais la suite de la phrase peut commencer par une minuscule : *Ah ! permets-moi de te contredire. Ah bon ! Ah zut alors !*

ahuri, -e adj. Avec **h**.
▸**ahurissant, -e** adj. *Une histoire ahurissante.*

aide n.f. *Demander de l'aide. Marcher à l'aide d'une canne.* ◆ n.m. ou n.f. S'emploie avant un nom de métier avec ou sans trait d'union : *un* ou *une aide anesthésiste. Des aides-comptables. Des aides-soignants* ou *aides-soignantes.*

aide-mémoire n.m.inv. *Des aide-mémoire.* Voir gramm. § 33(3).

aider v.t. et v.pr. *J'ai aidé Marie, je l'ai aidée à traverser. Ils se sont aidés d'un bâton pour grimper.*

aïe interj. Avec **ï**. *Aïe ! J'ai eu mal !*

aïeul, -e n. (Grand-père, grand-mère, arrière-grand-père, etc.) – Au pluriel, on dit *des aïeuls, des aïeules.* Ne pas confondre avec ***aïeux*** (ancêtres). – REMARQUE On écrit sans trait d'union ***bisaïeul***, ***trisaïeul***.

aïeux n.m.plur. (Ancêtres) Ne pas confondre avec ***aïeuls***.

aigle n.m. *Un aigle. Un regard d'aigle.* – REMARQUE Pour désigner l'emblème, le mot est au féminin : *les aigles romaines.*

aigre adj.
▸**aigreur** n.f.

aigre-doux, aigre-douce adj. *Des propos aigres-doux. Des sauces aigres-douces.* Voir gramm. § 34.

aigri, -e adj. et n.

aigu, -ë adj. Avec un tréma sur le **e** du féminin.

aiguille n.f. On prononce le **u** et le **i**. → gui

aiguiller v.t. On prononce le **u** et le **i** comme dans ***aiguille***. – (Diriger) *On nous a mal aiguillés.* Ne pas confondre avec ***aiguillonner*** (stimuler).
▸**aiguilleur** n.m. *Les aiguilleurs du ciel.*

aiguiser v.t. *Des couteaux bien aiguisés.*

aïkido n.m. Mot japonais.

a

ail n.m. Sans tréma sur le **i**. *La cuisine à l'ail.* – Au pluriel : *des ails* ou *des aulx.*

aile n.f. Reste au singulier dans *coup d'aile* ou *battement d'aile. D'un coup d'aile, l'oiseau s'envola.* – On écrit avec un trait d'union ***à tire-d'aile***.

ailier n.m. Avec un seul **l**.

ailleurs adv. Avec un **s**. – **d'ailleurs** s'écrit en deux mots.

ailloli n.m. On écrit aussi **aïoli**.

aimer v.t. et v.pr. *Tout le monde aime cette actrice. Elle est aimée de tous. Ils se sont aimés toute leur vie.* – **aimer** + infinitif, **aimer que** + subjonctif : *J'aime marcher. Il aime qu'on lui obéisse. J'aimerais bien que tu viennes.*

aine n.f. Sans accent circonflexe. *Avoir une douleur à l'aine.*

aîné, -e adj. et n. Avec **î**.
▸ **aînesse** n.f. *Le droit d'aînesse.*

ainsi adv. Placé en tête de phrase, **ainsi** est suivi d'une virgule sauf quand il y a inversion du sujet. *Ainsi, j'avais raison. Ainsi soit-il.* – **ainsi que** peut avoir la valeur d'une conjonction de subordination : *Ainsi qu'on l'a démontré plus haut...* (= comme) ; ou la valeur d'une conjonction de coordination : *Il prit son chapeau ainsi que son parapluie.*

Accord avec *ainsi que*

1. *Madame Durand, ainsi que toute son équipe, vous remercie de votre accueil.* L'accent est mis sur « *Madame Durand* » et il y a des virgules : l'accord se fait avec le premier terme.

2. *Madame Durand ainsi que toute son équipe vous remercient de votre accueil.* Le verbe est au pluriel, il n'y a pas de virgules ; *ainsi que* peut être remplacé par *et*.

air n.m. *Prendre l'air. S'élever dans les airs. Regarder en l'air. Il y a des courants d'air. Des activités de plein air.* – *Ils ont l'air d'être heureux.*

Accord avec *avoir l'air*

1. *Cette soupe a l'air bonne.* L'adjectif attribut s'accorde avec le sujet s'il s'agit d'un nom de chose.

2. *Marie a l'air heureuse* ou *heureux.* L'adjectif attribut s'accorde le plus souvent avec le sujet mais l'accord avec le mot *air* n'est pas incorrect.

3. *Marie a l'air heureux des gens de son âge. Marie a un air heureux qui fait plaisir à voir.* L'adjectif s'accorde avec le mot *air* s'il est précisé, déterminé, complété.

Airbag n.m. Nom déposé. On met une majuscule aux noms déposés.

aise n.f. Est au pluriel dans *prendre ses aises*. Est invariable dans *à l'aise, à mon (ton, son...) aise* : *Ils se sont mis à l'aise. Ils sont à leur aise ici.* ◆ adj. LITT. Est variable. *Nous sommes bien aises de...*

aisselle n.f.

ajonc n.m. Avec **c**.

ajourner v.t. Ce mot signifie « remettre à plus tard ». Il ne faut donc pas dire ✕ *ajourner à plus tard.*

ajout n.m. Avec **t**.
▸ **ajouter** v.t. et v.pr. *Quelle épice as-tu ajoutée à la sauce ? Les frais de port se sont ajoutés à la facture. – « Il fait froid », ajouta-t-il.*

ajuster v.t. *Ajuster une pièce mécanique. – Ajuster des horaires, des tarifs.*
▸ **ajustage** n.m. *L'ajustage de pièces mécaniques.*
▸ **ajustement** n.m. *L'ajustement des tarifs.*

alambic n.m. Avec un **c**. *Un alambic de bouilleur de cru.*

alambiqué, -e adj. *Une phrase alambiquée* (= trop compliquée).

alarme n.f.

albâtre n.m. (Roche) Avec **â**. *Un albâtre bien blanc.*

albatros n.m. (Oiseau) On prononce le **s**.

albinos adj. et n. On prononce le **s**. *Une lapine albinos.*

album n.m. Avec **um** qu'on prononce [om]. *Un album de photos.*

alchimie n.f.

alcool n.m. Avec **oo**.
▸**alcoolique** adj. et n.
▸**alcoolisé, -e** adj.
▸**alcoolisme** n.m.

alcôve n.f. Avec **ô**. *Des secrets d'alcôve.*

al dente loc.inv. Mots italiens. *Des pâtes cuites al dente.* On prononce [al-dèn-té].

aléa n.m. *Les aléas thérapeutiques* (= risques).
▸**aléatoire** adj. *Une réussite aléatoire* (= pas sûre).

alentour adv. LITT. Sans *s*. *Il n'y avait personne alentour* ◆ n.m.plur. *Les alentours d'une ville.* – **aux alentours de** : *Il était aux alentours de 8 heures.*

1. **alerte** adj. *Un vieil homme encore alerte.*

2. **alerte** n.f. *Donner l'alerte. Alerte à l'incendie. Ils sont tous en état d'alerte, ils sont tous en alerte.*
▸**alerter** v.t. *Nous les avons alertés* <u>des</u> ou <u>sur</u> *les dangers qu'ils couraient.*

algèbre n.f. Avec **è**.
▸**algébrique** adj. Avec **é**.

algérien, -enne adj. et n. *Il est algérien. C'est un Algérien.* (Le nom de personne prend une majuscule.)

algorithme n.m. (Schéma de calcul) Avec un **i**. (Ce mot n'a aucun rapport avec le mot *rythme*.)

algue n.f.

alias adv. Mot latin. On prononce le **s**. Introduit un surnom : *Jean-Baptiste Poquelin, alias Molière.*

alibi n.m.

aligner v.t. et v.pr. *Ils se sont alignés sur nous.*

aliment n.m.
▸**alimentaire** adj. *Des produits alimentaires.*
▸**alimentation** n.f. *Des magasins d'alimentation.*
▸**alimenter** v.t. et v.pr. *Elle ne s'est plus alimentée depuis trois jours.*

alinéa n.m. *Des alinéas dans un texte.*

aliter v.t. et v.pr. *On a dû l'aliter. Elle s'est alitée. Elle est restée alitée.*

alizé adj.masc. et n.m. *Les vents alizés. Les alizés.*

allaiter v.t. Avec **ll**.
▸**allaitement** n.m.

allant n.m. *Il est plein d'allant.*

allée n.f.

alléger v.t. CONJ.4 Avec **é** ou **è** : *allégez, allège* ; et un **e** devant *a* et *o* : *il allégeait, nous allégeons. Des produits allégés en sucre.*
▸**allégement** ou **allègement** n.m. L'Académie recommande l'orthographe avec **è**, conforme à la prononciation.

allègre adj. Avec **è**.
▸**allégresse** n.f. Avec **é**.

allemand, -e adj. et n. *Elle est allemande. C'est une Allemande.* (Le nom de personne prend une majuscule.)

1. **aller** v.i. CONJ.8

- Se conjugue avec l'auxiliaire *être*. Ne pas oublier l'accord du participe : *ils sont allés, elles sont allées.*

- À l'impératif, la forme **va** prend un **s** devant ***y***, pronom complément. *Va à la poste, va<u>s</u>-y!* Mais si ***y*** est complément d'un autre verbe, il n'y a pas de *s*. *Va chercher le courrier à la poste, va y chercher le courrier.* Voir gramm. § 17.

- S'emploie comme auxiliaire pour indiquer un futur plus ou moins proche. *La pluie va tomber.* Dans ce cas, le verbe qui suit est toujours à l'infinitif.

- **être allé** ou **avoir été** Au passé, on peut employer les formes composées du verbe ***être*** à la place de celles du verbe ***aller***. *Je suis allé* ou *j'ai été à Paris.* Mais quand *aller* signifie « se porter », seules les formes composées du verbe ***être*** sont possibles. *<u>J'ai été</u> plutôt mal ces derniers temps.* (On ne dit pas ✗ *Je suis allé plutôt mal.*)

▷

a

▷ • **aller à** ou **aller chez** On emploie *chez* devant un nom désignant une personne et *à* devant un nom de lieu. *Je vais chez le boucher. Je vais à la boucherie.*

• **s'en aller** v.pr. Attention à l'impératif **va-t'en**, avec un trait d'union et une apostrophe. – Aux temps composés, on dit ***s'est en allé*** en langue courante et ***s'en est allé*** en langue soutenue. *La tache s'est en allée. Le vieil homme s'en est allé.*

2. aller n.m. Le nom prend la marque du pluriel, comme *retour*. *J'ai pris deux allers pour Paris.* Il en est de même pour le nom composé **aller-retour**. *J'ai pris deux allers-retours pour Paris.*

allergie n.f. *Une allergie aux médicaments.*
▸**allergique** adj. *Être allergique aux médicaments.*

allier v.t. et v.pr. *Allier le cuivre et le fer. – Ils se sont alliés à ou avec mes ennemis.* – ATTENTION À l'indicatif imparfait et au subjonctif présent : *(que) nous alliions.* – Au futur et au conditionnel : *il alliera(it).*
▸**alliance** n.f.

allô interj. Avec **ô**.

allocation n.f. (Somme d'argent) *Les allocations familiales.* Ne pas confondre avec ***allocution*** (discours).

allocution n.f. (Discours) *Prononcer une allocution.* Ne pas confondre avec ***allocation*** (somme d'argent).

allonger v.t. et v.pr. Avec **e** devant *a* et *o* : *il allongeait, nous allongeons. Elle s'est allongée par terre.*

allume-cigare n.m. *Des allume-cigares.*

allumer v.t.

allumette n.f.

allure n.f. *Ils sont partis à toute allure.*

allusion n.f. *Je fais allusion à votre passé.*

alluvions n.f.plur. *Les alluvions d'un fleuve.*

almanach n.m. On ne prononce pas le **ch**.

alors adv. Avec **s**.

alouette n.f. *Des pâtés d'alouette.*

alourdir v.t. et v.pr. Avec un seul **l**, contrairement à *alléger*.

alphabet n.m.
▸**alphabétique** adj. Avec **é**.

alphanumérique adj. En un seul mot.

altercation n.f. Avec **c**.

alter ego n.m.inv. Mots latins qui signifient « autre moi-même ». Sans accent. *Des alter ego.*

altérer v.t. et v.pr. CONJ.4 Avec **é** ou **è** : *nous altérons, ils altèrent.*

alternance n.f.

alternative n.f. Une **alternative** est un choix entre deux possibilités. On ne peut donc pas « avoir deux alternatives », ni « choisir entre deux alternatives ». *Fuir ou se rendre, ils n'avaient qu'une alternative.* L'emploi de ce mot au sens de « solution (de rechange) » est critiqué. Ainsi, on évitera de dire : « *Je n'avais pas d'autre alternative que partir.* »

altesse n.f. Avec une majuscule dans *Votre Altesse.* Sans majuscule dans *Il y avait deux altesses royales à la soirée.*

altitude n.f. *À une altitude de 1800 m.*

aluminium n.m. On prononce [-om].

alunir v.i. Avec un seul **l**, alors que *atterrir* prend deux *t*.

alvéole n.f. Avec **ole**. – GENRE Ce mot est devenu féminin par l'usage. Il est encore parfois donné comme masculin, en particulier en langage scientifique.

Alzheimer (maladie d') Avec **zh**. On dit *une maladie d'Alzheimer* ou *un Alzheimer*.

amabilité n.f.

amadouer v.t. et v.pr. *On les a amadoués. Ils se sont amadoués.* – ATTENTION Au futur ou au conditionnel : *il s'amadouera(it).*

amaigrissant, -e adj.
▸**amaigrissement** n.m.

amalgame n.m. Avec deux fois un seul **m**.

amande n.f. (Graine) Avec **an**. Ne pas confondre avec une ***amende*** (somme à payer). *De la pâte d'amande. De l'huile* *d'amande(s) douce(s). Des yeux en amande. – Des yeux vert amande.* Voir gramm. § 8.

amant n.m. Le féminin ***amante*** est vieilli ou littéraire.

amarre n.f. Avec **rr** comme dans les dérivés **amarrer** et **amarrage**.

amas n.m. Avec un **s** qu'on retrouve dans *amasser. Un amas de neige. Un amas de papiers.*
▸**amasser** v.t. *Les sommes qu'il a amassées.*

amateur n.m. Ce nom masculin s'applique aux hommes et aux femmes. *Des sportifs amateurs. Marie est (un grand) amateur de science-fiction.* – REMARQUE On rencontre de plus en plus le féminin ***amatrice***, en particulier au Québec.

amazone n.f.

ambages n.f.plur. Ne s'emploie que dans l'expression *sans ambages. Je vous le dis sans ambages* (= sans détour).

ambassade n.f.
▸**ambassadeur, -drice** n.

ambiance n.f.
▸**ambiant, -e** adj. *L'air ambiant.*

ambigu, -ë adj. Avec un tréma sur le **e** du féminin.
▸**ambiguïté** n.f. Avec **ï**. On prononce [gu-ité].

ambition n.f.
▸**ambitieux, -euse** adj. et n.
▸**ambitionner** v.t. Avec **nn**. *Il ambitionne de devenir journaliste.*

ambivalent, -e adj. Avec **en**.
▸**ambivalence** n.f.

ambre n.m. Est masculin. *De l'ambre gris.*

ambulance n.f.

ambulant, -e adj. *Des marchands ambulants.*

âme n.f. Avec **â**. *Des états d'âme.*

améliorer v.t. et v.pr. Avec un seul **l**. *Ils ont amélioré leur situation. Leur situation s'est améliorée.*
▸**amélioration** n.f.

amen n.m.inv. Mot latin. On prononce le **n**.

aménager v.t. Avec **e** devant *a* et *o* : *il aménageait, nous aménageons.* (Arranger) *Aménager une cuisine. Une cuisine bien aménagée.* Ne pas confondre avec ***emménager*** (s'installer).
▸**aménageable** adj. Avec **gea**.
▸**aménagement** n.m. *L'aménagement du territoire.*

amende n.f. (Somme à payer) Avec **en**. Ne pas confondre avec ***amande*** (graine).

amener v.t. CONJ.2 Avec **e** ou **è** : *nous amenons ; ils amènent.* On **amène** quelqu'un en venant, on ***emmène*** quelqu'un en partant. – REMARQUE La distinction entre *amener* (un être animé) et *apporter* (une chose) ne se fait plus beaucoup en langue courante. Elle est à respecter à l'écrit. *Vous pouvez amener des amis et apporter des disques.*

aménité n.f. *Ils nous a parlé sans aménité* (= avec rudesse). Ne pas confondre avec ***sans animosité*** (= sans hostilité).

amer, -ère adj. *Un café amer. Une orange amère.*

américain, -e adj. et n. *Il est américain. C'est un Américain.* (Le nom de personne prend une majuscule.)

amerrir v.i. Avec **rr**, sans doute sous l'influence de *atterrir.*

amertume n.f.

améthyste n.f. (Pierre) Avec **thy**.

ameublement n.m.

ami, -e n. et adj. *Des amis d'enfance. Ils sont amis. Des populations amies. – C'est un ami de Jacques, c'est un ami à lui.* (On emploie *de* devant un nom et *à* devant un pronom.)

amiable adj. *Un accord amiable. Ils se sont arrangés à l'amiable.*

amiante n.m. Est du masculin. *L'amiante est dangereux pour la santé.*

amical, -e, -aux adj. *Une réunion amicale. Des rapports amicaux.*

amidon n.m.
▸**amidonner** v.t. Avec **nn**. *Une chemise amidonnée.*

a

amincir v.t. et v.pr. *Cette robe l'amincit. Elle s'est amincie pendant l'été.*
▸**amincissant, -e** adj.
▸**amincissement** n.m.

amitié n.f. *En toute amitié.*

amnésie n.f.
▸**amnésique** adj. et n.

amnistie n.f. Une loi d'**amnistie** annule une peine relative à un délit. Ne pas confondre avec ***armistice***.

amonceler v.t. et v.pr. CONJ.3 Avec **l** ou **ll** : *Les papiers s'amoncellent, les papiers se sont amoncelés sur le bureau.*
▸**amoncellement** n.m. Avec **ll**.

amont n.m. L'**amont** est du côté de la montagne, par opposition à l'***aval***, du côté de la vallée. – **en amont**, au tout début d'un processus.

amoral, -e, -aux adj. (Sans morale) Ne pas confondre avec ***immoral*** (contraire à la morale).

amorcer v.t. Avec **ç** devant *a* et *o* : *j'amorçais, nous amorçons.*

amorphe adj. Avec **ph**.

amortir v.t. *Amortir un choc. Les investissements sont amortis.*
▸**amortissement** n.m.
▸**amortisseur** n.m.

amour n.m. En langage littéraire on trouve ce mot au féminin pluriel : *les amours enfantines.*
▸**amoureux, -euse** adj. et n.

amour-propre n.m. Avec un trait d'union.

amovible adj. *Une doublure amovible.*

amphithéâtre n.m. En un seul mot. S'abrège en ***amphi*** pour la salle d'une université. *Des amphis.*

amphore n.f. (Vase antique) Avec **ph**.

ample adj. *Des vêtements amples.*
▸**amplement** adv. *C'est amplement suffisant.*
▸**ampleur** n.f. *La manifestation a pris de l'ampleur. Devant l'ampleur du désastre.*

amplificateur n.m. S'abrège en ***ampli*** pour l'amplificateur acoustique : *des amplis.*

amplifier v.t. et v.pr. *La manifestation s'est amplifiée.* ATTENTION Au futur et au conditionnel : *il amplifiera(it).*

amplitude n.f.

ampoule n.f.

ampoulé, -e adj. *Un style ampoulé.*

amputer v.t. *On a dû amputer Marie. On l'a amputée de la jambe droite.*
▸**amputation** n.f.

amuse-gueule n.m. *Des amuse-gueule* ou *des amuse-gueules.* Voir gramm. § 34(3).

amuser v.t. et v.pr. *Le film nous a beaucoup amusés. Nous nous sommes amusés.*
▸**amusant, -e** adj.
▸**amusement** n.m.

amygdale n.f. Avec **y**. Aujourd'hui, on ne prononce plus le **g**.

an n.m. Sans majuscule dans les expressions *jour de l'an, nouvel an, premier de l'an.* – REMARQUE Pour indiquer la périodicité, on emploie pour quelque chose qui a lieu une fois par an : *annuel* ; qui a lieu deux fois par an : *semestriel* ou quelquefois *biannuel, bisannuel* ; qui a lieu tous les deux ans : *bisannuel* ou *biennal.* → bi-

anachronique adj. Avec **ch** qu'on prononce [k]. *Il y a des détails anachroniques dans ce film* (= des éléments qui sont sans rapport avec l'époque de l'histoire).

anagramme n.f. Est du féminin. *Une anagramme. « Récital » est une anagramme de « article ».*

anal, -e, -aux adj. (De l'anus) Avec un seul **n**. Ne pas confondre avec ***annales***.

analogie n.f.
▸**analogue** adj. Des procédés analogues (= équivalents).

analphabète adj. et n. Avec **è**. *Une personne analphabète ne sait ni lire ni écrire.* Ne pas confondre avec ***illettré*** (= qui ne parvient pas à lire ou à écrire un texte simple).
▸**analphabétisme** n.m. Avec **é**.

analyse n.f. Avec **y**. Voir ce mot dans la partie grammaire.
▸**analyser** v.t.

ananas n.m. Le **s** se prononce ou non.

anarchie n.f.
▸**anarchique** adj. *Un développement anarchique de cellules* (= sans règle).
▸**anarchiste** adj. et n. *Un groupe d'anarchistes* (= partisans de l'anarchie ou de l'anarchisme comme doctrine politique).

anathème n.m. Avec **è**. *Jeter l'anathème sur quelqu'un ou quelque chose* (= les condamner haut et fort).

anatomie n.f. *Des planches d'anatomie.*

ancestral, -e, -aux adj. *Des coutumes ancestrales.*

ancêtre n.m. ou n. Avec **ê**. Est toujours au masculin au sens figuré. *La draisienne est un ancêtre de la bicyclette.* – Est masculin ou quelquefois féminin au sens propre. *Nous avons un ancêtre commun, une ancêtre commune.* – Est masculin au pluriel. *Nos ancêtres les Gaulois.*

anche n.f. *Une anche de clarinette.* Ne pas confondre avec ***hanche*** (partie du corps).

anchois n.m. Avec **s**.

ancien, -enne adj. et n. S'écrit avec une majuscule dans *Ancien Testament, Ancien Régime* et pour désigner les personnages ou les écrivains de l'Antiquité.
▸**anciennement** adv. Avec **nn**.

ancrage n.m. Avec **a**. *Le point d'ancrage d'une politique.*

ancre n.f. *Les bateaux ont jeté l'ancre.* Ne pas confondre avec ***encre*** (d'un stylo).

ancrer v.t. Avec **an**. *On lui a ancré de drôles d'idées dans la tête. Il a cette idée bien ancrée au fond de lui-même.*

âne n.m. Avec **â** comme dans les mots de la famille.
▸**ânesse** n.f.
▸**ânon** n.m.
▸**ânerie** n.f.

anéantir v.t. et v.pr. *Cet échec a anéanti tous ses espoirs. Tous ses espoirs ont été anéantis. Ses espoirs se sont anéantis.*
▸**anéantissement** n.m.

anecdote n.f. Avec un seul **t**. ➜ -ote/-otte
▸**anecdotique** adj.

anémie n.f. Sans *h*.
▸**anémique** adj.

anémone n.f. Avec deux fois un seul **n**.

anesthésie n.f. Avec **th**.

aneth n.m. Attention au **h** final. *Un saumon mariné à l'aneth.*

anévrisme n.m. On écrit parfois **anévrysme** avec *y*. *Une rupture d'anévrisme.*

anfractuosité n.f. (Trou, crevasse) Avec **an**. Ne pas confondre avec les mots qui commencent par *infra-*.

ange n.m. *Cette femme est un ange de patience.*
▸**angélique** adj. *Une patience angélique.*

angine n.f.

angiome n.m. Sans accent circonflexe.

anglais, -e adj. et n. *Il est anglais. C'est un Anglais.* (Le nom de personne prend une majuscule.)

angle n.m.

anglicisme n.m. Attention au **c**.

angoisse n.f.
▸**angoisser** v.t. et v.pr. *Ton absence nous a angoissés. Marie s'est angoissée pour rien.*
▸**angoissant, -e** adj.

anguille n.f. *Il y a anguille sous roche.*

anicroche n.f. *Tout s'est passé sans anicroche* (= sans incident).

animal, -e, -aux adj. *La vie animale.* ◆ n.m. *Aimer les animaux.*

animé, -e adj. Voir ce mot dans la partie grammaire.

animer v.t. et v.pr. *Animer une soirée, une émission, un débat. – Les regards se sont animés.*
▸**animation** n.f. *Un dîner plein d'animation.*
▸**animateur, -trice** n.

animosité v.t. *Parler sans animosité* (= sans hostilité). Ne pas confondre avec ***sans aménité*** (= avec rudesse).

anis n.m. On prononce [anis] ou [ani].

ankylosé, -e adj. Avec **ky**. *J'avais les jambes ankylosées.*

a

annales n.f.plur. Avec **nn** comme dans ***année***. *Les annales du crime.*

anneau n.m. *Des anneaux.*

année n.f. *Souhaiter la bonne année. Les années 20.* – Prend une majuscule dans *les Années folles.*

année-lumière n.f. *Des années-lumière.*

annexe adj. *Des problèmes annexes.*◆ n.f. *En annexe à ce dossier.* ➜ ci-annexé

annihiler v.t. Avec **nn**. *Tous nos efforts ont été annihilés.*

anniversaire n.m. *Des gâteaux d'anniversaire.* – REMARQUE On ***fête***, on ***célèbre*** un anniversaire. On ***commémore*** un événement. ◆ adj. *Jour anniversaire. Dates anniversaires.*

annonce n.f.

▸**annoncer** v.t. et v.pr. Avec **ç** devant *a* et *o* : *j'annonçais, nous annonçons. On lui a annoncé une bonne nouvelle. La bonne nouvelle qu'on lui a annoncée. – La saison s'était bien annoncée, mais...*

annotation n.f. Avec **nn**.

annuaire n.m. Avec **nn** comme dans ***année***. *L'annuaire du téléphone.* – REMARQUE Ne pas dire *Bottin*, qui est un nom de marque d'annuaire.

annuel, -elle adj. *La réunion annuelle des anciens élèves.* ➜ an

annuité n.f. Avec **nn** comme dans ***année***.

annulaire n.m. Avec **nn** comme dans ***anneau***.

annuler v.t. Avec un seul **l**. *On a annulé la réunion. La réunion a été annulée.*

▸**annulation** n.f.

anoblir v.t. (Donner un titre de noblesse) Ne pas confondre avec ***ennoblir*** (donner un caractère noble).

anodin, -e adj. *Une critique anodine* (= sans importance).

anomalie n.f.

ânonner v.i. Avec **â** comme dans ***âne***.

anonyme adj. (Sans nom) Avec **y** comme dans ***homonyme, synonyme***.

▸**anonymat** n.m. *Garder l'anonymat.*

anormal, -e, -aux adj.

anse n.f.

antagoniste n. *La police a séparé les antagonistes* (= les adversaires). Ne pas confondre avec ***protagoniste*** (= personne qui intervient dans une action). ◆ adj. *Des forces antagonistes* (= qui s'opposent). On dit aussi **antagonique**.

antan (d') loc.adj. *Les coutumes d'antan* (= d'autrefois).

antécédent n.m. Avec **ent**. Voir ce mot dans la partie grammaire.

antédiluvien, -enne adj. (Avant le Déluge) Avec **anté** et non ✕ *anti*.

antenne n.f.

antérieur, -e adj. *Ces faits sont antérieurs à mon arrivée* (≠ postérieur). Ce mot étant déjà un comparatif, on ne peut pas dire ✕ *plus antérieur*. On dit bien *antérieur, très antérieur.*

▸**antériorité** n.f. Avec **o**.

anthologie n.f. Avec **th**. *Une anthologie de la poésie française.*

anthracite n.m. (Charbon) Avec **th**. – Est invariable comme adjectif de couleur. *Des pulls gris anthracite. Des pulls anthracite.* Voir gramm. § 8.

> **-anthrop(o)-** Cet élément tiré du grec signifie « homme ». Tous les mots qui contiennent la prononciation [antrop'] ont un **h** : *anthropologie, misanthrope, philanthrope.*

anthropologie n.f. Avec **th**. ➜ -anthrop(o)-

anthropophage adj. et n. Avec deux fois **h**. Vient de *anthropo-*, « homme », et *-phage*, « qui mange ». ➜ cannibale

> **anti-** **1.** Se joint sans trait d'union à un mot : *anticoagulant, antiéconomique* ; sauf devant un *i* ou un mot déjà composé : *anti-inflammatoire, anti-sous-marin.* – **2.** S'emploie librement avec un trait d'union pour marquer l'opposition, le désaccord : *Je suis anti-guerre. Ils sont anti-tout.*

antiatomique adj. *Des abris antiatomiques.*

antibiotique n.m.

antibrouillard adj.inv. et n.m. L'adjectif est invariable, le nom est variable. *Des phares antibrouillard. Des antibrouillards.*

antibruit adj.inv. *Des murs antibruit.*

anticalcaire adj. et n.m.

antichambre n.f.

anticiper v.t. et v.i. *Anticiper un paiement. Anticiper sur un résultat.*
▸ **anticipation** n.f. *Des romans d'anticipation.*
▸ **anticipé, -e** adj. *Avec mes remerciements anticipés.*

anticonceptionnel, -elle adj. *Une pilule anticonceptionnelle.*

anticonstitutionnel, -elle adj. *Un projet de loi jugé anticonstitutionnel.*

anticorps n.m. Avec un **s** comme dans ***corps***.

anticyclone n.m. Avec **y** comme dans ***cyclone***.

antidater v.t. *Une lettre antidatée comporte une date antérieure à sa date réelle* (≠ postdater).

antidopage adj.inv. *Des mesures antidopage.*

antidote n.m. Ce mot est masculin : *un antidote.* Se construit avec les prépositions *à* ou *de*. L'emploi avec *contre* est courant mais critiqué, *anti* signifiant déjà « contre ». *Trouver un antidote à l'ennui. Trouver l'antidote d'un poison.*

antidouleur adj.inv. *Des centres antidouleur.*

antienne n.f. Le **t** se prononce [t] et non [s]. *C'est toujours la même antienne* (= refrain).

antigang adj.inv. *Des brigades antigang.*

antigel adj.inv. et n.m. *Des produits antigel. Des antigels.*

anti-inflammatoire adj. et n.m. En deux mots. → anti-

antilope n.f.

antimite n.m. et adj.

antipathie n.f. Avec **th**.
▸ **antipathique** adj.

antipelliculaire adj. *Des lotions antipelliculaires.*

antipersonnel adj.inv. *Des mines antipersonnel.*

antipode n.m. S'emploie au singulier ou au pluriel. *La Nouvelle-Zélande est aux antipodes, à l'antipode de la France. Ses propositions sont aux antipodes des miennes.*

antipoison adj.inv. *Des centres antipoison.* Ne pas confondre avec ***contrepoison*** (antidote).

antiquaire n. *Un, une antiquaire.*

antique adj.

antiquité n.f. **1.** *Un magasin d'antiquités.* – **2.** Prend une majuscule pour désigner la période historique : *dans l'Antiquité.*

antisémite adj. et n.
▸ **antisémitisme** n.m.

antisepsie n.f. Avec **ps**.
▸ **antiseptique** adj. et n.m. Avec **pt**.

antitabac adj.inv. *Des campagnes antitabac.*

antiterroriste adj. *Des brigades antiterroristes.*

antitétanique adj. Sans *h* comme dans ***tétanos***.

antithèse n.f. S'emploie en langue courante au sens de « opposé ». *C'est l'antithèse de son frère.*

antivirus n.m. On prononce le **s**.

antivol n.m. *Des antivols.*

antonyme n.m. Voir ce mot dans la partie grammaire.

antre n.m. Est masculin. *Un antre. L'antre d'une bête sauvage. Se réfugier dans son antre.*

anus n.m. On prononce le **s**. L'adjectif correspondant est ***anal***, avec un seul **n**.

anxieux, -euse adj. et n.
▸ **anxieusement** adv.
▸ **anxiété** n.f.

a

A.O.C. n.f. Sigle de *Appellation d'origine contrôlée*. S'écrit avec ou sans points, mais toujours en majuscules.

aorte n.f. (Artère)

août n.m. Avec **û**. On prononce [ou] ou, le plus souvent, [out']. *Paris, le 3 août*. – Les noms de mois s'écrivent avec une minuscule. → date
▸**aoûtien, -enne** n. On prononce [a-ou-sien].

apaiser v.t. et v.pr. *Apaiser une douleur. La malade s'est apaisée.*
▸**apaisant, -e** adj. *Une lotion apaisante.*
▸**apaisement** n.m.

apanage n.m. (Privilège exclusif) S'emploie surtout, en langue soutenue, dans les expressions *avoir l'apanage de* ou *être l'apanage de*. *Vous n'avez pas l'apanage de la sagesse. L'accès à l'art ne doit pas être l'apanage d'une élite.*

aparté n.m. Ce mot est masculin. *Un aparté*. – **en aparté** : *J'aimerais discuter avec vous en aparté* (= à l'écart des autres).

apatride n. et adj. *Les apatrides n'ont aucune nationalité légale.*

apercevoir v.t. CONJ. 16 Avec un seul **p** et **ç** devant *o* et *u* : *j'aperçois, il aperçut. J'ai aperçu Marie, je l'ai aperçue.* ◆ v.pr. **s'apercevoir de, que** : *Elle s'est aperçue de son erreur, elle s'en est aperçue. Ils se sont aperçus qu'ils s'étaient trompés.* Voir gramm. § 29.

aperçu n.m. Avec un seul **p**. *Cela vous donnera un aperçu de la situation.*

apéritif n.m. Avec un seul **p**. Vient d'un mot latin qui signifie « qui ouvre », et non de *appétit*.

apesanteur n.f. Avec un seul **p**, contrairement à *appesantir*.

à-peu-près n.m.inv. *Des à-peu-près.* Le nom s'écrit avec des traits d'union, la locution s'écrit sans trait d'union. *Se contenter d'à-peu-près. Il était à peu près 11 heures* (= environ).

apeuré, -e adj. Avec un seul **p**.

aphone adj. (Sans voix) Avec **ph** comme dans ***phonétique***, ***magnétophone***, etc.

aphrodisiaque n.m. et adj. Avec **ph**. Vient du nom de la déesse de l'Amour ***Aphrodite***.

aphte n.m. Est du masculin. *Avoir un aphte à l'intérieur de la joue.*
▸**aphteux, -euse** adj. *La fièvre aphteuse.*

à-pic n.m. *Des à-pics effrayants.* Le nom s'écrit avec un trait d'union, la locution s'écrit sans trait d'union. *Une pente à pic.*

apiculture n.f. (Élevage des abeilles) Avec un seul **p**. Ne pas confondre avec ***aviculture*** (élevage des oiseaux).

apitoyer v.t. et v.pr. CONJ. 6 Avec **i** devant un *e* muet : *il l'apitoie. Ils se sont apitoyés sur leur sort.* – ATTENTION À l'indicatif imparfait et au subjonctif présent : *(que) vous vous apitoyiez.*
▸**apitoiement** n.m. Avec un **e** muet.

aplanir v.t. Avec un seul **p**.

aplat n.m. En un seul mot. *Des aplats de bleu.* – REMARQUE On trouve aussi **à-plat**.

aplatir v.t. Avec un seul **p**. *La Terre est aplatie aux pôles.*

aplomb n.m. En un seul mot. *Il ne manque pas d'aplomb. Remettre les choses d'aplomb. Ils se sentent d'aplomb.*

apnée n.f. Avec **ée**. *Plonger en apnée.* Ne pas confondre avec ***acné***.

apocalypse n.f. Avec une majuscule pour désigner le livre de la Bible, sans majuscule dans la langue courante. *Les cavaliers de l'Apocalypse. Une vision d'apocalypse.*
▸**apocalyptique** adj.

apocryphe adj. Avec **y**. *Un testament apocryphe* (= dont l'authenticité est douteuse).

apogée n.m. Nom masculin avec **ée**, comme ***lycée***, ***mausolée***, ***musée***. (Le plus haut degré) *Il est à l'apogée de son art.* Ne pas confondre avec ***apothéose*** (fin triomphale).

apologie n.f.

a posteriori loc.inv. Locution latine. Toujours invariable et sans accent. *Des raisonnements a posteriori* (≠ a priori).

apostrophe n.f. Voir ce mot dans la partie grammaire.

apothéose n.f. (Fin triomphale) Avec **th**. *L'apothéose de la fête fut un immense feu d'artifice.* Ne pas confondre avec ***apogée*** (le plus haut degré).

apôtre n.m. Avec **ô**.

apparaître v.i. CONJ.36 Avec **î** devant un *t* : *il apparaîtra*. S'emploie avec l'auxiliaire ***être***. *La vérité lui est apparue.* Voir gramm. § 27. – Peut se construire avec un attribut du sujet. *Elle m'est apparue très fatiguée.*

apparat n.m. Avec **t**. *Une vaisselle d'apparat.*

appareil n.m. Avec **eil**. *Des appareils photo.*

apparence n.f. *En apparence. Ne pas se fier aux apparences.*
▸**apparent, -e** adj.
▸**apparemment** adv. On prononce [-aman]. Voir gramm. § 9(2).

apparenter (s') v.pr. *Le goût de la clémentine s'apparente à celui de l'orange* (= ressembler). – *Par ce mariage, elle s'est apparentée à une famille d'artistes. Ils sont apparentés aux* ou *avec les Dupond.*

apparition n.f.

appartement n.m.

appartenir v.t.ind. CONJ.10 Se construit avec la préposition ***à***. Le participe passé est toujours invariable. *Ces livres appartiennent à Franck. Ils lui ont toujours appartenu. Il appartient aux parents de veiller sur leurs enfants.*
▸**appartenance** n.f. *L'appartenance à un parti.*

appas n.m.plur. (Attraits) S'emploie dans la langue littéraire. *Les appas d'une femme.* Ne pas confondre avec ***appâts***.

appât n.m. Avec **ât**. *Poisson qui mord à l'appât. L'appât du gain.* Ne pas confondre avec ***appas*** (attraits).
▸**appâter** v.t. Avec **â**.

appauvrir v.t. et v.pr. Avec **pp**. *Ils se sont appauvris* (≠ enrichir).
▸**appauvrissement** n.m.

appel n.m. Est au singulier dans les expressions *produits d'appel, faire appel, sans appel.*

▸**appeler** v.t. et v.pr. CONJ.3 Avec **l** ou **ll** : *nous appelons, ils appellent. – Ils ont appelé leur fille Marie, ils l'ont appelée Marie. Ils se sont appelés au téléphone hier soir.*
▸**appellation** n.f. Avec **ll**. *Appellation d'origine contrôlée (AOC).*

appendice n.m. Avec **en** qu'on prononce [in] comme dans *examen*.
▸**appendicite** n.f. *On souffre d'une appendicite, mais on se fait opérer de l'appendice.*

appentis n.m. Avec **en** qu'on prononce [an] comme dans *pente*. *Un appentis adossé au mur du garage.*

appesantir (s') v.pr. Avec **pp**. *Nous nous sommes trop appesantis sur ce sujet.*

appétit n.m. Sans accent circonflexe.
▸**appétissant, -e** adj.

applaudir v.t. Avec **pp**. *La chanteuse a été très applaudie.*
▸**applaudissement** n.m. S'emploie surtout au pluriel. *Un tonnerre d'applaudissements.*

appliquer v.t. et v.pr. *On lui a appliqué une crème. La crème qu'on lui a appliquée. Elle s'est appliqué une crème. La crème qu'elle s'est appliquée.* Voir gramm. § 29(3). – *Marie s'est appliquée en classe. – C'est une élève appliquée.*
▸**application** n.f. Avec **c**.

appoint n.m. *Faire l'appoint. – Des meubles d'appoint.*

appointements n.m.plur.

apport n.m.

apporter v.t. *On lui a apporté des livres. On les lui a apportés.* – On **apporte** quelque chose en venant, on ***emporte*** quelque chose en partant. – ATTENTION Il n'y a pas de *s* à l'impératif, sauf devant ***en*** : *apporte des disques, apportes-en*. Avec un pronom : *apporte-m'en* et non ✕ *apporte-moi-z-en*. Voir gramm. §17.

apposition n.f. Voir ce mot dans la partie grammaire.

apprécier v.t. *C'est une personne que j'ai beaucoup appréciée. Il n'a pas apprécié que je lui aie répondu* (= subjonctif). – ATTENTION À l'indicatif imparfait et au subjonctif

présent : *(que) nous appréciions.* – Au futur et au conditionnel : *il apprécie͟ra(it).*
▸**appréciation** n.f.

appréhender v.t. Avec **h**. *La suspecte a été appréhendée* (= arrêter). – *J'appréhende son retour, de le voir revenir, qu'il revienne* (= redouter).
▸**appréhension** n.f. Avec **sion**.

apprendre v.t. CONJ.33 Attention, on oublie souvent de faire entendre le féminin du participe passé à l'oral, ce qui entraîne des erreurs. *J'ai appris ma leçon, je l'ai apprise.*

apprenti, -e n. S'emploie suivi d'un nom de métier, sans trait d'union. *Un apprenti charcutier. Une apprentie couturière.*
▸**apprentissage** n.m.

1. apprêter v.t. Avec **ê** comme dans ***apprêt***. *Apprêter des cuirs.*
▸**apprêt** n.m. Avec **ê**.

2. apprêter (s') v.pr. Avec **ê** comme dans ***prêt***. *Nous nous apprêtions à partir quand…*

apprivoiser v.t. *Des animaux apprivoisés.*

approbation n.f. (Fait d'approuver) *Donner son approbation à un projet.*

approcher v.i., v.t. et v.pr. *On approche de Paris. L'hiver approche.* – *On lui a approché une chaise. La chaise qu'on lui a approchée était cassée.* – *Nous nous sommes approchés du gouffre. Approche-toi !*
▸**approche** n.f. *À l'approche du printemps. Des travaux d'approche.*

approfondir v.t. *Approfondir une question. Une étude approfondie.*

approprier v.t. *Approprier sa tenue aux circonstances. Une tenue appropriée* (= qui convient). ◆ v.pr. *Ils se sont approprié la maison. La maison qu'ils se sont appropriée.* Voir gramm. § 29(2 et 3). – ATTENTION À l'indicatif imparfait et au subjonctif présent : *(que) nous nous appropriions.* – Au futur et au conditionnel : *il s'appropriera(it).*
▸**appropriation** n.f.

approuver v.t. *Nous approuvons votre démarche. Sa proposition a été approuvée à l'unanimité.* – **lu et approuvé** est invariable. – REMARQUE Le nom qui correspond à *approuver* est ***approbation***.

approvisionner v.t. et v.pr. Avec **pp** et **nn**. *Approvisionner une ville en eau. S'approvisionner en carburant.* – *Un magasin bien approvisionné.* ➜ achalandé
▸**approvisionnement** n.m.

approximatif, -ive adj.
▸**approximation** n.f.

appui n.m. *Prendre appui sur quelque chose. Bénéficier de puissants appuis. Parler preuves à l'appui.*

appui-tête n.m. *Des appuis-tête.* – REMARQUE On écrit aussi ***appuie-tête***, invariable : *des appuie-tête.* Dans ce cas, *appuie* est un verbe. Voir gramm. § 33 et 34.

appuyer v.t. et v.pr. CONJ.6 Avec **i** devant un *e* muet : *j'appuie, il appuie. Appuyer quelque chose à, sur, contre quelque chose. Elle s'est appuyée contre le mur.* ◆ v.i. *Appuyez sur la sonnette.* – ATTENTION À l'indicatif imparfait et au subjonctif présent : *(que) nous appuyions.* – Au futur et au conditionnel : *il appuiera(it).*

âpre adj. (Rude) Avec **â** comme dans ***âcre***. *Le goût âpre d'une prunelle sauvage. Il est âpre au gain* (= cupide).

après prép. et adv.

- La préposition est suivie d'un complément, l'adverbe s'emploie seul. *Mardi vient après lundi. C'est le jour d'après. Vingt ans après.*
- Indique ce qui suit, dans l'espace, le temps ou une série. L'emploi de **après** à la place des prépositions ***à, contre, sur*** appartient à la langue familière. On dira donc *s'agripper à la rampe* et non ✗ *après la rampe, être furieux contre quelqu'un* et non ✗ *après quelqu'un, la clé est sur la porte* et non ✗ *après la porte*. Il est inutile d'employer **après** avec des verbes qui appellent un complément d'objet direct. Ainsi, on dira *demander quelqu'un* et non ✗ *demander après quelqu'un.*
- S'emploie dans des expressions telles que ***après coup*** ; ***après tout*** ; ***et puis après ?***

• après que est une conjonction de subordination qui doit être suivie de l'indicatif (mode de la réalité : si on est après, les événements ont eu lieu) et non du subjonctif. Mais sous l'influence de ***avant que***, l'emploi du subjonctif est devenu très fréquent. En langue soignée on emploiera l'indicatif : *Je m'occuperai de cela après que tu seras parti* et non ✕ *après que tu sois parti.*

• après- permet de former des mots composés, tous avec un trait d'union.

après-demain adv. Avec un trait d'union. – Attention à l'écrit. *Nous irons après-demain* (= le jour qui suit demain). *Nous irons après demain* (= n'importe quand après demain).

après-midi n.m.inv. ou n.f.inv. *Un* ou *une après-midi. Passer ses après-midi à lire. Tous les lundis après-midi.* – Attention à l'écrit : *J'irai après midi* (= après le déjeuner, sans trait d'union). *J'irai cet après-midi* (avec un trait d'union).

après-rasage adj.inv. *Des lotions après-rasage.*

après-ski n.m. Avec ou sans *s* au pluriel : *des après-ski* ou *des après-skis.*

après-vente adj.inv. *Des services après-vente.*

a priori loc.inv. et n.m.inv. Locution latine. Toujours invariable et sans accent. *A priori, je n'ai rien contre* (≠ a posteriori). *Avoir des a priori* (= des préjugés).

à-propos n.m.inv. Le nom s'écrit avec un trait d'union, la locution s'écrit sans trait d'union. *Répondre avec à-propos* (= pertinence). *Tu arrives à propos.*

apte adj. *Elle est apte à diriger l'entreprise.*

aptitude n.f.

apurer v.t. On **apure** un compte. Ne pas confondre avec ***épurer***.

aquaculture n.f. On prononce [koi] .

aquarelle n.f. On prononce [koi].

aquarium n.m. On prononce [koi]. *Des aquariums.*

aquatique adj. On prononce [koi].

aqueduc n.m. Avec **c** final. *Les aqueducs transportent de l'eau, les oléoducs transportent du pétrole.*

aqueux, -euse adj. *Une solution aqueuse.*

aquilin adj.masc. Ne s'emploie que dans l'expression *nez aquilin* (= nez recourbé en bec d'aigle).

arabe adj. et n. (Peuple, pays) Ne pas confondre avec ***musulman*** ou ***islamique*** (religion). *Les pays arabes. Un jeune Arabe.* (Le nom de personne prend une majuscule.)

arabesque n.f.

arachide n.f. *De l'huile d'arachide.*

araignée n.f. *Des toiles d'araignée(s).*

arbalète n.f. Avec un seul **t**.

arbitraire adj. Avec **ai**.

arbitre n.m. Le plus souvent masculin, ce mot s'emploie aujourd'hui aussi au féminin dans le domaine des sports.
▸ **arbitrer** v.t. *Arbitrer un match, un différend.*

arborer v.t. *Arborer une décoration.*

arborescence n.f. Avec **sc**.

arboricole adj. (Qui vit dans les arbres) Avec **arbo-** et non ✕ *abo-*.

arbre n.m. *Des arbres fruitiers.* – REMARQUE La plupart des noms d'arbres ou de plantes fournissant des fruits sont formés du nom du fruit et du suffixe **-ier** : *avocatier, prunier,* etc. Il ne faut pas oublier le **i** après *ill* ou *gn* : *groseillier, châtaignier.*

arbrisseau n.m. *Des arbrisseaux.*

arbuste n.m.

arc n.m. *Ils sont installés en arc de cercle.*

arcade n.f. *Arcade sourcilière. Les arcades du Palais-Royal. – Des jeux d'arcade.*

arcane n.m. Est du masculin. *Les arcanes du pouvoir* (= mystères).

arc-boutant n.m. *Des arcs-boutants.*

arc-bouter v.t. et v.pr. *Marie s'est arc-boutée contre le mur.* – REMARQUE Attention à la prononciation sans [e] : *Il s'arc-boute* [ark-bout'] et non ✕ [arkebout].

arceau n.m. *Des arceaux.*

arc-en-ciel n.m. *Des arcs-en-ciel.* On prononce [arkansièl].

archaïque adj. Avec **ch** qui se prononce [k] comme dans *archéologie*. Du grec *arché-* qui signifie « ancien ».

archange n.m. Avec **ch** qui se prononce [k].

arche n.f.

archéologie n.f. Avec **ch** qui se prononce [k] comme dans *archaïque*. Du grec *arché-* qui signifie « ancien ».

archer n.m. (Tireur à l'arc) Ne pas confondre avec ***archet*** (d'un violon).

archet n.m. (D'un violon) Avec **et**. Ne pas confondre avec ***archer*** (tireur à l'arc).

archétype n.m. Avec **ch** qu'on prononce [k].

archevêché n.m. Avec **ê**.
▸**archevêque** n.m. Avec **ê**.

archipel n.m. Un **archipel** est un groupe d'îles. On ne devrait donc pas dire ✕ *un archipel d'îles.*

architecte n. *Un, une architecte.*
▸**architecture** n.f.

archiver v.t. *Il a archivé des dossiers. Les dossiers qu'il a archivés.*
▸**archivage** n.m.
▸**archives** n.f.plur. Toujours au pluriel. *Des images d'archives.*

-ard, -e Suffixe qui apporte une valeur péjorative : *vantard, froussard,* etc.

ardemment adv. On prononce [-aman], mais on écrit **-emment**. Voir gramm. § 9(2).

ardent, -e adj. *Sur des charbons ardents.*

ardeur n.f.

ardoise n.f. *Un toit d'ardoises.* – Est invariable comme adjectif de couleur. *Des gants gris ardoise.* Voir gramm. § 8.

ardu, -e adj.

arène n.f. Avec **è**.

aréole n.f. *L'aréole du sein.* Ne pas confondre avec ***auréole*** (d'un saint).

aréopage n.m. Un **aréopage** est un groupe de personnes éminentes. Ce mot vient du nom d'un tribunal d'Athènes qui siégeait sur la colline d'***Arès***. Ne pas confondre avec les mots en *aéro-* qui signifie « air ».

arête n.f. Avec un seul **r** et **ê**. *Un filet de poisson sans arêtes.*

argent n.m. *Avoir beaucoup d'argent. – Des bracelets d'argent, en argent.*
▸**argenté, -e** adj.
▸**argenterie** n.f.

argile n.f. Est féminin. *De l'argile blanche.*
▸**argileux, -euse** adj. *Une terre argileuse.*

argot n.m.

arguer v.t. On doit normalement prononcer [argu-é] en faisant entendre le **u** comme dans le verbe *tuer*, car le **u** fait partie du radical du verbe. On le retrouve dans *argument.* Mais la prononciation avec [-gué], comme dans *fatiguer*, est très courante.

argument n.m. *Des arguments de vente.*
▸**argumentaire** n.m. Un **argumentaire** présente des arguments de vente.
▸**argumentation** n.f. Une **argumentation** est un ensemble d'arguments tendant à démontrer quelque chose.
▸**argumenter** v.t.

argus n.m. On prononce le **s**.

argutie n.f. (Raisonnement trop subtil) Avec **tie** qui se prononce [si]. → -tie

aride adj.
▸**aridité** n.f.

aristocrate n. et adj.
▸**aristocratie** n.f.

arithmétique n.f. et adj. Il n'y a pas de *y*.

armada n.f. *Une armada de photographes se rua* ou *se ruèrent vers lui.* Voir gramm. § 11.

armateur n.m. *Les armateurs exploitent les navires.*

armature n.f.

arme n.f. *Des armes de poing. Des armes à feu. Un permis de port d'armes. Un compagnon d'armes.*

armée n.f. *L'armée de terre, de l'air. Des corps d'armée.* – S'écrit avec une majuscule dans *Armée rouge, Grande Armée, l'Armée du Salut.* – **une armée de** : *Une armée d'insectes a* ou *ont envahi le jardin.* Voir gramm. § 11.

armer v.t. et v.pr. *On les a armés de fusils. Ils se sont armés de fusils.*
▸ **armement** n.m.

armistice n.m. Est du masculin. *Conclure, signer un armistice* (= accord qui met fin à une guerre). – On écrit avec une majuscule *l'Armistice* (= celui de 1918). Ne pas confondre avec ***amnistie***.

armoire n.f. *Une armoire à glace. Une armoire à pharmacie.*

armoiries n.f.plur. Toujours au pluriel. *Les armoiries d'une famille royale.*

armure n.f.

armurerie n.f.
▸ **armurier** n.m.

arnaque n.f. FAM. *Une arnaque à la carte de crédit* (= escroquerie).

arnica n.m. ou n.f. Avec **c**.

arobase n.f. Forme francisée du mot espagnol **arobas** ou **arrobas** que représente le symbole @.

aromate n.m. Sans accent circonflexe. – Est du masculin. *Un aromate.*
▸ **aromatique** adj. *Des plantes aromatiques.*

arôme n.m. Avec **ô**, qu'on ne retrouve pas dans les mots de la famille.
▸ **aromatiser** v.t. Sans accent circonflexe. *Une boisson aromatisée à l'orange.*

arpège n.m.

arpenter v.t. *Cette rue, ils l'ont arpentée toute la matinée.*

arqué, -e adj. *Avoir les jambes arquées.*

arrachage n.m. S'emploie toujours au sens concret. *L'arrachage des pommes de terre.* Ne pas confondre avec ***arrachement***.

arraché (à l') loc.adv. Avec **é** et non ✕ *ée. Obtenir quelque chose à l'arraché.*

arrachement n.m. S'emploie presque toujours au sens abstrait. *Son départ fut un arrachement.* Ne pas confondre avec ***arrachage***.

arrache-pied (d') loc.adv. *Ils ont travaillé d'arrache-pied.*

arracher v.t. et v.pr. *On lui a arraché une dent. La dent qu'on lui a arrachée. Il s'est arraché une dent. La dent qu'il s'est arrachée.* Voir gramm. § 29(3).

arranger v.t. et v.pr. Avec **rr**. – Avec **e** devant *a* et *o* : *il arrangeait, nous arrangeons. Ils ont bien arrangé leur maison. Leur maison est bien arrangée. Ce sont des rendez-vous qu'ils ont arrangés.* – *Nous nous sommes arrangés pour que tout aille bien.*
▸ **arrangeant, -e** adj. Avec **gea**.
▸ **arrangement** n.m.

arrestation n.f. *L'arrestation d'un voleur.*

arrêt n.m. Avec **ê**, comme pour le verbe. *Des arrêts d'autobus.* – **sans arrêt** est toujours au singulier.
▸ **arrêter** v.t. et v.pr. *On a arrêté les voleurs. On les a arrêtés.* – *Elle a arrêté de parler. Elle s'est enfin arrêtée de parler.*

arrhes n.f.plur. Avec **rr** et **h**. Est du féminin. Les **arrhes** ne sont jamais remboursées, à la différence de l'***acompte***.

arrière adv., adj.inv. et n.m. Le mot **arrière** est invariable, sauf s'il s'agit du nom. *Ils sont toujours en arrière* (= adverbe). *Les roues arrière d'un véhicule* (= adjectif invariable). *Ils ont toujours joué comme arrières dans les matchs. Assurer ses arrières* (= nom).

> **arrière-** Tous les mots composés avec **arrière-** prennent un trait d'union et la marque du pluriel sur le ou les autres éléments : ***des arrière-cuisines, des arrière-grands-parents***, etc.

arriéré,-e adj. et n. *Une personne arriérée.* ◆ n.m. *Payer les arriérés.*

arrière-boutique n.f. *Des arrière-boutiques.*

arrière-goût n.m. *Des arrière-goûts.*

arrière-pensée n.f. *Des arrière-pensées. Parler sans arrière-pensée.*

a

arriver v.i. Se conjugue avec l'auxiliaire ***être***. *Ils sont arrivés, elles sont arrivées. Qu'est-ce qui t'arrive? Une drôle d'histoire m'est arrivée hier.* – En tournure impersonnelle, le participe passé est invariable. *Il m'est arrivé une drôle d'histoire.* – **il arrive que** est suivi du subjonctif. *Il arrive qu'on sorte le soir.* L'emploi de l'indicatif est rare sauf dans des récits au passé simple. *Il arriva que la reine mourut.* – REMARQUE On peut dire *ce qui m'arrive* ou *ce qu'il m'arrive*, le verbe pouvant être ou non impersonnel.
▸**arrivée** n.f. *Les heures d'arrivée. L'arrivée d'un train, d'un voyageur. Des arrivées d'air, d'essence.*
▸**arrivage** n.m. *Attendre un arrivage de fruits.*

arrogant, -e adj. et n. Avec **rr**.
▸**arrogance** n.f.

arroger (s') v.pr. Avec **e** devant *a* et *o* : *il s'arrogeait, nous nous arrogeons.* Attention à l'accord du participe. *Elle s'est arrogé des droits. Les droits qu'elle s'est arrogés.* Voir gramm. § 29(3).

arrondir v.t. et v.pr. *Arrondir les angles. Elle s'est arrondie avec l'âge.* – *Une forme arrondie.*

arrondissement n.m.

arroser v.t. *Ils ont arrosé les fleurs. Ils les ont arrosées.*
▸**arrosage** n.m. *Des tuyaux d'arrosage.*
▸**arrosoir** n.m.

arsenal n.m. *Un arsenal, des arsenaux.*

arsenic n.m.

art n.m. *Des œuvres d'art. Les arts de la table. Les beaux-arts.*

artère n.f. Avec **è**.
▸**artériel, -elle** adj. Avec **é**.

arthrose n.f. Avec **th**.

artichaut n.m. Avec un **t** final. *Des fonds d'artichaut.*

article n.m. Voir ce mot dans la partie grammaire.

articuler v.t.
▸**articulation** n.f.
▸**articulaire** adj. *Un rhumatisme articulaire.*

artifice n.m. *Des feux d'artifice.*

artificiel, -elle adj. Avec **c**.

artillerie n.f. On prononce [tiy']. → ill

artisan n.m. Au sens propre on peut employer le masculin ou le féminin **artisane** pour parler d'une femme. Le féminin est de plus en plus courant. Au sens figuré on emploie surtout le masculin. *Elle a été l'artisan de sa réussite.*
▸**artisanal, -e, -aux** adj.
▸**artisanat** n.m. Avec un **t** final.

artiste n. *Un* ou *une artiste peintre.*
▸**artistique** adj.

aryen, -enne adj. et n. Avec **y**.

as n.m.

ascendant, -e adj. Avec **sc**. *Une courbe ascendante* (≠ descendante).

ascenseur n.m. Avec **sc** et **s** comme dans *ascension*.

ascension n.f. Avec **sc** et **s** comme dans *ascenseur*.
▸**ascensionnel, -elle** adj. Avec **nn**. *Du parachute ascensionnel.*

asepsie n.f. Avec **s** et **ps**. (Absence de tout germe infectieux) Ne pas confondre avec ***antisepsie*** (lutte contre les microbes).
▸**aseptisé, -e** adj. *Un milieu aseptisé.*

asexué, -e adj. Avec un seul **s**.

asiatique adj. et n. *Il est asiatique. C'est un Asiatique.* (Le nom de personne prend une majuscule.)

asile n.m.

asocial, -e, -aux adj. et n. Avec un seul **s**.

aspect n.m. Avec **ct** qu'on ne prononce pas. Voir ce mot dans la partie grammaire.

asperge n.f. *Une botte d'asperges.*

asperger v.t. Avec **e** devant *a* et *o* : *j'aspergeais, nous aspergeons. Marie, on l'a aspergée d'eau.*

aspérité n.f. *Une surface sans aspérités.*

asphalte n.m. Avec **ph**. Est du masculin. *L'asphalte est ramolli par la chaleur.*

asphyxie n.f. Avec **y**.
▸**asphyxier** v.t. et v.pr. *Elle a été asphyxiée par le gaz. Elle s'est asphyxiée.* – ATTENTION À l'indicatif imparfait et au subjonctif présent : *(que) nous nous asphyxiions.* – Au futur et au conditionnel : *il s'asphyxiera(it).*

aspirateur n.m.

aspiré, -e adj. Voir ce mot dans la partie grammaire.

aspirer v.t. *Aspirer une boisson avec une paille.* ◆ v.t.ind. *Il aspire à de plus hautes fonctions.*
▸**aspiration** n.f. *Les aspirations d'un peuple.* Ne pas confondre avec ***inspiration***.

aspirine n.f. Est du féminin, même pour désigner le cachet. *Une aspirine.*

assagir (s') v.pr. *Elle s'est assagie.*

assaillir v.t. CONJ. 15, sauf au futur et au conditionnel : *il assaillira(it)*, mais on rencontre souvent *il assaillera(it)* sur le modèle de *il cueillerait*. – *On les a assaillis de questions. Ces tourments qui l'assaillent.*

assainir v.t.
▸**assainissement** n.m. *Des travaux d'assainissement.*

assaisonner v.t. Avec **ss** et **nn**. *Ta salade, tu l'as mal assaisonnée.*
▸**assaisonnement** n.m.

assassin n.m. *Cette femme est un assassin.* – REMARQUE Dans la langue littéraire, on rencontre l'adjectif : *un clin d'œil assassin, une main assassine.*
▸**assassinat** n.m.
▸**assassiner** v.t. *On les a assassinés.*

assaut n.m. *Donner l'assaut. Prendre une ville d'assaut.*

assécher v.t. et v.pr. CONJ. 4 Avec **é** ou **è** : *j'asséchais, il assèche.*

assemblée n.f. S'écrit avec une majuscule pour désigner une institution. *L'Assemblée nationale.*

assener ou **asséner** v.t. CONJ. 2 ou 4 L'orthographe avec un accent, conforme à la prononciation, est recommandée. *On lui a asséné des coups, les coups qu'on lui a assénés.*

asseoir v.t. et v.pr. CONJ. 22a et b Avec un **e** uniquement à l'infinitif. *Je m'assois* (sans *e*). *Venez vous asseoir* (avec *e*). *Elles se sont assises par terre.* – REMARQUE Ce verbe a deux conjugaisons. Les formes *je m'assieds, asseyons-nous,* etc. sont les plus usuelles aujourd'hui. Mais au sens figuré, on emploie plutôt la forme en *oi*. *Il assoit sa réputation sur ce projet.* – ATTENTION On entend souvent, à l'oral, la forme fautive ✗ *assis-toi*. On doit dire *assieds-toi* ou *assois-toi*.
▸**assis, -e** adj. *Une place assise.*

assez adv.

- Indique une quantité suffisante. *J'ai assez travaillé.*
- **assez de** est suivi d'un nom non-comptable au singulier : *Il y a assez de neige*, ou d'un nom comptable au pluriel : *Il a assez de jouets.*
- **assez pour** + infinitif, **assez pour que** + subjonctif introduit une conséquence. *Il fait assez chaud pour se baigner, pour qu'on puisse se baigner.*

assidu, -e adj. *Un travail assidu. Une élève assidue.*
▸**assiduité** n.f. Sans tréma sur le deuxième **i**.
▸**assidûment** adv. Avec **û**.

assiéger v.t. CONJ. 4 Avec **é** ou **è** ; et un **e** devant *a* et *o* : *il assiégeait, nous assiégeons, ils assiègent. Cette ville qu'ils ont assiégée.*

assiette n.f. *Des assiettes à soupe, à dessert. Des assiettes de charcuterie, de jambon. Une assiette de pâtes, de légumes.*

assigner v.t. *On lui a assigné une tâche. Quelle tâche lui a-t-on assignée ?* – ATTENTION À l'indicatif imparfait et au subjonctif présent : *(que) nous assignions.*

assimiler v.t. *Assimiler des connaissances. Assimiler un cas à un autre.*

assis, -e adj. → asseoir

assister v.t. *Un avocat assiste son client. Marie s'est fait assister dans son travail par un collaborateur.* ◆ v.t.ind. *Nous avons assisté à la scène.*
▸**assistance** n.f.

a

▸**assistant, -e** n. et adj.

associer v.t. et v.pr. Avec **c**. *Associer des choses, une chose et une autre, une chose à une autre, une chose avec une autre. Associer une personne à un projet.* – *Nous nous associons à votre douleur. Ils se sont associés à* ou *avec Luc pour monter cette entreprise.* – ATTENTION À l'indicatif imparfait et au subjonctif présent : *(que) nous associions.* – Au futur et au conditionnel : *il s'associera(it).*
▸**associé, -e** n.
▸**association** n.f.
▸**associatif, -ive** adj.

assoiffé, -e adj. Avec **ff**.

assombrir v.t. et v.pr. *La situation s'est assombrie.*

assommer v.t. Avec **mm**.

assortir v.t. et v.pr. CONJ.9 Se conjugue comme *finir* et non comme *sortir*. *Assortir une cravate à une chemise. Des couleurs qui s'assortissent bien, qui sont bien assorties.*
▸**assortiment** n.m. *Un assortiment de chocolats.*

assoupir (s') v.pr. *Elle s'est assoupie.*

assouplir v.t. et v.pr. *On a assoupli la discipline, on l'a assouplie. Elle s'est assouplie avec le temps.*

assourdissant, -e adj. Avec deux fois **ss**.

assujettir v.t. Avec **tt**. *Assujettir une société à l'impôt. Les personnes assujetties à l'impôt.*

assumer v.t. *C'est une responsabilité qu'ils ont assumée.*

assurance n.f. S'emploie au singulier dans *contrat, prime d'assurance* ; au pluriel dans *compagnie d'assurances*. – **assurance-vie**, **assurance-incendie**, avec un trait d'union : *des assurances-vie, des assurances-incendie.* – **assurance tous risques**, sans trait d'union.

assurer v.t. et v.pr. **1.** (Prendre une assurance) *Il a assuré sa maison contre le vol. Elle s'est assurée contre l'incendie.* – **2.** (Rendre sûr) *Madame, soyez assurée de ma reconnaissance. Assurez-vous que l'électricité est bien coupée* (= indicatif).

assureur n.m.

astérisque n.m. Est du masculin : *un astérisque.* – Attention à la prononciation [risk] et non ✕ [rix].

> **Emplois de l'astérisque (*)**
>
> **1.** L'astérisque se place en appel de note, seul ou entre parenthèses. Dans ce cas on ne doit pas dépasser trois astérisques par page.
>
> **2.** Ce signe s'utilise aussi après l'initiale d'un nom propre pour garder l'anonymat : *Madame L****.

asthme n.m. Avec **th** qui ne se prononce pas.
▸**asthmatique** adj. et n.

astigmate adj. et n. Sans **h**.
▸**astigmatisme** n.m.

astiquer v.t. *Astiquer des meubles. Des meubles bien astiqués.*

astre n.m. *Un astre.*
▸**astral, -e, -aux** adj. *Un thème astral.*

astreindre v.t. et v.pr. CONJ.35 Avec **ein**. *Elle s'est astreinte à une discipline de fer.* Ne pas confondre avec ***contraindre***. – ATTENTION À l'indicatif imparfait et au subjonctif présent : *(que) vous vous astreigniez.*
▸**astreinte** n.f. *Ils sont d'astreinte.*

astringent, -e adj. *Une lotion astringente .*

astrologie n.f. Ne pas confondre l'**astrologie**, qui étudie l'influence éventuelle des astres sur les événements de la vie, et l'***astronomie***, qui est la science des astres.
▸**astrologue** n.

astronaute n. Ce terme tend à supplanter ses synonymes *spationaute* (pour les Français) et *cosmonaute* (pour les Russes).

astronautique n.f. L'**astronautique** concerne les vols dans l'espace. Ne pas confondre avec l'***aéronautique***, qui concerne les avions.

astronomie n.f. Ne pas confondre l'**astronomie**, science des astres, des galaxies, et l'***astrologie***, qui est à la base des horoscopes.

▸**astronome** n.

astuce n.f. Avec **c** comme dans le dérivé.
▸**astucieux, -euse** adj. *Un procédé astucieux.*

asymétrie n.f. (Absence de symétrie) Avec un seul **s**, alors que ***dissymétrie*** (défaut de symétrie) en a deux.
▸**asymétrique** adj. *Des barres asymétriques.*

atavisme n.m. (Hérédité) *Aimer la danse par atavisme.*

atèle n.m. (Singe) Ne pas confondre avec ***attelle*** (planchette de maintien).

atelier n.m. *Des ateliers de réparation.*

atermoyer v.t. CONJ.6 Avec **i** devant un *e* muet : *il atermoie. Ils cherchent à atermoyer* (= gagner du temps, remettre à plus tard).
▸**atermoiement** n.m. Avec un **e** muet. S'emploie surtout au pluriel.

athée adj. et n. Avec **ée**, même au masculin. *Un athée ne croit en aucun dieu.*
▸**athéisme** n.m.

athlète n. Avec **è**. *Un* ou *une athlète.*
▸**athlétisme** n.m. Avec **é**.
▸**athlétique** adj.

atlantique adj. *La côte atlantique.* Prend une majuscule dans *océan Atlantique.*

atlas n.m.

atmosphère n.f. Le **h** n'est pas après le *t*. Il est dans le groupe *-sphère.*
▸**atmosphérique** adj. Avec **é**.

atoll n.m. Mot des îles Maldives. *Un atoll, des atolls.*

atome n.m. Sans accent circonflexe.
▸**atomique** adj.

atomiseur n.m. En général, un **atomiseur** est un récipient sous pression qu'on ne peut pas recharger, un ***vaporisateur*** ou un ***pulvérisateur*** fonctionne avec une simple pompe et est rechargeable. Pour les médicaments, on parle plutôt de ***nébuliseur***.

atout n.m.

âtre n.m. Avec **â**. *Le feu brûlait dans l'âtre.*

> **-atre/-âtre** **1.** On écrit **-âtre**, avec un accent circonflexe, dans quelques mots à valeur péjorative et dans des dérivés d'adjectifs : *acariâtre rougeâtre, blanchâtre,* etc. – **2.** On écrit **-atre**, sans accent circonflexe, quand il s'agit d'une spécialité médicale : *pédiatre, psychiatre.*

atroce adj. *Un crime atroce.*
▸**atrocité** n.f. *Commettre des atrocités.*

atrophier (s') v.pr. *Ses muscles se sont atrophiés* (≠ hypertrophier).
▸**atrophie** n.f. *Une atrophie musculaire* (≠ hypertrophie).

attabler (s') v.pr. Avec **tt**. *Toute la famille s'est attablée.*

attacher v.t. et v.pr. Avec **tt**. *On a attaché les chiens, on les a attachés. – Elle s'est beaucoup attachée à cette ville.*
▸**attachant, -e** adj. *Une personnalité attachante.*
▸**attaché, -e** n. *Elle est attachée d'ambassade.*
▸**attache** n.f. *Garder des attaches avec son pays natal.*
▸**attachement** n.m. *L'attachement au pays .*

attarder (s') v.pr. Avec **tt**. *Elles se sont attardées en chemin. Ne vous attardez pas à des considérations inutiles.*
▸**attardé, -e** adj. et n.

atteindre v.t. CONJ.35 Avec **ein**. *J'atteins, j'atteindrai mes objectifs. Je les ai atteints. Nous atteignons notre but.* – **être atteint de** s'emploie en parlant d'une maladie, d'un mal. *Elle est atteinte d'un mal incurable.* – **être atteint par** s'emploie dans les autres cas. *Ils ont été atteints par cette décision.* – ATTENTION À l'indicatif imparfait et au subjonctif présent : *(que) nous atteignions.*
▸**atteinte** n.f. *Des sommets hors d'atteinte. Porter atteinte aux droits de l'homme.*

atteler v.t. et v.pr. CONJ.3 Avec **tt** et **l** ou **ll**. *On va atteler les chevaux. On attelle les chevaux. – Nous nous sommes attelés au travail.*
▸**attelage** n.m. Avec un seul **l**.

attelle n.f. Avec **tt** et **ll**. *Il s'est cassé la jambe, on lui a mis une attelle.*

a

attenant, -e adj. *Il ont un garage attenant à la maison.*

attendre v.i. et v.t. CONJ.34 *J'attends, il attend depuis deux heures. Attends-moi! Cette lettre, ils l'ont attendue toute la semaine. J'attends que vous me fassiez des excuses.* – *On nous a fait attendre. Les critiques ne se sont pas fait attendre.* (*Fait* suivi d'un infinitif est invariable.) – *En attendant une réponse de votre part, je vous prie de...* et non ✕ *veuillez...* Voir ***gérondif*** dans la partie grammaire. – REMARQUE *Attendre après quelqu'un* est familier. Il est préférable de dire *attendre quelqu'un*. On dira : *Je ne t'ai pas attendu pour...* et non ✕ *Je n'ai pas attendu après toi pour...* ◆ v.pr. – **s'attendre à** : *Elle ne s'était pas attendue à ça !* – On dit : *Attendez-vous à ce qu'il vienne, attendez-vous-y* et non ✕ *attendez-y-vous.* Voir gramm § 17.

attendrir v.t. et v.pr. *Son histoire nous a attendris. Nous nous sommes attendris sur son cas.*
▸**attendrissant, -e** adj.
▸**attendrissement** n.m.

attendu Ce participe passé est invariable quand il est employé comme une préposition ou comme une conjonction (avec ***que***) : *Attendu ses erreurs passées, on pouvait le croire coupable* (= vu, étant donné). *Attendu qu'il a fait des erreurs...* (= étant donné que).

attentat n.m. *Un attentat à la pudeur. Commettre un attentat contre un homme politique. Un attentat terroriste.*

attente n.f. *Avoir deux heures d'attente. Des files d'attente.* – **dans l'attente de** exige que le sujet du verbe conjugué qui suit soit la personne qui attend. On écrira donc : *Dans l'attente d'une réponse favorable de votre part, je vous prie d'agréer*, et non ✕ *veuillez agréer.*

attenter v.t.ind. *Il a voulu attenter à ses jours.*

attentif, -ive adj. *Elle est attentive à tout.*

attention n.f. *Cet élève manque d'attention. Prêter attention à.* – *Avoir de gentilles attentions pour quelqu'un.* – **faire attention** (ou simplement **attention**) se construit avec ***à*** devant un nom : *Faites attention à la marche*; avec ***à*** ou ***de*** devant un infinitif à la forme négative : *Faites attention à* ou *de ne pas le réveiller*; avec ***à*** devant un infinitif à la forme affirmative : *Attention à bien distinguer...* – **faire attention que** (ou **à ce que**) est suivi du subjonctif : *Fais attention (à ce) que personne ne te voie.* – **à l'attention de** permet de préciser sur un courrier le nom du destinataire. Ne pas confondre avec ***à l'intention de*** (spécialement pour).

atténuer v.t. et v.pr. *Des tentures atténueront les bruits extérieurs. La douleur s'est atténuée.* – ATTENTION Au futur et au conditionnel : *il atténuera(it).*
▸**atténuation** n.f.

atterrer v.t. Avec **tt** et **rr** comme dans *terreur*. – *Nous sommes atterrés par cette nouvelle.*
▸**atterrant, -e** adj.

atterrir v.i. Avec **tt** et **rr** comme dans ***terre***. *L'avion a atterri.*
▸**atterrissage** n.m.

attester v.t. *J'atteste qu'il était présent. J'atteste l'authenticité de sa signature.* – *Ce sont des faits attestés (par tous).* – REMARQUE On rencontre de plus en plus souvent *attester de*, sans doute sous l'influence de *témoigner de*.
▸**attestation** n.f.

attirail n.m. *Des attirails.*

attirer v.t. *L'aimant attire le fer. Marie est attirée par cette profession. On nous a attirés dans un guet-apens.*
▸**attirance** n.f. (Fait d'être attiré) *Il éprouve de l'attirance pour ce genre de film.* Ne pas confondre avec ***attraction*** (fait d'attirer).
▸**attirant, -e** adj.

attiser v.t. *Attiser le feu. Attiser une querelle.*

attitré, -e adj. *Le représentant attitré d'une organisation* (= en titre).

attitude n.f. *Changer d'attitude.*

attouchement n.m. Avec **tt**.

attractif, -ive adj. Au sens propre, **attractif** signifie « qui a un pouvoir d'attraction » : *la* *force attractive de l'aimant*; mais sous l'influence de l'anglais *attractive*, ce mot français s'emploie aussi aujourd'hui au sens de ***attrayant***, en particulier dans le domaine de la communication : *une proposition attractive, un programme attractif.* → attrayant

attraction n.f. *L'attraction terrestre. Une force, des forces d'attraction. – Un parc d'attractions.*

attrait n.m. *L'attrait des vacances. Il a, il éprouve de l'attrait pour ce genre de film. Cela ne manque pas d'attrait* ou *d'attraits.*

attraper v.t. Avec **tt** et un seul **p**. *Le chat a attrapé la souris. La souris que le chat a attrapée... –* **se faire attraper** : *Elle s'est fait attraper. Ils se sont fait attraper.* (*Fait* suivi d'un infinitif est invariable.)

attrayant, -e adj. Ce mot signifie « qui a de l'attrait, qui plaît ». *Un spectacle attrayant.* → attractif

attribuer v.t. *On lui a attribué deux prix. On les lui a attribués.* – ATTENTION Au futur et au conditionnel : *on attribuera(it).*
▸**attribution** n.f.

attribut n.m. Voir ce mot dans la partie grammaire.

attrister v.t. *Cette histoire nous attriste. Cette histoire nous a beaucoup attristés.*
▸**attristant, -e** adj.

attrouper (s') v.pr. Avec un seul **p** comme dans ***troupe***. *Les passants se sont attroupés.*
▸**attroupement** n.m.

atypique adj. Attention à la place du **y**, comme dans ***type***.

au, aux article défini contracté. *J'aime le cinéma, je vais au cinéma. Penser aux vacances.* Voir *article* dans la partie grammaire.

aubade n.f. L'**aubade** est donnée à l'aube, le matin, la ***sérénade*** est donnée le soir.

aubaine n.f. Il faut éviter de dire *bonne aubaine*, une aubaine étant bonne par elle-même. *Quelle aubaine!* (= chance).

aube n.f. **1.** *Se lever à l'aube.* – **2.** *L'aube du prêtre.* – **3.** *Une roue à aubes.*

aubépine n.f. *Un buisson d'aubépine.*

auberge n.f.
▸**aubergiste** n.

aubergine n.f. *De la purée d'aubergine(s).* – Est invariable comme adjectif de couleur. *Des uniformes aubergine.* Voir gramm. § 8.

auburn adj.inv. Mot anglais. On prononce [-beurn']. *Des cheveux auburn.*

aucun, -e adj. et pron. indéfini

• **aucun** a une valeur négative. Il ne faut pas oublier le ***ne***. *On n'a eu aucune réponse. Aucune réponse n'est venue. Il a invité plusieurs personnes mais aucune n'est venue.*

• On écrit **aucuns**, **aucunes**, au pluriel, devant un nom qui ne s'emploie qu'au pluriel. *Aucunes funérailles nationales. Ils n'ont touché aucuns gages. Sans aucuns frais.* Sinon il reste au singulier. *Sans aucun bruit. Sans aucune faute.*

• On répète **aucun** devant des noms juxtaposés. *Il n'y avait aucun bruit, aucun murmure.* Lorsque ces noms sont sujets, le verbe peut être au singulier ou au pluriel. *Aucun bruit, aucun murmure n'est venu* (ou *ne sont venus*) *troubler la conférence.* Lorsque les noms sont coordonnés, la conjonction est ***ni*** et non *et*. *Il n'y eut aucune question ni aucune remarque.*

• L'accord se fait au singulier avec le pronom indéfini **aucun**. *J'ai lu tous tes livres mais aucun ne m'a plu, aucun n'est intéressant.* Attention à l'accord du verbe lorsqu'il y a un complément. *Aucune des personnes qui sont venues* (accord avec *qui* mis pour *personnes*) *ne souhaitait cela* (accord avec *aucune*).

• **d'aucuns** s'emploie en langue soutenue au sens de « quelques-uns, certains ». *D'aucuns pensent que...*

audace n.f. Reste au singulier dans *avec audace, sans audace, un homme plein d'audace, ne pas manquer d'audace.* Au singulier ou au pluriel pour désigner un acte, un fait audacieux : *les audaces d'un discours.*
▸**audacieux, -euse** adj.

a

au-dedans (de) adv. et prép. S'écrit avec un trait d'union, comme tous les adverbes ou prépositions composés avec ***au-*** : ***au-dehors (de), au-delà (de) au-dessous (de), au-dessus (de), au-devant (de)***. Ne pas confondre avec les adverbes ou prépositions utilisés avec ***en***, qui s'écrivent sans trait d'union : *en dessous*, *en dehors*, etc.

au-delà n.m.inv. S'écrit sans majuscule. *Croire en l'au-delà.* ◆ adv. et prép. → au-dedans

audience n.f. Avec **en**.

audio adj.inv. Cet adjectif est invariable. *Des CD audio. Des bandes audio.*

audiovisuel, -elle adj. et n.m. *Une méthode d'anglais audiovisuelle. Travailler dans l'audiovisuel.*

audit n.m. On prononce le **t**.

auditeur, -trice n.

auditif, -ive adj. *Le canal auditif.*

audition n.f.

auditoire n.m. Est du masculin.

auditorium n.m. Mot latin. On prononce [-om']. *Des auditoriums.*

augmenter v.t. et v.i. *On a augmenté les salaires, on les a augmentés. Les salaires ont été augmentés de 10 %. Les prix augmentent, les prix ont augmenté.*
▸**augmentation** n.f. *Des augmentations de salaire.*

augure n.m. Est du masculin. *Des résultats de bon, de mauvais augure* (= présage).
▸**augurer** v.i. *Ces résultats augurent bien, mal de l'avenir.*

aujourd'hui adv. **1.** Attention à l'apostrophe. – **2.** L'expression *au jour d'aujourd'hui* est un pléonasme, donc à éviter. On dira simplement *aujourd'hui*. – **3.** On dit *jusqu'à aujourd'hui* ou *jusqu'aujourd'hui*. Les deux formes sont correctes.

aumône n.f. Avec **ô**, comme dans les mots de la même famille. *Faire l'aumône.*

aumônier n.m. Avec **ô**.
▸**aumônerie** n.f.

auparavant adv. S'écrit en un mot. *Cela s'est passé un mois auparavant.*

auprès de prép. Avec un accent grave, comme dans ***près***. *Rester auprès d'un malade. Se renseigner auprès d'un collègue.*

auquel → lequel

auréole n.f. *L'auréole d'un saint. – La tache a laissé une auréole sur le tissu.*

au revoir interj. et n.m.inv. S'écrit en deux mots et sans trait d'union. Le nom est invariable. *Des au revoir.*

auriculaire n.m. *Le petit doigt de la main s'appelle l'auriculaire.*

aurore n.f.

ausculter v.t. *Le médecin ausculte le cœur, les poumons avec un stéthoscope.*
▸**auscultation** n.f.

aussi adv. et conj.

- S'emploie dans les comparatifs d'égalité de l'adjectif ou de l'adverbe. *Il est aussi savant que toi. Il roule aussi vite que toi.*
- Au sens de « également », **aussi** s'emploie dans des phrases affirmatives. Dans les phrases négatives, on emploie ***non plus***. *Tu y vas ? Moi aussi. Tu n'y vas pas ? Moi non plus.*
- Quand il indique un très haut degré, **aussi** entraîne le subjonctif avec inversion du sujet. *Aussi grand soit-il...* Sans inversion du sujet, on emploie **aussi... que**. *Aussi grand qu'il soit...*
- Comme conjonction, au sens de « c'est pourquoi », **aussi** entraîne l'inversion du sujet en langue soutenue. *Je me suis trompé de jour, aussi n'ai-je pas pu le rencontrer.*

Accord avec *aussi bien que*

1. S'il y a une pause à l'oral ou deux virgules à l'écrit, le verbe reste au singulier. *Le ministre, aussi bien que le président, a accepté l'invitation* (l'accent est mis sur *le ministre*).

2. S'il n'y a pas de pause à l'oral ou pas de virgules à l'écrit, le verbe se met au pluriel. *Le ministre aussi bien que le président ont accepté l'invitation* (l'un et l'autre).

aussitôt adv. Avec **ô** comme dans ***tôt***. *Aussitôt dit, aussitôt fait.* ◆ **aussitôt que** conj. (Dès que) *Il est sorti aussitôt que la pluie a cessé.* Ne pas confondre avec ***aussi tôt que*** (≠ aussi tard que). *Il est arrivé aussi tôt que moi* (= on est tous les deux arrivés tôt).

austère adj. Avec **è**. *Une vie austère.*
▸**austérité** n.f. Avec **é**.

austral, -e adj. (Au sud de l'équateur) *L'hémisphère austral* (≠ boréal). – Au masculin pluriel on dit *australs* ou très rarement *austraux*.

australien, -enne adj. et n. *Il est australien. C'est un Australien.* (Le nom de personne prend une majuscule.)

autant adv. et conj.

• S'emploie dans des comparaisons pour indiquer l'égalité. *Il travaille autant que toi. Elle a autant de soucis que nous. J'ai travaillé autant que j'ai pu.*

• **autant que**, au sens de « dans la mesure où », se construit avec le subjonctif. *Autant que vous le sachiez.*

• **d'autant (plus, moins, mieux) que** se construit avec l'indicatif. *Cela me plaît d'autant plus que c'est mon propre choix.*

• **autant pour moi (toi...)** La correction voudrait que l'on écrive ***au temps pour moi...***, cette expression d'origine militaire étant un rappel à l'ordre. Mais l'usage a oublié l'origine de cette expression.

autarcie n.f. Avec **cie**. *Vivre en autarcie.*

autel n.m. (Table dans certains lieux de culte) Ne pas confondre avec ***hôtel***.

auteur n.m. S'emploie pour désigner un homme ou une femme. *Agatha Christie est un auteur de romans policiers.* – REMARQUE Au Québec, on emploie le féminin *auteure*. En langue courante ou dans les mouvements pour la féminisation des noms de métiers et de fonctions, on rencontre *une auteur(e)*.

authentique adj. Attention à la place du **h**.
▸**authenticité** n.f.
▸**authentifier** v.t.

auto n.f. Abréviation de **automobile**. *Des autos tamponneuses.* – S'emploie comme premier élément de mots composés, sans trait d'union (*autoradio, autoroute*) ou avec un trait d'union (*auto-école, auto-stop*). – S'emploie avec ou sans trait d'union après un nom. Dans ce cas **auto** est invariable. *Des centres-auto.*

auto- Les mots composés avec **auto-** qui signifie « de soi-même, par soi-même » s'écrivent en un seul mot, sauf si le second élément commence par *i*. Dans ce cas, il y a un trait d'union. *Un autocollant. Une maladie auto-immune.*

autobiographie n.f.
▸**autobiographique** adj.

autobus n.m.

autocar n.m.

autochtone n. et adj. Avec **ch**, qui se prononce [k]. *Les autochtones, les populations autochtones* (= originaires du pays où elles vivent). – REMARQUE Les trois mots ***autochtone***, ***aborigène*** et ***indigène*** ont le même sens. *Autochtone* est un terme neutre, *aborigène* ne s'emploie guère que pour parler des premiers habitants de l'Australie, et *indigène* a pris une valeur péjorative, sauf comme adjectif. → indigène

autocollant, -e adj. et n.m. *Des enveloppes autocollantes. – Un autocollant publicitaire.*

autocuiseur n.m. Ce terme est à préférer à *Cocotte-Minute* qui est un nom déposé.

autodidacte adj. et n.

auto-école n.f. *Des auto-écoles.*

autographe n.m. Avec **ph**, *-graphe* signifiant « écrire ». *Demander un autographe à un acteur.*

automate n.m.

automatique adj.
▸**automatiquement** adv.

automatiser v.t. *On a automatisé la production, on l'a automatisée.*
▸**automatisation** n.f.

automne n.m. Avec **mn** qui se prononce [n]. → mn – Comme tous les noms de saisons, ce mot est du masculin. *Quel bel automne !*
▸**automnal, -e, -aux** adj.

automobile n.f. On emploie plutôt aujourd'hui le mot ***voiture***, sauf dans quelques dénominations comme *salon de l'automobile, automobile-club,* etc. ◆ adj. *Une course automobile.*
▸**automobiliste** n.

autonome adj.
▸**autonomie** n.f.

autopsie n.f. Avec **ps**. *Ce sont les médecins légistes qui pratiquent les autopsies.*

autoradio n.m. *Un autoradio.* Est du masculin malgré le genre féminin de *auto* et de *radio*.

autoriser v.t. et v.pr. *Le médecin a autorisé Marie à sortir, il l'a autorisée à sortir. Les élèves qu'on a autorisés à sortir.* Voir gramm. § 28. – *Elle s'est autorisé quelques écarts dans son régime. Les écarts qu'elle s'est autorisés.* Voir gramm. § 29(3).
▸**autorisation** n.f. *Marie a l'autorisation de sortir.*

autoritaire adj. Avec **ai**. *Une personne autoritaire.*
▸**autoritairement** adv.
▸**autoritarisme** n.m.

autorité n.f. *Avoir de l'autorité, faire preuve d'autorité, faire autorité. – C'est une autorité dans la matière. S'adresser aux autorités compétentes.*

autoroute n.f. Est du féminin, comme ***route***. *Une autoroute.*

auto-stop n.m.sing. S'abrège le plus souvent en **stop**.
▸**auto-stoppeur, -euse** n. Avec **pp**. *Des auto-stoppeurs, des auto-stoppeuses.*

autour (de) adv. et prép. *Une maison avec des arbres tout autour. Il y a des arbres autour de la maison.*

autre adj. et pron. indéfini

• L'adjectif est suivi d'un nom. *L'autre jour. Une autre fois. Je veux d'autres bonbons.*

• Le pronom s'emploie seul avec un article. *L'un l'autre. Les uns les autres. Ni l'un ni l'autre n'est venu.* → un[2] *Les autres pensent que... Un autre que lui l'aurait fait.*

• **autre chose** s'écrit en deux mots. *Vous désirez autre chose ?* – L'accord se fait au masculin singulier. *Je voudrais autre chose de moins cher.* – On dit : *Y a-t-il autre chose à quoi vous pensez ?* et non ✕ *auquel.*

• **autre part** s'écrit en deux mots. *Nous irons autre part.*

• **à d'autres !** est familier.

• **entre autres** s'emploie au sens de « en particulier ». *Il m'a raconté, entre autres, que...* En langue soignée, on préfère employer *entre autres choses.*

• **... et autres** doit normalement être suivi d'un terme générique. *Les sergents, les capitaines et autres militaires.*

• **tout autre** → tout

autrefois adv. (Dans le passé) Ne pas confondre avec ***naguère*** (il y a peu de temps).

autrement adv.

autrichien, -enne adj. et n. *Il est autrichien. C'est un Autrichien.* (Le nom de personne prend une majuscule.)

autruche n.f.

autrui pron. indéfini *Le respect d'autrui* (= de l'autre).

auxiliaire adj. et n. On prononce [ksi]. Avec un seul **l**. *Du personnel auxiliaire. Les auxiliaires de justice.* ◆ n.m. Voir ce mot dans la partie grammaire.

aux → au

auxquels, auxquelles → lequel

aval n.m. **1.** L'**aval**, c'est le côté vers lequel une rivière descend, le côté vers la vallée, par opposition à l'***amont***. – **en aval**, dans la suite ou vers la fin d'un processus.

– **2.** *Donner son aval à un projet* (= caution, appui, soutien). *Des avals.*

avalanche n.f. *Déclencher une avalanche.* – **une avalanche de** : *Une avalanche de lettres lui fut envoyée* ou *lui furent envoyées.* Voir gramm. § 11.

avaler v.t. *Il a avalé ses pilules, il les a avalées.*

à-valoir n.m.inv. Avec **à**. Le nom s'écrit avec un trait d'union, l'expression s'écrit sans trait d'union. *Ils ont reçu des à-valoir. Voilà 100 euros à valoir sur...*

avancer v.t. et v.pr. Avec **ç** devant *a* et *o* : *il avançait, nous avançons. On lui a avancé une chaise. La chaise qu'on lui a avancée. Elle s'est avancée vers nous.*
▸**avance** n.f. *Arriver en avance. Payer d'avance. Prévenir à l'avance. Obtenir une avance de 100 euros. Des idées en avance sur leur époque.*
▸**avancé, -e** adj. *Des idées très avancées.*
▸**avancée** n.f. *Les avancées de la science.*
▸**avancement** n.m. *Obtenir de l'avancement.*

avanie n.f. LITT. (Offense, affront) Ne pas confondre avec ***avarie*** (dégât).

avant prép., adv., adj.inv. et n.m.

• (≠ après) La préposition est suivie d'un complément, l'adverbe s'emploie seul. *Lundi vient avant mardi. C'est le jour d'avant.*

• **avant que** est une conjonction de subordination toujours suivie du subjonctif. En langue soutenue on ajoute un ***ne*** dit « explétif ». *Partons vite avant qu'il ne pleuve !*

• (≠ arrière) Le mot **avant** est invariable sauf quand il s'agit du nom. *Ils se sont penchés en avant. Les roues avant d'un véhicule* (= adjectif). *Ils ont toujours joué comme avants au rugby* (= nom).

• Comme élément de formation de mots, **avant-** ne prend jamais la marque du pluriel : *des avant-goûts, des avant-gardes,* sauf quand il s'agit du nom : *des avants-centres.*

avantage n.m. *Cette situation a beaucoup d'avantages. Les avantages acquis. Avoir, prendre, perdre l'avantage sur quelqu'un. Avoir avantage à faire quelque chose. – Je n'ai pas d'avantage à faire cela.* Ne pas confondre avec l'adverbe ***davantage*** (= plus).
▸**avantageux, -euse** adj.
▸**avantageusement** adv.
▸**avantager** v.t. Avec **e** devant *a* et *o* : *il avantagea, nous avantageons. Il a avantagé ses clients fidèles, il les a avantagés.*

avant-bras n.m.inv. *Les avant-bras.*

avant-centre n.m. (Joueur de football) Dans ce mot, *avant* est un nom qui prend la marque du pluriel, contrairement aux autres mots composés avec *avant*. *Des avants-centres.*

avant-coureur adj.masc. Ne s'emploie qu'au masculin. *Des signes avant-coureurs.* Voir gramm. § 34(3).

avant-dernier, -ière adj. et n. *Elle est avant-dernière. Ils sont avant-derniers.*

avant-hier adv. Avec un trait d'union. Attention à l'écrit. *C'était avant-hier que cela s'est passé* (= le jour qui précède hier). *C'était (bien) avant hier que cela s'est passé* (= n'importe quel jour avant hier).

avare adj. et n.
▸**avarice** n.f.

avarie n.f. (Dégât) *Le bateau a subi des avaries.* Ne pas confondre avec ***avanie*** (affront).

avarié, -e adj. *De la nourriture avariée.*

avatar n.m. Ce mot s'emploie à tort, mais de façon courante, au sens de « mésaventure, ennui, incident » : *les avatars d'un voyage.* Au sens strict, un **avatar** est une transformation, un changement : *Ce texte de loi a subi de nombreux avatars.* (Dans la religion hindoue, le dieu Vishnou revêt l'apparence d'un homme chaque fois qu'il revient sur terre. Ces métamorphoses sont des *avatars*.)

Ave n.m.inv. Mot latin. Avec une majuscule et sans accent. On dit aussi **Ave Maria**. *Dire trois Ave.*

avec prép. *Il parle avec sa sœur. Il écrit avec un stylo. Répondre avec gentillesse.* – REMARQUE L'emploi de **avec** sans complément est courant, mais certains le critiquent. *Il a rencontré Jacques et il est parti avec.* La langue soignée préfère dire *avec lui*.

1. **avenant** n.m. *Ajouter un avenant à un contrat.*

2. **avenant, -e** adj. LITT. *Une personne très avenante* (= agréable, sympathique).

avènement n.m. Avec **è**. *L'avènement d'un monde meilleur.*

avenir n.m. *Avoir tout l'avenir devant soi. Un métier d'avenir. Pensez-y, à l'avenir.* Ne pas confondre avec ***à venir***. *Dans les jours à venir.*

avent n.m. Avec un **e**. *Calendrier de l'avent* (= période qui précède Noël).

aventure n.f. Avec **en**. *Avoir l'esprit d'aventure. Un film d'aventures.*
▸**aventurer (s')** v.pr. *Elle s'est aventurée dans la forêt.*
▸**aventurier, -ière** n. *Un aventurier aime l'aventure et le risque.* Ce terme est souvent péjoratif.
▸**aventureux, -euse** adj. *Une politique aventureuse.*

avenu, -e adj. – **nul et non avenu** s'accorde. *Leur proposition est nulle et non avenue.*

avenue n.f. S'écrit sans majuscule (s'abrège en *av.*). *Habiter avenue des Saules. M. Durand, 5 av. des Saules.*

avérer (s') v.pr. CONJ. 4 Avec **é** ou **è** : *s'avérer, il s'avère.* – Vient du latin *verus* qui signifie « vrai », d'où l'adjectif *avéré*. Mais dans son emploi courant **s'avérer** a pris le sens de « se révéler ». *Cette décision s'est avérée inapplicable.* Certains condamnent ***s'avérer vrai***, pléonasme très répandu, et ***s'avérer faux***, qui est contradictoire.
▸**avéré, -e** adj. *Un fait avéré* (= reconnu vrai).

averse n.f. *Une averse est tombée.* Ne pas confondre avec ***à verse*** : *Il pleut à verse.*

aversion n.f. Avec **sion**. *Je n'ai pas d'aversion pour, contre, à l'égard de ton ami.*

avertir v.t. *On les a avertis du danger.*
▸**averti, -e** adj. *Un homme averti en vaut deux.*
▸**avertissement** n.m.
▸**avertisseur** n.m.

aveu n.m. *Faire des aveux. Passer aux aveux.*

aveugle adj. et n. On dit aussi ***non-voyant***.

aveugler v.t. et v.pr. *Le soleil nous aveugle. Le soleil nous a aveuglés. L'ambition l'aveugle. Elle est aveuglée par son ambition. Il s'aveugle sur son état.*
▸**aveuglant, -e** adj. *Une lumière aveuglante.*
▸**aveuglement** n.m. Sans accent. *Son aveuglement l'a conduit à la ruine.*
▸**aveuglément** adv. Avec un accent aigu. *Suivre quelqu'un aveuglément.*

aveuglette (à l') loc.adv. Avec **tt**.

aviation n.f. *Une compagnie d'aviation.*
▸**aviateur, -trice** n.

aviculture n.f. (Élevage des oiseaux) Ne pas confondre avec ***apiculture*** (élevage des abeilles).

avide adj. LITT. *Un être avide* (= cupide). – *Elle est avide de connaissances.*
▸**avidité** n.f.

avilissant, -e adj. Avec un seul **l**.

avion n.m. *Voyager en avion. Des avions-cargos.*

aviron n.m.

avis n.m. Avec **s** – **être d'avis de** + infinitif, **que** + subjonctif : *Je suis d'avis de partir, que nous partions, tout de suite* (= penser préférable). – **être d'avis que** + indicatif : *Je suis d'avis que tout le monde doit s'exprimer* (= croire, penser que).

avisé, -e adj. *Des conseillers avisés.* – REMARQUE On écrit en deux mots *Vous avez été bien avisé de venir*, et en un seul mot *malavisé*.

aviser v.t., v.i. et v.pr. *Nous avons avisé les autorités de notre visite. Nous les avons avisées de notre visite. – On ne sait pas encore quoi faire, nous aviserons plus tard. – Ne t'avise pas de recommencer !*

1. **avocat** n.m. *Des avocats vinaigrette. Une salade d'avocat(s).*

▸**avocatier** n.m.

2. avocat, -e n. *Les avocats du barreau de Paris.*

avoine n.f. *Des flocons d'avoine.*

1. avoir v.t. et auxiliaire

- Comme verbe, **avoir** est transitif et son participe passé s'accorde avec le complément d'objet direct, si celui-ci est placé avant. *J'ai eu trois cadeaux. Les trois cadeaux que j'ai eus.*
- Comme auxiliaire, **avoir** est toujours suivi d'un verbe au participe passé. *J'ai chanté.* Voir *auxiliaire* dans la partie grammaire.
- Attention à la conjugaison de ce verbe, en particulier au subjonctif présent *qu'il ait*, avec un **t**, *que nous ayons, que vous ayez* sans *i* après le *y*. *Avoir* et *être* sont les seuls verbes à avoir ces deux particularités. Voir *Conjugaisons*, pp. 472-473.
- **avoir à** est toujours suivi de l'infinitif. *Les sommes que nous avons à payer. Les sommes que nous avons eu à payer.* (Le participe est invariable.)
- **avoir** entre dans de nombreuses locutions dont certaines peuvent présenter des difficultés : *avoir affaire, avoir l'air, il y a.* → affaire, air, il y a

2. avoir n.m. *Un avoir, des avoirs.*

avoisiner v.t. *Une somme qui avoisine les mille euros. Une somme avoisinant les mille euros.*
▸**avoisinant, -e** adj. *Les terres avoisinantes.* Ne pas confondre avec le participe présent invariable du verbe : *Ses terres avoisinant les miennes…* Voir gramm. § 31(3).

avorter v.i. *Elle a dû avorter. – Le projet a avorté* (= échouer).
▸**avorté, -e** adj. *Un projet avorté.*
▸**avortement** n.m. *Provoquer un avortement.*

avoué n.m. (Officier ministériel) Le féminin ***avouée*** est rarement utilisé.

avouer v.t. et v.pr. *Avouer une faute. Faute avouée est à moitié pardonnée. Les erreurs qu'il a avouées. – Elle ne s'est pas avouée vaincue.*

avril n.m. *Paris, le 3 avril.* – Les noms de mois s'écrivent avec une minuscule. → date

axe n.m. *L'axe est-ouest.*
▸**axer** v.t. *Une politique axée sur la défense des plus faibles. Il a axé sa déclaration autour de trois grands thèmes.*

axiome n.m. Sans accent circonflexe.

ayant droit n.m. Sans trait d'union. *Des ayants droit.*

ayatollah n.m. Mot arabe. Avec **llah**. *Des ayatollahs.*

azalée n.f. Est du féminin. *Une azalée blanche.*

azimut n.m. Avec un **t** qui se prononce et sans *h*. – **tous azimuts** est toujours au pluriel. On ne doit donc pas faire entendre de [t] en liaison. *Une campagne électorale tous azimuts.*

azote n.m. Est du masculin.
▸**azoté, -e** adj. *Des engrais azotés.*

azur n.m. Prend une majuscule dans *Côte d'Azur*. – Est invariable comme adjectif de couleur. *Des yeux azur* (= couleur d'azur). Voir gramm. § 8.

azyme adj. Avec **y**. *Du pain azyme.*

a

B

B.A. n.f.inv. Abréviation de *bonne action*. S'écrit avec ou sans majuscules. *Faire sa b.a.*

1. baba n.m. *Des babas au rhum.*

2. baba adj. FAM. *Ils en sont restés babas* (= ébahis, époustouflés).

b.a.-ba n.m.inv. On prononce [béaba]. *C'est le b.a.-ba du métier* (= abc).

babil n.m. On prononce le **l**. *Le babil des enfants.* → -il
▸ **babiller** v.i. On prononce [babiyé].
▸ **babillage** n.m.

babine n.f. S'emploie surtout au pluriel. *Les babines d'un chien.* – **s'en lécher les babines** : *C'était très bon, elle s'en est léché les babines.*

babiole n.f. Avec un seul **l**.

bâbord n.m. Avec **â**. (Côté gauche d'un navire) Ne pas confondre avec ***tribord*** (côté droit).

babouin n.m. Avec **u**. → -oin/-ouin

baby-boom n.m. Mot anglais. *Des baby-booms.*

baby-foot n.m.inv. Mot anglais invariable.

baby-sitter n. Mot anglais. *Un, une baby-sitter. Des baby-sitters.*
▸ **baby-sitting** n.m.inv.

bac n.m. *Un bac à sable. Un bac à légumes.*

baccalauréat n.m. Avec **cc**. S'abrège en **bac**.

baccara n.m. (Jeu) Ne pas confondre avec ***baccarat*** (cristal).

baccarat n.m. (Cristal) Ne pas confondre avec ***baccara*** (jeu).

bâche n.f. Avec **â** comme dans les mots de la même famille.
▸ **bâcher** v.t. *Bâcher des camions. Les camions qu'on a bâchés.*

bachelier, -ière n. Sans accent circonflexe. *Un bachelier, une bachelière.*

bachot n.m. VIEILLI (Baccalauréat)
▸ **bachoter** v.i. Avec un seul **t**. → -oter

bacille n.m. On prononce [il] comme dans *ville*. → -ille-
▸ **bacillaire** adj. On prononce [il].

background n.m. Mot anglais. On recommande d'employer ***arrière-plan***.

bâcler v.t. Avec **â**. *Ils ont bâclé leurs devoirs. Ils les ont bâclés.*

bacon n.m. Mot anglais. On prononce [békon'].

bactérie n.f.
▸ **bactérien, -enne** adj.
▸ **bactériologie** n.f.
▸ **bactériologique** adj.

badaud n.m. Avec un **d**. – REMARQUE Le féminin *badaude* est rare.

badge n.m.

badigeon n.m. *Peindre au badigeon.*
▸ **badigeonner** v.t. Avec **nn**.

badin, -e adj. *Parler d'un ton badin. Être d'humeur badine.*
▸ **badiner** v.i. *On ne badine pas avec l'amour.*

badminton n.m. Mot anglais. Il n'y a pas de *g*. On prononce [badmin'ton'].

baffe n.f. FAM. Avec **ff**. *Donner une baffe* (= gifle).

baffle n.m. Est du masculin. *Un baffle* (= une enceinte acoustique). Ne pas confondre avec ***baffe*** (gifle).

bafouer v.t. *On a bafoué les droits de l'homme. Ce sont les droits de l'homme qu'on a bafoués.* – ATTENTION Au futur et au conditionnel : *il bafouera(it).*

bafouiller v.i. et v.t. Avec un seul **f**. *Quand il parle, il bafouille. Il a bafouillé des excuses. Les excuses qu'il a bafouillées...*
▸**bafouillage** n.m.

bagage n.m. **1.** S'emploie le plus souvent au pluriel pour désigner les sacs, les valises, et dans les expressions *faire ses bagages, un coffre à bagages, un voyageur sans bagages, partir avec armes et bagages.* Est au singulier dans *plier bagage.* – **2.** S'emploie le plus souvent au singulier au sens figuré. *Un bagage intellectuel.*
▸**bagagiste** n.

bagarre n.f. Avec **rr**.
▸**bagarrer** v.i. *Ils ont bagarré dur pour en arriver là* (= lutter). ◆ v.pr. *Ils se sont bagarrés* (= se battre).
▸**bagarreur, -euse** adj.

bagatelle n.f.

bagnole n.f. FAM. (Voiture) Avec un seul **l**.

bagou ou **bagout** n.m. Les deux orthographes sont admises. La forme **bagou** prend un *s* au pluriel : *des bagous.* – La forme **bagout** n'a pas d'accent circonflexe, ce mot n'ayant aucun rapport avec *goût.*

bague n.f.
▸**baguer** v.t. Avec **gu**, même devant *a* et *o* : *nous baguons. Baguer des pigeons. Les pigeons qu'on a bagués.*
▸**baguage** n.m. Le nom garde le **u** du verbe.

baguette n.f. *Des baguettes de tambour.*

bah ! interj. L'interjection est suivie d'un point d'exclamation, mais la suite de la phrase peut commencer par une minuscule. *Bah ! ce n'est pas grave.*

bahut n.m. Avec un **h**.

bai, -e adj. (Couleur) *Un cheval bai, une jument baie.*

baie n.f. *Cueillir des baies. La baie d'Ajaccio.*

baigner v.i., v.t. et v.pr. *Les frites baignent dans l'huile. Baigner ses pieds dans l'eau. Elles se sont baignées dans la rivière.*
▸**baignade** n.f.
▸**baigneur, -euse** n.
▸**baignoire** n.f.

bail n.m. *Un bail, des baux.*

bailler v.t. Sans accent circonflexe. Ce verbe ne s'emploie que dans l'expression *vous me la baillez belle.* Ne pas confondre avec ***bâiller*** et ***bayer***.

bâiller v.i. Avec **â**. *Il a sommeil, il bâille. Une porte qui bâille.* Ne pas confondre avec ***bailler*** et ***bayer***.
▸**bâillement** n.m. *Étouffer un bâillement.*

bâillon n.m. Avec **â**.
▸**bâillonner** v.t. *Bâillonner un otage. On a bâillonné la presse, on l'a bâillonnée.*

bain n.m. S'emploie au pluriel dans *salle de bains, établissement de bains* et au singulier dans *maillot de bain, serviette de bain, peignoir de bain, sels de bain* (= pour le bain).

bain-marie n.m. *Des bains-marie.*

baiser n.m. *Bons baisers d'Ajaccio.*

baisser v.i., v.t. et v.pr. *Les prix baissent. Baisser la tête. Elle s'est baissée. – Marcher tête baissée.*
▸**baisse** n.f. *Les températures sont en baisse.*

bal n.m. *Des robes de bal. Des bals de village.*

balade n.f. (Promenade) Avec un seul **l**. Ne pas confondre avec ***ballade*** (poème, musique).
▸**balader** v.t. et v.pr. *On nous a baladés d'un endroit à l'autre. Ils se sont baladés en forêt.*

baladeur n.m. Terme générique pour remplacer *Walkman*, nom de marque.

balafre n.f. Avec un seul **f**.

balai n.m. Avec **ai**. *Des coups de balai. Des balais-brosses. Des voitures-balais.*

balance n.f. **1.** *Poser des marchandises sur une balance. Mettre des projets en balance.* – **2.** Le signe astrologique prend une majuscule. *Ils sont (du signe de la) Balance.*

balancer v.t. et v.pr. Avec **ç** devant *a* et *o* : *il balançait, nous balançons. Elles se sont balancées.*
▸**balancement** n.m.
▸**balancier** n.m.
▸**balançoire** n.f. Avec **ç**.

balayer v.t. CONJ. 5 *On balaie* ou *balaye. Il a balayé la cour, il l'a balayée.* – ATTENTION À l'indicatif imparfait et au subjonctif présent : *(que) nous balayions.*

b

▸ **balayage** n.m.
▸ **balayette** n.f.
▸ **balayeur, -euse** n.

balbutier v.i. et v.t. Le **t** se prononce [s] comme dans les mots de la même famille : *il balbutie* [-si]. – ATTENTION Au futur et au conditionnel : *il balbutiera(it).*
▸ **balbutiant, -e** adj.
▸ **balbutiement** n.m. Avec un **e** muet.

balcon n.m.
▸ **balconnet** n.m.

baldaquin n.m. *Des lits à baldaquin.*

baleine n.f. Avec **ei**.
▸ **baleineau** n.m. *Des baleineaux.*

balise n.f.
▸ **baliser** v.t. *La piste est balisée.*

balistique adj. et n.f. Avec un seul **l**.

ballade n.f. (Poème, musique) Avec **ll**. Ne pas confondre avec ***balade*** (promenade).

ballant, -e adj. *Les bras ballants.*

balle n.f.

ballerine n.f.

ballet n.m.

ballon n.m. *Des ballons de foot.* – Est invariable dans *des manches ballon, des verres ballon*.

ballonné, -e adj. *Elle s'est sentie ballonnée.*
▸ **ballonnement** n.m.

ballot n.m.

ballotin n.m. Avec **ll** et un seul **t**.

ballottage n.m. Avec **ll** et **tt**. *Les candidats sont en ballottage.*

ballotter v.t. Avec **ll** et **tt**. *Des voiliers ballottés par le vent.* → -oter
▸ **ballottement** n.m.

balluchon ou **baluchon** n.m. Avec un ou deux **l**.

balnéaire adj. *Des stations balnéaires.*

balustrade n.f. Avec un seul **l**.

bambou n.m. *Des bambous. Des pousses de bambou.*

ban n.m. *Convoquer le ban et l'arrière-ban. Ils se sont mis au ban de la société. Un ban pour les mariés ! Un triple ban !* ◆ n.m.plur. *Publier les bans à la mairie.*

banal, -e, -als adj. Attention au masculin pluriel *banals. Des histoires banales, des événements banals.* Voir gramm. § 32(3).
▸ **banaliser** v.t. et v.pr.
▸ **banalisé, -e** adj. *Une voiture banalisée.*
▸ **banalité** n.f. *Dire des banalités.*

banane n.f.
▸ **bananier** n.m.
▸ **bananeraie** n.f.

banc n.m. Avec un **c** qui ne se prononce pas.

bancaire adj. Avec **c**. *Un compte bancaire. Un établissement bancaire* (= une banque).

bancal, -e, -als adj. Attention au masculin pluriel : *bancals. Des chaises bancales. Des meubles bancals.* Voir gramm. § 32(3).

bandage n.m.

bande n.f. **1.** *Une bande de papier, de tissu. Des bandes Velpeau.* – **2.** *Une bande de voleurs s'est attaquée* ou *se sont attaqués à la banque.* Voir gramm. § 11. – **3.** S'emploie pour former des mots composés avec ou sans trait d'union : *des bandes-annonces, des bandes dessinées, des bandes-son, des bandes-vidéo.* – **bande dessinée** s'abrège en **B.D.** ou quelquefois **bédé**. – **bande originale** s'abrège en **B.O.**

bandeau n.m. *Des bandeaux.*

bandelette n.f.

bander v.t. et v.pr. *La jambe qu'il s'est bandée. On lui a bandé la jambe. Il a la jambe bandée. Il s'est bandé la jambe.* Voir gramm. § 29(2 et 3).

banderille n.f. On prononce [iy'] comme dans *fille*. → -ille-

banderole n.f. Avec un seul **l**. → -ole/-olle

bandit n.m.
▸ **banditisme** n.m.

bandoulière n.f. Avec un seul **l**. On prononce [lièr]. *Porter un sac en bandoulière.*

banjo n.m. On prononce [-jo] ou [-djo].

banlieue n.f. *Les villes de banlieue.*

›banlieusard, -e n.

bannière n.f. Avec **nn**.

bannir v.t. Avec **nn**. *Ces idées, je les ai bannies de mon esprit.*

banque n.f. *Des billets de banque. Des comptes en banque. Une banque d'affaires, de dépôt(s), de crédit. Une banque d'organes, du sang. Une banque de données.* – Prend une majuscule dans certaines dénominations officielles : *la Banque de France.* – REMARQUE Les mots de la famille s'écrivent avec **qu** ou **c** : *banquier, bancaire.*

banqueroute n.f. *Faire banqueroute.*

banquet n.m.

banquette n.f.

banquier, -ière n. *Un banquier, une banquière.*

banquise n.f.

baobab n.m. *Des baobabs.*

baptême n.m. Avec **ê**. Le **p** ne se prononce pas, comme dans les mots de la même famille. *Des noms de baptême. Des baptêmes de l'air.*
›baptiser v.t. *On l'a baptisée Marie.*
›baptismal, -e, -aux adj. *Les fonts baptismaux.*

baquet n.m.

bar n.m. **1.** (Café) *Aller dans un bar. Un bar à vins.* – **2.** (Poisson) *Des bars au fenouil.*

baraque n.f. Avec un seul **r**.
›baraquement n.m.

baratin n.m. Est familier.

baratte n.f. Avec un seul **r** et **tt**. *Une baratte à beurre.*

barbare adj. et n. *Un acte barbare. Ce sont des barbares.* – Prend une majuscule pour désigner les peuples étrangers à la Grèce de l'Antiquité. *L'invasion des Barbares.*
›barbarie n.f.

barbarisme n.m. Voir ce mot dans la partie grammaire.

barbe n.f. *Porter la barbe.*

barbecue n.m. Mot anglais. On prononce [-kiou] ou quelquefois [ku]. *Des barbecues.*

barbelé adj.masc. et n.m. *Du fil de fer barbelé. Des barbelés.*

barboter v.i. Avec un seul **t**. → -oter

barbouiller v.t. *La figure barbouillée de confiture.*

barbu, -e adj. et n.m. *Un homme barbu. Un barbu.*

barème n.m. Attention, sans accent circonflexe, mais avec un accent grave.

baril n.m. Avec un seul **r**. Le **l** se prononce. → -il

bariolé, -e adj. *Une étoffe bariolée.*

barman n.m. Mot anglais. On prononce [man']. – PLURIEL On dit *des barmans* (pluriel français) ou, plus rarement, *barmen.* Voir gramm. § 37.

baromètre n.m.

baron n.m. **baronne** n.f.

baroque adj. et n.m.

barque n.f.

barquette n.f. *Une barquette aux framboises.*

barrage n.m. *Des barrages de police. Faire barrage à. Des matchs de barrage.*

barre n.f. *Des barres de chocolat. Tenir la barre, être à la barre. Avoir barre sur quelqu'un.* – *Un code à barres* ou *un code-barres.* – **barre oblique**, signe typographique.

Emploi de la barre oblique

1. On emploie la barre oblique pour remplacer ***par*** ou ***à*** avec des unités de mesure abrégées : *Vitesse limitée à 90 km/h.*

2. La barre oblique remplace la barre horizontale de fraction dans un texte courant : *3/4 de litre.*

3. Elle indique une double possibilité, en particulier dans des abréviations : *et/ou ; moniteur/trice.*

4. Elle peut remplacer le trait d'union, en particulier quand ce signe est déjà employé. *Orientation sud-est/nord-ouest. Billet de train Paris-Montparnasse/Rennes. L'alternance travail/repos.*

b

barreau n.m. *Des barreaux. Une fenêtre à barreaux.*

barrer v.t. *On a barré la route, on l'a barrée.*

barrette n.f. Avec **rr** et **tt**.

barricade n.f. Avec **rr** comme dans ***barrer***.
▸**barricader** v.t. et v.pr. *Ils se sont barricadés dans leur chambre.*

barrière n.f.

barrir v.i. *L'éléphant barrit.*

baryton n.m. Avec **y**. *Les barytons ont une voix moins élevée que les ténors.*

bas, basse adj. **1.** *Une table basse. Vendre à bas prix. Cela vaut 100 euros au bas mot.* – **2.** Prend une majuscule dans les noms propres de lieux ou d'époques : *le Bas-Empire, la Basse-Normandie, la Basse-Égypte* (= ancien royaume). Mais on écrira : *Visiter la basse Égypte* (= région).
▸**bas** adv. *Parlons plus bas.* ◆ n.m. *Signer en bas de* ou *au bas de la feuille.* – **bas de gamme** s'emploie comme nom ou comme adjectif toujours invariable. *Vendre du bas de gamme. Des produits bas de gamme.*

bas-côté n.m. *Des bas-côtés.*

bascule n.f. *Des fauteuils à bascule.*

basculer v.i. *La fin de l'histoire bascule dans l'horreur.*

base n.f. *Apprendre les bases d'une matière. Des produits de base. Être payé sur la base de. Être à la base de* (= à l'origine). – REMARQUE L'expression courante *à la base* est très familière.

base-ball n.m. Mot anglais. On prononce [bèzbol].

baser v.t. et v.pr. L'emploi de **baser sur** est critiqué par certains qui lui préfèrent ***fonder sur***, mais il est très courant. *Baser une argumentation sur des faits établis. Une argumentation basée sur des faits. Sur quoi s'est-elle basée pour me juger ?*

bas-fond n.m. *Les bas-fonds.*

basilic n.m. (Herbe) Avec un **c**. Ne pas confondre avec ***basilique*** (église).

basilique n.f. (Église) Ne pas confondre avec ***basilic*** (herbe).

basique adj. et n.m. Avec **que**. *Des produits basiques. Les basiques d'une garde-robe.* Ne pas confondre avec le mot anglais *basic*, très courant dans les textes ou les dénominations publicitaires (mode, cosmétique, etc).

basket n.m. Mot anglais. Abréviation de **basket-ball**. *Aimer le basket.* ◆ n.f. Féminin pour désigner la chaussure. *Des baskets blanches.*
▸**basketteur, -euse** n. Avec **tt**.

bas-relief n.m. *Des bas-reliefs.*

basse n.f. *Jouer de la basse.* → bas

basse-cour n.f. *Des basses-cours.*

bassesse n.f.

bassin n.m. Prend une majuscule dans certains noms géographiques. *Le Bassin parisien*; mais *le bassin de la Loire.*

bassine n.f.

bastingage n.m. Avec **ga** sans *u*. *S'accouder au bastingage d'un navire.*

bastion n.m.

bât n.m. Avec **â**. *C'est là où le bât blesse.* (Le bât est une pièce de bois placée sur le dos des bêtes de somme.)

bataille n.f. *La bataille de la Marne.* – **en bataille** : *Avoir les cheveux en bataille.*
▸**batailler** v.i.

bataillon n.m.

bâtard, -e adj., n. et n.m. Avec **â**.

bateau n.m. Sans accent circonflexe. *Des bateaux à moteur. Un bateau à voiles.* Voir gramm. § 13. – Est invariable dans *des décolletés bateau, des sujets bateau.*

Genre des noms de bateaux

1. Sont masculins les noms de bateaux désignés par des noms ou adjectifs masculins : *le Charles de Gaulle, le Vainqueur.*

2. Sont masculins ou féminins, selon la nature du bateau, les noms de bateaux désignés par des noms féminins : *le France* (= un paquebot), *la Marie-Galante* (= une péniche).

bateau-mouche n.m. *Les bateaux-mouches.*

batifoler v.i. Avec un seul **f** et un seul **l**.

bâtir v.t. Avec **â** comme dans les mots de la même famille. *La maison qu'ils ont bâtie, qu'ils ont fait bâtir.* (*Fait* suivi d'un infinitif est invariable.) *Des terrains à bâtir. Des terrains bâtis. Il est mal bâti.*
▸ **bâti** n.m. *Le bâti d'une fenêtre.*
▸ **bâtiment** n.m. *Des peintres en bâtiment.*
▸ **bâtisse** n.f. *Une vieille bâtisse.*

bâton n.m. Avec **â**. *Donner des coups de bâton.* – **à bâtons rompus** : *Une discussion à bâtons rompus.*
▸ **bâtonnet** n.m.

battant, -e adj. *Une pluie battante. Mener une affaire tambour battant. Avoir le cœur battant.* ◆ n. *C'est un battant. C'est une battante.* ◆ n.m. *Une porte à deux battants, une porte à double battant.*

batte n.f. Avec **tt**. *Une batte de base-ball.*

battement n.m.

batterie n.f.

battre v.i., v.t. et v.pr. CONJ. 37, sauf au passé simple : *je battis, il battit* ; et au participe passé : *battu*. Avec **tt** comme tous les mots de la même famille sauf *combatif, combativité*. – *Avoir le cœur qui bat.* – *On a battu les meilleurs ! On les a battus ! – Elle s'est battue pour réussir. Ils se sont battus en duel.* – ATTENTION Au conditionnel, on dit : *vous battriez* et non ✕ *vous batteriez.*

battu, -e adj. *Avoir les yeux battus. Sortir des chemins battus.*

battue n.f. *Organiser une battue.*

baudruche n.f. *Des ballons de baudruche.*

baume n.m. *Un baume pour les lèvres.*

bavard, -e adj. et n.
▸ **bavarder** v.i.
▸ **bavardage** n.m.

bave n.f.
▸ **baver** v.i.
▸ **bavoir** n.m.
▸ **bavure** n.f. *Net et sans bavure(s).*

bayer v.i. Ne s'emploie que dans l'expression *bayer aux corneilles* (= rester bouche bée). Ne pas confondre avec ***bailler*** et ***bâiller***.

bazar n.m. Sans *d*.

bazarder v.t. FAM. *Ils ont bazardé de vieilles affaires. Ils les ont bazardées.*

bazooka n.m. Avec **oo** qu'on prononce [ou].

B.D. n.f. Abréviation de **bande dessinée**. S'écrit avec ou sans points.

béant, -e adj. *Un trou béant.*

béat, -e adj. Avec **t** qui ne se prononce pas au masculin. *Un air béat. Elle est béate d'admiration.*

beau, belle adj. *Ils sont beaux, elles sont belles.* – REMARQUE Devant un nom masculin singulier commençant par une voyelle ou un *h* muet, on emploie **bel** : *un bel été, un bel homme.*
▸ **beau** adv. *Il fait beau. Vous avez beau crier, personne n'entend.*

beaucoup adv. *Il a beaucoup travaillé. J'ai beaucoup de chance, j'ai beaucoup de livres.* – **beaucoup de** peut être suivi d'un nom au singulier ou au pluriel. L'accord se fait avec ce nom. *Beaucoup de monde est venu ? Beaucoup de gens sont venus ? Beaucoup de vaisselle fut cassée.* Voir gramm.§ 39(1). – REMARQUE Si le nom est sous-entendu ou s'il n'est pas repris dans la phrase, l'accord se fait de la même manière. *Beaucoup pensent que...* (= beaucoup de personnes). *Toute la vaisselle est tombée, il y en a eu beaucoup de cassée.*

beau-fils n.m. *Des beaux-fils.*

beau-frère n.m. *Des beaux-frères.*

beaujolais n.m. Sans majuscule pour désigner le vin de cette région.

beau-père n.m. *Des beaux-pères.*

beauté n.f. *Elles sont en beauté ce soir.*

beaux-arts n.m.plur.

beaux-parents n.m.plur.

bébé n.m. *Ils sont encore très bébés.*

bec n.m. *Des prises de bec.*

bécasse n.f.

bec-de-cane n.m. *Des becs-de-cane.*

b

bec-de-lièvre n.m. *Des becs-de-lièvre.*

béchamel n.f. Avec **el**. *Des béchamels.* Mais *des sauces Béchamel* (= à la Béchamel).

bêche n.f. Avec **ê**.
▸ **bêcher** v.t.

becquée n.f. Avec **cq**. *Donner la becquée aux oisillons.*

bedeau n.m. *Les bedeaux d'une église.*

bédouin, -e adj. et n. Avec **ouin**. → -oin/-ouin *Une tente bédouine. Les Bédouins.* (Le nom de personne prend une majuscule.)

bée adj.fém. *Ils écoutaient, bouche bée.*

beffroi n.m. *Des beffrois.*

bégayer v.i. et v.t. CONJ.5 *Il bégaie* ou *bégaye.* – ATTENTION À l'indicatif imparfait et au subjonctif présent : *(que) nous bégayions.*
▸ **bégaiement** n.m. Avec un **e** muet.
▸ **bègue** adj. et n. Avec **è**.

bégonia n.m. *Des bégonias.*

beige adj. et n.m. *Des robes beiges.* Mais *des robes beige clair.* Voir gramm. § 8(3).

beignet n.m. Avec **ei**. *Un beignet aux pommes, à la confiture.*

bel adj.masc.sing. *Un bel homme.* → beau – **bel et bien** *Ils étaient bel et bien absents ce jour-là.*

bêler v.i. Avec **ê**.
▸ **bêlement** n.m.

belette n.f.

belge adj. et n. *Ils sont belges. Ce sont des Belges.* (Le nom de personne prend une majuscule.)

bélier n.m. **1.** *Les béliers bêlent.* – **2.** *Des coups de bélier. Des voitures-béliers.* – **3.** Le signe astrologique prend une majuscule. *Ils sont (du signe du) Bélier.*

belle adj. → beau

belle-famille n.f. *Des belles-familles.*

belle-fille n.f. *Des belles-filles.*

belle-mère n.f. *Des belles-mères.*

belle-sœur n.f. *Des belles-sœurs.*

belligérant, -e adj. et n.m. Avec **ll**. S'emploie surtout au pluriel. *Les nations belligérantes. Les belligérants sont ceux qui font la guerre.*

belliqueux, -euse adj. Avec **ll** comme dans *belligérant.*

belote n.f. Avec un seul **t**. *Jouer à la belote.*

bémol n.m.

bénédiction n.f.

bénéfice n.m. *Faire des bénéfices. Soirée organisée au bénéfice des sans-abri.*
▸ **bénéficiaire** adj. et n. Avec **aire** comme dans *déficitaire.*
▸ **bénéficier** v.t.ind. *Nous avons bénéficié de circonstances favorables.* – REMARQUE La construction inverse *bénéficier à* est critiquée mais très courante. *La croissance a bénéficié aux classes moyennes.* On préférera, dans cet emploi, ***profiter à***. – ATTENTION À l'indicatif imparfait et au subjonctif présent : *(que) nous bénéficiions.* – Au futur et au conditionnel : *il bénéficiera(it).*

bénéfique adj. *Le traitement lui a été très bénéfique.*

bénévole adj. et n. *Des pompiers bénévoles.*
▸ **bénévolat** n.m.

bénin, bénigne adj. Attention au féminin avec **igne**. On retrouve les mêmes particularités avec le contraire *malin, maligne. Une tumeur bénigne* (= sans gravité).

bénir v.t. *Le prêtre a béni les mariés, il les a bénis. Un peuple béni des dieux.*
▸ **bénit, -e** adj. Avec un **t**. *De l'eau bénite. Du pain bénit.*

benjamin, -e n. Avec **en** qu'on prononce [in].

benne n.f. *Des camions à benne basculante.*

béquille n.f.

bercail n.m.sing. Ce nom n'a pas de pluriel. *Rentrer au bercail.*

berceau n.m. *Des berceaux.*

bercer v.t. et v.pr. Avec **ç** devant *a* et *o* : *je berçais, nous berçons. On nous a bercés d'illusions. Elle s'est bercée d'illusions.*

berceuse n.f.

béret n.m.

bergamote n.f. Avec un seul **t**.

berge n.f. *Les berges de la Seine. Les voies sur berge.*

berger, -ère n. *Un berger, une bergère.*
bergerie n.f.

berlingot n.m. Avec **t**. *Des berlingots de lait.*

bermuda n.m. *Des bermudas.*

berne n.f. – **en berne** : *Les drapeaux sont en berne* (= baissés ou roulés en signe de deuil).

berner v.t. *On voulait nous berner, on nous a bernés* (= tromper).

besace n.f. Avec un **c**.

besogne n.f.
besogneux, -euse adj.

besoin n.m. *À chacun selon ses besoins.* – **avoir besoin de** : *J'ai besoin de vacances, j'ai besoin de partir.* – On dit : *De quoi as-tu besoin ?* et non ✕ *Qu'est-ce que tu as besoin ?* De même on dit : *Prends ce dont tu as besoin* et non ✕ *Prends ce que tu as besoin*. On dit : *C'est de ce livre que j'ai besoin* ou *C'est ce livre dont j'ai besoin* mais pas ✕ *C'est ce livre que j'ai besoin*. – **avoir besoin que** se construit avec le subjonctif. *J'ai besoin que vous m'aidiez.* – REMARQUE En langue soignée, on évite d'employer ces locutions avec un autre sujet qu'un nom de personne, d'animal ou de plante. On peut dire : *Cette fleur a besoin d'être arrosée*, mais on évitera *Le tapis a besoin d'être nettoyé.* On dira plutôt : *Le tapis doit être nettoyé.*

bestiaire n.m.

bestial, -e, -aux adj.

bestiaux n.m.plur. Ne s'emploie qu'au pluriel pour désigner les gros animaux de ferme. *Une foire aux bestiaux.* Ne pas confondre avec ***bétail***. – REMARQUE L'emploi au singulier pour désigner un animal quelconque est familier.

bestiole n.f. FAM. (Bête)

best-seller n.m. Mot anglais. On prononce le **r**. *Des best-sellers.*

bétail n.m.sing. Avec **é**. Ne s'emploie qu'au singulier pour désigner l'ensemble des animaux d'élevage d'une ferme à l'exception des volailles ou des lapins. Ne pas confondre avec ***bestiaux***.

bête n.f. Avec **ê**. *Une bête féroce. Chercher la petite bête. Des bêtes à bon Dieu.* – REMARQUE Les mots de la famille de *bête* s'écrivent soit avec **ê** (*embêter*) soit avec **s** (*bestial, bestiaire*). ◆ adj. *Ils sont bêtes à pleurer !*
bêtement adv.
bêtise n.f.
bêtisier n.m.

béton n.m. Avec **é**. *Du béton armé.* – Est familier et invariable dans *en béton* ou *béton*. *Des arguments (en) béton.*
bétonner v.t. et v.i. Avec **nn**.
bétonnière n.f.

bette n.f. (Plante) On dit aussi **blette**. *Des côtes de bette.*

betterave n.f.

beugler v.i.
beuglement n.m.

beurre n.m.
beurrer v.t. *Une tartine beurrée.*
beurrier n.m.

bévue n.f. *Commettre une bévue* (= erreur, impair).

bi- **1.** Se joint sans trait d'union à un mot : *un avion* ***bimoteur****, une réunion* ***bihebdomadaire****, un* ***bicentenaire***. – **2.** Si le second élément commence par *s*, on ne double pas ce *s* dans les mots récents ou nouveaux : *bisexuel* (mais *bissectrice*, mot ancien). – **3.** Le préfixe **bi-** devient **bis-** dans *bisaïeul, bisannuel*. – **4.** Pour indiquer la périodicité, **bi-** peut signifier « deux fois par ~ » ou « tous les deux ~ » : ***biquotidien*** (= deux fois par jour) ; ***bimestriel*** (= tous les deux mois).

biais n.m. *Couper un tissu en biais. Regarder de biais. Par le biais de.*

bibelot n.m. Avec **t**.

biberon n.m.

bible n.f. **1.** Avec une majuscule pour désigner le livre sacré des juifs et des chrétiens. *Lire la Bible.* Avec une minuscule pour désigner un texte quelconque de référence. *Cet ouvrage est la bible des architectes.* – **2.** Est invariable dans *papier(s) bible*.
▸ **biblique** adj.

bibliographie n.f. (Liste de textes) Ne pas confondre avec ***biographie*** (texte sur la vie de quelqu'un).

bibliothèque n.f.
▸ **bibliothécaire** n. Avec **c**.

biceps n.m. On prononce le **s**.

biche n.f.

bicoque n.f. FAM.

bicyclette n.f. Attention à la place du **y** comme dans ***cycle***. *Aller, rouler à bicyclette.*

bidon n.m. *Des bidons d'essence.*

bielle n.f. *Couler une bielle.*

bien n.m., adv. et adj.inv.

- Le nom est variable. *Un bien, des biens. Renoncer aux biens de ce monde. Périr corps et biens. Faire le bien autour de soi. Bien mal acquis ne profite jamais. En tout bien tout honneur.*
- L'adverbe et l'adjectif sont invariables. *Ils sont bien arrivés. C'est bien. Eh bien ? Ils sont bien ensemble. Des gens bien.* – REMARQUE Attention au comparatif, on dit ***mieux*** : *il travaille mieux* et non ✗ *plus bien*. De même, on dit : *de mieux en mieux* et non ✗ *de plus en plus bien*.
- **bel et bien** *Ils étaient bel et bien absents ce jour-là.*
- **bien des** + nom pluriel. Quand ce groupe de mots est sujet, le verbe est au pluriel. *Bien des gens pensent que…*
- **bien que** est une conjonction de subordination suivie du subjonctif : *Elle n'est pas venue bien que je l'aie invitée.*
- **si bien que** *Elle n'est pas venue, si bien que nous n'étions pas quatre pour jouer aux cartes* (avec une virgule). Ne pas confondre avec ***si bien que*** au sens de « tellement bien que ». *Elle travaille si bien qu'elle aura le premier prix* (sans virgule).

bien-être n.m.sing.

bienfaisance n.f. Avec **ai** qui se prononce [e] comme dans certaines formes du verbe *faire*. *Des œuvres de bienfaisance.*
▸ **bienfaisant, -e** adj. LITT. (Bénéfique)

bienfait n.m. *Les bienfaits du bon air.*

bienfaiteur, -trice n.

bienheureux, -euse adj. et n. En un mot.

biennale n.f. Avec **nn**. *Une biennale a lieu tous les deux ans.*

bien-pensant, -e adj. Avec un trait d'union. *Les milieux bien-pensants.*

bienséance n.f. *Les règles de la bienséance.*

bientôt adv. Avec **ô** et en un mot. *On se verra bientôt.* Ne pas confondre avec ***bien tôt*** (= très tôt) : *Il s'est levé bien tôt ce matin.*

bienveillance n.f.
▸ **bienveillant, -e** adj.

bienvenue n.f. *Souhaiter la bienvenue à quelqu'un. Bienvenue à la maison !*
▸ **bienvenu, -e** adj. et n. *Soyez les bienvenus !*

bière n.f.

biffer v.t. Avec **ff**. *Biffer un mot.*

bifteck n.m. On dit **bifteck** ou **steak**.

bifurquer v.i. *Ici la route bifurque.*
▸ **bifurcation** n.f. Avec **c**.

bigame adj. et n.
▸ **bigamie** n.f.

bigarré, -e adj. Avec **rr**. *Des tissus bigarrés.*

big-bang n.m.sing. S'écrit avec ou sans trait d'union.

bigot, -e adj. et n. Avec un **t** qui ne se prononce pas au masculin. *Un bigot, une bigote.*

bihebdomadaire adj. *Une réunion bihebdomadaire a lieu deux fois par semaine.*
→ bi-

bijou n.m. *Des bijoux.* Voir gramm. § 32(2).
▸ **bijouterie** n.f. *Aller à la bijouterie.*
▸ **bijoutier, -ière** n. *Aller chez le bijoutier.*

bilan n.m. *Des bilans de santé. Un bilan de connaissances.*

bile n.f. *La bile est sécrétée par le foie.* – **se faire de la bile** (s'inquiéter) est familier. – REMARQUE Attention aux dérivés de ce mot.
▸**bileux, -euse** adj. FAM. *Un garçon bileux s'inquiète de tout.*
▸**bilieux, -euse** adj. Avec **i**. *Un teint bilieux est jaunâtre. Une personne bilieuse est colérique.*
▸**biliaire** adj. Avec **i**. *La vésicule biliaire.*

bilingue adj. et n.
▸**bilinguisme** n.m. On prononce [g-u-ism].

billard n.m. Avec **d**.

bille n.f. *Des billes de verre.*

billet n.m. *Des billets de banque, de train.*
▸**billetterie** n.f. Avec **tt**.

bimensuel, -elle adj. *Une réunion bimensuelle a lieu deux fois par mois.* Ne pas confondre avec ***bimestriel***. – REMARQUE On rencontre parfois ce mot avec le sens de « tous les deux mois ».

bimestriel, -elle adj. *Une revue bimestrielle paraît tous les deux mois.* Ne pas confondre avec ***bimensuel***.

binaire adj.

biniou n.m. (Cornemuse) Il n'y a pas de *g*. *Des binious.*

bio adj.inv. Abréviation de **biologique**. Est invariable. *Des produits bio.*

biochimie n.f.

biodégradable adj.

bioéthique n.f.

biographie n.f. (Texte sur la vie d'une personne) Ne pas confondre avec ***bibliographie*** (liste d'œuvres, d'articles).
▸**biographe** n.

biologie n.f.
▸**biologique** adj.
▸**biologiste** n.

biopsie n.f. Avec **s**.

biosphère n.f.

bip n.m. *Des bips.*
▸**biper** v.t. FAM. Avec un seul **p**. *On a bipé l'infirmière, on l'a bipée* (= sur son bip).

bipède adj. et n.

1. **bis** adv. et interj. On prononce le **s**. *Les spectateurs criaient bis ! Habiter au 23 bis, rue de Londres.*

2. **bis, -e** adj. On ne prononce pas le **s** au masculin. *Du pain bis.*

bisannuel, -elle adj. *Un festival bisannuel a lieu tous les deux ans* (= biennal). *Une plante bisannuelle a un cycle vital de deux ans.* – REMARQUE Certains critiquent l'emploi de ce mot au sens de « deux fois par an ». Mais l'usage consacre **bisannuel** ou **biannuel** en ce sens.

biscotte n.f. Avec **tt**.

biscuit n.m.

bise n.f.

biseau n.m. *Des biseaux. Tailler en biseau.*
▸**biseauté, -e** adj. *Des cartes biseautées.*

bisexué, -e adj. (Qui a les organes des deux sexes) *Une plante bisexuée.* Ne pas confondre avec ***bisexuel***.
▸**bisexuel, -elle** adj. et n. (Qui a des rapports avec les deux sexes) Ne pas confondre avec ***bisexué***.

bison n.m.

bisou n.m. FAM. *Des bisous.*

bisque n.f. *De la bisque de homard.*

bissectrice n.f. Avec **ss**.

bisser v.t. *La chanteuse a été bissée.*

bissextile adj. Avec **ss**. *Une année bissextile a 366 jours, avec un 29 février.*

bistouri n.m. *Des bistouris. Des coups de bistouri.*

bistre n.m. (Matière brun noir) *Des yeux fardés de bistre.* – Est invariable comme adjectif de couleur, mais on le rencontre souvent au pluriel. *Des teints bistre(s).*

bistrot ou **bistro** n.m. Avec ou sans **t**.

bit n.m. Mot anglais. Abréviation de *binary digit*. On prononce le **t**. Ne pas confondre avec *byte* [bay't], anglicisme pour *octet*.

bitume n.m.

b

bivouac n.m. Avec un **c**.
▸**bivouaquer** v.i. Avec **qu**.

bizarre adj. Avec **rr**. *Des idées bizarres.*
▸**bizarrement** adv.
▸**bizarrerie** n.f. *Les bizarreries de la nature.*

bizut ou **bizuth** n.m.
▸**bizuter** v.t.
▸**bizutage** n.m.

blafard, -e adj. Avec un seul **f**. *Une lumière blafarde.*

blague n.f. **1.** *Des blagues à tabac.* – **2.** FAM. *Tu te souviens de la blague qu'on lui a faite ?*

blaireau n.m. *Des blaireaux.*

blâme n.m. Avec **â** comme dans les mots de la même famille.
▸**blâmable** adj.
▸**blâmer** v.t.

blanc, blanche adj. *Un papier blanc. Une robe blanche.* Mais *une peinture blanc cassé, une robe blanc et bleu.* Voir gramm. § 8. ◆ adj. et n. *Il est blanc. C'est un Blanc.* (Le nom de personne prend une majuscule.) ◆ n.m. *Des blancs d'œufs.* ◆ n.f. (Note) *Une blanche vaut deux noires.*
▸**blanchâtre** adj. avec **â**. → -atre/-âtre
▸**blancheur** n.f.

blanchir v.i. et v.t. *Ses cheveux blanchissent. Elle a blanchi. – Blanchir du papier. Blanchir des accusés. On les a blanchis. Blanchir de l'argent sale.*
▸**blanchiment** n.m. *Le blanchiment du papier. Le blanchiment de l'argent.*
▸**blanchissage** n.m. *Le blanchissage du linge.*
▸**blanchisserie** n.f.

blanquette n.f.

blasé, -e adj. et n.

blason n.m.

blasphème n.m. Avec **è**. On prononce [blasfèm'].
▸**blasphémer** v.i. et v.t. CONJ.4 Avec **é** ou **è** : *nous blasphémons, ils blasphèment.*

blatte n.f. (Insecte) Avec **tt**.

blazer n.m. On prononce le **r**.

blé n.m. *Des épis de blé. Du blé en épis.*

blême adj. Avec **ê**. *Le visage blême.*
▸**blêmir** v.i. *Elle a blêmi.*

blesser v.t. et v.pr. *Son agresseur a blessé Marie au visage. Il l'a blessée au visage. Elle s'est blessée à la main.* Mais *Elle s'est blessé la main.* Voir gramm. § 25(1).
▸**blessé, -e** adj. et n. *Il y a trois personnes blessées. Il y a trois blessés.*
▸**blessant, -e** adj. *Des remarques blessantes.*
▸**blessure** n.f.

blet, blette adj. Le **t** ne se prononce pas au masculin. *Un fruit blet, une poire blette.*

blette n.f. Autre forme de **bette**. ◆ adj. Féminin de **blet**.

bleu, -e adj. *Des yeux bleus, des robes bleues.* Mais *des robes bleu clair, bleu marine, bleu-vert.* Voir gramm. § 8. ◆ n.m. *Des bleus de travail. Se faire des bleus en se cognant. Des truites au bleu.*

bleuet n.m. (Fleur)

bleuté, -e adj. *Une couleur bleutée.* Mais *des peintures blanc bleuté.* Voir gramm. § 8.

blinder v.t. *Une porte blindée.*
▸**blindage** n.m.
▸**blindé** n.m. *L'avance des blindés.*

blini n.m. Mot russe. *Un blini, des blinis.* – REMARQUE L'emploi de **blinis** avec un **s** prononcé tend à disparaître.

blizzard n.m. (Vent) Avec **zz** et un **d** final. Ne pas confondre avec ***bizarre***.

bloc n.m. On prononce le **c**. – **1.** *Un bloc de papier. Un bloc de feuilles.* – Est invariable dans les expressions *faire bloc, en bloc, à bloc. Ils ont fait bloc contre moi. Ils ont refusé en bloc. Vissés à bloc.* – **2.** Forme des mots composés dans lesquels le second élément est au singulier ou au pluriel selon le sens : *un bloc-évier, un bloc-notes, un bloc-tiroirs.* – Prend la marque du pluriel dans ces mots composés : *des blocs-douches, des blocs-cuisines, des blocs-moteurs, des blocs-notes, des blocs-tiroirs.* – **bloc opératoire** s'écrit sans trait d'union : *des blocs opératoires.*

blocage n.m. Avec un **c**. → bloquer

blockhaus n.m.inv. Mot allemand. On prononce [blokos].

blocus n.m. On prononce le **s**.

blond, -e adj. et n. *Elle a des cheveux blonds, elle est blonde.* Mais *Elle a des cheveux blond vénitien, blond doré.* Voir gramm. § 8(3).
▸**blondeur** n.f.
▸**blondir** v.i.

bloquer v.t. et v.pr. *On a bloqué les portes, on les a bloquées. Ils se sont bloqués.* – REMARQUE Le nom dérivé **blocage** s'écrit avec un **c**.

blottir (se) v.pr. Avec **tt**. *La petite fille s'est blottie contre moi.*

blouse n.f. *Des blouses d'infirmière.*

blouson n.m. *Des blousons de cuir.*

blue-jean n.m. Mot anglais. *Des blue-jeans.* On prononce [bloudjin']. On dit aussi simplement **jean**.

blues n.m. Mot anglais. On prononce [blouz].

bluff n.m. Mot anglais. On prononce [blœuf].
▸**bluffer** v.i. et v.t. *Il bluffe souvent aux cartes. Elle nous a bluffés.*

blush n.m. Mot anglais. On prononce [blœuch]. *Des blushs de toutes les teintes.*

B.O. n.f. Abréviation de **bande originale**. S'écrit avec ou sans points.

boa n.m. *Des boas.*

bob n.m. **1.** (Chapeau) *Des bobs.* – **2.** Abréviation de **bobsleigh**.

bobine n.f. *Des bobines de fil.*

bobsleigh n.m. Mot anglais. On prononce [bobslèg'] et on abrège souvent en **bob**.

bocage n.m.

bocal n.m. *Un bocal, des bocaux.*

bœuf n.m. **1.** On prononce le **f** au singulier mais pas au pluriel : *des bœufs* [beu]. – **2.** Le **f** se prononce aussi au pluriel dans les emplois familiers. *Des effets bœufs.*

bogue n.m. Forme francisée de **bug**.

bohème n.f. et adj. Sans accent circonflexe, mais avec **è**.
▸**bohémien, -enne** n. Avec **é**.

boire v.t. *Il a bu de l'eau. Il en a beaucoup bu.* → en[2] *Tu as vu toute l'eau qu'il a bue !* CONJUGAISON INDICATIF présent : *je bois, il boit, nous buvons, ils boivent.* imparfait : *je buvais, il buvait, nous buvions, ils buvaient.* passé simple : *je bus, il but, nous bûmes, ils burent.* futur : *je boirai, il boira, nous boirons, ils boiront.* CONDITIONNEL présent : *je boirais, il boirait, nous boirions, ils boiraient.* SUBJONCTIF présent : *(que) je boive, il boive, nous buvions, ils boivent.* imparfait : *(que) je busse, il bût, nous bussions, ils bussent.* IMPÉRATIF : *bois, buvons, buvez.* PARTICIPE présent : *buvant.* passé : *bu, bue.*

bois n.m.
▸**boisé, -e** adj. *Une région boisée.*

boisson n.f. *Un débit de boissons.*

boîte n.f. Avec **î** que l'on retrouve dans les mots de la même famille (*déboîter, emboîter*). *Une boîte à outils. Des boîtes à couture. Une boîte de chocolats.* – **boîte postale** s'abrège en **B.P.**
▸**boîtier** n.m.

boiter v.i. Sans accent circonflexe, comme pour tous les mots de la même famille.
▸**boitement** n.m.
▸**boiterie** n.f.
▸**boiteux, -euse** adj. et n.
▸**boitiller** v.i.
▸**boitillement** n.m.

bol n.m. *Des bols de soupe. Un bol de céréales.*

boléro n.m. *Des boléros.*

bolet n.m. (Champignon) Avec un seul **l**.

bolide n.m.

bombe n.f.
▸**bombarder** v.t. *Ils ont bombardé la ville, ils l'ont bombardée.*
▸**bombardement** n.m.
▸**bombardier** n.m.

1. bon n.m. *Des bons d'achat. Des bons du Trésor.*

b

2. bon, bonne adj.

- Au masculin singulier, on prononce [bon'] devant un nom commençant par une consonne ou un *h* aspiré : *un bon travail, un bon haut-parleur* ; ou [bon'] devant un nom commençant par une voyelle ou un *h* muet : *un bon élève, un bon historien*.
- Devant une préposition, on prononce [bon] : *bon en maths, bon à rien*.
- ***bon premier, bon dernier*** s'accordent. *Ils sont arrivés bons premiers, elle est arrivée bonne dernière.*
- ***bon teint, bon enfant, bon marché*** sont invariables. *Des socialistes bon teint, des airs bon enfant, des chaussures bon marché.*
- Attention au comparatif, on dit *meilleur*, et non ✕ *plus bon*. De même on dit *devenir meilleur, s'améliorer* et non ✕ *de plus en plus bon*.
- Est invariable comme adverbe. *Ces gâteaux sentent bon.*
- S'emploie comme nom. *Un bon à rien, une bonne à rien.*

bonbon n.m. Avec **n** devant **b**. *Des bonbons à la menthe. Une boîte de bonbons.*
▸**bonbonnière** n.f.

bonbonne n.f. S'écrit avec **n** devant **b** sous l'influence de *bonbon, bonbonnière,* mais on a longtemps écrit et on rencontre encore **bombonne** avec un **m.**

bond n.m. Avec **d**.
▸**bondir** v.i. *Ils ont bondi sur leurs proies.*

bondé, -e adj. *Tous les bus sont bondés.*

bonheur n.m.

bonhomie n.f. Avec un seul **m**, alors que *bonhomme* en a deux.

bonhomme n.m. Au pluriel : *bonshommes* que l'on prononce [bonzom']. Toutefois, en langue courante et en particulier pour l'expression *bonhomme de neige*, on rencontre souvent le pluriel *bonhommes.* ◆ adj. Attention au pluriel *bonhommes. Des airs bonhommes.*

bonifier v.t. et v.pr. *Bonifier une terre. Tous ces vins se sont bonifiés.* – ATTENTION À l'indicatif imparfait et au subjonctif présent : *(que) nous bonifiions.* – Au futur et au conditionnel : *il bonifiera(it).*
▸**bonification** n.f.

bonjour n.m.

bonne → bon

bonnement adv. Ne s'emploie que dans l'expression *tout bonnement.*

bonnet n.m.

bonneterie n.f. Avec un seul **t**.

bonsaï n.m. Mot japonais. *Des bonsaïs.* Le **s** se prononce [z]. L'Académie écrit *bonzaï.*

bonsoir n.m.

bonté n.f.

bonus n.m. On prononce le **s**. *Des bonus* (≠ malus).

bonze n.m. (Prêtre bouddhiste)

boom n.m. Mot anglais. (Croissance soudaine) Avec **oo** qu'on prononce [ou]. Ne pas confondre avec ***boum***.

boomerang n.m. On prononce [boumrang']. *Des boomerangs. Des effets boomerang.*

boots n.f. ou n.m. (Chaussure) Ce mot anglais est entré dans la langue sous sa forme au pluriel, avec le **s** prononcé : [bouts']. Il en est de même pour *chips* par exemple. Les dictionnaires ne sont pas tous d'accord sur le genre du mot, masculin ou féminin.

borborygme n.m. Avec **y**. *On n'entendait que des borborygmes* (= gargouillis ou paroles confuses).

bord n.m. Avec un **d** que l'on retrouve dans *border.*

bordeaux adj. *Un rouge bordeaux.* ◆ n.m. *Un verre de bordeaux.* – REMARQUE Les noms de produits (vins, fromages, etc.) d'une ville ou d'une région s'écrivent avec une minuscule.

border v.t. *La route est bordée d'arbres.*

bordereau n.m. *Des bordereaux.*

bordure n.f. *Des bordures de dentelle. Une bordure de fleurs.*

boréal, -e adj. (Au nord de l'équateur) *L'hémisphère boréal* (≠ austral). *Des aurores boréales.* – Au masculin pluriel on dit : *boréals* ou très rarement *boréaux.*

borgne adj. et n. *Au royaume des aveugles les borgnes sont rois.*

borne n.f. *Les bornes kilométriques. – Une ambition sans bornes.*
▸**borner** v.t. et v.pr. *Il a borné ses recherches à la France. Elle s'est bornée à lui demander son adresse.*
▸**borné, -e** adj. *Un esprit borné.*

bosse n.f.

bosselé, -e adj.

bosser v.i. et v.t. FAM. (Travailler)
▸**bosseur, -euse** adj. et n.

bossu, -e adj. et n.

bot, bote adj. On ne prononce pas le **t** au masculin. *Un pied bot. Une main bote.*

botanique n.f. et adj.

botte n.f. Avec **tt**. *Des bottes de paille. Une botte de poireaux. Mettre des fleurs en bottes. – Des bottes de caoutchouc.*
▸**bottillon** n.m.
▸**bottine** n.f.

Bottin n.m. Attention, il s'agit d'un nom de marque. On doit dire ***annuaire***.

boubou n.m. *Des boubous.*

bouc n.m. – **bouc émissaire** : *Ils ont été les boucs émissaires dans cette affaire.*

boucan n.m. FAM. (Tapage, bruit)

bouche n.f. *Des bouches de métro, d'égout, d'aération.* – **bouche à oreille** s'écrit sans trait d'union dans l'expression *de bouche à oreille* mais avec des traits d'union dans le nom *bouche-à-oreille. La nouvelle s'est transmise de bouche à oreille. On l'a su par le bouche-à-oreille.*
▸**bouche-à-bouche** n.m.inv. *Faire du bouche-à-bouche à un blessé.*

bouchée n.f. *Par petites bouchées.*

boucher v.t. et v.pr. *On a bouché les bouteilles, on les a bouchées. L'immeuble nous bouche la vue. – Elle s'est bouché le nez, les oreilles.* Voir gramm. § 29(2).

boucher, -ère n. *Aller chez le boucher.*
▸**boucherie** n.f. *Aller à la boucherie.*

bouche-trou n.m. *Des bouche-trous.* Voir gramm. § 34(3).

bouchon n.m.
▸**bouchonné, -e** adj. Avec **nn**.

boucle n.f. *Une boucle de cheveux. Une boucle d'oreille, des boucles d'oreilles. – Des musiques qui passent en boucle.*
▸**bouclé, -e** adj. *Des cheveux bouclés.*
▸**boucler** v.i. *Ses cheveux bouclent naturellement.* ◆ v.t. *Boucler sa ceinture. On a bouclé la région, on l'a bouclée.*
▸**bouclage** n.m.

bouclier n.m.

bouddha n.m. Avec une minuscule et **ddh**.
▸**bouddhique** adj. *Un temple bouddhique.*
▸**bouddhisme** n.m.
▸**bouddhiste** adj. et n.

bouder v.i. et v.t. *Il nous a boudés.*
▸**bouderie** n.f.
▸**boudeur, -euse** adj.

boudin n.m.

boudoir n.m.

boue n.f. S'emploie au singulier dans *bain de boue* et au pluriel dans *boues thermales.*
▸**boueux, -euse** adj. *Une eau boueuse.* ◆ n.m. On dit plutôt **éboueur**.

bouée n.f. *Des bouées de sauvetage.*

bouffe adj. Avec **ff**. *Un opéra bouffe, des opéras bouffes.*

bouffée n.f.

bouffer v.i. *Faire bouffer ses cheveux.*
▸**bouffant, -e** adj. *Un pantalon bouffant.*

bouffi, -e adj. *Un visage bouffi.*

bouffon n.m.

bougainvillée n.f. ou **bougainvillier** n.m. (Plante) On dit *une bougainvillée* [-vilé] ou *un bougainvillier* [-vilyé]. (Du nom du navigateur *Bougainville*.)

b

bougeoir n.m. Avec **ge**.

bougeotte n.f. Avec **ge** et **tt**.

bouger v.i. et v.t. Avec **e** devant *a* et *o* : *il bougeait, nous bougeons. Ne bougez plus ! On a bougé mes affaires, on les a bougées.*

bougie n.f.

bougon, -onne adj. et n.
▸**bougonner** v.i. et v.t.

bouillabaisse n.f.

bouillie n.f.

bouillir v.i. *De l'eau que l'on a fait bouillir. De l'eau bouillie. – Marie bout d'impatience.* – REMARQUE Attention à la conjugaison de ce verbe qui donne lieu à de nombreuses erreurs. On dit : *quand l'eau bouillira* et non ✕ *quand l'eau bouera* ou ✕ *bouillera*. On dit *attendre que l'eau bouille* et non ✕ *attendre que l'eau boue.*
CONJUGAISON INDICATIF présent : *je bous, il bout, nous bouillons, ils bouillent.* imparfait : *je bouillais, il bouillait, nous bouillions, ils bouillaient.* passé simple : *je bouillis, il bouillit, nous bouillîmes, ils bouillirent.* futur : *je bouillirai, il bouillira, nous bouillirons, ils bouilliront.* CONDITIONNEL présent : *je bouillirais, ils bouillirait, nous bouillirions, ils bouilliraient.* SUBJONCTIF présent : *(que) je bouille, il bouille, nous bouillions, ils bouillent.* IMPÉRATIF : *bous, bouillons, bouillez.* PARTICIPE présent : *bouillant.* passé : *bouilli.*
▸**bouillant, -e** adj. *De l'eau bouillante. Elle est bouillante de fièvre.* Ne pas confondre avec le participe présent du verbe ***bouillir*** : *Elle est arrivée, bouillant d'impatience.* Voir gramm. § 31(2).
▸**bouilloire** n.f.

bouillon n.m. *L'eau bout à gros bouillons.*
▸**bouillonner** v.i. Avec **nn**.
▸**bouillonnant, -e** adj.
▸**bouillonnement** n.m.

bouillotte n.f. Avec **tt**.

boulanger, -ère n. *Aller chez le boulanger.*
▸**boulangerie** n.f. *Aller à la boulangerie.*

boule n.f. *Jouer aux boules. Des boules de neige. Des pulls roulés en boule. Leurs capitaux ont fait boule de neige.*

bouleau n.m. (Arbre) *Une forêt de bouleaux.* Ne pas confondre avec ***boulot*** (travail).

bouledogue n.m. On n'écrit plus *bulldog*.

boulet n.m.

boulette n.f.

boulevard n.m. Avec un **e** qu'on ne prononce pas – S'écrit sans majuscule (abréviation *bd*), sauf dans l'expression *les Grands Boulevards* (= boulevards de Paris entre la Madeleine et la République).

bouleverser v.t. Avec un **e** qu'on ne prononce pas. *On a bouleversé les horaires. Cette nouvelle nous a tous bouleversés.*
▸**bouleversant, -e** adj. *Une histoire bouleversante.*
▸**bouleversement** n.m.

boulier n.m. Avec un seul **l** comme dans ***boule***.

boulimie n.f.
▸**boulimique** adj. et n.

boulon n.m.

boulot n.m. FAM. (Travail) Ne pas confondre avec ***bouleau*** (arbre).

boulot, -otte adj. et n. FAM. Avec **tt** au féminin. *Une femme un peu boulotte* (= grassouillette).

boum interj. et n.m. Exprime un bruit soudain. *Boum ! Il est tombé. On a entendu trois boums.* – **en plein boum** : *Ils sont en plein boum* (= en plein travail). Ne pas confondre avec ***boom*** (= croissance).

bouquet n.m. *Un bouquet de fleurs. Des fleurs en bouquet(s).*

bouquin n.m. FAM. *Lire un bon bouquin.*
▸**bouquiner** v.i. et v.t. FAM. – REMARQUE À l'oral, le nom est de moins en moins perçu comme un mot familier, mais le verbe l'est toujours.

bourbeux, -euse adj. *Un chemin bourbeux, dans lequel on s'embourbe.*
▸**bourbier** n.m.

bourde n.f. FAM. *Faire une bourde* (= erreur).

bourdon n.m.
▸**bourdonner** v.i. Avec **nn**.

▸bourdonnement n.m.

bourg n.m. Avec un **g** qui ne se prononce pas, mais qu'on retrouve dans *bourgade*.

bourgade n.f.

bourgeois, -e adj. et n. Avec **ge**.
▸bourgeoisie n.f.

bourgeon n.m. Avec **ge**. *Le pommier est en bourgeons.*
▸bourgeonner v.i. Avec **nn**.
▸bourgeonnement n.m.

bourgogne n.m. *Un verre de bourgogne.* – REMARQUE Les noms de produits (vins, fromages, etc.) d'une ville ou d'une région s'écrivent avec une minuscule.

bourrage n.m.

bourrasque n.f. *Le vent souffle en bourrasques.*

bourratif, -ive adj. *Un plat bourratif.*

bourreau n.m. *Des bourreaux.* S'emploie aussi bien pour parler d'un homme que d'une femme, en particulier dans les expressions figurées. *Marie et Line sont des bourreaux de travail.*

bourrée n.f. (Danse)

bourrelé, -e adj. On dit : *Ils sont bourrelés de remords* et non ✕ *bourrés de remords.*

bourrelet n.m.

bourrer v.t. et v.pr. *On a bourré nos sacs de livres, on les a bourrés de livres. Elle s'est bourrée de pain avant le repas.*

bourriche n.f. *Une bourriche d'huîtres.*

bourrique n.f. FAM. Avec **rr**.
▸bourricot n.m.

bourru, -e adj. *Sous des dehors bourrus, c'est un brave homme.*

bourse n.f. Avec une majuscule pour désigner l'établissement où s'achètent et se vendent les actions. *Les cours de la Bourse.*
▸boursier, -ière adj. et n.

boursoufler v.t. et v.pr. Avec un seul **f** contrairement à *souffler*. *La peinture s'est boursouflée à certains endroits. – Le visage boursouflé.*
▸boursouflure n.f.

bousculer v.t. et v.pr. *On a bousculé Marie dans la rue, on l'a bousculée. Tout le monde se bouscule pour entrer.*
▸bousculade n.f.

bouse n.f. *De la bouse de vache.*

boussole n.f. Avec un seul **l**. → -ole/-olle

bout n.m. *Des bouts de ficelle, de papier.* – Reste au singulier dans de nombreuses expressions. *Au bout du compte. À tout bout de champ. À bout portant. Jusqu'au bout des ongles. Clouer des planches bout à bout. Ils sont à bout (de forces).*

boutade n.f.

boute-en-train n.m.inv. *Des boute-en-train.*

bouteille n.f. *Des bouteilles de vin. Vous prendrez du vin en bouteille ou en carafe ? Mettre du vin en bouteilles.* – Est invariable comme adjectif de couleur. *Des pulls vert bouteille.* Voir gramm. § 8(3).

boutique n.f.

boutoir n.m. *Des coups de boutoir.*

bouton n.m. *Un bouton de rose, des boutons de rose(s). Des roses en bouton(s). Une éruption de boutons. Des boutons de manchettes.*
▸boutonner v.t. et v.pr. Avec **nn**. *Il a mal boutonné sa veste, il l'a mal boutonnée. Sa robe se boutonne devant. Une robe boutonnée devant.*
▸boutonnière n.f.
▸boutonneux, -euse adj. *Un adolescent boutonneux.*

bouton-d'or n.m. (Fleur) Avec une apostrophe. *Des boutons-d'or.* – Est invariable comme adjectif de couleur. *Des soies bouton-d'or.* Voir gramm. § 8(2).

bouture n.f.

bovin, -e adj. et n.m.

bowling n.m. Mot anglais. On prononce [bo-] ou [bou-]. *Des bowlings.*

box n.m. Sans *e* final. *Le box des accusés. Des box pour garer les voitures.* Ne pas confondre avec ***boxe*** (sport). – REMARQUE Il

b

n'y a aucune raison de conserver à ce mot, présent en français depuis le XVIIIe siècle, son pluriel anglais (*boxes*), comme on le voit encore quelquefois.

boxe n.f. Avec un **e**. *Un combat de boxe.* Ne pas confondre avec ***box*** (emplacement).
▸**boxer** v.i.
▸**boxeur, -euse** n.

box-office n.m. Mot anglais. *Arriver en tête au box-office. Des box-offices.*

boyau n.m. *Des boyaux.*

boycotter v.t. Avec **tt**. Vient du nom d'un intendant irlandais *Boycott*.
▸**boycott** ou **boycottage** n.m.

boy-scout n.m. et adj. *Des boy-scouts. Une mentalité boy-scout.* Le nom est vieilli. On dit **scout**.

bracelet n.m.

braconner v.i. *Il est interdit de braconner sur ces terres.*
▸**braconnage** n.m.
▸**braconnier** n.m.

brader v.t. *On a bradé la marchandise. La marchandise qu'on a bradée.*
▸**braderie** n.f.

braguette n.f.

braille n.m. *Des livres en braille.*

brailler v.i. et v.t. FAM. (Crier)
▸**braillement** n.m.

braire v.i. **1.** Ne s'emploie guère qu'à l'infinitif et aux troisièmes personnes du présent de l'indicatif. *L'âne brait. Les ânes braient.* – **2.** L'expression *faire braire quelqu'un* est très familière.
▸**braiment** n.m. Sans *e*. *Les braiments d'un âne.*

braise n.f. *Des yeux de braise.*

braiser v.t. S'emploie surtout à l'infinitif et au participe passé. *Du bœuf à braiser. Des endives braisées.*

bramer v.i. *Le cerf brame.*

brancard n.m. Avec un **d**.
▸**brancardier** n.m.

branche n.f.
▸**branchage** n.m. *Élaguer le branchage d'un tilleul. Ramasser des branchages.*

brancher v.t. et v.pr. *Brancher une lampe, une radio (sur une prise). La radio est branchée. Ils se sont branchés sur France Musiques.*
▸**branchement** n.m.

branchies n.f. *Les branchies d'un poisson.*

brandir v.t. *Ils ont brandi leur arme. L'arme qu'ils ont brandie.*

branle n.m. *Le train se met en branle.*

branle-bas n.m.inv. Avec un trait d'union. *Branle-bas de combat.*

branler v.i. *Un meuble qui branle.*
▸**branlant, -e** adj. *Une chaise branlante.*

braquer v.t. et v.i. *Il a braqué son arme sur nous, il l'a braquée sur nous. Tous les regards sont braqués dans sa direction. – La voiture braque mal.* ◆ v.t. et v.pr. *Ne la braquez pas ! Elle s'est braquée.*
▸**braquage** n.m.

bras n.m. S'emploie dans de nombreuses expressions : *à bout de bras, à bras raccourcis, à tour de bras, à bras ouverts, bras dessus (,) bras dessous, en bras de chemise, un bras de fer.* – **à bras-le-corps** s'écrit avec des traits d'union.

brasero n.m. Mot espagnol. Sans accent aigu sur le *e* mais on prononce [-zé-]. *Des braseros.*

brasier n.m.

brassage n.m.

brassard n.m. Avec un **d**.

brasse n.f. *Le cent mètres brasse. Brasse papillon* (sans trait d'union).

brassée n.f. *Une brassée de fleurs.*

brasser v.t.

brasserie n.f.

brave adj. *Une brave femme* (= gentille). *Une femme très brave* (= courageuse). – REMARQUE Dire *mon brave homme, ma brave femme* ou *mon brave* à quelqu'un est assez vieilli et condescendant.
▸**bravement** adv.

▸**braver** v.t. *Ils ont bravé tous les dangers. Tous les dangers qu'ils ont bravés...*
▸**bravade** n.f. *Par bravade.*
▸**bravoure** n.f. *Des actes de bravoure.*

bravo interj. et n.m. L'interjection est suivie d'un point d'exclamation. *Bravo !* – Le nom prend un *s* au pluriel. *Des bravos fusaient de partout.*

break n.m. Mot anglais. On prononce [brèk]. *Des breaks.*

brebis n.f.

brèche n.f. Avec **è**. *Ouvrir, colmater une brèche.* Est au singulier dans les expressions *battre en brèche, être sur la brèche.*

bredouille adj. *Ils sont rentrés bredouilles.*

bredouiller v.i. et v.t. *Il a bredouillé des excuses. Les excuses qu'il a bredouillées n'ont convaincu personne.* – ATTENTION À l'indicatif imparfait et au subjonctif présent : *(que) nous bredouillions.*

bref, brève adj. *L'entrevue a été brève. Soyez bref.* – **bref** ou **en bref** : *Bref, tout est rentré dans l'ordre. En bref, il refuse.* – REMARQUE L'expression *enfin bref* est parfois critiquée.

breloque n.f. *Un bracelet à breloques.*

brésilien, -enne adj. et n. *Il est brésilien. C'est un Brésilien.* (Le nom de personne prend une majuscule.)

bretelle n.f. *Un pantalon à bretelles. Une bretelle d'autoroute.*

breuvage n.m. Avec **eu** comme dans ***abreuver***.

brève → bref

brevet n.m.
▸**breveté, -e** adj.

bréviaire n.m.

bribe n.f. S'emploie surtout au pluriel. *Entendre des bribes de conversation. On l'entendait par bribes.*

bric S'emploie dans l'expression invariable **de bric et de broc**.

bric-à-brac n.m.inv. *Des bric-à-brac.*

bricole n.f.

bricoler v.i. et v.t. *Pierre bricole dans la maison. La lampe qu'il a bricolée fonctionne.*
▸**bricolage** n.m. *Les rayons bricolage.*
▸**bricoleur, -euse** n.

bride n.f. Est au singulier dans les expressions *à bride abattue, tenir en bride, tourner bride.*

bridé, -e adj. *Les yeux bridés.*

brider v.t.

bridge n.m.
▸**bridger** v.i. Avec **e** devant *a* et *o* : *il bridgeait, nous bridgeons.*

briefing n.m. Mot anglais. Avec un seul **f** et un **e** qui ne se prononce pas. *Des briefings.*
▸**briefer** v.t. *On nous a briefés sur la réunion.*

brièvement adv. *Raconter brièvement une histoire* (= en bref).
▸**brièveté** n.f.

brigade n.f.
▸**brigadier** n.m.

brigand n.m. *Des histoires de brigands.*
▸**brigandage** n.m.

briguer v.t. Avec **gu**, même devant *a* et *o* : *il briguait, nous briguons. Cette place est briguée par de nombreux candidats.*

briller v.i. *Ses yeux brillent. Briller en société.* – ATTENTION À l'indicatif imparfait et au subjonctif présent : *(que) nous brillions.*
▸**brillant, -e** adj. *Une personnalité brillante.* Ne pas confondre avec le participe présent du verbe : *Brillant en société, elle se fait remarquer.* Voir gramm. § 31(2).
▸**brillamment** adv. Avec **a**. Voir gramm. § 9.

brimbaler → bringuebaler

brimer v.t. *On brime encore les femmes dans le monde du travail. Elles se sentent brimées.*
▸**brimade** n.f.

brin n.m. *Des brins d'herbe, de muguet.*

brindille n.f.

bringuebaler v.i. et v.t. FAM. On dit aussi **brinquebaler** ou parfois **brimbaler** (vieilli). *La* *carriole bringuebalait sur la route pavée. On nous a bringuebalés d'un service à l'autre.*

brio n.m. *Jouer, s'exprimer avec brio.*

brioche n.f.

brique n.f. S'emploie au singulier pour désigner la matière, mais le pluriel se rencontre aussi. *Un mur de brique. Une maison en brique(s).* – Est invariable comme adjectif de couleur. *Des foulards brique.* Voir gramm. § 8(2).

briquet n.m.

bris n.m. Avec un **s** qu'on retrouve dans ***briser***. *Un bris de glace.*

brise n.f.

brisées n.f.plur. *Marcher sur les brisées de quelqu'un.*

brise-glace n.m.inv. *Des brise-glace.* Voir gramm. § 33(3).

briser v.t. et v.pr. *Il a brisé deux verres, il les a brisés. La vitrine s'est brisée.*

britannique adj. et n. *Il est britannique. C'est un Britannique.* (Le nom de personne prend une majuscule.)

broc n.m. Avec un **c** qui ne se prononce pas. *Des brocs d'eau.*

brocante n.f.
▸**brocanteur, -euse** n.

brocard n.m. (Chevreuil) Avec un **d**. Ne pas confondre avec ***brocart*** (tissu).

brocarder v.t. LITT. *Elle s'est fait brocarder par l'assemblée* (= railler, moquer).

brocart n.m. (Tissu) Avec un **t**. Ne pas confondre avec ***brocard*** (chevreuil).

broche n.f.

broché, -e adj. *Un livre broché* (≠ relié).

brochet n.m. (Poisson)

brochette n.f. *Une brochette de viande. Une brochette de légumes.*

brochure n.f.

brocoli n.m. *Des brocolis.*

broder v.t. *Broder une nappe. Des nappes brodées main.*
▸**broderie** n.f.

bronche n.f. S'emploie surtout au pluriel. *Avoir les bronches fragiles.*
▸**bronchite** n.f.

broncher v.i. *Il est parti sans broncher.*

bronchiole n.f. Avec **ch** qu'on prononce [k]. S'emploie surtout au pluriel, comme *bronche.*
▸**bronchiolite** n.f.

broncho-pneumonie n.f. Avec **ch** qu'on prononce [k]. *Des broncho-pneumonies.*

bronze n.m. *Des statuettes de bronze.*

bronzer v.i. *Ils ont bronzé pendant les vacances. Ils sont bronzés.*
▸**bronzage** n.m.

brosse n.f. *Une brosse à dents, à ongles, à cheveux. Des coups de brosse. Les cheveux en brosse.*
▸**brosser** v.t. et v.pr. *Marie a brossé ses cheveux. Marie s'est brossé les cheveux. Elle se les est brossés tous les jours.* Voir gramm. § 29(2 et 3).
▸**brossage** n.m.

brou n.m. *Du brou de noix.*

brouette n.f.

brouhaha n.m. Attention à la place des **h**.

brouillard n.m. Avec un **d**.

brouiller v.t. et v.pr. *On a brouillé les pistes, on les a brouillées. Mes idées se brouillent. Pierre et Marie se sont brouillés.* – ATTENTION À l'indicatif imparfait et au subjonctif présent : *(que) nous brouillions.*
▸**brouille** n.f.
▸**brouillage** n.m.

brouillon n.m. *Un cahier de brouillon(s).*

broussaille n.f.

brousse n.f.

brouter v.t. et v.i.

broutille n.f. On prononce [iy'] comme dans *fille.*

brownie n.m. (Gâteau) Mot anglais. On prononce [broni]. *Des brownies.*

broyer v.t. CONJ.6 Avec **i** devant un *e* muet. *Les molaires broient les aliments.* – ATTENTION À l'indicatif imparfait et au subjonctif présent : *(que) nous broyions.* – Au futur et au conditionnel : *il broiera(it).*

bru n.f. (Belle-fille) Nom féminin sans *e*, comme *glu, tribu, vertu.*

bruine n.f.
▸ **bruiner** v. impersonnel *Il bruine.*

bruire v.i. LITT. *On entendait le vent qui bruissait dans les arbres.*
CONJUGAISON Ce verbe se conjuguait autrefois comme *fuir*, d'où l'adjectif *bruyant*. Aujourd'hui, le participe présent est *bruissant*, et le verbe n'est guère usité qu'aux troisièmes personnes du présent et de l'imparfait de l'indicatif : *il bruit, ils bruissent ; il bruissait, ils bruissaient* ; et au présent du subjonctif : *qu'il bruisse, qu'ils bruissent.*
▸ **bruissement** n.m.

bruit n.m. *Ces histoires ont fait grand bruit. Annoncer quelque chose à grand bruit. Des bruits de fond. Des bruits de couloir.*

bruitage n.m. *Le bruitage d'un film.*
▸ **bruiteur, -euse** n.

brûle-pourpoint (à) loc.adv.

brûler v.i., v.t. et v.pr. Avec **û** comme dans les mots de la famille. *Le feu brûle dans la cheminée Il a brûlé mes lettres, il les a brûlées. Elle s'est brûlée au doigt. Elle s'est brûlé le doigt. Je me suis brûlé la main. La main que je me suis brûlée va mieux.* Voir gramm. § 29(3).
▸ **brûlant, -e** adj. *Un café brûlant. Une actualité brûlante. Marie est brûlante de fièvre.* Ne pas confondre avec le participe présent invariable du verbe : *Marie s'approcha, brûlant de curiosité.* Voir gramm. § 31(2).
▸ **brûlé** n.m. *Sentir le brûlé.*
▸ **brûle-parfum** n.m. S'écrit avec ou sans *s* au singulier : *un brûle-parfum(s)* et avec un *s* au pluriel : *des brûle-parfums.*
▸ **brûleur** n.m.
▸ **brûlure** n.f.

brume n.f.
▸ **brumeux, -euse** adj.

brun, -e adj. et n. *Un beau teint brun. Elle a les cheveux bruns, elle est brune.* Mais *Elle a les cheveux brun foncé, elle est brun foncé.* Voir gramm. § 8.
▸ **brunir** v.i. et v.t.

brunch n.m. Mot anglais. On prononce [breun'ch]. Ce mot, formé à partir de *breakfast* « petit déjeuner » et *lunch* « déjeuner », est devenu courant en français. Il n'y a donc aucune raison d'employer le pluriel anglais *brunches*. On écrira au pluriel *des brunchs.* Voir gramm. § 37.
▸ **bruncher** v.i.

Brushing n.m. Mot déposé. Dans un texte soigné, on met une majuscule.

brusque adj.
▸ **brusquement** adv.
▸ **brusquer** v.t.
▸ **brusquerie** n.f.

brut, -e adj. Attention au masculin, on prononce le **t** et il n'y a pas de *e*. *Salaire brut. Rémunération brute. Du pétrole brut. De la soie brute.* – Est invariable comme adverbe. *Gagner 2000 euros brut. Peser brut 50 kilos.* – REMARQUE L'adjectif s'emploie parfois au sens de *brutal*. Ne pas confondre alors avec le nom féminin ***brute***. *Des gestes bruts.*

brutal, -e, -aux adj. *Un geste brutal, des gestes brutaux. Une mort brutale.*
▸ **brutalement** adv.
▸ **brutaliser** v.t. *Elle se plaint d'avoir été brutalisée.*
▸ **brutalité** n.f.

brute n.f. *Cet homme est une brute.*

bruyant, -e adj. On prononce [brui-yan].
▸ **bruyamment** adv. Avec **a**. Voir gramm. § 9.

bruyère n.f. On prononce [bru-yèr] ou [brui-yèr].

B.T.P. n.m. Sigle de *Bâtiment et Travaux publics*. S'écrit avec ou sans points. *Travailler dans le BTP.*

buanderie n.f.

buccal, -e, -aux adj. Avec **cc**. *Un médicament à prendre par voie buccale* (= par la bouche).

bûche n.f. Avec **û**.

b

▸**bûchette** n.f.

bûcher n.m. Avec **û** comme dans ***bûche***.

bûcheron n.m. Avec **û** comme dans ***bûche***. – REMARQUE On peut dire d'une femme qu'elle est *bûcheron* ou *bûcheronne*.

bucolique adj. LITT. Avec un seul **c**. *Une existence bucolique* (= champêtre).

budget n.m. *Le budget de l'État.*
▸**budgétaire** adj. *Politique budgétaire.*
▸**budgéter** v.t. CONJ. 4 Avec **é** ou **è** : *nous budgétons, ils budgètent.*
▸**budgétiser** v.t. Tend à être remplacé par ***budgéter***.

buée n.f. *Des vitres couvertes de buée. Des produits antibuée.*

buffet n.m.

buffle n.m. Avec **ff**.

bug n.m. (Problème informatique) Mot anglais. On prononce [beug']. On emploie aussi la forme francisée **bogue**.

building n.m. Mot anglais. On prononce [bil-]. *Des buildings.*

buis n.m.

buisson n.m.

buissonnier, -ière adj. *Faire l'école buissonnière.*

bulbe n.m.

bulgare adj. et n. *Il est bulgare. C'est un Bulgare.* (Le nom de personne prend une majuscule.)

bulldozer n.m. Mot anglais. On prononce le **r**.

bulle n.f.

bulletin n.m. *Des bulletins de salaire, de vote. Un vote à bulletins secrets.*
▸**bulletin-réponse** n.m. *Des bulletins-réponse.*

bungalow n.m. *Des bungalows.*

bunker n.m. Mot allemand. On prononce [bounkœur] ou [bounkèr].

buraliste n.

bureau n.m. *Des fournitures de bureau. Un bureau d'études. Des bureaux de poste.*

bureaucrate adj. et n.
▸**bureaucratie** n.f.
▸**bureaucratique** adj.

bureautique n.f.

burlesque adj.

burnous n.m. Avec un **s** qui, le plus souvent, ne se prononce pas.

bus n.m.

business n.m. Mot anglais. On prononce [biznès]. On rencontre parfois **bizness**.

busqué, -e adj. *Un nez busqué.*

buste n.m.
▸**bustier** n.m.

but n.m. Voir ce mot dans la partie grammaire. – On prononce le plus souvent le **t** final. *Dans quel but ? Atteindre son but. Marquer un but. Tirer dans les buts.* – **de but en blanc** : *On lui a posé la question de but en blanc* (= sans prévenir). Ne pas confondre avec ***butte***.

butane n.m.

buter v.t.ind. Avec un seul **t**. *On bute sur ou contre quelque chose.* ◆ v.pr. *Elle se bute, elle s'est butée.*

butin n.m.

butiner v.t. et v.i.

butoir n.m. *Des dates butoirs.*

butte n.f. Avec **tt**. *La butte Montmartre à Paris.* – **être en butte à** : *Nous sommes en butte aux attaques, aux critiques de tous.* Ne pas confondre avec ***but***.

buvable adj. Pour l'eau, on doit dire ***potable***. On parle d'*ampoule buvable* (de médicament). Dans les autres emplois, ***buvable*** est plutôt négatif. *Un vin à peine buvable.*

buvard n.m. *Des papiers buvards.*

buvette n.f.

C

ça pron. démonstratif Abréviation de **cela**. Ne pas confondre avec ***çà*** adverbe et ***sa*** adjectif possessif.

çà adv. Avec un **à**. S'emploie comme adverbe de lieu dans *çà et là*, ou comme mot expressif dans des tournures anciennes comme : *Ah ! çà, messieurs, où voulez-vous en venir ?*

cabale n.f. *Monter une cabale contre quelqu'un* (= complot, intrigue). – REMARQUE Cette orthographe ne s'applique plus à la *kabbale*, tradition juive de l'interprétation des textes sacrés.

cabalistique adj. *Des signes cabalistiques.*

cabane n.f.
▸ **cabanon** n.m.

cabaret n.m.

cabas n.m. Avec un **s**.

cabillaud n.m. (Poisson)

cabine n.f. *Des cabines d'essayage, de douche, de bain.*

cabinet n.m. **1.** *Des cabinets de toilette.* – **2.** S'emploie au pluriel pour désigner les W.-C., dans un langage familial. En public, on dit *aller* ***aux toilettes***, ou ***aux lavabos***.

câble n.m. Avec un **â** comme dans tous les mots de la famille sauf *encablure*.
▸ **câbler** v.t.
▸ **câblage** n.m.

cabossé, -e adj. *Une voiture toute cabossée.*

cabot n.m. FAM. (Chien ou cabotin)

cabotage n.m. (Navigation près des côtes) Ne pas confondre avec ***cabotinage*** (manque de naturel).
▸ **caboter** v.i.

cabotin, -e n. *Ce n'est qu'un cabotin qui cherche à se faire valoir.*
▸ **cabotiner** v.i.
▸ **cabotinage** n.m.

cabrer v.t. et v.pr. Sans accent circonflexe. *Ne la cabrez pas ! La jument s'est cabrée.*

cabri n.m.

cabriole n.f. Avec un seul **l**. → -ole/-olle

cabriolet n.m.

caca n.m. – **caca d'oie** est invariable comme adjectif de couleur. *Des tissus caca d'oie.* Voir gramm. § 8.

cacahouète n.f. Avec un **h** après le *a*. On écrit aussi, sans le *o*, **cacahuète**.

cacao n.m.
▸ **cacaoté, -e** adj. *Une boisson cacaotée.*

cachalot n.m.

cache n.f. et n.m. Est féminin au sens de « cachette » et masculin pour désigner le carton découpé qui sert à masquer une partie d'une surface (photo, par exemple).

> **cache-** Les noms composés avec l'élément verbal **cache-** prennent la marque du pluriel sur le second élément ou restent invariables. *Des cache-prise(s).* Les dictionnaires n'étant pas tous d'accord sur le pluriel de ces mots, nous choisissons ici d'adopter les recommandations du Conseil supérieur de la langue française qui font varier ces mots comme s'il s'agissait de mots simples. *Un cache-prise, des cache-prises.* Voir *Rectifications orthographiques*, p. 513. Toutefois, quand le second élément est un nom non-comptable, nous le laissons invariable comme le font tous les dictionnaires actuels. *Des cache-poussière.*

cache-cache n.m.inv. *Des parties de cache-cache.*

cachemire n.m. On écrit aussi **cashmere** prononcé [-mir]. *Un pull en cachemire.*

cache-nez n.m.inv. *Des cache-nez.*

cache-pot n.m. *Des cache-pots.* → cache-

cacher v.t. et v.pr. *Ils ont caché les bonbons. Il les ont cachés. Elles se sont cachées derrière l'armoire.* – REMARQUE Il n'y a pas de *s* à l'impératif, sauf devant ***en*** : *Cache les bonbons, caches-en quelques-uns.*

cachet n.m.

cacheté, -e adj. *Une enveloppe cachetée.*

cachette n.f.

cachot n.m.

cachotterie n.f. Avec **tt.** S'emploie surtout au pluriel. *Faire des cachotteries.*
‣**cachottier, -ière** n.

cachou n.m. *Une boîte de cachous.*

cacophonie n.f. (Sons discordants)

cactus n.m. On prononce le **s**.

cadastre n.m.

cadavérique adj. *La rigidité cadavérique* (= propre au cadavre). *Une mine cadavérique* (= livide). – REMARQUE Certains font encore la différence entre ces deux emplois et recommandent d'employer **cadavéreux** pour le sens figuré. *Une mine cadavéreuse.*

cadavre n.m.

cadeau n.m. *Des cadeaux.* – S'emploie avec ou sans trait d'union après un nom : *un papier cadeau, des papiers cadeau* (= pour un cadeau) ; *un paquet-cadeau, des paquets-cadeaux, des papiers-cadeau, des paquets-cadeau(x)* (chaque paquet pouvant être considéré comme un cadeau), *des chèques-cadeaux.*

cadenas n.m. Avec **s**.
‣**cadenasser** v.t. *La porte est cadenassée.*

cadence n.f.

cadet, -ette n. et adj. *Ma sœur cadette.*

cadran n.m.

cadre n.m. **1.** S'emploie avec ou sans trait d'union après un nom : *des accords cadres, des lois-cadres.* – **2.** L'emploi au féminin pour désigner une femme cadre dans une entreprise est encore familier, mais il tend à se répandre.

cadrer v.i. *Son récit ne cadre pas avec les faits.* ◆ v.t. *Cadrer une image, une photo.*
‣**cadrage** n.m.
‣**cadreur, -euse** n. Terme officiel pour **cameraman**.

caduc, caduque adj. Attention au masculin singulier en **c**. *Ce qui était bon hier est caduc aujourd'hui. Un arbre à feuilles caduques.*

caducée n.m. Nom masculin avec **ée**, comme ***musée, mausolée***... *Le caducée d'un médecin.*

cafard n.m. Avec un **d**.

café n.m. *Des cafés au lait. Des cafés crème. Des garçons de café.* – Est invariable comme adjectif de couleur. *Une veste café. Des chats café au lait.* Voir gramm. § 8. – S'emploie dans des noms composés. *Des cafés-restaurants. Des cafés-théâtres. Des cafés-concerts* ou *caf'conc'.*
‣**caféine** n.f.
‣**cafétéria** n.f. *Des cafétérias.*
‣**cafetière** n.f.

cafouiller v.i. Avec un seul **f**.
‣**cafouillage** ou **cafouillis** n.m.

cage n.f.

cageot n.m. Avec **ge**.

cagibi n.m. *Des cagibis.*

cagnotte n.f. Avec **tt**. → -ote/-otte

cagoule n.f.

cahier n.m. *Un cahier de textes. Un cahier de brouillon(s). Des cahiers spirale* (= à spirale).

cahin-caha adv.

cahot n.m. (Secousse) Ne pas confondre avec ***chaos*** (désordre).
‣**cahoteux, -euse**. adj. *Un chemin cahoteux* (= qui provoque des secousses). Ne pas confondre avec ***chaotique***.

cahute n.f. Avec un seul **t** malgré *hutte*.

caïd n.m.

caille n.f.

cailler v.i. et v.t. *Faire cailler du lait. Du lait caillé.*

caillot n.m.

caillou n.m. *Des cailloux.* Voir gramm. § 32(2).

caisse n.f. *Une caisse de vin. Une caisse de livres. Payer à la caisse. Des tickets de caisse.*
▸**caissier, -ière** n.

cajoler v.t.

cajou n.m. *Des noix de cajou. Des cajous.*

cake n.m. Mot anglais. On prononce [kèk].

cal n.m. *Des cals.* Voir gramm. § 32(3).

calamar n.m. On dit aussi **calmar**.

calamité n.f.

calandre n.f. Avec **an**. *La calandre d'une voiture.* Ne pas confondre avec ***calendes (grecques)***.

calanque n.f.

calcaire adj. et n.m.

calciner v.t. *Une poutre calcinée.*

calcium n.m. Avec **um** qu'on prononce [om].

calcul n.m.
▸**calculer** v.t. *Calculer la surface d'une pièce. Il a calculé ses chances de succès, il les a calculées.*
▸**calculateur, -trice** n.
▸**calculette** n.f.

cale n.f. Avec un seul **l**.

calé, -e adj. FAM. *Elle est calée en mathématique* (= forte). *Un problème calé* (= difficile).

calèche n.f.

caleçon n.m.

calembour n.m. (Jeu de mots) Attention, il n'y a rien après le **r**.

calendes n.f.plur. Ne s'emploie que dans l'expression *renvoyer aux calendes grecques* (= remettre à un jour qui ne viendra peut-être jamais. Les Grecs ne connaissaient pas les *calendes*, nom du premier jour du mois chez les Romains). Ne pas confondre avec ***calandre***.

calendrier n.m.

cale-pied n.m. *Des cale-pieds.*

calepin n.m.

caler v.t. et v.pr. *On a calé la table. La table qu'on a calée ne bouge plus. Ils se sont bien calés dans leur fauteuil.* ◆ v.i. *Le moteur a calé.*

calfeutrer v.t. et v.pr. *On a calfeutré les fenêtres. Elle sont bien calfeutrées. Elle s'est calfeutrée chez elle.*

calibre n.m.

calice n.m. *Boire le calice jusqu'à la lie. Le calice d'une fleur.*

calicot n.m. Avec **t**.

calife n.m. Avec un **e**. – REMARQUE On rencontre encore l'ancienne orthographe **khalife**.

califourchon (à) adv.

câlin n.m. Avec **â**.
▸**câlin, -e** adj.
▸**câliner** v.t.

calleux, -euse adj. Avec **ll** comme dans ***callosité***.

call-girl n.f. *Des call-girls.*

calligraphie n.f. Avec **ll**.
▸**calligraphier** v.t. *Calligraphier un texte. Une lettre calligraphiée.*

callosité n.f. Avec **ll** comme dans ***calleux***.

calmar n.m. Autre forme de **calamar**.

calme adj. et n.m. *Restez calmes ! – Ils gardent leur calme.*
▸**calmant, -e** adj. et n.m.
▸**calmement** adv.
▸**calmer** v.t. et v.pr. *On a calmé Marie, on l'a calmée. La mer s'est calmée.*

calomnie n.f.
▸**calomnieux, -euse** adj. *Des propos calomnieux.*
▸**calomnier** v.t. *On les a calomniés.* – ATTENTION À l'indicatif imparfait et au subjonctif présent : *(que) vous calomniiez* – Au futur et au conditionnel : *il calomniera(it).*

C

calorie n.f. *Riche en calories.*
▸**calorique** adj.

calot n.m.

calotte n.f. Avec un seul **l** et **tt**. *La calotte glaciaire.*

calque n.m. *Faire un calque d'un dessin. Des papiers-calques.*
▸**calquer** v.t. *Calquer un dessin. Calquer son attitude sur celle d'un ami.*

calvaire n.m.

calvitie n.f. Avec **tie** qu'on prononce [si].

camaïeu n.m. *Une peinture en camaïeu. Un camaïeu de bleus.* – PLURIEL Avec *s* ou avec *x* : *des camaïeus* ou *des camaïeux.*

camarade n.
▸**camaraderie** n.f.

cambodgien, -enne adj. et n. *Il est cambodgien. C'est un Cambodgien.* (Le nom de personne prend une majuscule.)

cambouis n.m.

cambrioler v.t. Avec un seul **l**. *On les a cambriolés. Ils se sont fait cambrioler.* (*Fait* suivi d'un infinitif est invariable.)
▸**cambriolage** n.m.
▸**cambrioleur, -euse** n.

camée n.m. (Pierre fine sculptée en relief) Nom masculin avec **ée**, comme ***musée, lycée, mausolée***...

caméléon n.m.

camélia n.m. Est du masculin. *Un camélia.*

camelot n.m.

camelote n.f. Avec un seul **t**.

camembert n.m.

caméra n.f. *Des caméras vidéo.*

cameraman n.m. Mot anglais. On recommande d'employer ***cadreur*** ou ***opérateur de prises de vues***. – L'orthographe francisée avec un accent aigu **caméraman** est enregistrée dans certains dictionnaires. – PLURIEL On dit et on écrit *des caméramans* (forme francisée) ou *des cameramen*. Voir gramm. § 37.

Caméscope n.m. Nom déposé. Avec une majuscule.

camion n.m. *Des marchandises transportées par camion. Des camions-citernes.*
▸**camionnette** n.f.
▸**camionneur** n.m.

camisole n.f. Avec un seul **l**. → -ole/-olle

camomille n.f.

camoufler v.t. *Camoufler du matériel militaire.*
▸**camouflage** n.m. *Des tenues de camouflage.*

camouflet n.m. (Vexation) Avec un **t**.

camp n.m. *Un camp de vacances.*

campagne n.f. *Des maisons de campagne.*
▸**campagnard, -e** adj. et n.

camper v.i. *Ils sont allés camper au bord de l'eau.* ◆ v.t. *Camper un personnage.* ◆ v.pr. *Elle s'est campée devant moi.*
▸**campement** n.m.
▸**campeur, -euse** n.
▸**camping** n.m. Mot anglais.
▸**camping-car** n.m. *Des camping-cars.*

camphre n.m. Avec **ph**.

campus n.m. On prononce le **s**. *Un campus universitaire.*

canadien, -enne adj. et n. *Il est canadien. C'est un Canadien.* (Le nom de personne prend une majuscule.)

canaille n.f. et adj. *Des manières canailles.*

canal n.m. *Un canal, des canaux.*
▸**canalisation** n.f.
▸**canaliser** v.t. *On a canalisé la foule, on l'a canalisée.*

canapé n.m. *Des canapés-lits.*

canard n.m. *Des pulls bleu canard.* Voir gramm. § 8(3).

canari n.m.

cancer n.m. **1.** *Souffrir d'un cancer du sein.* – **2.** Le signe astrologique prend une majuscule. *Ils sont (du signe du) Cancer.*
▸**cancéreux, -euse** adj. et n.
▸**cancérogène** n.m. Ce terme, sur le modèle de *pathogène*, *anxiogène*, tend à rem-

placer **cancérigène**, moins bien formé. *Le tabac est cancérogène.*
‣ **cancérologie** n.f.
‣ **cancérologue** n.

cancre n.m.

candélabre n.m.

candeur n.f.

candidat, -e n. *Se porter, être candidat à un poste, une fonction.*
‣ **candidature** n.f.

candide adj.

cane n.f. (Femelle du canard) Avec un seul **n**. Ne pas confondre avec *canne* (bâton).
‣ **caneton** n.m.

canette et **cannette** n.f. **1.** Avec un seul **n** pour l'animal. – **2.** Quelquefois avec **nn** pour la boîte de boisson ou l'accessoire de la machine à coudre.

canevas n.m. Avec **s**.

caniche n.m. Avec un seul **n**.

canicule n.f. Avec un seul **n**.
‣ **caniculaire** adj.

canif n.m. *Des coups de canif.*

canine n.f.

caniveau n.m. *Des caniveaux.*

cannabis n.m. Avec **nn**. – On prononce le **s**.

canne n.f. (Tige, bâton) Avec **nn**. *Des cannes à sucre. Du sucre de canne. Des cannes à pêche.* Ne pas confondre avec *cane* (animal).

cannelle n.f. Avec **nn**.

cannelloni n.m. Mot italien. Le pluriel français est recommandé : *des cannellonis,* mais on rencontre aussi *des cannelloni* invariable. Voir gramm. § 37.

cannette n.f. → canette

cannibale adj. et n. Avec **nn**. – REMARQUE Un **cannibale** mange des êtres de sa propre espèce. Ce peut être un animal ou un être humain. Un **anthropophage** est un être humain qui mange de la chair humaine.

canoë n.m. Avec **ë**.
‣ **canoéiste** n. Avec **é**.

canon n.m. *Des coups de canon.*

cañon n.m. Autre orthographe de **canyon**.

canonique adj. *Un âge canonique.*

canoniser v.t. *On les a canonisés.*
‣ **canonisation** n.f.

canot n.m. Avec un **t** qui est parfois prononcé par les marins.

cantal n.m. S'écrit sans majuscule et prend un *s* au pluriel. → fromage

cantate n.f.

cantatrice n.f.

cantine n.f.

cantique n.m.

canton n.m.
‣ **cantonal, -e, -aux** adj. Avec un seul **n**. *Les élections cantonales.*

cantonade (à la) Avec un seul **n**. *Parler à la cantonade* (= sans s'adresser particulièrement à quelqu'un).

cantonner v.t. et v.pr. Avec **nn**. *On la cantonne à un rôle subalterne. On l'a cantonnée à un rôle subalterne. Nous nous sommes cantonnés à répondre à leurs questions.*

cantonnier n.m. Avec **nn**.

canular n.m. Se termine par **r**.

canule n.f.

canyon n.m. On prononce le **n** final. On écrit parfois **cañon**.
‣ **canyoning** n.m. Avec un seul **n**.

caoutchouc n.m. Avec un **c** final qui ne se prononce pas et qui disparaît dans les dérivés.
‣ **caoutchouté, -e** adj.
‣ **caoutchouteux, -euse** adj.

C.A.P. n.m. Sigle de *certificat d'aptitude professionnelle*. S'écrit avec ou sans points. On prononce [séapé].

cap n.m. *Franchir, doubler un cap. Mettre le cap sur.* – S'écrit sans majuscule pour désigner la pointe de terre. *Le cap Horn.*

C

– **de pied en cap** signifie « des pieds à la tête ». Ne pas confondre avec ***cape***.

capable adj.

capacité n.f. *Des mesures de capacité. Avoir des capacités.*

caparaçonner v.t. Avec le **p** avant le **r**. Ce mot vient de ***caparaçon*** (= housse de protection pour un cheval) et non de *carapace*. *Un cheval caparaçonné.*

cape n.f. *Un film de cape et d'épée.*

capharnaüm n.m. On prononce [a-om']. Vient de *Capharnaüm*, nom d'une ville de Galilée. *Des capharnaüms.*

capillaire adj. Avec **ill** qu'on prononce [il]. *Des lotions capillaires* (= pour les cheveux). → -ill-

capitaine n.m.

capital, -e, -aux adj. *La peine capitale. Les sept péchés capitaux.*
‣ **capital** n.m. *Placer son capital. Investir des capitaux.*
‣ **capitale** n.f. *Paris est la capitale de la France. – Écrire son nom en capitales.*

capitaliser v.t.
‣ **capitalisation** n.f. *Une retraite par capitalisation.*

capitalisme n.m.
‣ **capitaliste** adj. et n.

capiteux, -euse adj. *Un parfum capiteux.*

capituler v.i. *L'armée a capitulé.*
‣ **capitulation** n.f.

caporal n.m. *Un caporal, des caporaux.*

capot n.m. Avec un **t**.

capote n.f.

capoter v.i. *Les négociations ont capoté. On les a fait capoter.* (*Fait* suivi d'un infinitif est invariable.)

cappuccino n.m. Mot italien. Avec **pp** et **cc**. On prononce [kapoutchino]. *Des cappuccinos.*

câpre n.f. Avec **â**. Est du féminin. *Une câpre.*

caprice n.m. *Faire un caprice.*
‣ **capricieux, -euse** adj.

capricorne n.m. Le signe astrologique prend une majuscule. *Ils sont (du signe du) Capricorne.*

capsule n.f.

captation n.f. Ne s'emploie que dans l'expression *captation d'héritage*.

capter v.t. *Capter une émission de radio. Capter l'attention de quelqu'un. Capter l'eau d'une source.* Ne pas confondre avec ***capturer***.
‣ **captage** n.m.
‣ **capteur** n.m.

captif, -ive n. et adj.

captiver v.t. *Ton histoire les captive. Ton histoire les a captivés. Ils sont captivés.*

captivité n.f. *Ils sont morts en captivité.*

capturer v.t. *La panthère qu'ils ont capturée.*
‣ **capture** n.f.

capuche n.f. *Des manteaux à capuche.*

capuchon n.m.

capucine n.f.

1. car conj. de coordination

- Introduit l'explication, la justification de ce qui vient d'être énoncé. *Il doit partir, car il se fait tard. Cet escroc, car c'est ainsi qu'il faut le nommer, a fait de nombreuses victimes.* – REMARQUE La conjonction **car** est toujours précédée d'une virgule, contrairement à ***parce que*** : *Il n'est pas venu, car il est malade. Il n'est pas venu parce qu'il est malade.*
- On ne peut pas dire ✕ *car… et que*. On doit dire : *[…], car il pleut <u>et</u> le temps est froid* ou *[…] <u>parce qu</u>'il pleut <u>et</u> <u>que</u> le temps est froid.*
- On évitera de dire ✕ *car en effet*, qui dit deux fois la même chose.

2. car n.m. *Prendre le car. Voyager en car.*

caracoler v.i. Avec un seul **l**.

caractère n.m. *Ils ont mauvais caractère. Des hommes de caractère.* – *En caractères d'imprimerie.*
▸**caractériel, -elle** adj. Avec **é**.

caractériser v.t. et v.pr. *La bonne humeur qui la caractérise. La bonne humeur qui l'a toujours caractérisée. Cette maladie se caractérise par des accès de fièvre.*
▸**caractérisé, -e** adj. *C'est de la mauvaise foi caractérisée.*

caractéristique adj. et n.f. *Ce symptôme est caractéristique de cette maladie. C'est une de ses caractéristiques.*

carafe n.f. Avec un seul **f**.
▸**carafon** n.m.

carambolage n.m.

caramel n.m. Sans accent. *Des caramels au lait.* – Est invariable comme adjectif de couleur. *Des cuirs caramel.* Voir gramm. § 8(2).
▸**caraméliser** v.t. et v.i. Avec **é**.

carapace n.f. *La carapace d'une tortue.* – REMARQUE Le mot ***caparaçonné*** n'a rien à voir avec le mot **carapace**. Il ne faut donc pas dire ✕ *carapaçonné*.

carat n.m. *De l'or à 18 carats.* – **dernier carat** est une expression familière (= dernière limite).

caravane n.f.

carbone n.m. Avec un seul **n**. *Des papiers carbone. Des carbones.*
▸**carbonique** adj. *Du gaz carbonique.*

carboniser v.t. *Le corps carbonisé de la victime.*

carburant n.m.

carburateur n.m.

carcan n.m. Avec **can**.

carcasse n.f.

carcéral, -e, -aux adj. *L'univers carcéral* (= de la prison).

cardamome n.f. Avec **ome** et non ✕ *one*. *Parfumer un plat à la cardamome.*

cardiaque adj. et n.

cardigan n.m.

1. **cardinal** n.m. *Un cardinal, des cardinaux.*

2. **cardinal, -e, -aux** adj. 1. Voir ce mot dans la partie grammaire. – 2. → point cardinal

cardiologie n.f.
▸**cardiologue** n.

carême n.m. Avec **ê**.

carence n.f.
▸**carencé, -e** adj. *Un régime carencé en vitamine C.*

caresse n.f. Avec un seul **r**.
▸**caresser** v.t. *Caresser un animal.* – *C'est une idée qu'il a longtemps caressée.*
▸**caressant, -e** adj.

cargaison n.f. *Une cargaison de bananes.*

cargo n.m. *Des cargos. Des avions-cargos.*

cari n.m. Une des orthographes de **curry**.

caribou n.m. (Renne du Canada) *Des caribous.*

caricature n.f.
▸**caricatural, -e, -aux** adj.
▸**caricaturer** v.t.

carie n.f.
▸**carié, -e** adj. *Une dent cariée.*

carillon n.m. Avec un seul **r** et **ill** qu'on prononce [iy'].
▸**carillonner** v.i. Avec **nn**.

caritatif, -ive adj. *Une association caritative* (= de charité).

carlingue n.f.

carmin n.m. et adj.inv. L'adjectif de couleur est invariable. *Des lèvres carmin.* Voir gramm. § 8.

carnage n.m.

carnassier, -ière adj. Un animal **carnassier** ne se nourrit que de proies vivantes, de chair crue. Ne pas confondre avec ***carnivore*** (= qui se nourrit de viande, crue ou cuite).

carnaval n.m. *Des carnavals.* Voir gramm. § 32(3).

C

carnet n.m. *On note quelque chose dans ou sur un carnet. – Un carnet de timbres.*

carnivore adj. et n. Un **carnivore** mange de la viande. Ne pas confondre avec ***carnassier***.

carotide n.f.

carotte n.f. Avec un seul **r** et **tt**. *Une botte de carottes.* → -ote/-otte – Est invariable comme adjectif de couleur. *Des cheveux carotte.* Voir gramm. § 8(2).

carpaccio n.m. Mot italien. Avec **cc**. On prononce [tchyo]. *Des carpaccios.*

carpe n.f.

carpette n.f.

carre n.f. (Bord d'un ski) Est du féminin.

carré, -e adj.et n.m. *Dix mètres carrés (10 m²).*

carreau n.m. *Un tissu à carreaux.*

carrefour n.m.

carrelage n.m. Avec **rr** comme dans ***carreau***.
▸**carrelé, -e** adj. *Un sol carrelé.*
▸**carreleur** n.m.

carrément adv. Avec **rr**. *Répondre carrément.*

carrière n.f. Avec **è**.
▸**carriériste** adj. et n. Avec **é**.

carriole n.f. Avec **rr** et un seul **l**.

carrossable adj. Avec **rr**. *Une route carrossable* (= où une voiture peut rouler).

carrosse n.m.

carrosserie n.f.

carrousel n.m. Avec **rr** et un **s** qui se prononce [z].

carrure n.f.

cartable n.m.

carte n.f. *Des cartes de visite, d'identité. Jouer cartes sur table. Des cartes à puce, à mémoire. Une carte mère, des cartes mères.* – S'emploie dans des mots composés. *Une **carte-lettre**, des cartes-lettres. Une **carte-réponse**, des cartes-réponse(s).*

cartésien, -enne adj. *Un esprit cartésien.* Vient du nom du philosophe *Descartes.*

cartilage n.m.
▸**cartilagineux, -euse** adj.

cartomancie n.f. Avec *-mancie*, qui signifie « divination ».
▸**cartomancien, -enne** n.

carton n.m. *Un carton à chaussures.*
▸**cartonné, -e** adj. Avec **nn**. *Une reliure cartonnée.*
▸**cartonnage** n.m.

cartouche n.f. et n.m. Ce mot est féminin dans ses emplois courants : *une cartouche de fusil, d'encre, de cigarettes,* etc., et masculin dans le domaine graphique : *Placer un titre dans un cartouche bleu.*

cary n.m. Une des orthographes de **curry**.

cas n.m. *En tout cas. Dans tous les cas. Ne pas faire grand cas de quelque chose. Des cas types, des cas limites. Des cas d'espèce, des cas de figure.* – **au cas où, dans le cas où, pour le cas où** se construisent avec le conditionnel. *Au cas où je viendrais...*

casanier, -ière adj. et n.

casaque n.f.

casbah n.f. Mot arabe. Avec un **h**.

cascade n.f. *Des ennuis en cascade. Réussir une cascade.*
▸**cascadeur, -euse** n.

case n.f.

caser v.t. et v.pr. *On a casé la valise, on l'a casée. Marie s'est casée au dernier rang.*

caserne n.f.

cash adv. Mot anglais. *Payer cash* (= payer comptant).

cashmere n.m. Autre orthographe de **cachemire**.

casier n.m.

casino n.m. *Des casinos.*

casque n.m.

casquette n.f.

cassandre n.f. Vient de *Cassandre*, personnage de la mythologie qui a prédit des catastrophes. Est du féminin. On écrit indifféremment *jouer les Cassandre*, avec une majuscule et sans marque du pluriel, ou *jouer les cassandres*, sans majuscule et avec la marque du pluriel.

cassant, -e adj. *Un ton cassant.*

casse n.f. et n.m. **1.** Est du féminin dans les emplois courants : *payer la casse, bon pour la casse.* – **2.** Est du masculin au sens de « cambriolage » : *le casse du siècle.*

casse-cou n.m.inv. et adj.inv. *Des casse-cou.*

casse-croûte n.m.inv. *Des casse-croûte.*

casse-noisette n.m. *Un casse-noisette, des casse-noisettes.* – REMARQUE On trouve aussi **casse-noisettes** au singulier.

casser v.t. et v.pr. *Il a cassé son assiette, il l'a cassée. L'assiette s'est cassée. Luc s'est cassé la jambe. Quelle jambe s'est-il cassée ?* Voir gramm. § 29(3).

casserole n.f. Avec un seul **l**. → -ole/-olle

casse-tête n.m.inv. *Des casse-tête.*

cassette n.f. *Des cassettes audio. Des cassettes vidéo.*

cassis n.m. **1.** (Arbuste, fruit) On prononce le **s** final. *De la liqueur de cassis* [kasis]. – **2.** (Creux) On prononce ou pas le **s**. *Attention aux cassis sur la route* [kasi].

cassolette n.f. Avec un seul **l**.

cassonade n.f. (Sucre roux) Avec un seul **n**.

cassoulet n.m.

castagnettes n.f.plur.

caste n.f.

castor n.m.

cataclysme n.m. Avec **y**.

catacombes n.f.plur.

catalogue n.m.
▸**cataloguer** v.t. Avec **gu**, même devant *a* et *o* : *en cataloguant, nous cataloguons.*
▸**catalogage** n.m. Sans *u*.

catalyse n.f. (Réaction chimique) Avec **y**.
▸**catalytique** adj. *Pot catalytique.*
▸**catalyser** v.t. *Catalyser les énergies.*
▸**catalyseur** n.m.

catamaran n.m.

cataracte n.f.

catastrophe n.f. *Des films catastrophe(s).*
▸**catastrophé, -e** adj.
▸**catastrophique** adj.

catch n.m.
▸**catcheur, -euse** n.

catéchisme n.m.

catégorie n.f. *Une catégorie de films. Ranger des livres par catégories. Classer des sportifs en catégories. Des catégories socioprofessionnelles.* – **catégorie grammaticale** Voir ce mot dans la partie grammaire.
▸**catégoriel, -elle** adj. *Des revendications catégorielles.*

catégorique adj.
▸**catégoriquement** adv.

caténaire n.f. Est féminin. *Une caténaire.*

cathédrale n.f.

cathodique adj. *Le tube cathodique d'une télévision.*

catholique adj. et n.
▸**catholicisme** n.m.

catimini (en) loc.adv. *Ils sont partis en catimini* (= discrètement).

cauchemar n.m. Sans *d* final.
▸**cauchemardesque** adj.

cause n.f. Est au singulier dans toutes les expressions ou locutions. *En tout état de cause. Ils sont mis en cause. Ils sont hors de cause. Agir en connaissance de cause. Fermé pour cause de. Obtenir gain de cause. De cause à effet.* – **à cause de** introduit un complément circonstanciel de cause. *Nous sommes rentrés à cause de la pluie.* – Si le complément est un nom de personne, on n'emploie **à cause de** que dans le sens de « par la faute de » : *J'ai perdu à cause de toi.* Sinon on dit ***grâce à*** : *J'ai gagné grâce à toi.* – **à cause que** ne s'emploie plus. On dit ***parce que***.

C

1. causer v.t. *L'inondation a causé de graves dégâts. Les dégâts que l'inondation a causés.*

2. causer v.i. et v.t.ind. **1.** L'emploi de **causer** est correct chaque fois qu'il suppose un entretien, un échange de propos. *Nous avons longuement causé au coin du feu. Causer (de) politique avec un ami.* – **2.** L'emploi de **causer** est familier et jugé incorrect dans les autres cas. *Réponds quand je te cause !* – On emploiera ***parler***.
▸ **causerie** n.f.
▸ **causette** n.f. *Faire un brin de causette.*

caustique adj. *La soude est un produit caustique* (= qui attaque les tissus). *Une remarque caustique* (= mordante). Ne pas confondre avec ***toxique*** (= qui empoisonne).

cautériser v.t. Avec **au**. *Cautériser une plaie.*

caution n.f. *Verser une caution. Donner sa caution à. Servir de caution.* – **sujet à caution** : *Des propos sujets à caution* (= douteux). *Des explications sujettes à caution.*
▸ **cautionner** v.t. Avec **nn**. *Une politique que tout le monde a cautionnée.*

cavalcade n.f.

cavaler v.i.

cavalier, -ière n.
▸ **cavalerie** n.f.

cave n.f.

caveau n.m. *Des caveaux.*

caverne n.f.

caverneux, -euse adj. *Une voix caverneuse.*

caviar n.m. Il n'y a rien après le **r**.

cavité n.f.

CD n.m. Sigle de *Compact Disc*.

C.D.I. n.m. Sigle de *centre de documentation et d'information*. S'écrit avec ou sans points.

CD-ROM ou **CD-Rom** n.m.inv. On écrit aussi **cédérom**.

ce, cet, cette, ces adj. démonstratif *Ce garçon, cet homme, cette femme, ces enfants.* Voir *démonstratif* dans la partie grammaire.

ce, c' pron. démonstratif
• **c'est, ce sont** → c'est

• **et ce** est toujours placé entre virgules. *Il a plu, et ce, pendant tout le week-end.*

• **ce que, ce qui** s'emploient dans l'interrogation indirecte. *Que fais-tu ? Je te demande ce que tu fais.* Voir gramm. § 18.

• **ce qui, ce qu'il** Avec un verbe impersonnel, on emploie *ce qu'il* : *Voilà ce qu'il me faut.* Avec un verbe employé dans une tournure impersonnelle, les deux formes sont souvent possibles : *Fais ce qui te plaît* ou *ce qu'il te plaît. Je sais ce qui me reste à faire* ou *ce qu'il me reste à faire.*

On écrit *ce* ou *se* ?

1. On écrit **ce** quand on pourrait dire ***le*** ou ***un***. *Je veux ce livre* (= je veux un livre).

2. On écrit **se** (pronom réfléchi) quand on pourrait dire ***me*** ou ***te***. *Il se tait.* On peut conjuguer *je me tais, tu te tais.*

céans adv. *Le maître de céans* (= de ces lieux). Ne pas confondre avec ***séant*** (= postérieur).

ceci pron. démonstratif Voir *démonstratif* dans la partie grammaire.

cécité n.f. *Il est atteint de cécité* (= il est aveugle).

céder v.t. CONJ.4 Avec **é** ou **è** : *nous cédons, ils cèdent. Ils nous ont cédé leurs places. Les places qu'ils nous ont cédées.*

cédérom n.m. Orthographe recommandée pour **CD-Rom**. *Des cédéroms.*

cédille n.f. Voir ce mot dans la partie grammaire.

cèdre n.m.

ceindre v.t. CONJ.35 LITT. *Un bandeau ceignait son front. Le maire avait ceint son écharpe tricolore.*

ceinture n.f. *Des ceintures de sécurité.*
▸ **ceinturer** v.t. *Le policier les a ceinturés.*
▸ **ceinturon** n.m. *Des ceinturons de cuir.*

cela pron. démonstratif Voir *démonstratif* dans la partie grammaire.

célèbre adj. Avec **è** devant le *b*.
▸ **célébrité** n.f. Avec **é** devant le *b*.

célébrer v.t. CONJ.4 Avec **é** ou **è** : *nous célébrons, ils célèbrent. Célébrer un mariage.*
▸ **célébration** n.f.

céleri ou **cèleri** n.m. *Du sel de céleri. Des branches de céleri. Du céleri rémoulade.* – **céleri branche** s'écrit sans trait d'union. *Des céleris branches.* – **céleri-rave** s'écrit avec un trait d'union. *Des céleris-raves.*

célérité n.f. (Vitesse) Avec trois **é**.

céleste adj.

célibataire adj. et n.
▸ **célibat** n.m.

celle pron. démonstratif Voir *démonstratif* dans la partie grammaire.

cellier n.m. Sans accent et avec **ll**. *Ils gardent leurs provisions dans un cellier.* Ne pas confondre avec ***sellier***.

Cellophane n.f. Nom déposé. Avec une majuscule.

cellule n.f. Attention à la place des **ll**.
▸ **cellulaire** adj. *Un téléphone cellulaire.*

cellulite n.f.

cellulose n.f.

celui, celle pron. démonstratif Voir *démonstratif* dans la partie grammaire.

cénacle n.m. *Un cénacle littéraire, politique.* – S'écrit avec un **c** comme dans ***cène***, le **cénacle** étant la salle où eut lieu la Cène.

cendre n.f. *Un tas de cendres. Réduire en cendres.*
▸ **cendré, -e** adj. *Des cheveux cendrés.* Mais *des cheveux blond cendré.* Voir gramm. § 8(3).
▸ **cendrier** n.m.

cène n.f. S'écrit avec une majuscule pour désigner le dernier repas de Jésus. Ne pas confondre avec ***scène***.

censé, -e adj. Avec **c**. *Nul n'est censé ignorer la loi* (= supposé). Ne pas confondre avec ***sensé*** (= qui a du bon sens).

censeur n.m. *Madame le censeur.* – REMARQUE On dit aujourd'hui *proviseur adjoint.*

censure n.f.
▸ **censurer** v.t. *Personne n'a pu lire les passages qu'on a censurés.*

cent adj. numéral

- Est invariable quand aucun nombre ne le multiplie : *cent enfants, toutes les cent pages.* Attention à ne pas ajouter de [z] de liaison. On dit *cent euros* [santeuro] (comme *cent ans*) et non ✕ [sanzeuro].
- Est variable quand un nombre le multiplie : *deux cents enfants.* Voir gramm. § 23(2).
- Reste invariable quand il est suivi d'un autre adjectif numéral : *deux cent trois enfants.*
- Employé après le nom, **cent** est invariable : *page deux cent.*
- Devant ***mille***, qui est un adjectif numéral, **cent** est invariable : *deux cent mille personnes* ; mais devant ***million*** et ***milliard*** qui sont des noms, **cent** suit les règles générales : *deux cents millions de personnes* mais *deux cent trois millions de personnes.*

centaine n.f. *Ils arrivaient par centaines.* – **une centaine de** : *Une centaine de personnes ont été blessées. La centaine de personnes qui ont ou qui a assisté à la réunion.* – L'accord se fait généralement au pluriel, sauf si c'est sur le nombre qu'on souhaite insister. Voir gramm. § 39.

centenaire adj., n. et n.m. *Un arbre centenaire. Un, une centenaire. Fêter le centenaire d'une entreprise.*

centième adj. et n. *Elle est centième sur la liste, il est cent-unième.* ◆ n.m. *Deux centièmes de seconde (2/100 s).*

centigramme n.m. *Un centigramme (1 cg).*

centilitre n.m. *Cinq centilitres (5 cl).*

centime n.m.

centimètre n.m. *Dix centimètres (10 cm).*

1. central n.m. *Un central téléphonique, des centraux téléphoniques.*

2. central, -e, -aux adj. *Un quartier central. Des quartiers centraux.*

centrale n.f. *Une centrale électrique. Une centrale syndicale.*

centraliser v.t. *On a centralisé les informations, on les a centralisées.*

▸**centralisation** n.f.

centre n.m. **1.** Prend une majuscule dans certaines dénominations : *le Centre national de la recherche scientifique (C.N.R.S.)* ; et pour désigner la région française : *une ville du Centre.* Mais on écrira : *Il habite dans le centre de la France.* – **2.** Prend la marque du pluriel dans les termes de sport : *des avants-centres.* – **3.** Est invariable dans le vocabulaire politique : *Les centre droit se sont abstenus.*
▸**centre-ville** n.m. *Des centres-villes.*

centrer v.t. *Centrer un titre sur une page. Centrer un débat sur un sujet. La discussion est centrée sur les problèmes de santé.*

centrifuge adj. Une force **centrifuge** éloigne du centre (≠ centripète).
▸**centrifugeuse** n.f.

centripète adj. Une force **centripète** rapproche du centre (≠ centrifuge).

centuple n.m. *Je vous le rendrai au centuple.*
▸**centupler** v.i. *Ses revenus ont centuplé.*

cep n.m. (Pied de vigne) Ne pas confondre avec ***cèpe*** (champignon).
▸**cépage** n.m. Avec **é**.

cèpe n.m. (Champignon) Ne pas confondre avec ***cep*** (pied de vigne).

cependant adv.

céramique n.f.

cerbère n.m.

cerceau n.m. *Des cerceaux.*

cercle n.m. *Mettez-vous en cercle.* – *Un cercle d'amis. Un cercle vicieux. C'est la quadrature du cercle.*

cercueil n.m. Avec **ueil** qu'on prononce [euy']. → -euil/-ueil

céréale n.f.

cérébral, -e, -aux adj. *Les hémisphères cérébraux.*

cérémonial n.m. Avec *als* au pluriel : *des cérémonials.* Voir gramm. § 32(3).

cérémonie n.f. *Recevoir quelqu'un sans cérémonie(s). Le maître de cérémonie(s).*

cerf n.m. On ne prononce pas le **f**.

cerfeuil n.m. Avec **euil**.

cerf-volant n.m. *Des cerfs-volants.*

cerise n.f. *De la confiture de cerise(s).* Voir gramm. § 13. – Est invariable comme adjectif de couleur. *Des robes rouge cerise, des robes cerise.* Voir gramm. § 8.
▸**cerisier** n.m. *Un cerisier en fleur(s).*

cerne n.m. Est du masculin. *Avoir de grands cernes sous les yeux.*
▸**cerné, -e** adj. *Avoir les yeux cernés.*

cerneau n.m. *Des cerneaux de noix.*

cerner v.t. *Les policiers ont cerné la maison. La maison qu'ils ont cernée.*

certain, -e adj. *Ils sont certains de venir* (= sûrs). *Des résultats certains.* – **être certain que** est suivi de l'indicatif (ou du conditionnel). *Ils sont certains que tout se passera bien. Ils étaient certains que tout se passerait bien.* – **ne pas être certain que** est suivi du subjonctif si c'est l'idée de doute qui l'emporte : *Je ne suis pas certain qu'il faille répondre* ; ou de l'indicatif si c'est sur le fait lui-même qu'on insiste : *Je ne suis pas certain qu'il viendra demain.* ◆ adj. indéfini S'emploie avant le nom. *Cela a pris un certain temps. Certaines personnes pensent que… Un certain Victor a écrit ce livre.* ◆ pron. indéfini Est toujours au pluriel. *Certains pensent que…* – **certains d'entre nous (vous…)** est suivi d'un verbe à la 3e personne du pluriel (l'accord se fait avec *certains* et non avec *nous* ou *vous*) : *Certains d'entre nous viendront à la réunion. Certaines d'entre vous n'ont pas prévenu.*

certainement adv.

certes adv. Avec un **s**. *Certes, il n'était pas content, mais…*

certificat n.m. *Des certificats de naissance.*

certifier v.t. *Je vous certifie que cela s'est passé ainsi.* – *Des copies certifiées conformes.* – ATTENTION À l'indicatif imparfait et au subjonctif présent : *(que) vous certifiiez.* – Au futur et au conditionnel : *il certifiera(it).*

certitude n.f.

cerveau n.m. *Des cerveaux.*

cervelle n.f.

cervical, -e, -aux adj.

ces adj. démonstratif Pluriel de **ce, cette**.

On écrit *ces* ou *ses* ?

1. On écrit **ces** quand au singulier on dirait ***ce*** ou ***cette***. *Regardez ces livres dans la vitrine !* (ce livre).

2. On écrit **ses** quand au singulier on dirait ***son*** ou ***sa***. *Il nous a montré ses livres* (son livre).

cessant, -e adj. Ne s'emploie que dans l'expression *toutes affaires cessantes*.

cessation n.f. *Cessation de paiements.*

cesse n.f. Ne s'emploie que dans l'expression littéraire *n'avoir de cesse que* suivie du subjonctif : *Il n'eut de cesse que tout fût parfait.* – **sans cesse** : *Il pleut sans cesse* (= sans arrêt).

cesser v.t. et v.i. *Ils ont cessé le travail, ils ont cessé de travailler. La pluie a cessé.*

cessez-le-feu n.m.inv. *Des cessez-le-feu.*

cession n.f. (Du verbe *céder*) *La cession d'un fonds de commerce.* Ne pas confondre avec ***session*** (séance).

c'est présentatif

- On emploie **c'est** devant un nom singulier ou devant les pronoms ***moi***, ***toi***, ***lui***, ***elle***.
- On emploie **c'est** devant ***nous*** et ***vous*** : *C'est nous ! C'est vous !*
- On emploie **c'est** en langue courante, ou **ce sont**, en langue plus recherchée, devant ***eux***, ***elles*** ou devant un nom pluriel : *C'est eux ! C'est elles ! Ce sont eux qui l'ont dit. Ce sont des enfants très agréables.*
- On emploie **c'est** devant l'expression d'une quantité : *C'est dix euros le livre. C'est dix heures qui viennent de sonner* ; sauf si c'est sur la quantité qu'on insiste : *Ce sont dix euros qu'il me faut* (en langue courante on dit *c'est*).
- On emploie **c'est** devant plusieurs noms coordonnés si le premier terme est au singulier : *C'est Pierre et ses enfants qui viendront cet été.*
- On fait les mêmes distinctions à l'imparfait, mais l'usage tend à rendre **c'était** invariable.
- **c'est moi qui, c'est toi qui...** L'accord se fait avec le pronom personnel : *C'est moi qui suis, c'est toi qui es, c'est nous qui sommes*, etc. Voir gramm. § 40(1).

On écrit *c'est* ou *s'est* ?

1. On emploie **c'est** lorsqu'on peut tourner la phrase avec ***voilà*** : *C'est Pierre* (= voilà Pierre).

2. On emploie **s'est** lorsqu'on peut conjuguer le verbe à la 1re personne (il s'agit du verbe pronominal) : *Il s'est trompé* (= je me suis trompé).

c'est-à-dire loc.conj. Avec des traits d'union, y compris dans l'abréviation (*c.-à-d.*).

cet, cette Voir *démonstratif* dans la partie grammaire.

cétacé n.m. Avec deux fois **c**. *La baleine est un cétacé.*

ceux, celles Pluriel de **celui, celle**. Voir *démonstratif* dans la partie grammaire.

-ch- Se prononce [ch] comme dans *cheval* ou [k] comme dans *chorale*. Dans ce dernier cas nous avons indiqué la prononciation. – REMARQUE Certains mots qui contiennent le son [ch] peuvent s'écrire avec **sch** ou **sh**.

chacal n.m. *Des chacals.* Voir gramm. § 32(3).

chacun, -e pron. indéfini sing.

- Employé seul au sens de « tout le monde », **chacun** entraîne l'accord au masculin singulier et le pronom réfléchi ***soi*** : *Chacun pense ce qu'il veut. Que chacun rentre chez soi* et non ✕ *chez lui.*
- En rapport avec un nom, **chacun** s'accorde en genre : *Il a parlé à chacune de ses filles, à chacun de ses fils. Chacun sa chacune.*
- Si ce nom est au pluriel, le possessif ou le pronom personnel est au singulier ou au pluriel : *Ces professeurs, chacun dans sa spécialité* ou *chacun dans leur spéciali-* ▷

C

té... Ils sont rentrés chacun chez soi ou chez eux.

• **chacun d'entre nous, vous, eux** entraîne l'accord du verbe à la 3e personne du singulier : *Chacun d'entre nous pense que.*
→ chaque

chafouin, -e adj. (Sournois, rusé) Avec **ouin** → -oin/-ouin

chagrin n.m.
▸ **chagriner** v.t. *Cette histoire nous a tous chagrinés.*

chahut n.m. Avec **t**
▸ **chahuter** v.i. et v.t. *Les élèves chahutent dans les couloirs. Ils ont chahuté leur institutrice, ils l'ont chahutée.*

chai n.m. Sans *s* au singulier. *Les fûts de vin sont dans un chai.*

chaîne n.f. Avec **î** comme dans les mots de la famille. *Une chaîne en or. Une chaîne de montagnes. Des chaînes stéréo. Des réactions en chaîne. Du travail à la chaîne.*
▸ **chaînette** n.f.
▸ **chaînon** n.m.

chair n.f. **1.** (Corps) *Ils sont là, en chair et en os. Ils sont bien en chair. Ni chair ni poisson.* Ne pas confondre avec ***chaire*** (tribune) et ***chère*** (nourriture). – **2.** Est invariable comme adjectif de couleur. *Des sous-vêtements (couleur) chair.* **Voir gramm. § 8(2).**

chaire n.f. (Tribune) *La chaire d'un professeur.* Ne pas confondre avec ***chair***.

chaise n.f. *Une chaise à porteurs. Une chaise longue, des chaises longues. Mener une vie de bâton de chaise. Assis entre deux chaises.*

chaland n.m. **1.** (Bateau) *Les chalands transportent des marchandises sur les fleuves.* – **2.** (Client) Ne subsiste que dans l'expression *attirer le chaland*, et dans les mots ***achalandé*** et ***chalandise***.
▸ **chalandise** n.f. *Zone de chalandise* (= qui comporte les clients potentiels d'une activité commerciale).

châle n.m. Avec **â**.

chalet n.m. Sans accent circonflexe.

chaleur n.f.

chaleureux, -euse adj.
▸ **chaleureusement** adv.

challenge n.m. Mot anglais. On prononce [tchalènj'] ou [chalanj'] à la française. – Au sens propre, un **challenge** est une épreuve sportive dont le vainqueur conserve le titre jusqu'à ce qu'un autre (le *challenger*) le lui enlève. – REMARQUE On recommande d'employer ***défi*** dans les autres emplois de ce mot : *Aimer les challenges.*
▸ **challenger** ou **challengeur** n.m.

chaloupe n.f.

chalumeau n.m. *Des chalumeaux.*

chalut n.m. Avec **t**. *Pêche au chalut.*
▸ **chalutier** n.m.

chamade n.f. Ne s'emploie que dans l'expression *battre la chamade.*

chamailler (se) v.pr. *Elles se sont chamaillées.*
▸ **chamaillerie** n.f.
▸ **chamailleur, -euse** adj. et n.

chamarré, -e adj. Avec **rr**. *Un costume chamarré de décorations. Des tissus chamarrés.*

chambellan n.m. Avec **ll**.

chambranle n.m. *Un chambranle de porte.*

chambre n.f. *Une chambre d'amis. Des chambres d'enfant. Des chambres de bonne. Des chambres d'hôtel.* – Prend une majuscule pour désigner certaines institutions : *la Chambre des députés.*

chameau n.m. *Des chameaux.*

chamois n.m. Avec un **s**.

champ n.m. *Un champ de blé. Un champ de betteraves. Courir à travers champs.* – **à tout bout de champ** s'écrit sans trait d'union. – **sur-le-champ** s'écrit avec des traits d'union.

champagne n.m. **1.** Avec une minuscule. *Boire le champagne. Des coupes à champagne.* Les noms de produits (vins, fromages, etc.) d'une ville ou d'une région s'écrivent avec une minuscule. – **sabler le champagne**, en boire pour fêter quelque chose. – **sabrer le champagne**, ouvrir la bouteille d'un coup de sabre (ou avec un autre instrument tranchant). – **2.** Est invariable comme adjectif de couleur. *Des rideaux champagne.* Voir gramm. § 8(2).

champêtre adj. Avec **ê**.

champignon n.m. *Des champignons de couche.* – S'emploie avec ou sans trait d'union après un nom : *des villes-champignons.*
›**champignonnière** n.f. Avec **nn**. Bien prononcer [nyèr'].

champion, -onne n.
›**championnat** n.m. Avec **nn**.

chance n.f. *Avoir de la chance. Par chance, tout s'est bien passé. Quelle chance qu'il ait* (= subjonctif) *une place !*
›**chanceux, -euse** adj.

chanceler v.i. CONJ.3 Avec **l** ou **ll** : *nous chancelons, ils chancellent.*
›**chancelant, -e** adj.

chancelier n.m. Avec un seul **l**.
›**chancellerie** n.f. Avec **ll**.

chandail n.m. *Des chandails.*

chandelle n.f. Avec **ll**.
›**chandelier** n. m Avec un seul **l**.

changer v.i. et v.t.ind. Avec **e** devant *a* et *o* : *il changeait, nous changeons. Le temps change. Elle a beaucoup changé, je l'ai trouvée très changée. Changer de place.* ◆ v.t. *On a changé nos euros en dollars, on les a changés. Je vais la changer de classe, je l'ai changée de classe.* ◆ v.pr. *Ils étaient trempés, ils se sont changés.*
›**change** n.m. *Des agents de change. Des bureaux de change.*
›**changeant, -e** adj. Avec **gea**.
›**changement** n.m. *Sans changement.*

chanson n.f.

chant n.m. *Des cours de chant. Des chants d'oiseaux.*
›**chanter** v.i. et v.t. *Apprendre à chanter. Chante-nous une chanson. Des airs que tout le monde a chantés.* – **faire chanter quelqu'un** : *On les a fait chanter. Marie, on l'a fait chanter.* (*Fait* suivi d'un infinitif est invariable.)

›**chanteur, -euse** n. *Une chanteuse de variétés.* – **maître chanteur** s'écrit sans trait d'union : *des maîtres chanteurs.*
›**chantage** n.m.

chantier n.m.

chantilly n.f. *De la chantilly* ou *de la crème Chantilly.*

chantonner v.t. et v.i. Avec **nn**.

chanvre n.m.

chaos n.m. (Désordre) On prononce [kao]. Ne pas confondre avec ***cahot*** (secousse).
›**chaotique** adj.

chaparder v.t. Avec un seul **p**.

chape n.f. Avec un seul **p**. *Une chape de plomb.*

chapeau n.m. *Des chapeaux.*

chapeauter v.t.

chapelet n.m.

chapelle n.f.

chapelure n.f.

chapiteau n.m. *Des chapiteaux.*

chapitre n.m. Sans accent circonflexe.

chaque adj. indéfini

• Est toujours au singulier, devant un nom au singulier. *Chaque jour qui passe... Chaque élève a son livre.* – Même s'il y a plusieurs groupes de noms, le verbe reste au singulier. *Chaque garçon et chaque fille aura son livre.*

• L'emploi de **chaque** sans le nom est très courant mais encore critiqué : *Ces livres valent 10 euros chaque. Prenez un échantillon de chaque.* – En langue soutenue on doit employer ***chacun*** : *Ces cravates valent 10 euros chacune. Il y a plusieurs parfums, il a pris un échantillon de chacun.*

char n.m. *Des chars d'assaut.*

charabia n.m.

charade n.f.

charbon n.m. *Un poêle à charbon. On était sur des charbons ardents.* – Est invariable

C

comme adjectif de couleur. *Des cheveux (noir) charbon.* Voir gramm. § 8.
▸**charbonneux, -euse** adj. Avec **nn**. *Des sourcils charbonneux.*
▸**charbonnier** n.m. Avec **nn**.

charcutier, -ière n. *On va chez le charcutier.*
▸**charcuterie** n.f. *On va à la charcuterie.*

chardon n.m.

charge n.f. *Avoir de lourdes charges. Une charge d'huissier. Des témoins à charge. À charge de revanche.*

chargé, -e n. *Un chargé d'affaires. Un chargé de mission. Elle est chargée de mission.*

charger v.t. et v.pr. Avec **e** devant *a* et *o* : *il chargeait, nous chargeons. On a chargé les camions. On les a chargés. – C'est Marie qu'on a chargée de cette mission. Nous nous sommes chargés de toute l'intendance.*
▸**chargement** n.m. *Le chargement d'un camion.*

charia n.f. (Loi islamique) Mot arabe.

chariot n.m. Avec un seul **r**, contrairement à *charrette*. Voir ***Rectifications orthographiques***, p. 516.

charisme n.m. On prononce [k].
▸**charismatique** adj. *Un président charismatique.*

charité n.f. *Des œuvres de charité.*
▸**charitable** adj.

charlatan n.m.
▸**charlatanisme** n.m.

charme n.m. *Un endroit plein de charme.*
▸**charmant, -e** adj.
▸**charmer** v.t. *Ce film nous a charmés.*
▸**charmeur, -euse** adj. et n.

charnel, -elle adj. *Les plaisirs charnels* (= de la chair).

charnier n.m.

charnière n.f. *Les charnières d'une porte. Un programme à la charnière de deux politiques.* – S'emploie avec ou sans trait d'union après un nom : *des œuvres charnières dans la vie d'un auteur.*

charnu, -e adj.

charpente n.f.
▸**charpenté, -e** adj. *Bien charpenté.*
▸**charpentier** n.m.

charpie n.f. *Ses vêtements étaient en charpie* (= déchiquetés).

charrette n.f. Avec **rr** et **tt**.
▸**charretier** n.m. Avec un seul **t**.

charrier v.t. *Certaines rivières charrient de l'or.* – Les emplois de **charrier** au sens de « exagérer » ou au sens de « se moquer de » sont très familiers. – ATTENTION Au futur et au conditionnel : *il charri<u>e</u>ra(it).*

charrue n.f.

charte n.f. *Signer une charte.* Attention à ne pas ajouter de *r* sous l'influence du nom de la ville de *Chartres*.

charter n.m. Mot anglais. On prononce le **r**. *Des charters. Des avions charters.*

chas n.m. Avec **s**. *Le chas d'une aiguille.*

chasse n.f. *Des permis de chasse. Des avions de chasse. – Des chasses d'eau.*
▸**chasser** v.t. *On les a chassés.*
▸**chasseur, -euse** n. *Un chasseur, une chasseuse.* – REMARQUE Le féminin *chasseresse* est vieux et il appartient à la langue poétique. On emploie parfois encore le masculin pour parler d'une femme : *Cette femme est un excellent chasseur.*

châsse n.f. (Coffret) Avec **â**. Ne pas confondre avec ***chasse***.

chassé-croisé n.m. *Des chassés-croisés.*

chasse-neige n.m.inv. *Des chasse-neige.* Voir gramm. § 33(3).

châssis n.m. Avec **â**.

chaste adj.
▸**chasteté** n.f. *Des vœux de chasteté.*

chasuble n.f. *Des robes chasubles* ou *des robes-chasubles.*

1. **chat** n.m. **chatte** n.f. *Un chat de gouttière* ou *de gouttières.*

2. **chat** n.m. Mot anglais qui signifie « causer ». On prononce [tchat'] ou [chat'].

châtaigne n.f. Avec **â**.
▸**châtaignier** n.m. Attention à la terminaison en **ier** comme dans *abricotier, poirier, marronnier*, etc.

châtain adj. Avec **â** comme dans *châtaigne*. Est invariable en genre. *Il est châtain, elle est châtain. Des cheveux châtains.* Mais *des cheveux châtain clair.* Voir gramm. § 8(3). – REMARQUE Le féminin *châtaine* est rare. ◆ n.m. *Se teindre en châtain.*

château n.m. Avec **â**. *Des châteaux.* – **château fort** s'écrit sans trait d'union : *des châteaux forts.*
▸**châtelain, -e** n.

châtier v.t. Avec **â**. *On a châtié les coupables, on les a châtiés. Châtier son langage. Un style châtié.* – ATTENTION À l'indicatif imparfait et au subjonctif présent : *(que) nous châtiions.* – Au futur et au conditionnel : *il châtiera(it).*
▸**châtiment** n.m.

chatoiement n.m. Avec un **e** muet comme pour tous les noms en *-ment* dérivés des verbes en *-oyer*. *Le chatoiement des couleurs.*

chaton n.m.

chatouiller v.t. *Ça vous chatouille ou ça vous grattouille ?* – ATTENTION À l'indicatif imparfait et au subjonctif présent : *(que) nous chatouillions.*
▸**chatouille** n.f. *Craindre les chatouilles.*
▸**chatouilleux, -euse** adj.

chatoyer v.i. CONJ.6 Avec **i** devant un *e* muet. *La soie chatoie.*
▸**chatoyant, -e** adj. *Des reflets chatoyants.*

châtrer v.t. Avec **â**. *Châtrer un animal.*

chaud, -e adj. 1. *Un thé chaud. Une boisson chaude. Pleurer à chaudes larmes.* – 2. Employé comme adverbe, **chaud** est invariable. *Boire chaud.* ◆ n.m. *Rester au chaud.*
▸**chaudement** adv.

chaudière n.f.

chaudron n.m.

chauffage n.m.

▸**chauffagiste** n.m.

chauffard n.m. Avec **ard**, terminaison péjorative.

> **chauffe-** n.m. Les mots composés avec l'élément verbal **chauffe-** prennent la marque du pluriel sur le second élément, sauf s'il s'agit d'un nom non-comptable : ***des chauffe-assiettes, des chauffe-biberons, des chauffe-plats,*** mais ***des chauffe-eau.***

chauffer v.t. et v.i. *On a chauffé les plats, on les a chauffés. L'eau chauffe dans la casserole. On l'a fait chauffer.* (*Fait* suivi d'un infinitif est invariable.)

chauffeur n.m. *Des chauffeurs de taxi.* – REMARQUE Le féminin *chauffeuse* est familier. On dira *un chauffeur femme* ou *une femme chauffeur.*

chaume n.m.

chaumière n.f.

chaussée n.f.

chausse-pied n.m. *Des chausse-pieds.*

chausser v.t. et v.pr. *Elle s'est chaussée.*

chausse-trappe n.f. S'est longtemps écrit et s'écrit parfois encore **chausse-trape** avec un seul **p**, mais l'orthographe avec **pp**, comme dans ***trappe***, est celle retenue par l'Académie française aujourd'hui.

chaussette n.f.

chausson n.m.

chaussure n.f.

chauve adj. et n. *Une personne chauve est atteinte de calvitie.*

chauve-souris n.f. *Des chauves-souris.*

chauvin, -e adj. et n.
▸**chauvinisme** n.m.

chaux n.f. *Des murs blanchis à la chaux.*

chavirer v.i. *La barque a chaviré. Vous l'avez fait chavirer.* (*Fait* suivi d'un infinitif est invariable.)

chef n.m. *Des chefs d'entreprise, de cabinet, de rayon.* – S'emploie après ou avant cer-

C

tains noms de métiers, de fonctions ou de grades : *des sergents-chefs, des médecins chefs, des chefs cuisiniers, des chefs opérateurs, des infirmières en chef.* – REMARQUE L'emploi de **chef** au féminin est réservé à la langue orale. *Marie est sa chef. C'est elle la chef.* Sauf lorsque *chef* est associé à un nom de métier au féminin : *la chef monteuse, l'infirmière chef*; l'ensemble est alors au féminin.

chef-d'œuvre n.m. On ne prononce pas le **f**. *Des chefs-d'œuvre.*

chef-lieu n.m. On prononce le **f**. *Des chefs-lieux.*

cheftaine n.f. Ne s'emploie que dans le domaine du scoutisme.

chelem n.m. On prononce [chlèm']. *Réussir le grand chelem.*

chemin n.m. *À mi-chemin. Chemin faisant. Rebrousser chemin. Nous l'avons rencontré en chemin. Ne pas y aller par quatre chemins.* – **chemin de fer** s'écrit sans traits d'union. *Une compagnie de chemin de fer. Des employés des chemins de fer.*

cheminée n.f. Est invariable dans *des cols cheminée.*

cheminer v.i.
▸**cheminement** n.m.

cheminot n.m. (Employé des chemins de fer). Avec **ot**. Ne pas confondre avec le vieux mot ***chemineau*** (vagabond).

chemise n.f. *Des chemises de coton. Des chemises de nuit. Ils sont sortis en chemise, en manches de chemise, en bras de chemise.* – Prend une majuscule pour désigner certains groupes organisés : *les Chemises brunes.*
▸**chemisette** n.f.
▸**chemisier** n.m.

chenal n.m. *Un chenal, des chenaux.*

chêne n.m. Avec **ê**. *Une forêt de chênes. Des parquets de chêne, en chêne.* – **chêne-liège** : *des chênes-lièges.*

chenil n.m. On prononce généralement le **l**. → -il

chenille n.f.

chenu, -e adj. LITT. *Une barbe chenue* (= blanchie par l'âge).

cheptel n.m. *Le cheptel bovin.*

chèque n.m. Avec **è**. *Des chèques sans provision. Des chèques en blanc. Des chèques-cadeaux. Des chèques de voyage.*
▸**chéquier** n.m. Avec **é**.

cher, chère adj. **1.** *Mon cher ami. Ma chère amie. Cher Monsieur.* – **2.** *La vie est chère. Ces fruits sont chers.* – Employé comme adverbe **cher** est invariable. *Ces fruits coûtent cher. Je les ai payés cher.*

chercher v.t. et v.pr. *J'ai cherché mes papiers, je les ai cherchés partout. On cherche à vous tromper. – Elle s'est cherché des excuses. Les excuses qu'elle s'est cherchées.* Voir gramm. § 29 (2 et 3).
▸**chercheur, -euse** n.

chère n.f. (Nourriture) *Aimer la bonne chère.* Ne pas confondre avec ***chair*** (corps) et ***chaire*** (tribune).

chèrement adv. *Payer chèrement ses erreurs.*

chéri, -e adj. et n.
▸**chérir** v.t. LITT. *Ces enfants qu'elle avait chéris toute sa vie.*

cherté n.f. *La cherté de la vie.*

chérubin n.m.

chétif, -ive adj. *Une enfant chétive* (≠ robuste).

cheval n.m. *Un cheval, des chevaux. Ils montent à cheval. Des traitements de cheval.* – **cheval-d'arçons** : *des chevaux-d'arçons* ou *des cheval-d'arçons.* – **cheval-vapeur** ou **cheval** : *des chevaux-vapeur* (symbole CV). *Une 2 CV* (= une deux chevaux). – **fer à cheval** : *des fers à cheval.* – **queue de cheval** : *des queues de cheval.*

chevaleresque adj.

chevalerie n.f.

chevalet n.m.

chevalier n.m.

chevalière n.f.

chevalin, -e adj.

chevaucher v.t. et v.i. *Ils chevauchent à travers la prairie.* ◆ v.pr. *Nos horaires se chevauchent.*
▸ **chevauchée** n.f. *La chevauchée fantastique.*
▸ **chevauchement** n.m. *Le chevauchement des horaires.*

chevet n.m. *Des tables de chevet.*

cheveu n.m. *Porter les cheveux courts, longs, mi-longs. Une brosse, une pince à cheveux.*
▸ **chevelu, -e** adj.
▸ **chevelure** n.f.

cheville n.f.

chèvre n.f. *Des fromages de chèvre.* ◆ n.m. *Un chèvre* (= un fromage de chèvre).
▸ **chevreau** n.m. *Des chevreaux.*

chèvrefeuille n.m. En un seul mot.

chevreuil n.m. Avec **euil**.

chevron n.m. *Un tissu à chevrons.*

chevronné, -e adj. Avec **nn**. *Un pilote chevronné.*

chevrotant, -e adj. Avec un seul **t**. *Une voix chevrotante.*

chewing-gum n.m. Mot anglais. *Des chewing-gums.*

chez prép.
- S'emploie devant un nom de personne : *Aller chez le coiffeur. Travailler chez Legrand.* Devant un nom de lieu ou de chose, on emploie ***à*** : *Aller au salon de coiffure.*
- S'emploie devant un nom d'être animé : *Il y a chez la baleine quelque chose de particulier.* Devant un nom de chose, on emploie ***dans*** : *Il y a dans la rose quelque chose de particulier.*
- **chez-moi, chez-toi, chez-soi,** etc. prennent un trait d'union quand il s'agit du nom masculin : *S'occuper de son chez-soi.* Mais on écrit sans trait d'union : *Que chacun rentre chez soi.*

chic n.m. *S'habiller avec chic.* ◆ adj. Est invariable en genre : *Il est chic, elle est chic. Une chic fille.* Mais il peut prendre la marque du pluriel : *Elles sont chics, des chics filles* ; ou rester invariable : *des gens chic.*

chicane n.f.

chiche adj. **1.** *Ils ont été chiches de compliments.* – **2.** *Des pois chiches.* ◆ interj. *On y va ? – Chiche !*
▸ **chichement** adv. *Vivre chichement.*

chiche-kebab n.m. Mot turc. Sans accent. On prononce [kébab]. Au pluriel : *des chiches-kebabs* ou *des chiche-kebab.*

chichi n.m. *Faire des chichis. Sans chichis.*

chicorée n.f.

chien n.m. **chienne** n.f. *Un chien, une chienne. – Ils dorment en chien de fusil. On se regarde en chiens de faïence.* – **chien-loup** : *des chiens-loups.*

chiendent n.m.

chiffe n.f. On dit *une chiffe molle* et non ✕ *une chique molle.*

chiffon n.m. *Des chiffons de papier. Parler chiffons.*
▸ **chiffonner** v.t. Avec **nn**. *Il a chiffonné sa chemise. Il l'a chiffonnée. – Des vêtements tout chiffonnés.*
▸ **chiffonnade** n.f. Avec **nn**. *Une chiffonnade d'endives, de jambon.*
▸ **chiffonnier, -ière** n.

chiffre n.m. *Un nombre à trois chiffres. Chiffres arabes et chiffres romains.* Voir *Écriture des nombres*, p. 527. – *Chiffre d'affaires. En chiffre rond* ou *en chiffres ronds.*
▸ **chiffrer** v.t., v.i. et v.pr. *Chiffrer les dépenses. Chiffrer un message. – Tout ça commence à chiffrer. – La dépense se chiffre à...*
▸ **chiffrable** adj.
▸ **chiffrage** n.m.

chignole n.f. Avec un seul **l**.

chignon n.m.

chilien, -enne adj. et n. *Il est chilien. C'est un Chilien.* (Le nom de personne prend une majuscule.)

chimère n.f. Avec **è**.
▸ **chimérique** adj. Avec **é**.

chimie n.f.
▸**chimique** adj.
▸**chimiste** n.

chimiothérapie n.f.

chimpanzé n.m.

chiné, -e adj. *Un pull chiné.*

chiner v.i. et v.t. *Aimer chiner dans les brocantes. Des objets chinés un peu partout.*

chinois, -e adj. et n. *Elle est chinoise. C'est une Chinoise.* (Le nom de personne prend une majuscule.)

chiot n.m. Avec **t**.

chiper v.t. Avec un seul **p**. *On m'a chipé ma montre, on me l'a chipée.*

chipie n.f. Avec un seul **p**.

chipolata n.f. *Des chipolatas.*

chipoter v.i. Avec un **p** et un **t**. *Il chipote sur tout.*

chips n.f. On prononce le **s**, au singulier et au pluriel. *Des chips. Des pommes chips.*

chique n.f. (Tabac ou enflure) Ne pas employer ce mot comme féminin de *chic* ni à la place de *chiffe*.

chiromancie n.f. Avec *chiro* [kiro] qui signifie « main » et *mancie* qui signifie « divination ».
▸**chiromancien, -enne** n.

chiropracteur n.m. On prononce [ki-]. Avec un **p** comme dans *pratique*.

chirurgie n.f.
▸**chirurgical, -e, -aux** adj.
▸**chirurgien** n.m. – REMARQUE L'emploi du féminin **chirurgienne** n'est pas encore très répandu, mais il n'est plus senti comme familier. On peut donc dire : *Elle est chirurgien* ou *Elle est chirurgienne.*

chistera n.m. Mot basque. Avec **e** qu'on prononce [é]. – REMARQUE Est du masculin : *un chistera*, mais le féminin est fréquent.

chlore n.m.
▸**chloré, -e** adj. *Une eau très chlorée.*

chlorhydrique adj.masc. Avec *hydr* comme dans *hydrogène. De l'acide chlorhydrique.*

chloroforme n.m.

chlorophylle n.f. Avec *phylle* qui signifie « feuille ».

choc n.m. *Ils sont en état de choc.* – S'emploie avec ou sans trait d'union après un nom : *des mesures-chocs, des prix chocs.*

chocolat n.m.
▸**chocolaté, -e** adj. *Boissons chocolatées.*

chœur n.m. *Le chœur d'une église. Des enfants de chœur. Chanter en chœur.* Ne pas confondre avec ***cœur*** (organe).

choir v.i. Ne s'emploie guère que dans l'expression *laisser choir* : *On les a laissés choir.*

choisir v.t. et v.pr. *Luc a choisi sa maison. Voilà la maison qu'il a choisie. Luc s'est choisi une maison. Voilà la maison qu'il s'est choisie.* Voir gramm. § 29(3).
▸**choix** n.m. *Un choix de textes. Avoir le choix.*

cholestérol n.m. On prononce [ko-].

chômage n.m. Avec **ô**. *Des assurances chômage* (= sur le chômage). Voir gramm. § 10.
▸**chômeur, -euse** n.
▸**chômer** v.i. *On ne chôme pas ici !*
▸**chômé, -e** adj. *Les jours fériés et chômés.*

chope n.f. Avec un seul **p**.

choquer v.t. *Marie est choquée par le film.*
▸**choquant, -e** adj. *Une histoire choquante.*

chorale n.f. On prononce [ko] comme dans *chœur.*

chorégraphie n.f. On prononce [ko].
▸**chorégraphe** n.

choriste n. On prononce [ko] comme dans *chorale* et *chœur.*

chorizo n.m. Mot espagnol. On prononce [tcho] ou [cho]. *Des chorizos.*

chorus n.m. On prononce [korus]. *Ils ont fait chorus.*

chose n.f. **1.** Est au singulier dans *avant toute chose, c'est peu de chose, à peu de chose près* (= pas grand-chose). Est au pluriel dans *un état de choses, toutes choses égales.* – **2.** Prend une majuscule pour désigner une personne dont on ne veut pas dire le nom. *Tu as vu Chose? Un pull de chez Chose.* – **3. autre chose, pas grand-chose, quelque chose** sont des pronoms indéfinis. L'accord se fait au masculin singulier : *Il n'y pas grand-chose de bon. Quelque chose est arrivé.* – On dit *autre chose, pas grand-chose, quelque chose à quoi (sur quoi...)* et non ✕ *auquel (sur lequel...).*

1. chou adj.inv. FAM. *Qu'est-ce qu'elles sont chou!* – REMARQUE On emploie comme terme d'affection le nom variable **chou**, **choute** : *mon chou, ma choute.*

2. chou n.m. *Des choux verts, rouges. Des choux de Bruxelles. Des feuilles de chou. De la pâte à choux.* – *Ils ont fait chou blanc.* – **chou-fleur** : *des choux-fleurs.*

chouchou, chouchoute n. FAM. *Des chouchous.*

choucroute n.f. Sans accent circonflexe.

chouette n.f.

choyer v.t. CONJ.6 S'emploie surtout à l'infinitif, aux temps composés et aux participes. *Sa famille a toujours choyé Marie, elle l'a toujours choyée.*

chr- Ce groupe de lettres se prononce toujours [kr-].

chrétien, -enne adj. et n. *Il est chrétien, c'est un chrétien.*
▸ **chrétiennement** adv.
▸ **chrétienté** n.f.

christ n.m. Sans majuscule pour le nom commun qui désigne une représentation du Christ. *Des christs en bois doré.*

christianisme n.m.

chromatique adj. *Gamme chromatique.*

chrome n.m. Sans accent circonflexe.
▸ **chromé, -e** adj. *Des robinets chromés.*

chromosome n.m. Sans accent circonflexe.
▸ **chromosomique** adj.

chronique adj. *Une maladie chronique.*
◆ n.f. *Tenir, écrire une chronique.*
▸ **chroniqueur, -euse** n. *Un chroniqueur sportif.*

chrono n.m. Abréviation de ***chronomètre***. Est invariable dans *faire du 150 chrono.*

chronologie n.f. *Suivre la chronologie des événements.*
▸ **chronologique** adj. *Ordre chronologique.*

chronomètre n.m. Avec **è**.
▸ **chronométrer** v.t. CONJ.4 -Avec **é** ou **è** : *nous chronométrons, il chronomètre. On les a chronométrés.*
▸ **chronométrage** n.m. Avec **é**.

chrysalide n.f. Avec **y** d'abord et **i** ensuite. *La chrysalide du ver à soie.*

chrysanthème n.m. Avec **y** et **th**.

C.H.U. ou **CHU** n.m. Sigle de *centre hospitalo-universitaire*. On prononce [céachu] ou [chu].

chuchoter v.i. et v.t. Avec un seul **t**.
▸ **chuchotement** n.m.

chut interj. *Chut! Il dort.*

chute n.f.
▸ **chuter** v.i.

ci adv. et pron.

- S'emploie comme particule précédée d'un trait d'union avec des mots démonstratifs, par opposition à ***là*** : *ces jours-ci, celui-ci*, etc. Voir ***démonstratif*** dans la partie grammaire.
- Comme adverbe de lieu, **ci** est toujours lié à un autre mot par un trait d'union : *de-ci de-là, par-ci par-là, ci-joint...* – **ci et là** n'est plus très usité. *On trouve ci et là quelques perles.* On dit plutôt aujourd'hui ***çà et là***.
- On écrit avec un trait d'union les adverbes ***ci-après***, ***ci-contre***, ***ci-dessus***, ***ci-dessous***.
- Comme pronom, **ci** s'oppose à ***ça*** : *comme ci comme ça ; faites ci faites ça.*

ci-annexé, -e Cette formule est invariable lorsqu'elle précède le nom (elle a le même rôle qu'un adverbe) : *Vous trouverez ci-annexé notre quittance* ; et variable lorsqu'elle suit le nom (elle a le rôle d'un adjectif) : *Dans la facture ci-annexée...*

C

cible n.f. *Être la cible de. – Des cellules cibles.*
▸**cibler** v.t. *La clientèle qu'on a ciblée.*

ciboulette n.f.

cicatrice n.f.
▸**cicatriser** v.i.
▸**cicatrisation** n.f.

cicérone n.m. (Guide) S'écrit avec un accent. *Des cicérones.*

cidre n.m.

-ciel → -tiel

ciel n.m. **1.** Ne s'emploie qu'au singulier pour désigner l'espace au-dessus de nos têtes. *Regarder le ciel.* – **2.** Prend une majuscule au sens religieux. *Le Ciel m'est témoin...* – **3.** Le pluriel **cieux** s'emploie en poésie, dans un contexte religieux ou dans quelques expressions comme *partir sous d'autres cieux.* Dans les autres sens du mot, le pluriel est **ciels**. *Des ciels d'hiver. Des ciels de lit.*

cierge n.m.

cigale n.f.

cigare n.m. *Vous fumez le cigare ou la pipe ?*
▸**cigarette** n.f.
▸**cigarillo** n.m. On prononce [iyo]. *Des cigarillos.*

ci-gît Vient du verbe ***gésir***. S'emploie dans les inscriptions sur les pierres tombales. *Ci-gît le maréchal X...* – Le pluriel *ci-gisent* est très rare.

cigogne n.f.

ci-inclus, -e Cette formule est invariable lorsqu'elle précède le nom (elle a le même rôle qu'un adverbe) : *Veuillez trouver ci-inclus notre quittance* ; et variable quand elle suit le nom (elle a le rôle d'un adjectif) : *Dans notre quittance ci-incluse...* Voir gramm. § 26.

ci-joint, -e Cette formule est invariable lorsqu'elle précède le nom (elle a le même rôle qu'un adverbe) : *Veuillez trouver ci-joint notre facture* ; et variable lorsqu'elle suit le nom (elle a le rôle d'un adjectif) : *Dans les documents ci-joints...* Voir gramm. § 26.

cil n.m. *Battre des cils.*
▸**ciller** v.i. Avec **ll** qu'on prononce [y]. *Rester sans ciller.*

cime n.f. Sans accent circonflexe. *La cime des arbres.*

ciment n.m.
▸**cimenter** v.t.
▸**cimenterie** n.f.

cimetière n.m.

cinéaste n.

ciné-club n.m. *Des ciné-clubs.*

cinéma n.m. *Des cinémas. Des salles de cinéma.*
▸**cinématographique** adj. *L'industrie cinématographique.*

cinémathèque n.f. Avec *thèque* qui signifie « collection », comme dans *bibliothèque.*

cinéphile n. Avec *phile* qui signifie « qui aime ».

cinglant, -e adj. *Une remarque cinglante.*

cinglé, -e adj. et n. FAM. (Fou)

cingler v.i. et v.t.

cinq adj. numéral **1.** Est invariable. *Ils étaient cinq. Les cinq enfants. Tous les cinq jours.* – **2.** Se lie par un trait d'union au nombre (inférieur à cent) auquel il s'ajoute : *vingt-cinq* ; mais *cent cinq.* Voir gramm. § 23. – **3.** Le **q** peut ne pas se prononcer devant une consonne. *Cinq cents euros* [sinsan] ou [sinksan].
▸**cinquième** adj. et n. *Ils sont cinquièmes ex aequo.* ◆ n.m. *Trois cinquièmes de litre (3/5 l).*
▸**cinquièmement** adv.

cinquantaine n.f. *Une cinquantaine de personnes <u>ont</u> été bless<u>ées</u>. La cinquantaine de personnes qui <u>ont</u> ou qui <u>a</u> assisté à la séance.* Voir gramm. § 39(2).

cinquante adj. numéral Est invariable. *Ils sont cinquante. Les cinquante enfants qui étaient présents. Cinquante et un. Cinquante-deux.* Voir gramm. § 23(1).
▸**cinquantième** adj. et n. *Ils sont cinquantièmes. Il est cinquante et unième.*

cinquantenaire adj. et n.m. *Un arbre cinquantenaire. Fêter le cinquantenaire d'une association.* → quinquagénaire

cintre n.m. Ne pas ajouter de *e*, ce mot n'ayant rien à voir avec *ceindre* ou *ceinture*. *Mettre son manteau sur un cintre.*

cintré, -e adj. *Une robe cintrée à la taille.*

cirage n.m.

circoncire v.t. Se conjugue comme ***suffire*** (voir ce mot), sauf au participe passé : *circoncis.* (Pratiquer la circoncision) *Circoncire un petit garçon.* Ne pas confondre avec ***circonscrire*** (contenir dans des limites).
▸ **circoncision** n.f.

circonférence n.f.

circonflexe adj. – **accent circonflexe** Voir *accent* dans la partie grammaire.

circonlocution n.f. (Détour en paroles) *Que de circonlocutions ! Venez-en au fait !* Ne pas confondre avec ***circonvolution*** (cercle).

circonscription n.f.

circonscrire v.t. CONJ.27 *L'incendie est circonscrit.* Ne pas confondre avec ***circoncire***.

circonspect, -e adj. Avec **ct** qu'on ne prononce pas au masculin, comme dans *suspect.*
▸ **circonspection** n.f.

circonstance n.f. *Des paroles de circonstance. Un concours de circonstances.*
▸ **circonstancié, -e** adj. *Un récit circonstancié.*
▸ **circonstanciel, -elle** adj. – **complément circonstanciel** Voir ce mot dans la partie grammaire.

circonvolution n.f. (Cercle) *Les circonvolutions cérébrales.* Ne pas confondre avec ***circonlocution*** (détour en paroles).

circuit n.m.

circulaire adj. et n.f.

circuler v.i.
▸ **circulation** n.f.
▸ **circulatoire** adj.

cire n.f. *De la cire d'abeilles.*
▸ **cirer** v.t. *Cirer des meubles. – De la toile cirée.*
▸ **ciré** n.m. *Un ciré contre la pluie.*
▸ **cireux, -euse** adj. *Un teint cireux.*

cirque n.m.

cirrhose n.f. Avec **rrh**. *Une cirrhose du foie.*

cisailles n.f.plur.

ciseau n.m. *Des ciseaux.* – REMARQUE On doit employer le pluriel *des ciseaux* pour désigner « une paire de ciseaux ».

ciseler v.t. CONJ.2 Avec **e** ou **è** : *nous ciselons, il cisèle.*

citadelle n.f.

citadin, -e adj. et n.

cité n.f. *Une cité ouvrière. Une cité universitaire. Des cités-dortoirs.*. – Prend une majuscule pour désigner la partie la plus ancienne d'une ville : *l'île de la Cité à Paris, la Cité de Londres.*

citer v.t. *Il m'a cité quelques noms. Les noms qu'il m'a cités n'étaient pas les bons.*
▸ **citation** n.f. *Un recueil de citations littéraires.*

Présentation des citations

1. Une citation se place entre guillemets : *« L'enfer, c'est les autres », a dit Sartre.*

2. L'indication de la référence se place après la citation, entre parenthèses : *« On a souvent besoin d'un plus petit que soi »* (La Fontaine).

3. Pour abréger une citation, on emploie des points de suspension avant les guillemets fermants : *« Le ciel était gris de nuages... »* ; ou des points de suspension entre crochets lorsqu'on saute un passage : *« Le projet de loi [...] sera débattu à l'automne », a affirmé le ministre.*

citerne n.f. *Des camions-citernes.*

citoyen, -enne n. et adj.
▸ **citoyenneté** n.f.

citron n.m. *Un jus de citron.* – Est invariable comme adjectif de couleur. *Des robes jaune citron, des robes citron.* Voir gramm. § 8(2).
▸ **citronnade** n.f. Avec **nn**.
▸ **citronnier** n.m.

citronnelle n.f. Avec **nn**. *Essence de citronnelle.*

citrouille n.f.

civet n.m. *Des civets de lapin.*

civière n.f.

civil, -e adj. *Un mariage civil* (≠ religieux). *En costume civil* (≠ religieux ou militaire). *Le code civil* (= qui concerne la personne). Ne pas confondre avec ***civique*** (= qui concerne le citoyen).
▸ **civilement** adv.

civilisation n.f. *Les civilisations grecque et romaine.* Voir gramm. § 7(2).

civilisé, -e adj.

civilité n.f. *Un manque évident de civilité* (= politesse).

civique adj. *Les droits et les devoirs civiques. L'instruction civique* (= du citoyen). Ne pas confondre avec ***civil***.
▸ **civisme** n.m. *Faire preuve de civisme.*

clafoutis n.m. *Un clafoutis aux cerises.*

clair, -e adj. *Une eau claire. Des yeux clairs.* Mais *des yeux bleu clair.* Voir gramm. § 8(3). ◆ adv. Est invariable comme adverbe. *Ils ont vu clair.* ◆ n.m. *Tirer une affaire au clair.* – **clair de lune** : *des clairs de lune.*
▸ **clairement** adv.

clairière n.f.

clair-obscur n.m. *Des clairs-obscurs.*

clairon n.m.
▸ **claironner** v.t. Avec **nn**.

clairsemé, -e adj. S'écrit en un mot.

clairvoyant, -e adj. S'écrit en un mot.
▸ **clairvoyance** n.f.

clamer v.t. *Il a clamé son innocence.*

clameur n.f.

clan n.m. *Ils forment un clan.*

clandestin, -e adj. et n.
▸ **clandestinement** adv.
▸ **clandestinité** n.f.

clapet n.m. *Le clapet d'un autocuiseur.*

clapier n.m.

clapoter v.i. Avec un seul **t**. *L'eau clapote.*
▸ **clapotement** ou **clapotis** n.m.

clappement n.m. Avec **pp**. (Bruit sec fait avec la langue) Ne pas confondre avec ***claquement.***

claque n.f.

claquer v.i., v.t. et v.pr. *La porte claque. Il a claqué la porte. – Elle s'est claqué un muscle.* Voir gramm. § 25(1).
▸ **claquage** n.m. *Un claquage musculaire.*
▸ **claquement** n.m. *Un claquement de porte.*

claquettes n.f.plur. *Faire des claquettes.*

clarifier v.t. et v.pr. *On a clarifié la situation. La situation s'est clarifiée.* – ATTENTION À l'indicatif imparfait et au subjonctif présent : *(que) nous clarifiions* – Au futur et au conditionnel : *il clarifiera(it).*
▸ **clarification** n.f.

clarinette n.f. *Jouer de la clarinette.*
▸ **clarinettiste** n.

clarté n.f.

clash n.m. Mot anglais. *Il y a eu un clash pendant la réunion* (= désaccord soudain). *Des clashs.*

classe n.f. *Des places de première classe.*

classer v.t. et v.pr. *Elle a classé les dossiers. Les dossiers qu'elle a classés. On classe les baleines parmi les mammifères. Elle s'est classée troisième.*
▸ **classement** n.m.
▸ **classeur** n.m.

classification n.f.

classique adj. et n.m.
▸ **classicisme** n.m. Avec **ss** puis **c**.

claudiquer v.i. (Boiter)
▸ **claudication** n.f. Avec un **c**.

clause n.f. *Les clauses d'un contrat.*

claustra n.m. Est du masculin. *Un claustra* (= cloison ajourée). *Des claustras.*

claustrer (se) v.pr. *Ils se sont claustrés chez eux* (= enfermés).
▸ **claustration** n.f.
▸ **claustrophobe** adj. et n.
▸ **claustrophobie** n.f.

clavecin n.m.
▸ **claveciniste** n.

clavicule n.f.

clavier n.m.

clé ou **clef** n.f. *Un trousseau de clefs. Fermer à clé. Garder sous clé. Des clés à molette. Clef de sol. Vendre clés en main.* – Les deux orthographes sont correctes, mais **clé** est aujourd'hui plus courant, en particulier pour les sens figurés. *Un roman à clés.* – S'emploie avec ou sans trait d'union après un nom : *des postes clés, des mots-clés.*

clément, -e adj. Avec **ent**.
› **clémence** n.f.

clémentine n.f.

cleptomane et **cleptomanie** Autres orthographes de **kleptomane** et **kleptomanie**.

clerc n.m. Avec un **c** final. *Des clercs de notaire.*

clergé n.m.
› **clérical, -e, -aux** adj.

clic n.m. *D'un clic de souris vous arrivez sur notre site. Un double-clic.*

cliché n.m.

client, -e n. *Les clients d'un commerçant, d'un avocat.* – REMARQUE On parle des ***patients*** d'un médecin et des ***usagers*** d'un service public.
› **clientèle** n.f. Avec **è**.
› **clientélisme** n.m. Avec **é**.

cligner v.t. et v.i. On dit *cligner les yeux* ou *cligner des yeux.*
› **clignement** n.m.

clignoter v.i. Avec un seul **t**.
› **clignotant** n.m. *Les clignotants d'une voiture.*
› **clignotement** n.m. *Le clignotement d'une lumière.*

climat n.m. *Un climat tempéré.*
› **climatique** adj. *Les conditions climatiques.*

climatiser v.t. *Des bureaux climatisés.*
› **climatisation** n.f.

clin d'œil n.m. *Des clins d'œil.*

clinique n.f. *Une clinique chirurgicale.* ◆ adj. *Les signes cliniques d'une maladie.*
› **cliniquement** adv. *Il est cliniquement mort.*

clinquant, -e adj. *Des décorations clinquantes.*

clip n.m. *Des clips d'oreilles. Des clips vidéo.*

clique n.f. PÉJOR. *Il est venu avec toute sa clique. Une clique de politiciens.* – **prendre ses cliques et ses claques** (= déguerpir).

cliquer v.i. *Cliquer sur une adresse e-mail. Double-cliquer.*

cliqueter v.i. CONJ.3 Avec **t** ou **tt** : *il cliquetait, il cliquette.*
› **cliquetis** n.m.

cliver v.t. *Une société clivée.*
› **clivage** n.m.

cloaque n.m.

clochard, -e n.

cloche n.f. *Entendre plusieurs sons de cloche.* – S'emploie avec ou sans trait d'union après un nom : *des chapeaux-cloches, des jupes cloches.*
› **clocher** n.m. *Le clocher d'une église. Des querelles de clocher. Des esprits de clocher.*
› **clochette** n.f.

cloche-pied (à) loc.adv. *Ils sautent à cloche-pied.*

cloison n.f.
› **cloisonner** v.t. Avec **nn**.
› **cloisonnement** n.m.

cloître n.m. Avec **î**.
› **cloîtrer** v.t. et v.pr. *Ils ont cloîtré leur fille, ils l'ont cloîtrée. Ils se sont cloîtrés chez eux.*

clone n.m. Sans accent circonflexe.
› **cloner** v.t.
› **clonage** n.m.

clopin-clopant loc.adv. Avec un trait d'union. *Ils vont clopin-clopant.*

cloque n.f. *Avoir des cloques sur la peau.*

clore v.t. Sans accent circonflexe sauf dans *il clôt.* – Le verbe **clore** ne s'emploie plus guère qu'à l'infinitif et au participe passé ***clos, close***. Il est supplanté par **clôturer** dont la conjugaison est régulière. Toutefois, si

C

l'on veut faire la distinction : *On clôt une séance, une discussion, des comptes*, etc. ; mais : *On clôture un jardin.*

CONJUGAISON Ne se conjugue qu'aux temps composés et aux formes suivantes : INDICATIF présent : *je clos, tu clos, il clôt, ils closent.* SUBJONCTIF présent : *(que) je close, tu closes, il close, nous closions, vous closiez, ils closent.* futur : *je clorai, tu cloras, il clora, nous clorons, vous clorez, ils cloront.* PARTICIPE présent : *closant.* passé : *clos.*

1. clos, -e adj. *Les yeux clos. La séance est close.*

2. clos n.m. (Vignoble)

clôturer v.t. Avec **ô**. – Le verbe **clôturer** s'emploie aujourd'hui dans tous les emplois de **clore**, sauf parfois au participe passé adjectif. *On a clôturé la séance. La séance est* ***close***.
▸**clôture** n.f.

clou n.m. *Des clous.*
▸**clouer** v.t. (Fixer avec des clous) *Clouer une planche.* Ne pas confondre avec ***clouter*** (garnir de clous). – ATTENTION Au futur et au conditionnel : *il clouera(it).*
▸**clouter** v.t. *Des chaussures cloutées* (= Garnies de clous).

clown n.m. On prononce [kloun'].

club n.m. On prononce [klœub']. *Des clubs de golf. Des clubs sportifs.* – S'emploie avec ou sans trait d'union après un nom : *des hôtels-clubs, des villages-clubs, des fauteuils club.*

> **co-** On écrit sans trait d'union les mots formés avec **co**, qui signifie « avec » : *coauteur, coexister.* On met un tréma sur le *i* pour éviter une prononciation fautive : *coïnculpé.*

coach Mot anglais. On prononce [kotch]. *Des coachs.*
▸**coaching** n.m.

coaguler v.i. ou v.pr. *Le sang coagule. Le sang se coagule. Du sang coagulé.*
▸**coagulation** n.f.

coaliser (se) v.pr. *Ils se sont coalisés contre moi.*
▸**coalition** n.f.

coaltar n.m. (Goudron) On prononce [koltar]. L'expression *être dans le coaltar* est très familière.

coasser v.i. *La grenouille coasse.* Ne pas confondre avec ***croasser*** (pour le corbeau).

coauteur n.m. En un mot.

cobalt n.m. *Une bombe au cobalt.*

cobaye n.m. On prononce [kobay'].

cobra n.m. *Des cobras.*

cocagne n.f. *Un mât de cocagne.*

cocaïne n.f. Avec **ï**.
▸**cocaïnomane** n.

cocarde n.f. *Des cocardes tricolores. Des cocardes bleu, blanc, rouge.* Voir gramm. § 8(4).

cocasse adj. *Une histoire cocasse* (= drôle).

coccinelle n.f. Avec **cc** qu'on prononce [ks].

coccyx n.m. Avec **yx**. On prononce [koksis].

1. cocher n.m. *Cocher, ralentis tes chevaux…*

2. cocher v.t. *Coche des mots dans cette liste. Combien de mots as-tu cochés ?*

cochère adj.fém. – **porte cochère** : *des portes cochères.*

1. cochon n.m. *Des cochons de lait. Des cochons d'Inde.*
▸**cochonnaille** n.f. Avec **nn**.

2. cochon, -onne adj. et n.
▸**cochonner** v.t. Avec **nn**. *Un travail cochonné.*
▸**cochonnerie** n.f.

cochonnet n.m. Avec **nn**. *Lancer le cochonnet.*

cockpit n.m. Mot anglais. On prononce le **t**. *Des cockpits.*

cocktail n.m. Mot anglais. On prononce [-tèl]. *Des cocktails. Des cocktails Molotov.* – Est invariable dans *des saucisses cocktail, des robes cocktail* (= pour le cocktail). Voir gramm. § 10.

coco n.m. *Des noix de coco.*

cocon n.m.

cocorico n.m. *Lancer des cocoricos.*

cocotier n.m. Avec un seul **t**.

cocotte n.f. Avec **tt**. *Des cocottes en fonte.*

Cocotte-Minute n.f. Nom d'une marque d'autocuiseur. Il est recommandé de mettre une majuscule aux noms déposés et de les laisser invariables.

cocu, -e n. et adj.

code n.m. *Un code postal, des codes postaux. – Rouler en codes.* – **code à barres** ou **code-barres** : *des codes-barres.*
▸ **coder** v.t. *Un message codé.*
▸ **codage** n.m.

codétenu, -e n. En un seul mot.

codicille n.m. Est du masculin. On prononce [il] comme dans *ville*. *Ajouter un codicille à un testament.*

codifier v.t. *Codifier les usages d'une profession.* – ATTENTION À l'indicatif imparfait et au subjonctif présent : *(que) nous codifiions.* – Au futur et au conditionnel : *il codifiera(it).*
▸ **codification** n.f.

coédition n.f. En un seul mot.

coefficient n.m. Sans accent sur le **e**.

coéquipier, -ière n. En un seul mot.

coercitif, -ive adj. *Des mesures coercitives* (= contraignantes).
▸ **coercition** n.f.

cœur n.m. Est au singulier dans toutes les expressions figurées. *Des hommes de cœur. Ils ont agi de bon cœur. Nous sommes de tout cœur avec vous. Apprendre par cœur. Ils ont parlé à cœur ouvert.* – **à contrecœur** s'écrit en un seul mot. – **sans cœur** est invariable : *Ils sont sans cœur.* Le nom prend un trait d'union : *des sans-cœur.*

coexister v.i.
▸ **coexistence** n.f. *Une coexistence pacifique.*

coffre n.m. Avec **ff** comme dans les mots de la même famille. *Des coffres à linge* – **coffre-fort** : *des coffres-forts.*
▸ **coffret** n.m.

coffrer v.t.
▸ **coffrage** n.m.

cogiter v.i. (Réfléchir) Est ironique.
▸ **cogitation** n.f. S'emploie surtout au pluriel.

cognac n.m. *Ils ont bu trois cognacs.* – Les noms de produits (vins, fromages, etc.) d'une ville ou d'une région s'écrivent avec une minuscule.

cogner v.i., v.t. et v.pr. *On cogne à la porte, sur la table, contre le mur. Cogner un meuble. Elle s'est cognée à l'armoire. Elle s'est cogné la tête contre l'armoire.* Voir gramm. § 29.

cognitif, -ive adj. On prononce [kog'nitif]. *Les sciences cognitives s'intéressent aux systèmes d'apprentissage.*

cohabiter v.i.
▸ **cohabitation** n.f.

cohérent, -e adj. Avec **h**. *Un raisonnement cohérent.*
▸ **cohérence** n.f.

cohésion n.f. Avec **h**. *Ce groupe manque de cohésion* (= unité).

cohorte n.f. Avec **h**. *La cohorte de ses admirateurs le suivait.*

cohue n.f. Avec **h**.

coi, coite adj. Il n'y a pas de *t* au masculin. *Ils sont restés cois, elles sont restées coites* (= sans voix).

coiffe n.f. *Des coiffes d'infirmière.*

coiffer v.t. et v.pr. *Qui vous a coiffée ? Elle s'est coiffée.* – **se faire coiffer** : *Elle s'est fait coiffer par Alain.* (*Fait* suivi d'un infinitif est invariable.)
▸ **coiffeur, -euse** n.
▸ **coiffure** n.f.

coin n.m.

coincer v.t. et v.pr. Avec **ç** devant *a* et *o* : *il coinçait, nous coinçons. Il a coincé la clé dans la serrure, il l'a coincée dans la serrure. La porte s'est coincée. Marie s'est coincé le doigt.* Voir gramm. § 25(1).

coïncidence n.f. Avec **ï**.

coïncider v.i. Avec **ï**.

coing n.m. (Fruit) Ne pas confondre avec ***coin*** (angle).

coït n.m. Avec **ï**.

C

col n.m. *Des cols blancs. Des cols Claudine. Des cols Mao. Des cols cheminée. Des cols en V. Des faux cols. – Franchir un col. Le col du Saint-Bernard.*

colchique n.m. (Fleur) Est du masculin. *Un colchique violet.*

coléoptère n.m.

colère n.f. Avec **è**. *Ils sont en colère contre toi,* et non ✕ *après toi.*
▸**coléreux, -euse** ou **colérique** adj. et n. Avec **é**. Ces deux mots sont synonymes ; **coléreux** est plus moderne.

colibri n.m. *Des colibris.*

colifichet n.m.

colimaçon (en) loc.adv. *Des escaliers en colimaçon.*

colin n.m.

colique n.f. (Douleur abdominale ou diarrhée) *Une colique néphrétique. Avoir la colique.* Ne pas confondre avec ***colite*** (inflammation du côlon).

colis n.m.

colite n.f. (Inflammation du côlon) Ne pas confondre avec ***colique*** (douleur abdominale).

collaborer v.t.ind. *On collabore avec quelqu'un à un travail.* – REMARQUE *Collaborer ensemble* est à éviter.
▸**collaboration** n.f. *On fait un travail avec la collaboration de quelqu'un* ou *en collaboration avec quelqu'un.*
▸**collaborateur, -trice** n.

collage n.m.

collant , -e adj. et n.m.

collatéral, -e , -aux adj. Avec **ll**. *Une branche collatérale de la famille.*

collation n.f. (Repas léger) *Prendre une collation avant un voyage.*

colle n.f.

collecte n.f.
▸**collecter** v.t. *Les fonds qu'on a collectés.*

collectif, -ive adj. *Un travail collectif. La mémoire collective.* ◆ **n.m. Voir ce mot dans la partie grammaire.**
▸**collectivement** adv.

collection n.f. *Une collection de timbres.*
▸**collectionner** v.t. Avec **nn**. *Ces peintures, il les a collectionnées.*
▸**collectionneur, -euse** n.

collectivement adv.

collectivité n.f.

collège n.m. Avec **è**. *Aller au collège. Un collège d'enseignement secondaire (C.E.S.). – Un collège électoral.*
▸**collégien, -enne** n. Avec **é**.
▸**collégial, -e, -aux** adj. Avec **é**. *Une direction collégiale.*

collègue n. *Un, une collègue. Des collègues de bureau.* – REMARQUE Quand il s'agit de professions libérales, on emploie le terme ***confrère***.

coller v.i. et v.t. Avec **ll** comme dans ***colle***.

colleter (se) v.pr. CONJ.3 *Ils se sont colletés avec leurs voisins* (= querellés). Ne pas confondre avec ***se coltiner*** (= devoir supporter).

collier n.m. *Un collier d'or, en or. Un collier de perles. – Ils sont francs du collier. Donner des coups de collier.*

collimateur n.m. (Appareil de visée) S'emploie surtout dans l'expression familière *avoir quelqu'un dans le collimateur.*

colline n.f. Avec **ll**.

collision n.f. (Choc) Avec **i**. *La collision a fait cinq blessés.* Ne pas confondre avec ***collusion*** (entente secrète).

colloque n.m.

collusion n.f. (Entente secrète, complot) Avec **u**. *Il y a eu collusion entre ces entreprises pour faire monter les prix.* Ne pas confondre avec ***collision*** (choc).

collyre n.m. Avec **y**. *Un collyre pour les yeux.*

colmater v.t. *On a colmaté les brèches, on les a colmatées.*

colocataire n Avec un seul **l**.
▸**colocation** n.f.

colombage n.m. *Une maison à colombages.*

colombe n.f.
▸**colombier** n.m. (Pigeonnier)

colombien, -enne adj. et n. *Il est colombien. C'est un Colombien.* (Le nom de personne s'écrit avec une majuscule.)

colon n.m. (Membre d'une colonie) Sans accent circonflexe.

côlon n.m. (Partie de l'intestin) Avec **ô**.

colonel n.m.

colonie n.f. Avec un seul **n** comme tous les mots de la famille. *Partir en colonie de vacances. Une colonie de fourmis. Les anciennes colonies françaises.*
▸**colonial, -e, -aux** adj. *Un empire colonial. Des meubles coloniaux.*
▸**colonialiste** adj. et n.
▸**coloniser** v.t.
▸**colonisation** n.f.

colonne n.f. Avec un **l** et **nn**.
▸**colonnade** n.f.

coloquinte n.f. (Fruit décoratif) Est du féminin : *une coloquinte.*

colorer v.t. *La chaleur a coloré ses joues. Du verre coloré.* Ne pas confondre avec ***colorier*** (un dessin).
▸**coloration** n.f.
▸**colorant** n.m.

colorier v.t. *Des dessins à colorier.* Ne pas confondre avec ***colorer***.
▸**coloriage** n.m. *Faire des coloriages.*

coloris n.m. Avec **s**. *Des tissus de différents coloris.*

coloriser v.t. *Une version colorisée d'un vieux film.*
▸**colorisation** n.f.

colossal, -e , -aux adj. *Une force colossale. Des efforts colossaux.*

colosse n.m. *Un colosse aux pieds d'argile.*

colporter v.t.

coltiner (se) v.pr. FAM. *On s'est coltiné tout le courrier !* Ne pas confondre avec ***se colleter*** (= se quereller).

colvert n.m. (Oiseau) En un seul mot.

colza n.m. *De l'huile de colza.*

coma n.m. *Des comas profonds.*

▸**comateux, -euse** adj.

combat n.m. *Des combats de boxe.*

combatif, -ive adj. Avec un seul **t**, alors que tous les mots de la famille de *battre, combattre* ont deux *t*.
▸**combativité** n.f. Avec un seul **t.**

combattre v.t. et v.i. CONJ.37, sauf au passé simple : *il combattit* et au participe passé : *combattu.* – Avec **tt** comme tous les mots de la famille de *battre* sauf *combatif, combativité. Ce sont des idées que nous avons toujours combattues.* – ATTENTION Au conditionnel, on dit *vous combattriez* et non ✕ *combatteriez.*
▸**combattant, -e** n.

combien adv.

• Est adverbe interrogatif ou exclamatif. *Combien serez-vous ? Combien il me manque !*

• **combien de** est suivi d'un nom comptable au pluriel ou d'un nom non-comptable au singulier qui commande l'accord. *Combien de personnes viendront ? Combien de temps s'est écoulé ? Combien de fleurs as-tu cueillies ?* – REMARQUE Avec le pronom ***en***, le participe s'accorde ou reste invariable. *Combien en as-tu cueilli(es) ?* → en[2]

• Employé seul comme sujet, **combien** entraîne l'accord du verbe au pluriel. *Combien viendront ? Combien pensent que... ?*

• S'emploie comme nom masculin invariable. *Le combien du mois sommes-nous ? Ils viennent tous les combien ?*

combientième adj. et n.m. Est courant mais à éviter. *Il est combientième sur la liste ?* (= en quelle position, à quel rang). *Le combientième du mois ?* (= le quantième).

combinaison n.f.

combiner v.t.

comble n.m. *Ils sont au comble de la joie ! – Nettoyer une maison de fond en comble. Habiter sous les combles.* ◆ adj. *La salle était comble.*

C

combler v.t. *Combler quelqu'un de cadeaux. Merci, nous sommes comblés.*

combustible adj. et n.m.

combustion n.f.

come-back n.m.inv. Mot anglais invariable. On recommande d'employer ***retour***.

comédie n.f. *Des comédies de boulevard.*

comédien, -enne adj. et n. *Un comédien, une comédienne.*

comestible adj. *Les champignons comestibles.* ◆ n.m.plur. *Un magasin de comestibles.*

comète n.f. Avec **è**. *La comète de Halley.*

comique adj. et n.m.

comité n.m. *Se réunir en petit comité. Des comités d'entreprise (C.E.).*

commandant n.m.

commander v.t. *On a commandé des marchandises. Les marchandises qu'on a commandées. – Commander une armée.*
▸**commande** n.f.
▸**commandement** n.m.

commanditer v.t.
▸**commanditaire** n.

commando n.m. *Des commandos.*

comme conj. *Ils les ont choisis comme présidents. Ils ont fait comme prévu, comme convenu. Ils sont gentils comme tout.* – **comme si** est suivi de l'indicatif et non du conditionnel. On dit : *comme si on ne pouvait pas comprendre* et non ✕ *pourrait.*

Accord avec *comme*

1. Lorsque **comme** a une valeur de comparaison, l'accord se fait avec le premier terme : *Mon père, comme le vôtre, est un honnête homme*; et la comparaison est placée entre virgules.

2. Lorsque **comme** a une valeur d'addition, l'accord se fait au pluriel et il n'y a pas de virgules : *Molière comme Corneille sont de grands écrivains.*

commedia dell'arte n.f. Mot italien invariable. Avec **mm** et sans accent.

commémorer v.t. Avec **mm** d'abord et un seul **m** ensuite, qu'on retrouve dans *mémoire, mémoriser.* – On **commémore** une naissance, une victoire, un événement, mais on ***célèbre*** un anniversaire.
▸**commémoratif, -ive** adj. *Un monument commémoratif.*
▸**commémoration** n.f.

commencer v.i. et v.t. Avec **ç** devant *a* et *o* : *il commençait, nous commençons. La pluie commence à tomber. – On doit finir les choses qu'on a commencées.*
▸**commencement** n.m.

comment adv. interrogatif et exclamatif *Comment allez-vous ? Comment faire ? Vous viendrez ? – Et comment !* – REMARQUE S'emploie comme nom invariable dans *les pourquoi et les comment.*

commenter v.t.
▸**commentaire** n.m. *Un commentaire de texte. Cela se passe de commentaire. Sans commentaire.*
▸**commentateur, -trice** n.

commérage n.m. Avec **mm** comme dans ***commère***.

commerce n.m. *Des écoles de commerce.*
▸**commerçant, -e** n. *Les petits commerçants.* ◆ adj. *Une rue très commerçante.*
▸**commercer** v.t.ind. Avec **ç** devant *a* et *o* : *il commerçait, nous commerçons. Commercer avec un pays.*
▸**commercial, -e, -aux** adj. et n. *Un centre commercial. Recruter des commerciaux.*
▸**commercialiser** v.t. *Cette crème est commercialisée en France.*
▸**commercialisation** n.f.

commère n.f. Avec **mm**. Ce terme péjoratif féminin peut s'appliquer à une femme ou à un homme. *Pierre est une vraie commère.*

commettre v.t. CONJ.37 Avec **mm** et **tt**. On **commet** une erreur, une faute, un crime, etc., mais on ***accomplit*** un exploit, une bonne action. *Il a commis des erreurs. Les erreurs qu'il a commises...* – REMARQUE L'emploi de ce verbe dans des phrases comme *commettre un livre* est ironique. – ATTENTION Au conditionnel on dit *vous commettriez* et non ✕ *commetteriez.*

commis n.m. *Des commis voyageurs. Les grands commis de l'État.*

commisération n.f. Avec **mm**. *Un sourire plein de commisération* (= pitié, compassion).

commissaire n.m. *Des commissaires de police. Un commissaire aux comptes.* – REMARQUE L'emploi au féminin se rencontre à l'oral.
▸ **commissariat** n.m.
▸ **commissaire-priseur** n.m. *Des commissaires-priseurs.*

commission n.f.

commissure n.f. *La commissure des lèvres.*

commode adj.
▸ **commodité** n.f. *Pour plus de commodité…*

commotion n.f. *Une commotion cérébrale.*

commuer v.t. *Sa peine de prison a été commuée en travaux d'intérêt général.*

commun, -e adj. *Un travail commun. Une salle commune. Une caractéristique commune à tous les oiseaux. Il n'y a pas de commune mesure entre ceci et cela. C'est sans commune mesure avec… –* **en commun** : *Avoir des choses en commun. Les transports en commun. –* **nom commun** Voir ce mot dans la partie grammaire. ◆ n.m. *Le commun des mortels.*

communauté n.f. *La vie en communauté.*
▸ **communautaire** adj.

commune n.f.
▸ **communal, -e, -aux** adj. *L'école communale.*

communément adv. Avec **é**. *Une idée communément admise.*

communiant, -e n. *Des premières communiantes.*

communicant, -e adj. Avec **cant**. *Des vases communicants.* Ne pas confondre avec le participe présent *communiquant* du verbe *communiquer*. Voir gramm. § 31 (2).

communicateur, -trice n. *Un grand communicateur. Une grande communicatrice* (= personne douée pour la communication). Ne pas confondre avec ***communicatif***.

communicatif, -ive adj. *Un rire communicatif.* Ne pas confondre avec ***communicateur***.

communication n.f. *Les moyens de communication.*

communier v.i. – ATTENTION À l'indicatif imparfait et au subjonctif présent : *(que) nous communiions.*
▸ **communion** n.f. *Communion solennelle. – Une communion d'idées, de sentiments.*

communiquer v.t. et v.i. *Qui vous a communiqué ces renseignements ? Qui vous les a communiqués ? Il a du mal à communiquer avec ses voisins. Ces deux pièces communiquent par une porte vitrée.* – Le verbe s'écrit avec **qu** et les dérivés *communication, communicant, communicatif, communicateur* avec un **c**.
▸ **communiqué** n.m. *Des communiqués de presse.*

communisme n.m.
▸ **communiste** adj. et n.

compact, -e adj. Sans *e* au masculin. *Des skis compacts. Une foule compacte.* ◆ adj. masc. et n.m. – **disque compact** ou **compact**, forme francisée de *Compact Disc,* nom déposé. On dit aussi **CD**.

compagnie n.f. *Voyager en compagnie d'une amie. Des animaux de compagnie. – Une compagnie d'assurances, de transport aérien.* S'abrège en Cie : *Dupond et Cie.*

compagnon n.m., **compagne** n.f. *Un compagnon, une compagne.*

comparable adj.

comparaison n.f. Reste au singulier dans *par comparaison, en comparaison (de), sans comparaison.*

comparaître v.i. CONJ. 36 Avec **î** devant un *t : il comparaît, nous comparaissons.* Se conjugue avec l'auxiliaire ***avoir***. *Ils ont comparu devant le juge.* – REMARQUE Le nom correspondant est *comparution*.

comparatif n.m. Voir ce mot dans la partie grammaire.

comparativement adv.

comparer v.t. et v.pr. *Comparer des textes. Comparer la signature d'un chèque avec*

C

celle, à celle d'une pièce d'identité (= faire la comparaison). *Comparer une femme à une fleur* (= les trouver semblables). *Elle s'est toujours comparée à sa sœur aînée.* – **comparé à** s'accorde : *Comparée à son cousin, elle est forte en math.*

comparse n. Avec un **s**. *Un, une comparse.* – REMARQUE Un **comparse** joue un rôle moins important qu'un ***complice***.

compartiment n.m. *Un compartiment fumeurs. Un meuble à compartiments.*

comparution n.f. Avec **u**. *Demander la comparution immédiate d'un prévenu devant le juge.*

compas n.m. Avec **s**.

compassion n.f.

compatible adj. *Un matériel compatible avec un autre.*
▸**compatibilité** n.f.

compatir v.t.ind. Sans accent circonflexe contrairement à *pâtir. On compatit à la douleur de quelqu'un.*
▸**compatissant, -e** adj.

compatriote n. *Un, une compatriote.*

compenser v.t. *Un avantage qui compense un inconvénient.*
▸**compensation** n.f.
▸**compensatoire** adj. *Des prestations compensatoires* (= qui constituent une compensation).
▸**compensateur, -trice** adj. *Le rôle compensateur de la nourriture chez un patient.*

compère n.m.

compétent, -e adj. *Les autorités compétentes. Être compétent en électricité.*
▸**compétence** n.f. Reste au singulier dans *relever, être de la compétence de*. Ne pas confondre avec ***attributions***, au pluriel. *Cela n'est pas de notre compétence. Cela n'entre pas dans nos attributions.*

compétition n.f. *Être en compétition avec.*
▸**compétitif, -ive** adj. *Des prix compétitifs* (= concurrentiels).
▸**compétitivité** n.f.

compiler v.t.
▸**compilation** n.f.

complainte n.f.

complaire (se) v.pr. CONJ.25 Avec **î** devant le *t. Elle se complaît dans son rôle de victime.* – ATTENTION Le participe passé est invariable comme pour *plaire* et *déplaire* : *Elle s'est complu dans son rôle de victime.*

complaisant, -e adj.
▸**complaisance** n.f.

complément n.m. Voir ce mot dans la partie grammaire. – *Un complément d'information. Un complément d'enquête.*
▸**complémentaire** adj.
▸**complémentarité** n.f.

complet, -ète adj. *Le bus est complet. La salle est complète.* – Est invariable dans *afficher complet, au complet, au grand complet.*
▸**complètement** adv. Avec **è**.
▸**compléter** v.t. CONJ.4 Avec **é** ou **è** : *nous complétons, ils complètent. Il a complété sa collection, il l'a complétée.*

complétive adj.fém. et n.f. Voir ce mot dans la partie grammaire.

1. complexe adj. et n.m. *Une situation complexe.* – *Un complexe industriel.*
▸**complexité** n.f. *Une situation d'une grande complexité.*

2. complexe n.m. *Avoir des complexes.*
▸**complexé, -e** adj.

complication n.f. *Il a eu une bronchite, mais sans complications.*

complice adj. et n.
▸**complicité** n.f.

compliment n.m. S'emploie dans des formules de politesse. *Avec les compliments de…*
▸**complimenter** v.t. *On a complimenté Marie, on l'a complimentée sur (pour) son comportement.*

compliquer v.t. et v.pr. *Tout cela complique la situation. La situation se complique.* – REMARQUE Le nom s'écrit avec un **c** : *complication.*
▸**compliqué, -e** adj. *Une vie compliquée.*

complot n.m. Avec **t**.
▸**comploter** v.t. et v.t.ind. Avec un seul **t**. *Ils ont comploté sa ruine. Ils ont comploté contre lui.*

comporter v.t. *Ce livre comporte trois parties.* ◆ v.pr. *Comment s'est-elle comportée ?*
▸**comportement** n.m.

composé, -e adj. Voir ce mot dans la partie grammaire.

composer v.t. et v.pr. *C'est une musique que Luc a composée lui-même. – Les plats qui composent ce menu sont... L'eau se compose, est composée d'oxygène et d'hydrogène.* ◆ v.t.ind. *Il va falloir composer avec cette nouvelle réglementation* (= s'en arranger).
▸**composition** n.f.
▸**compositeur, -trice** n.

composite adj. *Un matériau composite.*

compost n.m. Sans *e* final.

composter v.t. *On a composté nos billets, on les a compostés.*
▸**compostage** n.m.

compote n.f. Avec un seul **t**. *De la compote de pommes.*

compréhension n.f. Avec **h**.
▸**compréhensible** adj. (Qu'on peut comprendre) *Un acte, un texte tout à fait compréhensible.* Ne pas confondre avec ***compréhensif***.
▸**compréhensif, -ive** adj. (Qui comprend, accepte) *Elle s'est montrée très compréhensive.* Ne pas confondre avec ***compréhensible***.

comprendre v.t. et v.pr. CONJ.33 *Je comprends, il comprend. On a compris la leçon, on l'a comprise. – La facture comprend les taxes ? Oui, les taxes sont comprises...* → compris – **comprendre que** se construit avec l'indicatif au sens de « saisir par l'esprit » : *J'ai compris que la situation était difficile* ; et avec le subjonctif au sens de « trouver naturel » : *Je comprends que vous soyez inquiet.*

compresse n.f.

compresser v.t. Ce verbe, malgré l'influence de *compression*, ne doit pas s'employer à la place de ***comprimer***, sauf en parlant de données en informatique, ou parfois de personnes ou d'objets entassés. *Compresser un fichier. Les voyageurs étaient compressés au fond du compartiment.*

compression n.f. Est commun aux verbes *comprimer* et *compresser*.

comprimé n.m. *Des comprimés d'aspirine.*

comprimer v.t. *Comprimer un fluide, un gaz. De l'air comprimé. – Comprimer des dépenses, du personnel.*

compris, -e adj. – **y compris, non compris** sont invariables devant le nom : *Il a tout payé, y compris les taxes. Cela fait 200 euros, non compris les taxes.* Mais on dira *taxes comprises, taxes non comprises.*

compromettre v.t. et v.pr. CONJ.37 *Vous compromettez votre santé. Votre santé est compromise. Elles se sont compromises dans une affaire de fausses factures.* – ATTENTION Au conditionnel on dit *vous compromettriez* et non ✗ *comprometteriez.*
▸**compromettant, -e** adj. *Une situation compromettante.*

compromis n.m. *Trouver, accepter un compromis.*

comptabiliser v.t. Avec un **p** qui ne se prononce pas, comme dans ***compte***.

comptable adj. et n. Avec un **p** qui ne se prononce pas, comme dans ***compte***.
▸**comptabilité** n.f.

comptant adv. Est invariable. *Payer comptant. Payer au comptant.*

compte n.m. Avec un **p** qui ne se prononce pas. – **1.** *Tenir ses comptes. Des comptes en banque. Un livre de comptes. Des relevés de compte.* Ne pas confondre avec ***conte*** (récit) ou ***comte*** (titre de noblesse). – **2.** S'emploie au singulier dans de nombreuses expressions comme *à bon compte, au bout du compte, en fin de compte, entrer en ligne de compte, prendre en compte, tenir compte de, compte tenu de, tout compte fait, travailler à son compte.* Est au pluriel dans *règlement de comptes.* – **compte(-)chèques** s'écrit avec ou sans trait d'union. *Des comptes(-)chèques.* – **compte(-)rendu** s'écrit avec ou sans trait d'union. *Des comptes(-)rendus.* – **se rendre compte** est invariable aux temps composés. *Elles se sont rendu compte de leur erreur.*

compte-gouttes n.m.inv.

compter v.i., v.t. et v.t.ind. Avec un **p** qui ne se prononce pas. *Savoir compter. Je la compte parmi mes amis. Je l'ai toujours comptée parmi mes amis. Compter sur quelqu'un. – Il compte bien venir. Il compte bien que nous viendrons.* ◆ v.pr. *Les blessés se comptent par dizaines.*
▸ **compteur** n.m.

comptine n.f. Est de la famille de ***compte*** et non de *conte*. *« Un, deux, trois nous irons au bois » est une comptine.*

comptoir n.m.

compulser v.t. *Compulser des notes.*

compulsif, -ive adj. *Un rire compulsif.*

comte n.m. **comtesse** n.f. Avec **m**. Ne pas confondre avec ***compte*** ou ***conte***. *Le comte de Paris. Madame la comtesse.*

comté n.m.

concasser v.t. *Des tomates concassées.*

concave adj. *Une assiette creuse est concave* (≠ convexe).

concéder v.t. CONJ.4 Avec **é** ou **è** : *nous concédons, ils concèdent.*

concentrer v.t. et v.pr. *Elle s'est concentrée sur son travail.*

▸ **concentration** n.f.

concentrique adj. *Des cercles concentriques.*

concept n.m. Sans *e* final.

conception n.f. *Une certaine conception de la vie* (= manière de concevoir, idée).

concerner v.t. *Cela la concerne. Elle est concernée par cette affaire. En ce qui concerne...* – **concernant** s'emploie comme une préposition. *Concernant ce point, avez-vous des remarques ?*

concert n.m. Avec **t**. *Aller au concert. Un concert d'éloges, de lamentations.* – **de concert** s'emploie aujourd'hui au sens large de « ensemble ».
▸ **concertiste** n.

concerter (se) v.pr. *Ils ont fait la même chose sans s'être concertés. – Une action concertée.*
▸ **concertation** n.f.

concerto n.m. *Des concertos.* Voir gramm. § 37.

concession n.f. Vient de ***concéder***, les deux **s** sont à la fin du mot. *Faire des concessions. Une morale sans concession.*

concessionnaire n. Avec **nn**.

concevoir v.t. CONJ.16 Avec **ç** devant *o* et *u* : *il conçoit, il conçut. Cette maison, ils l'ont conçue eux-mêmes.*

concierge n.

concile n.m. *Un concile œcuménique.*

conciliabule n.m. Avec deux fois un seul **l**.

concilier v.t. Avec un seul **l** comme dans les mots de la même famille. *Concilier des points de vue différents.* – ATTENTION À l'imparfait de l'indicatif et au subjonctif : *(que) vous conciliiez.* – Au futur et au conditionnel : *il conciliera(it).*
▸ **conciliant, -e** adj.
▸ **conciliation** n.f.

concis, -e adj. *Un style concis, une formule concise.*
▸ **concision** n.f.

concitoyen, -enne n.

conclure v.t. *Ils ont conclu deux accords. Les deux accords qu'ils ont conclus. Affaire conclue ! Il n'a pas répondu, j'en conclus qu'il était absent.* ◆ v.t.ind. *La police a conclu à un suicide.* – ATTENTION Il s'agit du verbe *conclure* et non d'un verbe ✕ *concluer* qui n'existe pas. Au futur, on écrit *il conclura* et non ✕ *concluera* ; au passé simple on dit *ils conclurent* et non ✕ *ils concluèrent.*
CONJUGAISON INDICATIF présent : *je conclus, il conclut, nous concluons, ils concluent.* imparfait : *je concluais, il concluait, nous concluions, ils concluaient.* passé simple : *je conclus, il conclut, nous conclûmes, ils conclurent.* futur : *je conclurai, il conclura, nous conclurons, ils concluront.* **CONDITIONNEL** : *je conclurais, il conclurait, nous conclurions, ils concluraient.* **SUBJONCTIF** : *(que) je conclue, il conclue, nous concluions, ils concluent.* **PARTICIPE** présent : *concluant.* passé : *conclu.*
▸ **conclusion** n.f.

concombre n.m. *Une salade de concombre.*

concomitant , -e adj. Avec un seul **m**. *Des événements concomitants.*
▸ **concomitance** n.f.

concordance n.f. Voir ce mot dans la partie grammaire.

concorde n.f. LITT. *Un esprit de concorde.*

concorder v.i. *Tous les témoignages concordent (les uns avec les autres).*

concourir v.i. et v.t.ind. CONJ.12 Avec un seul **r** comme dans ***courir***. *Ils sont nombreux à concourir. Vous avez tous concouru à la réussite de notre entreprise.* – ATTENTION Au futur : *Il concourra* en faisant entendre les **r**.

concours n.m. Avec un **s**. *Un concours de circonstances.*

concret, -ète adj. *Un problème concret. Une réalisation concrète.*
› **concrètement** adv. Avec **è**.
› **concrétiser** v.t. et v.pr. Avec **é**. *Les espoirs se sont concrétisés.*
› **concrétisation** n.f.

concubin, -e n.
› **concubinage** n.m.

concupiscent, -e adj. LITT. Avec **sc**. *Un regard concupiscent.*
› **concupiscence** n.f.

concurrence n.f. Avec **rr**. *Faire jouer la concurrence. Être en concurrence avec. Accepter un prix à concurrence de.*
› **concurrencer** v.t. Avec **ç** devant *a* et *o* : *il concurrençait, nous concurrençons.*
› **concurrent, -e** adj. et n.
› **concurrentiel, -elle** adj. Avec **tiel** qu'on prononce [siel].

condamner v.t. On ne prononce pas le **m**. → -mn- *Ils ont été condamnés à trois mois de prison.*
› **condamné, -e** n.
› **condamnation** n.f.
› **condamnable** adj.

condenser v.t. et v.pr. *Condenser une histoire. La vapeur se condense, s'est condensée.*
› **condensation** n.f.

condescendant, -e adj. Avec **sc**. *Un ton condescendant, presque méprisant.*
› **condescendance** n.f.

condiment n.m.

condisciple n. Avec **sc** comme dans ***disciple***.

condition n.f. Voir ce mot dans la partie grammaire. – Reste au singulier dans *sans condition, sous condition, mettre en condition.* – **à condition que** + subjonctif : *Je viendrai à condition que tu viennes aussi.*

conditionnel, -elle adj. *Une liberté conditionnelle.* ◆ n.m. Voir ce mot dans la partie grammaire.

conditionner v.t. Avec **nn**.
› **conditionnement** n.m.

condoléances n.f.plur. *Présenter ses condoléances.*

conduire v.t. CONJ.30 *On a conduit Marie à la gare. On l'a conduite à la gare.* ◆ v.pr. *Ils ne se sont pas très bien conduits hier soir.*
› **conducteur, -trice** adj. et n.
› **conduite** n.f.

cône n.m. Avec **ô**. – REMARQUE Les mots de la même famille n'ont pas d'accent circonflexe : *conifère, conique.*

confection n.f.
› **confectionner** v.t. Avec **nn**.

confédération n.f.

conférence n.f. *Une salle de conférences. Être en conférence. Des conférences de presse. Un maître de conférences.*
› **conférencier, -ière** n.

confesser v.t. et v.pr. *Ils ont confessé leurs erreurs. Ils se sont confessés.*
› **confesseur** n.m.
› **confession** n.f. *Faire une confession.* – *Ils sont de confession catholique* (= religion).
› **confessionnal** n.m. Avec **nn**. *Un confessionnal, des confessionnaux.* → -on/-ion
› **confessionnel, -elle** adj. *Une école confessionnelle* (= religieuse).

confetti n.m. Mot italien. *Des confettis.* Voir gramm. § 37.

confiance n.f. – **avoir confiance** se construit avec ***en*** devant un nom de personne, avec ***en*** ou ***dans*** devant un nom de chose. *J'ai confiance en Dieu, en toi, en mon directeur. J'ai confiance en (dans) l'avenir, en (dans) tes capacités.* – **faire confiance** se construit avec ***à***. *Faites confiance à votre médecin, à la*

médecine. – **de confiance, en confiance** sont invariables. *Des personnes de confiance. Ils se sentent en confiance.*
▸**confiant, -e** adj.

confidence n.f. Avec **ence**.
▸**confident, -e** n.
▸**confidentiel, -elle** adj. Avec un **t** qui se prononce [s]. → -tiel
▸**confidentiellement** adv. Avec un **t**.
▸**confidentialité** n.f. Avec un **t**.

confier v.t. et v.pr. *Confier quelque chose à quelqu'un. Je lui ai confié mes clés. Je les lui ai confiées.* – *Elle s'est confiée à Luce. Elles se sont confié tous leurs secrets. Tous les secrets qu'elles se sont confiés.* Voir gramm. §29 (2 et 3). – ATTENTION À l'imparfait de l'indicatif et au subjonctif présent : *(que) nous confiions.* – Au futur et au conditionnel : *il confiera(it).*

configuration n.f.

confiné, -e adj. *Un air confiné.*

confins n.m.plur. *Habiter aux confins de la Normandie et de la Bretagne.*

confire v.t. Se conjugue comme ***suffire*** (voir ce mot), sauf au participe passé : *confit, confite.* S'emploie surtout à l'infinitif et au participe. *On a fait confire des fruits, on les a fait confire. Des fruits confits.*

confirmer v.t. et v.pr. *Confirmer une nouvelle. La nouvelle est confirmée. Si la nouvelle se confirme.*
▸**confirmation** n.f.

confiserie n.f.
▸**confiseur** n.m. *Un maître confiseur.* – REMARQUE Le féminin *confiseuse* est rare.

confisquer v.t. *On lui a confisqué ses biens. On les lui a confisqués.*
▸**confiscation** n.f. Avec un **c**.

confit, -e adj. *Des fruits confits. Des tomates confites.* ◆ n.m. *Des confits de canard.*

confiture n.f. Est au singulier ou au pluriel dans *pot de confiture(s), marmite à confiture(s).* – Le complément est au pluriel ou quelquefois au singulier. *De la confiture de fraises, de rhubarbe.* Voir gramm. § 13.

conflit n.m.
▸**conflictuel, -elle** adj.

confondre v.t. CONJ.34 *Je confonds, il confond les b et les p, les b avec les p. Je les ai confondus.*

conforme adj. *Une copie conforme à l'original.*
▸**conformément à** loc.prép. *Agir conformément au règlement.*
▸**conformer (se)** v.pr. *Ils se sont conformés au programme.*
▸**conformité** n.f. *Agir en conformité avec ses principes.*

conformiste adj. et n.
▸**conformisme** n.m.

confort n.m. *Aimer son confort. Des médicaments de confort.* Est invariable dans *des chambres tout confort, grand confort.*
▸**confortable** adj. *Un fauteuil très confortable.* – REMARQUE L'emploi de **confortable** en parlant de personnes est un anglicisme. On recommande d'employer ***à l'aise, bien*** ou des équivalents. On dira : *Installez-vous ici, vous serez plus à l'aise* et non ✕ *vous serez plus confortable.*
▸**confortablement** adv.

conforter v.t. *Ceci me conforte dans mon opinion.*

confrère n.m. **consœur** n.f. S'emploie en parlant de membres d'une même profession libérale ou d'un même corps.
▸**confraternel, -elle** adj.

confronter v.t. *Confronter des témoins.* – **être confronté à** : *Nous sommes confrontés à une grave difficulté.*
▸**confrontation** n.f.

confus, -e adj. *Un texte confus, une histoire confuse. Je suis confus d'être en retard.*
▸**confusion** n.f.

congé n.m. *Donner congé à un employé.* – *Prendre des congés.*
▸**congédier** v.t. *On les a congédiés.*

congeler v.t. CONJ.2 Avec **e** ou **è** : *nous congelons, ils congèlent.*
▸**congélation** n.f. Avec **é**.
▸**congélateur** n.m.

congénital, -e, -aux adj. *Une maladie congénitale* (= qui existe à la naissance, qui a été contractée pendant la vie utérine). Ne pas confondre avec ***héréditaire***.

congestion n.f.
▸**congestionné, -e** adj. Avec **nn**.

conglomérat n.m. Avec **t**.

congolais, -e adj. et n. *Il est congolais. C'est un Congolais.* (Le nom de personne s'écrit avec une majuscule.)

congrégation n.f.

congrès n.m. Avec **è**.
▸**congressiste** n. Sans accent.

congru, -e adj. *Une portion congrue* (= minimale).

conifère n.m. Sans accent circonflexe, contrairement à *cône*.

conique adj. Sans accent circonflexe, contrairement à *cône*.

conjecture n.f. (Supposition) *Se perdre en conjectures.* Ne pas confondre avec ***conjoncture*** (situation d'ensemble).

conjoint, -e adj. et n.

conjonction n.f. Voir ce mot dans la partie grammaire.

conjoncture n.f. (Contexte général) *La conjoncture économique est bonne.* Ne pas confondre avec ***conjecture*** (supposition).
▸**conjoncturel, -elle** adj. *Ce sont des difficultés conjoncturelles et non structurelles.*

conjugal, -e, -aux adj. *La vie conjugale. Des problèmes conjugaux.*

conjuguer v.t. et v.pr. Avec **gu**, même devant *a* et *o* : *je conjuguais, nous conjuguons.*
▸**conjugaison** n.f. Sans *u* après le *g*.

conjurer v.t.

connaissance n.f. *Nous avons fait connaissance <u>avec</u> Marie. Nous avons fait <u>la</u> connaissance <u>de</u> Marie. J'ai pris connaissance du dossier. Ils ont agi en (toute) connaissance de cause. Être en pays de connaissance. – Ils ont perdu connaissance. Ils sont sans connaissance.* – Est au pluriel dans *test, contrôle de connaissances.*

connaisseur n.m. et adj. Le féminin *connaisseuse* est rare.

connaître v.t. et v.pr. CONJ. 36 Avec **î** devant un *t* : *je connais, il connaît. Tout le monde connaît cette histoire. C'est une histoire connue de tous. Ils se sont connus en vacances. Elle s'y connaît en bricolage.*

connecter v.t. et v.pr. *Ils se sont connectés à Internet.*
▸**connexion** n.f. Avec **x**. Ne pas confondre avec le mot anglais *connection*.

connivence n.f. Avec **nn**. *Ils sont de connivence. Un sourire de connivence.*

connotation n.f. Avec **nn**. *Un mot qui a une connotation péjorative.*

connu, -e adj.

conquérir v.t. Se conjugue comme ***acquérir*** (voir ce mot). *Les régions qu'ils ont conquises.*
▸**conquérant, -e** adj. et n.
▸**conquête** n.f. Avec **ê**.

consacrer v.t. et v.pr. *Elle lui a consacré plusieurs heures. Toutes ces heures qu'elle lui a consacrées ! Ils se sont consacrés à l'enseignement.*

consanguin, -e adj.

conscience n.f. Avec **sc**. *Des cas de conscience. Par acquit de conscience. Des objecteurs de conscience. Avoir conscience de, que. Perdre conscience.*
▸**conscient, -e** adj.
▸**consciemment** adv. On prononce [aman]. Voir gramm. § 9(2).

consciencieux, -euse adj. Avec **sc** comme dans ***conscience***. *Un travail, un élève consciencieux.*
▸**consciencieusement** adv.

consécration n.f.

consécutif, -ive adj. *Gagner trois matchs consécutifs.*

conseil n.m. **1.** Avec **eil**. *Donner des conseils.* Ne pas confondre avec *(il)* ***conseille***, du verbe *conseiller*. – **2.** Prend une majuscule pour désigner certains organismes. *Le Conseil d'État.* – **3.** S'emploie pour désigner un homme ou une femme. *Elle est conseil en communication.* Avec certains noms de professions, forme

C

des noms composés : *des médecins-conseils, des ingénieurs-conseils.*

▸**conseiller** v.t. *On a bien conseillé Marie, on l'a bien conseillée. On lui a conseillé ces livres. Elle a lu les livres qu'on lui a conseillés,* mais *Elle a lu les livres qu'on lui a conseillé de lire* (*livres* est complément de *lire*). Voir gramm. § 28. – ATTENTION À l'imparfait de l'indicatif et au subjonctif présent : *(que) nous conseillions.*

▸**conseiller, -ère** n.

consensus n.m. On prononce [konsinsus]. Avec **en** qui se prononce [in].

▸**consensuel, -elle** adj. On prononce [konsansu-el]. Avec **en** qui se prononce [an].

consentir v.t. et v.t.ind. CONJ.11 *La banque lui a consenti deux prêts, elle les lui a consentis.* – *Je consens à partir. Je consens à ce que vous veniez avec moi. J'y consens.*

▸**consentant, -e** adj.

▸**consentement** n.m. *Donner son consentement à quelque chose.*

conséquence n.f. Est au singulier dans *en conséquence, sans conséquence, ne pas tirer à conséquence,* et au pluriel dans *lourd de conséquences.* – REMARQUE L'expression *tirer les conséquences de,* au sens de *tirer les leçons de* ou *tirer les conclusions de,* est critiquée.

conséquent, -e adj. *Soyez conséquent* (= logique). – Est un anglicisme dans des tournures comme *une somme conséquente* (= importante).

▸**par conséquent** loc.adv.

conservateur, -trice adj. et n.

▸**conservatisme** n.m.

conservation n.f.

conservatoire adj. et n.m.

conserve n.f. *Des conserves de thon, de viande, de légumes, de fruits. Des légumes en conserve. Des boîtes de conserve. Des conserves en boîte.*

conserver v.t. et v.pr. *On a conservé les fraises au réfrigérateur. On les a conservées. Elles se sont conservées trois jours.*

considérable adj.

▸**considérablement** adv.

considérer v.t. et v.pr. CONJ.4 Avec **é** ou **è** : *nous considérons, ils considèrent. Considérer un problème sous tous ses aspects.* – *Je la considère comme ma sœur. Je l'ai toujours considérée comme telle. Lucie s'est toujours considérée comme mon amie.* – **tout bien considéré** est invariable.

▸**considération** n.f.

consigne n.f.

consistance n.f. *Un personnage sans consistance.*

▸**consistant, -e** adj.

consister v.t.ind. *En quoi consiste votre travail ? Il consiste à surveiller les enfants.*

console n.f. Avec un seul **l**.

consoler v.t. et v.pr. Avec un seul **l**. *Je les ai consolés. Ils se sont consolés.*

▸**consolant, -e** adj.

▸**consolation** n.f.

consolider v.t.

▸**consolidation** n.f.

consommer v.t. Avec **mm** comme dans les mots de la même famille.

▸**consommation** n.f.

▸**consommateur, -trice** adj. et n.

consonance n.f. Avec un seul **n** comme ***dissonance*** et ***résonance***, alors que *sonner* en a deux. *Un nom à consonance étrangère.*

consonne n.f.

consort adj. *Un prince consort.*

consortium n.m. On prononce [siom'].

conspirer v.i. *On conspire contre quelque chose* ou *quelqu'un.*

▸**conspiration** n.f.

▸**conspirateur, -trice** adj. et n.

conspuer v.t. LITT. (Huer) *Conspuer un orateur.* – ATTENTION Au futur et au conditionnel : *il conspuera(it).*

constant, -e adj. *À température constante.*

▸**constamment** adv.

▸**constance** n.f. *Un manque de constance.*

constat n.m. *Un constat amiable.*

▸**constater** v.t. *Constater des faits. Je constate qu'il est en retard.*

▸**constatation** n.f.

constellation n.f. – REMARQUE Les noms de constellations s'écrivent toujours avec une majuscule. *La Grande Ourse. La constellation du Bélier.*

consterner v.t. *Nous sommes consternés par cette histoire.*
▸ **consternant, -e** adj.
▸ **consternation** n.f.

constiper v.t.
▸ **constipation** n.f.

constituant n.m. Voir ce mot dans la partie grammaire.

constituer v.t. *Constituer une troupe de théâtre. Une phrase est constituée de mots.* ◆ v.pr. *Ils se sont constitués prisonniers.* – ATTENTION Au futur et au conditionnel : *il constituera(it).*

constitution n.f. Prend une majuscule pour désigner l'ensemble des textes qui régissent un État : *la Constitution.*
▸ **constitutionnel, -elle** adj. Avec **nn**.

constructif, -ive adj. (Positif) *Des remarques constructives.* Ne pas confondre avec ***constructeur***.

construire v.t. et v.pr. CONJ. 30 *La maison qu'ils ont construite. La maison qu'ils ont fait construire, qu'ils se sont fait construire.* (Fait suivi d'un infinitif est invariable.) *Une phrase bien construite.*
▸ **constructeur** n.m. *Un constructeur d'avions.*
▸ **constructible** adj. *Un terrain constructible.*
▸ **construction** n.f. *Des matériaux de construction. La construction d'une phrase.* Voir ce mot dans la partie grammaire.

consul n.m.
▸ **consulat** n.m.

consulter v.t. *Les médecins qu'elle a consultés.*
▸ **consultant, -e** n.
▸ **consultation** n.f.
▸ **consultatif, -ive** adj.

consumer (se) v.pr. *Les bûches se sont entièrement consumées.*

contact n.m. *Avoir des contacts dans un milieu. Prendre contact avec quelqu'un. – Des verres, des lentilles de contact.*
▸ **contacter** v.t. *Contacter d'éventuels clients.* Ne pas confondre avec ***contracter*** (une maladie). – REMARQUE Cet anglicisme est critiqué par certains qui préfèrent les expressions *prendre contact avec ; entrer en relation, en rapport avec.*

contagieux, -euse adj.
▸ **contagion** n.f.

container n.m. Mot anglais. On recommande la forme française **conteneur**.

contaminer v.t. *La rivière est contaminée. – Il a contaminé Marie, il l'a contaminée. Elle s'est laissée contaminer.*
▸ **contamination** n.f.

conte n.m. Avec un **n**. *Un conte de fées.* Ne pas confondre avec ***compte*** et ***comte***.

contempler v.t.
▸ **contemplation** n.f.

contemporain, -e adj. et n. Avec **ain**. *La musique contemporaine. Nos contemporains.*

contenance n.f. *Ils ont perdu contenance.*

conteneur n.m. Forme francisée du nom ***container***.

contenir v.t. CONJ. 10 *Cet aliment contient des protéines. Toutes les protéines contenues dans cet aliment sont bonnes.* ◆ v.pr. *Ils se sont contenus.*

1. content n.m. S'emploie dans l'expression *avoir son content de. J'ai eu mon content de soleil hier.* Ne pas confondre avec ***comptant*** (du verbe *compter*).

2. content, -e adj. *Elle a l'air contente de te voir. Il est content que j'aie pu venir* (= subjonctif).

contentement n.m.

contenter v.t. et v.pr. *Ils se sont contentés des restes.*

contentieux n.m. On prononce [sieu].

contenu n.m.

conter v.t. LITT. (Raconter) *Que me contez-vous là ? – Conter fleurette à quelqu'un.* Ne pas confondre avec ***compter***.

▸**conteur, -euse** n. *Un excellent conteur.* Ne pas confondre avec ***compteur***.

contester v.t. *Nous avons contesté cette décision. C'est une décision contestée.* – **sans conteste** est invariable.
▸**contestable** adj.
▸**contestataire** n.
▸**contestation** n.f.

contexte n.m. *Le contexte économique.*

contigu, -ë adj. Au féminin, le tréma est sur le **e**. *Deux pièces contiguës.* Voir *Rectifications orthographiques*, p. 514.

continent n.m. Prend une majuscule dans *Ancien Continent* et *Nouveau Continent*.
▸**continental, -e, -aux** adj.

continuer v.i. et v.t. *Que la fête continue ! Continuer ses études. Il continue à travailler, de travailler.* – ATTENTION Au futur et au conditionnel : *il continuera(it).*
▸**continu, -e** adj. *Un ligne continue. Un bruit continu* (= sans interruption). – **en continu** : *Travailler en continu.*
▸**continuel, -elle** adj. *Des cris continuels.*
▸**continuellement** adv.
▸**continuation** n.f. *Souhaiter une bonne continuation.*
▸**continuité** n.f. *Assurer la continuité d'une entreprise.* ➜ solution

contondant, -e adj. Avec **ton** et non ✕ *tan*. Un objet **contondant** assomme, écrase, mais ne coupe pas.

contorsion n.f.
▸**contorsionner (se)** v.pr. Avec **nn**.
▸**contorsionniste** n. Avec **nn**.

contour n.m. *Un contour, des contours.*

contourner v.t. *On a contourné la difficulté, on l'a contournée.*

contraceptif, -ive adj. et n.m.
▸**contraception** n.f.

contracter v.t. et v.pr. **1.** *Il contracte ses muscles. Ses muscles se contractent, sont contractés.* – **2.** *C'est une maladie qu'il a contractée pendant son voyage.* Ne pas confondre avec ***contacter*** (prendre contact).
▸**contracté, -e** adj. *Il est très contracté* (= nerveux). – **article défini contracté** Voir ce mot dans la partie grammaire.

▸**contractile** adj. Attention, il n'y a pas de *b*. *Un organe contractile* (= qui peut se contracter).
▸**contraction** n.f.
▸**contracture** n.f. *Une contracture musculaire.*

contractuel, -elle adj. et n.

contradiction n.f. *Des témoignages en contradiction avec les faits.*
▸**contradictoire** adj.

contraindre v.t. et v.pr. CONJ.35 *On les a contraints à démissionner, à la démission. Elle s'est contrainte à se lever tôt tous les matins. On est contraint de faire quelque chose. Ils ont agi contraints et forcés.* – ATTENTION À l'indicatif imparfait et au subjonctif présent : *(que) nous contraignions.*
▸**contraignant, -e** adj.
▸**contrainte** n.f. *Agir sous la contrainte. Parler sans contrainte.*

contraire adj. et n.m. *Ils vont en sens contraire. C'est contraire à la vérité. Au contraire. C'est tout le contraire. C'est le contraire de.*
▸**contrairement à** loc.adv.

contrarier v.t. *Qui a contrarié Marie ? Qui l'a contrariée ?* – ATTENTION À l'indicatif imparfait et au subjonctif présent : *(que) nous contrariions.*
▸**contrariant, -e** adj.
▸**contrariété** n.f.

contraste n.m.
▸**contraster** v.i. *Une couleur qui contraste avec une autre.*

contrat n.m. *Des contrats de travail. Des contrats-types.*

contravention n.f.

contre prép. et adv.

- *Un médicament contre la migraine. Voter pour ou contre un projet de loi. Être contre.*
- S'emploie comme nom masculin invariable. *Peser le pour et le contre. Compter les pour et les contre.*
- Certains mots composés avec **contre** s'écrivent en un seul mot, d'autres avec

un trait d'union : *rouler à contresens*, mais *nager à contre-courant*.

• **ci-contre** s'écrit avec un trait d'union.

• **par contre** est correct et ne peut pas toujours être remplacé par ***en revanche***, comme certains le préconisent : *Son père est sorti indemne de l'accident, par contre son frère a été blessé.*

contre-allée n.f. *Des contre-allées.*

contre-attaque n.f. *Des contre-attaques.*
▸**contre-attaquer** v.t.

contrebande n.f. *Écouler des produits de contrebande.*
▸**contrebandier** n.m.

contrebas (en) loc.adv.

contrebasse n.f.

contrecarrer v.t. *Nos propositions ont été contrecarrées par l'opposition.*

contrecœur (à) loc.adv. *Marie est partie à contrecœur.*

contrecoup n.m. En un mot.

contre-courant n.m. *Des contre-courants.* – **à contre-courant** avec un trait d'union, contrairement à *contresens*. *Elle nageait à contre-courant.*

contredanse n.f. (Contravention) Avec **an**.

contredire v.t. CONJ.**29**, sauf *vous contredisez. Elle n'aime pas qu'on la contredise, elle n'aime pas être contredite.*

contrée n.f. LITT. *Des contrées lointaines.*

contre-emploi n.m. *Des acteurs qui jouent à contre-emploi. Des contre-emplois.*

contre-enquête n.f. *Des contre-enquêtes.*

contre-espionnage n.m.

contre-exemple n.m. *Des contre-exemples.*

contrefaçon n.f. En un mot. *Préférer l'original à la contrefaçon.*
▸**contrefacteur, -trice** n.

contrefaire v.t. CONJ.**24** On dit *vous contrefaites* comme *vous faites*. *Il a contrefait sa voix. Une voix contrefaite.*

contrefort n.m. En un mot.

contre-indication n.f. *Des contre-indications.*
▸**contre-indiquer** v.t. *Ces médicaments sont contre-indiqués dans votre cas.*

contre-jour n.m. *Des contre-jours. Des photos prises à contre-jour.*

contre-la-montre n.m.inv. *Il y a plusieurs contre-la-montre dans le Tour de France.* – Le nom prend des traits d'union, l'expression n'en prend pas. *Une course contre la montre.*

contremaître n.m. En un mot. – Au féminin, on dit aujourd'hui *contremaître* et non plus *contremaîtresse*.

contremarche n.f. En un mot.

contre-offensive n.f. *Des contre-offensives.*

contrepartie n.f. En un mot.

contre-performance n.f. *Des contre-performances.*

contrepèterie n.f. Avec **è**.

contre-pied n.m. *Ils les ont pris à contre-pied.*

contreplaqué n.m. En un mot.

contrepoids n.m. En un mot.

contrepoison n.m. En un mot.

contre-pouvoir n.m. *Des contre-pouvoirs.*

contrer v.t. *On les a contrés.*

contresens n.m. En un mot.

contretemps n.m. En un mot.

contrevenir v.t.ind. CONJ.**10** Se conjugue avec l'auxiliaire ***avoir***. *Ils ont contrevenu au règlement.*
▸**contrevenant, -e** n.

contrevérité n.f. En un mot.

contribuable n.

contribuer v.t.ind. *Nous avons contribué <u>à</u> sa réussite.* – ATTENTION Au futur et au conditionnel : *il contribu<u>e</u>ra(it).*
▸**contribution** n.f. *Apporter sa contribution <u>à</u> un projet. Mettre des amis à contribution.*

contrit, -e adj. LITT. (Penaud) On ne prononce pas le **t** au masculin. *Un air contrit. Une mine contrite.*

contrôle n.m. Avec **ô** comme dans tous les mots de la famille.
▸**contrôler** v.t. et v.pr. *On a contrôlé leurs bagages, on les a contrôlés. Elles se sont fait contrôler.* (*Fait* suivi d'un infinitif est invariable.)
▸**contrôleur, -euse** n.

contrordre n.m. En un mot.

controverse n.f. Avec un **o**.
▸**controversé, -e** adj.

contusion n.f.

convaincre v.t. Se conjugue comme ***vaincre*** (voir ce mot). *Cela ne me convainc pas. Vous ne me convainquez pas. Je ne suis pas convaincu. Elle est convaincue d'avoir raison.*
▸**convaincant, -e** adj. Avec **c**. *Des arguments convaincants.* Ne pas confondre avec le participe présent invariable ***convainquant***. Voir gramm. § 31 (2).

convalescence n.f. Avec **sc**.
▸**convalescent, -e** adj. et n.

convenable adj.
▸**convenablement** adv.

convenance n.f. Est au singulier dans *à votre convenance* et au pluriel dans *respecter les convenances.*

convenir v.t.ind. CONJ. **10** **1.** Au sens de « tomber d'accord », **convenir** se conjugue avec l'auxiliaire ***avoir*** en langue courante ou ***être*** en langue plus recherchée. *Nous avons convenu d'un rendez-vous. Nous sommes convenus d'un rendez-vous.* – **2.** Dans tous les autres cas, on emploie l'auxiliaire ***avoir***. *Il a convenu de son erreur, il a convenu qu'il s'était trompé, il en a convenu.* – **il convient que** est suivi du subjonctif au sens de « il faut que ». – **comme convenu** est invariable. *Nous nous verrons dimanche comme convenu* (= comme il a été convenu).
▸**convenu, -e** adj. *Nous nous verrons à la date convenue.*

convention n.f.

converger v.i. Avec **e** devant *a* et *o* : *il convergeait, nous convergeons. Tous les regards convergeaient vers lui.*
▸**convergent, -e** adj. Avec **ent**. Ne pas confondre avec ***convergeant***, participe présent du verbe. Voir gramm. § 31 (2).
▸**convergence** n.f.

conversation n.f.
▸**converser** v.i.

convertir v.t. et v.pr. *Convertir des mètres en pieds. – Convertir quelqu'un à quelque chose. On les a convertis à la musique moderne. Ils se sont convertis à la religion catholique.*
▸**conversion** n.f. Avec un **s**.

convexe adj. *Un couvercle convexe* (≠ concave).

conviction n.f. *Des convictions personnelles.*

convier v.t. *On les a conviés à la fête.* – ATTENTION À l'indicatif imparfait et au subjonctif présent : *(que) nous conviions.* – Au futur et au conditionnel : *il conviera(it).*

convive n.

convoi n.m. *Un convoi, des convois.*

convoiter v.t. *Une place très convoitée.*
▸**convoitise** n.f.

convoquer v.t. *On a convoqué les candidats. On les a convoqués.*
▸**convocation** n.f. Avec un **c**.

convoyeur, -euse n. *Un convoyeur de fonds.*

convulsion n.f.

coopérer v.t.ind. CONJ. **4** Avec **é** ou **è** : *nous coopérons, ils coopèrent.*
▸**coopératif, -ive** adj. (Qui aide) *Ils se sont montrés très coopératifs.* Ne pas confondre avec ***coopérant***.
▸**coopérant, -e** n. *Ils sont partis comme coopérants en Afrique.*
▸**coopération** n.f.

coordonnées n.f.plur. *Ils nous a laissé ses coordonnées.*

coordonner v.t. *Coordonner des actions. Des actions bien coordonnées.*
▸**coordination** n.f. Voir ce mot dans la partie grammaire. – Avec **in** alors que le verbe s'écrit avec **onn**. *Une bonne coordination.*

‣coordinateur ou **coordonnateur, -trice** n. Les deux formes sont correctes mais la première est plus fréquente. *Un bon coordinateur.*

copain, copine n. On dit : *C'est un copain de Jacques* et non ✕ *à Jacques.*

copeau n.m. *Des copeaux de bois.*

copie n.f. *Une copie conforme (c.c.).*
‣copier v.t. et v.t.ind. *C'est une illustration qu'il a copiée dans un livre. Copier sur son voisin.* – ATTENTION À l'indicatif imparfait et au subjonctif présent : *(que) nous copiions.* – Au futur et au conditionnel : *il copiera(it).*

copieux, -euse adj.
‣copieusement adv.

copilote n.

copine n.f. Féminin de **copain**.

coproduction n.f.

copropriétaire n.

copyright n.m. Mot anglais. Avec **y** dans le mot *copy.* (Symbole : ©) – On prononce [kopiray't].

coq n.m. *Des coqs au vin. Passer du coq à l'âne.* – Est invariable dans *des poids coq.*

coque n.f. *Des œufs à la coque.*

coquelicot n.m.

coqueluche n.f.

coquet, -ette adj. *Il est coquet, elle est coquette.*
‣coquetterie n.f. Avec **tt**.

coquillage n.m.

coquille n.f.

coquin, -e adj. et n.

cor n.m. **1.** *Des cors de chasse.* – **à cor et à cri** est invariable. – **2.** *Des cors au pied.*

corail n.m. *Un corail, des coraux. Des bijoux en corail. Collectionner des coraux. Une barrière de corail.* – Est invariable comme adjectif de couleur. *Des jupes corail.* Voir gramm. § 8.

coran n.m. Prend une majuscule pour désigner le livre sacré des musulmans : *lire le Coran* ; s'écrit avec une minuscule pour désigner l'objet : *des corans reliés.*
‣coranique adj. *Une école coranique.*

corbeau n.m. *Des corbeaux.*

corbeille n.f. *Une corbeille de fruits. Des corbeilles de pain. Des corbeilles à courrier.*

corde n.f. *Des échelles de corde. Une corde à nœuds. Un instrument à cordes.*

cordial, -e, -aux adj. *Entente cordiale.*
‣cordialement adv.

cordillère n.f. Il n'y a pas de *i* après les deux **l**. *La cordillère des Andes.*

cordon n.m.

cordon-bleu n.m. *Des cordons-bleus.*

cordonnerie n.f. *Aller à la cordonnerie.*
‣cordonnier n.m. *Aller chez le cordonnier.*

coréen, -enne adj. et n. *Il est coréen. C'est un Coréen.* (Le nom de personne prend une majuscule.)

coriace adj.

coriandre n.f. Est du féminin. *De la coriandre.*

corne n.f. *Une bête à cornes. Des peignes en corne.*

cornée n.f. *Une maladie de la cornée.*

corneille n.f. *Bayer aux corneilles.*

cornélien, -enne adj. Avec un seul **l**. *Un dilemme cornélien* (du nom de *Pierre Corneille*).

cornemuse n.f.

1. corner v.t. *Une page cornée.*

2. corner n.m. Mot anglais. On prononce le **r** final.

cornet n.m. *Des cornets de glace. Un cornet de dragées.* – *Un cornet à pistons.*

corniche n.f.

cornichon n.m.

corollaire n.m. (Conséquence nécessaire) Avec **ll**. Est du masculin.

corolle n.f. Avec un seul **r** et **ll**. → -ole/-olle

coronaire adj. et n.f. Avec un seul **n**. *Les artères coronaires.*

C

corporation n.f. *La corporation des enseignants.*
▸**corporatif, -ive** adj. *Un groupement corporatif.*
▸**corporatiste** adj. *Des revendications corporatistes.*

corporel, -elle adj.

corps n.m. *Des corps d'armée. Des corps de ballet. Ils ont obéi à leur corps défendant. Le bateau est perdu corps et biens. Ils se sont jetés à corps perdu dans la bataille. Ils sont sains de corps et d'esprit.* – REMARQUE On écrit *à* ***cor*** *et à cri* et non ✗ *à corps* – **corps à corps** : *Une lutte corps à corps. Un corps-à-corps sans merci.* (Le nom s'écrit avec ou sans traits d'union.)

corpulence n.f.
▸**corpulent, -e** adj.

correct, -e adj. *Un mot correct, une phrase correcte. Ils ont été corrects avec, envers nous.*
▸**correctement** adv.
▸**correction** n.f.

correspondre v.t.ind. CONJ.34 Avec **rr** comme dans les mots de la même famille. *Cela correspond à ce que je cherchais. – Elle correspond avec Jacques depuis toujours.*
▸**correspondant, -e** adj. et n.
▸**correspondance** n.f.

corrida n.f. Mot espagnol. Avec **rr**. *Des corridas.*

corridor n.m.

corriger v.t. Avec **e** devant *a* et *o* : *il corrigeait, nous corrigeons. Les textes que Colette a corrigés.*

corrompre v.t. Se conjugue comme ***rompre*** (voir ce mot). *Je corromps, il corrompt.*
▸**corrompu, -e** adj.

corrosif, -ive adj. Avec **rr**.
▸**corrosion** n.f.

corruption n.f. Avec **rr** comme dans ***corrompre***.

corsage n.m.

corsaire n.m.

corser v.t. et v.pr. *Une sauce très corsée. – L'affaire s'est corsée.*

corset n.m.

cortège n.m.

cortex n.m.

corvée n.f.

cosmétique n.m. et adj.

cosmonaute n. On dit plutôt aujourd'hui ***astronaute*** ou ***spationaute***.

cosmopolite adj. *Une ville cosmopolite.*

cosmos n.m. On prononce le **s** final.

costume n.m.
▸**costumé, -e** adj. *Un bal costumé.*
▸**costumier, -ière** n.

cote n.f. Sans accent circonflexe. *La cote d'un timbre rare. Avoir la cote. Atteindre la cote d'alerte.*
▸**coté, -e** adj. *Une société cotée en Bourse.*

côte n.f. Avec **ô**. *Des côtes d'agneau. – Monter une côte. – Du velours à côtes. – Longer la côte.* Prend une majuscule dans les noms des côtes françaises : *La Côte d'Azur. La Côte fleurie. La Côte basque.* – **côte à côte** est invariable. *Ils sont restés côte à côte.*

côté n.m. Avec **ô**. *De chaque côté. De tout côté* ou *de tous côtés. Au côté de* ou *aux côtés de. Ils sont partis chacun de son* ou *de leur côté.* – **à côté** s'écrit sans trait d'union pour l'expression : *Il fait des petits travaux à côté de son travail principal* ; mais avec un trait d'union pour le nom : *Ce sont des à-côtés.*

coteau n.m. Sans accent circonflexe. *Des coteaux.*

côtelette n.f. Avec **ô**.

côtier, -ière adj. Avec **ô**. *Un fleuve côtier.*

cotiser v.t.ind. et v.pr. *On cotise à l'association des anciens élèves. Nous nous sommes cotisés pour lui faire un cadeau.*
▸**cotisation** n.f.

coton n.m. *Des draps pur coton.*
▸**cotonnade** n.f. Avec **nn**.
▸**cotonneux, -euse** adj. Avec **nn**.

Coton-Tige n.m. Mot déposé. Avec majuscules. On doit dire ***bâtonnet ouaté***.

côtoyer v.t. CONJ.6 Avec **i** devant un *e* muet : *il côtoie*. Avec **ô** comme dans ***côté***.

Les gens célèbres qu'il a côtoyés. – ATTENTION À l'indicatif imparfait et au subjonctif présent : *(que) nous côtoyions.* – Au futur et au conditionnel : *il côtoiera(it).*

cottage n.m. Mot anglais. On prononce [kotèdj].

cou n.m. *Des cous. Tordre le cou à… Sauter, se jeter au cou de quelqu'un.* – **cou-de-pied** s'écrit avec des traits d'union : *Des cous-de-pied bien cambrés.* Ne pas confondre avec ***coup de pied***.

couchage n.m. *Des sacs de couchage.*

couchant adj.masc. *Le soleil couchant.*

couche n.f. *Une couche de poussière, des couches de peinture.* – *Elle est morte en couches.* – **fausse couche** s'écrit sans trait d'union.

couche-culotte n.f. *Des couches-culottes.*

coucher v.t., v.i. et v.pr. *As-tu couché les enfants ? Les as-tu couchés ? Ce soir on couchera à Lyon. Nous nous sommes couchés tard.*

▸**coucher** n.m. *Médicament à prendre au coucher. De merveilleux couchers de soleil.*

couchette n.f.

coucou n.m. *Des coucous.*

coude n.m. *Se serrer les coudes. Ils travaillent coude à coude.*

cou-de-pied → cou

coudre v.t. *Il coud lui-même ses boutons. Coudre une robe à la machine, à la main. Une robe cousue main.*

CONJUGAISON INDICATIF présent : *je couds, tu couds, il coud, nous cousons, vous cousez, ils cousent.* imparfait : *je cousais, il cousait, nous cousions, ils cousaient.* passé simple : *je cousis, il cousit, nous cousîmes, ils cousirent.* futur : *je coudrai, il coudra, nous coudrons, ils coudront.* CONDITIONNEL : *je coudrais, il coudrait, nous coudrions, ils coudraient.* SUBJONCTIF présent : *(que) je couse, il couse, nous cousions, ils cousent.* imparfait : *(que) je cousisse, il cousît, nous cousissions, ils cousissent.* IMPÉRATIF : *couds, cousons, cousez.* PARTICIPE présent : *cousant.* passé : *cousu(e).*

couenne n.f. On prononce [koin'].

couette n.f.

couffin n.m. Avec **ff**.

coulée n.f. *Des coulées de lave.*

couler v.i. et v.t. *Couler à flots.* – *Le bateau a coulé. Ils ont coulé la frégate, ils l'ont coulée.* – *Couler du bronze.*

couleur n.f. *Aimer la couleur, les couleurs. Des crayons de couleur. Des personnes de couleur. Un film en couleur(s) ou en noir et blanc. Des personnages hauts en couleur.* – Est invariable en apposition : *des téléviseurs couleur, des photos couleur, des bas couleur chair.* – ACCORD DES ADJECTIFS DE COULEUR Voir gramm. § 8.

couleuvre n.f.

coulis n.m. Avec **s**. *Un coulis de tomate(s).*

coulisse n.f. *Une porte à coulisse.* – *Les coulisses d'un théâtre.*

coulisser v.i. *La porte coulisse sur ses rails.*

couloir n.m.

coup n.m. **1.** Le complément dans la tournure **coup de** est au singulier ou au pluriel selon le sens. *Des coups de balai. Des coups de feu. Des coups de poing. Des coups de pied. À coups de pied. Des coups de tête. Des coups d'œil. Des coups de soleil, de tonnerre, de foudre.* – *Un coup de ciseaux. Un coup de dés.* – **2.** S'emploie dans de nombreuses locutions : *tout à coup, tout d'un coup, sur le coup, coup sur coup, à coup sûr, après coup, à tout coup (à tous coups).* – **3.** Les noms composés avec *coup* prennent des traits d'union : *des à-coups ; des coups-de-poing américains,* sauf *contrecoup.* – REMARQUE Il ne faut pas confondre *cou-de-pied* (dessus du pied) et *coup de pied.*

coupable adj. et n.

coupe n.f. *Une coupe de fruits. Des coupes de champagne.* – *Du fromage à la coupe.* – **coupe claire, coupe sombre** s'emploient au sens figuré avec le même sens de « réductions très importantes ». *Faire des coupes claires, des coupes sombres dans les effectifs.* Mais l'origine des expressions voudrait qu'on dise *coupe claire* (= coupe d'arbres importante dans une forêt, pour *éclaircir*).

C

coupe- Les mots composés avec l'élément verbal **coupe-** prennent la marque du pluriel sur le second élément : ***un coupe-cigare, des coupe-cigares, des coupe-circuits*** ; sauf si le second élément est un nom non-comptable : ***un coupe-faim, des coupe-faim, des portes coupe-feu, des coupe-vent.*** → cache-

couper v.i., v.t. et v.pr. *Ce couteau ne coupe pas. On a coupé une scène dans le film. Quelle scène a-t-on coupée ? – Elle s'est coupée avec le couteau. Elle s'est coupé une part de gâteau. La part qu'elle s'est coupée est la plus grosse.* Voir gramm. § 29(2 et 3). – **couper court à** : *Ils ont coupé court à toute discussion.*
▸**coupant, -e** adj.

couple n.m. *Un couple de pigeons.*

couplet n.m. Avec **t**.

coupole n.f. Avec un seul **l**.

coupon n.m. *Des coupons-réponse(s).*

coupure n.f.

cour n.f. *Jouer dans la cour.* – Prend une majuscule dans *Cour de cassation, Cour des comptes, la Haute Cour.* Ne pas confondre avec les noms masculins ***cours*** et ***court***.

courage n.m.
▸**courageux, -euse** adj.
▸**courageusement** adv.

1. courant n.m. *Être emporté par le courant. Des courants politiques. Des courants d'air. Aller à contre-courant.* – **au courant** est invariable. *Ils sont tous au courant.*

2. courant, -e adj. *Un mot courant. Une expression courante.* – Est invariable dans *les 15 et 16 courant* (= du mois courant).

courbature n.f. Avec un seul **t** comme dans les mots de la même famille.
▸**courbatu, -e** ou **courbaturé, -e** adj.

courbe adj. et n.f.
▸**courber** v.t.
▸**courbure** n.f.

coureur, -euse n. Avec un seul **r** comme dans ***courir***.

courge n.f.
▸**courgette** n.f.

courir v.i., v.t. et v.pr. CONJ. 12 Avec un seul **r**, sauf au futur et au conditionnel : *il courra(it)* – **1.** Avec un complément qui répond à la question *combien de ?* **courir** est intransitif et son participe passé est invariable. *Il a couru 2 heures. Pendant les 2 heures qu'il a couru. Il a couru 10 km et il les a couru en peu de temps.* – **2.** Avec un complément qui répond à la question *quoi ?* **courir** est transitif et son participe passé s'accorde avec le complément d'objet placé avant le verbe. *Il a couru des risques. Les risques qu'il a courus.* Voir gramm. § 12. – **3.** À la forme pronominale le participe passé s'accorde avec le sujet. *La course s'est courue à Chantilly.*

couronne n.f. Avec un **r** et **nn**. *Une couronne de laurier. Une couronne de roses, d'épines. Ni fleurs ni couronnes.*
▸**couronner** v.t. *On a couronné la reine, on l'a couronnée.*
▸**couronnement** n.m.

courrier n.m. Avec **rr**. *Lire son courrier.* – REMARQUE On écrit avec un trait d'union ***long-courrier, moyen-courrier, court-courrier*** : *des avions long-courriers, moyen-courriers, court-courriers.*

courroie n.f. Avec un **e** final.

cours n.m. Avec un **s**. *Des cours d'eau. – Prendre des cours. Les travaux en cours. Au cours de la nuit. L'affaire suit son cours. Le franc n'a plus cours. Les cours de la Bourse.* Ne pas confondre avec ***court*** (de tennis).

course n.f. *Des voitures, des chevaux de course. Un champ de courses. Faire des courses.* – **course-poursuite** : *des courses-poursuites.*

1. court n.m. Avec **t**. *Des courts de tennis.*

2. court, -e adj. **1.** *Le film est court. La vie est courte.* – **2.** Est invariable comme adverbe et dans de nombreuses expressions. *Des cheveux coupés court. L'affaire a tourné court. Elle est demeurée, restée court. Ils sont à court d'arguments. Elle a été prise de court. Tout court.* – On écrit avec un trait d'union *des avions* ***court-courriers***.

courtage n.m.

court-bouillon n.m. *Des courts-bouillons.*

court-circuit n.m. *Des courts-circuits.*

courtier, -ière n. *Un courtier en assurances.*

courtisan, -e n.

courtiser v.t.

court-métrage n.m. *Des courts-métrages.* – Peut s'écrire sans trait d'union : *un court métrage.*

courtois, -e adj.
▸ **courtoisie** n.f.

couru, -e adj. *Un spectacle très couru.*

couscous n.m. On prononce le **s** final.
▸ **couscoussier** n.m.

cousin, -e n. On dit : *C'est le cousin de Jacques* et non ✕ *à Jacques.*

coussin n.m.
▸ **coussinet** n.m.

cousu, -e adj. *Des chaussures cousues main.* → coudre

coût n.m. Avec **û** comme dans ***coûter*** et un **t** qui ne se prononce pas. *Le coût de la vie. Les coûts de production.*

coûtant adj.masc. Avec **û** comme dans ***coûter***. Ne s'emploie que dans l'expression *à prix coûtant.*

couteau n.m. *Des couteaux à pain, à fromage. Être à couteaux tirés avec quelqu'un.*

coûter v.i. et v.t. Avec **û**. – **1.** Avec un complément qui répond à la question *combien ?* **coûter** est intransitif et son participe passé est invariable. *Ce livre m'a coûté 20 euros. Les 20 euros que ce livre m'a coûté.* – **2.** Avec un complément qui répond à la question *quoi ?* **coûter** est transitif et son participe passé s'accorde avec le complément d'objet direct s'il est placé avant le verbe. *Cela m'a coûté bien des efforts. Les efforts que cela m'a coûtés.* Voir gramm. § 12.
▸ **coûteux, -euse** adj.

coutume n.f.

couture n.f. *La haute couture.*
▸ **couturier, -ière** n.

couvent n.m.

couver v.t.

couvercle n.m.

couvert n.m. **1.** *Rester à couvert. Offrir le vivre et le couvert* (= un toit). – **2.** *Mettre le couvert. Des couverts à poisson, à salade, à fromage.*

couverture n.f.

couveuse n.f.

couvre-feu n.m. *Des couvre-feux.*

couvre-lit n.m. *Des couvre-lits.*

couvrir v.t. et v.pr. CONJ.14 *Elle a couvert ses livres, elle les a couverts. Couvre-toi, il fait froid.* – ATTENTION À l'impératif, on écrit *couvre,* sans *s* sauf devant ***en*** : *Couvre ces livres. Couvres-en deux.*

cover-girl n.f. Mot anglais. *Des cover-girls.*

cow-boy n.m. Mot anglais. *Des cow-boys.*

crabe n.m.

crac interj. Onomatopée. *Et crac ! le sac s'est déchiré.* Ne pas confondre avec ***crack*** (= as ou drogue) et ***krach*** (= à la Bourse).

cracher v.t. et v.i.
▸ **crachement** n.m. *Des crachements de lave.*
▸ **crachat** n.m.

crachin n.m. Avec **in**.

crack n.m. (Champion, as ou drogue) Avec **ck**. Ne pas confondre avec ***crac*** (bruit) et ***krach*** (à la Bourse).

craie n.f.

craindre v.t. CONJ.35 *Il craint son père. Vous n'avez rien à craindre.* – **craindre que** + subjonctif s'emploie avec ***ne***. *Je crains qu'il ne soit trop tard.* – ATTENTION À l'indicatif imparfait et au subjonctif présent : *(que) nous craignions.*
▸ **crainte** n.f. *Parlez sans crainte.* – **de crainte que** + subjonctif : *De crainte qu'on ne le voie.*
▸ **craintif, -ive** adj.
▸ **craintivement** adv.

cramoisi, -e adj.

crampe n.f.

crampon n.m. *Des chaussures à crampons.*

cramponner (se) v.pr. *Elle s'est cramponnée à moi.*

C

cran n.m. *Des couteaux à cran d'arrêt. – Ils ont du cran. Ils sont à cran.*

crâne n.m. Avec **â**.
‣ **crânien, -enne** adj.

crapaud n.m. Avec **d**.

crapule n.f.
‣ **crapuleux, -euse** adj.

craquer v.i. et v.t.
‣ **craquement** n.m.

crash n.m. Mot anglais. *Des crashs.* Voir gramm. § 37.

crasse n.f.
‣ **crasseux, -euse** adj.

cratère n.m. Avec **è**.

cravache n.f.

cravate n.f.

crawl n.m. Mot anglais. *Des crawls.*

crayon n.m. *Des crayons de couleur.*
‣ **crayonner** v.t. Avec **nn**.

créance n.f.
‣ **créancier, -ière** n.

créateur, -trice n. et adj. *Le créateur d'une entreprise. Une énergie créatrice.* On écrit *le Créateur* avec une majuscule pour désigner Dieu. Ne pas confondre avec ***créatif***.

créatif, -ive adj. et n. *Un esprit créatif. Les publicitaires sont des créatifs.*
‣ **créativité** n.f.

création n.f. On écrit *la Création* avec une majuscule dans son sens religieux.

crèche n.f. Avec **è**. *La crèche de Noël.*

crédible adj. *Une histoire à peine crédible.*
‣ **crédibilité** n.f.

crédit n.m. *Des cartes de crédit. Un crédit relais. Des crédits-bails. Des achats à crédit. – N'accorder aucun crédit à une information.*
‣ **créditer** v.t. *Créditer une somme* (≠ débiter).
‣ **créditeur, -trice** adj. *Un solde créditeur* (≠ débiteur).

credo n.m.inv. Mot latin qui signifie « je crois ». Sans accent et invariable. *Les credo politiques des candidats.* – Prend une majuscule au sens propre. *Réciter un Credo.*

crédule adj. Avec **é**. *Une personne naïve et crédule.*
‣ **crédulité** n.f.

créer v.t. *Il a créé cette pièce. C'est lui qui l'a créée.* – ATTENTION Au futur et au conditionnel : *il créera(it).*

crémaillère n.f.

crémation n.f.
‣ **crématoire** adj.
‣ **crématorium** n.m.

crème n.f. Avec **è**. *De la crème fraîche. De la crème à raser.* – Est invariable comme adjectif de couleur : *des gants crème* ; et dans *café crème : des cafés crème.*
‣ **crémier, -ière** n. Avec **é**. *Aller chez le crémier.*
‣ **crémerie** ou **crèmerie** n.f. *Aller à la crèmerie.* Voir *Rectifications orthographiques*, p. 514.

créneau n.m. Avec **é**. *Des créneaux.*

crénelé, -e adj. Avec **é**.

créole n. et adj.

crêpe n.m. et n.f. Avec **ê**. Est masculin pour désigner le tissu et féminin pour désigner la galette. *Des crêpes au sucre.*
‣ **crêperie** n.f.

crêper v.t. Avec **ê**. *Crêper des cheveux. Des cheveux crêpés.* Ne pas confondre avec ***crépu***.

crépi n.m. Avec **é**. *Des murs en crépi.*

crépiter v.i. *Le feu crépite dans la cheminée.*
‣ **crépitement** n.m.

crépon n.m. et adj.masc. Avec **é**. *Du papier crépon.*

crépu, -e adj. Avec **é**. *Des cheveux crépus* (= très frisés). Ne pas confondre avec ***crêpé***.

crépuscule n.m.
‣ **crépusculaire** adj.

crescendo adv. et n.m. Mot italien. On prononce [kréchèn'do]. L'adverbe est invariable, le nom est variable. *Un mouvement qui va crescendo. Des crescendos.*

cresson n.m. On prononce [kré] ou [kre].

crête n.f. Avec **ê**. *Des lignes de crête.* Ne pas confondre avec *la Crète.*

crétin, -e adj. et n.

creuser v.t. et v.pr. *Creuser un trou. Ses joues se sont creusées.*

creuset n.m.

creux, creuse adj. *Un plat creux. Une assiette creuse.* ◆ n.m. *Au creux de la main.*

crevasse n.f.

crève-cœur n.m.inv.

crever v.t. CONJ.2 Avec **e** ou **è** : *nous crevons, ils crèvent. On lui a crevé ses pneus, on les lui a crevés.*
‣ **crevaison** n.f.

crevette n.f.

cri n.m. *Des cris de douleur, de joie. À grands cris. À cor et à cri. Pousser les hauts cris. Des modèles dernier cri.*

criant, -e adj. *Une injustice criante.* Ne pas confondre avec ***criard.***

criard, -e adj. *Des couleurs criardes.* Ne pas confondre avec ***criant***.

crible n.m. *Passer des résultats au crible.*

cribler v.t. S'emploie surtout au passif. *Elle est criblée de dettes. Un texte criblé de fautes.*

criée n.f. *Une vente à la criée.*

crier v.i. et v.t. *Qu'ils cessent de crier ! On lui a crié de partir.* – ATTENTION À l'indicatif imparfait et au subjonctif présent : *(que) nous criions.* – Au futur et au conditionnel : *il criera(it).*

crime n.m. *Commettre un crime.*
‣ **criminel, -elle** adj. et n.
‣ **criminalité** n.f.

crin n.m. *Un matelas de crin.*

crinière n.f.

crique n.f.

crise n.f. *Une crise de nerfs. Des crises de foie.*

crisper v.t. et v.pr. *Ça l'a crispée. Elle s'est crispée.*
‣ **crispant, -e** adj.
‣ **crispation** n.f.

crisser v.i. *Il a fait crisser ses pneus.*
‣ **crissement** n.m.

cristal n.m. *Un cristal, des cristaux. Des verres en cristal.*
‣ **cristallerie** n.f. Avec **ll** comme tous les mots de la famille de ***cristal***.

cristallin, -e adj. et n.m. Avec **ll**.

cristalliser v.t. et v.pr. *Cristalliser du sucre. Du sucre cristallisé. – Tous les espoirs se sont cristallisés sur lui.*
‣ **cristallisation** n.f.

critère n.m. Avec **è**. *Des critères de sélection.*

critérium n.m. Avec **é**. *Des critériums.*

critique adj. *La situation est critique.* ◆ n.f. *Faire des critiques à quelqu'un.* ◆ n. *Un critique littéraire.*
‣ **critiquer** v.t. *On a critiqué Marie. On l'a critiquée.*
‣ **critiquable** adj.

croasser v.i. *Le corbeau croasse.* Ne pas confondre avec ***coasser*** (= pour la grenouille).

croc n.m. Avec un **c** final. *Montrer les crocs.*

croc-en-jambe n.m. On prononce [krokanjanb]. *Des crocs-en-jambe.*

croche n.f.

croche-pied n.m. *Des croche-pieds.*

crochet n.m. *Vivre aux crochets de quelqu'un.*

crocheter v.t. CONJ.2 Avec **e** ou **è** : *nous crochetons, ils crochètent.*

crochu , -e adj. *Des ongles crochus.*

crocodile n.m.

crocus n.m. (Fleur) On prononce le **s**.

croire v.t.ind., v.t. et v.pr. CONJ.32 *Croire en Dieu. Croire en la science, dans la science. J'ai cru Marie, je l'ai crue. Elle s'est crue plus intelligente qu'elle ne l'était. Veuillez croire à mes meilleurs sentiments.* – **croire que** : *Je crois qu'il viendra* (= indicatif pour la réalité). *Je ne crois pas qu'il vienne* (= subjonctif pour exprimer le doute). *Je ne crois pas qu'il réussira* (= indicatif pour exprimer la certitude). – ACCORD DU PARTICIPE On peut

C

laisser invariable le participe *cru* chaque fois qu'un verbe peut être sous-entendu : *Cette élève que j'ai longtemps cru (être) la meilleure.* – Il est toujours invariable quand le complément est le pronom *le* ou *l'* mis pour une phrase entière. *Elle est plus forte que je ne l'aurais cru.* – REMARQUE Avec des tournures comme ***croire utile***, ***nécessaire***, ***indispensable***, etc. ***de***, le participe passé et l'adjectif sont invariables : *les choses que j'ai cru utile de lui dire...* – ATTENTION À l'indicatif imparfait et au subjonctif présent : *(que) nous croyions.* – Au subjonctif présent, on dit *(que) je croie, tu croies, il croie* [kroi] et non ✕ [kroiy'] ou [kroiv].

croisade n.f.

croisée n.f. *À la croisée des chemins.*

croiser v.t. et v.pr. *J'ai croisé ta sœur dans la rue, je l'ai croisée. Nos chemins se sont croisés. Elle s'est croisé les bras.* Voir gramm. § 25(1).
▸**croisement** n.m.

croisière n.f.

croissance n.f. *Ils sont en pleine croissance.*

croissant n.m. *Des croissants de Lune. Des croissants au beurre.*

croître v.i. *Les prix ne cessent de croître. Les arbres croissent. « Croissez et multipliez ».* – **aller croissant** : *Les difficultés vont croissant.* Il s'agit du participe présent invariable ; ne pas confondre avec l'adjectif : *des difficultés croissantes.*
CONJUGAISON INDICATIF présent : *je croîs, tu croîs, il croît, nous croissons, ils croissent.* imparfait : *je croissais, il croissait, nous croissions, ils croissaient.* passé simple : *je crûs, il crût, nous crûmes, ils crûrent.* futur : *je croîtrai, il croîtra, nous croîtrons, ils croîtront.* CONDITIONNEL : *je croîtrais, il croîtrait, nous croîtrions, ils croîtraient.* SUBJONCTIF présent : *(que) je croisse, il croisse, nous croissions, ils croissent.* imparfait : *(que) je crûsse, il crût.* IMPÉRATIF : *croîs, croissons, croissez.* PARTICIPE présent : *croissant.* passé : *crû.* – ATTENTION Il y a un accent circonflexe devant un *t* mais aussi à toutes les formes que l'on peut confondre avec le verbe *croire.*
▸**croissant, -e** adj. *Par ordre croissant. Des difficultés croissantes.*

croix n.f.

croquant, -e adj. *Des légumes croquants.*

croque-madame n.m.inv. *Des croque-madame.*

croque-monsieur n.m.inv. *Des croque-monsieur.*

croque-mort n.m. *Des croque-morts.*

croquer v.t. et v.i. *La pomme que j'ai croquée. La pomme dans laquelle j'ai croqué.*

croquette n.f.

croquis n.m.

cross n.m. Mot anglais. *Des cross.*

crosse n.f. *La crosse d'un fusil.*

crotale n.m. (Serpent) Avec un **e**.

crotte n.f.
▸**crotté, -e** adj. *Des chaussures crottées.*

crottin n.m. Avec **tt**.

crouler v.i. *Crouler sous les charges.*

croupe n.f.

croupir v.i. *L'eau de la mare croupit. – Le prisonnier croupissait en prison.*
▸**croupi, -e** adj. *De l'eau croupie* et non ✕ *croupite.*

croustiller v.i.
▸**croustillant, -e** adj. *Une pâte croustillante.*

croûte n.f. Avec **û**.
▸**croûton** n.m.

croyable adj. *C'est à peine croyable !* – REMARQUE S'emploie en parlant de situations, et surtout de manière négative ou restrictive. Dans les autres cas, on emploie ***crédible***. *Un témoignage crédible.*

croyant, -e adj. et n. *Ils sont croyants et pratiquants.*
▸**croyance** n.f.

1. cru n.m. Sans accent circonflexe. *Les crus du Beaujolais.* Ne pas confondre avec le participe ***crû***, du verbe *croître*.

2. cru, -e adj. *De la viande crue. Des couleurs crues.*

cruauté n.f.

cruche n.f.

crucial, -e , -aux adj. *Une décision cruciale. Des choix cruciaux.*

crucifier v.t.
▸ **crucifix** n.m. On ne prononce pas le **x**.
▸ **crucifixion** n.f. Avec un **x**.

cruciforme adj. *Un tournevis cruciforme.*

crudité n.f.

crue n.f. Sans accent circonflexe. *La crue d'un fleuve. Des fleuves en crue.*

cruel, -elle adj.

crûment adv. Avec **û**. *Parler crûment* (= de manière crue).

crustacé n.m.

crypte n.f. Avec **y**.

crypté, -e adj. Avec **y** que l'on retrouve dans ***crypte, décrypter***. (Vient d'un mot grec qui signifie « caché ».) *Un message crypté. Une chaîne cryptée.*

> **-ct** Dans certains mots masculins, la finale **ct** ne se prononce pas : *aspect, distinct, instinct, suspect, succinct.*

cubain, -e adj. et n. *Elle est cubaine. C'est une Cubaine.* (Le nom de personne s'écrit avec une majuscule.)

cube n.m. *Un jeu de cubes. Couper la viande en cubes. Des mètres cubes (m^3).*
▸ **cubique** adj.

> **-cueil** Attention au groupe **ueil** dans les mots où l'on prononce [keuy'] : *accueil, recueil, cercueil.*

cueillir v.t. CONJ.15 Avec **ueil**. *J'ai cueilli des fleurs. Je les ai cueillies pour toi. J'en ai cueilli beaucoup !* → en[2] – ATTENTION Il n'y a pas de *s* à l'impératif, sauf devant ***en*** : *Cueille des fraises ! Cueilles-en beaucoup !*
▸ **cueillette** n.f.

cuillère ou **cuiller** n.f. Les deux orthographes sont correctes. *Une cuillère à café.*
▸ **cuillerée** n.f. On prononce [kuiyéré]. L'Académie admet la forme **cuillérée**, avec un accent, plus conforme à la prononciation.

cuir n.m. *Des sacs en cuir, de cuir.*

cuirasse n.f. Avec un seul **r**.

cuire v.i. et v.t. CONJ.30 *La viande cuit à petit feu. Cuire de la viande. De la viande que l'on a fait cuire.* (*Fait* suivi d'un infinitif est invariable.)

cuisant, -e adj. *Des échecs cuisants.*

cuisine n.f. *Des ustensiles de cuisine.*
▸ **cuisiner** v.i. et v.t. *Il apprend à cuisiner. Il nous a cuisiné de bons petits plats. Les plats qu'il nous a cuisinés.*
▸ **cuisinier, -ière** n. *Des chefs cuisiniers.*

cuisse n.f. *Des cuisses de poulet.*

cuisson n.f. *Des plaques de cuisson.*

cuit, -e adj. *Une viande bien cuite.*

cuivre n.m.
▸ **cuivré, -e** adj. *Un teint cuivré.*

cul n.m. On ne prononce pas le **l**.

culasse n.f. *Des joints de culasse.*

culbute n.f.

cul-de-sac n.m. *Des culs-de-sac.*

culinaire adj. *L'art culinaire.*

culminer v.i. *Le mont Blanc culmine à 4 807 mètres.*
▸ **culminant, -e** adj.

culot n.m. *Ne pas manquer de culot.*
▸ **culotté, -e** adj. Avec **tt**.

culotte n.f.

culpabiliser v.t., v.i. et v.pr. *On cherche à le culpabiliser. Il (se) culpabilise pour un rien.*
▸ **culpabilisation** n.f.

culpabilité n.f. *Prouver la culpabilité d'un prévenu.*

culte n.m. *Le culte catholique. Les ministres du culte.* – S'emploie avec ou sans trait d'union après un nom : *des films(-)cultes.*

cultiver v.t. *Des terres cultivées. – Cultiver un don.* ◆ v.pr. *Marie s'est beaucoup cultivée ces derniers mois.*
▸ **cultivable** adj. *Une terre cultivable.*
▸ **cultivateur, -trice** n.

cultuel, -elle adj. (Relatif à un culte) *Des édifices cultuels.* Ne pas confondre avec ***culturel*** (de la culture).

C

culture n.f.
▸**culturel, -elle** adj. *Une politique culturelle.*

cumin n.m.

cumul n.m. *Le cumul des mandats.*
▸**cumuler** v.t. *Cumuler des avantages.*

cumulus n.m. On prononce le **s**.

cupide adj.
▸**cupidité** n.f.

curare n.m. Avec deux fois un seul **r**.

cure n.f. *Une cure thermale.*
▸**curiste** n.

curé n.m. *Monsieur le curé.*

curieux, -euse adj. et n. *Il est curieux de tout. Un événement curieux.*
▸**curieusement** adv.
▸**curiosité** n.f. Avec **o**.

curriculum vitæ n.m.inv. On prononce [kurikulomvité] On dit aussi simplement **C.V.** [sévé] ou **curriculum** : *des curriculums.*

curry n.m. On écrit aussi **cary, cari**. *Des currys d'agneau.*

curseur n.m.

cursif, -ive adj. *Une écriture cursive.*

cursus n.m. On prononce le **s** final. *Un cursus scolaire.*

cutané, -e adj. *Une affection cutanée* (= de la peau).

cuti-réaction n.f. *Des cutis-réactions.* On dit aussi **cuti**.

cutter n.m. Mot anglais. Avec **tt**. On prononce [kutèr'].

cuve n.f.

cuvette n.f.

C.V. n.m. Avec ou sans point. – **1.** Abréviation de ***curriculum vitæ***. On prononce [sévé]. – **2.** Abréviation de ***cheval-vapeur***. On dit *chevaux*.

cybercafé n.m. En un mot.

cybernétique n.f.

cyclable adj. Avec **y** comme dans ***cycle***. *Une piste cyclable.*

cyclamen n.m. On prononce [mèn'].

cycle n.m. Avec **y** comme dans tous les mots de la même famille. *Le cycle des saisons. Le premier cycle de l'enseignement. – Un marchand de cycles.*
▸**cyclique** adj.

cyclisme n.m. Avec **y** comme dans ***cycle***.
▸**cycliste** adj. et n.

cyclo-cross n.m.inv. En deux mots.

cyclomoteur n.m. En un mot.

cyclone n.m. Sans accent circonflexe.

cygne n.m. (Oiseau) Avec **y**.

cylindre n.m. Avec **y**. *Un cylindre de papier. Une voiture six cylindres.*
▸**cylindrique** adj. *Une forme cylindrique.*
▸**cylindrée** n.f. (Voiture) *Une grosse cylindrée.*

cymbale n.f. (Instrument de musique) Avec un **y**.

cynique adj. et n. Avec **y** d'abord et **i** ensuite. *Un être cynique* (= qui provoque, méprise les conventions).
▸**cynisme** n.m.

cyprès n.m. (Arbre) Avec **è**.

D

d'abord → abord

d'accord → accord

dactylo n.m. ou n.f. *Un* ou *une dactylo. Des dactylos.*

dadais n.m. Ne s'emploie que dans l'expression *un grand dadais.*

dahlia n.m. *Des dahlias.* Avec **h** avant **l**. (Du nom du botaniste suédois *Dahl.*)

daigner v.t. *Il n'a pas daigné me recevoir.* – **daigner que** + subjonctif (forme littéraire, rare ou ironique) : *Daignez que je prenne place près de vous.* – ATTENTION À l'indicatif imparfait et au subjonctif présent : *(que) nous daignions.*

daim n.m. Avec **aim** comme dans ***faim*** et ***essaim***.

dalaï-lama n.m. Avec **ï**. *Des dalaï-lamas.*

dalle n.f. *Des dalles de béton, de marbre.*
▸**daller** v.t. *Nous avons dallé l'allée. L'allée que nous avons dallée.*
▸**dallage** n.m.

dam n.m.sing. Se prononce [dam'] en langue courante et [dan] en langue recherchée. – Ne s'emploie que dans l'expression *au grand dam de* (quelqu'un), avec aujourd'hui le sens de « détriment, préjudice » ou plus couramment « dépit, regret ».

dame n.f. **1.** Prend une majuscule dans *Notre-Dame.* – **2.** L'emploi de **dame** au sens d'*épouse* est populaire. On dira : *« Nous avons rencontré M. Durand et sa femme »* (ou *et son épouse*) plutôt que *« M. Durand et sa dame ».* – **3.** Est au pluriel pour désigner le jeu de société. *Faire une partie de dames.*

damer v.t. *Ils ont damé la piste. Ils l'ont damée.*

damier n.m. Avec un seul **m**. *Jouer aux dames sur un damier.*

damner v.t. Avec **mn** qui se prononce [n] comme dans les mots de la même famille. → -mn- *Dieu aurait damné ces hommes. Ces hommes que Dieu aurait damnés. – Les âmes damnées.* ◆ v.pr. S'emploie surtout au conditionnel. *Elle se serait damnée pour un chocolat.*
▸**damnation** n.f.
▸**damné, -e** n.

dan n.m. Mot japonais. On prononce [dan']. *Des dans.*

dandiner (se) v.pr. *Elles se sont dandinées sur leurs chaises pendant tout le repas !*

danger n.m. *Ils sont en danger. Ils sont hors de danger. Ils courent de graves dangers.*
▸**dangereusement** adv.
▸**dangereux, -euse** adj.
▸**dangerosité** n.f. Avec **o**.

danois, -e adj. et n. *Elle est danoise. C'est une Danoise.* (Le nom de personne s'écrit avec une majuscule.)

dans prép.

- Introduit un complément de lieu. *La clé entre dans la serrure. Se promener dans les rues. Lire une nouvelle dans le journal.*
- Introduit un complément de temps. *Dans une semaine. Dans un an. Cela se fera dans l'année.*
- Indique la manière d'être, l'état. *Être dans la gêne.*
- Introduit certains compléments de verbes, de noms ou d'adjectifs. *Croire dans l'avenir. Rester confiant dans ses décisions.*
- **dans les** appartient à la langue orale. *Ça coûte dans les cinq cents euros.* À l'écrit ou dans une langue plus soignée, on préférera ***à peu près*** ou ***environ***. *Cela coûte environ cinq cents euros.*

d

danse n.f. *Prendre des cours de danse. Des musiques de danse.*
▸**danser** v.i., v.t. et v.pr. *Ils ont dansé deux heures. Les deux heures qu'ils ont dansé... Ils ont dansé la valse. La valse qu'ils ont dansée...* Voir gramm. § 12. *La java s'est beaucoup dansée autrefois.*
▸**dansant, -e** adj.
▸**danseur, -euse** n.

dard n.m. Avec un **d** final.

darder v.t. *Le soleil darde ses rayons.*

darne n.f. *Des darnes de saumon.*

dartre n.f. Attention à la finale en **tre**. *Avoir des dartres sur la peau.*

date n.f. (Moment) Avec un seul **t**. *Écrire la date. Nous avons pris date. Je les connais de longue date.* Ne pas confondre avec ***datte*** (fruit).
▸**dater** v.t. *Dater une lettre. Une lettre datée du 10 juillet.* ◆ v.i. *Ce tableau date du siècle dernier.* – **à dater de**, à partir de telle date.

Comment écrire la date ?

1. La date s'écrit en minuscules : *Lyon, le 15 juillet 2003. Rendez-vous lundi 10 mars* ; sauf pour désigner une fête, un événement historique : *Fêter le 14 Juillet (le Quatorze Juillet).*

2. La date peut s'abréger avec des points, des traits d'union ou des barres obliques en suivant l'ordre jour-mois-année : *le 12-9-2002.*

3. La date s'écrit en toutes lettres pour des dates historiques, et en particulier dans des textes officiels : *Fait à Paris, le douze avril mille neuf cent soixante-deux.*

datte n.f. (Fruit) Avec **tt**. Ne pas confondre avec ***date*** (moment).
▸**dattier** n.m.

1. dauphin n.m. (Mammifère marin)

2. dauphin, -e n. *Un dauphin, une dauphine.* – Prend une majuscule pour désigner l'héritier de la Couronne de France.
▸**dauphine** adj.inv. *Des pommes dauphine.*

daurade ou **dorade** n.f. (Poisson)

d'autant → autant

davantage adv. S'écrit en un mot. *Je n'en dirai pas davantage. Voulez-vous davantage de beurre ?* Ne pas confondre avec le nom ***avantage***. – REMARQUE On peut toujours remplacer **davantage**, en un mot, par l'adverbe ***plus***. On peut remplacer le nom ***avantage*** par *profit, bénéfice* : *Il n'y a pas d'avantage à agir ainsi* (= pas d'intérêt). *Il n'y a pas davantage de maisons par ici* (= pas plus).

de prép.

- Introduit des compléments de verbes, de noms, d'adjectifs ou d'adverbes : *Venir de Paris. Parler de politique. Un sac de billes. Un sac de toile. Il est content de toi. Il y a trop de bruit.*

Pour indiquer l'appartenance, on emploie **de** devant un nom et ***à*** devant un pronom : *Le fils de Pierre. C'est un ami de Pierre, c'est un ami à lui.*

- **de** s'élide en **d'** devant une voyelle ou un *h* muet (c'est-à-dire toutes les fois que la liaison est possible) : *la vie d'un homme, un groupe d'hommes.* Mais quand on cite une lettre, un mot, un personnage, une œuvre, l'usage hésite quelquefois : *le ô de « hôtel » ; l'auteur de* (ou *d'*) *« À la recherche du temps perdu » ; un livre de* (ou *d'*)*Henry Miller.*
- Forme avec *le, la* et *les* l'article défini contracté et l'article partitif : ***du, de la, des***. Voir *article* dans la partie grammaire.

dé n.m. *Jouer aux dés. Couper de la viande en dés. – Un dé à coudre.*

dé- 1. On écrit **dé-** devant une consonne : *défaire, démaquiller* ; **dés-** devant une voyelle ou un *h* muet : *désinfecter, déshabiller.* – **2.** On écrit **des-** devant **s** (+ voyelle) : *desservir, desserrer* ; mais les mots récents ou nouveaux se forment avec **dé-** : *désensibiliser, désolidariser, désocialiser.*

déambuler v.i. *Ils ont déambulé dans les rues de Paris.*

débâcle n.f. Avec **â**.

déballer v.t. Avec **ll** comme dans *emballer*. *Déballer des marchandises.*
▸**déballage** n.m.

débandade n.f.

débarbouiller v.t. et v.pr. *Elle s'est débarbouillée.* Mais *Elle s'est débarbouillé le visage.* Voir gramm. § 29.

débarcadère n.m. Avec **ère** comme ***embarcadère***.

débardeur n.m.

débarquer v.t. et v.i. *Débarquer des marchandises, des passagers. – Nous avons débarqué au Havre.*
▸ **débarquement** n.m.

débarras n.m. Avec **rr**.
▸ **débarrasser** v.t. et v.pr. *Débarrasser la table. – Elle s'est vite débarrassée de nous !*

débat n.m. Avec un **t**. *Un débat d'idées. Un débat télévisé.*

débattre v.t. CONJ.37, sauf au passé simple : *il débattit* et au participe passé : *débattu*. Avec **tt**. *Débattre une question, un prix. Prix à débattre. Cette question a été longuement débattue à l'Assemblée.* – REMARQUE On emploie aussi la construction indirecte *débattre de* ou *sur*, sur le modèle de *discuter* : *débattre d'un sujet.* ◆ v.pr. *Ils se sont débattus et ont réussi à s'échapper.* – ATTENTION Au conditionnel on dit *vous débattriez* et non ✕ *débatteriez*.

débaucher v.t.

débile adj.
▸ **débilité** n.f.

débit n.m. Avec un **t**. *Le débit d'un fleuve. – Un débit de boissons, de tabac. – Le débit et le crédit d'un compte.*

débiter v.t. *Débiter des marchandises. Débiter un compte d'une certaine somme.*

débiteur, -trice n. *Je suis votre débiteur* (= je vous dois quelque chose). Le **débiteur** s'oppose au ***créancier***, à qui l'on doit de l'argent.

déblayer v.t. CONJ.5 *Il déblaye* ou *déblaie. On a déblayé la route, on l'a déblayée.*
▸ **déblayage** ou **déblaiement** n.m. On emploie plutôt **déblayage** en langue courante et **déblaiement** en langue technique. *Le déblaiement des gravats.*

débloquer v.t. *Ils ont débloqué la situation, ils l'ont débloquée.*
▸ **déblocage** n.m. Avec un **c** comme ***blocage***.

déboire n.m. S'emploie surtout au pluriel. *Il a eu bien des déboires dans sa vie* (= déceptions).

déboiser v.t. *Un terrain déboisé.*
▸ **déboisement** n.m.

déboîter v.i., v.t. et v.pr. Avec **î** comme dans ***boîte***. *Il a déboîté sans mettre son clignotant. – Elle s'est déboîté l'épaule droite. Marc, c'est l'épaule gauche qu'il s'est déboîtée.* Voir gramm. § 29(2 et 3).
▸ **déboîtement** n.m.

débonnaire adj. Avec **aire**. *Un ton débonnaire* (= très ou trop indulgent).

déborder v.i. *La rivière a débordé. – Marie déborde d'énergie. Débordant d'enthousiasme, elle applaudit à tout rompre.* – REMARQUE Il ne faut pas confondre le participe présent, invariable, et l'adjectif verbal, variable. Voir gramm. § 31(2).
▸ **débordant, -e** adj. *Une activité débordante.*
▸ **débordé, -e** adj. *Nous sommes débordés (de travail) en cette saison.*
▸ **débordement** n.m.

déboucher v.i., v.t. et v.t.ind. *Il a débouché de la droite à toute vitesse. – Ils ont débouché la bouteille, ils l'ont débouchée. – Ces études ne débouchent sur rien.*
▸ **débouché** n.m. *Des études qui offrent peu de débouchés.*

debout adv. Toujours invariable. *Les uns étaient encore couchés, les autres étaient déjà debout. Toutes ces histoires ne tiennent pas debout.*

débrayer v.t. CONJ.5 *Il débraye* ou *débraie.* – ATTENTION À l'indicatif imparfait et au subjonctif présent : *(que) nous débrayions.*
▸ **débrayage** n.m.

débris n.m. Avec un **s**. *Un débris, des débris.*

débrouiller v.t. et v.pr. *Débrouiller une affaire compliquée. – Elle s'est débrouillée pour venir.* – ATTENTION À l'indicatif imparfait et

d

au subjonctif présent : *(que) vous vous débrouilliez*.
▸**débrouillard, -e** adj. et n. FAM.
▸**débrouillardise** n.f. FAM.

début n.m. Avec un **t**. *Au début. Au tout début. Tout au début. Dès le début. Les débuts de l'aviation. Faire ses débuts.* – **début mai, juin,** etc. s'emploie en langue courante ou commerciale. On préférera *au début de mai, au début du mois de mai.*
▸**débuter** v.i. *La séance débute à 15 heures. Il a débuté très jeune au cinéma.* – REMARQUE L'emploi de ce verbe avec un complément d'objet direct est critiqué. On dira *commencer un repas, un discours, des études*, etc., et non ✕ *débuter un repas, un discours, des études*, etc.
▸**débutant, -e** adj. et n.

deçà adv. Avec **à**. – **en deçà de** : *Ce film est terrible, mais il est encore en deçà de la réalité* (≠ au-delà de).

déca n.m. Abréviation de **décaféiné**. *Deux décas, s'il vous plaît.*

décade n.f. (Période de dix jours) Ne pas confondre avec ***décennie*** (dix ans).

décadence n.f. Avec **en**.
▸**décadent, -e** adj.

décaféiné, -e adj. et n.m.

décalcification n.f.

décaler v.t. et v.pr. *Elle s'est décalée.*
▸**décalage** n.m. *Décalage horaire.*

décalquer v.t.

décan n.m. *Les trois décans d'un signe astrologique.*

décanter v.t., v.i. et v.pr. *Décanter du vin. Laisser (se) décanter un vieux vin.*

décaper v.t. *On a décapé la table avant de la repeindre, on l'a décapée.*
▸**décapage** n.m.
▸**décapant** n.m.

décapiter v.t.

décathlon n.m. Avec **th** comme dans ***athlète***.

décéder v.i. CONJ.4 Avec **é** ou **è** : *nous décédons, ils décèdent.* – Se conjugue avec l'auxiliaire ***être***. *Elle est décédée l'hiver dernier.* – REMARQUE Ne s'emploie que pour les êtres humains.

déceler v.t. CONJ.2 Avec **e** ou **è** : *nous décelons, ils décèlent. – On a décelé des traces de radioactivité, on les a décelées, on en a décelé.* → en[2]

décembre n.m. *L'hiver commence le 21 décembre.* – Les noms de mois s'écrivent avec une minuscule. → date

décence n.f. *La décence m'interdit de vous rapporter ses propos.*
▸**décent, -e** adj. *Une tenue décente* (= convenable).
▸**décemment** adv. Avec **emment** qu'on prononce [aman]. Voir gramm. § 9(2).

décennie n.f. (Période de dix ans) Ne pas confondre avec ***décade*** (dix jours).
▸**décennal, -e, -aux** adj. *Une garantie décennale.*

décentraliser v.t. *Décentraliser le pouvoir. Une administration décentralisée.*
▸**décentralisation** n.f.

déception n.f. *Ils sont déçus, leur déception est grande.*

décerner v.t. *On lui a décerné une médaille. Quelle médaille lui a-t-on décernée ?*

décès n.m. Avec un **s**. *Constater un décès. Délivrer un certificat de décès.*

décevoir v.t. CONJ.16 Avec **ç** devant *o* et *u*. *Tu nous déçois beaucoup ! Tu nous a beaucoup déçus ! Marie a été déçue par le film.*
▸**décevant, -e** adj.

déchaîner v.t. et v.pr. Avec **î** comme dans ***chaîne***. *Un film qui déchaîne les passions. La presse s'est déchaînée contre lui.*

déchanter v.i. *Ils espéraient beaucoup mais ils ont dû déchanter. Ils ont vite déchanté.*

décharge n.f. *Des témoins à décharge* (≠ à charge). *À sa décharge, nous dirons que…*

décharger v.t. et v.pr. Avec **e** devant *a* et *o* : *je déchargeais, nous déchargeons. On a déchargé les marchandises, on les a déchargées. – Je la décharge de sa mission. Je l'ai déchargée de sa mission.*
▸**déchargement** n.m.

décharné, -e adj. *Un visage décharné.*

déchausser v.t. et v.pr. *Elle s'est déchaussée avant d'entrer.*

déchéance n.f. Avec **ance**.

déchet n.m. Sans accent circonflexe. *Il y a du déchet, il y a beaucoup de déchet. Des salades sans déchet. – Des déchets pour le chat. Des déchets radioactifs.*

Déchetterie n.f. Mot déposé. On met une majuscule aux mots déposés. La **Déchetterie** est organisée pour le tri sélectif des déchets, alors que la ***décharge*** ne l'est pas. – REMARQUE Le dictionnaire de l'Académie enregistre le mot ***déchèterie*** avec un accent grave et un seul **t**.

déchiffrer v.t. Avec **ff** comme dans ***chiffre***. *Déchiffrer une écriture, une partition, des hiéroglyphes.*

déchiqueter v.t. CONJ. 3 Avec **t** ou **tt** : *nous déchiquetons, ils déchiquettent. Il a eu la main déchiquetée dans l'accident.*

déchirer v.t. et v.pr. *Il a déchiré sa lettre, il l'a déchirée. Elle s'est déchiré deux muscles. Les muscles qu'elle s'est déchirés.* Voir gramm. § 29(2 et 3).
▸ **déchirant, -e** adj. *Des cris déchirants.*
▸ **déchirement** n.m. *C'est un déchirement de les quitter.*
▸ **déchirure** n.f. *Une déchirure musculaire.*

déchoir v.i. et v.t. Ne s'emploie guère qu'à l'infinitif et au participe passé. *Il trouve que faire la vaisselle c'est déchoir. – On les a déchus de leurs droits civiques.*

décibel n.m. *L'oreille humaine perçoit les sons de 1 à 120 décibels (120 db).*

de-ci de-là loc.adv. Avec des traits d'union et avec ou sans virgule. *Cueillir des fleurs de-ci (,) de-là.*

décidément adv. *Décidément, il n'a pas de chance !*

décider v.i., v.t. et v.pr. *Qui décide ici ? Il décide de tout. Que décidez-vous ? Je n'ai rien décidé. Ces mesures ont été décidées hier soir.* – **décider de** + infinitif, **décider que** + indicatif ou conditionnel : *Il a décidé de venir seul. Il a décidé qu'il viendra* ou *qu'il viendrait seul. J'ai fait tous les travaux que vous avez décidé (de faire).* Voir gramm. § 28(3). – **décider quelqu'un à, se décider à, être décidé à** + infinitif : *On les a décidés à nous rejoindre. Elle s'est décidée à partir, elle est décidée à partir.*
▸ **décideur** n.m. *S'adresser directement aux décideurs* (= ceux qui décident). – REMARQUE Le féminin *décideuse* est rare. *Elle est le seul décideur dans l'entreprise.*

décilitre n.m. *Dix décilitres (10 dl).*

décimal, -e, -aux adj. *Le système décimal. Des nombres décimaux.*

décimer v.t. *L'armée a été décimée.*

décimètre n.m. *Deux décimètres (2 dm).*

décisif, -ive adj. *Un argument décisif. Une épreuve décisive.*

décision n.f. *Prendre une décision. Une bonne décision. Agir avec décision.*

déclamer v.t. *Déclamer des vers, une poésie.*

déclaratif, -ive adj. Voir ce mot dans la partie grammaire.

déclarer v.t. et v.pr. *Il a déclaré ses achats à la douane, il les a déclarés. Il a déclaré qu'il avait pris sa décision. – La maladie s'est très vite déclarée.*
▸ **déclaration** n.f.

déclencher v.t. et v.pr. Avec **en**. *Qui a déclenché l'alarme ? Qui l'a déclenchée ? Elle s'est déclenchée toute seule.*
▸ **déclenchement** n.m.

déclic n.m. On prononce le **c** final.

déclin n.m. *Être en déclin, être sur son déclin.*

décliner v.i. et v.t. *Le soleil décline à l'horizon. Une civilisation, une entreprise qui décline* (= en déclin). – *Décliner un verbe latin. Déclinez vos nom, prénom et date de naissance. Une crème déclinée en plusieurs présentations.*
▸ **déclinaison** n.f. *Les déclinaisons latines.*

décoder v.t.
▸ **décodeur** n.m.

décoiffer v.t. Avec **ff** comme dans ***coiffer***. *Le vent a décoiffé Marie. Elle est décoiffée.*

d

décolérer v.i. CONJ.4 Avec **é** ou **è** : *nous ne décolérons pas, il ne décolère pas.* – Ne s'emploie qu'à la forme négative.

décoller v.t., v.pr. et v.i. Avec **ll**. *On a décollé l'affiche, on l'a décollée, elle s'est décollée.* – *L'avion décolle à 15 heures.*
▸**décollage** n.m.
▸**décollement** n.m. S'emploie en technique ou en médecine. *Un décollement de la rétine.*

décolleté, -e adj. et n.m. Avec **ll**.

décolorer v.t. et v.pr. *Le soleil a décoloré les rideaux. Les rideaux se sont décolorés au soleil.* – *Elle s'est décoloré les cheveux, elle se les est décolorés.* Voir gramm. § 29(2 et 3).

décombres n.m.plur. *Ils ont été ensevelis sous les décombres.*

décommander v.t. et v.pr. *Nous avons décommandé le dîner. Nous nous sommes décommandés.*

décomposer v.t. et v.pr. *Décomposer les mouvements d'une danse.* – *La viande s'est décomposée à l'air.*
▸**décomposition** n.f.

décompresser v.i. FAM. *Il est épuisé, il doit décompresser* (= se détendre).

décompte n.m. Avec **mp** comme dans *compte*.
▸**décompter** v.t.

déconcerter v.t. *Sa réaction nous a déconcertés. Nous sommes déconcertés par cette réaction.*
▸**déconcertant, -e** adj.

déconfit, -e adj. Avec un **t** qui ne se prononce pas au masculin. *Un air déconfit, une mine déconfite.*

décongeler v.t. CONJ.2 Avec **e** ou **è** : *nous décongelons, ils décongèlent. Décongeler des produits surgelés.*
▸**décongélation** n.f. Avec **é**.

déconnecter v.t. et v.pr. *Ils se sont déconnectés.*
▸**déconnexion** n.f. Avec **x**.

déconseiller v.t. *Le médecin lui a déconseillé les matières grasses, il les lui a déconseillées.*

décontenancer v.t. *Elle s'est laissé décontenancer. Elle était décontenancée.*

décontracter v.t. et v.pr. *Vous avez besoin de vous décontracter.* – *Une tenue décontractée.*
▸**décontraction** n.f.

décor n.m. *Un décor, des décors.*
▸**décorer** v.t. *Décorer une maison. Une maison bien décorée.* – *On a décoré Marie de la Légion d'honneur, on l'a décorée de la Légion d'honneur.*
▸**décoration** n.f.
▸**décoratif, -ive** adj.
▸**décorateur, -trice** n.

décortiquer v.t. *Des noix décortiquées.*

décorum n.m.sing. Mot latin. On prononce [om']. Avec **é**.

décote n.f. Sans accent circonflexe. *La décote d'une action.*

découdre v.t. et v.pr. Se conjugue comme ***coudre*** (voir ce mot). *Découdre un ourlet. L'ourlet s'est décousu.*

découler v.t.ind. *Ceci découle de son erreur.*

découper v.t. *Il a découpé cette image dans le journal, il l'a découpée dans le journal.*
▸**découpage** n.m.

décourager v.t. et v.pr. Avec **e** devant *a* et *o* : *il se décourageait, nous nous décourageons. Vous les avez découragés. Ils se sont découragés trop vite. Vous ne les aidez pas en les décourageant !*
▸**décourageant, -e** adj. *Des résultats décourageants.* Ne pas confondre avec le participe présent invariable : *Ses résultats la décourageant…* Voir gramm. § 31.
▸**découragement** n.m.

décousu,-e adj. *Des propos décousus.*
→ découdre

découvrir v.t. et v.pr. CONJ.14 *Une robe qui découvre les épaules.* – *Découvrir des trésors. Les trésors qu'ils ont découverts.* – *Il s'est découvert une passion pour la musique. La passion qu'il s'est découverte pour la musique.* Voir gramm. § 29(2 et 3).

▸ **découvert, -e** adj. *Une robe qui laisse les épaules découvertes. Un terrain découvert.* ◆ n.m. *Marcher à découvert.*
▸ **découverte** n.f.

décrédibiliser v.t. (Rendre moins crédible) *Des actes qui décrédibilisent la politique du gouvernement.* Ne pas confondre avec ***discréditer*** (faire perdre tout crédit, toute crédibilité à).

décrépit, -e adj. Avec un **t** qui ne se prononce pas au masculin. *Un vieillard décrépit.* Ne pas confondre avec le participe passé ***décrépi,*** du verbe *décrépir* (ôter le crépi).
▸ **décrépitude** n.f.

decrescendo adv. et n.m. Mot italien. On prononce [dékréchen'do]. L'adverbe est invariable, le nom est variable : *des decrescendos.* – REMARQUE La forme étant francisée, on peut aussi écrire **décrescendo** avec **é.** Voir gramm. § 37.

décret n.m. Avec **et**.
▸ **décréter** v.t. CONJ.4 Avec **é** ou **è** : *nous décrétons, ils décrètent.*

décrier v.t. *Une politique décriée par tous.* – ATTENTION À l'indicatif imparfait et au subjonctif présent : *(que) nous décriions.*

décrire v.t. CONJ.27 *Il nous a décrit la maison. La maison qu'il nous a décrite.*

décrocher v.t. *On a décroché les rideaux. On les a décrochés.*

décroître v.i. CONJ.36 *Les jours décroissent.*
▸ **décroissant, -e** adj. *Par ordre décroissant* (≠ croissant).

décrue n.f. Sans accent circonflexe. *Le fleuve amorce sa décrue.*

décrypter v.t. Avec **y**.
▸ **décryptage** n.m.

déçu, -e adj. *Un espoir déçu.* → décevoir

dédain n.m. Avec **ain**.
▸ **dédaigner** v.t. *Il nous a dédaignés.*
▸ **dédaigneux, -euse** adj.
▸ **dédaigneusement** adv.

dédale n.m. Avec un seul **l**. *Un dédale de ruelles.*

dedans adv.

• Adverbe qui correspond à la préposition ***dans*** suivie d'un complément de lieu. *Il est dans la maison, il est dedans.*

• S'emploie comme nom masculin. *La pomme est belle à l'extérieur mais le dedans est pourri.*

• **en dedans** s'écrit sans trait d'union. *Marcher les pieds en dedans.* – **au-dedans, là-dedans, par-dedans** s'écrivent avec des traits d'union. *Qu'est-ce qu'il y a là-dedans ?*

dédicace n.f. Avec **ce**.
▸ **dédicacer** v.t. Avec **ç** devant *a* et *o* : *il dédicaçait, nous dédicaçons. Il m'a dédicacé sa photo. Il me l'a dédicacée.*

dédier v.t. *À qui a-t-il dédié cette chanson ? Il l'a dédiée à sa fille.* – ATTENTION À l'indicatif imparfait et au subjonctif présent : *(que) nous dédiions.* – Au futur et au conditionnel : *il dédiera(it).*

dédire (se) v.pr. CONJ.29 Se conjugue comme ***dire***, sauf : *vous vous dédisez. Ils se sont dédits. Elle s'est dédite.*

dédommager v.t. Avec **mm** comme dans ***dommage***. *On a dédommagé les victimes, on les a dédommagées.*
▸ **dédommagement** n.m.

déduire v.t. CONJ.30 *Ils ont déduit leurs frais professionnels, ils les ont déduits. – Il n'a pas rappelé, j'en déduis qu'il ne viendra pas.*
▸ **déductible** adj.
▸ **déduction** n.f.

déesse n.f. S'écrit sans majuscule. *Vénus, déesse de l'Amour.*

de facto loc.adv. Locution latine invariable. On prononce [défakto]. *Une situation de facto* (= de fait).

défaillance n.f. *Une défaillance technique.*
▸ **défaillant, -e** adj. *Un système défaillant.*

défaillir v.i. CONJ.15, sauf au futur et au conditionnel : *il défaillira(it),* mais ce verbe ne s'emploie guère qu'à l'infinitif. *J'ai cru défaillir en le voyant.*

défaire v.t. et v.pr. CONJ.24 *Il a défait sa valise. Il l'a défaite. Ma coiffure s'est défaite.*

d

– *Ils se sont défaits de cette mauvaise habitude.* – ATTENTION On dit *vous défaites* et non ✕ *vous défaisez.*

défaite n.f. Sans accent circonflexe. *Une victoire et une défaite.*
▸**défaitisme** n.m.
▸**défaitiste** adj. et n.

défaut n.m. *Des défauts de fabrication. Ils ont été mis en défaut, pris en défaut. L'argent leur fait défaut. Sans défaut.*

défavorable adj. *Ces conditions nous sont défavorables.*

défavoriser v.t. *On les a défavorisés.*

défectif, -ive adj. Voir ce mot dans la partie grammaire.

défection n.f. *Faire défection.*

défectueux, -euse adj. *Un appareil défectueux.*

défendre v.t. et v.pr. CONJ.34 **1.** *L'avocat défend ses clients. Il les a bien défendus. Marie sait se défendre. Elle s'est bien défendue.* – **2.** (Interdire) *Défendre quelque chose à quelqu'un. On lui a défendu certains fruits. Quels fruits lui a-t-on défendus ?* Voir gramm. § 28. *Elle s'est toujours défendu* (= à elle-même) *de porter un jugement sur quiconque.* Voir gramm. § 29.

défense n.f. Voir ce mot dans la partie grammaire. **1.** *Défense d'entrer. Être en état de légitime défense. Les défenses immunitaires.* – **2.** *Des défenses d'éléphant.*
▸**défenseur** n.m. S'emploie pour parler d'un homme ou d'une femme. *Elle est le défenseur des faibles et des opprimés.*
▸**défensif, -ive** adj. *Une arme défensive.* – **sur la défensive** : *Ils sont sur la défensive.*

déferler v.i. *Les vagues déferlent sur les rochers. Les touristes déferlent à Paris.*
▸**déferlant, -e** adj. et n.f. *Une vague déferlante.*
▸**déferlement** n.m. *Le déferlement des touristes.*

défi n.m. *Lancer un défi à quelqu'un. Mettre quelqu'un au défi de faire quelque chose. Relever un défi.*

déficience n.f. Avec **ence**. *Une déficience mentale.*
▸**déficient, -e** adj. *Une vue déficiente.*

déficit n.m. On prononce le **t**. *Un déficit de deux millions. Ils sont en déficit.*
▸**déficitaire** adj. *Une entreprise déficitaire.*

défier v.t. *Je vous défie de trouver la solution.* – *Nos prix défient toute concurrence.* – ATTENTION À l'indicatif imparfait et au subjonctif présent : *(que) nous défiions.* – Au futur et au conditionnel : *il défiera(it).*

défiler v.i. *Les jours défilent. Les militaires défilent.*
▸**défilé** n.m. *Le défilé du 14 Juillet.*

défini, -e adj. *Cela s'est passé à une époque bien définie de sa vie.* – **article défini** Voir ce mot dans la partie grammaire.

définir v.t. *Définir un mot, une expression.*

définitif, -ive adj. *Sa décision est définitive.* – **en définitive** : *En définitive, ils ont choisi de rester.* – REMARQUE Ne pas dire ✕ *en définitif.*
▸**définitivement** adv.

définition n.f. *Donner la définition d'un mot. Un liquide est par définition fluide.*

défiscaliser v.t. *Des produits financiers défiscalisés.*

déflagration n.f. Avec **fla** et non ✕ *fra.*

déflation n.f. *Une période de déflation* (≠ inflation).

défoncer v.t. Avec **ç** devant *a* et *o* : *il défonçait, nous défonçons. On a défoncé la porte, on l'a défoncée.*

déformer v.t. et v.pr. *La chaleur déforme les métaux. Elle a les mains déformées par les rhumatismes. La poêle s'est déformée sous l'effet de la chaleur.*
▸**déformation** n.f.

défouler (se) v.pr. FAM. *Elle s'est bien défoulée en faisant du sport.*

défraîchi, -e adj. Avec **î** comme dans le féminin ***fraîche***.

défrayer v.t. CONJ.5 *Il défraie* ou *défraye. Pour sa mission, il a été totalement défrayé. Elle a été défrayée de toutes ses dépenses.* – REMARQUE Ce verbe signifiant « rembourser les frais », on peut considérer que *défrayer* *quelqu'un de ses frais, de ses dépenses* est un pléonasme à éviter. Toutefois, cet emploi courant est aujourd'hui admis par l'Académie. – **défrayer la chronique** : *Ses mésaventures défraient la chronique.*

défricher v.t. *On a défriché les deux terrains. On les a défrichés.*

défunt, -e adj. et n. Avec **u**.

dégager v.t. et v.pr. Avec **e** devant *a* et *o* : *il dégageait, nous dégageons. Dégagez le passage ! Le ciel se dégage. – Elle s'est dégagée de toute obligation pour la journée.*

dégât n.m. Avec **â**. *Constater les dégâts.*

dégel n.m.

dégénérer v.i. CONJ.4 Avec **é** ou **è** : *il dégénérait, il dégénère. La situation a très vite dégénéré.*
▸ **dégénérescence** n.f. Avec **sc**.

dégingandé, -e adj. (Grand et maigre) Le premier **g** se prononce [j] et non ✕ [g]. *Un garçon dégingandé* [déjingandé].

dégivrer v.t.

dégonfler v.t. et v.pr. *Les pneus se sont dégonflés.*

dégourdi, -e adj. *Elles sont très dégourdies pour leur âge.*

dégourdir v.t. et v.pr. *Elle s'est dégourdi les jambes.* Voir gramm. § 25(1).

dégoût n.m. Avec **û** comme dans ***goût*** et tous les mots de la même famille.
▸ **dégoûter** v.t. *Les escargots la dégoûtent.*
▸ **dégoûtant, -e** adj.

dégoutter v.i. Avec **tt** comme dans ***goutte***. *L'eau dégoutte du parapluie.*

dégradé n.m. *Un dégradé de bleus.*

dégrader v.t. et v.pr. *Les graffitis dégradent les murs. – La situation s'est dégradée.*
▸ **dégradant, -e** adj.
▸ **dégradation** n.f.

dégrafer v.t. Avec un seul **f** comme dans ***agrafe***.

dégraisser v.t.

degré n.m. *Des exercices de différents degrés de difficulté. Avancer par degrés. – Un angle de 90 degrés (90°).* – **degré Celsius** : *Il fait zéro degré Celsius (0°C).* – **degré Fahrenheit** : *Il fait dix degrés Fahrenheit (10°F).*

dégressif, -ive adj. *Un tarif dégressif.*
▸ **dégressivité** n.f.

dégrèvement n.m. Avec **è**.

dégringoler v.i. Avec un seul **l**.

déguerpir v.i. *Ils ont vite déguerpi.*

déguiser v.t. et v.pr. *On a déguisé les enfants. En quoi les avez-vous déguisés ? Marie s'est déguisée en fée.*
▸ **déguisement** n.m.

déguster v.t.
▸ **dégustation** n.f.

dehors adv.
- Avec **h**. Vient de la préposition ***hors***. *Dînons dehors, il fait beau.* – REMARQUE L'expression *sortir dehors* est un pléonasme à éviter.
- S'emploie comme nom masculin (au singulier au sens propre, au pluriel au sens figuré). *Les bruits du dehors. Il est très dur sous des dehors sympathiques.* – **au-dehors** s'écrit avec un trait d'union. – **en dehors (de)** s'écrit sans trait d'union.

déhoussable adj. Avec un **h** comme dans ***housse***. *Un canapé déhoussable.*

déjà adv. Avec **à**. *Il est déjà là. D'ores et déjà. Je l'ai déjà vu.* – On écrit le nom avec un trait d'union : *C'est du déjà-vu.*

déjection n.f. S'emploie surtout au pluriel. *Les déjections d'un volcan. Les déjections des chiens dans les rues.*

déjeuner v.i. Sans accent circonflexe, contrairement à ***jeûner***. *Le matin il déjeune d'un café et d'une tartine.* – REMARQUE On rencontre le verbe ***petit-déjeuner*** (avec un trait d'union) pour le repas du matin.
▸ **déjeuner** n.m. Avec **er** comme le verbe. – **petit déjeuner** s'écrit sans trait d'union.

déjouer v.t. *Nous déjouerons leurs plans.* – ATTENTION Au futur et au conditionnel : *il déjouera(it).*

déjuger (se) v.pr. Avec **e** devant *a* et *o* : *il se déjugeait, nous nous déjugeons. Après cette promesse il ne pouvait pas se déjuger.*

delà prép. Avec **à**. Ne s'emploie que dans **au-delà** et **par-delà**, avec des traits d'union. – REMARQUE Ne pas confondre avec ***de là*** (= de cet endroit, de ce fait), en deux mots : *de là on voit la mer ; de là son don pour la peinture,* ni avec ***de-là*** qui ne s'emploie que dans l'expression ***de-ci de-là***.

délabrer (se) v.pr. *La maison s'est délabrée.*
▸**délabrement** n.m.

délacer v.t. (Défaire les lacets) Ne pas confondre avec ***délasser*** (reposer).

délai n.m. Sans *s* au singulier, contrairement à ***relais***. *Demander un délai, des délais de paiement. Agissez sans délai.*

délaisser v.t. *Elle a délaissé ses amis. Les amis qu'elle a délaissés.*

délasser v.t. et v.pr. (Reposer) Vient de *las, lasse. Elle s'est délassée en lisant un peu.* Ne pas confondre avec ***délacer*** (= défaire les lacets).

délation n.f. (Fait de dénoncer)
▸**délateur, -trice** n.

délayer v.t. CONJ.5 *Il délaie* ou *délaye.*
▸**délayage** n.m.

délecter (se) v.pr. Sans accent sur le deuxième **e**. *C'était délicieux, nous nous sommes délectés.*
▸**délectation** n.f. *Écouter quelqu'un avec délectation.*

déléguer v.t. CONJ.4 Avec **é** ou **è** : *nous déléguons, ils délèguent* ; et avec **gu** même devant *a* et *o* : *il déléguait, nous déléguons. C'est Marie que nous avons déléguée auprès de la direction.*
▸**délégué, -e** n.
▸**délégation** n.f. Sans *u*.

délibéré, -e adj. *Un acte délibéré* (= réfléchi).
▸**délibérément** adv.

délibérer v.i. CONJ.4 Avec **é** ou **è** : *nous délibérons, ils délibèrent.*
▸**délibération** n.f.

délicat, -e adj. *Une délicate attention.*
▸**délicatement** adv.
▸**délicatesse** n.f.

délice n.m. *Cette glace est un pur délice.* – GENRE Au pluriel, **délices** est féminin en langue littéraire ou en poésie : *les infinies délices de l'amour* ; mais il reste masculin en langue courante : *un de mes plus grands délices.*
▸**délicieux, -euse** adj.
▸**délicieusement** adv.

délier v.t. *On a délié Marie de sa promesse. On l'a déliée de sa promesse.* – ATTENTION À l'indicatif imparfait et au subjonctif présent : *(que) nous déliions.* – Au futur et au conditionnel : *il déliera(it).*

délimiter v.t. *Ses fonctions sont délimitées.*
▸**délimitation** n.f.

délinquant, -e adj. et n.
▸**délinquance** n.f.

déliquescence n.f. Avec **sc**. *Une société qui tombe en déliquescence.*

délire n.m.
▸**délirer** v.i.
▸**délirant, -e** adj.

délit n.m. *Les crimes et délits. Commettre un délit. Les voleurs ont été pris en flagrant délit.* – REMARQUE L'adjectif correspondant est **délictueux**.

délivrer v.t. **1.** *On délivre les visas à l'ambassade* (= remettre). – **2.** *Tu nous a délivrés d'un grand souci* (= soulager).
▸**délivrance** n.f.

délocaliser v.t. *Délocaliser une entreprise. L'activité est délocalisée en Chine.*
▸**délocalisation** n.f.

déloyal, -e, -aux adj. *Une attitude déloyale. Des actes déloyaux.*
▸**déloyauté** n.f.

delta n.m. *Le delta d'un fleuve. Des deltas.* – Est invariable dans *des ailes delta.*

Deltaplane n.m. Mot déposé. Prend une majuscule.

déluge n.m. *Il pleut, c'est un vrai déluge. Un déluge d'injures.* – Prend une majuscule pour désigner l'inondation de la terre entière selon la Bible. – REMARQUE L'adjectif correspondant est **diluvien**.

démagogie n.f.
▸**démagogique** adj. *Une politique démagogique* (= qui flatte le peuple).

‣ démagogue adj. et n. *Il est démagogue. C'est un démagogue.*

demain adv. *À demain ! On se verra demain matin, demain à midi, demain soir. Que seront les jeunes de demain ?*

demande n.f. *À la demande générale. L'offre et la demande. Répondre à la demande, aux demandes des usagers.*

demander v.t. et v.pr. ACCORD DU PARTICIPE *J'ai obtenu tous les renseignements que j'avais demandés.* Mais : *Il a fait toutes les choses que je lui ai demandé (de faire).* Voir gramm. § 28(3). – *Ils nous ont demandé* (à nous) *s'ils pouvaient venir.* Et à la forme pronominale : *Elles s'est demandé s'ils viendraient.* Voir gramm. § 29(2). – REMARQUE L'expression *demander après quelqu'un* est familière. On dit *demander quelqu'un* : *On vous demande au téléphone.* – ATTENTION Il n'y a pas de *s* à la 2e personne de l'impératif, sauf devant ***en*** : *Demande plus de pain. Demandes-en plus.*

démangeaison n.f. Avec **ge**.

démanteler v.t. CONJ.2 Avec **e** ou **è** : *nous démantelons, ils démantèlent.*
‣ démantèlement n.m. Avec **è**.

démaquiller v.t. et v.pr. *Elle s'est démaquillée. Elle s'est démaquillé les yeux. Ce ne sont que les yeux qu'elle s'est démaquillés.* Voir gramm. § 29.
‣ démaquillage n.m.
‣ démaquillant, -e adj. et n.m.

démarcation n.f. Avec un **c**.

démarche n.f.

démarquer v.t. et v.pr. *Démarquer des vêtements. Des vêtements démarqués. – Elles se sont démarquées de leurs camarades.*
‣ démarque n.f.

démarrer v.i. Avec **rr**. *La voiture démarre bien. La fabrication démarrera demain.* – REMARQUE En emploi transitif, ***démarrer quelque chose*** est familier. On dira *faire démarrer un moteur, commencer une émission* et non ✕ *démarrer un moteur, démarrer une émission.*
‣ démarrage n.m.
‣ démarreur n.m.

démasquer v.t. *On a démasqué les coupables. On les a démasqués.*

d'emblée adv. S'écrit en deux mots. *D'emblée, je l'ai trouvé sympathique.*

démêlé n.m. Avec **ê** comme dans ***démêler***. – S'emploie surtout au pluriel. *Avoir des démêlés avec la justice.*

démêler v.t. Avec **ê** comme dans ***mêler***. *Démêler des fils. Démêler une affaire compliquée. – Démêler le vrai du faux, le réel d'avec l'imaginaire.*
‣ démêlage n.m.
‣ démêlant, -e adj. et n.m.

démembrer v.t. *Ces grandes propriétés ont été démembrées.*
‣ démembrement n.m.

déménager v.i. et v.t. Avec **e** devant *a* et *o* : *il déménageait, nous déménageons. Nous déménageons demain. Déménager des meubles.*
‣ déménagement n.m.
‣ déménageur n.m.

démence n.f. Avec **c**. *Une crise de démence.*
‣ dément, -e adj. et n.
‣ démentiel, -elle adj. Avec un **t** qu'on prononce [s].

démener (se) v.pr. CONJ.2 Avec **e** ou **è** : *nous nous démenons, ils se démènent. Elle s'est démenée pour réussir.*

démentir v.t. CONJ.11 *Ils ont démenti cette nouvelle. Ils l'ont démentie. La rumeur a été démentie.*
‣ démenti n.m. *Publier un démenti.*

démériter v.i. *Ils n'ont jamais démérité.*

démettre v.t. et v.pr. CONJ.37 *On a démis Marie de ses fonctions. On l'a démise de ses fonctions. – Pierre s'est démis l'épaule. C'est l'épaule droite qu'il s'est démise.* Voir gramm. § 29(2 et 3). – ATTENTION Au conditionnel, on dit *vous démettriez* et non ✕ *démetteriez.*

demeure n.f. **1.** *Une riche demeure normande. S'installer quelque part à demeure.* – **2.** *Des mises en demeure.*

demeurer v.i. **1.** (Habiter) Se conjugue avec l'auxiliaire ***avoir***. *Ils ont longtemps demeuré ici.* – **2.** (Rester) Se conjugue avec l'auxiliaire ***être***. *Elle est demeurée mon amie.*

demi-

1. Le préfixe **demi-**, toujours suivi d'un trait d'union, est invariable : *un demi-litre, une demi-heure, trois demi-litres, trois demi-journées.*

2. Les mots composés avec **demi-** prennent la marque du pluriel sur le second élément : *des demi-bouteilles, des demi-cercles, des demi-dieux, des demi-douzaines, des demi-finales, des demi-frères, des demi-maux, des demi-mesures, des demi-pensions, des demi-sœurs, des demi-tours.*

3. et demi, et demie indique qu'on ajoute la moitié d'une unité. L'accord se fait en genre (masculin ou féminin) mais l'expression reste au singulier : *trois litres et demi, deux heures et demie* (= deux heures plus la moitié d'*une* heure). – On écrit *midi et demi, minuit et demi.*

4. à demi est invariable. L'expression s'emploie sans trait d'union devant un adjectif ou un participe : *des verres à demi pleins, à demi remplis* ; et avec un trait d'union devant un nom : *parler à demi-mot, trois places à demi-tarif.*

demi n.m. *Deux demis de bière. Deux demis de mêlée.*

demie n.f. *L'horloge sonne les demies.*

démission n.f. *Ils ont donné leur démission.*
▸**démissionner** v.i. Avec **nn**. *Ils ont démissionné.* – REMARQUE L'emploi transitif *démissionner quelqu'un* est familier.

démobiliser v.t. *Les troupes ont été démobilisées.*
▸**démobilisation** n.f.

démocratie n.f. On prononce [si].
▸**démocrate** adj. et n.
▸**démocratique** adj.
▸**démocratiser** v.t. et v.pr. *Ces activités sportives se sont démocratisées.*
▸**démocratisation** n.f.

démoder (se) v.pr. *Ces modèles se sont vite démodés. Des vêtements démodés.*

démographie n.f. Avec **ph**.
▸**démographique** adj. *Une étude démographique* (= de la population).

demoiselle n.f.

démolir v.t. *On a démoli la maison, on l'a démolie.*
▸**démolition** n.f.

démon n.m.
▸**démoniaque** adj. *Un rire démoniaque.*

démonstratif, -ive adj. Voir ce mot dans la partie grammaire. – *C'est une femme peu démonstrative.*

démonstration n.f.

démonter v.t. *J'ai démonté la radio, je l'ai démontée.*
▸**démontable** adj.

démontrer v.t. *Il m'a démontré que j'avais tort.*

démoraliser v.t. et v.pr. *Vous les avez démoralisés. Marie, elle, ne s'est pas démoralisée pour si peu.*
▸**démoralisant, -e** adj.
▸**démoralisation** n.f.

démordre v.t.ind. CONJ. **34** – Ne s'emploie que dans l'expression *ne pas démordre de. Il est sûr qu'il a raison, il n'en démordra pas.*

démotiver v.t. *Cet échec les a démotivés.*

démouler v.t. *Démouler une tarte.*
▸**démoulage** n.m.

démuni, -e adj. *Elle se sent très démunie.*

démystifier v.t. Avec **ys** et sans *h*. Au sens propre, **démystifier** signifie « détromper » (une personne qui a été mystifiée). Mais ce verbe s'emploie souvent à tort à la place de ***démythifier***, qui signifie « faire perdre son caractère mythique à quelque chose ».
▸**démystification** n.f.

démythifier v.t. Avec **y** et **h** comme dans ***mythe***. *Il faut démythifier l'informatique* (= lui ôter son caractère mythique). Ne pas confondre avec ***démystifier*** (sans *h*) qui est employé bien souvent, mais à tort, dans ce sens.

dénaturer v.t. *Vous avez dénaturé mes propos, vous les avez dénaturés.*

denier n.m. *Le denier du culte. Les deniers de l'État.*

dénier v.t. (Refuser d'admettre) Ne pas confondre avec ***daigner*** (avoir la bonté de) ou ***renier*** (désavouer). *Il dénie toute responsabilité dans cette affaire.* – ATTENTION À l'indicatif imparfait et au subjonctif présent : *(que) nous déniions.* – Au futur et au conditionnel : *il dénie**ra**(it).*
▸ **dénégation** n.f.

dénigrer v.t.
▸ **dénigrement** n.m.

dénivelé n.m. Avec un seul **l**.
▸ **dénivellation** n.f. Avec **ll**.

dénombrer v.t. *On a dénombré plusieurs dizaines de blessés. Combien en avez-vous dénombrés ?* Voir gramm. § 28(1). *Toutes les victimes ont été dénombrées.*

dénominateur n.m. *Ils ont un dénominateur commun.*

dénommer v.t. et v.pr. *On l'a dénommée Fleur de lys.*
▸ **dénommé, -e** adj. *Le dénommé Bertrand s'est présenté hier.*
▸ **dénomination** n.f. Avec un seul **m**.

dénoncer v.t. et v.pr. Avec **ç** devant *a* et *o* : *il dénonçait, nous dénonçons. On les a dénoncés à la police. Diane s'est dénoncée d'elle-même.*
▸ **dénonciation** n.f.

dénoter v.t. Avec un seul **n** et un seul **t**. *Ses propos dénotent une grande intelligence.*

dénouer v.t. *Dénouer une affaire.* – ATTENTION Au futur et au conditionnel : *il dénoue**ra**(it).*
▸ **dénouement** n.m. Avec **e** muet.

denrée n.f. *Des denrées périssables. Une denrée rare.*

dense adj. Avec **en**. *Une foule très dense* (= compacte). Ne pas confondre avec ***danse***.
▸ **densité** n.f.

dent n.f. *Des dents de lait, de sagesse. Une brosse à dents. Une rage de dents. Mordre à belles dents. Une courbe en dents de scie.*
▸ **denté, -e** adj. *Une roue dentée.*
▸ **dentaire** adj. *Un cabinet dentaire.*

dentelé, -e adj. Avec un seul **l**.

dentelle n.f. *Des cols de dentelle.*
▸ **dentellière** n.f. Avec **ll**. Voir *Rectifications orthographiques*, p. 516.

dentifrice n.m. et adj.

dentiste n.

dentition n.f.

dénué, -e adj. *Un film dénué de tout intérêt.*

dénuement n.m. Avec **ement**.

déodorant n.m. On dit un **déodorant** pour le corps et un ***désodorisant*** pour la maison.

dépanner v.t. Avec **nn** comme dans *panne*. *On nous a dépannés sur l'autoroute.*
▸ **dépannage** n.m.
▸ **dépanneur** n.m.
▸ **dépanneuse** n.f.

dépareillé, -e adj. *Des gants dépareillés.*

départ n.m. *Être sur le départ. Des points de départ. Au départ.*

départager v.t. Avec **e** devant *a* et *o* : *il départageait, nous départageons. Ils étaient ex-aequo, mais on les a départagés.*

département n.m.
▸ **départemental, -e, -aux** adj.

départir (se) v.pr. CONJ. 11 *Elle ne s'est jamais départie de son calme.* – REMARQUE Se conjugue comme ***partir*** mais la conjugaison régulière sur le modèle de ***finir*** (sous l'influence de *répartir*) est très répandue : *il se depart, il se départait,* en langue soutenue ; *il se départit, il se départissait,* en langue courante.

dépasser v.t., v.i. et v.pr. *Une voiture nous a dépassés. Son jupon dépasse. – Ils se sont dépassés dans cette épreuve.*
▸ **dépassement** n.m.

dépayser v.t. Avec **y** comme dans ***pays***. *Le voyage nous a dépaysés. On se sent dépaysé dans cette région.*
▸ **dépaysant, -e** adj. *Des voyages dépaysants.* Voir gramm. § 31(3).
▸ **dépaysement** n.m.

dépêche n.f. Avec **ê**.

dépêcher (se) v.pr. Avec **ê**. *Dépêche-toi ! Elles se sont dépêchées de rentrer* *chez elles.* – REMARQUE L'expression *dépêche-toi vite* est un pléonasme à éviter.

dépeindre v.t. CONJ.35 *Je dépeins, il dépeint. Il a bien dépeint les personnages, il les a bien dépeints.*

dépénaliser v.t. *Faut-il dépénaliser les drogues douces ? Certains pays les ont dépénalisées.*
▸ **dépénalisation** n.f.

dépendre v.t.ind. CONJ.34 *Je dépends encore de mes parents. Cela ne dépend pas de toi.*
▸ **dépendant, -e** adj. *Être dépendant de ses parents. Être dépendant de l'alcool.*
▸ **dépendance** n.f. *Sa dépendance à l'alcool. – Les dépendances d'un château.*

dépens n.m.plur. Avec **ens**. *Vivre aux dépens de sa famille. Apprendre quelque chose à ses dépens.*

dépenser v.t. et v.pr. *Les deux cents euros qu'on a dépensés. – Elle s'est beaucoup dépensée.*
▸ **dépense** n.f.
▸ **dépensier, -ière** adj.

dépérir v.i. *L'entreprise dépérit.*
▸ **dépérissement** n.m.

dépeupler v.t. et v.pr. *Les campagnes se sont dépeuplées.*
▸ **dépeuplement** n.m.

dépister v.t. *Une maladie dépistée à temps.*
▸ **dépistage** n.m.

dépit n.m. Avec **t**. *Agir en dépit du bon sens.*

déplacer v.t. et v.pr. Avec **ç** devant *a* et *o* : *il déplaçait, nous déplaçons. Elle s'est déplacée jusqu'ici pour te voir.*
▸ **déplacement** n.m. *Ils sont en déplacement.*

déplaire v.t.ind. et v.pr. CONJ.25 Avec **î** devant *t. Cela me déplaît. Déplaire à quelqu'un. Le film nous a déplu. Elles se sont déplu à Paris.* – REMARQUE Les participes *plu, déplu, complu* sont invariables.
▸ **déplaisant, -e** adj.

déplier v.t. *Nous avons déplié les chaises longues. Nous les avons dépliées.* – ATTENTION À l'indicatif imparfait et au subjonctif présent : *(que) nous dépliions.* – Au futur et au conditionnel : *il dépliera(it).*

▸ **dépliant** n.m.

déplorer v.t. *On déplore de nombreuses victimes.*
▸ **déplorable** adj.

déployer v.t. CONJ.6 Avec **i** devant un *e* muet. *L'oiseau déploie ses ailes. L'armée a déployé ses troupes, elle les a déployées.*
▸ **déploiement** n.m. Avec un **e** muet.

dépoli, -e adj. *Du verre dépoli.*

déporter v.t. et v.pr. *Des millions d'êtres humains ont été déportés pendant la guerre. – La voiture s'est déportée sur la gauche.*
▸ **déportation** n.f. *Morts en déportation.*

déposer v.t., v.pr. et v.i. *Le bus nous a déposés devant chez nous. – La poussière s'est déposée sur les meubles. – Plusieurs témoins ont déposé en notre faveur.*
▸ **déposition** n.f.

déposséder v.t. CONJ.4 Avec **é** ou **è** : *nous dépossédons, ils dépossèdent. Déposséder quelqu'un de quelque chose. On les a dépossédés de tous leurs biens.*

dépôt n.m. Avec **ô**. *Une banque de dépôt(s).*

dépouille n.f. *Une dépouille mortelle.*

dépouiller v.t. *Les bulletins de vote sont dépouillés. On les a dépouillés.* – ATTENTION À l'indicatif imparfait et au subjonctif présent : *(que) nous dépouillions.*
▸ **dépouillement** n.m.

dépourvu, -e adj. *Une histoire dépourvue d'intérêt.* – **au dépourvu** est invariable : *On nous a pris au dépourvu.*

déprimer v.t. *Cet été pluvieux nous a tous déprimés.* – REMARQUE L'emploi intransitif *il déprime* est familier.
▸ **déprimant, -e** adj.
▸ **déprimé, -e** adj.
▸ **déprime** n.f. FAM. (Dépression)
▸ **dépression** n.f. *Une dépression nerveuse. – Une dépression atmosphérique.*
▸ **dépressif, -ive** adj. et n. *Un malade dépressif.*

depuis prép. Indique un point de départ dans le temps (durée) ou dans l'espace (distance). *Il est absent depuis lundi. Depuis qu'il est parti... Je ne l'ai pas revu depuis. Il* *conduit depuis Nice.* – REMARQUE Des phrases comme « *Je vous parle depuis Nice.* » sont des anglicismes critiqués (traduction de *from*). Dans ce cas, le complément n'indique pas le point de départ (d'une distance), mais simplement un lieu d'origine. On dira : « *Je vous parle de Nice.* »

député, -e n. On peut dire *Madame le député* ou *Madame la députée*. L'emploi au féminin est récent en France, courant au Québec.

dérailler v.i. *Le train a déraillé.*
▸**déraillement** n.m.

déraisonner v.i. Avec **ai** comme dans ***raison***.
▸**déraisonnable** adj.

déranger v.t. et v.pr. Avec **e** devant *a* et *o* : *il dérangeait, nous dérangeons. Vous avez dérangé Marie, vous l'avez dérangée.*
▸**dérangeant, -e** adj. Avec **eant**.
▸**dérangement** n.m.

déraper v.i.
▸**dérapage** n.m.

déréglé, -e adj. *Un organisme déréglé.*
▸**dérèglement** n.m. Avec un **è**.

déréglementation ou **dérèglementation** n.f. L'orthographe avec un accent grave, conforme à la prononciation, est aujourd'hui admise.

dérision n.f. *Il tourne tout en dérision.*

dérisoire adj. Avec un **e** final. *Des prix dérisoires.*

dérivé n.m. Voir ce mot dans la partie grammaire.

dermatologie n.f.
▸**dermatologique** adj. *Des problèmes dermatologiques* (= de la peau).
▸**dermatologue** n.

dernier, -ière adj. et n. *Dimanche dernier. La semaine dernière. Il est dernier. C'est le dernier. Elle est bonne dernière. Le dernier en date. C'est le dernier de mes soucis, la dernière de mes préoccupations.* – **en dernier** est invariable : *Ils sont arrivés en dernier.* – **tout dernier, toute dernière** : *Cela s'est passé dans les tout derniers jours, dans les toutes dernières heures.* (*Tout* est invariable au masculin et variable au féminin devant une consonne.)

dernièrement adv.

dernier-né, dernière-née n. *Les derniers-nés, les dernières-nées.*

dérobé, -e adj. *Un escalier dérobé. Une porte dérobée.* – **à la dérobée**, avec un **e** final. *Il l'observait à la dérobée.*

dérober v.t. et v.pr. *On lui a dérobé ses bijoux. On les lui a dérobés.* – *Ils se sont dérobés devant la difficulté.*

déroger v.t.ind. Avec **e** devant *a* et *o* : *il dérogeait, nous dérogeons. Déroger à un règlement.*
▸**dérogation** n.f.

dérouler v.t. et v.pr. *On lui a déroulé le tapis rouge.* – *Où cette histoire s'est-elle déroulée ? Les événements se sont déroulés ici.*
▸**déroulement** n.m.

déroute n.f. *Des armées en déroute.*

dérouter v.t. *Plusieurs navires ont été déroutés à cause de la tempête.* – *Elle a été déroutée par la question.*
▸**déroutant, -e** adj. *Une question déroutante.*

derrière prép. et adv. **1.** La préposition est suivie d'un complément, l'adverbe s'emploie seul. *Il est derrière nous. Il marche derrière.* – **2.** S'emploie comme nom masculin. *Le derrière de la voiture est abîmé* (= l'arrière). *Les roues de derrière. Ils sont tombés sur le derrière* (= les fesses). – **par-derrière** s'écrit avec un trait d'union.

des article Pluriel (masculin et féminin) de l'article indéfini, de l'article défini contracté et de l'article partitif. Voir *article* dans la partie grammaire.

dès prép., **dès que** conj. Avec **è**. *Téléphonez dès votre arrivée, dès que vous serez arrivé.*

dés- → dé-

désabusé, -e adj.

désaccord n.m. Avec **cc** comme dans ***accord***. *Ils sont en désaccord sur ce point.*

désaccordé, -e adj. Avec **cc** comme dans ***accord***. *Une guitare désaccordée.*

d

désaffecté, -e adj. Avec **ff** comme dans ***affectation***. *Une usine désaffectée.* Ne pas confondre avec ***désinfecter***.

désagréable adj. *Des odeurs désagréables.*

désagréger (se) v.pr. CONJ.4 Avec **é** ou **è** : *il se désagrégeait, il se désagrège.* – Avec **e** devant *a* et *o* : *il se désagrégeait, nous nous désagrégeons.*
▸**désagrégation** n.f.

désagrément n.m. *Nous regrettons les désagréments que ce retard vous a causés.*

désaltérer (se) vt et v.pr. CONJ.4 Avec **é** ou **è** : *nous nous désaltérons, ils se désaltèrent Ils se sont désaltérés.*
▸**désaltérant, -e** adj.

désappointé, -e adj. Avec **pp**.
▸**désappointement** n.m. *Son désappointement était visible* (= sa déception).

désapprouver v.t. Avec **pp** comme dans ***approuver***. *Nous avons désapprouvé Marie, nous l'avons désapprouvée.*
▸**désapprobation** n.f.
▸**désapprobateur, -trice** adj.

désarçonner v.t. Avec **ç** comme dans ***arçon***. *Le cheval a désarçonné son cavalier. – Nous sommes désarçonnés par ta question.*

désarmer v.t. *Désarmer un pays. – Son sourire me désarme.*
▸**désarmant, -e** adj. *Un sourire désarmant.*
▸**désarmement** n.m. *Le désarmement nucléaire.*

désarroi n.m. Avec **rr**. *Être plongé dans le plus grand désarroi.*

désastre n.m.
▸**désastreux, -euse** adj.

désavantage n.m. *Les avantages et les désavantages d'une situation.*
▸**désavantageux, -euse** adj.
▸**désavantager** v.t. Avec **e** devant *a* et *o* : *il désavantageait, nous désavantageons. Ils ont été désavantagés dans le partage.*

désaveu n.m. *Des désaveux.*

désavouer v.t. *On les a désavoués publiquement.*

desceller v.t. et v.pr. Sans accent et avec **sc** comme dans ***sceller***. *Les barreaux ont été descellés.*

descendance n.f. Avec **sc** comme dans ***descendre***. *Il a une nombreuse descendance.*
▸**descendant, -e** n.

descendre v.t. CONJ.34 Avec **sc**. *Je descends l'escalier. Il a descendu la valise à la cave. La valise qu'il a descendu<u>e</u> à la cave.* ◆ v.i. Se conjugue avec l'auxiliaire ***être***. *Elle descend à la cave. <u>Elle</u> est descendu<u>e</u> à la cave.* – REMARQUE L'emploi de l'auxiliaire ***avoir*** dans ce cas est vieux, régional ou populaire : *« J'ai descendu dans mon jardin... »* – L'expression *descendre en bas* est un pléonasme à éviter.

descente n.f. Avec **sc** comme dans ***descendre***.

description n.f. *Il nous a décrit son immeuble, il nous en a fait la description.*
▸**descriptif, -ive** adj. et n.m.

désemparé, -e adj. *Elle se sent désemparée quand elle est seule.*

désemparer v.i. Ne s'emploie que dans l'expression *sans désemparer* : *Ils ont travaillé toute la nuit sans désemparer.*

désemplir v.i. Ne s'emploie que dans l'expression *ne pas désemplir*.

désenchanté, -e adj.
▸**désenchantement** n.m.

désenfler v.i. Avec un seul **f** comme dans ***enfler***. *Sa main a désenflé.*

désengager (se) v.pr. Avec **e** devant *a* et *o* : *il se désengageait, nous nous désengageons. Ils avaient signé mais ils se sont désengagés.*
▸**désengagement** n.m.

déséquilibre n.m.
▸**déséquilibré, -e** adj. et n.
▸**déséquilibrer** v.t. *Cette question nous a déséquilibrés.*

désert, -e adj. *Une île déserte.*
▸**désert** n.m. *Crier dans le désert.*
▸**désertique** adj. *Une région désertique.*

déserter v.t. et v.i. *Les jeunes ont déserté les petits villages. Les villages que les jeunes ont désertés. – Un soldat qui déserte.*

▸ **déserteur** n.m.
▸ **désertion** n.f.

désespérer v.t. et v.i. CONJ.4 Avec **é** ou **è** : *nous désespérons, ils désespèrent.* – *Ses résultats nous désespèrent. Nous sommes désespérés par ces résultats.* – *Je désespère de le rencontrer un jour.*
▸ **désespérant, -e** adj.
▸ **désespéré, -e** adj. et n.
▸ **désespérément** adv.
▸ **désespoir** n.m.

déshabiller v.t. et v.pr. *Ils se sont déshabillés.*

déshabituer v.t. et v.pr. *Progressivement, elle s'est déshabituée du tabac.*

désherbant n.m. Avec **h** comme dans *herbe*.

déshériter v.t. *Il a déshérité ses neveux, il les a déshérités.*

déshonneur n.m. Avec **nn**.
▸ **déshonorer** v.t. Avec un seul **n**.
▸ **déshonorant, -e** adj.

déshydrater v.t. et v.pr. Avec **hy**, de *hydr(o)* qui signifie « eau ». *Elle s'est déshydratée.*
▸ **déshydratation** n.f.

desiderata n.m.plur. Mot latin. S'écrit sans accent et sans *s*. *Des desiderata* [dézidérata]. – REMARQUE Le Conseil supérieur de la langue française recommande la forme francisée *désidératas* avec des accents et le *s* du pluriel. Voir *Rectifications orthographiques*, p. 515

design n.m. Mot anglais. Sans accent. On prononce [dizayn']. – Est invariable comme adjectif : *des meubles design.*
▸ **designer** n.m. On prononce [dizayneur].

désigner v.t. *Quels experts le tribunal a-t-il désignés ? – Marie est toute désignée pour remplir ce rôle.* – ATTENTION À l'indicatif imparfait et au subjonctif présent : *(que) vous désigniez.*

désillusion n.f.

désinence n.f. Voir ce mot dans la partie grammaire.

désinfecter v.t. *L'école a été désinfectée après les élections.* Ne pas confondre avec ***désaffecter***.

▸ **désinfectant** n.m.
▸ **désinfection** n.f.

désintégrer v.t. et v.pr. CONJ.4 Avec **é** ou **è** : *nous désintégrons, ils désintègrent. Ce sont trois immeubles que l'explosion a désintégrés. La voiture s'est désintégrée.*

désintéressé, -e adj. Sans accent devant **ss**. *Une personne généreuse et désintéressée.*
▸ **désintéressement** n.m. *Son désintéressement est total.* Ne pas confondre avec ***désintérêt*** (manque de goût, d'intérêt).

désintéresser (se) v.pr. Sans accent devant **ss**. *Elle ne s'est jamais désintéressée de ses amis.*
▸ **désintérêt** n.m. Avec **ê**. *Son désintérêt pour la lecture est navrant* (= manque de goût, d'intérêt). Ne pas confondre avec ***désintéressement*** (générosité).

désintoxiquer v.t. et v.pr. *On les a désintoxiqués.*
▸ **désintoxication** n.f. Avec un **c**.

désinvolte adj.
▸ **désinvolture** n.f.

désir n.m. Sans *e* final. Ne pas confondre avec *il désire*, du verbe *désirer*.
▸ **désirer** v.t. *Elle a enfin eu la bague qu'elle a si longtemps désirée. – Ses notes laissent à désirer. – Ils se sont fait désirer.* (*Fait* suivi d'un infinitif est invariable.)

désireux, -euse adj. – **être désireux de** : *Elle a échoué mais elle était désireuse de bien faire.*

désister (se) v.pr. On prononce [dézisté]. *Elle s'est désistée en faveur de sa sœur.*
▸ **désistement** n.m.

de sitôt loc.adv. S'écrit en deux mots. → sitôt

désobéir v.t.ind. *Désobéir à quelqu'un, à un règlement.*
▸ **désobéissant, -e** adj. *Une élève désobéissante.* Ne pas confondre avec le participe présent invariable : *Désobéissant au règlement, elle...* Voir gramm. § 31.
▸ **désobéissance** n.f.

désobligeant, -e adj. Avec **ea**.

désodorisant, -e adj. et n.m. On dit un **désodorisant** pour la maison et un ***déodorant*** pour le corps.

d

désœuvré, -e adj. Avec **œ** comme dans *œuvre*.
▸**désœuvrement** n.m.

désolation n.f. *C'est partout la désolation et la consternation.*

désoler v.t. et v.pr. *Cela me désole de te voir dans cet état. Ne te désole pas, tout va s'arranger. Nous sommes désolés.*
▸**désolant, -e** adj.

désolidariser v.t. et v.pr. Avec **dé** et un seul **s**, contrairement à *desserrer, dessaisir*, par exemple. *Elle s'est désolidarisée de ses collègues.* → dé-

désordre n.m.
▸**désordonné, -e** adj.

désorganiser v.t. *Tout est désorganisé !*
▸**désorganisation** n.f.

désorienté, -e adj.

désormais adv. *Désormais, les cours auront lieu le vendredi.*

despote n.m. *Cette femme est un despote.*
▸**despotique** adj.
▸**despotisme** n.m.

desquels, desquelles → lequel

dessaisir v.t. et v.pr. Avec **ss** comme ***ressaisir***. *Ils ont été dessaisis du dossier.* → dé-

dessaler v.t. Avec **ss**, alors que ***resaler*** n'a qu'un **s**. → dé-

dessécher v.t. et v.pr. CONJ.4 Avec **é** ou **è** : *nous desséchons, ils dessèchent.* Avec **ss**. *Sa peau s'est desséchée.* → dé-
▸**dessèchement** n.m. Avec **è**.

dessein n.m. (But) Avec **ein**. Ne pas confondre avec ***dessin***. – **à dessein** est invariable : *Toutes ces choses ont été faites à dessein* (= délibérément).

desserrer v.t. et v.pr. Avec **ss** et **rr** comme dans ***resserrer***. *La vis s'est desserrée.* → dé-

dessert n.m.

desservir v.t. CONJ.11 Avec **ss** comme dans ***resservir***. → dé-

dessin n.m. *Des cours, des ateliers de dessin. Des dessins animés.* Ne pas confondre avec ***dessein***.

▸**dessiner** v.t. *Il nous a dessiné une maison. La maison qu'il nous a dessinée.*
▸**dessinateur, -trice** n.

dessous adv.
• Adverbe qui correspond à la préposition ***sous***. *Il est sous la table, il est dessous.*
• S'emploie comme nom masculin. *L'étage du dessous. Des vêtements de dessous. Des dessous de soie. Les dessous d'une affaire.*
• **en dessous** s'écrit sans trait d'union. – **au-dessous, ci-dessous, là-dessous, par-dessous** s'écrivent avec un trait d'union.

dessous-de-plat n.m.inv. *Des dessous-de-plat.*

dessus adv.
• Adverbe qui correspond à la préposition ***sur***. *Il est sur la table, il est dessus.*
• S'emploie comme nom masculin. *Le dessus est abîmé. À l'étage du dessus. Prendre le dessus.*
• **en dessus** s'écrit sans trait d'union. – **au-dessus, ci-dessus, là-dessus, par-dessus** s'écrivent avec un trait d'union. – REMARQUE On écrit *sens dessus dessous* et non ✕ *sans*.

dessus-de-lit n.m.inv. *Des dessus-de-lit.*

déstabiliser v.t. *Sa question nous a déstabilisés.*

destin n.m.

destinataire n. Avec **aire**. *Le destinataire d'une lettre* (≠ expéditeur).

destination n.f. *Nous sommes arrivés à destination.*

destinée n.f.

destiner v.t. et v.pr. *Cette lettre t'était destinée. – Il se destine à la médecine.*

destituer v.t. *On a destitué la présidente, on l'a destituée.* – ATTENTION Au futur et au conditionnel : *il destituera(it).*
▸**destitution** n.f.

destruction n.f.
▸**destructeur, -trice** adj.

désuet, -ète adj. Avec un seul **t** au féminin. *Une expression désuète.*
▸**désuétude** n.f. *Des usages tombés en désuétude.*

1. détacher v.t. (De *tache*) *Détacher une nappe.*
▸**détachage** n.m.
▸**détachant** n.m.

2. détacher v.t. et v.pr. (≠ Attacher) *Détacher une feuille d'un bloc de papier. – Elle s'est détachée de lui.*
▸**détaché, -e** adj. *Pièces détachées.*
▸**détachement** n.m.

détail n.m. *Ce ne sont que des détails. Des points de détail. Décrire en détail. Se perdre en détails inutiles. – Vendre au détail.*
▸**détaillant, -e** n. *Un détaillant en fruits et légumes.*
▸**détailler** v.t.
▸**détaillé, -e** adj. *Un récit détaillé.*

détaler v.i. Avec un seul **l**. *Le lièvre a détalé.*

détartrer v.t. Avec **rtr** comme dans ***tartre***. *Détartrer une cafetière.*
▸**détartrage** n.m.
▸**détartrant** n.m.

détecter v.t. *On a détecté la fuite. On l'a détectée.*
▸**détection** n.f.

détective n.

déteindre v.i. CONJ.35 *Le tissu a déteint au soleil. – Son optimisme déteint* <u>*sur*</u> *nous.*

détendre v.t. et v.pr. CONJ.34 *Je détends, il détend. La corde s'est détendue. – Une atmosphère détendue.*
▸**détente** n.f.

détenir v.t. CONJ.10 *Je détiens, il détient. Il croit détenir la vérité. Elle détient le record du monde. – Les otages sont détenus depuis une semaine.*
▸**détenteur, -trice** n. *Qui est la détentrice du record du monde ?*
▸**détention** n.f. *La détention d'un titre. – Être en détention provisoire.*

détergent, -e adj. et n.m. Avec **gent**.

détériorer v.t. et v.pr. *La situation s'est détériorée.*
▸**détérioration** n.f.

déterminer v.t. et v.pr. *On n'a pas déterminé les causes de l'accident, on ne les a pas déterminées. – Voilà ce qui les a déterminés* <u>*à*</u> *agir. Elle s'est déterminée à avouer.*
▸**déterminant, -e** adj. *Une preuve déterminante.* ◆ n.m. Voir ce mot dans la partie grammaire.
▸**détermination** n.f. *Agir avec détermination.*

déterrer v.t. Avec **rr** comme dans ***terre***. *Les vieilles affaires que vous avez déterrées...*

détester v.t. et v.pr. *On la déteste. Elle est détestée de tous. Il déteste être en retard. Il déteste que j'aie* (= subjonctif) *du retard. – Ils se sont détestés toute leur vie.*
▸**détestable** adj.

détoner v.i. Avec un seul **n**. *C'est dangereux, le mélange peut détoner* (= exploser). Ne pas confondre avec ***détonner*** (= manquer d'harmonie).
▸**détonant, -e** adj. *Un mélange détonant.*
▸**détonation** n.f. *On a entendu deux détonations.*
▸**détonateur** n.m.

détonner v.i. Avec **nn**. *Ce tableau moderne détonne au milieu des tableaux anciens.* Ne pas confondre avec ***détoner***.

détour n.m. *Faire des détours.* – **sans détour** est invariable : *Parler sans détour.*

détourner v.t. et v.pr. *Ils ont détourné des fonds. Les fonds qu'ils ont détournés. – Elle s'est détournée pour pleurer.*
▸**détournement** n.m.

détracteur, -trice n. Attention au féminin en **trice**. *Ce projet a des détracteurs et des détractrices.*

détraquer v.t. et v.pr. *Ma montre est détraquée. Le climat se détraque.* – FAM. *Elle s'est détraqué la santé.*

détremper v.t. *Un sol détrempé par la pluie.*

détresse n.f. *Des appels de détresse. Des personnes en détresse.*

détriment n.m. Ne s'emploie que dans l'expression *au détriment de.*

détritus n.m. Avec un **s** qu'on prononce ou non.

détroit n.m. *Le détroit de Gibraltar.*

détromper v.t. et v.pr. *Elle a fait une erreur mais personne ne l'a détrompée. Détrompe-toi, c'était en 2001 !*

détrôner v.t. Avec **ô** comme dans ***trône***.

détruire v.t. CONJ.30 *Les immeubles ont été détruits.*

dette n.f. *Des dettes de jeu. Ils sont en dette avec moi.*

deuil n.m. *Ils sont en deuil.*

deux adj. numéral et n.m. *Il a deux ans. Tous les deux jours. Le deux de trèfle.* – On écrit avec un trait d'union *vingt-deux, trente-deux*, etc., et sans trait d'union *cent deux, deux cent deux.* Voir gramm. § 23.
▸ **deuxième** adj. et n. *La deuxième fois. Elle est la deuxième sur la liste. Ils sont deuxièmes ex-æquo.* – REMARQUE La distinction entre **deuxième** et **second**, qui voudrait qu'on emploie *second* quand il n'y a pas plus de deux éléments, ne se retrouve pas dans l'usage : *Habiter au deuxième* ou *au second étage. C'est son deuxième enfant. Les élèves de seconde et ceux de troisième. Rouler en seconde* ou *en deuxième (vitesse).*
▸ **deuxièmement** adv.

deux-points n.m.inv. S'écrit avec un trait d'union et s'emploie au singulier pour désigner le caractère de typographie. *Insérer, supprimer un deux-points.* – S'emploie au pluriel et s'écrit sans trait d'union pour désigner en langue courante le signe de ponctuation.

Emploi des deux points (:)
1. Pour introduire une citation, rapporter un propos. *Qui a dit : « Je pense donc je suis » ?*
2. Pour introduire une énumération. *Tout l'intéresse : la lecture, la musique, le sport.*
3. Pour introduire une explication, une justification, une conséquence. *Ne t'approche pas du chien : il mord.*

deux-roues n.m.inv. Est du masculin. *Les deux-roues sont dangereux en ville.*

dévaler v.t. et v.i. Avec un seul **l**. *Ils ont dévalé l'escalier. Les torrents dévalent de la montagne.*

dévaliser v.t. *On les a dévalisés.*

dévaloriser v.t. et v.pr. *Des travaux dévalorisés. Elle pense qu'elle se dévalorise, qu'elle s'est dévalorisée.*
▸ **dévalorisant, -e** adj.
▸ **dévalorisation** n.f.

dévaluer v.t. *Une monnaie dévaluée.* – ATTENTION Au futur et au conditionnel : *il dévaluera(it).*
▸ **dévaluation** n.f.

devancer v.t. Avec **ç** devant *a* et *o* : *il devançait, nous devançons. Ce coureur devance nettement les autres. Nous vous avons devancés.*

devant prép. et adv. **1.** La préposition est suivie d'un complément, l'adverbe s'emploie seul. *Ils sont devant nous. Ils marchent devant. Il a mis son pull devant derrière.* – **2.** S'emploie comme nom masculin. *Le devant de la voiture est abîmé* (= l'avant). *Les roues de devant. Prendre les devants.* – **au-devant, par-devant** s'écrivent avec un trait d'union.

devanture n.f. Avec **an** comme dans ***devant***. *La devanture d'un magasin. Des livres en devanture.*

dévaster v.t. *Le feu a dévasté la forêt. La forêt est dévastée.*
▸ **dévastateur, -trice** adj.

développer v.t. et v.pr. Avec un seul **l** et **pp**. *Porter des photos à développer. – Des activités qui se développent, qui se sont développées.*
▸ **développement** n.m.

1. devenir v.i. CONJ.10 Se conjugue avec l'auxiliaire ***être***. *Que sont-ils devenus ? Marie est devenue avocate.* – REMARQUE Le verbe **devenir** introduit un attribut du sujet.

2. devenir n.m. *Des sociétés en devenir.*

déverser v.t. et v.pr. *L'eau qu'ils ont déversée.*

dévêtir v.t. et v.pr. Se conjugue comme ***vêtir*** (voir ce mot). Avec **ê** comme dans ***vêtement***. *Elle s'est dévêtue.*

dévier v.i. et v.t. *La balle a dévié de sa trajectoire. – On a dévié la circulation, on l'a déviée.*
▸ **déviation** n.f.

devin n.m. L'expression *je ne suis pas devin* s'emploie en parlant d'un homme ou d'une femme. Le féminin ***devineresse*** est littéraire et rare.

deviner v.t. *Devine qui vient dîner!* – REMARQUE L'art de prédire l'avenir est la *divination.*
▸ **devinette** n.f.

devis n.m. Avec un **s**.

dévisager v.t. Avec **e** devant *a* et *o* : *il dévisageait, nous dévisageons. Quand ils sont entrés, tout le monde les a dévisagés.*

devise n.f.

dévisser v.t.

de visu loc.adv. Locution latine invariable. Sans accent. On prononce [dévizu]. *Je l'ai constaté de visu* (= de mes propres yeux).

dévoiler v.t. *Son identité a été dévoilée.*

1. devoir v.t. CONJ. 17 Attention au participe passé ***dû*** au masculin singulier et *dus, due, dues* aux autres formes. *J'ai dû partir. Ces indemnités lui sont dues. Les indemnités qu'on a dû payer.* – **ce doit être** reste au singulier : *Ce doit être eux. Ce doit être moi qui suis dans mon tort.* – REMARQUE S'emploie encore à l'imparfait du subjonctif dans des formules comme *dussé-je, dût-il, dussent-ils*, etc. : *Je le ferai, dussé-je y passer tout mon temps!*

2. devoir n.m. *Les droits et les devoirs du citoyen.*

dévorer v.t. *Le loup a dévoré sa proie. Il l'a dévorée. L'ambition les dévore. Ils sont dévorés d'ambition.*

dévot, -e adj. et n. Sans accent circonflexe.

dévouer (se) v.pr. *Ils se sont dévoués à leur pays. Elle s'est dévouée pour faire les courses.* – ATTENTION Au futur et au conditionnel : *il se dévouera(it).*
▸ **dévoué, -e** adj. *Des amis dévoués.*
▸ **dévouement** n.m. Avec un **e** muet.

dextérité n.f. (Habileté naturelle)

diabète n.m. Avec **è**.
▸ **diabétique** adj. et n. Avec **é**.

diable n.m.
▸ **diablesse** n.f.
▸ **diabolique** adj.

diagnostic n.m. Avec un **c**. On prononce [diag'nostik]. → gn- – Le **diagnostic** identifie une maladie d'après des signes, des symptômes. Ne pas confondre avec le ***pronostic*** qui en prévoit l'évolution.
▸ **diagnostique** adj. Avec **que**. *Des signes diagnostiques.*
▸ **diagnostiquer** v.t. *La maladie qu'on lui a diagnostiquée.*

diagonale n.f. *Lire en diagonale.*

dialecte n.m.

dialogue n.m. *Avec lui, le dialogue est difficile. Les dialogues d'un film.* – REMARQUE Dans un texte, le début et la fin d'un dialogue sont indiqués par des guillemets. Chaque changement d'interlocuteur est introduit par un tiret.
▸ **dialoguer** v.i. Avec **u** devant *a* et *o* : *il dialoguait, nous dialoguons. On a du mal à dialoguer avec lui.*

dialyse n.f. Avec **lyse**.

diamant n.m. *Un collier de diamants.*

diamètre n.m. Avec **è**.
▸ **diamétralement** adv. Avec **é**.

diapason n.m. Est invariable dans *se mettre au diapason.*

diaphragme n.m. Avec **ph**.

diapositive n.f. S'abrège souvent en ***diapo***.

diarrhée n.f. Avec **rrh**.

diaspora n.f. *La diaspora arménienne. Les Juifs de la diaspora. Des diasporas.*

dichotomie n.f. Avec **ch** qui se prononce [k].

dico n.m. FAM. Abréviation de **dictionnaire**.

dictature n.f.
▸ **dictateur** n.m.

dicter v.t. *On lui a dicté cette lettre. C'est une lettre qu'on lui a dictée.*
▸ **dictée** n.f.

d

diction n.f. *Des cours de diction. Avoir une bonne diction.*

dictionnaire n.m. Avec **nn**.

dicton n.m.

dièse n.m. Avec un **s**.

diesel n.m. Sans accent. Vient du nom de l'inventeur. On prononce [diézel]. Ce mot est devenu un nom commun : *un diesel, des diesels.* Mais on écrit encore *des moteurs Diesel* avec une majuscule.

diète n.f.

diététique adj. et n.f. *Un régime diététique. Apprendre la diététique.*
▸ **diététicien, -enne** n.

dieu n.m. **1.** Avec une majuscule pour désigner le Dieu unique des religions monothéistes. *Croire en Dieu. Prier Dieu. À Dieu vat ! Mon Dieu !* – **2.** Sans majuscule dans les autres cas. *Les dieux de la Grèce antique. Le dieu de la Guerre. Les dieux du stade. Jurer ses grands dieux.*

> **dif-** Les mots qui commencent par le son [dif] s'écrivent tous avec **ff** : *différence, difficile,* ou avec **ph** pour quelques mots scientifiques : *diphtérie.*

diffamer v.t. Avec **ff** et un seul **m**. *On nous a diffamés dans cet article.*
▸ **diffamant, -e** adj. *Ce que vous dites est diffamant !*
▸ **diffamatoire** adj. *Des propos diffamatoires* (= qui cherchent à diffamer).
▸ **diffamation** n.f. *Condamné pour diffamation.*

différé n.m. *Un match diffusé en différé* (≠ en direct).

différence n.f. *Quelle différence y a-t-il entre ceci et cela ?*

différencier v.t. et v.pr. Avec **en** comme dans ***différence***. *Différencier des jumeaux. Des cellules qui se différencient. – Elle s'est bien différenciée de sa sœur.*
▸ **différenciation** n.f.

différend n.m. (Désaccord) Avec un **d**. *Régler un léger différend.* Ne pas confondre avec ***différent*** (≠ semblable).

différent, -e adj. **1.** Avec **ent**. *Elle est très différente de sa sœur.* Ne pas confondre avec ***différant***, participe présent du verbe *différer* : *Différant de sa sœur, elle pense que…* Voir gramm. § 31(2) – **2.** Est toujours au pluriel devant le nom : *Différentes personnes m'ont dit que… Dans différents lieux.*

différer v.t. CONJ.4 Avec **é** ou **è** : *nous différons, ils diffèrent. – Ils ont dû différer leur départ* (= reporter). ◆ v.t.ind. et v.i. (Être différent) *Mon opinion diffère de la vôtre sur ce point. Nous différons sur ce point.*

difficile adj.
▸ **difficilement** adv.

difficulté n.f. *Il y a quelques difficultés dans cet exercice.* – Est invariable dans *en difficulté, avec difficulté, sans difficulté. Ils sont en difficulté. Ils s'expriment avec difficulté, sans difficulté.*

difforme adj. Avec **ff**.
▸ **difformité** n.f.

diffus, -e adj. Avec un **s** qui ne se prononce pas au masculin. *Une lumière diffuse.*

diffuser v.t. Avec **ff**. *L'émission est diffusée en direct.*
▸ **diffusion** n.f.

digérer v.t. CONJ.4 Avec **é** ou **è** : *nous digérons, ils digèrent. Ce sont les oignons qu'il a mal digérés.*
▸ **digeste** adj.
▸ **digestif, -ive** adj.
▸ **digestion** n.f.

digital, -e, -aux adj. *Des empreintes digitales.*

digne adj. *Une personne très digne. – Ils sont dignes de confiance.*
▸ **dignement** adv.
▸ **dignité** n.f.

digression n.f. Sans *s* avant le **g**. *Un discours plein de digressions inutiles.*

digue n.f.

diktat n.m. Mot allemand qui signifie « ce qui est ordonné ». Avec un **k** et un **t** final qui se prononce. *Des diktats.*

dilapider v.t. *Il a dilapidé sa fortune. C'est toute sa fortune qu'il a dilapidée au jeu.*

dilater v.t. et v.pr. *Ses pupilles se sont dilatées.*
▸**dilatation** n.f.

dilatoire adj. *Des manœuvres dilatoires* (= pour gagner du temps).

dilemme n.m. Avec **mm**. On prononce [dilèm'] et non ✕ [dilèmn']. Vient d'un mot grec qui signifie « double proposition ». – Un **dilemme** est un choix entre deux solutions qui présentent chacune des inconvénients. *Il se trouve devant un (terrible, cruel) dilemme : mentir pour conserver son amitié, dire la vérité et perdre son amitié.*

dilettante n. Mot italien. Avec **tt** et **an**. *Ils travaillent en dilettantes* (≠ professionnels).

diligence n.f.

diluer v.t. et v.pr. *Diluer de la peinture avec un solvant.* – ATTENTION Au futur et au conditionnel : *il diluera(it).*
▸**diluant** n.m.
▸**dilution** n.f.

diluvien, -enne adj. *Des pluies diluviennes.*

dimanche n.m. *Il va marcher tous les dimanches matin. La boulangerie est fermée les dimanche et lundi matin* (= le dimanche et le lundi). ➜ jour

dimension n.f. *Un objet de grande(s) dimension(s).*

diminuer v.t. et v.i. *On a diminué les taxes. On les a diminuées. – Les jours diminuent. Ils ont diminué.* – ATTENTION Au futur et au conditionnel : *il diminuera(it).*
▸**diminution** n.f.

dinde n.f.
▸**dindon** n.m.
▸**dindonneau** n.m. Avec **nn**. *Des dindonneaux.*

1. dîner v.i. Avec **î**. *Il a déjà dîné.*

2. dîner n.m. *Des dîners en ville.*

dinosaure n.m. Avec **au** à la fin du mot.

diplodocus n.m. Avec deux fois **o**. On prononce le **s** final.

diplomate adj. et n.
▸**diplomatie** n.f. Avec **tie** qui se prononce [si].
▸**diplomatique** adj. *Le corps diplomatique.*

diplôme n.m. Avec **ô**.
▸**diplômé, -e** adj. et n.

1. dire v.t. et v.pr. CONJ.29 **1.** Attention à la 2ᵉ personne du pluriel : *vous dites* et non ✕ *vous disez*. De même pour le verbe *redire*. – ACCORD DU PARTICIPE *Il a répété toutes les choses que je lui avais dites. Mais : Il a fait toutes les choses que je lui ai dit (de faire).* Voir gramm. § 28(3). Et à la forme pronominale : *Cela ne se dit pas. Cette expression ne s'est jamais dite en français. Elles se sont dit des secrets. Les secrets qu'elles se sont dits.* Voir gramm. § 29(2 et 3). – **2.** S'emploie dans de nombreuses expressions : *il a beau dire, à vrai dire, qu'est-ce à dire ?, quoi qu'on en dise, sans mot dire, cela va sans dire,* et mots composés : *soi-disant, des on-dit, le qu'en-dira-t-on, bien-disant, mieux-disant, c'est-à-dire.* ➜ c'est-à-dire

2. dire n.m. *Selon les dires de. Au(x) dire(s) de.*

direct, -e adj. Voir ce mot dans la partie grammaire. – *Un train direct. Une route directe.*
▸**directement** adv.

directeur, -trice n. *Un directeur, une directrice.* – REMARQUE Dans certains titres, on emploie parfois encore le masculin pour désigner une femme. *Madame le directeur.* ◆ adj. *Un plan directeur. Des lignes directrices.*

directif, -ive adj. *Elle est très directive.* ◆ n.f. *Suivre les directives de l'Administration.*

direction n.f.

directoire n.m. *Le directoire d'une entreprise.* – Prend une majuscule pour désigner la période historique. *Des meubles (de style) Directoire.*

diriger v.t. et v.pr. Avec **e** devant *a* et *o* : *il dirigeait, nous dirigeons. Il a dirigé une entreprise. Quelle entreprise a-t-il dirigée ? – On nous a dirigés vers la sortie. Nous nous sommes dirigés vers lui.*
▸**dirigeant, -e** adj. et n. Avec **ea**.

discal, -e, -aux adj. Avec **c**. *Une hernie discale* (= d'un disque).

discerner v.t. Avec **sc**. *Discerner le vrai du faux.*
▸**discernement** n.m.

d

disciple n. Avec **sc**. *Le maître et ses disciples.*

discipline n.f. Avec **sc**.
▸**discipliné, -e** adj.
▸**disciplinaire** adj. *Des mesures disciplinaires.*

disc-jockey n. Mot anglais. *Des disc-jockeys.* S'abrège en **DJ** [didji].

disco n.m. ou n.f. et adj.inv. *Des musiques disco.*

discontinuer v.i. Ne s'emploie que dans l'expression *sans discontinuer* : *Il a plu sans discontinuer.*

disconvenir v.t.ind. CONJ.10 Ne s'emploie qu'à la forme négative : *Je n'en disconviens pas.*

discordant, -e adj. *Des sons discordants.*

discorde n.f. LITT. *Des sujets de discorde.*

discothèque n.f. Avec **c**.

discount n.m. Mot anglais. *Pratiquer le discount.*

discourir v.i. CONJ.12 LITT. *Il n'est plus temps de discourir sur le sexe des anges !* – ATTENTION Au futur, on dit *il discourra*, en faisant entendre les **r**.

discours n.m. Avec un **s** final.

discrédit n.m. *Cette malheureuse affaire a jeté le discrédit sur toute la profession.*
▸**discréditer** v.t. *Toute la profession est discréditée, plus personne n'aura confiance.*

discret, -ète adj. Avec un **t** qui ne se prononce pas au masculin. *Il est discret, elle est discrète.*
▸**discrètement** adv. Avec **è**.
▸**discrétion** n.f. Avec **é**.

discrimination n.f. *Faire de la discrimination raciale, sexuelle, sociale.*
▸**discriminatoire** adj. *Des mesures discriminatoires.*

disculper v.t. et v.pr. *Ce témoignage les a disculpés. Ils se sont disculpés.*

discussion n.f. *Des projets en discussion.*

discuter v.t. et v.t.ind. *Ces projets de loi seront discutés à l'automne. – De quoi avez-vous discuté avec Pierre ? Voilà les projets dont nous avons discuté.*
▸**discutable** adj. *Un comportement discutable.*

disgrâce n.f. Avec **â** comme dans ***grâce***. *Tomber en disgrâce.*

disgracieux, -ieuse adj. Sans accent circonflexe, comme dans ***gracieux***.

disjoncteur n.m. Avec **dis**.

disparaître v.i. CONJ.36 Avec **î** devant un *t*. *Le soleil disparaît. La tache a disparu.* – REMARQUE Se conjugue avec l'auxiliaire ***avoir***, mais on a aussi employé l'auxiliaire ***être*** pour marquer le résultat de l'action, en langue littéraire : *Le soleil était depuis longtemps disparu lorsque…*
▸**disparu, -e** adj. *Nos chers disparus.*
▸**disparition** n.f. *Des espèces en voie de disparition.*

disparate adj. *Un mobilier disparate* (= hétéroclite).
▸**disparité** n.f. *Des disparités de salaires entre les hommes et les femmes.*

dispensaire n.m. Avec **aire**.

dispense n.f. *Des dispenses d'âge.*

dispenser v.t. et v.pr. *On lui a dispensé les soins nécessaires. Les soins qu'on lui a dispensés. – Le médecin a dispensé Marie de gymnastique. Il l'en a dispensée. Ils se sont dispensés de venir.*

disperser v.t. et v.pr. *La foule s'est dispersée.*
▸**dispersé, -e** adj. *En ordre dispersé.*
▸**dispersion** n.f.

disponible adj.
▸**disponibilité** n.f.

dispos, -e adj. Avec un **s** qui ne se prononce pas au masculin. *Il s'est réveillé frais et dispos. Elle s'est réveillée fraîche et dispose.*

disposer v.t. et v.t.ind. *Il a disposé les fleurs dans le vase, il les a bien disposées. – Il a disposé de deux comptes en banque. Les comptes dont il a disposé.* – **être disposé à** : *Elle n'est pas disposée à vous répondre.*
▸**disposition** n.f.

dispositif n.m. *Des dispositifs de sécurité.*

disproportion n.f.

▸**disproportionné, -e** adj. Avec **nn**. *Une peine disproportionnée par rapport à la faute commise.*

dispute n.f. *Une violente dispute éclata.*

disputer v.t. et v.pr. **1.** *Disputer un match, une compétition. La compétition s'est disputée hier soir.* – **2.** *Disputer quelque chose à quelqu'un. Plusieurs personnes lui disputent sa place de conseiller. Plusieurs personnes se sont disputé sa place.* Voir gramm. § 29(2). – **3.** FAM. *On nous a disputés* (= grondés). *Ils se sont disputés. Elle s'est fait disputer.* (*Fait* suivi d'un infinitif est invariable.)

disqualifier v.t. *Ils ont été disqualifiés pour dopage.*
▸**disqualification** n.f.

disque n.m. *Écouter un disque. Des disques compacts. – Des freins à disque.*
▸**disquaire** n. Avec **qu** comme ***disquette***. Mais les autres mots de la famille s'écrivent avec un **c** : *discothèque, discal,* etc.
▸**disquette** n.f.

dissension n.f. Avec des **s**. *Des dissensions à l'intérieur d'un parti politique* (= désaccord, conflit).

disséquer v.t. CONJ.4 Avec **é** ou **è** : *nous disséquons, ils dissèquent.*
▸**dissection** n.f.

dissertation n.f.

dissidence n.f. Avec **en**.
▸**dissident, -e** adj. et n.

dissimuler v.t. et v.pr. *On nous a dissimulé des preuves. Les preuves qu'on nous a dissimulées. Elle s'est dissimulée derrière la tenture.* Mais *Elle s'est dissimulé la vérité.* Voir gramm. § 29(2).
▸**dissimulation** n.f.

dissiper v.t. et v.pr. *Dissiper un malentendu. Le brouillard se dissipe. – Ils se dissipent en classe. Ils sont dissipés.*
▸**dissipation** n.f. *Après dissipation des brumes matinales.*

dissocier v.t. Avec **ss** et **c** comme dans ***associer***. – ATTENTION À l'indicatif imparfait et au subjonctif présent : *(que) nous dissociions.* – Au futur et au conditionnel : *il dissociera(it).*

dissolu, -e adj. LITT. *Des mœurs dissolues.* Ne pas confondre avec *dissous, dissoute,* du verbe ***dissoudre***.

dissolution n.f. Avec **ss** comme dans ***dissoudre***. *Décider la dissolution d'une société.*

dissolvant n.m. Avec **ss**.

dissonant, -e adj. Avec un seul **n**. *Des sons dissonants.*
▸**dissonance** n.f.

dissoudre v.t. Se conjugue comme ***résoudre*** (voir ce mot), sauf au participe passé : *dissous, dissoute. Médicament à dissoudre dans un peu d'eau. On a dissous l'Assemblée. L'Assemblée a été dissoute.* – REMARQUE Le nom correspondant est ***dissolution***.

dissuader v.t. *On a dissuadé Marie de partir. On l'en a dissuadée.*
▸**dissuasif, -ive** adj.
▸**dissuasion** n.f.

dissymétrie n.f. (Défaut de symétrie) Avec **ss** alors que ***asymétrie*** n'en a qu'un. → dys-
▸**dissymétrique** adj.

distance n.f. *Ils se tiennent à distance.*
▸**distancer** v.t. Avec **ç** devant *a* et *o* : *il distançait, nous distançons – Elle a distancé ses concurrent, elle les a distancés.*
▸**distant, -e** adj. *Deux maisons distantes de quelques mètres.*

distendre v.t. et v.pr. CONJ.34 *Leurs relations se sont distendues.*

distiller v.t. Avec **ill** qui se prononce [il] comme dans les mots de la même famille et non ✕ [iy']. *De l'eau distillée.*
▸**distillation** n.f.
▸**distillerie** n.f.

distinct, -e adj. Avec **ct** qui ne se prononce pas au masculin. *Deux problèmes distincts* [distin]. *Deux questions distinctes* [distinkt].
▸**distinctement** adv.
▸**distinctif, -ive** adj. *Signes distinctifs.*
▸**distinction** n.f.

distingué, -e adj. *Avec mes salutations distinguées, je vous prie…*

distinguer v.t. et v.pr. Avec **gu**, même devant *a* et *o* : *il distinguait, nous distin-*

d

guons. Distinguer le vrai du faux. – Elle s'est distinguée dans cette compétition.

distinguo n.m. Avec **gu**. *Des distinguos.*

distraction n.f.

distraire v.t. et v.pr. CONJ.26 *Ne le distrais pas, il travaille. Tu les empêches de travailler en les distrayant. Ils se sont un peu distraits hier soir.* – ATTENTION À l'indicatif imparfait et au subjonctif présent : *(que) nous distrayions.*

▸ **distrait, -e** adj. *Elle est un peu distraite aujourd'hui.*

▸ **distrayant, -e** adj. *Des films distrayants.*

distribuer v.t. *Il a distribué les cartes. Il les a distribuées.* – ATTENTION Au futur et au conditionnel : *il distribuera(it).*

▸ **distributeur** n.m.

▸ **distribution** n.f.

district n.m. Avec **ct** que l'on prononce. *Des districts.*

dit, dite adj. *Jean-Philippe Smet, dit Johnny Hallyday. – Venez à l'heure dite. – Les aspects économiques proprement dits.* → dire[1] – **ledit, ladite** s'écrivent en un mot. – **on-dit, lieu-dit** s'écrivent avec un trait d'union : *des on-dit, des lieux-dits.*

dithyrambique adj. Avec **thy**. *Une critique dithyrambique* (= très élogieuse).

diurne adj. *Un travail diurne* (≠ nocturne).

diva n.f. Mot italien. *Des divas.*

divaguer v.i. Avec **gu**, même devant *a* et *o* : *il divaguait, nous divaguons. Il est malade, il divague.*

▸ **divagation** n.f. Sans *u*.

divan n.m.

diverger v.i. Avec **e** devant *a* et *o* : *il divergeait, nous divergeons. Nos avis divergent sur ce point. Mes opinions divergeant des leurs, je n'ai pu les soutenir.*

▸ **divergent, -e** adj. Sans *a*. *Nous avons des avis trop divergents.* Ne pas confondre avec le participe présent du verbe. Voir gramm. § 31(2).

▸ **divergence** n.f. *Une divergence d'opinions, de goûts, d'intérêts.*

divers, diverse adj. **1.** S'emploie au singulier en langue soutenue. *Ses expériences ont eu une fortune diverse* (= variable). – **2.** Toujours au pluriel dans les autres cas. *À divers moments de la journée. On m'a fait diverses propositions. Des propositions diverses et variées.* – **3. fait divers** s'écrit sans trait d'union : *un fait divers, des faits divers.*

diversifier v.t. et v.pr. *Diversifier la production. Les offres commerciales se sont diversifiées.* – ATTENTION À l'indicatif imparfait et au subjonctif présent : *(que) nous diversifiions.* – Au futur et au conditionnel : *on diversifiera(it).*

▸ **diversification** n.f.

diversion n.f. *Ils ont fait diversion pour qu'on ne la remarque pas.*

diversité n.f. *Une diversité de couleurs.*

divertir v.t. et v.pr. *Ce film nous a bien divertis. Nous nous sommes bien divertis. Vous les empêchez de travailler en les divertissant.*

▸ **divertissant, -e** adj. *Des films divertissants.* Ne pas confondre avec le participe présent du verbe. Voir gramm. § 31.

▸ **divertissement** n.m. *Des émissions de divertissement.*

dividende n.m. Avec **en**.

divin, divine adj. *Un être divin. Une musique divine.* – REMARQUE Le masculin se prononce comme le féminin devant un nom commençant par une voyelle. *Le divin Enfant* [divinanfan].

divination n.f.

divinité n.f.

diviser v.t. et v.pr. *Diviser un nombre par un autre. Dix se divise par deux. – Cette question divise la population. La population est divisée sur cette question.* – REMARQUE Le participe **divisé** est invariable dans des tournures comme « *16 divisé par 2 égale 8* ».

▸ **divisible** adj.

▸ **division** n.f.

divorce n.m. *Le divorce a été prononcé. Depuis son divorce d'avec Jeanne, il n'est plus le même.*

▸ **divorcer** v.i. Avec **ç** devant *a* et *o* : *il divorçait, nous divorçons. Il a divorcé de Jeanne ou d'avec Jeanne.*

▸ **divorcé, -e** adj. et n.

divulguer v.t. Avec **gu**, même devant *a* et *o* : *il divulguait, nous divulguons. La presse a divulgué l'identité du suspect. Elle l'a divulguée.* – REMARQUE Le verbe signifiant déjà « rendre public », c'est un pléonasme de dire ✗ *divulguer publiquement, divulguer à tous,* etc.
▸**divulgation** n.f. Avec **ga**.

dix adj. numéral **1.** On prononce [di] devant une consonne ou un *h* aspiré : *dix francs, dix haricots* ; [diz] devant une voyelle ou un *h* muet : *dix enfants, dix hommes* ; et [dis] quand il n'y a pas de liaison : *page dix.* – **2.** S'emploie comme nom masculin, toujours prononcé [dis] : *le dix de trèfle.* – **3.** Les composés de **dix** s'écrivent avec un trait d'union : *dix-sept, dix-huit, dix-neuf, quatre-vingt-dix,* de même que leurs dérivés *dix-septième, dix-huitième, dix-neuvième, quatre-vingt-dixième.* Voir *Écriture des nombres*, p. 527.
▸**dixième** adj. *Ils sont dixièmes sur la liste.* ◆ n.m. *Deux dixièmes de seconde (2/10 s).* – REMARQUE On écrit *dixième* avec un **x** et *dizaine* avec un **z**.
▸**dixièmement** adv.

dizaine n.f. Avec **z**. *Ils arrivaient par dizaines.* – **une dizaine de** : *Une dizaine de personnes ont été blessées. Une dizaine de personnes a* ou *ont assisté à la cérémonie. Une dizaine d'euros ne suffira* ou *ne suffiront pas.* – L'accord se fait généralement avec le complément au pluriel, sauf si c'est sur le nombre qu'on souhaite insister.

docile adj. Avec un seul **l**. *Un animal docile.*
▸**docilité** n.f.

dock n.m. Mot anglais. *Des docks.*
▸**docker** n.m. *Des dockers.* On prononce [doker'].

docteur n.m. **1.** S'emploie pour un homme ou une femme. *Elle est docteur en médecine, docteur ès lettres, docteur en pharmacie.* – **2.** S'emploie seul en langue courante pour désigner un médecin. *Aller chez le docteur.* – **3.** S'abrège en *Dr* ou *D*^r^. *Le D*^r^ *Durand.* – REMARQUE Le féminin **doctoresse** est vieilli ou populaire.

doctrine n.f.

document n.m.

documentaire adj. et n.m. *Des films documentaires, des documentaires.*
▸**documentariste** n. (Auteur de documentaires) Ne pas confondre avec ***documentaliste***.

documentaliste n. (Spécialiste de documentation) Ne pas confondre avec ***documentariste*** (auteur de documentaires).

documenter v.t. et v.pr. *Elle s'est documentée sur cette région avant d'écrire son article.*
▸**documentation** n.f.

dodu, -e adj. *Une poule bien dodue.*

dogme n.m.
▸**dogmatique** adj.

doigt n.m. Avec **gt**. *Obéir au doigt et à l'œil. Un doigt de vodka.*
▸**doigté** n.m. Avec **é**. *Agir avec doigté.*

doléances n.f.plur. *Un cahier de doléances.*

dollar n.m. *Dix dollars (10 $).*

dolmen n.m. Mot breton. On prononce [dolmèn']. *Des dolmens.*

domaine n.m. *Sa chambre, c'est son domaine.* – Prend une majuscule pour désigner l'ensemble des biens de l'État.
▸**domanial, -e, -aux** adj. *Une forêt domaniale.*

dôme n.m. Avec **ô**.

domestique adj. et n.

domicile n.m. *Nous travaillons à domicile.* – **sans domicile fixe (S.D.F.)** : *Ils sont sans domicile fixe.*
▸**domicilier** v.t. *On les a domiciliés chez nous. Elles sont domiciliées à Paris.*

dominer v.t. et v.i. *Il a dominé ses concurrents, il les a dominés. – C'est le vert qui domine dans ce tableau.*
▸**dominant, -e** adj. *Les traits dominants d'un caractère.* ◆ n.f. *Un tableau avec une dominante de vert.*
▸**dominateur, -trice** adj. *Un être dominateur.*
▸**domination** n.f.

dominical, -e, -aux adj. *Le repos dominical* (= du dimanche).

domino n.m. *Une partie de dominos.*

dommage n.m. Avec **mm**. *Subir des dommages. Réclamer des dommages et intérêts.* – **c'est dommage, quel dommage que** + subjonctif : *– Tu ne viens pas ? C'est dommage. Quel dommage qu'il n'ait pas pu venir !*

dompter v.t. Avec un **p** qui se prononce ou non.
▸**dompteur, -euse** n.

don n.m. *Avoir le don des affaires. – Des dons en espèces. Des dons en nature.*

donation n.f. Avec un seul **n** contrairement au verbe *donner*. *Faire une donation. Des donations-partages.*
▸**donataire** n. Avec **aire** (Celui qui reçoit) Ne pas confondre avec ***donateur***.
▸**donateur, -trice** n. (Celui qui donne) *Une généreuse donatrice.* Ne pas confondre avec ***donataire***.

donc conj. On prononce le **c**. *Il pleut, donc nous ne sortons pas. Donc, vous dites que vous n'étiez pas là ?* ◆ adv. Se prononce [donk] ou [don] pour renforcer un ordre, une exclamation, une question. *Mais venez donc ! Allons donc ! Que dites-vous donc ?*

donjon n.m. *Le donjon d'un château.*

don Juan n.m. *Ce sont des don Juans.* Voir gramm. § 35.

donne n.f. *Changer la donne. Une nouvelle donne.* – REMARQUE ***Fausse donne*** s'écrit en deux mots. ***Maldonne*** s'écrit en un mot.

donnée n.f. *Les données d'un problème.*

donner v.t. et v.pr. ACCORD DU PARTICIPE *Je lui ai donné 10 euros. Les 10 euros que je lui ai donnés. Nous avons donné nos vêtements à nettoyer. Les vêtements que nous avons donnés à nettoyer.* Voir gramm. § 28. Et à la forme pronominale : *Elle s'est donnée à lui. Ils se sont donnés l'un à l'autre. Elle s'est donné une semaine. La semaine qu'elle s'était donnée n'a pas suffi.* Voir gramm. § 29(2 et 3). *Ils s'en sont donné à cœur joie.* – **étant donné** est invariable en tête de phrase : *Étant donné les circonstances...* Mais est variable au sens propre du verbe : *Les cartes étant données, nous pouvons jouer.* – **étant donné que** est toujours invariable. ◆ v.t.ind. *Sa chambre donne sur la mer.* – ATTENTION Il n'y a pas de *s* à la 2e personne de l'impératif, sauf devant ***en*** : *Donne les cartes. Donnes-en à tout le monde.* Avec le pronom personnel, on dit et on écrit *donne-m'en, donne-lui-en* et non ✕ *donne-moi-z-en, donnes-en-moi, donnes-en-lui.*

dont pron. relatif

• Remplace un complément introduit par ***de*** : *J'ai besoin de cela. C'est ce dont j'ai besoin. C'est ce dont je me souviens. Où est la maison dont tu parles ?*

• Lorsque **dont** remplace un complément de nom avec une valeur d'appartenance, de possession, l'emploi d'un possessif est fautif. On dira *C'est l'homme dont j'ai vu le fils*, et non ✕ *son fils*.

• **dont** ne peut pas être suivi d'une préposition (ou d'une forme composée comme *auquel, auxquels,* etc.). On ne dira donc jamais ✕ *dont auquel.*

• **dont** ne peut pas s'employer si, par un procédé de mise en relief, la préposition *de* apparaît. On dira *C'est de Jacques **que** je parle*, et non ✕ *C'est de Jacques dont je parle.*

doper v.t. et v.pr. Avec un seul **p** comme tous les mots de la famille. *Des mesures pour doper l'économie. – Les coureurs se sont dopés.*
▸**dopant, -e** adj. *Des produits dopants.*
▸**dopage** n.m. *Lutter contre le dopage dans le sport.* – REMARQUE ***Antidopage*** s'écrit en un mot.

dorade ou **daurade** n.f. (Poisson)

doré, -e adj. *Une ceinture dorée. Des yeux vert doré.* Voir gramm. § 8.

dorénavant adv. *Dorénavant, nous dînerons à 7 heures.*

dorer v.i. et v.t. *Le poulet dore dans le four. Réservez les oignons que vous avez fait dorer. – Un cadre doré à l'or fin.*

d'ores et déjà loc.adv.

dorloter v.t. Avec un seul **t**. *Elle se laisse dorloter comme un bébé.* ➜ -oter

dormir v.i. CONJ.11 *Je dors bien. Qui dort dîne. Elle a dormi 8 heures.* – REMARQUE Le participe passé est toujours invariable : *Il ne s'est rien passé pendant les 8 heures qu'elle a dormi.* Voir gramm. § 12.
▸**dormeur, -euse** n.

dorsal, -e, -aux adj. *L'épine dorsale. Les muscles dorsaux.*

dortoir n.m. Forme des mots composés avec trait d'union : *des cités-dortoirs, des villes-dortoirs.*

dorure n.f.

dos n.m. *Ils ont mal au dos. Écrire au dos d'une enveloppe. Ils ont bon dos.*

dos-d'âne n.m.inv. *Des dos-d'âne.*

dose n.f. *Ne pas dépasser la dose prescrite. Deux doses de lessive. À petites doses.*
▸**doser** v.t.
▸**dosage** n.m.

dossard n.m. Avec **d**.

dossier n.m.

dot n.f. Avec **t** qui se prononce.

doter v.t. *La nature l'a dotée d'un heureux caractère.*

douane n.f. *Payer des droits de douane.*
▸**douanier, -ière** adj. et n.

double adj. **1.** *Une feuille double. Des feuilles doubles. Des agents doubles. Jouer un double rôle. En double exemplaire.* – **2.** Entre dans des expressions invariables comme : *à double sens, faire double emploi, faire coup double.* – **3.** Forme des mots composés avec ou sans trait d'union : ***un double(-)rideau des doubles(-)rideaux*** ; ***un double-décimètre, des doubles-décimètres.*** – **4.** Est invariable comme adverbe dans *voir double.* ◆ n.m. *On a payé le double. C'est son double. Un double mixte.*

doubler v.t. et v.i. *Doubler une robe, un film. Une robe doublée de soie. Un film doublé en français. – La moto nous a doublés sur la droite ! Les prix ont doublé. Elle s'est fait doubler par une moto.* (*Fait* suivi d'un infinitif est invariable.)

doublon n.m. *Des emplois qui font doublon.*

doublure n.f.

douceâtre adj. Avec **eâ**. *Des pommes douceâtres.* → -atre/-âtre

doucement adv.

doucereux, -euse adj. *Une voix doucereuse.*

douceur n.f. *La douceur du climat. Conduire en douceur.*

douche n.f. *Des cabines de douche.*
▸**doucher** v.t. et v.pr. *Elle s'est douchée.*

doué, -e adj. *Ils sont doués en musique, pour la musique.*

douillet, -ette adj. Avec **tt** au féminin. *Il est douillet, elle est douillette.*
▸**douillettement** adv. Avec **tt**.

douleur n.f. *Se plaindre de douleurs au ventre. Crier de douleur. Accouchement sans douleur.*
▸**douloureux, -euse** adj.
▸**douloureusement** adv.

doute n.m. Reste au singulier dans *sans doute, sans aucun doute, nul doute que, il n'y a pas de doute.* – **sans doute**, en tête de phrase, entraîne l'inversion du sujet : *Sans doute n'a-t-il pas pu nous prévenir.*
▸**douter** v.t.ind. *Je n'ai jamais douté de toi. Je doute qu'il puisse réussir. J'en doute.* – REMARQUE À la forme négative, *ne pas douter que* se construit avec le subjonctif ou l'indicatif. *Je ne doute pas qu'il puisse réussir* (subjonctif pour marquer l'hypothèse : *Qu'il puisse réussir, je n'en doute pas*). *Je ne doute pas qu'il réussira* (indicatif pour marquer la réalité du fait : *Il réussira, je n'en doute pas*). ◆ **se douter de, que** v.pr. *Elle ne s'est doutée de rien. Nous nous sommes bien doutés que vous seriez en retard. Nous nous en sommes doutés.*

douteux, -euse adj. *Un fait douteux. Des mains douteuses.*

doux, douce adj. *Un hiver très doux. Une voix douce.* – **en douce** est invariable et familier : *Ils sont sortis en douce.*
▸**doux-amer, douce-amère** adj. *Des fruits doux-amers. Des paroles douces-amères.*

douzaine n.f. *Ils arrivaient par douzaines. Treize à la douzaine.* – **une douzaine de** : *Une douzaine de personnes ont été blessées. Une douzaine d'œufs ne suffira ou ne suffiront*

d

peut-être pas. – L'accord se fait généralement avec le complément au pluriel, sauf si c'est sur le nombre qu'on souhaite insister.

douze adj. numéral Est invariable. *Ils sont douze. Ils sont partis tous les douze.* On écrit avec un trait d'union *soixante-douze, quatre-vingt-douze*, et sans trait d'union *cent douze.* Voir *Écriture des nombres*, p. 527.
▸**douzième** adj. *Ils sont douzièmes.*
▸**douzièmement** adv.

doyen, -enne n. On prononce [doiyin, doiyèn'].

draconien, -enne adj. *Des mesures draconiennes* (= très sévères).

dragée n.f. *Une boîte de dragées.*

dragon n.m.

drainer v.t. Sans accent circonflexe, contrairement à ***traîner***.

drame n.m.
▸**dramatique** adj.
▸**dramatiser** v.t.

drap n.m. Avec un **p**. *Des draps de, en coton. Des draps de bain. Être dans de beaux draps.*
▸**drap-housse** n.m. *Des draps-housses.*

drapeau n.m. *Des drapeaux blancs. Des drapeaux bleu, blanc, rouge.* Voir gramm. § 8(4).

draperie n.f.

dresser v.t. et v.pr. *Dresser un animal. Dresser une table. Une table bien dressée.* – *Elle s'est dressée devant moi.*

drille n.m. On prononce [driy']. – Ne s'emploie que dans l'expression *joyeux drille.*

drogue n.f.
▸**droguer** v.t. et v.pr. Avec **gu**, même devant *a* et *o* : *il droguait, nous droguons. On les a drogués. Ils se sont drogués.*
▸**drogué, -e** adj. et n.

droguerie n.f. *Il y a deux rayons droguerie dans cet hypermarché.*

1. droit n.m. *Des études de droit. Avoir le droit <u>de</u> faire quelque chose. Avoir droit <u>à</u> quelque chose. Des droits de douane. Des droits d'auteur. À bon droit, à juste droit.*

2. droit, -e adj. Est variable comme adjectif. *Le pied droit. La main droite. Une ligne droite. Marie, tiens-toi droite ! Tenez-vous droits !* – Est invariable comme adverbe. *Ils marchent droit. Elle va droit dans le mur.*
▸**droite** n.f. *Des droites parallèles.* – *Marcher à droite.* – *Ils sont de droite, pas d'extrême droite.*
▸**droitier, -ière** adj. et n. *Il est droitier* (= il se sert de sa main droite). – *Une politique droitière.*
▸**droiture** n.f.

drôle adj. Avec **ô** comme dans les mots de la même famille, sauf l'adjectif rare et littéraire *drolatique. Des histoires drôles.* – **un drôle de, une drôle de** : *Quelles drôles de filles ! Quels drôles de garçons !*
▸**drôlement** adv.
▸**drôlerie** n.f.

dromadaire n.m. Avec **aire**.

dru, drue adj. Sans accent circonflexe. *De l'herbe drue.* – Est invariable comme adverbe. *La pluie tombe dru.*

drugstore n.m. Mot anglais. On prononce [dreug'stor]. *Des drugstores.*

1. du article Masculin singulier de l'article défini contracté et de l'article partitif. Voir *article* dans la partie grammaire.

2. dû, due adj. Participe passé du verbe ***devoir***. L'accent circonflexe ne se trouve qu'au masculin singulier. *À quoi est dû l'incendie ? Payer les sommes dues.* – **en bonne et due forme** : *des contrats en bonne et due forme.*
▸**dû** n.m.sing. *Payer son dû.*

dubitatif, -ive adj. *Elle est très dubitative* (= sceptique).

duc n.m. **1.** (Titre de noblesse) *Le duc d'Orléans.* On écrit *un grand-duc* avec un trait d'union. – **2.** (Oiseau) On écrit *un grand duc* sans trait d'union.
▸**duché** n.m. Sans accent circonflexe. *Le duché de Bourgogne.*
▸**duchesse** n.f. Sans accent circonflexe.

dudit → ledit

duel n.m. *Ils se sont battus en duel.*

dûment adv. Avec **û**. *Il a été dûment informé de ses droits.*

dumping n.m. Mot anglais. *Faire du dumping* (= vendre en dessous du prix).

dune n.f.

duo n.m. *Des duos.*

dupe adj. et n.f. *Nous ne sommes pas dupes. Être la dupe d'un escroc. Un marché de dupes.*
▸ **duper** v.t. *On nous a dupés* (= trompés).
▸ **duperie** n.f.

duplex n.m. On prononce le **x**. *Des duplex.*

duplicata n.m. Avec ou sans *s* au pluriel : *des duplicata(s).* Mais la forme régulière avec *s* est aujourd'hui la plus fréquente.

dupliquer v.t. *Dupliquer des documents.*
▸ **duplication** n.f. Avec un **c**.

duquel → lequel

dur, -e adj. *Du pain dur. Une matière très dure.* – Est invariable comme adverbe. *Ils ont travaillé dur.* – **à la dure** : *Être élevé à la dure.*

durable adj.
▸ **durablement** adv.

durant prép. *Cela s'est passé durant notre séjour.* – Toujours invariable, avant ou après un complément de temps : *Durant toute sa vie. Toute sa vie durant.*

durcir v.t., v.i. et v.pr. *Le froid a durci la neige. Le pain a durci. – L'opposition s'est durcie.*
▸ **durcissement** n.m.

durée n.f. *Pendant la durée des travaux.*

durer v.i. *Le film dure combien de temps ? Il dure deux heures. Pendant les deux heures que le film a duré.* Voir gramm. § 12.

dureté n.f.

duvet n.m. Avec un **t**. *Du duvet d'oie.*

DVD n.m. Sigle de l'anglais *Digital Versatile Disc. Des lecteurs DVD.*

dynamique adj. et n.f. Avec **dy** comme dans les mots de la même famille.
▸ **dynamiser** v.t.
▸ **dynamisme** n.m.

dynamite n.f.

dynamo n.f. *Des dynamos.*

dynastie n.f.

> **dys-** Élément qui signifie « trouble, mauvais » comme dans *dysfonctionnement.* Ne pas confondre avec ***dis-*** qui signifie « défaut, manque » comme dans *dissymétrie.*

dysfonctionnement n.m.

dyslexie n.f. (Trouble de la lecture)
▸ **dyslexique** adj. et n.

d

E

eau n.f. **1.** *Une eau, des eaux.* – *De l'eau de rose. De l'eau de fleur d'oranger. Des eaux de source.* – *De l'eau de Cologne, de Javel.* – **2.** Reste au singulier dans *à grande eau, des cours d'eau, des voies d'eau, des jets d'eau.* – **3.** Est au pluriel dans *une ville d'eaux, prendre les eaux, les Eaux et Forêts.*

eau-de-vie n.f. *Des eaux-de-vie.*

eau-forte n.f. *Graver à l'eau-forte. Des eaux-fortes.*

ébahi, -e adj. Avec **h**.

ébats n.m.plur. Avec un **t**. *Des ébats amoureux.*

ébauche n.f. *Ce dessin n'est qu'une ébauche.*
▸ **ébaucher** v.t.

ébène n.f. (Bois noir) Avec **é** et **è**. Est du féminin. *Des meubles faits dans l'ébène la plus noire.* – Est invariable comme adjectif de couleur. *Des cheveux ébène.* Voir gramm. § 8(2).

ébéniste n. Avec deux **é**.
▸ **ébénisterie** n.f. *Des travaux d'ébénisterie.*

éblouir v.t. *Le soleil nous a éblouis.*
▸ **éblouissant, -e** adj.
▸ **éblouissement** n.m.

éboueur n.m. A remplacé ***boueux***.

ébouillanter v.t.et v.pr. *Elle s'est ébouillantée.*

ébouler (s') v.pr. *La falaise s'est éboulée.*
▸ **éboulement** n.m.

ébouriffé, -e adj. Avec un seul **r** et **ff**. *Elle est tout ébouriffée.*

ébranler v.t. et v.pr. *Son témoignage a ébranlé nos convictions. Nos convictions sont ébranlées.* – *Le convoi s'ébranle.*
▸ **ébranlement** n.m.

ébriété n.f. *Ils sont en état d'ébriété* (= ivresse).

ébrouer (s') v.pr. *Le chien s'ébroue en sortant de l'eau.* – ATTENTION Au futur et au conditionnel : *il s'ébrouera(it).*

ébruiter v.t. et v.pr. *On a ébruité l'affaire. L'affaire s'est ébruitée.*

ébullition n.f. Avec **ll**.

écaille n.f. *Des écailles de poisson.* – *Des peignes en écaille.*

1. écailler v.t. *Écailler un poisson.* ◆ v.pr. *La peinture s'est écaillée par endroits.*

2. écailler n.m. Sans *i* après les **ll**, contrairement à *quincaillier*.

écarlate adj. *Il avait les joues écarlates.*

écarquiller v.t. *Les yeux écarquillés.* – ATTENTION À l'indicatif imparfait et au subjonctif présent : *(que) nous écarquillions.*

écart n.m. *Ils sont restés, ils se tiennent à l'écart. Des écarts de conduite.*

écarter v.t. et v.pr. *On les a écartés du projet. Elle s'est écartée du sujet.*

ecchymose n.f. Avec **cchy** qu'on prononce [ki]. *Il avait des ecchymoses sur le corps* (= des bleus).

ecclésiastique adj. et n.m. Avec **cc**.

échafaud n.m. Avec **d**.

échafaudage n.m.

échafauder v.t. *Il a échafaudé des théories. Les théories qu'il a échafaudées.*

échalote n.f. Avec un seul **t**. → -ote/-otte

échancré, -e adj.
▸ **échancrure** n.f.

échange n.m. *Un échange de lettres. Donnez-lui ces disques en échange.*
▸ **échanger** v.t. Avec **e** devant *a* et *o* : *il échangeait, nous échangeons. Ils ont échangé des sourires. Les sourires qu'ils ont échangés.*

échantillon n.m. *Des échantillons de parfum.*

échappatoire n.f. Avec **pp** comme dans ***échapper***. Est du féminin. *Chercher une échappatoire* (= issue, solution).

échapper v.t.ind. et v.pr. Avec **pp**. *Ils ont échappé à la justice, à la grippe.* – *Elles se sont échappées de prison.* – **laisser échapper** : *Il a laissé échapper les verres. Il les a laissé(s) échapper.* → laisser – **l'échapper belle** : *Vous l'avez échappé belle !*
▸ **échappée** n.f. *Tenter une échappée à la course.*
▸ **échappement** n.m. *Des pots d'échappement.*

écharde n.f.

écharpe n.f.

échauder v.t. On dit qu'*un chat échaudé craint l'eau froide.*

échauffer v.t. et v.pr. *Ils se sont échauffés avant le match.*
▸ **échauffement** n.m. *Des exercices d'échauffement.*

échauffourée n.f. (Bagarre) Avec **ff** et un seul **r**.

échéance n.f. *Les loyers sont arrivés à échéance. Vous faites des projets à longue ou à brève échéance ?*
▸ **échéancier** n.m.

échéant adj.inv. *Le cas échéant, prévenez-moi.*

échec n.m. *Essuyer, connaître des échecs.* Reste au singulier dans *courir à l'échec, faire échec à, tenir en échec.* – *Un jeu d'échecs. Jouer aux échecs. Être échec et mat.*

échelle n.f. *Des échelles de corde. L'échelle de Richter. L'échelle de Beaufort.*

échelon n.m. *Gravir les échelons.*

échelonner v.t. *Échelonner une dette. Des remboursements échelonnés.*
▸ **échelonnement** n.m.

écheveau n.m. *Des écheveaux de laine.*

échevelé, -e adj. *Elle était tout échevelée.*

échine n.f.

échiquier n.m.

écho n.m. On prononce [éko]. *J'ai eu des échos de votre affaire. Nos propositions sont restées sans écho.* – **se faire l'écho de** : *Elles se sont fait l'écho de tous ces racontars.*

échographie n.f. Avec **ch** qu'on prononce [k] comme dans *écho*.

échoir v.t.ind. *C'est une lourde tâche qui lui échoit.* – Ne s'emploie guère qu'au présent de l'indicatif et du subjonctif, à la 3e personne : *il échoit, ils échoient, (qu')il échoie, (qu')ils échoient.* Les participes *échéant* et *échu* sont devenus des adjectifs.

échoppe n.f. Avec **pp**.

échouer v.i. *Ils ont échoué à leur examen.*
◆ v.i. ou v.pr. *Ces navires ont échoué, se sont échoués sur les rochers.* – ATTENTION Au futur et au conditionnel : *il échouera(it).*

échu, -e adj. *Payer à terme échu.*

éclabousser v.t. *Il nous a éclaboussés en plongeant.*
▸ **éclaboussure** n.f.

éclair n.m. *Des éclairs de génie. Des voyages éclair(s).*

éclairer v.t. et v.pr. *La lune éclaire le jardin. Les rues sont éclairées le soir. Ils se sont longtemps éclairés à la bougie.*
▸ **éclairage** n.m.

éclat n.m. *Des éclats de rire. Rire aux éclats. Voler en éclats. Des actions d'éclat.*

éclater v.i. *Ils ont éclaté de rire.*
▸ **éclatant, -e** adj. *Des couleurs éclatantes.*

éclectique adj. *Des goûts éclectiques* (= très variés).

éclipse n.f. *Des éclipses de Lune, de Soleil.*

éclipser v.t. et v.pr. *Il a éclipsé ses concurrents, il les a éclipsés.* – *Elle s'est éclipsée pendant la réunion.*

éclosion n.f.

écluse n.f.

> **éco-** Se joint sans trait d'union à un nom : *écomusée, écorecharge, écosystème.*

écœurer v.t. Avec **œ** comme dans ***cœur***.

école n.f. *Des maîtres d'école. Ils ont fait école.* – On écrit *l'École polytechnique, l'École*

e

centrale, ou simplement *Centrale, Polytechnique* avec la majuscule à l'adjectif. – S'emploie avec un trait d'union après un nom : *un bateau-école, des bateaux-écoles ; une voiture-école, des voitures-écoles.* → auto-école
▸ **écolier, -ière** n.

écologie n.f.
▸ **écologique** adj.
▸ **écologiste** adj. et n.

éconduire v.t. CONJ.30 *On les a éconduits. Elle s'est fait éconduire.* (*Fait* suivi d'un infinitif est invariable.)

économie n.f. **1.** *Payer avec ses économies. Faire des économies d'énergie. Des réformes dont on ne peut pas faire l'économie.* – **2.** *Étudier l'économie politique. Des sociétés d'économie mixte.*
▸ **économe** adj. et n. *Une personne économe.*
▸ **économique** adj. *Un produit économique.* – *La politique économique.*
▸ **économiser** v.t. *Les cent euros qu'il a économisés.*
▸ **économiste** n.

écorce n.f.

écorcher v.t. et v.pr. *Les ronces lui ont écorché les jambes. Elle s'est écorché les genoux, elle se les est bien écorchés.* Voir gramm. § 29.
▸ **écorchure** n.f.

écossais, -e adj. et n. *Il est écossais. C'est un Écossais.* (Le nom de personne prend une majuscule.)

écosser v.t. *Écosser des petits pois. Des haricots à écosser.*

écosystème n.m. En un seul mot. → éco-

écot n.m. (Quote-part) *Payer son écot.* Ne pas confondre avec ***écho*** (son).

écouler v.t. et v.pr. *Ils ont écoulé toutes leurs marchandises, il les ont écoulées.* – *L'eau s'écoule par la fissure. Trois jours s'étaient écoulés quand... Il s'était écoulé trois jours quand...* Voir gramm. § 25(2).
▸ **écoulement** n.m.

écourter v.t. *On a dû écourter nos vacances.*

écoute n.f. **1.** *Des tables d'écoute. Aux heures de grande écoute. Être à l'écoute de...* – **2.** *Les écoutes d'un voilier.*

écouter v.t. et v.pr. *Tais-toi et écoute ! Je les ai écoutés chanter. Elle s'est écoutée parler pendant une heure.* Voir gramm. § 30(3). – REMARQUE Il n'y a pas de *s* à l'impératif, sauf devant *en* : *écoute ce disque, écoutes-en d'autres.*
▸ **écouteur** n.m.

écran n.m. *Les arbres font écran. Des écrans de verdure. Des films sur grand écran.*

écraser v.t. et v.pr. *La voiture a écrasé la petite chienne. Elle est morte écrasée. Elle s'est fait écraser par la voiture.* (*Fait* suivi d'un infinitif est invariable.) – *Les deux avions se sont écrasés sur le sol.*
▸ **écrasant, -e** adj. *Une chaleur écrasante.*

écrémer v.t. CONJ.4 Avec **é** ou **è** : *nous écrémons, ils écrèment.*
▸ **écrémage** n.m.

écrevisse n.f. *Des écrevisses à la nage.* – Est invariable comme adjectif de couleur. *Elles sont devenues (rouge) écrevisse.* Voir gramm. § 8.

écrier (s') v.pr. *« Pierre ! » s'écria-t-il.* Voir gramm. § 21. *Elles se sont écriées que...*

écrin n.m. *Un bijou dans son écrin. Un écrin de verdure* (= décor). Ne pas confondre avec ***écran***.

écrire v.t. et v.pr. CONJ.27 *Je lui ai écrit une lettre. La lettre que je lui ai écrite. Ils se sont écrit pendant les vacances* (= l'un *à* l'autre). *Les lettres qu'ils se sont écrites.* Voir gramm. § 29(2 et 3).
▸ **écrit** n.m. *À l'écrit et à l'oral.*

écriteau n.m. *Des écriteaux.*

écritoire n.f. Est du féminin.

écriture n.f. *Des exercices d'écriture.* – Prend une majuscule dans *les Saintes Écritures.*

écrivain n.m. S'emploie pour un homme ou une femme. *Agatha Christie est un écrivain. Un écrivain femme, une femme écrivain.* – REMARQUE Le féminin ***écrivaine*** s'emploie au Québec et dans les milieux qui préconisent la féminisation des noms de métiers et de fonctions.

écrou n.m. **1.** *Serrer, desserrer des écrous.* – **2.** *Les malfaiteurs ont été mis sous écrou. Des levées d'écrou.*
▸**écrouer** v.t. *Les malfaiteurs ont été écroués.*

écrouler (s') v.pr. *La maison s'est écroulée.*
▸**écroulement** n.m.

écru, -e adj. *De la laine écrue.*

écu n.m. *Des écus.*

écueil n.m. Avec **ueil**. *Des écueils.* → -euil/-ueil

écume n.f.
▸**écumer** v.t.
▸**écumoire** n.f.

écureuil n.m. Avec **euil**. *Des écureuils.*

écurie n.f. *Des garçons d'écurie.*

écuyer, -ère n. On prononce [ékuiyé, -yèr].

eczéma n.m. Avec **cz**.

edelweiss n.m. Mot allemand. Sans accent. Est du masculin : *de beaux edelweiss.*

édifice n.m. *Un bel édifice.*

édifier v.t. **1.** (Construire) *Cette église a été édifiée en 1960.* – **2.** (Renseigner) *Nous voilà édifiés sur ses intentions.* – ATTENTION À l'indicatif imparfait et au subjonctif présent : *(que) nous édifiions.* – Au futur et au conditionnel : *il édifiera(it).*
▸**édifiant, -e** adj. *Des témoignages édifiants.*
▸**édification** n.f.

édile n.m. (Élu municipal) Est du masculin : *un édile.*

édit n.m. *La révocation de l'édit de Nantes.*

éditer v.t. *Nous avons édité ses œuvres, nous les avons éditées.*
▸**éditeur, -trice** n.
▸**édition** n.f. *Des maisons d'édition.*
▸**éditorial, -e, -aux** adj. *Des responsables éditoriaux.* ◆ n.m. *Lire l'éditorial d'un journal.* S'abrège en **édito**.

édredon n.m.

éducation n.f. Avec un **c**. Prend une majuscule dans *le ministère de l'Éducation nationale.*
▸**éducatif, -ive** adj. *Des jeux éducatifs.*
▸**éducateur, -trice** n.

éduquer v.t. *Des personnes bien éduquées. En éduquant.* Le verbe s'écrit avec **qu**, les dérivés avec un **c**.

ef- Tous les mots qui commencent par **ef-** s'écrivent avec **ff** et sans accent sur le **e**.

effacer v.t. et v.pr. Avec **ç** devant *a* et *o* : *il effaçait, nous effaçons. On a effacé les traces, on les a effacées. L'encre indélébile ne s'efface pas.*

effarer v.t. *Cela m'effare de voir tant d'ingratitude. Je suis effarée.*
▸**effarant, -e** adj.
▸**effarement** n.m.

effaroucher v.t. et v.pr. *Le bruit a effarouché la biche. Le bruit l'a effarouchée. Elle s'est effarouchée.*

1. effectif n.m. *Un effectif de trois mille élèves. La réduction des effectifs.* – REMARQUE On écrit avec un trait d'union ***sous-effectif***, et en un mot ***sureffectif***.

2. effectif, -ive adj. *D'une manière effective, réelle.*
▸**effectivement** adv. *Il était effectivement présent.* – S'emploie pour renforcer une affirmation. *On m'a dit que tu me cherchais ? – Effectivement, je te cherchais.*

effectuer v.t. *Nous avons effectué des changements. Les changements que nous avons effectués.* – ATTENTION Au futur et au conditionnel : *il effectuera(it).*

efféminé, -e adj.

effervescence n.f. Avec **sc**.
▸**effervescent, -e** adj.

effet n.m. *Les effets de l'alcool. Être sous l'effet de l'alcool. Les médicaments font leur effet. Ces lois prendront effet le 15. Nous avons tout prévu à cet effet.* – **en effet** : *Il n'y a, en effet, qu'une solution possible.*

efficace adj.
▸**efficacement** adv.
▸**efficacité** n.f.

effigie n.f. *Une pièce de monnaie à l'effigie de la reine.*

e

effilé, -e adj. *Des doigts effilés* (= longs et fins).

effilocher v.t. et v.pr. *Son écharpe s'est effilochée.*

efflanqué, -e adj. Avec **ff** comme tous les mots qui commencent par le son [éf].

effleurer v.t. (Toucher à peine) Ne pas confondre avec ***affleurer*** (apparaître à la surface).

effluve n.m. Est du masculin. *Des effluves enivrants.*

effondrer (s') v.pr. *La maison s'est effondrée.*
▸ **effondrement** n.m.

efforcer (s') v.pr. Avec **ç** devant *a* et *o* : *il s'efforçait, nous nous efforçons. Nous nous sommes efforcés de le comprendre.*

effort n.m. *Faire un effort. Partisan du moindre effort. Réussir sans effort.*

effraction n.f. *Pénétrer chez quelqu'un par effraction.* Ne pas confondre avec ***infraction*** (manquement à une loi).

effrayer v.t. et v.pr. CONJ.5 *Il effraie* ou *effraye. – Les oiseaux qu'on avait effrayés se sont envolés. Ne t'effraie pas pour si peu.*
▸ **effrayant, -e** adj. *Une vision effrayante.*

effréné, -e adj. *Un rythme effréné. Une course effrénée.*

effriter (s') v.pr. *Les murs se sont effrités par endroits.*

effroi n.m. *J'ai vu avec effroi que... Des cris d'effroi.*

effronté, -e adj. et n.
▸ **effrontément** adv. *Mentir effrontément.*

effroyable adj. *Un crime effroyable.*

effusion n.f. S'emploie au pluriel au sens de « marques, gestes d'affection » : *Couper court aux effusions.* – Reste au singulier dans *sans effusion de sang.*

égailler (s') v.pr. LITT. On prononce [éga-yé]. *Les oiseaux se sont égaillés* (= se disperser). Ne pas confondre avec ***égayer*** (rendre gai).

égal, -e, -aux adj. *Une humeur égale. Une somme égale ou supérieure à cent euros. Nous sommes égaux devant la loi. Tout cela m'est égal. Toutes choses égales par ailleurs.*
◆ n. *La femme est l'égale de l'homme. Ils sont nos égaux.* – **à l'égal de** est invariable : *Je la crains à l'égal d'un tyran.* – **d'égal à égal** est généralement invariable : *Il traite Marie d'égal à égal.* (Mais on rencontre l'accord au féminin : *Il traite ses filles d'égal à égales.*) – **n'avoir d'égal que** peut rester invariable ou s'accorder avec l'un ou l'autre terme : *Son courage n'a d'égal* (ou *d'égale*) *que sa modestie. Sa modestie n'a d'égal* (ou *d'égale*) *que son courage.* Mais on ne fait généralement pas l'accord au masculin pluriel. – **sans égal** s'accorde, sauf au masculin pluriel : *Une modestie sans égale. Un courage sans égal. Des diamants sans égal. Des pierres précieuses sans égales* (ou *sans égale*).

également adv.

égaler v.t. *Elles sont parfaites, personne ne les a jamais égalées.* – Reste au singulier dans *3 plus 3 égale 6.*

égaliser v.t. et v.i. (Rendre égal) *On lui a juste égalisé les cheveux. Notre équipe a égalisé à la dernière minute.* Ne pas confondre avec ***égaler*** (être égal).
▸ **égalisation** n.f.

égalité n.f. *Les deux équipes sont à égalité.*

égard n.m. *À cet égard. À tous égards. Par égard pour. Sans égard pour. Il n'a eu aucun égard pour moi. C'est un manque d'égards pour moi.* – **à l'égard de** reste au singulier : *À leur égard.* – **eu égard à** est invariable : *Eu égard à vos compétences...*

égarer v.t. et v.pr. *J'ai égaré la lettre, je l'ai égarée. Nous nous sommes égarés en chemin.*
▸ **égarement** n.m. *Des moments d'égarement.*

égayer v.t. CONJ.5 *Il égaie* ou *égaye. – Il a tout fait pour égayer la soirée* (= la rendre plus gaie). Ne pas confondre avec ***s'égailler*** (se disperser).

égérie n.f. *L'égérie d'un homme politique* (= conseillère, inspiratrice).

égide n.f. – **sous l'égide de** signifie au sens propre « sous la protection de » : *Des interventions sous l'égide de la Croix-Rouge.* Mais l'expression s'emploie souvent au sens de

« sous le patronage de » : *Un festival placé sous l'égide du ministère de la Culture.*

église n.f. *Aller à l'église. Visiter des églises.* – Prend une majuscule pour désigner l'institution : *l'Église catholique, anglicane. Un homme d'Église.*

ego n.m.inv. Mot latin invariable qui signifie « je, moi ». *Avoir un ego très développé.* – REMARQUE S'écrit sans accent mais les mots formés avec cet élément en prennent un.

égocentrique adj. et n. Une personne **égocentrique** est centrée sur elle-même. Ne pas confondre avec ***égoïste*** (qui privilégie ses propres intérêts).
▸**égocentrisme** n.m.

égoïste adj. et n. Avec **ï**.
▸**égoïsme** n.m.

égorger v.t. Avec **e** devant *a* et *o* : *il égorgeait, nous égorgeons. La brebis que le loup a égorgée.*

égout n.m. Sans accent circonflexe. *Ils jettent tout à l'égout. Installer le tout-à-l'égout* (avec des traits d'union). *Des rats d'égout. Visiter les égouts de Paris.*
▸**égoutier** n.m. Avec un seul **t**.

égoutter v.t. et v.pr. Avec **tt** comme dans ***goutte***. *Égoutter la salade. Une salade bien égouttée. Laisser (s')égoutter la vaisselle.*
▸**égouttoir** n.m.

égratigner v.t. et v.pr. *Les ronces lui ont égratigné les genoux. Elle s'est égratigné les genoux.* Voir gramm. § 29(3).
▸**égratignure** n.f.

égrener v.t. et v.pr. CONJ.4 Avec **e** ou **è** : *nous égrenons, ils égrènent. Égrener un chapelet. – Les jours s'égrènent lentement.* – REMARQUE Au sens propre de *retirer les grains*, on emploie **égrener** ou **égrainer** : *égrener, égrainer du raisin.*

égyptien, -enne adj. et n. *Il est égyptien. C'est un Égyptien.* (Le nom de personne prend une majuscule.)

eh interj. *Eh ! vous avez fini ? Eh toi, où vas-tu ? Eh là !* – **eh bien**, avec *eh* et non ✕ *et* : *Eh bien ! on l'a échappé belle !*

éhonté, -e adj. *Un mensonge éhonté.*

éjecter v.t.
▸**éjectable** adj. *Un siège éjectable.*

élaborer v.t. *Un plan très élaboré.*
▸**élaboration** n.f.

élaguer v.t. Avec **gu** même devant *a* et *o* : *il élaguait, nous élaguons. Élaguer un arbre. Élaguer un texte.*
▸**élagage** n.m. Sans *u*.

élan n.m. *Ils ont pris leur élan.*

élancé, -e adj. *Elle est grande et élancée* (= mince et svelte).

1. élancer v.i. et v.t. *J'ai mal, ça m'élance dans la dent.* – REMARQUE On dit *ça l'élance* ou quelquefois *ça lui élance*, mais pas ✕ *ça le lance*, qui est une tournure régionale.
▸**élancement** n.m. *Ressentir des élancements comme des coups de poignard.*

2. élancer (s') v.pr. Avec **ç** devant *a* et *o* : *il s'élançait, nous nous élançons. Ils se sont élancés vers moi.*

élargir v.t. et v.pr. *On a élargi la rue. C'est notre rue qu'on a élargie.*
▸**élargissement** n.m.

élastique adj. et n.m. *Une matière élastique. Un élastique.*
▸**élasticité** n.f. *L'élasticité de la peau.*

eldorado n.m. (Pays merveilleux) *Des eldorados.*

électeur, -trice n.
▸**élection** n.f. *L'élection présidentielle.*
▸**électoral, -e, aux** adj. *Des campagnes électorales.*
▸**électorat** n.m. *Un candidat qui soigne son électorat.*

électricien, -enne n.

électricité n.f. On dit en langue courante *allumer, éteindre l'électricité*, mais on devrait dire, plus correctement, *ouvrir, fermer l'électricité.*
▸**électrifier** v.t. *Électrifier une ligne de chemin de fer.*
▸**électrique** adj.
▸**électriser** v.t. *Électriser une clôture. Un orateur qui électrise les foules.*

électro- Les mots formés avec **électro-** s'écrivent en un seul mot : *électroaimant, électroencéphalogramme.*

électrocardiogramme n.m.

électrochoc n.m. *Des électrochocs.*

électrocuter v.t. et v.pr. *Ils se sont électrocutés.*
▸ **électrocution** n.f.

électrode n.f. *Une électrode.*

électroencéphalogramme n.m. En un seul mot.

électrogène adj. *Des groupes électrogènes.*

électroménager adj.masc. et n.m. *Des appareils électroménagers. Travailler dans l'électroménager.*

électron n.m.

électronique adj. et n.f.

élégance n.f. *S'habiller avec élégance. Un procédé qui manque d'élégance.*
▸ **élégant, -e** adj.
▸ **élégamment** adv. Avec **amm**. Voir gramm. § 9(2).

élégie n.f. LITT. (Poème tendre et triste)

élément n.m. *Ils sont dans leur élément. – Des éléments de cuisine, de bibliothèque. Une cuisine en éléments.*

élémentaire adj. *L'école élémentaire. Un problème élémentaire.*

éléphant n.m. Avec **ph**. *Des défense d'éléphant.* – REMARQUE On dit parfois ***éléphante*** pour la femelle.
▸ **éléphanteau** n.m. *Des éléphanteaux.*

élevage n.m. *Faire de l'élevage d'abeilles.*

élévateur, -trice adj. et n.m. *Une plateforme élévatrice. Un élévateur* (= appareil de levage).

élévation n.f. *L'élévation du niveau de vie.*

élève n. S'emploie sans trait d'union avant certains noms de métiers : *un élève ingénieur, une élève infirmière.*

élevé, -e adj. **1.** *Habiter un étage élevé.* – **2.** *Être bien, mal élevé. Une personne bien élevée.*

élever v.t. CONJ.4 Avec **e** ou **è** : *nous élevons, ils élèvent.* – **1.** *Élever une cloison* (= monter). *Élever la voix* (= lever) – **2.** *Marie a bien élevé ses enfants, elle les a bien élevés. – Des poulets élevés en plein air.* ◆ v.pr. *À combien s'élèvent ses dettes ? – La température s'est élevée de dix degrés. – L'opposition s'est élevée contre cette mesure.*

éleveur, -euse n.

elfe n.m. Est du masculin : *un elfe* (= génie scandinave).

élider v.t. et v.pr. *On élide le « e » de « je » devant une voyelle ou un « h » muet. Le pronom « je » s'élide en « j' » devant une voyelle ou un « h » muet.* Ne pas confondre avec ***éluder*** (éviter).

éligible adj. (Qui peut être élu) *Il s'est porté candidat, mais il n'est pas éligible.*
▸ **éligibilité** n.f.

éliminer v.t. *On a éliminé deux candidats. Les deux candidats qu'on a éliminés...*
▸ **éliminatoire** adj. et n.f. *Notes éliminatoires.*
▸ **élimination** n.f. *Procéder par élimination.*

élire v.t. CONJ.28 Attention au passé simple : *ils élurent* et non ✕ *ils élirent. – On a élu notre présidente, on l'a élue hier.* – **élire domicile** : *Où ont-ils élu domicile ?*

élision n.f. Voir ce mot dans la partie grammaire.

élite n.f. Est du féminin. *Une élite. Faire partie de l'élite. Des tireurs d'élite. Les élites de la nation.*
▸ **élitiste** adj. *Une école élitiste* (= qui ne retient que les meilleurs).

élixir n.m. Avec **x** qu'on prononce [ks].

elle pron. personnel fém. *Elle vient. Je pense à elle. Elles sont restées chez elles.* Voir *pronom personnel* dans la partie grammaire.

ellipse n.f. Avec **ll**. Voir ce mot dans la partie grammaire.
▸ **elliptique** adj.

élocution n.f. (Manière de prononcer, d'articuler) Avec un seul **l**. *Des défauts d'élocution. Des troubles de l'élocution. Une grande facilité d'élocution.* Ne pas confondre avec ***allocution*** (discours).

éloge n.m. Est du masculin. *Des éloges bien mérités. Ne pas tarir d'éloges. C'est tout à son éloge. Être digne d'éloges* (= félicitations).
‣ **élogieux, -euse** adj.

éloigner v.t. et v.pr. *Un produit qui éloigne les moustiques. Elles se sont éloignées du sujet. – À une époque éloignée.*
‣ **éloignement** n.m.

élongation n.f. Sans *u*.

élu, -e adj. et n. Participe passé du verbe ***élire***. *Les membres élus d'un comité. Les élus locaux. Quelle est l'heureuse élue ?*

élucider v.t. *Des mystères à élucider. Des mystères élucidés.*

élucubration n.f. S'emploie surtout au pluriel et de manière péjorative. *Quels sont les résultats de tes élucubrations ?*

éluder v.t. (Éviter) *Toutes ces questions, il les a éludées.* Ne pas confondre avec ***élider***.

élytre n.m. (Aile de certains insectes) Est du masculin.

e-mail n.m. Mot anglais. On prononce [imèl]. Abréviation de *electronic mail*. *Des e-mails.* S'abrège en **mail** pour le message lui-même. *Des adresses e-mail. Lire, envoyer des mails.* – REMARQUE La recommandation officielle ***mél***, pour *message électronique*, n'est pas encore passée dans l'usage courant.

émail n.m. – PLURIEL Ce mot a deux pluriels : **émails** pour la matière qui recouvre les dents, et **émaux** pour le vernis vitreux dont on recouvre des céramiques ou des métaux, et pour les objets ainsi réalisés.
‣ **émaillé, -e** adj. *De la fonte émaillée.*

émanation n.f. *Des émanations de gaz.*

émanciper v.t. et v.pr. *Ils ont émancipé leur fille, ils l'ont émancipée dès l'âge de quinze ans. Ils se sont un peu émancipés depuis cet été.*
‣ **émancipation** n.f.

émaner v.t.ind. *La chaleur qui émane de ce four est douce. Une certaine tristesse émanait de toute sa personne.*

émarger v.i. *Émarger au budget de l'État.*

émaux n.m.plur. → émail

emballer v.t. Avec **ll**. *Nous avons emballé les cadeaux. Avec quoi les avez-vous emballés ?* ◆ v.pr. *La jument s'est emballée. Un moteur qui s'emballe. Ne t'emballe pas.*
‣ **emballage** n.m. *Des papiers d'emballage.*
‣ **emballement** n.m. *L'emballement d'un moteur.*

embarcadère n.m. Avec **c** et **ère** comme dans ***débarcadère***.

embarcation n.f. Avec **c**. *Toutes sortes d'embarcations : barques, chaloupes, etc.*

embardée n.f. Avec **ée**. *La voiture a fait une embardée pour éviter un animal.*

embargo n.m. Mot espagnol. *Des embargos. Mettre l'embargo sur. Décréter, lever un embargo.*

embarquer v.t., v.i. et v.pr. *On a embarqué les marchandises. On les a embarquées. – Les passagers ont embarqué. Ils se sont embarqués à Marseille.*
‣ **embarquement** n.m.

embarras n.m. Avec **rr**. *Montrer de l'embarras. Avoir l'embarras du choix.*
‣ **embarrasser** v.t. et v.pr. *Elle est embarrassée par cette histoire. Elle ne s'est pas embarrassée de scrupules !*
‣ **embarrassant, -e** adj.

embaucher v.t. *Quels hommes avez-vous embauchés pour faire ce travail ?*
‣ **embauche** n.f. *Des entretiens d'embauche.*

embaumer v.t. et v.i. *Une momie embaumée. Ces fleurs embaument.*

embellir v.t. et v.i. Avec **ll**. *Cette coiffure l'embellit. Elle a beaucoup embelli depuis l'an dernier.*
‣ **embellissement** n.m. *Faire des travaux d'embellissement.*
‣ **embellie** n.f. *Profiter d'une embellie à la Bourse.*

embêter v.t. et v.pr. FAM. (Ennuyer) Avec **ê**. *Ne m'embête pas. Marie s'est embêtée toute la soirée.*
‣ **embêtant, -e** adj. (Ennuyeux)
‣ **embêtement** n.m. (Ennui)

emblée (d') adv. *D'emblée, je l'ai trouvé sympathique.*

emblème n.m. Avec **è**. *La balance est l'emblème de la justice.*
▸**emblématique** adj. Avec **é**.

emboîter v.t. et v.pr. Avec **î** comme dans ***boîte***. *Toutes les pièces se sont emboîtées.*
▸**emboîtement** n.m.

embolie n.f. *Une embolie pulmonaire.*

embonpoint n.m. Avec **m** devant *b* mais avec **n** devant *p*.

embouchure n.f.

embourber v.t. et v.pr. *Nous nous sommes embourbés.*

embourgeoiser (s') v.pr. *Ils se sont embourgeoisés.*

embout n.m. *Un embout de parapluie.*

embouteillage n.m.
▸**embouteiller** v.t. *Les rues sont embouteillées.*

emboutir v.t. *La voiture que le camion a emboutie.*

embranchement n.m.

embraser v.t. et v.pr. *Le feu est parti et toute la forêt s'est embrasée.*
▸**embrasement** n.m.

embrasser v.t. et v.pr. *Pierre a embrassé Marie. Il l'a embrassée. Pierre et Marie se sont embrassés.*
▸**embrassade** n.f. *Embrassades et poignées de main.*

embrayer v.t. et v.i. CONJ.5 *Il embraye* ou *embraie*, mais la forme avec **y** est la plus fréquente.
▸**embrayage** n.m.

embrigader v.t. *La secte les a embrigadés. Ils se sont laissé embrigader.*

embrouiller v.t. et v.pr. *Tu embrouilles tout! N'embrouille pas tout! Ils se sont embrouillés dans leurs explications.* – ATTENTION À l'indicatif imparfait et au subjonctif présent : *(que) nous embrouillions.*

embruns n.m.plur. Avec **un**.

embryon n.m. Avec **y**.
▸**embryonnaire** adj. Avec **nn**.

embûche n.f. Avec **û**. *Une traversée semée d'embûches.*

embuer v.t. *Les yeux embués de larmes.*

embusquer v.t. et v.pr. *Deux hommes s'étaient embusqués dans le petit bois.*
▸**embuscade** n.f. Avec un **c**. *Tomber dans une embuscade.*

émeraude n.f. *Un collier d'émeraudes.* – Est invariable comme adjectif de couleur : *des yeux (vert) émeraude.* Voir gramm. § 8.

émerger v.i. Avec **e** devant *a* et *o* : *il émergeait, nous émergeons. Une partie de l'iceberg émerge, l'autre est immergée. Une solution commença à émerger.*
▸**émergence** n.f.
▸**émergent, -e** adj. Avec **ent**. *Les pays émergents.*

émeri n.m. *Du papier d'émeri* ou, avec un trait d'union, *du papier-émeri.*

émérite adj. *Des professeurs émérites.*

émerveiller v.t. et v.pr. *Le feu d'artifice nous a émerveillés. On s'émerveille devant tant de beauté.* – ATTENTION À l'indicatif imparfait et au subjonctif présent : *(que) nous émerveillions.*
▸**émerveillement** n.m.

émettre v.t. et v.i. CONJ.37 *Émettre un son, une image, un chèque. Luc a émis une hypothèse. L'hypothèse que Luc a émise. – La chaîne 3 a cessé d'émettre.* – ATTENTION Au conditionnel, on dit *vous émettriez* et non ✕ *vous émetteriez.*
▸**émetteur, -trice** adj. *La banque émettrice de ce chèque.* ◆ n.m. *Des émetteurs de télévision. Des émetteurs-récepteurs.*

émeu n.m. (Oiseau d'Australie) *Des émeus.* Voir gramm. § 32(6).

émeute n.f.

émietter v.t. Avec **tt** comme dans ***miette***.
▸**émiettement** n.m.

émigrer v.i. (Quitter son pays) *Pour des raisons politiques, ils ont dû émigrer. Ils ont émigré (d'Italie) pour s'installer aux États-*

Unis. Ne pas confondre avec ***immigrer*** (s'installer dans un pays).
▸**émigré, -e** n. *Il y a de nombreux émigrés polonais dans cette région.*
▸**émigrant, -e** n. *Un bateau d'émigrants à la recherche d'un pays d'accueil.*
▸**émigration** n.f.

éminemment adv. Avec **emm** qu'on prononce [am]. Voir gramm. § 9(2).

éminence n.f. **1.** (Hauteur) *Un manoir construit sur une éminence.* – **2.** (Titre) Avec une majuscule dans *Son Éminence le cardinal de Rohan.*

éminent, -e adj. (Remarquable) *Mon éminent confrère...* Ne pas confondre avec ***imminent*** (sur le point d'arriver).

émir n.m.
▸**émirat** n.m.

émissaire n.m. *Un émissaire de la paix va rencontrer les deux chefs d'État.* – **bouc émissaire** : *des boucs émissaires.*

émission n.f. *Des émissions de télévision. Une émission de variétés.*

> **emm-** Les mots qui commencent par **emm-** se prononcent [an-m'] sauf le mot *emment(h)al*, nom d'un fromage suisse qui se prononce [ém'].

emmagasiner v.t. *Emmagasiner des marchandises, des connaissances.*

emmanchure n.f.

emmêler v.t. et v.pr. Avec **ê** comme dans ***mêler***. *Tu as emmêlé les fils. Tu les a emmêlés. Elle s'est emmêlée dans ses explications.*

emménager v.i. Avec **e** devant *a* et *o* : *il emménageait, nous emménageons.* (S'installer) *Nous emménageons demain.* Ne pas confondre avec ***aménager*** (arranger).
▸**emménagement** n.m.

emmener v.t. CONJ.2 Avec **e** ou **è** : *nous emmenons, ils emmènent.* On **emmène** quelqu'un en partant, on **amène** quelqu'un en venant. La distinction entre *emmener* (un être animé) et *emporter* (une chose) ne se fait plus beaucoup en langue courante. Elle est à respecter à l'écrit.

emmitoufler v.t. et v.pr. Avec un seul **f**. *Elle s'est emmitouflée dans une couverture.*

émoi n.m. *Ils étaient tous en émoi.*

émoluments n.m.plur.

émotif, -ive adj. et n. *Il est très émotif. C'est un émotif.*
▸**émotivité** n.f.

émotion n.f. *Aimer les émotions fortes.*
▸**émotionnel, -elle** adj. Avec **nn**. *Un choc émotionnel.*
▸**émotionner** v.t. FAM. Ce verbe est à éviter dans une langue soignée. Plus facile à conjuguer que le verbe *émouvoir*, il tend à le remplacer, mais on peut aussi dire *impressionner, bouleverser, troubler.*

émoulu, -e adj. – **frais émoulu** s'accorde en genre et en nombre. *Des jeunes filles fraîches émoulues de Polytechnique.*

émousser v.t.

émouvoir v.t. et v.pr. Se conjugue comme ***mouvoir*** (voir ce mot). *Son histoire nous a émus. Ils s'émeuvent. Ils s'émouvaient.*
▸**émouvant, -e** adj. *Une histoire émouvante.*

emparer (s') v.pr. *Ils se sont emparés de la ville. La ville dont ils se sont emparés.* Voir gramm. § 29(1).

empâter (s') v.pr. Avec **â** comme dans ***pâte***. *Elle s'est empâtée.*

empêcher v.t. et v.pr. Avec **ê**. *On nous a empêchés de partir. Je n'ai pas pu m'empêcher de rire. Rien n'empêche que vous veniez* (avec le subjonctif). – **il n'empêche que** : *Il n'empêche que tout le monde t'a vu* (avec l'indicatif). – **cela n'empêche pas que** : *Marc a eu le prix, cela n'empêche pas que c'est* ou *que ce soit toi le meilleur* (avec l'indicatif ou le subjonctif).
▸**empêchement** n.m.

empereur n.m. *Un empire est dirigé par un empereur.* – *L'Empereur* (avec une majuscule pour désigner *Napoléon Ier*). – REMARQUE Au féminin on dit **impératrice**.

empester v.t. et v.i. *Le salon empeste le tabac. Ce parfum empeste.*

empêtrer (s') v.pr. Avec **ê**. *Ils se sont empêtrés dans leurs explications.*

emphase n.f. Voir ce mot dans la partie grammaire.
▸**emphatique** adj.

empiècement n.m.

empiéter v.t.ind. CONJ.4 Avec **é** ou **è** : *nous empiétons, ils empiètent. Vous empiétez sur mon domaine.*

empiler v.t. et v.pr. *Empiler des livres. Dans sa bibliothèque, les livres s'empilent, sont empilés.*

empire n.m. **1.** *Construire un empire.* – **2.** Au sens propre, on écrit avec une majuscule *l'Empire britannique, l'Empire russe* (le mot est suivi d'un adjectif de nationalité). On écrit avec une minuscule *l'empire de Russie, l'empire du Japon* (le mot est suivi d'un nom de pays). – **3.** Est invariable et s'écrit avec une majuscule pour désigner un style : *des fauteuils Empire.*

empirer v.i. *La situation a empiré.*

empirique adj. *Une méthode empirique* (= fondée sur l'expérience).

emplacement n.m. *Des emplacements de stationnement.*

emplette n.f. Avec **tt**. *Faire ses emplettes.*

emplir v.t. *Les yeux emplis de larmes.*

emploi n.m. *Des offres, des demandes d'emploi. Des créations, des suppressions d'emplois. Le plein emploi. Des modes d'emploi. Ils font double emploi. Les sans-emploi.*

employer v.t. et v.pr. CONJ.6 Avec **i** devant e muet : *il emploie, il emploiera. Cette entreprise emploie mille salariés. – Quelle expression a-t-il employée ? Ce mot ne s'emploie plus. – Elle s'est employée à le convaincre.* – ATTENTION À l'indicatif imparfait et au subjonctif présent : *(que) nous employions.* – Au futur et au conditionnel : *il emploiera(it).*
▸**employé, -e** n.
▸**employeur, -euse** n.

empoigne n.f. – **foire d'empoigne** : *des foires d'empoigne.*

empoigner v.t. et v.pr. *Il a empoigné sa canne et l'a levée sur moi. Ils se sont empoignés en pleine réunion.*

▸**empoignade** n.f.

empoisonner v.t. et v.pr. Avec **nn**. *On a empoisonné la rivière. La rivière qu'on a empoisonnée. Ils se sont empoisonnés avec des champignons.*
▸**empoisonnement** n.m.

emporter v.t. On **emporte** quelque chose en partant, on **apporte** quelque chose en venant. *Il a emporté son travail en vacances. La coulée de boue a tout emporté sur son passage. Tous ces secrets qu'il a emportés avec lui.* ◆ v.pr. *Elle s'est emportée contre moi.*
▸**emporté, -e** adj. *Une personne emportée.*
▸**emportement** n.m.

empourprer v.t. et v.pr. *Elle s'est empourprée.*

empreint, -e adj. LITT. Avec **ein**, comme dans ***empreinte***. *Le visage empreint de douleur* (= marqué par). Ne pas confondre avec ***emprunt*** (= de emprunter).

empreinte n.f. Avec **ein**. *Des empreintes digitales, génétiques.*

empresser (s') v.pr. *Elle s'est empressée de le suivre.*
▸**empressement** n.m.

emprise n.f. *Exercer une emprise sur quelqu'un. Agir sous l'emprise de la colère.*

emprisonner v.t.
▸**emprisonnement** n.m.

emprunt n.m. *On fait un emprunt, on obtient un prêt. – Des mots d'emprunt, des emprunts aux langues étrangères.*
▸**emprunter** v.t. *Rembourser les sommes empruntées.*

emprunté, -e adj. *Un air emprunté* (= qui manque de naturel).

ému, -e adj. *Elle est tout émue.* → émouvoir

émulation n.f. *Il y a entre eux une saine émulation* (= compétition).
▸**émule** n. *Un émule, une émule* (= personne qui essaie d'en égaler ou d'en surpasser une autre).

émulsion n.f.
▸**émulsionner** v.t.

1. en prép.

• Introduit des compléments de lieu, de temps, de manière. *Il habite en ville. En une semaine. Voyager en train.*

• Introduit certains compléments de verbes, de noms ou d'adjectifs. *Croire en Dieu. La confiance en soi. Une tasse en porcelaine. Fort en calcul.*

• S'emploie devant des noms géographiques féminins ou commençant par une voyelle (pays, région, grande île). *En France. En Équateur. En Ardèche. En Corse.*

• Précède le participe présent pour former le gérondif. *Il est arrivé en courant.*

• S'emploie dans de nombreuses locutions. *Mettre en scène. Se mettre en colère. En effet. En fait.*

2. en adv. et pron.

• Comme adverbe ou pronom adverbial **en** remplace un complément de lieu introduit par la préposition ***de*** : *Il vient de Londres, il en vient.*

• Comme pronom personnel, **en** remplace un complément introduit par la préposition ***de***. *Il parle de ses vacances, il en parle* (= complément d'objet indirect) ; *J'ai lu un chapitre de ce livre, j'en ai lu un chapitre* (= complément du nom) ; *Il est fier de son travail, il en est fier* (= complément d'un adjectif) ; *Il a beaucoup d'amis, il en a beaucoup* (= complément d'un adverbe ou d'une expression de quantité).

• Comme pronom personnel, **en** peut être complément d'objet direct. Il remplace alors un groupe du nom avec l'article indéfini ou partitif : *Il cueille des cerises, il en cueille. Il mange de la confiture, il en mange.*

• Avec un verbe à l'impératif, on met un trait d'union entre le verbe et **en** : *Prends-en.* S'il y a un autre pronom, **en** se place en dernier, après un trait d'union ou une apostrophe. *Allez-vous-en. Donne-m'en. Donne-lui-en.* Et non ✕ *donne-z-en-lui.* – REMARQUE Si le verbe à l'impératif se termine par *e*, on ajoute un *s* devant **en** : *Cueille des fleurs, cueilles-en.* **Voir *impératif* dans la partie grammaire.**

Accord du participe avec *en*

1. Si **en**, complément d'objet direct, a un sens partitif (une partie de, une certaine quantité de, un certain nombre de), il y a toujours un complément de quantité qu'on peut exprimer ou sous-entendre. Le participe passé est invariable, on écrit donc : *J'ai mangé de la confiture, j'en ai mangé (un peu, beaucoup...). J'ai pêché des truites, j'en ai pêché (une, deux...). Des voitures comme celle-là, je n'en ai jamais vu (une seule),* comme on dirait *J'ai pris de la confiture, j'en ai pris. J'ai pris des truites, j'en ai pris. Des voitures comme celle-là, je n'en ai jamais conduit.*

2. Si c'est l'idée de pluriel, de pluralité qui prédomine, en particulier après un adverbe de quantité, le participe s'accorde : *Des yeux comme ça, je n'en ai jamais vus ! Autant d'ennemis il a combattus, autant il en a vaincus. Combien de fleurs avez-vous cueillies ? Combien en avez-vous cueillies ?* Mais si la quantité est sentie comme indéterminée ou si l'adverbe de quantité est placé après *en* l'usage varie : *Des fleurs, vous en avez trop cueilli* ou *cueillies.*

3. Si **en** n'est pas complément d'objet direct, il ne faut pas oublier de faire l'accord du participe quand il y a lieu. *Il a tiré des avantages de cette situation, il en a tiré des avantages, les avantages qu'il en a tirés. Ils se sont servis d'un couteau, ils s'en sont servis.*

en aller (s') → aller[1]

énarque n. Un ou une **énarque** a fait l'École nationale d'administration (E.N.A.).

encablure n.f. Sans accent circonflexe, contrairement à *câble*.

encadrer v.t. *J'ai encadré les tableaux, je les ai encadrés. La photo que tu as fait encadrer.* (*Fait* suivi d'un infinitif est invariable.) – *L'équipe qu'il a encadrée.*
▸ **encadrement** n.m.
▸ **encadré** n.m. *Le titre est placé dans un encadré.*

encaisser v.t. *Vos cent euros, nous les avons déjà encaissés.*
▸ **encaissement** n.m.

e

encart n.m. *Des encarts publicitaires.*

en-cas n.m.inv. Avec un trait d'union. *Prendre un en-cas à 5 heures.*

encastrer v.t. et v.pr. *La voiture s'est encastrée dans le camion.*

1. **enceinte** n.f. *Il est interdit de fumer dans l'enceinte de l'établissement.*

2. **enceinte** adj.fém. *Enceinte de six mois.*

encens n.m. Avec **c**.

encenser v.t. Avec **c** comme dans ***encens***. *Ces hommes qu'on a encensés jadis, on les rejette aujourd'hui.*

encéphale n.m. Est du masculin. *Un encéphale.*
▸**encéphalogramme** n.m.

encercler v.t. *La ville est encerclée.*

enchaîner v.t. et v.pr. Avec **î** comme dans ***chaîne***. *Les événements se sont enchaînés.*
▸**enchaînement** n.m.

enchanter v.t. *Ce film nous a enchantés.*
▸**enchanté, -e** adj. *La rivière enchantée.* – S'emploie dans des formules de politesse. *Enchanté de faire votre connaissance.*
▸**enchantement** n.m. *Disparaître comme par enchantement.*

enchère n.f. Avec **è**. *Faire monter les enchères.*
▸**enchérir** v.i. Avec **é**.

enchevêtrer v.t. et v.pr. Avec **ê**.

enclave n.f. Sans accent circonflexe.

enclin, -e adj. *Elles sont peu enclines à.*

enclos n.m. Avec un **s**. *Les poules courent dans l'enclos.*

enclume n.f.

encoche n.f.

encoignure n.f. On prononce [koi] ou [ko]. *L'encoignure d'une porte.*

encolure n.f. Avec un seul **l**.

encombre (sans) loc.adv. *Voyager sans encombre.*

encombrer v.t. et v.pr. *Ces paquets vous encombrent. Les rues sont encombrées. Elle ne s'est pas encombrée de paquets inutiles !*
▸**encombrant, -e** adj.
▸**encombrement** n.m.

encontre (à l') loc.prép. *Aller à l'encontre de l'avis général. Je n'ai rien à son encontre* (= contre lui).

encore adv.

encourager v.t. Avec **e** devant *a* et *o* : *il encourageait, nous encourageons. On a encouragé Marie. On l'a encouragée à poursuivre ses études.*
▸**encourageant, -e** adj. Avec **ea**. *Des résultats encourageants.*
▸**encouragement** n.m.

encourir v.t. CONJ. 12 Avec un seul **r** comme dans ***courir***. *Ils encourent une peine d'un an de prison. Quelles sont les peines encourues ?* – ATTENTION Au futur et au conditionnel, on dit *vous encourrez, vous encourriez* en faisant entendre les **r** et non ✕ *vous encourer(i)ez.*

encrasser v.t. et v.pr. *La machine s'est encrassée. Les tuyaux sont encrassés.*

encre n.f. *Des stylos à encre. Cela a fait couler beaucoup d'encre.*
▸**encrier** n.m.

encyclopédie n.f. Avec une majuscule pour désigner une œuvre : *l'Encyclopédie de Diderot.*
▸**encyclopédique** adj. *Des connaissances encyclopédiques.*

endémie n.f. On dit qu'il y a **endémie** quand une maladie est présente sur toute une région. Ne pas confondre avec ***épidémie***.
▸**endémique** adj. *Une maladie endémique.*

endetter v.t. et v.pr. Avec **tt** comme dans ***dette***. *Ils se sont endettés de 1000 euros.*
▸**endettement** n.m.

endeuiller v.t. *Notre ville que la catastrophe a endeuillée…*

endiguer v.t. Avec **gu** même devant *a* et *o* : *il endiguait, nous endiguons. Endiguer un fleuve, la foule. Endiguer une émotion.*

endive n.f. *Une salade d'endives.*

endoctriner v.t. *On les a endoctrinés. Ils se sont laissé endoctriner.*

endolori, -e adj. *Les mains endolories.*

endommager v.t. Avec **mm** comme dans ***dommage***. *Les cultures que la tempête a endommagées.*

endormir v.t. et v.pr. CONJ. 11 *On les a endormis avec des promesses. Elles se sont endormies.*
▸ **endormissement** n.m.

endosser v.t.

-endre Tous les verbes qui se terminent par le son [andr] s'écrivent avec **en**, sauf *répandre* et le vieux verbe *épandre*.

endroit n.m. *Un endroit tranquille.* – *Remettre ses vêtements à l'endroit.*

enduire v.t. et v.pr. CONJ. 30 *On a enduit les murs, on les a enduits. Elle s'est enduite de crème.* Mais : *Elle s'est enduit les mains de crème.*
▸ **enduit** n.m.

endurance n.f. *Des épreuves d'endurance.*

endurci, -e adj. *Une célibataire endurcie.*

endurer v.t. *Toutes ces épreuves, elle les a endurées sans se plaindre !*

en effet → effet

énergie n.f. *Des sources d'énergie. Les énergies électrique, nucléaire, solaire.* Voir gramm. § 7. – *Ils n'ont plus d'énergie.*
▸ **énergétique** adj. *Les ressources énergétiques. Des aliments énergétiques* (= qui fournissent de l'énergie). Ne pas confondre avec ***énergique*** (= vigoureux).
▸ **énergique** adj. *Un homme énergique.*
▸ **énergiquement** adv.

énergumène n. *Un drôle d'énergumène.* – REMARQUE L'emploi au féminin est rare, mais correct.

énerver v.t. et v.pr. *Arrête, tu l'énerves ! Ne l'énerve pas ! Elle s'est trop énervée.*
▸ **énervant, -e** adj.
▸ **énervement** n.m.

enfance n.f. *Dès l'enfance. C'est l'enfance de l'art. La petite enfance.*

enfant n.m. et n.f. *Des livres pour enfants. C'est un jeu d'enfant. Des enfants de troupe. Des enfants de chœur. De tout petits enfants* (= sans trait d'union au sens de « jeune »). *Les petits-enfants de Luc* (= avec un trait d'union au sens de « petit-fils, petite-fille »). – GENRE L'emploi au masculin est le plus courant, mais on peut employer le mot au féminin pour parler d'une petite fille : *Léa est une enfant gentille et sérieuse* : ou d'une personne originaire de... : *C'est une enfant du pays.* – **bon enfant** est invariable. *Des personnes bon enfant.*

enfanter v.t.
▸ **enfantement** n.m.

enfantillage n.m.

enfantin, -e adj. *La littérature enfantine. Un problème enfantin.* Ne pas confondre avec ***infantile***.

enfer n.m. *Vivre un enfer. Une descente aux enfers. Rouler à un train d'enfer.* – Avec une majuscule dans un contexte religieux : *l'Enfer et le Paradis.* – REMARQUE L'adjectif correspondant est ***infernal***.

enfermer v.t. et v.pr. *On a enfermé les prisonniers. On les a enfermés. Elle s'est enfermée dans sa chambre.*

enferrer (s') v.pr. Avec **rr**. *Elle s'est enferrée dans ses mensonges.*

enfilade n.f. *Une enfilade de colonnes. Des pièces en enfilade.*

enfiler v.t.
▸ **enfilage** n.m.

enfin adv. *Ils sont enfin arrivés. Enfin, vous voilà !*

enflammer v.t. et v.pr. Avec **mm** comme dans ***flamme***. *Enflammer une allumette. L'essence s'est enflammée.* – *Une plaie enflammée* (= où il y a une inflammation).

enfler v.t. et v.i. Avec un seul **f**. *Le vent enfle les voiles. Sa cheville a enflé, est enflée.*
▸ **enflure** n.f.

enfoncer v.t. et v.pr. Avec **ç** devant *a* et *o* : *il enfonçait, nous enfonçons. Ils ont enfoncé la porte, ils l'ont enfoncée. L'épave s'est enfoncée dans la mer.*

enfouir v.t. *Des secrets enfouis dans sa mémoire.*

e

enfourner v.t.

enfreindre v.t. CONJ.35 Avec **ein**. *Vous enfreignez la loi. Vous avez enfreint la loi, vous avez commis une infraction à la loi.* – ATTENTION À l'indicatif imparfait et au subjonctif présent : *(que) nous enfreignions.*

enfuir (s') v.pr. Se conjugue comme ***fuir*** (voir ce mot). *Ils s'enfuyaient. Ils se sont enfuis.* – ATTENTION À l'indicatif imparfait et au subjonctif présent : *(que) nous nous enfuyions.*

enfumer v.t. *La salle était enfumée.*

engager v.t. et v.pr. Avec **e** devant *a* et *o* : *il engageait, nous engageons. Le directeur a engagé Marie, il l'a engagée. Ils se sont engagés dans l'armée. Je vous engage à poursuivre vos études. Elle s'est engagée à venir.*
▸**engageant, -e** adj. Avec **ea**. *Des paroles engageantes.* Ne pas confondre avec le participe présent invariable : *Ses paroles n'engageant que lui...* Voir gramm. § 31(2).
▸**engagé, -e** adj. *Une chanteuse engagée.*
▸**engagement** n.m.

engeance n.f. Avec **ea**. Ce mot est toujours péjoratif. *Quelle engeance !*

engelure n.f.

engendrer v.t. *Tout ceci engendre des coûts.* – REMARQUE Au sens propre, ne s'emploie qu'en parlant d'un homme : *Abraham engendra Isaac.*

engin n.m.

engloutir v.t. *Les sommes qu'il a englouties dans cette affaire.*

engorgé, -e adj. *Des canalisations engorgées.*
▸**engorgement** n.m.

engouement n.m. Avec un **e** muet.

engouffrer v.t. et v.pr. Avec **ff** comme dans ***gouffre***.

engourdir v.t. et v.pr. *Le froid lui engourdissait les mains. Elle s'est un peu engourdie.*
▸**engourdissement** n.m.

engrais n.m. Avec un **s**.

engraisser v.t. et v.i. *Les oies qu'on a engraissées.*

engranger v.t. Avec **e** devant *a* et *o* : *il engrangeait, nous engrangeons. Engranger du foin. Les données qu'ils ont engrangées.*

engrenage n.m.

enhardir (s') v.pr. Avec **h** comme dans ***hardi***. On prononce [an-ardir]. *Elle s'est enhardie jusqu'à le contredire.*

énième adj. Orthographe devenue courante pour **n-ième** ou **N**[ième]. *Je vous le dis pour la énième fois.* – REMARQUE On transcrit de la même façon ***ixième***.

énigme n.f.
▸**énigmatique** adj.

enivrer v.t. et v.pr. Avec un seul **n**. On prononce [an-nivré]. *C'est le vin qui les a enivrés. Ils se sont enivrés.*
▸**enivrant, -e** adj.

enjambée n.f. *De longues enjambées.*

enjeu n.m. *Des enjeux.*

enjoindre v.t. CONJ.35 *On nous a enjoint de payer cette taxe.* (On enjoint ***à*** quelqu'un *de* faire quelque chose.) Voir gramm. § 28.

enjoliver v.t.
▸**enjoliveur** n.m.

enjoué, -e adj. LITT. *Des convives enjoués* (= gais).

enlacer v.t. et v.pr. Avec **ç** devant *a* et *o* : *il enlaçait, nous enlaçons. Pierre a enlacé Marie. Il l'a enlacée. Ils se sont enlacés.*

enlaidir v.t., v.i. et v.pr. *Cela enlaidit le paysage. Ils ont enlaidi. Ils se sont enlaidis pour le rôle.*

enlever v.t. CONJ.2 Avec **e** ou **è** : *nous enlevons, ils enlèvent. Ils ont enlevé la fillette, ils l'ont enlevée.*
▸**enlèvement** n.m.

enliser (s') v.pr. *La voiture s'est enlisée dans la neige.*
▸**enlisement** n.m.

enluminé, -e adj. *Des manuscrits enluminés.*
▸**enluminure** n.f.

enn- Les mots qui commencent par **enn-** se prononcent [én-] comme dans *ennemi* ou [an-n] comme dans *ennuyer*.

enneigé, -e adj. Avec **nn**. On prononce [an-n]. *Une route enneigée.*
▸**enneigement** n.m.

ennemi, -e n. et adj.

ennoblir v.t. On prononce [an-n]. *Le courage ennoblit l'homme.* Ne pas confondre avec ***anoblir*** (donner un titre de noblesse).

ennui n.m. *Avoir des ennuis de santé.*

ennuyer v.t. et v.pr. CONJ.6 Avec **i** devant un *e* muet : *il s'ennuie. Vous les avez ennuyés. Ne l'ennuie pas. Ils se sont ennuyés.* – ATTENTION À l'indicatif imparfait et au subjonctif présent : *(que) nous ennuyions.* Au futur et au conditionnel : *il s'ennuiera(it).*
▸**ennuyeux, -euse** adj.

énoncé n.m. *L'énoncé d'un problème.*
▸**énoncer** v.t.
▸**énonciation** n.f.

enorgueillir v.t. et v.pr. On prononce [an-n]. S'écrit avec **ueil** comme *orgueil.* ➜ -euil/-ueil

énorme adj.
▸**énormément** adv.
▸**énormité** n.f.

enquérir (s') v.pr. Se conjugue comme ***acquérir*** (voir ce mot). *Elles s'enquièrent, elles se sont enquises de votre date d'arrivée.*

enquête n.f. Avec **ê**, comme dans les mots de la même famille.
▸**enquêter** v.i.
▸**enquêteur, -euse** ou **-trice** n. Le féminin **enquêtrice** tend à s'imposer, en particulier pour les enquêtes sociologiques.

enragé, -e adj.

enrayer v.t. et v.pr. CONJ.6 *Le moteur s'enraye* ou *s'enraie.*

enregistrer v.t. *Des émissions enregistrées.*
▸**enregistrement** n.m.

enrhumer (s') v.pr. Avec **rh** comme dans ***rhume***. *Elle s'est enrhumée.*

enrichir v.t. et v.pr. *Enrichir une collection. Sa collection s'est enrichie de plusieurs pièces. Ils se sont enrichis grâce à la Bourse.*
▸**enrichissant, -e** adj.
▸**enrichissement** n.m.

enrôler v.t. et v.pr. Avec **ô** comme dans ***rôle***. *Ils se sont enrôlés comme aviateurs.*

enroué, -e adj.
▸**enrouement** n.m. Avec un **e** muet.

enrouler v.t. et v.pr. *Elle s'est enroulée dans une couverture.*

ensanglanté, -e adj.

enseigne n.f. *Les enseignes lumineuses des magasins.* – REMARQUE S'emploie au masculin pour désigner un officier de marine : *un enseigne de vaisseau.*

enseigner v.t. *Quelles matières a-t-il enseignées ?* – ATTENTION À l'indicatif imparfait et au subjonctif présent : *(que) nous enseignions.*
▸**enseignant, -e** adj. et n.
▸**enseignement** n.m.

ensemble adv. Est invariable. *Restons ensemble. Nous irons tous ensemble.* ◆ n.m. Est variable. *Des ensembles en laine. Un grand ensemble, des grands ensembles.* – *Des vues d'ensemble. Dans l'ensemble, tout va bien. L'ensemble des salariés a voté.*

ensevelir v.t. *On les a ensevelis.*

ensoleillé, -e adj.
▸**ensoleillement** n.m.

ensommeillé, -e adj.

ensorceler v.t. CONJ.3 Avec **l** ou **ll** : *il ensorcelait, il ensorcelle. On dirait qu'on les a ensorcelés !*
▸**ensorceleur, -euse** n. Avec un seul **l**.
▸**ensorcellement** n.m. avec **ll**.

ensuite adv. **1.** La tournure *et puis ensuite* est à éviter à l'écrit. On dira simplement *ensuite* ou *et puis*. – **2.** L'expression *à la suite de quoi* est plus moderne que *ensuite de quoi.*

ensuivre (s') v.pr. Se conjugue comme ***suivre*** (voir ce mot). – Ne s'emploie qu'à la 3e personne du singulier et du pluriel. S'écrit en un mot sauf aux temps composés. *Jusqu'à ce que mort s'ensuive. Les résultats qui s'ensuivirent. Et tout ce qui s'ensuit ! Il s'ensuit que… Il s'en est suivi que.*

entacher v.t. Sans accent circonflexe. *Une réussite entachée de scandales.*

entaille n.f.

entamer v.t.

entartrer v.t. et v.pr. *La cafetière s'est entartrée.*

entasser v.t. et v.pr. *Les voyageurs s'entassent, sont entassés dans les compartiments.*

entendement n.m. LITT. *Cela dépasse l'entendement!* (= c'est incompréhensible).

entendeur n.m. Ne s'emploie que dans l'expression *À bon entendeur, salut!*

entendre v.i. et v.t. CONJ.34 *Il entend mal d'une oreille. Tu nous a entendus? J'ai entendu dire que. On nous a laissé entendre que...* – *J'ai entendu les oiseaux chanter. Je les ai entendus chanter. Cette chanson, je l'ai déjà entendue. Je l'ai entendu chanter par Marie.* Voir gramm. § 30. – **entendre que**, au sens de « vouloir », est suivi du subjonctif : *J'entends qu'on m'obéisse.* ◆ v.pr. *Elle s'entend bien avec Luc. Elle s'est bien entendue avec lui.*

entendu, -e adj. *C'est une cause entendue.* – **bien entendu, comme de bien entendu, (c'est) entendu** sont invariables.

entente n.f. *Une bonne entente.*

enterrer v.t. Avec **rr** comme dans ***terre***.
▸ **enterrement** n.m.

en-tête n.m. Est du masculin. *Un en-tête. Du papier à en-tête. Des en-têtes imprimés.* Le nom s'écrit avec un trait d'union. Ne pas confondre avec l'expression ***en tête de***.

entêter v.t. Avec **ê** comme dans ***tête***. LITT. *Un parfum qui (nous) entête.* ◆ v.pr. **s'entêter à** + infinitif, **s'entêter dans** + nom : *Il s'entête à vouloir nous convaincre. Elle s'est entêtée dans son idée.*
▸ **entêtant, -e** adj. *Un parfum entêtant.*
▸ **entêté, -e** adj. *Elle est entêtée* (= têtue).
▸ **entêtement** n.m.

enthousiasme n.m. Avec **th**. *Applaudir avec enthousiasme.*
▸ **enthousiasmer** v.t. et v.pr. *Le spectacle nous a enthousiasmés. Il s'enthousiasme pour un rien!*
▸ **enthousiaste** adj. *Un public enthousiaste.*

entier, -ière adj. *J'ai une entière confiance en lui.* – **en entier** est invariable : *J'ai lu ces livres en entier.* – **tout entier** : *La foule tout entière l'a acclamé* (= dans son entier, *tout* est invariable). *Les tartes étaient toutes entières* (= toutes les tartes étaient entières, *tout* est variable). → tout
▸ **entièrement** adv.

entité n.f.

entomologie n.f. (Étude des insectes) Sans *h*.

entonner v.t. Avec **nn**. *Entonner une chanson.*

entonnoir n.m. Avec **nn**.

entorse n.f. *Marie s'est fait une entorse à la cheville. L'entorse qu'elle s'est faite.*

entourage n.m.

entourer v.t. et v.pr. *Elle s'est entourée d'excellents collaborateurs.*

entracte n.m. En un mot.

entraide n.f. En un mot.
▸ **entraider (s')** v.pr. *Elles se sont entraidées.*

entrailles n.f.plur.

entrain n.m. (Vivacité, énergie) *Avoir de l'entrain. Manquer d'entrain. Elle est pleine d'entrain.* Ne pas confondre avec ***en train*** : *mettre une affaire en train.*

entraîner v.t. Avec **î**. *Pierre a entraîné Marie dans l'aventure. Il l'a entraînée. Elle s'est laissé entraîner.* → laisser *Les faillites que la crise a entraînées.* ◆ v.pr. *Ils se sont entraînés à courir.*
▸ **entraînant, -e** adj. *Un air entraînant.*
▸ **entraînement** n.m. *Des exercices d'entraînement.*
▸ **entraîneur, -euse** n. – REMARQUE On emploie souvent le masculin pour parler d'une femme, en particulier dans le domaine du sport, à cause du sens particulier d'*entraîneuse (de cabaret)*, mais le féminin est correct.

entrapercevoir ou **entr'apercevoir** v.t. CONJ.16 S'écrit le plus souvent aujourd'hui sans apostrophe.

entrave n.f. *Sans entraves. Une entrave à la liberté.*
▸ **entraver** v.t.

entre prép. *Entre nous. Entre crochets. Entre guillemets. Entre parenthèses. Ils s'entendent bien entre eux. Entre autres.*

entre- **1.** Les verbes formés avec **entre** ne s'écrivent plus avec une apostrophe : *s'entraider, entrapercevoir.* Le trait d'union a lui aussi tendance à disparaître. On écrit : *s'entre-déchirer* ou *s'entredéchirer*. – **2.** Les noms formés avec **entre** s'écrivent en un mot : *entremets, entrejambe* ; sauf pour quelques termes techniques : *un entre-rail, un entre-deux,* et pour le nom *entre-deux-guerres*.

entrebâiller v.t. Avec **â** comme dans ***bâiller***. *Une porte entrebâillée.*
▸**entrebâillement** n.m.

entrecôte n.f. Avec **ô** comme dans ***côte***.

entrecouper v.t. *Une émission entrecoupée de pauses publicitaires.*

entrecroiser v.t. et v.pr. *Des destins qui s'entrecroisent.*

entre-déchirer (s') v.pr. *Ils se sont entre-déchirés.* – REMARQUE L'Académie écrit maintenant **entredéchirer** en un mot.

entrée n.f. *Des droits d'entrée. Des examens d'entrée. Une entrée en fonctions. Des entrées en matière. Des entrées de service. Un tableau à double entrée. D'entrée de jeu.*

entrefaites n.f.plur. Sans accent circonflexe. Ne s'emploie que dans l'expression *sur ces entrefaites*.

entrefilet n.m.

entregent n.m. LITT. *Avoir de l'entregent* (= aisance dans les relations).

entrelacs n.m. LITT. Avec **cs** qui ne se prononce pas. *Les entrelacs des motifs arabes.*

entremêler v.t. et v.pr. Avec **ê** comme dans ***mêler***. *Les fils se sont entremêlés.*

entremets n.m. Avec **ts** comme dans ***mets***.

entremise n.f. *Il a obtenu ce marché par l'entremise d'un ami.*

entreposer v.t.
▸**entrepôt** n.m. Avec **ô**.

entreprendre v.t. CONJ. 33 *Ils ont entrepris <u>de</u> faire des travaux. Les démarches qu'il a entreprises.*

entrepreneur n.m. *Un entrepreneur de travaux publics, de menuiserie.* – REMARQUE Le féminin ***entrepreneuse*** est rare.
▸**entrepreneurial, -e, -aux** adj. Avec **eurial**.
▸**entrepreneuriat** n.m.

entreprise n.f. *Les petites et moyennes entreprises (P.M.E.). Des chefs d'entreprise.*

entrer v.i. et v.t. **1.** (Avec l'auxiliaire ***être***) *Marie est entrée chez Pierre. Qui l'a fait entrer?* (*Fait* suivi d'un infinitif est invariable.) ◆ v.t. (Avec l'auxiliaire ***avoir***). – *Qui l'a laissé<u>e</u> entrer ? J'ai entré tes coordonnées dans mon ordinateur. Je les ai entrées.* – REMARQUE Dans de nombreux cas, on tend à dire ***rentrer*** à la place de **entrer**. En langue soignée, on doit employer ***entrer*** quand il s'agit d'une première fois ou qu'il n'y a pas d'idée de retour : *On entre en sixième, on entre un mot dans le dictionnaire* ; mais : *On rentre chez soi au lycée après les vacances.*

entresol n.m.

entre-temps adv. Avec un trait d'union. *Entre-temps, tout avait changé.* – REMARQUE **Entre-temps** s'écrit avec un trait d'union, mais ***contretemps*** s'écrit en un mot.

entretenir v.t. et v.pr. CONJ. 10 *Une maison bien entretenue. – Je les ai entretenus de ce problème. Ils se sont entretenus à ton sujet.*
▸**entretien** n.m. *Des produits d'entretien. – Des entretiens d'embauche.*

entre-tuer (s') v.pr. *Ils se sont entre-tués.* – REMARQUE L'Académie écrit maintenant **entretuer** en un mot.

entrevoir v.t. CONJ. 18 *Entrevoir une solution.*

entrevue n.f. *Demander une entrevue à quelqu'un. Avoir une entrevue avec quelqu'un.*

entrouvrir v.t. CONJ. 14 *Il entrouvre la porte.*
▸**entrouvert, -e** adj. *Les yeux entrouverts.*

énumérer v.t. CONJ. 4 Avec **é** ou **è** : *nous énumérons, ils énumèrent.*
▸**énumération** n.f.

e

envahir v.t. *Les touristes ont envahi la ville. La ville est envahie de touristes.*
▸**envahissant, -e** adj. *Des gens envahissants.*
▸**envahissement** n.m.

enveloppe n.f. Avec un **l** et **pp**.
▸**envelopper** v.t. et v.pr. *Tu as enveloppé les cadeaux ? – Je les ai enveloppés. Marie s'est enveloppée dans une couverture.*

envenimer v.t. et v.pr. *La situation s'est envenimée. Vous l'avez laissée s'envenimer.*

envergure n.f. *Des esprits de grande envergure. Un manque d'envergure.*

1. envers prép. *On a des devoirs envers ses parents. Envers et contre tous* (= contre l'avis de tous). *Envers et contre tout* (= malgré tous les obstacles).

2. envers n.m. *L'envers du décor. Il a mis ses chaussettes à l'envers.*

envi (à l') loc.adv. S'écrit sans *e* et signifie « à qui mieux mieux ».

envie n.f. Avec **e**. – **avoir envie de** se construit avec un nom ou un infinitif : *J'ai envie de chocolat. J'ai envie de boire.* – REMARQUE Le complément étant introduit par *de*, on dira : *De quoi as-tu envie ?* et non : ✗ *Qu'est-ce que tu as envie ?* De même on dira : *Prends ce dont tu as envie* et non : ✗ *Prends ce que tu as envie.* On dit : *C'est de ce gâteau que j'ai envie* ou *C'est ce gâteau dont j'ai envie.* – **avoir envie que** se construit avec le subjonctif : *Je n'ai pas envie que tu viennes.*

envier v.t. *On lui envie son poste. On l'envie d'avoir obtenu ce poste. – Une situation enviée.* – ATTENTION À l'indicatif imparfait et au subjonctif présent : *(que) nous enviions.* – Au futur et au conditionnel : *il enviera(it).*
▸**enviable** adj. *Une situation enviable.*
▸**envieux, -euse** adj. et n. *Une personne envieuse.*

environ adv. Est invariable. *Cela coûte environ 50 euros.* Ne pas confondre avec le nom masculin pluriel ***environs***.

environnement n.m. Avec **nn**. *La protection de l'environnement.*

environs n.m.plur. *Visiter les environs d'une ville. Se promener dans les environs. Cela coûte aux environs de 50 euros.* → environ

envisager v.t. Avec **e** devant *a* et *o* : *il envisageait, nous envisageons. C'est une solution que nous n'avons jamais envisagée. Ils envisagent de partir.*

envoi n.m. *Un envoi, des envois. L'envoi de marchandises contre remboursement. – Des coups d'envoi.*

envol n.m. *Ils ont pris leur envol.*

envolée n.f. *Une envolée lyrique.*

envoler (s') v.pr. *Ils se sont envolés.*

envoûter v.t. Avec **û**.
▸**envoûtant, -e** adj. *Une voix envoûtante.*
▸**envoûtement** n.m.

envoyé, -e n. *Une envoyée spéciale.*

envoyer v.t. et v.pr. CONJ.7 *J'ai envoyé une lettre à Luc. Je la lui ai envoyée. – Ils se sont envoyé des lettres. Les lettres qu'ils se sont envoyées.* Voir gramm. § 29(3). – *J'ai envoyé Marie chercher du pain, je l'ai envoyée chercher du pain. On nous a envoyés promener. – J'ai envoyé chercher l'infirmière, je l'ai envoyé chercher.* Voir gramm. § 30.

enzyme n.f. ou n.m. Avec **y**. On dit *une* ou *un enzyme.*

éolienne n.f.

épais, épaisse adj. *Des planches épaisses de 10 centimètres.*
▸**épaisseur** n.f.
▸**épaissir** v.i., v.t. et v.pr.

épancher v.t. et v.pr. Une personne qui **s'épanche** livre ses sentiments avec confiance. Ne pas confondre avec ***étancher***.

épargner v.t. **1.** *Ils ont épargné une belle somme. Quelle somme ont-ils épargnée ?* – **2.** *Les otages ont été épargnés. Épargnez-moi vos commentaires !* – ATTENTION À l'indicatif imparfait et au subjonctif présent : *(que) nous épargnions.*
▸**épargne** n.f. *Des Caisses d'épargne.*
▸**épargnant, -e** n. *Les petits épargnants.*

éparpiller v.t. et v.pr. *Il a éparpillé ses papiers. La cendre s'est éparpillée partout.*

▸**éparpillement** n.m.

épars, -e adj. On ne prononce pas le **s** au masculin. *Les débris épars de l'avion.*

épaté, -e adj. *Un nez épaté.*

épater v.t. FAM. Avec un seul **t**. *Son exploit nous a épatés.*
▸**épatant, -e** adj.

épaule n.f. *Il est large d'épaules. Des coups d'épaule.*

épave n.f.

épée n.f. *Des coups d'épée dans l'eau.*

épeler v.t. CONJ.3 Avec **l** ou **ll** : *nous épelons, ils épellent. Épeler son nom.*

éperdu, -e adj. LITT. *Éperdu d'amour. Une course éperdue.*
▸**éperdument** adv. Sans accent circonflexe.

éperon n.m.
▸**éperonner** v.t. avec **nn**.

éphémère adj. Avec **ph**. *Des bonheurs éphémères* (≠ durables).
▸**éphéméride** n.f. (Calendrier) Est du féminin. *Une éphéméride.*

épi n.m. *Des épis de blé. Du blé en épis. Des voitures garées en épi.*

épice n.f.
▸**épicer** v.t. *Un plat trop épicé.*

épicentre n.m. *L'épicentre d'un séisme.*

épicerie n.f. *Aller à l'épicerie.*
▸**épicier, -ière** n. *Aller chez l'épicier.*

épidémie n.f. *Des épidémies de grippe.*
▸**épidémique** adj.

épiderme n.m.
▸**épidermique** adj.

épier v.t. *Ils nous ont épiés.* – ATTENTION À l'indicatif imparfait et au subjonctif présent : *(que) nous épi<u>i</u>ons.* – Au futur et au conditionnel : *il épi<u>e</u>ra(it).*

épilepsie n.f.
▸**épileptique** adj. et n.

épiler v.t. et v.pr. *Elle s'est épil<u>é</u> les sourcils. Elle se les est trop épilé<u>s</u>.* Voir gramm. § 29(3).
▸**épilation** n.f.

épilogue n.m. Est du masculin. *Quel est l'épilogue du livre ?*

épinard n.m. Avec **d**. *Des épinards en branches. Une salade d'épinards.* – Est invariable comme adjectif de couleur : *des pulls (vert) épinard.* Voir gramm. § 8.

épine n.f.
▸**épineux, -euse** adj.

épingle n.f. *Des épingles à chapeau, de cravate, à couture, à cheveux. Des virages en épingle à cheveux.*
▸**épingler** v.t.

épinière adj.fém. *La moelle épinière.*

Épiphanie n.f. Avec une majuscule. *La fête de l'Épiphanie.*

épique adj. *Un poème épique. Une aventure épique.*

épiscopat n.m. Avec **at**.
▸**épiscopal, -e, -aux** adj.

épisode n.m. *Un film à épisodes.*
▸**épisodique** adj. *Des crises épisodiques.*
▸**épisodiquement** adv.

épitaphe n.f. Avec **ph**. *Les épitaphes gravées sur les tombes.*

épithète n.f. Est du féminin : *une épithète.* Voir ce mot dans la partie grammaire.

épître n.f. LITT. Avec **î**. *Une longue épître* (= lettre).

éploré, -e adj. *Une veuve éplorée.*

éplucher v.t. *Des légumes tout épluchés.*
▸**épluchage** n.m.
▸**épluchure** n.f.

éponge n.f. *Passer des coups d'éponge. Des éponges de bain. Des serviettes-éponges.*
▸**éponger** v.t. et v.pr. Avec **e** devant *a* et *o* : *il épongeait, nous épongeons. On a épongé la table. On l'a épongée.* – *Elle s'est épong<u>é</u> les mains. Elle se les est bien épongé<u>es</u>.* Voir gramm. § 29(3).

épopée n.f.

époque n.f. *À l'époque actuelle. Des costumes d'époque.* – On écrit avec des majuscules *Belle Époque.*

époumoner (s') v.pr. Avec un seul **n**, contrairement à la plupart des verbes dérivés de noms en **on**. *Elle s'est époumonée.*

épouse n.f. Féminin de **époux**.

épouser v.t. *Il a épousé Marie, il l'a épousée. Épouser les idées de quelqu'un.*

épousseter v.t. CONJ.3 Avec **t** ou **tt** : *nous époussetons, ils époussettent.* – REMARQUE On prononce le plus souvent [épousté], sans faire entendre le **e** dans toute la conjugaison. On dit [ilépoust'] là où on écrit *il époussette*.

époustoufler v.t. Avec un seul **f**. *Il nous a époustouflés.*
▸**époustouflant, -e** adj.

épouvantable adj.

épouvantail n.m. *Des épouvantails.*

épouvanter v.t. *Cela l'épouvante de parler en public. Elle est épouvantée.*
▸**épouvante** n.f. *Des cris d'épouvante.*

époux, épouse n. *Un époux, une épouse.*

éprendre (s') v.pr. CONJ.33 *Elle s'est éprise de lui. L'homme dont elle s'est éprise. – Ils sont très épris l'un de l'autre. Elle est éprise de justice.*

épreuve n.f. *Des épreuves de force. Un matériau à toute épreuve. Mettre à l'épreuve.*

éprouver v.t. *Je ne peux vous dire la joie que j'ai éprouvée.*
▸**éprouvant, -e** adj.

éprouvette n.f.

épuiser v.t. et v.pr. *On a épuisé nos ressources, on les a épuisées. Ils se sont épuisés à la tâche.*
▸**épuisant, -e** adj. *Des travaux épuisants.* Ne pas confondre avec le participe présent invariable : *Ces travaux l'épuisant, il est tombé malade.* Voir gramm. § 31 (2).
▸**épuisement** n.m.

épuisette n.f.

épurer v.t. *Épurer un parti politique.*
▸**épuration** n.f.

équateur n.m. On prononce [koi].
▸**équatorial, -e, -aux** adj.

équation n.f. On prononce [koi].

équerre n.f. Avec **rr**.

équestre adj. *Le sport équestre* (= l'équitation).

équidistant, -e adj. On prononce [kui].

équilatéral, -e, -aux adj. On prononce [kui].

équilibre n.m. *Des forces en équilibre.*
▸**équilibré, -e** adj.
▸**équilibrer** v.t. et v.pr.

équilibriste n.

équinoxe n.m. Est du masculin.

équipage n.m.

équipe n.f. *Ils ont fait équipe. L'esprit d'équipe. Des équipes de sauveteurs.*
▸**équipier, -ière** n.

équipée n.f. *Une folle équipée.*

équiper v.t. et v.pr. *On les a équipés. Ils se sont équipés. Une cuisine tout équipée.*
▸**équipement** n.m.

équitable adj. *Un partage équitable.*
▸**équitablement** adv.
▸**équité** n.f. On prononce [ki]. *En toute équité.*

équitation n.f. *Faire de l'équitation.*

équivalent, -e adj. et n.m. Avec **ent**. *Deux procédés équivalents. Il a un salaire équivalent à celui de Pierre. Cela lui a coûté l'équivalent de deux mois de salaire.* Ne pas confondre avec le participe présent invariable, en *-ant*, du verbe *équivaloir* : *Votre salaire équivalant à celui d'un cadre ne peut être augmenté.* Voir gramm. § 31 (2).
▸**équivalence** n.f.

équivaloir v.t.ind. Se conjugue comme ***valoir*** (voir ce mot). *Deux œufs équivalent à 100 grammes de viande. Cela équivaut à refuser.*

équivoque adj. et n.f. *Une réponse équivoque. Un ordre sans équivoque.*

éradiquer v.t. *Éradiquer une maladie.*
▸**éradication** n.f. Avec un **c**.

érafler v.t. et v.pr. Avec un seul **f**. *On lui a éraflé sa voiture. La portière est éraflée. Elle s'est éraflé la main.*

▸**éraflure** n.f.

éraillé, -e adj. *Une voix éraillée.*

ère n.f. *L'ère chrétienne. Une nouvelle ère.*

érectile adj. *Un organe érectile.* Avec **ile** et non ✕ *ible.*

érection n.f.

éreinter v.t. Avec **ein**. *Ces travaux nous ont éreintés.*
▸**éreintant, -e** adj. *Des travaux éreintants.*

érémiste n. Manière d'écrire **RMIste**.

ergonomique adj.

ergot n.m. Avec un **t**. *Il est monté sur ses ergots.*

ériger v.t. et v.pr. Avec **e** devant *a* et *o* : *il érigeait, nous érigeons. On lui a érigé une statue. La statue qu'on lui a érigée. – Ils se sont érigés en juges.*

ermite n.m. Sans *h*. *Vivre en ermite.*

érosion n.f. *L'érosion monétaire.*

érotique adj. *La littérature érotique.*

erratum n.m. Mot latin qui signifie « erreur ». Avec **um** qu'on prononce [om]. – PLURIEL : *errata.* On publie un **erratum**, on donne une liste d'**errata**.

errer v.i. *Ce chien erre dans la campagne.*
▸**errant, -e** adj. *Un chien errant.*

erreur n.f. *Sauf erreur ou omission. Induire quelqu'un en erreur. Ne pas faire d'erreur. Vous faites erreur. Corriger ses erreurs.*

erroné, -e adj. Avec un seul **n**. *Un texte erroné* (= avec des erreurs).

ersatz n.m. Mot allemand qui signifie « remplacement ». On prononce [èrzats]. *Des ersatz de sucre.*

érudit, -e adj. et n.
▸**érudition** n.f.

éruption n.f. *Une éruption de boutons. Un volcan en éruption.* Ne pas confondre avec ***irruption*** (entrée).

ès prép. Est toujours suivi d'un nom pluriel. *Docteur ès lettres, ès sciences.*

esbroufe n.f. Avec un seul **f**.

escabeau n.m. *Des escabeaux.*

escadre n.f. *Une escadre aérienne.*
▸**escadrille** n.f.
▸**escadron** n.m. *Des chefs d'escadron.*

escalade n.f.
▸**escalader** v.t. *Escalader une montagne.*

escale n.f. *Ils ont fait escale à New York. Un voyage sans escale.*

escalier n.m. *Un escalier en colimaçon. Monter, descendre l'escalier* (ou *les escaliers*) *quatre à quatre.*

escalope n.f.

escapade n.f.

escargot n.m. Avec un **t**.

escarpé, -e adj. *Une route escarpée.*

escarre n.f. Avec **c** et **rr**. Est du féminin. *De douloureuses escarres sur tout le corps.*

escient – **à bon escient, à mauvais escient**. Avec **sc** comme dans ***science***.

esclaffer (s') v.pr. Avec **ff**. *« Ah ! Ah ! » s'esclaffa-t-il.*

esclandre n.m. Avec **an** comme dans ***scandale***. *Faire un esclandre.*

esclave adj. et n.
▸**esclavage** n.m.

escogriffe n.m. *Un grand escogriffe.*

escompte n.m. *Des taux d'escompte.*

escompter v.t. LITT. *Tous les succès que nous avions escomptés.*

escorte n.f. *Ils sont sous bonne escorte.*
▸**escorter** v.t. *On les a escortés.*

escrime n.f.
▸**escrimeur, -euse** n.

escrimer (s') v.pr. *Ils se sont escrimés à.*

escroc n.m. Avec un **c** final. *Cette femme est un escroc.*
▸**escroquer** v.t. Avec **qu**. *Elle nous a escroqués.*
▸**escroquerie** n.f.

eskimo adj. et n. Ancienne orthographe de **esquimau**.

espace n.m. *Manquer d'espace. Voyager dans l'espace. Aménager des espaces*

e

verts. – REMARQUE En imprimerie, pour désigner le blanc entre les mots, **espace** est féminin : *une espace.*

espacer v.t. et v.pr. Avec **ç** devant *a* et *o* : *il espaçait, nous espaçons. Il a espacé ses visites. Il les a espacées. Ses visites se sont espacées.*

espadrille n.f. (Chaussure) On prononce [iy'] comme dans *fille.*

espagnol, -e adj. et n. *Elle est espagnole. C'est une Espagnole.* (Le nom de personne prend une majuscule.)

espalier n.m. *Un espalier pour la gymnastique. Des cultures en espalier.* Ne pas confondre avec ***escalier***.

espèce n.f. *Des produits de toute espèce. Des cas d'espèce. Payer en espèces.* – **une espèce de** : *Une espèce d'idiote. Une espèce de fou.* – La langue familière dit *un espèce de* devant un nom masculin, ce qui n'a aucune raison d'être.

espérance n.f.

espérer v.t. CONJ.4 Avec **é** ou **è** : *nous espérons, ils espèrent. Elle est arrivée plus tôt que je ne l'avais espéré.* → l' – *J'espère le convaincre.* **espérer que** + indicatif, **ne pas espérer que** + subjonctif ou indicatif : *Espérons qu'il viendra. N'espérez pas qu'il vienne. Je n'espère même plus qu'il viendra.* Le subjonctif marque l'éventualité, l'indicatif marque la réalité.

espiègle adj. et n.
‣ **espièglerie** n.f.

espion, espionne n. *Un espion, une espionne.* – S'emploie avec ou sans trait d'union après un nom : *des navires(-) espions.*
‣ **espionner** v.t. *On nous a espionnés.*
‣ **espionnage** n.m. *Des réseaux d'espionnage. Le contre-espionnage.*

esplanade n.f. *L'esplanade du Trocadéro.*

espoir n.m. *J'ai l'espoir de réussir. J'ai l'espoir qu'il réussira. Être sans espoir. Dans l'espoir de vous revoir, je vous prie de...*

esprit n.m. *Des mots d'esprit. Présence d'esprit. Reprendre ses esprits.* – Prend une majuscule dans *Esprit saint, Saint-Esprit.*

Esquimau n.m. Nom déposé d'une marque de bâtonnet glacé. Avec une majuscule.

esquimau, esquimaude adj. et n. *Des tribus esquimaudes. Ils sont esquimaux. Ce sont des Esquimaux.* (Le nom de personne prend une majuscule.) – REMARQUE On dit aujourd'hui **inuit**.

esquinter v.t. et v.pr. FAM. (Abîmer)

esquisse n.f.
‣ **esquisser** v.t. *Esquisser un sourire.*

esquiver v.t. et v.pr. *Ils ont esquivé le problème. – Elle s'est esquivée avant le dessert.*

essai n.m. Reste au singulier dans *des coups d'essai, des pilotes d'essai, des bancs d'essai, des ballons d'essai.* Est au pluriel dans *tube à essais, centre d'essais.*

essaim n.m. Avec **aim** comme dans ***faim*** et ***daim***.

essayer v.t. et v.pr. CONJ.5 *Il essaie* ou *essaye. Il a essayé tous les vêtements, il les a tous essayés. Essaie d'être à l'heure ! – Elle s'est essayée à la peinture.* – REMARQUE Il n'y a pas de *s* à l'impératif, sauf devant ***en*** : *Essaie ce pull, essaies-en un autre.* – ATTENTION À l'indicatif imparfait et au subjonctif présent : *(que) nous essayions.*
‣ **essayage** n.m. *Des cabines d'essayage.*

essence n.f.

essentiel, -elle adj. Avec **t**. *L'eau est essentielle à la vie.* ◆ n.m. *N'emportez que l'essentiel. Pour l'essentiel.*
‣ **essentiellement** adv.

essieu n.m. *Des essieux.*

essor n.m. *Des industries en plein essor.*

essorer v.t. *Essorer du linge.*
‣ **essorage** n.m. *Les vitesses d'essorage.*
‣ **essoreuse** n.f. *Des essoreuses à salade.*

essouffler v.t. et v.pr. Avec **ff** comme dans ***souffle***. *La course l'a essoufflée. Elle est essoufflée. L'économie s'essouffle.*
‣ **essoufflement** n.m.

essuie-glace n.m. Avec un **e** à *essuie* (du verbe *essuyer*). *Des essuie-glaces.*

essuie-mains n.m.inv. Avec un **e** à *essuie* (du verbe *essuyer*). *Des essuie-mains.*

essuie-tout adj. et n.m.inv. Avec un **e** à *essuie* (du verbe *essuyer*).

essuyer v.t. et v.pr. CONJ.6 Avec **y** ou **i** : *nous essuyons, ils essuient. Essuie les verres. Elle s'est essuyée en sortant du bain. Elle s'est essuyé les mains.* Voir gramm. § 29. – REMARQUE Il n'y a pas de *s* à l'impératif, sauf devant *en* : *Essuie ce verre, essuies-en d'autres.* – ATTENTION À l'indicatif imparfait et au subjonctif présent : *(que) nous essuyions.* – Au futur et au conditionnel : *il essuiera(it).*

1. **est** n.m.inv. et adj.inv. *Le Soleil se lève à l'est. Ma chambre est à l'est. Un axe est-ouest. Des vents d'est. Habiter dans l'est de la France.* – S'écrit avec une majuscule pour désigner une région. *L'Europe de l'Est. Une ville de l'Est.*

2. **est** Troisième personne du singulier du verbe *être* (indicatif présent). Ne pas confondre avec *et*.

On écrit *est* ou *et* ?

On écrit **est** quand on peut remplacer le mot par ***était*** : *Il* est *gentil.* (*Il était gentil.*) On écrit **et** quand on peut dire ***et puis, et aussi*** ou ***ou*** : *Il est gentil* et *généreux* (*et aussi généreux*).

est-ce que mot interrogatif

- S'écrit avec un seul trait d'union entre *est* et *ce* (inversion du pronom sujet). Devant une voyelle, on écrit **est-ce qu'** : *Est-ce qu'il viendra ?*
- Dans une langue soignée, on évitera l'emploi de **est-ce que** quand il est inutile. On dira *Quel âge a-t-il ?* plutôt que *Quel âge est-ce qu'il a ?* ou *Dis-moi quand tu viens* plutôt que *Dis-moi quand est-ce que tu viens.* Voir *interrogatif* dans la partie grammaire.

esthétique n.f. et adj. Avec **th**.
▸**esthéticien, -enne** n.

estimer v.t. *On estime sa maison à 100 000 euros. On l'a estimée à ce prix ? – Tout le monde estime Marie. Elle est estimée de tous.*
▸**estimation** n.f. *D'après les premières estimations.*
▸**estime** n.f. *Avoir de l'estime pour quelqu'un. Des succès d'estime.*

estival, -e, -aux adj. *La période estivale* (= l'été).
▸**estivant, -e** n.

estomac n.m. Avec un **c**.

estomper v.t. et v.pr. *L'inscription s'est estompée.*

estrade n.f.

estragon n.m. *Des feuilles d'estragon.*

estropié, -e adj. et n.

estuaire n.m. Avec **ai**. Est du masculin : *un estuaire.*

esturgeon n.m. Avec **ge**. *Des œufs d'esturgeon* (= du caviar).

et conj. de coordination

- Unit des mots, des groupes de mots ou des phrases de même fonction et le plus souvent de même nature. *Je veux une pomme et une glace. Il est venu et il est reparti. Un travail et trouver un logement, voilà ce qu'il veut !*
- Peut s'employer en tête de phrase, et dans de nombreuses formules : *Et soudain un orage éclata. Et alors, et ainsi de suite,* etc.
- S'emploie sans trait d'union dans l'écriture de certains nombres : *vingt et un, trente et un,* etc.
- **et commercial** s'écrit &.
- **et** ou **est** ? → est[2]

Accord avec *et*

1. *Une robe et un manteau neufs* (= les deux sont neufs). *Une robe et un manteau neuf* (= seul le manteau est neuf).

2. *Des cravates bleu et rouge* (= chaque cravate est bleu et rouge). *Des cravates bleues et rouges* (= il y en a des bleues et des rouges).

3. *Les civilisations française et américaine* (= l'une et l'autre). *Les dix-septième et dix-huitième siècles. Le dix-septième et le dix-huitième siècle.*

4. *Lui et moi irons au cinéma.* Voir gramm. § 41(3).

étable n.f.

établi n.m. *Des établis de menuisier.*

établir v.t. *Établir une liste. La liste qu'ils ont établie.* ◆ v.pr. *Ils se sont établis en province. Elle s'est établie à son compte.*
▸**établissement** n.m.

étage n.m. *Un immeuble à étages. Les 1er et 2e étages. Du 1er au 3e étage. – Des gens de bas étage.*

étagère n.f. *Des étagères de verre.*

étain n.m. *Des pots en étain.*

étal n.m. Prend un *s* au pluriel : *Les étals des marchés.* Voir gramm. § 32(3).

étalage n.m.
▸**étalagiste** n.

étale adj. Avec un **e**. *L'océan était étale.*

étaler v.t. et v.pr. *Étaler une peinture. Une peinture qui s'étale bien. – Étaler ses vacances. – Ils se sont étalés par terre.*
▸**étalement** n.m. *L'étalement des vacances.*

étalon n.m.

étanche adj. *Une montre étanche.*
▸**étanchéité** n.f.

étancher v.t. *Étancher sa soif.*

étang n.m. Avec **g**.

étant donné → donner

étape n.f. *Procéder par étapes. Des villes-étapes.*

état n.m. **1.** *Des appareils en bon état. Un état de choses. En tout état de cause. Avoir des états d'âme. Les arguments dont ils ont fait état. Laisser les choses en l'état. Ils ne sont pas en état de parler. Ils sont hors d'état de nuire. Des fiches d'état civil.* – **2.** Avec une majuscule pour désigner un territoire organisé politiquement ou les pouvoirs publics. *Un chef d'État. Des coups d'État. Une affaire d'État.*

état-major n.m. *Des états-majors.*

étau n.m. *Des étaux.*

étayer v.t. CONJ.5 *Il étaie* ou *étaye.* Mais la forme avec **y** est la plus usitée. *Étayer un mur. Étayer une démonstration sur des faits précis. Une argumentation bien étayée.*

etc. Abréviation de **et cætera** (ou **et cetera**). Est toujours précédé d'une virgule et suivi d'un point abréviatif. On prononce [ètsétéra] et non ✕ [èks-].

1. été n.m. *Les vacances d'été. De beaux étés.*

2. été Participe passé invariable du verbe *être.*

éteindre v.t. et v.pr. CONJ.35 *J'éteins, nous éteignons le feu. Le feu s'est éteint. Elle s'est éteinte à 90 ans.* – ATTENTION À l'indicatif imparfait et au subjonctif présent : *(que) nous éteignions.*

étendard n.m. Avec **ard**.

étendre v.t. et v.pr. CONJ.34 *J'étends, il étend. La couverture qu'on a étendue sur le lit. Marie s'est étendue par terre. La route s'étend sur des kilomètres.*

étendue n.f. *Des étendues d'eau, de sable. Mesurer l'étendue des dégâts.*

éternel, -elle adj.
▸**éternellement** adv.
▸**éternité** n.f.

éterniser (s') v.pr. *Elle ne s'est pas éternisée.*

éternuer v.i. *Il a éternué.*
▸**éternuement** n.m. Avec un **e** muet.

éther n.m. Avec **h**.

éthéré, -e adj. LITT. (Pur et aérien) Avec **h**.

éthique adj. et n.f. (Moral) Avec **h**. Ne pas confondre avec ***étique*** (très maigre).

ethnie n.f. Avec **th**. Vient d'un mot grec qui signifie « peuple ».
▸**ethnique** adj.
▸**ethnologie** n.f.

étinceler v.i. CONJ.3 Avec **l** ou **ll** : *il étincelait, ils étincellent.*
▸**étincelant, -e** adj. Avec un seul **l**.

étincelle n.f. Avec **ll**.

étioler (s') v.pr. Avec un seul **l**. *Sans soleil, la plante s'est étiolée.*

étique adj. (Maigre) Ne pas confondre avec *éthique* (moral).

étiqueter v.t. CONJ.3 Avec **t** ou **tt** : *nous étiquetons, ils étiquettent.*
▸**étiquetage** n.m. Avec un **t**.
▸**étiquette** n.f. Avec **tt**.

étirer v.t. et v.pr. *Le chat étire ses membres. Elle s'est étirée avant de se lever.*
▸**étirement** n.m.

étoffe n.f. *Des étoffes de soie, de coton.*

étoffer v.t. et v.pr. *Elle s'est étoffée.*

étoile n.f. *Dormir à la belle étoile. Des carrefours en étoile. Des étoiles de mer.* – REMARQUE On écrit avec un trait d'union *un hôtel deux-étoiles, trois-étoiles...*
▸**étoilé, -e** adj. *Un ciel étoilé.*

étonner v.t. et v.pr. *Son histoire nous a étonnés. Elle s'est étonnée de ne pas le voir.*
▸**étonnant, -e** adj. *Des propos étonnants.* Ne pas confondre avec le participe présent invariable : *Ses propos étonnant l'assemblée...* Voir gramm. § 31(2).
▸**étonnamment** adv. Avec **nn** et **mm**.
▸**étonnement** n.m. *À son grand étonnement.*

étouffer v.i., v.t. et v.pr. Avec **ff**. *On étouffe ici ! Le boa a étouffé sa proie, il l'a étouffée. Ils se sont étouffés.*
▸**étouffant, -e** adj. *Une chaleur étouffante.*
▸**étouffement** n.m.

étourderie n.f. *Des fautes d'étourderie.*

étourdi, -e adj. et n.

étourdir v.t. et v.pr. *Le vin les a étourdis.*
▸**étourdissant, -e** adj.
▸**étourdissement** n.m.

étrange adj.
▸**étrangement** adv.
▸**étrangeté** n.f.

étranger, -ère adj. et n.

étrangler v.t. et v.pr. *Il a étranglé sa victime, il l'a étranglée. Ils se sont étranglés avec un morceau de pain. – Étrangler la presse.* – REMARQUE Au mot *étrangler* correspondent deux noms : **strangulation**, au sens propre, et **étranglement** au sens figuré.

1. être v.i. et auxiliaire
• Comme verbe d'état, **être** peut introduire des attributs du sujet : *Il est gentil,* ou des compléments circonstanciels : *Il est dans le jardin.*
• Comme auxiliaire, **être** est toujours suivi d'un participe passé : *il est monté, parti, revenu.* Voir *auxiliaire* dans la partie grammaire.
• Attention à la conjugaison de ce verbe très irrégulier, en particulier au subjonctif présent : *qu'il soit* avec un **t**, *que nous soyons,* sans *i* après le *y*. *Avoir* et *être* sont les seuls verbes à avoir ces deux particularités. Voir conjugaison, p. 473.
• **c'est, est-ce que** s'emploient dans les locutions que l'on trouvera à leur ordre alphabétique.
• S'emploie aux temps composés au sens de « aller » : *j'ai été/je suis allé.* → aller[1]

2. être n.m. *Un être vivant.*

étreindre v.t. CONJ.35 *Il étreignit ses enfants avant de partir.*
▸**étreinte** n.f.

étrenne n.f. S'emploie surtout au pluriel. *Recevoir des étrennes.*

étrenner v.t. *Marie a étrenné ses rollers, elle les a étrennés ce matin.*

étrier n.m.

étriqué, -e adj.

étroit, -e adj.
▸**étroitement** adv.
▸**étroitesse** n.f. *Faire preuve d'étroitesse d'esprit.*

étude n.f. *Une bourse d'études. Un certificat d'études. Une salle d'étude. Un bureau d'études.*

étudiant, -e n.

étudier v.t. *On a étudié vos propositions. On les a étudiées.* – ATTENTION À l'indicatif imparfait et au subjonctif présent : *(que) nous étudiions.* – Au futur et au conditionnel : *il étudiera(it).*

étui n.m. *Un étui à lunettes.*

e

étymologie n.f. Sans *h*. *L'étymologie donne l'origine des mots.*
▸**étymologique** adj.

eu, eue Participe passé du verbe *avoir*.

eucalyptus n.m. Avec **y**. On prononce le **s**.

euh interj. Marque l'hésitation. *Euh, je ne sais pas trop.*

> **-euil/-ueil** Le son [euy'] s'écrit **euil**, sauf après **c** ou **g** où il s'écrit **ueil** : *écureuil, feuille,* mais *accueil, accueillir, orgueil, orgueilleux.*

euphémisme n.m. Avec **ph**. *« S'éteindre » ou « partir » sont des euphémismes pour dire « mourir ».*

euphorie n.f. (Excitation joyeuse)
▸**euphorique** adj.

eurêka interj. Avec **ê**. *On a trouvé ! eurêka !*

euro n.m. *Un euro, des euros. Cent euros (100 €).* – REMARQUE Attention à bien prononcer [santeuro], comme on dit *cent ans*, quand *cent* n'est pas multiplié.

> **euro- 1.** Les mots formés avec **euro** s'écrivent en un seul mot : *eurodéputé, eurocommunisme*, ou avec un trait d'union devant *o* ou *i* : *euro-obligation, euro-industrie.* – **2.** S'il s'agit de l'abréviation **euro-** (comme *franco-, américano-*, etc.), il y a toujours un trait d'union : *les relations euro-américaines.*

européen, -enne adj. et n. *Il est européen. C'est un Européen.* (Le nom de personne prend une majuscule.)

euthanasie n.f. Avec **th**.

eux pron. personnel *C'est eux* ou *ce sont eux. Ils rentrent chez eux.* Voir *pronom personnel* dans la partie grammaire.

évacuer v.t. *On les a évacués.* – ATTENTION Au futur et au conditionnel : *il évacuera(it).*
▸**évacuation** n.f.

évader (s') v.pr. *Ils se sont évadés.*

évaluer v.t. *On a évalué les dégâts. On les a évalués.* – ATTENTION Au futur et au conditionnel : *il évaluera(it).*
▸**évaluation** n.f.

évangile n.m. Avec une majuscule pour les textes de l'Écriture sainte.

évanouir (s') v.pr. *Elle s'est évanouie.*
▸**évanouissement** n.m.

évaporer (s') v.pr. *L'eau s'est évaporée.*
▸**évaporation** n.f.

évasif, -ive adj. *Elle est restée très évasive* (= vague).
▸**évasivement** adv. *Répondre évasivement.*

évasion n.f. *Des tentatives d'évasion.*

évêché n.m. Avec **ê** comme dans ***évêque***.

éveil n.m. *Des activités d'éveil.*
▸**éveillé, -e** adj. *Une enfant très éveillée.*
▸**éveiller** v.t. et v.pr.

événement ou **évènement** n.m. L'orthographe avec **è**, conforme à la prononciation, est aujourd'hui admise.

éventail n.m. *Des éventails.*

éventuel, -elle adj.
▸**éventuellement** adv.
▸**éventualité** n.f. *Parer à toute éventualité.*

évêque n.m. Avec **ê**.

évertuer (s') v.pr. *Ils se sont évertués à le convaincre.* – ATTENTION Au futur et au conditionnel : *il s'évertuera(it).*

évidence n.f. *Ne dire que des évidences.* – Reste au singulier dans *à l'évidence, de toute évidence, en évidence.*
▸**évident, -e** adj. *Une solution évidente.*
▸**évidemment** adv. Avec **emm** qu'on prononce [am]. Voir gramm. § 9(2).

évier n.m.

éviter v.t. *Il a évité Marie. Il l'a évitée. Les ennuis que cela vous a évités.*– **éviter de** + infinitif, **éviter que** + subjonctif : *Évitez qu'on vous voie ensemble.*

évoluer v.i. *Les gens évoluent. Faire évoluer la société.* – ATTENTION Au futur et au conditionnel : *il évoluera(it).*

▸**évolué, e** adj. *Des gens peu évolués.*
▸**évolution** n.f.

évoquer v.t. (Rappeler, faire allusion à) *On a évoqué de vieux souvenirs.* Ne pas confondre avec ***invoquer*** (faire appel à).
▸**évocation** n.f. Avec **c**. Ne pas confondre avec ***invocation***.

> **ex-** **1.** Est toujours suivi d'un trait d'union : *un ex-ministre, son ex-mari.* – ATTENTION à ne pas ajouter de [e] à l'oral. – **2.** S'emploie seul en langue courante, comme nom masculin ou féminin : *Il est venu avec son ex.*

exact, -e adj. Avec **ct** qui se prononce ou non au masculin : [egzakt] ou [egza].
▸**exactement** adv.
▸**exactitude** n.f.

exaction n.f. *Commettre des exactions* (= violences).

ex æquo adv., adj.inv. et n.inv. Locution latine. On écrit aussi **ex aequo**. *Ils sont arrivés ex aequo. Départager les ex aequo.*

exagérer v.t. CONJ.4 Avec **é** ou **è** : *nous exagérons, ils exagèrent.*
▸**exagéré, -e** adj. *Des compliments exagérés.*
▸**exagérément** adv.
▸**exagération** n.f.

exaltant, -e adj. *Un récit exaltant.*
▸**exaltation** n.f.
▸**exalté, -e** adj. et n.

examen n.m. Avec **en** qu'on prononce [in]. *Des examens de santé. Des personnes mises en examen.*
▸**examiner** v.t. *Elle s'est fait examiner. (Fait* suivi d'un infinitif est invariable.) *Les comptes qu'on a examinés.*
▸**examinateur, -trice** n.

exaspérer v.t. CONJ.4 Avec **é** ou **è** : *il exaspérait, il exaspère. Ces retards exaspèrent Marie. Elle est exaspérée.*
▸**exaspérant, -e** adj. *Des retards exaspérants.* Ne pas confondre avec le participe présent invariable : *Ces retards exaspérant Marie...* Voir gramm. § 31(2).
▸**exaspération** n.f.

exaucer v.t. Sans *h*. *Vos vœux ont été exaucés.* Ne pas confondre avec ***exhausser*** (rehausser).

excavation n.f. (Trou) On prononce [eksk].

excéder v.t. CONJ.4 Avec **é** ou **è** : *nous excédons, ils excèdent.* – **1.** *Tous ses caprices m'excèdent. Je suis excédée.* – **2.** *Un prix qui n'excède pas 100 euros.* – REMARQUE Attention aux dérivés de ce verbe.
▸**excédant, -e** adj. (Exaspérant) Avec **ant**. *Une personne excédante.*
▸**excédent** n.m. (Surplus) Avec **ent**. *Un excédent de bagages.*
▸**excédentaire** adj.

excellent, -e adj. Avec **ent**. *Des résultats excellents.*
▸**excellence** n.f. *Prix d'excellence. Par excellence.* – Prend une majuscule dans le titre honorifique *Son, Votre Excellence*.
▸**exceller** v.i. *C'est un domaine dans lequel il excelle.*

excentrique adj. et n.
▸**excentricité** n.f.

excepter v.t. *Sans excepter personne. Si l'on excepte Marie, tous sont venus.* – REMARQUE Le participe **excepté** est invariable avant le nom et variable après le nom : *Ils sont tous venus, excepté Marie. Marie exceptée, tous sont venus.* Voir gramm. § 26.

exception n.f. Avec **t**. *Il y a toujours des exceptions aux règles.* – Reste au singulier dans *sans exception, faire exception*.
▸**exceptionnel, -elle** adj. Avec **nn**.
▸**exceptionnellement** adv.

excès n.m. Avec **è**. (Dépassement, abus) *Un excès de vitesse. Faire des excès à table.* Ne pas confondre avec ***accès*** (poussée subite).
▸**excessif, -ive** adj. Sans accent.
▸**excessivement** adv.

exciter v.t. et v.pr. *Cette aventure nous a tous excités.*
▸**excitant, -e** adj.
▸**excitation** n.f.

exclamation n.f. *Des exclamations de joie. Des points d'exclamation (!).*

e

▸**exclamatif, -ive** adj. *Point exclamatif. Phrase exclamative.* Voir *exclamative* dans la partie grammaire.

Emploi du point d'exclamation (!)
1. On met un point d'exclamation à la fin d'une phrase exclamative : *Quel beau temps!*
2. Après une interjection, simple ou composée, le point d'exclamation peut être suivi d'une minuscule : *Eh bien! je t'attends.*
3. Placé entre parenthèses, le point d'exclamation marque l'ironie, le doute : *Il paraît qu'il n'a rien vu (!)*

exclamer (s') v.pr. *Bravo, s'exclama-t-il.*

exclure v.t. Se conjugue comme ***conclure*** (voir ce mot). *On les a exclus du groupe. Marie aussi est exclue.* – REMARQUE Le participe passé est *exclu, exclue,* alors que le verbe ***inclure*** fait *inclus, incluse* au participe passé. – ATTENTION Il s'agit du verbe *exclure* et non d'un verbe ✕ *excluer* qui n'existe pas. Au futur, on écrit il *exclura* et non ✕ *excluera* ; au passé simple on dit *ils exclurent*, et non ✕ *ils excluèrent.*
▸**exclusion** n.f.

exclusif, -ive adj. *Un distributeur exclusif.*
▸**exclusivement** adv.
▸**exclusivité** n.f.

excrément n.m. *Des excréments de pigeon.*

excursion n.f. *Partir en excursion.*

excuse n.f. *Des mots d'excuse. Faire, présenter ses excuses.*
▸**excuser** v.t. et v.pr. *Rien n'excuse son retard. Veuillez m'excuser pour ce retard. Je vous prie de m'excuser. Excuse-moi.* – REMARQUE La forme pronominale *je m'excuse* est courante mais à éviter dans les formules de politesse. En dehors de ce contexte, **s'excuser** est tout à fait correct : *Il n'a pas pu venir mais il s'est excusé à temps* (= il a présenté ses excuses).

exécrable adj. On prononce [égzé-]. *Un temps exécrable* (= très mauvais).

▸**exécrer** v.t. CONJ.4 LITT. Avec **é** ou **è** : *nous exécrons, ils exècrent. Exécrer le mensonge* (= l'avoir en horreur).

exécuter v.t. *Des travaux mal exécutés.*
▸**exécutant, -e** n. *Un simple exécutant.*
▸**exécution** n.f.

exemplaire adj. et n.m.

exemple n.m. *Donner un exemple, des exemples.* – Reste au singulier dans *sans exemple* et *par exemple.*

exempter v.t. Avec un **p** qui se prononce ou non. *On les a exemptés de l'impôt.*
▸**exemption** n.f. On prononce le **p**.
▸**exempt, -e** adj. On prononce [égzan] au masculin, et [égzant'] au féminin.

exercer v.t. et v.pr. Avec **ç** devant *a* et *o* : *il exerçait, nous exerçons. Quelle profession avez-vous exercée ? – Il s'exerce à jouer. Elle s'est longtemps exercée au piano.*
▸**exercice** n.m. *Des médecins en exercice. Vous manquez d'exercice. Faire des exercices.*

exergue n.m. Est du masculin : *un exergue. Mettre une citation en exergue à un roman. Mettre en exergue un événement* (= le mettre en évidence, en avant). – REMARQUE Au sens de « inscription », **exergue** tend à remplacer en langage courant le nom féminin ***épigraphe***.

exhaler v.t. Avec **h**. *Des roses qui exhalent une délicieuse odeur.*

exhausser v.t. (Rehausser) Ne pas confondre avec ***exaucer*** (un vœu).

exhaustif, -ive adj. Avec **h**. *Une liste exhaustive* (= complète).
▸**exhaustivité** n.f.

exhiber v.t. et v.pr. Avec **h**.
▸**exhibition** n.f.

exhorter v.t. LITT. Avec **h**. *On exhorte quelqu'un à faire quelque chose.*

exhumer v.t. Avec **h** comme ***inhumer***. *Exhumer un corps. Exhumer de vieux souvenirs.*
▸**exhumation** n.f.

exiger v.t. Avec **e** devant *a* et *o* : *il exigeait, nous exigeons. Exiger des excuses. J'ai obte-*

nu toutes les choses que j'ai exigées. Il a fait toutes les choses que j'ai exigé (qu'il fasse). Voir gramm. § 28(3).
▸ **exigeant, -e** adj. Avec **eant**. *Des professeurs exigeants.* Ne pas confondre avec le participe présent invariable : *Exigeant beaucoup de leurs élèves, ces professeurs...* Voir gramm. § 31.
▸ **exigence** n.f. Avec **en**.

exigu, -ë adj. Avec **ë** au féminin. *Une pièce exiguë.*
▸ **exiguïté** n.f. Avec **ï**.

exil n.m. *Vivre en exil, loin de son pays.*
▸ **exiler** v.t. et v.pr. *Ils ont dû s'exiler. Ils se sont exilés.*

exister v.i. *Ce bâtiment existe depuis plusieurs siècles.* – S'emploie en tournure impersonnelle. *Existe-t-il des médicaments contre cette maladie? Des hommes comme lui, il n'en a jamais existé.*
▸ **existant, -e** adj. *Toutes les maisons existantes ont été rasées.* Ne pas confondre avec le participe présent invariable : *Ces maisons existant depuis longtemps...* Voir gramm. § 31(2).
▸ **existence** n.f.
▸ **existentiel, -elle** adj. Avec un **t**. → -tiel

exode n.m. *L'exode rural.*

exonérer v.t. CONJ.4 Avec **é** ou **è** : *nous exonérons, ils exonèrent. Des marchandises exonérées de droits de douane.*
▸ **exonération** n.f.

exorbitant, -e adj. Sans *h*. *Des sommes exorbitantes.*

exorbité, -e adj. Sans *h*. *Les yeux exorbités* (= sortis de leur orbite).

exorciser v.t.
▸ **exorcisme** n.m.

exotique adj.
▸ **exotisme** n.m.

expansion n.f. Voir ce mot dans la partie grammaire. – (Développement, progrès) Avec **an**. *Une ville en pleine expansion.* Ne pas confondre avec ***extension*** (du verbe *étendre*).

expatrier (s') v.pr. *Ils ont dû s'expatrier. Ils se sont expatriés.*

expectative n.f. *Rester dans l'expectative.*

expédient n.m. *Vivre d'expédients.*

expédier v.t. *On a expédié la lettre. La lettre qu'on a expédiée.* – ATTENTION À l'indicatif imparfait et au subjonctif présent : *(que) nous expédiions.* – Au futur et au conditionnel : *il expédiera(it).*
▸ **expéditeur, -trice** n.
▸ **expédition** n.f.

expérience n.f. *Faire des expériences de chimie.* – Reste au singulier au sens de « savoir-faire ». *Manquer d'expérience. Sans expérience.*

expérimenté, -e adj. *Un technicien expérimenté.*

expérimenter v.t. *Expérimenter un nouveau médicament.*
▸ **expérimentation** n.f.

expert, -e adj. (Très compétent) *Elle est experte en informatique. Je ne suis pas expert en la matière.*
▸ **expert** n.m. **1.** S'emploie pour un homme ou pour une femme. Ne pas confondre le nom et l'adjectif : *Elle est expert en peinture* (= nom de fonction). *Elle est experte en peinture* (= elle sait peindre). – **2.** On écrit sans trait d'union *géomètre expert, médecin expert, expert judiciaire,* et avec un trait d'union *expert-comptable, expert-conseil.* Au pluriel : *des médecins experts, des experts-comptables.*

expertise n.f.
▸ **expertiser** v.t. *J'ai fait expertiser ma voiture. Je l'ai fait expertiser.* (*Fait* suivi d'un infinitif est invariable.)

expirer v.t. *Inspirez, puis expirez (l'air) d'un coup.* ◆ v.i. *Votre bail a expiré le 15 août. Il est expiré depuis le 15 août.* (L'auxiliaire *avoir* marque l'action, l'auxiliaire *être* marque le résultat de l'action, l'état.)
▸ **expiration** n.f.

explétif, -ive adj. et n.m. Voir ce mot dans la partie grammaire.

explicite adj. *Le règlement est explicite sur ce point* (= très clair).
▸ **expliciter** v.t.

expliquer v.t. et v.pr. Le verbe s'écrit avec **qu** et les dérivés avec un **c**. *On m'a expliqué*

e

la règle, on me l'a expliquée. Ils se sont expliqués sur ce sujet. Ils ne se sont jamais expliqué cette démission. Voir gramm. § 29(3).
▸**explicable** adj. Avec **c**.
▸**explicatif, -ive** adj. *Une notice explicative.*
▸**explication** n.f.

exploit n.m. Avec **t**. *Des exploits sportifs.*

exploiter v.t. *C'est une ferme qu'ils ont exploitée pendant vingt ans. Une bonne idée, mal exploitée. Ils exploitent leurs ouvriers !*
▸**exploitant** n.m. *Les petits exploitants.*
▸**exploitation** n.f. *Une exploitation agricole.*
▸**exploiteur, -euse** n. PÉJOR.

explorer v.t. *Quelles régions a-t-il explorées ?*
▸**exploration** n.f.
▸**explorateur, -trice** n.

exploser v.i.
▸**explosion** n.f.
▸**explosif, -ive** adj. et n.m.

exporter v.t.
▸**exportation** n.f.
▸**exportateur, -trice** adj. et n. *Les pays exportateurs de pétrole.*

exposer v.t. et v.pr. *Exposer des peintures. Elle s'est exposée au soleil.*
▸**exposition** n.f.

1. **exprès** adv. On ne prononce pas le **s**. *Il l'a fait exprès.*

2. **exprès, expresse** adj. On prononce [èksprès']. *Un ordre exprès* (= formel, absolu). *Une défense expresse.* Ne pas confondre avec ***express*** (rapide).

express adj. et n.m. L'adjectif est invariable en genre : *Une voie express, un train express, un café express. Boire un express.*

expressément adv.

expressif, -ive adj. *Un visage expressif.*

expression n.f. Voir ce mot dans la partie grammaire. – S'emploie dans des formules de politesse. *Veuillez agréer, Monsieur, l'expression de mes sentiments respectueux.*

exprimer v.t. et v.pr. *Je vous exprime toutes mes félicitations. Ils se sont bien exprimés.*

expulser v.t. *Ces personnes que l'on a expulsées.*
▸**expulsion** n.f.

exquis, -e adj. Avec **xq**. *Un être exquis. Une personne exquise.*

exsangue adj. On prononce [gz] ou [ks].

extase n.f.
▸**extasier (s')** v.pr. *Ils se sont extasiés devant ses œuvres.*

extensible adj. Avec **en**.

extension n.f. Avec **en** comme dans ***étendre***. *Des mouvements d'extension.* Ne pas confondre avec ***expansion***.

exténuer v.t. *Cette course nous a exténués.*
▸**exténuant, -e** adj. *Une course exténuante.*

extérieur, -e adj. *Le commerce extérieur. La poche extérieure d'une veste.* ◆ n.m. *Rester à l'extérieur. Tourner les extérieurs d'un film.*
▸**extérieurement** adv.

extérioriser v.t. et v.pr. *Il a du mal à extérioriser ses sentiments. Il a du mal à s'extérioriser.*

exterminer v.t. *Exterminer des insectes.*
▸**extermination** n.f.

externaliser v.t. *La direction a décidé d'externaliser le service de la paie.* Ne pas confondre avec ***extérioriser***.
▸**externalisation** n.f.

externe adj. et n.
▸**externat** n.m.

extinction n.f.
▸**extincteur** n.m.

extorquer v.t. *C'est une promesse qu'on lui a extorquée.*
▸**extorsion** n.f. *Une extorsion de fonds.*

extra n.m. *Faire un extra, des extras. Engager des extras pour une réception.* – REMARQUE Ce nom est encore quelquefois donné comme invariable : *des extra*, mais le pluriel avec *s* l'emporte. ◆ adj.inv. *Des fruits extra.*

> **extra-** Les mots formés avec **extra-** s'écrivent le plus souvent aujourd'hui en un seul mot : *extrafin, extrafort, extraconjugal, extraterrestre,* sauf devant un *u* : *une grossesse extra-utérine.*

extraction n.f. *L'extraction d'une dent.*

extrader v.t. Un État **extrade** une personne pour la remettre aux autorités judiciaires d'un autre État.
‣ **extradition** n.f.

extrafin, -e adj. *Des haricots extrafins.* – REMARQUE On écrit aussi **extra-fin** avec un trait d'union.

extraire v.t. CONJ.26 *D'où a-t-on extrait ces minéraux ? D'où les a-t-on extraits ? Une citation extraite d'un poème.* – ATTENTION À l'indicatif imparfait et au subjonctif présent : *(que) nous extrayions.*

extrait n.m. *Des extraits de naissance.*

extra-muros loc.adv. Locution latine. On prononce le **s**.

extraordinaire adj.

extraterrestre n. et adj. En un seul mot.

extravagant, -e adj. et n.
‣ **extravagance** n.f.

extrême adj. Avec **ê**. *L'extrême gauche, l'extrême droite. Les sports extrêmes.* ◆ n.m. *Passer d'un extrême à l'autre.*
‣ **extrêmement** adv. Avec **ê**.
‣ **extrémisme** n.m. Avec **é**.
‣ **extrémiste** adj. et n. Avec **é**.

extrême-onction n.f. *Des extrêmes-onctions.*

extrémité n.f. Avec **é**.

exubérant, -e adj. Sans *h*.
‣ **exubérance** n.f.

exulter v.i. *Ils sont heureux, ils exultent !*

exutoire n.m. Est du masculin. *La musique est un excellent exutoire* (= dérivatif).

ex-voto n.m.inv. Mot latin. *Des ex-voto.*

e

F

f Attention, le son [f] peut s'écrire ***ph***.

fable n.f.

fabriquer v.t. et v.pr. *On a fabriqué ces meubles, on les a fabriqués. Elle s'est fabriqué une étagère. L'étagère qu'elle s'est fabriquée.* Voir gramm. § 29(3).
▸**fabrique** n.f.
▸**fabrication** n.f. Avec **c**.
▸**fabricant, -e** n. Avec **c**.

fabuleux, -euse adj.
▸**fabuleusement** adv.

façade n.f.

face n.f. *Les six faces d'un dé.* – Est invariable dans *de face, en face (de), face à, faire face.* On écrit *face à face*, sans trait d'union dans *Ils sont assis face à face.*
▸**face-à-face** n.m.inv. Avec des traits d'union. *Des face-à-face télévisés.* Ne pas confondre avec l'expression ***face à face***.

facétie n.f. Avec **tie** qu'on prononce [si].
▸**facétieux, -euse** adj.

facette n.f. *Un personnage à facettes.*

fâcher v.t. et v.pr. Avec **â**. *Tu as fâché ta sœur, tu l'as fâchée. Ils se sont fâchés. Ils sont fâchés contre toi.* – REMARQUE La tournure avec *après* est familière.
▸**fâcheux, -euse** adj. *Un retard fâcheux.*

faciès n.m. On prononce le **s**.

facile adj. *Un exercice facile à faire. C'est facile de le mettre en colère.*
▸**facilement** adv.
▸**facilité** n.f. *Il travaille avec facilité. Des facilités de paiement.*
▸**faciliter** v.t. *Des appareils ménagers qui nous facilitent la vie.*

façon n.f. **1.** *De toute façon* (= quoi qu'il en soit). *De toutes les façons* (= de toutes les manières). *En aucune façon. Faire des façons, sans faire de façons, sans façons* ou *sans façon. De quelque façon que ce soit.* – *Travailler à façon.* – **de (telle) façon que** est suivi du subjonctif pour indiquer le but : *de façon que chacun ait sa chance* ; et de l'indicatif pour marquer le résultat, la conséquence : *de façon que chacun a eu sa chance.* – **2.** Est invariable dans *des placages façon merisier, des pulls façon cachemire.*

façonner v.t. Avec **ç** et **nn**.
▸**façonnage** n.m.

fac-similé n.m. *Des fac-similés.*

facteur n.m. *Le facteur temps.*

facteur, -trice n. *Le facteur apporte le courrier.* (Le terme administratif est ***préposé(e)***.)

factice adj. *En vitrine, il n'y a que des produits factices.*

faction n.f. *Des factions révolutionnaires.* – *Être, rester en faction au coin d'une rue.* Ne pas confondre avec ***fraction***.

facture n.f.
▸**facturer** v.t.
▸**facturation** n.f.

facultatif, -ive adj. *Un cours facultatif.*

faculté n.f. *Avoir la faculté de lire dans l'avenir. Jouir de toutes ses facultés.* – *La faculté de médecine* (s'abrège en **fac**).

fade adj. *Des aliments fades.*
▸**fadeur** n.f.

fado n.m. Mot portugais. *Des fados.*

fagot n.m. Avec un **t**.

faible adj. et n. *Un cri très faible. Mes faibles ressources. Il est faible. Les faibles d'esprit.*
◆ n.m. *Avoir un faible pour quelqu'un.*
▸**faiblement** adv.

▸ **faiblesse** n.f.
▸ **faiblir** v.i. *Le vent a faibli.*

faïence n.f. Avec **ï**. *Des assiettes de faïence. Des faïences de Gien.*

faille n.f. *Il y a une faille dans son raisonnement.*

faillible adj. *Tout homme est faillible.*

faillir v.t.ind. CONJ. 9 S'emploie surtout à l'infinitif et aux temps composés : *Il a failli à son devoir.* Les autres formes conjuguées appartiennent à la langue littéraire : *s'il faillissait à son devoir.* – REMARQUE Il existait une autre conjugaison : *je faux, nous faillons, (que) je faille* qu'on peut trouver dans des textes anciens. – **failli** + infinitif est d'un emploi courant. *Il a failli tomber.*

faillite n.f. *Ils ont fait faillite.*

faim n.f. Avec **aim** comme dans ***daim*** et ***essaim***. *Ils ont faim. Une faim de loup.*

fainéant, -e adj. et n. On prononce [fènéan]. Les formes **feignant** ou **faignant** (plus rare), qu'on prononce [fègnan], sont familières mais courantes.

faire v.t. et v.pr. CONJ. 24 **1.** Attention à la 2e personne du pluriel de **faire** et de tous ses composés : *vous faites, refaites, contrefaites, satisfaites.* – **2.** Devant un *s* le groupe de lettres **ai** se prononce [e] : *nous faisons, faisions ; il faisait ; faisant.* – **3.** Entre dans de nombreuses locutions : *faire peur, se faire l'écho de, s'en faire, tant qu'à faire, faire long feu, ce faisant,* etc. – **4.** S'emploie comme verbe impersonnel : *il fait froid, il se fait tard, comment se fait-il que... ? Quelle température a-t-il fait hier ?* – **5.** Contrairement à *égaler* qui reste presque toujours au singulier, on dit *deux et deux font quatre.* – **6.** Avec un nom de métier, l'emploi de **faire** est familier ou populaire. On dit *Il veut être* ou *devenir boulanger,* et non ✕ *Il veut faire boulanger.* – **7.** Après *faire* de nombreux verbes pronominaux peuvent s'employer sans pronom réfléchi : *Faites-les asseoir par terre.* – **8. à faire** ou **affaire** → affaire

Accord du participe *fait*

1. *J'ai fait des courses. Les courses que j'ai faites. Je lui ai fait peur. La peur que je lui ai faite !* Voir gramm. § 28.

2. *J'ai fait des erreurs. J'en ai fait beaucoup. Combien en as-tu fait ou faites ?* → en[2]

3. *Elle s'est faite à cette idée. Elle s'y est faite.* Mais *Elle s'est fait un cadeau* (= à elle-même). Voir gramm. § 29(3).

4. *Quelle chaleur il a fait hier !* En tournure impersonnelle, *fait* est invariable

5. **faire faire, faire** + infinitif : *J'ai fait faire des travaux. Les travaux que j'ai fait faire. Je me fais faire une robe. La robe que je me suis fait faire. On lui a fait écrire son adresse. On la lui a fait écrire.* Suivi d'un infinitif, *fait* est invariable.

6. **s'en faire** : *Elle ne s'en fait pas pour lui. Elle ne s'en est jamais fait pour lui.*

faire-part n.m.inv. *Des faire-part.*

faisable adj. Avec **ai** qu'on prononce [e].
▸ **faisabilité** n.f.

faisan n.m. Avec **ai** qu'on prononce [e].
▸ **faisandé, -e** adj. *Une viande faisandée.*

faisceau n.m. Avec **sc**. *Des faisceaux lumineux. Un faisceau de présomptions.*

fait n.m. Au singulier, on prononce [fèt] ou quelquefois [fè] dans *de fait, en fait, sur le fait.* – Au pluriel on ne prononce pas le **t** : *Les faits et gestes de quelqu'un. S'appuyer sur des faits certains. Des hauts faits.* – **fait divers** s'écrit sans trait d'union : *des faits divers.* – **tout à fait** est invariable et s'écrit sans traits d'union.

fait, -e adj. *Des fromages trop faits. Des idées toutes faites. Acheter des plats tout faits.*

faîte n.m. (Sommet) Avec **î**. *Le faîte d'un arbre, d'une toiture.*

faitout n.m. ou **fait-tout** n.m.inv. (Marmite) *Des faitouts* ou *des fait-tout.*

falaise n.f.

falloir v. impersonnel Ne s'emploie qu'à l'infinitif et à la 3e personne du singulier, avec *il*. Le participe passé est invariable,

f

comme pour tous les verbes impersonnels. – **il faut** : *Il m'a fallu deux heures. Les deux heures qu'il m'a fallu. Il va falloir partir.* – **il faut que** est suivi du subjonctif. *Il faut que j'aie le temps.* – **il s'en faut** : *Il s'en faut de peu. Il s'en est fallu de peu. Peu s'en faut.*
CONJUGAISON **INDICATIF** présent : *il faut.* imparfait : *il fallait.* passé simple : *il fallut.* futur : *il faudra.* **CONDITIONNEL** : *il faudrait.* **SUBJONCTIF** présent : *qu'il faille.* imparfait : *qu'il fallût.* **PARTICIPE** passé : *fallu.*

falot, -e adj. Avec un **t** qui ne se prononce pas au masculin. *Des personnages falots* (= ternes).

falsifier v.t. *Il a falsifié ses papiers. Il les a falsifiés.*
▸**falsification** n.f.

famé, -e adj. On écrit **mal famé** ou **malfamé** en un mot. *Des rues malfamées.*

fameux, -euse adj.

familial, -e, -aux adj. Avec un seul **l** au milieu du mot, comme dans tous les dérivés de ***famille***. *La vie familiale. Des problèmes familiaux.*

familier, -ière adj. *Les animaux familiers. Un mot familier* (= qu'on emploie avec des proches). *Être trop familier avec quelqu'un.*
▸**familièrement** adv.
▸**familiarité** n.f.

famille n.f. *Faire partie de la famille. La vie de famille. Les noms de famille s'écrivent avec une majuscule. Des chefs, des conseils, des réunions de famille.* – **famille de mots** Voir ce mot dans la partie grammaire. – REMARQUE Les dérivés s'écrivent avec un seul **l** : *familier, familiariser,* etc.

famine n.f.

fan n. Mot anglais. On prononce [fan']. *Un club de fans.*

fanatique adj. et n.
▸**fanatisme** n.m.

faner v.t. et v.pr. Avec un seul **n**. *Les fleurs se sont fanées.*

fanfare n.f. *La fanfare municipale. Ils sont arrivés en fanfare.*

fanfaron, -onne adj. et n.
▸**fanfaronner** v.i. Avec **nn**.

fange n.f. (Boue) *Se rouler dans la fange.*

fanion n.m. (Petit drapeau) On prononce [nyon] et non ✕ [gnon].

fanon n.m. *Les fanons d'une baleine.*

fantaisie n.f. *Faire preuve de fantaisie. Des articles de fantaisie. S'acheter des fantaisies.* – Est invariable après un nom. *Des bijoux fantaisie. Du kirsch fantaisie.*
▸**fantaisiste** adj. et n.

fantasme n.m. Avec un **f**.
▸**fantasmer** v.i.

fantasque adj. LITT. *Un être fantasque* (= qui surprend par ses fantaisies).

fantastique adj.

fantôme n.m. Avec **ô**.
▸**fantomatique** adj. Sans accent circonflexe.

faon n.m. On prononce [fan], avec [an] comme dans ***paon*** et ***taon***.

far n.m. (Gâteau breton) Ne pas confondre avec ***phare***.

farandole n.f. Avec un seul **l**.

1. farce n.f.
▸**farcir** v.t. *Une pintade farcie.*

2. farce n.f. *Des farces et attrapes.*
▸**farceur, -euse** n.

fard n.m. Avec un **d** qu'on retrouve dans ***farder***. *Du fard à paupières, à joues. Parler sans fard.* Ne pas confondre avec ***fart*** (graisse pour les skis).
▸**farder** v.t. et v.pr. *Elle s'est fardé les yeux. Elle a les yeux fardés.*

fardeau n.m. *Des fardeaux.*

farfelu, -e adj. et n.

farine n.f.
▸**fariner** v.t.
▸**farineux, -euse** adj.

farniente n.m. Mot italien. On prononce [farnyèn't].

farouche adj.
▸**farouchement** adv.

fart n.m. (Graisse pour les skis) Avec un **t** qu'on prononce ou non. Ne pas confondre avec ***fard*** (maquillage).
▸**farter** v.t.

fascicule n.m. Avec **sc**. *Une encyclopédie par fascicules.*

fasciner v.t. Avec **sc**. *Il nous a fascinés.*
▸**fascinant, -e** adj. *Une histoire fascinante.*
▸**fascination** n.f.

fascisme n.m. Avec **sc** qu'on prononce [ch] ou quelquefois [s].
▸**fasciste** adj. et n.

1. **faste** adj. *Un jour faste* (= favorable).

2. **faste** n.m. *Le faste d'une cérémonie.*
▸**fastueux, -euse** adj. *Des décors fastueux* (= luxueux).

fast-food n.m. Mot anglais. *Des fast-foods.*

fastidieux, -euse adj. *Un travail fastidieux.*

fat adj. et n.m. Avec un **t** qu'on prononce ou non. L'adjectif féminin ***fate*** est très rare.

fatal, -e adj. Avec *als* au masculin pluriel. *Une erreur fatale. Ces événements lui ont été fatals.* Voir gramm. § 32(3).
▸**fatalement** adv. *Cela devait arriver, fatalement.*

fatalité n.f.
▸**fatalisme** n.m.
▸**fataliste** adj. et n.

fatidique adj. *Au moment fatidique.*

fatigue n.f. *Ils sont épuisés de fatigue.*
▸**fatiguer** v.t., v.pr. et v.i. Avec **gu**, même devant *a* et *o* : *il fatiguait, nous fatiguons. Cette marche nous a fatigués. Elle ne s'est pas trop fatiguée aujourd'hui. Le moteur fatigue.*
▸**fatigant, -e** adj. Sans *u*. *Une journée fatigante.* Ne pas confondre avec le participe présent invariable, avec *u* : *En se fatiguant...* Voir gramm. § 31(2).

fatras n.m. (Désordre) Avec **s**.

faubourg n.m. Avec un **g** comme dans ***bourg***. *Les faubourgs de Londres.* – S'emploie dans des noms de rues (abréviation : Fg).

faucher v.t. *Faucher le foin. – Une voiture les a fauchés. Ils se sont fait faucher par une voiture.* (*Fait* suivi d'un infinitif est invariable.)

faucille n.f. Avec **ill** qu'on prononce [iy] comme dans *fille.*

faucon n.m.

faufiler (se) v.pr. *Ils se sont faufilés dans la salle.*

faune n.m. et n.f. **1.** Est masculin au sens de « divinité champêtre ». – **2.** Est féminin pour désigner l'ensemble des animaux d'une région : *la faune et la flore.*

faussaire n.

faussement adv.

fausser v.t. *Fausser une serrure. – Nous leur avons faussé compagnie.*

fausset n.m. *Une voix de fausset* (= haut perchée).

faute n.f. *Des fautes d'orthographe. Des fautes d'inattention.* – **sans faute** est invariable au sens de « à coup sûr » : *Venez sans faute.* Au sens propre on écrit un texte *sans faute* ou *sans fautes.* – **c'est la faute de** : on dit *C'est la faute de Pierre, c'est de sa faute*, et non ✕ *C'est la faute à Pierre* ou, avec deux fois *de* : ✕ *C'est de la faute de Pierre.* – **faute de** est invariable. *Il a été relâché faute de preuves.*

fauteuil n.m. *Des fauteuils club.*

fauteur n.m. *Un fauteur de troubles.* – REMARQUE Le féminin ***fautrice*** est rare.

fautif, -ive adj. et n. *Une expression fautive. – C'est lui le fautif.*

fauve adj. *Des couleurs fauves.* ◆ n.m. *La cage aux fauves.*

1. **faux** n.f. Avec **x**. *Faucher avec une faux.*

2. **faux, fausse** adj. *Votre réponse est fausse. Des faux cils. De la fausse monnaie. Des faux plafonds.* – S'emploie comme adverbe : *Ils chantent faux.* Et comme nom masculin : *Prêcher le faux pour savoir le vrai.*

faux-fuyant n.m. *Des faux-fuyants.*

faux-monnayeur n.m. *Des faux-monnayeurs.*

f

faux-semblant n.m. *Des faux-semblants.*

faveur n.f. *Voter en faveur d'un candidat.*

favorable adj. *Être favorable à quelque chose. Donner un avis favorable.*
▸**favorablement** adv.

favori, -ite adj. Sans *t* au masculin. *Ses disques favoris. Ses chansons favorites.*

favoriser v.t. *On a favorisé Marie, on l'a favorisée.*
▸**favoritisme** n.m.

fax n.m.
▸**faxer** v.t.

fébrile adj. *Il se sent fébrile* (= fiévreux). – *Une attente fébrile.*
▸**fébrilement** adv. *Attendre fébrilement.*
▸**fébrilité** n.f.

fécond, -e adj. *Une femme féconde.* – *Une histoire féconde en rebondissements.*
▸**féconder** v.t.
▸**fécondation** n.f. *Fécondation in vitro.*
▸**fécondité** n.f.

fécule n.f. *De la fécule de pomme de terre.*

féculent n.m. Avec **ent**.

fédéral, -e, -aux adj. *Une république fédérale.*
▸**fédéralisme** n.m.
▸**fédéraliste** adj. et n.

fédérer v.t. et v.pr. CONJ.4 Avec **é** ou **è** : *il fédère, nous fédérons. Des États qui veulent se fédérer.*
▸**fédération** n.f.

fée n.f. *Un conte de fées. Des doigts de fée.*

féerie n.f. Avec un seul **é**.
▸**féerique** adj. Avec un seul **é**. – REMARQUE Ces mots dérivés de ***fée*** doivent se prononcer [féri] et [férik], mais l'usage tend à prononcer [fééri, féérik]. Malgré cela, il ne faut pas ajouter d'accent sur le deuxième **e**.

feignant, -e adj. et n. Orthographe courante de **fainéant**.

feindre v.t. CONJ.35 *Il feignait de comprendre* (= il faisait semblant). – *Une joie feinte.* – ATTENTION À l'indicatif imparfait et au subjonctif présent : *(que) nous feignions.*

feinte n.f. Avec **ein** comme dans ***feindre***.

fêler v.t. et v.pr. Avec **ê**. *Le choc a fêlé la vitre. Il l'a fêlée. Les verres se sont fêlés.*

félicité n.f. LITT. (Bonheur)

féliciter v.t. et v.pr. *Je vous félicite pour votre réussite. On les a félicités. Marie s'est félicitée d'être arrivée à temps.*
▸**félicitations** n.f.plur.

félin, -e adj. et n.m. *La race féline. Les félins.*

fêlure n.f. Avec **ê** comme dans ***fêler***.

femelle n.f. et adj. Avec un seul **m**. *Un panda femelle.*

féminin, -e adj. et n.m. Voir ce mot dans la partie grammaire.

féminiser v.t. et v.pr. *Féminiser la classe politique. Une profession qui s'est beaucoup féminisée.*
▸**féminisation** n.f.

féminisme n.m.
▸**féministe** adj. et n.

féminité n.f.

femme n.f. Avec un **e** qu'on prononce [a]. *Une femme de lettres. M. Durand et M. Dupont sont venus avec leur femme.* – S'emploie après certains noms de métiers : *des médecins femmes.*

fémur n.m. *Se casser le col du fémur.*

fendiller v.t. et v.pr.

fendre v.t. et v.pr. CONJ.34 *Fendre une bûche. Fendre la foule. La terre se fendit, s'est fendue.* – *Une jupe fendue sur le côté.*

fenêtre n.f. Avec **ê**. *Des portes-fenêtres.*

fenouil n.m.

fente n.f. *Une jupe à fente sur le côté.*

féodal, -e, -aux adj. *L'époque féodale.*
▸**féodalité** n.f.

fer n.m. *Des objets en fer. Des fils de fer.* – *Un fer à cheval, des fers à cheval. Des fers à repasser. Donner des coups de fer. Des fers de lance.* – REMARQUE Les mots de la famille s'écrivent avec **rr** : *ferreux, ferrugineux, ferrique, ferronnerie,* etc.

fer-blanc n.m. Avec un trait d'union.

féria n.f. Mot espagnol. *Des férias.* – On rencontre aussi l'orthographe non francisée sans accent *feria.* Voir gramm. § 37.

férié, -e adj. *Les jours fériés.*

férir v.t. Ne s'emploie que dans l'expression *sans coup férir* (= sans difficulté).

1. **ferme** adj. *Parler d'un ton ferme.* – Est invariable comme adverbe. *Ils ont marchandé ferme.*
▸**fermement** adv.

2. **ferme** n.f. *Travailler à la ferme. Des fermes pilotes.*

ferment n.m. *Des ferments lactiques.*
▸**fermenter** v.i. *Du lait qu'on a fait fermenter. Du lait fermenté.*
▸**fermentation** n.f.

fermer v.t., v.i. et v.pr. *L'usine ferme ses portes. L'usine a fermé. Elle est fermée. Mes yeux se ferment. J'y vais les yeux fermés.*

fermeté n.f. *Parler avec fermeté.*

fermeture n.f. *Des fermetures Éclair* (nom déposé). *Des fermetures à glissière.*

fermier, -ière n. et adj. *Un fermier, une fermière. Des produits fermiers.*

fermoir n.m.

féroce adj.
▸**férocité** n.f.

ferraille n.f. Avec **rr**.
▸**ferrailleur** n.m.

ferré, -e adj. Avec **rr**. *La voie ferrée. Le réseau ferré.*

ferroviaire adj. Avec **rr** et **ai**. *Le réseau ferroviaire.*

ferry n.m. Mot anglais. Abréviation de **ferry-boat**. *Des ferrys. Des ferry-boats.*

fertile adj. *Une terre fertile. Une période fertile en événements.*
▸**fertilité** n.f.

féru, -e adj. *Elle est férue de cinéma.*

ferveur n.f. *Prier avec ferveur.*
▸**fervent, -e** adj. *Un fervent défenseur de…*

fesse n.f.
▸**fessée** n.f.
▸**fessier** adj.masc. et n.m. *Les muscles fessiers.*

festin n.m.

festival n.m. *Des festivals.* Voir gramm. § 32.

festivité n.f. S'emploie surtout au pluriel.

fête n.f. Avec **ê**. Les noms de fêtes s'écrivent avec une majuscule : *Noël, la Pentecôte,* etc.
▸**fêter** v.t.

fétiche n.m. Avec **é**. – S'emploie sans trait d'union après un nom. *Des nombres fétiches.*
▸**fétichisme** n.m.
▸**fétichiste** adj. et n.

fétide adj. *Des odeurs fétides.*

fétu n.m. Sans *s* au singulier. *Un fétu, des fétus de paille.*

1. **feu** n.m. *Des feux de cheminée. Les maisons sont en feu. Des feux d'artifice. Des armes à feu. Des coups de feu. Rouler tous feux éteints. Ils sont tout feu tout flammes.* – **faire long feu** s'emploie en langue soutenue au sens de « rater, échouer » ; *ne pas faire long feu* s'emploie en langue courante au sens de « ne pas tarder ».

2. **feu, -e** adj. LITT. Est invariable avant l'article, variable après. *Feu la mère de madame. La feue reine.* – PLURIEL On écrit *feus, feues.*

feuillage n.m. *Le feuillage d'un arbre. Mettre du feuillage dans un bouquet. – Un papier peint à grands feuillages.*

feuille n.f. *Les feuilles des arbres. Des feuilles de chou. – Des feuilles de papier. Du papier en feuilles. Des feuilles de paie.*

feuille-morte adj.inv. Avec un trait d'union pour l'adjectif de couleur invariable.

feuillet n.m.

feuilleté, -e adj. et n.m. Avec un seul **t**. *De la pâte feuilletée.*

f

feuilleter v.t. CONJ.3 Avec **t** ou **tt**. *Nous feuilletons un livre. Il feuillette un livre.*

feuilleton n.m. *Des feuilletons télévisés.*

feuler v.i. *Le tigre feule.*

feutre n.m. *Des stylos-feutres. Des feutres de couleur.*

fève n.f. Avec **è**.

février n.m. Les noms de mois s'écrivent avec une minuscule. → date

fiable adj.
‣ **fiabilité** n.f.

fiancer v.t. et v.pr. Avec **ç** devant *a* et *o* : *il fiançait, nous fiançons. Marie s'est fiancée à* ou *avec Pierre. Ils se sont fiancés.*
‣ **fiancé, -e** n.
‣ **fiançailles** n.f.plur. Avec **ç**.

fiasco n.m. *Des fiascos. Faire fiasco.*

fibre n.f.
‣ **fibreux, -euse** adj. *Une viande fibreuse.*

fibrome n.m. Sans accent circonflexe.

ficelle n.f. *Un sac en ficelle. Tirer les ficelles.* – Est invariable comme adjectif de couleur. *Des tissus (couleur de) ficelle.* Voir gramm. § 8(2).
‣ **ficeler** v.t. CONJ.3 Avec **l** ou **ll** : *nous ficelons, ils ficellent. Un paquet ficelé. Une histoire bien ficelée.*

fiche n.f. *Une fiche mâle, femelle.* – *Des fiches d'état civil. Mettre des notes en fiches.*
‣ **fichier** n.m.

ficher v.t. *Ils sont fichés à la police.* – REMARQUE Dans ses emplois familiers ou argotiques, ce verbe a deux infinitifs : **ficher** ou **fiche** : *Il faut les fiche* ou *les ficher dehors* et le participe passé est *fichu* : *On les a fichus dehors.*

fictif, -ive adj. *Un personnage fictif.*
‣ **fiction** n.f. *Un personnage de fiction.*

fidèle adj. et n. Avec **è**. *Être fidèle à ses engagements. Ils lui sont restés fidèles. Une réunion de fidèles.*
‣ **fidèlement** adv.
‣ **fidélité** n.f. Avec **é**.
‣ **fidéliser** v.t. *Fidéliser une clientèle.*

fiduciaire adj. *Monnaie fiduciaire* (= billet de banque).

fief n.m.

fieffé, -e adj. Avec **ff**. *Un fieffé menteur.*

fiel n.m.

fier, fière adj. *Elle est fière d'avoir réussi.* – *Il est fier que j'aie réussi* (= subjonctif).
‣ **fièrement** adv.
‣ **fierté** n.f.

fier (se) v.pr. *Elle s'est fiée à son intuition.* – ATTENTION À l'indicatif imparfait et au subjonctif : *(que) nous nous fiions.* – Au futur et au conditionnel : *il se fiera(it).*

fièvre n.f. Avec **è**.
‣ **fiévreux, -euse** adj. Avec **é**.
‣ **fiévreusement** adv. Avec **é**.

figer v.t. et v.pr. Avec **e** devant *a* et *o* : *il figeait, nous figeons. La surprise la figea sur place. Elle s'est figée.*

fignoler v.t. Avec un seul **l**. *Il a fignolé sa présentation. Il l'a fignolée.*
‣ **fignolage** n.m.

figue n.f. *Des figues de Barbarie.* – **mi-figue mi-raisin** est invariable.
‣ **figuier** n.m.

figurant, -e n.
‣ **figuration** n.f.

figuratif, -ive adj.

figure n.f. Reste au singulier dans *cas de figure, faire bonne figure, prendre figure, faire figure de.* – *Des figures de style.*

figuré, -e adj. *Le sens figuré d'un mot.* Voir ce mot dans la partie grammaire.

figurer v.i. *Son nom ne figure pas sur la liste. Il ne figure pas parmi les gagnants.* ◆ v.pr. *Elle s'est figuré qu'elle était la meilleure.* Voir gramm. § 29(3).

figurine n.f.

fil n.m. *Du fil à coudre. Un fil de fer, des fils de fer. Un fil à plomb, des fils à plomb.* – *Donner plusieurs coups de fil.* – *De fil en aiguille. Être cousu de fil blanc. Suivre le fil de ses idées. Au fil de l'eau.* – **droit fil** s'écrit sans trait d'union : *le droit fil d'une poli-*

tique, sauf pour le terme de couture. – **sans fil** s'écrit sans trait d'union : *des téléphones sans fil*, sauf quand il s'agit du nom : *un sans-fil, des sans-fil*.

filament n.m.

filandreux, -euse adj. Avec **an**. *Une viande filandreuse.*

filature n.f. *On les a pris en filature.*

file n.f. *Se mettre en file. En file indienne. Des files d'attente. Des chefs de file.*

filer v.t. et v.i.

filet n.m. *Un filet à papillons, à provisions. Des coups de filet. Des filets de poisson. Du filet de bœuf.* – On écrit avec un trait d'union *faux-filet* et *contre-filet*.

filial, -e, -aux adj. *L'amour filial. Des rapports filiaux.*

filiale n.f. *Une entreprise et ses filiales.*

filiation n.f.

filière n.f. *Suivre, remonter une filière.*

filiforme adj.

filigrane n.m. Est du masculin. *Un filigrane.* Avec **n** et non ✕ *m*. – **en filigrane** est invariable : *des dessins en filigrane.*

fille n.f.
‣ **fillette** n.f.

filleul, -e n. *Le parrain et sa filleule.*

film n.m. *Des films de cape et d'épée. Des films(-)catastrophes. Des films(-)cultes.*
‣ **filmer** v.t. *On a filmé Marie. On l'a filmée.*

filon n.m.

filou n.m. *Des filous.*

fils n.m. On prononce [fis]. *C'est le fils de Pierre*, et non ✕ *à Pierre.*

filtre n.m. *Des cigarettes à bout filtre. Des cigarettes sans filtre. Des cafés-filtres. Des papiers-filtres.* Ne pas confondre avec ***philtre*** (boisson magique).
‣ **filtrer** v.t. *De l'eau que l'on a filtrée.*

1. fin n.f. *Le spectacle touche à sa fin. – On se verra fin janvier, à la fin du mois de janvier. En fin de semaine. À la fin de la semaine. À toutes fins utiles. En fin de compte.*
‣ **final, -e** adj. – PLURIEL Au masculin : *finals* ou quelquefois *finaux. Un point final. Les résultats finals* ou *finaux.* – **au final** est invariable.
‣ **finale** n.f. et n.m. **1.** Est féminin pour désigner la dernière partie d'une compétition. *Arriver en finale. Les quarts de finale. Des demi-finales.* – **2.** Est masculin pour la dernière partie d'une œuvre musicale. *Le finale d'une symphonie.* – REMARQUE En ce sens on trouve aussi **final**.
‣ **finalement** adv.

2. fin, fine adj. *Du sable fin. Une pluie fine. Un fin limier. Une fine lame. Le fin mot de l'histoire.* – Est invariable comme adverbe. *Couper fin. Elle est fin prête.*

finance n.f. *Travailler dans la finance. S'occuper de ses finances.*
‣ **financer** v.t. Avec **ç** devant *a* et *o* : *je finançais, nous finançons. Les travaux qu'on a financés.*
‣ **financement** n.m.
‣ **financier, -ière** adj. et n. *Des problèmes financiers. Il est financier.*
‣ **financièrement** adv.

finasser v.i. PÉJOR. *Inutile de finasser.*

finement adv.

finesse n.f. *Ils manquent de finesse. Agir avec finesse.*

finir v.t. et v.i. CONJ.9 *J'ai fini mon travail. Mon travail est fini. Le spectacle finira à minuit. Il faut en finir (avec).* – REMARQUE Employé en tête de phrase, **fini** peut rester invariable : *Fini les vacances !* Voir gramm. § 26.

finition n.f.

finlandais, -e adj. et n. *Il est finlandais. C'est un Finlandais.* (Le nom de personne prend une majuscule.)

fioriture n.f. *Sans fioritures.*

fioul n.m. A remplacé **fuel**.

firmament n.m.

firme n.f.

fisc n.m. *Les agents du fisc.*

f

▸**fiscal, -e, -aux** adj.
▸**fiscalité** n.f.

fission n.f. *La fission nucléaire.*

fissure n.f.
▸**fissurer** v.t. et v.pr. *Les murs se sont fissurés.*

fixe adj. *Le regard fixe. Se voir à jours fixes. Des prix fixes. Un salaire fixe.* ◆ n.m. *Toucher un fixe plus une commission.*
▸**fixement** adv.

fixer v.t. et v.pr. *Il nous a fixé deux rendez-vous. Les deux rendez-vous qu'il nous a fixés. – Elle s'est fixé des objectifs. Les objectifs qu'elle s'est fixés.* Voir gramm. § 29(3).

fjord ou **fiord** n.m. Mot norvégien. On prononce [fyord'].

flacon n.m. *Des flacons d'eau de Cologne.*

flageoler v.i. Avec **ge** et un seul **l**. *Flageolant sur ses jambes, elle s'assit.*
▸**flageolant, -e** adj. *Les jambes flageolantes.* Ne pas confondre avec le participe présent invariable. Voir gramm. § 31(2).

flageolet n.m. (Haricot) Avec **ge**.

flagornerie n.f. LITT. (Flatterie intéressée)

flagrant, -e adj. *Une erreur flagrante. Être pris en flagrant délit.*

flair n.m.
▸**flairer** v.t.

flamand, -e adj. et n. *Il est flamand. C'est un Flamand.* (Le nom de personne prend une majuscule.)

flamant n.m. (Oiseau) Avec un **t**. *Des flamants roses.*

flambant – **flambant neuf** : *Un costume flambant neuf, des costumes flambant neuf(s). Une robe flambant neuf* (ou *neuve*). On peut faire varier *neuf*, mais *flambant* est toujours invariable.

flambeau n.m. *Des flambeaux.*

flambée n.f. *Des flambées de colère. La flambée des prix.*

flamber v.i. et v.t. *Le feu flambe. Les prix flambent. Flamber une volaille. Des crêpes flambées.*

flamboyer v.i. CONJ. 6 Avec **i** devant un *e* muet. *Le ciel flamboie. Le ciel flamboyait.*
▸**flamboyant, -e** adj. *Des couleurs flamboyantes.*
▸**flamboiement** n.m. LITT. Avec un **e** muet.

flamenco n.m. Mot espagnol. On prononce [flamèn-ko]. *Des flamencos.*

flamme n.f. *Une maison en flammes. Être tout feu tout flammes. – Parler avec flamme.*
▸**flammèche** n.f.

flan n.m. (Gâteau) *Un flan aux pruneaux.* – Est familier dans *c'est du flan !* Ne pas confondre avec ***flanc*** (côté).

flanc n.m. (Côté) Avec un **c**. *Couché sur le flanc. À flanc de coteau. Prêter le flanc à la critique.* – Est familier dans *tirer au flanc.* Ne pas confondre avec ***flan***.

flancher v.i. *Ils n'ont pas flanché.*

flanelle n.f. Avec un seul **n**.

flâner v.i. Avec **â** comme dans les mots de la famille. *Ils ont flâné dans les rues.*
▸**flânerie** n.f.
▸**flâneur, -euse** n.

flaque n.f. *Des flaques d'eau.*

flash n.m. Mot anglais. *Des flashs d'information. Prendre des photos au flash.* – REMARQUE On rencontre le pluriel anglais *flashes*. Voir gramm. § 37.
▸**flasher** v.t.ind. FAM. *Il a flashé sur ces rollers.*

flash-back n.m.inv. Mot anglais. On recommande ***retour en arrière***.

1. **flasque** adj. (Mou) *Des chairs flasques.* – REMARQUE Le nom correspondant est ***flaccidité***.

2. **flasque** n.f. (Flacon) *Une flasque d'alcool.*

flatter v.t. et v.pr. *Vos compliments nous flattent. Nous sommes flattés. Elle s'est toujours flattée d'être à l'heure.*
▸**flatterie** n.f.
▸**flatteur, -euse** adj. et n.

flèche n.f. Avec **è**.
▸**fléché, -e** adj. Avec **é**. *Un parcours fléché.*
▸**fléchette** n.f. Avec **é**. *Un jeu de fléchettes.*

fléchir v.t. et v.i. *Fléchir les genoux. Rester jambes fléchies.*
▸**fléchissement** n.m.

flegme n.m.
▸**flegmatique** adj. et n.

flemme n.f. FAM. Avec **mm**.

flétrir v.t. et v.pr. *Le soleil lui a flétri la peau. Sa peau s'est flétrie. Des fleurs flétries.*

fleur n.f. *Un arbre en fleur* ou *en fleurs. Des prairies en fleurs. Un bouquet de fleurs. À la fleur de l'âge. Ils sont un peu fleur bleue* (= sentimentaux). – *Avoir les nerfs à fleur de peau.*
▸**fleurir** v.i. *Les arbres ont fleuri. Les arbres sont fleuris.*
▸**fleuriste** n. *Aller chez le fleuriste.*

fleuret n.m.

fleuron n.m.

fleuve n.m. S'emploie avec ou sans trait d'union après un nom : *des romans-fleuves, des discours fleuves.*

flexible adj. et n.m. *Un tuyau flexible.* – *Des horaires flexibles.* – *Un flexible de douche.*
▸**flexibilité** n.f. *La flexibilité de l'emploi.*

flexion n.f. *Une flexion des genoux.*

flirt n.m. Mot anglais. On prononce [fleurt].
▸**flirter** v.i.

flocon n.m. *Des flocons de neige. Des céréales en flocons.*

floraison n.f.

floral, -e, -aux adj.

flore n.f. *La faune et la flore.*

florissant, -e adj. *Une société florissante.*

flot n.m. Sans accent circonflexe. *Un flot de touristes. Le vin coule à flots.*

flotte n.f.

flotter v.i.
▸**flottement** n.m.

flottille n.f. Avec **tt** et **ill**.

flou, -e adj. et n.m. *Des images floues. Des textes flous.* – *Un flou artistique.*

flouer v.t. LITT. (Duper) *On les a floués.*

fluctuer v.i. *L'opinion fluctue d'un jour sur l'autre.* – ATTENTION Au futur et au conditionnel : *il fluctuera(it).*
▸**fluctuant, -e** adj.
▸**fluctuation** n.f.

fluet, fluette adj. Avec un **t** qui ne se prononce pas au masculin.

fluide adj. et n.m.

fluo adj.inv. *Des couleurs fluo.*

fluor n.m.

fluorescent, -e adj. Avec **sc**.
▸**fluorescence** n.f.

flûte n.f. Avec **û**.
▸**flûtiste** n.

fluvial, -e, -aux adj. *La navigation fluviale. Les transports fluviaux.*

flux n.m. Avec **x**. *Le flux et le reflux.*

focaliser v.t. et v.pr. *Focaliser l'attention. Ils se sont focalisés sur…*

fœtus n.m. On prononce [fétus].
▸**fœtal, -e, -aux** adj.

foi n.f. *Ils ont la foi. Ils sont de bonne foi, de mauvaise foi, dignes de foi. Des textes qui font foi. Ils ont foi en l'avenir.* Ne pas confondre avec ***foie*** ou ***fois***.

foie n.m. Avec **e**. *Avoir mal au foie. Des foies gras.*

foin n.m. *Rentrer le foin, les foins.*

foire n.f.

fois n.f. Avec **s**. *Il était une fois. Trois fois trois égale neuf. Une fois pour toutes. La première fois que je l'ai vu. Chaque fois que je le vois.* – **des fois** est familier quand on peut dire « parfois ». On dira : *Il vient parfois nous voir* plutôt que : *Il vient des fois nous voir.* – **quelques fois** en deux mots s'emploie quand on peut dire « à plusieurs reprises » ou quand on insiste sur la pluralité : *On l'a rencontré quelques fois cet été.* Ne pas confondre avec ***quelquefois*** (parfois, de temps en temps) en un mot.

foison n.f. *Il y a une foison de citations dans ce texte. Il y a des citations à foison.*
▸**foisonner** v.i. Avec **nn**.

f

‣**foisonnement** n.m.

fol → fou

folie n.f.

folio n.m. *Les folios d'un livre.*

folklore n.m. Avec **k**.
‣**folklorique** adj.

folle → fou

follement adv.

follet adj.masc. – **feu follet** s'écrit sans trait d'union. *Des feux follets.*

fomenter v.t. LITT. *Fomenter une révolte.* Bien dire **fo** et non ✗ *fro*.

foncé, -e adj. *Elle a les cheveux foncés.* Mais *Elle a les cheveux brun foncé.* Voir gramm. § 8(3).

foncer v.t. et v.i. Avec **ç** devant *a* et *o* : *il fonçait, nous fonçons.*

foncier, -ière adj. *Les impôts fonciers.*

foncièrement adv. *Il est foncièrement bon.*

fonction n.f. **1.** Voir ce mot dans la partie grammaire. – **2.** *Travailler dans la fonction publique. Il prend ses fonctions demain. Des voitures de fonction.* – Reste au singulier dans *en fonction de, être* ou *faire fonction de* : *Les résultats sont fonction du travail accompli.* – REMARQUE Les dérivés prennent tous **nn**. → -on

fonctionnaire n. Avec **nn**.
‣**fonctionnariat** n.m.

fonctionnalité n.f. Avec **nn**.

fonctionnel, -elle adj. Avec **nn**.

fonctionner v.i. Avec **nn**. *La machine ne fonctionne pas. Je l'ai fait fonctionner hier.* (*Fait* suivi d'un infinitif est invariable.)
‣**fonctionnement** n.m.

fond n.m. Sans *s* au singulier. Ne pas confondre avec ***fonds***. – **1.** (≠ Surface) *Le fond de l'eau. Aller au fond des choses. De fond en comble. Des fonds de tiroirs.* – **2.** (Arrière-plan) *Des bruits de fond. Un fond sonore.* – **3.** (Sport) *Des courses de fond. Du ski de fond.* – **4.** (Ce qui est fondamental) *Avoir bon fond. Des articles de fond sur un sujet. Des livres de fond.* – **5. à fond, au fond, dans le fond** sont invariables. – **fond de teint** : *des fonds de teint.*

fondamental, -e, -aux adj.

fonder v.t. et v.pr. *Il a fondé une entreprise. L'entreprise qu'il a fondée. Fonder un raisonnement sur des faits précis. Sur quoi s'est-elle fondée pour... ? – Des critiques fondées.*
‣**fondation** n.f. *La fondation d'une société. Les fondations d'un immeuble.*
‣**fondateur, -trice** n. *Le fondateur d'une entreprise.*
‣**fondement** n.m. *Une critique sans fondement.*

fondre v.t. et v.i. CONJ. 34 *Je fonds, il fond. Fondre une cloche. La glace a fondu, elle est fondue. De la neige que l'on a fait fondre.* (*Fait* suivi d'un infinitif est invariable). – *Ils ont fondu en larmes.* – ATTENTION Au conditionnel : *vous fondriez*, et non ✗ *vous fonderiez.*

fonds n.m. Avec **s** au singulier. Ne pas confondre avec ***fond***. – **1.** (Bien) *Un fonds de commerce. Vendre son fonds.* – **2.** (Capital) *Un fonds de garantie, de prévoyance. Une mise de fonds. À fonds perdu(s). Être en fonds.*

fontaine n.f.

fonte n.f.

fonts n.m.plur. Avec un **t** comme dans ***fontaine***. *Les fonts baptismaux.* – Ne pas confondre avec ***fonds***.

football ou **foot** n.m. Mot anglais. On prononce [fout'bol].

for n.m. Ne s'emploie que dans l'expression *en* ou *dans mon for intérieur.*

forage n.m.

forain, -e adj. *Fête foraine.* ◆ n.m. *Les forains.*

forçat n.m. Avec **ç**. *Un travail de forçat.*

force n.f. *Ils ne sentent pas leur force. Être à bout de forces. Être sans force. Une force de frappe. Des cas de force majeure.* – **à force de, de force, en force** sont invariables. *S'épuiser à force de répéter la même chose. Des tours* *de force. Ils sont entrés de force. Ils sont venus en force* (= nombreux).

forcé, -e adj.
▸**forcément** adv.

forcené, -e n. et adj.

forceps n.m. Avec **ps** que l'on prononce.

forcer v.t. Avec **ç** devant *a* et *o* : *il forçait, nous forçons. – On a forcé la porte, on l'a forcée.* ◆ v.t. et v.pr. *Qui a forcé Marie à partir ? Qui l'a forcée ? Nous nous forçons à continuer. Ils ne se sont pas forcés.* – REMARQUE On dit *se forcer à* et *s'efforcer de.* – **être forcé de** : *Nous sommes forcés de continuer, nous y sommes forcés.*

forcir v.i. *Elle a forci. Je l'ai trouvée forcie.*

forer v.t.

foret n.m. (Outil) Sans accent circonflexe.

forêt n.f. Avec **ê**. *Une forêt de sapins.*
▸**forestier, -ière** adj. *Un chemin forestier, une allée forestière. Des gardes forestiers.*

1. **forfait** n.m. *Commettre un forfait.*
▸**forfaiture** n.f.

2. **forfait** n.m. *Payer au forfait.*
▸**forfaitaire** adj.

3. **forfait** n.m. – **déclarer forfait** : *Ils ont déclaré forfait.*

forge n.f.

forger v.t. et v.pr. Avec **e** devant *a* et *o* : *il forgeait, nous forgeons. – Il s'est forgé une opinion. L'opinion qu'il s'est forgée.*

formaliser (se) v.pr. *Elle ne s'est pas formalisée.*

formalité n.f. *Par pure formalité. Sans plus de formalités.*

format n.m. *Des livres en format de poche. Des petits formats. Des livres petit format, grand format. Le format d'une émission.*
▸**formater** v.t.

formateur, -trice adj. et n.

formation n.f.

forme n.f. Reste au singulier dans *prendre forme, être en forme, en forme de, sous forme de, en bonne et due forme.* Est au pluriel dans *mettre les formes.*

formel, -elle adj.
▸**formellement** adv.

former v.t. et v.pr. *Former un cortège. Former des jeunes. Tous les élèves qu'il a formés. Des nuages se sont formés.*

formidable adj.

formulaire n.m.

formule n.f.

formuler v.t. *Formuler un souhait. Les objections qu'il a formulées.*

fort, -e adj. **1.** *Un homme fort. Elle est forte en math.* – On écrit sans trait d'union *château fort*, et avec un trait d'union *coffre-fort, prêter main-forte.* – **2.** Est invariable comme adverbe. *Ils parlent fort.* – **se faire fort de** est invariable : *Elle se fait fort de le convaincre.* ◆ n.m. *Le fort de Briançon.* Ne pas confondre avec ***for***, dans l'expression *en son for intérieur.*

fortement adv.

forteresse n.f.

fortifier v.t. *Fortifier une ville. Une ville fortifiée. – Fortifier l'organisme.* – ATTENTION À l'indicatif imparfait et au subjonctif présent : *(que) nous fortifiions* – Au futur et au conditionnel : *il fortifiera(it).*
▸**fortification** n.f. *Les fortifications d'une ville.*
▸**fortifiant, -e** adj. et n.m. *Une boisson fortifiante. Prendre des fortifiants.*

fortuit, -e adj. Avec un **t** qui ne se prononce pas au masculin.

fortune n.f. *Ils ont fait fortune. – Des abris de fortune.*

forum n.m. Avec **um** qu'on prononce [om']. *Des forums de discussion sur le Net.*

fosse n.f.

fossé n.m.

fossette n.f.

fossile n.m. et adj. Avec un seul **l**.
▸**fossilisé, -e** adj.

fossoyeur n.m.

fou, folle adj. et n. *Des fous rires. Elle sont folles. Une maison de fous.* – REMARQUE Devant un nom masculin singulier commençant par une voyelle ou un *h* muet, on emploie **fol** en langue littéraire : *un fol espoir*. En langue courante on emploie **fou** après le nom : *un espoir fou.*

foudre n.f. *Des coups de foudre.*

foudroyer v.t. CONJ. 6 Avec **i** devant un *e* muet. *Elle le foudroie du regard. Ils sont morts foudroyés.*
▸**foudroyant, -e** adj.
▸**foudroiement** n.m. Avec un **e** muet.

fouet n.m. *Des coups de fouet. Battre au fouet.* – *De plein fouet.*
▸**fouetter** v.t. Avec **tt**. *De la crème fouettée.*

fougère n.f.

fougue n.f. *Ils sont pleins de fougue.*
▸**fougueux, -euse** adj.

fouille n.f. *Passer à la fouille. Des fouilles archéologiques.*
▸**fouiller** v.t. *On nous a fouillés.* – ATTENTION À l'indicatif imparfait et au subjonctif présent : *(que) nous fouillions.*

fouillis n.m. Avec **s**.

foulard n.m. *Des foulards de soie.*

foule n.f. *Ils sont venus en foule. Une foule de gens pense ou pensent ça. La foule des badauds se pressait. La foule de gens qu'il a consultés.* Voir gramm. § 11.

foulée n.f. *À grandes, à petites foulées.*

fouler v.t. et v.pr. *Fouler le sol de son pays. Il s'est foulé la cheville. Quelle cheville s'est-il foulée?* Voir gramm. § 29(3).
▸**foulure** n.f.

four n.m. *Des fours à pain. Un four à micro-ondes.* – **petit-four** : *des petits-fours.*

fourbe adj. et n.
▸**fourberie** n.f.

fourche n.f.

fourchette n.f. *Une fourchette à poisson, à huître(s).*

fourgon n.m.
▸**fourgonnette** n.f. Avec **nn**.

fourmi n.f. Sans *e*. *Une fourmi, des fourmis.*
▸**fourmilière** n.f. Avec un seul **l**. On prononce [lyèr'].

fourmiller v.i. Avec **ill**. *Les erreurs fourmillent dans ce texte. Son texte fourmille d'erreurs.*

fournaise n.f.

fourneau n.m. *Des fourneaux.* – On écrit avec un trait d'union *des hauts-fourneaux.*

fournée n.f.

fournil n.m. Avec un **l** qui se prononce ou non.

fournir v.t. *On lui a fourni les horaires. On les lui a fournis.* ◆ v.pr. *Marie se fournit en pain chez Luc. Elle s'est toujours fournie chez lui.*
▸**fournisseur** n.m. – REMARQUE Le féminin ***fournisseuse*** est rare.

fourniture n.f. *Les fournitures scolaires.*

fourrage n.m. Avec **rr**.
▸**fourrager, -ère** adj. *Les plantes fourragères.*

1. fourré n.m. *Se cacher dans les fourrés.*

2. fourré, -e adj. *Un manteau fourré.* – *Des bonbons fourrés à la menthe.*

fourreau n.m. *Des fourreaux. Des robes fourreaux.*

fourrer v.t. *Elle a fait fourrer son imperméable. Un imperméable fourré de vison.* – Est familier au sens de « mettre » ou « se mettre ». *Il fourre son nez partout! Elle s'est fourrée dans une drôle d'histoire.*

fourre-tout n.m.inv. *Des fourre-tout.*

fourrière n.f.

fourrure n.f. *Aimer la fourrure. Acheter des fourrures. Des manteaux de fourrure.*
▸**fourreur** n.m.

fourvoyer (se) v.pr. CONJ. 6 Avec **i** devant un *e* muet. *Il se fourvoie. Elle s'est fourvoyée.*
▸**fourvoiement** n.m. Avec un **e** muet.

foyer n.m.

fracas n.m. Avec **s**. *Le fracas des vagues. – Il s'est fait renvoyer avec perte et fracas.*

fracasser v.t. et v.pr. *Il a fracassé la porte, il l'a fracassée. – Elle s'est fracassé la mâchoire.* Voir gramm. § 29(3).

fraction n.f. *Une fraction de seconde.*

fractionner v.t.
▸ **fractionnement** n.m.

fracture n.f.
▸ **fracturer** v.t. et v.pr. *Elle s'est fracturé la jambe. La jambe qu'elle s'était fracturée va mieux.* Voir gramm. § 29(3).

fragile adj. *Des verres fragiles. – Il a les yeux fragiles. Il est fragile des yeux.*
▸ **fragilité** n.f.
▸ **fragiliser** v.t. et v.pr.

fragment n.m. *Étudier une pièce par fragments.*
▸ **fragmentaire** adj. *Des connaissances fragmentaires.*
▸ **fragmenter** v.t.
▸ **fragmentation** n.f.

fragrance n.f. Avec **fra**. *La fragrance d'un parfum.*

frai n.m. (Œufs de poisson) Sans *s* au singulier. Vient de ***frayer***.

1. frais n.m.plur. *Faire des frais. Sans aucuns frais. À grands frais, à moindres frais. Des faux frais. Se mettre en frais.*

2. frais, fraîche adj. Avec **î** au féminin et dans tous les mots de la famille. – **1.** *Un vent frais. Une boisson fraîche. Un accueil plutôt frais.* – **frais émoulu** → émoulu – **2.** Employé comme adverbe ***frais*** est invariable. *Il fait frais. Boire frais.* ◆ n.m. *Mettre au frais.*
▸ **fraîche** n.f. Ne s'emploie que dans l'expression *à la fraîche.*
▸ **fraîchement** adv.
▸ **fraîcheur** n.f.
▸ **fraîchir** v.i. *Le temps fraîchit.*

fraise n.f. *De la confiture de fraise* ou *de fraises.* Voir gramm. § 13.
▸ **fraisier** n.m.

framboise n.f. *De la gelée de framboise* ou *de framboises.* Voir gramm. § 13. – Est invariable comme adjectif de couleur : *des pulls (couleur de) framboise.* Voir gramm. § 8(2).
▸ **framboisier** n.m.

1. franc n.m. *Cela coûtait 20 francs (20 F).*

2. franc, franche adj. *Un garçon franc, une fille franche. Des coups francs.*

français, -e adj. et n. *Il est français. C'est un Français.* (Le nom de personne prend une majuscule.)

franchir v.t. *Elle a franchi tous les obstacles. Elle les a franchis sans peine.*

franchise n.f. *Parler en toute franchise.*

francilien, -enne adj. et n. (De l'Île-de-France)

franciser v.t. *Franciser un mot étranger.*
▸ **francisation** n.f. Voir *Rectifications orthographiques*, pp. 515-516.

franc-maçon, -onne n. *Un franc-maçon, une franc-maçonne.* – PLURIEL Au masculin pluriel : des *francs-maçons* et au féminin pluriel : des *franc-maçonnes.*
▸ **franc-maçonnerie** n.f.

franco adv. *Des envois franco de port.*

> **franco-** S'écrit avec un trait d'union pour marquer une relation entre deux pays : *les relations franco-allemandes.* Se soude à un autre élément de composition dans les autres cas : *francophone.*

francophone adj. et n.
▸ **francophonie** n.f.

franc-parler n.m.sing. *Il a son franc-parler.*

franc-tireur n.m. *Des francs-tireurs.*

frange n.f. *Une coiffure à frange. Un balai à franges. – Une frange de la population.*

frapper v.t. et v.t.ind. Avec **pp**. *Frapper une balle. Frapper sur la balle. Frapper à la porte. – La ressemblance nous a frappés.*
▸ **frappe** n.f. *Des fautes de frappe. Des forces de frappe.*

frasque n.f. *Des frasques de jeunesse* (= écarts de conduite).

fraternel, -elle adj.
▸ **fraternité** n.f.

f

▸**fraterniser** v.t.ind. *Fraterniser avec l'ennemi.*

fraude n.f. *Des marchandises entrées en fraude. La fraude fiscale.*
▸**frauder** v.i. et v.t. *Frauder à un examen. Frauder le fisc.*
▸**fraudeur, -euse** n.
▸**frauduleux, -euse** adj. *Un acte frauduleux.*
▸**frauduleusement** adv.

frayer v.t. et v.pr. CONJ.5 *Il fraye* ou *il fraie*, mais les formes avec **y** sont les plus fréquentes. *La police nous fraye un passage à travers la foule. Nous nous sommes frayé un passage.* ◆ v.t.ind. *Frayer avec des gens peu recommandables.* – ATTENTION À l'indicatif imparfait et au subjonctif présent : *(que) nous frayions.*

frayeur n.f. *Se remettre de ses frayeurs.*

fredonner v.t. *Je les ai entendus fredonner une chanson. La chanson qu'ils ont fredonnée.*

free-lance n.m., adj.inv. et n. Mot anglais. On prononce [frilans']. *Travailler en free-lance. Des travailleurs free-lance. Des free-lances.*

freesia n.m. (Plante) Avec **ee**. Vient du nom propre *Freese*. On prononce [frézia]. *Des freesias.* – REMARQUE On trouve aussi l'orthographe francisée **frésia**.

freezer n.m. Mot anglais. On prononce [frizeur].

frein n.m. Avec **ein**. *Des coups de frein. Des freins à disque, à tambour. Des freins à main. Les freins avant, arrière. Le frein moteur.*
▸**freiner** v.i. et v.t.
▸**freinage** n.m.

frelaté, -e adj. *Un vin frelaté.*

frêle adj. Avec **ê**. *Une frêle jeune fille.*

frelon n.m.

frémir v.i. *L'eau frémit avant de bouillir. – Elle a frémi à cette idée. Cela l'a fait frémir.* (*Fait* suivi d'un infinitif est invariable.)
▸**frémissant, -e** adj. *De l'eau frémissante.* Ne pas confondre avec le participe présent invariable. Voir gramm. § 31(2).
▸**frémissement** n.m.

frêne n.m. (Arbre) Avec **ê**.

frénésie n.f.
▸**frénétique** adj.
▸**frénétiquement** adv.

fréquence n.f. *À quelle fréquence y allez-vous ? Sur quelle fréquence cette radio émet-elle ? Modulation de fréquence.*

fréquent, -e adj. *Un cas fréquent* (≠ rare).
▸**fréquemment** adv. Avec **e** qu'on prononce [a]. Voir gramm. § 9(2).

fréquenter v.t. *C'est une salle de cinéma qu'il a beaucoup fréquentée.*
▸**fréquentable** adj. *Un personnage peu fréquentable.*
▸**fréquentation** n.f.

frère n.m. **1.** *C'est mon frère. Nous sommes frères. Un frère d'armes. Un faux frère. Il a deux demi-frères.* – On dit *le frère de Jacques* et non ✕ *à Jacques.* – **2.** S'écrit sans majuscule dans l'emploi religieux : *mes bien chers frères,* et avec une majuscule pour désigner une congrégation, un groupement : *les Frères mineurs, les Frères musulmans.* – REMARQUE L'adjectif correspondant est **fraternel**.

fresque n.f.

fret n.m. (Transport de marchandises) Sans accent circonflexe et avec un **t** qui se prononce ou non. *Des avions de fret.*

frétiller v.i. *Elle frétille d'impatience.* – ATTENTION À l'indicatif imparfait et au subjonctif présent : *(que) nous frétillions.*
▸**frétillant, -e** adj.
▸**frétillement** n.m.

fretin n.m. *Du menu fretin.*

friable adj. *Une roche friable.*

friand, -e adj. *Elle est friande de compliments. Ces compliments dont elle est si friande.*

friandise n.f.

friche n.f. *Laisser des terres en friche.*

friction n.f.
▸**frictionner** v.t. Avec **nn**.

Frigidaire n.m. Nom déposé d'une marque de réfrigérateurs qui doit s'écrire avec une majuscule. – REMARQUE Ce mot très courant a donné l'abréviation familière ***frigo***. On recommande d'employer ***réfrigérateur***.

frigide adj.
▸**frigidité** n.f.

frileux, -euse adj. et n.
▸**frilosité** n.f. Avec **o**.

frimas n.m. LITT. (Brouillard froid)

frimousse n.f.

fringale n.f. Avec un seul **l**.

fringant, -e adj. Sans *u*. *Un vieil homme encore fringant* (= alerte).

friper v.t. et v.pr. Avec un seul **p**. *Ses vêtements se sont fripés. Des vêtements tout fripés, une jupe toute fripée.*

fripon, -onne n. et adj. Avec un seul **p**.

fripouille n.f. Avec un seul **p**.

frire v.t. et v.i. S'emploie surtout à l'infinitif et au participe passé. *Frire, faire frire des aliments. Du poulet frit. Des pommes frites. On les a fait frire.* (*Fait* suivi d'un infinitif est invariable.)

frise n.f.

friser v.t. *La balle a frisé le filet* (= frôler). ◆ v.i. et v.t. *Ses cheveux frisent. On lui a frisé les cheveux, on les lui a frisés.*
▸**frisotter** v.i. Avec **tt**.

frisson n.m.
▸**frissonner** v.i. Avec **nn**.
▸**frissonnement** n.m.

frite n.f. *Un steak(-)frites.*
▸**friteuse** n.f.

friture n.f.

frivole adj. Avec un seul **l**.
▸**frivolité** n.f.

froid, -e adj. **1.** *Un thé froid. Une boisson froide. Un accueil froid.* – **2.** Employé comme adverbe, **froid** est invariable. *Boire froid.* ◆ n.m. *Garder au froid. Le froid arrive. Jeter un froid.*
▸**froidement** adv.
▸**froideur** n.f.

froisser v.t. et v.pr. *Il a froissé sa chemise, il l'a froissée. Elle s'est froissée. – Elle s'est froissé un muscle.* Voir gramm. § 29(3).
▸**froissement** n.m.

frôler v.t. Avec **ô**. *La voiture nous a frôlés. On a frôlé la catastrophe. On l'a frôlée de près !*
▸**frôlement** n.m.

fromage n.m.
▸**fromager, -ère** n. *Aller chez le fromager.*
▸**fromagerie** n.f. *Aller à la fromagerie.*

Les noms de fromages

1. On écrit *un fromage de Hollande*, mais *du hollande*, sans majuscule, comme *du cantal, du brie, du saint-nectaire*, etc. Ce sont des noms communs.

2. Les noms simples prennent la marque du pluriel : *des cantals, des camemberts, des emmenthals*, etc. Les noms composés sont invariables : *des saint-nectaire.*

froment n.m. *De la farine de froment.*

fronce n.f. *Une jupe à fronces.*
▸**froncé, -e** adj. *Une jupe froncée.*

froncer v.t. Avec **ç** devant *a* et *o* : *il fronçait, nous fronçons. – Il fronce les sourcils.*
▸**froncement** n.m.

fronde n.f.

front n.m. *Ils ont fait front. Ils se sont heurtés de front. Ils sont partis au front.*
▸**frontal, -e, -aux** adj.

frontière n.f. *Passer la frontière.* – S'emploie sans trait d'union après un nom. *Des postes frontières.*
▸**frontalier, -ière** adj. et n.

frontispice n.m. Avec **ice**. *Le frontispice d'un monument* (= face avant). *Une gravure en frontispice d'un livre.*

fronton n.m.

frotter v.i., v.t. et v.pr. Avec **tt**. *La roue frotte. Frotter une allumette. – Elle s'est frotté les yeux.*
▸**frottement** n.m.

froufrou n.m. *Des froufrous.*

fructifier v.i. *Ils ont fait fructifier leur fortune. Ils l'ont fait fructifier.* (*Fait* suivi d'un infinitif est invariable.) – ATTENTION Au futur et au conditionnel : *il fructifiera(it).*

fructueux, -euse adj.

frugal, -e, -aux adj. *Un repas frugal. Des repas frugaux.*

fruit n.m. *Un fruit à pépins. Des fruits à noyau.* Voir gramm. § 13(3). *De la compote de fruits.*
▸ **fruité, -e** adj. *Un goût fruité.*
▸ **fruitier, -ière** adj. et n.

fruste adj. (Grossier, sans culture) Avec **ste** et non ✕ *stre*. Ne pas confondre avec ***rustre*** ou avec le verbe ***frustrer***.

frustrer v.t. *On les a frustrés d'une partie de leur héritage. De ne pas manger, ça le frustre.*
▸ **frustrant, -e** adj.
▸ **frustration** n.f.

fuchsia n.m. (Fleur rose) Avec **chs** et non ✕ *sch*. Vient d'un nom propre. On prononce [fuchya]. *Planter des fuchsias.* – Est invariable comme adjectif de couleur : *des robes fuchsia.* Voir gramm. § 8(2).

fuel n.m. Mot anglais. On écrit aujourd'hui **fioul**.

fugace adj. LITT. Avec **ce**. *Un souvenir fugace.*

fugitif, -ive adj. et n. *Une idée fugitive* (= fugace). *Rattraper des fugitifs.*

fugue n.f.
▸ **fuguer** v.i. Avec **gu**, même devant *a* et *o* : *il fuguait, nous fuguons.*
▸ **fugueur, -euse** n.

fuir v.i. et v.t. *Mon stylo fuit. L'eau a fui toute la nuit. – Il fuit les conflits, il les a toujours fuis.*
CONJUGAISON INDICATIF présent : *je fuis, tu fuis, il fuit, nous fuyons, vous fuyez, ils fuient.* imparfait : *je fuyais, tu fuyais, il fuyait, nous fuyions, vous fuyiez, ils fuyaient.* passé simple : *je fuis, tu fuis, il fuit, nous fuîmes, vous fuîtes, ils fuirent.* futur : *je fuirai, tu fuiras, il fuira, nous fuirons, vous fuirez, ils fuiront.* CONDITIONNEL : *je fuirais, tu fuirais, il fuirait, nous fuirions, vous fuiriez, ils fuiraient.* SUBJONCTIF présent : *(que) je fuie, tu fuies, il fuie, nous fuyions, vous fuyiez, ils fuient.* imparfait : *(que) je fuisse, tu fuisses, il fuît, nous fuissions, vous fuissiez, ils fuissent.* IMPÉRATIF : *fuis, fuyons, fuyez.* PARTICIPE présent : *fuyant.* passé : *fui.*

fuite n.f. *Des fuites d'eau. Des délits de fuite. Ils sont en fuite.*

fulgurant, -e adj. *Une douleur fulgurante.*

fulminer v.i. *Fulminer contre quelqu'un.*

fume-cigarette n.m. *Des fume-cigarette(s).*

fumée n.f. *Ses économies sont parties en fumée. Un écran de fumée.*

fumer v.i. et v.t. *Le feu fume. – Fumer de la viande, du poisson. Du saumon fumé. – Il a fumé dix cigarettes, il les a fumées.*
▸ **fumeur, -euse** n. *Des compartiments fumeurs, non-fumeurs.*

fumet n.m. (Arôme) *Un vin qui a du fumet.*

fumeux, -euse adj. PÉJOR. *Des idées fumeuses.*

fumier n.m.

funambule n.

funèbre adj. *Un éloge funèbre. Une oraison funèbre. Les pompes funèbres.* Ne pas confondre avec ***funeste***.

funérailles n.f.plur.

funéraire adj. *Un monument funéraire. Une urne funéraire.*

funeste adj. *Un pressentiment funeste* (= qui annonce la mort). *Une erreur funeste* (= tragique). *Cela lui a été funeste* (= nuisible). Ne pas confondre avec ***funèbre***.

fur – **au fur et à mesure** : *Au fur et à mesure qu'il parlait…*

fureter v.i. CONJ.2 Avec **e** ou **è** : *nous furetons, ils furètent.*

fureur n.f. Est invariable dans *faire fureur.*

furibond, -e adj.

furie n.f.

furieux, -euse adj. *Il est furieux contre toi.*
▸ **furieusement** adv.

furoncle n.m.

furtif, -ive adj. *Un coup d'œil furtif.*
▸ **furtivement** adv. *S'en aller furtivement.*

fusain n.m. Avec **ain**.

fuseau n.m. *Les fuseaux horaires.*

fusée n.f. Ne pas confondre la **fusée** et le véhicule spatial. La fusée permet de lancer le véhicule. On ne peut donc pas « voyager en fusée ».

fuselage n.m.

fuser v.i. *Les rires fusaient de toutes parts.*

fusible adj. et n.m.

fusil n.m. *Tirer des coups de fusil. Des fusils à lunette. Des fusils de chasse.*
▸ **fusilier** n.m. (Soldat) Avec un seul **l**. On prononce [ilyé]. *Des fusiliers marins.*
▸ **fusiller** v.t. Avec **ll**. On prononce [iyé]. *On les a fusillés.* – ATTENTION À l'indicatif imparfait et au subjonctif présent : *(que) nous fusillions.*
▸ **fusillade** n.f.

fusion n.f. *Des métaux en fusion.* – *Une fusion d'entreprises. Des fusions-acquisitions.*
▸ **fusionner** v.i. et v.t. Avec **nn**. *Des entreprises qui fusionnent. On a fusionné les services, on les a fusionnés.*

fustiger v.t. Avec **e** devant *a* et *o* : *il fustigeait, nous fustigeons.* LITT. (Critiquer) *Il a fustigé ses adversaires politiques, il les a fustigés.*

fût n.m. Avec **û**. *Le fût d'un arbre.* – *Du vin en fût. Des fûts de vin.*

fût et **fut** Formes du verbe ***être***

- On écrit **fût** (subjonctif) quand on peut dire *soit* ou *serait* : *Bien qu'il fût l'aîné* (= bien qu'il soit). *Ne fût-ce qu'un moment* (= ne serait-ce qu'un moment).
- On écrit **fut** (passé simple) quand on peut dire *a été. Il fut content de le voir. Quand il fut parti.*

futaie n.f. (Forêt) Sans accent circonflexe.

futé, -e adj.

futile adj.
▸ **futilité** n.f.

futon n.m.

futur, -e adj. *La vie future. Les temps futurs.*
◆ n.m. Voir ce mot dans la partie grammaire.
▸ **futuriste** adj. *Une vision futuriste.*

fuyant, -e adj. *Un regard fuyant.*

fuyard, -e n.

f

G

gabarit n.m. Avec un **t**.

gabonais, -e adj. et n. *Il est gabonais. C'est un Gabonais.* (Le nom de personne prend une majuscule.)

gâcher v.t. Avec **â**. *Il a gâché ses chances, il les a gâchées.*
▸**gâchis** n.m.

gâchette n.f. Avec **â**. On appuie sur la ***détente*** qui actionne la **gâchette**. Ne pas confondre ces deux mots.

gadget n.m. Mot anglais. On prononce le **t**. *Des gadgets.*

gaffe n.f. Avec **ff**. (Perche pour accrocher) Est familier au sens de « bévue », et très familier dans *faire gaffe*.

gag n.m. *Des gags. Un film à gags.*

gage n.m. *Un tueur à gages. Mettre des bijoux en gage. Donner des gages d'amitié.*
▸**gager** v.t. Avec **e** devant *a* et *o* : *il gageait, nous gageons.*

gageure n.f. On prononce [gajur] et non ✕ [gajeur]. Le groupe **ge** se prononce [j].

gagner v.t. *Il a gagné 1000 euros. Les 1000 euros qu'il a gagnés.* – ATTENTION À l'indicatif imparfait et au subjonctif présent : *(que) nous gagnions.*
▸**gagnant, -e** adj. et n. *Des billets gagnants. La gagnante du grand prix.*

gai, -e adj. *Ils sont gais. Elles sont gaies.*
▸**gaiement** adv. Avec un **e** muet.
▸**gaieté** n.f. Avec un **e** muet. *De gaieté de cœur.* – REMARQUE On trouve encore *gaîment* et *gaîté*, dans certains noms propres comme la rue de la *Gaîté* à Paris.

gain n.m. *Des gains de place. Ils ont eu gain de cause.*

gaine n.f.

gala n.m. *Des galas de bienfaisance. Des robes de gala.*

galant, -e adj.
▸**galamment** adv.
▸**galanterie** n.f.

galaxie n.f. Avec **x**. *Les galaxies de l'Univers. La Galaxie* (= la nôtre).
▸**galactique** adj. Avec **ct**.

galbe n.m.
▸**galbé, -e** adj.

gale n.f. (Maladie) Avec un seul **l**.

galère n.f. Avec **è**.
▸**galérien** n.m. Avec **é**.
▸**galérer** v.i. CONJ.4 Avec **é** ou **è** : *nous galérons, ils galèrent.* Est familier.

galerie n.f. *Des galeries d'art, de tableaux. Des galeries marchandes.*
▸**galeriste** n. Sans accent.

galet n.m. *Une plage de galets.*

galette n.f. Avec un seul **l**.

galimatias n.m. On prononce [galimatya].

gallicisme n.m.

galon n.m. *Ils ont pris du galon.*

galop n.m. *Ils sont partis au galop.* – *Des galops d'essai.*
▸**galoper** v.i. Avec un seul **p**.

galvaniser v.t. *Galvaniser les foules.*

galvauder v.t. *Une expression galvaudée.*

gamba n.f. Mot espagnol. *Des gambas.* On prononce [gan-ba] à la française ou [gan-m'bas] à l'espagnole.

gamelle n.f. Avec un seul **m**.

gamète n.m. Est du masculin. *Un gamète.*

gamin, -e n.

gamme n.f. *Une gamme de couleurs, de produits.* – **bas de gamme, haut de gamme** sont invariables. *Des produits haut de gamme.*

gammée adj.fém. *La croix gammée.*

gang n.m. *Des gangs.* On écrit *antigang* en un mot : *des brigades antigang.*

ganglion n.m.

gangrène n.f.
▸**gangrené, -e** adj. Sans accent sur le premier **e**.

gangster n.m. Mot anglais. *Un film de gangsters.*

gangue n.f. *Une pierre précieuse dans sa gangue.*

gant n.m. *Une paire de gants. Des gants de toilette, de crin, de boxe.*
▸**ganté, -e** adj. *Les mains gantées.*

gap n.m. Mot anglais. On recommande *écart*.

garage n.m. Avec un seul **r** comme dans *garer*.
▸**garagiste** n.

garant, -e adj. et n. *Ils sont, ils se portent garants de. La présidente est la garante de ses associés.* ◆ n.m. *Sa conduite sera le seul garant de sa fidélité.* (Reste au masculin en parlant de choses.)

garantir v.t. *Un appareil garanti cinq ans.* – *Je vous garantis qu'il le fera. Je ne vous garantis pas qu'il le fera* ou *qu'il le fasse.* (Le subjonctif marque le doute.)
▸**garantie** n.f. *Des appareils sous garantie. Des propositions sans garantie.*

garçon n.m. *Des garçons coiffeurs.*

garde n.f. Reste au singulier dans *de garde, mettre en garde, prendre garde. Les pharmacies de garde. On les a mis en garde contre les dangers du tabac. Prenez garde à ne pas vous brûler !* – **garde à vue** est invariable dans *Ils sont en garde à vue* ; et variable s'il s'agit du nom : *des gardes à vue.* ◆ n. *Des gardes du corps. Le garde des Sceaux. Des gardes champêtres, des gardes forestiers.* (Sans trait d'union quand le mot qui suit est un adjectif.) – REMARQUE S'emploie aussi au féminin pour désigner une femme : *une garde champêtre ; la garde des Sceaux.*

garde- Les noms composés avec **garde-** ont un pluriel délicat, selon que l'on considère ***garde*** comme un nom ou comme un élément verbal. L'Académie française a entériné les recommandations du Conseil supérieur de la langue française en considérant toujours ***garde*** comme un élément verbal. C'est aussi ce que nous recommandons. Mais, bien sûr, aucune des orthographes données n'est fautive.

– RÈGLES TRADITIONNELLES

1. Si le nom composé désigne une personne, ***garde*** est un nom et prend la marque du pluriel. Le deuxième élément prend ou non la marque du pluriel, selon le sens : ***un garde-barrière, des gardes-barrières ; un garde-chasse, des gardes-chasse ; un garde-malade, des gardes-malade(s)***.

2. Si le nom composé désigne une chose, ***garde*** est un élément verbal et reste invariable. Le deuxième élément prend ou non la marque du pluriel : ***un garde-boue, des garde-boue ; un garde-fou, des garde-fous.*** Le deuxième élément peut aussi être au pluriel dans le nom composé singulier : *un garde-meuble(s).*

– RÈGLE NOUVELLE

L'élément ***garde***, élément verbal, est toujours invariable. Le deuxième élément prend la marque du pluriel quand le mot composé est au pluriel : ***un garde-chasse, des garde-chasses ; un garde-malade, des garde-malades ; un garde-meuble, des garde-meubles ; une garde-robe, des garde-robes***. Il reste invariable s'il est perçu comme un mot invariable : ***un garde-manger, des garde-manger***.

garde-à-vous n.m.inv. *Ils sont au garde-à-vous.*

gardénia n.m. (Fleur) *Des gardénias.*

garder v.t. *Garder une maison. Une maison bien gardée. – Où sont les cerises que tu m'as gardées ? Je les ai gardées au frais. Tu m'en a gardé beaucoup ?* → en² ◆ v.pr. *Elle s'est bien gardée de nous prévenir.* – ATTENTION À l'impératif, on écrit *garde* sans *s*, sauf devant ***en*** : *garde des fruits, gardes-en.* – Avec le pronom personnel on dit *garde-m'en, garde-lui-en* et non ✕ *garde-moi-z-en* ni *garde-z-en-moi, garde-z-en-lui.* Voir gramm. § 17(1).

garderie n.f. *Des haltes-garderies.*

gardien, -enne n. *Des gardiens d'immeuble. Des gardiens de but.*
▸**gardiennage** n.m. *Des sociétés de gardiennage.*

1. **gare** n.f. *La gare de Lyon. Une gare routière.*

2. **gare** interj. *Gare à vous ! Ils sont venus sans crier gare.*

garer v.t. et v.pr. *Il a garé sa voiture, il l'a mal garée. Où vous êtes-vous garés ?*

gargote n.f. PÉJOR. Avec un seul **t**.

gargouille n.f. *Les gargouilles de Notre-Dame.*

garnir v.t. *Une robe que l'on a garnie de dentelles.*
▸**garniture** n.f.

garnison n.f. *Des militaires en garnison.*

garrigue n.f. Avec **rr**. *Les garrigues de Provence.*

garrot n.m. Avec **rr**.
▸**garrotter** v.t. Avec **tt**.

gars n.m. FAM. On prononce [ga]. *Les gars du bâtiment.*

gasoil n.m. On dit aujourd'hui **gazole**.

gaspiller v.t. *Il a gaspillé ses talents, il les a gaspillés.* – ATTENTION À l'indicatif imparfait et au subjonctif présent : *(que) nous gaspillions.*
▸**gaspillage** n.m.

gastéropode ou **gastropode** n.m. *Les escargots sont des gastéropodes.*

gastrique adj. *Des problèmes gastriques* (= de l'estomac).

▸**gastrite** n.f.

gastronome n. *Un fin gourmet et un bon gastronome.*
▸**gastronomie** n.f.
▸**gastronomique** adj.

gâteau n.m. Avec **â**. *Des gâteaux secs. – Des papas gâteaux.*

gâter v.t. et v.pr. Avec **â**. *Il a gâté ses enfants, il les a trop gâtés. – Le temps se gâte. La situation s'est gâtée.*

gâteux, -euse adj. et n. Avec **â** comme dans ***gâter***.

gauche adj. et n.f. *Le pied gauche. Tourner à gauche. Des partis de gauche.*
▸**gaucher, -ère** adj. et n.
▸**gaucherie** n.f.

gauchir v.t., v.i. et v.pr. *L'humidité a gauchi la porte. Elle a gauchi, elle s'est gauchie.*
▸**gauchissement** n.m.

gauchisme n.m.
▸**gauchiste** adj. et n.

gaufre n.f. Avec un seul **f**.
▸**gaufrette** n.f.

gaule n.f. (Perche)
▸**gauler** v.t. *Gauler des noix.*

gaulliste adj. et n. Avec **ll**, du nom du général *de Gaulle.*

gaulois, -e adj. et n. Avec un seul **l**, de *la Gaule.*

gausser (se) v.pr. LITT. (Se moquer) *Ils se sont gaussés de tout le monde.*

gaver v.t. *On nous a gavés d'informations inutiles.*
▸**gavage** n.m.

gay n. et adj. Mot anglais. *Les gays* (= homosexuels). Ne pas confondre avec ***gai*** (= joyeux).

gaz n.m. Sans *e*. *Cuisiner au gaz. Des masques à gaz. Des gaz rares.* Ne pas confondre avec ***gaze*** (tissu léger).
▸**gazeux, -euse** adj. *De l'eau gazeuse* (= qui contient du gaz).
▸**gazéifié, -e** adj. *De l'eau gazéifiée* (= dans laquelle on a ajouté du gaz).

gaze n.f. (Tissu léger) Avec un **e**. *De la gaze.*

gazelle n.f.

gazette n.f.

gazon n.m.

gazouiller v.i. *Les oiseaux gazouillent.*

geai n.m. (Oiseau) *Des geais.* Ne pas confondre avec ***jais*** (minerai noir).

géant, -e adj. et n.

geindre v.i. CONJ. 35 *Je geins, il geint. Cesse de te plaindre et de geindre !* – ATTENTION À l'indicatif imparfait et au subjonctif présent : *(que) nous geignions.*

geisha n.f. Mot japonais. Avec **ge** mais on prononce [guè(y)cha]. *Des geishas.*

gel n.m. *Un sol durci par le gel. Des produits antigel. – Le gel des salaires.*
▸**gelée** n.f. *Les premières gelées. – De la gelée de fraise* ou *de fraises.* Voir gramm. § 13.
▸**geler** v.i. CONJ. 2 Avec **e** ou **è** : *vous gelez, ils gèlent. La rivière a gelé. On gèle ici ! J'ai les mains gelées.*

gélatine n.f.
▸**gélatineux, -euse** adj.

gélule n.f. Avec deux fois un seul **l**.

gémellaire adj. *Une grossesse gémellaire* (= avec des jumeaux).

gémir v.i. *Il gémissait de douleur.*
▸**gémissement** n.m.

gemme n.f. (Pierre précieuse) Est du féminin. *Une gemme.*

gémonies n.f.plur. LITT. *Vouer quelqu'un aux gémonies* (= l'accabler publiquement). (Dans la Rome antique, les **gémonies** étaient le lieu où l'on exposait les corps des criminels avant de les jeter dans le Tibre.)

gênant, -e adj. Avec **ê** comme dans ***gêne***.

gencive n.f.

gendarme n.m.
▸**gendarmerie** n.f.

gendre n.m. On dit *le gendre de Pierre* et non ✕ *à Pierre.*

gène n.m. Avec **è**. *Trouver le gène d'une maladie rare.*

gêne n.f. Avec **ê** comme dans tous les mots de la famille. *Éprouver de la gêne à la marche. Vivre dans la gêne.* – **sans gêne** s'écrit sans trait d'union pour l'adjectif, et avec un trait d'union pour le nom invariable. *Ils sont sans gêne. Quel sans-gêne !*
▸**gêner** v.t. et v.pr. *Sa réaction nous a gênés. Elle ne s'est pas gênée pour lui répondre.*

généalogie n.f.
▸**généalogique** adj.
▸**généalogiste** n.

1. **général** n.m. *Un général, des généraux.*

2. **général, -e, -aux** adj. *Des idées générales. Des états généraux.* – **en général** est invariable.
▸**généralement** adv.

généraliste adj. et n. *Des médecins généralistes.*

généralité n.f. *Dire des généralités.*

génération n.f. *Un conflit de générations.*

générer v.t. CONJ. 4 Avec **é** ou **è** : *nous générons, ils génèrent.*

généreux, -euse adj. *Un généreux donateur. Une offre généreuse.*
▸**générosité** n.f. Avec **o**.

générique adj. et n.m. *Un médicament générique. Un terme générique.* Voir ce mot dans la partie grammaire.

genèse n.f. Sans accent sur le premier **e**. – Prend une majuscule pour désigner le premier livre de la Bible.

genêt n.m. (Arbuste) Avec **ê**.

génétique adj. et n.f. *Des maladies génétiques. Des empreintes génétiques. Étudier la génétique.*
▸**génétiquement** adv. *Des organismes génétiquement modifiés (OGM).*
▸**généticien, -enne** n.

génie n.m.
▸**génial, -e, -aux** adj. *Ils sont géniaux.*

genièvre n.m. Est du masculin. *Le genièvre. Des baies de genièvre.*
▸**genévrier** n.m. Avec un seul **é**.

génique adj. *Thérapie génique* (= par manipulation des gènes). Ne pas confondre avec ***génétique***.

génisse n.f. *Acheter des foies de génisse.*

génital, -e, -aux adj. *Les organes génitaux.*

génocide n.m. Avec *-cide* qui signifie « tuer ».

génome n.m. Sans accent circonflexe. *Le génome humain.*

genou n.m. *Se mettre à genoux.* Voir gramm. § 32.
▸**genouillère** n.f.

genre n.m. **1.** Voir ce mot dans la partie grammaire. – **2.** *Des produits en tout genre, en tous genres, de tout genre. Ils ont tous les genres de livres. Je n'aime pas ce genre de plaisanterie. Ce genre de choses me plaît. Quel genre de robe portera-t-elle ? Et quel genre de chaussures ? Ils ont mauvais genre. Ils sont bon chic bon genre.* – Est familier et invariable dans *des voitures genre quatre-quatre.*

gens n.m.plur. *Les gens sont curieux. Les gens d'Église. Des gens de lettres. Quels sont les gens qui... ?* – **jeunes gens** sert de pluriel à *jeune homme* ou s'emploie pour désigner un groupe de filles et de garçons. – REMARQUE *Gens* est le pluriel de l'ancien nom féminin ***gent***, qui signifiait « espèce » : *la gent trotte-menue, la gent féminine.* Il reste des traces de ce féminin d'origine dans ***vieilles gens***, ***bonnes gens***, ***petites gens*** : *toutes ces bonnes gens, quelles petites gens !* – Mais si l'adjectif, placé directement avant le nom, a la même forme au masculin et au féminin, l'ensemble est aujourd'hui au masculin : *Tous ces honnêtes gens, quels braves gens !*

gentiane n.f. Avec un **t** qu'on prononce [s].

gentil, -ille adj. *De gentils garçons, de gentilles filles.*
▸**gentillesse** n.f. *Il m'a répondu avec gentillesse. Il m'a dit des gentillesses.*
▸**gentiment** adv.

gentilhomme n.m. *Des gentilshommes.*

gentleman n.m. Mot anglais. On prononce le **n** final. – PLURIEL On dit et on écrit *des gentlemans* ou *des gentlemen* (pluriel anglais). On recommande d'employer le pluriel français. Voir gramm. § 37.

géographie n.f.
▸**géographe** n.
▸**géographique** adj.

geôle n.f. LITT. (Prison) Avec **ô**.
▸**geôlier, -ière** n. On prononce [jo-] et non ✗ [jéo-].

géologie n.f.
▸**géologique** adj.
▸**géologue** n.

géomètre n. *Des géomètres experts.*

géométrie n.f. *Des figures de géométrie.*
▸**géométrique** adj. *Des formes géométriques.*

géopolitique adj. et n.f.

gérance n.f. *Prendre des commerces en gérance.*
▸**gérant, -e** n.

géranium n.m. Avec **é** et **um** qu'on prononce [om']. *Des géraniums.*

gerbe n.f. *Une gerbe de roses. Des gerbes de blé. Du blé en gerbes.*

gercer v.t. et v.i. Avec **ç** devant *a* et *o*. *Le froid me gerçait les lèvres. Mes lèvres ont gercé. J'ai les lèvres gercées.*
▸**gerçure** n.f. Avec **ç**.

gérer v.t. CONJ.4 Avec **é** ou **è** : *nous gérons, ils gèrent. Une entreprise bien, mal gérée.*

gériatre n. Sans accent circonflexe. → -atre/-âtre On dit aussi **gérontologue**.
▸**gériatrie** n.f. On dit aussi **gérontologie**.

germain, -e adj. *Des cousines germaines. Des cousins issus de germains.*

germe n.m. *Des germes de soja, de blé. Les germes d'une révolution. Une œuvre qui contient en germe toutes les œuvres à venir.*
▸**germer** v.i. *Le blé a germé. Du blé germé. – L'idée a germé dans sa tête.*

gérondif n.m. Voir ce mot dans la partie grammaire.

gérontologie n.f. (Étude et médecine de la vieillesse)
▸**gérontologue** n. → gériatre

gésier n.m.

gésir v.i. *Il gisait dans son sang. C'est là que gît la difficulté. Ci-gît ma mère.* – REMARQUE N'est utilisé que dans les formes du **présent** :

je gis, tu gis, il gît, nous gisons, vous gisez, ils gisent ; de l'**imparfait** : *je gisais, tu gisais*, etc. ; au **PARTICIPE présent** : *gisant* ; et dans les formules *ci-gît, ci-gisent*.

gestation n.f. *Des romans en gestation.*

geste n.m. *Faire de grands gestes de la main. Faire un geste pour les malheureux.* – REMARQUE Le mot **geste** est féminin dans *chanson de geste* et dans l'expression *les faits et gestes de quelqu'un*. Il s'agit d'un ancien mot du Moyen Âge qui signifiait « exploit ».

gesticuler v.i.

gestion n.f. *Des sociétés de gestion. Des contrôleurs de gestion.*
▸ **gestionnaire** n. Avec **nn**.

gestuelle n.f. (Ensemble de gestes) *Étudier la gestuelle d'un homme politique.*

geyser n.m. Avec **y**. On prononce [jézèr].

> **-gg-** Se prononce [g] comme dans *aggraver* ; [g'j] comme dans *suggérer* ; ou [dj] comme dans *loggia*.

ghetto n.m. Avec **h** et **tt**. *Des ghettos.*

gibbon n.m. (Singe) Avec **bb**.

gibier n.m. *Du gibier à plume, à poil.*

giboulée n.f. *Les giboulées de mars.*

gicler v.i. *L'eau a giclé.*
▸ **giclée** n.f.

gifle n.f. Avec un seul **f**.
▸ **gifler** v.t.

gigantesque adj.

gigogne adj. *Des lits gigognes.*

gigot n.m.

gigoter v.i. Avec un seul **t**.

gilet n.m. *Un gilet pare-balles.*

girafe n.f. Avec un seul **f**.

giratoire adj. *Sens giratoire.*

girofle n.m. Est du masculin. *Le girofle. Des clous de girofle.*

girolle n.f. (Champignon) Avec **ll**.

girouette n.f.

gisement n.m. *Un gisement d'or. Un gisement d'idées.*

gîte n.m. Avec **î**. *Des gîtes ruraux.* – REMARQUE On devrait dire *le vivre et le couvert* (= la nourriture et un toit) et non ✕ *le gîte et le couvert* (qui dit deux fois la même chose).

givre n.m. *Il y a du givre sur la route.*
▸ **givrant, -e** adj. *Des brouillards givrants.*

glabre adj. *Un visage glabre* (= sans barbe, rasé). Ne pas confondre avec ***imberbe*** (= dont la barbe n'a pas encore poussé).

glace n.f. *Des boules de glace. Ils sont restés de glace.*
▸ **glacé, -e** adj. *Des crèmes glacées. Du papier glacé. Avoir les mains glacées.*
▸ **glacer** v.t. Avec **ç** devant *a* et *o* : *il glaçait, nous glaçons. Le vent lui glaçait le visage.*

glaciaire adj. Avec **aire**. *L'ère glaciaire.* Ne pas confondre avec ***glacière***.

glacial, -e adj. Au masculin pluriel : *glacials* ou *glaciaux*.

glacier n.m.

glacière n.f. Avec **ère**. *Le vin est dans une glacière.* Ne pas confondre avec ***glaciaire***.

glaçon n.m. Avec **ç**.

glaïeul n.m. Avec **ï**. *Un bouquet de glaïeuls.*

glaise n.f. *De la glaise. De la terre glaise.*

glaive n.m. *Le glaive et la balance.*

gland n.m. Avec un **d**.

glande n.f.

glaner v.t. *Les quelques informations que nous avons glanées.*

glas n.m. Avec **s**. *Entendre sonner le glas.*

glauque adj. *Un regard glauque.*

glisser v.t. et v.pr. *On a glissé la lettre sous la porte, on l'a glissée sous la porte. Une erreur s'est glissée dans le texte.* ◆ v.i. *Ils ont glissé sur le verglas.*
▸ **glissant, -e** adj. *Une route glissante.*
▸ **glissade** n.f. *Faire des glissades.*
▸ **glisse** n.f. *Les sports de glisse.*

glissière n.f. *Des glissières de sécurité. Des fermetures à glissière.*

g

global, -e, -aux adj. *Une méthode globale. Des résultats globaux.*

globe n.m. *Le globe terrestre. Les globes oculaires.*

globule n.m. *Les globules blancs, rouges.*

gloire n.f. *Des chants de gloire. Un monument à la gloire de...*
▸**glorieux, -euse** adj.

glousser v.i. *Ils gloussent de joie.*
▸**gloussement** n.m.

glouton, -onne adj. et n.
▸**gloutonnerie** n.f. Avec **nn**.

glu n.f. (Colle) Nom féminin sans *e* comme *bru, tribu, vertu.*
▸**gluant, -e** adj.

glucide n.m. *Les glucides et les lipides.*

glucose n.m. (Sucre)

glycémie n.f. Avec **y**. *Taux de glycémie.*

glycérine n.f. Avec **y**.

glycine n.f. (Plante) Avec **y**.

> **-gn-** Se prononce [gn] comme dans *signe* ou [g'n] comme dans *stagner*.

gnome n.m. On prononce [g'nom].

gobelet n.m. *Des gobelets en carton.*

goéland n.m. (Oiseau)

goitre n.m. Sans accent circonflexe.

golf n.m. (Sport) Sans *e*. *Jouer au golf. Des clubs de golf.* Ne pas confondre avec ***golfe***.
▸**golfeur, -euse** n.

golfe n.m. Avec **e**. *Le golfe du Lion. Le golfe Persique. La guerre du Golfe.* Ne pas confondre avec ***golf*** (sport).

gomme n.f. *Des coups de gomme. – Des boules de gomme.*
▸**gommer** v.t. *Il a gommé toute la phrase. Quelle phrase a-t-il gommée ?*
▸**gommé, -e** adj. *Du papier gommé.*
▸**gommette** n.f.

gond n.m. Avec **d**. *Il est sorti de ses gonds.*

gondole n.f. Avec un seul **l**. *Les gondoles de Venise.*

gonfler v.t. et v.i. *On a gonflé les pneus, on les a gonflés. Ses paupières ont gonflé. Il a les paupières gonflées.*
▸**gonflage** n.m. *Le gonflage des pneus.*
▸**gonflement** n.m. *Un gonflement des paupières.*

gong n.m. On prononce le **g** final.

gorge n.f. *Des maux de gorge. Rire à gorge déployée.*
▸**gorgée** n.f. *Boire à petites gorgées.*

gorgé, -e adj. *Une terre gorgée d'eau.*

gorille n.m. Avec **ill** qu'on prononce [iy'] comme dans *fille*.

gosier n.m.

gothique adj. et n.m. Avec **th**. *Une église gothique.*

gouache n.f. *Peindre à la gouache.*

goudron n.m.
▸**goudronner** v.t. Avec **nn**. *Une route goudronnée.*

gouffre n.m. Avec **ff**. *Ils sont au bord du gouffre.*

goujat n.m. Avec un **j**.
▸**goujaterie** n.f.

goujon n.m. Avec un **j**. *Une friture de goujons.*

goulag n.m. On prononce le **g** final. *Les goulags.*

goulet n.m. (Passage étroit) – **goulet d'étranglement** est préférable à ***goulot d'étranglement***.

goulot n.m. *Le goulot d'une bouteille.* – **goulot d'étranglement** s'emploie couramment pour ***goulet d'étranglement***. L'Académie admet les deux expressions. Les dictionnaires usuels recommandent *goulet*.

goulu, -e adj. et n. *Un bébé goulu.*
▸**goulûment** adv. Avec **û**. *Boire goulûment.*

gourd, -e adj. *Avoir les doigts gourds.*

gourde n.f.

gourmand, -e adj. et n.
▸**gourmandise** n.f.

gourmet n.m. *Cette femme est un fin gourmet, qui apprécie la bonne chère.*

gourmette n.f. *Des gourmettes en or.*

gourou n.m. (Maître à penser) *Des gourous.*

gousse n.f. *Des gousses de vanille, d'ail. De la vanille en gousse(s).*

goût n.m. Avec **û** comme dans tous les mots de la famille (*dégoût, dégoûter, ragoût, ragoûtant*). – *Un plat qui a du goût, qui manque de goût. Ils ont bon goût. Des gens de goût. Être au goût de quelqu'un. Des divergences de goût(s).*
▸ **goûteux, -euse** adj.

goûter v.t. et v.t.ind. *J'ai goûté la sauce. Je l'ai goûtée. Il n'a pas goûté à sa viande.* – ATTENTION Il n'y a pas de *s* à l'impératif sauf devant ***en*** ou ***y*** : *goûte ces gâteaux, goûtes-en quelques-uns. Goûte à ces gâteaux, goûtes-y.* ◆ v.i. *Les enfants goûtent à quatre heures.*
▸ **goûter** n.m. *Prendre son goûter. Les goûters d'autrefois.*

goutte n.f. *Des gouttes d'eau. Suer à grosses gouttes.* – **goutte à goutte** est invariable et s'écrit sans traits d'union dans *couler goutte à goutte* ; et avec des traits d'union pour le nom masculin : *poser un goutte-à-goutte à un malade.*
▸ **gouttelette** n.f.
▸ **goutter** v.i. *L'eau goutte du parapluie.* Ne pas confondre avec ***goûter***.

gouttière n.f. Avec **tt**. *Des chats de gouttière.*

gouvernail n.m. *Des gouvernails.*

gouverne n.f. Ne s'emploie que dans l'expression *pour ma (ta, sa...) gouverne. Pour votre gouverne sachez que...*

gouvernement n.m.
▸ **gouvernemental, -e, -aux** adj.

gouverner v.t. *Gouverner un pays. Un pays bien, mal gouverné.*
▸ **gouvernant, -e** adj. et n.

gouverneur n.m.

grabataire adj. et n. Avec **ai**. *Un vieillard grabataire.*

grâce n.f. Avec **â**. *Obtenir la grâce d'un condamné.* – *Danser avec grâce, avec beaucoup de grâce.* – *Faire quelque chose de bonne grâce, de mauvaise grâce. Crier grâce. De grâce, taisez-vous ! Je vous fais grâce des détails.* – Est au pluriel dans *action de grâces*. – Prend une majuscule pour désigner les personnages de la mythologie grecque : *les trois Grâces*. – **grâce à** : *J'ai réussi grâce à toi.* – REMARQUE L'accent circonflexe n'est présent que dans *grâce* et *disgrâce*. Il disparaît dans tous les dérivés.

gracier v.t. Sans accent circonflexe. *Le condamné a été gracié.* (= il a obtenu sa grâce). – ATTENTION Au futur et au conditionnel : *il graciera(it).*

gracieux, -euse adj. Sans accent circonflexe.
▸ **gracieusement** adv.

gracile adj. LITT. Avec un seul **l**. *Une jeune fille gracile* (= mince et délicate).

gradation n.f. *Il y a une gradation des difficultés dans ces exercices* (= progression). Ne pas confondre avec ***graduation*** (= division en degrés).

grade n.m. *Les grades militaires. Ils sont montés en grade.*
▸ **gradé, -e** n.

gradin n.m. *Les gradins d'un cirque.*

graduation n.f. *Les graduations d'un verre doseur* (= divisions en degrés). Ne pas confondre avec ***gradation*** (= progression).

gradué, -e adj. *Un verre doseur gradué* (= qui porte des graduations). – *Des exercices gradués* (= dont la difficulté augmente par degrés). Ne pas dire ***graduel***.

graduel, -elle adj. *Une augmentation, une diminution graduelle* (= progressive).
▸ **graduellement** adv.

graffiti n.m. Mot italien. Au pluriel : *des graffitis* ou *graffiti* (pluriel italien). On recommande la forme française avec un *s*.
Voir gramm. § 37.

grain n.m. *Des grains de raisin. Du café en grains. Des poulets de grain.* – *Veiller au grain.*

graine n.f. *Des graines de haricots.*

graisse n.f. *Des taches de graisse. De la graisse d'oie.*
‣**graisser** v.t. *Graisser une serrure.*
‣**graisseux, -euse** adj.

grammaire n.f.
‣**grammatical, -e, -aux** adj.

gramme n.m. *Cent grammes (100 g).*

grand, -e adj. et n. *Un grand garçon, une grande fille. La cour des grands. Les grands de ce monde.* – Est invariable comme adverbe. *Ils ont vu grand. Ils ont fait les choses en grand. Ouvrez grand les yeux, la bouche.* – **grand ouvert, grand(e) ouverte** : *les yeux grands ouverts, les fenêtres grandes ouvertes* ou *grand ouvertes.* (Au féminin **grand** s'accorde le plus souvent, mais il peut être considéré comme un adverbe, comme dans *ouvrez grand les fenêtres.*) – REMARQUE Autrefois, on écrivait **grand** devant un nom féminin. On met aujourd'hui un trait d'union : *la grand-rue, une grand-mère, la grand-messe,* etc. Dans ces mots féminins, **grand-** reste invariable ou prend un *s* au pluriel. L'Académie recommande l'invariabilité.

grand-chose (pas) pron.indéfini. *Il n'y a pas grand-chose de bon, pas grand-chose à quoi on puisse s'intéresser.*

grandement adv. *C'est grandement suffisant.*

grandeur n.f. *De quelle grandeur ? Donnez-nous des ordres de grandeur.* – **grandeur nature** est invariable. *Des photos grandeur nature.*

grandiloquent, -e adj. PÉJOR. *Un ton grandiloquent.*
‣**grandiloquence** n.f.

grandiose adj. *Un spectacle grandiose.*

grandir v.i., v.t. et v.pr. *Marie a grandi pendant les vacances. Ces épreuves les grandiront. Ils sont sortis grandis de ces épreuves. Elle se grandit avec des talons hauts.*

grand-mère n.f. *Des grand-mères* ou *des grands-mères.* → grand

grand-messe n.f. *Des grand-messes* ou *des grands-messes.* → grand

grand-peine (à) loc.adv. *Ils avançaient à grand-peine.*

grand-père n.m. *Des grands-pères.*

grands-parents n.m.plur.

grange n.f.

granit n.m. On prononce le **t**. *Des blocs de granit.* – REMARQUE On écrit quelquefois **granite**.
‣**granitique** adj. *Une roche granitique.*

granule n.m. Est du masculin. *Un médicament homéopathique en granules.*
‣**granulé** n.m.
‣**granuleux, -euse** adj.

graphie n.f. (Orthographe d'un mot)

graphique adj. *Les arts graphiques.* ◆ n.m. *Un graphique des températures.*
‣**graphisme** n.m.
‣**graphiste** n.

graphologie n.f.
‣**graphologique** adj.
‣**graphologue** n.

grappe n.f. Avec **pp**. *Des grappes de raisin. Du raisin en grappes. Des fleurs en grappe(s).*

grappiller v.t. Avec **pp** comme dans ***grappe***. *Les informations qu'il a grappillées par-ci par là.*

grappin n.m. Avec **pp**.

gras, grasse adj. et n.m. *Un poisson gras. Une viande grasse.* – *Le gras du jambon.* – Est invariable comme adverbe. *Manger gras.*

grassouillet, -ette adj.

gratification n.f.

gratifier v.t. *On a gratifié Marie d'un sourire. Le sourire dont on l'a gratifiée.* – ATTENTION À l'indicatif imparfait et au subjonctif présent : *(que) nous gratifiions.* – Au futur et au conditionnel : *il gratifiera(it).*

gratin n.m. *Un gratin de courgettes, de pommes de terre.*

gratis adv. FAM. On prononce le **s**. *Je l'ai eu gratis* (= gratuitement).

gratitude n.f. *Comment vous témoigner, vous exprimer ma gratitude pour votre geste ?*

gratter v.t. et v.pr. Avec **tt** comme dans tous les mots de la famille. *Gratter une peinture avec un grattoir. Elle a été piquée et elle s'est grattée toute la nuit.* Mais : *Elle s'est gratté le dos.* Voir gramm. § 29(3). ◆ v.i. et v.t.ind. *Une laine qui gratte. Le chat gratte à la porte.*
‣ **grattement** n.m.
‣ **grattoir** n.m.

gratuit, -e adj.
‣ **gratuitement** adv.
‣ **gratuité** n.f.

gravats n.m.plur. *L'enlèvement des gravats.*

grave adj. *Une voix grave. Parler d'un ton grave. Un grave accident de la route.*
‣ **gravement** adv. *Il nous a parlé gravement. – Elle est gravement blessée* (= grièvement).

graver v.t. et v.pr. *Ils ont gravé leurs noms sur un arbre, ils les ont gravés. Cette image s'est gravée dans sa mémoire.*
‣ **graveur, -euse** n. *Il est graveur sur bois.* – REMARQUE Le féminin ***graveuse*** est rare. On peut dire *Elle est un graveur reconnu.*

gravier n.m.
‣ **gravillon** n.m.

gravir v.t. *Il a gravi les échelons, il les a gravis un à un.*

gravitation n.f.

gravité n.f. *Un accident sans gravité.*

graviter v.i. *Les gens qui gravitent autour de lui.*

gravure n.f. *Des gravures de mode.*

gré n.m.sing. Ne s'emploie qu'au singulier dans des expressions. *Avez-vous trouvé la chambre à votre gré ? Agir de son plein gré. Faire quelque chose de bon gré. Naviguer au gré du vent. Décider au gré des circonstances. De gré à gré. De gré ou de force.* – **bon gré mal gré** : *Il faut y aller, bon gré mal gré.* Ne pas confondre avec ***malgré*** en un mot. – **savoir gré** : *Je vous sais, je vous saurai gré de bien vouloir…* Il s'agit du verbe *savoir* et non du verbe *être*. On ne dit pas ✕ *Je vous serai gré.*

grec, grecque adj. et n. *Elle est grecque. C'est une Grecque.* (Le nom de personne prend une majuscule.) – REMARQUE Attention au féminin avec **cq**. On écrit *grec, grecque*, mais *turc, turque*.

green n.m. Mot anglais. Terme de golf. On prononce [grin'].

gréer v.t. *Gréer un voilier.*
‣ **gréement** n.m. Avec un **e** muet.

1. **greffe** n.m. *Le greffe du tribunal.*
‣ **greffier, -ière** n.

2. **greffe** n.f. *Une greffe de peau.*
‣ **greffon** n.m.
‣ **greffer** v.t. et v.pr. *On lui a greffé de la peau. La peau qu'on lui a greffée. – De nouveaux faits se sont greffés sur l'ensemble de preuves.*

grégaire adj. LITT. *Un comportement grégaire* (= qui suit le groupe).

grège adj. *Des soies grèges.*

grêle n.f. Avec **ê** comme pour tous les mots de la famille.
‣ **grêler** v.impersonnel. *Il grêle.*
‣ **grêlon** n.m.

grelot n.m. Avec **ot**.

grelotter v.i. Avec **tt**.
‣ **grelottant, -e** adj. *Elle était toute grelottante.* Ne pas confondre avec le participe présent invariable : *Grelottant sous la pluie, elle…* Voir gramm. § 31(2).
‣ **grelottement** n.m.

grenade n.f. *Dégoupiller une grenade.*

grenat n.m. (Pierre fine) *Une bague avec des grenats.* – Est invariable comme adjectif de couleur. *Des robes (rouge) grenat.* Voir gramm. § 8.

grenier n.m.

grenouille n.f. *Des cuisses de grenouille.*

grès n.m. *Des pots de grès. Du grès cérame.*

grésil n.m. On prononce le **l**. *La pluie avec le froid se change en grésil.*

grésiller v.i. *Le beurre grésille dans la poêle.*
‣ **grésillement** n.m.

grève n.f. Avec **è**. **1.** *Les vagues déferlent sur la grève* (= plage). – **2.** *Une grève des transports. Ils font grève. Ils sont, ils se sont mis en grève. Une grève perlée. La grève du zèle.*

▸**gréviste** n. Avec **é**.

grever v.t. CONJ.2 Avec **e** ou **è** : *nous grevons, ils grèvent. Des dépenses qui grèvent le budget.*

gribouiller v.t. *Il a gribouillé un dessin sur la nappe en papier.* – ATTENTION À l'indicatif imparfait et au subjonctif présent : *(que) nous gribouillions.*
▸**gribouillage** ou **gribouillis** n.m.

grief n.m. On prononce [gri-yèf]. *Avoir des griefs contre, à l'égard de quelqu'un. Faire grief de quelque chose à quelqu'un. Exposer ses griefs.*

grièvement adv. *Il est grièvement blessé.*

griffe n.f. Avec **ff** comme dans tous les mots de la famille. *Sortir, rentrer ses griffes. Montrer les griffes. Des coups de griffe.* – *Des vêtements sans griffe* (= marque).
▸**griffer** v.t. et v.pr. *Le chat a griffé Marie. Il l'a griffée au visage. Elle s'est griffée à la main.* Mais : *Elle s'est griffé la main. La main qu'elle s'est griffée.* Voir gramm. § 29(3). – *Des vêtements griffés.*
▸**griffure** n.f.

griffonner v.t. Avec **ff** et **nn**. *Il a griffonné une phrase. La phrase qu'il a griffonnée.*

grignoter v.t. Avec un seul **t**. *Des biscuits à grignoter à l'apéritif.*
▸**grignotage** n.m.

gril n.m. Avec un seul **l** qui se prononce comme dans *fil. De la viande cuite au gril. Mettre quelqu'un sur le gril.* Ne pas confondre avec ***grill*** (restaurant).

grill n.m. Mot anglais. Abréviation de ***grill-room***. (Restaurant) Avec **ll**. On prononce [gril] comme dans *fil.* Ne pas confondre avec ***gril*** (ustensile).

grille n.f. On prononce [iy'] comme dans *fille.*
▸**grillage** n.m.

griller v.t. et v.i. *Griller du pain. Du pain grillé. Griller un feu. Les fleurs ont grillé au soleil. Des côtelettes que l'on a fait griller.* (*Fait* suivi d'un infinitif est invariable.)
▸**grille-pain** n.m.inv. *Des grille-pain.*

grimace n.f. *Le clown fait des grimaces. Faire la grimace.*

▸**grimacer** v.i. et v.t. Avec **ç** devant *a* et *o* : *il grimaçait, nous grimaçons. Il a grimacé un sourire.*

grimer v.t. et v.pr. Avec un seul **m**. *Les acteurs se sont grimés* (= se maquiller).

grimper v.i. *Le lierre grimpe sur le mur. Ils ont grimpé à la corde. Ils ont grimpé sur le toit.* – Peut s'employer avec l'auxiliaire ***être*** pour marquer le résultat : *Ils sont grimpés sur le toit. Il y avait même des curieux grimpés sur le toit.* ◆ v.t. *Ils ont grimpé les escaliers quatre à quatre.*
▸**grimpant, -e** adj. *Des plantes grimpantes.*

grincer v.i. Avec **ç** devant *a* et *o* : *il grinçait, nous grinçons. Une porte qui grince. Grincer des dents.*
▸**grinçant, -e** adj. *Un ton grinçant.*
▸**grincement** n.m. *Un grincement de dents.*

grippe n.f. Avec **pp**. *Attraper la grippe.* – *Prendre des gens en grippe.*
▸**grippé, -e** adj.
▸**grippal, -e, -aux** adj. *Un état grippal, des états grippaux.*

gris, -e adj. et n.m. *Des toiles grises.* Mais *des toiles gris foncé, gris anthracite, gris perle.* Voir gramm. § 8(3). *S'habiller en gris.*
▸**grisâtre** adj. Avec **â**. → -atre/-âtre
▸**grisaille** n.f.

griser v.t. *Le succès les a grisés.*
▸**grisant, -e** adj.
▸**griserie** n.f.

grive n.f. *Faute de grives, on mange des merles.*

grivèlerie n.f. Avec **è** et un seul **l**. (Délit) *Des actes de grivèlerie.* Ne pas confondre avec ***grivoiserie*** (= propos grivois).

grivois, -e adj. *Des propos grivois* (= osés, licencieux).
▸**grivoiserie** n.f.

grizzli n.m. (Ours) Avec **zz**. *Des grizzlis.*

groenlandais, -e adj. et n. Sans tréma sur le **e**. *Il est groenlandais. C'est un Groenlandais.* (Le nom de personne prend une majuscule.)

grog n.m. On prononce le **g** final.

groggy adj. Mot anglais. Est invariable en genre : *Elle est groggy* ; et variable ou invariable en nombre : *Ils sont groggy(s).*

grogner v.i. *Le cochon grogne. – Les petits commerçants grognent contre les grandes surfaces.*
▸ **grognement** n.m. *Les grognements du cochon.*
▸ **grogne** n.f. *La grogne des commerçants.*

grommeler v.t. et v.i. CONJ.3 Avec **l** ou **ll** : *il grommelait, il grommelle.*
▸ **grommellement** n.m. Avec **ll**.

gronder v.i. *Le tonnerre gronde.* ◆ v.t. *Il a grondé sa fille, il l'a grondée. Elle s'est fait gronder.* (*Fait* suivi d'un infinitif est invariable.)
▸ **grondement** n.m.

gros, grosse adj. et n. *Une grosse fortune. Il est gros, elle est grosse.* ◆ adv. Est invariable comme adverbe. *Écrire gros. Parier, risquer gros.* ◆ n.m. *Commerce de gros, de demi-gros. En gros.*

groseille n.f. *De la confiture de groseille(s).* Voir gramm. § 13. – Est invariable comme adjectif de couleur. *Des rubans (couleur de) groseille.* Voir gramm. § 8(2).
▸ **groseillier** n.m. Avec **ier**.

grossesse n.f. *Une grossesse extra-utérine.*

grosseur n.f. *Des pommes de terre de même grosseur.*

grossier, -ière adj. *Un travail grossier. Une personne grossière.*
▸ **grossièrement** adv. Avec **è**.
▸ **grossièreté** n.f. Avec **è**.

grossir v.i. et v.t. *Elle a grossi. Cette robe la grossit. Une loupe qui grossit dix fois.*
▸ **grossissant, -e** adj.
▸ **grossissement** n.m.

grossiste n. *Un grossiste en vêtements* (≠ détaillant).

grosso modo loc.adv. En deux mots.

grotesque adj. Avec un seul **t**.

grotte n.f.

groupe n.m. Voir ce mot dans la partie grammaire. – *Travailler en groupe. Des cabinets de groupe. Un groupe d'enfants joue dans la cour.*
▸ **grouper** v.t. et v.pr. *Ils se sont groupés.*
▸ **groupement** n.m.

grue n.f. Avec un **e**.

grumeau n.m. *Des grumeaux.*

gruyère n.m. On prononce [gru-yèr].

gué n.m. *Traverser une rivière à gué.*

guenille n.f. LITT. *Un pauvre homme en guenilles.*

guenon n.f.

guépard n.m.

guêpe n.f. Avec **ê**.

guêpier n.m. Avec **ê** comme dans ***guêpe***.

guère adv. S'emploie avec ***ne***. *Je n'ai guère de temps.*

guérilla n.f. On prononce [guéri-ya]. *Des guérillas.*

guérir v.t., v.i. et v.pr. *Ce médicament a guéri Marie, il l'a guérie. Elle a très vite guéri. Ils se sont guéris de cette mauvaise habitude.*
▸ **guérison** n.f.

guérite n.f.

guerre n.f. *Des pays en guerre. Faire la guerre (à).* – On écrit avec des majuscules *la Première Guerre mondiale, la Seconde Guerre mondiale,* et avec des minuscules *la dernière guerre mondiale.* On met une majuscule au complément : *la guerre de Cent Ans, la guerre du Golfe, les guerres de Religion.* – **de bonne guerre, de guerre lasse** sont invariables. *Des tactiques de bonne guerre. De guerre lasse, ils sont partis.*
▸ **guerrier, -ière** adj. et n. Avec **rr**.

guet n.m. Sans accent circonflexe. *Ils font le guet.*
▸ **guetter** v.t. Avec **tt**.

guet-apens n.m. Le **t** fait la liaison au singulier et au pluriel. *Des guets-apens. Tomber dans un guet-apens.*

gueule n.f. *Tomber dans la gueule du loup. Des coups de gueule.*
▸ **gueuler** v.i. et v.t. Est très familier au sens de « crier ».

gui n.m.

g

-gui- Se prononce le plus souvent comme dans *guitare*, mais quelquefois [gu-i], comme dans *aiguille*.

guichet n.m.
▸**guichetier, -ière** n.

guide n. *Un guide, une guide de montagne.* ◆ n.m. *Un guide gastronomique.* ◆ n.f. *Les guides d'un cheval* (= rênes).
▸**guider** v.t. et v.pr. *Il nous a guidés dans Paris. Elle s'est guidée sur le soleil.*

guidon n.m. *Le guidon d'une bicyclette.*

guigne n.f.

guillemet n.m. *Les guillemets français sont toujours doubles.*

Emploi des guillemets « »

1. On emploie les guillemets pour encadrer une citation. Si la citation comporte plusieurs paragraphes, on place les guillemets ouvrants au début de chaque paragraphe, et on place les guillemets fermants à la fin de la citation.

2. Les guillemets permettent de mettre en valeur un mot, une expression, un titre. *L'expression « tout de suite »* s'écrit sans traits d'union.

3. On emploie les guillemets dans le style direct, pour rapporter des propos. *Il m'a dit : « Je viendrai demain. »*

4. Si on doit utiliser des guillemets à l'intérieur d'une phrase déjà placée entre guillemets, on utilise les guillemets anglais " ".

guilleret, -ette adj. *Elle est toute guillerette.*

guillotine n.f.
▸**guillotiner** v.t. *La reine a été guillotinée.*

guimauve n.f. *Des bâtons de guimauve.*

guimbarde n.f. (Instrument de musique) *Jouer de la guimbarde.* – Est familier au sens de « vieille voiture ».

guindé, -e adj. *Des personnes guindées.*

guingois (de) loc.adv. *Tout va de guingois* (= de travers).

guirlande n.f. *Une guirlande de fleurs.*

guise n.f. Reste au singulier dans *à ma (ta, sa...) guise* : *Ils ont choisi à leur guise.* – **en guise de** est invariable : *Des bonbons en guise de cadeaux.*

guitare n.f. Avec un seul **r**.
▸**guitariste** n.

gustatif, -ive adj. *Le sens gustatif. Les papilles gustatives* (= du goût).

gymnase n.m. Avec **y** comme dans ***gymnastique***.

gymnastique n.f. Avec **y**. S'abrège en **gym**.
▸**gymnaste** n.

gynécée n.m. Est du masculin. Avec **ée** comme ***musée, caducée***... Le **gynécée** était l'appartement réservé aux femmes dans l'Antiquité.

gynécologie n.f. Avec *gyn-* qui signifie « femme ».
▸**gynécologue** n.

gypse n.m. (Roche) Est du masculin. Attention à bien prononcer [jips] et non ✕ [jisp].

gyrophare n.m. *Le gyrophare d'une voiture de police.*

gyroscope n.m. *Le gyroscope d'un sous-marin.*

H

h n.m. Le **h muet** autorise la liaison et l'élision : *un homme, l'homme.* Le **h aspiré** interdit la liaison et l'élision : *un hasard* (un | hasard), *le hasard.*

habile adj. *Un procédé habile.*
▸**habilement** adv.
▸**habileté** n.f. Avec **eté**, contrairement à tous les noms féminins dérivés d'adjectifs en *-ile* qui s'écrivent avec *ité* (agilité, fertilité...).

habilité, -e adj. *Ils sont habilités à signer ce contrat.*

habiller v.t. et v.pr. *On les a habillés de noir. Ils se sont habillés de noir. – Ces rideaux habillent la pièce. – Elle dort tout habillée. Ils dorment tout habillés. Des tenues habillées.* – ATTENTION À l'indicatif imparfait et au subjonctif présent : *(que) nous habillions.*
▸**habillement** n.m. *Le salon de l'habillement.*
▸**habillage** n.m. *L'habillage d'un fauteuil.*

habit n.m. *Des habits de soirée.*

habitacle n.m. *L'habitacle d'une voiture.*

habiter v.t. et v.i. *Ils habitent une jolie maison. La maison qu'ils ont habitée. La maison où ils ont habité. Ils habitent Paris, à Paris. La passion qui les habite, qui les a habités.*
▸**habitant, -e** n. *Un village de 300 habitants.* – REMARQUE Les noms d'habitants prennent une majuscule : *Il est parisien, c'est un Parisien.*
▸**habitat** n.m. *L'amélioration de l'habitat.*
▸**habitation** n.f. *Des habitations à loyer modéré (H.L.M.).*

habituer v.t. et v.pr. *On les a habitués à se lever tôt. Ils se sont habitués, ils sont habitués à se lever tôt.* – ATTENTION Au futur et au conditionnel : *il s'habituera(it).*
▸**habitué, e** n. *Ce sont des habitués du café.*
▸**habituel, -elle** adj.
▸**habituellement** adv.
▸**habitude** n.f. *Prendre de bonnes habitudes. C'est un homme d'habitudes. Ils viennent le lundi, d'habitude.*

hache n.f. Sans accent circonflexe et avec **h** aspiré comme dans tous les mots de la famille : *la hache, des | haches*, sans liaison.
▸**hacher** v.t. *Du bifteck haché.*
▸**hachis** n.m. Avec **s**.

hachisch n.m. Autre orthographe, plus rare, de **haschisch**.

hagard, -e adj. Avec **h** aspiré. On ne fait pas la liaison : *Ils sont | hagards.*

haie n.f. Avec **h** aspiré : *la haie, des | haies,* sans liaison. *Une course de haies.*

haillon n.m. Avec **h** aspiré : *des | haillons,* sans liaison. *Un vieil homme en haillons* (guenilles). Ne pas confondre avec ***hayon*** (porte arrière d'un véhicule).

haine n.f. Avec **h** aspiré : *la haine.*

haïr v.t. CONJ.9 Sans tréma dans *je hais, tu hais, il hait.* Avec **h** aspiré : *nous | haïssons. Je hais les menteurs, je les ai toujours haïs.*
▸**haïssable** adj.

hâle n.m. Avec **h** aspiré et **â**, comme pour l'adjectif : *le hâle, un | hâle.*
▸**hâlé, -e** adj. *Le visage hâlé des gens qui vivent au grand air.*

haleine n.f. *Ils ont couru à perdre haleine. Des travaux de longue haleine.*

haler v.t. (Tirer) Sans accent circonflexe et avec **h** aspiré. *Les chevaux halaient les péniches.* Ne pas confondre avec ***hâlé*** (bruni).
▸**halage** n.m. *Des chemins de halage.*

haleter v.i. CONJ.2 Avec **e** ou **è** et un **h** aspiré : *nous | haletons, ils | halètent.*
▸**haletant, e** adj.
▸**halètement** n.m. Avec **è**. *Le halètement d'un chien.*

h

hall n.m. Mot anglais. On prononce [ol]. Avec **h** aspiré : *des | halls d'entrée.*

halle n.f. Avec **h** aspiré : *la halle, des | halles.*

hallucination n.f. Avec **ll**.
▸**hallucinant, -e** adj.
▸**hallucinogène** adj. *Des champignons hallucinogènes.*

halo n.m. Avec **h** aspiré et un seul **l** : *le halo, des | halos. Le halo des réverbères dans le brouillard.* Ne pas confondre avec ***allô***.

halogène n.m. *Des lampes à halogène, des halogènes.*

halte n.f. Avec **h** aspiré : *des | haltes. Faire une halte dans un hôtel.* – S'emploie comme interjection. *Halte-là ! Halte aux essais nucléaires !* – **halte-garderie** s'écrit avec un trait d'union : *des haltes-garderies.*

haltère n.m. Est du masculin : *un haltère.*
▸**haltérophile** n. Avec **é**.
▸**haltérophilie** n.f.

hamac n.m. Avec **h** aspiré : *des | hamacs.* On prononce le **c**.

hamburger n.m. Avec **h** aspiré : *des | hamburgers.* Mot anglais avec **ger** que l'on prononce [gœur].

hameau n.m. Avec **h** aspiré : *des | hameaux.*

hameçon n.m. Avec **ç**. *Ils ont mordu à l'hameçon.*

hammam n.m. Avec **h** aspiré : *des | hammams.*

hamster n.m. Avec **h** aspiré : *des | hamsters.* On prononce le **r**.

hanche n.f. Avec **h** aspiré : *des | hanches.* (Partie du corps) *Avoir mal à la hanche.* Ne pas confondre avec ***anche***.

handball n.m. Mot allemand. Avec **h** aspiré : *le handball.* – On prononce [bal] et non ✕ [bol].

handicap n.m. Avec **h** aspiré : *le handicap, les | handicaps.*
▸**handicaper** v.t. *Cela a handicapé Marie, cela l'a handicapée.*
▸**handicapant, -e** adj.
▸**handicapé, -e** adj. et n. *Des | handicapés moteurs.* – REMARQUE En langue familière, le **h** est souvent muet.

hangar n.m. Avec **h** aspiré : *le hangar, les | hangars.*

hanneton n.m. Avec **h** aspiré et **nn** : *des | hannetons.*

hanter v.t. Avec **h** aspiré. *Un fantôme hante cette maison. C'est une maison hantée. Le remords qui le hante. Il est hanté par le remords.*

hantise n.f. Avec **h** aspiré. *Avoir la hantise des examens.*

haras n.m. Avec **h** aspiré : *des | haras.* – On ne prononce pas le **s**.

harassé, -e adj. Avec **h** aspiré : *Je suis | harassée.*
▸**harassant,-e** adj. *Des travaux | harassants.*

harceler v.t. CONJ.2 Avec **e** ou **è** et un **h** aspiré : *nous le harcelons, ils me harcèlent.*
▸**harcèlement** n.m. Avec **è**. *Lutter contre le harcèlement moral, sexuel.*

hardi, -e adj. Avec **h** aspiré : *ils sont | hardis.*
▸**hardiment** adv.
▸**hardiesse** n.f. *Faire preuve de hardiesse. Il a eu la hardiesse de...* – *Des | hardiesses de style.*

harem n.m. Avec **h** aspiré : *des | harems.*

hareng n.m. Avec **h** aspiré : *des | harengs. Des filets de hareng. Des harengs saurs.*

hargne n.f. Avec **h** aspiré : *la hargne. Se battre avec hargne.*
▸**hargneux, -euse** adj.

haricot n.m. Avec **h** aspiré : *des | haricots. Des haricots verts. Des haricots beurre. Des haricots mange-tout.*

harki, -e adj. et n. Mot arabe. Avec **h** aspiré : *les | harkis. La communauté harkie.*

harmonica n.m. *Des harmonicas. Jouer de l'harmonica.*
▸**harmoniciste** n. Ne pas confondre avec ***harmoniste*** (= qui joue de l'harmonium).

harmonie n.f. *Mener une vie en harmonie avec ses idées.*
▸**harmonieux, -euse** adj.

harmoniser v.t. et v.pr. *Harmoniser des couleurs. Une teinte qui s'harmonise bien avec une autre. – On a harmonisé les salaires, on les a harmonisés.*

▸**harmonisation** n.f.

harmonium n.m. Avec **um** qu'on prononce [om]. *Jouer de l'harmonium à l'église.*
▸**harmoniste** n.

harnais n.m. Avec **h** aspiré et **s** : *des | harnais. Le harnais d'un cheval. Des harnais de sécurité.* – REMARQUE L'ancienne forme *harnois* ne reste que dans l'expression *blanchi sous le harnois.*
▸**harnaché, -e** adj. Avec **h** aspiré en langue soutenue, et **h** muet en langue courante.
▸**harnachement** n.m. Avec **h** aspiré : *un | harnachement.*

haro n.m. Avec **h** aspiré. Ne s'emploie que dans l'expression *crier haro sur.*

harpagon n.m. (Du nom de l'Avare de Molière) Employé comme nom commun, **harpagon** prend la marque du pluriel. *Des harpagons.* Voir gramm. § 35.

harpe n.f. Avec **h** aspiré : *une | harpe.*
▸**harpiste** n.

harpon n.m. Avec **h** aspiré : *un | harpon.*
▸**harponner** v.t. Avec **nn**.

hasard n.m. Avec **h** aspiré et **d** : *un | hasard. Les hasards de la vie. Les jeux de hasard.* Reste au singulier dans *par hasard, à tout hasard* (sans liaison : [atou-azar]).
▸**hasardeux, -euse** adj. *Une entreprise hasardeuse* (= risquée).

hasarder (se) v.pr. Avec **h** aspiré. *Ils se sont hasardés à le contredire.*

haschisch, **hachisch** ou **hasch** n.m. Avec **h** aspiré : *du haschisch.*

hâte n.f. Avec **h** aspiré et **â** comme dans tous les mots de la famille. *Des travaux faits à la hâte. Ils sont arrivés en hâte* [an-at']. *Ils ont hâte de venir.*
▸**hâter (se)** v.pr. *Elle s'est hâtée de partir. Hâte-toi.*
▸**hâtif, -ive** adj. *Des conclusions un peu hâtives.*

hausse n.f. Avec **h** aspiré. *La hausse des prix. Des prix en hausse* [an-os'].

hausser v.t. et v.pr. Avec **h** aspiré. *Ils ont haussé les épaules, la voix, le ton. – Elle s'est haussée sur la pointe des pieds.*

▸**haussement** n.m. *Un haussement d'épaules* (sans liaison).

haut, haute adj. Avec **h** aspiré. **1.** *Une table haute. Des tables | hautes. Parler à voix haute.* – **2.** Prend une majuscule dans certaines dénominations officielles ou dans les noms propres de lieux, d'époques : *la Haute Cour de justice, la Haute-Loire* (= région administrative), *la Haute-Égypte* (= période historique). Mais on écrira *visiter la haute Égypte* (= région naturelle).
▸**haut** adv. *Parler haut et fort. Ils sont haut perchés. Haut les mains ! Haut les cœurs !* ◆ n.m. *En haut de la page. Avoir des hauts et des bas.* – **haut de gamme** est invariable, comme nom ou comme adjectif. *Des produits haut de gamme.*

hautain, -e adj. Avec **h** aspiré. *Un regard hautain. Une femme hautaine.*

hautbois n.m. Avec **h** aspiré : *un | hautbois.*

hautement adv. *Un personnel hautement qualifié.*

hauteur n.f. Avec **h** aspiré : *des | hauteurs.*

haut-fourneau n.m. Avec **h** aspiré : *des | hauts-fourneaux.*

haut-le-cœur n.m.inv. Avec **h** aspiré : *des | haut-le-cœur.*

haut-le-corps n.m.inv. Avec **h** aspiré : *des | haut-le-corps.*

haut-parleur n.m. Avec **h** aspiré : *des | haut-parleurs.*

havre n.m. Avec **h** aspiré et sans accent circonflexe : *un | havre de paix.*

hayon n.m. Avec **h** aspiré : *un | hayon.* (Porte arrière d'un véhicule) Ne pas confondre avec ***haillon*** (guenille).

hebdomadaire adj. Avec **ai**. *Une réunion hebdomadaire* (= une fois par semaine). *Une réunion bihebdomadaire* (= deux fois par semaine). ◆ n.m. *Un hebdomadaire économique.* (S'abrège en **hebdo**.)

héberger v.t. Avec **e** devant *a* et *o* : *il hébergeait, nous hébergeons. On les a hébergés pour la nuit.*
▸**hébergement** n.m.

hébété, -e adj.

h

hébreu adj.masc. et n.m. Ne s'emploie qu'au masculin. *Le peuple hébreu. Les Hébreux.* (Le nom de personne prend une majuscule.) *L'alphabet hébreu. Les prophètes hébreux. Parler en hébreu.*
▸ **hébraïque** adj. *Des textes hébraïques.* S'emploie comme féminin de **hébreu**, en parlant de choses. *La langue hébraïque. Une école hébraïque.*

hécatombe n.f.

hectare n.m. *Un terrain de 10 hectares (10 ha).*

hectolitre n.m. *Dix hectolitres (10 hl).*

hégémonie n.f. (Suprématie politique)

hégire n.f. (Ère de l'islam) Avec **h**.

hein interj. Est familier.

hélas interj. Avec **h** aspiré. *Hélas, trois fois* | *hélas !* On prononce le **s**.

héler v.t. CONJ.4 Avec **é** ou **è** et un **h** aspiré : *nous* | *hélons, ils* | *hèlent. On vous a hélés dans la rue. Héler un taxi.*

hélice n.f. *Les hélices d'un hélicoptère. Des escaliers en hélice.*

hélicoptère n.m.

hélitreuiller v.t. *Les blessés ont été hélitreuillés.*

hélium n.m. (Gaz) Avec **um** qu'on prononce [om] *Des ballons gonflés à l'hélium.*

hello interj.

helvétique adj. et n. *La Confédération helvétique* (la Suisse).

hématome n.m. *Avoir des hématomes* (des bleus) *sur tout le corps.*

hémicycle n.m. *L'hémicycle de l'Assemblée nationale.*

hémisphère n.m. Est du masculin. *Les hémisphères cérébraux.*

hémophile adj. et n.
▸ **hémophilie** n.f.

hémorragie n.f. Avec **rr**.

hennir v.i. *Le cheval hennit.*
▸ **hennissement** n.m.

hépatite n.f. (Jaunisse)

herbe n.f. *Des brins d'herbe. Des fines herbes.* – **en herbe** est invariable. *Des génies en herbe.*
▸ **herbier** n.m.
▸ **herbivore** adj. et n.m.
▸ **herboriste** n.

hercule n.m. Le nom commun prend la marque du pluriel. *Des hercules de foire.* (Du nom du dieu *Hercule*.) Voir gramm. § 35.
▸ **herculéen, -enne** adj. *Une force herculéenne.*

hère n.m. LITT. Avec **h** aspiré : *un pauvre* | *hère.*

hérédité n.f. *Les lois de l'hérédité.*
▸ **héréditaire** adj. *Une maladie héréditaire.*

hérésie n.f. *Une hérésie religieuse. Une hérésie scientifique* (= idée contraire aux principes).
▸ **hérétique** adj. et n.

hérisser v.t. et v.pr. Avec **h** aspiré. *Le chat hérisse ses poils. Ses poils se hérissent.* – *Cette histoire hérisse Marie. Cela la hérisse. Elle est* | *hérissée.*

hérisson n.m. Avec **h** aspiré : *des* | *hérissons.*

hériter v.t. et v.t.ind. ***Hériter quelque chose*** ou ***hériter de quelque chose*** : *Ils ont hérité une maison à la campagne. La maison qu'ils ont héritée. Ils ont hérité d'une maison. La maison dont ils ont hérité.* ***Hériter (quelque chose) de quelqu'un*** : *Les enfants héritent de leurs parents. La maison qu'ils ont héritée de leurs parents.*
▸ **héritage** n.m.
▸ **héritier, -ière** n.

hermétique adj. *Des boîtes hermétiques.*

hernie n.f. Avec **h** aspiré : *une* | *hernie discale.*

héron n.m. Avec **h** aspiré : *des* | *hérons.*

héros n.m. **héroïne** n.f. Avec **h** aspiré au masculin : *le héros, les* | *héros* et **h** muet au féminin : *l'héroïne, les héroïnes* [-z-]. Les mots de la famille avec **ï** ont un **h** muet.
▸ **héroïque** adj.
▸ **héroïsme** n.m. *L'héroïsme.*

hésiter v.i. *Il hésite sur ce qu'il doit faire. Il hésite entre le bleu et le vert. Il hésite à partir.*

▸hésitant, -e adj. *Elle est hésitante.* Ne pas confondre avec le participe présent invariable : *Hésitant, elle ne s'est pas prononcée.* Voir gramm. § 31 (2).
▸hésitation n.f. *Sans hésitation. Des valses-hésitations.*

hétéroclite adj. *Toutes sortes d'objets hétéroclites* (= divers, différents).

hétérogène adj. *Une classe hétérogène* (≠ homogène).

hétérosexuel, -elle adj. et n. (≠ Homosexuel).

hêtre n.m. (Arbre) Avec **h** aspiré et **ê** : *des | hêtres.*

heure n.f. *Quelles sont les heures d'ouverture du musée? Ils sont arrivés à l'heure. Ils sont payés à l'heure. Se lever de bonne heure. À cette heure, à cette heure-ci, à l'heure où je vous parle. À toute heure du jour ou de la nuit. – Faire du cent kilomètres à l'heure ou du cent kilomètres-heure (100 km/h).* – **tout à l'heure** s'écrit sans traits d'union.

Indication de l'heure

1. Le mot **heure** peut s'abréger en **h** pour indiquer le moment, mais jamais la durée. On écrit : *Il est 14 heures 10* ou *14 h 10* ; mais : *Le voyage a duré quatorze heures et dix minutes.*

2. On écrit *deux heures et demie*, mais *une demi-heure*. On dit *deux heures et quart* ou *deux heures un quart*, mais *deux heures trois quarts* et *deux heures moins le quart*.

3. Les mots **midi** et **minuit** étant du masculin, on écrit *midi et demi, minuit et demi.*

4. – ACCORD On dit et on écrit : *rendez-vous à une heure vingt précise, rendez-vous à deux heures précises; une heure et demie a sonné, deux heures ont sonné.* – Le pluriel commence à partir de « deux ». Mais si c'est sur le moment que l'on insiste, on peut dire : *deux heures a sonné.*

5. Les mots **sonnant**, **tapant**, **pétant** (familier) sont des adjectifs et s'accordent : *à trois heures tapantes.* Les mots **juste** et **pile** (familier) sont des adverbes, ils restent invariables : *Il est trois heures juste.*

heureux, -euse adj. *Je suis très heureuse de vous rencontrer, que vous ayez pu venir. Par un heureux hasard.*
▸heureusement adv.

heurt n.m. Avec **h** aspiré : *un | heurt. Tout s'est passé sans heurt.*

heurter v.t. et v.pr. Avec **h** aspiré. *La voiture a heurté le trottoir. Nous nous sommes heurtés à lui dans l'entrée.*

hexagone n.m. Avec une majuscule pour désigner la France métropolitaine. – Éviter *aux quatre coins de l'Hexagone*, un hexagone ayant six côtés.

hiberner v.i. Les animaux qui **hibernent** passent l'hiver dans un demi-sommeil. Ne pas confondre avec ***hiverner*** (= passer l'hiver à l'abri).
▸hibernation n.f.

hibou n.m. Avec **h** aspiré : *les | hiboux.* Voir gramm. § 32.

hic n.m.inv. FAM. Avec **h** aspiré : *Il y a un | hic.*

hideux, -euse adj. Avec **h** aspiré : *Ils sont | hideux.*

hier adv. Avec **h** muet. On fait l'élision et la liaison : *Cela ne date pas d'hier. C'était hier, avant-hier* (avec [t]). On dit *hier soir* ou *hier au soir.*

hiérarchie n.f. Avec **h** aspiré comme dans les mots de la famille : *la hiérarchie.*
▸hiérarchique adj. *Les rapports hiérarchiques.*
▸hiérarchiser v.t. *Une société hiérarchisée.*
▸hiérarchisation n.f.

hiéroglyphe n.m. Avec **h** aspiré et **yphe** : *un | hiéroglyphe. Les hiéroglyphes de l'ancienne Égypte.*

hilare adj. Avec un **e**. *Ils étaient tous hilares.*
▸hilarant, -e adj. *Un gaz hilarant* (= qui donne le fou rire).
▸hilarité n.f.

hindou, -e adj. et n. Les **hindous** sont les adeptes de l'***hindouisme***. Ne pas confondre avec ***indien***. Voir ce mot.

hippique adj. Avec **hipp**. → hipp(o)- *Des concours hippiques. Des courses hippiques. L'hippodrome de Longchamp.*

hipp(o)- Élément tiré du grec *hippos* qui signifie « cheval ». Ne pas confondre avec ***hypo*** (= en dessous).

hippocampe n.m. Avec **hi**. *L'hippocampe a une tête de cheval.* → hipp(o)-

hippodrome n.m. *La course a lieu à l'hippodrome de Longchamp.* → hipp(o)-

hippopotame n.m. Avec **hi**. → hipp(o)-

hirondelle n.f. *Des nids d'hirondelle.*

hirsute adj. *Il a les cheveux hirsutes.*

hisser v.t. et v.pr. Avec **h** aspiré : *se hisser. On a hissé la voile. On l'a hissée. Ils se sont | hissés sur le toit.*

histoire n.f. **1.** *L'histoire des sciences. L'histoire de la France au Moyen Âge. L'histoire de France.* – Prend une majuscule dans *l'Histoire jugera, le sens de l'Histoire.* – **2.** *C'est une histoire de fou(s). Un homme à histoires. Partir sans faire d'histoires. Une vie sans histoire. Allons-y, histoire de rire un peu !*
▸ **historien, -enne** n.
▸ **historique** adj. et n.m. *Un jour historique. – Faire l'historique des événements.*

hit-parade n.m. Avec **h** aspiré : *des | hit-parades.*

hiver n.m. *Des hivers très rudes. En plein hiver.*
▸ **hivernal, -e, -aux** adj. *Des températures hivernales.*

hiverner v.i. Les animaux qui **hivernent** passent l'hiver à l'abri. Ne pas confondre avec ***hiberner*** (= passer l'hiver dans un demi-sommeil).
▸ **hivernage** n.m.

H.L.M. n.m. ou n.f. Sigle de *habitation à loyer modéré*. S'écrit avec ou sans points. On dit *un* ou *une HLM*.

hobby n.m. (Passe-temps, violon d'Ingres) Mot anglais. Avec **h** aspiré : *des | hobbys* ou *des | hobbies*. Voir gramm. § 37.

hocher v.t. Avec **h** aspiré. *Hocher la tête.*
▸ **hochement** n.m. *Répondre d'un | hochement de tête.*

hockey n.m. Avec **h** aspiré. *Du hockey sur glace, sur gazon.*

holà interj. et n.m.sing. Avec **h** aspiré et **à**. *Mettre le holà à quelque chose.*

holding n.m. ou n.f. Mot anglais. Avec **h** aspiré : *un* ou *une | holding.*

hold-up n.m.inv. Mot anglais. Avec **h** aspiré : *des | hold-up.*

hollandais, -e adj. et n. Avec **h** aspiré. *Il est | hollandais. C'est un | Hollandais.* (Le nom de personne prend une majuscule.)

hollande n.m. (Fromage) Avec **h** aspiré : *du hollande.* (Les noms de produits d'une région s'écrivent avec une minuscule.)

holocauste n.m. (Sacrifice religieux) *Offrir un bélier en holocauste.* – Prend une majuscule pour désigner l'extermination des Juifs par les nazis (= la Shoah).

hologramme n.m.

homard n.m. Avec **h** aspiré : *un | homard.*

home n.m. Avec **h** aspiré : *des | homes d'enfants.*

homéopathe n.
▸ **homéopathie** n.f.
▸ **homéopathique** adj.

homérique adj. *Des aventures homériques* (= dignes des récits d'Homère).

homicide n.m. Avec un seul **m**.

hommage n.m. *Rendre hommage à quelqu'un. Présenter ses hommages à quelqu'un.*

homme n.m. *Un homme d'affaires. Des hommes d'État.* – S'emploie après certains noms de métiers pour préciser le sexe. *Des médecins hommes, des sages-femmes hommes.* – Forme des mots composés avec trait d'union : ***des hommes-grenouilles, des hommes-sandwichs, des hommes-orchestres.***

homogène adj. *Une sauce homogène. Une classe homogène.*
▸ **homogénéiser** v.t.
▸ **homogénéité** n.f.

homographe adj. et n.m. *« Car »* (= parce que) *et « car »* (= autocar) *sont homo-*

graphes. Ne pas confondre avec ***homophone***.

homologue n. *Le ministre de la Culture a rencontré son homologue allemand* (= personne qui exerce une fonction équivalente).

homologuer v.t. *Le record du monde a été homologué.*

homonyme adj. et n.m. Voir ce mot dans la partie grammaire.

homophone adj. et n.m. *« Ancre » et « encre » sont homophones.* Ne pas confondre avec ***homographe***.

homosexuel, -elle adj. et n.
▸**homosexualité** n.f.

hongrois, -e adj. et n. Avec **h** aspiré. *Elle est | hongroise. C'est une Hongroise.* (Le nom de personne prend une majuscule.)

honnête adj. Avec **ê** comme dans les mots de la famille.
▸**honnêtement** adv.
▸**honnêteté** n.f.

honneur n.m. Est au singulier dans *faire honneur, rendre honneur, demoiselles d'honneur, Légion d'honneur,* et s'emploie au pluriel dans *les derniers honneurs, les honneurs de la guerre, les honneurs militaires.* – REMARQUE Les mots **honneur** et **déshonneur** ont deux **n** mais leurs dérivés n'en ont qu'un (*honorer, déshonorer,* etc.).

honnir v.t. Ne s'emploie plus que dans la formule *honni soit qui mal y pense*.

honorable adj. Avec un seul **n**.
▸**honorablement** adv.
▸**honorabilité** n.f.

honoraire adj. *Un membre honoraire de la faculté.* ◆ n.m.plur. *Toucher des honoraires.*

honorer v.t. et v.pr. *Ce geste vous honore. Je m'honore d'être votre ami. – Honorer un chèque.*

honorifique adj. *Un titre honorifique.*

honte n.f. Avec **h** aspiré : *la honte*. Reste au singulier dans *avoir honte, faire honte, sans honte, toute honte bue.*
▸**honteux, -euse** adj. *Ils étaient tout | honteux.*

hôpital n.m. Avec **ô**. *Un hôpital, des hôpitaux.* – REMARQUE L'accent circonflexe remplace le *s* que l'on retrouve dans les mots de la famille (*hospitalier, hospitaliser,* etc.).

hoquet n.m. Avec **h** aspiré : *des | hoquets. Avoir, donner le hoquet.*
▸**hoqueter** v.i. CONJ.3 Avec **t** ou **tt** : *nous | hoquetons, ils | hoquettent.*

horaire adj. et n.m. *Les fuseaux horaires. – Aménager les horaires de travail.*

horde n.f. LITT. Avec **h** aspiré : *des | hordes de gamins.*

horizon n.m. *À l'horizon. Ouvrir des horizons. Des gens de tous horizons.*

horizontal, -e, -aux adj. et n.f. *Des lignes horizontales. Des traits horizontaux. – À l'horizontale.*

horloge n.f.
▸**horloger, -ère** adj. et n.m. *L'industrie horlogère. Aller chez l'horloger.*
▸**horlogerie** n.f.

hormis prép. Avec **s**, contrairement à ***parmi***. *Hormis quelques cas, tout a été traité* (= excepté).

hormone n.f.
▸**hormonal, -e, -aux** adj. *Des problèmes hormonaux.*

horodateur n.m. *Des horodateurs.*

horoscope n.m.

horreur n.f. *Les horreurs de la guerre. Ils ont horreur de ce genre de films. Ce genre de films leur fait horreur. Ils ont ce genre de films en horreur.* – **avoir horreur de** + infinitif, **que** + subjonctif : *Il a horreur d'arriver en retard. Il a horreur qu'on ait du retard.*
▸**horrible** adj.
▸**horriblement** adv.

horrifier v.t. Avec **rr** comme dans ***horreur***. *Le spectacle nous a horrifiés. Nous sommes horrifiés.* – ATTENTION Au futur et au conditionnel : *cela vous horrifiera(it).*
▸**horrifiant, -e** adj.

horripiler v.t. Avec **rr**. *Cette histoire horripile Marie. Elle est horripilée.*

h

▸**horripilant, -e** adj.

hors prép.

- Avec **h** aspiré et un **s** qui ne se prononce pas. *Tout est possible hors ce cas de figure* (= excepté).
- Entre dans de nombreuses expressions ou locutions invariables et sans trait d'union, au sens large de « en dehors de ». *C'est hors de question. Ils sont hors d'affaire, hors concours, hors catégorie, hors de cause, hors de combat, hors d'haleine, hors de portée, hors d'atteinte. Hors de là, hors d'ici. Être hors de soi. Les balles sont hors jeu. Vous êtes hors la loi. Skier hors piste. Hors taxe(s). Des illustrations hors texte.*
- Les noms formés à partir de certaines de ces locutions restent invariables, mais ils prennent un trait d'union. *Faire du **hors-piste**. Des **hors-la-loi**. Il y a **hors-jeu**. Des **hors-texte** en couleur.*

hors-d'œuvre n.m.inv. Avec **h** aspiré : *des | hors-d'œuvre.*

hortensia n.m. Avec **s**. *Des hortensias.*

horticulture n.f.
▸**horticulteur, -trice** n.

hospice n.m. *Un hospice pour les vieillards.*

hospitalier, -ière adj.

hospitaliser v.t. *On les a hospitalisés.*
▸**hospitalisation** n.f.

hospitalité n.f. *Donner l'hospitalité à quelqu'un.*

hostie n.f. *Donner l'hostie à un communiant.*

hostile adj. *Un milieu hostile. Être hostile à un projet.*
▸**hostilité** n.f. *Son hostilité à mon égard est flagrante.* – Au pluriel pour désigner un conflit. *La reprise des hostilités.*

hot dog n.m. Sans trait d'union et avec un **h** aspiré : *des | hot dogs.*

hôte n. **hôtesse** n.f. Avec **ô**. **1.** Pour désigner la personne que l'on reçoit, on emploie **hôte**, qu'il s'agisse d'un homme ou d'une femme. *Accueillir ses hôtes. Une chambre d'hôte(s).* – **2.** Pour désigner la personne qui reçoit, on emploie **hôte** au masculin, **hôtesse** au féminin. *Remercier son hôte, son hôtesse. Des robes d'hôtesse.* – **hôtesse de l'air** : *des hôtesses de l'air.* – **hôtesse d'accueil** : *des hôtesses d'accueil.*

hôtel n.m. Avec **ô**. *Des chambres d'hôtel. Des hôtels(-)clubs. Des maîtres d'hôtel. Des hôtels de ville.*
▸**hôtelier, -ière** adj. et n. *L'industrie hôtelière.*
▸**hôtellerie** n.f. Avec **ll**. *Travailler dans l'hôtellerie.*

hôtesse n.f. → hôte

hotte n.f. Avec **h** aspiré et **tt**. *Des | hottes aspirantes.*

houblon n.m. Avec **h** aspiré : *le houblon.*

houille n.f. Avec **h** aspiré : *la houille.*
▸**houiller, -ère** adj. et n.f. Sans *i* après **ill**. *Des bassins | houillers.*

houle n.f. Avec **h** aspiré : *la houle.*
▸**houleux, -euse** adj.

houlette n.f. Avec **h** aspiré : *des | houlettes. Il a travaillé sous la houlette d'un ancien professeur.*

hourra n.m. Avec **h** aspiré et **rr**. *Sous les | hourras du public.* – S'emploie comme interjection. *Hip, hip, hip, hourra !*

housse n.f. Avec **h** aspiré. *Des | housses de couette.*

houx n.m. Avec **h** aspiré. *Le gui et le houx.*

hublot n.m. Avec **h** aspiré : *des | hublots.*

hue interj. – **tirer à hue et à dia** (= en sens contraire).

huer v.t. Avec **h** aspiré. *On les | hue, on les a hués.* – ATTENTION Au futur et au conditionnel : *il huera(it).*
▸**huée** n.f. *Sous les | huées du public.*

huile n.f. *De l'huile d'olive, de pépins de raisin. De l'huile d'amande(s) douce(s). Une mer d'huile.*
▸**huiler** v.t. *Huiler un moteur. Un moteur bien huilé.*
▸**huileux, -euse** adj. *Des mains huileuses.*

huis clos n.m. Sans trait d'union et avec un **h** aspiré : *des | huis clos. Une séance à huis clos.*

huissier n.m. *L'huissier de justice était une femme.*

huit adj. numéral Avec **h** aspiré : *des | huit, le huit.* – Est invariable. *Tous les huit jours. Les grands huit* (ou *grands 8*) *de la fête foraine. Vingt-huit. Cent huit.* Voir gramm. § 23. – On ne prononce pas le **t** devant une consonne, on le prononce dans les autres cas. *Lire huit pages. Page huit* [t]. *Un enfant de huit‿ans.* Voir *Écriture des nombres*, p. 527 – **en huit** : *aujourd'hui en huit, dimanche en huit* (= de la semaine prochaine).
▸ **huitième** adj. et n. *Ils sont huitièmes.*
▸ **huitièmement** adv.

huitaine n.f. *On se verra dans une huitaine de jours.*

huître n.f. Avec **î**.

hululer v.i. Avec **h** aspiré. *Les chouettes | hululent.*
▸ **hululement** n.m. – REMARQUE On trouve aussi **ululer, ululement**.

humain, -e adj. et n.m. *Les êtres humains. Elle s'est montrée très humaine avec eux. Les humains.*
▸ **humainement** adv. *Elle les a traités humainement.*

humaniser (s') v.t. et v.pr. *Ils se sont humanisés.*

humanisme n.m.
▸ **humaniste** n.

humanitaire adj. et n.m. *Les organisations humanitaires. S'engager dans l'humanitaire.*

humanité n.f. *Faire preuve d'humanité. L'avenir de l'humanité.*

humanoïde n.m. Avec **ï**.

humble adj.
▸ **humblement** adv.

humecter v.t.

humer v.t. Avec **h** aspiré. *Ils ont | humé l'air frais.*

humeur n.f. *Ils sont de bonne humeur, de mauvaise humeur. Des sautes d'humeur. Ils ne sont pas d'humeur à jouer.*

humide adj. *Les yeux humides de larmes. Un temps humide.*
▸ **humidité** n.f. *Le taux d'humidité de l'air.*
▸ **humidifier** v.t. – ATTENTION À l'indicatif imparfait et au subjonctif présent : *(que) nous humidifiions.* – Au futur et au conditionnel : *il humidifiera(it).*
▸ **humidification** n.f.
▸ **humidificateur** n.m.

humilier v.t. et v.pr. *Il cherche à nous humilier. Il nous a humiliés. Elle ne s'est pas humiliée à lui répondre.* – ATTENTION À l'indicatif imparfait et au subjonctif présent : *(que) nous humiliions.* – Au futur et au conditionnel : *il s'humiliera(it).*
▸ **humiliant, -e** adj. *Des travaux humiliants.* Ne pas confondre avec le participe présent invariable : *Ces travaux humiliant l'homme…* Voir gramm. § 31 (2).
▸ **humiliation** n.f.

humilité n.f. *J'avoue, en toute humilité, que je ne le savais pas* (= humblement).

humour n.m. *Faire de l'humour. Une réplique pleine d'humour.*
▸ **humoristique** adj.
▸ **humoriste** n. *Un humoriste anglais.*

hurler v.i. et v.t. Avec **h** aspiré : *je hurle, ils | hurlent. Le chien a hurlé à la mort. On lui a hurlé des injures. Les injures qu'on lui a hurlées.*
▸ **hurlement** n.m.

hurluberlu, -e n. et adj. Avec deux fois **r**. *Elle sont un peu hurluberlues.*

hutte n.f. Avec **h** aspiré et **tt** : *des | huttes.*

hybride n. et adj. Avec **hy**.

hydrate n.m. *Des hydrates de carbone.*

hydrater v.t. *Des produits pour hydrater la peau. Une peau bien hydratée.* → hydr(o)-
▸ **hydratant, -e** adj.
▸ **hydratation** n.f.

hydraulique n.f. Avec **au**. *Une machine hydraulique. L'énergie hydraulique.* → hydr(o)-

> **hydr(o)-** Élément de formation des mots qui signifie « eau ». Ne pas oublier le **y** : *l'énergie hydroélectrique.*

h

hydrocution n.f. *Il est mort par hydrocution.*

hydrogène n.m.

hydrophile adj. *Du coton hydrophile.*

hyène n.f. (Animal) Avec **h** muet ou aspiré au singulier. On dit *l'hyène* ou *la hyène*. Avec **h** aspiré au pluriel : *des | hyènes*.

hygiène n.f. *Avoir beaucoup d'hygiène. Manquer d'hygiène.*
▸**hygiénique** adj. avec **é**.

hymne n.m. *La Marseillaise est l'hymne national français.* – REMARQUE Est du féminin pour désigner un chant religieux catholique.

> **hyper-** Les mots formés avec **hyper-** s'écrivent en un seul mot : *hypercalorique, hyperglycémie, hypernerveux, hypersensible*, etc.

hyperactif, -ive adj. et n.

hypermarché n.m. S'abrège souvent en **hyper**.

hypertension n.f.
▸**hypertendu, -e** adj. et n. *Un malade hypertendu.*

hypertexte n.m.

hypnose n.f.
▸**hypnotique** adj. et n.m.
▸**hypnotiser** v.t. *On l'a hypnotisée. Elle s'est fait hypnotiser.* (*Fait* suivi d'un infinitif est invariable.)
▸**hypnotiseur, -euse** n.
▸**hypnotisme** n.m.

> **hypo-** Les mots formés avec **hypo-** s'écrivent en un seul mot : *hypocalorique, hypoglycémie.* Ne pas confondre **hypo-** « en dessous » avec ***hippo*** qui signifie « cheval ».

hypoallergénique adj. *Des crèmes solaires hypoallergéniques.* On ne devrait pas dire ✕ *hypoallergiques*.

hypocondriaque adj. et n. *Le Malade imaginaire est hypocondriaque.*

hypocrite adj. et n.
▸**hypocrisie** n.f.

hypophyse n.f. (Glande) Avec deux fois **y**.

hypotension n.f.
▸**hypotendu, -e** adj. et n. *Le malade est hypotendu.*

hypoténuse n.f. (Terme de géométrie) Sans *h* après le **t**.

hypothèque n.f. *Lever une hypothèque.*
▸**hypothéquer** v.t. CONJ.4 Avec **é** ou **è** : *nous hypothéquons, ils hypothèquent.*

hypothèse n.f. Avec **è**. *Dans l'hypothèse où vous vendriez votre maison…*
▸**hypothétique** adj. Avec **é**. *Un succès hypothétique* (≠ sûr).

hystérie n.f. *Des crises d'hystérie collective.*
▸**hystérique** adj. et n.

I

iceberg n.m. On prononce [isbèrg] ou [ay'sbèrg]. *Des icebergs. La partie émergée de l'iceberg* (= celle qu'on voit), *la partie immergée de l'iceberg* (= qu'on ne voit pas).

ici adv. *C'est ici que cela s'est passé. Par ici, s'il vous plaît. Les gens d'ici. D'ici à demain* ou *d'ici demain.* – **ici même** s'écrit sans trait d'union. – **ici-bas** s'écrit avec un trait d'union.

icône n.f. Avec **ô** qui disparaît dans les mots de la famille. *Des icônes russes, grecques.* – REMARQUE Le mot **icone**, sans accent circonflexe, est un anglicisme qu'on utilise comme nom masculin en informatique. Employer le mot français ***icône***, féminin, n'est pas une faute.
▸**iconoclaste** adj. et n. (Qui détruit les images saintes ou les principes établis)
▸**iconographie** n.f. (Ensemble d'illustrations)

idéal, -e adj. et n.m. Au masculin pluriel : *idéaux* ou *idéals.*
▸**idéalement** adv.
▸**idéaliser** v.t. *Marie, il l'a toujours idéalisée.*
▸**idéalisme** n.m.
▸**idéaliste** adj. et n.

idée n.f. *Il a changé d'idée sur ce sujet. Je n'ai aucune idée à ce sujet. J'ai dans l'idée qu'il ne viendra pas. J'ai idée qu'il ne viendra pas. Vous n'avez pas idée de... Je frémis à l'idée qu'il puisse venir* (= subjonctif pour l'hypothèse). *Je frémis à l'idée qu'il viendra ce soir* (= indicatif pour la réalité). *C'est une idée fixe. Des idées chocs. Des idées-forces.*

idem adv. Mot latin invariable. *Une armoire en acajou et une table basse idem* (= de même). – Est familier dans *idem pour moi.* – REMARQUE S'abrège en ***id.***, pour renvoyer à un auteur déjà cité.

identifier v.t. et v.pr. *On a identifié les voleurs. On les a identifiés. – Elle s'est toujours identifiée à sa mère.* – ATTENTION À l'indicatif imparfait et au subjonctif présent : *(que) nous identifiions.* – Au futur et au conditionnel : *il identifiera(it).*
▸**identifiable** adj. *Le corps n'était pas identifiable.*
▸**identification** n.f.

identique adj. *Des objets identiques. Ce vase est identique à l'autre.*

identité n.f. *Des pièces, des cartes d'identité.*

idéogramme n.m. Avec **mm**. Est du masculin. *Les idéogrammes chinois.*

idéologie n.f.
▸**idéologique** adj.

idiome n.m. Avec un **e**.

idiot, -e adj. et n.
▸**idiotie** n.f. Avec **tie** qui se prononce [si].

idole n.f. *L'idole des jeunes.*
▸**idolâtrer** v.t. Avec **â**.
▸**idolâtrie** n.f. Avec **trie** et non ✕ *trerie.*

idylle n.f. Avec **ylle** qui se prononce [il]. *Vivre une idylle avec quelqu'un.*
▸**idyllique** adj.

if n.m. (Arbre) *Des ifs.*

igloo n.m. On prononce [iglou]. *Des igloos.*

ignare adj. Avec **e** et sans *d. Il, elle est ignare* (= il, elle ne sait rien).

ignifugé, -e adj. *Des matériaux ignifugés* (= traités contre le feu).

ignoble adj.

ignominie n.f.

ignorer v.t. et v.pr. *J'ignore s'il viendra ou non. Il ignore tout de la vie. – Ils se sont ignorés pendant toute la soirée.* – REMARQUE On doit dire ***vous n'êtes pas sans savoir que*** et non ✕ *vous n'êtes pas sans ignorer que*. En

i

effet, *ne pas être sans ignorer* signifie *ignorer*, puisque les deux négations s'annulent.
▸**ignorant, -e** n.
▸**ignorance** n.f.

iguane n.m. (Animal) On prononce [igoin'].

-il En fin de mot, **-il** se prononce [i] comme dans *gentil, fusil, outil,* ou [il] comme dans *cil, gril, péril*. Pour certains mots, les deux prononciations sont possibles, comme dans *nombril, sourcil, persil*.

il-, im-, in-, ir- Éléments négatifs qui permettent de former des mots exprimant le contraire du mot de base : *lisible,* ***illisible****; possible,* ***impossible****; actif,* ***inactif****; réel,* ***irréel***. On peut former librement : *un texte inimprimable, une découverte imbrevetable,* etc. Selon leur fréquence d'emploi, ces mots entrent ou non dans les dictionnaires courants. Nous n'avons retenu ici que les termes très usuels ou qui pouvaient donner lieu à une difficulté.

1. On emploie **il-** devant un mot commençant par **l**. Le mot formé s'écrit avec **ll** : *illogique, illimité.*

2. On emploie **im-** devant un mot commençant par **m**, **b**, **p** : *immature, imbuvable, impossible.*

3. On emploie **in-** devant une voyelle, un **h** muet ou une consonne autre que *b, l, m, p* ou *r* : *inefficace, inhabituel, inclassable.*

4. On emploie **ir-** devant un mot commençant par **r**. Le mot formé s'écrit avec **rr**. – REMARQUE Les mots récents ont tendance à garder le **in-**, même devant *l* ou *r* : *inlogeable, inratable,* etc.

il pron. personnel masc.

• Il faut prononcer le **l**. La prononciation [i] est très familière.

• Les pronoms **il** et **ils** sont toujours sujets : *il vient, ils viennent.*

• Quand il y a inversion du sujet, on ajoute parfois un *t* de liaison devant *il* : *viendra-t-il? mange-t-il?* Voir gramm. § 19(2).

• On emploie **il** comme sujet d'un verbe impersonnel ou en tournure impersonnelle : *il faut, il pleut, il existe des gens qui...*

• La tournure **il est** peut être suivie d'un nom au pluriel : *Il est des parfums capiteux qui...* (= il y a).

• On écrit **ce qu'il** ou **ce qui** devant un verbe en tournure impersonnelle : *Dis-moi ce qu'il se passe* ou *ce qui se passe.*
→ ce

île n.f. Avec **î**. Dans les noms géographiques la majuscule est à l'autre terme : *les îles Britanniques, l'île de Beauté*; sauf s'il s'agit d'un nom propre composé : *l'Île-de-France, l'Île-Rousse.*

-ill- Ce groupe de lettres se prononce [il] comme dans *ville, bacille, capillaire, tranquille,* ou [iy'] comme dans *fille, gentille, grille, béquille, habiller, fourmiller,* etc.

illégal, -e, -aux adj.
▸**illégalité** n.f.

illégitime adj.

illettré, -e n. et adj. Avec **ll** et **tt**. *Une personne illettrée a du mal à lire ou à écrire un texte simple.* Ne pas confondre avec ***analphabète*** (= qui ne sait ni lire ni écrire).
▸**illettrisme** n.m.

-illier/-iller On écrit avec **ier** prononcé [yé] les mots *groseillier, joaillier, quincaillier, vanillier*. Les autres mots s'écrivent sans le *i* : *conseiller, houiller, poulailler, volailler,* ainsi que tous les verbes : *barbouiller, conseiller, habiller,* etc.

illisible adj. *Une écriture illisible.*

illuminer v.t. et v.pr. *Elle s'est illuminée.*
▸**illumination** n.f.

illusion n.f. *Des illusions d'optique.* – *Ils se font des illusions* (= ils se trompent). *Ils font illusion* (= ils sont trompeurs).
▸**illusionner (s')** v.pr. Avec **nn**. *Ils se sont toujours illusionnés sur leurs capacités.*
▸**illusionniste** n.
▸**illusoire** adj. *Des promesses illusoires* (≠ réelles).

illustre adj. *Des auteurs illustres* (= célèbres). *Un illustre inconnu* (ironique).

illustrer v.t. *Illustrer un livre. Un livre illustré.* ◆ v.pr. *Les soldats qui se sont illustrés dans cette bataille.*
▸**illustration** n.f. *Les illustrations d'un livre.*

îlot n.m. Avec **î** comme dans ***île***.

il y a loc. verbale ou présentatif

- Ne s'emploie qu'au singulier, même si le mot qui suit est au pluriel. *Il y avait des enfants de tous âges.*
- Aux temps composés le participe ***eu*** est toujours invariable. *Tous les incidents qu'il y a eu.*
- À la forme interrogative, on écrit *y a-t-il? qu'y a-t-il?* sans trait d'union après *y*.

image n.f. *Un livre d'images. Mettre en images. Des images d'Épinal. Des images de marque. Des images-satellite.*
▸**imagé, -e** adj. *Une expression imagée.*
▸**imagerie** n.f. *L'imagerie médicale. L'imagerie par résonance magnétique (I.R.M.).*

imaginer v.t. et v.pr. *Il a imaginé cette histoire. C'est une histoire qu'il a imaginée. Il a fait toutes les choses qu'il avait imaginé (de faire).* Voir gramm. § 28(3). – *Ils se sont imaginé des personnages* (= le complément est après le verbe). *Les personnages qu'ils se sont imaginés* (= le complément précède le verbe). *Elle s'imagine déjà son héritière. Elle s'est toujours imaginée son héritière* (= elle a imaginé elle-même). *Elle s'est imaginé qu'elle hériterait, elle se l'est imaginé* (= le complément est une phrase). Voir gramm. § 29.
▸**imaginaire** adj. et n.m. *Une ville imaginaire.*
▸**imaginatif, -ive** adj. *Un esprit imaginatif.*
▸**imagination** n.f.

imam n.m. Mot arabe. *Des imams.*

imbécile adj. et n. Avec un seul **l**.
▸**imbécillité** n.f. Avec **ll**. Voir *Rectifications orthographiques*, p. 517.

imberbe adj. *Un jeune homme imberbe* (= dont la barbe n'a pas encore poussé). Ne pas confondre avec ***glabre*** (= sans barbe).

imbiber v.t. *La pluie a imbibé la terre. La terre est imbibée d'eau de pluie.*

imbriquer v.t. et v.pr. *Tous ces événements se sont imbriqués.*
▸**imbrication** n.f. Avec un **c**.

imbroglio n.m. Mot italien qu'on peut prononcer à l'italienne, sans le **g**, ou à la française, avec le **g**. *Des imbroglios.*

imbu, -e adj. *Ils sont imbus d'eux-mêmes.*

imiter v.t. *Quelle chanteuse a-t-il imitée?*
▸**imitateur, -trice** n.
▸**imitation** n.f.

imm- On écrit avec **mm** les mots formés de ***im-***, élément négatif, et d'un mot commençant par **m** : *matériel*, ***immatériel*** ; *mangeable*, ***immangeable***. Ces mots se prononcent avec [im] : *immatériel*, ou, pour les mots récents, avec [in-m] : *immangeable, immaîtrisable.* → il-, im-, in-, ir-

immaculé, -e adj. *Une nappe immaculée.*

immanent, -e adj. *La justice immanente* (= qui résulte du cours naturel des choses). Ne pas confondre avec ***imminent*** (= sur le point de se produire).

immangeable adj. On prononce [in-].

immanquable adj. On prononce [in-].

immatériel, -elle adj.

immatriculer v.t. *Une voiture immatriculée en France.*
▸**immatriculation** n.f.

immature adj.
▸**immaturité** n.f.

immédiat, -e adj. On ne prononce pas le **t** au masculin.
▸**immédiatement** adv.

immémorial, -e, -aux adj. LITT. *Des temps immémoriaux.*

immense adj.
▸**immensément** adv. Avec **é**.
▸**immensité** n.f.

immeuble n.m. *Un immeuble de bureaux.*

immigrer v.i. (S'installer dans un nouveau pays) *Ils ont immigré en France juste avant la*

guerre (= ils sont venus). – Ne pas confondre avec ***émigrer*** (quitter son pays).
▸**immigré, -e** adj. et n. *Des travailleurs immigrés.*
▸**immigrant, -e** adj. et n.
▸**immigration** n.f.

imminent, -e adj. Avec **mm**. *La révolte est imminente* (= très proche). Ne pas confondre avec ***éminent*** (= important).
▸**imminence** n.f.

immiscer (s') v.pr. Avec **sç** devant *a* ou *o* : *il s'immisçait, nous nous immisçons. Ils se sont immiscés dans nos affaires.*
▸**immixtion** n.f. Avec **xt**. On prononce [imiksyon].

immobile adj.
▸**immobiliser** v.t. et v.pr.
▸**immobilisation** n.f.
▸**immobilité** n.f.

immobilier, -ière adj. et n.m. *Une agence immobilière. – Travailler dans l'immobilier.*

immodéré, -e adj. *Un goût immodéré pour la boisson.*

immoler v.t. et v.pr. Avec **mm**. *Ils se sont immolés par le feu.*

immonde adj. Avec **mm**. *Des propos, des crimes immondes.*

immondices n.f.plur. (Déchets) Est du féminin. *Des immondices malodorantes.*

immoral, -e, -aux adj. (Contraire à la morale) *Une conduite immorale. Des écrits immoraux.* Ne pas confondre avec ***amoral*** (sans morale).
▸**immoralité** n.f.

immortel, -elle adj.
▸**immortaliser** v.t.
▸**immortalité** n.f.

immuable adj. Avec **mm**. *Un ordre immuable.*
▸**immuablement** adv.

immuniser v.t. et v.pr. Avec **nn**. *Ils sont immunisés contre cette maladie.*

immunité n.f. Avec **mm**. *L'immunité parlementaire.*

impact n.m. Avec **ct** que l'on prononce. *Des impacts de balles.*

1. **impair** n.m. (Maladresse) *Commettre un impair.* Ne pas confondre avec ***imper*** (imperméable).

2. **impair, -e** adj. *13 et 15 sont des nombres impairs* (≠ pairs).

impardonnable adj.

imparfait, -e adj. *Une forme imparfaite.*
◆ n.m. Voir ce mot dans la partie grammaire.

impartial, -e, -aux adj. Avec **t** qui se prononce [s]. *Ils n'ont aucune préférence, ils sont impartiaux* (≠ partiaux).
▸**impartialité** n.f.

impartir v.t. Ne s'emploie guère qu'au passif. *Vous avez dépassé les trente minutes qui vous étaient imparties. Respecter les délais impartis.*

impasse n.f. *Des rues en impasse.*

impassible adj. *Il est resté impassible* (= imperturbable).
▸**impassibilité** n.f.

impatience n.f.
▸**impatient, -e** adj.
▸**impatiemment** adv. Avec **emm** qui se prononce [am]. Voir gramm. § 9.
▸**impatienter** v.t. et v.pr. *Ils se sont impatientés.*

impayé n.m. *Recouvrer des impayés.*

impeccable adj. Avec **cc**.
▸**impeccablement** adv.

impédance n.f. (Terme technique) Avec **an**.

impensable adj.

impératif, -ive adj. et n.m. Voir ce mot dans la partie grammaire. – *Votre présence est impérative. – Avoir des impératifs.*
▸**impérativement** adv. *Vous devez impérativement être là.*

impératrice n.f.

imperceptible adj. Avec un **c** comme dans ***perception***.
▸**imperceptiblement** adv.

imperfection n.f. *Quelques imperfections de style.*

impérial, -e, -aux adj. *La famille impériale* (= de l'empereur).

impérialisme n.m.
▸**impérialiste** adj. et n. *Une politique impérialiste.*

impérieux, -euse adj. *Un besoin impérieux* (= auquel on ne peut résister). Ne pas confondre avec ***impérial***.

impérissable adj. Avec un seul **r** comme dans ***périr***. *Un souvenir impérissable.*

imperméable adj. et n.m. *Un tissu imperméable. Un imperméable.*
▸**imperméabilité** n.f.
▸**imperméabiliser** v.t. *Des chaussures imperméabilisées.*

impersonnel, -elle adj. Voir ce mot dans la partie grammaire.

impertinent, -e adj. et n.
▸**impertinence** n.f.

imperturbable adj.
▸**imperturbablement** adv.

impétueux, -euse adj. LITT. *Un mouvement impétueux.*
▸**impétuosité** n.f. Avec **o**.

impie adj. et n. Avec **e**. *Des paroles, des actes impies.*

impitoyable adj. *Une critique impitoyable.*
▸**impitoyablement** adv.

implacable adj. Avec un **c**.

implanter v.t. et v.pr. *On lui a implanté des cheveux, on les lui a implantés. – Ils se sont implantés dans la région.*
▸**implantation** n.f.
▸**implant** n.m. *Des implants de cheveux.*

implicite adj. *Sa remarque était implicite* (= sous-entendue).
▸**implicitement** adv.

impliquer v.t. et v.pr. *On a impliqué Marie dans cette affaire, on l'a impliquée dans cette affaire. – Ils se sont trop impliqués dans leur travail.*
▸**implication** n.f. Avec **c**.

implorer v.t. LITT. *Implorer le pardon. Implorer Dieu.*

imploser v.i. *Le téléviseur a implosé.*
▸**implosion** n.f.

impondérable adj. et n.m. *Il y a des risques et des impondérables.*

important, -e adj. *Il est important que j'aie* (= subjonctif) *ces documents.*
▸**importance** n.f. *Ce sont des choses sans importance.*

1. importer v.t. *Des marchandises que l'on a importées.*
▸**importation** n.f.
▸**importateur, -trice** adj. et n.

2. importer v.t.ind. et v.i. *Tout ce que vous dites lui importe peu. Ses critiques m'importent beaucoup au contraire.* – **qu'importe, peu importe** peuvent rester au singulier devant un nom pluriel. *Qu'importe ses convictions. Peu importe(nt) les conséquences.* – **n'importe** forme des locutions indéfinies : *n'importe qui le sait ; n'importe quelle personne le sait ; n'importe lequel d'entre vous ; il va n'importe où ; il écrit n'importe comment ; il vient n'importe quand.*

import-export n.m. *Des sociétés d'import-export.*

importun, -e adj. et n.

importuner v.t. *Vous nous importunez, vous nous avez importunés. Elle ne s'est pas laissé importuner par eux.* → laisser

imposant, -e adj.

imposer v.t. et v.pr. *On lui a imposé des exercices. Les exercices qu'on lui a imposés. – Elle s'est imposé des exercices. Les exercices qu'elle s'est imposés. Elle s'est imposé de sortir tous les jours. Elle s'est imposée* (= elle-même) *chez nous.* Voir gramm. § 29.
◆ v.t. *On les a imposés, ils sont imposés sur la fortune.*
▸**imposition** n.f. *Des feuilles d'imposition.*

impossible adj. et n.m.
▸**impossibilité** n.f. *Être dans l'impossibilité de.*

imposteur n.m. *Cette femme était un imposteur.*
▸**imposture** n.f.

impôt n.m. Avec **ô**. *L'impôt sur le revenu.*

impotent, -e adj. et n.

imprégner v.t. et v.pr. CONJ.4 Avec **é** ou **è** : *nous imprégnons, ils imprègnent. L'odeur de cigarette a imprégné la pièce. La pièce est imprégnée de l'odeur de cigarette. – Ils se sont imprégnés de cette idée.* – ATTENTION À l'indicatif imparfait et au subjonctif présent : *(que) nous imprégnions.*
▸**imprégnation** n.f.

imprésario n.m. *Des imprésarios.* Voir gramm. § 37.

impression n.f. *Ils ont fait bonne, mauvaise impression. Raconter ses impressions de voyage. Ils ont l'impression que. – Des fautes d'impression.*
▸**impressionner** v.t. Avec **nn**. *Cette histoire les a impressionnés.*
▸**impressionnant, -e** adj. *Un film impressionnant.*
▸**impressionnable** adj. *Des personnes très impressionnables* (= sensibles).

impressionnisme n.m.
▸**impressionniste** adj. et n. *Les peintres impressionnistes.*

imprévisible adj.

imprévu n.m. *Il y a eu des imprévus.*

imprimer v.t. *Une page imprimée.*
▸**imprimé** n.m. *Des imprimés publicitaires.*
▸**imprimeur** n.m.
▸**imprimerie** n.f.
▸**imprimante** n.f.

impropre adj. *Un terme impropre.*
▸**impropriété** n.f. *Une impropriété de langage.*

improviser v.t. et v.pr. *Il a improvisé une mélodie. La mélodie qu'il a improvisée. – Elle s'est improvisée directrice comme ça !*
▸**improvisation** n.f.

improviste (à l') loc.adv. *Ils sont arrivés à l'improviste.*

imprudent, -e adj. et n.
▸**imprudemment** adv. Avec **emm** qui se prononce [am]. Voir gramm. § 9(2).
▸**imprudence** n.f. *Commettre des imprudences au volant.*

impudence n.f. LITT. (Effronterie choquante) *Vous l'avez entendu ? Quelle impudence !*
▸**impudent, -e** adj. et n. Ne pas confondre avec ***impudique*** (sans pudeur).

impudique adj. *Une tenue impudique* (= qui choque la pudeur). Ne pas confondre avec ***impudent*** (= effronté).

impuissance n.f. *Des aveux, des gestes d'impuissance.*
▸**impuissant, -e** adj. *Il a été impuissant à nous démontrer notre erreur.*

impulser v.t. *Impulser un secteur économique* (= lui donner l'impulsion nécessaire à son développement). – REMARQUE Ce verbe, devenu courant, est un anglicisme que certains ont critiqué mais que l'Académie accepte.

impulsion n.f. *Des achats d'impulsion.*
▸**impulsif, -ive** adj. et n.

impunément adv. *On ne peut impunément faire les mêmes erreurs* (= sans en subir les conséquences).

impuni, -e adj. *Ces crimes sont restés impunis.*
▸**impunité** n.f. *Agir en toute impunité.*

impur, -e adj.
▸**impureté** n.f.

imputer v.t. *Imputer un crime à quelqu'un. – Imputer des dépenses sur un compte.*
▸**imputable** adj. *Une erreur imputable à sa jeunesse.*
▸**imputation** n.f.

imputrescible adj. Avec **sc**. *Du bois imputrescible* (= qui ne pourrit pas).

> **in-** Élément négatif qui permet de former des mots exprimant le contraire du mot de base. → il-

inabordable adj.

inacceptable adj.

inaccessible adj.

inactif, -ive adj. *La population inactive.*
▸**inaction** n.f. *L'inaction lui pèse* (= oisiveté).
▸**inactivité** n.f. *Des périodes d'inactivité.*

inadapté, -e adj. et n.

inadmissible adj.

inadvertance (par) loc.adv. (Par mégarde)

inaltérable adj. *Une amitié inaltérable.*

inamovible adj. *Des sénateurs inamovibles.*

inanimé, -e adj.

inanition n.f. *Mourir d'inanition* (= d'épuisement par manque de nourriture).

inaperçu, -e adj. – **passer inaperçu** : *Elles sont passées inaperçues.*

inapte adj. *Ils sont inaptes à exercer ces fonctions.*

inattaquable adj. *Un alibi inattaquable.*

inattendu, -e adj. *Une visite inattendue.*

inattention n.f. *Des fautes d'inattention.*

inaudible adj. *La voix était inaudible.*

inaugurer v.t. *On a inauguré la nouvelle salle des fêtes, on l'a inaugurée.*
▸ **inauguration** n.f.

incandescent, -e adj. Avec **sc**. *Une lampe incandescente.*

incapable adj. et n.
▸ **incapacité** n.f. *Être dans l'incapacité de.*

incarcérer v.t. CONJ.4 Avec **é** ou **è** : *nous incarcérons, ils incarcèrent. On les a incarcérés à la prison de la Santé.*
▸ **incarcération** n.f.

incarner v.t. et v.pr. *Les personnages qu'il a incarnés. – L'ongle s'est incarné.*
▸ **incarné, -e** adj. *C'est la gentillesse incarnée. – Un ongle incarné.*
▸ **incarnation** n.f.

incartade n.f. *De légères incartades* (= écarts de conduite).

incendie n.m. *Des incendies de forêt.*
▸ **incendiaire** adj. et n. Avec **ai**.

incertain, -e adj. *Le temps est incertain.*

incessant, -e adj. Avec **c** comme dans ***cesser***. *Une pluie incessante.*

inceste n.m.
▸ **incestueux, -euse** adj.

incidemment adv. Avec **emm** qui se prononce [am]. *Il nous a dit incidemment que...* (= en passant).

incidence n.f. *Cet événement n'a eu aucune incidence sur l'évolution des choses* (= répercussion).

incident n.m. (Événement un peu fâcheux) *Tout s'est passé sans incident. Un incident diplomatique.* Ne pas confondre avec ***accident***.

incise n.f. Voir ce mot dans la partie grammaire.

incisif, -ive adj. *Un ton incisif* (= tranchant).

incision n.f.

inciter v.t. *On les a incités à se révolter, à la révolte.*
▸ **incitation** n.f.

incivilité n.f. *Commettre des incivilités.*

incliner v.t. et v.pr. *Incliner la tête. S'incliner devant quelqu'un. Elle s'est inclinée.* ◆ v.i. LITT. *J'incline pour, vers cette solution.*
▸ **inclinaison** n.f. *L'inclinaison de la tour de Pise.*
▸ **inclination** n.f. **1.** *Une inclination de la tête.* – **2.** *Son inclination pour la musique* (= goût).

inclure v.t. Se conjugue comme ***conclure*** (voir ce mot), sauf au participe passé : *inclus, incluse. On a inclus tous les frais. Inclus, le dernier duo.* ➜ ci-inclus – ATTENTION Il s'agit du verbe *inclure* et non d'un verbe ✕ *incluer* qui n'existe pas. Au futur, on écrit *il inclura* et non ✕ *incluera* ; au passé simple on dit *ils inclurent* et non ✕ *ils incluèrent.*

incoercible adj. Il n'y a pas de *s* avant le **c**. *Un rire incoercible.*

incognito adv. Est invariable. *Ils sont venus incognito.*

incohérent, -e adj.
▸ **incohérence** n.f.

incollable adj. Avec **ll** comme dans ***coller***.

incolore adj. Avec un seul **l** comme dans *coloré.*

incomber v.t.ind. *C'est à vous qu'il incombe de refaire les peintures. Cette tâche vous incombe.*

incommensurable adj. LITT. Avec **mm**.

incommoder v.t. Avec **mm**. *Elle est incommodée par la fumée.*
▸ **incommodant, -e** adj.

incomparable adj. *Un paysage incomparable* (= sans pareil).

i

▸**incomparablement** adv. *Elle est incomparablement la plus belle.*

incompatible adj.
▸**incompatibilité** n.f. *Une incompatibilité d'humeur.*

incompétent, -e adj. et n.
▸**incompétence** n.f.

incomplet, -ète adj.

incompréhensible adj.
▸**incompréhension** n.f.

incompris, -e adj. et n.

inconcevable adj.

inconditionnel, -elle adj. et n.

incongru, -e adj. *Des propos incongrus. Des remarques incongrues.*
▸**incongruité** n.f. Sans tréma.

inconnu, -e adj. et n.

inconscient, -e adj. et n.m. Avec **sc** comme dans *conscient*.
▸**inconsciemment** adv. Avec **emm** qui se prononce [am]. Voir gramm. § 9(2).
▸**inconscience** n.f.

inconsidéré, -e adj. *Des propos inconsidérés* (= irréfléchis).

inconsistant, -e adj.

inconsolable adj.

inconstructible adj. *Un terrain inconstructible.*

incontestable adj. *Des faits incontestables.*
▸**incontestablement** adv.

incontournable adj.

incontrôlable adj. Avec **ô** comme dans *contrôle*. *Des individus incontrôlables.*

inconvenant, -e adj. LITT. *Des propos inconvenants.*

inconvénient n.m. *Sans inconvénient. Je ne vois aucun inconvénient à...*

incorporer v.t. *On les a incorporés dans l'armée.*
▸**incorporation** n.f.

incorrect, -e adj.
▸**incorrection** n.f.

incorrigible adj. Avec **rr** comme dans *corriger*.

incorruptible adj. Avec **rr** comme dans *corruption*.

incrédule adj. et n.
▸**incrédulité** n.f.

incriminer v.t. *On les a incriminés à tort.*

incroyable adj.
▸**incroyablement** adv.

incruster v.t. et v.pr. Avec **ster** et non ✕ *strer*. *Du bois incrusté d'ivoire. Le calcaire a incrusté les canalisations. La poussière s'est incrustée.*
▸**incrustation** n.f.

incuber v.t.
▸**incubation** n.f. *La période d'incubation d'une maladie.*

inculper v.t. *On les a inculpés d'homicide.* – REMARQUE On dit aujourd'hui ***mettre en examen (pour)***.
▸**inculpation** n.f.

inculquer v.t. *Les bons principes qu'on lui a inculqués.*

inculte adj. *Une terre inculte. Une personne inculte.*

incurable adj. *Une maladie incurable.*

incursion n.f. Avec **s**. *Faire une incursion en territoire ennemi.* Ne pas confondre avec ***intrusion***.

incurvé, -e adj. *Une forme incurvée* (= avec une courbe).

indécent, -e adj. *Une tenue indécente.*
▸**indécence** n.f.

indécis, -e adj. et n.
▸**indécision** n.f.

indéfectible adj. LITT. *Une amitié indéfectible* (= que rien ne peut défaire).

indéfendable adj. *Des positions indéfendables.*

indéfini, -e adj. Voir ce mot dans la partie grammaire. – *Un temps, un espace indéfini.*
▸**indéfiniment** adv. *Je ne peux indéfiniment répéter la même chose !*

indéfinissable adj. *Un sentiment indéfinissable.*

indélébile adj. *Une encre indélébile.*

indélicat, -e adj. *Des procédés, des associés indélicats.*
▸ **indélicatesse** n.f. *Commettre des indélicatesses.*

indemne adj. On prononce le **m** et le **n**. *Ils sont sortis indemnes de l'accident.*

indemniser v.t. *On a indemnisé les victimes, on les a indemnisées.*
▸ **indemnisation** n.f. *Réclamer une indemnisation.*
▸ **indemnité** n.f. *Toucher des indemnités.*

indémodable adj.

indéniable adj. Bien prononcer [nya] et non ✕ [gna]. *Il a menti, c'est indéniable.*
▸ **indéniablement** adv.

indénombrable adj. *Une foule indénombrable.*

indépendance n.f. *Réclamer son indépendance. En toute indépendance d'esprit.*
▸ **indépendant, -e** adj. *Une chambre indépendante. – C'est indépendant de ma volonté.* ◆ adj et n.f. Voir ce mot dans la partie grammaire.
▸ **indépendamment** adv.
▸ **indépendantiste** adj. et n.

indescriptible adj. *Une joie indescriptible.*

indésirable adj. et n.

indestructible adj.

indétectable adj.

indéterminé, -e adj. *Une date indéterminée.*

index n.m. *L'index de la main gauche. – Des index thématiques. – Ils sont mis à l'index.*
▸ **indexer** v.t. *Les mots clés sont indexés. – Les loyers sont indexés sur le coût de la construction.*
▸ **indexation** n.f.

indicatif n.m. Voir ce mot dans la partie grammaire. ◆ adj. – **à titre indicatif** est invariable.

indication n.f. Avec **c**. *J'ai suivi vos indications.* – REMARQUE On écrit avec un trait d'union *contre-indication*.

indice n.m. *L'indice des prix à la consommation.*

indicible adj. *Une joie indicible* (= qu'on ne peut pas dire).

indien, -enne adj. et n. *Il est indien. C'est un Indien.* (Le nom de personne prend une majuscule.) – REMARQUE On emploie **indien** pour les habitants de l'Inde. Ne pas confondre avec ***hindou*** (de l'hindouisme). Pour les populations indigènes d'Amérique, on dit aussi ***indien***, ***indien d'Amérique*** ou ***amérindien***.

indifférence n.f.
▸ **indifférent, -e** adj. *Cela lui est indifférent, cela la laisse indifférente.*
▸ **indifféremment** adv. Avec **emm** qui se prononce [am]. Voir gramm. § 9(2).
▸ **indifférer** v.t. Avec **é** ou **è** : *indifférer, ça m'indiffère. Tout ceci l'indiffère* et non ✕ *lui indiffère*. – REMARQUE L'emploi de ce verbe est critiqué. On dira : *Tout ceci lui est* ou *le laisse indifférent.*

indigène n. et adj. Signifie proprement « originaire du pays où il vit ». – Ce mot a pris une valeur péjorative (que le terme ***autochtone*** n'a pas), sauf dans son emploi adjectif qui tend à se développer : *la population indigène; utiliser la main-d'œuvre indigène d'une région.*

indigent, -e adj. et n.
▸ **indigence** n.f.

indigeste adj.

indigestion n.f.

indigne adj. *C'est indigne de vous.*

indigner v.t. et v.pr. *Ces actes nous indignent, nous ont indignés. Elle s'est indignée de le voir agir ainsi.*
▸ **indignation** n.f.

indigo n.m. et adj.inv. (Couleur bleu-violet) Est invariable comme adjectif. *Des rubans indigo.* Voir gramm. § 8(2).

indiqué, -e adj. *Cette pommade est tout indiquée dans votre cas.* – REMARQUE On écrit avec un trait d'union *contre-indiqué*.

indiquer v.t. *J'ai pris la rue que vous m'avez indiquée.* – REMARQUE Le nom ***indication*** s'écrit avec **c**.

indirect, -e adj. Voir ce mot dans la partie grammaire.

▸**indirectement** adv.

indiscernable adj. Avec **sc** comme dans *discerner*.

indiscipline n.f.
▸**indiscipliné, -e** adj.

indiscret, -ète adj.
▸**indiscrétion** n.f. Avec **é**.

indiscutable adj.
▸**indiscutablement** adv.

indispensable adj. *Il est indispensable que j'aie* (= subjonctif) *ce livre.*

indisponible adj.
▸**indisponibilité** n.f.

indisposé, -e adj.
▸**indisposition** n.f.

indissociable adj. *Deux éléments indissociables (l'un de l'autre).*

indissoluble adj. *Une union indissoluble.*

indistinct, -e adj. Avec **ct** qui ne se prononce pas au masculin.
▸**indistinctement** adv.

individu n.m. *De drôles d'individus.*

individualisme n.m.
▸**individualiste** adj. et n.

individuel, -elle adj.
▸**individuellement** adv.

indivis, -e adj. (Terme de droit) *Une propriété indivise.* – **par indivis** : *Posséder un bien par indivis.*
▸**indivision** n.f. *Des biens en indivision.*

indivisible adj. *La république est une et indivisible.*

indolent, -e adj. *Une personne indolente* (= nonchalante).
▸**indolence** n.f.

indolore adj. *Une piqûre indolore.*

indonésien, -enne adj. et n. *Il est indonésien. C'est un Indonésien.* (Le nom de personne prend une majuscule.)

indoor adj.inv. Mot anglais. On prononce [in'-dor]. On recommande d'employer ***en salle***.

indu, -e adj. Sans accent circonflexe. *À une heure indue de la nuit.*

indubitable adj. *Ce qu'il dit est vrai, c'est indubitable.*
▸**indubitablement** adv.

induction n.f. *Des plaques de cuisson à induction.*

induire v.t. CONJ.30 *On les a induits en erreur.* Ne pas dire ✕ *enduire.*

indulgence n.f. *Solliciter l'indulgence du jury.*
▸**indulgent, -e** adj.

indûment adv. Avec **û**. *Des biens indûment acquis.*

industrie n.f.
▸**industriel, -elle** adj. et n. *Une zone industrielle (Z.I.).*
▸**industrialisé, -e** adj. *Les pays industrialisés.*

inébranlable adj.

inédit, -e adj. et n.m.

ineffable adj. LITT. Avec **ff**. *Une joie ineffable.*

inefficace adj.
▸**inefficacité** n.f.

inégal, -e, -aux adj.
▸**inégalement** adv.
▸**inégalité** n.f.

inégalable adj. *Un musicien inégalable* (= sans pareil).
▸**inégalé, -e** adj. *Un record inégalé à ce jour.*

inéligible adj. *Un candidat inéligible.*

inéluctable adj. *Une fin inéluctable.*
▸**inéluctablement** adv.

inénarrable adj. Avec **rr** comme dans ***narrer***. *Une histoire inénarrable.*

inepte adj. *Des propos ineptes* (= stupides).
▸**ineptie** n.f. On prononce [psi].

inépuisable adj.

inéquitable adj. *Un partage inéquitable.*

inerte adj.
▸**inertie** n.f. Avec **tie** qui se prononce [si]. *La force d'inertie.*

inespéré, -e adj. *Une rencontre inespérée.*

inestimable adj. *Une valeur inestimable.*

inévitable adj.

▸**inévitablement** adv.

inexact, -e adj. Avec **ct** qui se prononce ou non au masculin.
▸**inexactitude** n.f.

inexcusable adj.

inexistant, -e adj. Avec **an**.
▸**inexistence** n.f. Avec **en**.

inexorable adj. Avec **x** qui se prononce [gz]. LITT. *Une volonté inexorable* (= qu'on ne peut fléchir).

inexpérience n.f.
▸**inexpérimenté, -e** adj.

inexplicable adj. Avec **c**. *Une erreur inexplicable.*
▸**inexpliqué, -e** adj. *Le meurtre est resté inexpliqué.*

inexprimable adj. *Une joie inexprimable.*

inexpugnable adj. Avec **gn** qui se prononce [g'n] comme dans *gnome* ou [gn] comme dans *campagne*. LITT. *Un piton rocheux inexpugnable* (= imprenable).

in extenso loc.adv. Mots latins. On prononce [in'-ekstinso]. *Lire un livre in extenso.*

inextinguible adj. LITT. *Une soif inextinguible.*

in extremis loc.adv. Mots latins. On prononce [in'-ékstrémis].

inextricable adj. *Une situation inextricable.*

infaillible adj.

infaisable adj. Avec **ai** qui se prononce [e].

infâme adj. Avec un accent circonflexe qui disparaît dans les mots de la famille.
▸**infamant, -e** adj. *Des propos infamants.*
▸**infamie** n.f.

infanterie n.f.

infantile adj. *Les maladies infantiles.* Ne pas confondre avec ***enfantin***.

infarctus n.m. On prononce le **s**. *Un infarctus du myocarde.* Bien dire **far** et non ✕ *fra*.

infatigable adj. Sans *u*.

infect, -e adj. Sans *e* au masculin.

infecter v.t. et v.pr. *La plaie s'est infectée.* Ne pas confondre avec ***infester*** (= envahir).

▸**infection** n.f.
▸**infectieux, -euse** adj. *Une maladie infectieuse.*

inférieur, -e adj. *Une note inférieure à une autre.* – Cet adjectif étant déjà un comparatif, on ne peut pas dire ✕ *plus inférieur.* On dira *bien inférieur, très inférieur.*
▸**infériorité** n.f. Avec **o**.

infernal, -e, -aux adj.

infester v.t. *La région est infestée de sauterelles* (= envahie). Ne pas confondre avec ***infecter*** (une plaie).

infidèle adj. et n. Avec **è**.
▸**infidélité** n.f. Avec **é**.

infiltrer (s') v.pr. *L'eau s'est infiltrée dans les murs. Des policiers se sont infiltrés dans la bande.* ◆ v.t. *Des policiers ont infiltré la bande.*
▸**infiltration** n.f.

infime adj.

infini, -e adj. et n.m.
▸**infiniment** adv.

infinité n.f. *Une infinité de gens pensent que…* Voir gramm. § 39(2).

infinitésimal, -e, -aux adj.

infinitif, -ive adj. et n.m. Voir ce mot dans la partie grammaire.

infirme adj. et n.
▸**infirmité** n.f.

infirmer v.t. *La nouvelle n'a été ni confirmée ni infirmée.*

infirmerie n.f.
▸**infirmier, -ière** n. et adj.

inflammable adj.

inflammation n.f.
▸**inflammatoire** adj. *Une douleur inflammatoire.* – REMARQUE On écrit avec un trait d'union *anti-inflammatoire.*

inflation n.f. *L'inflation des prix.*
▸**inflationniste** adj. Avec **nn**.

inflexible adj.
▸**inflexibilité** n.f.

inflexion n.f. *Les inflexions de la voix.*

infliger v.t. et v.pr. Avec **e** devant *a* et *o* : *il infligeait, nous infligeons.* – *On lui a infligé une punition. La punition qu'on lui a infligée. Elle s'est infligé une punition. La punition qu'elle s'est infligée.* Voir gramm. § 29(2 et 3). Ne pas confondre avec ***affliger*** (faire de la peine).

influence n.f. *Il a beaucoup d'influence.*
▸**influencer** v.t. Avec **ç** devant *a* et *o* : *il influençait, nous influençons. Il a influencé sa sœur, il l'a influencée.*
▸**influençable** adj. Avec **ç**.
▸**influent, -e** adj. Avec **ent**. *Un homme influent.* Ne pas confondre avec le participe présent *influant* du verbe *influer*.

influer v.t.ind. *La crise politique influe sur l'économie.*

influx n.m. Avec **x**. *Des influx nerveux.*

infographie n.f.
▸**infographiste** n.

infondé, -e adj. *Des critiques infondées.*

informatique adj. et n.f.
▸**informaticien, -enne** n.
▸**informatiser** v.t. et v.pr. *On a informatisé la facturation, on l'a informatisée. Nos services se sont informatisés.*
▸**informatisation** n.f.

informe adj. *Des vêtements informes.*

informel, -elle adj. *Une réunion informelle.*

informer v.t. et v.pr. *On a informé Marie de ses droits. On l'en a informée. Ils se sont informés auprès des services compétents.* – **(se) tenir informé de** : *On les a tenus informés, ils se sont tenus informés heure par heure de l'évolution de la situation.*
▸**information** n.f. *Des réunions, des notes d'information. Une note distribuée pour information. Demander un supplément d'information.* – *Écouter les informations à la radio.* (S'abrège en **infos**.)

infraction n.f. *Commettre une infraction au code de la route.* Ne pas confondre avec ***effraction*** (fait de forcer un accès).

infrarouge adj. et n.m.

infrastructure n.f.

infroissable adj.

infructueux, -euse adj. *Des recherches restées infructueuses.*

infuse adj.fém. Ne s'emploie que dans l'expression *avoir la science infuse*.

infuser v.i. et v.t. *Laisser le thé infuser.* – *Infuser un sang nouveau dans une entreprise.*
▸**infusion** n.f. *Boire une infusion.*

ingambe adj. LITT. *Un vieil homme encore ingambe* (= alerte).

ingénier (s') v.pr. *Ils se sont ingéniés à trouver un compromis.* – ATTENTION À l'indicatif imparfait et au subjonctif présent : *(que) nous nous ingéniions.* – Au futur et au conditionnel : *il s'ingéniera(it).*

ingénierie n.f. Avec un **e** muet. On prononce [niri].

ingénieur n.m. S'emploie en apposition sans trait d'union : *des femmes ingénieurs, des élèves ingénieurs.* – On écrit avec un trait d'union *ingénieur-conseil*.

ingénieux, -euse adj. *Un procédé ingénieux* (= habile).
▸**ingénieusement** adv.
▸**ingéniosité** n.f. Avec **o**.

ingénu, -e adj. et n.
▸**ingénuité** n.f. Sans tréma.

ingérable adj. *Une situation ingérable.*

ingérer v.t. CONJ.4 Avec **é** ou **è** : *nous ingérons, ils ingèrent. Ingérer des médicaments.* ◆ v.pr. – **s'ingérer dans** : *Ils se sont ingérés dans nos affaires.*
▸**ingestion** n.f. *L'ingestion de médicaments.*
▸**ingérence** n.f. *Le droit d'ingérence.*

ingouvernable adj.

ingrat, -e adj. et n.
▸**ingratitude** n.f.

ingrédient n.m. *Les ingrédients d'une recette de cuisine.*

ingurgiter v.t.

inhabité, -e adj. *Une maison inhabitée.*

inhabituel, -elle adj.

inhaler v.t. *Les fumées qu'ils ont inhalées.*
▸**inhalation** n.f.

inhérent, -e adj. Avec **h**. *L'insouciance inhérente à la jeunesse* (= liée par nature à).

inhiber v.t. *Elle est inhibée par votre présence.*
▸ **inhibition** n.f.

inhumain, -e adj.

inhumer v.t. *Ils sont inhumés au cimetière du village.*
▸ **inhumation** n.f.

inimaginable adj.

inimitable adj.

inimitié n.f. (Hostilité)

inintelligible adj. *Des propos inintelligibles* (= incompréhensibles).

inintéressant, -e adj.

ininterrompu, -e adj.

inique adj. *Un jugement inique* (= injuste).
▸ **iniquité** n.f. On prononce [ki].

initial, -e, -aux adj. et n.f. *La phase initiale d'un processus. – Graver ses initiales.*
▸ **initialement** adv. *Le plan initialement prévu.*

initialiser v.t. *Initialiser un programme informatique.*
▸ **initialisation** n.f.

initiative n.f. *Des syndicats d'initiative. Une réunion organisée sur ou à l'initiative de... Agir de sa propre initiative. Faire preuve, manquer d'initiative. Prendre des initiatives.*

initier v.t. et v.pr. Le **t** se prononce [s] comme dans tous les mots de la famille. *On les a initiés au solfège. Ils se sont initiés au solfège.* – ATTENTION À l'indicatif imparfait et au subjonctif présent : *(que) nous initiions.* – Au futur et au conditionnel : *il initiera(it).*
▸ **initié, -e** n. *Un délit d'initié.*
▸ **initiation** n.f.
▸ **initiateur, -trice** n.
▸ **initiatique** adj. *Un parcours initiatique.*

injecter v.t. et v.pr. *On lui a injecté une dose de morphine. Elle s'est injecté une dose de morphine, elle se l'est injectée.* Voir gramm. § 29(2 et 3). – *Avoir les yeux injectés (de sang).*

▸ **injection** n.f. *Des injections d'insuline. – Des moteurs à injection.* Ne pas confondre avec ***injonction*** (ordre formel).

injoignable adj.

injonction n.f. (Ordre formel) Ne pas confondre avec ***injection***.

injure n.f. *Proférer des injures à l'encontre de quelqu'un. On l'agonissait d'injures. Une lettre d'injures. Vous me faites injure. Je ne vous ferai pas l'injure de penser que...*
▸ **injurier** v.t. et v.pr. *On les a injuriés. Ils se sont injuriés. Elle s'est laissé injurier.* → laisser
▸ **injurieux, -euse** adj. *Des propos injurieux.*

injuste adj.
▸ **injustement** adv.
▸ **injustice** n.f.

injustifiable adj.

inlassablement adv.

inné, -e adj. Avec **nn**. *Un talent inné pour le dessin.*

innocence n.f. Avec **nn**. *En toute innocence.*
▸ **innocemment** adv. Avec **emm** qui se prononce [am]. Voir gramm. § 9(2).
▸ **innocent, e** adj. et n. *Il est innocent du crime dont on l'accuse.*
▸ **innocenter** v.t. *On les a innocentés.*

innocuité n.f. Avec **nn**. *Démontrer l'innocuité d'un vaccin.*

innombrable adj. Avec **nn**. *Les innombrables bienfaits d'un produit miracle.*

innommable adj. Avec **nn** et **mm**. *Un acte innommable.*

innover v.i. Avec **nn**. *Innover en (matière d') informatique.*
▸ **innovant, -e** adj. *Des produits innovants.*
▸ **innovation** n.f.
▸ **innovateur, -trice** n.

inoccupé, -e adj. Avec **cc** et un seul **p**.

inoculer v.t. Avec un seul **n**. *Inoculer un vaccin à quelqu'un.*

inodore adj. *Inodore et sans saveur.*

inoffensif, -ive adj.

inonder v.t. Avec un seul **n** comme dans tous les mots de la famille. *Les champs sont inondés. – On nous a inondés de lettres.*

▸**inondation** n.f.
▸**inondable** adj. *Des zones inondables.*

inopiné, -e adj. *Une visite inopinée.*

inoubliable adj.

inouï, -e adj. Avec **ï**. *Une histoire inouïe.*

Inox n.m. Mot déposé. Avec une majuscule.

inoxydable adj. Avec **y** comme dans *oxyder*.

inqualifiable adj.

inquiet, -ète adj. et n.
▸**inquiéter** v.t. et v.pr. CONJ.4 Avec **é** ou **è** : *nous inquiétons, ils inquiètent. Ces résultats m'inquiètent. Elle s'est inquiétée pour toi. Ne t'inquiète pas.*
▸**inquiétant, -e** adj.
▸**inquiétude** n.f.

inquisiteur, -trice adj. *Un regard inquisiteur.*
▸**inquisition** n.f.

insalubre adj. *Des locaux insalubres.*
▸**insalubrité** n.f.

insanité n.f. *Dire des insanités* (= bêtises ou grossièretés).

insatiable adj. Avec un **t** qui se prononce [s].

insatisfaction n.f.

inscrire v.t. et v.pr. *On a inscrit Marie à l'école, on l'a inscrite. Ils se sont inscrits.*
▸**inscrit, -e** adj. et n. *Cinq pour cent des inscrits ne se sont pas présentés.*
▸**inscription** n.f. *Les frais d'inscription.*

insecte n.m.
▸**insecticide** adj. et n.m.

insécurité n.f. *Lutter contre l'insécurité.*

insémination n.f.

insensé, -e adj. Avec **en** comme dans *sens*.

insensibiliser v.t.
▸**insensibilisation** n.f.

insensible adj. *Insensible à la douleur.*
▸**insensibilité** n.f.

insensiblement adv. *Progresser insensiblement.*

inséparable adj.

insérer v.t. et v.pr. CONJ.4 Avec **é** ou **è** : *nous insérons, ils insèrent. Les publicités insérées dans les magazines. Ces mesures s'insèrent dans un cadre plus large.* – **prière d'insérer** est du masculin : *un prière d'insérer, des prières d'insérer.*
▸**insertion** n.f.

insidieux, -euse adj.
▸**insidieusement** adv.

insigne adj. LITT. *J'ai l'insigne honneur de...* ◆ n.m. *Un insigne de scout.*

insignifiant, -e adj.

insinuer v.t. *Que veux-tu insinuer? Si tu insinues que je suis responsable...* ◆ v.pr. *De nombreux doutes se sont insinués dans mon esprit, en moi.* – ATTENTION Au futur et au conditionnel : *il insinuera(it).*
▸**insinuation** n.f. *Des insinuations ridicules.*

insipide adj.

insister v.i. *J'insiste sur ce point. Inutile d'insister !*
▸**insistance** n.f.
▸**insistant, -e** adj.

insolation n.f. Avec un seul **l** comme dans ***soleil***.

insolent, -e adj. et n.
▸**insolence** n.f.

insolite adj.

insolvable adj.

insomnie n.f. *Souffrir d'insomnie.*
▸**insomniaque** adj. et n.

insonoriser v.t. *On a insonorisé la salle, on l'a insonorisée.*
▸**insonorisation** n.f.

insouciance n.f. Avec **an**. *L'insouciance de la jeunesse.*

insoumission n.f.

insoupçonnable adj.

insoutenable adj.

inspecter v.t. *On a inspecté les lieux.* – *Les professeurs ont été inspectés.*
▸**inspecteur, -trice** n.
▸**inspection** n.f.

inspirer v.t. *Inspirer de l'air.* ◆ v.t. et v.pr. *La nature l'inspire. Elle s'est inspirée de ton histoire.*
▸**inspiration** n.f.

instable adj.
▸**instabilité** n.f.

installer v.t. et v.pr. *Installer le chauffage central. – Ils se sont installés à Paris.*
▸**installateur, -trice** n.
▸**installation** n.f.

instamment adv. *Je vous demande instamment de…*

instance n.f. *Le tribunal de grande instance.* – **en instance de** est invariable. *Ils sont en instance de divorce.*

1. **instant** n.m. *Attendez un instant, quelques instants. À tout instant. Dès l'instant où. Par instants.*
▸**instantané, -e** adj.
▸**instantanément** adv.

2. **instant, -e** adj. LITT. *Une prière instante.*

instar – **à l'instar de** : *Il sera magistrat à l'instar de ses parents* (= comme).

instaurer v.t. et v.pr. *On a instauré de nouvelles règles. Les nouvelles règles qu'on a instaurées. Cette pratique s'est instaurée depuis peu.*
▸**instauration** n.f.

instigateur, -trice n. *Elle est l'instigatrice de la révolte.*
▸**instigation** n.f. *Une campagne de presse menée à l'instigation d'un concurrent.*

instinct n.m. Avec **ct** qui ne se prononce pas. *Ils ont agi d'instinct.*
▸**instinctif, -ive** adj. et n.
▸**instinctivement** adv.

instituer v.t. et v.pr. *Cet organisme a été institué en 1900. – Elle s'est instituée arbitre.* – REMARQUE L'emploi pronominal est péjoratif.

institut n.m. *Des instituts de beauté.* – Prend une majuscule dans certaines dénominations officielles : *l'Institut de France.*

instituteur, -trice n. *Des instituteurs de maternelle, de primaire.* – REMARQUE On dit aujourd'hui ***professeur des écoles***, pour le titre obtenu par l'enseignant.

institution n.f.
▸**institutionnel, -elle** adj. Avec **nn**.
▸**institutionnaliser** v.t. et v.pr. Avec **nn**.

instruire v.t. et v.pr. CONJ.30 *Instruire une affaire. L'affaire que le juge D. a instruite. – Instruire les enfants. Ils se sont instruits en lisant. – Des gens très instruits.*
▸**instructif, -ive** adj. *Des lectures très instructives.*
▸**instruction** n.f. *Des juges d'instruction. – Avoir de l'instruction. – Suivre les instructions.*

instrument n.m. *Des instruments de musique, de chirurgie.*

insu – **à l'insu de** : *Ils ont agi à mon insu.* – S'écrit sans *e*.

insubmersible adj. Avec **b**. *Un bateau insubmersible.*

insuffisant, -e adj.
▸**insuffisamment** adv.
▸**insuffisance** n.f.

insuffler v.t. Avec **ff** comme dans *souffle.*

insulaire adj. et n. *La vie insulaire* (= dans une île).

insuline n.f.

insulte n.f. *Une lettre d'insultes. Proférer des insultes.*
▸**insulter** v.t. et v.pr. *On les a insultés. Ils se sont insultés. Elle s'est laissé insulter.* → laisser
▸**insultant, -e** adj. *Des propos insultants.*

insupportable adj.
▸**insupporter** v.t. FAM. *Ce comportement m'insupporte.* L'emploi de ce verbe est critiqué. On dira : *Ce comportement m'est insupportable.*

insurger (s') v.pr. Avec **e** devant *a* et *o* : *il s'insurgeait, nous nous insurgeons. Ils se sont insurgés contre cette mesure.*
▸**insurgé, -e** adj. et n. *Les insurgés veulent prendre le pouvoir.*
▸**insurrection** n.f.

insurmontable adj.

i

intact, -e adj. Sans *e* au masculin. *Les verres sont intacts.*

intangible adj. *Des principes intangibles.*

intarissable adj. Avec un seul **r** comme dans ***tarir***. *Il est intarissable sur ce sujet.*

intégral, -e, -aux adj. et n.f. *Le paiement intégral d'une dette. Acheter l'(œuvre) intégrale de Bach.*
▸ **intégralement** adv.
▸ **intégralité** n.f.

intégrante adj.fém. Ne s'emploie que dans *partie intégrante de. Ces gens font partie intégrante du personnel.*

intègre adj. Avec **è**. *Une personne intègre* (= honnête).
▸ **intégrité** n.f. Avec **é**.

intégrer v.t. et v.pr. CONJ.4 Avec **é** ou **è** : *nous intégrons, ils intègrent. Vos remarques sont intégrées dans le compte rendu. Ils se sont bien intégrés au groupe.*
▸ **intégration** n.f.

intégrisme n.m.
▸ **intégriste** adj. et n.

intellect n.m. Avec **ct** qui se prononce.

intellectuel, -elle adj. et n.
▸ **intellectuellement** adv.

intelligence n.f.
▸ **intelligent, -e** adj.
▸ **intelligemment** adv. Avec **emm** qui se prononce [am]. Voir gramm. § 9(2).

intelligentsia n.f. Mot russe.

intelligible adj.

intempérie n.f. S'emploie surtout au pluriel. *Quelques intempéries sur la région.*

intempestif, -ive adj.

intenable adj.

intendance n.f.
▸ **intendant, -e** n.

intense adj. *Une activité intense.* – Reste au singulier après un adjectif de couleur. *Des yeux bleu intense.* Voir gramm. § 8(3).
▸ **intensément** adv. Avec **é**.

intensif, -ive adj. *Des cultures intensives. Des cours intensifs d'anglais.*
▸ **intensifier** v.t. et v.pr. *Intensifier la production. La production s'est intensifiée.*
▸ **intensivement** adv. *Produire intensivement.* Ne pas confondre avec ***intensément*** (extrêmement).

intensité n.f.

intenter v.t. *On lui a intenté deux procès. Les procès qu'on lui a intentés.*

intention n.f. *J'ai l'intention de venir. Avoir de bonnes intentions.* – **à l'intention de** : *Un ouvrage à l'intention des jeunes* (= pour). Ne pas confondre avec ***à l'attention de***, formule portée sur un courrier pour en préciser le destinataire.
▸ **intentionné, -e** adj. Avec **nn**. *Être bien intentionné à l'égard de quelqu'un.* Mais on écrit en un seul mot *malintentionné.*
▸ **intentionnel, -elle** adj.
▸ **intentionnellement** adv.

interactif, -ive adj. *Une émission interactive.*
▸ **interactivité** n.f.

interaction n.f.

intercaler v.t. et v.pr. Avec un seul **l**.
▸ **intercalaire** adj. et n.m. *Une feuille intercalaire. Un intercalaire.*

intercéder v.i. CONJ.4 Avec **é** ou **è** : *nous intercédons, ils intercèdent. Il a intercédé en ma faveur.*
▸ **intercession** n.f. (Entremise, médiation) Ne pas confondre avec ***intersession*** (temps entre deux sessions).

intercepter v.t. *On a intercepté mes lettres, on les a interceptées.*
▸ **interception** n.f.

interchangeable adj. Avec **gea**.

interclasse n.m.

interclubs adj.inv.

interdire v.t. et v.pr. CONJ.29, sauf *vous interdisez.* – *Interdire quelque chose à quelqu'un. Le règlement interdit que j'aie* (= subjonctif) *un couteau. On lui a interdit certains fruits. Quels fruits lui a-t-on interdits ? Les bananes lui sont interdites. Il a fait toutes les choses que je lui avais interdit (de faire).* Voir

gramm. § 28(3). *Elle s'est interdit de parler.* Voir gramm. § 29(2).
▸**interdit** n.m. *Braver les interdits.*
▸**interdiction** n.f. *Interdiction de fumer.*

interdisciplinaire adj.

intérêt n.m. Avec un accent circonflexe qui disparaît dans les mots de la famille. *Ils ont intérêt à. Ils ont de l'intérêt pour. – Des taux d'intérêt. Des dommages et intérêts* ou *des dommages-intérêts. – Un conflit d'intérêts.* – REMARQUE On écrit *un film sans intérêt,* mais *un prêt sans intérêts.*
▸**intéresser** v.t. et v.pr. *Le film a intéressé Marie, il l'a intéressée. Nous nous sommes intéressés à votre cas.* – **(être) intéressé** : *Ils sont intéressés aux résultats.*
▸**intéressant, -e** adj.
▸**intéressement** n.m. *Un intéressement aux résultats.*

interface n.f. Est du féminin. *Une interface.*

interférence n.f.

intérieur, -e adj. *La poche intérieure d'une veste.* ◆ n.m. *Rester à l'intérieur. Tourner les intérieurs d'un film.* – On écrit avec une majuscule *le ministre de l'Intérieur.*
▸**intérieurement** adv.

intérim n.m. *Président par intérim. – Des sociétés d'intérim.*
▸**intérimaire** adj. et n.

interjection n.f. Voir ce mot dans la partie grammaire.

interligne n.m. Est du masculin. *Un interligne.*

interlocuteur, -trice n.

interloquer v.t. *Ils étaient interloqués par ces remarques.*

intermède n.m. Est du masculin. *Un intermède musical.*

intermédiaire adj. et n. Avec **ai**. *Un âge intermédiaire entre l'enfance et l'âge adulte. – Ils ont servi d'intermédiaires.* – **par l'intermédiaire de** : *J'ai eu ce poste par l'intermédiaire d'un ami.*

interminable adj.

interministériel, -elle adj.

intermittent, -e adj. et n. Avec **tt**. *Un travail intermittent. Les intermittents du spectacle.*
▸**intermittence** n.f. *Travailler par intermittence(s).*

internat n.m.

international, -e, -aux adj. Avec un seul **n** comme dans tous les mots de la famille de ***nation***.
▸**internationaliser** v.t. et v.pr.
▸**internationalisation** n.f.

internaute n. Avec **au** comme dans ***astronaute, spationaute***.

interne adj. et n.

Internet n.m.sing. On dit et on écrit *Internet* ou *l'internet* (sans majuscule). On dit aussi *le **Net***.

interpeller v.t. Avec **ll**, mais on prononce [elé] comme dans *appeler. On nous a interpellés.* Voir *Rectifications orthographiques*, p. 516.
▸**interpellation** n.f.

interphone n.m.

interposer v.t. et v.pr. *Ils se sont interposés.*

interprétariat n.m.

interpréter v.t. CONJ.4 Avec **é** ou **è** : *nous interprétons, ils interprètent. Il a interprété une chanson. La chanson qu'il a interprétée.*
▸**interprète** n. Avec **è**.
▸**interprétation** n.f. Avec **é**.

interroger v.t. et v.pr. Avec **e** devant *a* et *o* : *il interrogeait, nous interrogeons. On a interrogé Marie, on l'a interrogée. Nous nous sommes interrogés sur votre cas, à votre sujet.*
▸**interrogatif, -ive** adj. Voir ce mot dans la partie grammaire.
▸**interrogation** n.f. Voir ce mot dans la partie grammaire.
▸**interrogatoire** n.m.

interrompre v.t. et v.pr. Se conjugue comme ***rompre*** (voir ce mot) : *j'interromps, il interrompt. On a interrompu la séance, on l'a interrompue. Nos relations se sont interrompues.*
▸**interruption** n.f.
▸**interrupteur** n.m.

intersaison n.f.

intersection n.f. *À l'intersection de deux rues.*

intersession n.f. (Temps entre deux sessions) Ne pas confondre avec ***intercession*** (entremise).

interstice n.m. Avec **ice**. *Un interstice.*

intertitre n.m.

intervalle n.m. Avec **ll**. *Dans l'intervalle. Par intervalles.*

intervenir v.i. CONJ. 10 Se conjugue avec l'auxiliaire ***être***. *La police est intervenue. Ils sont intervenus dans le débat.*
‣ **intervenant, -e** n. *Donner la parole aux intervenants.*
‣ **intervention** n.f. Avec **tion**.

intervertir v.t. *Il a interverti deux lettres, il les a interverties.*
‣ **interversion** n.f. Avec **sion**.

interview n.f. ou n.m. Mot anglais. On prononce [viou]. Est aujourd'hui plutôt du féminin sur le modèle d'« entrevue ».
‣ **interviewer** v.t. *On les a interviewés.*

intestin n.m.
‣ **intestinal, -e, -aux** adj. *Des problèmes intestinaux.*

intime adj. et n.
‣ **intimement** adv. *J'en suis intimement persuadé.*
‣ **intimité** n.f. *Dans la plus stricte intimité. En toute intimité.*

intimer v.t. *On lui a intimé l'ordre de partir.*

intimider v.t. *Tu intimides Marie. Elle est intimidée.*
‣ **intimidant, -e** adj.
‣ **intimidation** n.f. *Des mesures d'intimidation.*

intituler v.t. et v.pr. *Il a intitulé son livre « Voyage en France ». Son livre s'intitule « Voyage en France ».*
‣ **intitulé** n.m. *L'intitulé d'un document.*

intolérable adj.

intolérance n.f.
‣ **intolérant, -e** adj.

intonation n.f. Avec un seul **n**.

intoxiquer v.t. et v.pr. *Ils se sont intoxiqués avec des champignons.*
‣ **intoxication** n.f. Avec **c**. *Une intoxication alimentaire.*

intraduisible adj.

intraitable adj.

intra-muros loc.adv. Mots latins. On prononce le **s**. *Paris intra-muros.*

intramusculaire adj.

Intranet n.m.

intransigeance n.f. Avec **gea**.
‣ **intransigeant, -e** adj.

intransitif, -ive adj. Voir ce mot dans la partie grammaire.

intraveineuse adj. et n.f.

intrépide adj. et n.
‣ **intrépidité** n.f.

intrigue n.f.
‣ **intriguer** v.t. et v.i. Avec **gu** même devant *a* et *o* : *il intriguait, nous intriguons. – Il a intrigué pour arriver à ses fins. – Cette histoire nous a intrigués.*
‣ **intrigant, -e** adj. et n. Sans *u*. *Ce sont des intrigants.* Ne pas confondre avec le participe présent invariable du verbe : *Ils ont réussi en intriguant.* Voir gramm. § 31 (2).

introduire v.t. et v.pr. CONJ. 30 *Une mode que les jeunes ont introduite en France. Elles se sont introduites en fraude.*
‣ **introduction** n.f.

introniser v.t. Sans accent circonflexe, contrairement à *trône*.
‣ **intronisation** n.f.

introspection n.f.
‣ **introspectif, -ive** adj.

introuvable adj.

intrus, -e n. Avec un **s** qui ne se prononce pas au masculin. *Chercher l'intrus.*

intrusion n.f. *C'est une intrusion dans ma vie privée.* Ne pas confondre avec ***incursion***.

intuition n.f.
‣ **intuitif, -ive** adj. et n.
‣ **intuitivement** adv.

inusable adj.

inusité, -e adj.

in utero Locution latine invariable. Sans accent.

inutile adj.
▸**inutilement** adv.
▸**inutilité** n.f.

inutilisable adj.

invalide adj. et n. *Des invalides civils.*
▸**invalidité** n.f.
▸**invalidant, -e** adj. *Une maladie invalidante.*

invalider v.t. *Invalider une clause* (= annuler).
▸**invalidation** n.f.

invariable adj. Voir ce mot dans la partie grammaire.
▸**invariabilité** n.f.

invasion n.f.

invendable adj. *Des produits invendables.*

invendu, -e adj. et n.m. *Liquider les invendus.*

inventaire n.m. Avec **ai**.

inventer v.t. et v.pr. *C'est une histoire qu'il a inventée. – Elle s'est inventé des histoires. Les histoires qu'elle s'est inventées.* Voir gramm. § 29(2 et 3).
▸**inventeur, -trice** n.
▸**invention** n.f.

inventif, -ive adj. *Un esprit inventif* (= créatif).
▸**inventivité** n.f.

inventorier v.t.

inverse adj. et n.m. *En sens inverse. À l'inverse de.*
▸**inversement** adv.
▸**inverser** v.t. et v.pr. *Les rôles se sont inversés.*
▸**inversion** n.f. Voir ce mot dans la partie grammaire.

invertébré, -e adj. et n.m.

investigation n.f.

1. investir v.t. *On les a investis de tous les pouvoirs.*
▸**investiture** n.f.

2. investir v.t. et v.pr. *Les sommes d'argent qu'ils ont investies dans cette entreprise. – Elles se sont beaucoup investies dans cette association.*
▸**investissement** n.m.
▸**investisseur** n.m.

invétéré, -e adj. PÉJOR. *Un bavard invétéré.*

invincible adj.
▸**invincibilité** n.f.

inviolable adj. *Un principe inviolable.*

invisible adj.

inviter v.t. et v.pr. *Il a invité Marie, il l'a invitée. Ils se sont invités à nous aider.*
▸**invité, -e** n.
▸**invitation** n.f. *Répondre à une invitation.*

in vitro Locution latine invariable. *Des expériences in vitro* (= en laboratoire).

in vivo Locution latine invariable. *Des expériences in vivo* (= sur l'être vivant).

involontaire adj.
▸**involontairement** adv.

invoquer v.t. *Invoquer Dieu. – Invoquer la loi pour se disculper.* Ne pas confondre avec ***évoquer*** (rappeler).
▸**invocation** n.f. Avec un **c**.

invraisemblable adj. Avec un seul **s** comme dans ***vraisemblable***.
▸**invraisemblance** n.f.

invulnérable adj.

iode n.m.
▸**iodé, -e** adj.

> **ir-** Élément à valeur négative comme ***il-***, ***im-***, ***in-***. On écrit **ir-** devant un mot commençant par **r**. Les mots ainsi formés s'écrivent donc avec **rr** : *irréalisable, irrégulier,* etc. Mais les mots récents ou familiers se forment souvent avec *in-* : *inracontable, inratable.*

irakien, -enne adj. et n. *Il est irakien. C'est un Irakien.* (Le nom de personne prend une majuscule.)

iranien, -enne adj. et n. *Elle est iranienne. C'est une Iranienne.* (Le nom de personne prend une majuscule.)

irascible adj. Avec un seul **r** et **sc**. *Un caractère irascible.*

iris n.m. On prononce le **s**.

irisé, -e adj. Avec un seul **r**. *Du verre irisé* (= de toutes les couleurs de l'arc-en-ciel).

irlandais, -e adj. et n. *Il est irlandais. C'est un Irlandais.* (Le nom de personne prend une majuscule.)

I.R.M. n.f. Sigle de *image par résonance magnétique*. S'écrit avec ou sans points.

ironie n.f.
▸ **ironique** adj.
▸ **ironiser** v.i.

irradier v.t. Avec **rr**. *Ils ont été irradiés lors de l'explosion.* ◆ v.i. *La douleur irradie dans toute la jambe.*
▸ **irradiation** n.f.

irraisonné, -e adj. *Une peur irraisonnée.*

irrationnel, -elle adj. Avec **rr** et **nn**. *Une explication irrationnelle.*

irréalisable adj.

irréaliste adj.

irrecevable adj. *Une demande irrecevable.*

irrécupérable adj.

irréductible adj.

irréel, -elle adj.

irréfléchi, -e adj.

irréfutable adj. *Une preuve irréfutable.*

irrégulier, -ière adj.
▸ **irrégulièrement** adv.
▸ **irrégularité** n.f.

irrémédiable adj. *Une erreur irrémédiable.*
▸ **irrémédiablement** adv.

irremplaçable adj.

irréparable adj.

irrépressible adj. *Un rire irrépressible.*

irréprochable adj.

irrésistible adj.
▸ **irrésistiblement** adv.

irrespect n.m.
▸ **irrespectueux, -euse** adj.

irrespirable adj.

irresponsable adj. et n.
▸ **irresponsabilité** n.f.

irréversible adj. *Un mal irréversible.*

irrévocable adj. *Une décision irrévocable.*

irriguer v.t. Avec **gu**, même devant *a* et *o* : *il irriguait, nous irriguons. Des terres bien irriguées.*
▸ **irrigation** n.f. Sans *u*.

irriter v.t. et v.pr. Avec **rr** comme dans les mots de la famille. *Ta remarque les a irrités. Ils se sont irrités.*
▸ **irritable** adj. *Il est très irritable en ce moment.*
▸ **irritant, -e** adj. *Des retards irritants.*
▸ **irritation** n.f.

irruption n.f. (Entrée brutale) *Ils ont fait irruption dans la salle.* Ne pas confondre avec ***éruption*** (poussée).

islam n.m. Sans majuscule pour la religion. *Pratiquer l'islam.* – Avec une majuscule pour l'ensemble des pays musulmans.
▸ **islamique** adj. (Musulman) *Le foulard islamique. Une fête islamique.*
▸ **islamiste** adj. et n. *Les mouvements islamistes* (= qui prônent une loi islamique radicale).

islandais, -e adj. et n. *Il est islandais. C'est un Islandais.* (Le nom de personne prend une majuscule.)

isocèle adj. Avec un seul **l**. *Triangle isocèle.*

isolé, -e adj. *Un cas isolé.*
▸ **isolément** adv. Avec **é**. *Pris isolément, ils sont supportables.*

isoler v.t. et v.pr. *Isoler des fils électriques. – Une pièce mal isolée. – Elle s'est isolée pour lire.*
▸ **isolant, -e** adj. et n.m.
▸ **isolation** n.f. *Isolation thermique, acoustique.*
▸ **isolement** n.m. *Vivre dans l'isolement.*

isoloir n.m. Sans *e*.

isotherme adj. *Une bouteille isotherme.* – REMARQUE Le mot *Thermos* est un nom de marque.

israélien, -enne adj. et n. On prononce [is] et non ✕ [iz]. (De l'État d'Israël) *Il est israélien. C'est un Israélien.* (Le nom de personne prend une majuscule.) Ne pas confondre avec ***israélite***.

israélite adj. et n. On prononce [is] et non ✕ [iz]. (De religion juive) *Il est israélite. C'est un israélite* (sans majuscule pour la religion). Ne pas confondre avec ***israélien*** (de l'État d'Israël).

issu, -e adj. *Ils sont issus de la même famille.*

issue n.f. *Une issue de secours. À l'issue de. Trouver une issue à une situation difficile. Un problème sans issue.*

isthme n.m. Avec **sth**. *L'isthme de Corinthe.*

italien, -enne adj. et n. *Il est italien. C'est un Italien.* (Le nom de personne prend une majuscule.)

italique adj. *Dans cet ouvrage, les exemples sont en italique.*

item n.m. *Les items d'un test.*

itinéraire n.m. Avec **ai**.

ivoire n.m. *Des statues en ivoire.* – Est invariable comme adjectif de couleur. *Des soies (couleur) ivoire.* Voir gramm. § 8.

ivoirien, -enne adj. et n. *Il est ivoirien. C'est un Ivoirien.* (Le nom de personne prend une majuscule.)

ivraie n.f. *Séparer le bon grain de l'ivraie.*

ivre adj. *Ils sont ivres morts.*
▸**ivresse** n.f. *Ils étaient en état d'ivresse.*

i

J

jacasser v.i.

jachère n.f. *Des cultures en jachère.*

jacinthe n.f. Avec **th.**

Jacuzzi n.m. Mot déposé. Avec une majuscule. (Bain à remous)

jade n.m. Est du masculin. *Le jade.*

jadis adv. On prononce le **s**.

jaguar n.m. On prononce [goir].

jaillir v.i. *L'eau jaillit du robinet. Les idées jaillissent.*
▸**jaillissement** n.m. *Un jaillissement d'eau. Un jaillissement d'idées.*

jais n.m. (Minerai noir) *Noir comme (du) jais.* Ne pas confondre avec ***geai*** (oiseau).

jalon n.m.
▸**jalonner** v.t. Avec **nn**.

jaloux, jalouse adj. et n.
▸**jalousement** adv.
▸**jalousie** n.f.

jamais adv.
• (À aucun moment) Au sens négatif, **jamais** s'emploie avec **ne** lorsqu'il y a un verbe : *Il ne vient jamais nous voir. Jamais, au grand jamais, on n'avait vu ça !* Et sans *ne* quand le verbe n'est pas repris : *Il vient le lundi mais jamais le dimanche.*

• **jamais plus**, **plus jamais** suivent les mêmes règles : *Je n'irai plus jamais. Plus jamais ça !*

• (À un moment quelconque) Au sens positif, **jamais** s'emploie sans *ne* : *A-t-on jamais vu ça ? Si jamais tu le vois...* (= au cas où). *Il a tout supporté sans jamais se plaindre.* Attention au subjonctif dans des tournures comme : *C'est la plus belle femme que j'aie jamais vue !*

• **à jamais**, **à tout jamais** : *Ils sont partis à tout jamais* (= pour toujours).

jambe n.f. *S'enfuir à toutes jambes. Le jeu de jambes d'un boxeur. Faire des ronds de jambe. Prendre quelque chose par-dessous* ou *par-dessus la jambe. À mi-jambe.* – On écrit avec des traits d'union ***croc-en-jambe*** et en un mot ***entrejambe***.

jambon n.m.

jante n.f. *La jante d'une roue.*

janvier n.m. *Paris, le 15 janvier.* Les noms de mois s'écrivent avec une minuscule.
→ date

japonais, -e adj. et n. *Il est japonais. C'est un Japonais.* (Le nom de personne prend une majuscule.)

japper v.i. Avec **pp**.
▸**jappement** n.m. *Les jappements d'un chiot.*

jardin n.m. *Un jardin botanique. – Un jardin d'enfants.*
▸**jardiner** v.i.
▸**jardinage** n.m. *Des outils de jardinage.*
▸**jardinier, -ière** n.

jargon n.m.

jarre n.f. Avec **rr**. *Une jarre d'huile.* Ne pas confondre avec ***jars*** (animal).

jarret n.m.

jarretelle n.f. Avec **rr**. Les bas se fixent aux **jarretelles**. Ne pas confondre avec ***jarretière***. – REMARQUE On écrit avec un trait d'union ***porte-jarretelles***.

jarretière n.f. Avec **rr**. La **jarretière** entoure la cuisse pour maintenir le bas. Ne pas confondre avec ***jarretelle***. – Prend une majuscule dans *l'ordre de la Jarretière.*

jars n.m. (Mâle de l'oie) Avec **s**. Ne pas confondre avec ***jarre*** (pot).

jaser v.i.

jasmin n.m.

jaspe n.m. (Roche colorée) Est du masculin. *Le jaspe.*

jatte n.f. *Une jatte de crème.*

jauge n.f. *Une jauge à huile.*

jauger v.t. Avec **e** devant *a* et *o* : *il jaugeait, nous jaugeons. Il jauge ses concurrents. Il les a vite jaugés* (= estimer, juger). ◆ v.i. *Ce navire jauge mille tonneaux. Les mille tonneaux que ce navire avait jaugé.* Voir gramm. § 12.

jaune adj. *Des robes jaunes.* Mais *des robes jaune clair, jaune citron.* Voir gramm. § 8(3). – Est invariable comme adverbe. *Ils rient jaune.* ◆ n.m. *Peindre en jaune. – Des jaunes d'œufs.*
▸**jaunâtre** adj. Avec **âtre**. ➜ -atre/-âtre

jaunir v.i. et v.t. *Les feuilles ont jauni. – L'humidité a jauni les feuilles, elle les a jaunies.*
▸**jaunissement** n.m.

jaunisse n.f.

java n.f.

Javel n.f. – **eau de Javel** ou **Javel**, avec une majuscule.
▸**javelliser** v.t. Avec **ll**.

javelot n.m. Avec un **t**.

jazz n.m. On prononce [djaz].

je pron. personnel S'élide en **j'** devant une voyelle ou un *h* muet. *Je viens. J'arrive. J'hésite.* Voir *pronom personnel* dans la partie grammaire. – REMARQUE Avec un trait d'union quand il y a inversion du sujet : *Puis-je venir ?*

jean n.m. Mot anglais. On prononce [djin']. *Des jeans.* ➜ blue-jean

je-ne-sais-quoi n.m.inv. Avec des traits d'union pour le nom. Voir gramm. § 33(1). *Il y a un je-ne-sais-quoi qui me gêne.* Ne pas confondre avec l'expression indéfinie sans trait d'union : *Son visage a je ne sais quoi d'inquiétant.*

jérémiade n.f. S'emploie surtout au pluriel. *Cessez vos jérémiades.*

jerricane ou **jerrican** n.m. Avec **rr**. De l'anglais *jerrycan*. On recommande l'orthographe **jerricane**, conforme à la prononciation.

jersey n.m. *Des pulls en jersey.*

jésuite n.m.

jésus n.m. Sans majuscule pour un objet, une représentation du Christ. *Il a un jésus sur sa médaille.*

1. jet n.m. *Des jets d'eau. Des armes de jet. – À jet continu.*

2. jet n.m. Mot anglais. (Avion) On prononce [djèt].

jeté n.m. *Des jetés de lit.*

jetée n.f. *Se promener sur la jetée.*

jeter v.t. et v.pr. CONJ.3 Avec **t** ou **tt** : *nous jetons, ils jettent. Il a jeté ses vieilles affaires, il les a jetées. Elle s'est jetée à l'eau. – Ils se sont jeté des pierres. Les pierres qu'ils se sont jetées.* Voir gramm. § 29(2 et 3).

jeton n.m.

jeu n.m. *Des jeux de société. Un jeu de cartes. Un jeu de clés.* – **en jeu** est invariable. *Les sommes en jeu.* – **hors jeu** est invariable et s'écrit sans trait d'union comme adjectif. *Ils sont hors jeu.* Et avec un trait d'union comme nom masculin. *Un hors-jeu.* ➜ hors – **vieux jeu** est invariable. *Ils sont vieux jeu.*

jeudi n.m. *Tous les jeudis matin.* ➜ jour

jeune adj. et n. *Un jeune homme. Des jeunes gens. Une mode pour les jeunes. Ils font jeunes.* – Est invariable comme adverbe. *Ils s'habillent jeune.*
▸**jeunesse** n.f.

jeûne n.m. Avec **û**. *Un jour de jeûne.*
▸**jeûner** v.i. Avec **û** qui disparaît dans *déjeuner.*
▸**à jeun** loc.adv. Sans accent. *Ils sont à jeun.*

jingle n.m. Mot anglais. On prononce [djingueul].

joaillerie n.f.
▸**joaillier, -ière** n. Avec **i**. ➜ -illier

jockey n. Mot anglais. *Des jockeys.*

jogging n.m. Mot anglais. On prononce [djog-].

joie n.f. *Des cris de joie. S'en donner à cœur joie.*

joindre v.t. et v.pr. CONJ. 35 *Avoir du mal à joindre les deux bouts. – J'ai joint Marie au téléphone, je l'ai jointe. Je me joins à Pierre pour vous exprimer... Ils se sont joints à nous. – Sauter à pieds joints. Un e-mail avec des pièces jointes.* → ci-joint – ATTENTION À l'indicatif imparfait et au subjonctif présent : *(que) nous joignions.*
▸**joignable** adj. *Il est joignable sur son portable.*

joint n.m. *Changer un joint.* → joindre

jointure n.f.

joker n.m. On prononce le **r**.

joli, -e adj.
▸**joliment** adv.

jonc n.m. Avec un **c**.

joncher v.t. *Les papiers jonchent les rues. Les rues sont jonchées de papiers.*

jonction n.f.

jongler v.i.
▸**jongleur, -euse** n.

jonquille n.f. *Un bouquet de jonquilles.* – Est invariable comme adjectif de couleur. *Des rubans (couleur de) jonquille.* Voir gramm. § 8(2).

jordanien, -enne adj. et n. *Il est jordanien. C'est un Jordanien.* (Le nom de personne prend une majuscule.)

joue n.f. *Du rose à joues.* – **en joue** est invariable. *On les a mis en joue.*

jouer v.i., v.t. et v.pr. *Ils jouent avec le chien. Jouer aux cartes. Les pièces qu'il a jouées. La comédie qu'il nous a jouée ! Cette pièce s'est jouée trois ans. – Ils se sont joués de vous.* – ATTENTION Au futur et au conditionnel : *il jouera(it).*
▸**jouable** adj.
▸**joueur, -euse** n.
▸**jouet** n.m. *Le rayon jouets des grands magasins.*

joufflu, -e adj. Avec **ff**.

joug n.m. Avec **g**. *Sous le joug de.*

jouir v.t.ind. *Jouir de certains avantages. Les avantages dont ils jouissent.*
▸**jouissance** n.f. *Avoir la jouissance d'un bien.*

joujou n.m. *Des joujoux.* Voir gramm. § 32(2).

jour n.m. **1.** *D'un jour à l'autre. Le jour J. Au jour le jour. Dans les tout premiers jours de juillet.* – **2.** *Au petit jour. Il fait jour. Travailler de jour. Les équipes de jour. – Les jours d'une persienne, d'une broderie.* – **3.** On écrit sans trait d'union ***faux jour*** et avec un trait d'union ***à contre-jour***. – **à jour** est invariable dans : *Ils sont à jour.* Mais on écrit ***à jours*** au sens de « ajouré » : *une nappe à jours.* – **mettre à jour, mettre au jour** : *On met à jour une base de données* (= on l'actualise). *On met au jour une découverte* (= on la révèle, on la met en lumière).

Les noms de jours

1. Les noms de jours s'écrivent sans majuscule. *Paris, jeudi 4 juillet.*

2. Ils prennent la marque du pluriel. *Tous les jeudis.* Mais on écrit *les jeudi et vendredi de la semaine* (= il n'y a qu'un jeudi et qu'un vendredi dans la semaine).

3. Les mots ***matin, midi, après-midi, soir*** restent invariables. *Tous les jeudis matin* (= au matin).

journal n.m. *Un journal, des journaux. – Des journaux d'information, d'opinion. J'ai lu cela dans le journal. – Des journaux de bord. – Du papier journal.*
▸**journalisme** n.m.
▸**journaliste** n.
▸**journalistique** adj. *Un style journalistique.*

journalier, -ière adj. et n. *Un travail journalier. – Embaucher des journaliers.*

journée n.f. *Payer à la journée. Faire la journée continue.*

joute n.f. *Une joute oratoire.*

jouvence n.f. (Jeunesse) Avec une majuscule pour la fontaine merveilleuse : *la fontaine de Jouvence. L'eau de Jouvence.* Sans majuscule dans les autres emplois : *une cure de jouvence, un bain de jouvence.*

jouxter v.t. *Sa maison jouxte la mienne.*

jovial, -e adj. – PLURIEL Avec *als* ou *aux* au masculin pluriel : *jovials* ou *joviaux*. La forme en *aux* est la plus fréquente. *Des airs joviaux.*

▸jovialité n.f.

joyau n.m. *Les joyaux de la Couronne. Le joyau de sa collection.*

joyeux, -euse adj. *Ils sont d'humeur joyeuse. Un joyeux drille. De joyeux lurons.*
▸joyeusement adv.

jubilé n.m. (Cinquantième anniversaire) *Fêter le jubilé de la reine.*

jubiler v.i. *Ils ont gagné, ils jubilent. Ils jubilent d'avoir gagné.*
▸jubilation n.f.
▸jubilatoire adj.

jucher v.t., v.pr. et v.i. *Il a juché sa fille sur ses épaules. Ils se sont juchés sur le toit. – Les faisans juchent sur les arbres.*

judaïsme n.m. Avec **ï**.
▸judaïque adj.

judas n.m. Avec **s**. Sans majuscule pour l'ouverture dans une porte. Avec ou sans majuscule pour désigner un traître.

judéo-chrétien, -enne adj. et n.

judiciaire adj. Avec **ai**. *Une erreur judiciaire.*

judicieux, -euse adj. *Un procédé judicieux* (= astucieux).

judo n.m.
▸judoka n. *Des judokas.*

juge n.m. *Des juges d'instruction. Des juges de touche.* – Est variable dans *je vous fais juge, être bon (mauvais) juge en la matière,* et invariable dans *juge et partie* : *Ils sont juge et partie dans cette affaire.* – REMARQUE L'emploi au féminin, usuel au Québec et en Belgique, tend à se répandre : *la juge d'instruction, madame la juge.*
▸juger v.t. et v.pr. Avec **e** devant *a* et *o* : *il jugeait, nous jugeons. L'affaire sera jugée demain. – J'ai jugé Marie compétente, je l'ai jugée compétente. Elle s'est jugée trop jeune pour…* – REMARQUE Avec des tournures comme ***juger utile, nécessaire, indispensable,*** etc. ***de*** + infinitif, le participe passé et l'adjectif sont invariables : *J'ai jugé utile de vous raconter les événements. Ces événements que j'ai jugé utile de vous raconter.*
▸jugement n.m. *Rendre un jugement. Porter un jugement sur. Manquer de jugement* (= discernement). – On écrit avec une majuscule *le Jugement dernier.*
▸jugeote n.f. FAM. Avec un seul **t**.

jugé ou **juger** n.m. – **au jugé, au juger** : *Tirer au jugé* ou *au juger.*

juguler v.t. *L'inflation est jugulée.*

juif, juive adj. et n. *Le peuple juif. La religion juive.* – REMARQUE Le nom de personne prend une majuscule quand il s'agit du peuple : *les Juifs de la diaspora.* Il s'écrit sans majuscule quand il s'agit de la religion : *des juifs orthodoxes.*

juillet n.m. *Ils prennent leurs vacances en juillet.* – Les noms de mois s'écrivent avec une minuscule : *Paris, le 4 juillet,* sauf quand il s'agit d'une date historique : *Fêter le 14 Juillet.* → date
▸juillettiste n. Avec **tt**.

juin n.m. *Un beau mois de juin.* – Les noms de mois s'écrivent avec une minuscule. → date

jumeau, -elle adj. et n. *Des frères jumeaux. Des sœurs jumelles.*

jumeler v.t. CONJ.3 Avec **l** ou **ll** : *nous jumelons, ils jumellent. Des villes jumelées.*
▸jumelage n.m.

jumelles n.f.plur. *Une paire de jumelles. Des jumelles.*

jument n.f.

jungle n.f. *La loi de la jungle.*

junior n. et adj. Est invariable en genre. *Jouer dans la catégorie juniors. Un film pour les juniors. La mode junior. Des ingénieurs juniors* (= débutants).

junte n.f. *Une junte militaire.*

jupe n.f. *Des filles en jupe.* – **jupe-culotte** s'écrit avec un trait d'union. *Des jupes-culottes.*

jupon n.m.

juré n.m. *Mesdames et messieurs les jurés.* – REMARQUE On rencontre le féminin *une jurée.*

jurer v.t. et v.pr. *Jurer quelque chose à quelqu'un. Je vous jure que je dis vrai. Elle s'est juré qu'elle se vengerait* (le complément

J

d'objet est après le verbe). **Voir gramm. § 29(2).** – *C'est son ennemie jurée.*

juridiction n.f.

juridique adj. *Des conseillers juridiques* (= en droit).

jurisprudence n.f. *Ces jugements ont fait jurisprudence.*

juriste n.

juron n.m. *Proférer des jurons.*

jury n.m. Avec **y**. *Des jurys. Les membres du jury.*

jus n.m. *Un jus de fruits. Des jus de viande.*

jusqu'au-boutiste adj. et n. *Une politique jusqu'au-boutiste. Il est jusqu'au-boutiste.*
▸**jusqu'au-boutisme** n.m.

jusque prép.

- *J'irai jusque chez toi. Jusque quand?*
- On écrit **jusqu'** devant une voyelle. *Jusqu'où? Jusqu'à demain, jusqu'ici, jusqu'en France. Jusqu'à aujourd'hui* ou *jusqu'aujourd'hui.*
- On écrit avec un trait d'union **jusque-là**.
- **jusqu'à ce que** est suivi du subjonctif. *Jusqu'à ce qu'il vienne.* – **jusqu'au moment où** est suivi de l'indicatif. *Jusqu'au moment où il est venu.*
- **jusques** ne s'emploie plus que dans l'expression *jusques et y compris.*

juste adj. *Un homme juste.* – *Des vêtements trop justes.* ◆ adv. Est invariable comme adverbe. *Il sont juste à l'heure. Il est deux heures juste. Vous avez vu juste. Elles chantent juste. Il a eu 10 points tout juste.* – **au juste** est invariable. *Que voulez-vous au juste?*

justement adv.

justesse n.f. *La justesse d'un raisonnement.* – *Ils ont réussi de justesse.* Ne pas confondre avec ***justice***.

justice n.f. *Rendre la justice. Un palais de justice. Le ministre de la Justice français. Aller devant la justice. Des repris de justice.* – *Il faut leur rendre justice. Ils se sont fait justice.*

justiciable adj. et n.

justicier, -ière n.

justifier v.t. et v.pr. *La fin justifie les moyens. Pouvez-vous justifier votre absence? Une absence justifiée. Elle s'est justifiée en disant que...* – ATTENTION À l'indicatif imparfait et au subjonctif présent : *(que) nous justifiions.* – Au futur et au conditionnel : *il justifiera(it).*
▸**justification** n.f.
▸**justificatif** n.m.

jute n.m. *Des sacs de jute.*

juteux, -euse adj.

juvénile adj. Avec **e**. *Un air juvénile.*

juxtaposer v.t. *Juxtaposer des éléments. Des éléments juxtaposés.*
▸**juxtaposition** n.f. **Voir ce mot dans la partie grammaire.**

K

kabyle adj. et n. *Il est kabyle. C'est un Kabyle.* (Le nom de personne prend une majuscule.)

kaki n.m. (Fruit) *Des kakis.* ◆ adj.inv. et n.m. (Couleur) L'adjectif est invariable, mais le nom est variable : *des vestes kaki, des kakis foncés.* Voir gramm. § 8(2).

kaléidoscope n.m.

kamikaze n.m. Mot japonais. *Des kamikazes.*

kangourou n.m. *Des kangourous. Des sacs kangourous.*

karaoké n.m. Mot japonais. *Des karaokés.*

karaté n.m. Mot japonais.
▸ **karatéka** n.

karité n.m. *Du beurre de karité.*

karma n.m. (Destin dans les religions de l'Inde)

kart n.m. On prononce le **t**.
▸ **karting** n.m.

kasher adj.inv. *Des aliments kasher.* – REMARQUE On écrit aussi **kascher** ou **casher**. On commence à rencontrer le féminin *kashère* ou *cachère*.

kayak n.m. *Du canoë-kayak.*

kenyan, -e adj. et n. Sans accent sur le **e**. *Elle est kenyane. C'est une Kenyane.* (Le nom de personne prend une majuscule.)

képi n.m.

kératine n.f.

kermesse n.f.

kérosène n.m.

ketchup n.m. Mot anglais. On prononce [œup]. Est du masculin. *Du ketchup.*

khôl n.m. Avec **ô**. – REMARQUE On écrit plus rarement **kohol**.

kibboutz n.m. Mot hébreu. Avec **bb**. *Des kibboutz.* – REMARQUE Le pluriel hébreu *kibboutzim* n'est pas employé en langue courante.

kidnapper v.t. Avec **pp**. *On a kidnappé sa fille, on l'a kidnappée. Elle s'est fait kidnapper.* (*Fait* suivi d'un infinitif est invariable.)
▸ **kidnappeur, -euse** n.
▸ **kidnapping** n.m.

kilo ou **kilogramme** n.m. *Deux kilos (2 kg). Un kilo et demi de pommes de terre sera suffisant.*

kilomètre n.m. *Cent kilomètres (100 km). Cent kilomètres carrés (100 km²).*
▸ **kilométrage** n.m.
▸ **kilométrique** adj. *Les bornes kilométriques.*

kilt n.m. *Des Écossais en kilt.*

kimono n.m. *Des kimonos de soie.*

kinésithérapeute n. S'abrège en **kiné**.
▸ **kinésithérapie** n.f.

kiosque n.m.

kirsch n.m. Avec **sch**.

kit n.m. Mot anglais. On prononce le **t**. *Un meuble en kit.*

kitchenette n.f.

kitsch adj.inv. *Des objets kitsch.*

kiwi n.m. *Des kiwis.*

Klaxon n.m. Mot déposé. On recommande de mettre une majuscule aux noms déposés, mais celui-ci ne l'a presque jamais. *Des coups de klaxon.* Le terme officiel est ***avertisseur***.
▸ **klaxonner** v.i. et v.t. Avec **nn**.

Kleenex n.m. Mot déposé. Avec une majuscule (= mouchoir en papier).

kleptomane ou **cleptomane** n.

▸**kleptomanie** ou **cleptomanie** n.f.

K.-O. adj. et n.m.inv. Avec un trait d'union.

koala n.m. *Des koalas.*

kohol n.m. Autre orthographe de **khôl**.

koweïtien, -enne adj. et n. *Il est koweïtien. C'est un Koweïtien.* (Le nom de personne prend une majuscule.)

krach n.m. Mot allemand. Avec **ch** qu'on prononce [k]. *Des krachs boursiers.*

kraft n.m. *Du papier kraft.*

kung-fu n.m.inv. Mot chinois. On prononce [koungfou].

kurde adj. et n. *Il est kurde. C'est un Kurde.* (Le nom de personne prend une majuscule.)

K-way n.m. Mot déposé. (Coupe-vent)

kyrielle n.f. Avec **y**. *Une kyrielle de gens sont venus.* Voir gramm. § 11(1).

kyste n.m. Avec **y**. *Un kyste au sein.*

L

l' → le

la → le

là adv.

- S'emploie comme particule précédée d'un trait d'union avec des mots démonstratifs, par opposition à *-ci* : *ce jour-là, celui-là.* **Voir *démonstratif* dans la partie grammaire.**
- S'emploie seul comme adverbe : *Viens là. Ils sont là. Restons-en là.* – REMARQUE La distinction entre *ici* ou *-ci* (= tout près) et *là* ou *-là* (= plus loin) ne se fait plus beaucoup, sauf pour marquer une opposition : *Ce sera celui-ci ou celui-là ? Toi, viens ici, et toi reste là !*
- On écrit avec un trait d'union : *là-bas, là-dedans, là-dessous, là-dessus, là-haut, par-ci par-là, de-ci de-là, jusque-là, halte-là.*
- On écrit sans trait d'union : *là même, par là.*
- On dit *là où j'irai* mais *c'est là que j'irai.*

là-bas adv.

label n.m.
▸ **labéliser** ou **labelliser** v.t.

labeur n.m.

laboratoire n.m. *Des travaux de laboratoire. Un laboratoire d'analyses médicales.* S'abrège en **labo** : *des labos photo.*
▸ **laborantin, -e** n.

laborieux, -euse adj.
▸ **laborieusement** adv.

labourer v.t. *Des terres labourées.*
▸ **labourage** n.m.
▸ **laboureur** n.m.

labrador n.m. (Chien) Sans *e*.

labyrinthe n.m. Le **y** est après le **b**.

lac n.m. *Le lac Léman.*

lacer v.t. Avec **ç** devant *a* et *o* : *il laçait, nous laçons. Lacer ses chaussures.* Ne pas confondre avec ***lasser*** (fatiguer).

lacérer v.t. CONJ.4 Avec **é** ou **è** : *nous lacérons, ils lacèrent. Des vêtements lacérés.*
▸ **lacération** n.f.

lacet n.m. *Des chaussures à lacets. Des routes en lacet.*

lâche adj. Avec **â**. *Un tissu trop lâche* (≠ serré). ◆ adj. et n. *Un homme lâche* (≠ courageux). *La peur des lâches.*
▸ **lâchement** adv. *Il a lâchement abandonné.*
▸ **lâcheté** n.f. *Faire preuve de lâcheté.*

lâcher v.t. Avec **â**. *Il a lâché la balle, il l'a lâchée.*
▸ **lâcher** n.m. *Un lâcher de ballons.*

laconique adj. *Une remarque laconique.*

lacrymal, -e, -aux adj. Avec **y**. *Les glandes lacrymales.*
▸ **lacrymogène** adj. *Une bombe lacrymogène* (= qui fait pleurer).

lacté, -e adj. *Des produits lactés. La Voie lactée.*

lacune n.f.

lacustre adj. Avec **tre**. *Une cité lacustre* (= au bord d'un lac).

là-dessous, **là-dessus** adv. Avec un trait d'union comme tous les adverbes formés avec ***là*** ou ***au***. Ne pas confondre avec les locutions formées avec ***en***, sans trait d'union : *en dessous, en haut, en bas.* → là

ladite → ledit

lagon n.m.

lagune n.f.

là-haut adv. Avec un trait d'union, contrairement à ***en haut***. → là

laïc, laïque adj. et n. Avec **ï**. – Au masculin on emploie **laïc** ou **laïque**. *Un établissement laïc, laïque.* Au féminin on emploie **laïque**. *L'école laïque.*
▸ **laïcité** n.f.

laid, -e adj.
▸ **laideur** n.f.

laine n.f. *Des pulls pure laine.*
▸ **lainage** n.m.

laïque → laïc

laisse n.f. *Des chiens tenus en laisse.*

laisser v.t. et v.pr. *J'ai laissé Marie à la gare. C'est là que je l'ai laissée, que nous nous sommes laissés.* – **laisser**, **se laisser** + infinitif : *J'ai laissé Marie partir, je l'ai laissée partir. Elle s'est laissée mourir* (= c'est elle qui meurt). *Elle s'est laissé embobiner* (= on l'embobine). Voir gramm. § 30. – REMARQUE Le participe *laissé* est invariable dans les expressions ***laisser entendre, laisser dire, se laisser faire***. – L'Académie française tolère le participe passé invariable lorsqu'il est suivi d'un infinitif (en particulier à la forme pronominale). Le Conseil supérieur de la langue française le recommande, sur le modèle de *fait*, toujours invariable quand il est suivi d'un infinitif.

laisser-aller n.m.inv. *Il y a du laisser-aller.*

laissez-passer n.m.inv. Avec **z**. Vient de *laissez-le passer*.

lait n.m. *Du chocolat au lait. Des laits de beauté. Du lait d'amande(s) douce(s).* – REMARQUE On écrit avec un trait d'union *petit-lait* : *Boire du petit-lait* ; et sans trait d'union *soupe au lait*. *Ils sont très soupe au lait.*
▸ **laitage** n.m.
▸ **laiterie** n.f.
▸ **laitier, -ière** adj. et n.

laiton n.m.

laitue n.f. *Des feuilles de laitue.*

laïus n.m. FAM. (Discours) Avec **ï**. On prononce le **s**.

lama n.m. *Des lamas.*

lambda adj.inv. (Du nom d'une lettre grecque) *Des individus lambda* (= quelconques).

lambeau n.m. *Tomber en lambeaux.*

lambris n.m. Avec **s**.
▸ **lambrissé, -e** adj. *Une pièce lambrissée.*

lame n.f. *Des couteaux à lame courte.* Voir gramm. § 13. – *Des lames de fond.*

lamelle n.f. *Du fromage en lamelles.*

lamentable adj.
▸ **lamentablement** adv.

lamenter (se) v.pr. *Ils se sont lamentés sur leur sort.*
▸ **lamentation** n.f. *Cessez vos lamentations.*

lampadaire n.m.

lampe n.f. *Des lampes de bureau, de chevet, de poche, (à) halogène. Des lampes-tempête. Des lampes-torches. Des lampes témoins.*

lampion n.m.

lance n.f. *Des lances d'incendie.*

> **lance-** Les mots composés avec **lance** prennent la marque du pluriel sur le second élément : ***des lance-flammes, des lance-missiles, des lance-pierres, des lance-roquettes.*** – REMARQUE Au singulier, ces mots peuvent s'écrire avec le second élément au pluriel : ***un lance-flamme(s), un lance-missile(s), un lance-pierre(s), un lance-roquette(s)***. On recommande de ne mettre la marque du pluriel que lorsque le mot est au pluriel, mais les deux orthographes sont correctes. Voir *Rectifications orthographiques*, pp. 513-514.

lancée n.f. *Ils sont sur leur lancée.*

lancer v.t. et v.pr. Avec **ç** devant *a* et *o* : *il lançait, nous lançons. Il nous a lancé des pierres. Les pierres qu'il nous a lancées, qu'ils se sont lancées. – Lancer un produit. – La police s'est lancée à sa poursuite.*
▸ **lancer** n.m. *Des lancers de ballon.*
▸ **lancement** n.m. *Des prix de lancement.*

lancinant, -e adj. *Une douleur lancinante.*

landau n.m. Avec *s* au pluriel : *des landaus.* Voir gramm. § 32(6).

lande n.f.

langage n.m. Sans *u*.

langoureux, -euse adj.

langouste n.f.
▸**langoustine** n.f.

langue n.f. *Avoir un mot sur le bout de la langue. Ils ont tenu leur langue.* – *Étudier les langues étrangères.* – REMARQUE Les noms de langues s'écrivent avec une minuscule. *Parler l'anglais, le français, l'espagnol.*

languir v.i. et v.pr. *Ne le faites pas languir. Je languis de le revoir. Je me languis de le revoir.*

lanière n.f. Avec un seul **n**.

lanterne n.f.

lapalissade n.f. *Dire des lapalissades* (= des évidences). S'écrit avec **ss** alors que le nom propre *La Palice* s'écrit avec un **c** ; *une vérité de La Palice, une lapalissade.*

laper v.t. Avec un seul **p**. *Le chat lape son lait.*

lapereau n.m. *Des lapereaux.*

lapidaire adj. *Une formule lapidaire.*

lapider v.t. *On a lapidé ces femmes, on les a lapidées.*
▸**lapidation** n.f. *Elles sont mortes par lapidation* (= par jet de pierres).

lapin n.m. **lapine** n.f.

la plupart → plupart

laps n.m. On prononce le **s**. Ne s'emploie que dans l'expression *laps de temps.*

lapsus n.m. On prononce le **s**.

laque n.f.
▸**laquer** v.t.

laquelle → lequel

larcin n.m. *De menus larcins.*

lard n.m. *Des bardes de lard.*
▸**lardon** n.m.

large adj. **1.** *Un couloir très large. Des idées larges. Être large d'idées. Être large* <u>avec</u> *quelqu'un* (= généreux). – **2.** Est invariable comme adverbe. *Vous voyez large.* ◆ n.m. *Ils sont au large. Nager au large.*
▸**largement** adv. *C'est largement suffisant.*
▸**largeur** n.f. *Un mètre de largeur.*
▸**largesse** n.f. *Prodiguer ses largesses.*

larguer v.t. Avec **gu**, même devant *a* et *o* : *il larguait, nous larguons. Les bombes qu'ils ont larguées.*
▸**largage** n.m. Sans *u*. *Le largage d'une bombe.*

larme n.f. *Fondre en larmes. Être en larmes. Des larmes de crocodile. La larme à l'œil.*
▸**larmoyer** v.i. CONJ.6 Avec **i** devant un *e* muet. *Ses yeux larmoient.*
▸**larmoyant, -e** adj.

larron n.m. Avec **rr**. *S'entendre comme larrons en foire.*

larve n.f. *Des larves d'insectes.*

larynx n.m. Avec **ry** comme dans *pharynx.*
▸**laryngite** n.f.

1. las interj. LITT. On prononce le **s** comme dans ***hélas***.

2. las, lasse adj. On ne prononce pas le **s** au masculin. *Il est las, elle est lasse. Parler d'un ton las. De guerre lasse.*

lasagne n.f. *Des lasagnes.*

lascar n.m. FAM. Sans *d*.

laser n.m. Reste au singulier dans *des rayons laser.*

lasser v.t. et v.pr. *Elle s'est lassée d'attendre.*
▸**lassant, -e** adj. *C'est lassant d'entendre toujours la même chose.*
▸**lassitude** n.f.

lasso n.m. *Des lassos.*

latent, -e adj. *À l'état latent.*

latéralisé, -e adj. *Une personne mal latéralisée confond sa gauche et sa droite.*

latex n.m. *Des gants en latex.*

latin, -e adj. et n.m.

latitude n.f. **1.** *Vous avez toute latitude pour agir.* – **2.** La latitude d'un lieu s'exprime en degrés, minutes et secondes d'angle. *Paris est à 48° 50′ de latitude Nord.*

latte n.f. *Des lattes de parquet.*

lauréat, -e adj. et n.

laurier n.m. *Des feuilles de laurier.* – REMARQUE On écrit avec un trait d'union *des lauriers-roses, des lauriers-sauce, des lauriers-tins* (avec *tin* et non ✕ *thym*).

lavabo n.m. *Des lavabos.*

lavande n.f. *De l'essence de lavande.* – Est invariable comme adjectif de couleur. *Des soies (couleur de) lavande. Des yeux bleu lavande.* Voir gramm. § 8.

lave n.f. *Des coulées de lave.*

laver v.t. et v.pr. *Laver du linge. Une machine à laver. Une nappe mal lavée. Elle s'est lavé les mains. Elle se les est lavées au savon.* Voir gramm. § 29(2 et 3). – REMARQUE L'élément **lave-** est toujours invariable dans les mots composés. Voir gramm. § 34.
▸ **lavable** adj. *Lavable en machine.*
▸ **lavage** n.m.
▸ **lave-glace** n.m. *Des lave-glaces.*
▸ **lave-linge** n.m.inv. *Des lave-linge.*
▸ **lave-mains** n.m.inv.
▸ **lave-vaisselle** n.m.inv. *Des lave-vaisselle.*

laxatif, -ive adj. et n.m. (Purgatif)

laxiste adj. et n. (Trop tolérant) *Une éducation laxiste.*
▸ **laxisme** n.m.

layette n.f. On prononce [lèyèt'].

le, la, les article défini et pron. personnel

• **le, la, les** sont des articles définis (ou déterminants) quand ils se rapportent à un nom. *Le chien, la chienne et les jeunes chiots.*

• Les articles **le** et **la** s'élident en **l'** devant une voyelle ou un *h* muet : *l'amour et l'amitié.* Voir *article* dans la partie grammaire.

• **le plus, le moins** → plus et moins.

• **le, la, les** sont pronoms personnels quand ils représentent un être, une chose, une phrase. *Je vois Marc, je le vois. Je vois Marie, je la vois. Je les entends, je les ai entendus. Je te le dirai.* – REMARQUE Après un verbe à l'impératif on met un trait d'union : *prends-le.*

• Les pronoms **le** et **la** s'élident en **l'** devant une voyelle ou un *h* muet. *J'ai vu Marie, je l'ai vue.* Voir *pronom personnel* dans la partie grammaire.

Accord du participe avec l'

1. *J'ai vu Pierre, je l'ai vu. J'ai vu Marie, je l'ai vue.* L'accord se fait avec le nom représenté par **l'**. Au pluriel, on pourrait dire *les* (je les ai vus).

2. *Je te l'ai déjà dit. Elle est plus forte que je l'avais cru.* Le participe est invariable quand **l'** représente une phrase. (On ne peut pas dire *les*.)

lé n.m. *Des lés de tissu.*

leader n.m. Mot anglais. On prononce [lideur].

leasing n.m. Mot anglais. On prononce [li-].

lécher v.t. CONJ.4 Avec **é** ou **è** : *nous léchons, ils lèchent. Ils s'en sont léché les babines.*

lèche-vitrines ou **lèche-vitrine** n.m.inv.

leçon n.f. *Je n'ai de leçons à recevoir de personne.*

lecture n.f. *Aimer la lecture. Des têtes de lecture.*
▸ **lecteur, -trice** n. *Le courrier des lecteurs. Une grande lectrice de romans policiers.* ◆ n.m. *Des lecteurs CD.*
▸ **lectorat** n.m. (Ensemble des lecteurs)

ledit, ladite adj. – Au pluriel : *lesdits, lesdites,* en un mot. S'emploie dans la langue juridique ou administrative. S'accorde en genre et en nombre avec le nom auquel il se rapporte. *Lesdits contrats. Ladite clause.*

légal, -e, -aux adj. *Des contrats légaux.*
▸ **légalement** adv.
▸ **légalité** n.f. *En toute légalité.*

légataire n. *Un légataire universel.*

légende n.f. *Les contes et légendes.*
▸ **légendaire** adj.

légiférer v.i. CONJ.4 Avec **é** ou **è** : *nous légiférons, ils légifèrent.*

légion n.f. Est invariable dans *être légion*. *Les touristes sont légion cet été.* – Prend une

majuscule dans *la Légion étrangère, la Légion d'honneur.*
▸**légionnaire** n.m. Avec **nn**.

législation n.f. *La législation d'un pays* (= l'ensemble des lois).
▸**législatif, -ive** adj. *Le pouvoir législatif. Les élections législatives.*
▸**législateur** n.m.
▸**législature** n.f. (Durée du mandat législatif)

légitime adj. *Une union légitime. Une revendication légitime.*
▸**légitimement** adv.
▸**légitimer** v.t.
▸**légitimité** n.f.

léguer v.t. CONJ.4 Avec **é** ou **è** : *léguez, lègue* ; et **gu** même devant *a* et *o* : *il léguait, nous léguons. La fortune qu'ils nous ont léguée.*
▸**legs** n.m. Avec **s**.

légume n.m. *Une soupe de légumes.*

leitmotiv n.m. Mot allemand. *Des leitmotivs.*

lendemain n.m. *Nous nous sommes vus le lendemain. Des lendemains qui chantent. Une histoire sans lendemain.*

lent, -e adj.
▸**lentement** adv.
▸**lenteur** n.f.

lentille n.f. *Une boîte de lentilles.*

léonin, -e adj. (Du lion) Avec **é**. *Une crinière léonine. Un partage léonin* (≠ équitable).

léopard n.m. Avec **d**.

lèpre n.f. Avec **è**.
▸**lépreux, -euse** adj. Avec **é**.
▸**léproserie** n.f. Avec **o**.

lequel, laquelle pron. interrogatif et relatif – Au pluriel : *lesquels, lesquelles. – C'est un point sur lequel je dois insister. Lesquels d'entre vous viendront ?* – Se combine avec les prépositions ***à*** et ***de*** : *auquel, à laquelle, auxquels, auxquelles ; duquel, de laquelle, desquels, desquelles. Ces choses auxquelles je pense.* Voir ***interrogatif*** et ***relatif*** dans la partie grammaire. – REMARQUE On entend de plus en plus *lequel* invariable. C'est une faute. On doit dire : *C'est une affaire sur laquelle je vais m'expliquer*, et non ✕ *sur lequel.*

les → le

lès prép. S'emploie dans certains noms de lieux : *Saint-Rémy-lès-Chevreuse*. Signifie « près de », comme l'ancienne forme **lez**.

lèse-majesté n.f.inv. *Des crimes de lèse-majesté.*

léser v.t. CONJ.4 Avec **é** ou **è** : *nous lésons, ils lèsent. On les a lésés.*

lésiner v.i. *Ils n'ont pas lésiné sur les fleurs.*

lésion n.f. *Des lésions cutanées.*

lesquels, lesquelles → lequel

lessive n.f. *Des doses de lessive.*
▸**lessiver** v.t.
▸**lessivage** n.m.

lest n.m. Sans *e*. *Lâcher du lest.* Ne pas confondre avec l'adjectif ***leste***.

leste adj. *Avoir la main leste.*

létal, -e, -aux adj. Sans *h*. *Une dose létale* (= mortelle).

léthargie n.f. Avec **h**.

lettre n.f. *Les lettres de l'alphabet. En toutes lettres. – Une lettre de félicitations, de condoléances, de remerciements. Des lettres de rappel, de recommandation, de démission. Du papier à lettres. – Une femme de lettres. Docteur ès lettres.* – **lettre morte** est invariable : *Ces recommandations sont restées lettre morte.*

Les noms de lettres

1. Autrefois du féminin, les noms de lettres sont aujourd'hui du masculin. *Un s, un t.* On n'élide plus l'article devant un nom de lettre. *Le a, le e. De A à Z.*

2. Les noms de lettres sont invariables. *Des a, des e.* Il en est de même pour les noms de lettres grecques. *Des rayons alpha, bêta.*

leucémie n.f.
▸**leucémique** adj. et n.

leucocyte n.m. (Globule blanc) Avec **y**.

L

leur adj. ou pron. possessif et pron. personnel

- L'adjectif possessif **leur** s'accorde en nombre avec le mot auquel il se rapporte. *Ils ont pris leurs bagages. Les Durand sont venus avec leur voiture.* Les formes du pronom possessif sont **le leur, la leur, les leurs**. *Vos tartes sont bonnes mais les leurs sont meilleures.* Voir *possessif* dans la partie grammaire.

- Le pronon personnel **leur** est invariable. *Je leur parle* (= à eux). *Donnez-leur de mes nouvelles.* Voir *pronom personnel* dans la partie grammaire.

On écrit *leur* ou *leurs* ?

1. *Je leur parle. Parle-leur.* On peut dire *lui*, c'est un pronom personnel invariable.

2. *C'est leurs affaires.* On peut dire *mes*, c'est un adjectif possessif variable. – *Ils n'ont jamais quitté leur village.* On peut dire « nous n'avons jamais quitté *notre* village » (= il y a un seul village). – *Ils n'ont jamais quitté leurs villages.* On peut dire « nous n'avons jamais quitté *nos* villages » (= il y a plusieurs villages).

leurre n.m. Avec **rr**.
▸ **leurrer** v.t. et v.pr. *On vous a leurrés* (= trompés). *Ne vous leurrez pas sur son compte.*

levage n.m. *Des appareils de levage.*

levain n.m. *Des pains au levain.*

levant adj.masc. *Le soleil levant.* ◆ n.m. On écrit avec une majuscule *les pays du Levant.*

levée n.f. *Une levée de boucliers. La levée du courrier.*

lever v.t. et v.pr. *Elle a levé la main. Elle se lève. Elle s'est levée.* ◆ v.i. *Le blé a bien levé.*
▸ **lever** n.m. *Au lever du soleil.*

lève-vitre n.m. *Des lève-vitres.*

levier n.m. *Des effets de levier. Être aux leviers de commande.*

lèvre n.f. *Du rouge à lèvres.*

lévrier n.m. (Chien) Avec **é**.

levure n.f.

lexique n.m. Avec **x** qui se prononce [ks].
▸ **lexical, -e, -aux** adj.

lez → lès

lézard n.m.

liaison n.f. Voir ce mot dans la partie grammaire. – *Des liaisons ferroviaires, maritimes.*

liane n.f.

liant, -e adj. *Elle n'est pas très liante.* ◆ n.m. *Donner du liant à une sauce.*

liasse n.f. *Une liasse de billets.*

libanais, -e adj. et n. *Il est libanais. C'est un Libanais.* (Le nom de personne prend une majuscule.)

libeller v.t. *Libeller un chèque.*

libellule n.f. Avec **ll** d'abord et **l** ensuite.

libéral, -e, -aux adj. et n.
▸ **libéraliser** v.t.
▸ **libéralisme** n.m.

libéralité n.f. LITT. (Générosité)

libérer v.t. et v.pr. CONJ. 4 Avec **é** ou **è** : *nous libérons, ils libèrent. On a libéré les prisonniers. Lesquels avez-vous libérés ? Nous nous sommes libérés pour samedi.*
▸ **libération** n.f. *La libération des prisonniers.* – On écrit avec une majuscule *la Libération* (de 1944).

liberté n.f. *Agir en toute liberté. La liberté d'action, d'expression, de réunion. – Prendre des libertés avec.*

libertin, -e adj. et n.
▸ **libertinage** n.m.

libido n.f.

libraire n. *Aller chez le libraire.*
▸ **librairie** n.f. *Aller à la librairie.*

libre adj. *Des hommes libres. La voie est libre.* – **libre arbitre** s'écrit sans trait d'union. – **libre penseur** s'écrit avec ou sans trait d'union. – **libre-échange** s'écrit avec un trait d'union.
▸ **librement** adv.

libre-service n.m. *Des libres-services.*

libyen, -enne adj. et n. Avec **by**. *Il est libyen. C'est un Libyen.* (Le nom de personne prend une majuscule.)

lice n.f. Ne s'emploie plus que dans l'expression *être, entrer en lice.*

licence n.f. Avec deux fois **c**. *Une licence de lettres. Une licence d'exploitation.*
▸ **licencié, -e** adj. et n. *Licencié ès lettres.*

licencier v.t. *On les a licenciés. Ils se sont fait licencier.* (*Fait* suivi d'un infinitif est invariable.) – ATTENTION À l'indicatif imparfait et au subjonctif présent : *(que) nous licenciions.* – Au futur et au conditionnel : *il licenciera(it).*
▸ **licenciement** n.m. Avec un **e** muet.

licencieux, -euse adj. *Des propos licencieux* (= contraires à la morale).

lichen n.m. Avec **ch** qu'on prononce [k].

licite adj. *Une activité tout à fait licite* (= légale).

licorne n.f.

lie n.f. *Boire le calice jusqu'à la lie.*
▸ **lie-de-vin** adj.inv. Adjectif de couleur invariable. *Des cravates lie-de-vin.*

liège n.m. *Des bouchons de liège.*

lien n.m. *Des affaires sans lien entre elles.*

lier v.t. et v.pr. *Le serment qui les lie. Ils sont liés par ce serment. Elles ont lié amitié avec... Elles se sont liées d'amitié avec...* – *Avoir les mains liées. Être pieds et poings liés.* – ATTENTION À l'indicatif imparfait et au subjonctif présent : *(que) nous liions.* – Au futur et au conditionnel : *il liera(it).*

lierre n.m. *Un mur couvert de lierre.*

liesse n.f. *Une foule en liesse l'accueillit.*

1. lieu n.m. *Un lieu, des lieux. Les noms de lieux. Être sur les lieux. Un lieu de vacances. Un lieu public, des lieux publics. Un lieu saint, des lieux saints,* et avec une majuscule *les Lieux saints.* – *En tout lieu* ou *en tous lieux. Un lieu commun, des lieux communs* (= banalités). *En premier lieu, en deuxième lieu, en dernier lieu.* – Est invariable dans *en lieu et place de, en temps et lieu, en lieu sûr.* On écrit *en haut lieu* (= auprès des autorités), mais *un haut lieu, des hauts lieux de* (= endroit mémorable). – **au lieu de, que** : *Prendre le train au lieu de l'avion. Partir au lieu de rester. Venez, au lieu que je vienne.* – **avoir lieu** : *Ces événements ont eu lieu dimanche.* – **donner lieu à** : *Ces textes donnent lieu à diverses interprétations.* – **il y a lieu (de, que)** : *Il n'y a pas lieu de s'inquiéter, que vous vous inquiétiez. S'il y a lieu, je le ferai.*

2. lieu n.m. (Poisson) Avec un *s* au pluriel : *des lieus.* Voir gramm. § 32(6).

lieu-dit n.m. *Des lieux-dits.*

lieue n.f. *Des bottes de sept lieues. J'étais à cent lieues, à mille lieues d'imaginer ça !*

lieutenant n.m. *Des femmes lieutenants.* Avec un trait d'union : *un lieutenant-colonel, des lieutenants-colonels.*

lièvre n.m. *Courir deux lièvres à la fois. Lever un lièvre.*

ligament n.m.

ligature n.f.

ligne n.f. *Du papier à lignes.* – *Des lignes de chemin de fer, de métro, de démarcation. Des lignes (à) haute tension. Des pilotes, des avions de ligne.* – *Ils sont en ligne. Des lignes de conduite. Ces faits n'entrent pas en ligne de compte.* – *Ils descendent en droite ligne de...*
▸ **lignage** n.m.
▸ **lignée** n.f. *Une lignée d'écrivains.*

ligoter v.t. Avec un seul **t**. *On les a ligotés.*

ligue n.f. Avec une majuscule dans certaines dénominations : *la Sainte Ligue, la Ligue des droits de l'homme.*

liguer (se) v.pr. Avec **gu**, même devant *a* et *o* : *en se liguant, nous nous liguons. Ils se sont ligués contre moi.*

lilas n.m. Avec **s**.

limace n.f. Avec **c**.
▸ **limaçon** n.m. Avec **ç**.

limaille n.f. *De la limaille de fer.*

limbes n.m.plur. *Un projet encore dans les limbes* (= vague). Avec **l**, ne pas dire ✕ *nimbes.*

lime n.f. *Une lime à ongles.*
▸ **limer** v.t. et v.pr. *Elle s'est limé les ongles. Elle se les est trop limés.* Voir gramm. § 29(2 et 3).

limier n.m. *Cette femme est un fin limier.*

liminaire adj. *Des remarques liminaires* (= en introduction).

limite n.f. *Un pouvoir sans limites.* – S'emploie sans trait d'union après un nom. *Des cas limites. Des vitesses limites.*
▸ **limiter** v.t. et v.pr. *Limiter ses dépenses. Sa déclaration s'est limitée à quelques mots.* – *Une confiance limitée.*
▸ **limitation** n.f. *Les limitations de vitesse.*

limitrophe adj. Avec **ph**. *Les départements limitrophes de Paris.*

limoger v.t. Avec **e** devant *a* et *o* : *il limogeait, nous limogeons. On a limogé ces officiers, on les a limogés.*
▸ **limogeage** n.m. Avec **gea**.

limon n.m.

limonade n.f. Avec un seul **n**.

limpide adj.
▸ **limpidité** n.f.

lin n.m. *De l'huile de lin. Des vêtements en lin.*

linceul n.m. Avec **c**. *Des linceuls.*

linéaire adj. et n.m. *Une carrière linéaire.* – *Les linéaires des grandes surfaces.*

linge n.m. *Des cordes à linge. Du linge de corps. Le linge de maison.* On écrit avec un trait d'union *lave-linge*.
▸ **lingerie** n.f.

lingette n.f.

lingot n.m. Avec **t**. *Des lingots d'or.*

linguiste n. On prononce [gu-ist] et non ✕ [gou-ist].
▸ **linguistique** n.f.

linotte n.f. *Des têtes de linotte.*

lion n.m. **lionne** n.f. **1.** *La cage aux lions. Le lion, la lionne et les lionceaux.* – **2.** Le signe astrologique prend une majuscule. *Ils sont (du signe du) Lion.*
▸ **lionceau** n.m. *Des lionceaux.*

lipide n.m. Avec un seul **p**. *Les lipides et les glucides.*

liposuccion n.f. Avec un seul **p** et **cc**.

lippe n.f. (Lèvre épaisse) Avec **pp**.

liquéfier v.t. et v.pr. *Liquéfier un gaz. La sauce s'est trop liquéfiée.* – ATTENTION À l'indicatif imparfait et au subjonctif présent : *(que) nous liquéfiions.* – Au futur et au conditionnel : *il liquéfiera(it).*
▸ **liquéfaction** n.f.

liqueur n.f. *Des verres à liqueur. De la liqueur de framboise.*

liquide adj. et n.m.

liquider v.t.
▸ **liquidation** n.f.

lire v.t. CONJ. 28 *Quels livres as-tu lus ? J'ai lu cela dans le journal.*
▸ **liseur, -euse** n. S'emploie pour une personne qui aime beaucoup lire. Sinon on emploie le terme neutre ***lecteur***.
▸ **lisible** adj.
▸ **lisiblement** adv.
▸ **lisibilité** n.f.

lis n.m. On prononce le **s**. *Des fleurs de lis.* – REMARQUE L'ancienne orthographe **lys** se rencontre dans des noms propres (lieux, œuvres). *Le Lys dans la vallée* (de Balzac).

lisse adj. *Une peau lisse.*
▸ **lisser** v.t.

liste n.f. *Une liste de noms.*
▸ **lister** v.t.
▸ **listage** n.m. *Faire le listage de.*
▸ **listing** n.m. Mot anglais qu'on peut remplacer par ***liste*** ou ***listage***.

lit n.m. *Des lits de camp. Des canapés-lits.*
▸ **literie** n.f.

litanie n.f. S'emploie surtout au pluriel.

lithographie n.f. Avec **th**.

litige n.m. *Régler un litige. Quels sont les points en litige ?*
▸ **litigieux, -euse** adj. *Les points litigieux d'un contrat.*

litre n.m. *Un litre et demi de lait suffira. Une bouteille de cinq litres (5 l).*

littéraire adj. et n. *Un texte littéraire* (= de littérature). Ne pas confondre avec ***littéral*** (= à la lettre). – *Les scientifiques et les littéraires.*

littéral, -e, -aux adj. *Une traduction littérale* (= à la lettre, au sens strict des mots).

Ne pas confondre avec ***littéraire*** (= de littérature).
▸ **littéralement** adv.

littérature n.f.

littoral n.m. Avec **tt**. *Un littoral, des littoraux.* Mais le mot s'emploie surtout au singulier. *Le littoral méditerranéen.*

lituanien, -enne adj. et n. *Il est lituanien. C'est un Lituanien.* (Le nom de personne prend une majuscule.) – REMARQUE On n'écrit plus *lithuanien* avec un *h*.

liturgie n.f.
▸ **liturgique** adj.

livide adj. *Un teint livide* (= blême).

living ou **living-room** n.m. Mot anglais. *Des livings. Des living-rooms.* – On dit plus souvent aujourd'hui ***salle de séjour*** ou ***séjour***.

1. livre n.m. *Des livres de poche. Des livres d'or. Un livre de comptes.* – **livre-cassette** : *des livres-cassettes.*

2. livre n.f. *Une livre de beurre. Une demi-livre de beurre. Une livre et demie de beurre sera suffisante.*

livrée n.f. Avec **ée**. *Des chauffeurs en livrée.*

livrer v.t. et v.pr. *On m'a livré ma commande. La commande qu'on m'a livrée. Elle s'est fait livrer.* (*Fait* suivi d'un infinitif est invariable.) – *Ils se sont livrés à la police.*
▸ **livraison** n.f. *Des camions de livraison.*
▸ **livreur, -euse** n.

livret n.m.

lob n.m. Mot anglais. (Terme de sport) Ne pas confondre avec ***lobe*** (de l'oreille).

lobby n.m. Mot anglais. Avec **bb**. *Des lobbys* ou quelquefois *des lobbies.* Voir gramm. § 37. On recommande de dire ***groupe de pression***.
▸ **lobbying** n.m. Avec **yi**.

lobe n.m. *Le lobe de l'oreille.* Ne pas confondre avec ***lob*** (en sport).

1. local n.m. *Un local, des locaux. Les locaux d'une entreprise.*

2. local, -e, -aux adj. *Une tradition locale. Des usages locaux.*
▸ **localement** adv.

localiser v.t. *On a localisé les malfaiteurs, on les a localisés.*

localité n.f.

location n.f. *Des appartements en location. La location-vente.*
▸ **locataire** n.

loch n.m. Mot écossais. Avec **ch** qu'on prononce [k]. *Le monstre du loch Ness.*

locomotion n.f. *Les modes de locomotion comme la marche, le vol. Les moyens de locomotion comme le train, l'avion.*
▸ **locomoteur, -trice** adj. *L'appareil locomoteur.*

locomotive n.f.

locuteur, -trice n.

locution n.f. Voir ce mot dans la partie grammaire.

loge n.f. *Être aux premières loges.*

loger v.i., v.t. et v.pr. Avec **e** devant *a* et *o* : *il logeait, nous logeons. Loger chez l'habitant. On les a logés chez nous. Ils ont du mal à se loger.*
▸ **logement** n.m.

loggia n.f. Mot italien. Avec **gg** qu'on prononce [dj]. *Des loggias.*

logiciel n.m.

logique adj. et n.f. *Un raisonnement logique. Manquer de logique.*
▸ **logiquement** adv.

logis n.m.

logistique n.f. et adj. *La logistique de la distribution. Un soutien logistique.*

logo n.m. *Les logos des sociétés.*

loi n.f. *Des textes de loi. Ces textes font loi. Ils ont force de loi. Les tables de la Loi.* – On écrit avec un trait d'union *des lois-programmes, des lois-cadres, des décrets-lois.*

loin adv. Est invariable. *Ils sont loin. Au loin. De loin en loin. Vus de loin, ils se ressemblent.*
▸ **lointain, -e** adj. et n.m. *Des villes lointaines.* – *Dans le lointain.*

loir n.m. Sans *e*. *Dormir comme un loir.*

L

loisir n.m. *Avoir le loisir de choisir. Faire quelque chose (tout) à loisir.* – *Une vie de loisirs. Un centre de loisirs.*

lombago n.m. Autre orthographe de **lumbago**.

lombaire adj. et n.f. *Les vertèbres lombaires.*

long, longue adj. **1.** *Des cheveux longs. Une jupe longue. Ils ont été longs à se décider.* – **2.** Est invariable comme adverbe et dans de nombreuses expressions. *Ils en savent long sur toi. Cela en dit long. S'habiller long.* – On écrit avec un trait d'union *des avions **long-courriers**.* ◆ n.m.sing. *Le long de la plage. Il est tombé de tout son long. Tout au long de l'hiver.*

longer v.t. Avec **e** devant *a* et *o* : *il longeait, nous longeons.*

longévité n.f.

longiligne adj.

longitude n.f. La longitude d'un lieu s'exprime en degrés, minutes et secondes d'angle. *Paris est à 2° 24' de longitude Est.*

long-métrage n.m. *Des longs-métrages.* – REMARQUE Peut s'écrire sans trait d'union : *un long métrage.*

longtemps adv. Avec **s** comme dans ***temps***.

longue → long

longuement adv. *On a longuement discuté.*

longueur n.f. *Les unités de longueur. À longueur de temps.*

longue-vue n.f. *Des longues-vues.*

look n.m. Mot anglais. On prononce [louk].

looping n.m. Mot anglais. On prononce [lou-].

lopin n.m. *Quelques lopins de terre.*

loquace adj. Avec **c**. *Elle n'a pas été très loquace.*

loque n.f. *Un manteau qui tombe en loques.*

lorgnette n.f. *Regarder par le petit bout de la lorgnette.*

lors adv. LITT. *Lors de notre voyage. Je ne l'ai pas revu depuis lors. Dès lors il ne m'a plus adressé la parole.*

lorsque conj.

- Introduit un complément de temps. *Lorsque tu viendras.*
- On écrit **lorsqu'** devant ***il, elle, en, on, un, une***. On écrit **lorsque** devant les autres mots commençant par une voyelle. *Lorsqu'ils viendront.* Mais *Lorsque arrivent les vacances.*

losange n.m.

lot n.m. *Gagner le gros lot. Un lot de livres.*

loterie n.f.

loti, -e adj. *Être bien, mal loti.*

lotion n.f. *Des lotions après-rasage.*

lotir v.t. *Lotir un terrain.*
▸**lotissement** n.m.

loto n.m.

lotte n.f. (Poisson) Avec **tt**.

lotus n.m. On prononce le **s**.

louange n.f. *Être digne de louange(s). Un concert de louanges.*

1. louche adj. *Un individu louche.*

2. louche n.f. *Deux louches de bouillon.*

loucher v.i.

louer v.t. et v.pr. **1.** (Prendre en location) *Ils ont loué une voiture. Quelle voiture ont-ils louée ? Ils se sont loué une quatre-quatre. C'est une quatre-quatre qu'ils se sont louée.* Voir gramm. § 29(3) – **2.** (Féliciter) *Loué soit le Ciel ! Ils se sont loués de leur initiative.*

loup n.m. Avec **p**. *Crier aux loups.* – REMARQUE La femelle s'appelle la **louve**.

loupe n.f. *Regarder quelque chose à la loupe.*

louper v.t. FAM. (Rater)

loup-garou n.m. *Des loups-garous.*

lourd, -e adj. **1.** *Une valise trop lourde. Des poids lourds.* – **2.** Est invariable comme adverbe. *Ils pèsent lourd.*
▸**lourdement** adv.
▸**lourdeur** n.f.

lourdaud, -e adj. et n.

loustic n.m. FAM. Avec **c**. *Un drôle de loustic.*

louve n.f. *Le loup, la louve et les louveteaux.*
▸ **louveteau** n.m. *Des louveteaux.*

louvoyer v.i. CONJ.6 Avec **i** devant un *e* muet : *il louvoie.*

lover (se) v.pr. *La chatte s'est lovée contre lui.*

loyal, -e, -aux adj. *Des hommes loyaux en affaires.*
▸ **loyalement** adv.
▸ **loyauté** n.f.

loyaliste adj. et n.

loyer n.m. *Payer son loyer.*

lubie n.f.

lubrique adj. *Un individu lubrique a un penchant pour la luxure.*
▸ **lubricité** n.f.

lucarne n.f.

lucide adj. *Un regard lucide sur les événements.*
▸ **lucidité** n.f. *Avec lucidité.*

luciole n.f. Avec un seul **l**. ➜ -ole/-olle

lucratif, -ive adj. *Une activité lucrative.*
▸ **lucre** n.m. LITT. (Profit)

ludique adj. *Des activités ludiques* (= pour jouer).
▸ **ludo-éducatif, -ive** adj.
▸ **ludothèque** n.f.

luette n.f.

lueur n.f. *À la lueur des bougies. Des lueurs d'espoir.*

luge n.f.

lugubre adj.

lui pron. personnel Voir *pronom personnel* dans la partie grammaire. – Attention au trait d'union et à l'ordre des pronoms après l'impératif. *Donne-lui la carte, donne-la-lui.*

luire v.i. CONJ.30, sauf au participe passé : *lui. Ses yeux luisent de plaisir.*
▸ **luisant, -e** adj. *Une peau luisante.* Ne pas confondre avec le participe présent invariable : *sa peau luisant au soleil.* Voir gramm. § 31(2).

lumbago n.m. *Des lumbagos.* – REMARQUE On écrit aussi **lombago**.

lumière n.f. *Allumer, éteindre la lumière. Les événements mis en lumière. Des habits de lumière. Le siècle des Lumières.* – On écrit *année-lumière* avec un trait d'union : *des années-lumière.*

luminaire n.m. *Un magasin de luminaires.*

lumineux, -euse adj.
▸ **luminosité** n.f. Avec **o**.

l'un – **l'un l'autre** ➜ un[2]

lunaire adj. *Un paysage lunaire.*

lunatique adj. et n.

lunch n.m. *Des lunchs.* Voir gramm. § 37.

lundi n.m. *Tous les lundi*s *matin.* ➜ jour

lune n.f. Avec une minuscule en langue courante et une majuscule en astronomie. *Être dans la lune. De beaux clairs de lune. Les phases de la Lune.*

luné, -e adj. Ne s'emploie que dans l'expression *être bien, mal luné. Elle est mal lunée aujourd'hui.*

lunette n.f. *Porter des lunettes.*
▸ **lunetterie** n.f. Avec **tt**.
▸ **lunetier, -ière** adj. et n. Avec un seul **t**.

lurette n.f. Ne s'emploie que dans l'expression *il y a belle lurette* (= il y a longtemps).

luron, -onne n. FAM.

lustre n.m.

luth n.m. Avec **h**.

luthier n.m. Avec **h**. *Le luthier fabrique des instruments de musique.* Ne pas confondre avec le joueur de luth (*luthiste*).

lutin n.m.

lutte n.f. *Les peuples en lutte contre...*
▸ **lutter** v.i.
▸ **lutteur, -euse** n.

luxation n.f. *Une luxation de la hanche.*

luxe n.m. *Un luxe de détails. Des voitures de luxe.*
▸ **luxueux, -euse** adj.
▸ **luxueusement** adv.

luxembourgeois, -e adj. et n. *Il est luxembourgeois. C'est un Luxembourgeois.* (Le nom de personne prend une majuscule.)

luxure n.f. LITT. (Goût pour les plaisirs sexuels)

luxuriant, -e adj. *Une végétation luxuriante.*

luzerne n.f. *Des champs de luzerne.*

lycée n.m. Nom masculin avec **ée**, comme *musée, caducée, mausolée...*
▸**lycéen, -enne** adj. et n.

lymphatique adj. Avec **y**. *Une personne lymphatique* (= amorphe).

lyncher v.t. Avec **y**. *On les a lynchés. Ils se sont fait lyncher.* (*Fait* suivi d'un infinitif est invariable.)

lynx n.m. On prononce [links]. *Des yeux de lynx.*

lyophilisé, -e adj. Avec **y** au début du mot. *Du café lyophilisé.*

lyre n.f. Avec **y**. *Jouer de la lyre.*

lyrique adj. *L'art lyrique* (= du chant). – *Une envolée lyrique* (= pleine d'exaltation).
▸**lyrisme** n.m.

lys m. Orthographe vieillie de **lis**.

M

ma adj. possessif Voir *possessif* dans la partie grammaire.

macabre adj.

macaron n.m.

macaroni n.m. Mot italien. *Des macaronis.* Voir gramm. § 37.

macchabée n.m. FAM. (Cadavre) Avec **cch** qu'on prononce [k]. – Est du masculin malgré la finale en **ée** comme ***musée, mausolée, lycée***...

macédoine n.f. *De la macédoine de légumes.*

macérer v.i. CONJ. 4 Avec **é** ou **è** : *macérant, il macère. Laisser les cerises macérer. Des cerises macérées dans l'eau-de-vie.*
▸ **macération** n.f.

mâche n.f. (Salade) Avec **â**.

mâcher v.t. Avec **â**.

machette n.f. (Couteau) Sans accent circonflexe.

machiavélique adj. Avec **ch** qu'on prononce [k]. (Du nom de *Machiavel*.)

machinal, -e, -aux adj. *Des gestes machinaux.*
▸ **machinalement** adv.

machination n.f.

machine n.f. *Des machines à laver. Une machine à sous. Une machine-outil, des machines-outils. – Faire machine arrière.*

macho n.m. Mot espagnol. On prononce [tcho]. – Est invariable et familier comme adjectif : *des idées macho* (= machistes).
▸ **machisme** n.m. On prononce [ch] ou [tch].
▸ **machiste** adj. et n.

mâchoire n.f. Avec **â** comme dans ***mâcher***.

maçon n.m.
▸ **maçonnerie** n.f.

macro n.f. Abréviation de *macro-instruction* en informatique. *Des macros.*

> **macro-** Les mots formés avec **macro-** s'écrivent sans trait d'union, sauf si le second élément commence par *i* : ***macroéconomie, macro-instruction***.

maculer v.t. *Des draps maculés de sang.*

madame n.f. **1.** Employé comme titre, **madame** fait au pluriel **mesdames** : *J'ai rencontré madame Durand. Permettez-moi de vous présenter mesdames Durand et Legrand. Bonjour, madame le proviseur.* – S'abrège en ***Mme*** ou ***Mmes*** uniquement devant un nom propre, jamais devant un nom de fonction : *Mme Durand, madame le maire.* – **2.** Prend une majuscule, par politesse, dans une lettre, une invitation, etc. *Chère Madame,...* – **3.** Employé comme nom, avec l'article, **madame** fait au pluriel **madames** : *Jouer les madames.*

madeleine n.f.

mademoiselle n.f. **1.** Employé comme titre, **mademoiselle** fait au pluriel **mesdemoiselles** : *J'ai rencontré mademoiselle Durand. Permettez-moi de vous présenter mesdemoiselles Durand et Legrand.* – S'abrège en ***Mlle*** (et non ✕ *Melle*) ou ***Mlles*** uniquement devant un nom propre : *Mlle Durand, mademoiselle votre fille.* – **2.** Devant un nom de fonction, on dit aujourd'hui ***madame***, qu'il s'agisse d'une femme mariée ou non. – **3.** Prend une majuscule, par politesse, dans une lettre, une invitation, etc. *Chère Mademoiselle,...* – **4.** Employé comme nom, avec l'article, **mademoiselle** fait au pluriel **mademoiselles**, mais cet emploi est vieilli ou familier. On dit plutôt *demoiselle* : *Jouer les mademoiselles.*

madère n.m. *Un verre de madère.* – Les noms de produits (vins, fromages, etc.) d'une ville ou d'une région s'écrivent avec une minuscule.

madone n.f.

maestro n.m. Mot italien. *Des maestros.*
▸**maestria** n.f. *Jouer avec maestria.*

mafia ou **maffia** n.f. Mot italien.
▸**mafieux** ou **maffieux, -euse** adj. et n.
– REMARQUE L'orthographe avec **ff** est vieillie.

magasin n.m. Avec **s**. *Des magasins d'alimentation. Un magasin de disques.*

magasinier, -ière n.

magazine n.m. Avec **z**. *Des magazines de mode.*

mage n.m. *Les Rois mages.*

magenta n.m. (Couleur rouge) Avec **en** qu'on prononce [in]. – Est invariable comme adjectif. *Des rouges magenta.* Voir gramm. § 8.

maghrébin, -e adj. et n. Avec **gh**. *Il est maghrébin. C'est un Maghrébin.* (Le nom de personne prend une majuscule.)

magie n.f. *Des tours de magie.*
▸**magique** adj.
▸**magicien, -enne** n.

magistral, -e, -aux adj. *Des cours magistraux.*

magistrat n.m. Avec **t**. – REMARQUE On rencontre le féminin ***magistrate***.
▸**magistrature** n.f.

magma n.m.

magnanime adj. *Ils se sont montrés magnanimes pour, envers, à l'égard de leurs concurrents* (= généreux).

magnat n.m. Avec **t**. On prononce [gn] ou [g'n]. *Les magnats de la presse.*

magnésium n.m. On prononce [om].

magnétique adj. *Des bandes magnétiques.*

magnétisme n.m.

magnéto n.m. Abréviation de **magnétophone** et de **magnétoscope**. *Des magnétos.*

magnétophone n.m.

magnétoscope n.m.

magnificence n.f. LITT. (Splendeur) Ne pas confondre avec ***munificence*** (générosité).

magnifique adj.
▸**magnifiquement** adv.

magnitude n.f.

magnolia n.m. *Des magnolias.*

magnum n.m. On prononce [mag'nom]. *Des magnums de champagne.*

magot n.m. Avec **t**.

mai n.m. *Paris, le 3 mai.* – Les noms de mois s'écrivent avec une minuscule. → date

maigre adj. et n.
▸**maigreur** n.f.
▸**maigrir** v.i.

1. mail n.m. On prononce [may'] comme dans *rail. Se promener sur le mail.*

2. mail n.m. Mot anglais. Abréviation de **e-mail**. On prononce [mèl] et on recommande d'écrire ***mél***, abréviation de *message électronique*.

mailing n.m. Mot anglais. On recommande ***publipostage***.

maille n.f. **1.** *Les mailles d'un tricot. Une cotte de mailles. Des vêtements en maille.* – **2.** Est resté, au sens ancien de « petite monnaie, chose sans importance », dans l'expression *avoir maille à partir avec quelqu'un*.

maillon n.m. *Les maillons de la chaîne.*

maillot n.m. *Des maillots de bain.*

main n.f. Est invariable dans *fait main, cousu main : des chaussures cousues main* (= à la main). – **à main** reste au singulier : *des sacs à main, des freins à main, des votes à main levée, des attaques à main armée.* – **de main** reste au singulier : *des coups de main, des poignées de main, en un tour de* *main, de première main, passer de main en main, des hommes de main, ne pas y aller de main morte.* – **en main** est au singulier ou au pluriel : *prendre en main une affaire, remettre une lettre en main(s) propre(s), avoir la situation en main, vendre clés en main, être en bonnes mains.* – **mains libres** s'écrit en deux mots : *un téléphone mains libres* – **main-forte** s'écrit avec un trait d'union : *Prêter main-forte à.* – **mainmise** s'écrit en un mot : *Avoir la mainmise sur un secteur économique.*

main-d'œuvre n.f. *Des mains-d'œuvre.*

maint, -e adj. indéfini S'emploie le plus souvent au pluriel. *Je vous l'ai dit maintes et maintes fois. À maintes occasions.*

maintenance n.f. *Employé à la maintenance des appareils.*

maintenant adv. *Jusqu'à maintenant.*

maintenir v.t. et v.pr. CONJ. 10 *Il a maintenu sa candidature, il l'a maintenue. Si les prix se maintiennent...*

maintien n.m. *Des cours de maintien.*

maire n.m. *Le maire de Paris. Monsieur, Madame le maire.* – REMARQUE L'emploi au féminin commence à se répandre : *la maire de Strasbourg.*
▸ **mairie** n.f. *Des employés de mairie.*

mais conj. de coordination *Il plie, mais ne rompt pas.* – On met une virgule devant **mais**.

maïs n.m. Avec **ï**.

maison n.f. *Des maisons de campagne, de ville. Des employés de maison.* – Est invariable après un nom : *des terrines maison* (= faites à la maison). Voir gramm. § 10.
▸ **maisonnée** n.f.

maître, maîtresse n. et adj. Avec **î**. *Un maître, une maîtresse d'école. Un maître, une maîtresse de maison. – Un maître mot. Une idée maîtresse. Un atout maître, une carte maîtresse.* ◆ **maître** n.m. **1.** Sans féminin pour le titre : *Maître Marie Dubois*, mais on rencontre parfois *chère Maître.* – **2.** Forme des mots composés avec ou sans trait d'union : *des maîtres chanteurs, des maîtres d'hôtel, des maîtres d'œuvre, des maîtres queux, des maîtres-chiens, des maîtres-assistants, des maîtres-nageurs, des maîtres-penseurs.* – **3.** S'emploie dans de nombreuses locutions. *Des coups de maître. Ils ont agi en maître. Ils sont passés maîtres dans cet exercice. Ils se sont rendus (elles se sont rendues) maîtres de la situation. Elle est maître à cœur. Elle est maître de rester ou de partir.* – REMARQUE On emploie le masculin ou le féminin dans : *Elle est maître, maîtresse d'elle-même.*

maîtrise n.f. Avec **î**. *Garder la maîtrise des événements. Elle manque de maîtrise de soi. – Des agents de maîtrise.*
▸ **maîtriser** v.t. et v.pr. *On a maîtrisé les forcenés, on les a maîtrisés. Elle ne s'est pas maîtrisée.*

majesté n.f. On écrit avec des majuscules *Votre Majesté, Sa Majesté.* – L'accord se fait avec le mot *majesté* : *Sa Majesté est arrivée*, sauf si l'expression est suivie d'un nom, qui commande alors l'accord : *Sa Majesté le roi est arrivé.* – **pluriel de majesté** → nous

majestueux, -euse adj.
▸ **majestueusement** adv.

majeur, -e adj. *La majeure partie des étudiants est là. Des cas de force majeure.*

major n.m. et n.f. **1.** Est du masculin pour désigner la personne. *Le major d'une promotion.* – **2.** Est du féminin pour désigner une entreprise de premier plan. *Une major de l'édition musicale.* – **3.** On écrit avec un trait d'union *les états-majors, sergents-majors, tambours-majors.*

majorer v.t. *Les prix ont été majorés de 8 %.*
▸ **majoration** n.f.

majorité n.f. *Les étudiants sont en majorité des jeunes. La majorité des étudiants est* ou (si on insiste sur le grand nombre) *sont en grève. La majorité des femmes sont mères à cet âge.* Voir gramm. § 39. *La majorité d'entre nous est partie* ou *sont partis manifester.*
▸ **majoritaire** adj.
▸ **majoritairement** adv.

majuscule adj. et n.f. *Une lettre majuscule. Une majuscule.*

m

Emploi de la majuscule

On met une majuscule

– Au début d'une phrase : *La pluie tombe.*

– À l'initiale des noms propres : *Marie Durand, habiter en France, la planète Terre*; et à certains noms communs quand ils sont employés comme noms propres : *le Créateur, vivre dans le Midi* (= la région), *la Révolution française, le journal Le Monde.*

– Aux noms de marques (mots déposés) : *une Cocotte-Minute, un Kleenex.*

– À certains noms employés comme titres : *Votre Altesse, cher Monsieur, merci Docteur* (mais *une altesse royale, monsieur votre père, il est docteur en médecine*).

– Aux noms d'habitants, de nationalités ou de peuples : *un Parisien, un Français, un Sioux* ; mais pas s'il s'agit d'une religion : *un chrétien, un musulman.*

On ne met pas la majuscule

– Aux noms de mois, sauf s'il s'agit d'une date historique : *le 5 août,* mais *fêter le 14 Juillet.*

– Aux noms de vins, de fromages produits dans la région dont ils prennent le nom : *un bourgogne, un cantal.*

– Aux noms de langues : *le français, l'anglais.*

– Aux termes génériques de géographie (*océan, mer, mont, golfe...*) : *l'océan Atlantique, le mont Blanc, le lac Léman, l'île de Ré...*, sauf s'il font partie intégrante du nom propre : *le massif du Mont-Blanc, Golfe-Juan, l'Île-de-France...*

1. mal adv. *Il a mal travaillé. Elle s'est sentie mal. Ils sont mal en point.* – REMARQUE Les mots formés avec **mal** s'écrivent en un seul mot ou en deux mots : *malpoli* ; *malfamé* ou *mal famé* ; *malentendant* ; *mal-aimé* ou *mal aimé* ; *malchanceux*, etc. – **pas mal** s'emploie avec la négation au sens qualitatif de « assez bien » : *Il n'a pas mal travaillé du tout*; sans négation au sens quantitatif de « assez, beaucoup » : *Il a pas mal travaillé ces derniers temps.* – **pas mal (de)** : *J'ai pas mal de travail et pas mal d'ennuis en ce moment.* Employée seule, l'expression entraîne l'accord avec le complément sous-entendu. *Il y avait beaucoup d'invités et pas mal n'ont pas pu entrer.*

2. mal n.m. *Un mal, des maux. Des maux de tête, de gorge, de dents.* Reste au singulier dans *avoir mal, faire mal, faire du mal, faire le mal.*

malade adj. et n.
▸ **maladie** n.f. *On contracte une maladie, on recouvre la santé.* – Est invariable dans *des congés maladie, des assurances maladie.*
▸ **maladif, -ive** adj.

maladresse n.f. *Commettre une maladresse.*
▸ **maladroit, -e** adj. et n.
▸ **maladroitement** adv.

malais, -e adj. et n. *Il est malais. C'est un Malais.* (Le nom de personne prend une majuscule.)

malaise n.m.

malaxer v.t.

malchance n.f. En un mot.
▸ **malchanceux, -euse** adj.

malcommode adj. En un mot.

maldonne n.f. *Il y a eu maldonne.*

mâle adj. et n.m. Avec **â**.

malédiction n.f.

maléfique adj. *Un pouvoir maléfique.*

malencontreux, -euse adj. *Un malencontreux incident* (= qui tombe mal).

malentendant, -e adj. et n.

malentendu n.m. *Dissiper les malentendus.*

mal-être n.m.inv. Avec un trait d'union.

malfaçon n.f. En un mot.

malfaisant, -e adj. Avec **ai** qu'on prononce [e] comme pour le participe présent *faisant*.

malfaiteur n.m. Avec **ai** qu'on prononce [è]. *Une bande de malfaiteurs.*

malfamé, -e adj. Peut s'écrire en deux mots. *Des endroits malfamés* ou *mal famés.*

malformation n.f.

malgache adj. et n. *Il est malgache. C'est un Malgache.* (Le nom de personne prend une majuscule.)

malgré prép. S'emploie suivi d'un nom ou d'un pronom. *Il est sorti malgré le froid. Je l'ai fait malgré moi. On ira malgré tout.* – **malgré que** + subjonctif est courant et employé par de nombreux auteurs. *Il est sorti malgré qu'il fasse froid.* Mais l'emploi de cette conjonction reste critiqué. On dira plutôt ***bien que*** ou ***quoique***.

malheur n.m. Avec **h** comme dans ***bonheur***.
▸**malheureux, -euse** adj. et n.
▸**malheureusement** adv.

malhonnête adj. et n. Avec **ê** comme dans ***honnête***.
▸**malhonnêtement** adv.
▸**malhonnêteté** n.f.

malice n.f. *Un regard plein de malice.*
▸**malicieux, -euse** adj.
▸**malicieusement** adv.

malien, -enne adj. et n. *Il est malien. C'est un Malien.* (Le nom de personne prend une majuscule.)

malin, maligne adj. et n. *Il est malin, elle est maligne. Une petite maligne. Une tumeur maligne* (= grave). – Attention au féminin avec **igne** comme dans ***bénin, bénigne***.

malingre adj.

malle n.f.
▸**mallette** n.f.

malléable adj. Avec **ll**.

malmener v.t. CONJ.2 Avec **e** ou **è** : *nous malmenons, ils malmènent. On les a un peu malmenés.*

malnutrition n.f. *Souffrir de malnutrition.*

malodorant, -e adj.

malotru, -e n.

malpoli, -e adj. et n.

malpropre adj. et n.

malsain, -e adj. *Une atmosphère malsaine.*

malt n.m. Sans *e*. *Des bières pur malt.*

maltais, -e adj. et n. *Il est maltais. C'est un Maltais.* (Le nom de personne prend une majuscule.)

maltraiter v.t. *Ils ont maltraité leurs enfants, ils les ont maltraités.*
▸**maltraitance** n.f.

malus n.m. On prononce le **s**. *Des malus.*

malveillance n.f.
▸**malveillant, -e** adj.

malvenu, -e adj. En un mot. *Vous êtes malvenu de ou à vous plaindre. Vos critiques sont malvenues.*

malversation n.f. *Commettre des malversations.*

mal-vivre n.m.inv.

malvoyant, -e adj. et n.

maman n.f. On écrit avec un trait d'union *belle-maman, bonne-maman*.

mamelle n.f. Avec un seul **m**, contrairement à *mammifère*.
▸**mamelon** n.m.

mammaire adj. *La glande mammaire.* – Avec **mm** comme pour tous les mots relatifs au sein : ***mammographie, mammectomie, mammoplastie***.

mammifère n.m. Avec **mm**.

mammouth n.m. Avec **mm** et **th**.

management n.m. Mot anglais. On prononce [manadjmant] ou [manajman], à la française.
▸**manager** n.m. On prononce [mana(d)jeur]. On recommande d'écrire **manageur**, à la française.

manche n.m. et n.f. **1.** Est du masculin pour désigner la partie d'un outil. *Le manche d'un couteau. Des manches à balai.* – **2.** Est du féminin pour la partie d'un vêtement, d'un jeu. *Une robe à manches longues. Une robe sans manches. Un match en trois manches.*

manchot, -e adj. et n. Avec un **t** qui ne se prononce pas au masculin.

mandarine n.f.
▸**mandarinier** n.m.

mandat n.m. *Des mandats d'arrêt, d'amener. – Des mandats-lettres, des mandats-cartes.*

mandater v.t. *On nous a mandatés pour...*

mandoline n.f.

m

manège n.m. *Des tours de manège.*

manette n.f.

manga n.m. (Bande dessinée japonaise) Est du masculin : *un manga, des mangas.*

manger v.t. Avec **e** devant *a* et *o* : *il mangeait, nous mangeons. Il a mangé les pommes, il les a toutes mangées? Il en a mangé trois.* → en² ◆ n.m. *Il en a perdu le boire et le manger.* – REMARQUE *Apporter son manger* est populaire. On dira *apporter son repas.*
▸ **mangeable** adj.
▸ **mangeoire** n.f.

mangue n.f.
▸ **manguier** n.m.

> **-mania** Mot grec qui signifie « folie » et qu'on emploie librement comme suffixe féminin pour indiquer un goût très prononcé pour quelque chose ou quelqu'un : *la Disneymania, la télémania.*

maniable adj. *Une voiture maniable.*
▸ **maniabilité** n.f.

maniaque adj. et n.
▸ **maniaquerie** n.f.

manichéen, -enne adj. et n. Avec **ch** qu'on prononce [k]. *Une vision manichéenne du monde avec les bons et les méchants.*
▸ **manichéisme** n.m.

manie n.f. *À chacun ses petites manies. Avoir la manie de la propreté.*

manier v.t. *Manier une arme avec précaution.* – ATTENTION À l'indicatif imparfait et au subjonctif présent : *(que) nous maniions.* – Au futur et au conditionnel : *il maniera(it).*
▸ **maniement** n.m. Avec un **e** muet.

manière n.f. *De toute manière* (= quoi qu'il en soit). *De toutes les manières* (= de toutes les façons). *Faire des manières. Sans faire de manières. De quelque manière que ce soit.* – **de (telle) manière que** est suivi du subjonctif pour indiquer le but : *de manière que chacun ait sa chance*; et de l'indicatif pour marquer le résultat, la conséquence : *de telle manière que chacun a eu sa chance.*
▸ **maniéré, -e** adj. *Une personne maniérée.*

manif n.f. FAM. Abréviation de **manifestation** *Des manifs.*

manifeste adj. *Une erreur manifeste.* ◆ n.m. *Le manifeste d'un parti politique.*
▸ **manifestement** adv. *Il s'agit manifestement d'une erreur.*

manifester v.t. et v.pr. *Il nous a manifesté ses sentiments. Les sentiments qu'il nous a manifestés... – La maladie s'est vite manifestée. Trois candidats se sont manifestés.* ◆ v.i. *Les étudiants manifestent contre la réforme.*
▸ **manifestation** n.f. *La manifestation de la vérité. – Participer à une manifestation politique* (s'abrège en ***manif***).
▸ **manifestant, -e** n.

manigance n.f. PÉJOR. S'emploie surtout au pluriel.
▸ **manigancer** v.t. Avec **ç** devant *a* et *o* : *il manigançait, nous manigançons.*

manioc n.m. On prononce le **c**.

manipuler v.t. *Ils se sont laissé manipuler. On les a manipulés.*
▸ **manipulation** n.f.
▸ **manipulateur, -trice** adj. et n.

manitou n.m. FAM. *Des grands manitous.*

manivelle n.f. *Des tours de manivelle.*

manne n.f. LITT. (Nourriture miraculeuse) Avec **nn**. *La manne céleste.* Ne pas confondre avec *mânes* (âmes des morts).

mannequin n.m.

manœuvre n.f. et n.m. Avec **œ**. **1.** Est féminin pour l'action de manœuvrer. *Une fausse manœuvre. Un champ de manœuvre(s).* – **2.** Est masculin pour désigner l'ouvrier.
▸ **manœuvrer** v.t. et v.i. *Manœuvrer un engin. – Ils ont bien manœuvré.*

manoir n.m.

manquer v.t. et v.pr. (Rater) *On a manqué le train. Une belle occasion manquée. Ils se sont manqués à la gare.* ◆ v.i. et v.t.ind. (Faire défaut) *Deux personnes manquent à l'appel. Il manque deux personnes. Manquer à quelqu'un. Vous avez beaucoup manqué à Pierre. Vous lui avez manqué.* – REMARQUE Attention à l'accord du participe selon le sens : *Ils nous ont manqués* (= ils nous ont

ratés). Mais *Ils nous ont manqué* (= on a regretté leur absence).
▸**manquant, -e** adj. *Les personnes manquantes.* Ne pas confondre avec le participe présent invariable : *des personnes manquant à l'appel*… Voir gramm. § 31(2).
▸**manque** n.m. *Un manque de chance. Ils sont en manque.*
▸**manquement** n.m. *Un manquement au règlement.*

mansarde n.f.
▸**mansardé, -e** adj. *Une chambre mansardée.*

mansuétude n.f. LITT. (Indulgence) *Faire preuve de mansuétude.*

mante n.f. (Insecte) Avec **an**. *Une mante religieuse.*

manteau n.m. *Des manteaux.*

manucure n.f.

1. manuel, -elle adj. et n. *Des travaux manuels. Ce sont des manuels, pas des intellectuels.*
▸**manuellement** adv.

2. manuel n.m. *Des manuels scolaires.*

manufacture n.f. *Une manufacture de textile, d'armes.*
▸**manufacturé, -e** adj. *Des produits manufacturés.*

manu militari loc.adv. Locution latine invariable. *On les a expulsés manu militari.*

manuscrit, -e adj. et n.m. *Une lettre manuscrite. Le manuscrit d'un livre.*

manutention n.f.
▸**manutentionnaire** n. Avec **nn**.

mappemonde n.f. Avec **pp**. Une **mappemonde** est une carte plane qui représente les deux hémisphères de la Terre (= planisphère). Ne pas confondre avec ***globe terrestre***.

maquereau n.m. *Des maquereaux.*

maquette n.f.

maquiller v.t. et v.pr. *Maquiller un crime en suicide. – On les a maquillés pour le spectacle. Elle s'est maquillée.* Mais *Elle s'est maquillé les yeux.* Voir gramm. § 29(2 et 3). – ATTENTION À l'indicatif imparfait et au subjonctif présent : *(que) nous maquillions.*
▸**maquillage** n.m. *Des produits de maquillage.*
▸**maquilleur, -euse** n.

maquis n.m. Avec **s**. *Ils ont pris le maquis.*

marabout n.m. Avec **t**.

maraîcher, -ère adj. et n. Avec **î**.

marais n.m. *Des marais salants.*

marasme n.m. *Le marasme économique.*

marathon n.m. Avec **th**.
▸**marathonien, -enne** n.

marâtre n.f. Avec **â**.

marbre n.m. *Ils sont restés de marbre.*

marc n.m. Avec un **c**. *Du marc de café.*

marchand, -e adj. et n. *Une galerie marchande. – Un marchand de biens, de journaux. Des marchands de soupe.*

marchander v.t. *Il marchande tout ce qu'il achète.*
▸**marchandage** n.m.

marchandise n.f. *Un train de marchandises.*

marche n.f.
▸**marcher** v.i. *Il a marché deux heures. Les deux heures qu'il a marché.* Voir gramm. § 12.
▸**marcheur, -euse** n.

marché n.m. *Des études de marché. L'économie de marché.* – **bon marché**, **meilleur marché** sont invariables. *Des produits bon marché, meilleur marché.*

marchepied n.m.

mardi n.m. *Tous les mardis matin.* → jour

mare n.f. Avec un seul **r**. *La mare aux canards.*

marécage n.m.
▸**marécageux, -euse** adj.

maréchal n.m. *Un maréchal, des maréchaux.*

marée n.f. *À marée basse, haute. Les grandes marées. Contre vents et marées. Une marée noire.* – **raz de marée** s'écrit avec ou sans traits d'union : *des raz de marée.*

mareyeur, -euse n.

margarine n.f.

marge n.f. *Écrire dans la marge. – Vivre en marge de la société. Une marge d'erreur.*

marginal, -e, -aux adj. et n.
▸**marginalité** n.f. *Vivre dans la marginalité.*
▸**marginaliser** v.t. et v.pr. *Ils se sont marginalisés.*
▸**marginalisation** n.f.

marguerite n.f. Avec un seul **t**. *Un bouquet de marguerites.*

mari n.m. On dit *C'est le mari de Jeanne* et non ✗ *à Jeanne.*

marier v.t. et v.pr. Avec un seul **r** comme dans les mots de la famille. *Il a marié sa fille, il l'a mariée à un voisin. Elle s'est mariée avec un voisin. – Savoir marier les couleurs. Marier le jaune et, à, avec l'orange.* – REMARQUE La tournure *marier quelqu'un* au sens de « épouser » est vieillie ou régionale.
▸**marié, -e** n. *Les jeunes mariés. Des robes de mariée.*
▸**mariage** n.m. Avec un seul **r**. *Les boutiques mariage des grands magasins. Des listes de mariage. Un mariage d'amour, d'intérêt.*

marin, -e adj., n.m. et n.f. *La fraîcheur marine. S'engager comme marin. Travailler dans la marine.*

marina n.f. *Des marinas.*

mariner v.i. *Faire mariner la viande. De la viande marinée.*
▸**marinade** n.f.

marinier, -ière n. – **(à la) marinière** est invariable : *des moules marinière.*

marionnette n.f. *Un théâtre de marionnettes.*
▸**marionnettiste** n.

maritalement adv. *Ils vivent maritalement.*

maritime adj.

marivaudage n.m.

marjolaine n.f.

marketing n.m. Avec un seul **t**.

marmelade n.f. *Une marmelade d'orange(s).*

marmite n.f. Avec un seul **t**.

marmonner v.t. *Il a marmonné quelques mots.*

marmotte n.f. Avec **tt**.

marocain, -e adj. et n. *Il est marocain. C'est un Marocain.* (Le nom de personne prend une majuscule.)

maroquinerie n.f.

marotte n.f. Avec **tt**.

marquant, -e adj. *Des faits marquants.*

marque n.f. *Des produits de marque.* – REMARQUE Les noms de marques prennent une majuscule.

marque-page n.m. *Des marque-pages.*

marquer v.t. *Cette histoire a marqué Marie, cette histoire l'a marquée.*

marqueterie n.f. Avec un seul **t**. On prononce [kètri]. *La marqueterie d'un meuble.*

marqueur n.m.

marquis, -e n.

marraine n.f. Avec **rr** comme dans ***parrain***.

marre adv. FAM. Avec **rr**. *En avoir marre de* (= assez).

marrer (se) v.pr. FAM. Avec **rr**. *Elles se sont marrées* (= elles ont ri).
▸**marrant, -e** adj. et n.

marri, -e adj. LITT. Avec **rr**. *Ils sont très marris* (= désolés).

marron n.m. *Des marrons glacés.* ◆ adj. et n.m. Est invariable comme adjectif de couleur. *Des yeux marron.* Voir gramm. § 8(2). Est variable comme nom de couleur. *Différents marrons.*
▸**marronnier** n.m. Avec **rr** et **nn**.

mars n.m. *Paris, le 15 mars.* Les noms de mois s'écrivent avec une minuscule. → date

marsouin n.m. Avec **ouin**. → -oin

marteau n.m. *Des marteaux. Des coups de marteau.* – **marteau-piqueur** : *des marteaux-piqueurs.*

martel n.m. Ne s'emploie plus que dans l'expression *se mettre martel en tête.*

marteler v.t. CONJ.2 Avec **e** ou **è** : *nous martelons, ils martèlent.*
▸**martèlement** n.m.

martial, -e, -aux adj. Avec **t** qu'on prononce [s]. *Les arts martiaux.*

martien, -enne adj. et n. Avec **t** qu'on prononce [s]. *Les Martiens arrivent !* (Le nom de personne prend une majuscule.)

martinet n.m.

martingale n.f. Avec un seul **l**.

martiniquais, -e adj. et n. *Il est martiniquais. C'est un Martiniquais.* (Le nom de personne prend une majuscule.)

martyr, -e n. Sans *e* au masculin. *Les martyrs de la guerre.* Ne pas confondre avec ***martyre*** (supplice).

martyre n.m. (Supplice) Avec **e**. *Souffrir le martyre.* Ne pas confondre avec ***martyr*** (personne).

martyriser v.t. *On les a martyrisés.*

mas n.m. (Maison) Avec un **s** qui se prononce ou non. Ne pas confondre avec ***mât*** (d'un voilier).

mascara n.m. *Des mascaras.*

mascarade n.f.

mascotte n.f. Avec **tt**.

masculin, -e adj. et n.m. Voir *genre* dans la partie grammaire.

masochiste adj. et n. S'abrège familièrement en ***maso***.
▸**masochisme** n.m.

masque n.m.
▸**masquer** v.t. *Ils avaient masqué leur visage. Ils étaient masqués.*

massacre n.m. *Des jeux de massacre.*
▸**massacrer** v.t. *Des populations entières ont été massacrées.*

masse n.f. *Des masses d'air, d'eau.* – Est invariable dans *en masse* et *de masse*. *Ils sont venus en masse. Les communications de masse.*

masser v.t. et v.pr. *Masser un sportif. Elle s'est fait masser.* (*Fait* suivi d'un infinitif est invariable.) *Elle s'est massé les pieds.* Voir gramm. § 29(2). – *Les gens se sont massés autour de lui.*
▸**massage** n.m.
▸**masseur, -euse** n.

1. massif n.m. *Un massif de fleurs. – Le massif du Mont-Blanc. Le Massif central.*

2. massif, -ive adj. *Des bijoux en or massif.*

massue n.f. *Des coups de massue. Des arguments massues.*

mastic n.m. Avec **c**.

mastiquer v.t.
▸**mastication** n.f. Avec **c**.

m'as-tu-vu n.inv. Avec des traits d'union. *Des m'as-tu-vu.* Voir gramm. § 33.

mat, -e adj. Le **t** se prononce au masculin. – **1.** *Le teint mat. Une peau mate.* – **2.** Le terme du jeu d'échecs est invariable. *Elles sont échec et mat. Elles sont mat.*

mât n.m. Avec **â**. *Le grand mât. Des mâts de cocagne.*

matador n.m. Mot espagnol. (Celui qui tue le taureau) Sans *e*. *Les matadors.* Ne pas confondre avec ***matamore*** (vantard).

matamore n.m. LITT. (Vantard) Avec un **e**. Ne pas confondre avec ***matador*** (toréador).

match n.m. *Des matchs.* Voir gramm. § 37.

matelas n.m.
▸**matelassé, -e** adj.

matelot n.m.

mater v.t. *Les plus rebelles ont été matés.*

matérialiser v.t. et v.pr. *Ses projets se sont matérialisés.*
▸**matérialisation** n.f.

matérialiste adj. et n.
▸**matérialisme** n.m.

matériau n.m. Sans *x* au singulier. *Un matériau de qualité. Des matériaux de construction.*

1. matériel, -elle adj. *Des dégâts matériels. Des difficultés matérielles.*
▸**matériellement** adv.

2. matériel n.m. *Du matériel informatique.*

m

maternel, -elle adj.

maternité n.f.

mathématique adj. et n.f. Le nom s'emploie surtout au pluriel. *Un cours de mathématiques.* S'abrège en ***math*** ou ***maths***.
▸ **mathématicien, -enne** n.

matière n.f. *Une table des matières.* – Reste au singulier dans *des entrées en matière, donner matière à, être matière à, en matière de.*

matin n.m. *Se lever de bon matin. Tous les matins.* – Est invariable après un nom de jour : *tous les lundis matin.* → jour
▸ **matinal, -e, -aux** adj.
▸ **matinée** n.f. *Une belle matinée.*

matou n.m. FAM. *Des gros matous.*

matraque n.f. *Des coups de matraque.*
▸ **matraquer** v.t.
▸ **matraquage** n.m.

matriarcal, -e, -aux adj. *Une société matriarcale.*
▸ **matriarcat** n.m.

matrice n.f.

matricule n.m.

matrimonial, -e, -aux adj. *Les différents régimes matrimoniaux.*

matrone n.f. PÉJOR. Avec un seul **n**, contrairement à *patronne.*

mature adj.
▸ **maturité** n.f.

maudire v.t. CONJ. 9 Se conjugue comme un verbe du 2e groupe sauf au participe passé : *maudit. On les a maudits.*

maugréer v.i. *Il maugrée dans son coin.* – ATTENTION Au futur et au conditionnel : *il maugréera(it).*

mauricien, -enne adj. et n. *Il est mauricien. C'est un Mauricien.* (Le nom de personne prend une majuscule.)

mauritanien, -enne adj. et n. *Elle est mauritanienne. C'est une Mauritanienne.* (Le nom de personne prend une majuscule.)

mausolée n.m. Est du masculin malgré la finale en **ée**, comme ***musée, lycée***...

maussade adj.

mauvais, -e adj. *Un mauvais temps. De mauvaises odeurs.* – Est invariable comme adverbe. *Il fait mauvais. Elles sentent mauvais.*

mauve n.f., n.m. et adj. Est féminin pour désigner la fleur. *Cueillir une mauve.* – Est masculin pour désigner la couleur. *Aimer le mauve.* – L'adjectif de couleur est variable, contrairement aux autres adjectifs de couleur dérivés d'un nom. *Des écharpes mauves.*

maxillaire adj. Avec **ill** qu'on prononce [il] comme dans *ville.*

maxime n.f.

maximum n.m. Mot latin. Avec **um** qu'on prononce [om]. *Prendre un maximum de précautions. Au maximum, au grand maximum. Des maximums de température.* – REMARQUE Le pluriel latin ***maxima*** est rare aujourd'hui. ◆ adj. *Des prix maximums.* – REMARQUE On recommande l'adjectif ***maximal***, adopté par l'Académie française et l'Académie des sciences.
▸ **maximal, -e, -aux** adj. *Des températures maximales. Des prix maximaux.*

mayonnaise n.f. *Des œufs durs (à la) mayonnaise.*

mazout n.m. On prononce le **t**.

me pron. personnel S'élide en **m'** devant une voyelle ou un *h* muet. *Il m'amuse. Je m'habille.* Voir *pronom personnel* dans la partie grammaire.

Accord avec *m'*

1. *Il m'a vu, moi Pierre. Il m'a vue, moi Marie.* Le pronom est complément d'objet direct, l'accord se fait en genre selon le sexe de la personne qui parle.

2. *Il m'a parlé, à moi Pierre. Il m'a parlé, à moi Marie.* Le pronom est complément d'objet indirect (ou second), le participe est invariable.

mea culpa ou **mea-culpa** n.m.inv. Mots latins invariables et sans accent. *Faire son mea culpa.*

méandre n.m. *Les méandres d'un fleuve.*

mécanique adj. et n.f.
▸ **mécanicien, -enne** n.

mécaniser v.t.
▸**mécanisation** n.f.

mécanisme n.m.

mécène n.
▸**mécénat** n.m.

méchant, -e adj. et n.
▸**méchamment** adv.
▸**méchanceté** n.f. *Avec beaucoup de méchanceté.*

mèche n.f. *Une mèche de cheveux.* – Est invariable dans *être de mèche (avec).*

méchoui n.m. *Des méchouis.*

méconnaissable adj. *Après l'accident, il était méconnaissable.*

méconnu, -e adj. *Un poète méconnu.*

mécontent, -e adj. et n. *Il y a beaucoup de mécontents.*
▸**mécontenter** v.t. *Ne pas mécontenter le client.*
▸**mécontentement** n.m.

mécréant, -e adj. et n.

médaille n.f. *La médaille du Mérite.*
▸**médaillon** n.m.

médecin n.m. *Aller chez le médecin. Des femmes médecins. Des médecins femmes.* – On écrit sans trait d'union *médecin légiste* et avec un trait d'union *médecin-conseil.*
▸**médecine** n.f. *Des études de médecine.*

média n.m. *Un média, des médias.*
▸**médiatique** adj. *Un homme très médiatique.*
▸**médiatiser** v.t. *Des événements médiatisés.*
▸**médiatisation** n.f.

médian, -e adj. et n.f. *Un plan médian. Une ligne médiane.*

médiateur, -trice n.
▸**médiation** n.f.

médiathèque n.f.

médical, -e, -aux adj. *Des cabinets médicaux.*
▸**médicalement** adv.
▸**médicaliser** v.t.
▸**médicalisation** n.f.

médicament n.m.
▸**médicamenteux, -euse** adj.

médicinal, -e, -aux adj. *Des plantes médicinales.*

médico-légal, -e, -aux adj. *Des instituts médico-légaux.*

médiéval, -e, -aux adj. *L'art médiéval.*

médiocre adj. *Une note médiocre.*
▸**médiocrement** adv.
▸**médiocrité** n.f.

médire v.t.ind. CONJ.29, sauf *vous médisez. Ils médisent de leurs collègues.*
▸**médisant, -e** adj. *Des personnes médisantes.*
▸**médisance** n.f. S'emploie surtout au pluriel.

méditer v.t. et v.i. *Méditez mon conseil! Méditer sur un sujet.*
▸**méditation** n.f.
▸**méditatif, -ive** adj.

méditerranéen, -enne adj. Avec **rr** et un seul **n** comme dans *Méditerranée.*

médium n.m. (Voyant) Avec **um** qu'on prononce [om]. *Des médiums.*

médius n.m.

méduse n.f.

médusé, -e adj. *Ils le regardaient, médusés.*

meeting n.m. Mot anglais. Avec **ee** qu'on prononce [i].

méfait n.m. *Les méfaits du tabac.*

méfier (se) v.pr. *Ils se sont méfiés de nous.* – ATTENTION À l'indicatif imparfait et au subjonctif présent : *(que) nous nous méfiions.* – Au futur et au conditionnel : *il se méfiera(it).*
▸**méfiant, -e** adj.
▸**méfiance** n.f.

mégalomane adj. et n. S'abrège familièrement en ***mégalo***.
▸**mégalomanie** n.f.

mégarde (par) loc.adv.

mégère n.f. FAM.

meilleur, -e adj. *Cette viande est meilleure que celle-là. Elle sera encore meilleure avec*

m

une sauce. – REMARQUE Ce mot étant le comparatif de ***bon***, on ne peut pas dire ✕ *plus meilleur.* – **le meilleur, la meilleure** superlatifs de ***bon*** : *C'est la meilleure de toutes. La meilleure qui soit.* – REMARQUE Après *le meilleur, la meilleure, les meilleurs, les meilleures... que*, on emploie le subjonctif : *C'est le meilleur vin que j'aie bu de ma vie, que j'aie jamais bu* ; ou l'indicatif pour marquer la réalité : *Le meilleur vin que j'ai bu hier.*

mélaminé, -e adj. *Du bois blanc mélaminé* (= recouvert d'une résine, la *mélamine*).

mélancolie n.f.
▸**mélancolique** adj.

mélange n.m. *Un mélange de couleurs. Une joie sans mélange.*
▸**mélanger** v.t. et v.pr. Avec **e** devant *a* et *o* : *il mélangeait, nous mélangeons.* – *Il a mélangé mes papiers, il les a mélangés. Ils se sont mélangés aux autres.*

mélanine n.f. (Pigment de la peau) Avec **nine**. Ne pas confondre avec ***mélamine*** (matériau).

mêlée n.f. Avec **ê** comme dans ***mêler***. *Se jeter dans la mêlée.*

mêler v.t. et v.pr. Avec **ê**. *On les a mêlés à l'affaire. Elles se sont mêlées à la foule. Ne vous mêlez pas de ça ! Ne vous en mêlez pas.* Ne pas confondre *s'en mêler* et ***s'emmêler*** (= s'embrouiller).

mélo n.m. Abréviation de **mélodrame**.

mélodie n.f.
▸**mélodieux, -euse** adj. *Une voix très mélodieuse.*
▸**mélodique** adj. *Une ligne mélodique.*

mélodrame n.m. S'abrège familièrement en **mélo**.

mélomane adj. et n.

melon n.m. *Des chapeaux melons.*

membrane n.f.

membre n.m. *Elle est un des membres les plus actifs de notre association.* – S'emploie sans trait d'union après un nom. *Les États membres de l'ONU.*

même adv., adj. et pron. indéfini

● **même** est adverbe et invariable quand il est placé avant le groupe du nom, le pronom, l'adjectif, etc. : *Ils sont tous venus, même les enfants* (= y compris). *Même eux n'ont pas compris. Elles sont gentilles et même aimables* (= et aussi). – REMARQUE S'emploie parfois après le nom, mais on peut le déplacer : *Ce qu'il a raconté, ses souvenirs même ne m'ont pas intéressé* (= même ses souvenirs).

● L'adverbe entre dans de nombreuses locutions invariables : *quand même, combien même, de même, tout de même.* – **être à même de** : *Ils sont à même de se débrouiller seuls.* – **de même que** se place entre virgules : *Luc, de même que Marie, te remercie* ; et l'accord se fait avec le premier terme.

● **même, mêmes** est adjectif indéfini et s'accorde quand il est placé entre le déterminant et le nom : *Nous avons les mêmes intérêts* (= identiques). – **le même, la même, les mêmes** s'emploient seuls comme pronoms indéfinis : *Je veux le même, la même, les mêmes.*

● L'adjectif renforce un pronom, un nom, un adverbe. Avec un trait d'union après un pronom personnel : *moi-même, eux-mêmes, vous-même* (= vous de politesse), *vous-mêmes* (= pluriel) ; sans trait d'union dans les autres cas : *le jour même, ici même, c'est cela même. Il est la bonté et la gentillesse mêmes.*

mémento n.m. *Des mémentos.*

mémo n.m. Abréviation courante de **mémorandum**. *Des mémos.*

mémoire n.f. et n.m. **1.** Est féminin au sens courant. *Des trous de mémoire. La mémoire d'un ordinateur. Garder des événements en mémoire. En mémoire de. Pour mémoire, je rappellerai que...* – **2.** Est masculin pour désigner un texte. *Rédiger un mémoire sur un sujet.* – **3.** Est au masculin pluriel dans *écrire ses mémoires*. Avec une majuscule pour désigner l'œuvre : *les Mémoires de guerre de De Gaulle.*

mémorable adj. *Une aventure mémorable.*

mémorandum n.m. Avec **um** qu'on prononce [om]. *Des mémorandums.* – On dit couramment **mémo**.

mémorial n.m. (Monument commémoratif) Le pluriel *mémoriaux* est rare.

mémoriser v.t. *Il a mémorisé toutes les dates, il les a toutes mémorisées.*
▸ **mémorisation** n.f.

menace n.f. *Des menaces de mort. Il a signé sous la menace.*
▸ **menacer** v.t. Avec **ç** devant *a* et *o* : *il menaçait, nous menaçons. On a menacé Marie, on l'a menacée.*
▸ **menaçant, -e** adj. *Une voix menaçante.*

ménage n.m.

1. **ménager, -ère** adj. et n.f. *Les arts ménagers. – Le panier de la ménagère.*

2. **ménager** v.t. et v.pr. *La critique ne les a pas ménagés !*
▸ **ménagement** n.m. *Sans ménagement.*

ménagerie n.f.

mendier v.t. et v.i. *Les quelques sous qu'ils ont mendiés.* – ATTENTION À l'indicatif imparfait et au subjonctif présent : *(que) nous mendiions.* – Au futur et au conditionnel : *il mendiera(it).*
▸ **mendiant, -e** n.
▸ **mendicité** n.f.

mener v.t. et v.i. CONJ.2 Avec **e** ou **è** : *nous menons, ils mènent. Voilà où nous a menés votre politique. – Notre équipe mène par 3 à 0.*
▸ **meneur, -euse** n.

menhir n.m. Avec **h**. *Des menhirs.*

méninge n.f. S'emploie surtout au pluriel.
▸ **méningite** n.f.

ménisque n.m. Bien prononcer [isk] et non ✕ [ix].

ménopause n.f.

menotte n.f. Avec **tt**.

mensonge n.m.
▸ **mensonger, -ère** adj. *Des propos mensongers.*

mensuel, -elle adj. et n.m. *Un salaire mensuel. Une revue mensuelle. – Un mensuel économique.*

▸ **mensualité** n.f. *Payer par mensualités.*
▸ **mensualiser** v.t. *Se faire mensualiser* (= payer au mois).
▸ **mensualisation** n.f.

mensurations n.f.plur.

mental, -e, -aux adj. *Du calcul mental. Une maladie mentale. Des malades mentaux.*
◆ n.m.sing. *Avoir un bon mental.*
▸ **mentalement** adv.

mentalité n.f.

menteur, -euse adj. et n.

menthe n.f. Avec **th**. *Un thé à la menthe.*

mention n.f. Est invariable dans *faire mention de* : *Les événements dont vous avez fait mention.*
▸ **mentionner** v.t. Avec **nn**. *Leurs noms sont mentionnés dans l'article.*

mentir v.i. et v.pr. CONJ.11 Le participe passé *menti* est toujours invariable. *Mentir à quelqu'un sur quelque chose. On vous a menti. Ils se sont menti* (l'un à l'autre). Voir gramm. § 29(2).

menton n.m.

1. **menu** n.m. *Les plats au menu.*

2. **menu, -e** adj. *De la menue monnaie.* – Est invariable comme adverbe. *Des herbes hachées menu.*

menuiserie n.f. *Des travaux de menuiserie.*
▸ **menuisier** n.m.

méprendre (se) v.pr. CONJ.33 *Elle s'est méprise sur vos intentions.*
▸ **méprise** n.f.

mépris n.m. *N'avoir que du mépris pour. Agir au mépris du danger.*
▸ **mépriser** v.t.
▸ **méprisable** adj. *Un acte méprisable.*
▸ **méprisant, -e** adj. *Un ton méprisant.*

mer n.f. Dans les noms géographiques, la majuscule est à l'autre terme. *La mer Méditerranée, la mer Rouge, les mers du Sud.*

mercenaire n. et adj.

mercerie n.f. *Les rayons mercerie des grands magasins.*

merci n.m. et n.f. 1. Est masculin pour la formule de remerciement. *Mille mercis. Un grand merci à. Dire merci à. Merci de ou* *pour votre lettre.* – **2.** Est féminin au sens de « pitié, grâce » et ne s'emploie aujourd'hui que dans des expressions : *Être à la merci de. Un combat sans merci.*

mercredi n.m. *Tous les mercredis matin.* → jour

mercure n.m.

mère n.f. On dit *la mère de Jacques* et non ✕ *à Jacques.* – S'emploie sans trait d'union après un nom : *des maisons mères, des cellules mères, des idées mères.* – On écrit avec un trait d'union *des grand(s)-mères, des belles-mères.*

merguez n.f. On prononce le **z**.

méridien n.m.

méridional, -e, -aux adj. et n. *Les peuples méridionaux. Les Méridionaux.* (Le nom de personne prend une majuscule.)

meringue n.f.

mérite n.m. *Vous avez bien du mérite. Je n'ai aucun mérite à faire ce que je fais.* – Avec une majuscule pour une décoration : *la médaille du Mérite.*
▸ **mériter** v.t. *Mériter une récompense, une sanction. Ils méritent d'être punis, qu'on les punissent* (= subjonctif). *Une récompense bien méritée.*
▸ **méritant, -e** adj. S'emploie en parlant de personnes. *Une personne très méritante* (= qui a du mérite).
▸ **méritoire** adj. S'emploie en parlant d'actions. *Des efforts très méritoires* (= qui méritent des éloges).

merlan n.m. *Des filets de merlan.*

merle n.m.

mérou n.m. (Poisson) *Des mérous.* Voir gramm. § 32.

merveille n.f. Est invariable dans *à merveille, faire merveille. Ces chaussures vous vont à merveille. Ces crèmes font merveille.*
▸ **merveilleux, -euse** adj.
▸ **merveilleusement** adv.

mes adj. possessif Voir *possessif* dans la partie grammaire.

mésalliance n.f. Avec **ll** comme dans ***alliance***.

mésange n.f.

mésaventure n.f. *La mésaventure qui m'est arrivée.*

mesdames → madame

mesdemoiselles → mademoiselle

mésentente n.f.

mésestimer v.t. LITT. *Ne mésestimez pas les difficultés.* – REMARQUE On dit plus couramment ***sous-estimer*** ou ***surestimer***, selon l'intention.

mesquin, -e adj.
▸ **mesquinerie** n.f.

message n.m. *Envoyer, recevoir un message.*
▸ **messager, -ère** n.
▸ **messagerie** n.f. *Messagerie électronique.*

messe n.f. *La messe de minuit. Faire des messes basses. Des grand(s)-messes.*

messie n.m. Avec une majuscule dans un contexte religieux.

messieurs → monsieur

mesure n.f. *Les unités de mesure.* – *Prendre des mesures de prévention. Par mesure de sécurité. Ce ne sont que des demi-mesures.* – Reste au singulier dans *à mesure que, au fur et à mesure, en mesure, outre mesure, sans commune mesure. Ils ne sont pas en mesure de vous aider. À mesure que les jours passaient...* – **sur mesure** : *Des rôles sur mesure. Des vêtements sur mesure(s). Faire du sur-mesure.* – **complément de mesure** Voir ce mot dans la partie grammaire.

mesurer v.i. et v.t. **1.** Est intransitif avec un complément de mesure qui répond à la question *combien ?* Le participe passé est invariable : *Il aurait mesuré deux mètres à vingt ans. Les deux mètres qu'il aurait mesuré à vingt ans.* – **2.** Est transitif avec un complément d'objet qui répond à la question *quoi ?* Le participe passé s'accorde avec le complément d'objet direct s'il est placé avant le verbe. *On a mesuré les terrains, on les a mesurés.* Voir gramm. § 12. ◆ v.pr. *Elle s'est mesurée aux meilleurs, avec les meilleurs.*

métabolisme n.m.

métal n.m. *Un métal, des métaux.*

▸ **métallique** adj. Avec **ll**. *Des objets métalliques.*

▸**métallisé, -e** adj. *Une peinture métallisée. Une voiture gris métallisé.*

métallurgie n.f. Avec **ll**.
▸**métallurgique** adj.
▸**métallurgiste** n.m.

métamorphose n.f. Avec **ph**.
▸**métamorphoser** v.t. et v.pr. *Notre ville s'est métamorphosée.*

métaphore n.f. *« Une pluie de balles » est une métaphore.*

métastase n.f.

météo n.f. et adj.inv. Abréviation de **météorologie**, **météorologique**. *Écouter la météo. Des bulletins météo.*

météore n.m. Avec un **e**. (Phénomène lumineux) Est du masculin. *Un météore.* Ne pas confondre avec ***météorite*** (objet solide).

météorite n.f. ou n.m. *Une* ou *un météorite est un fragment solide qui tombe sur la Terre.* Ne pas confondre avec ***météore*** (phénomène lumineux).

météorologie n.f. S'abrège en **météo**.
▸**météorologique** adj. *Un bulletin météorologique.*

métèque n.m. PÉJOR.

méthode n.f. *Travailler avec méthode, sans méthode. – Des méthodes de lecture, de travail, de piano.*
▸**méthodique** adj.

méthodologie n.f.
▸**méthodologique** adj.

méticuleux, -euse adj. *Un soin, un travail méticuleux.*
▸**méticulosité** n.f. Avec **o**.

métier n.m. *Exercer un métier. Ils sont plombiers de métier. Les noms de métiers.*

métis, métisse adj. et n. On prononce le **s** au masculin.
▸**métisser** v.t.
▸**métissage** n.m.

métrage n.m. On écrit avec ou sans trait d'union *court métrage, long métrage.*

mètre n.m. *C'est à cent mètres (100 m). Cent mètres carrés (100 m²). Cent mètres cubes (100 m³).* – Le pluriel commençant à « deux », *mètre* reste au singulier dans *1,25 mètre de tissu.*
▸**métrique** adj. Avec **é**. *Le système métrique.*

métro n.m. *Des bouches de métro. Aller quelque part en métro.*

métronome n.m.

métropole n.f. *Une grande métropole* (= ville). *Les Français de la métropole* (= territoire).
▸**métropolitain, -e** adj. et n. *La France métropolitaine.*

mets n.m. Avec **ts**.

mettre v.t. et v.pr. CONJ.37 – ATTENTION Au conditionnel, on dit *vous mettriez* et non ✗ *metteriez*. – **1.** Il ne faut pas oublier de faire l'accord du participe de ce verbe très courant, même à l'oral. *La robe que j'ai mise hier. Elles se sont mises à rire. Marie s'est mis une écharpe autour du cou. L'écharpe qu'elle s'est mise.* Voir gramm. § 29(2 et 3). – **2.** S'emploie dans de nombreuses locutions verbales : *mettre en scène, mettre en place, mettre à jour* (= actualiser), *mettre au jour* (= révéler), *mettre en pages,* etc., auxquelles correspondent des locutions avec ***mise*** et ***metteur*** : *mise en scène, metteur en scène,* etc. – **3.** L'expression **mis à part** est invariable avant le nom : *Mis à part ta sœur, tout le monde est venu* ; et variable après le nom : *Ta sœur mise à part, tout le monde est venu.*
▸**metteur** n.m. *Un metteur en scène. Un metteur en pages.* – REMARQUE Le féminin ***metteuse*** est rare et familier.

meuble n.m. *Un magasin de meubles.*
▸**meubler** v.t. et v.pr. *Ils ont meublé leur maison, ils l'ont bien meublée. Ils se sont meublés.*

meugler v.i. *La vache meugle.*
▸**meuglement** n.m.

meule n.f. *Une meule de foin.*

meunier, -ière n. – **(à la) meunière** : *Des truites (à la) meunière.*

meurtre n.m. *Commettre un meurtre.*
▸**meurtrier, -ière** n. et adj. *Arrêter un meurtrier. – Une folie meurtrière.*

meurtrir v.t.
▸**meurtrissure** n.f.

m

meute n.f.

mexicain, -e adj. et n. *Il est mexicain. C'est un Mexicain.* (Le nom de personne prend une majuscule.)

mezzanine n.f. Avec **zz** qu'on prononce [dz].

> **mi-** Se joint par un trait d'union à un adjectif ou à un nom : *des cheveux mi-longs, les yeux mi-clos ; à la mi-août, à mi-jambe, à mi-voix.* – Forme des mots composés avec trait d'union : *des* ***mi-bas****, des* ***mi-temps****.*

miauler v.i.
▸**miaulement** n.m.

micro n.m. et n.f. **1.** Est masculin comme abréviation de ***microphone***. – **2.** Est féminin comme abréviation de ***micro-informatique***.

> **micro- 1.** (Petit) Les mots formés avec **micro-** s'écrivent sans trait d'union : ***microclimat***, ***microcosme***, ***microéconomie***, ***microfibre***, ***microfilm*** ; sauf si le second élément commence par *i* ou *o* : ***micro-informatique***, ***micro-ordinateurs***, ***micro-organismes***. – **2.** (Microphone) Forme des mots composés toujours avec un trait d'union : *des* ***micros-cravates***, *des* ***micros-trottoirs***.

microbe n.m.
▸**microbien, -enne** adj.

micro-onde n.f. Avec un trait d'union. *Un four à micro-ondes.* ◆ **micro-ondes** n.m. (Four) *Réchauffer au micro-ondes.* → micro-

micro-organisme n.m. *Des micro-organismes.*

microprocesseur n.m.

microscope n.m.

microscopique adj.

midi n.m. **1.** (Heure) Est du masculin. *À midi précis, à midi et demi, à midi sonnant.* – On écrit *tous les midis*, mais *tous les dimanches midi* (= à midi). → jour – Reste au singulier dans *vers les midi*. – REMARQUE Quand on emploie le mot **midi**, on écrit les minutes en lettres. *Il était midi vingt.* – **2.** (Sud) Avec une minuscule pour indiquer la direction. *Une maison exposée au midi. Dans le midi de la France.* – Avec une majuscule pour désigner la région. *Une maison dans le Midi.*

mie n.f. *De la mie de pain. Des pains de mie.*

miel n.m. *Des tartines de miel.* – *Ils étaient tout miel.*
▸**mielleux, -euse** adj. Avec **ll**.

mien, mienne pron. possessif Voir *possessif* dans la partie grammaire. ◆ n.m. *J'y ai mis du mien.*

miette n.f. *Des miettes de pain. Tout était en miettes.*

mieux adv. et adj.inv. *Il travaille mieux que toi. Ce sera encore mieux avec ça.* – REMARQUE Ce mot étant le comparatif de ***bien***, on ne peut pas dire ✕ *plus mieux*. – **il vaut mieux** : *Il vaut mieux partir que rester.* (Ne pas dire ✕ *il faut mieux*.) – **le mieux, la mieux, les mieux**, superlatifs de ***bien*** : *C'est la pièce la mieux orientée. Les élèves les mieux adaptés. C'est lui qui travaille le mieux.* – **le mieux que** est suivi du subjonctif : *Le mieux qu'on puisse faire* ; ou de l'indicatif pour marquer la réalité : *Le mieux qu'il a pu faire.* – **des mieux** : *Une personne des mieux informées me dit que…* On accorde comme si l'on disait « parmi les mieux informées ». ◆ n.m. *Ils ont fait de leur mieux.*

mieux-être n.m.inv.

mièvre adj. *Un ton mièvre.*
▸**mièvrerie** n.f.

mignon, -onne adj. et n.

migraine n.f.

migrer v.i. *Les oiseaux migrent.* – *Des populations qui migrent.*
▸**migration** n.f.
migrateur, -trice adj. *Les oiseaux migrateurs.*
▸**migrant, -e** adj. et n. *Des populations migrantes.*
▸**migratoire** adj. *Les flux migratoires.*

mile n.m. Mot anglais. Avec un seul **l**. On prononce [may'l]. (Unité de longueur) Ne pas confondre avec le ***mille*** (marin).

milice n.f.
▸**milicien, -enne** n.

milieu n.m. *Des milieux. Le juste milieu.*

militaire adj. et n.
▸ **militariste** adj. et n.

militer v.i. *Militer pour une cause, pour un parti politique.*
▸ **militant, -e** adj. et n.
▸ **militantisme** n.m.

milk-shake n.m. Mot anglais. On prononce [-chèk]. *Des milk-shakes.*

1. mille adj. numéral

- Est invariable. *Il gagne deux mille euros. L'an deux mille.*
- Dans la numération on dit **mille un (une)** : *mille un euros, mille une roupies.* L'expression **mille et un (une)** signifie « un très grand nombre » : *J'ai mille et une choses à faire.*
- On doit dire **vingt et un, trente et un mille**, sans accorder *un* : *vingt et un mille personnes.*
- On dit ***mille deux cents, mille trois cents, mille neuf cents*** ou ***douze cents, treize cents, dix-neuf cents.***
- Employé comme nom, **mille** reste invariable : *Gagner des mille et des cents. Une vingtaine de mille* (= milliers).

2. mille n.m. (Unité de longueur pour la navigation) *Des milles marins.* On prononce [mil]. Ne pas confondre avec ***mile*** [may'l].

mille-feuille n.m. *Des mille-feuilles.*

millénaire adj. et n.m. *Une civilisation millénaire. Le deuxième millénaire.*

mille-pattes n.m.inv. *Des mille-pattes.*

millésime n.m. Avec **ll** comme dans ***mille***.

millet n.m. Avec **ill** qu'on prononce [iy].

milliard n.m. *Un milliard, deux milliards. Un milliard de personnes vivent dans cette région.* – Le pluriel commençant à « deux », *milliard* reste au singulier dans *1,25 milliard d'euros.*
▸ **milliardaire** adj. et n.

millième adj. numéral et n. *La millième partie du mètre. Des millièmes de copropriété. Un millième (1/1000).*

millier n.m. Prend la marque du pluriel, contrairement à *mille* : *trois milliers de personnes*, mais *trois mille personnes. Ils arrivaient par milliers. – Un millier de soldats furent tués. Le millier de manifestants qui a* ou *qui ont défilé.* Voir gramm. § 39(3).

milligramme n.m. *Dix milligrammes (10 mg).*

millilitre n.m. *Dix millilitres (10 ml).*

millimètre n.m. *Dix millimètres (10 mm).*

million n.m. *Un million, deux millions. Être riche à millions. – Un million de personnes ont été sondées. Le million de personnes qui a* ou *qui ont manifesté.* Voir gramm. § 39(3). – Le pluriel commençant à « deux », *million* reste au singulier dans *1,25 million d'euros.*
▸ **millionième** adj. et n. Avec un seul **n**.
▸ **millionnaire** adj. et n. Avec **nn**.

mime n.m. et n.
▸ **mimer** v.t.

mimosa n.m. *Des mimosas en fleur(s). Des bouquets de mimosa. – Des œufs mimosas.*

minable adj. et n.

minaret n.m. Avec **t**. *Le minaret d'une mosquée.*

mince adj.
▸ **minceur** n.f. Est invariable dans *des produits minceur* (= pour la minceur). Voir gramm. § 10.
▸ **mincir** v.i. *Elle a beaucoup minci.*

mine n.f. *Des mines de charbon, d'or. – Une mine de diamants. Une mine de renseignements. – Un champ de mines. Des mines antipersonnel.* – Reste au singulier dans les expressions *avoir bonne mine, faire grise mine, faire mine de, ne pas payer de mine.*

miner v.t. *Ces terrains ont été minés. – Cette histoire les mine.*

minerai n.m. *Des minerais.*

minéral, -e, -aux adj. *De l'eau minérale. Des sels minéraux.* ◆ n.m. *Un minéral, des minéraux.*
▸ **minéralisé, -e** adj. *Une eau faiblement minéralisée.*

1. mineur n.m. *Des mineurs de fond.*

m

2. mineur, -e adj. et n. *Un problème mineur. Des enfants mineurs. De jeunes mineurs.* – On écrit avec une majuscule *Asie Mineure*.

mini- 1. Les mots formés avec **mini-** s'écrivent sans trait d'union : ***minibus, minicassette, minichaîne, minidisque, minijupe*** ; sauf si le second élément commence par une voyelle : ***mini-ordinateur***. – **2.** S'emploie librement avec un trait d'union devant un nom quelconque pour indiquer la petitesse : *un mini-cendrier.* – **3.** Est invariable comme adjectif après le nom : *des jupes mini, la mode mini.*

miniature n.f. *Peindre une miniature.* – S'emploie en apposition après un nom. *Des voitures miniatures.* – **en miniature** est invariable.

minime adj.
▸**minimiser** v.t.

minimum n.m. Mot latin. Avec **um** qu'on prononce [om]. *Prendre un minimum de risques. Au minimum, au grand minimum. Des minimums de température.* – REMARQUE Le pluriel latin *minima* est rare aujourd'hui. ◆ adj. *Des prix minimums.* – REMARQUE On recommande l'adjectif ***minimal***, adopté par l'Académie française et l'Académie des sciences.
▸**minimal, -e, -aux** adj. *Des températures minimales. Des prix minimaux.*

ministère n.m. Avec **è**. On met la majuscule au mot qui particularise : *le ministère de la Justice, de l'Intérieur.*
▸**ministériel, -elle** adj. Avec **é**. *Un cabinet ministériel.*

ministre n.m. ou n. On écrit sans majuscule à *ministre* : *le ministre de l'Industrie, le Premier ministre.* On met une majuscule par politesse dans une lettre, une invitation : *Monsieur le Ministre,...* – REMARQUE On peut dire *madame le* ou *la ministre.*

Minitel n.m. Mot déposé. Avec une majuscule.

minorer v.t. *Les coûts ont été minorés de 8 %.*
▸**minoration** n.f.

minorité n.f. *Une minorité de personnes a* ou *ont répondu.* Voir gramm. § 39(1). – *Ils sont en minorité.*
▸**minoritaire** adj.

minuit n.m. A été du féminin, d'où l'expression littéraire *à la minuit.* Est aujourd'hui du masculin. *À minuit précis, à minuit et demi, à minuit sonnant.* – Reste au singulier dans *vers les minuit.* – REMARQUE Quand on emploie le mot **minuit**, on écrit les minutes en lettres. *Il était minuit vingt.*

minuscule adj. et n.f. *Une lettre minuscule. Une minuscule.* → majuscule

minute n.f. *Il est 14 heures et 30 minutes (14 h 30 min). Un angle de 30 degrés et 10 minutes (30° 10').* – Est invariable après un nom : *clés minute, talons minute.*
▸**minuter** v.t. *On les a minutés. – Un emploi du temps minuté.*
▸**minuteur** n.m.

minuterie n.f.

minutie n.f. Avec **tie** qu'on prononce [si]. *Un travail fait avec beaucoup de minutie.*
▸**minutieux, -euse** adj. *Un travail minutieux.*
▸**minutieusement** adv.

mirabelle n.f. *De la liqueur de mirabelle.*

miracle n.m. *Faire des miracles. Par miracle.* – S'emploie en apposition après un nom. *Des produits miracles, des médicaments miracles.*
▸**miraculé, -e** adj. et n.
▸**miraculeux, -euse** adj.
▸**miraculeusement** adv.

mirador n.m. Sans *e*. *Des miradors.*

mirage n.m.

mire n.f. *Des lignes de mire.*

mirifique adj. LITT. *Des propositions mirifiques* (= mirobolantes). – Bien dire **miri** et non ✕ *mirli.*

mirobolant adj. *Des propositions mirobolantes.*

miroir n.m.

miroiter v.i. *Les avantages qu'on lui a fait miroiter.* (*Fait* suivi d'un infinitif est invariable.)

mis → mettre

misanthrope n. et adj. Avec **th**.
▸ **misanthropie** n.f.

mise n.f. *Des mises en scène. Des mises au point. Une mise en plis.* – **de mise** est invariable. *Vos regrets ne sont pas de mise.*

miser v.t. et v.t.ind. *Les cent euros qu'il a misés sur ce cheval... Je mise sur son intelligence.*

misérable adj. et n.
▸ **misérablement** adv.

misère n.f. *Des salaires de misère.*
▸ **miséreux, -euse** adj. et n. Avec **é**.

miséricorde n.f.

misogyne adj. et n. Avec *gyne* qui signifie « femme ».
▸ **misogynie** n.f.

missel n.m.

missile n.m. *Des missiles sol-air, sol-sol.*

mission n.f. *Ils sont en mission. Être chargé de mission auprès du ministre.*

missionnaire n. Avec **nn**.

missive n.f.

mistral n.m. *Des mistrals.*

mite n.f.
▸ **mité, -e** adj. *Des pulls tout mités.*

mi-temps n.f.inv. et n.m.inv. **1.** Est féminin en sport. *La première mi-temps.* – **2.** Est masculin dans les autres emplois. *Un mi-temps pédagogique. Travailler à mi-temps. Faire un mi-temps.*

mitigé, -e adj. Au sens propre, ce mot signifie « adouci, atténué, relâché » : *un zèle mitigé.* L'emploi de ce mot dans *des sentiments mitigés, des réactions mitigées,* etc. (= mélangés) est critiqué bien qu'il soit très courant.

mitoyen, -enne adj. *Un mur mitoyen* (= commun à deux maisons). *Des maisons mitoyennes* (= qui se touchent).

mitrailler v.t. *On les a mitraillés.*
▸ **mitraillage** n.m.
▸ **mitrailleuse** n.f.
▸ **mitraillette** n.f.

mitre n.f. Sans accent circonflexe.

mi-voix (à) loc.adv.

1. mixer v.t. *Des aliments mixés. Mixer un film.*
▸ **mixage** n.m.

2. mixer ou **mixeur** n.m. On prononce [mikseur]. On recommande la forme francisée **mixeur**. Voir *Rectifications orthographiques*, p. 515.

mixte adj.
▸ **mixité** n.f.

mixture n.f.

> **-mn-** Se prononce [n] dans *automne, condamner, damner* et leurs dérivés. – Se prononce [mn] dans tous les autres mots : *calomnier, indemniser,* etc., et en particulier dans *indemne.*

mnémotechnique adj. Avec **mn** comme dans *amnésie. Des moyens mnémotechniques* (= pour aider la mémoire).

mobile adj. et n.m.

mobilier n.m.

mobiliser v.t. et v.pr. *Ils se sont mobilisés pour manifester.*
▸ **mobilisateur, -trice** adj. *Des slogans mobilisateurs.*
▸ **mobilisation** n.f.

mobilité n.f.

modalité n.f. *Des modalités de paiement.*

1. mode n.f. *Un défilé de mode. Des vêtements à la mode.* – Est invariable après un nom : *des couleurs mode* (= à la mode).

2. mode n.m. **1.** Voir ce mot dans la partie grammaire. – **2.** *Des modes d'emploi.*

modèle n.m. *Des modèles réduits. Un modèle de patience.* – S'emploie comme un adjectif après un nom : *des appartements modèles, des fermes modèles.*

modeler v.t. CONJ.2 Avec **e** ou **è** : *nous modelons, ils modèlent.*
▸ **modelage** n.m.

modem n.m. *Des modems.* (Vient de *modulateur-démodulateur.*)

modérer v.t. et v.pr. CONJ.4 Avec **é** ou **è** : *nous modérons, ils modèrent. Modère-toi.*

m

▸**modéré, -e** adj.
▸**modérément** adv.
▸**modération** n.f.

moderne adj. et n.
▸**moderniser** v.t. et v.pr. *Une institution qui s'est modernisée.*
▸**modernisation** n.f.
▸**modernisme** n.m.
▸**modernité** n.f.

modeste adj.
▸**modestement** adv.
▸**modestie** n.f. *De la fausse modestie.*

modifier v.t. et v.pr. *Les passages que nous avons modifiés sont... Sa vie s'est modifiée.* – ATTENTION À l'indicatif imparfait et au subjonctif présent : *(que) nous modifiions.* – Au futur et au conditionnel : *il modifiera(it).*
▸**modification** n.f.

modique adj. *Une somme modique. La modique somme de...*
▸**modicité** n.f.

modulation n.f. *Modulation de fréquence (MF).* – REMARQUE L'abréviation internationale est ***FM***.

module n.m. *Un module d'enseignement.* – *Des modules de rangement.*
▸**modulable** adj. *Un rangement modulable.*

moduler v.t. *Des sons modulés.* – *Des horaires modulés selon les besoins.*

modus vivendi n.m.inv. Expression latine. On prononce [modus vivindi]. *Trouver un modus vivendi* (= arrangement).

moelle n.f. Avec **oe**. On prononce [moil]. *La moelle épinière.*

moelleux, -euse adj. Avec **oe**. On devrait prononcer [oi] comme dans *moelle*, mais la prononciation avec [ouè] est courante.
▸**moelleusement** adv.

mœurs n.f.plur. Avec **œ**. On prononce ou non le **s**.

mohair n.m. *Un pull en mohair.*

moi pron. personnel Voir *pronom personnel* dans la partie grammaire. – **1.** Attention au trait d'union et à l'ordre des pronoms avec un impératif. *Donne-moi la carte. Donne-la-moi* et non ✗ *donne-moi-la.* – **2.** *C'est moi qui irai* (= le verbe est à la 1re personne du singulier). *Lui et moi partirons à l'aube* (= le verbe est à la 1re personne du pluriel, on peut dire *nous*). Voir gramm. § 41(3).

moignon n.m.

moindre adj. *C'est un moindre mal. Je n'en ai pas la moindre idée. C'est le moindre de mes soucis.*

moine n.m.

moineau n.m. *Des moineaux.*

moins adv.

• **moins de** : *Il y a moins de travail. J'ai moins de soucis.* Le complément est au singulier pour un nom non-comptable et au pluriel pour un nom comptable.

• **moins que** : *Il travaille moins qu'il ne le faisait autrefois.* En langue soignée, on emploie le *ne* dit « explétif ».

• **moins de deux** : *Moins de deux mois se sont écoulés.* Le verbe est au pluriel avec **moins de deux**, mais au singulier avec ***plus d'un*** : *Plus d'un mois s'est écoulé.*

• **le moins** : *Ceux qui se sont le moins amusés... Ceux qui ont crié le moins fort.* L'expression **le moins** est invariable quand elle modifie un verbe ou un adverbe.

• **le moins, la moins, les moins** : *C'est la moins bonne des pommes, le moins bon des abricots.* On accorde **le moins, la moins, les moins** quand ils modifient un adjectif ou un participe. – REMARQUE On peut accorder ou laisser **le moins** invariable quand il n'y a pas de comparaison (superlatif absolu pour indiquer le degré) : *Au moment où la température est la* ou *le moins chaude.*

• **des moins** : *Ces renseignements sont des moins sûrs. Ce qu'il m'a dit est des moins sûr.* Avec **des moins**, l'adjectif suit les règles normales de l'accord. On fait l'accord comme si *des moins* n'était pas là. On dirait : *Ces renseignements sont sûrs. Ce qu'il m'a dit est sûr.* – REMARQUE *Ce renseignement est des moins sûr(s).* Avec un nom au singulier, on accorde comme si l'on disait *parmi les moins sûrs* ou on laisse l'adjectif au singulier, comme si l'on disait *très peu sûr*.

moire n.f.
▸**moiré, -e** adj.

mois n.m. Les noms de mois s'écrivent avec une minuscule : *janvier, février*, sauf s'il s'agit d'une date historique : *le 14 Juillet, le 11 Novembre.*

moisir v.i. *Les champignons ont moisi.*
▸**moisi, -e** adj. et n.m. *Sentir le moisi.*
▸**moisissure** n.f.

moisson n.f.
▸**moissonner** v.t. Avec **nn**.
▸**moissonneuse** n.f. *Des moissonneuses-batteuses.*

moite adj. *Une chaleur moite.*
▸**moiteur** n.f.

moitié n.f. *La moitié des invités sont arrivés* ou *est arrivée en retard.* Voir gramm. § 39(4). – *Ils sont à moitié contents. Nous avons fait moitié-moitié, moitié Pierre, moitié Jacques.*

moka n.m. *Des mokas.*

mol adj. → mou

molaire n.f. Avec un seul **l**.

molécule n.f.

molester v.t. LITT. *On les a molestés. Ils se sont fait molester* (= brutaliser).

molette n.f. Avec un seul **l**. *Des clés à molette.* Voir gramm. § 13(2).

mollah n.m. Mot arabe. *Des mollahs.*

mollasson, -onne adj. et n. FAM. Avec **ll**.

molle adj. Féminin de **mou**.
▸**mollement** adv.
▸**mollesse** n.f.

1. **mollet** n.m. *Une jupe à mi-mollet.*

2. **mollet, -ette** adj. *Des œufs mollets.*

molleton n.m. Avec **ll**.
▸**molletonné, -e** adj.

mollir v.i. Avec **ll**.

mollusque n.m.

moment n.m. *Il téléphone à tout moment du jour ou de la nuit* (= n'importe quand). *Il parle de toi à tout moment* ou *à tous moments* (= sans arrêt). – *Il est désagréable par moments.* – *Au moment où je partais... Du moment que tu es d'accord. C'est le moment ou jamais.*
▸**momentané, -e** adj. *Une interruption momentanée de l'image.*
▸**momentanément** adv. *Momentanément absent.*

momie n.f.
▸**momifier** v.t. et v.pr.
▸**momification** n.f.

mon, ma, mes adj. possessif Voir *possessif* dans la partie grammaire.

monacal, -e, -aux adj. *Une vie monacale* (= de moine).

monarchie n.f.
▸**monarchique** adj.
▸**monarchiste** adj. et n.

monarque n.m.

monastère n.m.
▸**monastique** adj.

monceau n.m. *Des monceaux de neige. Un monceau de papiers.*

mondain, -e adj. et n. *La vie mondaine.*
▸**mondanité** n.f. *Ne pas aimer les mondanités. Recevoir quelqu'un sans mondanités.*

monde n.m. **1.** *Faire le tour du monde. Les mondes parallèles. Venir au monde, mettre au monde.* – Prend une majuscule dans *l'Ancien Monde, le Nouveau Monde.* – **2.** *Il y a du monde, beaucoup de monde, pas grand monde.* – **tout le monde** est masculin singulier. L'accord se fait au masculin singulier. *Tout le monde est là* et non ✕ *sont là. Tout le monde est content.* – On écrit avec des traits d'union *Monsieur Tout-le-monde.*

mondial, -e, -aux adj. *Des records mondiaux.* ◆ n.m. *Le mondial de football.*
▸**mondialement** adv. *Mondialement connu.*
▸**mondialiser** v.t. et v.pr. *L'économie s'est mondialisée.*
▸**mondialisation** n.f.

monétaire adj. *La politique monétaire.*

moniteur, -trice n.

monnaie n.f. *Des porte-monnaie. De la menue monnaie. Des pièces de monnaie.*

monnayer v.t. CONJ.5 Avec **y** ou **i** : *il monnaye* ou *monnaie. Il a monnayé sa compétence, il l'a monnayée très cher.*

m

▸**monnayable** adj.
▸**monnayeur** n.m. *Des faux-monnayeurs.*

monobloc adj. *Des éviers monoblocs.*

monocle n.m.

monocoque n.m.

monogamie n.f. (≠ Bigamie, polygamie)

monogramme n.m. *Un monogramme brodé sur une chemise.*

monoï n.m.inv. Avec **ï**. On prononce [oy'].

monolingue adj. *Un dictionnaire monolingue* (≠ bilingue).

monolithique adj. Avec **th**. *Une société monolithique* (= qui forme un bloc homogène). (Les monolithes sont des blocs de pierre comme les menhirs.)

monologue n.m.
▸**monologuer** v.i. Avec **gu**, même devant *a* et *o* : *il monologuait, nous monologuons.*

monoparental, -e, -aux adj. *Les familles monoparentales.*

monopole n.m. Sans accent circonflexe. – REMARQUE L'expression *monopole exclusif* est à éviter, un monopole étant par lui-même exclusif.
▸**monopoliser** v.t.

monosyllabe n.m.
▸**monosyllabique** adj.

monothéisme n.m. Avec **th** comme dans *théologie, athée* (≠ polythéisme).
▸**monothéiste** adj. et n.

monotone adj.
▸**monotonie** n.f.

monseigneur n.m. Sans majuscule sauf dans une lettre, une adresse. Au pluriel : *messeigneurs.*

monsieur n.m. **1.** Employé comme titre, **monsieur** fait au pluriel **messieurs** : *J'ai rencontré monsieur Durand. Permettez-moi de vous présenter messieurs Durand et Legrand. Bonjour, monsieur le proviseur.* – S'abrège en ***M.*** (et non ✕ *Mr.*, abréviation anglaise) et ***MM.***, au pluriel, uniquement devant un nom propre, jamais devant un nom de fonction : *M. Durand, monsieur le maire.* – **2.** Prend une majuscule, par politesse, dans une lettre, une invitation, etc. *Cher Monsieur,...* – **3.** Employé comme nom, avec l'article, **monsieur** fait au pluriel **monsieurs** : *C'est un grand monsieur. Jouer les monsieurs.* – **4.** l'expression **messieurs dames** est familière. On dira *mesdames et messieurs.*

monstre n.m. *Cette femme est un monstre.* – S'emploie comme adjectif après un nom. *Des manifestations monstres.*
▸**monstrueux, -euse** adj.
▸**monstrueusement** adv.
▸**monstruosité** n.f. Avec **o**.

mont n.m. *Par monts et par vaux. Promettre monts et merveilles.* – *Le mont-de-piété.* – REMARQUE S'écrit sans majuscule : *le mont Blanc, le mont des Oliviers, le mont Cenis* ; sauf quand il forme un nom propre composé : *le massif du Mont-Blanc, le tunnel du Mont-Cenis.*

montage n.m.

montagne n.f.
▸**montagneux, -euse** adj.
▸**montagnard, -e** adj. et n.

montant, -e adj. *La marée montante.* ◆ n.m. *Les montants d'un lit.* – *Un chèque d'un montant de 1000 €.*

mont-de-piété n.m. *Des monts-de-piété.*

monte-charge n.m. *Des monte-charge(s).*

montée n.f.

monte-plats n.m.inv.

monter v.t. *On a monté les escaliers, on les a montés quatre à quatre. Monter un cheval, un meuble, un film,* etc. – *Ces gens qu'on a montés contre vous.* ◆ v.i. – **1.** Avec l'auxiliaire ***être***. *Elle est montée sur l'arbre, à bord, en avion.* – **2.** Avec l'auxiliaire ***avoir*** pour indiquer l'action, et ***être*** pour marquer le résultat. *La température a monté d'un degré. Elle est montée à 40 °C.* ◆ v.pr. *La facture s'est montée à 100 euros.* Mais *Marie s'est monté la tête.* Voir gramm. § 29(2). – REMARQUE *Monter en haut* est un pléonasme à éviter.

monteur, -euse n. *Une chef monteuse.*

monticule n.m.

montre n.f. *Des bracelets-montres, des montres-bracelets.*

montrer v.t. et v.pr. *Il nous a montré son œuvre, il nous l'a montrée. On les a montrés du doigt. – Elle s'est montrée très intéressée par le projet.*

monture n.f.

monument n.m. *Un monument aux morts. Les monuments de Paris.*

monumental, -e, -aux adj.

moquer (se) v.pr. *Elles se sont moquées de toi. Ces histoires, elle s'en moque, elle s'en est toujours moquée.*
▸**moquerie** n.f.

moquette n.f.

moral, -e, -aux adj. *Une histoire très morale. Des problèmes moraux.*
▸**moral** n.m.sing. *Avoir le moral.*
▸**morale** n.f. *La morale de l'histoire. Un homme sans morale.*
▸**moralement** adv.
▸**moralité** n.f.

moratoire n.m. Avec un **e**. *Obtenir un moratoire* (= délai légal).

morbide adj.
▸**morbidité** n.f.

morceau n.m. *Des morceaux de papier. Découper, mettre en morceaux.*
▸**morceler** v.t. CONJ. 3 Avec **l** ou **ll** : *nous morcelons, ils morcellent. Une propriété morcelée.*
▸**morcellement** n.m. Avec **ll**.

mordoré, -e adj. *Des rideaux mordorés.*

mordre v.t. CONJ. 34 *Le chien a mordu Marie, il l'a mordue. Elle s'est fait mordre.* (*Fait* suivi d'un infinitif est invariable.) – **s'en mordre les doigts** : *Elle s'en est mordu les doigts.*
▸**mordiller** v.t.

morfondre (se) v.pr. CONJ. 34 *Ils se sont morfondus à t'attendre.*

morgue n.f.

moribond, -e adj. et n.

morille n.f. On prononce [iy'] comme dans *fille*.

morne adj.

morose adj.
▸**morosité** n.f.

morphine n.f. Avec **ph**.

morphologie n.f. Avec **ph**, de *morph(o)*, qui signifie « forme ». Voir ce mot dans la partie grammaire.

mors n.m. Avec **s**. *Prendre le mors aux dents.*

morse n.m.

morsure n.f.

mort, -e adj. et n. *Ils étaient morts de froid, ivres morts, à demi morts. Plus mort que vif. Elle n'a rien dit, elle a fait la morte. Des morts vivants. – Ses recommandations sont restées lettre morte. Les négociations sont au point mort.* ◆ n.f. *À la vie à la mort! Signer des arrêts de mort. On les a mis à mort. Jusqu'à ce que mort s'ensuive.*
▸**mort-né, -e** adj. Avec un trait d'union. Seul le deuxième élément varie : *des enfants mort-nés.*
▸**morte-saison** n.f. Avec un trait d'union. *Des mortes-saisons.*

mortalité n.f. *Le taux de mortalité.*

mort-aux-rats n.f.inv.

mortel, -elle adj. et n. *Une blessure mortelle. – Un simple mortel, une simple mortelle. Le commun des mortels.*
▸**mortellement** adv.

mortier n.m.

mortifier v.t. *Nous sommes mortifiés par cette histoire.* – ATTENTION Au futur et au conditionnel : *cela le mortifiera(it).*

mortuaire adj. *Une couronne mortuaire.*

morue n.f. *Des filets de morue.*

mosaïque n.f. Avec **ï**.

mosquée n.f.

mot n.m. Voir ce mot dans la partie grammaire. – *Un jeu de mots. Des mots d'esprit. Parler à demi-mot, parler à mots couverts. Apprendre un texte mot à mot. Répéter mot pour mot les paroles de quelqu'un. Il est parti sans mot dire, sans souffler mot, sans dire un mot. Qui ne dit mot consent. On l'a pris au mot. Cela vaut au bas mot 100 euros. – Des mots de passe, des mots d'ordre. Des mots(-)clés. Des mots-valises.* – **mots croisés** s'écrit le plus

m

souvent sans trait d'union : *Faire des mots croisés.* – Peut s'employer au singulier au sens de « grille » : *Faire un mots croisés.* – REMARQUE Les amateurs de mots croisés sont des ***cruciverbistes***. Ceux qui les conçoivent sont des ***verbicrucistes***.

motard, -e n.

motel n.m.

moteur, -trice adj. *Un véhicule à quatre roues motrices. – Des troubles moteurs.*
▸**moteur** n.m. *Des moteurs à réaction, à explosion. Des moteurs de recherche. – Elle a été le moteur de la réforme.*

motif n.m. *Un tissu à motifs imprimés. – Il l'a attaqué sans motif sérieux.*

motion n.f. *Des motions de censure.*

motiver v.t. *Qu'est-ce qui motive votre demande? Votre demande est-elle motivée ? – Motiver ses élèves. Ils sont très motivés dans, par leur travail.*
▸**motivant, -e** adj.
▸**motivation** n.f.

moto n.f. A remplacé **motocyclette**. *Des motos. Une course de motos. Des permis moto.* – On dit *aller à moto* ou, en langue courante, *en moto.*
▸**motocycliste** n. En langue courante, on dit ***motard***.
▸**motocross** n.m.

motoneige n.f. En un mot. *Des motoneiges.*

motorisé, -e adj.

motrice n.f.

motricité n.f. *Des troubles de la motricité.*

motte n.f. *Des mottes de beurre. Du beurre en motte, à la motte.*

mou, molle adj. et n. *Des caramels mous. De la cire molle. C'est un mou et un lâche.* – REMARQUE Devant un nom masculin singulier commençant par une voyelle ou un *h* muet, on rencontre **mol** en langue littéraire : *un mol oreiller, un mol abandon*. En langue courante on emploie **mou** après le nom : *un oreiller mou.* ◆ n.m. *Donner du mou à une corde. – Du mou pour le chat.*

mouche n.f. *Des mouches à viande. – Ils ont fait mouche. – Des poids mouche. Des pattes de mouche. – Du papier tue-mouches. Des bateaux-mouches.*

moucheron n.m.

moucheté, -e adj. *De la laine mouchetée.*

moudre v.t. *Moudre du café. Du café moulu fin.*

CONJUGAISON INDICATIF présent : *je mouds, tu mouds, il moud, nous moulons, vous moulez, ils moulent.* imparfait : *je moulais, il moulait, nous moulions, ils moulaient.* futur : *je moudrai, il moudra, nous moudrons, ils moudront.* passé simple : *je moulus, il moulut, nous moulûmes, ils moulurent.* CONDITIONNEL : *je moudrais, il moudrait.* SUBJONCTIF présent : *(que) je moule, il moule, nous moulions, ils moulent.* imparfait : *(que) je moulusse, il moulût.* IMPÉRATIF : *mouds, moulons, moulez.* PARTICIPE présent : *moulant.* passé : *moulu.*

moue n.f. *Faire la moue. Une moue de dégoût.*

mouette n.f.

moufle n.f. Avec un seul **f**.

mouiller v.i. *Le navire a mouillé près des côtes.* ◆ v.t. et v.pr. *La pluie nous a mouillés. Marie s'est mouillé<u>e</u>,* mais *Marie s'est mouill<u>é</u> les mains.* Voir gramm. § 29(2). – ATTENTION À l'indicatif imparfait et au subjonctif présent : *(que) nous mouill<u>i</u>ons.*

moule n.m. et n.f. **1.** Est masculin pour l'objet. *Un moule à tarte, des moules à tarte.* – **2.** Est féminin pour le mollusque. *Des moules crues. Des moules (à la) marinière.*

mouler v.t. *Mouler une statue. – Des fromages moulés à la louche. – Son pantalon la moule, elle est trop moulée dans son pantalon.*
▸**moulage** n.m.
▸**moulant, -e** adj. *Une jupe moulante.*

moulin n.m. *Des moulins à café, à poivre.*

moult adv. Sans *e*. Vieux mot invariable qu'on emploie parfois de façon ironique. *Après moult hésitations.*

moulu, -e adj. *Du café moulu.* → moudre – *Ils étaient moulus de fatigue.* Ne pas confondre avec ***émoulu***.

moulure n.f.

mourir v.i. CONJ.13 Se conjugue avec l'auxiliaire *être*. – *Je meurs, il meurt de faim* (= présent). *Pourvu que je n'en meure, qu'il n'en meure pas !* (= subjonctif). *Il est mort en décembre.* – REMARQUE S'écrit avec un seul **r**, sauf au futur et au conditionnel : *il mourra, il mourrait,* dans lesquels on fait entendre les deux **r**.
▸ **mourant, -e** adj. et n. *Elle est mourante.* Ne pas confondre avec le participe présent invariable : *Mourant de honte, elle...*

mousquetaire n.m. *Les trois mousquetaires.*

mousse n.m. et n.f. **1.** Est masculin pour désigner un marin. *Un mousse.* – **2.** Est féminin dans les autres sens. *La mousse des sous-bois. Des coussins en mousse. Des mousses au chocolat.*
▸ **mousser** v.i. *Elle a fait mousser ses cheveux, elle les a fait mousser.* (*Fait* suivi d'un infinitif est invariable.)
▸ **moussant, -e** adj. *Un bain moussant.*
▸ **mousseux, -euse** adj. et n.m. *Une crème mousseuse.* – *Un verre de mousseux.*

mousseline n.f. *De la mousseline de soie.* – Est invariable dans *pommes mousseline, sauces mousseline*.

mousson n.f.

moustache n.f. On dit *porter la moustache* ou *les moustaches*.
▸ **moustachu, -e** adj. et n.

moustique n.m.
▸ **moustiquaire** n.f.

moût n.m. (Jus du raisin) Avec **û** et **t**. Ne pas confondre avec ***mou*** (pour le chat).

moutarde n.f. Est invariable comme adjectif de couleur. *Des pulls (couleur de) moutarde.* Voir gramm. § 8(2).

mouton n.m.

mouture n.f. *La mouture fine d'un café.* – *La dernière mouture d'un article.*

mouvance n.f. *Dans la mouvance d'un parti politique.*

mouvant, -e adj. *Des sables mouvants.*

mouvement n.m. *Faire un faux mouvement. Des corps en mouvement.* – *Des mouvements de caisse, de fonds.*
▸ **mouvementé, -e** adj.

mouvoir v.t. et v.pr. LITT. *Mouvoir ses membres. Avoir du mal à se mouvoir.* – *Une machine mue par l'électricité. Un homme mû par l'intérêt.* – CONJUGAISON INDICATIF présent : *je meus, tu meus, il meut, nous mouvons, vous mouvez, ils meuvent.* imparfait : *je mouvais, tu mouvais, il mouvait, nous mouvions, vous mouviez, ils mouvaient.* passé simple : *je mus, il mut, nous mûmes, ils murent.* futur : *je mouvrai, il mouvra, nous mouvrons, ils mouvront.* CONDITIONNEL : *je mouvrais, il mouvrait, nous mouvrions, ils mouvraient.* SUBJONCTIF présent : *(que) je meuve, il meuve, nous mouvions, ils meuvent.* imparfait : *(que) je musse, il mût.* IMPÉRATIF : *meus, mouvons, mouvez.* PARTICIPE présent : *mouvant.* passé : *mû, mue, mus, mues.* – REMARQUE Le participe passé prend un **û** au masculin singulier. Mais les verbes *émouvoir* et *promouvoir* n'en prennent pas.

1. moyen n.m. *Des moyens de transport. Des moyens d'action. Au moyen de. Avoir les moyens de. Manquer de moyens.*

2. moyen, -enne adj. *Une vitesse moyenne. Un prix moyen. À moyen terme. Des poids moyens en boxe. Des moyens métrages.* – On écrit avec des majuscules *Moyen Âge, Moyen-Orient.*
▸ **moyennement** adv. *Il a moyennement réussi.*

Moyen Âge n.m. S'écrit sans trait d'union et avec des majuscules.
▸ **moyenâgeux, -euse** adj. S'écrit en un seul mot et avec un seul **n**.

moyen-courrier adj. et n.m. *Des avions moyen-courriers. Des moyen-courriers.*

moyennant prép. *Moyennant finance.*

moyenne n.f. *Avoir la moyenne. Être dans la moyenne. Ils roulent en moyenne à 100 km/h.*

moyeu n.m. *Des moyeux.*

mucosité n.f. Avec un **c**. – REMARQUE Le nom ***muqueuse*** s'écrit avec **qu**.

m

mucoviscidose n.f. Avec **sc**.

mue n.f.
▸ **muer** v.i. *Sa voix a mué.* ◆ v.pr. *Sa colère s'est muée en un grand éclat de rire.*

muesli n.m. On ne prononce pas le **e**.

muet, muette adj. et n. Voir *muet* dans la partie grammaire.

muezzin n.m. Mot turc. On prononce [mu-édzin].

mufle n.m. Avec un seul **f**.
▸ **muflerie** n.f.

mugir v.i. *Les sirènes mugissaient.*

muguet n.m. *Des brins de muguet.*

mulâtre adj. et n. Avec **â**. – REMARQUE Le féminin ***mulâtresse*** est vieilli et péjoratif.

mule n.f.

mulet n.m.

mulot n.m.

> **multi-** Les mots formés avec **multi-** s'écrivent sans trait d'union : *un four* ***multifonction****, une assurance* ***multirisque****, un programme* ***multitâche*** ; sauf si le second élément commence par une voyelle : *un produit* ***multi-usage***.

multicolore adj.

multicoque adj. et n.m.

multimédia adj. et n.m. *Des encyclopédies multimédias.*

multiple adj. et n.m. *Des questions à choix multiple. À de multiples occasions.*

multiplicité n.f. *Une multiplicité d'arguments.*

multiplier v.t. et v.pr. *On a multiplié les recommandations, mais les accidents se sont quand même multipliés.* – REMARQUE Reste au singulier dans *que multiplie, multiplié par* : *5 multiplié par 2 égale 10.* – ATTENTION À l'indicatif imparfait et au subjonctif présent : *(que) nous multipliions.* – Au futur et au conditionnel : *il multipliera(it).*
▸ **multiplication** n.f.

multitude n.f. *Une multitude d'oiseaux s'envola* ou *s'envolèrent.* Voir gramm. § 11(1).

municipal, -e, -aux adj. *Des conseillers municipaux.*
▸ **municipalité** n.f.

munificence n.f. LITT. (Générosité) Ne pas confondre avec ***magnificence*** (splendeur).

munir v.t. et v.pr. *Ils se sont munis des documents nécessaires.*

munitions n.f.plur.

muqueuse n.f. – REMARQUE Le nom ***mucosité*** s'écrit avec un **c**.

mur n.m. Sans accent circonflexe. *Un mur mitoyen. Rester entre quatre murs. Se heurter à un mur.*
▸ **mural, -e, -aux** adj. *Une peinture murale.*
▸ **murer** v.t. et v.pr. *La fenêtre que l'on a murée. – Ils se sont murés dans le silence.*

muraille n.f.

muret n.m.

mûr, -e adj. Avec **û** comme dans les mots de la famille. *Des fruits mûrs sont arrivés à* ***maturité****. – Elle est mûre pour le mariage.*
▸ **mûrir** v.i. et v.t. *Les fruits mûrissent. On les a laissés mûrir. On les a fait mûrir.* (*Fait* suivi d'un infinitif est invariable.) – *L'expérience les a mûris. Mûrir un projet. Des projets mûris de longue date.*
▸ **mûrement** adv. *Un projet mûrement réfléchi.*
▸ **mûrissement** n.m.

mûre n.f. (Fruit) Avec **û**. *De la confiture de mûre(s).* Voir gramm. § 13.
▸ **mûrier** n.m.

murmure n.m.
▸ **murmurer** v.t. *Il a murmuré quelques mots. La phrase qu'il a murmurée.*

musc n.m. On prononce le **c**.

muscade n.f. *Des noix de muscade.*

muscadet n.m. Avec une minuscule. *Un verre de muscadet.*

muscat n.m. et adj. Avec **t**. *Un verre de muscat. Des raisins muscats.*

muscle n.m.
▸ **muscler** v.t. et v.pr. *Ils se sont musclés.*
▸ **musculaire** adj.
▸ **musculation** n.f. *Faire de la musculation.*
▸ **musculature** n.f. *Une belle musculature.*

muse n.f. *Le poète et sa muse.*

museau n.m. *Des museaux.*

musée n.m. Avec **ée** comme ***lycée***, ***caducée***, ***mausolée***... – *Le musée du Louvre, de la Marine. Des objets, des pièces de musée.*

museler v.t. CONJ.3 Avec **l** ou **ll** : *nous muselons, ils musellent. On a muselé la presse, on l'a muselée.*
▸ **musellement** n.m. Avec **ll**.
▸ **muselière** n.f. Avec un seul **l**.

musette n.f. *Des bals musettes.*

muséum n.m. Mot latin francisé. Avec **é**. *Des muséums.*

music-hall n.m. *Des music-halls.*

musique n.f.
▸ **musicien, -enne** n.
▸ **musical, -e, -aux** adj. *Des comédies musicales. Des intermèdes musicaux.*

musulman, -e adj. et n. *La religion musulmane. Il est musulman. C'est un musulman.*

mutant, -e adj. et n.

muter v.t. *On les a mutés à Londres.*
▸ **mutation** n.f.

mutiler v.t. et v.pr.
▸ **mutilation** n.f.

mutin n.m.
▸ **mutiner (se)** v.pr. *Les prisonniers se sont mutinés.*
▸ **mutinerie** n.f.

mutisme n.m.

mutuel, -elle adj. et n.f. *Une estime mutuelle.* – *Une mutuelle d'assurance maladie.*
▸ **mutuellement** adv.
▸ **mutualité** n.f.
▸ **mutualiste** adj.

mycose n.f. Avec **y**.

mygale n.f. Avec **y**.

myocarde n.m. De ***myo-*** « muscle » et ***card-*** « cœur ».

myopathe adj. et n. De ***myo-*** « muscle ».
▸ **myopathie** n.f.

myope adj. et n. Avec **y**.
▸ **myopie** n.f.

myosotis n.m. Avec **y** d'abord et **is** que l'on prononce.

myriade n.f. *Une myriade d'étoiles illuminent le ciel.* (L'accord se fait avec le complément au pluriel.)

myrrhe n.f. (Résine odorante) Est du féminin et s'écrit avec **rrh**. *L'encens et la myrrhe.* Ne pas confondre avec ***myrte*** (arbuste).

myrte n.m. (Arbuste) Est du masculin et s'écrit sans *h*. *Le myrte. Des buissons de myrte.* Ne pas confondre avec ***myrrhe*** (résine odorante).

myrtille n.f. *De la confiture de myrtille(s).* Voir gramm. § 13.

mystère n.m. *Ils n'ont pas fait mystère de leurs intentions.*
▸ **mystérieux, -euse** adj. Avec **é**.
▸ **mystérieusement** adv.

mystifier v.t. (Tromper) *On vous a mystifiés.* Ne pas confondre avec ***mythifier*** (faire un mythe de).
▸ **mystification** n.f.

mystique adj. et n.
▸ **mysticisme** n.m.

mythe n.m. Avec **th**. *Les mythes grecs.* – *C'est un mythe !* (= c'est faux).
▸ **mythifier** v.t. *On mythifie certaines stars* (= on leur donne le statut de mythe, de légende). Ne pas confondre avec ***mystifier*** (tromper).
▸ **mythique** adj. *Une histoire mythique.*

mythologie n.f.
▸ **mythologique** adj.

mythomane adj. et n.
▸ **mythomanie** n.f.

N

N^ième^ ou **n-ième** On prononce [énièm]. On écrit plutôt aujourd'hui **énième**.

nacelle n.f. Avec **c**.

nacre n.f. Est du féminin. *De la nacre.*
▸**nacré, -e** adj.

nage n.f. *Traverser à la nage. – Ils sont en nage.*
▸**nager** v.i. et v.t. Avec **e** devant *a* et *o* : *il nageait, nous nageons.*
▸**nageur, -euse** n. *Une bonne nageuse. Des maîtres nageurs.*
▸**nageoire** n.f.

naguère adv. (Il y a peu de temps) Ne pas confondre avec ***jadis*** (autrefois).

naïade n.f. LITT. Avec **ï**.

naïf, naïve adj. et n. Avec **ï**.
▸**naïvement** adv.
▸**naïveté** n.f. Avec **été**. – ATTENTION Les mots ***naïveté*** et ***oisiveté*** sont les seuls noms dérivés d'adjectifs en *-if, -ive* qui prennent un *e*. Tous les autres s'écrivent avec *-ité* : *nocivité, agressivité...*

nain, -e n. et adj. *Des arbres nains.*

naître v.i. Avec **î** devant un *t*. – Se conjugue avec l'auxiliaire ***être***. *Elle naît, elle naissait, elle est née.*
CONJUGAISON INDICATIF présent : *je nais, tu nais, il naît, nous naissons, vous naissez, ils naissent.* imparfait : *je naissais, il naissait, nous naissions, ils naissaient.* passé simple : *je naquis, il naquit, nous naquîmes, ils naquirent.* futur : *je naîtrai, il naîtra, nous naîtrons, ils naîtront.* CONDITIONNEL : *je naîtrais, il naîtrait, nous naîtrions, ils naîtraient.* SUBJONCTIF présent : *(que) je naisse, il naisse, nous naissions, ils naissent.* imparfait : *(que) je naquisse, il naquît, nous naquissions, ils naquissent.* IMPÉRATIF : *nais, naissons, naissez.* PARTICIPE présent : *naissant.* passé : *né, née.*
▸**naissance** n.f. *Des dates de naissance.*

nanti, -e adj. et n. PÉJOR. (Riche)

napalm n.m. Sans *e*. *Bombe au napalm.*

naphtaline n.f. Avec **ph**.

nappe n.f. Avec **pp** comme dans les mots de la famille. *La nappe phréatique. – Des nappes en papier.*
▸**napper** v.t. *Des tables nappées de blanc.*
▸**napperon** n.m.

narcisse n.m. (Fleur) Est du masculin. *Un narcisse blanc.*

narcissique adj. et n. De *Narcisse*, qui admirait son reflet.
▸**narcissisme** n.m.

narcotique adj. et n.m.

narcotrafiquant, -e n.

narguer v.t. Avec **gu**, même devant *a* et *o* : *il narguait, nous narguons.*

narguilé n.m. *Fumer le narguilé.* – REMARQUE On a écrit ***narghilé***.

narine n.f.

narquois, -e adj. *Un sourire narquois* (= moqueur).

narrer v.t. LITT. Avec **rr** comme dans les mots de la famille. *L'histoire qu'il nous a narrée.*
▸**narration** n.f.
▸**narrateur, -trice** n.
▸**narratif, -ive** adj. *Un style narratif.*

narval n.m. (Animal) Avec *als* au pluriel. *Des narvals.* Voir gramm. § 32(3).

nasal, -e, -aux adj. *Des gouttes nasales.*

naseau n.m. Avec **eau**. *Des naseaux.*

nasse n.f.

natal, -e adj. Avec *als* au masculin pluriel. *Des pays natals.* Voir gramm. § 32(3). – REMARQUE Les mots formés à partir de *natal* font leur pluriel en *als* et quelquefois en *aux* : *des examens prénatals* ou *prénataux.*

natalité n.f. *Le taux de natalité.*

natation n.f.

natif, -ive adj. et n.

nation n.f. Les mots de la famille de *nation* ne doublent pas le *n*.
▸ **national, -e, -aux** adj.
▸ **nationalité** n.f.

nationaliser v.t. *Nationaliser une entreprise* (≠ privatiser). *Une entreprise nationalisée.* Ne pas confondre avec ***naturaliser*** (= donner telle nationalité).
▸ **nationalisation** n.f.

nationalisme n.m.
▸ **nationaliste** adj. et n.

natte n.f.

naturaliser v.t. *Ils se sont fait naturaliser. Ils sont naturalisés français* (= ils ont pris la nationalité française). Ne pas confondre avec ***nationaliser*** (≠ privatiser).
▸ **naturalisation** n.f.

nature n.f. *Des objets de toute nature. Des avantages en nature. Peindre des natures mortes.* – Est invariable après un nom. *Des photos grandeur nature. Des cafés nature.*

naturel, -elle adj. et n.m. *Des teintes naturelles. – Parler avec naturel. J'aime mieux les fruits au naturel.*
▸ **naturellement** adv.

naturisme n.m. Le **naturisme** prône la vie en pleine nature et la liberté dans la nudité. Le ***nudisme*** insiste sur la nudité.
▸ **naturiste** adj. et n.

naufrage n.m. *Ils ont fait naufrage.*
▸ **naufragé, -e** adj. et n.

nauséabond, -e adj. *Des odeurs nauséabondes.*

nausée n.f. *Ils ont la nausée.*
▸ **nauséeux, -euse** adj. *Se sentir nauséeux.*

nautique adj. *Les sports nautiques.*
▸ **nautisme** n.m.

naval, -e adj. Avec *als* au masculin pluriel. *Les chantiers navals.* Voir gramm. § 32(3).

navet n.m.

navette n.f.

naviguer v.i. Avec **gu**, même devant *a* et *o* : *il naviguait, nous naviguons.* – Les mots de la famille perdent le *u*.
▸ **navigable** adj. *Un cours d'eau navigable.*
▸ **navigant, -e** adj. *Le personnel navigant.* Sans *u*. Ne pas confondre avec le participe présent *en naviguant.* Voir gramm. § 31(2).
▸ **navigation** n.f.
▸ **navigateur, -trice** n.

navire n.m. On écrit avec un trait d'union *des navires-écoles, des navires-hôpitaux.*

navrer v.t. *Croyez bien que cette histoire nous navre. Nous sommes navrés.*
▸ **navrant, -e** adj.

nazi, -e adj. et n.
▸ **nazisme** n.m.

ne adv.

• Adverbe de négation, **ne** (ou **n'** devant une voyelle ou un *h* muet) s'emploie avec les mots négatifs ***aucun***, ***guère***, ***jamais***, ***nul***, ***pas***, ***personne***, ***plus***, ***point***, ***rien***. *Il ne veut pas. Je n'ai plus de temps. Il n'y a aucun problème.*

• **ne... que** marque la restriction. *Il n'a que dix ans.*

• Avec certains verbes comme ***cesser***, ***oser***, ***pouvoir***, ***savoir***, **ne** peut s'employer seul. *Je n'ose y croire. Je ne cesse d'y penser.*

• On emploie le **ne**, dit **explétif**, après des mots exprimant le doute ou la crainte. *J'ai peur qu'il n'arrive trop tard.* – Après des expressions comparatives. *C'était plus grave que je ne le pensais.* – Après ***avant que, à moins que***. *Avant qu'il ne vienne.* Employé en langue soutenue, le *ne* explétif tend à disparaître de la langue courante.

né, -e adj. Participe passé de *naître*. – S'emploie après un mot avec un trait d'union. *C'est une musicienne-née, un artiste-né. Le* *premier-né, la dernière-née, les dernières-nées.* – REMARQUE Seul *né* varie dans *des enfants mort-nés, des enfants nouveau-nés, des nouveau-nés.* – **bien né** s'écrit sans trait d'union.

néanmoins adv.

néant n.m. *Réduire à néant.*

nébuleux, -euse adj. et n.f.
▸ **nébulosité** n.f. Avec **o**.

nécessaire adj. et n.m. *L'eau est nécessaire à la vie. – Faire le nécessaire pour...*
▸ **nécessairement** adv.
▸ **nécessité** n.f. *Des produits de première nécessité.*
▸ **nécessiter** v.t. *Ce projet nécessite de gros investissements. Les gros investissements que ce projet a nécessités.*

nec plus ultra n.m.sing. Locution latine invariable qui signifie « ce qu'il y a de mieux ».

nécrologie n.f.
▸ **nécrologique** adj. *Rubrique nécrologique.*

nectar n.m. *Des nectars.*

nectarine n.f.

néerlandais, -e adj. et n. *Il est néerlandais. C'est un Néerlandais.* (Le nom de personne prend une majuscule.)

nef n.f. On prononce le **f**.

néfaste adj. *Néfaste à. Cela lui a été néfaste* (= nuisible).

nèfle n.f. *Une nèfle.*
▸ **néflier** n.m. Avec **é**.

négatif, -ive adj. Voir ce mot dans la partie grammaire. ◆ n.f. – **par la négative** : *Il a répondu par la négative.*
▸ **négation** n.f.

négliger v.t. et v.pr. Avec **e** devant *a* et *o* : *il négligeait, nous négligeons. Il a trop longtemps négligé ses affaires. Ses affaires qu'il a si longtemps négligées. – Marie s'est négligée ces derniers temps.*
▸ **négligé, -e** adj. et n.m. *Une tenue négligée.*
▸ **négligeable** adj. Avec **ge**. *Une quantité négligeable.*
▸ **négligent, -e** adj. Avec **ent**. *Ils ont été négligents.* Ne pas confondre avec le participe présent invariable : *Négligeant leurs affaires, ils...* Voir gramm. § 31(2).
▸ **négligemment** adv. Avec **emm** qu'on prononce [am]. Voir gramm. § 9(2).
▸ **négligence** n.f.

négoce n.m.
▸ **négociant, -e** n. *Un négociant en vins et spiritueux.*

négocier v.t. et v.i. *Négocier une affaire. Une affaire bien négociée. – Les syndicats négocient avec le ministère.* – ATTENTION À l'indicatif imparfait et au subjonctif présent : *(que) nous négociions.* – Au futur et au conditionnel : *il négociera(it).*
▸ **négociable** adj. *Un tarif négociable.*
▸ **négociateur, -trice** n.
▸ **négociation** n.f.

nègre adj. et n.m. **négresse** n.f. L'emploi comme nom est vieilli et péjoratif. L'adjectif reste dans *l'art nègre.* – Le nom masculin s'emploie pour désigner la personne qui écrit un livre à la place de celle qui le signe.

neige n.f. *Des boules de neige. Ils sont blancs comme neige. Des chasse-neige.* – Est invariable après un nom. *Des pneus neige.*
▸ **neiger** v. impersonnel *Il neige, il neigeait, il a neigé.*
▸ **neigeux, -euse** adj. *Un temps neigeux.*

nénuphar n.m. *Des nénuphars.*

> **néo-** Les mots formés avec **néo-**, qui signifie « nouveau », s'écrivent soudés, sauf devant *i* ou dans les dérivés de noms propres : *néoclassique, néonazi,* mais *néo-impressionnisme, néo-calédonien, néo-zélandais* (= de Nouvelle-Zélande).

néologisme n.m.

néon n.m.

néonatal, -e adj. Avec *als* au masculin pluriel. *Des soins néonatals.*

néophyte n. Avec **phy**. LITT. (Débutant, novice) *L'ardeur des néophytes.*

néphrétique adj. (Du rein) *Des coliques néphrétiques.* Ne pas dire ✕ *frénétique.*

nerf n.m. Avec **f**. Est au pluriel dans *crise de nerfs, à bout de nerfs,* et au singulier dans *manquer de nerf, avoir du nerf.*
▸ **nerveux, -euse** adj.
▸ **nerveusement** adv.
▸ **nervosité** n.f. Avec **o**.

nervure n.f.

n'est-ce pas adv. interrogatif Avec un seul trait d'union devant *ce*.

net, nette adj. *Une explication claire et nette. Une somme nette d'impôts. Des prix nets.* – Est invariable comme adverbe. *On les a coupés net. Je vous le dis tout net.*
▸ **nettement** adv.
▸ **netteté** n.f.

nettoyer v.t. et v.pr. CONJ.6 Avec **i** devant un e muet : *il nettoie. On a nettoyé les rues, on les a nettoyées. La vaisselle ne s'est pas nettoyée toute seule! Marie s'est nettoyé les ongles.* Voir gramm. § 29(2). – ATTENTION À l'indicatif imparfait et au subjonctif présent : *(que) nous nettoyions.* – Au futur et au conditionnel : *il nettoiera(it).*
▸ **nettoyage** n.m.
▸ **nettoyant, -e** adj. et n.m. *Des produits nettoyants. Des fours autonettoyants.*
▸ **nettoiement** n.m. Avec un **e** muet. S'emploie en langue technique ou administrative. *Les services du nettoiement.*

1. neuf adj. numéral et n.m. Est invariable. *Tous les neuf jours.* On écrit avec un trait d'union *dix-neuf, vingt-neuf, trente-neuf…* et sans trait d'union *cent neuf.* Voir gramm. § 23(1 et 2). – REMARQUE Le **f** se prononce [v] dans *neuf ans, neuf heures.*

2. neuf, neuve adj. et n.m. *Une maison neuve. – Préférer le neuf à l'ancien. Quoi de neuf ?*

neurologie n.f.
▸ **neurologique** adj.
▸ **neurologue** n.

neurone n.m.

neutraliser v.t. *On a neutralisé les forcenés, on les a neutralisés.*
▸ **neutralisation** n.f.

neutre adj. et n.m. Voir ce mot dans la partie grammaire. ◆ adj. *Ils sont restés neutres dans ce conflit.*
▸ **neutralité** n.f.

neuvième adj. numéral et n. *Ils sont neuvièmes.*
▸ **neuvièmement** adv.

névé n.m. (Masse de neige) Ne pas confondre avec ***nifé*** (noyau de la Terre).

neveu n.m. *Des neveux et des nièces.* – On dit *le neveu de Pierre* et non ✕ *à Pierre.*

névralgie n.f.

névropathe adj. et n. Avec *pathe* qui signifie « qui souffre ».

névrose n.f.
▸ **névrosé, -e** adj. et n.

nez n.m. On écrit sans trait d'union *nez à nez, pied de nez,* et avec un trait d'union *cache-nez.*

ni conj. de coordination

- S'emploie dans les phrases négatives là où on emploie ***et*** dans les phrases affirmatives. *Il est parti sans manteau ni parapluie. Je ne veux ni jouer ni danser.* – Il n'y a pas de virgule.
- *Ni son père ni sa mère ne sont venus.* L'accord se fait au masculin pluriel si les deux termes sont de genre différent.
- *Ni sa tante ni sa mère n'est venue* ou *ne sont venues.* L'accord se fait au singulier ou au pluriel si les deux termes sont du même genre.
- *Ni Pierre ni Jacques n'est le père de cet enfant.* Le verbe est au singulier, comme avec ***ou***, quand les deux termes s'excluent. On dirait *Pierre ou Jacques est le père de cet enfant.* (C'est soit l'un soit l'autre.)

niais, -e adj. et n.
▸ **niaiserie** n.f.

niche n.f.

nichée n.f.

nicher v.i. et v.pr. *L'oiseau niche dans l'arbre. – Où Marie s'est-elle nichée ?*

n

nickel n.m. Avec **ck**.

nicotine n.f.

nid n.m. **1.** Avec un complément au singulier pour les oiseaux : *des nids d'hirondelle, de mésange, de pigeon.* – Avec un complément au pluriel dans les autres cas : *un nid de fourmis, de guêpes, de brigands* ; sauf s'il s'agit d'un nom abstrait : *un nid de résistance, de révolte.* – **2.** On écrit avec un trait d'union ***nid-d'abeilles, nid-de-poule***.

nièce n.f. On dit *la nièce de Jacques* et non ✕ *à Jacques.*

nier v.t. *Il nie l'avoir rencontré hier. Niez-vous que vous l'avez vu ?* (= indicatif pour insister sur la réalité). *Niez-vous qu'elle soit la meilleure ?* (= subjonctif pour un fait possible). – ATTENTION À l'indicatif imparfait et au subjonctif présent : *(que) nous niions.* – Au futur et au conditionnel : *il niera(it).*

nifé n.m. (Noyau de la Terre) Ne pas confondre avec ***névé*** (masse de neige).

nigaud, -e adj. et n.

nigérian, -e adj. et n. (Du Nigeria) *Elle est nigériane. C'est une Nigériane.* (Le nom de personne prend une majuscule.) Ne pas confondre avec ***nigérien*** (du Niger).

nigérien, -enne adj. et n. (Du Niger) *Elle est nigérienne. C'est une Nigérienne.* (Le nom de personne prend une majuscule.) Ne pas confondre avec ***nigérian*** (du Nigeria).

nimbe n.m. LITT. (Auréole) Ne pas confondre avec ***limbes***.
▸ **nimbé, -e** adj. *Elle était nimbée de lumière.*

n'importe Est invariable et s'emploie dans des locutions indéfinies : *n'importe qui, n'importe lequel, n'importe lesquels, n'importe quoi, n'importe quand.*

nippon, -one ou **-onne** adj. et n. Avec **pp**. *L'Empire nippon. Les Nippons.* (Le nom de personne prend une majuscule.)

nirvana n.m.

niveau n.m. *Des mises à niveau. Des passages à niveau. Comparer différents niveaux de vie.* – **au niveau de** s'emploie pour indiquer un degré, un grade, un échelon. *Arrivé au niveau du dernier étage. Au niveau des cadres supérieurs...* – REMARQUE L'expression est à éviter dans les autres cas. On ne dit pas ✕ *au niveau des finances.* On dit ***en ce qui concerne, sur le plan de, du point de vue de, en matière de,*** etc.

niveler v.t. CONJ.3 Avec un **l** ou **ll** : *nous nivelons, ils nivellent.*
▸ **nivellement** n.m. Avec **ll**. *Le nivellement par le bas, par le haut.*

nobiliaire adj. *Une particule nobiliaire.*

noble adj. et n.
▸ **noblesse** n.f. *Des titres de noblesse.*

noce n.f. *Aller à la noce* ou *aux noces d'un ami.* – Est au pluriel dans *premières, secondes noces ; noces d'or, d'argent ; nuit de noces ; voyage de noces.*

nocif, -ive adj.
▸ **nocivité** n.f. Avec **ité**.

noctambule adj. et n.

nocturne adj. *Une visite nocturne.* ◆ n.f. et n.m. – Est féminin pour une ouverture de magasin, une compétition, une séance en soirée ou de nuit. – Est masculin pour le morceau de musique. *Un nocturne de Chopin.*

nodule n.m.

Noël n.m. Est masculin : *Noël est tombé un jeudi cette année.* Mais on dit parfois *pour la Noël* (= pour la fête de Noël). – S'écrit sans majuscule pour désigner un chant.

nœud n.m. Avec **œ**.

noir, -e adj. *Un papier noir. Une robe noire. Des idées noires.* Mais *des cheveux noir bleuté, une robe noir et blanc.* L'adjectif de couleur composé est invariable. Voir gramm. § 8(3).
◆ adj. et n. *Il est noir. C'est un Noir.* (Le nom de personne prend une majuscule.) ◆ n.m. (Couleur) ◆ n.f. (Note)
▸ **noirâtre** adj. Avec **â**. → -atre/-âtre
▸ **noirceur** n.f.
▸ **noircir** v.t. et v.i.

noisette n.f. *Un casse-noisette.* – Est invariable comme adjectif de couleur. *Des yeux (couleur de) noisette.* Voir gramm. § 8.

▸ **noisetier** n.m. Avec un seul **t**.

noix n.f. *Des noix de cajou. Un casse-noix.*

nom n.m. Voir ce mot dans la partie grammaire. – Avec **m** comme dans ***nommer***. *Donnez vos nom, prénom et adresse. Des crimes sans nom. Il faut appeler les choses par leur nom. Au nom de la loi. Des prête-noms.* – Le complément reste au singulier dans *des noms de famille, de baptême, d'emprunt, d'usage.* Mais il varie en nombre dans *un nom d'animal, des noms d'animaux; un nom de métier, des noms de métiers,* etc.

nomade n. et adj.
▸ **nomadisme** n.m.

nombre n.m. *Des envois en nombre. Je les compte au nombre de mes amis. Ils veulent faire nombre. Ils viennent en nombre.* – **un grand, un petit nombre de** : *Un grand nombre de personnes ont été blessées. Un grand nombre, un petit nombre de personnes assista* ou *assistèrent à la réunion.* L'accord se fait avec le complément au pluriel ou avec l'expression de quantité si c'est sur elle qu'on insiste. – **nombre de** : *Nombre de ses clients, nombre d'entre eux sont mécontents.* L'accord se fait avec le complément au pluriel, comme avec ***beaucoup***. Voir gramm. § 39(1). – REMARQUE Voir *nombre* dans la partie grammaire et *Écriture des nombres*, p. 528.
▸ **nombreux, -euse** adj.

nombril n.m. Le **l** peut se prononcer ou non. → -il
▸ **nombrilisme** n.m.

nomenclature n.f.

nomenklatura n.f. Mot russe. Avec **k**.

nomination n.f. Avec un seul **m**.
▸ **nominer** v.t. Anglicisme très critiqué. On recommande ***nommer*** ou ***sélectionner***.

nommément adv. Avec **mm**. *Ils ont été nommément cités.*

nommer v.t. et v.pr. Avec **mm**. *On les a nommés présidents d'honneur.*

non adv. et n.m.inv. Est invariable. *Il y a eu un million de non au référendum.*

non- **1.** S'emploie librement comme préfixe négatif, sans trait d'union devant un adjectif : *un avantage non négligeable*; avec un trait d'union devant un nom : *un non-livre, un non-écrivain.* – **2.** Lorsque le mot formé a pris son autonomie, on écrit **non-** avec un trait d'union devant un nom ou un verbe : *la non-violence, une fin de non-recevoir, un point de non-retour*; avec ou sans trait d'union devant un adjectif : *les pays non-alignés, une manifestation non violente.*

nonagénaire n. et adj. Avec **aire** comme dans ***centenaire***.

nonante adj. numéral (Quatre-vingt-dix)

non-assistance n.f. *Condamné pour non-assistance à personne en danger.*

nonchalance n.f.
▸ **nonchalant, -e** adj.
▸ **nonchalamment** adv.

non-dit n.m.inv. *Il y a des non-dit dans son discours.*

non-droit n.m.sing. *Des zones de non-droit.*

non-fumeur, -euse n. *Des zones fumeurs et des zones non-fumeurs.*

non-initié, -e n. et adj. *Un documentaire pour les non-initiés.*

non-lieu n.m. *Des non-lieux. Des ordonnances de non-lieu.*

nonne n.f.

non-recevoir n.m.inv. *Des fins de non-recevoir.*

non-sens n.m.inv. Avec un trait d'union, mais ***faux sens*** s'écrit sans trait d'union.

non-stop adj.inv. et n.m. FAM. On prononce [non'] à l'anglaise.

nord n.m.inv et adj.inv. *Regarder vers le nord. Ma chambre est au nord. Un axe nord-sud. Habiter dans le nord de la France. La façade nord.* – S'écrit avec une majuscule pour désigner une région. *Une ville du Nord. Le Grand Nord. Le pôle Nord.* – REMARQUE On écrit avec un trait d'union les adjectifs et les noms de personnes dérivés d'un nom

n

géographique : *Il est nord-américain. C'est un Nord-Américain.* (Le nom de personne prend une majuscule.)
▸**nordique** adj. *Les pays nordiques.*
▸**nordiste** adj. et n. *Les nordistes et les sudistes.*

normal, -e, -aux adj. *Ils sont normaux. Ils sont dans leur état normal.* ◆ n.f. *Revenir à la normale. Les normales saisonnières.*
▸**normalement** adv.

normaliser v.t.
▸**normalisation** n.f.

norme n.f. *Rester dans les normes.*

norvégien, -enne adj. et n. *Il est norvégien. C'est un Norvégien.* (Le nom de personne prend une majuscule.)

nos adj. possessif → notre

nostalgie n.f. *Avoir la nostalgie du pays.*
▸**nostalgique** adj. et n.

nota bene n.m.inv. Mots latins invariables et sans accent. On prononce [-béné]. S'abrège en **N.B.**

notable adj. (Remarquable) *Des progrès notables.* Ne pas confondre avec ***notoire*** (bien connu). ◆ n.m. *Les notables du village* (= les personnes importantes).

notaire n.m. *Des clercs de notaire.*
▸**notarié, -e** adj. *Un acte notarié.*

notamment adv. Avec **mm**.

note n.f. *Des notes de service. Faire un discours sans notes.* – Reste au singulier dans *prendre note* : *J'ai bien pris note de vos demandes. J'en ai pris bonne note.*

> **Les notes de musique**
>
> **1.** Les noms de notes ***do, ré, mi, fa, sol, la, si*** sont invariables. *Il y a trois do dans cette mesure.*
>
> **2.** Les mots ***dièse, bémol*** sont invariables après un nom de note. *Il a oublié deux si bémol.*

noter v.t. *Il a noté ses rendez-vous, il les a notés sur un papier. Des élèves bien notés.* – REMARQUE Attention aux mots formés sur *noter*. On écrit ***annoter*** et ***connoter*** avec deux *n*, mais ***dénoter*** avec un seul *n*.

▸**notation** n.f. *Des systèmes de notation.*

notice n.f.

notifier v.t. *On lui a notifié son congé.*
▸**notification** n.f. *Il a reçu la notification de son congé.*

notion n.f. *Avoir quelques notions de mathématique.*

notoire adj. (Bien connu) *Un bandit notoire.* Ne pas confondre avec ***notable*** (remarquable).
▸**notoriété** n.f. *C'est de notoriété publique.*

notre adj. possessif **nôtre** pron. possessif L'adjectif n'a pas d'accent, le pronom en a un. *C'est notre maison, c'est la nôtre, elle est nôtre. Ce sont nos maisons, ce sont les nôtres.* Le pluriel de **notre** est **nos**. Le pluriel de **nôtre** est **nôtres**. Voir *possessif* dans la partie grammaire.

nouer v.t. et v.pr. *Nous avons noué des liens. Les liens que nous avons noués. – L'amitié qui s'est nouée entre eux.* – ATTENTION Au futur et au conditionnel : *il nouera(it).*

noueux, -euse adj.

nougat n.m. Avec **t**.
▸**nougatine** n.f.

nouille n.f. *Des nouilles au beurre.*

nounou n.f. *Des nounous.*

nounours n.m. On prononce le **s**.

nourrice n.f. Avec **rr** comme dans ***nourrir***.

nourricier, -ière adj. Avec **rr** comme dans ***nourrir***. *Une mère nourricière. Des parents nourriciers.*

nourrir v.t. et v.pr. CONJ. 9 Avec **rr** contrairement à *courir* et à *mourir*. *Elle ne s'est nourrie que de fruits.*
▸**nourrissant, -e** adj.
▸**nourriture** n.f.

nourrisson n.m. Avec **rr** comme dans ***nourrir***.

nous pron. personnel Voir *pronom personnel* dans la partie grammaire. – Attention au trait d'union et à l'ordre des pronoms avec un impératif. *Donne-nous la carte. Donne-la-nous* et non ✕ *donne-nous-la*.

Accord avec *nous*

1. *C'est nous qui irons* (= le verbe est à la 1re personne du pluriel). *Lui et nous partirons à l'aube* (= le verbe est à la 1re personne du pluriel).

2. *Il nous a vus. Il nous a vues.* Le pronom est complément d'objet direct, l'accord se fait en genre et en nombre.

3. *Il nous a parlé.* Le pronom est complément d'objet indirect (ou second), le participe est invariable.

4. Quand **nous** représente une seule personne (*nous* **de majesté** ou **de modestie**), le verbe reste à la première personne du pluriel, mais l'adjectif et le participe s'accordent en genre selon le sexe de la personne représentée. *Nous* (la reine) *sommes ravie de... Nous* (l'auteur du texte) *sommes persuadé que...*

5. Avec **beaucoup d'entre nous, la plupart d'entre nous, certains d'entre nous...** le verbe se met aujourd'hui à la troisième personne du pluriel. *Beaucoup d'entre nous pensent que...*

nouveau, -elle adj. et n. On emploie l'adjectif **nouvel** devant un nom masculin singulier commençant par une voyelle ou un *h* muet. *Un nouvel élève. Un nouvel hôpital.* – S'accorde en genre et en nombre dans *un nouveau venu, une nouvelle venue, les nouveaux venus, les nouvelles venues*, mais est invariable dans *les nouveau-nés.* – **à nouveau, de nouveau** sont invariables. *Ils sont de nouveau en retard.* – REMARQUE Aux noms géographiques comme *Nouvelle-Calédonie, Nouvelle-Zélande*, etc., correspondent des adjectifs et des noms formés avec ***néo-*** : *néo-calédonien, néo-zélandais*, etc.
▸**nouveauté** n.f.
▸**nouvelle** n.f.
▸**nouvellement** adv.

nouveau-né n.m. *Des nouveau-nés.*

novateur, -trice adj. et n. *Un esprit novateur* (= qui innove).

novembre n.m. *On se verra en novembre, au mois de novembre.* – Les noms de mois s'écrivent avec une minuscule : *Paris, le 4 novembre* ; sauf quand il s'agit d'une date historique : *le 11 Novembre.* → date

novice n. et adj.

noyau n.m. *Des noyaux de pêche. Des fruits à noyau.* Voir gramm. § 13.

1. noyer v.t. et v.pr. CONJ.6 Avec **i** devant un *e* muet : *il noie. Il a noyé les chatons, il les a noyés. Elles se sont noyées dans un verre d'eau !* – ATTENTION À l'indicatif imparfait et au subjonctif présent : *(que) nous noy<u>i</u>ons.* – Au futur et au conditionnel : *il noi<u>e</u>ra(it).*
▸**noyé, -e** adj. et n. *Elle est morte noyée. On a remonté le noyé.*
▸**noyade** n.f.

2. noyer n.m. (Arbre)

nu, -e adj. *Ils sont tout nus. Elles sont toutes nues.* → tout – On écrit *pieds nus, jambes nues, tête nue* ; mais *nu-pieds, nu-jambes, nu-tête* avec **nu** invariable et un trait d'union. – **à nu** est invariable. *On les a mis à nu.*

nuage n.m. *Un ciel couvert de nuages. Un ciel sans nuages. Un bonheur sans nuage. Des nuages de poussière.*
▸**nuageux, -euse** adj.

nuance n.f.
▸**nuancer** v.t. Avec **ç** devant *a* et *o* : *il nuançait, nous nuançons. Nuancez vos propos. Des propos nuancés.*

nubile adj. Avec **e**. Une personne **nubile** est en âge de se marier. Ne pas confondre avec ***pubère*** (= qui a atteint la puberté).

nucléaire adj. *L'énergie nucléaire.*

nudisme n.m. → naturisme
▸**nudiste** adj. et n.

nudité n.f.

nuée n.f. *Une nuée d'oiseaux s'envola* ou *s'envolèrent.* Voir gramm. § 11.

nues n.f.plur. *On les a portés aux nues.*

nuire v.t.ind. et v.pr. CONJ.30 *Nuire <u>à</u> quelqu'un.* – Le participe passé de ce verbe transitif indirect est invariable, qu'il soit à l'actif ou à la forme pronominale. *On vous*

n

a nui. Ils se sont nui (= l'un à l'autre). **Voir gramm. § 29(2).**
▸**nuisible** adj. *Des insectes nuisibles.*
▸**nuisance** n.f. *Des nuisances sonores.*

nuit n.f. *Ils voyagent de nuit. Travailler jour et nuit. Il fait nuit.*
▸**nuitée** n.f. Avec **ée**.

nul, nulle adj. *Ils ont fait match nul. Votre demande est nulle et non avenue.* ◆ adj. et pron. indéfini A une valeur négative. – **1.** Est adjectif devant un nom. *Je n'ai nulle envie de partir. Sans nul doute.* – **à nul autre pareil** s'accorde en genre. *Une fleur à nulle autre pareille.* – **nulle part** est invariable et s'écrit en deux mots. *Vous n'irez nulle part.* – **2.** Est pronom sujet quand il est employé seul. *Nul n'est censé ignorer la loi.* S'emploie toujours avec ***ne***.

numéraire n.m. *Payer en numéraire* (= avec des billets).

numéral, -e, -aux adj. **Voir ce mot dans la partie grammaire.** – *Un système numéral.*

numération n.f.

numérique adj. *Valeur numérique.* – *Une montre à affichage numérique* (≠ analogique).
▸**numériquement** adv. *Ils sont numériquement plus forts.*

numériser v.t.

numéro n.m. *Des numéros.* S'abrège en **n°** : *L'exemplaire n° 2.*
▸**numéroter** v.t.
▸**numérotation** n.f.

numerus clausus n.m.inv. Mots latins sans accent. On prononce [numérus-klozus].

nu-pieds n.m.inv. (Chaussure) *Une paire de nu-pieds.* → nu

nuptial, -e, -aux adj. Le **t** se prononce [s]. *La marche nuptiale.*

nuque n.f.

nurse n.f. Mot anglais. On prononce [neurs].
▸**nursery** n.f. *Des nurserys.* – REMARQUE On recontre la forme francisée **nurserie**.

nutrition n.f. *Des troubles de la nutrition.*
▸**nutritif, -ive** adj. *La valeur nutritive d'un aliment.*
▸**nutritionniste** n. Avec **nn**.

Nylon n.m. Mot déposé. Avec une majuscule.

nymphe n.f.

nymphéa n.m. (Fleur) Est du masculin. *Des nymphéas blancs.*

nymphomane adj. et n.

O

ô interj. Ne s'emploie jamais seul, mais toujours suivi d'un nom, d'un groupe du nom ou d'un pronom, pour interpeller ou invoquer. *Ô mon Dieu ! Ô rage ! ô désespoir ! Je crois, ô mes chers enfants, que...* Ne pas confondre avec ***oh !*** ou ***ho !*** – **ô combien** : *Les victimes, ô combien malheureuses...*

oasis n.f. Est du féminin. *Une oasis.* On prononce le **s** final.

obédience n.f. Avec **en**. *Ils sont d'obédience catholique.*

obéir v.t.ind. *Il n'ont pas obéi à leurs chefs ni aux ordres. Elle aime qu'on lui obéisse.* – REMARQUE Contrairement aux autres verbes transitifs indirects, *obéir* peut se mettre au passif : *Elle aime être obéie de* ou *par tous.*
▸ **obéissant, -e** adj. *Des élèves obéissants.* Ne pas confondre avec le participe présent invariable : *Les élèves, obéissant au maître,...* Voir gramm. § 31 (2).
▸ **obéissance** n.f.

obélisque n.m. Est du masculin. *Un obélisque.* Bien prononcer [isk] et non ✕ [ix].

obèse adj. et n. Avec **è**.
▸ **obésité** n.f. Avec **é**.

objecter v.t. *On lui objecta son grand âge, qu'il était trop âgé.*
▸ **objection** n.f. *Je ne vois aucune objection à votre départ, à ce que vous partiez.*
▸ **objecteur** n.m. Ne s'emploie que dans *objecteur de conscience.*

1. objectif n.m. *Quels sont vos objectifs ?*

2. objectif, -ive adj. *Un point de vue objectif sur des faits* (≠ subjectif).
▸ **objectivement** adv.
▸ **objectivité** n.f. *En toute objectivité.*

objet n.m. *Une collection d'objets en verre.* – *Quel est l'objet de votre visite ?* – Reste au singulier dans : *être l'objet de, faire l'objet de, être sans objet. Ils font l'objet d'une enquête. Votre réclamation est sans objet.* – **complément d'objet** Voir ce mot dans la partie grammaire.

obligeance n.f. LITT. Avec **gea**. *Auriez-vous l'obligeance de répondre ?*
▸ **obligeant, -e** adj. *Ils se sont montrés très obligeants.*
▸ **obligeamment** adv.

obliger v.t. Avec **e** devant *a* et *o* : *il obligeait, nous obligeons. On a obligé Marie à partir, on l'y a obligée. Nous sommes obligés de partir, nous y sommes obligés.* (Se construit avec ***à*** à l'actif et ***de*** au passif.)
▸ **obligation** n.f. *C'est sans obligation de votre part. Remplir ses obligations.*
▸ **obligatoire** adj.
▸ **obligatoirement** adv.

oblique adj.
▸ **obliquer** v.i. *Ils ont obliqué sur la droite.*

oblitérer v.t. CONJ. 4 *Des timbres oblitérés.*

oblong, -longue adj. *Une forme oblongue.*

obnubiler v.t. et v.pr. Avec **obnu** et non ✕ *omni. Ils sont obnubilés par cette affaire. Ils se sont obnubilés sur cette affaire.*

obole n.f.

obscène adj. Avec **sc** et **è**.
▸ **obscénité** n.f. Avec **é**.

obscur, -e adj. *Une pièce obscure. Des propos obscurs.*
▸ **obscurcir** v.t. et v.pr.
▸ **obscurité** n.f.

obscurantisme n.m.

obséder v.t. CONJ. 4 Avec **é** ou **è** : *obsédant, il obsède. Ce projet obsède Marie. Elle est obsédée par ce projet.* – REMARQUE Le nom correspondant est ***obsession***.
▸ **obsédant, -e** adj. *Une musique obsédante.*

▸**obsédé, -e** n. *Un obsédé sexuel.*

obsèques n.f.plur.

obséquieux, -euse adj. LITT. *Un personnage obséquieux* (= trop poli).

observance n.f. Ce mot s'emploie dans un contexte religieux ou médical. Dans les autres cas on emploie ***observation***.

observer v.t. et v.pr. *Elle a observé des oiseaux. Quels oiseaux a-t-elle observés ? Les adversaires se sont longuement observés. – Je vous ferai observer que…*
▸**observateur, -trice** adj. et n.
▸**observation** n.f.
▸**observatoire** n.m.

obsession n.f.
▸**obsessionnel, -elle** adj. Avec **nn**.

obsolète adj.
▸**obsolescence** n.f. Avec **sc**.

obstacle n.m. *Faire obstacle à un projet.*

obstétrique n.f.
▸**obstétricien, -enne** n.

obstiner (s') v.pr. *Ils se sont obstinés à comprendre.*
▸**obstination** n.f.

obstruction n.f. *Ils font de l'obstruction.*

obstruer v.t. et v.pr. (Empêcher le passage, la circulation) *Un camion renversé obstrue la rue. Ses artères se sont obstruées.* Ne pas confondre avec ***obturer*** (boucher un trou).

obtempérer v.i. CONJ.4 Avec **é** ou **è** : *nous obtempérons, ils obtempèrent. L'un a donné les ordres, l'autre a obtempéré.*

obtenir v.t. CONJ.10 *Nous avons obtenu des réponses, nous les avons obtenues.*
▸**obtention** n.f. Avec **tion**. *L'obtention d'un diplôme.*

obturer v.t. (Boucher) *Obturer une fuite, une dent.* Ne pas confondre avec ***obstruer*** (empêcher le passage).
▸**obturation** n.f.
▸**obturateur** n.m.

obtus, -e adj. *Un angle obtus. Des esprits obtus.*

obus n.m.

occasion n.f. Avec **cc**. *Des voitures d'occasion. Saisir l'occasion.*

occasionnel, -elle adj. *Des visites occasionnelles.*
▸**occasionnellement** adv.

occasionner v.t. *Les dépenses occasionnées par cet incident* (= causées).

occident n.m.
▸**occidental, -e, -aux** adj. et n. *Ils sont occidentaux. Ce sont des Occidentaux.* (Le nom de personne prend une majuscule.)

occiput n.m. (Os) On prononce [oksiput'].
▸**occipital, -e, -aux** adj.

occire v.t. On prononce [oksir]. Vieux verbe qui signifie « tuer ». Ne s'emploie plus que par plaisanterie à l'infinitif, aux temps composés et au participe : *occis, occise.*

occitan, -e adj. et n.m.

occlusion n.f. *Une occlusion intestinale.*

occulte adj. *Les sciences occultes.*
▸**occultisme** n.m.

occulter v.t. *Des stores qui occultent la lumière.*

occuper v.t. Avec **cc** et un seul **p**. *Quelles fonctions a-t-il occupées ? – La France a été occupée.* ◆ v.pr. *Les enfants s'occupent, sont occupés à jouer. – Marie s'est occupée de tout.*
▸**occupation** n.f. *Ne pas manquer d'occupations.* – On écrit avec une majuscule *l'Occupation* (de 1940-1944).
▸**occupant, -e** n. *Les occupants du dernier étage. – Lutter contre l'occupant.*

occurrence n.f. Avec **cc** et **rr**. – **en l'occurrence** (= en la circonstance).

océan n.m. *L'océan Atlantique, l'océan Pacifique.*
▸**océanique** adj.
▸**océanographie** n.f.

ocre n.f. (Terre dont on fait des couleurs) *Des ocres rouges.* ◆ adj.inv et n.m. Est invariable comme adjectif de couleur et variable comme nom masculin de couleur : *Des couleurs ocre. Des ocres chauds.* Voir gramm. § 8(2).

octante adj. numéral (Quatre-vingts)

octave n.f. Est du féminin. *Une octave.*

octet n.m. On ne prononce pas le **t** final. *10 000 octets (10 ko). 10 mégaoctets (10 Mo).*

octobre n.m. *Paris, le 5 octobre.* – Les noms de mois s'écrivent avec une minuscule.
→ date

octogénaire n. et adj. Avec **aire** comme dans ***centenaire***.

octogonal, -e, -aux adj.

octroyer v.t. et v.pr. CONJ.6 Avec **i** devant un *e* muet : *il octroie. On lui a octroyé une faveur. La faveur qu'on lui a octroyée. Elle s'est octroyé une faveur. La faveur qu'elle s'est octroyée.* Voir gramm. § 29(2 et 3). – ATTENTION À l'indicatif imparfait et au subjonctif présent : *(que) nous octroyions.* – Au futur et au conditionnel : *il octroiera(it).*
▸ **octroi** n.m. Sans *e*. *L'octroi d'un privilège.*

oculaire adj. Avec un seul **c**. *Des témoins oculaires.*
▸ **oculiste** n. *Aller chez l'oculiste.* – REMARQUE On dit plutôt ***opticien*** pour le fabricant de lunettes, et ***ophtalmologiste*** pour le médecin.

ode n.f. (Poème) Est du féminin. *Une ode.*

odeur n.f. *Des plats sans odeur et sans saveur.*
▸ **odorant, -e** adj. *Des fleurs odorantes.*
▸ **odorat** n.m.

odieux, -euse adj.
▸ **odieusement** adv.

odyssée n.f. *Son voyage fut une odyssée.* – Avec une majuscule pour le poème d'Homère : *l'Iliade et l'Odyssée.*

œil n.m. *Un œil, des yeux. Ils étaient tout yeux, tout oreilles. Des coups d'œil, des clins d'œil.* – **entre quat'z-yeux** s'écrit avec apostrophe et trait d'union. – REMARQUE Le pluriel courant est **yeux**, sauf dans les mots composés : ***œils-de-bœuf, œils-de-perdrix, œils-de-tigre*** ; et dans quelques emplois techniques d'imprimerie, de marine, d'outillage pour lesquels le pluriel est **œils**.
▸ **œillade** n.f.
▸ **œillère** n.f.

œillet n.m. *Un bouquet d'œillets.*

œnologie n.f. Avec **œ** qui se prononce [é] ou [e]. *L'œnologie est la science du vin.*
▸ **œnologue** n.

œsophage n.m. Avec **œ** qui se prononce [é].

œuf n.m. On prononce le **f** au singulier, mais pas au pluriel : *un œuf, des œufs* [eu]. – *Des œufs de poule, de caille, d'autruche. Des blancs d'œufs, des jaunes d'œufs. Des œufs durs, mollets, à la coque.*

œuvre n.f. et n.m. **1.** Est du féminin dans les emplois courants. *Lire toute l'œuvre, les œuvres complètes d'un auteur.* – *Les moyens mis en œuvre.* – **2.** Est du masculin dans *l'œuvre gravé de...* (= l'ensemble des œuvres), *le gros œuvre* (= l'ensemble des travaux de base). – **3.** On écrit sans trait d'union *maître d'œuvre, à pied d'œuvre*, et avec un trait d'union *chef-d'œuvre, hors-d'œuvre.*

œuvrer v.i. *Œuvrer pour le bien public.*

> **of-** Les mots qui commencent par le son [of] ont tous deux **f**.

off adj.inv. Mot anglais. *Des voix off.*

offense n.f.
▸ **offenser** v.t. *Vous avez offensé Marie. C'est Marie que vous avez offensée.*
▸ **offensant, -e** adj. *Des paroles offensantes.* Ne pas confondre avec le participe présent invariable : *Ces paroles, offensant Marie...* Voir gramm. § 31(2).

offensif, -ive adj. *Des armes offensives* (≠ défensives).
▸ **offensive** n.f. *Passer à l'offensive.*

office n.m. Reste au singulier dans *d'office* et *faire office de*. *Des avocats commis d'office. Des tables qui font office de bureaux.*

officiel, -elle adj. *La nouvelle est officielle* (= confirmée, sûre). Ne pas confondre avec ***officieux***.
▸ **officiellement** adv.
▸ **officialiser** v.t. *Une union officialisée.*
▸ **officialisation** n.f.

1. officier v.i. – ATTENTION À l'indicatif imparfait et au subjonctif présent : *(que) nous officiions*. – Au futur et au conditionnel : *il officiera(it)*.

2. officier n.m. *Des élèves officiers. Il est grand officier de la Légion d'honneur.*

officieux, -euse adj. *Une information officieuse* (= sans confirmation). Ne pas confondre avec ***officiel***.
▸ **officieusement** adv.

officine n.f. *L'officine d'un pharmacien.*

offrande n.f. Avec **ff** comme dans ***offrir***.

offrant n.m. *Vendre au plus offrant.*

offre n.f. *Un appel d'offres. Des offres d'emploi. Une offre publique d'achat (O.P.A.).*

offrir v.t. et v.pr. CONJ. 14 *On lui a offert des fleurs. Les fleurs qu'on lui a offertes. Elle s'est offert des fleurs. Les fleurs qu'elle s'est offertes.* Voir gramm. § 29(2 et 3). – ATTENTION Il n'y a pas de *s* à la 2e personne de l'impératif, sauf devant *en* : *Offre des bonbons. Offres-en à tout le monde.* Avec le pronom personnel, on dit et on écrit *offre-m'en, offre-lui-en* et non ✕ *offre-moi-z-en, offres-en-moi, offres-en-lui*.

offusquer v.t. et v.pr. *Elle ne s'est pas offusquée de ces remarques.*

ogive n.f.

O.G.M. n.m. S'écrit avec ou sans point. Abréviation de *organisme génétiquement modifié*.

ogre n.m. **ogresse** n.f. Au figuré, on emploie surtout le masculin. *Elle mange comme un ogre.*

oh interj. L'interjection est suivie d'un point d'exclamation mais la suite de la phrase peut commencer par une minuscule : *Oh ! que c'est beau ! Oh ! oui. On l'a accueilli avec des oh ! et des ah ! Oh ! là là !* Ne pas confondre avec ***ô***.

oie n.f. *Des plumes d'oie.*

oignon n.m. Avec **oi** qui se prononce [o]. *En rangs d'oignons.*

> **-oin/-ouin** Tous les mots qui comportent ce son s'écrivent avec **oin** sauf *babouin, bédouin, chafouin, marsouin, pingouin,* et les mots familiers *sagouin, tintouin,* qui s'écrivent avec **ouin**.

> **-oire** Les noms terminés par **-oire** sont masculins (*auditoire, conservatoire, ivoire, réquisitoire,* etc.) ou féminins (*balançoire, baignoire, écritoire, échappatoire,* etc.). Mais tous les noms terminés par **-oir** sont masculins.

oiseau n.m. *Des oiseaux. Distances à vol d'oiseau.*

oiseux, -euse adj. *Une discussion oiseuse.*

oisif, -ive adj. et n.
▸ **oisiveté** Avec **eté**. – ATTENTION Les mots ***naïveté*** et ***oisiveté*** sont les seuls noms dérivés d'adjectifs en *-if, -ive* qui prennent un *e*. Tous les autres s'écrivent avec *-ité* : *nocivité, agressivité...*

oisillon n.m.

O.K. interj. FAM. *Tout est O.K.*

ola n.f. (Mouvement de foule) Sans *h*. *Des olas.*

oléoduc n.m. Attention au **c** final. *Les oléoducs transportent du pétrole, les aqueducs transportent de l'eau.*

> **-ole/-olle** Les noms féminins terminés par le son [ol] s'écrivent avec un seul **l** (*bricole, casserole, auréole, gondole, parabole, profiterole, rougeole...*), sauf *barcarolle, colle, corolle, girolle* qui s'écrivent avec **ll**.

olfactif, -ive adj. *Des sensations olfactives* (= de l'odorat).

oligoélément n.m. En un seul mot.

olive n.f. *Des olives à la grecque.* – Est invariable comme adjectif de couleur. *Des pulls (vert) olive.* Voir gramm. § 8(2 et 3).
▸ **olivier** n.m.
▸ **oliveraie** n.f.

olographe adj. *Un testament olographe* (= écrit de la main du testateur). – REMARQUE On écrit parfois ***holographe***.

olympique adj. *Les jeux Olympiques. Un record olympique.*

ombilic n.m. On prononce le **c**.
▸**ombilical, -e, -aux** adj. *Le cordon ombilical.*

ombrage n.m. **1.** *L'ombrage de la forêt.* – **2.** Reste au singulier dans *prendre ombrage de ; faire, porter ombrage à.*
▸**ombragé, -e** adj. *Une terrasse ombragée.*
▸**ombrageux, -euse** adj. *Une personne ombrageuse.*

ombre n.f.

ombrelle n.f.

omelette n.f. Avec un seul **l**.

omettre v.t. CONJ.37 *Vous avez omis de nous prévenir.* – ATTENTION Au conditionnel, on dit *vous omettriez* et non ✕ *ometteriez.*
▸**omission** n.f. *Sauf erreur ou omission de notre part...*

omnibus n.m. et adj.

omnipotent, -e adj. (Tout-puissant)

omniprésent, -e adj. *La violence est omniprésente.*

omniscient, -e adj. (Qui sait tout)

omnisports adj.inv. Avec **s**.

omnivore adj. et n.

omoplate n.f. Est du féminin. *L'omoplate droite.*

on pron. indéfini

• Pronom sujet de la 3e personne du singulier. Le verbe est toujours au singulier. *On va, on vient, on part...*

• *On n'est jamais si bien servi que par soi-même.* Quand **on** signifie « quelqu'un, n'importe qui, tout le monde, etc. », l'accord de l'adjectif ou du participe se fait au masculin singulier et le pronom réfléchi est ***soi***.

• *On est arrivés, on est arrivées en retard. On est rentrés chez nous.* Quand **on** est employé à la place de ***nous***, le verbe, ou l'auxiliaire, reste au singulier, mais l'adjectif et le participe sont au pluriel. Le pronom réfléchi est ***nous***.

• *Alors, Sylvie, on est contente ? Alors, les filles, on est contentes ?* Quand **on** est employé à la place de ***tu*** ou ***vous***, le verbe reste au singulier, mais l'adjectif et le participe s'accordent en genre et en nombre selon le sens.

• On peut employer **l'on** pour éviter certaines prononciations. *Si l'on dit que... Que l'on dise ceci ou cela...*

• La liaison se faisant toujours après **on**, il ne faut pas oublier le ***n'*** dans les phrases négatives. *On n'est jamais si bien servi que par soi-même.*

• Quand il y a inversion du sujet, on ajoute parfois un *t* de liaison devant *on* : *Va-t-on y aller ?* Voir gramm. § 19.

-on/-ion

1. Les verbes en *-er* dérivés des mots en **-on**, **-ion** s'écrivent avec **nn** : *patron, patronner ; fonction, fonctionner...* sauf *s'époumoner.*

2. Les mots en *-al* s'écrivent avec un seul **n** : *national, patronal, régional...* sauf *confessionnal.*

3. Les mots en *-el* s'écrivent avec **nn** : *professionnel, fonctionnel, relationnel...*

4. Les mots en *-iste* s'écrivent avec **nn** : *abstentionniste, projectionniste, réceptionniste...* – Quelques mots, dérivés de noms masculins en **-on**, s'écrivent avec un seul **n** : *accordéoniste, violoniste.*

once n.f.

oncle n.m. On dit *l'oncle de Pierre* et non ✕ *à Pierre.*

onction n.f. On écrit avec un trait d'union *extrême-onction.*

onctueux, -euse adj. *Une crème onctueuse.*
▸**onctuosité** n.f. Avec **o**.

onde n.f. *Des ondes de choc. Des longueurs d'onde. Mise en ondes. Passer sur les ondes.*

ondée n.f.

O

on-dit n.m.inv. *Des on-dit.* Voir gramm. § 33(1).

ondoyer v.i. CONJ.6 Avec **i** devant un *e* muet : *il ondoie.* LITT. *Ses cheveux ondoyaient dans le vent.*
▸ **ondoyant, -e** adj.
▸ **ondoiement** n.m. Avec **e** muet.

onduler v.i.
▸ **ondulation** n.f.

onéreux, -euse adj. *À titre onéreux* (= en payant).

O.N.G. n.f. S'écrit avec ou sans points. Abréviation de *organisation non gouvernementale.*

ongle n.m. *Se défendre bec et ongles.*

onglet n.m. *Les onglets d'un répertoire.*

onguent n.m. (Pommade) Ce mot est le seul à s'écrire avec **guent** qui se prononce [gan].

onirique adj.

onomatopée n.f. Voir ce mot dans la partie grammaire.

onyx n.m. Avec **yx**.

onze adj. numéral et n.m. **1.** Il n'y a ni liaison, ni élision avec ce mot. *Un enfant de onze ans* et non ✕ *d'onze ans. Le onze de France. Il est | onze heures.* – **2.** Est invariable. *Les onze enfants.* – **3.** On écrit avec un trait d'union *quatre-vingt-onze* et sans trait d'union *soixante et onze, cent onze.* Voir gramm. § 23(1 et 2).
▸ **onzième** adj. et n. *Ils sont | onzièmes. Le onzième mois de l'année.*
▸ **onzièmement** adv.

opale n.f. (Pierre fine) Est féminin. *Une opale.*

opaline n.f. (Sorte de verre) *Des vases en opaline.* Ne pas confondre avec ***opale***.

opaque adj. *Des rideaux opaques.*
▸ **opacité** n.f.

open adj.inv. Mot anglais qui signifie « ouvert ». *Des billets open.*

opéra n.m. *Des opéras.*
▸ **opéra-comique** n.m. *Des opéras-comiques.*

opérateur, -trice n.

opération n.f.

opérationnel, -elle adj. Avec **nn**.

opératoire adj. *Des modes opératoires.*

opercule n.m. Est masculin. *Un opercule.*

opérer v.t. CONJ.4 Avec **é** ou **è** : *opérer, il opère. La patiente qu'on a opérée. Elle s'est fait opérer.* (*Fait* suivi d'un infinitif est invariable.) ◆ v.t. et v.pr. *Opérer des modifications. Les changements qui se sont opérés en elle.*

opérette n.f.

ophtalmologie n.f. Avec **ph** qui se prononce [f].
▸ **ophtalmologiste** ou **ophtalmologue** n.

opiner v.i.

opiniâtre adj. Avec **â**.
▸ **opiniâtreté** n.f.

opinion n.f. *Des journaux, des sondages d'opinion. Un conflit, des divergences d'opinions. Ils sont sans opinion.*

opium n.m. Avec **um** qui se prononce [om].

opportun, -e adj. Avec **pp**. *Au moment opportun.*
▸ **opportunément** adv.

opportunisme n.m.
▸ **opportuniste** adj. et n.

opportunité n.f. Est courant mais critiqué, comme anglicisme, au sens de « occasion favorable ». On recommande le mot ***occasion***. – Est littéraire au sens propre : *Discuter l'opportunité d'une mesure* (= son caractère opportun).

opposer v.t. et v.pr. *Les arguments qu'on lui a opposés. Ils se sont opposés au projet, ils s'y sont opposés.*
▸ **opposé, -e** adj. et n.m. *Ils vont en sens opposé. Ils sont à l'opposé l'un de l'autre.*
▸ **opposant** n.m. *Les opposants au régime.*
▸ **opposition** n.f.

oppresser v.t. (Étouffer) *Le manque d'oxygène l'oppresse. Le malade est oppressé.* Ne pas confondre avec ***opprimer*** (dominer, écraser).
▸ **oppressant, -e** adj.

oppression n.f. Correspond aux deux verbes ***oppresser*** et ***opprimer***. *Souffrir d'une oppression des voies respiratoires. – Subir l'oppression du pouvoir.*

opprimer v.t. (Dominer, écraser) *Opprimer un peuple.* Ne pas confondre avec ***oppresser*** (étouffer).
▸**opprimé, -e** adj. et n.
▸**oppresseur** n.m. *Les opprimés luttent contre l'oppresseur.*

opprobre n.m. LITT. Avec **bre**. *Jeter l'opprobre sur quelqu'un* (= la honte, le déshonneur).

opter v.i. *Opter pour quelque chose.*

opticien, -enne n.

optimal, -e, -aux adj. *Une vitesse optimale.*
▸**optimaliser** ou **optimiser** v.t. La forme **optimiser** tend à s'imposer. *Optimiser un système de production.*

optimisme n.m.
▸**optimiste** adj. et n.

option n.f. *Des matières à option. Des options d'achat.*
▸**optionnel, -elle** adj.

optique adj. et n.f.

opulence n.f.
▸**opulent, -e** adj.

opuscule n.m.

1. or n.m. *Des ors jaunes, blancs. Des bagues en or. Des livres d'or. Des cœurs d'or.*

2. or conj. Est le plus souvent précédé d'une virgule. *Il se dit innocent, or tout est contre lui.*

oracle n.m.

orage n.m.
▸**orageux, -euse** adj. *Un temps orageux. Une discussion orageuse.*

oraison n.f. *Une oraison funèbre.*

oral, -e, -aux adj. et n.m. *Un examen oral. Passer des oraux.*
▸**oralement** adv.

orange n.f. *Un kilo d'oranges.* ◆ adj.inv. et n.m. Est invariable comme adjectif de couleur. *Des rubans orange.* Voir gramm. § 8(2). Est variable comme nom masculin de couleur. *Une gamme d'oranges.*
▸**oranger** n.m. Avec **er** pour l'arbre.
▸**orangé, -e** adj. et n.m. Avec **é** pour la couleur. *Des teintes orangées. Un bel orangé.* Mais on écrit : *des rubans jaune-orangé.* Voir gramm. § 8(3).
▸**orangeade** n.f.
▸**orangeraie** n.f.

orang-outan ou **orang-outang** n.m. On ne prononce pas les **g**. *Des orangs-outans, des orangs-outangs.*

orateur, -trice n.

oratoire adj. et n.m.

oratorio n.m. *Des oratorios.*

orbite n.f. Est du féminin. *Une orbite.*

orchestre n.m. Avec **ch** qui se prononce [k]. *Des chefs d'orchestre.*
▸**orchestrer** v.t.
▸**orchestration** n.f.

orchidée n.f. Avec **ch** qui se prononce [k]. *Un bouquet d'orchidées.*

ordinaire adj. et n.m. *Du papier ordinaire. – Améliorer l'ordinaire. D'ordinaire, il vient le jeudi. Faites comme à l'ordinaire.*
▸**ordinairement** adv.

ordinal, -e, -aux adj. Voir ce mot dans la partie grammaire.

ordinateur n.m. *Travailler sur ordinateur.*

ordonnance n.f. Avec **nn**.

ordonnancer v.t. Avec **ç** devant *a* et *o* : *il ordonnançait, nous ordonnançons.*
▸**ordonnancement** n.m.

ordonnateur, -trice n. Avec **o**. *L'ordonnateur des pompes funèbres.* Ne pas confondre avec ***ordinateur***.

ordonné, -e adj. *Une personne ordonnée.*

ordonner v.t. *On lui a ordonné de partir. J'ordonne que tout soit prêt. Il a fait toutes les choses qu'on lui a ordonné (de faire).* Voir gramm. § 28(3).

O

ordre n.m. *Classer par ordre croissant, décroissant. Ses affaires sont en ordre. – Dans un autre ordre d'idées.* – On écrit avec une majuscule *conseil de l'Ordre*, et avec la majuscule à l'autre terme *l'ordre de la Jarretière, de la Légion d'honneur.*

ordure n.f. *Une boîte à ordures.*

ordurier, -ière adj. *Des propos orduriers.*

orée n.f. *À l'orée du bois.*

oreille n.f. *Une boucle d'oreille, des boucles d'oreilles. Ils étaient tout yeux, tout oreilles. Ils sont durs d'oreille.* – On dit *rebattre les oreilles* et non ✕ *rabattre.*

oreiller n.m.

oreillette n.f.

oreillon n.m. *Un oreillon d'abricot.* – Toujours au pluriel pour la maladie. *Attraper les oreillons.*

ores adv. Ne s'emploie que dans l'expression *d'ores et déjà.*

orfèvre n. *Ils sont orfèvres en la matière. Du travail d'orfèvre.*
▸ **orfèvrerie** n.f.

orfraie n.f. (Animal) *Pousser des cris d'orfraie.*

organe n.m.
▸ **organique** adj.

organigramme n.m. *L'organigramme d'une entreprise.*

organiser v.t. et v.pr. *La réception qu'ils ont organisée. Ils se sont organisés pour partir.*
▸ **organisation** n.f.
▸ **organisateur, -trice** n.

organisme n.m.

organiste n. *L'organiste joue de l'orgue.*

orgasme n.m. Le **s** se prononce [s] et non ✕ [z].

orge n.f. et n.m. Est du féminin, sauf dans *orge perlé.*

orgeat n.m. *Du sirop d'orgeat.*

orgelet n.m.

orgie n.f.

orgue n.m. *Un orgue électrique. Un orgue de Barbarie.* – REMARQUE Est féminin pluriel dans *les grandes orgues* (= à l'église).

orgueil n.m. Avec **ueil**. → -euil/-ueil
▸ **orgueilleux, -euse** adj. et n.

orient n.m. – REMARQUE On écrit avec des majuscules *Moyen-Orient, Proche-Orient, Extrême-Orient.*
▸ **oriental, -e, -aux** adj. et n. *Ils sont orientaux. Ce sont des Orientaux.* (Le nom de personne prend une majuscule.)

orienter v.t. et v.pr. *On vous a mal orientés. Ils se sont orientés vers les carrières médicales.*
▸ **orientation** n.f.

orifice n.m.

originaire adj. *Ils sont originaires du Midi.*

original, -e, -aux adj. et n. *Des films en version originale (V.O.). C'est une originale qui ne fait rien comme tout le monde.* ◆ n.m. *L'original d'un document* (≠ copie).
▸ **originalité** n.f. *Un film sans originalité.*

origine n.f. *Des mots d'origine étrangère. Appellation d'origine contrôlée (A.O.C.).*

originel, -elle adj. *Le sens originel d'un mot* (= qu'il a à son origine). Ne pas confondre avec ***original***.

O.R.L. n.f. et n. Abréviation de *oto-rhino-laryngologie* ou de *oto-rhino-laryngologiste.*

orme n.m. (Arbre)

ornement n.m. *Des plantes d'ornement.*
▸ **ornemental, -e, -aux** adj. *Des plantes ornementales.*
▸ **ornementer** v.t. *Un livre ornementé de gravures.*

orner v.t.

ornière n.f.

ornithologie n.f. Avec *ornith(o)* qui signifie « oiseau ».

ornithorynque n.m. Avec le **h** de *ornitho* qui signifie « oiseau ». Le **y** est à la fin du mot (d'un mot grec qui signifie « bec »).

orphelin, -e n. et adj.
▸ **orphelinat** n.m.

orque n.f. (Mammifère marin) Est du féminin. *Une orque.*

orteil n.m. *Des orteils.*

ortho- Élément qui signifie « droit ». Tous les mots qui commencent par les sons [orto] s'écrivent avec **h**, sauf *ortolan*.

orthodontie n.f. Avec **tie** qui se prononce [si].
▸ **orthodontiste** n.

orthodoxe adj.
▸ **orthodoxie** n.f.

orthographe n.f. *Des fautes d'orthographe.*
▸ **orthographier** v.t. et v.pr.
▸ **orthographique** adj.

orthopédie n.f.
▸ **orthopédique** adj.

orthophonie n.f.
▸ **orthophoniste** n.

ortie n.f.

ortolan n.m. (Oiseau) *Des ortolans.*

os n.m. On prononce [os] au singulier et [o] au pluriel.

osciller v.i. Avec **sc**. On prononce [osilé] et non ✕ [osiyé]. Il en est de même pour les dérivés.
▸ **oscillation** n.f.
▸ **oscillatoire** adj.

osé, -e adj. *Des propos un peu osés.*

oseille n.f.

oser v.t. *Elle a osé lui répondre. Je n'ose penser que… Ces mots qu'elle a osé lui dire.* Voir gramm. § 30.

osier n.m.

osmose n.f.

ossature n.f.

osselet n.m.

ossements n.m.plur.

osseux, -euse adj.

ostensible adj. Avec **en**.
▸ **ostensiblement** adv.
▸ **ostentation** n.f.
▸ **ostentatoire** adj. *Un luxe ostentatoire* (= qu'on montre volontairement).

ostéopathe n. Avec le **h** dans le groupe *pathe*.
▸ **ostéopathie** n.f.

ostracisme n.m.

otage n.m. *Un preneur d'otages. Ils ont été pris en otage(s).* – Reste au singulier au sens figuré. *Les villes sont prises en otage.*

otarie n.f.

-ote/-otte **1.** Les noms et adjectifs masculins en **-ot** font leur féminin en **-ote** : *idiote, bigote, dévote, petiote* ; ou en **-otte** : *maigriotte, pâlotte, boulotte, vieillotte.* – **2.** Les noms féminins en [ot'] s'écrivent avec **-ote** : *belote, camelote, capote, compote, échalote, jugeote, pelote…* ; ou avec **-otte** : *biscotte, bouillotte, cagnotte, calotte, carotte, cocotte, culotte, mascotte, roulotte.*

ôter v.t. Avec **ô**. *Il a ôté ses gants, il les a ôtés.* Reste invariable dans *3 ôté de 5 égale 2.*

-oter Les verbes en [oté] s'écrivent avec un seul **t** : *comploter, chipoter, dorloter, gigoter, mijoter, pleuvoter, sangloter, siffloter, sangloter…* sauf *ballotter, boulotter, frotter, frisotter, grelotter, trotter.*

otite n.f. Avec deux fois un seul **t**.

oto-rhino-laryngologiste n. S'abrège souvent en **O.R.L.**

ou conj. de coordination

- Sans accent. Introduit un choix. *Vous voulez une pomme ou une poire ?* On écrit **ou** sans accent quand on peut dire **ou bien**. Ne pas confondre avec ***où*** qui indique le lieu.
- À la forme négative on emploie ***ni***. *Il ne veut ni pomme ni poire.*

Accord avec *ou*

1. *Un homme ou une femme conviennent pour ce poste. Nous cherchons un ouvrier ou une ouvrière qualifiés.* Les deux sont possibles, l'accord se fait au pluriel.

2. *Pierre ou Jacques est le père de cet enfant.* C'est soit l'un soit l'autre, le verbe reste au singulier.

3. *Le cobra, ou serpent à sonnettes, est…* Si **ou** introduit un synonyme, une explication entre virgules, l'accord se fait logiquement avec le premier terme.

O

où adv. et pron. relatif

• Avec **ù**. Indique le lieu. *Où vas-tu ? J'irai où tu voudras.* Ne pas confondre avec ***ou*** (= ou bien). *J'irai où tu voudras.* – REMARQUE Ce mot indiquant déjà le lieu, on ne dira pas, avec *y* ou *en*, ✕ *la ville où j'y ai trouvé...* ni ✕ *la ville d'où j'en viens.*

• **où que** est suivi du subjonctif : *Où que tu ailles...*

• **au cas où, dans le cas où, pour le cas où** sont suivis du conditionnel : *Au cas où je voudrais....*

ouaille n.f. S'emploie surtout au pluriel. *Le curé et ses ouailles.*

ouate n.f. On dit *de la ouate* ou *de l'ouate.* L'élision est facultative.
▸ **ouaté, -e** adj. *Des bâtonnets ouatés.*

oubli n.m. *C'est un oubli de ma part. Des faits tombés dans l'oubli.*

oublier v.t. et v.pr. *Il a oublié ses affaires, il les a oubliées chez lui. Ce sont des choses qui ne s'oublient pas. – Toutes ces choses qu'il a oubliées ici !* Mais *Toutes ces choses qu'il a oublié de faire.* Voir gramm. § 28(3). – ATTENTION À l'indicatif imparfait et au subjonctif présent : *(que) nous oubliions.* – Au futur et au conditionnel : *il oubliera(it).*

oubliette n.f. S'emploie surtout au pluriel. *Tomber dans les oubliettes.*

ouest n.m.inv. et adj.inv. *Le Soleil se couche à l'ouest. La façade ouest. Un axe est-ouest. Des vents d'ouest. Habiter dans l'ouest de la France.* – S'écrit avec une majuscule pour désigner une région. *L'Ouest canadien.*

ougandais, -e adj. et n. *Il est ougandais. C'est un Ougandais.* (Le nom de personne prend une majuscule.)

oui adv. et n.m.inv. Ce mot interdit la liaison et l'élision. *Des | oui. Des millions de oui.*

ouï-dire n.m.inv. Avec **ï**. *Je l'ai su par ouï-dire. Ce ne sont que des ouï-dire.*

ouïe n.f. Avec **ï**. *Les ouïes d'un poisson.*

ouïr v.t. Cet ancien verbe, qui signifie « entendre », ne s'emploie plus qu'à l'infinitif ou aux temps composés dans l'expression *j'ai ouï dire que.* Les formes de l'impératif *oyons, oyez* sont historiques ou ironiques.

ouistiti n.m. Ce mot interdit la liaison et l'élision. *Des | ouistitis. Le ouistiti.*

ouragan n.m.

ourdir v.t. *Les complots qu'ils ont ourdis.*

ourlet n.m.

ours n.m. **ourse** n.f.
▸ **ourson** n.m.

oursin n.m.

outil n.m. Avec **l**. *Une boîte à outils.* → -il
▸ **outillage** n.m.
▸ **outiller** v.t.

outrage n.m. *Des outrages aux bonnes mœurs.*
▸ **outrager** v.t. Avec **e** devant *a* et *o* : *il outrageait, nous outrageons. Vous nous avez outragés.*
▸ **outrageant, -e** adj. Avec **gea**. *Des propos outrageants.*

outrageusement adv. *Être outrageusement maquillé* (= à l'excès).

outrance n.f.
▸ **outrancier, -ière** adj. *Des propos outranciers* (= exagérés).

outre prép. et adv. *Outre ses études, il fait de la musique. En outre, je dirai que... Outre mesure. Passer outre à quelque chose.* – On écrit avec un trait d'union ***outre-Manche, outre-Rhin, outre-mer***. *Les départements et territoires d'outre-mer (DOM–TOM).*

outré, -e adj.

outrecuidance n.f. LITT. *Il a eu l'outrecuidance de nous répondre* (= arrogance).

outremer n.m. (Couleur bleue) S'écrit en un mot. Ne pas confondre avec ***outre-mer***. → outre – Est invariable comme adjectif de couleur. *Des ciels outremer.* Voir gramm. § 8(2).

outrepasser v.t. *Des droits que vous avez outrepassés.*

outsider n.m. Mot anglais. On prononce [aout'say-dèr].

ouvert, -e adj. *Ils ont parlé à cœur ouvert. Accueillir quelqu'un à bras ouverts.* – **grand ouvert** est variable. *Les yeux grands ouverts. Les portes grandes ouvertes.*
▸ **ouvertement** adv. *Parler ouvertement.*
▸ **ouverture** n.f. *Les heures d'ouverture.*

ouvrable adj. *Les jours ouvrables et les jours fériés.* – REMARQUE Ce mot vient, comme *ouvrage*, de *ouvrer* qui signifie « travailler » et non de « ouvrir ».
▸ **ouvré, -e** adj. *Les jours ouvrés et les jours chômés.*

ouvrage n.m. *Ils se sont mis à l'ouvrage.* – REMARQUE Est du féminin dans *de la belle ouvrage* (= du travail bien fait).

> **ouvre-** Les mots composés avec **ouvre-** prennent la marque du pluriel sur le second élément : ***un ouvre-boîte, des ouvre-boîtes; un ouvre-bouteille, des ouvre-bouteilles***. – REMARQUE On trouve ces mots avec un *s* au singulier : *un ouvre-boîtes* (= pour ouvrir les boîtes). Nous suivons ici les Recommandations du Conseil supérieur de la langue française.
> Voir *Rectifications orthographiques*, p. 513.

ouvreur, -euse n.

ouvrier, -ière n. et adj.

ouvrir v.t., v.i. et v.pr. CONJ.14 *Il a ouvert une porte. Quelle porte a-t-il ouverte? La fenêtre s'est ouverte toute seule. – La chambre ouvre, s'ouvre sur le jardin.* – ATTENTION Il n'y a pas de *s* à la 2e personne de l'impératif, sauf devant ***en*** : *Ouvre les huîtres. Ouvres-en une douzaine.* Avec le pronom personnel, on dit et on écrit *ouvre-m'en, ouvre-lui-en* et non ✕ *ouvre-moi-z-en, ouvres-en-moi, ouvres-en-lui.*
▸ **ouvrant, -e** adj. *Un toit ouvrant.*

ovaire n.m. Est du masculin. *Un ovaire.*
▸ **ovarien, -enne** adj.

ovale adj. et n.m. Avec un **e**. *Des ballons ovales. – L'ovale du visage. Un bel ovale.*

ovation n.f.
▸ **ovationner** v.t. Avec **nn**. *La foule les a ovationnés.*

overdose n.f. Mot anglais. (Surdose)

ovin, -e adj. et n.m. *La brebis est un ovin.*

ovipare adj. et n. *Les oiseaux sont ovipares.*

ovni n.m. Ce sigle de *objet volant non identifié* est devenu un nom commun. *Un ovni, des ovnis.*

ovule n.m. Est du masculin. *Un ovule.*
▸ **ovuler** v.i.
▸ **ovulation** n.f.

oxyde n.m. *Des oxydes de carbone.*

oxyder v.t. et v.pr. *Le fer s'est oxydé.*
▸ **oxydation** n.f.

oxygène n.m.
▸ **oxygéner** v.t. et v.pr. CONJ.4 Avec **é** ou **è** : *nous nous oxygénons, ils s'oxygènent. De l'eau oxygénée.*

ozone n.m. *Des trous dans la couche d'ozone.*

O

P

pachyderme n.m. Avec **chy** qui se prononce [chi] ou [ki].

pacifique adj. *Coexistence pacifique.* – On écrit avec une majuscule *l'océan Pacifique.*
▸**pacifiste** adj. et n. *Les pacifistes réclament la paix.*

pack n.m. Avec **ck**. *Des packs de bière(s).*

packaging n.m. Mot anglais. (Conditionnement, emballage)

pacotille n.f. *Des bijoux de pacotille.*

pacs n.m. Acronyme de *pacte civil de solidarité.* On prononce le **s**.
▸**pacser** v.t. et v.pr. *Ils se sont pacsés devant le maire.*

pacte n.m. *Conclure un pacte.*
▸**pactiser** v.i. *Pactiser avec l'ennemi.*

paddock n.m. Avec **dd**.

paella n.f. Mot espagnol. Sans tréma. On prononce [paéla] ou [paélya]. *Des paellas.*

pagaie n.f. (Aviron) Avec **aie**.
▸**pagayer** v.i. CONJ. **5** *Il pagaie* ou *pagaye.*

pagaille n.f. FAM. *Quelle pagaille !*

page n.f. *Les deuxième et troisième pages. À la deuxième et troisième pages. À la deuxième et à la troisième page.* Quand le deuxième élément est sans article, on écrit *pages* au pluriel. Quand il y a un article, on écrit *page* au singulier. – *Une belle mise en pages. Des pages de publicité. Des pages-écrans.*
◆ n.m. Est du masculin pour désigner un jeune noble, un garçon d'honneur.

paginer v.t. *Un livre paginé de 1 à 100.*
▸**pagination** n.f.

pagne n.m. *Ils sont vêtus de pagnes. Ils sont en pagne.*

pagode n.f.

paie n.f. **paiement** n.m. → payer

païen, -enne adj. et n. Avec **ï**. *Une fête païenne.*

paillasson n.m.

paille n.f. *Des hommes de paille.* – Est invariable comme adjectif de couleur. *Des papiers peints paille.* **Voir gramm. § 8(2).**

paillette n.f. *Une robe à paillettes.*
▸**pailleté, -e** adj. Avec un seul **t**.

paillote n.f. Avec un seul **t**.

pain n.m. *Des pains de mie. Un pain d'épice(s). Des morceaux de pain.*

1. pair n.m. Sans *e*. **1.** *Il s'adresse à ses pairs* (= ceux qui ont le même statut). – **2.** Est invariable dans *aller de pair, hors pair, au pair. Toutes ces choses vont de pair avec les événements précédents. Un travail hors pair* (= sans équivalent). Ne pas confondre avec ***paire***. – *Travailler au pair* (= contre le logement et la nourriture). *Des jeunes filles au pair* (= qui travaillent au pair). Ne pas confondre avec ***père***.

2. pair, -e adj. *Un nombre pair.*
▸**paire** n.f. *Une paire de chaussures. Les deux font la paire.*

paisible adj.
▸**paisiblement** adv.

paître v.t. et v.i. CONJ. **36**, mais n'existe ni au passé simple, ni au participe passé, ni aux temps composés. *Les vaches paissent l'herbe des prés, elles paissent dans les prés.* – **envoyer paître** est très familier. *Je les ai envoyés paître.*

paix n.f. *Vivre en paix avec les autres.*

pakistanais, -e adj. et n. *Il est pakistanais. C'est un Pakistanais.* (Le nom de personne prend une majuscule.)

pal n.m. (Pieu aiguisé) Avec *s* au pluriel. *Des pals.* **Voir gramm. § 32(3).**

palabre n.f. S'emploie surtout au pluriel. *Un arbre à palabres. D'interminables palabres.* – REMARQUE On donne parfois ce mot comme masculin.
▸**palabrer** v.i. *Inutile de palabrer.*

palace n.m.

palais n.m. *Le palais de l'Élysée.*

pale n.f. Sans accent. *Les pales d'un ventilateur.*

pâle adj. Avec **â** comme dans les mots de la famille. *Des couleurs pâles.* Mais *des yeux bleu pâle.* Voir gramm. § 8.

paléontologie n.f.
▸**paléontologue** ou **paléontologiste** n.

palestinien, -enne adj. et n. *Il est palestinien. C'est un Palestinien.* (Le nom de personne prend une majuscule.)

palet n.m.

palette n.f.

pâleur n.f. Avec **â** comme dans ***pâle***.

palier n.m. Avec un seul **l**. *Progresser par paliers.*
▸**palière** adj.fém. *Une porte palière.*

palindrome n.m. Sans *y*. *Un palindrome se lit de gauche à droite et de droite à gauche* (= Léon et Noël).

pâlir v.i. Avec **â** comme dans ***pâle***. *Ils ont pâli.*

palissade n.f.

pallier v.t. On *pallie quelque chose* et non ✗ *à quelque chose*. Ce verbe transitif se construit avec un complément d'objet direct. *Pallier un inconvénient.* – La construction indirecte *pallier à quelque chose* tend toutefois à se répandre, sous l'influence de ***remédier à***.
▸**palliatif, -ive** adj. et n.m. *Les soins palliatifs. Trouver un palliatif à une insuffisance.*

palmarès n.m.

palme n.f.

palmier n.m.
▸**palmeraie** n.f.

pâlot, -otte adj. Avec **â** comme dans ***pâle*** et **tt** au féminin. → -ote/-otte

palourde n.f.

palper v.t.
▸**palpable** adj.

palpiter v.i. *Son cœur palpite.*
▸**palpitant, -e** adj.
▸**palpitation** n.f.

pâmer (se) v.pr. Avec **â**. *Elles se sont pâmées (d'admiration) devant le tableau.*
▸**pâmoison** n.f. *Elles sont tombées en pâmoison.* Ce mot est littéraire ou ironique.

pamphlet n.m. Avec **ph**. *Un pamphlet contre les politiques.*
▸**pamphlétaire** adj. et n.

pamplemousse n.m.

pan n.m. *Des pans de mur. Une chemise à pans.*

> **pan-** Élément signifiant « tout, unité ». Les mots formés avec **pan** s'écrivent sans trait d'union : ***panafricain, panaméricain, panarabisme.***

panacée n.f. Signifie « remède qui guérit tout ». L'expression *une panacée universelle* est donc un pléonasme, mais son emploi est très courant.

panache n.m.

panacher v.t. *Panacher des couleurs. Une liste électorale panachée.*
▸**panachage** n.m.

panaméen, -enne adj. et n. *Il est panaméen. C'est un Panaméen.* (Le nom de personne prend une majuscule.)

panaris n.m. On ne prononce pas le **s**.

pan-bagnat n.m. *Des pan-bagnats.* – Attention, on dit *pan* et non ✗ *pain.*

pancarte n.f.

pancréas n.m. On prononce le **s**.

panda n.m. *Des pandas.*

panégyrique n.m. Avec **gy**. *Faire le panégyrique d'un écrivain* (= éloge).

panel n.m. *Un panel de consommateurs.*

paner v.t. Avec un seul **n**. *Du poisson pané.*

panier n.m. *Des paniers-repas.*

panique n.f. et adj. *Des crises de panique. Des peurs paniques.*
▸**paniquer** v.i. et v.t.

panne n.f. *Ils sont tombés en panne.*

panneau n.m. *Des panneaux.*

panonceau n.m. *Des panonceaux.*

panoplie n.f. *Une panoplie d'infirmière.* – *Une panoplie de mesures.*

panorama n.m.
▸**panoramique** adj.

panse n.f. Avec **a**. *La panse d'un ruminant.* – Est familier au sens de « ventre ».

panser v.t. Avec **a**. *Panser une plaie.* Ne pas confondre avec ***penser*** (réfléchir).
▸**pansement** n.m. *Une boîte de pansements.*

pantalon n.m.

panthéon n.m. LITT. *Au panthéon des poètes.* – On écrit avec une majuscule *le Panthéon* (= monument de Paris).

panthère n.f. Avec **h**.

pantin n.m.

pantois, -e adj. *Cela les a laissés pantois.*

pantomime n.f. Avec **mime**.

pantoufle n.f. Avec un seul **f**. *Il nous a reçus en pantoufles ! La pantoufle de vair* (= fourrure) ou *de verre de Cendrillon.*

P.A.O. n.f. Sigle de *publication assistée par ordinateur*. S'écrit avec ou sans points.

paon n.m. On prononce [pan], avec [an] comme dans ***faon*** et ***taon***. *Des plumes de paon.* – REMARQUE Le féminin ***paonne*** [pan'] est très rare.

papa n.m. *Des papas gâteaux. Des papas poules.*

paparazzi n.m. Mot italien. Avec **zz** qu'on prononce [dz]. *Un paparazzi, des paparazzis.* Voir gramm. § 37. – REMARQUE Certains laissent ce mot, pluriel en italien, invariable en français.

papaye n.f. (Fruit) On prononce [ay'].

pape n.m.
▸**papal, -e, -aux** adj.
▸**papauté** n.f.

paperasse n.f. PÉJOR.
▸**paperasserie** n.f.

papeterie n.f. Sans accent malgré la prononciation courante [papètri].
▸**papetier, -ière** n.

papier n.m. *Des feuilles de papier. Des papiers d'identité. Du papier à lettres, à cigarettes. Du papier à musique, à dessin. Du papier à en-tête.* – On écrit, avec le deuxième élément invariable *des papiers aluminium, bible, bulle, cristal, journal, kraft ; des papiers-cadeau.* Et avec le deuxième élément variable *des papiers-calques, des papiers-filtres, des papiers-monnaies.*

papille n.f. On prononce [iy'] comme dans *fille.*

papillon n.m. *Des nœuds papillons.*
▸**papillonner** v.i. Avec **nn**.

papillote n.f. Avec un seul **t**. → -ote/-otte

paprika n.m.

papyrus n.m. On prononce le **s**.

pâque n.f. Avec **â**. **1.** *La pâque juive. Faire ses pâques.* – **2.** On écrit **Pâques** au pluriel et avec une majuscule pour la fête chrétienne. *Joyeuses Pâques !* – REMARQUE Est du masculin singulier pour désigner le jour de Pâques : *Pâques est tombé un 15 mars cette année.*

paquebot n.m.

pâquerette n.f. Avec **â**.

paquet n.m. *Un paquet de gâteaux. Des paquets de mer. Des paquets-cadeaux.*

par prép.

- Introduit un complément d'agent. *Ils sont recherchés par la police.*
- Introduit divers compléments circonstanciels (temps, lieu, manière, moyen, etc.). *Par une nuit d'été. Passer par Paris. Classer par ordre croissant. Voyager par avion.*
- Le complément est au singulier quand il y a une idée de distribution (= pour chaque). *Payer tant par personne. Trois fois par jour, par semaine, par an…*

• Le complément est au pluriel quand il y a une idée de pluralité. *Classer par séries* (= en plusieurs séries). *Par moments, par instants...* (= à plusieurs instants). *Ils arrivent par dizaines, par centaines, par milliers.*

• On écrit avec un trait d'union ***par-ci, par-là ; par-dedans ; par-delà ; par-dessous ; par-dessus ; par-devers***.

• On écrit sans trait d'union ***par ici ; par là ; par ailleurs ; par en haut ; par en bas...***

• **par contre** est correct et ne peut pas toujours être remplacé par ***en revanche***, comme certains le préconisent : *Son père est sorti indemne de l'accident, par contre son frère a été blessé.*

parabole n.f. Avec un seul **l**. → -ole/-olle
▸**parabolique** adj.

parachute n.m.
▸**parachuter** v.t.
▸**parachutage** n.m.
▸**parachutisme** n.m.
▸**parachutiste** n.

parade n.f.
▸**parader** v.i.

paradigme n.m. Voir ce mot dans la partie grammaire.

paradis n.m. Avec une majuscule dans un contexte religieux : *le Paradis et l'Enfer.*
▸**paradisiaque** adj.

paradoxe n.m.
▸**paradoxal, -e, -aux** adj.
▸**paradoxalement** adv.

parafe n.m. Autre orthographe de **paraphe**.

paraffine n.f. Avcc **ff**.

parages n.m.plur. *Dans les parages.*

paragraphe n.m. *Les deuxième et troisième paragraphes.*

paraître v.i. CONJ.36 Avec **î** devant un *t*. Se conjugue avec l'auxiliaire ***avoir*** au sens de « sembler » ou « apparaître ». *Elle m'a paru satisfaite. Dès qu'elle a paru sur scène. L'émotion qu'elle a laissée paraître.* – Se conjugue avec ***avoir*** ou ***être*** en parlant d'une publication : *Ces livres ont paru ou sont parus cet été.* Sans auxiliaire, le participe s'accorde. *Les livres parus cet été.* ◆ v. impersonnel *À ce qu'il paraît. Elle est, paraît-il, malade.* – **il paraît que** est suivi de l'indicatif. *Il paraît qu'il fait beau.* – Avec un adjectif, l'expression est suivie du subjonctif. *Il paraît nécessaire que tu viennes.*

parallèle adj., n.f. et n.m. Avec **ll** puis un seul **l**.
▸**parallèlement** adv.
▸**parallélisme** n.m. Avec **é**.

parallélépipède n.m. Avec **ll** puis un seul **l**.

parallélogramme n.m. Avec **ll** puis un seul **l**.

paralyser v.t. Avec **y**. *Elle est paralysée par la peur.* – *Il est paralysé des deux jambes, il a les deux jambes paralysées.*
▸**paralysant, -e** adj.
▸**paralysé, -e** n. *Les paralysés de France.*
▸**paralysie** n.f.
▸**paralytique** adj. et n. *Un vieillard paralytique.*

paramédical, -e, -aux adj.

paramètre n.m.
▸**paramétrer** v.t. CONJ.4 Avec **é** ou **è** : *nous paramétrons, ils paramètrent.*

parangon n.m. LITT. (Modèle) *Il n'est pas un parangon de vertu.*

paranoïa n.f. Avec **ï**. *Des crises de paranoïa.*
▸**paranoïaque** adj. et n. S'abrège familièrement en **parano**.

paranormal, -e, -aux adj. et n.m.

parapente n.m.

parapet n.m.

parapharmacie n.f.

paraphe ou **parafe** n.m. *Mettre son paraphe au bas d'une note.*
▸**parapher** ou **parafer** v.t.
▸**parapheur** ou **parafeur** n.m.

paraphrase n.f. La **paraphrase** commente un texte ou redit un texte avec d'autres mots. Ne pas confondre avec la ***périphrase***, qui remplace un mot par une suite de mots.
▸**paraphraser** v.t.

parapluie n.m.

parascolaire adj. et n.m. *Des ouvrages parascolaires* (= qui complètent les manuels). Ne pas confondre avec ***périscolaire*** (= qui complète les activités scolaires).

parasite n.m. et adj. *Des bruits parasites.*

parasol n.m. *Des pins parasols.*

paratonnerre n.m.

paravent n.m.

parbleu interj.

parc n.m. *Un parc de loisirs.*

parcelle n.f.
▸ **parcellaire** adj.

parce que conj. Exprime la cause. **1.** S'écrit en deux mots et sans trait d'union. *Je viens parce que tu me l'as demandé.* Ne pas confondre avec ***par ce que*** (= par la chose, le fait que) : *Je comprends, par ce que vous me dites, que…* – **2.** S'écrit **parce qu'** uniquement devant ***à, il(s), elle(s), on, un, une*** : *Parce qu'il pleut à Paris. Parce qu'à Paris il pleut.* Mais *Parce que en France…*

parchemin n.m.

parcimonie n.f. *Donner avec parcimonie* (≠ générosité, prodigalité).
▸ **parcimonieux, -euse** adj.

par-ci par-là adv. Avec ou sans virgule. *Quelques fleurs par-ci, par-là.*

parcmètre n.m. *Des parcmètres.*

par contre → par

parcourir v.t. CONJ.12 *Les vingt kilomètres que nous avons parcourus.* – ATTENTION Au futur : *il parcourra* et non ✕ *il parcourera.*

parcours n.m. Avec un **s**. *Des incidents de parcours. Un parcours sans faute.*

par-delà, par-derrière, par-dessous, par-dessus, par-devant loc.prép. et adv. S'écrivent avec un trait d'union.

pardessus n.m. (Manteau) En un mot.

par-devers loc.prép. *Garder quelque chose par-devers soi.*

pardi interj.

pardon n.m. *Demander pardon à quelqu'un.*

▸ **pardonner** v.t. et v.pr. *Pardonner quelque chose à quelqu'un. Se pardonner quelque chose* (= à soi-même ou l'un à l'autre). *On lui a pardonné ses erreurs, on les lui a pardonnées.* Voir gramm. § 28. Mais *Elle ne s'est jamais pardonné son erreur* (= à elle-même). *Ils ne se sont jamais pardonné* (= l'un à l'autre). Voir gramm. § 29(2). – REMARQUE On disait aussi autrefois *pardonner quelqu'un*, d'où l'emploi au passif *vous êtes pardonné* dans lequel le participe s'accorde : *Marie, vous êtes toute pardonnée.*

> **pare-** Les mots formés avec **pare-** prennent la marque du pluriel sur le second élément : ***un pare-douche, des pare-douches***. – Ils sont invariables si ce second élément est non-comptable : ***un pare-brise, des pare-brise; un pare-soleil, des pare-soleil***; ou si le second élément est déjà au pluriel : ***un pare-chocs, des pare-chocs; un gilet pare-balles, des gilets pare-balles***. Voir *Rectifications orthographiques*, p. 513.

pareil, -eille adj. *Ils sont pareils. Elles sont pareilles. Je n'ai jamais été à pareille fête. Une femme à nulle autre pareille.* – REMARQUE Le complément est introduit par ***à*** en langue soutenue : *Une robe pareille à la tienne.* L'emploi de *que* est critiqué. On préférera dire en langue courante : *Une robe comme la tienne.* – **sans pareil(le)** s'accorde en genre et en nombre. *Des exploits sans pareils. Des fleurs sans pareilles.* ◆ adv. L'emploi de **pareil** comme adverbe est critiqué, mais courant. *Des mots qui s'écrivent pareil. J'ai fait pareil que toi.* On préférera dire ***de la même façon, de la même manière*** ou ***comme***. ◆ n.m. et n.f. *C'est du pareil au même. Rendre la pareille.*

parent, -e n. et adj. *Des parents éloignés. Elles sont parentes.* – REMARQUE Pour désigner le père ou la mère, **parent** est toujours au masculin. *Les parents de Jacques. Ces enfants n'ont qu'un seul parent, la mère.*
▸ **parental, -e, -aux** adj. *L'autorité parentale. Des liens parentaux.*
▸ **parenté** n.f. *Des liens de parenté.*

parenthèse n.f. Avec **h**. *Entre parenthèses. Ouvrir, fermer une parenthèse.*

Emploi des parenthèses

1. Les parenthèses permettent d'insérer, à l'intérieur d'une phrase, un élément explicatif, un exemple, un symbole, une abréviation, une date, etc. : *Il ne faut pas confondre Paris (la ville) et Pâris (personnage de la mythologie). L'eau (H_2O) est...*

2. On place entre parenthèses la référence d'une citation : « *Tant va la cruche à l'eau...* » (La Fontaine).

3. Dans un index alphabétique, un dictionnaire, un élément entre parenthèses placé après un mot doit être rétabli dans la lecture avant ce mot : *Richter (échelle de)* se lit *échelle de Richter*

4. Les parenthèses, à l'intérieur d'un mot, indiquent la possibilité d'une double lecture : *On recherche un(e) employé(e).*

paréo n.m. *Des paréos.*

parer v.t. et v.pr. LITT. *Elle s'est parée de ses plus beaux atours.* ◆ v.t. et v.t.ind. *Parer un coup, une attaque. Pour parer à toute éventualité. Parer au plus pressé.*

paresse n.f. Avec un seul **r**.
▸**paresser** v.i. *Il paresse au lit le matin.*
▸**paresseux, -euse** adj. et n.

parfaire v.t. CONJ. 24, mais s'emploie surtout à l'infinitif. *Parfaire son travail.*

parfait, -e adj. *Un travail parfait.*
▸**parfaitement** adv.

parfois adv. *Il vient parfois le dimanche.*

parfum n.m. Seul mot à s'écrire avec **um** qui se prononce comme dans *brun*. *Des flacons de parfum.* On écrit avec un trait d'union *des brûle-parfums.*
▸**parfumer** v.t. et v.pr. *Elle s'est parfumée.*
▸**parfumerie** n.f.
▸**parfumeur, -euse** n.

pari n.m. *Des paris sur l'avenir.*
▸**parier** v.t. *Il parie qu'on réussira. La somme qu'il a pariée.* – ATTENTION À l'indicatif imparfait et au subjonctif présent : *(que) nous pariions.* – Au futur et au conditionnel : *il pariera(it).*
▸**parieur, -euse** n.

paria n.m. *Les parias de la société.*

parisien, -enne adj. et n. *Il est parisien. C'est un Parisien.* (Le nom de personne prend une majuscule.)

parité n.f.
▸**paritaire** adj.

parjure n.m. *Commettre un parjure.*
▸**parjurer (se)** v.pr. *Ils se sont parjurés.*

parka n.m. ou n.f. *Un* ou *une parka.*

parking n.m.

parlement n.m. Prend une majuscule pour désigner l'assemblée qui légifère. *Il siège au Parlement. Le Parlement européen.*
▸**parlementaire** adj. et n.

parlementer v.i. PÉJOR. *Inutile de parlementer plus longtemps.*

parler v.i., v.t.ind., v.t. et v.pr. *Il parle tout bas. Il parle à Jacques de politique. Il parle l'anglais. Il se parle (à lui-même). L'anglais se parle partout.* – ACCORD DU PARTICIPE *Il a parlé deux heures, les deux heures qu'il a parlé* (= pendant deux heures), le verbe est intransitif, il n'y a pas de complément d'objet, le participe est invariable. Voir gramm. § 25. – *Pierre a parlé à Marie (de politique). Ils se sont parlé* (= l'un à l'autre), le verbe est transitif indirect, le participe est invariable. Voir gramm. § 25. – *On a parlé cette langue autrefois, c'est une langue qu'on a parlée*, le verbe est transitif, le participe s'accorde avec le complément d'objet placé avant. Voir gramm. § 28. – REMARQUE Dans *parler politique, chiffons, mode*, etc. la préposition ***de*** est sous-entendue. Le verbe est transitif indirect, le participe est invariable : *C'est de chiffons qu'ils ont parlé.* – ATTENTION Il n'y a pas de *s* à l'impératif, sauf devant ***en*** : *parle à ton père, parles-en à ton père.*
▸**parlant, -e** adj. *Le cinéma parlant. Des faits parlants.*
▸**parlé, -e** adj. *L'anglais parlé* (= oral).
▸**parler** n.m. *Les parlers régionaux. Avoir son franc-parler.*

parloir n.m.

parme adj.inv. et n.m. L'adjectif de couleur est invariable : *des rubans parme* ; le nom de couleur est variable : *des parmes dégradés, un dégradé de parmes.*

parmesan n.m.

parmi prép. Ne s'emploie que devant un pronom pluriel et un nom pluriel ou collectif. *Parmi nous. Parmi mes amis. Parmi la foule.*

parodie n.f.
▸**parodier** v.t. – ATTENTION À l'indicatif imparfait et au subjonctif présent : *(que) nous parodiions.* – Au futur et au conditionnel : *il parodiera(it).*
▸**parodique** adj.

paroi n.f. *Des parois de verre.*

paroisse n.f.
▸**paroissien, -enne** n.

parole n.f. *Je vous crois sur parole. Ils sont de parole. Des paroles d'honneur. On ne peut pas se payer de paroles.*

paronyme n.m. Voir ce mot dans la partie grammaire.

paroxysme n.m. Avec **y**. *La douleur atteint son paroxysme.*

parpaing n.m. Avec **g**. *Un mur en parpaings.*

parquer v.t. *On a parqué les chevaux, on les a parqués.*

parquet n.m. *Des lattes de parquet.*

parrain n.m. Avec **rr** comme ***marraine***.

parrainer v.t. Avec **rr** comme dans ***parrain***. *Une association sportive parrainée par la municipalité.*
▸**parrainage** n.m.
▸**parraineur** n.m. Terme recommandé pour remplacer ***sponsor***.

parricide n.m., n. et adj. (Meurtre du père ou de la mère) Avec **rr**.

parsemer v.t. CONJ.2 Avec **e** ou **è** : *nous parsemons, ils parsèment. Un terrain parsemé de fleurs.*

part n.f. *À chacun sa part. Ils ont eu chacun leur part. Des parts de gâteau.* – Reste au singulier dans *de part en part, de part et d'autre, d'autre part.* Est au singulier ou au pluriel dans *de toute(s) part(s).* – On écrit en deux mots les adverbes de lieu *autre part, nulle part, quelque part.* – **à part** est invariable. *On les a mis à part. À part vous, qui viendra ? – Des citoyens à part entière.* – **mis à part** est invariable avant le nom : *mis à part ces lettres...* et variable après le nom : *ces lettres mises à part.* – **à part que** est familier. On préférera ***sauf que, excepté que***. – **faire part** : *On m'a fait part de vos critiques. Ces critiques dont on m'a fait part. Des lettres de faire part* (sans trait d'union). *Des faire-part* (avec un trait d'union).

partage n.m.
▸**partager** v.t. et v.pr. Avec **e** devant *a* et *o* : *il partageait, nous partageons. – On a partagé la tarte, on l'a partagée en huit. Cette pièce partage les critiques. Les critiques sont partagés sur cette pièce. – Ils se sont partagé sa fortune ? Ils se la sont partagée.* Voir gramm. § 29.

partance – **en partance** : *Les trains en partance pour Lyon.*

partant, -e adj. et n. *Êtes vous partante pour un bridge ? Il y a dix partants pour la course.*

partenaire n. Avec **aire** comme ***adversaire***.
▸**partenariat** n.m. *En partenariat avec.*

parterre n.m. En un seul mot. *Un parterre de fleurs.* Ne pas confondre avec ***par terre*** (= sur le sol).

parti n.m. *Des partis politiques.* Est invariable dans *parti pris* : *Ce sont des gens de parti pris.* – **prendre parti pour, contre** : *Ils ont pris parti pour moi* (= ils sont de mon côté). Ne pas confondre avec ***prendre à partie*** (= interpeller).

partial, -e, -aux adj. Avec **t** qui se prononce [s]. *Ils sont partiaux* (= de parti pris). Ne pas confondre avec ***partiel*** (≠ complet).
▸**partialité** n.f.

participe n.m. Voir ce mot dans la partie grammaire.

participer v.t.ind. – **participer à** : *Participer à une action* (= y prendre part). – **participer de** : *La tendresse participe de l'amour* (= en fait partie). – ATTENTION Il n'y a pas de *s* à l'impératif, sauf devant ***y*** : *participe à la réunion, participes-y.*
▸**participant, -e** n. *Réunir les participants.*
▸**participation** n.f.

particularisme n.m.

particularité n.f.

particule n.f. *Des particules de sable. Des noms à particule.*

particulier, -ière adj. et n.m. *Des signes particuliers. Un simple particulier. En particulier.*
▸ **particulièrement** adv.

partiel, -elle adj. *Travailler à temps partiel* (≠ complet).
▸ **partiellement** adv.

partir v.i. CONJ. 11 Se conjugue avec l'auxiliaire ***être***. *Ils sont partis. Le train part pour Lyon* ou *à Lyon. J'ai fait partir Marie, je l'ai fait partir.* (*Fait* suivi d'un infinitif est invariable.) Mais *J'ai laissé Marie partir, je l'ai laissée partir.* → laisser – *À partir de demain...*

partisan, -e adj. *Des querelles partisanes.* ◆ n. *Les résistants et les partisans. Il n'est pas partisan de cette solution.* – REMARQUE Au féminin, on dit *partisan* ou *partisane*, mais jamais ✕ *partisante. Elle n'est pas partisan, partisane de cette solution.*

partitif, -ive adj. – **article partitif** Voir ce mot dans la partie grammaire.

partition n.f.

partout adv. En un seul mot. *Je les ai cherchés partout.*

parure n.f.

parution n.f. Avec **u**. On dit *dès la parution d'un livre*, du verbe ***paraître***, mais *dès l'apparition du soleil*, du verbe *apparaître*.

parvenir v.i. CONJ. 10 Se conjugue avec l'auxiliaire ***être***. *Ils sont parvenus à nous convaincre, ils y sont parvenus.*

parvis n.m. Avec **s**. *Sur le parvis d'une église.*

1. **pas** n.m. *Faire ses premiers pas. À pas de loup, de géant. Faire les cent pas.*

2. **pas** adv. Dans une phrase négative il ne faut pas oublier le ***ne***. *Je ne sais pas. On n'a pas fini. Pas un n'est venu.* – **pas de** est suivi d'un nom non-comptable au singulier ou d'un nom comptable au pluriel. *Il n'a pas de chance. Il n'a pas d'amis.* – **pas mal (de)** → mal[1]

pascal, -e adj. Avec *als* ou *aux* au masculin pluriel. *La fête pascale. Des agneaux pascals* ou *pascaux*.

pas-de-porte n.m.inv. *Des pas-de-porte.*

passable adj. *Une note passable.*

passade n.f. *Ce n'est qu'une passade.*

passage n.m. *Ils sont de passage à Paris.* – On écrit sans trait d'union *un passage à niveau, des passages à niveau.*

passager, -ère adj. *Une crise passagère.* ◆ n. *Les passagers du train.*

passant, -e adj. *Une rue très passante.* ◆ n.m. *Regarder les passants passer...*

passation n.f. *Une passation de pouvoirs.*

passe n.f. *Une passe d'armes. Des mots de passe. Ils sont en passe de devenir des champions.* ◆ n.m. *Un passe.* Abréviation de ***passe-partout***.

> **passe-** Les mots formés avec **passe-** prennent la marque du pluriel sur le second élément, sauf s'il est invariable : ***un passe-droit, des passe-droits ; un passe-montagne, des passe-montagnes, un passe-plat, des passe-plats ; un passe-partout, des passe-partout.***

1. **passé** n.m. Voir ce mot dans la partie grammaire. – *Se réfugier dans le passé. C'est du passé.*

2. **passé, -e** adj. *Des couleurs passées.* – *Regretter le temps passé.* – *Des usages passés de mode.* – REMARQUE Ce mot est invariable avant le nom et variable après le nom : *Passé huit heures, on n'entre plus. Il est huit heures passées.* (Avant le nom, joue le rôle d'une préposition équivalente à ***après***). Voir gramm. § 26.

passeport n.m.

passer v.i. Avec l'auxiliaire ***être***. *Nous sommes passés par là. Le train est passé très vite.* – *J'ai fait passer Marie devant moi, je l'ai fait passer devant moi.* (*Fait* suivi d'un infinitif est invariable.) Mais *J'ai laissé passer Marie, je l'ai laissée passer.* → laisser – REMARQUE Dans quelques cas, *passer* se conjugue avec l'auxiliaire ***avoir*** pour insister sur l'action, ou avec ***être*** pour marquer le résultat. *Le temps passe. Le temps a vite passé. Le temps est vite passé. Les couleurs ont passé, sont passées.* → passé[2] ◆ v.t. Toujours avec l'auxiliaire ***avoir***. *J'ai passé deux heures avec lui, les deux heures que j'ai passées avec lui. Sa vie, il l'a passée à lire. Quelles bonnes vacances nous avons passées !* ◆ **se passer** v.pr. *Les vacances se sont*

P

bien passées. Il s'est passé quelque chose. Dites-moi ce qui se passe. – Ils se sont passés de manger, ils s'en sont passés.

passereau n.m. *Des passereaux.*

passerelle n.f.

passe-temps n.m.inv. *Des passe-temps favoris.*

passeur, -euse n.

passible adj. *Être passible d'une amende.*

passif, -ive adj. et n.m. Voir ce mot dans la partie grammaire. – *Un élève passif.*

passivement adv. *Attendre passivement que les choses se passent.*
▸**passivité** n.f.

passion n.f.
▸**passionner** v.t. et v.pr. Avec **nn**. *La musique la passionne, ça l'a passionnée toute sa vie. Elle s'est toujours passionnée pour la musique.*
▸**passionnant, -e** adj. *Une vie passionnante.*
▸**passionné, -e** adj. et n. *Des passionnés de jazz.*
▸**passionnel, -elle** adj. *Un crime passionnel.*
▸**passionnément** adv.

passoire n.f.

pastel adj.inv. et n.m. Est invariable comme adjectif de couleur et variable comme nom. *Des tons pastel. Des pastels de toutes les couleurs.*

pastèque n.f.

pasteur n.m.

pasteuriser v.t. *Du lait pasteurisé.*
▸**pasteurisation** n.f.

pastiche n.m.

pastille n.f. *Des pastilles de menthe, à la menthe. Des pastilles de couleur.*

pastis n.m. On prononce le **s**.

pataquès n.m. On prononce le **s**. *Un drôle de pataquès.*

patate n.f. *Des patates douces.* – Est familier au sens de « pomme de terre ».

pataud, -e n. et adj.

patauger v.i. Avec **e** devant *a* et *o* : *nous pataugeons, ils pataugeaient.*
▸**pataugeoire** n.f. Avec **e**.

patch n.m. *Des patchs antitabac.*

patchwork n.m. *Des couvertures en patchwork. Des patchworks.*

pâte n.f. Avec **â**. *De la pâte à modeler. Un plat de pâtes. De la pâte d'amande(s). Des pâtes de fruits.* Ne pas confondre avec *patte*. – REMARQUE Les noms italiens de pâtes alimentaires sont aujourd'hui francisés et prennent la marque du pluriel : *des raviolis, des spaghettis, des lasagnes...*

pâté n.m. Avec **â**. *Un pâté de maisons. Des pâtés de sable. – Du pâté de campagne.*

pâtée n.f. Avec **â**. *La pâtée du chien.*

patent, -e adj. *Des faits patents* (= manifestes).

patente n.f. *La patente d'un commerçant.*
▸**patenté, -e** adj.

patère n.f.

paternalisme n.m.
▸**paternaliste** adj. et n.

paternel, -elle adj.

paternité n.f.

pâteux, -euse adj. Avec **â** comme dans *pâte*.

pathétique adj. Avec **h**. *Une histoire pathétique* (= bouleversante).

pathogène adj. Avec **h** de *path(o)* qui signifie « maladie ». *Des agents pathogènes.*

pathologie n.f. Avec **h** de *path(o)* qui signifie « maladie ».
▸**pathologique** adj.

patibulaire adj. Avec **aire**. *Une mine patibulaire* (= de gibier de potence).

patience n.f. *Manquer de patience.*
▸**patient, -e** adj. *Sois patient !* ◆ n. *Les patients d'un médecin.*
▸**patiemment** adv. Avec **emm** qui se prononce [am]. Voir gramm. § 9.
▸**patienter** v.i. *On a fait patienter Marie, on l'a fait patienter deux heures.* (*Fait* suivi d'un infinitif est invariable.)

patin n.m. *Des patins à glace. Des patins à roulettes.*
▸**patiner** v.i.

▸**patinage** n.m.
▸**patineur, -euse** n.
▸**patinoire** n.f.

patine n.f.
▸**patiner** v.t. et v.pr. *Un cuir qui s'est patiné.*

patinette n.f.

patio n.m. Mot espagnol. Avec un **t** qui se prononce [s] ou quelquefois [t]. *Des patios.*

pâtir v.i. Avec **â**. *Personne n'a pâti de cette situation.*

pâtisserie n.f. Avec **â** comme dans ***pâte***. *Aller à la pâtisserie.*
▸**pâtissier, -ière** n. et adj. *Aller chez le pâtissier. – Une crème pâtissière.*

patois n.m. Avec **s**. *Parler (en) patois.*

pâtre n.m. Avec **â**.

patriarcal, -e, -aux adj. *Une société patriarcale.*
▸**patriarcat** n.m.

patriarche n.m.

patrie n.f.
▸**patriote** adj. et n.
▸**patriotique** adj.
▸**patriotisme** n.m.

patrimoine n.m.
▸**patrimonial, -e, -aux** adj.

patron, -onne n. *Un patron, une patronne.*
▸**patronal, -e, -aux** adj. Avec un seul **n**. → -on
▸**patronat** n.m. Avec un seul **n**.

patronner v.t. Avec **nn**. *Un festival patronné par la municipalité.*
▸**patronage** n.m. Avec un seul **n**. *Placé sous le haut patronage de…*

patronyme n.m. (Nom de famille) Avec *nyme* qui signifie « nom ».
▸**patronymique** adj. *Nom patronymique.*

patrouille n.f.
▸**patrouiller** v.i. – ATTENTION À l'indicatif imparfait et au subjonctif présent : *(que) nous patrouillions.*

patte n.f. Avec **tt**. *À quatre pattes. Ils ont montré patte blanche. Des pattes de mouche.* Ne pas confondre avec ***pâte***.

patte-d'oie n.f. *Des pattes-d'oie.*

pattemouille n.f. Avec **tt**.

pâturage n.m. Avec **â**.

pâture n.f. Avec **â**. *Donner en pâture.*

paume n.f. *La paume de la main. Des jeux de paume.*

paupérisation n.f. *Lutter contre la paupérisation de la population* (≠ enrichissement).

paupière n.f. *Du fard à paupières.*

paupiette n.f. *Des paupiettes de veau.*

pause n.f. Avec **au**. *Faire une pause d'un quart d'heure.* On écrit avec ou sans trait d'union *des pauses(-)café* (= pour le café). – REMARQUE On écrit *le temps de pause* d'une teinture, d'un masque, qu'on laisse « pauser » et *le temps de pose* pour une photographie.

pauvre adj. et n. *Les nouveaux pauvres.*
▸**pauvrement** adv.
▸**pauvresse** n.f. LITT. Ancien féminin du nom *pauvre.*
▸**pauvreté** n.f.

pavé n.m.
▸**paver** v.t. *Une rue pavée.*

pavillon n.m.
▸**pavillonnaire** adj. Avec **nn**. *Une cité pavillonnaire.*

pavot n.m. *Des graines de pavot.*

payer v.t. et v.pr. CONJ.5 *Il paye* ou *paie.* **1.** *Payer en espèces, par chèque, par carte, en nature. Il a payé ses dettes, il les a payées. Tout se paie.* – **2.** Est familier au sens d'« offrir ». *Il nous a payé les vacances, il nous les a payées. Marie s'est payé des livres. Les livres que Marie s'est payés.* Voir gramm. § 29(2 et 3). – **3.** Attention à l'accord du participe quand il y a un complément d'objet et un complément de prix. Voir gramm. § 12. *Combien avez-vous payé ces fleurs ? J'ai payé ces fleurs 10 euros. Ces fleurs, je les ai payées 10 euros.* Mais *Les 10 euros que j'ai payé ces fleurs* – Toutefois, dans une phrase comme *payer 10 euros pour un service,* « 10 euros » est complément d'objet direct (= dépenser 10 euros). On écrira donc *Les 10 euros que j'ai payés pour ce service.* – ATTENTION À l'indicatif imparfait et au subjonctif présent : *(que) nous payions.*

P

▸**paye** ou **paie** n.f. *Des feuilles de paie* [pè]. *Une bonne paye* [pèy'].
▸**payement** ou **paiement** n.m.

pays n.m. *Les pays en voie de développement. Un pays de montagnes. Ils sont en pays de connaissance.*

Les noms de pays

1. On met une majuscule aux noms de pays, mais pas à l'article : *la France, l'Italie, la Grande-Bretagne, les États-Unis...*

2. On écrit *la Confédération helvétique, les Émirats arabes unis, la République dominicaine...* avec la majuscule au premier terme lorsqu'il est suivi d'un adjectif ; et *la principauté de Monaco, l'île Maurice...* avec la majuscule au deuxième terme s'il s'agit d'un nom.

3. On emploie ***en*** devant un nom de pays féminin ou commençant par une voyelle : *en France, en Italie, en Israël.* – On emploie ***au*** devant un nom de pays masculin ou commençant par une consonne : *aux États-Unis, au Canada.*

4. Les noms de pays qui s'emploient sans article ou avec *l'* sont masculins : *Israël, l'Iran, l'Afghanistan...* ; ils sont féminins s'ils se terminent par un *e* : *l'Italie, l'Irlande...*

paysage n.m.

paysager, -ère adj. *Des jardins paysagers.*
▸**paysagiste** n.

paysan, -anne adj. et n. Avec **nn** au féminin. – REMARQUE C'est le seul mot commun en **an** à avoir deux **n** au féminin.
▸**paysannerie** n.f.

péage n.m. *Des autoroutes à péage.*

peau n.f. *Des peaux de bêtes. Des gants de peau, en peau. De la peau d'orange. Des peaux de banane(s).*

peaufiner v.t. *Peaufiner un travail.*
▸**peaufinage** n.m.

peccadille n.f. Avec **cc**.

pêche n.f. Avec **ê** pour le sport et le fruit. *Aller à la pêche. Des cannes à pêche.* – *Des noyaux de pêche.* – Est invariable comme adjectif de couleur. *Des soies pêche.* Voir gramm. § 8(2).

péché n.m. Avec **é**. *Les sept péchés capitaux.* Ne pas confondre avec ***pêcher*** (arbre).
▸**pécher** v.i. CONJ.4 Avec **é** ou **è** : *nous péchons, ils pèchent.* Ne pas confondre avec ***pêcher*** (le poisson).
▸**pécheur, -eresse** n. Ne pas confondre avec ***pêcheur, pêcheuse***.

1. pêcher v.t. *Pêcher la truite.* Ne pas confondre avec ***pécher*** (= commettre une faute).
▸**pêcheur, -euse** n. *Des pêcheurs à la ligne.* Ne pas confondre avec ***pécheur, pécheresse***.

2. pêcher n.m. (Arbre) Ne pas confondre avec ***péché*** (faute).

pectoral, -e, -aux adj. et n.m.plur.

pécule n.m. Est du masculin. *Un beau petit pécule.*

pécuniaire adj. Avec **aire**. *Des problèmes pécuniaires. Des difficultés pécuniaires.* – REMARQUE Ce mot a la même forme au masculin et au féminin. Il ne faut pas se laisser influencer par ***financier, financière***, et ne pas dire au masculin *des problèmes* ✕ *pécuniers.*

péd- Ce préfixe a trois origines. Ne pas faire de confusion de sens sur les mots qui le comportent. Il signifie « enfant » dans *pédagogie, pédiatre, pédophile* ; « pied » dans *pédestre, pédale, pédicure* ; et « sol » dans *pédologie.*

pédagogie n.f.
▸**pédagogique** adj.
▸**pédagogue** adj. et n.

pédale n.f. *Une voiture à pédales.*
▸**pédaler** v.i.
▸**pédalier** n.m.

pédant, -e adj. et n. PÉJOR.

pédestre adj. *Une promenade pédestre* (= à pied).

pédicure n.

pedigree n.m. Mot anglais, sans accent. On prononce [pédigré]. *Des pedigrees.*

pédoncule n.m. Est du masculin. *Ôter le pédoncule des tomates.*

pédophile n. et adj.
‣ **pédophilie** n.f.

peeling n.m. Mot anglais. Avec **ee** qui se prononce [i].

pègre n.f.

peigne n.m. *Des coups de peigne. Passer au peigne fin.*
‣ **peigner** v.t. et v.pr. *Elle s'est peignée.* – ATTENTION À l'indicatif imparfait et au subjonctif présent : *(que) nous peignions.*

peignoir n.m.

peindre v.t. CONJ.35 *Je peins, il peint. Des assiettes peintes à la main.* – ATTENTION À l'indicatif imparfait et au subjonctif présent : *(que) nous peignions.*
‣ **peintre** n.m. *Des artistes peintres. Des peintres en bâtiment. Cette femme est un grand peintre.* – REMARQUE S'emploie parfois au féminin : *une peintre.*
‣ **peinture** n.f. *Des pots de peinture. Des cours de peinture. Exposer ses peintures.*

peine n.f. *Ils font peine à voir. – Des peines de prison. Sous peine de. – Vous réussirez sans peine.* – **à grand-peine** s'écrit avec un trait d'union. – **à peine** : *Il était à peine arrivé que…* – Placée en tête de phrase, l'expression entraîne l'inversion du sujet : *À peine était-il arrivé que…*
‣ **peiner** v.t. *Cela nous peine, nous sommes peinés que vous ne veniez pas.* ◆ v.i. *La voiture peine dans les côtes.*

péjoratif, -ive adj.

pelage n.m. *Des chiens au pelage roux.*

pêle-mêle loc.adv. Avec deux **ê**. *On les a mis pêle mêle dans la boîte.*

peler v.t. et v.i. CONJ.2 Avec **e** ou **è** : *nous pelons, ils pèlent. On a pelé les fruits, on les a pelés. – Après un coup de soleil, il pèle, il a pelé.*

pèlerin n.m. Avec **è** malgré la prononciation courante en [é].
‣ **pèlerinage** n.m. *Ils sont en pèlerinage.*

pèlerine n.f. Avec **è**.

pélican n.m.

pelisse n.f.

pelle n.f. *Des pelles à tarte. J'ai ramassé une pleine pelle de poussière, de feuilles mortes. Avoir des ennuis à la pelle* (= en grande quantité).
‣ **pelletée** n.f. Avec un seul **t**.
‣ **pelleteuse** n.f.

pellicule n.f. *Des pellicules couleur, noir et blanc.*

pelote n.f. Avec un seul **t**.

peloton n.m.

pelouse n.f.

peluche n.f. On prononce ou non le premier **e**. *Des ours en peluche. Les peluches d'un tissu.* Ne pas confondre avec ***pluches*** (= épluchures).
‣ **pelucher** v.i. *Un pull qui peluche.*
‣ **pelucheux, -euse** adj. *Un tissu pelucheux.*

pelure n.f.

pénal, -e, -aux adj. *Le code pénal.*

pénaliser v.t. *Leur timidité les a pénalisés.*

pénalité n.f. *Un retard de paiement entraîne une pénalité.* – Terme recommandé pour remplacer ***penalty*** en sport.

penalty n.m. Mot anglais. *Des penaltys.* – On recommande le terme français ***pénalité***.

pénates n.m.plur. (Foyer) Est du masculin. *Regagner ses chers pénates.*

pencher v.i., v.t. et v.pr. *La tour penche à droite. Il penche la tête. Il marche tête penchée. Nous nous sommes penchés sur son cas.* – **pencher pour** : *Pencher pour telle solution.*
‣ **penchant** n.m. *Avoir un penchant pour.*

pendaison n.f. *Mort par pendaison. Des pendaisons de crémaillère.*

1. pendant n.m. *Un pendant d'oreille, des pendants d'oreilles. – Deux chandeliers se font pendant(s) sur la cheminée.* ◆ **pendant** prép. **pendant que** conj. *Pendant la nuit. Pendant qu'il parlait.*

2. pendant, -e adj. *La langue pendante.*

pendentif n.m. Avec deux fois **en**. *Un pendentif en or.* Ne pas confondre avec ***pendant*** (d'oreille).

P

penderie n.f.

pendre v.i., v.t. et v.pr. CONJ.34 *Une lampe pend au plafond. Cela lui pendait au nez.* – *On les a pendus haut et court. Elle s'est pendue.*
▸**pendu, -e** adj. et n.

pendule n.m. et n.f. **1.** Est du masculin pour le balancier. *Le mouvement d'un pendule.* – **2.** Est du féminin pour l'horloge. *Regarder l'heure à la pendule.*
▸**pendulette** n.f.

pêne n.m. Avec **ê**. *Le pêne de la serrure.* Ne pas confondre avec ***penne*** (grande plume).

pénétrer v.i., v.t. et v.pr. CONJ.4 Avec **é** ou **è** : *nous pénétrons, ils pénètrent. Quelqu'un a pénétré dans la maison.* – *Le froid nous a pénétrés. Ils se sont pénétrés de cette idée, ils en sont pénétrés.*
▸**pénétrant, -e** adj. *Des odeurs pénétrantes.* Ne pas confondre avec le participe présent invariable : *Ces odeurs pénétrant la pièce…* Voir gramm. § 31.
▸**pénétration** n.f.

pénible adj. *Un travail pénible.*
▸**péniblement** adv. *Avancer péniblement.*
▸**pénibilité** n.f. *La pénibilité d'un travail.*

péniche n.f.

pénicilline n.f. Avec **ll**.

péninsule n.f.

pénis n.m. On prononce le **s**.

pénitence n.f. *Ils ont fait pénitence. Ils sont en pénitence.*
▸**pénitent, -e** n.

pénitencier n.m. (Prison) Avec **c**.
▸**pénitentiaire** adj. Avec **tiaire** qui se prononce [syèr]. *Un établissement pénitentiaire* et non ✕ *pénitentier.*

penne n.f. (Grande plume) *Les pennes colorées du paon. La penne d'une flèche* (= empennage). Ne pas confondre avec le *pêne* (d'une serrure).

pénombre n.f.

pensable adj. *Ce n'est pas pensable.*

pense-bête n.m. *Des pense-bêtes.*

pensée n.f. *Avec mes meilleures pensées.*

penser v.i. et v.t. *Tout cela donne à penser. Que penses-tu de ce film ? Il pense que tu viendras. Il ne pense pas que tu viennes* (= subjonctif pour le doute). *Je ne pense pas que c'est bien* (= indicatif pour la réalité). *Elles sont mieux que je (ne) l'avais pensé.* – REMARQUE Avec des tournures comme *penser utile de, nécessaire de, indispensable de*, etc. + infinitif, le participe passé et l'adjectif sont invariables : *J'ai pensé utile de vous raconter les événements. Ces événements que j'ai pensé utile de vous raconter.*
◆ v.t.ind. *Penser à. Pense aux vacances, penses-y. Pense à ton frère, pense à lui.* – ATTENTION Il n'y a pas de *s* à la 2ᵉ personne de l'impératif, sauf devant ***en*** ou ***y*** : *Pense à ça, penses-y. Penses-en ce que tu veux.*

pensif, -ive adj.
▸**pensivement** adv.

pension n.f. *Des pensions de famille. Ils sont en pension, en demi-pension.*
▸**pensionnaire** n. Avec **nn**.
▸**pensionnat** n.m.

pensum n.m. Mot latin. On prononce [pinsom']. *Des pensums.*

pentagone n.m. Avec **en** qui se prononce [in]. De *penta* « cinq ». – On écrit avec une majuscule *le Pentagone* (à Washington).

pentathlon n.m. Avec **th** comme dans *athlète* et **en** qui se prononce [in]. De *penta* « cinq ».

pente n.f. *Des rues en pente.*
▸**pentu, -e** adj.

Pentecôte n.f. Avec une majuscule. *Le lundi de Pentecôte.*

pénurie n.f.

pépin n.m. *Un fruit à pépins.* Voir gramm. § 13.

pépinière n.f.
▸**pépiniériste** n. Avec **é**.

pépite n.f. *Des pépites d'or.*

péplum n.m. Avec **um** qui se prononce [om]. *Des péplums.*

perçant, -e adj. Avec **ç**. *Pousser des cris perçants.* Ne pas confondre avec le participe présent invariable du verbe *percer* : *Ses cris perçant la nuit…* Voir gramm. § 31.

percée n.f.

perce-neige n.f.inv. *Des perce-neige.*

perce-oreille n.m. *Des perce-oreilles.*

percepteur n.m. *Le percepteur des impôts.*

perceptible adj. *Une étoile perceptible à l'œil nu. Un bruit à peine perceptible.* Ne pas confondre avec ***percevable*** (= pour l'argent).

perception n.f. *Les organes de la perception. – La perception des impôts.*

percer v.t. et v.pr. Avec **ç** devant *a* et *o* : *il perçait, nous perçons. On a percé l'abcès. La poche s'est percée. Elle s'est fait percer les oreilles. Elle s'est percé les oreilles. Elle a les oreilles percées.* ◆ v.i. *Le soleil perce à travers les nuages.*
▸ **perceuse** n.f.

percevable adj. *Une taxe percevable.*

percevoir v.t. CONJ. 18 Avec **ç** devant *o* et *u* : *je perçois, j'ai perçu. Les sommes que nous avons perçues.*

perche n.f.

percher v.t. et v.pr. *Sa valise, qu'il avait perchée en haut de l'armoire. La chatte s'est perchée sur le toit.* ◆ v.i. *Les oiseaux perchent sur les branches.*
▸ **perchoir** n.m.

perclus, -e adj. Avec un **s** qui ne se prononce pas au masculin. *Il est perclus, elle est percluse de douleurs.*

percolateur n.m.

percussion n.f. *Des instruments à percussion. Jouer des percussions.*
▸ **percussionniste** n. Avec **nn**.

percuter v.t. *Le camion a percuté la voiture, il l'a percutée à l'avant.*
▸ **percutant, -e** adj. *Un slogan percutant.*

perdition n.f. *Des navires en perdition.*

perdre v.t. et v.pr. CONJ. 34 *Je perds. Il perd. J'ai perdu ma valise. Où l'as-tu perdue ? Nous nous sommes perdus de vue. On se perd dans ces rues, on s'y perd.*
▸ **perdu, -e** adj. *Se jeter à corps perdu dans… À ses moments perdus.*

perdreau n.m. *Des perdreaux.*

perdrix n.f. Avec **x**.

perdurer v.i. LITT. *Des désordres qu'on a laissés perdurer.*

père n.m. On dit *le père de Jacques* et non ✕ *à Jacques. Ils sont commerçants de père en fils.*

pérégrination n.f. Avec **péré** et non ✕ *péri*. S'emploie surtout au pluriel. *Après toutes ces pérégrinations…* (= déplacements multiples).

péremption n.f. A la même origine que ***périmer***. *Une date de péremption figure sur les conserves.* Ne pas confondre avec ***préemption*** (= droit prioritaire d'acheter).

péremptoire adj. *Un ton péremptoire* (= catégorique).

pérenne adj. Avec **enne**. *Une entreprise pérenne* (= qui dure).
▸ **pérennité** n.f. Avec **nn**.
▸ **pérenniser** v.t.

péréquation n.f. On prononce [koi].

perfection n.f. *Ils jouent à la perfection.*
▸ **perfectionner** v.t. et v.pr. Avec **nn**. *Elle s'est perfectionnée en anglais.*
▸ **perfectionnement** n.m. *Des cours de perfectionnement.*
▸ **perfectionniste** adj. et n.

perfide adj. *Un être perfide, déloyal.*
▸ **perfidie** n.f.

perforer v.t. *Des feuilles perforées.*
▸ **perforation** n.f.

performance n.f. *Améliorer ses performances.* – On écrit avec un trait d'union *des contre-performances*.
▸ **performant, -e** adj. *Une entreprise performante.* – REMARQUE Le verbe *performer* est un anglicisme à éviter. On dira *réussir, avoir de bons résultats.*

perfusion n.f. *Ils sont sous perfusion.*

pergola n.f. *Des pergolas.*

péricliter v.i. *Des entreprises qui périclitent.*

péril n.m. On prononce le **l**. *Ils ont agi au péril de leur vie. C'est à vos risques et périls. Ils sont en péril.* ➜ -il
▸ **périlleux, -euse** adj. Avec **ill** qui se prononce [iy]. *Des sauts périlleux.*

P

périmé, -e adj. *Un passeport périmé. Des produits périmés.* → péremption
▸**périmer (se)** v.pr. *Les yaourts se périment vite.*

périmètre n.m.

période n.f. *Il est malade par périodes. En période de crise.*
▸**périodique** adj. et n.m. *Des crises périodiques. – Lire les périodiques financiers.*
▸**périodiquement** adv.
▸**périodicité** n.f.

péripétie n.f. Avec **tie** qui se prononce [si].

périphérie n.f. Avec **ph**. *Habiter à la périphérie de la ville.*
▸**périphérique** adj. et n.m.

périphrase n.f. La **périphrase** remplace un mot simple par une suite de mots ou une expression (*la grande bleue* pour *la mer*). Ne pas confondre avec la ***paraphrase*** qui commente ou redit un texte avec des mots de sens proche. *Parler par périphrases.*

périple n.m. *Un long périple.*

périr v.i. Se conjugue avec l'auxiliaire ***avoir***, mais le participe peut s'employer seul. *Ils ont péri en mer. Ils ont péri noyés. Aux marins péris en mer.*

périscolaire adj. (Qui complète l'enseignement scolaire) *Des activités périscolaires.* Ne pas confondre avec ***parascolaire*** (= qui complète les manuels scolaires).

périscope n.m.

périssable adj. *Des denrées périssables.*

péritel adj.inv. *Des prises péritel.*

perle n.f. *Un collier de perles.* – Est invariable comme adjectif de couleur. *Des soies (couleur de) perle.* Voir gramm. § 8(2).

perler v.i. *La sueur perlait sur son front.*

perlimpinpin n.m. *De la poudre de perlimpinpin.*

permanence n.f. *Ils sont là en permanence.*
▸**permanent, -e** adj.

perméable adj. *Un tissu perméable à l'air.*

permettre v.t. et v.pr. *Permettre quelque chose à quelqu'un. Je vous permets de venir. Si le temps permet qu'on sorte* (= subjonctif). *Permettez-moi de…* – ACCORD DU PARTICIPE *On lui a permis certaines boissons. Quelles boissons lui a-t-on permises ? Quelles boissons lui a-t-on permis de boire ?* Voir gramm. § 28(3). – À la forme pronominale, on dit *Elle s'est permis de venir* et non ✕ *permise.* Voir gramm. § 29(2). – ATTENTION Au conditionnel, on dit *vous permettriez* et non ✕ *permetteriez.*

permis n.m. *Des permis de conduire, de chasse, de pêche.*

permissif, -ive adj. *Une société permissive.*

permission n.f. *Avec votre permission. Des permissions de sortie.*
▸**permissionnaire** n. Avec **nn**.

permuter v.t. et v.i. *Permuter deux mots dans une phrase. Pierre a permuté avec Jacques.*
▸**permutation** n.f.

pernicieux, -euse adj. *Un mal pernicieux.*

péroné n.m. Avec un seul **r** et sans *t*. *Une fracture du péroné.*

pérorer v.i. PÉJOR.

perpendiculaire adj. et n.f. *Une ligne perpendiculaire à une autre.*

perpétrer v.t. CONJ.4 Avec **é** ou **è** : *nous perpétrons, ils perpètrent.* (Commettre) *Qui a perpétré ces attentats ? Qui les a perpétrés ?* Ne pas confondre avec ***perpétuer*** (continuer).

perpétuel, -elle adj. *Un mouvement perpétuel.*
▸**perpétuellement** adv. *Il est perpétuellement en retard.*
▸**perpétuer** v.t. et v.pr. (Continuer, faire durer) *Perpétuer le souvenir de quelqu'un. L'espèce s'est perpétuée.* Ne pas confondre avec ***perpétrer*** (commettre un délit).
▸**perpétuation** n.f.

perpétuité n.f. *Condamnés à perpétuité.*

perplexe adj.
▸**perplexité** n.f.

perquisition n.f.
▸**perquisitionner** v.i. et v.t. Avec **nn**. *On a perquisitionné à son domicile. Ses locaux ont été perquisitionnés.*

perron n.m. Avec **rr**. *Attendre sur le perron.*

perroquet n.m.

perruche n.f.

perruque n.f.

pers adj.masc. On ne prononce pas le **s**. *Des yeux pers* (= entre le bleu et le vert). Ne pas confondre avec ***yeux vairons*** (= de couleur différente).

persan, -e adj. *Des chats persans. Une miniature persane.*

persécuter v.t. *On les a persécutés. Elle s'est laissé persécuter.* → laisser
▸**persécuté, -e** adj. et n.
▸**persécuteur, -trice** n.
▸**persécution** n.f.

persévérer v.i. CONJ.4 Avec **é** ou **è** : *nous persévérons, ils persévèrent.*
▸**persévérant, -e** adj.
▸**persévérance** n.f.

persienne n.f.

persifler v.t. Avec un seul **f**, contrairement à *siffler*.
▸**persiflage** n.m.

persil n.m. On ne prononce pas le **l**. → -il
▸**persillé, -e** adj. On prononce [iyé].

persister v.i. *Le froid persiste. – Je persiste à croire que...*
▸**persistant, -e** adj.
▸**persistance** n.f.

personnage n.m. Avec **nn** comme dans *personne*. *Des personnages de roman.*

personnaliser v.t.
▸**personnalisation** n.f.

personnalité n.f. *Des gens sans personnalité. Inviter des personnalités.*

personne n.f. et pron. indéfini **1.** Le nom féminin entraîne l'accord au féminin. *Plusieurs personnes sont venues. Il y a trois personnes blessées. Il n'y a aucune personne (de) blessée Les grandes personnes.* – Est invariable dans *en personne, par personne. Ils sont venus en personne nous voir. Cela coûte tant par personne.* – **2.** Le pronom indéfini entraîne l'accord au masculin singulier. – Avec ***ne*** au sens négatif (= aucune personne). *Personne n'est parfait. Personne n'est venu. Il n'y a personne de blessé. Personne d'autre ne viendra.* – Sans ***ne*** au sens positif (= n'importe qui, quiconque). *Il travaille mieux que personne. Il est entré sans que personne le voie. Il est venu sans personne avec lui.*

1. personnel n.m. *Le personnel hospitalier. Le chef du personnel. Un manque de personnel.* – REMARQUE S'emploie quelquefois au pluriel : *les personnels de l'Administration*.

2. personnel, -elle adj. *Une œuvre très personnelle. Des informations personnelles et confidentielles.* – REMARQUE On écrit toujours au masculin singulier la mention « ***personnel*** » portée sur un courrier. – **pronom personnel** Voir ce mot dans la partie grammaire.
▸**personnellement** adv.

personnifier v.t. *Il personnifie la bonté. C'est la bonté personnifiée.*
▸**personnification** n.f.

perspective n.f. *Avoir des projets en perspective. Ouvrir, offrir des perspectives.*

perspicace adj.
▸**perspicacité** n.f.

persuader v.t. et v.pr. *On les a persuadés de venir, qu'ils devaient venir. Ils sont persuadés d'avoir raison. Ils se sont persuadés qu'ils avaient raison.*
▸**persuasif, -ive** adj.
▸**persuasion** n.f.

perte n.f. Reste au singulier dans *à perte de vue, en pure perte, en perte de vitesse*. Est au pluriel dans *pertes et profits* ; au singulier ou au pluriel dans *avec perte(s) et fracas*.

pertinemment adv. Avec **emm** qui se prononce [am]. *Il sait pertinemment que c'est faux.*

pertinent, -e adj. *Une remarque pertinente.*
▸**pertinence** n.f.

perturber v.t.
▸**perturbation** n.f.
▸**perturbateur, -trice** adj. et n.

péruvien, -enne adj. et n. *Il est péruvien. C'est un Péruvien.* (Le nom de personne prend une majuscule.)

P

pervenche n.f. *Un bouquet de pervenches.* – Est invariable comme adjectif de couleur. *Des yeux pervenche.* Voir gramm. § 8(2).

pervers, -e adj. et n. On ne prononce pas le **s** au masculin.
▸**perversion** n.f.
▸**perversité** n.f.

pervertir v.t. *Des hommes pervertis par l'argent.*

pesanteur n.f. *Les lois de la pesanteur.*

pèse- Les mots formés avec **pèse-** prennent la marque du pluriel sur le second élément ou restent invariables : ***un pèse-bébé, des pèse-bébé(s)***. Le Conseil supérieur de la langue française recommande de mettre un *s* au pluriel : ***un pèse-lettre, des pèse-lettres ; un pèse-alcool, des pèse-alcools ; un pèse-personne, des pèse-personnes,*** etc. Voir *Rectifications orthographiques*, p. 513.

peser v.i. et v.t. CONJ.2 Avec **e** ou **è** : *nous pesons, ils pèsent.* – **1.** Avec un complément de mesure qui répond à la question *combien ?* **peser** est intransitif et son participe passé est invariable. *Il aurait pesé cent kilos à vingt ans. Les cent kilos qu'il aurait pesé à vingt ans.* – **2.** Avec un complément d'objet qui répond à la question *quoi ? qui ?* **peser** est transitif et son participe passé s'accorde avec le complément d'objet direct s'il est placé avant le verbe. *On a pesé les jockeys, on les a pesés.* Voir gramm. § 12. ◆ v.pr. *Elle s'est pesée ce matin.* ◆ v.t.ind. *Peser sur une décision. Les soupçons pèsent sur lui. Cela me pèse* (= *à* moi) *de vous le dire. Cela lui pèse* (et non ✕ *le*) *de vous le dire.*
▸**pesant, -e** adj.
▸**pesée** n.f.

pessimisme n.m.
▸**pessimiste** adj. et n.

peste n.f.
▸**pestiféré, -e** adj. et n.

pestilentiel, -elle adj. Avec **tiel** qui se prononce [syèl]. *Des odeurs pestilentielles.*

pet n.m. On ne prononce pas le **t**.

pétale n.m. *Un pétale de rose.*

pétanque n.f. *Des parties de pétanque.*

pétant, -e adj. FAM. *À huit heures pétantes. À midi pétant.*

pétard n.m.

péter v.i. et v.t. CONJ.4 Avec **é** ou **è** : *nous pétons, ils pètent.*

pétiller v.i. *De l'eau qui pétille. Ses yeux pétillent d'intelligence.* – ATTENTION À l'indicatif imparfait et au subjonctif présent : *(que) vous pétilliez.*
▸**pétillant, -e** adj.

pétiole n.m. Avec un seul **l**. Est du masculin, alors que tous les autres noms en *-iole* sont féminins. *Le pétiole d'une feuille.*
➜ ole/-olle

petiot, -e adj. et n. Est familier.

petit, -e adj. et n. L'adjectif forme de nombreux mots composés, sans trait d'union : *le petit écran, des petits pois, les petites et moyennes entreprises (P.M.E.)* ; avec ou sans trait d'union : *des petits(-)déjeuners, des petits(-)bourgeois, des petits(-)beurre, des petits(-)fours,* avec un trait d'union ; *des petits-suisses.* – Les noms de parenté prennent toujours un trait d'union : *des petites-filles, des petits-fils, des petits-enfants, des petites-nièces.*

petitesse n.f.

pétition n.f.

pétrifier v.t. *Ils sont pétrifiés.*

pétrin n.m.

pétrir v.t. *Une pâte pétrie à la main.*

pétrole n.m. *Les pays producteurs de pétrole.* – Est invariable comme adjectif de couleur. *Des tissus (bleu, vert) pétrole.* Voir gramm. § 8.
▸**pétrolier, -ière** adj. et n.m.
▸**pétrolifère** adj. *Des gisements pétrolifères.*

peu adv. et n.m.sing.

• *Il a très peu travaillé. Il dort peu. – Il travaille un peu. Le peu qu'il a fait.*

• Entre dans de nombreuses expressions : *à peu de chose près, à peu près* (= sans traits d'union), *un à-peu-près* (= avec traits d'union), *depuis peu, peu ou prou, peu importe, pour peu que* (+ subjonctif), *quelque peu, sous peu, un tant soit peu...*

• **peu de, un peu de, le peu de** peuvent être suivis d'un nom au singulier ou au pluriel. L'accord se fait avec ce nom. *Peu de monde est venu. Peu de gens sont venus. Bien peu de neige est tombée. Un peu de fruits sont abîmés. Le peu de moyens qu'on a eus.* Sauf si c'est sur la quantité qu'on insiste : *Un peu d'amis vaut mieux que pas d'amis.* Voir gramm. § 39. – REMARQUE Si le nom est sous-entendu ou s'il n'est pas repris dans la phrase, l'accord se fait de la même manière. *Peu (de gens) sont arrivés à l'heure. La vaisselle est tombée mais il y en a eu bien peu de cassée.*

peuplade n.f.

peuple n.m. *Le peuple français. Le peuple américain. La voix du peuple.* – REMARQUE Les noms de peuples s'écrivent avec une majuscule : *les Bantous, les Français, les Hébreux...* Les adjectifs s'écrivent avec une minuscule : *ils sont bantous, français, hébreux.*

peupler v.t. *Peupler une région. Une région très peuplée.*
▸ **peuplement** n.m.

peuplier n.m.

peur n.f. Reste au singulier dans *faire peur (à), avoir peur (de, que), de peur (de, que).* – Après *que*, on emploie le subjonctif : *de peur que j'aie froid.*
▸ **peureux, -euse** adj.
▸ **peureusement** adv.

peut-être adv. Avec un trait d'union. *Il viendra peut-être demain.* Ne pas confondre avec le verbe : *Ce peut être demain ou un autre jour.*

phalange n.f.

phallus n.m. Avec **ll** et un **s** qui se prononce. Ne pas confondre le **phallus**, symbole, image du sexe masculin en érection, et le ***pénis***, sexe masculin.

pharaon n.m.
▸ **pharaonique** adj.

phare n.m. *Rouler en phares.* – S'emploie avec ou sans trait d'union après un nom : *des projets phares, des auteurs(-)phares.*

pharmacie n.f.
▸ **pharmaceutique** adj. *Des produits pharmaceutiques.*
▸ **pharmacien, -enne** n. *Aller chez le pharmacien.*

pharynx n.m. Avec **y**.
▸ **pharyngite** n.f.

phase n.f. *Ils sont en phase.*

phénix n.m. On prononce le **x**. *« Vous êtes le phénix des hôtes de ces bois »* (La Fontaine).

phénomène n.m.
▸ **phénoménal, -e, -aux** adj.

philanthrope adj. et n. Avec *phil-* qui signifie « qui aime » et *anthrop-* « les hommes ».
▸ **philanthropie** n.f.
▸ **philanthropique** adj.

philatélie n.f.
▸ **philatélique** adj.
▸ **philatéliste** n.

philodendron n.m. Avec **en** qui se prononce [in].

philosophale adj.fém. *La pierre philosophale.*

philosophe adj. et n.
▸ **philosophie** n.f.
▸ **philosophique** adj.

philtre n.m. (Boisson magique) *Un philtre d'amour.* Ne pas confondre avec ***filtre***.

phlébite n.f.
▸ **phlébologue** n.

phobie n.f. *Avoir la phobie des araignées.*
▸ **phobique** adj.

phocéen, -enne adj. *La cité phocéenne* (= Marseille).

phonétique adj. et n.f. Voir ce mot dans la partie grammaire.

phoque n.m.

phosphate n.m.

phosphore n.m.

phosphorescent, -e adj. Avec **sc**. *Des aiguilles de montre phosphorescentes.*

photo n.f. et adj.inv. Est variable comme abréviation de **photographie** : *des photos en noir et blanc* ; est invariable comme abréviation de **photographique** : *des labos photo, des appareils photo*.

photocopie n.f.
‣ **photocopier** v.t. *Les documents qu'on a photocopiés en trois exemplaires.*
‣ **photocopieur** n.m. **photocopieuse** n.f. On emploie l'un ou l'autre mot.

photoélectrique adj.

photogénique adj.

photographie n.f.
‣ **photographique** adj.
‣ **photographe** n.
‣ **photographier** v.t. *Pierre a photographié Marie, il l'a photographiée. Elle s'est fait photographier.* (*Fait* suivi d'un infinitif est invariable.)

photogravure n.f.

phrase n.f. Voir ce mot dans la partie grammaire.

phréatique adj. *Les nappes phréatiques.*

physicien, -enne n.

physiologie n.f.
‣ **physiologique** adj.

physionomie n.f.
‣ **physionomiste** adj. et n.

physique n.f. et n.m. **1.** Est féminin pour désigner la science. *Étudier la physique et la chimie.* – **2.** Est masculin dans les autres sens. *Au physique et au mental.* ◆ adj. *Un phénomène physique. – Des exercices physiques.*
‣ **physiquement** adv.

phytothérapie n.f.

piaffer v.i. Avec **ff**. *Les chevaux piaffent.*

piailler v.i. *Les oiseaux piaillent.*

piano n.m. *Des pianos à queue. Des pianos-bars.*
‣ **pianiste** n.

pianoter v.i. Avec un seul **t**. → -oter

pic n.m. *Des pics à glace. Le pic du Midi.* – **à pic** : *Vous tombez à pic. Des pentes à pic.* La locution s'écrit sans trait d'union, le nom prend un trait d'union : *des à-pics.*

pichet n.m. *Des pichets de vin. Du vin en pichet.*

pickpocket n.m. Mot anglais. On prononce le **t**. *Des pickpockets.*

picorer v.i. et v.t.

picoter v.t. *La fumée me picote les yeux.*
‣ **picotement** n.m.

pictogramme n.m. *Les pictogrammes des panneaux routiers.*

pictural, -e, -aux adj. *L'art pictural* (= de la peinture).

pic-vert n.m. Ancienne orthographe de **pivert**. *Dcs pics-vcrts.*

pie n.f. (Oiseau) *Bavarde comme une pie.* ◆ adj. **1.** Est invariable comme adjectif de couleur. *Des vaches pie* (= noir et blanc). – **2.** Est variable quand il signifie « pieux, pieuse ». *Des œuvres pies.*

pièce n.f. *Des pièces de monnaie. Des pièces à conviction. Des pièces de théâtre. Être payé à la pièce, aux pièces. Des pièces jointes (p.j.). – Juger sur pièces. Mettre en pièces. Une histoire inventée de toutes pièces.* – On écrit avec ou sans trait d'union *un deux(-)pièces, un trois(-)pièces, un cinq(-)pièces* (= appartement). On écrit avec un trait d'union *un deux-pièces, un trois-pièces* (= vêtement).
‣ **piécette** n.f. Avec **é**.

pied n.m. **1.** Reste au singulier dans *à pied, avoir pied, des coups de pied, être sur pied, perdre pied, au pied de la lettre, au pied levé, au pied d'un arbre, mettre à pied, portrait en pied, de pied en cap.* – **2.** Est au pluriel dans *de la tête aux pieds, à pieds joints, pieds et poings liés, aux pieds de quelqu'un.* – **3.** On écrit sans trait d'union *pieds nus, pied à coulisse, pied de nez.* – **4.** On écrit avec un trait d'union les mots composés *nu-pieds, cou-de-pied, pied-de-biche, d'arrache-pied, de plain-pied, pied-à-terre.*

pied-à-terre n.m.inv. (Appartement) *Avoir un pied-à-terre à Paris.* Ne pas confondre avec l'expression sans trait d'union *mettre pied à terre.*

pied-de-biche n.m. *Des pieds-de-biche.*

pied-de-poule n.m. et adj.inv. (Tissu) *Des pieds-de-poule.* Est invariable comme adjectif. *Des tissus pied-de-poule.*

piédestal n.m. Avec *aux* au pluriel : *un piédestal, des piédestaux*, mais le mot s'emploie surtout au singulier. *On les a mis sur un piédestal.*

pied-noir n. et adj. *Les pieds-noirs. C'est une pied-noir. Elle est pied-noir de Constantine.* – REMARQUE On rencontre le féminin *pied-noire : la culture pied-noire.*

piège n.m. *Tendre un piège. Tomber dans le piège. Des questions pièges.*
▸**piéger** v.t. CONJ.4 Avec **é** ou **è** : *piégez-le, piège-le* ; et un **e** devant *a* et *o* : *il piégeait, nous piégeons. On les a piégés. Elle s'est fait piéger.* (*Fait* suivi d'un infinitif est invariable.)

pierre n.f. *Des blocs de pierre. Des immeubles en pierre de taille. Des pierres à fusil. Des pierres ponces. Un collier de pierres précieuses.*
▸**pierreries** n.f.plur.
▸**pierreux, -euse** adj.

piété n.f.

piétiner v.t. et v.i. *La pelouse qu'on a piétinée est abîmée. – La recherche piétine.*

piéton, -onne n. et adj. **1.** Le nom s'emploie surtout au masculin. *Un passage pour piétons. Il a renversé un piéton, c'était une femme.* – **2.** L'adjectif varie. *Une rue piétonne. Un centre-ville piéton.*
▸**piétonnier, -ière** adj. *Une rue piétonnière* (= piétonne).

piètre adj. *Un piètre résultat.*

pieu n.m. *Des pieux.*

pieuvre n.f.

pieux, pieuse adj. *C'est un vœu pieux. Une personne pieuse.*
▸**pieusement** adv.

pigeon n.m. Avec **ge**.
▸**pigeonneau** n.m. Avec **nn**. *Des pigeonneaux.*
▸**pigeonnier** n.m. Avec **nn**.

pigment n.m.
▸**pigmentation** n.f.

pignon n.m. *Des pignons de pin. – Ils ont pignon sur rue.*

pile n.f. *Une pile de livres. Des livres en pile(s). – Jouer à pile ou face.* ◆ adv. Est invariable et familier comme adverbe. *Il est trois heures pile. Vous tombez pile.*

piler v.t. *De l'ail pilé.*

pileux, -euse adj. Avec un seul **l**. *Le système pileux.*

pilier n.m. Avec un seul **l**.

piller v.t. Avec **ill** qui se prononce [iy]. *Ils ont pillé les maisons. Les maisons ont été pillées.* – ATTENTION À l'indicatif imparfait et au subjonctif présent : *(que) nous pillions.*
▸**pillage** n.m.
▸**pillard, -e** n.
▸**pilleur, -euse** n.

pilon n.m.
▸**pilonner** v.t. Avec **nn**.
▸**pilonnage** n.m.

pilori n.m. Sans *s* au singulier. *On les a mis, cloués au pilori.*

pilosité n.f.

pilote n.m. Pour désigner une femme, on dit *un* ou quelquefois *une pilote. Elle est un excellent pilote de ligne.* – S'emploie après un nom, le plus souvent sans trait d'union. *Des écoles pilotes, des classes(-)pilotes, des usines pilotes. Un numéro pilote.*
▸**piloter** v.t. *Ces voitures qu'il a pilotées…*
▸**pilotage** n.m. *Des cabines de pilotage.*

pilotis n.m. Avec **s**. *Une maison sur pilotis.*

pilule n.f. Avec deux fois un seul **l**. *Une boîte à pilules.*

pimbêche n.f. PÉJOR. Avec **ê**.

piment n.m.
▸**pimenter** v.t. *Une sauce pimentée.*

pimpant, -e adj. *Elle est toute pimpante. Ils sont tout pimpants.*

pin n.m. (Arbre) *Des pommes de pin. Des pins parasols.*

pinailler v.i. FAM. *Ils pinaillent sur tout.* – ATTENTION À l'indicatif imparfait et

P

au subjonctif présent : *(que) nous pinaillions.*
▸**pinaillage** n.m.
▸**pinailleur, -euse** adj. et n.

pince n.f. *Des pinces à linge. Des pinces-monseigneur. – Une jupe à pinces.*

pincé, -e adj. *Un air pincé.*

pinceau n.m. *Des pinceaux. Des coups de pinceau.*

pincée n.f. *Deux pincées de sel.*

pincer v.t. et v.pr. Avec **ç** devant *a* et *o* : *il pinçait, nous pinçons. Elle s'est pincée les doigts, elle se les est pincés dans la porte.* Voir gramm. § 29(2 et 3).
▸**pincement** n.m.
▸**pinçon** n.m. (Marque sur la peau pincée) Ne pas confondre avec ***pinson*** (oiseau).

pince-sans-rire n.inv. *Des pince-sans-rire.*

pinède n.f.

pingouin n.m. Avec **ouin** comme ***babouin***.
→ -oin/-ouin

ping-pong n.m. *Des ping-pongs. Des parties de ping-pong.* – On dit aussi ***tennis de table***.
– REMARQUE Les joueurs de ping-pong sont des ***pongistes***.

pingre n. et adj.
▸**pingrerie** n.f.

pinson n.m. (Oiseau) Avec **s**. Ne pas confondre avec ***pinçon*** (marque sur la peau pincée).

pintade n.f.
▸**pintadeau** n.m. *Des pintadeaux.*

pinte n.f. *Une pinte de bière.*

pin-up n.f.inv. Mot anglais. On prononce [pineup]. *Des pin-up.*

pioche n.f.
▸**piocher** v.t. et v.i.

piolet n.m.

1. pion n.m. *Damer le pion à quelqu'un* (= prendre l'avantage sur lui).

2. pion, pionne n. FAM. (Surveillant)

pionnier, -ière n. Avec **nn**. *Les pionniers de l'aviation.*

pipe n.f.

pipeau n.m. *Des pipeaux. C'est du pipeau !* (= c'est faux).

pipelet, -ette n. FAM.

pipeline n.m. Mot anglais. S'écrit en un mot aujourd'hui. On prononce [piplin'] ou [pay'playn'].

piquant, -e adj. et n.m.

pique n.f. et n.m. **1.** Est féminin pour l'arme et les sens figurés. *Lancer une pique à quelqu'un.* – **2.** Est masculin pour la couleur aux cartes.

pique-assiette n. FAM. *Des pique-assiette(s).*

pique-fleurs n.m.inv. *Des pique-fleurs.*

pique-nique n.m. *Des pique-niques.*
▸**pique-niquer** v.i.

piquer v.t. et v.pr. *Elle s'est piquée avec une aiguille. Elle s'est piqué le doigt.* Voir gramm. § 29(1 et 2).
▸**piqûre** n.f. Avec **û**.

piquet n.m. *Des piquets de grève.*

pirate n.m. *Des pirates de l'air.* – S'emploie sans trait d'union après un nom. *Des copies pirates. Des émissions pirates.*
▸**piraterie** n.f.
▸**pirater** v.t. *Des livres piratés.*
▸**piratage** n.m. *Lutter contre le piratage des données.*

pire adj. *Il a eu les pires ennuis. Cette sauce est pire que l'autre. Ce sera bien pire avec de la menthe.* – REMARQUE Ce mot étant le comparatif de ***mauvais***, on ne peut pas dire ✕ *plus pire, moins pire.* – **le pire, la pire** superlatifs de ***mauvais*** : *C'est la pire de toutes. La pire qui soit.* – REMARQUE Après *le pire, la pire, les pires… que*, on emploie le subjonctif : *C'est le pire vin que j'aie bu de ma vie, que j'aie jamais bu* ; ou l'indicatif pour marquer la réalité : *Le pire vin que j'ai bu hier.* ◆ n.m. *Craindre le pire. Au pire, il sera là demain.*

pirogue n.f.

pirouette n.f.

1. pis n.m. *Les pis de la vache.*

2. pis adv. et adj.inv. S'emploie au sens de « plus mal » en langue littéraire ou dans des expressions. *Cela va de mal en pis. On m'en* *a dit pis que pendre. C'est encore pis* (= pire). – **au pis aller** s'écrit sans trait d'union. Ne pas confondre avec le nom ***un pis-aller*** (avec un trait d'union). – **tant pis** : *Tant pis pour moi* et non ✕ *tant pire.*

pisciculture n.f. Avec **sc**.
▸**pisciculteur, -trice** n. *Les pisciculteurs font de l'élevage de poissons.*

piscine n.f. Avec **sc**.

pissenlit n.m. *Des fleurs de pissenlit.*

pistache n.f. *Des pistaches grillées.* – Est invariable comme adjectif de couleur. *Des pastels (vert) pistache.* Voir gramm. § 8(2).

piste n.f. *Ils sont en piste. – Suivre une piste.*
▸**pister** v.t. *On les a pistés.*

pistil n.m. On prononce le **l**. → -il

pistolet n.m. *Des coups de pistolet. Des pistolets-mitrailleurs.*

piston n.m.
▸**pistonner** v.t. Avec **nn**. *On a pistonné Marie, on l'a pistonnée. Elle s'est fait pistonner.* (*Fait* suivi d'un infinitif est invariable.)

piteux, -euse adj. *Dans un piteux état.*

pithécanthrope n.m. Avec deux fois **th**. Le **pithécanthrope** est un singe fossile.

pitié n.f. *Ils font pitié. Un homme sans pitié. Quelle pitié de voir ça !*

piton n.m. Avec **i**. *Un piton rocheux.* Ne pas confondre avec ***python*** (serpent).

pitoyable adj. *Dans un état pitoyable.*

pitre n.m. *Faire le pitre.*
▸**pitrerie** n.f. *Faire des pitreries.*

pittoresque adj. Avec **tt**.

pivert n.m. *Des piverts.* – REMARQUE On a écrit **pic-vert** : *des pics-verts.*

pivoine n.f. *Un bouquet de pivoines.*

pivot n.m.
▸**pivoter** v.i. *Il a pivoté sur ses talons.*
▸**pivotant, -e** adj. *Un panneau pivotant.*
▸**pivotement** n.m.

pixel n.m. *Des pixels* (= points d'une image).

pizza n.f. Mot italien. On prononce [pidza]. *Des pizzas.*
▸**pizzéria** n.f. *Des pizzérias.* – REMARQUE On écrit aussi **pizzeria** sans accent.

placage n.m. Avec **c**. *Des bois de placage. Du placage en merisier.* Ne pas confondre avec ***plaquage*** (= en sport).

placard n.m.

place n.f. *Habiter place de la Bastille. La grand-place, les grands-places. – Chaque chose à sa place. Des places assises, debout.* – Reste au singulier dans *à la place de, en lieu et place de, de place en place, en place, sur place. Les ministres en place. Je me mets à leur place. Ils sont restés sur place* (en deux mots), mais *ils font du surplace* (en un mot).

placebo n.m. Mot latin sans accent. *Des placebos. Des effets placebos.*

placenta n.m. Avec **en** qui se prononce [in]. *Des placentas.*

placer v.t. et v.pr. Avec **ç** devant *a* et *o* : *je plaçais, nous plaçons. J'ai placé Marie à votre droite, je l'ai placée à votre droite. Ils se sont placés devant.*
▸**placement** n.m.

plafond n.m. *Il y a trois mètres sous plafond. Des faux plafonds.* – S'emploie sans trait d'union après un nom. *Des prix plafonds.*
▸**plafonner** v.t. et v.i. Avec **nn**. *Des salaires plafonnés, des salaires qui plafonnent (à tant).*
▸**plafonnement** n.m.

plage n.f. *Des plages de sable. – Les plages arrière des véhicules.*

plagier v.t. *Plagier une œuvre littéraire.*
▸**plagiat** n.m. Avec **t**.
▸**plagiaire** n.

plaid n.m. On prononce le **d**. *Un plaid en mohair.*

plaider v.i. et v.t. *L'avocat plaide. Ces faits plaident pour vous, en votre faveur. – Plaider une cause. Plaider le faux pour savoir le vrai.* – **plaider coupable, non coupable** : *Ils ont plaidé coupable(s).* L'accord est facultatif.
▸**plaidoirie** n.f. Avec **rie** et non ✕ *erie.* S'emploie au sens propre. *La plaidoirie d'un avocat.*

▸**plaidoyer** n.m. S'emploie au sens figuré. *Un vibrant plaidoyer pour la paix.*

plaie n.f. *Ne rêver que plaies et bosses.*

plaindre v.t. et v.pr. CONJ.35 *Je les plains. Je les ai longtemps plaints. Marie s'est plainte de tes retards.* – ATTENTION À l'indicatif imparfait et au subjonctif présent : *(que) nous plaignions.*
▸**plaignant, -e** adj. et n. *La partie plaignante, les plaignants lors d'un procès.*
▸**plainte** n.f. *Porter plainte contre.*
▸**plaintif, -ive** adj. *Un ton plaintif.*

plaine n.f. Avec **a**. *La plaine et la montagne.*

plain-pied (de) loc.adv. Avec **ain** comme dans *plaine*. Vient d'un mot latin qui signifie « plan ». *Une terrasse de plain-pied.*

plaire v.t.ind. et v.pr. CONJ.25 Avec **î** devant un *t. S'il vous plaît. Plaire à quelqu'un. Le film nous a plu. Elles se sont rencontrées et elles se sont plu à Paris.* Voir gramm. § 29(2). – REMARQUE Les participes *plu, déplu, complu* sont invariables.
▸**plaisant, -e** adj. *Un film plaisant, sans plus.* ◆ n.m. *Un mauvais plaisant.*

plaisance n.f. *La navigation, les bateaux de plaisance.*
▸**plaisancier, -ière** n.

plaisanter v.i.
▸**plaisanterie** n.f.
▸**plaisantin** n.m.

plaisir n.m. *Avec plaisir. Avoir plaisir à faire quelque chose. Faire plaisir à quelqu'un. J'ai le plaisir de...*

1. plan n.m. *Des plans d'eau. Des plans de cuisson, de travail. – Le plan d'occupation au sol (P.O.S.). Un plan d'épargne logement (P.E.L.). Un plan d'épargne en actions (P.E.A.). – Au premier plan. À l'arrière-plan. Sur tous les plans.* – **sur le plan (de)** : *Sur le plan économique, sur le plan des investissements...* Cette expression est plus correcte que **au plan (de)**, construite sur le modèle de ***au niveau (de)***. – **en plan** est invariable : *On les a laissés en plan.*

2. plan, -e adj. *Une surface plane.*

planche n.f. *Des planches de pin. Du bois en planches. Une maison en planches. – Des planches à pain, à découper, à repasser. Des planches à voile.* – REMARQUE Les adeptes de la planche à voile sont des ***véliplanchistes***.

plancher n.m. *Un plancher en chêne.* – S'emploie sans trait d'union après un nom. *Des prix planchers.*

plancton n.m. On prononce le **c**. *Le plancton marin* (= micro-organismes). Ne pas confondre avec ***planton*** (= garde).

planer v.i. *Un avion qui plane. – Les doutes que vous avez laissés planer... Un vol plané.*
▸**planeur** n.m.

planète n.f. *Les planètes du système solaire.* – REMARQUE Les noms de planètes s'écrivent avec une majuscule : *la Terre, Jupiter, Mars...*
▸**planétaire** adj. Avec **é**.
▸**planétarium** n.m. *Des planétariums.*

planifier v.t. *Les tâches qu'on a planifiées.* – ATTENTION À l'indicatif imparfait et au subjonctif présent : *(que) vous planifiiez.* – Au futur et au conditionnel : *il planifiera(it).*

▸**planification** n.f.

planisphère n.m. Un **planisphère** représente la Terre à plat (= une mappemonde). Ne pas confondre avec ***globe terrestre***.

planning n.m. Avec **nn**.

plant n.m. Avec un **t** comme dans ***planter***. *Un plant de tomates.* Ne pas confondre avec ***plan***.

plantaire adj. *La voûte plantaire.*

plante n.f.

planter v.t. *On a planté des arbres. Quels arbres avez-vous plantés ?* ◆ v.pr. *Elle s'est plantée devant moi.* ◆ v.t., v.pr. et v.i. FAM. *Planter un ordinateur. Un ordinateur qui (se) plante.*
▸**plantation** n.f. *Une plantation d'orangers.*
▸**plantage** n.m. FAM. *Le plantage d'un ordinateur.*

planton n.m. *Les plantons devant le commissariat de police.* Ne pas confondre avec ***plancton*** (= micro-organismes).

plantureux, -euse adj. *Des formes plantureuses.*

plaque n.f. *Des plaques de chocolat.*

plaquer v.t. et v.pr. *Plaquer d'or un bijou. Plaquer un ballon. Elle s'est plaquée contre moi.* – REMARQUE On écrit ***placage*** avec **c** pour la matière, et ***plaquage*** avec **qu** en sport.
▸**plaqué, -e** adj. et n.m. *Des bijoux plaqués or. Un bijou en plaqué.*

plaquette n.f. *Des plaquettes de beurre.*

plasma n.m.

plastic n.m. Avec **c**. (Explosif) *Une charge de plastic. Des attentats au plastic.* Ne pas confondre avec ***plastique*** (matière).
▸**plastiquer** v.t.
▸**plasticage** ou **plastiquage** n.m.

plastique adj. *Les arts plastiques. De la matière plastique. La chirurgie plastique.* ◆ n.m. et n.f. **1.** Est masculin au sens de « matière plastique, sac en matière plastique ». *Des sacs plastique* (= en plastique). *Des plastiques.* – REMARQUE L'explosif s'écrit ***plastic*** avec un **c**. – **2.** Est féminin au sens de « aspect physique ». *Avoir une belle plastique.*
▸**plastifier** v.t. *Une carte d'identité plastifiée.*

plat, -e adj. et n.m. *Un terrain plat. Marcher sur du plat.* – **à plat** est invariable. *Des pneus à plat. Mettre les problèmes à plat. Être à plat ventre.* ◆ n.m. *Un plat à viande, à tarte, à légumes, à poisson. Un plat de charcuterie(s), de pâtes, de viande(s), de poisson(s), de légumes. Des plats de résistance.*

platane n.m.

plateau n.m. *Des plateaux.* – On écrit avec un trait d'union *des plateaux-repas*, et sans trait d'union *des plateaux télé* (= pour la télé).

plate-bande n.f. *Des plates-bandes.*

plate-forme n.f. *Des plates-formes.*

platine n.m. et n.f. **1.** Est du masculin pour la matière. *Des bagues en platine.* – Est invariable comme adjectif de couleur. *Des cheveux platine.* Voir gramm. § 8. – **2.** Est du féminin pour le mécanisme. *Des platines laser.*

platitude n.f. *Dire des platitudes.*

platonique adj. *Des amours platoniques.*

plâtre n.m. Avec **â** comme dans tous les mots de la famille (*emplâtre, replâtrer...*).
▸**plâtrer** v.t. *On lui a plâtré la jambe. Il a la jambe plâtrée.*
▸**plâtrier** n.m.

plausible adj. *Une excuse plausible* (= qu'on peut croire). Ne pas confondre avec ***possible***.

play-back n.m.inv. Mot anglais. *Chanter en play-back.*

play-boy n.m. Mot anglais. *Des play-boys.*

plébiscite n.m. Avec **sc**.
▸**plébisciter** v.t. *On les a plébiscités.*

pléiade n.f. Sans tréma sur le **i**. *Une pléiade d'ingénieurs sont issus de cette école.* Voir gramm. § 11. – Avec une majuscule pour désigner le groupe de poètes de la Renaissance.

plein, -e adj. et adv. **1.** *Une bouteille pleine. Un plein panier de cerises. Un livre plein d'anecdotes. À pleines mains. En plein air. Le plein(-)emploi. Travailler à plein temps* (= sans trait d'union pour la locution). *Faire un plein-temps, des pleins-temps* (= avec un trait d'union pour le nom). – **2.** Est variable après le nom : *Il a les poches pleines de billets* ; est invariable avant le nom : *Il a des billets plein les poches* (joue le rôle d'une préposition). – **3.** Est invariable comme adverbe : *Ils sont gentils tout plein. Ils ont plein de bonbons* (= beaucoup). ◆ n.m. *Faire un plein, des pleins d'essence. La fête bat son plein, les fêtes battent leur plein.* – REMARQUE On écrit *un terre-plein*, avec **ein** et *de plain-pied*, avec **ain**.
▸**pleinement** adv. *Être pleinement satisfait.*

plénier, -ière adj. Avec **é**. *Une séance plénière.*

plénitude n.f. Avec **é**.

pléonasme n.m. Voir ce mot dans la partie grammaire.

pléthore n.f. Avec **th**. *Il y a pléthore de candidats* (= beaucoup trop).
▸**pléthorique** adj.

pleur n.m. S'emploie surtout au pluriel. *Un enfant en pleurs.*

▸ **pleurer** v.i. et v.t. *Un enfant qui pleure. – Il a pleuré sa mère, il l'a longtemps pleurée.*

pleurésie n.f.

pleurote n.f. (Champignon) Avec un seul **t**.
→ -ote/-otte

pleuvoir v. impersonnel Ne s'emploie qu'au singulier au sens propre, au singulier ou au pluriel au sens figuré. *Il pleut. Il pleut à seaux, à verse, à torrents. Il pleut des cordes, des hallebardes. – Les balles pleuvent sur lui.* CONJUGAISON INDICATIF présent : *pleut, pleuvent.* imparfait : *pleuvait, pleuvaient.* passé simple : *plut, plurent.* futur : *pleuvra, pleuvront.* CONDITIONNEL présent : *pleuvrait, pleuvraient.* SUBJONCTIF présent : *pleuve, pleuvent.* imparfait : *plût, plussent.* PARTICIPE présent : *pleuvant.* passé : *plu.*

plèvre n.f.

plexus n.m. On prononce le **s**.

pli n.m. *Des faux plis. Une mise en plis. Une jupe à plis.*

plie n.f. (Poisson) Avec un **e**.

plier v.t., v.pr. et v.i. *Il a mal plié ses vêtements, il les a mal pliés. Une chaise qui se plie. L'arbre plie sous le poids des fruits. – Se plier à. Elle s'est pliée au règlement.* – ATTENTION À l'indicatif imparfait et au subjonctif : *(que) nous pliions* – Au futur et au conditionnel : *il pliera(it).*
▸ **pliage** n.m.
▸ **pliant, -e** adj. et n.m. *Une chaise pliante.*

plinthe n.f. Avec **th**. *Les fils électriques passent dans les plinthes.* Ne pas confondre avec ***plainte***.

plisser v.t. et v.i. *Plisser les yeux. – Une jupe plissée. Des bas qui plissent.*
▸ **plissement** n.m.

pliure n.f.

plomb n.m. *Des fils à plomb. Des soldats de plomb. – Le soleil tombe à plomb.* – REMARQUE On écrit en un mot ***aplomb*** dans *avoir de l'aplomb, ne pas manquer d'aplomb.*

plomber v.t. *Elle s'est fait plomber une dent. La dent qu'elle s'est fait plomber.* (*Fait* suivi d'un infinitif est invariable.)

▸ **plombage** n.m.

plomberie n.f.
▸ **plombier** n.m.

plonger v.i., v.t. et v.pr. Avec **e** devant *a* et *o* : *il plongeait, nous plongeons. Plonger ses mains dans l'eau. Elle s'est plongée dans sa lecture.*
▸ **plongée** n.f. *Des tenues de plongée.*
▸ **plongeoir** n.m. Avec **e**.
▸ **plongeur, -euse** n.

plot n.m. Avec **t**.

ployer v.t. et v.i. CONJ. 6 Avec **i** devant un *e* muet : *il ploie.*

pluches n.f.plur. FAM. (Épluchures) Ne pas confondre avec ***peluche***.

pluie n.f. *Les eaux de pluie. Verser en pluie. – Une pluie de balles s'est abattue sur eux.*

plumage n.m.

plume n.f. *Des plumes d'oie. Du gibier à plume. Des oreillers de plume(s). Des stylos à plume.* Voir gramm. § 13.

plumeau n.m. *Des plumeaux.*

plupart (la) n.f.sing. ou pron. indéfini

• Employé avec un complément au pluriel, **la plupart de** entraîne l'accord au pluriel : *La plupart des gens pensent que... La plupart des gens sont venus. La plupart des filles sont venues.* Cet emploi est le plus courant. – Avec **la plupart d'entre nous (vous)** le verbe se met à la 3e personne du pluriel : *La plupart d'entre nous viendront.*

• Employé sans complément, **la plupart** est un pronom indéfini qui garde l'idée de pluriel. L'accord se fait au pluriel et au genre du complément sous-entendu : *J'avais beaucoup d'invité(e)s ; la plupart sont venu(e)s.*

• L'emploi avec un complément au singulier est rare ou littéraire, sauf dans l'expression **la plupart du temps** : *Il passe la plupart du temps, de son temps à lire.*

• **pour la plupart** : *Pour la plupart, les gens pensent que...*

pluralisme n.m.

pluralité n.f.

pluri- Se soude au mot qui suit : ***pluriannuel, pluridimensionnel, pluridisciplinaire, pluriethnique, plurilinguisme, pluripartisme***.

pluriel, -elle adj. *Une société plurielle.*
▸**pluriel** n.m. Voir ce mot dans la partie grammaire.

plus adv.

• **ne... plus, non plus** : *Je n'irai plus. Moi non plus.* Au sens négatif s'emploie toujours avec ***ne*** ou ***non***.

• **plus de** : *Il y a plus de travail. J'ai plus de soucis.* Le complément est au singulier pour un nom non-comptable et au pluriel pour un nom comptable.

• **plus que** : *Il travaille plus qu'il ne le faisait autrefois.* En langue soignée, on emploie le ***ne*** dit « explétif ».

• **plus d'un** : *Plus d'un mois s'était écoulé.* Le verbe est au singulier avec **plus d'un**, mais il est au pluriel avec ***moins de deux*** : *Moins de deux mois s'étaient écoulés.*

• **le plus** : *Ceux qui se sont le plus amusés... Ceux qui ont crié le plus fort.* L'expression **le plus** est invariable quand elle modifie un verbe ou un adverbe.

• **le plus, la plus, les plus** : *C'est la plus gentille des filles, le plus gentil des garçons.* On accorde **le plus, la plus, les plus** quand ils modifient un adjectif ou un participe. – REMARQUE Certains laissent **le plus** invariable quand il n'y a pas de comparaison (superlatif absolu pour indiquer le degré) : *Au moment où la nuit était la* ou *le plus noire.*

• **des plus** : *Ces renseignements sont des plus sûrs. Ce qu'il m'a dit est des plus sûr.* Avec **des plus**, l'adjectif suit les règles normales de l'accord. On dirait : *Ces renseignements sont sûrs. Ce qu'il m'a dit est sûr.* – REMARQUE *Ce renseignement est des plus sûrs.* Avec un nom au singulier, on accorde comme si l'on disait *parmi les plus sûrs.*

plusieurs adj. et pron. indéfini plur. L'adjectif s'emploie avec un nom. *J'ai une ou plusieurs choses à te dire. À plusieurs reprises.* – Le pronom s'emploie seul. *Il y a beaucoup de citrons, mais plusieurs sont abîmés. il y a beaucoup d'oranges, mais plusieurs sont abîmées.* L'accord se fait en genre avec le nom sous-entendu. – **plusieurs d'entre nous (vous)** : *Plusieurs d'entre nous viendront.* Le verbe est à la 3e personne du pluriel.

plus-value n.f. *Des plus-values.*

plutôt adv. Avec **ô**. S'écrit en un mot pour indiquer la préférence ou l'intensité. *Venez plutôt lundi (que mardi). Il fait plutôt froid aujourd'hui.* Ne pas confondre avec ***plus tôt*** en deux mots (≠ plus tard).

pluvial, -e, -aux adj. *Les eaux pluviales* (= de pluie).

pluvieux, -euse adj. *Un temps pluvieux. Une journée pluvieuse.*
▸**pluviosité** n.f. Avec **o**.

pneu n.m. Avec *s* au pluriel : *des pneus.* Voir gramm. § 32(6). *Les pneus arrière, avant.*

pneumatique adj. et n.m.

pneumologue n.

pneumonie n.f.

poche n.f. *Des livres, des formats de poche. Ses diplômes en poche...*

pocher v.t. et v.i. *Des œufs pochés.*

pochette n.f. On écrit avec un trait d'union *une pochette-surprise* ; au pluriel : *des pochettes-surprises.*

pochoir n.m.

podium n.m. Avec **um** qui se prononce [om]. *Des podiums.*

podologue n. (Médecin) Ne pas confondre avec ***pédicure***.

poêle n.m. et n.f. Avec **ê** et un seul **l**. On prononce [poil]. – **1.** Est masculin pour l'appareil de chauffage. *Un poêle à charbon.* – **2.** Est féminin pour l'ustensile de cuisine. *Une poêle à frire.*
▸**poêlée** n.f. *Une poêlée de légumes.*
▸**poêler** v.t. *Une escalope poêlée.*

poêlon n.m. Avec **ê**. On prononce [poilon].

poème n.m. Avec **è**.

poésie n.f. Avec **é**.

P

poète n.m. *Cette femme est un grand poète.* – REMARQUE Le féminin ***poétesse*** est vieilli ou senti comme péjoratif. On dit quelquefois *une poète.*

poétique adj.

poids n.m. Avec **ds**. *Prendre du poids. Des arguments de poids. Conduire un poids lourd, des poids lourds.* – En boxe, les mots *mouche, coq, plume* sont invariables : *des poids mouche, coq, plume* ; les autres sont variables : *des poids légers, mi-lourds, welters...*

poignant, -e adj. *Une histoire poignante.*

poignard n.m.
▸**poignarder** v.t.

poigne n.f. *Avoir de la poigne.*

poignée n.f. Avec **ée**. *Une poignée de mains. Des poignées de sable. Une poignée de bonbons. Perdre ses cheveux par poignées. – Des poignées de porte.*

poignet n.m. Avec **et**. *À la force du poignet.*

poil n.m. *Du gibier à poil. Un chien à poil ras, long. Des poils de barbe.* – On écrit avec un trait d'union les expressions invariables *à rebrousse-poil* et *poil-de-carotte.*
▸**poilu, -e** adj.

poinçon n.m. Avec **ç**.
▸**poinçonner** v.t. Avec **nn**.

poindre v.i. CONJ. 35 *Le soleil point, poindra, poignait à l'horizon.*

poing n.m. Avec **g** que l'on retrouve dans *poignée. Dormir à poings fermés. Être pieds et poings liés. Se battre à coups de poing.* Mais on écrit avec des traits d'union *des coups-de-poing américains.*

1. **point** adv. Cet adverbe de négation s'emploie parfois à la place de ***pas***. Cet emploi est vieilli ou littéraire. *Il n'y avait point de doute. Point trop n'en faut.*

2. **point** n.m. **1.** *Des points de vente. Des points de côté. – Des points avant, arrière en couture.* – Reste au singulier dans *à point, au point, en tout point, mal en point* : *Des steaks à point. Arriver à point nommé. À tel point que. Mettre des textes au point. Ils sont en tout point semblables. Ils sont mal en point.* – **point de vue** : *Des points de vue différents. À tout point de vue* ou *à tous points de vue. De mon point de vue... Au point de vue économique, financier, industriel...* – REMARQUE Des tournures comme *(au) point de vue argent, économie, industrie,* etc. sont familières.

Les différents points

1. Le **point** termine une phrase.

2. Le **point d'interrogation (?)** termine une phrase interrogative : *Vient-il ?*; ou s'emploie entre parenthèses pour marquer le doute : *Il dit qu'il viendra (?)*

3. Le **point d'exclamation (!)**, le **deux-points (:)**, les **points de suspension (...)**, le **point-virgule (;)** ont des emplois particuliers.
→ exclamation, deux-points, suspension, point-virgule

4. Le **point abréviatif** s'emploie uniquement quand la dernière lettre de l'abréviation n'est pas la dernière lettre du mot abrégé. On écrit *M.* pour monsieur, *av.* pour avant, mais *Mme* et *Dr* sans point pour madame et docteur. – REMARQUE Si la phrase se termine par un point abréviatif, on n'ajoute pas de point final : *Il y a des pommes, des poires, etc.*

point cardinal n.m. *Les quatre points cardinaux.*

Les points cardinaux

1. Les points cardinaux s'abrègent en : N. (= nord), S. (= sud), E. (= est), O. (= ouest). – Lorsqu'ils sont composés, on met un trait d'union : N.-O. (= nord-ouest), S.-E. (= sud-est).

2. Les points cardinaux s'écrivent avec une minuscule pour indiquer l'orientation, la direction : *une terrasse au sud, la face nord, vers l'ouest, des vents d'est.*

3. Les points cardinaux s'écrivent avec une majuscule pour désigner une région, un lieu géographique et dans les noms propres : *une maison dans le Sud, le pôle Nord, l'Amérique du Nord.*

pointe n.f. *Des pointes de vitesse. Aux heures de pointe.*

pointer v.t. *On les a pointés du doigt.* ◆ v.i. *Des employés qui pointent.*
▸**pointage** n.m.

pointillé n.m. *En pointillé.*

pointilleux, -euse adj. *Un chef pointilleux.*

pointu, -e adj.

pointure n.f.

point-virgule n.m. *Des points-virgules.*

Emploi du point-virgule (;)

1. Le point-virgule, moins fort que le point, permet d'unir des phrases complètes qu'on veut associer logiquement. *Les enfants l'adoraient ; elle le méritait.*

2. Le point-virgule, plus fort que la virgule, permet de séparer des parties assez longues d'une phrase, surtout quand elles sont déjà ponctuées par des virgules. *Un enfant peut être intelligent, astucieux, en avance ; ce n'est jamais qu'un enfant.*

poire n.f.
▸**poirier** n.m.

poireau n.m. *Des poireaux.*

pois n.m. *Une robe rouge à pois blancs.* – On écrit sans trait d'union *des pois chiches, des petits pois, des pois cassés, des pois gourmands, des pois mange-tout.*

poison n.m. *L'arsenic est un poison.* – REMARQUE Au figuré, s'emploie au masculin ou au féminin en langue familière : *Cette fille est un* ou *une poison.*

poisseux, -euse adj. *Les mains poisseuses.*

poisson n.m. **1.** *Des poissons de mer, d'eau douce. Du poisson pané, poché, frit.* – On écrit sans trait d'union *des poissons pilotes* et avec un trait d'union *des poissons-chats.* – **2.** Le signe astrologique prend une majuscule. *Il est (du signe des) Poissons.*
▸**poissonnerie** n.f. Avec **nn**. *Aller à la poissonnerie.*
▸**poissonnier, -ière** n. *Aller chez le poissonnier.*

poitrail n.m. *Des poitrails.*

poitrine n.f.

poivre n.m. *Des sauces au poivre.*
▸**poivrer** v.t.
▸**poivrier, -ière** n.m. et n.f.

poivron n.m.

poix n.f. Avec **x**. Est du féminin. *De la poix* (= résine poisseuse).

poker n.m.

polaire adj. Sans accent circonflexe. *Le cercle polaire. De la laine, une fibre polaire.* (On dit *du* ou *de la polaire* pour le textile.)

polariser v.t. et v.pr. *Un problème qui polarise l'attention de tous. Ils se polarisent, ils sont polarisés sur ce sujet.*

Polaroïd n.m. Mot déposé. Avec une majuscule.

polder n.m. On prononce le **r**. *Les polders des Pays-Bas.*

pôle n.m. Avec **ô**. *Le pôle Nord. Le pôle Sud.* – *Des pôles d'intérêt.* – REMARQUE L'adjectif ***polaire*** s'écrit sans accent circonflexe.

polémique n.f. et adj. *Engager une polémique. Des propos polémiques.*
▸**polémiquer** v.i.

pole position n.f. Expression anglaise. Sans accent circonflexe. *Des pole positions. Ils sont en pole position.*

poli, -e adj.

police n.f. *Des commissariats de police. Les forces de police.* – *Une police de caractères.*
▸**policier, -ière** adj. et n.m. *Des chiens policiers. Une enquête policière. Un roman, un film policier.* – *Cette femme est un bon policier.* – REMARQUE Le nom féminin ***policière*** est encore familier.

poliment adv.

poliomyélite n.f. Avec **my**.

polir v.t. *On a poli les cuivres, on les a polis.*
▸**polissage** n.m.

polisson, -onne n.

politesse n.f. *Des signes, des formules de politesse.*

P

Formules de politesse

Pour commencer

1. On écrit avec une majuscule les mots *Madame*, *Monsieur* ou les titres *Docteur*, *Maître* qu'on ne fait jamais suivre du nom de famille. On réserve l'emploi de *Cher* à une personne que l'on connaît bien. – Si l'on ne connaît pas le destinataire, on écrit *Madame, Monsieur*.

2. On écrit aussi avec une majuscule les titres associés : *Monsieur le Président*, *Madame le Proviseur*. – Lorsqu'on s'adresse à une femme, on peut rester neutre en écrivant *Madame le Ministre*, *Madame le Député*, ou mettre le titre au féminin si l'on sait que la personne est pour la féminisation des titres.

3. La formule de début est toujours suivie d'une virgule et le texte de la lettre commence toujours par une majuscule.

Pour terminer

1. On reprend toujours la formule de début dans le texte de salutation. *Veuillez agréer, Monsieur le Président...*

2. Dans une lettre neutre, on écrit : *Veuillez agréer (recevoir), Monsieur, (l'expression de) mes salutations distinguées.* Un homme qui s'adresse à une femme emploiera de préférence l'adjectif *respectueux*.

3. Pour exprimer le respect on emploie les formules : *l'expression de ma considération distinguée, de mes sentiments respectueux, de mes respectueux hommages* (d'un homme à une femme), *de ma très haute considération* (à une personne d'un rang supérieur).

4. Pour témoigner sa sympathie, on choisira selon les circonstances : *Veuillez croire, je vous prie de croire à ma sincère amitié, à mes sentiments dévoués, amicaux, les meilleurs, les plus cordiaux.*

5. Quand on s'adresse à un proche, les simples formules *cordialement, amicalement, avec mes sentiments dévoués, avec mon meilleur souvenir*, etc. peuvent s'employer seules.

6. Si l'on commence la formule de salutation par *En vous remerciant de (l'attention que...), en attendant de vous revoir*, etc. ou *dans l'attente de*, on doit poursuivre avec un verbe dont le sujet est *je*. On n'écrira donc jamais ✕ *en vous remerciant, veuillez agréer*, on écrira *en vous remerciant... je vous prie d'agréer.*

politique adj. et n.f. *Des partis politiques. Faire de la politique.*
▸**politiquement** adv. *Politiquement correct.*
▸**politicien, -enne** n. et adj.

politiser v.t. et v.pr. *Ils se sont politisés.*

polka n.f. *Des polkas.*

pollen n.m. Avec **ll**. On prononce le **n**.

polluer v.t. *On a pollué la rivière, on l'a polluée. L'air est pollué en ville.* – ATTENTION Au futur et au conditionnel : *il polluera(it).*
▸**polluant, -e** adj. *Des gaz polluants.* Ne pas confondre avec le participe présent invariable : *Ces gaz polluant la ville...* Voir gramm. § 31.
▸**pollution** n.f. *Des plans antipollution.*

polo n.m. *Des polos.*

polochon n.m. Avec **polo** et non ✕ *pelo. Une bataille de polochons. – Des sacs polochons.*

polonais, -e adj. et n. *Il est polonais. C'est un Polonais.* (Le nom de personne prend une majuscule.)

poltron, -onne adj. et n.

polyamide n.m.

polycopié n.m.

polyester n.m. On prononce le **r**.

polygame adj. et n.m. Avec un seul **m**.
▸**polygamie** n.f. (≠ Monogamie)

polyglotte adj. et n. Avec **tt**. *Un polyglotte parle plusieurs langues.*

polygone n.m.

polynésien, -enne adj. et n. *Elle est polynésienne. C'est une Polynésienne.* (Le nom de personne prend une majuscule.)

polype n.m. Avec **y**.

polysémique adj. *Un mot polysémique a plusieurs sens.*

polystyrène n.m. Avec deux fois **y**.

polytechnicien, -enne n. (Élève de l'école Polytechnique)

polythéisme n.m. Avec **th** comme dans *théologie, athée* (≠ monothéisme).
▸**polythéiste** adj. et n.f.

pommade n.f. Avec **mm**.

pomme n.f. *Du jus de pomme. Des pommes d'api. Des pommes de pin.* – **pomme de terre** : *des pommes de terre en robe des champs* ou *de chambre.* – **vert pomme** est invariable : *des tissus vert pomme.* Voir gramm § 8.
▸**pommier** n.m. *Des pommiers en fleur(s).*

pommeau n.m. *Des pommeaux.*

pommette n.f. *Des pommettes saillantes.*

1. pompe n.f. *Des pompes à incendie. Des pompes à essence. Des stylos à pompe.*
▸**pomper** v.t.
▸**pompage** n.m.

2. pompe n.f. *Recevoir quelqu'un en grande pompe. – Les pompes funèbres.*
▸**pompeux, -euse** adj.
▸**pompeusement** adv.

pompier n.m. *Une caserne de pompiers. Des femmes pompiers. Des pompiers femmes.*

pompon n.m.

ponce adj. *Des pierres ponces.*

poncer v.t. Avec **ç** devant *a* et *o* : *nous ponçons, ils ponçaient. Il a poncé la table, il l'a poncée.*
▸**ponceuse** n.f.

poncif n.m. (Expression stéréotypée) *Un discours plein de poncifs.*

ponction n.f.
▸**ponctionner** v.t. Avec **nn**.

ponctuel, -elle adj.
▸**ponctualité** n.f.
▸**ponctuellement** adv.

ponctuer v.t. *Une phrase bien ponctuée.* – ATTENTION Au futur et au conditionnel : *il ponctuera(it).*
▸**ponctuation** n.f. (Les signes de ponctuation sont traités à leur ordre alphabétique.)

pondéral, -e, -aux adj. *Une surcharge pondérale.*

pondérer v.t. CONJ. 4 Avec **é** ou **è** : *nous pondérons, ils pondèrent. Pondérer une critique par une gentillesse. – Des propos pondérés* (= mesurés).
▸**pondération** n.f.

pondre v.t. CONJ. 34 *Des œufs pondus du jour.*

poney n.m. *Des poneys.*

pont n.m.

ponte n.f. *Des poules en période de ponte.* – REMARQUE L'emploi de ***ponte***, nom masculin, au sens de « personnage influent » est familier.

pontife n.m. Avec un **e**. *Le souverain pontife* (= le pape).
▸**pontifical, -e, -aux** adj.
▸**pontificat** n.m.

pont-l'évêque n.m.inv. *Des pont-l'évêque.* Les noms de produits (vins, fromages, etc.) d'une ville ou d'une région s'écrivent avec une minuscule. → fromage

pont-levis n.m. *Des ponts-levis.*

ponton n.m.

pool n.m. Mot anglais qui signifie « groupe, équipe ». On prononce [poul]. Ne pas confondre avec *une **poule*** en sport.

pop adj.inv. Abréviation de *populaire. De la musique pop. Des groupes pop.* S'emploie dans les mots anglais ***pop music, pop'art***.

pop-corn n.m.inv. Mot anglais. *Des pop-corn.*

pope n.m.

populace n.f. PÉJOR. Avec **ce**.

populaire adj.
▸**populariser** v.t. et v.pr. *Des sports qui se sont popularisés.*
▸**popularité** n. f

population n.f. *Les populations lyonnaise et marseillaise.*

populisme n.m.
▸**populiste** adj. et n.

porc n.m. On ne prononce pas le **c** sauf dans *porc-épic.*
▸**porcelet** n.m.
▸**porcherie** n.f.

▸ **porcin, -ine** adj. *Une race porcine.*

porcelaine n.f. *Des objets en porcelaine.*

porc-épic n.m. On prononce les deux **c**. *Des porcs-épics* [porképik].

porche n.m.

pore n.m. Avec **e**. *Les pores de la peau, d'une matière.* – REMARQUE Au sens informatique, on écrit ***port***.
▸ **poreux, -euse** adj. *Une matière poreuse.*
▸ **porosité** n.f. Avec **o**.

pornographie n.f.
▸ **pornographique** adj.
▸ **porno** adj. et n.m. FAM. *Des films pornos.*

port n.m. **1.** *Des ports de pêche. Ils sont arrivés à bon port.* – **2.** (Point d'accès en informatique) Ne pas confondre avec ***pore*** (= trou). – **3.** *Des permis de port d'armes. Un colis en port dû.*

portable adj. et n.m. *Un téléphone, un ordinateur portable.*

portail n.m. *Des portails.*

portant, -e adj. *Il est bien portant. Elle est bien portante. – Des coups de feu tirés à bout portant.*

portatif, -ive adj. *Une télévision portative.* – REMARQUE Le mot ***portable*** tend à remplacer ***portatif*** pour tous les objets courants.

porte n.f. *Des portes de sortie. Ils ont trouvé porte close. Une journée porte(s) ouverte(s).* – On écrit sans trait d'union *aller de porte en porte*, et avec un trait d'union *faire du porte-à-porte.*

porte- Les mots composés avec **porte-** (élément verbal invariable) suivent des règles d'écriture liées au sens.

1. On écrit ***un porte-savon*** (= l'objet porte un seul savon) et ***un porte-cigarettes*** (= l'objet porte plusieurs cigarettes).

2. On écrit avec le complément au pluriel : ***un porte-avions, un porte-bagages, un porte-jarretelles***.

3. On écrit avec le complément au singulier : ***un porte-bébé, un porte-couteau, un porte-menu, un porte-plume***. – Quand ils sont au pluriel, ces noms sont invariables ou variables : *des porte-bébé(s), des porte-couteau(x), des porte-menu(s), des porte-plume(s).*

4. Quand le complément est un nom non-comptable, le mot composé est invariable : ***un porte-bonheur, des porte-bonheur***.

5. Dans certains cas l'usage hésite car l'objet peut porter un ou plusieurs éléments : ***un porte-aiguille(s), un porte-clé(s), un porte-carte(s), un porte-serviette(s)***.

6. Le Conseil supérieur de la langue française propose de traiter tous ces noms comme s'ils s'écrivaient en un mot, sur le modèle de *portemanteau, portefeuille,* et de ne mettre la marque du pluriel que lorsque le mot est au pluriel. Voir *Rectifications orthographiques*, p. 513.

portée n.f. *Une portée de chatons. – Cet exercice est à leur portée. Tenir certains produits hors de portée des enfants.*

porte-fenêtre n.f. *Des portes-fenêtres.* (Avec un *s* à *porte* car il s'agit du nom.)

portefeuille n.m. En un seul mot. *Des portefeuilles.*

portemanteau n.m. En un seul mot. *Des portemanteaux.*

porte-monnaie n.m.inv. *Des porte-monnaie.*

porte-parole n.inv. *Les porte-parole du gouvernement.*

porter v.t. et v.pr. *On a porté tes valises, on les a portées. Elle porte les cheveux courts, elle les a toujours portés courts. – Comment se portent-ils ? Ils se portent bien, ils se sont toujours bien portés. – Ils se sont portés à son secours. Elle s'est portée garante, caution. – Elle s'est laissé porter par les événements.*

porteur, -euse adj. *Un mur porteur. Une mère porteuse.* ◆ n.m. *À remettre au porteur.*

porte-voix n.m.inv.

portfolio n.m. Mot anglais. S'écrit sans *e*, mais on prononce le **t**. *Des portfolios.*

portier n.m.

portière n.f. *Les portières avant, arrière.*

portillon n.m.

portion n.f. *Des portions de gâteau.*

portique n.m. *Des portiques de sécurité.*

porto n.m. *Des portos rouge ou blanc.* – Les noms de produits (vins, fromages, etc.) d'une ville ou d'une région s'écrivent avec une minuscule.

portrait n.m. On écrit avec un trait d'union *portrait-robot : des portraits-robots.*

portuaire adj. *Une zone portuaire.*

portugais, -e adj. et n. *Il est portugais. C'est un Portugais.* (Le nom de personne prend une majuscule.)

pose n.f. *Pose et dépose d'un appareil. – Le temps de pose d'une photographie.* Ne pas confondre avec ***pause***.
‣ **posemètre** n.m. En un mot.

posé, -e adj. *Une personne posée.*
‣ **posément** adv. *Répondre posément.*

poser v.t. et v.pr. *On lui a posé une question. La question qu'on lui a posée. La question qui s'est posée à nous. Elle s'est posé des questions. Les questions qu'elle s'est posées.* Voir gramm. § 29(2 et 3). ◆ v.i. *Ils ont posé pour un peintre.*

positif, -ive adj. *Une attitude positive.*

position n.f. *Ils sont en position. – Ils ont pris position contre nous. Des prises de position.*

positionner v.t. et v.pr. Avec **nn**.
‣ **positionnement** n.m.

posologie n.f.

posséder v.t. CONJ. 4 Avec **é** ou **è** : *nous possédons, ils possèdent. Ces terres qu'il avait autrefois possédées.*
‣ **possédant, -e** adj. *La classe possédante.*
‣ **possédé, -e** adj. et n. *Il est possédé du démon. C'est un possédé.*
‣ **possesseur** n.m. Sans forme féminine. *Marie est aujourd'hui le seul possesseur de ces terres.*
‣ **possession** n.f. *Ils ont pris possession de la ville. Ils sont en possession de tous leurs moyens.*

possessif, -ive adj. et n.m. Voir ce mot dans la partie grammaire. – *Un père possessif, une mère possessive.*

possibilité n.f. On dit *avoir la possibilité de* et *être dans l'impossibilité de.* – *Étudier toutes les possibilités.*

possible adj. et n.m. *Il a fait toutes les erreurs possibles. Il est possible que j'aie* (= subjonctif) *tort. Dès que possible. – Il a fait son possible pour venir. Il est désagréable au possible.* – **le plus, le moins (...) possible** est invariable : *Il travaille le moins possible. Prenez le plus de fruits possible* (= qu'il est possible de prendre).

> **post-** Se joint sans trait d'union à un mot : ***postcommunisme, postcure, postdater, postmoderne, postopératoire postproduction, postromantisme, postsynchronisation*** ; sauf s'il s'agit d'une expression latine : ***post-mortem, post-scriptum***.

1. poste n.f. *Mettre une lettre à la poste.*
‣ **postal, -e, -aux** adj. *Des cartes postales. Des colis postaux.*

2. poste n.m. *Ils sont fidèles au poste.* – On écrit avec un trait d'union *un poste-frontière, des postes-frontières.*

1. poster v.t. *On a posté ta lettre, on l'a postée.* ◆ v.t. et v.pr. *Ils se sont postés devant chez toi.*

2. poster n.m. (Affiche) Mot anglais. On prononce le **r**.

postérieur, -e adj. *Ces faits sont postérieurs à mon arrivée* (≠ antérieur). – Ce mot étant déjà un comparatif, on ne peut pas dire ✕ *plus postérieur.* On dit *bien postérieur, très postérieur.* ◆ n.m. (Les fesses)
‣ **postériorité** n.f. Avec **o**.

postérité n.f. *Travailler pour la postérité.*

postface n.f. Bien prononcer [postfas] sans ajouter de *e*.

posthume adj. Avec **h**. *Une œuvre posthume.*

postiche n.m. et adj.

postier, -ière n.

postillon n.m.

post-mortem Locution latine invariable.

postnatal, -e adj. *La médecine postnatale.* – Au masculin pluriel : *postnatals.* On entend quelquefois *postnataux*, mais *natal* faisant au pluriel *natals*, il n'y a aucune raison d'employer cette forme.

post-scriptum n.m.inv. Mots latins. On prononce [om]. *Des post-scriptum.* S'abrège en **P.-S.**

postulat n.m. Avec un **t**.

postuler v.t. ou v.t.ind. *Postuler un emploi* ou *à un emploi.* ◆ v.t. *Si on postule que l'homme est bon par nature.*
▸**postulant, -e** n. *Les nombreux postulants à cet emploi.*
▸**postulat** n.m. *La bonté de l'homme par nature est un postulat* (= hypothèse).

posture n.f.

pot n.m. *Un pot de fleurs. Des fleurs en pot(s). Des pots d'eau. Découvrir le pot aux roses.* – On écrit avec des traits d'union *des pot-au-feu* (invariable), *des pots-de-vin, des pots-pourris.*

potable adj. *De l'eau potable.*

potage n.m. *Des assiettes à potage.*

potager, -ère adj. et n.m.

potassium n.m. On prononce [om].

poteau n.m. *Des poteaux.*

potée n.f.

potelé, -e adj.

potence n.f. *Des gibiers de potence.*

potentiel, -elle adj. et n.m. *Des forces potentielles. – Avoir un bon potentiel.*
▸**potentiellement** adv.

poterie n.f.
▸**potier** n.m. – REMARQUE Le féminin ***potière*** est rare.

potion n.f. *Une potion magique.*

potiron n.m.

pot-pourri n.m. *Des pots-pourris.*

pou n.m. *Des poux.* Voir gramm. § 32(2).

poubelle n.f. S'emploie avec ou sans trait d'union après le nom : *des sacs-poubelle(s), des navires poubelles.*

pouce n.m. *Des coups de pouce.*

poudre n.f.
▸**poudrer** v.t. et v.pr. *Elle s'est poudrée.* Mais *Elle s'est poudré le nez.* Voir gramm. § 29(2).
▸**poudreux, -euse** adj. et n.f.
▸**poudrier** n.m.

pouf n.m.

pouffer v.i. *Pouffer de rire.*

pouilleux, -euse n. et adj.

poulain n.m.

poule n.f. **1.** *Des poules d'eau. Des œufs de poule. Des poules au pot.* – **2.** (Sport) *Un club de la poule A.* Ne pas confondre avec ***pool*** (équipe).
▸**poulailler** n.m.

poulet n.m.

pouliche n.f.

poulie n.f.

poulpe n.m. Est du masculin. *Un poulpe.*

pouls n.m. Avec un **s** qu'on retrouve dans ***pulsation***.

poumon n.m. – REMARQUE Les mots de la famille s'écrivent avec ***pneumo*** ou ***pulmo***.

poupe n.f. *La poupe d'un navire est à l'arrière* (≠ proue). *Ils ont le vent en poupe.*

poupée n.f. *Des poupées de chiffon. Des maisons de poupée.*

poupon n.m.
▸**pouponner** v.i. Avec **nn**.
▸**pouponnière** n.f.

pour prép. et adv. **pour que** conj.

• *Je les ai pris pour maîtres. Travailler pour réussir. Un billet pour Lyon. Ils sont pour cette décision. Ils ont voté pour.*

• S'emploie comme nom masculin invariable. *Peser le pour et le contre. Compter les pour et les contre.*

• **pour... que** + subjonctif : *Il m'a prêté son pull pour que j'aie moins froid. – Pour intelligents qu'ils soient... Pour autant que je le sache.*

pourboire n.m. *Des pourboires.*

pour cent loc.inv. Est invariable et s'écrit sans trait d'union. *Une augmentation de vingt pour cent.* On écrit aussi *20 p. 100* ou *20 %.*

▸ **pourcentage** n.m. *Être payé au pourcentage.*

Accord avec un pourcentage

1. Avec un complément au singulier, l'accord se fait au singulier (avec le complément), en particulier s'il y a des adjectifs ou des participes : *20 % de la population s'est déclarée satisfaite* ; ou au pluriel (avec l'expression du pourcentage), si c'est la quantité que l'on veut mettre en valeur : *30 % du budget sont consacrés à...*

2. Avec un complément au pluriel, l'accord se fait au pluriel (avec le complément) : *20 % des candidates ont été refusées* ; même si le complément est sous-entendu : *20 % ont été refusées.*

3. *1 % d'augmentation sera accordé ; 10 % d'augmentation seront accordés.* Quand il s'agit d'un taux, l'accord se fait toujours au masculin avec l'expression du pourcentage.

4. Quand il s'agit d'un rendement, l'expression du pourcentage est au masculin singulier. *Cela rapporte du 15 % ; 15 % me semble suffisant.*

pourchasser v.t. *On les a pourchassés.*

pourparlers n.m.plur. *Être en pourparlers avec.*

pourpre n.f., adj. et n.m. *Des soies pourpres.*

pourquoi adv. interrogatif En un mot interroge sur la cause. *Pourquoi est-il parti ? Dites-moi pourquoi il est parti.* – S'emploie comme nom masculin invariable : *les pourquoi et les comment.* – **c'est pourquoi** introduit une conséquence. *Il est malade, c'est pourquoi il n'est pas là.* – REMARQUE Ne pas confondre avec ***pour quoi*** en deux mots : *Ce pour quoi il est venu. Pour quoi faire ?* (= Pour faire quoi ?) *Bonjour madame, c'est pour quoi ?*

pourrir v.i. Avec **rr**. *Les fruits ont pourri. Les fruits sont pourris.*
▸ **pourrissement** n.m.
▸ **pourriture** n.f.

poursuite n.f. *Nous sommes à leur poursuite.* On écrit avec un trait d'union *des courses-poursuites.*

poursuivre v.t. et v.pr. Se conjugue comme ***suivre*** (voir ce mot). *On a poursuivi les recherches, on les a poursuivies. La soirée s'est poursuivie tard dans la nuit.*

pourtant adv. En un mot. *C'est pourtant simple !* Ne pas confondre avec l'expression en deux mots : *Il se fait du souci pour tant de choses !*

pourtour n.m.

pourvoir v.t.ind. CONJ. 18, sauf au futur et au conditionnel : *je pourvoirai(s), il pourvoira(it)* ; et au passé simple : *je pourvus, ils pourvurent.* Se construit avec ***à***. *Il pourvoit aux besoins de sa famille.* ◆ v.t. *Il y a des postes à pourvoir. – Pourvoir une maison de tout le confort.* – **(être) pourvu de** : *L'école est pourvue de tous les équipements nécessaires.* ◆ v.pr. *Ils se sont pourvus en cassation.*
▸ **pourvoi** n.m. *Des pourvois en cassation.*

pourvu que loc.conj. Est suivi du subjonctif. *Pourvu que j'aie de la chance !*

pousse n.f. Avec **ss** comme dans ***pousser***. *Des pousses de bambou.*

poussée n.f.

pousser v.t. et v.pr. *On a poussé Marie, on l'a poussée. Pousse-toi. Elle ne s'est même pas poussée.* ◆ v.i. *L'herbe a poussé. Les plantes qu'il a fait pousser.* (*Fait* suivi d'un infinitif est invariable.) Mais : *Ces plantes-là, il les a laissées pousser toutes seules.* → laisser

poussette n.f. *Des poussettes-cannes.*

poussière n.f. *Tomber en poussière.*
▸ **poussiéreux, -euse** adj. Avec **é**.

poussin n.m.

poutre n.f.

poutrelle n.f.

1. pouvoir v.t. CONJ. 21 : *je peux, tu peux, il peut.* – **1.** Avec **rr** au futur et au conditionnel : *je pourrai(s) venir.* – Dans une question, avec inversion du sujet à la 1re personne du singulier, on emploie la forme littéraire *puis-je ?* – **2.** Le participe passé *pu* est invariable. *Il a fait ce qu'il a pu. J'ai fait toutes les choses que j'ai pu (faire).* – **3.** À la forme négative, ce verbe s'emploie souvent avec ***ne*** sans *pas*, en langue soutenue : *Je ne* *peux, je ne puis lui parler.* – **4. il se peut que** est suivi du subjonctif : *Il se peut que j'aie raison.*

2. pouvoir n.m. *Les personnes au pouvoir. Avoir tous les pouvoirs.*

pragmatique adj.
‣ **pragmatisme** n.m.

prairie n.f.

praline n.f. Sans accent circonflexe.
‣ **praliné, -e** adj. et n.m.

praticable adj. Avec **c**. *Une route praticable* (≠ impraticable).

praticien, -enne n.

pratique adj. et n.f. *Manquer de pratique. Mettre en pratique. Des pratiques douteuses.*

pratiquement adv. *Il n'a pratiquement rien vu.*

pratiquer v.t. et v.pr. *Pratiquer une méthode, une langue, une religion. La profession qu'il a pratiquée. Une religion pratiquée par des millions d'hommes.*
‣ **pratiquant, -e** adj. et n. Avec **qu**. Ne s'emploie que dans un contexte religieux.

pré n.m.

> **pré-** Se joint sans trait d'union à un mot : ***préadolescent, préampli, préchauffé, précuit, préenregistré,*** etc. ; sauf s'il s'agit du nom masculin *pré* : *des prés-salés.*

préalable adj. et n.m.

préambule n.m.

préau n.m. *Des préaux.*

préavis n.m.

précaire adj.
‣ **précarité** n.f.

précaution n.f. *Par précaution. Avec, sans précaution. Des mesures de précaution. Prendre ses précautions.*
‣ **précautionneux, -euse** adj. Avec **nn**.

précéder v.t. CONJ.4 Avec **é** ou **è** : *nous précédons, ils précèdent. Ceux qui nous ont précédés.*
‣ **précédent, -e** adj. et n.m. *La nuit précédente. – Des événements sans précédent.*
‣ **précédemment** adv. Avec **emm** qui se prononce [am]. Voir gramm. § 9(2).

précepte n.m.

précepteur, -trice n. (Enseignant) Ne pas confondre avec ***percepteur*** (des impôts).

prêche n.m. Avec **ê**.
‣ **prêcher** v.t. et v.i.

précieux, -euse adj.
‣ **précieusement** adv.

précipice n.m. Avec deux fois **c**.

précipiter v.t. et v.pr. *Vous les avez précipités dans la ruine. Elles se sont précipitées à son secours.*
‣ **précipité, -e** adj. *Une course précipitée.*
‣ **précipitation** n.f.
‣ **précipitamment** adv.

précis, -e adj. *Il est huit heures précises, midi précis.* ◆ n.m. *Un précis de grammaire.*
‣ **précisément** adv.
‣ **préciser** v.t. et v.pr. *Je vous ai précisé les horaires, je vous les ai précisés. Les choses se sont précisées.*
‣ **précision** n.f. *Des instruments de précision. J'ai besoin de précisions à son sujet.*

précoce adj.
‣ **précocement** adv. Avec **ement** et non ✕ *ément. Il est mort trop précocement.*
‣ **précocité** n.f.

préconçu, -e adj. *Des idées préconçues.*

préconiser v.t.
‣ **préconisation** n.f.

précurseur adj.masc. et n.m. Ce mot n'a pas de féminin. *Les signes précurseurs d'une maladie. Marie est un précurseur dans ce domaine.*

prédateur, -trice adj. et n.

prédécesseur n.m. Ce mot n'a pas de féminin. *Elle a été mon prédécesseur.*

prédestiner v.t. *Tout le prédestinait à ce métier. – « Poisson » pour un poissonnier, c'est un nom prédestiné !*

prédicateur, -trice n.

prédilection n.f. *Des lieux de prédilection* (= préférence).

prédire v.t. CONJ.29, sauf *vous prédisez*. *Toutes les choses qu'on m'a prédites sont arrivées.*
▸**prédiction** n.f.

prédisposer v.t.
▸**prédisposition** n.f. *Avoir des prédispositions pour le piano.*

prédominer v.i. *C'est la gentillesse qui prédomine dans son caractère.*
▸**prédominance** n.f.
▸**prédominant, -e** adj.

prééminence n.f. LITT. (Primauté, supériorité) Ne pas confondre avec ***proéminence*** (saillie).

préemption n.f. *Un droit de préemption* (= d'acheter avant les autres). Ne pas confondre avec *une date de* ***péremption*** (= au-delà de laquelle un produit est périmé).

préfabriqué, -e adj. et n.m. → pré-

préface n.f.
▸**préfacer** v.t. *Un livre préfacé par…*

préfecture n.f.
▸**préfectoral, -e, -aux** adj. *Des arrêtés préfectoraux.*

préférer v.t. CONJ.4 Avec **é** ou **è** : *nous préférons, ils préfèrent. Je préfère celui-ci à celui-là. Je préfère partir que rester. Il préfère que tu viennes* (= subjonctif). *Je préférerais que…* Voir gramm. § 15.
▸**préféré, -e** adj. et n.
▸**préférence** n.f. *De préférence à.*

préfet n.m. **préfète** n.f. En langue administrative on n'emploie que le masculin : *Madame le préfet*. En langue courante le féminin tend à se répandre.

préfixe n.m. Voir ce mot dans la partie grammaire.

préhensile adj. Il n'y a pas de *b*. *Un organe préhensile* (et non ✗ *-ible*) *peut prendre, saisir.*
▸**préhension** n.f.

préhistoire n.f.
▸**préhistorique** adj.

préjudice n.m. *Subir un préjudice.*
▸**préjudiciable** adj. *Être préjudiciable à.*

préjugé n.m. *Avoir des préjugés sur quelqu'un ou sur quelque chose.*

prélasser (se) v.pr. *Ils se sont prélassés toute la matinée.*

prélever v.t. CONJ.2 Avec **e** ou **è** : *nous prélevons, ils prélèvent. Quelles sommes vous a-t-on prélevées ?*
▸**prélèvement** n.m.

préliminaire adj. et n.m. Bien dire **préli** et non ✗ *prélé*.

prélude n.m.

prématuré, -e adj. et n.
▸**prématurément** adv.

préméditer v.t. *Des actes prémédités.*
▸**préméditation** n.f.

prémices n.f.plur. Avec un **c**. LITT. (Débuts) *Les prémices de l'amour, d'une crise, de l'hiver.* Ne pas confondre avec ***prémisse*** (= terme de logique).

premier, -ière adj. et n.f. **1.** S'abrège en *1er* et *1re* et non ✗ *1ère* au féminin. – **2.** *Ils sont premiers ex aequo. Elles ont été les premières à arriver.* On écrit avec une majuscule *le Premier ministre, le Premier Mai* (= fête). – **en premier** est invariable. *Ils sont arrivés en premier.* – **tout premier, toute première** : *Cela s'est passé dans les tout premiers jours, dans les toutes premières heures.* (*Tout* est invariable au masculin et variable au féminin devant une consonne.)
▸**premièrement** adv.

premier-né, première-née n. *Les premiers-nés. Les premières-nées.*

prémisse n.f. (Terme de logique) Avec **ss**. *À partir d'une prémisse fausse on fait un raisonnement faux.* Ne pas confondre avec ***prémices*** (débuts).

prémolaire n.f.

prémonition n.f.
▸**prémonitoire** adj. *Des rêves prémonitoires.*

prémunir v.t. et v.pr. *Ils se sont prémunis contre ce risque.*

prenant, -e adj. *Un travail prenant.*

prénatal, -e adj. *La vie prénatale. Des examens prénatals.* – Au masculin pluriel, on entend quelquefois *prénataux*, mais *natal* faisant au pluriel *natals*, il n'y a aucune raison d'employer cette forme.

prendre v.t. et v.pr. CONJ.33 **1.** Il ne faut pas oublier de faire l'accord du participe avec ce verbe très courant, même à l'oral. *Tu as pris la voiture ? Oui je l'ai prise ce matin – Marie s'est prise au jeu.* Mais *Marie s'est pris une part de gâteau. La part de gâteau qu'elle s'est prise.* Voir gramm. § 29(2 et 3). – **s'en prendre à** : *Elles s'en sont prises au marchand.* – **s'y prendre** : *Elles s'y sont mal prises.* – **2.** S'emploie dans de nombreuses locutions verbales intransitives (le participe est invariable) : *prendre conscience, prendre froid, prendre peur, prendre parti, prendre place, prendre possession... Elles ont pris conscience, froid, peur, parti, place, possession...* ; ou transitives (le participe est variable) : *prendre en charge, prendre en compte, prendre à partie, prendre en main(s)... On les a prises en charge, en compte, à partie, en main(s)...* → prise – **3.** *Je ne sais pas ce qui m'a pris de...* Le participe est invariable dans cette expression ; le pronom réfléchi est complément d'objet indirect. On dira donc *Je ne sais pas ce qui lui a pris* et non ✗ *ce qui l'a, les a pris.*

preneur, -euse n. *C'est intéressant, mais Marie n'est pas preneuse. – Un preneur de son.*

prénom n.m.
▸ **prénommer** v.t. et v.pr.

prénuptial, -e, -aux adj. *Des examens prénuptiaux.*

préoccuper v.t. et v.pr. Avec **cc** et un seul **p** comme dans ***occuper***. *Son avenir nous préoccupe. Nous sommes préoccupés par son avenir. Elle ne s'est jamais préoccupée de cela.*
▸ **préoccupant, -e** adj.
▸ **préoccupation** n.f.

préparer v.t. et v.pr. *On lui a préparé une surprise. Quelle surprise lui avez-vous préparée ? – Les élèves qu'il a préparés au bac ont réussi. – Elle s'est préparée à sortir.*
▸ **préparateur, -trice** n. *Des préparateurs en pharmacie.*
▸ **préparatif** n.m. *Les préparatifs d'une fête.*
▸ **préparation** n.f. *Manquer de préparation.*
▸ **préparatoire** adj. *Les classes préparatoires.*

prépondérant, -e adj.
▸ **prépondérance** n.f.

préposé, -e adj. et n. *Il est préposé aux corvées. Les préposés de la poste* (= facteurs).

préposition n.f. Voir ce mot dans la partie grammaire.

prérentrée n.f. En un mot. → pré-

préretraite n.f. *Ils sont en préretraite.* → pré-
▸ **préretraité, -e** n.

prérogative n.f. *Cela fait partie de vos prérogatives.*

près adv. Avec **è**. *Il habite tout près. À quelque chose près. À peu de chose près. Il est à peu près huit heures* (= sans trait d'union pour l'expression). *Se contenter d'à-peu-près* (= avec des traits d'union pour le nom). – **près de** : *Il est près de huit heures. Elle était près de changer d'avis* (= sur le point de). Ne pas confondre avec ***prêt à*** : *Elle était prête à partir.*

présage n.m.
▸ **présager** v.t. *Cette maladie laisse présager une issue fatale.*

pré-salé n.m. *Des prés-salés.*

presbyte adj. et n. Avec **y**.
▸ **presbytie** n. f Avec **tie** qui se prononce [si].

presbytère n.m. Avec **y**.

prescrire v.t. CONJ.27 *On lui a prescrit des médicaments. Les médicaments qu'on lui a prescrits. Ne pas dépasser la dose prescrite. – Un crime qui est prescrit.* Ne pas confondre avec ***proscrire*** (condamner, interdire).
▸ **prescription** n.f. Sans accent. *Suivre la prescription du médecin. – Il n'y aura pas d'action en justice car il y a prescription.* Ne pas confondre avec ***proscription*** (interdiction).

préséance n.f. *Respecter la préséance* (= priorité dans un protocole).

présence n.f. *Ils ont fait acte de présence. Des jetons de présence. – Avoir la présence d'esprit de. Nous sommes en présence de faits nouveaux.*

1. présent n.m. LITT. *Offrir, recevoir un présent* (= cadeau).

2. présent, -e adj. et n.m. *Il était présent à l'école. Le temps présent. – Jusqu'à présent. À présent que vous êtes là... Vivre dans le présent. Le présent de l'indicatif.* Voir ce mot dans la partie grammaire.

présenter v.t. et v.pr. *Il m'a présenté Marie, il me l'a présentée. Nous nous sommes présentés au bac. Les avantages que cette situation a présentés... L'émission est présentée par Luc.* – S'emploie dans des formules de politesse. *Je vous présente mes sincères félicitations. Permettez-moi de vous présenter mes condoléances.* – REMARQUE L'emploi comme verbe intransitif dans *présenter bien, mal* est familier. On préférera *avoir une bonne, une mauvaise présentation*.
▸**présentable** adj.
▸**présentateur, -trice** n.
▸**présentation** n.f. *Faire les présentations. Avoir une bonne présentation.*
▸**présentoir** n.m. *Les nouveautés sont sur le présentoir.*

préservatif n.m.

préserver v.t. *Une espèce préservée.*
▸**préservation** n.f.

présider v.t. *Qui a présidé la séance ? Qui l'a présidée ?*
▸**présidence** n.f. *La présidence de la République.*
▸**président, -e** n. *Le président d'une société. Le président de la République, du Conseil.* – Dans une lettre, on met une majuscule par politesse : *Monsieur le Président, Madame la Présidente.* – **président-directeur général** s'écrit avec un seul trait d'union et s'abrège en *P.-D.G.*
▸**présidentiel, -elle** adj. Avec un **t** qui se prononce [s].

présomption n.f. Le **s** se prononce [z]. *La présomption d'innocence.*

présomptueux, -euse adj. Le **s** se prononce [z]. *C'est présomptueux de votre part.*

presque adv. Le **e** final ne s'élide jamais, même si on ne le prononce pas, sauf dans ***presqu'île***. *On était presque arrivés.*

presqu'île n.f. *Des presqu'îles.*

presse n.f. *Des revues de presse.*

pressé, -e adj. *Elle est pressée de partir. – Parer au plus pressé.*

presse-citron n.m. *Des presse-citrons.*

pressentir v.t. CONJ.11 Avec **ss**. *Je pressens qu'il va se passer quelque chose. – On les a pressentis pour ce poste.*
▸**pressentiment** n.m. *Avoir un bon, un mauvais pressentiment.*

presse-papiers n.m.inv. *Des presse-papiers.*

presser v.t. *Presser un citron. Un citron pressé.* ◆ v.t. et v.pr. *On nous presse de répondre. Elle s'est pressée pour arriver à temps.*

pressing n.m.

pression n.f. *Ils ont fait pression sur nous.*

pressoir n.m.

pressurer v.t. Avec **ss**. *Ils sont pressurés par le fisc.*

pressuriser v.t. *Un avion bien pressurisé.*
▸**pressurisation** n.f.

prestance n.f. *Un homme d'une belle prestance.*

prestation n.f. *La prestation d'un acteur. – Les prestations familiales. Des prestations en nature. Des prestations de services.*
▸**prestataire** n. *Un prestataire de services.*

prestidigitateur, -trice n.
▸**prestidigitation** n.f.

prestige n.m. *Des opérations de prestige.*
▸**prestigieux, -euse** adj.

présumer v.t. *On présume qu'elle est innocente. Elle est présumée innocente.* – REMARQUE Le nom correspondant est ***présomption***.

présupposé n.m.

présure n.f.

1. prêt n.m. Avec **ê** comme dans ***prêter***. *Obtenir, consentir un prêt.*

2. prêt, -e adj. Avec **ê** comme dans ***apprêter***. *Des plats tout prêts. Ils se tiennent prêts. Elles sont fin prêtes.* – **prêt à** : *Elle est prête à partir.* Ne pas confondre avec ***près de*** : *Elle est près de partir* (= sur le point de). – REMARQUE On écrit avec des traits d'union les noms *prêt-à-porter, prêt-à-*

P

monter, prêt-à-coudre, et sans trait d'union les adjectifs ***prêt à cuire, prêt à monter***...

prétendant, -e n.

prétendre v.t. et v.pr. CONJ. 34 *Elle prétend être la première. Elle prétend qu'elle est la première. Elle se prétend meilleure que les autres.* ◆ v.t.ind. *Prétendre à quelque chose.*
▸ **prétendu, -e** adj. *Sa prétendue première place...*

prête-nom n.m. *Des prête-noms.*

prétention n.f. *Une personne pleine de prétention. – Avoir des prétentions.*
▸ **prétentieux, -euse** adj. et n.

prêter v.t. Avec **ê**. *Les cent euros que je lui ai prêtés. – Prêter assistance, attention, secours à.* ◆ v.pr. *Elle s'est prêtée à cette mascarade.* ◆ v.i. *Une phrase qui prête à confusion.*
▸ **prêteur, -euse** adj. et n. *La fourmi n'est pas prêteuse... Un prêteur sur gages.*

prétexte n.m. *Sous aucun prétexte. Il n'est pas venu sous prétexte qu'il était malade, sous prétexte d'un rhume. Les courses sont souvent prétexte à discussion.*
▸ **prétexter** v.t. *Il a prétexté un rhume.*

prétoire n.m. Avec un **e**.

prêtre n.m. Avec **ê**, comme dans les mots de la famille. *Il a été ordonné prêtre. Les prêtres-ouvriers.* – Ne s'emploie aujourd'hui que pour la religion catholique. On emploie des mots spécifiques pour les autres religions : ***pasteur*** (= protestant), ***pope*** (= orthodoxe), ***rabbin*** (= juif), ***imam*** (= musulman), etc. – REMARQUE Dans les sens anciens ou figurés on emploie **prêtre** et **prêtresse** : *une grande prêtresse de la mode.*
▸ **prêtrise** n.f.

preuve n.f. *Ils font preuve de bonne volonté. Une technique qui a fait ses preuves. Accuser quelqu'un sans preuves. Je n'en veux pour preuve que... Jusqu'à preuve du contraire... Il ment, à preuve* (ou *la preuve*), *son nez remue.*

preux adj.masc. et n.m. LITT. *Un preux chevalier.*

prévaloir v.i. Se conjugue comme ***valoir*** (voir ce mot), sauf au subjonctif présent : *(que) je prévale, tu prévales, il prévale, nous prévalions, ils prévalent. Seule l'image prévaut aujourd'hui.* ◆ **se prévaloir de** v.pr. *Elles se sont prévalues de leurs droits.* Voir gramm. § 29(1).

prévenant, -e adj. *Un homme prévenant.*
▸ **prévenance** n.f. *Un homme plein de prévenance.*

prévenir v.t. CONJ. 10 *Pour prévenir tout risque de maladie. – On les a prévenus du danger. C'est un danger dont on les a prévenus.*
▸ **préventif, -ive** adj. *La médecine préventive.*
▸ **prévention** n.f. *Des mesures de prévention.*

prévenu, -e n.

prévoir v.t. CONJ. 18, sauf au futur : *je prévoirai,* et au conditionnel : *je prévoirais. J'avais prévu ces événements, je les avais prévus. Des vacances prévues de longue date. Il m'a offert toutes les choses que j'avais prévu (qu'il m'offrirait).* Voir gramm. § 28(3). *Les négociations sont plus difficiles que prévu* (= qu'on ne l'avait prévu). – **comme prévu** est invariable.
▸ **prévisible** adj.
▸ **prévision** n.f. *Les prévisions météorologiques. En prévision de.*
▸ **prévisionnel, -elle** adj. Avec **nn**. *Un compte d'exploitation prévisionnel.* Ne pas confondre avec ***provisionnel*** (= à titre de provision).

prévoyant, -e adj.
▸ **prévoyance** n.f. *Des caisses de prévoyance.*

prie-Dieu n.m.inv. *Des prie-Dieu.*

prier v.t. *Prier Dieu. – On nous a priés de venir. Entrez, je vous en prie. Je vous prie de bien vouloir accepter mes excuses.* – ATTENTION À l'indicatif imparfait et au subjonctif présent : *(que) nous priions.* – Au futur et au conditionnel : *il priera(it).*
▸ **prière** n.f. *Être en prière. – Prière de ne pas fumer.* – **prière d'insérer** est du masculin : *un prière d'insérer, des prières d'insérer.*

primaire adj., n.f. et n.m.

primate n.m.

primauté n.f. *Affirmer la primauté du spirituel sur le corporel* (= supériorité, prééminence). Ne pas confondre avec ***priorité***.

prime n.f. *Obtenir une prime. Obtenir des avantages en prime.* ◆ adj. LITT. *Dans sa prime jeunesse. De prime abord.* – REMARQUE En mathématique, on lit « B prime » le signe *B'*.

primer v.t. *Les films primés au festival.* ◆ v.t. ou v.t.ind. *Le droit prime la force* (en langue juridique ou soutenue). *Le droit prime sur la force* (en langue courante).

prime time n.m. Mots anglais. On prononce [pray'm-tay'm]. L'expression recommandée est ***heures de grande écoute***.

primeur n.f. *Avoir la primeur d'une nouvelle. – Un marchand de primeurs.*

primevère n.f.

primitif, -ive adj.
‣ **primitivement** adv.

primordial, -e, -aux adj.

prince n.m. **princesse** n.f. *Le prince de Galles. La princesse de Galles. Un prince consort. – Des robes princesse.*
‣ **princier, -ière** adj.

principal, -e, -aux adj. et n.m. *Le rôle principal d'un film. Les principaux personnages. – Le principal, c'est la santé.* ◆ adj. et n.f. Voir ce mot dans la partie grammaire.
‣ **principalement** adv.

principauté n.f. *La principauté de Monaco.*

principe n.m. *Avoir des principes. Des accords de principe. Des questions de principe. – Ils sont à l'heure en principe.*

printemps n.m. *Au printemps.*
‣ **printanier, -ière** adj. Avec un seul **n**.

priorité n.f. *Donner la priorité à. S'adresser en priorité à quelqu'un.*
‣ **prioritaire** adj.

pris, -e → prendre

prise n.f. *Des prises de courant. Des prises de conscience. Des prises en charge. La prise en compte des événements. Opérateur de prise de vue(s). Une prise d'otages. – Des prises de bec. Être aux prises avec. Être en prise directe avec la réalité. Ils ont lâché prise.*

prisme n.m.

prison n.f.
‣ **prisonnier, -ière** adj. et n. Avec **nn**. *Ils ont été faits prisonniers.*

privé, -e adj. et n.m. *Un établissement privé* (≠ public).
‣ **privatiser** v.t. *Les entreprises qu'on a privatisées.*
‣ **privatisation** n.f.

priver v.t. et v.pr. *On a privé les enfants de dessert, on les a privés de dessert. Marie s'est privée de tout.*
‣ **privation** n.f.

privilège n.m. Avec **è**.
‣ **privilégier** v.t. Avec **é**. – ATTENTION À l'indicatif imparfait et au subjonctif présent : *(que) nous privilégi<u>i</u>ons*. – Au futur et au conditionnel : *il privilégi<u>e</u>ra(it)*.
‣ **privilégié, -e** adj. et n.

prix n.m. *Au prix de. Hors de prix. À aucun prix. Prix de revient.* – **à tout prix** est invariable au sens de « absolument, coûte que coûte » : *Ils veulent à tout prix réussir.* Au sens propre, on écrit *des marchandises à tout prix* ou *à tous prix* (= à n'importe quel prix, à tous les prix). – REMARQUE Avec l'expression de la somme en lettres, on écrit l'unité monétaire en lettres : *dix dollars* ; avec l'expression de la somme en chiffres, on utilise le symbole de l'unité monétaire : 10 $.

pro adj. et n. FAM. Abréviation de **professionnel(le)**. *Une vraie pro. Des pros.*

> **pro-** Se joint sans trait d'union à un mot : *proaméricain*, *prochinois*, sauf si celui-ci commence par *o* ou *i*, s'il s'agit d'un nom propre ou s'il est employé librement : *Il est pro-Bescherelle ?*

probabilité n.f.

probable adj. *Il est probable qu'il viendra* (= indicatif pour insister sur la réalité). *Il est peu probable qu'il vienne* (= subjonctif pour marquer le doute).
‣ **probablement** adv.

probant, -e adj. *Des résultats probants* (= convaincants).

probité n.f. LITT. (Honnêteté)

problématique adj. et n.f.

problème n.m. *Une vie sans problème.*

procédé n.m. *Des procédés de fabrication.*

procédure n.f.
▸ **procédurier, -ière** adj. et n.

procès n.m. Avec **è**.

processeur n.m. On écrit sans trait d'union *microprocesseur.*

procession n.f.

processus n.m. On prononce le **s** final.

procès-verbal, -aux n.m. *Des procès-verbaux (P.-V.).*

prochain, -e adj. *On se verra lundi prochain. La prochaine fois.* ◆ n.m. *Aimer son prochain.*
▸ **prochainement** adv.

proche adj. et n.m. *Sa maison est toute proche. – De proches parents. Un proche du président.*

proclamer v.t.
▸ **proclamation** n.f.

procréer v.t. – ATTENTION Au futur et au conditionnel : *il procréera(it).*
▸ **procréation** n.f.

procuration n.f. *Signer par procuration.*

procurer v.t. et v.pr. *Sa situation lui procure des avantages. Les avantages que sa situation lui a procurés. – Elle s'est procuré des billets, elle se les est procurés.* Voir gramm. § 29(2 et 3).

procureur n.m. *Le procureur de la République.*

prodigalité n.f. LITT. (Générosité, largesse)

prodige n.m. *Un prodige de la nature. Crier au prodige.* – S'emploie sans trait d'union après un nom. *Des enfants prodiges.* Ne pas confondre avec ***prodigue*** (= dépensier).
▸ **prodigieux, -euse** adj.
▸ **prodigieusement** adv.

prodigue adj. *Un héritier prodigue* (= dépensier). *Être prodigue de compliments. – Le retour de l'enfant prodigue* (= qui rentre repentant après avoir dissipé son bien). Ne pas confondre avec ***prodige*** (= très doué).

prodiguer v.t. Avec **gu** même devant *a* et *o* : *il prodiguait, nous prodiguons. Les soins qu'on lui a prodigués.*

producteur, -trice n. S'emploie au masculin ou au féminin pour les métiers de la production artistique. *Un producteur, une productrice de cinéma.* ◆ n.m. et adj. Reste au masculin pour la production économique. *Du producteur au consommateur. Les petits producteurs. Les pays producteurs de pétrole* (= qui en produisent). *Cette région est un grand producteur de vins.* Ne pas confondre avec ***productif*** (= qui produit beaucoup).

productif, -ive adj. *Des employés très productifs.*
▸ **productivité** n.f.

production n.f. *Les coûts de production. Des sociétés de production.*

produire v.t. CONJ.30 *On produit des fromages ici. – Les pièces qu'on a produites.* ◆ v.pr. *Ces événements se sont produits hier.*

produit n.m. *Des chefs de produit. – Le produit national brut (P.N.B.). Le produit intérieur brut (P.I.B.).*

proéminence n.f. (Saillie, bosse) Ne pas confondre avec ***prééminence*** (supériorité).
▸ **proéminent, -e** adj. *Un ventre proéminent.*

prof n. FAM. Abréviation de **professeur**. *Un prof, une prof, les profs.*

profane n. et adj. *Il est profane en la matière* (≠ expert). ◆ adj. et n.m. *La musique profane* (≠ sacrée).

profaner v.t. *Les tombes ont été profanées.*
▸ **profanation** n.f.

proférer v.t. CONJ.4 Avec **é** ou **è** : *je proférais, il profère. Proférer des insultes. Les insanités qu'il a proférées.*

professeur n.m. *Marie est un bon professeur.* L'emploi au féminin dans *la professeur de français* est familier. L'abréviation familière **prof** s'emploie pour les deux genres.
▸ **professoral, -e, -aux** adj. *Le corps professoral.*

‣ **professorat** n.m.

profession n.f. *Donnez vos nom, âge et profession. Exercer une profession. Ils sont joueurs de profession. Donner des noms de professions. – Des professions de foi.*
‣ **professionnel, -elle** adj. et n. Avec **nn**.

profil n.m. On prononce le **l**. *Des photos de profil. Des profils de carrière. – Ils ont fait profil bas.*

profiler (se) v.pr. *Une éclaircie se profile, s'est profilée à l'horizon.*

profit n.m. Reste au singulier dans *tirer profit, mettre à profit, au profit de*. Est au pluriel dans *pertes et profits*.

profiter v.t.ind. – **profiter de** : *Profiter de sa jeunesse. Ces biens dont elle a profité.* – **profiter à** : *À qui profite le crime ? Les vacances lui ont profité.*
‣ **profitable** adj. *Les vacances lui ont été profitables.*
‣ **profiteur, -euse** n. PÉJOR.

profiterole n.f. Avec un seul **l**. → -ole/-olle

profond, -e adj. *Une rivière profonde de trois mètres.* – Est invariable comme adverbe. *Creusez plus profond.*
‣ **profondément** adv.
‣ **profondeur** n.f.

pro forma loc.inv. *Des factures pro forma.*

profusion n.f. *Une profusion de fleurs. Des fleurs à profusion.*

progéniture n.f.

prognathe adj. et n. Avec **th**. On prononce [prog'nat]. *Un menton prognathe* (= qui avance).

programme n.m.
‣ **programmer** v.t. *Les émissions programmées ce soir. Programmer un appareil.*
‣ **programmation** n.f.
‣ **programmable** adj. *Un appareil programmable.*
‣ **programmateur, -trice** n. et n.m. *Il est programmateur à la télévision. – Le programmateur d'un four électrique.* Ne pas confondre avec ***programmeur***.
‣ **programmeur, -euse** n. *Des programmeurs en informatique. Des analystes-programmeurs.*

progrès n.m. Avec **ès**.
‣ **progresser** v.i. Sans accent.
‣ **progression** n.f.

progressif, -ive adj.
‣ **progressivement** adv.

prohiber v.t. *Des marchandises prohibées* (= interdites).
‣ **prohibition** n.f.

prohibitif, -ive adj. *Un prix prohibitif* (= excessif).

proie n.f. *Des proies faciles. Des oiseaux de proie. – Ils sont en proie aux plus grosses difficultés.*

projecteur n.m. *Des coups de projecteur.*

projectile n.m.

projection n.f.
‣ **projectionniste** n. Avec **nn**. → -on

projet n.m. *Avoir des projets pour l'été. – Des chefs de projet.*

projeter v.t. et v.pr. CONJ.3 Avec **t** ou **tt** : *je projetais, je projetterai. Le volcan projette de la lave. La lave que le volcan a projetée. – Il projette de partir. Elle s'est projetée dans l'avenir.*

prolétaire n. et adj.
‣ **prolétariat** n.m.

proliférer v.i. CONJ.4 Avec **é** ou **è** : *Les cellules proliféraient, les cellules prolifèrent.*
‣ **prolifération** n.f. *Une prolifération de cellules cancéreuses.*

prolifique adj. *Un chercheur prolifique* (= qui produit beaucoup). Ne pas confondre avec ***prolixe*** (= qui parle beaucoup).

prolixe adj. *Il n'a pas été très prolixe* (= bavard). Ne pas confondre avec ***prolifique*** (= qui produit beaucoup).

prologue n.m.

prolonger v.t. et v.pr. Avec **e** devant *a* et *o* : *il prolongeait, nous prolongeons. Nous avons prolongé nos vacances. De combien de jours les avez-vous prolongées ? La soirée s'est prolongée tard dans la nuit. – La rue se prolonge par une impasse.*

‣**prolongation** n.f. Ne s'emploie que dans un contexte temporel. *Jouer les prolongations.*
‣**prolongement** n.m. S'emploie dans un contexte spatial et au figuré. *Dans le prolongement de notre rue… Les prolongements d'une affaire.*

promener v.t. et v.pr. CONJ.2 Avec **e** ou **è** : *nous promenons, il promène. Nous avons promené les chiens, nous les avons promenés. Marie s'est promenée.*
‣**promenade** n.f. *Ils partent en promenade.*
‣**promeneur, -euse** n.

promesse n.f. *Tenir ses promesses. Des promesses de vente, d'achat.*

prometteur, -euse adj. *Des résultats prometteurs.*

promettre v.t. et v.pr. CONJ.37 *Je promets, il promet. Chose promise, chose due. On nous a promis une récompense. La récompense qu'on nous a promise.* Mais *Il a fait toutes les choses qu'il avait promis (de faire).* Voir gramm. § 28(3). – *Elle s'est promis* (= à elle-même) *de venir.* Le participe passé est invariable. Voir gramm. § 29(2). – ATTENTION Au conditionnel, on dit *vous promettriez* et non ✕ *prometteriez.*

promiscuité n.f. (Voisinage désagréable) *À cinq dans une pièce, la promiscuité est insupportable.* Ne pas confondre avec le terme neutre ***proximité***.

promontoire n.m. Avec **e**.

promoteur, -trice n. En parlant d'une femme, on dit **promotrice** au sens littéraire : *une promotrice d'idées nouvelles* ; et **promoteur** au sens de promoteur immobilier.

promouvoir v.t. Se conjugue comme ***mouvoir*** (voir ce mot). – S'emploie surtout à l'infinitif, aux temps composés et au participe passé. *Promouvoir un nouveau produit. – Elle a été promue directrice.*
‣**promotion** n.f. *La promotion sur le lieu de vente (P.L.V.). – Obtenir une promotion.*
‣**promotionnel, -elle** adj. *Vente promotionnelle.*

prompt, -e adj. On prononce [pron] au masculin et [pront] au féminin. *Je vous souhaite un prompt* [pron] *rétablissement.*

prompteur n.m. On prononce le **p** et le **t**.

promu, -e n. *Les nouveaux promus.* → promouvoir

promulguer v.t. Avec **gu**, même devant *a* et *o* : *il promulguait, nous promulguons. Quand a-t-on promulgué cette loi ? Quand l'a-t-on promulguée ?*
‣**promulgation** n.f. Sans *u* après le **g**.

prôner v.t. Avec **ô**. *Prôner la tolérance.*

pronom n.m. Voir ce mot dans la partie grammaire.
‣**pronominal, -e, -aux** adj.

prononcer v.t. et v.pr. Avec **ç** devant *a* et *o* : *il prononçait, nous prononçons. Il a mal prononcé ces mots, il les a mal prononcés. – Elle s'est prononcée en faveur de la paix.*
‣**prononçable** adj. Avec **ç**.
‣**prononciation** n.f. Voir p. 529.

pronostic n.m. Avec **c**. *Les pronostics sportifs. Il est malade mais le pronostic est bon.* Ne pas confondre avec ***diagnostic***.
‣**pronostiquer** v.t.

propagande n.f. *Des ouvrages de propagande.*

propager v.t. et v.pr. Avec **e** devant *a* et *o* : *il propageait, nous propageons. On a propagé une rumeur. La rumeur s'est vite propagée.*
‣**propagation** n.f.

propension n.f. *Une nette propension à dépenser.*

prophète n.m. *Les prophètes de la Bible. Un prophète de malheur.* – On écrit *le Prophète*, avec une majuscule, pour désigner Mahomet.
‣**prophétie** n.f. Avec **tie** qui se prononce [si].
‣**prophétique** adj.

propice adj. *Une heure propice à la détente.*

proportion n.f. Reste au singulier dans *à proportion (de), en proportion (de, avec), hors de proportion, sans proportion.* – On écrit au singulier ou au pluriel *toute(s) proportion(s) gardée(s).*
‣**proportionné, -e** adj. Avec **nn**. *Être bien, mal proportionné.*
‣**proportionnel, -elle** adj. *Une somme proportionnelle à.*

▸**proportionnellement** adv.

propos n.m. *À quel propos? À tout propos. De propos délibéré. Tomber à propos, mal à propos.* – REMARQUE On écrit avec un trait d'union le nom *à-propos* : *Répondre avec à-propos.*

proposer v.t. et v.pr. *Je vous propose de venir demain.* – *On lui a proposé deux postes. Les deux postes qu'on lui a proposés. On a proposé Marie pour ce poste, on l'a proposée pour ce poste.* – *Elle s'est proposée* (= elle-même) *pour ce poste.* Mais *Elle s'est proposé* (= à elle-même) *de venir.* Voir gramm. § 29(1 et 2).

proposition n.f. Voir ce mot dans la partie grammaire.

propre adj. *Il tient ses vêtements très propres.* – *Remettre un pli en main(s) propre(s). Ce sont ses propres mots. Le sens propre et le sens figuré d'un mot. Les noms propres et les noms communs.* – On écrit avec un trait d'union *amour-propre.* – **propre à** s'accorde : *Des offres propres à vous satisfaire.* ◆ n.m. *Mettre un travail au propre.* – *Ces biens lui appartiennent en propre.*
▸**proprement** adv.
▸**propreté** n.f.

propriétaire n.

propriété n.f.

propulser v.t. *Ces engins que l'on a propulsés dans l'espace.*
▸**propulsion** n.f.

prorata n.m.inv. – **au prorata de** : *Des dividendes versés au prorata des actions détenues.*

proroger v.t. Avec **e** devant *a* et *o* : *il prorogeait, nous prorogeons. On proroge une échéance, un délai, une assemblée* (= reporter, prolonger).
▸**prorogation** n.f.

prosaïque adj. Avec **ï**. *Un être prosaïque* (= terre à terre).

proscrire v.t. CONJ.27 *Il a proscrit ces mots de son vocabulaire, il les a proscrits. L'usage de la drogue est proscrit par la loi* (= interdit, condamné). Ne pas confondre avec ***prescrire*** (= ordonner, recommander).

▸**proscription** n.f. (Interdiction) Ne pas confondre avec ***prescription***.

prose n.f. *Des textes en prose* (≠ en vers).

prosélytisme n.m. Avec **y** d'abord et **i** ensuite. *Faire du prosélytisme pour recruter des adeptes.*

prospecter v.t. *Prospecter une région, un marché.*
▸**prospection** n.f.

prospectus n.m. On prononce le **s** final.

prospère adj. Avec **è**. *Une ville prospère.*
▸**prospérer** v.i. CONJ.4 Avec **é** ou **è** : *nous prospérons, ils prospèrent.*
▸**prospérité** n.f. Avec **é**.

prostate n.f.

prosterner (se) v.pr. *Ils se sont prosternés devant la statue.*

prostitué, -e n.
▸**prostituer** v.t. et v.pr.
▸**prostitution** n.f.

prostré, -e adj. *Ils sont restés prostrés.*
▸**prostration** n.f.

protagoniste n. *Les protagonistes d'un fait divers* (= ceux qui jouent un rôle important).

protectorat n.m. Avec un **t** final.

protéger v.t. et v.pr. CONJ.4 Avec **é** ou **è** : *protéger, il protège*; et un **e** devant *a* et *o* : *il protégeait, nous protégeons.* – *La chatte a protégé ses petits, elle les a protégés. Marie s'est protégée du soleil.* – REMARQUE L'élément verbal **protège-** forme des noms composés avec trait d'union : ***un protège-cahier, des protège-cahiers; un, des protège-dents; un protège-tibia, des protège-tibias***.
▸**protégé, -e** n. *C'est son protégé.*
▸**protecteur, -trice** adj. et n.
▸**protection** n.f. *Des grilles de protection. Des protections contre les chocs.*
▸**protectionnisme** n.m. Avec **nn**.
▸**protectionniste** adj. et n.

protéine n.f.
▸**protéiné, -e** adj.

protestant, -e adj. et n.
▸**protestantisme** n.m.

P

protester v.i. *Protester contre.*
▸**protestation** n.f.

prothèse n.f. Avec **th**.

protide n.m. *Les protides et les lipides.*

protocole n.m.
▸**protocolaire** adj.

prototype n.m.

protubérance n.f.
▸**protubérant, -e** adj.

prou adv. Ne s'emploie que dans l'expression littéraire *peu ou prou.*

proue n.f. *La proue d'un navire est à l'avant* (≠ poupe). *Des figures de proue.*

prouesse n.f. *Faire des prouesses.*

prouver v.t. et v.pr. *Il a prouvé son innocence, il l'a prouvée. Prouver quelque chose à quelqu'un. Je lui ai prouvé qu'il avait tort. Ils se sont prouvé* (= à eux-mêmes, l'un à l'autre) *leur amour.* Voir gramm. § 29(2).

provenance n.f. *Un train en provenance de Marseille* (≠ à destination de, en partance pour).

provençal, -e, -aux adj. et n. Avec **ç**. *Il est provençal. C'est un Provençal.* (Le nom de personne prend une majuscule.)

provenir v.i. CONJ.10 *D'où proviennent ces erreurs ?*

proverbe n.m.
▸**proverbial, -e, -aux** adj.

providence n.f. *Cette rencontre est une providence. L'État providence.* Avec une majuscule au sens religieux. *Remercier la Providence.*
▸**providentiel, -elle** adj. Avec un **t**. → -tiel

province n.f.
▸**provincial, -e, -aux** adj. et n.

proviseur n.m. *Madame le proviseur.* L'emploi au féminin *la proviseur* est familier.

provision n.f. *Des chèques sans provision.* – *Un sac à provisions.*
▸**provisionnel, -elle** adj. *Le tiers provisionnel.* Ne pas confondre avec ***prévisionnel***.
▸**provisionner** v.t. Avec **nn**. *Provisionner un compte.*

provisoire adj. *À titre provisoire.*
▸**provisoirement** adv.

provoquer v.t. *La pluie a provoqué des accidents. Les accidents que la pluie a provoqués.* – *C'est eux qui nous ont provoqués.*
▸**provocant, -e** adj. Avec un **c**. *Un sourire provocant.* Ne pas confondre avec le participe présent invariable avec **qu** : *Son sourire nous provoquant...* Voir gramm. § 31.
▸**provocateur, -trice** adj. et n. *Des provocateurs ont perturbé la manifestation.*
▸**provocation** n.f. Avec un **c**.

proxénète n. Le **x** se prononce [ks].
▸**proxénétisme** n.m.

proximité n.f. *Ils habitent à proximité* (= à côté). *Des commerces de proximité.* Ne pas confondre avec ***promiscuité*** (= voisinage désagréable).

prude adj. LITT. (Pudibond) *Une personne prude affecte une pudeur excessive.* Ne pas confondre avec ***pudique***.
▸**pruderie** n.f.

prudence n.f. *Conduire avec prudence.*
▸**prudent, -e** adj.
▸**prudemment** adv. Avec **emm** qui se prononce [am]. Voir gramm. § 9.

prud'homme n.m. Avec **mm**. *Le conseil des prud'hommes.*
▸**prud'homal, -e, -aux** adj. Avec un seul **m**. *Les juges prud'homaux.*

prune n.f. *Cueillir des prunes.* – Est invariable comme adjectif de couleur. *Des robes prune.* Voir gramm. § 8(2).
▸**prunier** n.m.

pruneau n.m. *Des pruneaux d'Agen.*

prunelle n.f.

psalmodier v.t. et v.i.

psaume n.m.

> **pseudo-** S'emploie librement devant un nom, toujours avec un trait d'union : *du pseudo-cinéma.*

pseudonyme n.m. Avec **y** comme dans *anonyme, homonyme, synonyme.* S'abrège familièrement en **pseudo** : *des pseudos.*

psy n. Avec **y**. Abréviation de *psychiatre, psychologue, psychanalyste*.

psychanalyse n.f.
▸ **psychanalyser** v.t. *Elle s'est fait psychanalyser.* (*Fait* suivi d'un infinitif est invariable.)
▸ **psychanalyste** n.

psychédélique adj. Avec **ch** qui se prononce [k]. *De la musique psychédélique.*

psychiatre n. Sans accent circonflexe.
→ -atre/-âtre
▸ **psychiatrie** n.f.
▸ **psychiatrique** adj.

psychique adj.
▸ **psychisme** n.m.

psychodrame n.m.

psychologie n.f.
▸ **psychologique** adj.
▸ **psychologue** adj. et n.

psychomoteur, -trice adj. En un mot. *Des troubles psychomoteurs.*
▸ **psychomotricien, -enne** n.

psychopathe n. Avec **th**.

psychose n.f. Sans accent circonflexe.
▸ **psychotique** adj. et n.

psychosomatique adj.

psychothérapie n.f. Avec **th**.
▸ **psychothérapeute** n. Sans *h* à la fin du mot.

puant, -e adj.
▸ **puanteur** n.f.

1. **pub** n.f. Abréviation de **publicité**.

2. **pub** n.m. Mot anglais. On prononce [peub].

pubère adj. *Un enfant pubère.*
▸ **puberté** n.f.

pubis n.m. On prononce le **s**.

public, publique adj. *Un établissement public. Une école publique.* ◆ n.m. *S'exprimer en public.*
▸ **publiquement** adv.

publicité n.f. S'abrège en **pub**. *Des publicités mensongères.*
▸ **publicitaire** adj. et n.

publier v.t. *On a publié ces textes, on les a publiés.* – ATTENTION À l'indicatif imparfait et au subjonctif présent : *(que) nous publiions.* – Au futur et au conditionnel : *il publiera(it).*
▸ **publication** n.f.

publi-information n.f. *Des publi-informations.*

publipostage n.m.

puce n.f. *Des cartes à puce.*

puceau, -elle adj. et n.
▸ **pucelage** n.m. Avec un seul **l**.

puceron n.m.

pudeur n.f.
▸ **pudique** adj.

pudibond, -e adj. PÉJOR.
▸ **pudibonderie** n.f.

puer v.i. *Ça pue ici ! Ça pue la cigarette !* – REMARQUE Ce verbe peut être suivi d'un complément indiquant le type d'odeur. Certains dictionnaires le donnent alors transitif, d'autres le laissent intransitif. Mais il n'y a jamais d'accord du participe passé. *C'est la cigarette que la pièce a pué toute la matinée.*

puériculture n.f.
▸ **puéricultrice** n.f.

puéril, -e adj. Sans *e* au masculin. *Un geste puéril. Une attitude puérile.* – REMARQUE Les adjectifs *civil, puéril, subtil, vil, viril* et *volatil* s'écrivent sans *e* au masculin. Mais on écrit *infantile, futile,* etc.
▸ **puérilité** n.f.

pugilat n.m. Avec un **t**.

pugnace adj. On prononce [g'n].
▸ **pugnacité** n.f.

puîné, -e adj. Avec **î**, comme dans *aîné*. Ce mot est vieilli, on dit aujourd'hui ***cadet***.

puis adv. *Nous irons à Lyon, puis à Marseille.*

puiser v.t. *Cette énergie, où l'a-t-il puisée ?*

puisque conj. Exprime la cause. S'élide toujours en **puisqu'** devant ***il(s), elle(s), en, on, un, une***. *Puisqu'il le faut* ; et de manière facultative devant une voyelle quelconque ou un *h* muet : *puisqu'aujourd'hui* ou *puisque aujourd'hui.*

P

puissance n.f. *La puissance d'un moteur. – Les grandes puissances, les superpuissances.* – **en puissance** est invariable : *des artistes en puissance.*
▸ **puissant, -e** adj.
▸ **puissamment** adv.

puits n.m. Avec **ts**. *Un puits de science.*

pull-over ou **pull** n.m. Mot anglais. Au pluriel, on écrit *des pull-overs* ou *des pulls.*

pulluler v.i. Avec **ll** puis un seul **l**. *Les insectes pullulent dans la mare. La mare pullule d'insectes.*
▸ **pullulement** n.m.

pulmonaire adj. *Une affection pulmonaire.*

pulpe n.f.

pulsion n.f.

pulvériser v.t.
▸ **pulvérisateur** n.m.
▸ **pulvérisation** n.f.

punaise n.f.

punch n.m. *Des punchs.* – On prononce [ponch] pour la boisson, et [peun'ch] pour la vigueur.

punir v.t. *On a puni les enfants, on les a punis.*
▸ **punition** n.f.

pupille n. et n.f. On prononce [iy] ou [il]. *Un(e) pupille de la nation. La pupille de l'œil.*

pupitre n.m. Sans accent circonflexe.

pur, -e adj. *Des étoffes (en) pure laine. Des saucissons pur porc. – En pure perte.* – **pur sang** est invariable et s'écrit sans trait d'union pour l'adjectif : *des chevaux pur sang* ; est variable ou invariable et s'écrit avec un trait d'union pour le nom : *des purs-sangs* ou *des pur-sang.*
▸ **purement** adv.
▸ **pureté** n.f.

purée n.f. *De la purée de pommes de terre.*

purgatoire n.m.

purge n.f.
▸ **purger** v.t. et v.pr. Avec **e** devant *a* et *o* : *il purgeait, nous purgeons.*

purifier v.t. *Purifier l'air ambiant.*
▸ **purificateur** n.m.
▸ **purification** n.f.

puritain, -e adj. et n.
▸ **puritanisme** n.m.

pus n.m. Avec **s**. *Une plaie avec du pus.*
▸ **purulent, -e** adj. *Une plaie purulente.*

pustule n.f.

putréfier v.t. et v.pr. *Les cadavres se sont putréfiés.*
▸ **putréfaction** n.f.
▸ **putride** adj. *Une odeur putride.*

putsch n.m. Mot allemand. Avec **sch**. On prononce [poutch].

puy n.m. (Montagne) Avec **y**. *Le puy de Dôme.* Ne pas confondre avec ***puits***.

puzzle n.m. Mot anglais. On prononce [peuz(e)l].

pygmée n.m. Nom masculin avec **ée** comme ***musée, mausolée, lycée***…

pyjama n.m. Avec **y**. *Des pyjamas.*

pylône n.m. Avec **ô**.

pyramide n.f.
▸ **pyramidal, -e, -aux** adj.

pyrogravure n. f Avec *pyro-* qui signifie « feu ».

pyrolyse n.f. Avec deux fois **y**. *Un four à pyrolyse.*

pyromane n. Avec *pyro* qui signifie « feu ».

pythie n.f. (Prêtresse)

python n.m. (Serpent) Ne pas confondre avec ***piton*** (pointe).

Q

-qua- Se prononce le plus souvent [ka] comme dans *qualité*, mais quelquefois [koi], comme dans *aquatique*.

quadragénaire n. et adj. Avec **aire** comme dans *centenaire*. – On prononce [koi] ou [ka]. S'abrège en **quadra** [kadra] : *les quadras.*

quadrature n.f. On prononce [koi]. *C'est la quadrature du cercle.*

quadrilatère n.m. On prononce [koi].

quadriller v.t. *On a quadrillé la ville, on l'a quadrillée.*
▸ **quadrillage** n.m.

quadruple adj. et n.m. On prononce [koi] ou [ka].
▸ **quadrupler** v.i. et v.t. *Ses revenus ont quadruplé. Ils les a quadruplés.*

quai n.m. *Se promener sur les quais. Des bateaux à quai.*

qualificatif, -ive adj. – **adjectif qualificatif** Voir ce mot dans la partie grammaire. ◆ n.m. *Un qualificatif peu approprié.*

qualifier v.t. et v.pr. *On l'a qualifié de fou. On l'a qualifiée de folle. – Ils se sont qualifiés, ils sont qualifiés pour la finale.* – ATTENTION À l'indicatif imparfait et au subjonctif présent : *(que) nous qualifiions.* – Au futur et au conditionnel : *il qualifiera(it).*
▸ **qualifiable** adj.
▸ **qualification** n.f.

qualité n.f. *Avoir beaucoup de qualités. Des produits de qualité. – Ils ont agi en qualité de témoins.*
▸ **qualitatif, -ive** adj. *L'aspect qualitatif* (≠ quantitatif).

quand adv. et conj. Avec **d**. *Quand vient-il? Quand est-ce qu'il vient? Demande-lui quand il vient.* Voir gramm. § 18. *Il viendra quand on l'appellera.* – **quand même** est invariable. *Ils sont quand même gentils.* – **quand bien même** se construit avec le conditionnel. *Quand bien même j'aurais ce travail...*

quant à loc.prép. Avec **t**. *Quant à moi, je pense que...* – On écrit avec des traits d'union *rester sur son quant-à-soi.*

quantifier v.t. – ATTENTION À l'indicatif imparfait et au subjonctif présent : *que nous quantifiions.* – Au futur et au conditionnel : *il quantifiera(it).*
▸ **quantifiable** adj.
▸ **quantification** n.f.

quantité n.f. *En quelle quantité? Il a eu des cadeaux en quantité. Il a eu des quantités de cadeaux.* – **quantité de** + nom pluriel : *Quantité de gens pensent que... Quantité de femmes sont persuadées que...* L'accord se fait avec le nom au pluriel. – REMARQUE Avec *une, la, cette, quelle...* l'accord se fait selon le sens : *Et bien ! quelle énorme quantité de cadeaux tu as reçus ! Cette quantité de cadeaux était encore insuffisante.*
▸ **quantitatif, -ive** adj. *L'aspect quantitatif* (≠ qualitatif). ◆ n.m. Voir ce mot dans la partie grammaire.

quarantaine n.f. *On les met en quarantaine.* – **une quarantaine de** : *Une quarantaine de personnes ont été blessées. Une quarantaine de personnes ont ou a voté.* L'accord se fait généralement au pluriel, sauf si c'est sur le nombre que l'on souhaite insister.

quarante adj. numéral et n.m.inv. Est invariable. *Ils sont quarante, quarante et un, quarante-deux.*
▸ **quarantième** adj. et n. *Ils sont quarantièmes. Il est quarante et unième.*

quart n.m. *Le quart de la tarte a été mangé. Les trois quarts de la tarte ont été mangés. Un quart des personnes interrogées a ou ont répondu. Les trois quarts des personnes se sont déclarées satisfaites.* L'accord se fait

q

selon le sens avec le complément ou avec l'expression de quantité. – **quart d'heure** s'écrit sans trait d'union. *Trois quarts d'heure.* – On dit *deux heures et quart* ou *deux heures un quart*, mais *deux heures trois quarts* et *deux heures moins le quart*. – **quart monde** s'écrit sans trait d'union.

quartette n.m. Nom masculin avec **ette** comme *quintette* et *squelette*.

quartier n.m. *La vie de quartier. Des écoles de quartier. – Ne pas faire de quartier.*

quartz n.m. *Des quartz.* On prononce [koi].

quasi adv. On prononce [ka], comme dans *quasiment*. – S'emploie sans trait d'union devant un adjectif : *J'en suis quasi certain* ; et avec un trait d'union devant un nom : *C'est une quasi-certitude.*
▸ **quasiment** adv. *Il est quasiment mort.*

quatorze adj. numéral et n.m.inv. Est invariable. *Ils sont quatorze.* – On écrit avec un trait d'union : *soixante-quatorze, quatre-vingt-quatorze,* et sans trait d'union *cent quatorze.* Voir gramm. § 23(1).
▸ **quatorzième** adj. et n.

quatrain n.m. On prononce [ka].

quatre adj. numéral et n.m.inv. Est invariable. *Tous les quatre jours.* – On écrit avec un trait d'union *vingt-quatre, trente-quatre,* etc., et sans trait d'union *cent quatre, deux cent quatre*, etc. Voir gramm. § 23(1).

quatre-quarts n.m.inv.

quatre-quatre n.f.inv. ou n.m.inv.

quatre-vingt-dix adj. numéral et n.m.inv. Sans *s* à *vingt*. On écrit avec un trait d'union *quatre-vingt-onze, quatre-vingt-douze, quatre-vingt-treize*, etc.
▸ **quatre-vingt-dixième** adj. et n.

quatre-vingts adj. numéral et n.m.inv. S'écrit avec un **s** : *quatre-vingts ans*, sauf quand il indique le rang, après un nom : *page quatre-vingt,* ou s'il est suivi d'un autre adjectif numéral : *quatre-vingt-un, quatre-vingt-deux..., quatre-vingt mille.* – REMARQUE Devant *millier* et *million*, qui sont des noms, *quatre-vingts* garde le *s*.
▸ **quatre-vingtième** adj. et n.

quatuor n.m. On prononce [koi].

que conj., adv. et pron.

• On écrit **qu'** devant une voyelle ou un *h* muet : *Je veux qu'il vienne* ; sauf si le mot a valeur de citation : *Je trouve que « Adeline » est un joli prénom.*

• La **conjonction que** s'emploie seule ou en combinaison avec d'autres mots que l'on trouvera à leur ordre : *avant que, après que, afin que, autant que,* etc.

• En tête de phrase, la conjonction **que** entraîne le subjonctif : *Qu'il pleuve ou qu'il vente... Que tu viennes ou non m'importe peu.*

• On emploie la conjonction **que** pour ne pas répéter une autre conjonction : *Quand il fera beau et que j'aurai du temps...*

• L'**adverbe que** s'emploie dans des phrases exclamatives : *Que c'est beau !* (= comme, combien), ou interrogatives : *Que ne me l'avez-vous dit plus tôt?* (= pourquoi).

• Le **pronom relatif que** est complément d'objet direct : *La personne que j'ai rencontré<u>e</u>*, ou attribut : *La femme que je suis devenu<u>e</u>*. Il ne faut pas oublier de faire l'accord avec l'antécédent. – REMARQUE Quand le pronom relatif est complément de mesure, il n'y a pas d'accord : *Les cent kilos qu'il a pes<u>é</u> autrefois sont oubliés.* Voir gramm. § 12.

• Le **pronom interrogatif que** est neutre : *Que veux-tu ? Qu'as-tu vu ? Dis-moi ce que tu veux, ce que tu as vu.* – **qu'est-ce que** est attribut : *Qu'est-ce que c'est?* ou complément d'objet : *Qu'est-ce que tu as vu?* Dans l'interrogation indirecte on dit : *Je te demande ce que c'est, ce que tu as vu,* et non ✕ *Je te demande qu'est-ce que c'est, qu'est-ce que tu as vu.* Voir gramm. § 18. – **qu'est-ce qui** est sujet : *Qu'est-ce qui lui arrive?* Dans l'interrogation indirecte on dit : *Demande-lui ce qui lui arrive* et non ✕ *Demande-lui qu'est-ce qui lui arrive.* Voir gramm. § 18.

québécois, -e adj. et n. Avec deux fois **é**. *Il est québécois. C'est un Québécois.* (Le nom de personne prend une majuscule.)

quel, quelle adj. interrogatif et exclamatif *Quelle heure est-il ? Quels beaux enfants !* – REMARQUE *Quelles belles fleurs, qu'elles sont belles !* On écrit ***qu'elle(s)*** en deux mots quand on peut dire *qu'il(s)* : *Quels beaux lis, qu'ils sont beaux !*
▸**quel que, quelle que** adj. relatif En deux mots, se place toujours avant le verbe *être* (*pouvoir* et quelquefois *devoir*) au subjonctif. *Quelles que soient vos intentions... Quelles que puissent être vos intentions... Quelle qu'ait été votre décision... Prenez une décision, quelle qu'elle soit. Faites un choix, quel qu'il soit.* – REMARQUE Ne pas confondre avec l'adverbe ***quelque*** devant un adjectif : *Quelque gentil qu'il soit...*, ni avec l'adjectif indéfini ***quelque(s)*** devant un nom : *Quelque bonheur qu'il ait eu... Quelques joies qu'il ait connues...*

quelconque adj. **1.** Est adjectif indéfini dans *un jour quelconque de la semaine* (= n'importe lequel). – **2.** Est adjectif qualificatif dans *des personnes quelconques* (= ordinaires).

quelque adv. et adj. indéfini **quelques** adj. indéfini plur.

• (Environ) On emploie **quelque**, adverbe, devant l'expression d'un nombre. *Les quelque cent personnes qui étaient là.*

• (Quoique) On emploie **quelque... que** + subjonctif, adverbe, devant un adjectif en langue littéraire : *Quelque gentils qu'ils soient, ils...*

• (N'importe lequel) On emploie **quelque... que, quelques... que** + subjonctif, adjectif indéfini au singulier devant un nom au singulier, au pluriel devant un nom au pluriel : *Quelque livre qu'il lise, quelques livres qu'il lise. De quelque manière que ce soit.*

• (Un certain) On emploie **quelque**, adjectif indéfini, devant un nom au singulier : *J'ai eu quelque difficulté à le convaincre. Il y a déjà quelque temps. Il lui sera arrivé quelque mauvaise aventure.* – Et en particulier dans des expressions : *en quelque sorte, quelque part, quelque chose.*

• (Plusieurs) On emploie **quelques**, adjectif indéfini, devant un nom au pluriel : *J'ai quelques amis. Quelques centaines de personnes.* – **et quelques** est toujours au pluriel. *Ils étaient vingt et quelques.*

quelque chose pron. indéfini sing. En deux mots. L'accord se fait au masculin singulier. *Voilà quelque chose de vrai ! Quelque chose me dit que...* Ne pas confondre avec ***quelques choses*** (= plusieurs choses). – REMARQUE On dit *C'est quelque chose à quoi je pense* et non ✕ *auquel, à laquelle.*

quelquefois adv. En un mot. *Il vient quelquefois me voir* (= de temps en temps, parfois). Ne pas confondre avec ***quelques fois*** en deux mots : *Je l'ai vu quelques fois cet été* (= plusieurs fois, à plusieurs reprises). *Les quelques fois où je l'ai vu...*

quelque part adv. En deux mots. *Il doit bien être quelque part.*

quelques-uns, quelques-unes pron. indéfini plur. *Parmi toutes ces histoires, il y en a quelques-unes de passionnantes. Quelques-uns d'entre nous sont partis plus tôt.*

quelqu'un pron. indéfini L'accord se fait toujours au masculin singulier. *Quelqu'un est venu. C'est quelqu'un de gentil.*

quémander v.t.

qu'en-dira-t-on n.m.inv. Avec apostrophe et traits d'union. *Ne pas s'occuper du qu'en-dira-t-on.*

quenelle n.f. *Des quenelles de brochet.*

quenouille n.f.

querelle n.f. Avec un seul **r**. *Ils lui ont cherché querelle. Des querelles de clocher.*
▸**quereller (se)** v.pr. *Ils se sont querellés.*

qu'est-ce que, qu'est-ce qui → que

question n.f. *C'est une question que je me suis posée. – Les films en question sont... Des remises en question. Ces solutions sont hors de question. De quoi est-il question ?* (= de quoi s'agit-il ?) – **il est question de, que** : *Il n'est pas question de prendre des vacances,*

q

qu'on prenne des vacances (= subjonctif). – REMARQUE La tournure *question argent, vacances,* etc. est familière. On préférera *en ce qui concerne, pour ce qui est de.*

▸ **questionner** v.t. Avec **nn**. *On les a questionnés sur ce sujet.*

▸ **questionnaire** n.m. *Remplir un questionnaire.*

quête n.f. Avec **ê** comme dans les mots de la famille (*enquête, requête*). *Des hommes en quête d'honneur. – Faire la quête.*

▸ **quêter** v.t. et v.i.

quetsche n.f. On prononce [kouètch].

queue n.f. *Des queues de cerise(s). Des pianos à queue. Faire la queue. À la queue leu leu. Des histoires sans queue ni tête.* – **queue-de-cheval** s'écrit avec des traits d'union pour la coiffure. *Des queues-de-cheval.*

queux n.m. Ne s'emploie que dans l'ancienne expression **maître queux** (= cuisinier).

qui pron. relatif et interrogatif

• Le **pronom relatif** **qui** s'emploie pour représenter des personnes ou des choses. *La femme qui est là, à qui je parle, chez qui je vais. Les livres qui sont là.* – REMARQUE Quand il représente une personne, **qui** peut s'employer seul comme un pronom indéfini : *Qui vivra verra.* – Quand il représente un animal ou une chose, **qui** ne peut être que sujet. Dans les autres fonctions, on emploie les formes composées avec ***lequel, laquelle*** : *Les animaux, les livres auxquels je pense.*

• Le **pronom interrogatif** **qui** ne représente que des personnes. *Qui vient ? Qui as-tu vu ? Chez qui vas-tu ? Je me demande qui a parlé.* – **qui est-ce qui** s'emploie comme sujet dans l'expression orale : *Qui est-ce qui vient ?* Cette tournure est à éviter dans l'interrogation indirecte. On dira *Je te demande qui vient,* plutôt que ✕ *Je te demande qui est-ce qui vient,* et surtout pas ✕ *Je te demande qui c'est qui vient.* – **qui est-ce que** s'emploie comme complément dans l'expression orale : *Qui est-ce que tu as vu ?* Cette tournure est à éviter dans l'interrogation indirecte. On dira *Dis-moi qui tu as vu,* plutôt que ✕ *Dis-moi qui est-ce que tu as vu,* et surtout pas ✕ *Dis-moi qui c'est que t'as vu.*

• **ce qui, ce qu'il** → ce

Accord avec *qui* sujet

L'accord se fait avec l'antécédent : *La femme qui est venue, les hommes qui sont venus. Moi qui suis* (= 1re personne du singulier), *toi qui es* (= 2e personne du singulier). *C'est Jacques et moi qui irons* (= nous). *C'est Jacques et toi qui irez* (= vous). – *Ceux d'entre nous qui pensent que...* (= accord avec le sujet *ceux*). – *La foule de badauds qui s'est rassemblée* ou *qui se sont rassemblés* (= accord avec le collectif *foule* ou avec son complément *badauds* selon l'intention de celui qui parle). Voir gramm. § 11.

quiche n.f. *Une quiche aux poireaux.*

quiconque pron. indéfini *Je défie quiconque dira le contraire.*

quiétude n.f. *En toute quiétude.*

quignon n.m. *Des quignons de pain.*

quille n.f. Avec **ille** qu'on prononce [iy'] comme dans *fille.*

quincaillerie n.f. *Aller à la quincaillerie.*

▸ **quincaillier** n.m. Avec **ier**. *Aller chez le quincaillier.* → -illier

quinconce n.m. *Des plantes en quinconce.*

quinquagénaire n. et adj. Avec **aire** comme dans *centenaire.* – On prononce [kinka]. S'abrège en **quinqua** : *les quinquas.*

quinquennal, -e, -aux adj. Avec **nn**. *Des plans quinquennaux. Un mandat quinquennal.*

▸ **quinquennat** n.m.

quintal n.m. *Un quintal, des quintaux.*

quinte n.f. *Des quintes de toux.*

quintessence n.f. LITT. Avec **ss** comme dans *essence.*

quintette n.m. Nom masculin avec **ette** comme *quartette* et *squelette.*

quintuple adj. et n.m.
▸ **quintupler** v.i. et v.t. *Ses revenus ont quintuplé. Ils les a quintuplés.*

quinzaine n.f. *Être payé par quinzaine* (= à la quinzaine). – **une quinzaine de** : *Une quinzaine de personnes ont été blessées. Une quinzaine de jours ne suffira ou ne suffiront peut-être pas.* L'accord se fait généralement au pluriel, sauf si c'est sur le nombre que l'on souhaite insister.

quinze adj. numéral et n.m.inv. Est invariable. *Tous les quinze jours. Le quinze de France.* – Se joint par un trait d'union à *soixante* et à *quatre-vingt* : *soixante-quinze, quatre-vingt-quinze.* Voir gramm. § 23(1).
▸ **quinzième** adj. et n. *Ils sont quinzièmes.*

quiproquo n.m. *Des quiproquos.*

quittance n.f. *Des quittances de loyer.*

quitte adj. *Nous sommes quittes. Ils en ont été quittes pour la peur.* – **quitte à** est invariable.

quitter v.t. et v.pr. *À grand-mère qui nous a quittés. Pierre a quitté Marie, il l'a quittée. Ils se sont quittés bons amis. – Ne quittez pas, une opératrice va vous répondre.*

quitus n.m. Avec un seul **t**. On prononce le **s**. *Donner quitus à un syndic.*

qui-vive n.m.inv. *Rester sur le qui-vive.*

quoi pron. interrogatif et relatif

- Représente toujours une chose indéterminée, une idée abstraite, une phrase.

- Le **pronom interrogatif** s'emploie seul ou après une préposition. *Devinez quoi ? À quoi pensez-vous ? Quoi de plus agréable qu'un bon film ?* – Employé seul devant un infinitif, **quoi** appartient à la langue courante : *Quoi faire ? Je ne sais quoi faire.* En langue plus recherchée, on emploie ***que*** : *Que faire ? Je ne sais que faire.* – REMARQUE Employé seul pour faire répéter une phrase, **quoi ?** est familier. On dira plutôt ***pardon ? comment ?***

- Le **pronom relatif** **quoi** s'emploie toujours après une préposition, pour représenter un mot indéfini comme ***quelque chose, autre chose, rien...*** ou le pronom neutre ***ce***. *Y a-t-il quelque chose en quoi je puis vous être utile ? C'est ce sur quoi je comptais.* – REMARQUE S'emploie sans antécédent dans de nombreuses expressions : *il n'y a pas de quoi, sans quoi, n'importe quoi, après quoi, faute de quoi, moyennant quoi...*

- On écrit **quoi que** + subjonctif en deux mots quand l'expression signifie « quelle que soit la chose que » : *Quoi que vous fassiez... Quoi qu'il dise...*, et dans les expressions *quoi qu'il en soit, quoi que ce soit.* Ne pas confondre avec la conjonction ***quoique*** (= malgré le fait que).

quoique conj. (Malgré le fait que, bien que) Est suivi d'un adjectif ou d'un verbe au subjonctif. On écrit **quoiqu'** devant *il(s), elle(s), en, on, un(e). Quoique illettré, il a quand même réussi. Il ira quoiqu'il ait beaucoup de travail. – On sortira quoiqu'il fasse mauvais* (= malgré cela). Ne pas confondre avec ***quoi que***, en deux mots : *Quoi qu'il fasse, il a tort* (= n'importe quelle chose).

quolibet n.m. (Moquerie)

quorum n.m. Avec **um** qui se prononce [om].

quota n.m. *Des quotas.*

quote-part n.f. *Des quotes-parts.*

quotidien, -enne adj. et n.m. *La vie quotidienne. – Au quotidien, c'est un homme agréable. – Les quotidiens du matin.*
▸ **quotidiennement** adv.

quotient n.m. *Le quotient intellectuel (Q.I.).*

q

R

rabâcher v.t. FAM. Avec **â**.

rabais n.m. Avec **s**. *Des marchandises au rabais.*

rabaisser v.t. et v.pr. *Il a dû rabaisser ses prétentions, il les a rabaissées. Il aime rabaisser les autres. Elle s'est toujours rabaissée devant son chef.*

rabane n.f. Avec un seul **n**.

rabat n.m. Avec un **t** qu'on retrouve dans ***rabattre***.

rabat-joie n.inv. et adj.inv. *Des rabat-joie.*

rabattre v.t. et v.pr. CONJ.37, sauf au passé simple : *il rabattit*, et au participe passé : *rabattu. Rabattre un col. On lui a rabattu le prix de 10 %.* – *La voiture s'est rabattue trop vite. Ils se sont rabattus sur les fraises.* – REMARQUE Ne pas confondre ***rabattre*** et ***rebattre*** dans les expressions. On dit *rabattre le caquet*, mais *rebattre les oreilles* : *On lui a rabattu le caquet. On lui a rebattu les oreilles de cette histoire.* – ATTENTION Au conditionnel, on dit *vous rabattriez* et non ✕ *rabatteriez*.

rabbin n.m. Avec **bb**.

râble n.m. Avec **â**. *Des râbles de lapin.*

rabot n.m. Avec un **t** qu'on retrouve dans ***raboter***.

▸**raboter** v.t. *On a raboté la porte, on l'a rabotée.*

rabougri, -e adj. Sans *t*. *Une vieille femme toute rabougrie* et non ✕ *rabougrite*.

rabrouer v.t. *On les a rabroués. Ils se sont fait rabrouer.* (*Fait* suivi d'un infinitif est invariable.) – ATTENTION Au futur et au conditionnel : *il rabrouera(it).*

racaille n.f.

raccommoder v.t. et v.pr. Avec **cc** et **mm**. *Des chaussettes raccommodées.* – *Ils se sont raccommodés.*

▸**raccommodage** n.m.

raccompagner v.t. Avec **cc** comme dans ***accompagner***. *Il a raccompagné Marie, il l'a raccompagnée.*

raccord n.m. Avec **cc**. *Des raccords de peinture.*

▸**raccorder** v.t. et v.pr. *Ils sont raccordés à la centrale.*

▸**raccordement** n.m.

raccourcir v.i., v.t. et v.pr. Avec **cc**. *Les jours raccourcissent.* – *Elle a raccourci sa jupe, elle l'a raccourcie. Elle s'est raccourci sa jupe, elle se l'est raccourcie.* Voir gramm. § 29(2 et 3).

▸**raccourci** n.m. *Prendre un raccourci. Dire en raccourci.*

raccroc n.m. Avec **c** final. – **par raccroc** signifie « par un heureux hasard ». Ne pas confondre avec ***accroc*** (= trou).

raccrocher v.t. et v.pr. *Elle s'est raccrochée à cette idée.*

race n.f. *Des chiens de race.*

▸**racé, -e** adj.

racheter v.t. et v.pr. CONJ.2 Avec **e** ou **è** : *nous rachetons, ils rachètent. Il a racheté sa maison, il l'a rachetée. Il a racheté des fleurs. Il en a racheté.* → en[2] – *Elle s'est rachetée auprès de ses amis.* – ATTENTION Il n'y a pas de *s* à l'impératif, sauf devant ***en*** : *Rachète des fleurs, rachètes-en.*

▸**rachat** n.m.

rachis n.m. On prononce le **s**.

▸**rachidien, -enne** adj. *Le canal rachidien.*

rachitique adj. et n.

racial, -e, -aux adj. *Ségrégation raciale.*

racine n.f.

racisme n.m.

▸**raciste** adj. et n.

racket n.m. Mot anglais. On prononce le **t**.

▸**racketter** v.t. Avec **tt**. *On les a rackettés. Ils se sont fait racketter.* (*Fait* suivi d'un infinitif est invariable.)

racler v.t. et v.pr. *Racler le fond d'une casserole. Elle s'est raclé la gorge.* Voir gramm. § 29(2).
▸**raclette** n.f.

racoler v.t. Avec un seul **l**.
▸**racolage** n.m.

racontar n. m Sans *d*. *Ne pas écouter les racontars.*

raconter v.t. et v.pr. *On lui a raconté des histoires. Les histoires qu'on lui a racontées. Elle s'est raconté des histoires. Les histoires qu'elle s'est racontées.* Voir gramm. § 29(2 et 3).

radar n.m. *Des radars.* On écrit *des contrôles-radar(s), des avions-radars.*

rade n.f.

radeau n.m. *Des radeaux.*

radiateur n.m.

radiation n.f.

1. **radical** n.m. *Un radical, des radicaux.* Voir ce mot dans la partie grammaire.

2. **radical, -e, -aux** adj.
▸**radicalement** adv.
▸**radicaliser** v.t. et v.pr. *Ils se sont radicalisés.*
▸**radicalisation** n.f.

radier v.t. *On les a radiés* – ATTENTION À l'indicatif imparfait et au subjonctif présent : *(que) nous radiions.* – Au futur et au conditionnel : *il radiera(it).*

radiesthésie n.f. Avec **th**.
▸**radiesthésiste** n.

radieux, -euse adj. *Un soleil radieux.*

radio n.f. **1.** *Des postes, des émissions de radio* (= radiodiffusion). – Est invariable après un nom : *des messages radio* (= par radio). – **2.** *Une radio des poumons* (= radiographie).

radioactif, -ive adj. En un mot.
▸**radioactivité** n.f.

radiocassette n.f. En un mot. *Des radiocassettes.*

radiographie n.f. S'abrège en **radio** au sens propre : *une radio des poumons.* Ne s'abrège pas au sens figuré : *une radiographie de la société.*

radiologie n.f.
▸**radiologue** ou **radiologiste** n.

radiophonique adj. *Des émissions radiophoniques.*

radioréveil ou **radio-réveil** n.m. *Des radioréveils* ou *des radios-réveils.*

radioscopie n.f.

radio-taxi n.m. *Des radio-taxis* (= taxi appelé par radio).

radiotéléphone n.m.

radiothérapie n.f.

radis n.m. Avec **s**.

radoter v.i.

radoucir v.t. et v.pr. *Elle s'est radoucie.*
▸**radoucissement** n.m. *Un radoucissement des températures.*

rafale n.f. Avec un seul **f** et un seul **l**. *Des rafales de vent. Le vent souffle par rafales.*

raffermir v.t. Avec **ff**.
▸**raffermissant, -e** adj. *Une crème raffermissante.*
▸**raffermissement** n.m.

raffiné, -e adj. Avec **ff**. *Une décoration, une personne raffinée.*
▸**raffinement** n.m.

raffiner v.t. Avec **ff**. *Du pétrole raffiné.*
▸**raffinage** n.m.
▸**raffinerie** n.f.

raffoler v.t.ind. Avec **ff** et un seul **l** comme dans ***affoler***. *Il raffole de ce pain. Un pain dont il raffole.*

raffut n.m. FAM. Sans accent circonflexe. *Faire du raffut.*

rafiot n.m. FAM. (Bateau) Avec un seul **f**.

rafistoler n.m. FAM Avec un seul **l**. *De vieux meubles rafistolés.*
▸**rafistolage** n.m.

rafle n.f. Avec un seul **f**. *Être pris dans une rafle.*

rafraîchir v.t. et v.pr. Avec **î** comme dans *fraîche, fraîchir. Les températures se sont rafraîchies.*

r

▸**rafraîchissant, -e** adj. *Une boisson rafraîchissante.*
▸**rafraîchissement** n.m.

raft n.m. – REMARQUE On dit quelquefois **rafting**.

rage n.f. *Une rage de dents.* – *Les incendies qui ont fait rage. Ils sont en rage contre...*
▸**rager** v.i. Avec **e** devant *a* et *o* : *il rageait, nous rageons.* FAM. *Les voyageurs ragent contre les retards. Ça les a fait rager.* (Fait suivi d'un infinitif est invariable.)
▸**rageant, -e** adj. *Une histoire rageante.*
▸**rageur, -euse** adj. *Un ton rageur.*

raglan n.m. et adj.inv. *Des pulls raglan.*

ragot n.m.

ragoût n.m. Avec **û**.

ragoûtant, -e adj. Avec **û**. (Appétissant) S'emploie à la forme négative. *Un plat pas très ragoûtant.*

rai n.m. *Des rais de lumière.*

raï n.m. et adj.inv. Avec **ï**. *Des chanteurs (de) raï.*

raid n.m. Sans *e*. *Un raid en territoire ennemi.*

raide adj.
▸**raideur** n.f.
▸**raidir** v.t. et v.pr. *Elle s'est raidie.*
▸**raidissement** n.m.

raie n.f. Avec **e**.

rail n.m. *Des rails. Être sur les rails.*

railler v.t. (Se moquer de) *On les a raillés.*
▸**raillerie** n.f. *Subir les railleries de ses collègues.*
▸**railleur, -euse** adj.

rainette n.f. (Grenouille) Ne pas confondre avec ***reinette*** (pomme).

rainure n.f.

raisin n.m. *Des grappes de raisin. Du jus de raisin.* – REMARQUE On écrit *du vin résiné* et non ✕ *raisiné.*

raison n.f. Reste au singulier dans *à raison de, avec raison, sans raison, à plus forte raison.*
▸**raisonnable** adj. Avec **nn**.
▸**raisonner** v.i. et v.t. *On les a raisonnés.* Ne pas confondre avec ***résonner*** (= faire du bruit).
▸**raisonnement** n.m.

rajeunir v.i. et v.t. *Elle a rajeuni. Je l'ai trouvée rajeunie. Cette coiffure l'avait rajeunie de dix ans !*
▸**rajeunissement** n.m.

rajout n.m. Avec **t** comme dans ***ajout***. *Des rajouts dans la marge d'un texte.*
▸**rajouter** v.t. *Il a rajouté des épices. Les épices qu'il a rajoutées. Il en a trop rajouté.* → en[2] – REMARQUE Ce verbe, qui signifie « ajouter encore une fois », ne doit pas s'employer à la place du verbe simple *ajouter.*

rajuster v.t. et v.pr. *Il a rajusté sa chemise. Il s'est rajusté en sortant des toilettes.* Ne pas confondre avec ***réajuster*** (les salaires).

râle n.m. Avec **â**.
▸**râler** v.i.

ralentir v.t., v.i. et v.pr. *On a ralenti la production, on l'a ralentie. La croissance a ralenti, s'est ralentie.*
▸**ralenti** n.m. *Tourner au ralenti.*
▸**ralentissement** n.m.

rallier v.t. et v.pr. *Ils se sont ralliés à notre cause.* – ATTENTION À l'indicatif imparfait et au subjonctif présent : *(que) nous ralliions.* – Au futur et au conditionnel : *il ralliera(it).*
▸**ralliement** n.m. Avec un **e** muet.

rallonger v.i. Avec **e** devant *a* et *o* : *il rallongeait, nous rallongeons. Les jours rallongent.* ◆ v.t. *Ils ont rallongé leurs vacances de cinq jours.* En ce sens, *rallonger* signifie « allonger encore ».
▸**rallonge** n.f. *Une table à rallonge(s).*

rallye n.m. Avec **y**. *Des rallyes.*

ramadan n.m.

ramage n.m. (Chant d'oiseau) *Le plumage et le ramage.* ◆ n.m.plur. *Un tissu à ramages* (= rameaux, fleurs).

ramasser v.t. *Elle a ramassé des cailloux. Les cailloux qu'elle a ramassés.*
▸**ramassage** n.m. *Des cars de ramassage scolaire.*

rambarde n.f. Avec **am**. *Se tenir à la rambarde.*

rame n.f. *Une paire de rames. – Des rames de métro.*
‣ **ramer** v.i.

rameau n.m. *Des rameaux d'olivier.*

ramener v.t. CONJ.2 Avec **e** ou **è** : *nous ramenons, ils ramènent. On les a ramenées chez elles. Cela nous ramène à notre point de départ.* – REMARQUE Au sens de « amener en plus », la distinction entre *ramener* (un être animé) et *rapporter* (une chose) ne se fait plus beaucoup en langue courante. Elle est à respecter à l'écrit. *Vous pouvez ramener des amis et rapporter des disques.*

ramifier (se) v.pr. *Une branche qui s'est ramifiée.*
‣ **ramification** n.f.

ramollir v.t. et v.pr. Avec **ll**.
‣ **ramollissement** n.m.

ramoner v.t. *On a fait ramoner les cheminées, on les a ramonées. On les a fait ramoner.* (*Fait* suivi d'un infinitif est invariable.)
‣ **ramonage** n.m.
‣ **ramoneur** n.m.

rampe n.f. *Des rampes d'escalier.*

ramper v.i.

rance adj. *Du beurre rance.*
‣ **rancir** v.i. *Le beurre a ranci. Il est ranci.*

ranch n.m. *Des ranchs.* Voir gramm. § 37.

rancœur n.f. *Éprouver de la rancœur.*

rançon n.f. Avec **ç**.
‣ **rançonner** v.t. Avec **nn**. *On les a rançonnés.*

rancune n.f. *Je ne lui ai pas gardé rancune. Sans rancune !*
‣ **rancunier, -ière** adj. et n.

randonnée n.f. *Des sentiers de grande randonnée (G.R.).*
‣ **randonneur, -euse** n.

rang n.m. Avec **g** qu'on retrouve dans ***rangée***. *Un rang de perles. – Au premier rang. Se mettre en rang(s). En rang d'oignon(s). Je les mets au rang de mes amis.*

rangée n.f. *Une rangée d'arbres.*

ranger v.t. et v.pr. Avec **e** devant *a* et *o* : *il rangeait, nous rangeons. On a rangé les livres, on les a rangés. – Ils se sont rangés.*
‣ **rangement** n.m. *Des meubles de rangement pour les disques.*

ranimer v.t. On **ranime** une flamme, on ***réanime*** un blessé.

rap n.m.

rapace n.m.

rapatrier v.t. *On les a rapatriés. Elles se sont fait rapatrier.* (*Fait* suivi d'un infinitif est invariable.) – ATTENTION À l'indicatif imparfait et au subjonctif présent : *(que) nous rapatriions*. – Au futur et au conditionnel : *il rapatriera(it).*
‣ **rapatrié, -e** n.
‣ **rapatriement** n.m. Avec **e** muet.

râpe n.f. Avec **â**. *Des râpes à fromage.*
‣ **râper** v.t. *Du fromage râpé.*

rapetasser v.t. Ne pas confondre ce vieux mot qui signifie « réparer sommairement » avec le verbe ***rapetisser***.

rapetisser v.i. et v.t. (Devenir ou rendre plus petit) *Alice a rapetissé, elle est minuscule.* Ne pas confondre avec ***rapetasser***.

râpeux, -euse adj. Avec **â** comme dans ***râpe***. *Une langue râpeuse.*

raphia n.m. Avec **ph**.

rapide adj. et n.m.
‣ **rapidement** adv.
‣ **rapidité** n.f.

rappel n.m. *Des piqûres de rappel. Des cordes de rappel. Des rappels à l'ordre.*

rappeler v.t. CONJ.3 Avec **l** ou **ll** : *nous rappelons, il rappelle. J'ai rappelé Marie, je l'ai rappelée.* ◆ v.t. et v.pr. *Rappeler quelque chose à quelqu'un. Cela leur a rappelé leur jeunesse. Marie s'est rappelée à notre bon souvenir.* Mais *Elle s'est rappelé que...* Voir gramm. § 29(2). – **se rappeler quelque chose** se construit avec un complément d'objet direct. La tournure ***se rappeler de quelque chose***, sur le modèle de *se souvenir de*, est très courante mais critiquée. On devrait dire *Je me rappelle mon école* plutôt que *Je me rappelle de mon école.* – REMARQUE Attention aux pronoms. On dit *C'est*

r

quelque chose que je me rappelle (= on se rappelle quelque chose), et *C'est quelque chose dont je me souviens* (= on se souvient de quelque chose). De même la tournure *Je m'en rappelle*, sur le modèle de *Je m'en souviens*, courante à l'oral, est à éviter à l'écrit. On doit dire *Je me le rappelle.*

rapport n.m. *Des rapports d'activité. Ils sont au rapport. Par rapport à. En rapport avec. Sans rapport avec. Sous tous (les) rapports.*

rapporter v.t. *Il a rapporté des souvenirs de vacances. Ce sont des objets qu'il a rapportés d'Italie. Il en a rapporté beaucoup ?* → en² – *Les intérêts que vous a rapportés ce placement, que ce placement vous a rapportés.* ◆ v.pr. *Tout ce qui se rapporte à la vie m'intéresse.* – **s'en rapporter à** : *Ils s'en sont rapportés à vous, à votre décision.*

rapprocher v.t. et v.pr. *Des gens que les épreuves ont rapprochés. Ils se sont rapprochés.*
▸**rapprochement** n.m.

rapsodie ou **rhapsodie** n.f. (Musique)

rapt n.m.

raquette n.f.

rare adj. *Des produits rares.*
▸**rarement** adv.
▸**rareté** n.f.
▸**raréfier** v.t. et v.pr. *Ces produits se sont raréfiés.*
▸**raréfaction** n.f.

ras, rase adj. *À ras bord. Faire table rase du passé.* – **ras du cou** est invariable. *Des pulls ras du cou, des ras du cou.*

rasade n.f.

rasant, -e adj. *Une lumière rasante.*

raser v.t. et v.pr. *Il s'est rasé la barbe, il se l'est rasée.*
▸**rasage** n.m.
▸**rasoir** n.m. *Des coups de rasoir.*

rassasier v.t. *Ils sont rassasiés.*

rassembler v.t. et v.pr. *On a rassemblé les troupes, on les a rassemblées. Ils se sont rassemblés dans la cour.*
▸**rassemblement** n.m.

rasseoir v.t. et v.pr. CONJ.22a *Elle se sont rassises.*

rasséréner v.t. CONJ.4 Avec **é** ou **è** : *rasséréner, cela rassérène*. Vient de *serein*. Bien dire [séréné] et non ✕ [sénéré]. *Ils sont rassérénés* (= tranquillisés).

rassir v.i. et v.t. CONJ.9 Formé à partir de l'adjectif ***rassis*** (du verbe *rasseoir* dans un sens ancien), ce verbe régulier du 2ᵉ groupe fait ***rassi*** au participe passé. *Le pain a rassi.*
▸**rassis, -ise** ou **-ie** adj. *Du pain rassis. De la brioche rassise* ou *rassie.* – REMARQUE Sous l'influence du verbe ***rassir***, le féminin ***rassie*** est courant aujourd'hui. On a donc : *Le pain a rassi, il est rassis. La brioche a rassi, elle est rassie.*

rassurer v.t. et v.pr. *On a rassuré les familles, on les a rassurées. Rassure-toi, tout va bien.*
▸**rassurant, -e** adj. *Des propos rassurants.* Ne pas confondre avec le participe présent invariable : *Ces propos rassurant tout le monde…* Voir gramm. § 31.

rat n.m.

ratatiné, -e adj.

ratatouille n.f.

rate n.f.

râteau n.m. Avec **â**.

râtelier n.m. Avec **â**.

rater v.i. et v.t. *Une vie ratée.*

ratifier v.t. *Ratifier un traité, une convention.* – ATTENTION À l'indicatif imparfait et au subjonctif présent : *(que) nous ratifiions.* – Au futur et au conditionnel : *il ratifiera(it).*
▸**ratification** n.f.

ratio n.m. Avec **t** qui se prononce [s]. *Des ratios économiques.*

ration n.f. *Une ration de viande, de légumes.*
▸**rationner** v.t. Avec **nn**. *La nourriture était rationnée.*
▸**rationnement** n.m.

rationnel, -elle adj. Avec **nn**, comme pour l'adverbe, mais les mots de la famille en [yonal-] n'ont qu'un seul **n**. → -on
▸**rationnellement** adv.
▸**rationaliser** v.t. Avec un seul **n**.

‣**rationalisation** n.f.
‣**rationaliste** adj. et n.
‣**rationalité** n.f.

ratisser v.t. Sans accent circonflexe.
‣**ratissage** n.m.

raton n.m. *Des ratons laveurs.*

rattacher v.t. et v.pr. *On a rattaché nos services, on les a rattachés à l'administration.*
‣**rattachement** n.m.

rattraper v.t. et v.pr. Avec **tt** et un seul **p** comme dans ***attraper***. *On les a rattrapés. Ils se sont rattrapés.*
‣**rattrapable** adj. *Une erreur qui n'est pas rattrapable.*
‣**rattrapage** n.m. *Des cours de rattrapage.*

rature n.f. *Un texte sans rature(s).*
‣**raturer** v.t. *Un texte tout raturé.*

rauque adj. *Une voix rauque.*
‣**raucité** n.f. *La raucité de la voix.*

ravage n.m.

ravaler v.t.
‣**ravalement** n.m.

ravi, -e adj. *Marie est ravie de vous recevoir.*

ravier n.m.

ravigoter v.t. FAM. Avec un seul **t**. *Ça vous ravigote* (= revigore). → -oter

ravin n.m.

raviole n.f. Avec un seul **l**. → -ole/-olle

ravioli n.m. *Des raviolis.* Voir gramm. § 37

ravir v.t. *La première place, on la lui a ravie. – Cela nous ravit de vous revoir, nous en sommes ravis. – Cela vous va à ravir.*

raviser (se) v.pr. *Elles se sont ravisées.*

ravissant, -e adj. *Un village ravissant.*

ravisseur, -euse n. *Les ravisseurs ont demandé une rançon.*

ravitailler v.t. et v.pr. *Des avions que l'on a ravitaillés en vol. Ils se sont ravitaillés.* – ATTENTION À l'indicatif imparfait et au subjonctif présent : *(que) nous ravitaillions.*
‣**ravitaillement** n.m.

raviver v.t. et v.pr. *Sa passion s'est ravivée.*

ravoir v.t. Ne s'emploie qu'à l'infinitif.

rayé, -e adj. *Une étoffe rayée bleu et blanc.*

rayer v.t. CONJ. 5 *Il raye* ou, plus rarement, *il raie. On a rayé nos noms, on les a rayés.* – ATTENTION À l'indicatif imparfait et au subjonctif présent : *(que) nous rayions.*

rayon n.m.

rayonnage n.m. Avec **nn**.

rayonner v.i. Avec **nn**. *Ils rayonnent de bonheur.*
‣**rayonnant, -e** adj.
‣**rayonnement** n.m.

rayure n.f. *Un tissu à rayures.*

raz de marée n.m.inv. S'écrit avec ou sans traits d'union : *des raz(-)de(-)marée.*

razzia n.f. Avec **zz** qui se prononce [dz] ou [z]. *Des razzias.*

re-, ré-

1. On emploie **ré-** ou **r-** devant une voyelle ou un *h* muet : *rhabiller, rouvrir, réhabiliter, réorganiser, rajouter, réadapter, réadaptation.* Il n'y a pas de règle stricte et quelquefois on trouve les deux possibilités : *rajuster* ou *réajuster, récrire* ou *réécrire.*

2. On écrit **re-** devant un *h* aspiré ou une consonne : *recommencer, recalculer, rehausser, remeubler...*

3. Devant un mot qui commence par *s* + consonne, on écrit **re-** : *restructurer.* Devant un mot qui commence par *s* + voyelle, on écrit, en doublant le *s*, **res-** : *ressortir, ressaigner, ressaisir, ressauter, resserrer*, ou, sans doubler le *s*, **re-** : *resaler, resigner.* Certains mots peuvent s'écrire des deux manières : *resurgir* ou *ressurgir.*

4. On peut sans cesse former des mots avec **re-** devant une consonne ou un *h* aspiré ou **ré-** devant une voyelle ou un *h* muet : *réinformatiser, remanger...* Les dictionnaires ne les enregistrent pas tous. Nous n'avons retenu dans cet ouvrage que ceux qui présentaient des particularités de sens ou d'emploi.

r

réacteur n.m.

réactif, -ive adj.

réaction n.f. *Des réactions imprévisibles. En réaction à. Par réaction contre* ou *à*. – *Des moteurs à réaction.*

réactionnaire adj. et n. Avec **nn**. S'abrège familièrement en ***réac***.

réagir v.i. *On les a fait réagir.* (*Fait* suivi d'un infinitif est invariable.)

réajuster v.t. *On a réajusté les salaires, on les a réajustés.* Ne pas confondre avec ***rajuster*** (ses vêtements).
▸ **réajustement** n.m.

réaliser v.t. et v.pr. *Marie a réalisé ses projets, elle les a réalisés. Ses rêves se sont réalisés.* – *Cette émission est réalisée en direct.*
▸ **réalisable** adj.
▸ **réalisateur, -trice** n. *Un réalisateur de télévision.*
▸ **réalisation** n.f.

réalisme n.m.
▸ **réaliste** adj. et n.

réalité n.f. *Les réalités de la vie. En réalité.*

réanimer v.t. *La femme qu'on a réanimée.* – REMARQUE On réserve plutôt aujourd'hui le verbe ***réanimer*** aux emplois médicaux.
→ ranimer
▸ **réanimation** n.f.

réassort n.m. *Le réassort chez un commerçant.*

rébarbatif, -ive adj.

rebattre v.t. CONJ.37 sauf au passé simple : *il rebattit*, et au participe passé : *rebattu*. On dit *rebattre les oreilles à quelqu'un* et non ✕ *rabattre*.

rebelle adj. et n. Avec **ll**.
▸ **rebeller (se)** v.pr. *Elles se sont rebellées contre l'autorité.*
▸ **rébellion** n.f. Avec **ré**.

rebiffer (se) v.pr. Avec **ff**. *Elles se sont rebiffées.*

reblochon n.m. (Fromage) Avec **re** et non ✕ *ro*.

reboiser v.t. *Des terrains qu'on a reboisés.*
▸ **reboisement** n.m.

rebond n.m. Avec **d** comme dans ***bond***.
▸ **rebondir** v.i.
▸ **rebondissement** n.m. *Une histoire à rebondissements.*

rebord n.m. Avec **d** comme dans ***bord***.

reboucher v.t. *Des trous qu'on a rebouchés au mastic.*

rebours (à) loc.adv. *Le compte à rebours a commencé.*

rebrousse-poil (à) loc.adv. *On les a pris à rebrousse-poil.*

rebrousser v.t. *Ils ont rebroussé chemin.*

rebuffade n.f. Avec **ff**. *Ils ont essuyé une rebuffade* (= un refus).

rébus n.m. (Jeu) On prononce le **s**.

rebut n.m. Avec un **t**. *Mettre de vieilles choses au rebut.*

rebuter v.t. Avec un seul **t**. *Ces travaux la rebutent.*
▸ **rebutant, -e** adj. *Des travaux rebutants.* Ne pas confondre avec le participe présent invariable : *Ces travaux rebutant tout le monde…* Voir gramm. § 31.

récalcitrant, -e adj.

recaler v.t. FAM. *On les a recalés à l'examen.*

récapituler v.t. Avec **ré**.
▸ **récapitulatif -ive** adj. et n.m. *Une liste récapitulative. Un récapitulatif.*
▸ **récapitulation** n.f.

recel n.m. *Être condamné pour recel.*
▸ **receler** ou **recéler** v.t. CONJ.2 ou 4 Avec **e** ou **é**, et **è** : *nous recelons* ou *nous recélons, ils recèlent. Receler des bijoux volés.* – *Les trésors que la région recèle.*
▸ **receleur, -euse** n. Sans accent. *Le voleur et son receleur.*

recenser v.t. Avec **c** puis **s**. *La population a été recensée. Les erreurs que nous avons recensées.*
▸ **recensement** n.m.

récent, -e adj. *Un film récent. Une histoire récente.*

▸**récemment** adv. Avec **emm** qui se prononce [am]. Voir gramm. § 9. *C'est arrivé récemment.*

recentrer v.t. et v.pr. *Ils se sont recentrés sur leurs positions premières.*
▸**recentrage** n.m.

récépissé n.m. Avec **c** d'abord, comme dans ***recevoir***, et **ss**. *Demander un récépissé.*

réceptacle n.m.

récepteur, -trice adj. et n.m. *Un poste récepteur* (≠ émetteur).

réceptif, -ive adj. *Une personne réceptive.*

réception n.f. *Des accusés de réception.*
▸**réceptionner** v.t. Avec **nn**. *Les marchandises réceptionnées.*
▸**réceptionniste** n.

récession n.f. *Des périodes de récession* (≠ croissance).

recette n.f.

recevoir v.t. CONJ. 18 Avec **ç** devant *o* et *u* : *je reçois, j'ai reçu. Il a reçu une lettre. Quelle lettre a-t-il reçue ?* – REMARQUE Le participe est invariable en tête de phrase : *Reçu la somme de...*

rechange (de) loc.adj. Est invariable. *Des pièces de rechange.*

rechaper v.t. Avec un seul **p** comme dans ***chape***. *Rechaper un pneu.* Ne pas confondre avec ***réchapper*** (d'un accident).

réchapper v.i. Avec **pp** comme dans ***échapper***. *Ils sont sortis indemnes de l'accident, ils en ont réchappé.* Ne pas confondre avec ***rechaper*** (un pneu).

recharge n.f. *Des recharges d'encre. Un briquet à recharge.*
▸**recharger** v.t. Avec **e** devant *a* et *o* : *il rechargeait, nous rechargeons. La batterie qu'on a rechargée.*
▸**rechargeable** adj. Avec **gea**.

réchaud n.m. Avec **d**.

réchauffer v.t. et v.pr. *Réchauffer un plat. Les plats qu'on a réchauffés, qu'on a fait réchauffer.* (*Fait* suivi d'un infinitif est invariable.) *Elle s'est réchauffée près du feu.* Mais *Elle s'est réchauffé les pieds.* Voir gramm. § 29(1 et 2). *La planète se réchauffe. Les températures se sont réchauffées.*
▸**réchauffage** n.m. *Le réchauffage d'un plat.*
▸**réchauffement** n.m. *Le réchauffement de la planète, des températures.*

rêche adj. Avec **ê**.

recherche n.f. *La recherche du bonheur. Les recherches d'un chercheur. Des travaux de recherche. – S'exprimer avec recherche.*
▸**recherché, -e** adj. *Un style recherché.*
▸**rechercher** v.t. *On a recherché Marie, on l'a recherchée, on l'a fait rechercher.* (*Fait* suivi d'un infinitif est invariable.)

rechigner v.i. *Il rechigne à obéir.*

rechute n.f.
▸**rechuter** v.i.

récidive n.f.
▸**récidiver** v.i.
▸**récidiviste** n.

récif n.m. *Des récifs de corail.*

récipiendaire n. LITT. Avec **ien** qui se prononce [yan]. *Les récipiendaires d'une décoration.*

récipient n.m.

réciproque adj. Voir ce mot dans la partie grammaire.
▸**réciproquement** adv.
▸**réciprocité** n.f.

récit n.m. *Les contes et récits du Moyen Âge.*

récital n.m. *Des récitals.* Voir gramm. § 32(3).

récitation n.f.

réciter v.t. *J'ai récité des poèmes. Quels poèmes as-tu récités ?*
▸**récitation** n.f.

réclame n.f.

réclamer v.t. et v.i. *Il a réclamé sa part, il l'a réclamée. Réclamer auprès d'un service.* ◆ v.pr. *Elles se sont réclamées de personnes haut placées.*
▸**réclamation** n.f. *Le service des réclamations.*

reclasser v.t. *On les a reclassés dans un autre service.*

r

▸ **reclassement** n.m.

reclus, -e adj. et n. Avec un **s** qui ne se prononce pas au masculin. *Vivre en reclus.*

réclusion n.f. Avec **é**. *La réclusion à perpétuité.*

recoin n.m. *Les coins et les recoins.*

recoller v.t. Avec **ll** comme dans ***colle***.

récolte n.f.
▸ **récolter** v.t.
▸ **récoltant** adj.masc. et n.m. *Les propriétaires récoltants.*

recommandé, -e adj. et n.m. *Une lettre recommandée. Des lettres en recommandé.*

recommander v.t. et v.pr. *Je vous recommande cette auberge. L'auberge que vous m'avez recommandée. – Elle s'est recommandée de Luc.*
▸ **recommandable** adj. *Un individu peu recommandable.*
▸ **recommandation** n.f. *Suivre les recommandations d'usage.*

recommencer v.t. et v.i. Avec **ç** devant *a* et *o* : *il recommençait, nous recommençons.*
▸ **recommencement** n.m. *Un éternel recommencement.*

récompense n.f.
▸ **récompenser** v.t. *On les a récompensés.*

recomposé, -e adj. *Les familles recomposées.*

réconcilier v.t. et v.pr. *Je les ai réconciliés. Ils se sont réconciliés.* – ATTENTION À l'indicatif imparfait et au subjonctif présent : *(que) nous réconciliions.* – Au futur et au conditionnel : *il réconciliera(it).*
▸ **réconciliation** n.f.

reconduire v.t. CONJ.30 **1.** (Renouveler) *Reconduire un bail.* – **2.** (Raccompagner) *On les a reconduits chez eux.*
▸ **reconductible** adj. *Un bail reconductible.*
▸ **reconduction** n.f. *Par tacite reconduction.* Ne pas confondre avec ***reconduite***.
▸ **reconduite** n.f. *La reconduite à la frontière.* Ne pas confondre avec ***reconduction***.

réconfort n.m. *Des paroles de réconfort.*
▸ **réconforter** v.t. et v.pr. *Il a réconforté Marie, il l'a réconfortée. Elle s'est réconfortée comme elle a pu.*
▸ **réconfortant, -e** adj. *Des propos réconfortants.*

reconnaissance n.f. *Manquer de reconnaissance. – Des reconnaissances de dette.*
▸ **reconnaissant, -e** adj. *Je vous suis reconnaissante d'avoir bien voulu…*

reconnaître v.t. et v.pr. CONJ.36 Avec **î** devant un *t*. *Il reconnaît qu'il a tort. Il reconnaît s'être trompé. – Je vous ai tous reconnus sur la photo. Marie ne s'est pas reconnue. – On lui reconnaît des qualités. Ces qualités qu'on lui a toujours reconnues.*

reconstituer v.t. *On a reconstitué la scène, on l'a reconstituée.* – ATTENTION Au futur et au conditionnel : *il reconstituera(it).*
▸ **reconstitution** n.f.

reconvertir v.t. et v.pr. *Elle s'est reconvertie dans l'informatique.*
▸ **reconversion** n.f. Avec **s**.

recopier v.t. *Il a recopié ses devoirs, il les a recopiés.* – ATTENTION À l'indicatif imparfait et au subjonctif présent : *(que) nous recopiions.* – Au futur et au conditionnel : *il recopiera(it).*

record n.m. Avec **d**. *Des records mondiaux.* S'emploie sans trait d'union après un nom : *des prix records, des années records.* – REMARQUE Les mots **recordman** et **recordwoman** sont de faux anglicismes. Ils ne s'emploient pas en anglais. Il n'y a donc aucune raison de leur appliquer un pluriel anglais. On écrira *des recordmans, des recordwomans.*

recoudre v.t. Se conjugue comme ***coudre*** (voir ce mot).

recouper v.t. et v.pr. *Recouper des informations. Les informations qu'on a recoupées. Tout se recoupe.*
▸ **recoupement** n.m. *Faire des recoupements. Par recoupement.*

recourbé, -e adj. *Des oiseaux à bec recourbé.*

recourir v.t.ind. CONJ.12 *Recourir à un expert. L'expert auquel, l'experte à laquelle*

nous avons recouru. – ATTENTION Au futur, on dit *il recourra* en faisant entendre les deux *r* et non ✕ *il recourera.*
▸ **recours** n.m. *Avoir recours à un stratagème. Des recours en grâce.*

recouvrer v.t. (Récupérer) *Recouvrer la santé. Recouvrer l'impôt. Les sommes que l'on a recouvrées.* Ne pas confondre avec ***recouvrir*** (couvrir).
▸ **recouvrement** n.m. *Le recouvrement de l'impôt.*

recouvrir v.t. CONJ. 14 (Couvrir) *Recouvrir des livres. Les livres qu'on a recouverts.* Ne pas confondre avec ***recouvrer*** (récupérer).

récréation n.f.

récrier (se) v.pr. *« Ce n'est pas juste ! » se récria-t-elle. Elle s'est récriée que ce n'était pas juste.*

récriminer v.i. *Ils récriminent contre tout.*
▸ **récrimination** n.f.

récrire ou **réécrire** v.t. CONJ. 27 On emploie les deux formes pour le verbe, mais pour le nom on ne dit que **réécriture**.

recroqueviller (se) v.pr. *Elles se sont recroquevillées.* – ATTENTION À l'indicatif imparfait et au subjonctif présent : *(que) nous nous recroquevillions.*

recru, -e adj. Sans accent circonflexe. *Ils sont recrus de fatigue.*

recrudescence n.f. Avec **sc**. *La recrudescence des vols.*

recrue n.f. Est du féminin, même pour parler d'un homme. *Nous avons fait une nouvelle recrue, c'est Pierre.*

recruter v.t. *Les personnes que nous avons recrutées.*
▸ **recrutement** n.m.

rectangle n.m.
▸ **rectangulaire** adj.

recteur n.m.

rectifier v.t. *Rectifier une erreur. Nos données ont été rectifiées.* – ATTENTION À l'indicatif imparfait et au subjonctif présent : *(que) nous rectifiions.* – Au futur et au conditionnel : *il rectifiera(it).*

▸ **rectification** n.f.
▸ **rectificatif, -ive** adj. et n.m. *Publier une note rectificative. Publier un rectificatif.*

rectiligne adj.

recto n.m. *Au recto* (≠ verso). – **recto verso** : *Des pages écrites recto verso.*

rectorat n.m.

rectum n.m. Avec **um** qui se prononce [om].

reçu n.m. *Payer et demander un reçu.* → recevoir

recueil n.m. Avec **ueil**. → -euil/-ueil

recueillir v.t. CONJ. 15 Avec **ueil**. → -euil/-ueil – *Les dons qu'on a recueillis.* ◆ v.pr. *Elle s'est recueillie sur sa tombe.*
▸ **recueillement** n.m.

recul n.m. On prononce le **l**. *Des mouvements de recul. Ils prennent du recul.*

reculé, -e adj. *Un quartier reculé. À une époque reculée.*

reculer v.i., v.t. et v.pr. *Reculer devant le danger.* – *On a reculé la date, on l'a reculée. Marie a reculé, elle s'est reculée pour le laisser passer.* – **à reculons** s'écrit avec un **s**.

récupérer v.t. CONJ. 4 Avec **é** ou **è** : *nous récupérons, ils récupèrent. Les matériaux qu'on a récupérés.*
▸ **récupérable** adj.
▸ **récupération** n.f.

récurer v.t.

récurrent, -e adj. Avec **rr**. *Les personnages récurrents d'une série* (= qui reviennent).

récuser v.t. et v.pr. *On a récusé deux témoins, on les a récusés. Elle a accepté le poste, puis elle s'est récusée.*

recycler v.t. et v.pr. Avec **y** comme dans ***cycle***. *Des matériaux recyclés. Ils se sont recyclés dans la publicité.*
▸ **recyclable** adj.
▸ **recyclage** n.m.

rédacteur, -trice n.

rédaction n.f.

r

reddition n.f. LITT. Avec **dd**. *La reddition d'une armée. La reddition des comptes.*

rédemption n.f.

redéploiement n.m. Avec un **e** muet. *Un redéploiement industriel.*
▸**redéployer** v.t. CONJ.6 Avec un **i** devant un *e* muet : *il redéploie, il redéploiera.*

redevable adj. *Ces sommes dont je vous suis redevable.*

redevance n.f.

rédhibitoire adj. Avec **dh**.

rediffusion n.f.

rédiger v.t. Avec **e** devant *a* et *o* : *il rédigeait, nous rédigeons. Cette lettre, il l'a rédigée tout seul.*

redingote n.f.

redire v.t. CONJ.29 *Redites-le-moi.*
▸**redite** n.f. *Faire des redites.*

redondance n.f.
▸**redondant, -e** adj.

redoubler v.t. *Redoubler une classe* (= doubler). ◆ v.i. *Redoubler d'intensité.*
▸**redoublant, -e** n.
▸**redoublement** n.m.

redoutable adj.

redouter v.t. *Il redoute ses supérieurs, il les a toujours redoutés.*

redoux n.m. Avec **x** comme dans ***doux***.

redresser v.t. et v.pr. *Ils ont redressé l'entreprise, ils l'ont redressée. Elle s'est redressée.*
▸**redressement** n.m.

réduire v.t. CONJ.30 *On a réduit les effectifs, on les a réduits de dix pour cent. Des produits à prix réduit.* ◆ v.pr. *Ses économies se réduisent à peu de chose.*
▸**réduction** n.f.

réduit n.m.

réécrire ou **récrire** v.t. CONJ.27
▸**réécriture** n.f. Il y a deux formes pour le verbe, une seule pour le nom. → re-

réédition n.f.

rééduquer v.t.
▸**rééducation** n.f. Avec **c**.

réel, réelle adj. et n.m. Avec un seul **é**.
▸**réellement** adv.

refaire v.t. CONJ.24 *Refaites-le. Sa maison est refaite à neuf. – Elle a fait refaire sa jupe, elle l'a fait refaire.* (*Fait* suivi d'un infinitif est invariable.) *Elle a refait faire sa jupe, elle l'a refait faire.* (*Refait* suivi d'un infinitif est invariable.)

réfection n.f.

réfectoire n.m.

référence n.f. *Des ouvrages de référence. Faire référence à.*

référendum n.m. *Des référendums.* Voir gramm. § 37.

référer (se) v.pr. CONJ.4 Avec **é** ou **è** : *il se référa, il se réfère. Nous nous sommes référés à ce texte.*

refermer v.t. et v.pr. *Les portes se sont refermées sur lui.*

réfléchi, -e adj. Voir ce mot dans la partie grammaire. – *Une personne très réfléchie.*

réfléchir v.t. *La lumière est réfléchie par le miroir.* ◆ v.t.ind. *Réfléchir à quelque chose. C'est un projet auquel j'ai réfléchi.*

réflecteur n.m.

reflet n.m. *Des cheveux bruns à légers reflets roux.* – On écrit sans trait d'union *des verres antireflet.*
▸**refléter** v.t. et v.pr. CONJ.4 Avec **é** ou **è** : *il refléta, il reflète.*

reflex adj. et n.m. Sans accent et sans *e* final. *Un appareil photo reflex.* Ne pas confondre avec ***réflexe***.

réflexe n.m. Avec **é** et un **e** final. *Avoir de bons réflexes. Manquer de réflexe. Des réflexes conditionnés.* Ne pas confondre avec ***reflex*** (appareil photo).

réflexion n.f. *Des sujets de réflexion. (Toute) réflexion faite. Des projets qui méritent réflexion.*

refluer v.i.
▸**reflux** n.m.

réforme n.f.

▸**réformer** v.t.
▸**réformateur, -trice** adj. et n.

refouler v.t. *Il a refoulé ses larmes, il les a refoulées.*

réfractaire adj. *Être réfractaire à quelque chose.*

refrain n.m.

refréner ou **réfréner** v.t. et v.pr. CONJ.4 Avec **é** ou **è** : *nous réfrénons, ils réfrènent. Réfréner une envie. Ils se sont réfrénés.*

réfrigérateur n.m. Ce terme générique est à préférer à ***Frigidaire*** qui est un nom de marque.

réfrigéré, -e adj. *Des camions réfrigérés.*

refroidir v.i., v.t. et v.pr. *Une boisson qu'on a laissée refroidir, qu'on a refroidie avec un glaçon. Les températures se sont refroidies.*
▸**refroidissement** n.m.

refuge n.m. Reste au singulier dans *chercher refuge, trouver refuge.* – S'emploie sans trait d'union après un nom : *des valeurs refuges.*
▸**réfugier (se)** v.pr. Avec **é**. *Ils se sont réfugiés chez nous.*
▸**réfugié, -e** n. *Des réfugiés politiques.*

refus n.m. Avec **s** qu'on retrouve dans ***refuser***. *Opposer un refus à. Essuyer un refus. Se heurter à un refus.* – L'expression *ce n'est pas de refus* est familière.
▸**refuser** v.t. *Il refuse de partir. Il refuse qu'on vienne* (= subjonctif). *On lui a refusé ces plaisirs, on les lui a refusés.* ◆ v.pr. *Elle s'est refusée à répondre. Elle s'est refusé ces plaisirs.* Mais *Quels plaisirs s'est-elle refusés ?* Voir gramm. § 29(2 et 3).

réfuter v.t. *On a réfuté ses arguments, on les a réfutés.*

regain n.m. *Un regain d'énergie.*

régal n.m. *Des régals.* Voir gramm. § 32(3).
▸**régaler** v.t. et v.pr. *Nous nous sommes régalés.*

regard n.m. Avec **d** qu'on retrouve dans ***regarder***. *Au regard de la loi. Des illustrations en regard d'un texte. Des droits de regard. Je l'ai su au premier regard.*

regarder v.t. et v.pr. *Je les ai regardés partir.* Voir gramm. § 30. *Nous nous sommes regardés dans les yeux.* ◆ v.t.ind. *Regarder à la dépense.*
▸**regardant, -e** adj. *Une personne très regardante* (≠ dépensière).

régate n.f.

régence n.f. *Exercer la régence pendant l'enfance d'un roi. À l'époque de la Régence* (avec une majuscule pour la période de l'histoire de France). – Est invariable et s'écrit avec une majuscule pour désigner un style : *des fauteuils Régence.*
▸**régent, -e** adj. et n. *Un prince régent. Le Régent* (= Philippe d'Orléans).

régénérer v.t. CONJ.4 Avec **é** ou **è** : *il régénéra, il régénère.*

régenter v.t.

reggae n.m. et adj.inv. Mot de la Jamaïque. On prononce [réghé]. *Des musiques reggae.*

régie n.f.

regimber v.i. Le **g** se prononce [j] et non ✕ [g]. *Obéir sans regimber.*

régime n.m. *Des produits de régime. Un régime de croisière. À plein régime.*

régiment n.m.

région n.f. *La région parisienne. La Région Midi-Pyrénées.* (Prend une majuscule pour désigner la division administrative.) – Les mots de la famille s'écrivent avec un seul **n**.
▸**régional, -e, -aux** adj.
▸**régionaliser** v.t.
▸**régionalisation** n.f.
▸**régionalisme** n.m.

régir v.t. *L'activité commerciale est régie par des lois.*

régisseur n.m.

registre n.m.

réglable adj. Avec **é**. *Un siège réglable.*

réglage n.m. Avec **é**.

règle n.f. Avec **è**. *Ils sont en règle. En règle générale. Les règles d'usage.* – REMARQUE Les mots de la famille s'écrivaient tous avec **é**, sauf *règlement* et *dérèglement*. On admet aujourd'hui de les écrire avec **è**, conformément à la prononciation.

règlement n.m. Avec **è**.
▸**réglementaire** ou **règlementaire** adj. On admet aujourd'hui l'orthographe avec **è** conforme à la prononciation, comme pour les autres mots de la famille.
▸**réglementer** ou **règlementer** v.t.
▸**réglementation** ou **règlementation** n.f.

régler v.t. CONJ.4 Avec **é** ou **è** : *il régla, il règle. On a réglé la question, on l'a réglée.*

réglisse n.f. Est du féminin. *De la réglisse.* – REMARQUE S'emploie au masculin pour désigner le bonbon à la réglisse : *un réglisse.*

règne n.m.
▸**régner** v.i. CONJ.4 Avec **é** ou **è** : *il régna, il règne. Il a régné dix ans. Les dix ans pendant lesquels il a régné,* et non ✕ *que, où.*

regorger v.i. *La région regorge de fruits et de légumes.*

régresser v.i.
▸**régression** n.f.

regret n.m. Reste au singulier dans *à regret, au regret de, sans regret.*
▸**regretter** v.t. Avec **tt**. *Marie et Jeanne ne sont pas venues, on les a regrettées* ou *on l'a regretté.* Voir gramm. § 28(2). *À ma regrettée mère... J'ai regretté que vous n'ayez* (= subjonctif) *pas pu venir.*
▸**regrettable** adj. *Une regrettable erreur.*

regrouper v.t. et v.pr. *Les commerçants se sont regroupés.*
▸**regroupement** n.m.

régulariser v.t. *Ils ont régularisé leur situation, ils l'ont régularisée.*
▸**régularisation** n.f.

régularité n.f.

réguler v.t. *Réguler le trafic routier.*
▸**régulation** n.f.

régulier, -ière adj.
▸**régulièrement** adv.

réhabiliter v.t. *Des immeubles réhabilités.*
▸**réhabilitation** n.f.

rehausser v.t. *Cela lui rehausse le teint. Des sculptures rehaussées d'or.*

réimpression n.f.

rein n.m. *Avoir mal aux reins. Un tour de reins.*

réincarnation n.f.

reine n.f. *Des vêtements de reine. La reine d'Angleterre.*

reine-claude n.f. *Des reines-claudes.*

reine-marguerite n.f. *Des reines-marguerites.*

reinette n.f. (Pomme) Ne pas confondre avec ***rainette*** (grenouille).

réinsérer v.t. et v.pr. CONJ.4 Avec **é** ou **è** : *il réinséra, il réinsère. Réinsérer des délinquants. Ils se sont réinsérés.*
▸**réinsertion** n.f. Avec **t**.

réitérer v.t. CONJ.4 Avec **é** ou **è** : *nous réitérons, ils réitèrent. Des demandes sans cesse réitérées* (= répétées).

rejaillir v.i. *Sa gloire rejaillit sur son équipe.*

rejet n.m. *Le rejet d'une proposition.*
▸**rejeter** v.t. CONJ.3 Avec **t** ou **tt** : *nous rejetons, ils rejettent. Ils ont rejeté son offre, ils l'ont rejetée.*

rejoindre v.t. et v.pr. CONJ.35 *Marie est partie rejoindre Jeanne. Elles se sont rejointes à la gare.* – ATTENTION À l'indicatif imparfait et au subjonctif présent : *(que) nous rejoignions.*

réjouir v.t. et v.pr. *Ta réussite nous a réjouis. Nous nous sommes réjouis de ta réussite.*
▸**réjouissant, -e** adj.
▸**réjouissance** n.f. *Le programme des réjouissances.*

relâche n.f. Avec **â**. *Les théâtres font relâche ce soir.*

relâcher v.t. Avec **â**. *On a relâché les prisonniers, on les a relâchés.* ◆ v.pr. *Marie s'est relâchée en fin de trimestre.*
▸**relâchement** n.m.

relais n.m. Avec un **s** au singulier, contrairement à *délai. Prendre le relais. Une course de relais. Des relais de chasse.*

relance n.f. *Des lettres de relance.*

▸**relancer** v.t. Avec **ç** devant *a* et *o* : *il relança, nous relançons. On nous a relancés trois fois.*

relater v.t. *On m'a relaté ces événements. Les événements qu'on m'a relatés.*

relatif, -ive adj. Voir ce mot dans la partie grammaire. – *Les textes relatifs à l'enseignement. Des résultats très relatifs.*
▸**relativement** adv.

relation n.f. *Obtenir un poste par relation(s). Être en relation(s) avec quelqu'un, en relation d'affaires. Les relations publiques. Cesser toute(s) relation(s).*
▸**relationnel, -elle** adj. Avec **nn**. *Des difficultés relationnelles.*

relativiser v.t.

relativité n.f.

relaxer v.t. *Relaxer un prisonnier* (= le remettre en liberté). ◆ v.t. et v.pr. *Elle s'est relaxée dans son bain.*
▸**relaxe** n.f. Avec un **e** final. *Obtenir la relaxe d'un accusé.* Ne pas confondre avec ***relax*** (= détendu).
▸**relax** ou **relaxe** adj. FAM. (Détendu) Avec ou sans *e* final.
▸**relaxation** n.f.

relayer v.t. et v.pr. CONJ.5 *Il relaie* ou *relaye. L'information que nous avons relayée était fausse. – Ils se sont relayés à son chevet.*

reléguer v.t. CONJ.4 Avec **é** ou **è** : *reléguer, il relègue* ; et **gu** même devant *a* et *o* : *il reléguait, nous reléguons. Notre équipe a été reléguée à la troisième place.*
▸**relégation** n.f. Sans *u*.

relent n.m. PÉJOR. *Des relents d'alcool. Des relents de racisme.*

relève n.f. *La relève est assurée.*

relevé n.m. *Un relevé d'identité bancaire (R.I.B.).*

relever v.t. et v.pr. CONJ.2 Avec **e** ou **è** : *nous relevons, ils relèvent. On a relevé des erreurs. On en a relevé beaucoup.* → en[2] *Les erreurs qu'on a relevées. – On a dû relever Marie, mais Jeanne s'est relevée toute seule.* ◆ v.t.ind. *Son cas relève de la psychiatrie.*

▸**relèvement** n.m. Avec **è**. *Le relèvement de l'économie.*

relief n.m. Toujours au singulier dans *en relief* : *des motifs en relief.* – Toujours au pluriel au sens de « restes » : *les reliefs d'un festin.*

relier v.t. *Des livres reliés. – La maison est reliée au commissariat par un système d'alarme.* – ATTENTION À l'indicatif imparfait et au subjonctif présent : *(que) nous reliions.* – Au futur et au conditionnel : *il reliera(it).*

religion n.f. *Ils sont de religion catholique. Entrer en religion.* – REMARQUE Les noms de religions, les adjectifs et les noms de personnes qui en dérivent s'écrivent avec une minuscule : *le christianisme, un chrétien ; le bouddhisme, un bouddhiste...*
▸**religieux, -euse** adj. et n.
▸**religieusement** adv.
▸**religiosité** n.f. Avec **o**.

reliquat n.m. Avec **t**.

relique n.f.

relire v.t. et v.pr. CONJ.28 *Adeline a relu ces textes, elle les a relus. Une lettre qu'il a relue dix fois. Marie s'est mal relue.*

reliure n.f.

reluire v.i. CONJ.30, sauf au participe passé *relui. On a fait reluire les cuivres.*

reluisant, -e adj. *Son histoire n'est pas très reluisante.*

remake n.m. Mot anglais. On prononce [rimèk].

rémanent, -e adj. Avec **en**. *Une image rémanente* (= qu'on continue de percevoir même quand elle a disparu).
▸**rémanence** n.f.

remanier v.t. *Ces pages, il les a remaniées plusieurs fois.* – ATTENTION À l'indicatif imparfait et au subjonctif présent : *(que) nous remaniions.* – Au futur et au conditionnel : *il remaniera(it).*
▸**remaniement** n.m. Avec un **e** muet. *Un remaniement ministériel.*

remarier (se) v.pr. *Ils se sont remariés.* – ATTENTION À l'indicatif imparfait et au subjonctif présent : *(que) nous nous remariions.* – Au futur et au conditionnel : *il se remariera(it).*
▸**remariage** n.m.

remarquable adj.
▸**remarquablement** adv.

remarque n.f.

remarquer v.t. *On a remarqué votre absence, on l'a remarquée. Ils m'ont fait remarquer mon absence, ils me l'ont fait remarquer.* (*Fait* suivi d'un infinitif est invariable.)

remballer v.t. *Ils ont remballé les marchandises, ils les ont remballées.*

remblai n.m. Sans *s* au singulier, contrairement à *relais*.

rembobiner v.t. *On a rembobiné la cassette, on l'a rembobinée.*

rembourrer v.t. Avec **rr** comme dans ***bourrer***.
▸**rembourrage** n.m.

rembourser v.t. *Il a remboursé les 100 €, il les a remboursés.*
▸**remboursement** n.m. *Le remboursement d'une dette.*

rembrunir (se) v.pr. *Elle s'est rembrunie.*

remède n.m. Avec **è**. *Un remède contre le rhume. Un remède à l'ennui.*
▸**remédier** v.t.ind. *Pour remédier à cette situation.* – ATTENTION À l'indicatif imparfait et au subjonctif présent : *(que) nous remédiions.* – Au futur et au conditionnel : *il remédiera(it).*

remémorer v.t. et v.pr. Avec deux fois un seul **m** comme dans ***mémoire***. *On lui a remémoré les faits. Elle s'est remémoré les faits* (= à elle-même). Mais *Les faits qu'elle s'est remémorés.* Voir gramm. § 29(2 et 3).

remercier v.t. *Je vous remercie de ou pour vos conseils. On les a remerciés. En vous remerciant, je vous prie de…* Voir *gérondif* dans la partie grammaire. – ATTENTION À l'indicatif imparfait et au subjonctif présent : *(que) nous remerciions.* – Au futur et au conditionnel : *il remerciera(it).*

▸**remerciement** n.m. Avec un **e** muet. *Une lettre, des lettres, un mot de remerciement. Avec mes remerciements.*

remettre v.t. CONJ.37 *On a remis la réunion à plus tard, on l'a remise à plus tard.* ◆ v.pr. *Elle s'est remise de sa maladie. Elle s'en est bien remise.* – **s'en remettre à** : *Marie s'en est remise à nous.* – ATTENTION Au conditionnel, on dit *vous remettriez* et non ✕ *remetteriez.*

réminiscence n.f. Avec **sc**.

remise n.f.

remiser v.t.

rémission n.f.

remmener v.t. CONJ.2 Avec **e** ou **è** : *nous remmenons, ils remmènent. On les a remmenées chez elles.* – REMARQUE La différence entre ***remmener*** (un être animé) et ***remporter*** (une chose) ne se fait plus beaucoup à l'oral. Elle est à respecter à l'écrit : *J'ai remporté mes disques.*

remontée n.f.

remonte-pente n.m. *Des remonte-pentes.*

remonter v.i. *Ces faits remontent à l'hiver dernier.* ◆ v.t. et v.pr. *J'ai remonté ma montre, je l'ai remontée. On lui a remonté le moral. Elle s'est remonté le moral* (= à elle-même). *Elle s'est remontée* (= elle-même) *avec un cognac.* Voir gramm. § 29.
▸**remontant** n.m.
▸**remontoir** n.m.

remontrance n.f. *On lui a fait des remontrances.*

remords n.m. Avec **ds**. – REMARQUE On dit *ils sont bourrelés de remords* et non ✕ *bourrés de remords.*

remorque n.f.

remorquer v.t. *Ils se sont fait remorquer, on les a remorqués jusqu'au garage.*
▸**remorquage** n.m.
▸**remorqueur** n.m.

remous n.m. Avec **s**.

rempart n.m.

remplacer v.t. Avec **ç** devant *a* et *o* : *il remplaçait, nous remplaçons. Marie s'est fait remplacer.* (*Fait* suivi d'un infinitif est invariable.) *C'est Pierre qui l'a remplacée.*
▸**remplaçant, -e** n.
▸**remplacement** n.m.

remplir v.t. *Une vie bien remplie.*

remporter v.t. *Ce n'était pas la bonne commande, le livreur l'a remportée. – Remporter la victoire.*

remue-ménage n.m.inv.

remuer v.i., v.t. et v.pr. *Le bateau remue. Remuer une sauce. – Cette histoire a remué Marie, ça l'a remuée. – Remue-toi un peu !*
▸**remuant, -e** adj. *Une élève remuante.*

rémunérer v.t. CONJ.4 Avec **é** ou **è** : *nous rémunérons, ils rémunèrent.* Bien dire ***rémunérer*** et non ✕ *rénumérer.* L'ordre des lettres est le même que dans *monnaie.*
▸**rémunération** n.f.
▸**rémunérateur, -trice** adj.

renâcler v.i. Avec **â**.

renaissance n.f. Avec une majuscule pour la période historique et le style. *Les peintres de la Renaissance. Des meubles Renaissance.*

renaître v.i. Se conjugue comme ***naître*** (voir ce mot), mais jamais au participe passé. *Renaître de ses cendres.*

rénal, -e, -aux adj. *Une maladie rénale* (= du rein).

renard n.m.

renchérir v.i.

rencontre n.f.
▸**rencontrer** v.t. et v.pr. *Des situations qu'on a déjà rencontrées. Pierre et Marie se sont rencontrés en juin.*

rendement n.m.

rendez-vous n.m.inv. *Des rendez-vous.*

rendormir v.t. et v.pr. *Elle s'est rendormie.*

rendre v.t. CONJ.34 *Je lui ai rendu ses affaires, je les lui ai rendues. La vie nous a rendus heureux. Tous les services que je lui ai rendus !* – S'emploie dans de nombreuses locutions verbales : *rendre hommage, rendre service, rendre visite, rendre gorge, etc.* ◆ v.pr. *Ils se sont rendus à la police. Elle s'est rendue à Lyon.* – Attention à l'accord du participe dans les expressions suivantes. – **se rendre à l'évidence** : *Elle s'est rendue à l'évidence.* – **se rendre compte** : *Elle s'est rendu compte de son erreur.* Le participe est invariable. – **se rendre maître** : *Ils se sont rendus maîtres, elles se sont rendues maîtres de la situation.* – **se rendre service** : *Ils se sont rendu service.* Mais *Les services qu'ils se sont rendus.*

rêne n.f. (Courroie) Avec **ê**. *Une rêne. Tenir les rênes.* Ne pas confondre avec ***un renne*** (animal).

renfermé n.m. *Sentir le renfermé.*

renfermer v.t. *Une histoire qui renferme un mystère.* ◆ v.pr. *Elle s'est renfermée sur elle-même.*

renflé, -e adj. *Une forme renflée.*

renflouer v.t. *Les bateaux qu'on a renfloués.* – ATTENTION Au futur et au conditionnel : *on renflouera(it).*

renfoncement n.m.

renforcer v.t. Avec **ç** devant *a* et *o* : *il renforçait, nous renforçons. On a renforcé nos effectifs, on les a renforcés.*

renfort n.m. *Appeler des renforts. Appeler des troupes en renfort. – À grand renfort d'arguments.*

renfrogner (se) v.pr. *Elle s'est renfrognée. Une mine renfrognée.*

rengaine n.f. *C'est toujours la même rengaine.*

rengainer v.t. *Il a rengainé son arme, il l'a rengainée.*

renier v.t. *Il a renié ses origines, il les a reniées.* – ATTENTION À l'indicatif imparfait et au subjonctif présent : *(que) nous reniions.* – Au futur et au conditionnel : *il reniera(it).*
▸**reniement** n.m. Avec un **e** muet.

renifler v.i. et v.t. Avec un seul **f**.

renne n.m. (Animal) *Un renne.* Ne pas confondre avec ***une rêne*** (courroie).

renom n.m. Avec **m** comme dans ***nom***. *Des entreprises de renom.*
▸**renommé, -e** adj.
▸**renommée** n.f.

renoncer v.t.ind. Avec **ç** devant *a* et *o* : *il renonça, nous renonçons. Ils ont renoncé à la succession. Renoncer aux plaisirs de ce monde.*
▸**renoncement** n.m. S'emploie surtout au sens moral.
▸**renonciation** n.f. S'emploie surtout au sens juridique.

renoncule n.f.

renouer v.t.ind. *Ils ont renoué avec le succès.* – ATTENTION Au futur et au conditionnel : *il renouera(it).* → re-

renouveau n.m. *Des renouveaux.*

renouveler v.t. et v.pr. CONJ.3 Avec **l** ou **ll** : *nous renouvelons, il renouvelle. Je vous renouvelle ma promesse. On lui a renouvelé sa carte d'identité, on la lui a renouvelée. La même situation s'est renouvelée.*
▸**renouvelable** adj.
▸**renouvellement** n.m. Avec **ll**.

rénover v.t. *La maison a été entièrement rénovée. On l'a fait rénover.*
▸**rénovation** n.f. *Des travaux de rénovation.*
▸**rénovateur, -trice** adj. et n. *Les rénovateurs d'un parti politique.*

renseigner v.t. et v.pr. *On nous a mal renseignés. Elle s'est renseignée sur les horaires.*
▸**renseignement** n.m. *Le bureau des renseignements. À titre de renseignement. Pour tout renseignement* ou *pour tous renseignements...*

rentabiliser v.t.
▸**rentabilisation** n.f.

rentable adj. *Une entreprise rentable.*
▸**rentabilité** n.f.

rente n.f. *Toucher une rente mensuelle, annuelle. Vivre de ses rentes.*
▸**rentier, -ière** n.

rentrant, -e adj. *Un angle rentrant* (≠ saillant).

rentrée n.f. *La rentrée des classes. Les achats de rentrée.*

rentrer v.i. et v.t. **1.** Le verbe intransitif se conjugue avec l'auxiliaire ***être***. *Marie est rentrée chez elle.* – **2.** Le verbe transitif se conjugue avec l'auxiliaire ***avoir***. *J'ai rentré tes bagages, je les ai rentrés.* – REMARQUE Dans de nombreux cas, on tend à dire ***rentrer*** à la place de « entrer ». En langue soignée, on doit employer ***entrer*** quand il s'agit d'une première fois ou qu'il n'y a pas d'idée de retour : *On entre en sixième, on entre un mot dans le dictionnaire.* Mais *On rentre chez soi, au lycée après les vacances.*

renverse n.f. – **à la renverse** : *Ils sont tombés à la renverse.*

renverser v.t. et v.pr. *Une voiture les a renversés. La situation s'est renversée.*
▸**renversement** n.m. *Un renversement de situation.*

renvoi n.m. *Des renvois.*

renvoyer v.t. et v.pr. CONJ.7 *Je renvoie, je renverrai. Je lui ai renvoyé ses lettres, je les lui ai renvoyées. – Elle s'est fait renvoyer de l'école.* (*Fait* suivi d'un infinitif est invariable.) – *Ils se sont renvoyé la balle.* Voir gramm. § 29(3).

réouverture n.f. Attention au préfixe. On dit **réouverture**, mais ***rouvrir***. → re-

repaire n.m. Avec **ai**. (Lieu, refuge) *Un repaire de voleurs.* Ne pas confondre avec ***repère*** (marque).

repaître (se) v.pr. CONJ.36 Avec **î** devant *t*. *Des tyrans qui se repaissent du sang et des larmes.* – Est littéraire, sauf au participe passé adjectif **repu**.

répandre v.t. et v.pr. CONJ.34 *L'eau qu'on a répandue sur le sol. La nouvelle s'est vite répandue.*
▸**répandu, -e** adj. *Un mot très répandu* (≠ rare).

réparer v.t. *La télévision que j'ai fait réparer.* (*Fait* suivi d'un infinitif est invariable.) *On l'a mal réparée.*
▸**réparable** adj.
▸**réparation** n.f.
▸**réparateur, -trice** n.

repartie ou **répartie** n.f. On admet aujourd'hui l'orthographe avec **é**, conforme à la prononciation la plus courante. *Avoir le sens de la répartie.* → repartir[2]

1. **repartir** v.i. CONJ.11, comme *partir*. Se conjugue avec l'auxiliaire ***être***, au sens de « partir de nouveau ». *Ils repartent. Ils sont repartis tôt.*

2. **repartir** ou **répartir** v.t. CONJ.11, comme *partir*. Se conjugue avec l'auxiliaire ***avoir***, au sens de « répondre ». L'orthographe avec **é**, conforme à la prononciation la plus fréquente, est aujourd'hui admise, comme pour le nom *répartie*. *C'est faux, répartit-il.*

répartir v.t. et v.pr. CONJ.9, comme *finir*. *On a réparti les tâches, on les a réparties. Les élèves se sont répartis en trois groupes.* Mais *Les professeurs se sont réparti les trois groupes.* Voir gramm. § 29(1 et 2).
‣**répartition** n.f.

repas n.m.

repasser v.t. *Des fers à repasser. Il a repassé sa chemise, il l'a bien repassée.* – REMARQUE Au sens de « passer de nouveau » le verbe intransitif *repasser* s'emploie avec l'auxiliaire *être* : *Ils sont repassés hier.* → passer
‣**repassage** n.m.

repêcher v.t. Avec **ê**. *Elle a été repêchée à l'oral.*
‣**repêchage** n.m.

repentir n.m.
‣**repentir (se)** v.pr. CONJ.11 *Il se repentait. Elle s'est repentie.*

répercuter v.t. et v.pr. *La hausse du pétrole s'est répercutée sur le prix de l'essence.*
‣**répercussion** n.f.

repère n.m. Avec **è**. (Marque) *Des points de repère.* Ne pas confondre avec ***repaire*** (refuge). – S'emploie sans trait d'union après un nom. *Des dates repères.*
‣**repérer** v.t. et v.pr. CONJ.4 Avec **é** ou **è** : *nous repérons, ils repèrent. Je les ai repérés. Elle a du mal à se repérer la nuit.*
‣**repérage** n.m. Avec **é**.

répertoire n.m.

répertorier v.t. *Tous les sites sont répertoriés.* – ATTENTION À l'indicatif imparfait et au subjonctif présent : *(que) nous répertoriions*. – Au futur et au conditionnel : *il répertoriera(it).*

répéter v.t. et v.pr. CONJ.4 Avec **é** ou **è** : *nous répétons, ils répètent. Il nous a répété son histoire, il nous l'a répétée dix fois ! Ses absences se sont répétées toute l'année.*
‣**répétitif, -ive** adj.
‣**répétition** n.f.

répit n.m. *Travailler sans répit.*

replet, -ète adj. *Une femme replète.*

repli n.m. *Des mouvements de repli.*
‣**replier** v.t. et v.pr. *La feuille qu'il a repliée. – L'armée s'est repliée. Ils vivent repliés sur eux-mêmes.* – ATTENTION À l'indicatif imparfait et au subjonctif présent : *(que) nous repliions*. – Au futur et au conditionnel : *il repliera(it).*

réplique n.f. *Des arguments sans réplique.*
‣**répliquer** v.t. *Je n'y crois pas, répliqua-t-il.*

répondant n. m *Avoir du répondant.*

répondeur n.m.

répondre v.t. et v.t.ind. CONJ.34 Avec un **d** à la 3e personne du singulier, qui se prononce [t] quand il y a inversion du pronom sujet : *Répond-il ? Il nous a répondu qu'il viendrait. – Répondre à un besoin. Répondre de quelqu'un.*

réponse n.f. *Une question restée sans réponse. Des droits de réponse. – En réponse à votre lettre, je vous confirme…* (Après cette formule, le sujet du verbe est celui qui répond.) – REMARQUE On écrit avec un trait d'union *des cartes-réponse(s), des coupons-réponse(s).*

report n.m.

1. **reporter** n. On prononce [tèr]. *Des reporters-photographes, des reporters-caméramans.*
‣**reportage** n.m.

2. **reporter** v.t. *On a reporté la séance, on l'a reportée.* ◆ v.pr. *Ils se sont reportés à votre livre.*

repos n.m. *Les employés sont de repos. Les machines sont au repos. Ce n'est pas de tout repos.*

reposer v.t. *Repose-la par terre.* → poser ◆ v.i. *Ici reposent les parents de Luc. – Son raisonnement repose sur une hypothèse fausse.* ◆ v.t. et v.pr. *Cette petite sieste nous a bien reposés. Nous nous sommes reposés un moment.* – REMARQUE L'élément verbal **repose-** est invariable dans *un repose-pied(s), des repose-pieds ; un repose-tête, des repose-tête.*
▸**reposant, -e** adj.

repoussant, -e adj. *Un visage repoussant.*

repousser v.t. *On a repoussé les curieux, on les a repoussés.* ◆ v.i. *Ses cheveux ont repoussé.*

répréhensible adj. Avec **h**. *Un acte répréhensible* (= condamnable).

reprendre v.i. et v.t. CONJ.33 *Je reprends, il reprend. Les cours ont repris. Il a repris ses études, il les a reprises.* ◆ v.pr. *Elle s'y est reprise à deux fois.*

repreneur n.m. *Un repreneur d'entreprises.*

représailles n.f.plur.

représentant, -e n. *Des représentants de commerce.*

représentatif, -ive adj.
▸**représentativité** n.f.

représentation n.f. *Des frais de représentation.*

représenter v.t. *La directrice sera représentée par son adjointe.* ◆ v.pr. *Ils se sont représentés aux élections.* Mais *Ils se sont représenté la scène.* Voir gramm. § 29(2).

réprimande n.f.
▸**réprimander** v.t. *On les a réprimandés. Elle s'est fait réprimander.* (*Fait* suivi d'un infinitif est invariable.)

réprimer v.t. *Réprimer un sourire. – Une révolte réprimée dans le sang.*
▸**répression** n.f. *Des mesures de répression.*
▸**répressif, -ive** adj.

repris n.m. *Des repris de justice.*

reprise n.f.

réprobateur, -trice adj. *Un ton réprobateur* (= qui reproche).
▸**réprobation** n.f.

reproche n.m. *Des reproches justifiés, mérités. On l'accable de reproches. Soit dit sans reproche...*
▸**reprocher** v.t. et v.pr. *On lui a reproché sa conduite. Elle s'est reproché* (= à elle-même) *son absence.* Voir gramm. § 29(2).

reproduire v.t. *On a reproduit la scène, on l'a reproduite.* ◆ v.pr. *Ces insectes se sont reproduits en grand nombre.*
▸**reproduction** n.f.
▸**reproducteur, -trice** adj.

réprouver v.t. *Ce sont des pratiques que j'ai réprouvées.*

reptile n.m.

repu, -e adj.

république n.f. *Nous sommes en république. Défendre la république.* – Prend une majuscule pour désigner une période historique : *la IIIe République*, ou un État : *la République française, le président de la République.* – REMARQUE Lorsque le mot est suivi d'un nom de pays, il s'écrit sans majuscule dans les dénominations officielles : *la république populaire de Chine*, et avec ou sans majuscule dans les textes courants.
▸**républicain, -e** adj. et n.

répudier v.t. *Le prince avait répudié sa femme, il l'avait répudiée.*
▸**répudiation** n.f.

répugner v.t.ind. *Il répugne à prendre cette décision. Cela lui répugne. – Ces procédés me, te, lui, nous, vous, leur répugnent.* – REMARQUE *Cela le, les répugne.* L'emploi comme verbe transitif au sens de « dégoûter » est considéré comme familier.
▸**répugnance** n.f.
▸**répugnant, -e** adj.

répulsion n.f.

réputation n.f. *Une bonne, une mauvaise réputation.*

▸**réputé, -e** adj. *Un restaurant réputé pour son poisson.*

requérir v.t. Se conjugue comme ***acquérir*** (voir ce mot). *Un travail qui requiert beaucoup d'attention. Agir avec toute les précautions requises.* – ATTENTION Au futur, on dit *il requerra* en faisant entendre les *rr* et non ✕ *il requérera.*

requête n.f. Avec **ê** comme dans *quête* et *conquête.*

requiem n.m.inv. Mot latin invariable. *Des requiem.* On prononce [rékuiyèm].

requin n.m.

requis, -e → requérir

réquisition n.f.
▸**réquisitionner** v.t. Avec **nn**. *Les biens qu'ils ont réquisitionnés.*

réquisitoire n.m. Avec un **e**. *Un réquisitoire contre la violence.*

resaler v.t. Avec un seul **s**, contrairement à ***dessaler***. → re-

rescapé, -e adj. et n.

rescousse n.f. – **à la rescousse** est invariable.

réseau n.m. *Des réseaux. Travailler en réseau.*

réséda n.m. Avec **s**.

réserve n.f. *Avoir des provisions en réserve.* – *Émettre des réserves sur… Sous toute(s) réserve(s). Sous réserve de…*

réservé, -e adj. *Une personne réservée.*

réserver v.t. et v.pr. *Je vous ai réservé une place. La place que je vous ai réservée.* – *Il s'est réservé la meilleure part, il se l'est réservée. Elle s'est réservé* (= à elle-même) *la possibilité de…* Voir gramm. § 29.
▸**réservation** n.f.

réservoir n.m.

résider v.i. *Ils résident à l'étranger.*
▸**résident, -e** n. Avec **en**. *Une carte de résident. Les résidents français à l'étranger.* Ne pas confondre avec le participe présent invariable : *Les Français résidant à l'étranger…*

▸**résidence** n.f.
▸**résidentiel, -elle** adj. Avec **t**. → -tiel

résidu n.m. *Des résidus.*
▸**résiduel, -elle** adj.

résigner (se) v.pr. *Ils se sont résignés à partir.* – *Ils sont résignés.*
▸**résignation** n.f.

résilier v.t. *On a résilié nos contrats, on les a résiliés.* – ATTENTION À l'indicatif imparfait et au subjonctif présent : *(que) nous résiliions.* – Au futur et au conditionnel : *il résiliera(it).*
▸**résiliation** n.f.

résille n.f. *Des bas (en) résille.*

résine n.f.
▸**résiné** adj.masc. et n.m. *Du (vin) résiné.*
▸**résineux, -euse** adj. et n.m.

résister v.t.ind. *Ils ont résisté à tout.*
▸**résistance** n.f. *Se livrer sans résistance.* – *La Résistance*, avec une majuscule pour le mouvement historique.
▸**résistant, -e** adj. et n.

résolu, -e adj. *Ils sont tout à fait résolus à partir.* → résoudre
▸**résolument** adv. *Être résolument contre un projet.*

résolution n.f. *La résolution d'un problème.* – *Agir avec résolution.* – *Prendre de bonnes résolutions.*

résonner v.i. Avec **é**. *La pièce résonne.* Ne pas confondre avec ***raisonner*** (= faire un raisonnement).
▸**résonance** n.f. Avec un seul **n** comme dans *consonance* et *dissonance. Des caisses de résonance.*

résorber v.t. et v.pr. *Résorber le chômage. Les hématomes se sont résorbés.*
▸**résorption** n.f. Avec un **p** comme dans *absorption.*

résoudre v.t. et v.pr. *Résoudre un problème. Un problème résolu. La question s'est résolue d'elle-même.* – *Elle ne se résout pas à partir. Elle ne s'y est pas résolue.*
CONJUGAISON INDICATIF présent : *je résous, tu résous, il résout, nous résolvons, vous résolvez, ils résolvent.* **imparfait** : *je résolvais, tu*

r

résolvais, nous résolvions, vous résolviez, ils résolvaient. passé simple : *je résolus, tu résolus, il résolut, nous résolûmes, vous résolûtes, ils résolurent.* futur : *je résoudrai, tu résoudras, il résoudra, nous résoudrons, vous résoudrez, ils résoudront.* CONDITIONNEL présent : *je résoudrais, tu résoudrais, il résoudrait, nous résoudrions, vous résoudriez, ils résoudraient.* SUBJONCTIF présent : *(que) je résolve, tu résolves, il résolve, nous résolvions, vous résolviez, ils résolvent.* imparfait : *(que) je résolusse, tu résolusses, il résolût, nous résolussions, vous résolussiez, ils résolussent.* IMPÉRATIF : *résous, résolvons, résolvez.* PARTICIPE présent : *résolvant.* passé : *résolu.*

respect n.m. Avec **ct**. *Présenter ses respects à quelqu'un. Avec mes respects. Manquer de respect à, envers quelqu'un.*
▸**respecter** v.t. *J'ai respecté les conditions, je les ai respectées.*
▸**respectable** adj. *Des personnes respectables.*
▸**respectabilité** n.f.
▸**respectueux, -euse** adj. *Être respectueux des convenances.*
▸**respectueusement** adv.

respectif, -ive adj. *Ils ont rejoint leurs postes respectifs* ou, plus rarement, *leur poste respectif.*
▸**respectivement** adv.

respirer v.i. et v.t.
▸**respiration** n.f.
▸**respiratoire** adj. *L'appareil respiratoire.*

resplendir v.i.
▸**resplendissant, -e** adj.

responsabiliser v.t.
▸**responsabilisation** n.f.

responsable adj. et n.
▸**responsabilité** n.f.

ressac n.m. (Retour d'une vague) Avec **ss**.

ressaisir (se) v.pr. Avec **ss**. *Elle s'est ressaisie.*

ressasser v.t. *Cette histoire, il l'a longtemps ressassée.*

ressembler v.t.ind. et v.pr. *Elle ressemble à son père, elle lui a toujours ressemblé. Les deux sœurs se sont longtemps ressemblé* (= l'une à l'autre). Voir gramm. § 29(2).
▸**ressemblant, -e** adj. *Des photos ressemblantes.*
▸**ressemblance** n.f.

ressemeler v.t. CONJ.3 Avec **l** ou **ll** : *nous ressemelons, ils ressemellent. Elle a fait ressemeler ses chaussures, elle les a fait ressemeler.* (*Fait* suivi d'un infinitif est invariable.)
▸**ressemelage** n.m.

ressentiment n.m. LITT. *Avoir du ressentiment envers, contre quelqu'un.*

ressentir v.t. CONJ.11 Avec **ss**. *Je ressens, il ressent. J'ai ressenti la douleur. La douleur que j'ai ressentie.* ◆ v.pr. *Ils se sont ressentis du voyage, ils s'en sont ressentis longtemps.*

resserre n.f. Avec **ss** et **rr**. *Une resserre à légumes.*

resserrer v.t. et v.pr. Avec **ss** et **rr** comme dans *desserrer.* → re-, ré- *La surveillance s'est resserrée.*

ressort n.m.

1. ressortir v.i. et v.t. CONJ.11, comme *sortir.* Avec **ss**. – **1.** (Sortir de nouveau) Est intransitif avec l'auxiliaire ***être*** : *Ils ressortent, ils sont ressortis.* – Est transitif avec l'auxiliaire ***avoir*** : *Ils ont ressorti leurs affaires, ils les ont ressorties.* – **2.** *Les tableaux ressortent bien sur le mur blanc.* – **3.** *Il ressort, il ressortait de cette affaire que...*

2. ressortir v.t.ind. CONJ.9, comme *finir.* (Être du ressort de) *Ces questions ressortissent à la cour. Un roman qui ressortit à la science-fiction.*

ressortissant, -e n. *Les ressortissants étrangers.*

ressource n.f. *Être sans ressources.*

ressusciter v.i. et v.t. Avec **ss** puis **sc**. On prononce [ré].

restant, -e adj. et n.m.

restaurant n.m. S'emploie dans des noms composés : *des voitures-restaurants, des cafés-restaurants,* mais *des titres-restaurant* (= pour le restaurant). Voir gramm. § 10.

restaurer v.t. *Les tableaux qu'on a restaurés.* ◆ v.pr. *Ils se sont restaurés en route.*
▸ **restauration** n.f.
▸ **restaurateur, -trice** n.

reste n.m. *Le reste de l'argent a été dépensé. Le reste des pommes est abîmé* ou, plus rarement, *sont abîmées. – Ils ne sont pas en reste avec nous. Du reste, je vous avais prévenu* (= d'ailleurs). L'expression équivalente *au reste* est plus littéraire.

rester v.i. Se conjugue avec l'auxiliaire **être**. *Elle est restée mon amie.* – S'emploie en tournure personnelle ou impersonnelle. *Les 20 euros qui restent… Il reste 20 euros. Je sais ce qui* ou *ce qu'il me reste à faire.* → ce – REMARQUE Employé en tête de phrase, devant un pluriel, **reste** est aujourd'hui le plus souvent invariable : *Reste quelques points à régler.*

restituer v.t. *On lui a restitué sa voiture, on la lui a restituée.* – ATTENTION Au futur et au conditionnel : *il restituera(it).*
▸ **restitution** n.f.

restreindre v.t. et v.pr. CONJ.35 *Je restreins, il restreint. Marie a restreint ses dépenses. Elle s'est restreinte.* – ATTENTION À l'indicatif imparfait et au subjonctif présent : *(que) nous restreignions.*
▸ **restriction** n.f. *Des restrictions budgétaires.*

restructurer v.t.
▸ **restructuration** n.f.

résultat n.m. *Il a essayé, sans résultat.*

résulter v.i. Ne s'emploie qu'à la 3e personne. Se conjugue avec l'auxiliaire ***avoir*** ou **être**. *Ce qui en a* ou *en est résulté. Les conclusions qui résultent de cette analyse…* – S'emploie en tournure impersonnelle. *Il résulte de cette analyse que…*

résumer v.t. et v.pr. *Il m'a résumé les faits, il me les a résumés en quelques mots. – L'histoire se résume à peu de chose.*
▸ **résumé** n.m. *Un résumé de texte. – En résumé, je dirai que…*

résurgence n.f. Le **s** se prononce [z], contrairement au *s* de *resurgir*. *La résurgence du passé.*

resurgir ou **ressurgir** v.i. L'orthographe avec un seul **s** prononcé [s] est aujourd'hui la plus fréquente. *Son passé resurgit soudain.*

résurrection n.f. Avec **rr**.

rétablir v.t. et v.pr. *On a rétabli la situation, on l'a rétablie. – Marie s'est vite rétablie.*
▸ **rétablissement** n.m. *En vous souhaitant un prompt rétablissement, je vous prie de croire…*

retard n.m. *Ils sont en retard. Répondre sans retard.* – Est invariable après un nom : *des formules retard de médicaments.*
▸ **retarder** v.i. et v.t. *Ma montre retarde de dix minutes. – Vous nous avez retardés.*
▸ **retardataire** n. *Les retardataires seront punis.*
▸ **retardement** n.m. – **à retardement** est invariable. *Des bombes à retardement.*

retenir v.t. et v.pr. CONJ.10 *Il a retenu la leçon, il l'a retenue. – Marie s'est retenue à une branche. Marie s'est retenue de rire.*

rétention n.f. *Faire de la rétention d'eau. – La rétention d'informations.*

retentir v.i. *Un coup de feu a retenti. – Cela retentit sur la santé.*
▸ **retentissant, -e** adj. *Une voix retentissante.*
▸ **retentissement** n.m.

retenue n.f. *S'exprimer sans retenue. – Des retenues sur les salaires.*

réticent, -e adj.
▸ **réticence** n.f. *Parlez sans réticence.*

rétine n.f.

retiré, -e adj. *Un endroit retiré.*

retirer v.t. *Il a retiré sa plainte, il l'a retirée.* ◆ v.pr. *Ils se sont retirés à la campagne.*

retombée n.f. *Les retombées d'une affaire.*

retomber v.i. Se conjugue avec l'auxiliaire **être**. *La chatte est retombée sur ses pattes. La décision retombe sur vous.*

rétorquer v.t. *Non, rétorqua-t-il.*

retors, -e adj. On ne prononce pas le **s** au masculin. *Un avocat retors, une avocate retorse.*

r

rétorsion n.f. Avec **é**. *Des mesures de rétorsion.*

retouche n.f.
▸**retoucher** v.t. *J'ai fait retoucher ma jupe, je l'ai fait retoucher.* (*Fait* suivi d'un infinitif est invariable.)
▸**retoucheur, -euse** n.

retour n.m. *Des retours de flamme, de manivelle. Des allers et retours. Des allers-retours. Ils sont de retour. Que me proposes-tu en retour ?*

retournement n.m. *Un retournement de situation.*

retourner v.t. et v.pr. *Il a retourné la carte, il l'a retournée. Marie s'est retournée.* ◆ v.i. Se conjugue avec l'auxiliaire ***être***. *Ils sont retournés chez eux.*

retracer v.t. Avec **ç** devant *a* et *o* : *il retraça, nous retraçons. C'est sa vie qu'il a retracée dans ce livre.*

rétracter v.t. et v.pr. **1.** *Le chat rétracte ses griffes. Ses griffes se rétractent.* – **2.** *Les témoins, les acheteurs se sont rétractés.* – REMARQUE Attention aux dérivés de ce mot qui varient selon le sens.
▸**rétractile** adj. Avec **ile** et non ✕ *ible. Des griffes rétractiles.*
▸**rétraction** n.f. *Une rétraction musculaire.*
▸**rétractation** n.f. *La rétractation d'un témoin.*

retrait n.m. *Des retraits d'argent. – Ils sont restés en retrait.*

retraite n.f.
▸**retraité, -e** adj. et n.

retrancher v.t. *La somme qu'on a retranchée.* ◆ v.pr. *Ils se sont retranchés derrière le règlement.*

retransmettre v.t. CONJ.37 *Une compétition retransmise en direct.*
▸**retransmission** n.f.

rétrécir v.i., v.t. et v.pr. *La robe a rétréci au lavage. Elle est rétrécie. On lui a rétréci sa veste, on la lui a rétrécie. – La route se rétrécit après le carrefour.*
▸**rétrécissement** n.m.

rétribuer v.t. *Une activité bien rétribuée.* – ATTENTION Au futur et au conditionnel : *il rétribuera(it).*
▸**rétribution** n.f.

rétro adj.inv. *La mode rétro. Des objets rétro.*

rétroactif, -ive adj. En un mot. *Une loi rétroactive.*
▸**rétroactivité** n.f.

rétroaction n.f. *Les rétroactions d'un événement.*

rétrograde adj.

rétroprojecteur n.m.

rétrospectif, -ive adj. *Une peur rétrospective.* ◆ n.f. *Une rétrospective des peintres impressionnistes.*
▸**rétrospectivement** adv.

retrousser v.t. *Retrousser ses manches. Les manches retroussées.*

retrouvailles n.f.plur.

retrouver v.t. et v.pr. *J'ai retrouvé mes clés, je les ai retrouvées. – Ils se sont retrouvés dans une drôle de situation.*

rétroviseur n.m.

rets n.m. LITT. (Piège) Avec **ts** qui ne se prononce pas, comme dans *mets*.

réunionnais, -e adj. et n. *Il est réunionnais. C'est un Réunionnais.* (Le nom de personne prend une majuscule.)

réunir v.t. et v.pr. *Il a réuni ses collaborateurs, il les a réunis. Toute la famille s'est réunie, est réunie.*
▸**réunion** n.f. *Des salles de réunion. Ils sont en réunion. Des réunions de famille.*
▸**réunionite** ou **réunionnite** n.f. FAM.

réussir v.i. et v.t. *L'expérience a réussi, on l'a réussie.*
▸**réussite** n.f.

revaloir v.t. Ne s'emploie que dans l'expression *je te revaudrai ça, il me revaudra ça*, etc.

revanche n.f. *Prendre sa revanche. À charge de revanche.* – **en revanche**, au contraire, par contre. → contre
▸**revanchard, -e** adj. et n. FAM.

rêvasser v.i. Avec **ê** comme dans *rêver*.

revaudra ➜ revaloir

rêve n.m. Avec **ê** comme dans *rêver*.

revêche adj. Avec **ê**.

réveil n.m. Avec **eil**. *Au réveil. Des réveils difficiles.* On écrit *des radios-réveils* ou *des radioréveils*, en un mot.
▸**réveiller** v.t. et v.pr. *On les a réveillés. Ils se sont réveillés.* – ATTENTION À l'indicatif imparfait et au subjonctif présent : *(que) nous réveillions.*

réveillon n.m.
▸**réveillonner** v.i. Avec **nn**.

révéler v.t. et v.pr. CONJ. 4 Avec **é** ou **è** : *nous révélons, il révèle. Elle nous a révélé ses secrets. Les secrets qu'elle nous a révélés. – Ses talents se sont révélés tard. L'histoire s'est révélée vraie.* ➜ avérer
▸**révélation** n.f.
▸**révélateur, -trice** adj. et n.m.

revenant, -e n.

revendeur, -euse n.

revendiquer v.t. *Les droits qu'il a revendiqués.*
▸**revendication** n.f. Avec **c**.
▸**revendicatif, -ive** adj. *Un texte revendicatif.*
▸**revendicateur, -trice** adj. et n. *Elle est très revendicatrice.*

revenir v.i. CONJ. 10 Se conjugue avec l'auxiliaire ***être***. *Ils sont revenus ici. – Ils n'en sont pas revenus. – À combien ces cadeaux vous sont-ils revenus ?* Voir gramm. § 27.

revente n.f.

revenu n.m. *L'impôt sur le revenu. Le revenu minimum d'insertion (R.M.I.).*

rêver v.i., v.t. et v.t.ind. *Il rêve la nuit. Il rêve toujours la même chose.* – **rêver de, rêver que** : *Il a rêvé de ce voyage, il en a rêvé. J'ai rêvé qu'on était à la campagne. C'est la plus belle chose que j'aie jamais rêvé d'avoir.* Voir gramm. § 28(3). – **rêver à** : *À quoi rêves-tu ?* (= penser).
▸**rêvé, -e** adj. *C'est un endroit rêvé* (= idéal).

réverbération n.f.

réverbère n.m.

révérence n.f.

révérend, -e n. et adj. Avec **d**.

révérer v.t. CONJ. 4 Avec **é** ou **è** : *nous révérons, ils révèrent. Un maître révéré.*

rêverie n.f. Avec **ê** comme dans *rêve*.

revers n.m. *Des revers de fortune.*

réversible adj. *Un manteau réversible.*

réversion n.f. Avec **é**. *Des pensions de réversion.*

revêtir v.t. et v.pr. Se conjugue comme ***vêtir*** (voir ce mot). Avec **ê** comme dans *vêtement. Elle a revêtu son plus beau manteau. Elle s'est revêtue, elle est revêtue de son plus beau manteau. – La contestation revêt*, et non ✕ *revêtit, une forme nouvelle.*
▸**revêtement** n.m. *Un revêtement antiadhérent.*

rêveur, -euse adj. et n. Avec **ê** comme dans ***rêve***.
▸**rêveusement** adv.

revient Ne s'emploie que dans *prix de revient, coût de revient.*

revigorer v.t.

revirement n.m.

réviser v.t. *On a révisé les prix, on les a révisés à la hausse.*
▸**révisable** adj.
▸**révision** n.f.

revitaliser v.t.
▸**revitalisant, -e** adj.

revivifier v.t.

revivre v.i. et v.t. CONJ. 31 *Il est guéri, il revit ! – Elle revit sa jeunesse.* – REMARQUE Pour les difficultés d'accord ➜ vivre[1]

révocation n.f. Avec **c**. (Le verbe s'écrit avec **qu** : *révoquer*.)
▸**révocable** adj.

revoir v.t. et v.pr. CONJ. 18 *On a revu les prix à la baisse, on les a revus à la baisse. – Ils se sont revus hier.* – REMARQUE Pour les difficultés d'accord ➜ voir – **au revoir** est invariable, comme interjection ou comme nom

r

masculin. *Au revoir les amis ! Des au revoir amicaux.*

révolte n.f.
▸ **révolter** v.t. et v.pr. *L'injustice révolte Marie. Elle est révoltée par l'injustice. – Ils se sont révoltés contre cette décision.*
▸ **révoltant, -e** adj.

révolu, -e adj. *Une époque révolue.*

révolution n.f.
▸ **révolutionnaire** adj. et n. Avec **nn**.
▸ **révolutionner** v.t.

révoquer v.t. *Révoquer un fonctionnaire.* – REMARQUE Le verbe s'écrit avec **qu**, mais *révocation, révocable* s'écrivent avec **c**.

revue n.f. *Des revues de presse.*

révulsé, -e adj.

rez-de-chaussée n.m.inv. *Des rez-de-chaussée.*

rez-de-jardin n.m.inv. *Des rez-de-jardin.*

rhapsodie ou **rapsodie** n.f. (Musique)

rhétorique n.f.

rhinite n.f. Vient de *rhino-* qui signifie « nez ». Avec un **h** comme dans *rhume*.

rhinocéros n.m. Avec **rh** comme dans *rhinite*. Vient de deux mots grecs qui signifient « nez » et « corne ».

rhino-pharyngite n.f. *Des rhino-pharyngites.*

rhizome n.m. (Tige) Sans accent circonflexe.

rhododendron n.m. (Arbuste) Avec **rh** et **en** qui se prononce [in].

rhubarbe n.f. *De la confiture de rhubarbe.*

rhum n.m. On prononce [rom]. *Des babas au rhum.*

rhumatisme n.m.
▸ **rhumatologie** n.f.
▸ **rhumatologue** n.

rhume n.m.

ribambelle n.f. FAM. *Une ribambelle d'enfants courait* ou *couraient dans le jardin.* Voir gramm. § 11.

ricaner v.i.
▸ **ricanement** n.m.

riche adj. et n. *Un sous-sol riche en pétrole. Un lait riche en vitamines. Des gens riches.*
▸ **richement** adv.
▸ **richesse** n.f.

ricocher v.i. *La balle a ricoché sur la plaque.*
▸ **ricochet** n.m. Avec **t**. *Faire des ricochets dans l'eau.*

rictus n.m. On prononce le **s**.

ride n.f.
▸ **ridé, -e** adj.
▸ **rider (se)** v.pr. *Elle s'est ridée.*

rideau n.m. *Des rideaux.* On écrit avec ou sans trait d'union *des doubles(-)rideaux*.

ridicule adj. et n.m.
▸ **ridiculiser** v.t. et v.pr. *On les a ridiculisés. Ils se sont ridiculisés tout seuls.*

rien pron. indéfini **1.** (Avec ***ne***) *Je n'ai rien vu. Il n'y a rien de bon.* – **2.** (Sans ***ne***) *Il est resté sans rien dire. Y a-t-il rien de plus beau ? Un coup pour rien.* ◆ n.m. *Des petits riens.*

rieur, -euse adj. et n. *Des yeux rieurs. Mettre les rieurs de son côté.*

rigide adj.
▸ **rigidité** n.f.

rigole n.f. Avec un seul **l**. → -ole/-olle

rigoler v.i. FAM. *Ça nous a fait rigoler.* (*Fait* suivi d'un infinitif est invariable.)
▸ **rigolo, -ote** adj. Sans *t* au masculin.

rigoureux, -euse adj.
▸ **rigoureusement** adv.

rigueur n.f. *La rigueur de l'hiver. Une démonstration d'une grande rigueur.* – Reste au singulier dans *de rigueur, en toute rigueur, tenir rigueur à*.

rikiki adj.inv. Orthographe plus rare de **riquiqui**.

rillettes n.f.plur.

rime n.f. *Sans rime ni raison.*
▸ **rimer** v.i.

rincer v.t. Avec **ç** devant *a* et *o* : *il rinçait, nous rinçons. Des verres mal rincés.*
▸ **rinçage** n.m. Avec **ç**.

ring n.m. On prononce comme dans *parking*.

riposte n.f.
▸**riposter** v.i. et v.t. *Riposter à une attaque. – « Tu as tort », riposta-t-il.*

ripou adj. et n. FAM. Verlan de *pourri*. Le mot s'est répandu avec un pluriel en **x**, alors qu'il devrait logiquement prendre un **s**. Voir gramm. § 32. Les deux pluriels sont donc admis.

riquiqui adj.inv. FAM. *Ils sont riquiqui.* – REMARQUE L'orthographe **rikiki** est rare.

1. rire v.i. *Nous avons ri aux éclats. J'ai fait rire Marie, je l'ai fait rire.* (*Fait* suivi d'un infinitif est invariable.) *On a ri de cette histoire, on en rit encore.* – REMARQUE La tournure *Il m'a ri à moi* est régionale ou familière. – **pour rire** : *C'était pour rire* et non ✕ *pour de rire.* ◆ v.pr. LITT. *Ils se sont ri des difficultés.* (Le participe *ri* est invariable.)
CONJUGAISON INDICATIF présent : *je ris, tu ris, il rit, nous rions, vous riez, ils rient.* imparfait : *je riais, tu riais, il riait, nous riions, vous riiez, ils riaient.* passé simple : *je ris, tu ris, il rit, nous rîmes, vous rîtes, ils rirent.* futur : *je rirai, tu riras, il rira, nous rirons, vous rirez, ils riront.* CONDITIONNEL présent : *je rirais, tu rirais, il rirait, nous ririons, vous ririez, ils riraient.* SUBJONCTIF présent : *(que) je rie, tu ries, il rie, nous riions, vous riiez, ils rient.* imparfait : *(que) je risse, tu risses, il rît, nous rissions, vous rissiez, ils rissent.* PARTICIPE présent : *riant.* passé : *ri.*

2. rire n.m. *Des fous rires.*

ris n.m. Avec **s** pour la voile et pour le *ris de veau*. Ne pas confondre avec ***riz***.

risée n.f.

risible adj.

risotto n.m. Mot italien. *Des risottos.*

risque n.m. *Courir un risque, des risques. Au risque de tout perdre. L'affaire est sans risque(s). Un voyage à risque(s).*
▸**risqué, -e** adj. *Une entreprise risquée.*
▸**risquer** v.t. *Il a risqué sa vie. Je risque de tout perdre. – Le temps risque de changer* (= il peut changer). – REMARQUE Un risque étant un danger, on ne devrait pas dire *Il risque de gagner*, on devrait dire *Il a des chances de gagner.* ◆ v.pr. *Elle ne s'est pas risquée à le contredire.*

rite n.m.
▸**rituel, -elle** adj. et n.m.
▸**ritualiser** v.t.

rivage n.m.

rival, -e, -aux adj. et n. *Des équipes rivales. Des clans rivaux. Marie a une rivale.* – **sans rival** : *Une beauté sans rivale. Un auteur sans rival.*
▸**rivaliser** v.i. *Un livre qui rivalise avec les meilleurs. Des joueurs qui rivalisent d'ingéniosité.*
▸**rivalité** n.f. *Ils sont en rivalité.*

rive n.f. *La rive sud d'un fleuve.*

river v.t. *Elle a les yeux rivés sur lui.*

riverain, -e adj. et n.

rivière n.f.

rixe n.f.

riz n.m. (Céréale) Ne pas confondre avec ***ris***.
▸**rizière** n.f.

robe n.f. *Des pommes de terre en robe des champs* ou *en robe de chambre.*

robinet n.m.
▸**robinetterie** n.f. Avec **tt**.

roboratif, -ive adj. LITT. *Une nourriture roborative* (= fortifiante).

robot n.m. *Des robots ménagers.* – On écrit avec un trait d'union *un portrait-robot, des portraits-robots.*
▸**robotique** n.f.

robuste adj.
▸**robustesse** n.f.

roc n.m. (Masse de pierre) Ne pas confondre avec ***rock*** (musique).

rocade n.f.

rocaille n.f.
▸**rocailleux, -euse** adj.

rocambolesque adj. *Une histoire rocambolesque.*

roche n.f. *Il y a anguille sous roche.*

r

▸ **rocher** n.m.
▸ **rocheux, -euse** adj.

rock n.m. Mot anglais. Abréviation de *rock and roll, rock'n roll. Des rocks.* – Est invariable après le nom : *des chanteurs rock.*

rococo n.m. et adj.inv. *Des meubles rococo.*

rodéo n.m. *Des rodéos.*

roder v.t. Sans accent circonflexe. *Roder un moteur neuf. Un spectacle bien rodé.* Ne pas confondre avec ***rôder***.
▸ **rodage** n.m.

rôder v.i. Avec **ô**. *Un homme rôde. Le mystère rôde.* Ne pas confondre avec ***roder*** (mettre au point).
▸ **rôdeur, -euse** n.

rogner v.t. *Rogner un livre.* ◆ v.t.ind. *Rogner sur les salaires.*

rognon n.m.

roi n.m. *Les rois de France. Le jour des Rois. Tirer les rois. Les Rois mages.* – **bleu roi** est invariable : *des rubans bleu roi.* Voir gramm. § 8.

rôle n.m. Avec **ô**. *Ils jouent à tour de rôle. Des rôles-titres.*

roller n.m. On prononce le **r** final. *Des rollers.*

rom adj.inv. et n. *Elle est rom. C'est une Rom. Les Roms.* (Le nom de personne prend une majuscule.) – *Des convois rom.* (L'adjectif est invariable.)

romain, -e adj. *Les chiffres romains.* Voir p. 528.

1. **roman** n.m. On écrit avec un trait d'union : *un roman-fleuve, des romans-fleuves ; un roman-photo, des romans-photos ; un roman-feuilleton, des romans-feuilletons.*
▸ **romancé, -e** adj. *Une biographie romancée.*
▸ **romancier, -ière** n.

2. **roman, -e** adj. et n.m. *Une église romane.*

romance n.f.

romanesque adj. *Une histoire romanesque.*

romantique adj. et n.
▸ **romantisme** n.m.

romarin n.m.

rompre v.t., v.pr. et v.i. *Je romps, il rompt.* – *Rompre le silence. Des relations diplomatiques rompues. Les attaches se sont rompues. Marie s'est rompu le cou.* Voir gramm. § 29(2). – *Rompre avec quelqu'un.* – **à bâtons rompus** : *Discuter à bâtons rompus.*

CONJUGAISON INDICATIF présent : *je romps, tu romps, il rompt, nous rompons, vous rompez, ils rompent.* imparfait : *je rompais, tu rompais, il rompait, nous rompions, vous rompiez, ils rompaient.* passé simple : *je rompis, tu rompis, il rompit, nous rompîmes, vous rompîtes, ils rompirent.* futur : *je romprai, tu rompras, il rompra, nous romprons, vous romprez, ils rompront.* CONDITIONNEL présent : *je romprais, tu romprais, il romprait, nous romprions, vous rompriez, ils rompraient.* SUBJONCTIF présent : *(que) je rompe, tu rompes, il rompe, nous rompions, vous rompiez, ils rompent.* imparfait : *(que) je rompisse, tu rompisses, il rompît, nous rompissions, vous rompissiez, ils rompissent.* PARTICIPE présent : *rompant.* passé : *rompu.*

romsteck ou **rumsteck** n.m. Sans *a*, contrairement à *steak.*

ronce n.f.

rond, -e adj. et n.m. *En chiffres ronds. Ils se sont mis en rond. Des ronds de fumée.* ◆ adv. *Ils ne tournent pas rond.*

ronde n.f.

rondelle n.f. *Des rondelles de saucisson. Du saucisson en rondelles.*

rondement adv. *Une affaire rondement menée.*

rondeur n.f.

rondin n.m.

rond-point n.m. *Des ronds-points.*

ronfler v.i. Avec un seul **f**.
▸ **ronflement** n.m.

ronger v.t. et v.pr. Avec **e** devant *a* et *o* : *il rongeait, nous rongeons. Elle s'est rongé les ongles. Elle se les est toujours rongés.* Voir gramm. § 29(2 et 3).
▸ **rongeur** n.m.

ronron n.m.
▸ **ronronner** v.i. Avec **nn**.
▸ **ronronnement** n.m.

roquefort n.m. Avec une minuscule. → fromage

rorqual n.m. (Animal) Avec *als* au pluriel. *Des rorquals.* Voir gramm. § 32(3). – On prononce [ka] ou [koi].

rosace n.f.

rosaire n.m.

rosbif n.m. Avec **if**.

rose n.f. *Un bouquet de roses. De l'eau de rose. Du bois de rose. Des boutons de rose(s). Des roses thé. Des roses trémières.* ◆ adj. et n.m. *Des rubans roses.* Mais *des rubans rose foncé, rose bonbon.* Voir gramm. § 8(3). – *S'habiller en rose. Des roses foncés.*
▸ **rosâtre** adj. Avec **â**. → -atre/-âtre
▸ **rosé, -e** adj. et n.m.

roseau n.m. *Des roseaux.*

rosée n.f. *Des gouttes de rosée.*

rosette n.f.

rosier n.m. *Des rosiers en fleur(s).*

rosir v.i. et v.t.

rossignol n.m.

rot n.m. Sans accent circonflexe. *Faire son rot.*
▸ **roter** v.i.

rotation n.f. *La rotation de la Terre autour du Soleil.* – *La rotation du personnel, des stocks.*
▸ **rotatif, -ive** adj. et n.f. *Un jet rotatif.* – *Imprimer sur une rotative.*
▸ **rotatoire** adj. *Un mouvement rotatoire.*

rotin n.m. *Des meubles en rotin.*

rôtir v.t. et v.i. Avec **ô** comme dans les mots de la famille. *Rôtir* ou *faire rôtir de la viande. De la viande rôtie au four.*
▸ **rôti** n.m. *Des rôtis de veau.*
▸ **rôtisserie** n.f.
▸ **rôtissoire** n.f.

rotonde n.f.

rotondité n.f.

rotule n.f.

roturier, -ière adj. et n.

rouage n.m. *Mettre de l'huile dans les rouages.*

roucouler v.i.

roue n.f. *Les roues avant. Les roues arrière.* – On écrit avec un trait d'union *un deux-roues.*

roué, -e adj. *Une personne rouée.*
▸ **rouerie** n.f. Avec un **e** muet.

rouer v.t. *On les a roués de coups.*

rouge adj. et n.m. *Des robes rouges.* Mais *des robes rouge clair, rouge sang, rouge écarlate,* etc. *Des tissus rouge et blanc.* L'adjectif de couleur composé est invariable. Voir gramm. § 8. – *S'habiller en rouge. Du rouge à lèvres. Du rouge à ongles.*
▸ **rougeâtre** adj. Avec **âtre**. → -atre/-âtre
▸ **rougeaud, -e** adj.

rouge-gorge n.m. *Des rouges-gorges.*

rougeole n.f. Avec **ge**.

rougeoyer v.i. CONJ.6 Avec **ge** et un **i** devant un *e* muet : *Le ciel rougeoie.*
▸ **rougeoyant, -e** adj.
▸ **rougeoiement** n.m. Avec **eoie**.

rouget n.m.

rougeur n.f.

rougir v.t. et v.i. *De l'eau rougie. Marie a rougi.*
▸ **rougissant, -e** adj.
▸ **rougissement** n.m.

rouille n.f.
▸ **rouiller** v.i. et v.t. *Le fer a rouillé. Il est rouillé par l'humidité.*

roulade n.f. Avec un seul **l** comme dans *rouler*.

rouleau n.m. *Des rouleaux de papier peint.*

roulement n.m. *Des roulements de tambour.* – *Travailler par roulement.*

rouler v.t. et v.pr. *On a roulé la couverture, on l'a roulée. Les enfants se sont roulés par terre.* ◆ v.i. *Ils ont roulé vite.*
▸ **roulant, -e** adj. *Des fauteuils roulants.*

r

roulette n.f. *Un meuble à roulettes.* Voir gramm. § 13.

roulis n.m. Avec **s**. *Le roulis nous balançait de gauche à droite.* Ne pas confondre avec le ***tangage***, mouvement d'avant en arrière.

roulotte n.f. Avec **tt**. → -ote/-otte

roumain, -e adj. et n. *Il est roumain. C'est un Roumain.* (Le nom de personne prend une majuscule.)

round n.m. Mot anglais. On prononce le **d**.

rouquin, -e adj. et n. Est familier et souvent senti comme péjoratif par rapport à *roux, rousse.*

rousseur n.f. *Des taches de rousseur.*

roussir v.t. et v.i. *Des feuilles roussies par le soleil. Ses cheveux ont roussi.*
▸**roussi** n.m. *Sentir le roussi.*

routage n.m.

route n.f. *Des routes de campagne. Ils sont en route. Des feuilles de route. Vous faites fausse route.*
▸**routier, -ière** adj. *Le réseau routier. Une carte routière.* ◆ n.m. *Un restaurant pour routiers.* ◆ n.f. (Voiture) *Une bonne routière.*

routine n.f. *Des examens de routine. Échapper à la routine.*
▸**routinier, -ière** adj.

rouvrir v.t. et v.i. CONJ.14 Attention au préfixe. On dit **rouvrir**, mais ***réouverture***. → re-

roux, rousse adj. et n.

royal, -e, -aux adj. *Un palais royal. Des palais royaux.*
▸**royalement** adv.
▸**royaliste** adj. et n.

royalties n.f.plur. Mot anglais. On ne prononce pas le *s*.

royaume n.m.

royauté n.f.

ru n.m. (Petit ruisseau)

ruade n.f.

ruban n.m. *Des mètres (à) ruban.*

rubéole n.f.

rubis n.m. Avec **s**.

rubrique n.f.

ruche n.f.
▸**rucher** n.m.

rude adj.
▸**rudement** adv.
▸**rudesse** n.f.

rudiment n.m. *Apprendre les rudiments d'une langue.*
▸**rudimentaire** adj.

rudoyer v.t. CONJ.6 Avec **i** devant un e muet : *il rudoie. On les a un peu rudoyés.*

rue n.f. *À tous les coins de rue.* – S'écrit sans majuscule dans une adresse. *M. Durand, 5, rue des Saules.*
▸**ruelle** n.f.

ruer v.i. *Le cheval rue.* ◆ v.pr. *Ils se sont rués vers la sortie. Tout le monde s'est rué sur ce livre.* – ATTENTION Au futur et au conditionnel : *il se ru*e*ra(it).*
▸**ruée** n.f.

rugby n.m. – REMARQUE Le mot **rugbyman** est un faux anglicisme. Il ne s'emploie pas en anglais. Il n'y a donc aucune raison de lui appliquer un pluriel anglais. On écrira *des rugbymans.*

rugir v.i. *Le lion rugit.*
▸**rugissement** n.m.

rugueux, -euse adj. *Une peau rugueuse.*
▸**rugosité** n.f. Avec **o**.

ruine n.f. *Ces maisons tombent en ruine, sont en ruine, menacent ruine.*

ruiner v.t. et v.pr. *Le jeu les a ruinés. Ils se sont ruinés au jeu.*
▸**ruineux, -euse** adj.

ruisseau n.m. *Des ruisseaux.*

ruisseler v.i. CONJ.3 Avec **l** ou **ll** : *il ruisselait, il ruisselle. L'eau ruisselle du toit.*
▸**ruisselant, -e** adj. *Elle est sortie ruisselante du bain.*
▸**ruissellement** n.m. Avec **ll**. *Des eaux de ruissellement.*

rumeur n.f.

ruminer v.i. et v.t. *Les vaches ruminent.* – *Ruminer son chagrin.*
▸**ruminant** n.m.

rumsteck ou **romsteck** n.m. Sans *a*, contrairement à *steak*.

rupestre adj. *Une peinture rupestre* (= sur les parois d'une grotte).

rupture n.f. *Des lettres de rupture. Des jeunes en rupture avec la société.*

rural, -e, -aux adj. *Une commune rurale* (= de la campagne).

rurbain, -e adj. *Une commune rurbaine* (= rurale et urbaine).

ruse n.f.
▸**rusé, -e** adj. et n.
▸**ruser** v.i.

rush n.m. Mot anglais. Avec **sh**. On prononce [reuch]. *C'est le rush dans les grands magasins.* – *Visionner les rushs* ou *les rushes d'un film.* Voir gramm. § 37.

russe adj. et n. *Il est russe. C'est un Russe.* (Le nom de personne prend une majuscule.)

rustique adj.

rustre adj. et n. (Grossier) Avec **tre**. Ne pas confondre avec ***fruste***.

rut n.m. On prononce le **t**.

rutiler v.i. *Des chromes qui rutilent.*
▸**rutilant, -e** adj. *Des chromes rutilants.*

rythme n.m. Avec **th**. *Ils jouent en rythme.*
▸**rythmé, -e** adj.
▸**rythmer** v.t. *Une vie rythmée par le travail.*
▸**rythmique** adj. *Danse rythmique.*

r

S

sa adj. possessif *Il est avec sa sœur.* Ne pas confondre avec ***ça*** (= cela). Voir *possessif* dans la partie grammaire.

sabbat n.m. Avec **bb**.

sabbatique adj. Avec **bb**. *Une année sabbatique.*

sable n.m. *Des plages de sable.* – Est invariable comme adjectif de couleur. *Des peintures (couleur de) sable.* Voir gramm. § 8(2).
‣ **sabler** v.t. *On a sablé les routes, on les a sablées.* – **sabler le champagne** (= en boire pour fêter quelque chose). Ne pas confondre avec ***sabrer le champagne*** (= ouvrir la bouteille d'un coup de sabre).
‣ **sableux, -euse** adj.
‣ **sablier** n.m.

sablonneux, -euse adj. Avec **nn**.

sabot n.m. *Des sabots de Denver.*

saboter v.t. *On a saboté l'installation, on l'a sabotée.*
‣ **sabotage** n.m.

sabre n.m. *Des coups de sabre.*
‣ **sabrer** v.t. – **sabrer le champagne** (= ouvrir la bouteille d'un coup de sabre). Ne pas confondre avec ***sabler le champagne*** (= en boire pour fêter quelque chose).

sac n.m. *Des sacs à main. Un sac à provisions. Des sacs-poubelles. – Des maisons mises à sac.*

saccade n.f. Avec **cc**.
‣ **saccadé, -e** adj.

saccage n.m. Avec **cc**.
‣ **saccager** v.t. Avec **e** devant *a* et *o* : *il saccagea, nous saccageons. Ils ont saccagé la maison, ils l'ont saccagée.*

saccharine n.f. Avec **cch** qui se prononce [k].

sacerdoce n.m.

sache → savoir[1]

sachet n.m. *Un sachet de bonbons.*

sacoche n.f.

sacre n.m. *Le sacre d'un empereur.*
‣ **sacrer** v.t. *Il a été sacré empereur.*

sacré, -e adj. *Des lieux sacrés.* – Est familier avant le nom. *Une sacrée menteuse.*

sacrifice n.m.
‣ **sacrifier** v.t. et v.pr. *Il a sacrifié sa vie. C'est sa vie qu'il a sacrifiée. Ils se sont sacrifiés.* – ATTENTION À l'indicatif imparfait et au subjonctif présent : *(que) nous sacrifiions.* – Au futur et au conditionnel : *il sacrifiera(it).*

sacrilège n.m. et adj. *Des propos sacrilèges.*

sacristie n.f.
‣ **sacristain** n.m. Avec **ain**.

sadique adj. et n.
‣ **sadisme** n.m.

safari n.m. *Des safaris. Un safari-photo, des safaris-photos.*

safran n.m. Est invariable comme adjectif de couleur. *Des tissus (jaune) safran.* Voir gramm. § 8(2).

saga n.f. *Des sagas familiales.*

sage adj. et n.
‣ **sagement** adv.
‣ **sagesse** n.f. *Un homme plein de sagesse.*

sage-femme n.f. *Des sages-femmes.*

sagittaire n.m. Avec **tt**. Le signe astrologique prend une majuscule. *Ils sont (du signe du) Sagittaire.*

saignée n.f.

saigner v.i., v.t. et v.pr. *Elle s'est saignée aux quatre veines.* – ATTENTION À l'indicatif imparfait et au subjonctif présent : *(que) nous saigniions.*

▸**saignant, -e** adj.
▸**saignement** n.m.

saillant, -e adj. *Un angle saillant* (≠ rentrant).

saillie n.f.

saillir v.i. et v.t. **1.** *Ses muscles saillaient.* Se conjugue comme ***assaillir*** (voir ce mot), au sens de « pointer, être saillant ». – **2.** *Un étalon qui saillit une jument.* En ce sens, le verbe se conjugue comme ***finir*** (voir p. 483).

sain, -e adj. Avec un **a** comme dans *santé. Une vie saine.* – **sain et sauf** s'accorde. *Elles sont saines et sauves.*
▸**sainement** adv.

saindoux n.m.

saint, -e n. et adj. *C'est un saint.* – L'adjectif s'écrit sans majuscule : *saint Jean, saint Luc,* etc., sauf dans les noms propres : *la Sainte Vierge, Saint Louis, le Saint Père, le Saint-Esprit,* etc. – Les noms de fromages ou de vins s'écrivent avec des minuscules : *des saint-nectaire, des saint-pourçain.*
▸**sainteté** n.f. *Ne pas être en odeur de sainteté.* – On écrit avec une majuscule *Sa Sainteté (le pape).*

saint-bernard n.m.inv. *Des saint-bernard.*

sainte-nitouche n.f. *Des saintes-nitouches.*

saisir v.t. *Vous avez saisi l'allusion ? Vous l'avez saisie ? – Le froid nous a saisis. – On lui a saisi ses meubles, on les lui a saisis. – Saisir un tribunal.* ◆ v.pr. *Nous nous sommes saisis de l'affaire.*
▸**saisie** n.f. *Une saisie sur salaire.*
▸**saisine** n.f. (Terme de droit) *La saisine d'une institution.*
▸**saisissant, -e** adj. *Une ressemblance saisissante.*

saison n.f. *Il n'y a plus de saisons ! Prendre ses vacances hors saison, en (pleine) saison. En toute(s) saison(s). Une marchande des quatre-saisons.*
▸**saisonnier, -ière** adj. et n. Avec **nn**.
▸**saisonnalité** n.f. Avec **nn**.

salade n.f. *Une salade de tomates. Des tomates en salade. Des couverts à salade.*
▸**saladier** n.m.

salage n.m. *Le salage des routes.*

salaire n.m. *Des augmentations de salaire. Salaire minimum interprofessionnel de croissance (S.M.I.C.). Toute peine mérite salaire.*
▸**salarial, -e, -aux** adj.
▸**salariat** n.m.
▸**salarié, -e** adj. et n.

salami n.m. *Des salamis. Des tranches de salami.*

salant adj.masc. Avec **t**. *Des marais salants.*

sale adj.
▸**salement** adv.
▸**saleté** n.f.

saler v.t. *On a trop salé la salade, on l'a trop salée.* – REMARQUE On écrit *dessaler* avec **ss** et *resaler* avec un seul **s**.

salière n.f.

salin, -e adj. *Une solution saline.*

salir v.t. et v.pr. *Il a sali sa chemise, il l'a salie. Marie s'est salie. Mais Elle s'est sali les mains.* Voir gramm. § 29(2).
▸**salissant, -e** adj.
▸**salissure** n.f.

salive n.f.
▸**salivaire** adj. *Les glandes salivaires.*
▸**saliver** v.i.

salle n.f. Attention au complément, au pluriel ou au singulier. *Une salle de bains. Des salles d'eau. Des salles de classe. Une salle d'études. Des salles à manger, de séjour. Des salles d'opération, de restaurant, de réunion, de spectacle(s), de cinéma, de jeu(x).*

salon n.m. *Des danses de salon. Des salons de thé, de coiffure.*

salpêtre n.m. Avec **ê**.

salsifis n.m. Avec un **s** final.

saltimbanque n.m.

salubre adj.
▸**salubrité** n.f.

saluer v.t. et v.pr. *On les a salués. Ils se sont salués.* – ATTENTION Au futur et au conditionnel : *il saluera(it).*

salut n.m. Avec **t**.

S

salutaire adj. *Ce repos lui a été salutaire.*

salutation n.f. *Recevez, veuillez agréer mes salutations distinguées, mes respectueuses salutations.*

salve n.f. *Une salve de coups de feu. Une salve d'applaudissements.*

samedi n.m. *Tous les samedis matin.* → jour

samouraï n.m. Mot japonais. Avec **ï**. *Des samouraïs.*

sanction n.f. Peut s'employer de manière neutre, qu'il s'agisse d'une peine ou d'une récompense.
▸**sanctionner** v.t. Avec **nn**.

sanctuaire n.m. Avec **aire**.

sandale n.f. *Une paire de sandales.*
▸**sandalette** n.f.

sandwich n.m. *Des sandwichs*, ou quelquefois encore, *des sandwiches*. On recommande le pluriel français. Voir gramm. § 37.

sang n.m. *Ils étaient en sang. À feu et à sang.* – On écrit sans trait d'union *des chevaux pur sang, des animaux à sang froid*, et avec un trait d'union *des pur(s)-sang(s), garder son sang-froid*.

sanglant, -e adj.

sangle n.f.

sanglier n.m.

sanglot n.m. *Pleurer à gros sanglots.*
▸**sangloter** v.i. Avec un seul **t**. → -oter

sangria n.f. Mot espagnol. *Des sangrias.*

sangsue n.f. On ne prononce pas le **g**.

sanguin, -e adj.

sanguinaire adj. Avec **aire**.

sanguinolent, -e adj.

sanitaire adj. et n.m.

sans prép. et adv. **1.** *Il est sorti sans son parapluie, il est sorti sans. Ils partent sans rien dire.* – REMARQUE On écrit *sens dessus dessous*. – **2. sans que** est suivi du subjonctif. *Il est sorti sans qu'on le voie, sans que personne le voie, sans que rien l'en empêche...* (On n'emploie jamais *ne*).

sans- Les noms composés avec **sans** prennent un trait d'union et sont invariables : ***des sans-abri, des sans-cœur, des sans-emploi, des sans-faute, des sans-gêne, des sans-grade, un sans-papiers***; sauf ***sans-culotte*** : *les sans-culottes.*

Singulier ou pluriel après *sans* ?

En général le nom garde le nombre (singulier ou pluriel) qu'il aurait dans une tournure positive ou avec ***avec*** : *une robe sans ceinture* (≠ avec une ceinture), *une chaussure sans lacets* (≠ avec des lacets), *un ciel sans nuages* (≠ avec des nuages), *un couple sans enfant(s), un homme sans passions, un débat sans passion, une vie sans amour, sans aucuns frais, venez sans faute* (= à coup sûr), *une dictée sans fautes* (≠ avec des fautes) ou *sans (aucune) faute.*

santal n.m. Avec *als* au pluriel. *Des santals.* Voir gramm. § 32(3).

santé n.f. *Ils sont en bonne santé. L'Organisation mondiale de la santé (O.M.S.).*

saoul ou **soûl, -e** adj. Avec **a** et sans accent, ou sans *a* et avec **û**. La forme **soûl** est aujourd'hui la plus fréquente.

saper v.t. Avec un seul **p**.

saperlipopette interj.

sapeur-pompier n.m. *Des sapeurs-pompiers.*

saphir n.m. *Des saphirs bleus.* – Est invariable comme adjectif de couleur. *Des yeux saphir.* Voir gramm. § 8(2).

sapidité n.f. (Goût) *Des agents de sapidité.*

sapin n.m.

sarcasme n.m.
▸**sarcastique** adj.

sarcophage n.m. Avec **ph**.

sardine n.f. *Une boîte de sardines. Des sardines en boîte.*

sardonique adj. *Un rire sardonique* (= moqueur et froid).

sari n.m. Mot indien. *Des saris.*

sarment n.m. *Des sarments de vigne.*

sarrasin n.m. (Céréale) Avec **rr**.

sarrau n.m. VIEILLI (Blouse) Avec *s* au pluriel. *Des sarraus.* Voir gramm. § 32(6).

sarriette n.f. (Plante) Avec **rr**.

sas n.m. On prononce le **s** final.

satanique adj.

satellite n.m. Avec **ll**. – S'emploie après un nom : *des villes satellites*, mais *des images satellite* (= par satellite). Voir gramm. § 10.

satiété n.f. On prononce [sasiété]. *Manger à satiété.*

satin n.m.
▸**satiné, -e** adj.

satire n.f. Avec **i**. (Texte moqueur) *Une satire des hommes politique.* Ne pas confondre avec ***satyre*** (être mythologique ou homme lubrique).
▸**satirique** adj.

satisfaire v.t. et v.pr. CONJ.24 *J'espère que ceci vous satisfera. Ils se sont satisfaits de peu.* ◆ v.t.ind. *Pour satisfaire à toutes les conditions requises.* – REMARQUE On dit *nous satisfaisons, vous satisfaites* comme *nous faisons, vous faites* : *Si vous satisfaites aux conditions* et non ✕ *satisfaisez.*
▸**satisfaisant, -e** adj. Avec **ai** qui se prononce [e]. *Des résultats satisfaisants.*
▸**satisfait, -e** adj. *Elle est satisfaite de mes résultats. Elle est satisfaite que j'aie* (= subjonctif) *réussi.*
▸**satisfaction** n.f. *Donner toute satisfaction, pleine et entière satisfaction.*

satisfecit n.m.inv. Mot latin invariable et sans accent. On prononce [satisfésit']. *Des satisfecit.*

saturer v.t. *L'air est saturé d'eau. Saturer un marché.*
▸**saturation** n.f.

satyre n.m. Avec **y**. (Être mythologique ou homme lubrique) Ne pas confondre avec ***satire*** (texte moqueur).

sauce n.f. *Des plats en sauce. De la sauce tomate, béchamel.*
▸**saucière** n.f.

saucisse n.f.

saucisson n.m. *Des tranches de saucisson. Du saucisson en tranches. Des saucissons pur porc.*

1. sauf prép. *Sauf erreur ou omission de notre part… Ils sont tous venus, sauf toi.*

2. sauf, sauve adj. *Ils sont sortis sains et saufs de l'accident. Elles sont saines et sauves. Avoir la vie sauve.*

sauf-conduit n.m. *Des sauf-conduits.*

sauge n.f.

saugrenu, -e adj. *Des idées saugrenues.*

saule n.m. *Des saules pleureurs.*

saumâtre adj. Avec **â**.

saumon n.m. *Des saumons fumés.* – Est invariable comme adjectif de couleur. *Des tissus saumon.* Voir gramm. § 8(2).

saumure n.f.

sauna n.m. *Des saunas.*

saupoudrer v.t. *Des fraises saupoudrées de sucre.*

saur adj.masc. *Des harengs saurs.*

saut n.m. *Des sauts en hauteur, en longueur. Un triple saut, des triples sauts. Je les ai surpris au saut du lit. Progresser par sauts.*

saute n.f. *Des sautes d'humeur.*

sauté n.m. *Des sautés de veau.*

saute-mouton n.m.inv. *Jouer à saute-mouton.*

sauter v.i. et v.t. *Ils ont sauté de joie. – Marie a sauté deux lignes, elle les a sautées.*

sauterelle n.f.

sauternes n.m. *Un verre de sauternes.* – Les noms de produits (vins, fromages, etc.) d'une ville ou d'une région s'écrivent avec une minuscule.

sautiller v.i.
▸**sautillant, -e** adj.

sauvage adj. et n.
▸**sauvagement** adv.
▸**sauvagerie** n.f.

S

sauvageon, -onne n. Avec **ge**.

sauvegarde n.f.
▸**sauvegarder** v.t. *Il a sauvegardé ses données, il les a sauvegardées.*

sauve-qui-peut n.m.inv. Avec des traits d'union. Voir gramm. § 33.

sauver v.t. *On a sauvé tous les enfants de la noyade. Qui les a sauvés ?* ◆ v.pr. *Les voleurs se sont sauvés.*

sauvetage n.m. *Des gilets de sauvetage.*
▸**sauveteur** n.m.

sauvette (à la) loc.adv.

sauveur n.m.

savane n.f.

savant, -e adj. et n.
▸**savamment** adv.

saveur n.f. *Inodore et sans saveur.*

1. **savoir** v.t. CONJ. 23 *Il ne sait pas sa leçon. Il a eu un zéro pour une leçon non sue. Je lui ai fait savoir que… Il n'est pas, que je sache, le seul dans ce cas. Sachant que…* – À la forme négative, ce verbe s'emploie souvent avec ***ne*** sans *pas*, en langue soutenue : *Je ne sais s'il viendra.* – REMARQUE On écrit avec un trait d'union les noms masculins invariables ***savoir-faire*** et ***savoir-vivre***. – **vous n'êtes pas sans savoir que** signifie « vous savez que ». Ne pas dire ✕ *vous n'êtes pas sans ignorer.* – **savoir gré** : *Je vous sais, je vous saurai gré de bien vouloir…* Ne pas dire ✕ *je vous serai gré* (du verbe *être*).

2. **savoir** n.m. *Des hommes de savoir. L'université de tous les savoirs.*

savon n.m.
▸**savonnette** n.f. Avec **nn**.
▸**savonner** v.t. et v.pr. *Elle s'est savonnée.* Mais *Elle s'est savonné les mains.* Voir gramm. § 29(2).
▸**savonneux, -euse** adj. *De l'eau savonneuse.*

savourer v.t. *Il a savouré son repas. Ces moments, on les a savourés.*
▸**savoureux, -euse** adj.

saxophone n.m.
▸**saxophoniste** n.

-sc- Se prononce [sk] devant *a*, *o* et *u*. Se prononce [s] devant *e* et *i*.

scabreux, -euse adj.

scalp n.m.

scalpel n.m.

scandale n.m. *Ils ont fait scandale.*
▸**scandaleux, -euse** adj.
▸**scandaleusement** adv.
▸**scandaliser** v.t. *Cette histoire nous a scandalisés.*

scander v.t.

scandinave adj. et n. *Elle est scandinave. C'est une Scandinave.* (Le nom de personne prend une majuscule.)

1. **scanner** n.m. On prononce le **r**.

2. **scanner** v.t. *Des images scannées.*

scaphandre n.m.

scarabée n.m. Nom masculin avec **ée** comme ***musée***, ***caducée***, ***lycée***.

scatologique adj. Sans *h*. *Des propos scatologiques* (= qui parlent d'excréments).

sceau n.m. Avec **sc** comme dans *scellés*. *Le sceau du roi* (= cachet). *Sous le sceau du secret. Le garde des Sceaux.*

scélérat, -e adj. et n.
▸**scélératesse** n.f.

sceller v.t. *Ils ont scellé leur accord. – Un paquet scellé* (= fermé). Ne pas confondre avec ***seller*** (un cheval).

scellés n.m.plur. *Un local sous scellés.*

scénario n.m. Mot italien. *Des scénarios catastrophe(s).* – REMARQUE L'orthographe francisée avec un accent et un pluriel en *s* est aujourd'hui la plus fréquente. *Des scénarios.* La forme italienne, sans accent (*un scenario, des scenarii*), est un peu pédante. Voir gramm. § 37.
▸**scénariste** n.
▸**scénariser** v.t.

scène n.f. *Des scènes de ménage. – Des mises en scène. Ils sont sur scène.*
▸**scénique** adj. Avec **é**. *L'espace scénique.*

sceptique adj. et n. (Qui doute) Avec **sc**. *Ils sont sceptiques sur l'avenir.* Ne pas confondre avec ***septique*** (*fosse septique*).
▸**scepticisme** n.m.

sceptre n.m. *Le sceptre du roi.*

schéma n.m. Avec **sch**. *Des schémas.*
▸**schématique** adj.

schisme n.m. (Division) Avec **sch**. *Le schisme d'Orient.*

schiste n.m. (Roche)

schizophrène n. On prononce [ski].

schuss adv. et n.m. On prononce [chous']. *Descendre tout schuss.*

sciatique adj. et n.f. *Le nerf sciatique. Souffrir d'une sciatique.*

scie n.f. *En dents de scie. Des scies sauteuses. Une scie à métaux.*
▸**scier** v.t. *On a scié les planches, on les a sciées.* – ATTENTION À l'indicatif imparfait et au subjonctif présent : *(que) nous sciions.* – Au futur et au conditionnel : *il sciera(it).*
▸**scierie** n.f. Avec un **e** muet.

sciemment adv. Avec **emm** qu'on prononce [am]. *Agir sciemment* (= en toute connaissance de cause).

science n.f. *Les sciences exactes. Les sciences humaines.* – **science-fiction** : *Des romans de science-fiction (S.F.).*
▸**scientifique** adj. et n.
▸**scientifiquement** adv.

scinder v.t. et v.pr. *L'organisation s'est scindée en deux groupes.*
▸**scission** n.f. Avec **ss**.

scintiller v.i.

sciure n.f. *De la sciure de bois.*

sclérose n.f. *La sclérose en plaques.*
▸**scléroser (se)** v.pr. *Ils se sont sclérosés.*

scolaire adj.
▸**scolarité** n.f.
▸**scolariser** v.t.
▸**scolarisation** n.f.

scoliose n.f. Sans accent circonflexe.

scoop n.m. Mot anglais. Avec **oo** qui se prononce [ou]. *Des scoops.*

score n.m. *Améliorer son score.*

scorie n.f.

scorpion n.m. Le signe astrologique prend une majuscule. *Ils sont (du signe du) Scorpion.*

scotch n.m. Sans majuscule pour le whisky. *Des scotchs.* Voir gramm. § 37. – Avec une majuscule pour le nom déposé d'une marque de ruban adhésif. *Un rouleau de Scotch.*
▸**scotcher** v.t. FAM. (Fixer, coller) *Des affiches scotchées au mur. Ils restent scotchés devant la télé.*

scout, -e n.
▸**scoutisme** n.m.

scribe n.m.

script n.m. Sans *e* pour l'écriture ou le scénario. *Écrire en script. Lire des scripts de films.* Ne pas confondre avec ***scripte***.

scripte n. Avec un **e**. A remplacé *script-girl*. Ne pas confondre avec ***script***.

scrupule n.m. *Une personne sans scrupule(s). Avoir scrupule à.*
▸**scrupuleux, -euse** adj.
▸**scrupuleusement** adv.

scruter v.t. *Scruter le ciel.*

scrutin n.m. *Les différents modes de scrutin.* – REMARQUE La personne qui surveille le scrutin est un ***scrutateur***.

sculpter v.t. Avec un **p** qui ne se prononce pas, comme dans les mots de la famille. *Il a sculpté une statue. La statue qu'il a sculptée et celle qu'a sculptée son père se ressemblent.*
▸**sculpteur, -trice** n. Pour une femme on emploie le masculin ou le féminin. *Camille Claudel était un grand sculpteur, une grande sculptrice.*
▸**sculpture** n.f.
▸**sculptural, -e, -aux** adj. *Des formes sculpturales.*

se pron. personnel *Il se promène.* Ne pas confondre avec *ce*. → ce – S'élide en **s'** devant une voyelle ou un *h* muet. *Il s'amuse. Elle s'habille.* Voir *pronom personnel* dans la partie grammaire.

S

Accord avec *se*

1. *Elle s'est habillée* (= elle-même). *Ils se sont habillés.* Le pronom est complément d'objet direct, l'accord se fait en genre et en nombre avec le sujet.

2. *Ils se sont parlé. Ils se sont succédé. Ils se sont plu* (= l'un à l'autre). *Ils se sont offert des cadeaux.* Le pronom est complément d'objet indirect (ou second), le participe ne s'accorde pas avec le sujet. *Les cadeaux qu'ils se sont offerts.* Le participe s'accorde avec le complément d'objet direct. Voir gramm. § 29.

séance n.f. *Des séances d'ouverture. Des séances de cinéma.* – **séance tenante** est invariable : *Ils sont venus séance tenante* (= immédiatement).

séant n.m. LITT. Ne s'emploie que dans *sur son séant* (= assis).

seau n.m. *Des seaux d'eau. Des seaux à glace. Il pleut à seaux.* Ne pas confondre avec ***sceau*** (= cachet).

sébile n.f. Avec un seul **l**. On prononce [il] et non ✕ [iy']. *La sébile d'un mendiant.*

sébum n.m. Avec **um** qui se prononce [om].
▸**séborrhée** n.f. Avec *rrhée* qui signifie « flux ».

sec, sèche adj. *Du linge sec. Des herbes sèches.* – Est invariable comme adverbe. *Ils ont démarré sec.*

sécable adj. *Des comprimés sécables.*

sécateur n.m.

sécession n.f. Avec **c** d'abord et **ss**. *Faire sécession.* On écrit avec une majuscule *la guerre de Sécession.*

sèchement adv.

sécher v.i., v.t. et v.pr. CONJ.4 Avec **é** ou **è** : *il séchait, ils sèchent. Le linge sèche. Il a fait sécher les serviettes, il les a fait sécher.* (*Fait* suivi d'un infinitif est invariable.) – *Il les a laissées sécher au soleil.* → laisser – *Marie s'est séchée au soleil.* Mais *Elle s'est séché les cheveux.* Voir gramm. § 29(2). – REMARQUE On écrit avec un trait d'union les mots invariables ***sèche-cheveux, sèche-linge, sèche-mains***.

▸**séchage** n.m.
▸**séchoir** n.m.

sécheresse n.f. Avec **é**. *Des périodes de sécheresse.*

second, -e adj. et n. Avec **c** qui se prononce [g]. – REMARQUE La distinction entre **deuxième** et **second**, qui voudrait qu'on emploie *second* quand il n'y a pas plus de deux éléments, ne se retrouve pas dans l'usage : *Habiter au deuxième* ou *au second étage. C'est son deuxième enfant. Les élèves de seconde et ceux de troisième. Rouler en seconde* ou *en deuxième.*

secondaire adj. et n.m. Avec **c** qui se prononce [g].
▸**secondairement** adv.

seconde n.f. Avec **c** qui se prononce [g]. *En dix secondes (10 s).*

seconder v.t. Avec **c** qui se prononce [g]. *Ils sont bien secondés.*

secouer v.t. et v.pr. *On a secoué la bouteille, on l'a secouée. Ils se sont un peu plus secoués.* – ATTENTION Au futur et au conditionnel : *il secouera(it).*

secourir v.t. CONJ.12 *On a secouru les blessés, on les a secourus.* – ATTENTION Au futur on dit : *il secourra*, en faisant entendre les *r* et non ✕ *il secourera.*
▸**secourable** adj. *Une main secourable.*
▸**secourisme** n.m.
▸**secouriste** n.

secours n.m. Avec un **s**. *Au secours ! Des roues de secours.*

secousse n.f.

secret n.m. *Des secrets de fabrication. Ils ont agi en secret. C'est un secret de Polichinelle. Ce n'est pas un secret d'État. Des documents top secrets. Des documents secret-défense.*
▸**secret, -ète** adj. *Un tiroir secret. Une chambre secrète.*
▸**secrètement** adv. Avec **è**.

secrétaire n. et n.m.
▸**secrétariat** n.m.

sécréter v.t. CONJ.4 Avec **é** d'abord, puis **é** ou **è** : *nous sécrétons, ils sécrètent.* – Bien

prononcer [sé-] et non ✕ [se]. *La bile est sécrétée par le foie.*
▸**sécrétion** n.f.

sectaire adj. et n.
▸**sectarisme** n.m.

secte n.f.

secteur n.m. *Des secteurs d'activité.*

section n.f.

sectionner v.t. et v.pr. *On a sectionné les fils, on les a sectionnés. Elle s'est sectionné la main.* Voir gramm. § 29(2).

sectoriser v.t. *Les écoles sont sectorisées.*
▸**sectorisation** n.f.

séculaire adj. Avec **aire** comme dans *centenaire. Un arbre séculaire* (= qui a un siècle).

séculier, -ière adj. *Un prêtre séculier* (≠ régulier).

sécuriser v.t. *Des accès sécurisés.*
▸**sécurisant, -e** adj.

sécurité n.f. *Des ceintures de sécurité. Ici vous êtes en sécurité. En toute sécurité.* – On écrit avec une majuscule les noms d'organisations officielles : *la Sécurité sociale* (abréviation familière : *Sécu*), *la Sécurité routière.* – REMARQUE L'adjectif ✕ *secure* est un anglicisme. On doit dire *en sécurité.*
▸**sécuritaire** adj. *Une politique sécuritaire.*

sédatif, -ive adj. et n.m.

sédentaire adj. et n. Avec **en**.
▸**sédentarité** n.f.
▸**sédentariser** v.t. et v.pr. *Ils se sont sédentarisés.*
▸**sédentarisation** n.f.

sédiment n.m.
▸**sédimentaire** adj.

sédition n.f. (Révolte) Ne pas confondre avec ***reddition*** (fait de se rendre).

séduire v.t. CONJ. 30 *Elle s'est laissé séduire.* → laisser *Cette femme qu'il a séduite.*
▸**séducteur, -trice** adj. et n. *Un séducteur cherche à séduire.* Ne pas confondre avec ***séduisant*** (= qui séduit).
▸**séduction** n.f.
▸**séduisant, -e** adj. *Une offre séduisante. Un homme séduisant* (= qui attire). Ne pas confondre avec ***séducteur*** (= qui cherche à séduire).

segment n.m. *Des segments de marché.*
▸**segmenter** v.t.
▸**segmentation** n.f.

ségrégation n.f. *Lutter contre la ségrégation raciale.*

seiche n.f. Avec **ei**. *Des os de seiche.*

seigle n.m. *Des pains de seigle.*

seigneur n.m. *Son seigneur et maître. Il est très grand seigneur.* – Avec une majuscule pour désigner Dieu : *Le Seigneur a dit... Notre-Seigneur Jésus-Christ.*
▸**seigneurial, -e, -aux** adj.
▸**seigneurie** n.f.

sein n.m. *Serrer contre son sein. Au sein de la société. En son sein.* Ne pas confondre avec ***seing***.

seing n.m. Avec **g**. Ce mot a la même origine que *signe, signature.* – Ne s'emploie que dans *sous seing privé* et dans le mot composé *blanc-seing. Des actes sous seing privé. Donner son blanc-seing à* (= carte blanche, accord).

séisme n.m. – REMARQUE Les mots de la famille s'écrivent aujourd'hui sans le *é* : *sismique, sismologie...*

seize adj. numéral et n.m. Est invariable. *Tous les seize.* – Se joint par un trait d'union à *soixante* et à *quatre-vingt* : *soixante-seize, quatre-vingt-seize.* Voir gramm. § 23.
▸**seizième** adj. *Ils sont seizièmes. Les seizième et dix-septième siècles.* Voir gramm. § 24.

séjour n.m. *Des séjours à la mer. Des salles de séjour.*
▸**séjourner** v.i.

sel n.m. *Manger sans sel. Du sel de céleri. Des sels d'argent. Des sels de bain.*

sélectif, -ive adj. *Le tri sélectif des déchets. Une mémoire sélective.*

sélection n.f. *Des épreuves, des matchs de sélection. Notre sélection du mois.*

S

▸**sélectionner** v.t. Avec **nn**. *Les candidats qu'on a sélectionnés.*
▸**sélectionneur** n.m. *Le sélectionneur de l'équipe de France.*

self n.m. Mot anglais. *Déjeuner au self* (= self-service). *Des selfs.* – REMARQUE Ne s'emploie plus guère que pour les services de restauration. On dit ***libre-service*** dans les autres cas.

self-service n.m. *Des self-services.*

selle n.f. *Ils se sont remis en selle.*
▸**seller** v.t. *Seller un cheval.* Ne pas confondre avec ***sceller*** (= fermer).

sellette n.f. *Ils sont sur la sellette.*

selon prép. *Agir selon les circonstances. Selon moi, il a tort.* – **selon que** se construit avec l'indicatif. *Selon que vous serez puissant ou misérable…*

semailles n.f.plur.

semaine n.f. *Trois fois par semaine. Des fins de semaine agréables.*

semblable adj. et n.

semblant n.m. *Si tu as un semblant de bon sens. – Ils ont fait semblant de partir.*

sembler v.i. *Marie m'a semblé fatiguée.*

semelle n.f. – REMARQUE On écrit avec **ss** et un seul **l** *ressemeler.*

semence n.f.

semer v.t. CONJ.2 Avec **e** ou **è** : *nous semons, ils sèment. On a semé des graines. On les a semées. On en a semé beaucoup.*
→ en[2]

semestre n.m.
▸**semestriel, -elle** adj.

> **semi-** Le préfixe **semi-**, toujours suivi d'un trait d'union, est invariable : *des armes semi-automatiques, une semi-liberté, des semi-conducteurs, des semi-remorques.* – Les mots composés avec **semi-** prennent la marque du pluriel sur le second élément.

séminaire n.m. *Des séminaires de travail. Ils sont en séminaire.*

semis n.m. Avec **s**.

sémite adj. et n. *Les peuples sémites. Les Sémites.* (Le nom de personne prend une majuscule.)

semonce n.f. *Des coups de semonce.*

semoule n.f. *Du sucre semoule.*

sempiternel, -elle adj. PÉJOR. *Des plaintes sempiternelles* (= sans fin).

s'en aller → aller[1]

sénat n.m. Avec une majuscule pour l'assemblée française. *Siéger au Sénat.*
▸**sénateur, -trice** n.
▸**sénatorial, -e, -aux** adj.

sénégalais, -e adj. et n. *Il est sénégalais. C'est un Sénégalais.* (Le nom de personne prend une majuscule.)

sénile adj. *Une démence sénile.*
▸**sénilité** n.f.

senior n. et adj. Sans accent. Est invariable en genre. *Des émissions pour les seniors. Des ingénieurs seniors* (= confirmés). *Une mode senior.*

sens n.m. *En tout* ou *tous sens. Ils sont partis en sens inverse. Des voies à double sens. Des rues à sens unique. Des mots de même sens, de sens contraire(s).* – REMARQUE On écrit en un mot *contresens* et en deux mots *faux sens.* – **sens dessus dessous** : *Tout est sens dessus dessous.* Ne pas écrire ✕ *sans.*

sensation n.f. *Ils ont fait sensation.*
▸**sensationnel, -elle** adj. Avec **nn**.
▸**sensationnalisme** n.m.

sensé, -e adj. (Qui a du sens) *Des propos sensés.* Ne pas confondre avec ***censé*** (supposé).

sensibiliser v.t. *On les a sensibilisés à notre cause.*

sensible adj.
▸**sensibilité** n.f.
▸**sensiblerie** n.f. PÉJOR.

sensitif, -ive adj.

sensoriel, -elle adj.

sensuel, -elle adj.
▸**sensualité** n.f.

sentence n.f. *Des sentences de mort. – Des maximes et sentences.*
▸**sentencieux, -euse** adj. *Des propos sentencieux.*

senteur n.f. LITT. *D'agréables senteurs.*

sentier n.m. *Des sentiers de grande randonnée. Sortir des sentiers battus.*

sentiment n.m. *Avec mes meilleurs sentiments. Je vous prie de croire à mes sentiments respectueux, dévoués, distingués, les meilleurs. – Il n'a pas de sentiments pour nous. Il est plein de bons sentiments. Chanter avec beaucoup de sentiment.*

sentimental, -e, -aux adj. et n.
▸**sentimentalité** n.f.
▸**sentimentalisme** n.m. PÉJOR.

sentinelle n.f. Ce mot féminin désigne le plus souvent des hommes.

sentir v.i. CONJ. 11 *Je sens, il sent. Ces fleurs sentent bon. – La pièce sent la cigarette.* – REMARQUE Suivi d'un complément indiquant le type d'odeur, **sentir** est intransitif ou transitif selon les dictionnaires. Mais il n'y a jamais d'accord du participe passé. *C'est la cigarette que la pièce a senti toute la matinée.* ◆ v.t. Avec un complément d'objet, le participe peut s'accorder. *J'ai senti l'odeur des fleurs, je l'ai sentie. – Il a senti la colère monter en lui. La colère qu'il a sentie monter en lui.* Voir gramm. § 30. – *Les premières douleurs se sont fait sentir.* (*Fait* suivi d'un infinitif est invariable.) ◆ v.pr. *Elle s'est sentie mal.* Mais *Elle ne s'est pas senti le courage d'y aller.* Voir gramm. § 29. – *Elle s'est sentie mourir.* Mais *Elle s'est senti pousser par la foule.* Voir gramm. § 30(3).

seoir v.t.ind. *Si cela vous sied* (= si cela vous convient). Cet ancien verbe ne s'emploie plus qu'en langue recherchée, à la 3e personne des temps simples. INDICATIF présent : *il sied, ils siéent.* imparfait : *il seyait, ils seyaient.* futur : *il siéra, ils siéront.* CONDITIONNEL présent : *il siérait, ils siéraient.* SUBJONCTIF présent : *(qu') il siée, ils siéent.* – REMARQUE Ce verbe a donné l'adjectif ***seyant***.

sep n.m. (Partie d'une charrue) Ne pas confondre avec ***cep*** (de vigne).

sépale n.m. Est du masculin. *Un sépale de fleur.*

séparatiste adj. et n.

séparé, -e adj. *Des chambres séparées.*
▸**séparément** adv.

séparer v.t. et v.pr. *On a séparé Marie de son frère, on l'a séparée de son frère. Ils se sont séparés bons amis.*
▸**séparation** n.f.

sépia n.f. (Matière colorante rouge-brun) – Est invariable comme adjectif de couleur. *Des photos sépia.* Voir gramm. § 8(2).

sept adj. numéral et n.m. Est invariable. *Tous les sept ans. Dix-sept. Cent sept. Quatre-vingt-sept.* Voir gramm. § 23(1).

septante adj. numéral On prononce le **p**. (Soixante-dix, en Belgique.)

septembre n.m. *Paris, le 5 septembre.* – Les noms de mois s'écrivent avec une minuscule. → date

septennat n.m. On prononce le **p**.

septentrional, -e, -aux adj. On prononce le **p**. Avec un seul **n**. *Les régions septentrionales* (= du nord).

septième adj. et n. *Ils sont septièmes, dix-septièmes, cent septièmes.*

septique adj. *Une fosse septique.* Ne pas confondre avec ***sceptique*** (= qui doute).

septuagénaire n. et adj. On prononce le **p**. Avec **aire** comme dans *centenaire*.

sépulture n.f.

séquelle n.f. *Les séquelles d'un accident.*

séquence n.f.

séquestrer v.t. Avec **sé**. *On les a séquestrés.*
▸**séquestration** n.f.

sérail n.m.

serbe adj. et n. *Il est serbe. C'est un Serbe.* (Le nom de personne prend une majuscule.)

serein, -e adj. (Tranquille et confiant) Avec **ein**. *Il est serein, elle est sereine.*
▸**sereinement** adv.
▸**sérénité** n.f. Avec trois fois **é**.

S

sérénade n.f. La **sérénade** est donnée le soir, l'***aubade*** est donnée à l'aube, le matin.

sergent n.m. *Des sergents-chefs.*

série n.f. *Classer par séries. Des incidents par séries. Des incidents en série. Des voitures de série. Une production, des voitures montées en série. – Des destins, des livres hors série. – Une série d'accidents a eu lieu* ou *ont eu lieu.* Voir gramm. § 11.

sérier v.t. *On a sérié les difficultés, on les a sériées.*

sérieux, -euse adj.
▸**sérieusement** adv.

serin n.m. (Oiseau) Ne pas confondre avec ***serein*** (confiant).

seringue n.f.

serment n.m.

sermon n.m.
▸**sermonner** v.t. Avec **nn**. *On les a sermonnés. Ils se sont fait sermonner.* (*Fait* suivi d'un infinitif est invariable.)

séronégatif, -ive adj. et n.
▸**séropositif, -ive** adj. et n.

serpe n.f.

serpent n.m. *Des serpents de mer. Des peaux de serpent. Un serpent à lunettes. Des serpents à sonnette.* Voir gramm. § 13.

serpenter v.i. *Le sentier serpente dans la forêt.*

serpentin n.m.

serpillière n.f. Avec **ière**.

serre n.f. *Des tomates de serre. De la culture en serre(s). – Les serres de l'aigle.*

serré, -e adj. *Les résultats sont serrés.*

serre-joint n.m. *Des serre-joints.*

serre-livres n.m.inv.

serrer v.t. et v.pr. *Il a serré sa ceinture, il l'a trop serrée. Ils se sont serrés, ils sont serrés les uns contre les autres. – Ils se sont serré la main.* Voir gramm. § 29(2).
▸**serrage** n.m. *Le serrage d'un boulon.*
▸**serrement** n.m. *Un serrement de cœur.*

serre-tête n.m.inv. *Des serre-tête.*

serrure n.f.
▸**serrurerie** n.f.
▸**serrurier** n.m. *Aller chez le serrurier.*

sertir v.t. *Une bague sertie d'un diamant. Des pierres serties.*

sérum n.m. Avec **um** qui se prononce [om]. *Du sérum physiologique.*

servante n.f.

serveur, -euse n. *Appeler le serveur.* ◆ adj. masc. et n.m. (Informatique) *Des centres serveurs.*

serviable adj.
▸**serviabilité** n.f.

service n.m. *Des services à café, à thé. Un service à liqueurs. – Ils sont en service, de service. Des chefs de service. Une société de services. Hors service. Le service public. Des stations-service.* – **(se) rendre service** : *Je lui ai rendu service. Nous nous sommes rendu service.* Mais *Nous nous sommes rendu des services, les services que nous nous sommes rendus.* Voir gramm. § 29(3).

serviette n.f. *Des serviettes-éponges.*

servile adj.
▸**servilité** n.f.

servir v.t., v.pr. et v.t.ind. CONJ. 11 – ACCORD DU PARTICIPE L'accord dépend de la construction du verbe. – **servir quelqu'un, se servir** (= soi-même) : *Quelqu'un te sert? Le vendeur les a bien servis.* Voir gramm. § 28. – *Ils se sont servis tout seuls.* – **servir quelque chose à quelqu'un, se servir quelque chose** (= à soi-même) : *J'ai servi la plus grosse part aux enfants. C'est la plus grosse part que je leur ai servie. – Elle s'est servi la plus grosse part, elle se l'est servie toute seule.* Voir gramm. § 29(2 et 3). – **se servir de, s'en servir** : *Elle s'est servie du marteau, elle s'en est servie.* Voir gramm. § 29(1). ◆ v.t.ind. – **servir à, servir de (à quelqu'un)** : le participe est invariable. *Tous ces accessoires n'ont servi à rien. Vos documents ne nous ont pas servi* (= à nous). Voir gramm. § 25(1). – *Ils ont servi de guides à Marie, ils lui ont servi de guides.*

serviteur n.m.

servitude n.f.

> **servo-** S'emploie dans des termes techniques comme ***servofrein***, ***servocommande***, ***servomoteur***... pour indiquer une assistance automatique. Cet élément a la même origine que *servitude, service*. Ne pas confondre avec ***cerveau***.

ses adj. possessif *Il a pris ses affaires (à lui).* Voir *possessif* dans la partie grammaire. Ne pas confondre avec ***ces***. → ces

sésame n.m. *Des grains de sésame. – Sésame, ouvre-toi.*

session n.f. *La session parlementaire. Une session d'examens.* Ne pas confondre avec ***cession*** (= fait de céder).

set n.m. Mot anglais. On prononce le **t**. *Des sets de table. – Une partie en cinq sets.*

seuil n.m. *Au seuil de la mort. Franchir un seuil.*

seul, -e adj. *Il est tout seul, ils sont tout seuls. Elle est toute seule, elles sont toutes seules.* → tout – **seul à seul** s'accorde en genre : *Marie a parlé à Julie seule à seule.* L'usage hésite quand il s'agit d'un homme et d'une femme : *Marie a parlé à Luc seul(e) à seul.*

seulement adv.

sève n.f.

sévère adj.
▸**sévèrement** adv.
▸**sévérité** n.f. Avec trois fois **é**.

sévices n.m.plur. *Des sévices corporels.*

sévir v.i.

sevrer v.t.
▸**sevrage** n.m.

sexagénaire n. et adj. Avec **aire** comme dans *centenaire*. On prononce [ks] et non ✕ [gz].

sexe n.m.

sexisme n.m.
▸**sexiste** adj. et n.

sexué, -e adj. *Un être sexué.* Ne pas confondre avec ***sexuel***.

sexuel, -elle adj. *L'activité sexuelle.*
▸**sexualité** n.f.

sexy adj.inv. *Des robes sexy.*

seyant, -e adj. *Une tenue seyante* (= qui va bien). → seoir

> **-sh-** Se prononce toujours [ch] – ATTENTION Certains mots s'écrivent avec *sch* : *schéma, schisme.*

shaker n.m. Mot anglais. On prononce [chékeur'].

shampoing ou **shampooing** n.m. Avec un **g** qui ne se prononce pas.
▸**shampouineur, -euse** n. Avec **oui**.

shérif n.m.

shopping n.m. Mot anglais. Au Canada, on dit ***magasinage***.

short n.m.

show n.m.
▸**show-business** n.m. S'abrège en **show-biz** ou **showbiz** en un mot.

si adv. et conj.

- L'adverbe d'affirmation s'emploie en réponse à une question négative. *Tu ne viens pas ? – Si, je viens.*
- L'adverbe d'intensité s'emploie avec un adjectif ou un adverbe. *Il est si grand que... Ne criez pas si fort.*
- La conjonction **si** s'élide en **s'** devant ***il(s)***. *S'il vous plaît. S'il y a lieu. Je me demande s'il viendra. Je me demandais s'il viendrait.* (Dans l'interrogation indirecte, on peut employer le conditionnel après **si**.)
- *On n'ira pas s'il pleut. Si j'avais su...* (Quand elle indique l'hypothèse ou la condition, la conjonction **si** n'est jamais suivie du conditionnel. On dit *Si j'avais su, je ne serais pas venu* ; et non ✕ *si j'aurais su*. Voir *condition* dans la partie grammaire.)

siamois, -e adj. et n.

sibyllin, -e adj. Avec **by**. Vient de *Sibylle*, qui prédisait l'avenir dans l'Antiquité. *Une* *remarque sibylline* (= difficile à comprendre).

sic adv. Mot latin qu'on place entre parenthèses après une phrase que l'on cite, pour indiquer qu'il s'agit de propos exacts.

sicav ou **SICAV** n.f.inv. Acronyme de *société d'investissement à capital variable. Des sicav.* Voir *acronyme* dans la partie grammaire.

sida n.m.

sidérer v.t. CONJ.4 Avec **é** ou **è** : *Cela me sidère. Je suis sidéré.*
‣ **sidérant, -e** adj.

sidérurgie n.f.
‣ **sidérurgique** adj.

siècle n.m. *Le vingt et unième siècle (XXIe s.). Le XVIe et le XVIIe siècle. Les XVIIe et XVIIIe siècles. Au XVIIe et au XVIIIe siècle. Aux XVIIe et XVIIIe siècles.* Quand le deuxième élément est sans article, *siècle* est au pluriel, quand il y a un article, il reste au singulier. Pour indiquer une période, *siècle* est au singulier : *cathédrale (XIIe-XVe siècle). IIIe-Ier siècle avant Jésus-Christ (IIIe-Ier s. av. J.-C.).*

sied → seoir

siège n.m.

siéger v.i. CONJ.4 Avec **é** ou **è** : *siéger, il siège.* – Avec **ge** devant *a* et *o* : *il siégea, nous siégeons.*

sien, sienne pron. possessif Voir *possessif* dans la partie grammaire. ◆ n.m. *Il y a mis du sien.*

sieste n.f.

siffler v.i. et v.t. Avec **ff**. *Le vent siffle. – J'ai entendu Marie siffler, je l'ai entendue siffler. On a sifflé la pièce, on l'a sifflée.* – REMARQUE Tous les mots de la famille prennent **ff** sauf *persifler, persifleur.*
‣ **sifflement** n.m.
‣ **sifflet** n.m. *Des coups de sifflet.*
‣ **siffloter** v.i. et v.t. Avec un seul **t**. → -oter

sigle n.m. Voir ce mot dans la partie grammaire.

signal n.m. *Un signal, des signaux. Des signaux d'alarme, de détresse.*

signalement n.m.

signaler v.t. *On nous a signalé des individus suspects, on nous les a signalés. Rien à signaler (R.A.S.).*

signalétique adj. et n.f. *Une fiche signalétique. La signalétique d'un dictionnaire, d'un guide* (= l'ensemble des symboles et des codes). Ne pas confondre avec ***signalisation***.

signalisation n.f. *La signalisation routière. Les panneaux de signalisation.*

signe n.m. *Donner des signes d'impatience, de fatigue. Ils n'ont pas donné signe de vie. En signe d'amitié, de deuil, d'adieu. Les signes extérieurs de richesse. Ils m'ont fait signe de m'arrêter. – Elle est née sous le signe du Bélier, elle est (du signe du) Bélier.* – **signe orthographique** Voir ce mot dans la partie grammaire.

signer v.t. *Il a signé sa lettre, il l'a signée de son nom. Une œuvre signée.* ◆ v.pr. *Elles se sont signées en entrant dans l'église.* – ATTENTION À l'indicatif imparfait et au subjonctif présent : *(que) nous signions.*
‣ **signature** n.f. *Apposer sa signature au bas d'un contrat.* – REMARQUE La signature est formée du nom complet. Le ***parafe*** ou ***paraphe*** est une signature abrégée.
‣ **signataire** n. *Les signataires d'un accord.*

signet n.m. Avec **t**.

significatif, -ive adj. *C'est significatif de son état d'esprit. Ces statistiques ne sont pas significatives.*

signifier v.t. *Cela signifie que... On lui a signifié son congé.* – ATTENTION À l'indicatif imparfait et au subjonctif présent : *(que) nous signifiions.* – Au futur et au conditionnel : *il signifiera(it).*
‣ **signification** n.f.

s'il te plaît, s'il vous plaît Avec **î**. *Répondre s'il vous plaît (R.S.V.P.).* → plaire

silence n.m. *En silence.*
‣ **silencieux, -euse** adj. et n.m.
‣ **silencieusement** adv.

silex n.m.

silhouette n.f. Avec **lh**.

silicone n.m. Avec un seul **l**.

sillage n.m. Avec **ill** qui se prononce [iy']. *Le sillage d'un bateau.* ➜ -ill-

sillon n.m. Avec **ill** qui se prononce [iy']. ➜ -ill-
‣ **sillonner** v.t. Avec **nn**.

silo n.m. *Des silos à grains. Des silos de blé.*

simagrées n.f.plur.

simiesque adj. *Une expression simiesque* (= de singe).

similaire adj. *Des savons, lessives et autres produits similaires.* – REMARQUE S'emploie sans complément. Dans une comparaison, on dit *semblable à, comparable à, analogue à,* etc.

simili n.m. *Ce n'est pas du cuir, c'est du simili.*

> **simili-** Se joint sans trait d'union au nom, sauf devant *i* ou *o* : ***similimarbre***, ***similicuir***, ***simili-or***, ***simili-ivoire***.

similitude n.f. *Une similitude d'intérêts, de goûts.*

simple adj.
‣ **simplement** adv.
‣ **simplicité** n.f. *En toute simplicité.*

simplifier v.t. – ATTENTION À l'indicatif imparfait et au subjonctif présent : *(que) nous simplifiions.* – Au futur et au conditionnel : *il simplifiera(it).*
‣ **simplification** n.f.

simpliste adj. PÉJOR. *Une explication un peu simpliste.*

simulacre n.m.

simuler v.t. *Une joie simulée.*
‣ **simulation** n.f.
‣ **simulateur, -trice** n.

simultané, -e adj. *Traduction simultanée.*
‣ **simultanément** adv.
‣ **simultanéité** n.f.

sincère adj. Avec **è**.
‣ **sincèrement** adv. *Sincèrement vôtre.*
‣ **sincérité** n.f. Avec **é**. *En toute sincérité.*

sinécure n.f. *Ce n'est pas une sinécure* (= c'est très difficile).

sine die loc.adv. Expression latine sans accent. On prononce [sinédié]. *Une réunion remise sine die* (= sans date).

sine qua non loc.adv. Expression latine sans accent. On prononce [sinékoinon']. *Des conditions sine qua non* (= impératives).

singe n.m.

single n.m. Mot anglais. On prononce [sin'gueul].

singulariser v.t. et v.pr. *Il faut toujours qu'elle se singularise et, bien sûr, elle s'est singularisée ce soir !*

singulier, -ière adj. *Un personnage singulier. Une histoire singulière.* ◆ n.m. Voir ce mot dans la partie grammaire.
‣ **singulièrement** adv.

sinistre adj. et n.m.

sinistré, -e adj. et n.

sinon conj. En un mot. *Trois films, sinon rien !*

sinueux, -euse adj.
‣ **sinuosité** n.f. Avec **o**.

sinus n.m. On prononce le **s** final.
‣ **sinusite** n.f.

sinusoïdal, -e, -aux adj. Avec **ï**.

sionisme n.m.
‣ **sioniste** adj. et n.

siphon n.m. Avec **i** et non ✕ *y*.
‣ **siphonner** v.t. Avec **nn**.

sire n.m. *Un triste sire.*

sirène n.f.

sirop n.m. *Du sirop de fraise.*
‣ **sirupeux, -euse** adj.

sis, sise adj. *Une société sise à Paris.*

sisal n.m. Avec *als* au pluriel. *Des sisals.*

sismique adj. *Des secousses sismiques.*

site n.m.

sitôt adv. *Sitôt dit sitôt fait. On ne me reverra pas de sitôt. Sitôt que vous aurez fini...* Ne pas confondre avec ***si tôt*** en deux mots : *Il est venu si tôt qu'il nous a réveillés* (= tellement tôt).

S

situation n.f. *Un retournement de situation. Ils ne sont pas en situation de refuser. Quelle est votre situation de famille ?*

situer v.t. et v.pr. *J'ai du mal à les situer. Où se situe votre maison ? C'est une maison bien située.* – ATTENTION Au futur et au conditionnel : *il situ<u>e</u>ra(it).*

six adj. numéral et n.m. *Tous les six jours.* – On écrit avec un trait d'union *vingt-six, trente-six*, etc., et sans trait d'union *cent six, deux cent six*, etc. Voir gramm. § 23.
▸**sixième** adj. et n. *Ils sont sixièmes.*

skateboard ou **skate** n.m. (Planche à roulettes)

sketch n.m. Mot anglais. *Des sketchs. Un film à sketchs.*

ski n.m. *Des chaussures de ski. Descendre en skis* ou *à skis.*
▸**skier** v.i. – ATTENTION À l'indicatif imparfait et au subjonctif présent : *(que) nous ski<u>i</u>ons.* – Au futur et au conditionnel : *il ski<u>e</u>ra(it).*
▸**skieur, -euse** n.

slalom n.m.
▸**slalomer** v.i.

slip n.m. *Des slips de bain.*

slogan n.m.

smash n.m. Mot anglais. Avec **sh** et sans *t*. *Des smashs.*

smoking n.m. *Des smokings.*

snob adj. et n. *Ils, elles sont snobs.*
▸**snobisme** n.m.

soap opera n.m. Mot anglais. *Des soap operas.* – REMARQUE On écrit aussi **soap opéra**, avec un accent. S'abrège en **soap** : *des soaps.*

sobre adj.
▸**sobrement** adv.
▸**sobriété** n.f.

soc n.m.

sociable adj. *Une personne très sociable* (= qui aime les contacts humains). Ne pas confondre avec ***social***.
▸**sociabilité** n.f.

social, -e, -aux adj. *Des problèmes sociaux. Un être social* (= qui vit en société). Ne pas confondre avec ***sociable*** (= qui aime les contacts humains).
▸**socialement** adv.

social-démocrate adj. et n. Les deux termes s'accordent. *Une politique sociale-démocrate. Des sociaux-démocrates.*
▸**social-démocratie** n.f. Avec *social* invariable. *Des social-démocraties.*

socialisme n.m.
▸**socialiste** adj. et n.

sociétaire n. et adj. *Les sociétaires de la Comédie-Française.*

société n.f. *Vivre en société. Des jeux de société. Une société anonyme (S.A.). Une société à responsabilité limitée (S.A.R.L.).*

> **socio-** Se joint sans trait d'union à un mot, sauf devant une voyelle : ***socioculturel, sociopolitique, socio-économique, socio-éducatif***.

sociologie n.f.
▸**sociologique** adj.
▸**sociologue** n.

socioprofessionnel, -elle adj. En un mot. *Les catégories socioprofessionnelles.* → socio-

socle n.m.

socquette n.f. Avec **cq**.

soda n.m. *Des sodas.*

sodium n.m. Avec **um** qui se prononce [ɔm].

sœur n.f. *Elles sont sœurs.* – On dit *la sœur <u>de</u> Luc* et non ✕ *à Luc.*

soi pron. personnel *Que chacun rentre chez soi ! On peut le faire soi-même.* Voir *pronom personnel* dans la partie grammaire.

soi-disant adj.inv. Sans *t* à **soi**. *Ce sont de soi-disant policiers.* – REMARQUE Signifie au sens propre « qui se dit tel ». Certains critiquent l'emploi de **soi-disant** en parlant de choses (*une soi-disant source de jeunesse*), ou dans certains contextes (*une soi-disant criminelle*) et conseillent d'employer ***prétendu***.

soie n.f. *Des draps de soie.*
▸**soierie** n.f. Avec un **e** muet.

soif n.f. *Ils ont soif. Jusqu'à plus soif.*

soigner v.t. et v.pr. *On a soigné les malades, on les a soignés. Une malade qu'a soignée mon père. Marie s'est soignée toute seule.* – *Un travail soigné.*
▸**soignant, -e** adj. et n. *Le personnel soignant. Des aides-soignantes.*

soigneux, -euse adj.
▸**soigneusement** adv.

soin n.m. Reste au singulier dans *avoir soin, prendre soin de ; avec soin, sans soin, un travail qui demande beaucoup de soin* (= d'attention). – Est au pluriel dans *être aux petits soins, un malade qui demande beaucoup de soins.*

soir n.m. *Tous les soirs. Au soir de sa vie.* – Est invariable après un nom de jour : *Tous les dimanches soir.* ➜ jour
▸**soirée** n.f. *Des tenues de soirée.*

soit adv. et conj. Avec **t**. Vient du verbe *être*. Ne pas confondre avec le pronom ***soi***. – REMARQUE L'expression *soi-disant* s'écrit sans *t*. – **1.** L'adverbe d'affirmation se prononce [soit']. *Vous êtes d'accord ? Eh bien soit !* – **2.** La conjonction se prononce [soi]. *C'est soit l'un, soit l'autre.* – *Soit mon père soit ma mère viendra.* Avec les deux termes au singulier, le verbe est au singulier. – *Soit mes parents, soit ma tante viendront.* Avec un des termes au pluriel, le verbe est au pluriel. – **3.** (Étant donné) Est aujourd'hui invariable. *Soit trois carrés de...*

soixantaine n.f. *Une soixantaine de personnes <u>ont</u> été bless<u>ées</u>. Une soixantaine de personnes <u>ont</u>* ou *<u>a</u> voté.* – L'accord se fait généralement au pluriel, sauf si c'est sur le nombre que l'on souhaite insister.

soixante adj. numéral et n.m. Est invariable. *Ils sont soixante.* On écrit avec un trait d'union *soixante-deux, soixante-trois..., soixante-dix, soixante-douze, soixante-treize...*, et sans trait d'union *soixante et un, soixante et onze*. Voir gramm. § 23.
▸**soixantième** adj. et n. *Ils sont soixantièmes.*
▸**soixante-dixième** adj. et n. *Ils sont soixante-dixièmes. Il est soixante et unième.*

soja n.m. *Des pousses de soja.*

sol n.m. *Des sols plastique. Coucher à même le sol. Des missiles sol-sol, sol-air.*

solaire adj.

soldat n.m.

solde n.f. et n.m. **1.** Est féminin pour la rémunération. *Militaire qui touche sa solde. Un congé sans solde. Être à la solde de.* – **2.** Est masculin pour le résultat d'un compte : *un solde débiteur, créditeur,* et pour une vente au rabais : *des soldes avantageux.*
▸**solder** v.t. *Solder un compte.* – *Des marchandises soldées.* ◆ v.pr. *L'expérience s'est soldée par un échec.*

sole n.f.

solécisme n.m. Voir *barbarisme* dans la partie grammaire.

soleil n.m. Avec une minuscule en langue courante et une majuscule en astronomie. *En plein soleil. Des coups de soleil. Des après-soleil. La Terre tourne autour du Soleil.*

solennel, -elle adj. On prononce [sola-], comme dans les mots de la famille.
▸**solennellement** adv.
▸**solennité** n.f.

solfège n.m.

solidaire adj.
▸**solidarité** n.f.

solide adj. et n.m.
▸**solidement** adv.
▸**solidité** n.f.

solitaire adj. et n.
▸**solitude** n.f.

solliciter v.t. Avec **ll**. *Nous sommes sans cesse sollicités par des démarcheurs.* – S'emploie dans la formulation de requêtes auprès de personnes haut placées. *J'ai l'honneur de solliciter de votre haute bienveillance...*

sollicitude n.f. Avec **ll**. *Une personne pleine de sollicitude.*

S

solo n.m. *Des solos.*

solstice n.m. *Le solstice d'hiver.*

soluble adj.

solution n.f. *Un problème sans solution.* – **sans solution de continuité** signifie « sans interruption ».
▸**solutionner** v.t. S'emploie à l'oral, mais il est plus correct de dire ***résoudre***.

solvable adj.
▸**solvabilité** n.f.

solvant n.m.

somatique adj.

somatiser v.i. et v.t.

sombre adj.

sombrer v.i. *Ils ont sombré corps et biens.*

sommaire adj. et n.m.
▸**sommairement** adv.

sommation n.f. *Ils ont tiré sans sommation. Des sommations à comparaître.*

somme n.m. et n.f. **1.** Est masculin au sens de « sieste ». *Faire un petit somme.* – **2.** Est féminin au sens de « total ». *Cela fait une belle somme.* – **en somme, somme toute** sont invariables.

sommeil n.m. *Ils ont sommeil.*
▸**sommeiller** v.i. *L'artiste qui sommeille en lui.*

sommelier, -ière n.

sommer v.t. *On les a sommés de répondre.*

sommet n.m. *Des conférences au sommet.*

sommier n.m.

sommité n.f. Avec **mm** comme dans *sommet. C'est une sommité dans son domaine.*

somnambule n. et adj.
▸**somnambulisme** n.m.

somnifère n.m. *Prendre des somnifères.*

somnoler v.i.
▸**somnolent, -e** adj.
▸**somnolence** n.f.

somptuaire adj. *Des dépenses somptuaires* (= excessives). Ne pas confondre avec ***somptueux*** (= luxueux).

somptueux, -euse adj. *Une réception somptueuse* (= luxueuse).
▸**somptueusement** adv.
▸**somptuosité** n.f. Avec **o**.

1. son n.m. **1.** *Des taches de son.* – **2.** *Des prises de son. Des bandes son.* – **son et lumière** est invariable après un nom. *Des spectacles son et lumière.*

2. son, sa, ses adj. possessif Voir *possessif* dans la partie grammaire.

sonde n.f. *Des coups de sonde.*

sonder v.t.
▸**sondage** n.m. *Des sondages d'opinion. Procéder par sondages.*

songe n.m.
▸**songer** v.i. et v.t.ind. Avec **e** devant *a* et *o* : *il songeait, nous songeons. Vous n'y songez pas !*
▸**songeur, -euse** adj.

sonner v.i. *Le téléphone sonne. Minuit a sonné.* → heure ◆ v.t. *Sonner les cloches, l'alarme.*
▸**sonnant, -e** adj. *À huit heures sonnantes. À minuit sonnant.*
▸**sonnerie** n.f.
▸**sonnette** n.f. *Des coups de sonnette.*

sonnet n.m. (Poème)

sono n.f. Abréviation de **sonorisation**.

sonore adj. *Un signal sonore. Des effets sonores.*
▸**sonoriser** v.t.
▸**sonorisation** n.f. *La sonorisation d'une salle, d'un film.*
▸**sonorité** n.f. *La sonorité d'un instrument.*

sophistiqué, -e adj.
▸**sophistication** n.f. Avec **c**.

sophrologie n.f. Avec **ph**.

soporifique adj. et n.m.

sorbet n.m. *Des sorbets poire(-)cassis.*
▸**sorbetière** n.f.

sorcier, -ière n.
▸**sorcellerie** n.f.

sordide adj.

sort n.m. *Ils ont été tirés au sort.*

sorte n.f. *Des produits de toute(s) sorte(s). Toutes sortes de produits. Ils ont toutes les sortes de livres. Quelle sorte de livres aimez-vous ? Je n'aime pas cette sorte de plaisanterie, d'humour.* – **en quelque sorte** est toujours au singulier. – **de (telle) sorte que** est suivi de l'indicatif pour la conséquence : *Il a travaillé de sorte qu'il a réussi*, ou du subjonctif pour le but : *Agissons de telle sorte qu'on réussisse.* – **faire en sorte que** est suivi du subjonctif : *Faites en sorte qu'il vienne.*

sortie n.f. *Des portes de sortie. Des sorties de secours. Ils sont de sortie. – Des sorties laser, des sorties papier.*

sortilège n.m.

sortir v.i. et v.t. CONJ.11 **1.** Le verbe intransitif se conjugue avec l'auxiliaire ***être***. *Nous sommes sortis.* – REMARQUE *Sortir dehors* est un pléonasme à éviter. – **2.** Le verbe transitif se conjugue avec l'auxiliaire ***avoir***. *On a sorti les meubles de jardin, on les a sortis.* ◆ v.pr. *Elle s'est sortie de cette difficulté. Elle s'en est sortie.* ◆ n.m.sing. – **au sortir de** : *Au sortir de l'hiver.*

sosie n.m. Avec **e**.

sot, sotte adj. et n.
‣ **sottement** adv.
‣ **sottise** n.f.

sou n.m. *Des sous. Économiser sou à sou. Rendre sou pour sou.* – On écrit sans trait d'union l'expression *ils sont sans le sou*, et avec un trait d'union le nom invariable *sans-le-sou*.

soubassement n.m.

soubresaut n.m. Avec un seul **s**.

souche n.f. *Des souches d'arbre. Un carnet à souche(s). Des Anglais de souche.*

souci n.m. *Se faire du souci. Avoir des soucis. Une vie sans souci(s). – Un bouquet de soucis.*
‣ **soucieux, -euse** adj.

soucier (se) v.pr. *Ils ne se sont pas souciés des dates. Elles ne s'en sont pas souciées non plus.* – ATTENTION À l'indicatif imparfait et au subjonctif présent : *(que) nous nous souciions.* – Au futur et au conditionnel : *il se souciera(it).*

soucoupe n.f.

soudain, -e adj. *Une mort soudaine.*
‣ **soudain** adv. (Tout à coup) *Soudain, il se mit à pleuvoir.*
‣ **soudainement** adv. *Il a disparu soudainement.*
‣ **soudaineté** n.f. *La soudaineté d'une attaque.*

soudanais, -e adj. et n. *Il est soudanais. C'est un Soudanais.* (Le nom de personne prend une majuscule.)

soude n.f. *Des cristaux de soude. De la soude caustique.*

souder v.t. et v.pr. *Des fers à souder. Les os se sont soudés.* – REMARQUE On écrit avec **ss** *dessouder* et *ressouder*.
‣ **soudure** n.f.

soudoyer v.t. CONJ.6 Avec **i** devant un *e* muet : *il soudoie. Il a soudoyé les gardiens, il les a soudoyés.* – ATTENTION À l'indicatif imparfait et au subjonctif présent : *(que) nous soudoyions.* – Au futur et au conditionnel : *il soudoiera(it).*

souffle n.m. Avec **ff**. *Des souffles d'air. Ils sont à bout de souffle.* – REMARQUE Tous les mots de la famille prennent **ff** sauf *boursouflé, boursouflure*.

soufflé n.m. *Des soufflés au fromage.* Ne pas confondre avec ***soufflet***.

souffler v.i. et v.t. *Le vent souffle fort. – Il a soufflé ses bougies, il les a soufflées. On lui a soufflé la réponse. La réponse que lui a soufflée son camarade est fausse.*
‣ **souffleur, -euse** n.

soufflerie n.f. Avec **ff** comme dans ***souffle***.

soufflet n.m. Avec **ff** comme dans ***souffle***. *Attiser le feu avec un soufflet. – Cette remarque est un soufflet* (= affront). Ne pas confondre avec ***soufflé***.

souffre-douleur n.m.inv. *Ils sont leurs souffre-douleur.*

souffrir v.i. CONJ.14 Avec **ff** comme dans les mots de la famille. *Pierre a fait souffrir Marie, il l'a fait souffrir.* (*Fait* suivi d'un infinitif est invariable.) *Il a souffert des dents (pendant) trois mois. Les trois mois qu'il a*

souffert (= pendant lesquels). Voir gramm. § 22. ◆ v.t. et v.pr. LITT. (Endurer, supporter) *Il a souffert mille maux. Tous les maux qu'il a soufferts. – Elle ne souffre pas la contradiction. Ils ne peuvent pas se souffrir.*
▸**souffrant, e** adj. *Marie est souffrante.* Ne pas confondre avec le participe présent invariable : *Souffrant d'un mal de tête, Marie...*
▸**souffrance** n.f.

soufre n.m. Avec un seul **f**. *Une odeur de soufre.*
▸**soufrière** n.f.

souhait n.m. *À vos souhaits ! Tout était à souhait* (= parfait).
▸**souhaiter** v.t. et v.pr. *Je vous souhaite de réussir. Il souhaite que j'aie* (= subjonctif) *mon examen. – Ils se sont souhaité la bonne année.* Voir gramm. § 29(2). – *Il mène la vie qu'il a souhaitée ou qu'il a (toujours) souhaité (mener).* Voir gramm. § 28(3).
▸**souhaitable** adj.

souiller v.t. *La rivière est souillée.*
▸**souillure** n.f.

souk n.m. *Les souks.*

soûl, -e ou **saoul, -e** adj. La forme avec **û** est aujourd'hui la plus fréquente. – On ne prononce pas le **l** au masculin. *Ils sont soûls. Elles sont soûles.* ◆ n.m. Ne s'emploie que dans l'expression *tout mon, son... soûl. Il a fumé tout son soûl.*
▸**soûler** v.t. et v.pr. *Ils nous ont soûlés de paroles.*

soulager v.t. Avec **e** devant *a* et *o* : *il soulagea, nous soulageons. Ce médicament soulage la douleur. Marie sera vite soulagée.*
▸**soulagement** n.m.

soulever v.t. et v.pr. CONJ.2 Avec **e** ou **è** : *nous soulevons, il soulève. Il a soulevé plusieurs problèmes. Les problèmes qu'il a soulevés. – La foule s'est soulevée contre...*
▸**soulèvement** n.m. Avec **è**.

soulier n.m.

souligner v.t. *Notez les mots que vous avez soulignés.*

soumettre v.t. et v.pr. CONJ.37 *On vous a soumis une proposition. La proposition qu'on vous a soumise. Elles se sont soumises au règlement.* – ATTENTION Au conditionnel, on dit *vous soumettriez* et non ✕ *soumetteriez.*

soumis, -e adj. *Une personnalité soumise.*
▸**soumission** n.f.

soupape n.f.

soupçon n.m. Avec **ç**.
▸**soupçonner** v.t. Avec **nn**. *On a soupçonné Marie. C'est Marie que la police a soupçonnée.*
▸**soupçonneux, -euse** adj.

soupe n.f. *Une soupe de légumes. De la soupe au(x) chou(x).* – **soupe au lait** est invariable : *Ils sont très soupe au lait.*
▸**soupière** n.f.

soupente n.f.

souper v.i. *On a soupé après le spectacle.*
▸**souper** n.m. Avec **er** comme pour *dîner* et *déjeuner.*

soupeser v.t. CONJ.2 Avec **e** ou **è** : *nous soupesons, ils soupèsent.*

soupir n.m. *Des soupirs de soulagement.*
▸**soupirer** v.i.

soupirail n.m. *Un soupirail, des soupiraux.* Voir gramm. § 32(4).

souple adj.
▸**souplement** adv.
▸**souplesse** n.f.

source n.f. *Des sources de chaleur.* – S'emploie sans trait s'union après un nom. *Des fichiers sources.*

sourcil n.m. Avec **l** qui se prononce ou non. → -il
▸**sourcilier, -ière** adj. Avec un seul **l**. *L'arcade sourcilière.* On prononce [-lié, -lièr'].
▸**sourciller** v.i. Avec **ll**. *Sans sourciller.* On prononce [yé].

sourd, -e adj. et n. *Une personne sourde est atteinte de* ***surdité****.*
▸**sourd-muet, sourde-muette** adj. et n. *Ils sont sourds-muets.*

sourdine n.f.

sourdre v.i. (Jaillir) Ne s'emploie qu'à l'infinitif ou à la 3e personne du présent et de l'imparfait de l'indicatif. *L'eau qui sourd, qui sourdait de la terre.*

souriceau n.m. Avec **c**. *Des souriceaux.*

souricière n.f. Avec **c**. *Tomber dans la souricière.*

sourire v.i., v.t.ind. et v.pr. Se conjugue comme ***rire*** (voir ce mot). *Ils ont souri. Ils se sont souri* (= l'un à l'autre). Le participe passé est invariable. **Voir gramm. § 29(2).**
▸**sourire** n.m. *Un beau sourire. Il était tout sourire(s).*
▸**souriant, -e** adj. *Ils étaient tout souriants. Elle étaient toutes souriantes.* Ne pas confondre avec le participe présent invariable : *Souriant, elle lui dit...* **Voir gramm. § 31.**

souris n.f.

sournois, -e adj. et n.
▸**sournoisement** adv.
▸**sournoiserie** n.f.

sous prép. *Le chat est sous la table* (≠ sur). *Des hommes sous influence.*

> **sous-** Les mots composés avec **sous** s'écrivent toujours avec un trait d'union : ***sous-alimentation, sous-alimenté, sous-chef, sous-comité, sous-développé, sous-ensemble, sous-estimer, sous-évaluer, sous-louer, sous-location, sous-marque, sous-multiple, sous-officier, sous-préfecture, sous-préfet, sous-produit...***, contrairement aux mots formés avec *sur* qui s'écrivent soudés. – REMARQUE Le deuxième élément s'accorde : *des sous-chefs, ils sont sous-alimentés, des sous-produits...*

sous-bois n.m.inv.

souscrire v.t. CONJ.27 *Nous avons souscrit deux abonnements, nous les avons souscrits auprès de...* ◆ v.t.ind. *Je souscris entièrement à ce que vous dites.*
▸**souscription** n.f.
▸**souscripteur, -trice** n.

sous-entendre v.t. CONJ.34 *Cela sous-entend qu'il ne viendra pas.*
▸**sous-entendu, -e** adj. et n.m. *Des sous-entendus.*

sous-fifre n.m. FAM. *Des sous-fifres.*

sous-jacent, -e adj.

sous-main n.m.inv. *Des sous-main. Faire quelque chose en sous-main.*

sous-marin, -e adj. *Faire de la plongée sous-marine.* ◆ n.m. *Des sous-marins.* – REMARQUE On écrit avec deux traits d'union ***anti-sous-marin*** : *la lutte anti-sous-marine.*

soussigné, -e adj. et n. *Je soussignée Marie Durand atteste que...*

sous-sol n.m. *Les sous-sols.*

sous-tendre v.t. CONJ.34 En deux mots. *Une démonstration sous-tendue par des expériences concrètes.*

sous-titre n.m. *En version originale sans sous-titres.*
▸**sous-titrer** v.t. *Une version sous-titrée en français.*

soustraire v.t. et v.pr. CONJ.26 *20 soustrait de 50, reste 30. – Ils se sont soustraits à cette obligation.*
▸**soustraction** n.f.

sous-traiter v.t. En deux mots. *Certaines activités sont sous-traitées.*
▸**sous-traitance** n.f.
▸**sous-traitant, -e** adj. et n.

sous-vêtement n.m. *Le rayon des sous-vêtements.*

soutane n.f. *Des prêtres en soutane.*

soute n.f. *La soute à bagages.*

soutenir v.t. et v.pr. CONJ.10 *Il a soutenu Marie pendant cette épreuve, il l'a soutenue. Ils se sont soutenus l'un l'autre. Je soutiens que c'est vrai. – Soutenir une thèse.*
▸**soutenance** n.f. *Une soutenance de thèse.*
▸**soutènement** n.m. *Des travaux de soutènement.*

soutenu, -e adj. *Un rythme soutenu. – Une langue soutenue* (= assez recherchée).

souterrain, -e adj. et n.m. En un mot.

soutien n.m. *Des soutiens de famille.*

soutien-gorge n.m. *Des soutiens-gorge.*

soutirer v.t. En un mot. *On lui a soutiré des informations, on les lui a soutirées.*

1. souvenir (se) v.pr. *Je me souviens de quelque chose. Je me souviens qu'il était là. Je m'en souviens. – Elle s'est souvenue de cette journée. Elle s'en est souvenue.* Aux temps composés, le participe s'accorde toujours avec le sujet. Voir gramm. § 29(1).

2. souvenir n.m. *Se rappeler au bon souvenir de quelqu'un. Je n'en ai pas gardé souvenir. En souvenir de... Des souvenirs de voyage, de vacances, d'enfance.* – S'emploie avec ou sans trait d'union après un nom. *Des photos(-)souvenirs.*

souvent adv.

souverain, -e adj. et n.
▸**souveraineté** n.f.

soyeux, -euse adj.

soyons, soyez Sans **i**. *Que nous soyons, que vous soyez.* → être[1]

spacieux, -euse adj. Avec un **c**. *Un appartement spacieux.* Ne pas confondre avec *spatial*.

spaghetti n.m. *Des spaghettis.* Voir gramm. § 37.

sparadrap n.m. Avec un **p** final.

spasme n.m. *Secoué par des spasmes.*
▸**spasmodique** adj.

spasmophilie n.f.

spatial, -e, -aux adj. Avec un **t** qui se prononce [s]. *Un voyage spatial. Une navette spatiale.*
▸**spationaute** n.
▸**spatio-temporel, -elle** adj.

spatule n.f.

spécial, -e, -aux adj. *Des envoyés spéciaux. Un produit spécial pour le cuir.*
▸**spécialement** adv.

spécialiser (se) v.pr. *Elle s'est spécialisée, elle est spécialisée en informatique.*
▸**spécialisation** n.f.

spécialiste n. et adj. *Un médecin spécialiste* (≠ généraliste).

spécialité n.f.

spécieux, -euse adj. *Un argument spécieux* (= qui n'a que l'apparence de la logique).

spécifique adj. *Le goût spécifique de la pêche.*
▸**spécificité** n.f.

spécimen n.m. On prononce [mèn']. *Des spécimens.*

spectacle n.m. *Une salle de spectacle(s). Aller au spectacle. Ils se sont donnés en spectacle. Au spectacle de. Des films à grand spectacle.* – S'emploie avec ou sans trait d'union après un nom. *De la politique(-) spectacle.*

spectaculaire adj.

spectateur, -trice n.

spectre n.m.

spéculer v.i. *Spéculer sur l'immobilier.*
▸**spéculation** n.f.
▸**spéculateur, -trice** n.
▸**spéculatif, -ive** adj.

spéléologie n.f.
▸**spéléologue** n. S'abrège en **spéléo**.

spermatozoïde n.m.

sperme n.m.

sphère n.f. Avec **è**.
▸**sphérique** adj. Avec **é**.

sphinx n.m. Sans *y*.

> **spi-** On prononce souvent à tort [spi] des mots qui commencent par **psy**.

spirale n.f. *Des cahiers spirale* (= à spirale).

spiritisme n.m.

spirituel, -elle adj.
▸**spiritualité** n.f.

spiritueux n.m. *Les vins et spiritueux.*

splendeur n.f.
▸**splendide** adj.

spolier v.t. *On les a spoliés.*
▸**spoliation** n.f.

spongieux, -euse adj. *Un matériau spongieux* (= comme l'éponge).

sponsor n.m. Mot anglais. *Les sponsors d'une équipe sportive.*
▸**sponsoriser** v.t. – REMARQUE Les termes recommandés pour remplacer ces angli-

cismes (*parraineur, parrainer ; commanditaire, commanditer*) ne se sont pas répandus dans l'usage.

spontané, -e adj. *Une réaction spontanée.*
▸**spontanément** adv.
▸**spontanéité** n.f.

sporadique adj. *Des troubles sporadiques* (= qui apparaissent sans régularité).

spore n.f. (Élément reproducteur d'un végétal) Est du féminin. *Une spore. Des spores mâles, femelles.*
▸**sporange** n.m. Est du masculin. *Un sporange.*

sport n.m. *Les sports d'hiver. Des tenues de sport.* – Est invariable après un nom. *Des vêtements sport.* Voir gramm. § 10.
▸**sportif, -ive** adj. et n.
▸**sportivité** n.f.

spot n.m. Mot anglais. On prononce le **t**. *Des spots publicitaires* (= messages publicitaires).

spray n.m. *Des parfums en spray. Des sprays.*

sprint n.m. Mot anglais. On prononce [in't].
▸**sprinteur, -euse** n. A remplacé la forme anglaise **sprinter**. Voir *Rectifications orthographiques*, p. 515.

square n.m. Avec un seul **r**.

squash n.m. Mot anglais. Il n'y a pas de *t*.

squat n.m. Mot anglais. On prononce [skoit].
▸**squatter** v.t.
▸**squatteur, -euse** n. A remplacé la forme anglaise **squatter**.

squelette n.m. Nom masculin avec **ette** comme *quartette* et *quintette*.
▸**squelettique** adj.

stabiliser v.t. et v.pr. *Stabiliser un régime. La situation s'est stabilisée.*
▸**stabilisation** n.f.

stable adj.
▸**stabilité** n.f.

stade n.m.

stage n.m. *Ils sont en stage.*
▸**stagiaire** adj. et n.

stagner v.i. On prononce séparément le **g** et le **n**.
▸**stagnant, -e** adj. *De l'eau stagnante.*
▸**stagnation** n.f.

stalactite et **stalagmite** n.f. Dans une grotte, une **stalactite** tombe (avec **t**), une **stalagmite** monte (avec **m**).

stalle n.f. *Les stalles d'une écurie.*

stand n.m. *Des stands de tir.*

standard n.m. *Des standards téléphoniques. – Des standards de jazz.* – S'emploie comme un adjectif après le nom. *Des modèles standards. Des échanges standards.* – REMARQUE Certains considèrent que ce mot, parce qu'il est d'origine anglaise, doit rester invariable comme adjectif, mais dans l'usage courant il est francisé et prend la marque du pluriel comme le font des mots tels que *modèle* ou *type* : *des contrats types, des contrats standards.*

standardiser v.t. *Les prises électriques sont standardisées.*
▸**standardisation** n.f.

standardiste n.

stand-by n.m. Expression anglaise invariable. *Rester en stand-by.* On recommande d'employer ***en attente***.

standing n.m. *Des immeubles de grand standing.*

star n.f.

start-up n.f.inv. Mot anglais. On recommande l'expression ***jeune pousse***.

station n.f.

stationnaire adj. Avec **nn**.

stationner v.i. Avec **nn**.
▸**stationnement** n.m.

station-service n.f. *Des stations-service.*

statique adj.

statistique adj. et n.f.
▸**statisticien, -enne** n.

statue n.f.
▸**statuette** n.f.

S

statuer v.i. *Statuer sur un cas.* – ATTENTION Au futur et au conditionnel : *il statuera(it).*

statu quo n.m.inv. Mots latins. On prononce [kwo].

stature n.f.

statut n.m. Avec un **t** final. *Le statut des fonctionnaires.*
▸**statutaire** adj.

steak n.m. Sans *c*, contrairement à *bifteck*. *Un steak(-)frites. Des steaks(-)frites.*

stèle n.f. Avec un seul **l**. *Une stèle de marbre.*

stellaire adj. (Des étoiles) Avec **ll**.

stentor n.m. On prononce [stan]. *Une voix de stentor.*

steppe n.f.

stère n.m. (Unité de mesure) Est du masculin. *Un stère de bois.*

stéréo n.f. et adj.inv. Abréviation de **stéréophonie**, **stéréophonique**. *Musique en stéréo.* – Est invariable comme adjectif. *Des chaînes stéréo.*

stéréophonie n.f.
▸**stéréophonique** adj.

stéréotype n.m.
▸**stéréotypé, -e** adj.

stérile adj.
▸**stériliser** v.t.
▸**stérilisation** n.f.
▸**stérilité** n.f.

sternum n.m. Avec **um** qui se prononce [om].

stéthoscope n.m. Avec **tho**.

steward n.m. On prononce [stiward'].

stick n.m. *Des sticks de rouge à lèvres.*

stigmate n.m. Est du masculin.

stigmatiser v.t. (Blâmer publiquement) *On a stigmatisé la conduite de Marie, on l'a stigmatisée.*

stimuler v.t. *L'espoir de gagner les stimule. Ils sont stimulés par…*
▸**stimulant, -e** adj. et n.m. *Des produits stimulants.* Ne pas confondre avec le participe présent invariable : *Ces produits les stimulant, ils…* Voir gramm. § 31.
▸**stimulation** n.f.

stipuler v.t. *Le contrat stipule que…*

stock n.m. Avec **ck**. *Des stocks d'or. Un stock de marchandises.*
▸**stocker** v.t. *On a stocké les marchandises, on les a stockées.*
▸**stockage** n.m.

stoïque adj. Avec **ï**. *Ils sont restés stoïques devant l'adversité.*

stomacal, -e, -aux adj. *Des douleurs stomacales* (= à l'estomac).

stomatologie n.f. La **stomatologie** traite des maladies de la bouche et des dents. Vient du grec *stomat(o)*, qui signifie « bouche ». Ne pas confondre avec les mots formés avec *stoma*, qui signifie « estomac » (*stomacal, stomachique*).
▸**stomatologiste** ou **stomatologue** n.

stop interj. et n.m. *Stop ! On ne passe plus ! – Faire du stop* (= auto-stop). *Respecter les stops.* – Est invariable dans *les feux stop*.
▸**stopper** v.i. et v.t. Avec **pp**. *La voiture a stoppé net. On les a stoppés.*
▸**stoppeur, -euse** n. Abréviation de **auto-stoppeur**, **auto-stoppeuse**.

store n.m.

strabisme n.m. *Un strabisme divergent, convergent.*

strangulation n.f.

strapontin n.m.

strass ou **stras** n.m. L'orthographe avec **ss** est la plus fréquente.

stratagème n.m.

strate n.f. Est du féminin. *Différentes strates.*

stratège n.m. Avec **è**. – Ce mot masculin s'emploie pour un homme ou une femme. *Cette femme est un fin stratège.*
▸**stratégie** n.f. Avec **é**. *Des jeux de stratégie.*
▸**stratégique** adj.

stratifié, -e adj. et n.m.

stress n.m. *Le stress, les stress de la vie moderne.*

▸ **stresser** v.t. *L'examen la stresse. Elle est stressée.*

strict, -e adj. Sans *e* au masculin. *N'emportez que le strict nécessaire.* (Attention à ne pas ajouter de [e] à l'oral au masculin.)
▸ **strictement** adv.

stricto sensu loc.adv. Expression latine invariable, qui signifie « au sens strict ». On prononce [-sinsu].

strident, -e adj. Avec **ent**. *Des cris stridents.*

strie n.f. *Un pneu à stries.*
▸ **strié, -e** adj. *Des pneus striés.*

strip-tease n.m. Mot anglais. *Un spectacle de strip-tease. Des strip-teases.*
▸ **strip-teaseur, -euse** n.

strophe n.f.

structure n.f.
▸ **structurel, -elle** adj. *Des difficultés structurelles* (≠ conjoncturelles).
▸ **structurer** v.t. *Structurer un texte. Une organisation bien structurée.*

stuc n.m. Sans *k*. *Des moulures en stuc.*

studieux, -euse adj.

studio n.m. *Des studios (de) télé.*

stupéfaction n.f.
▸ **stupéfait, -e** adj. *Un air stupéfait. Cela nous a laissés stupéfaits. Je suis stupéfaite de voir tant d'indifférence, devant tant d'indifférence.* Ne pas confondre cet adjectif avec le participe passé du verbe ***stupéfier***.
▸ **stupéfier** v.t. *Cette nouvelle nous a stupéfiés* et non ✕ *stupéfaits. J'ai été stupéfié par cette nouvelle.* Ne pas confondre avec l'adjectif ***stupéfait***.
▸ **stupéfiant, -e** adj. *Une nouvelle stupéfiante.* ◆ n.m. *L'usage de stupéfiants est interdit.*

stupeur n.f.

stupide adj.
▸ **stupidité** n.f.

stupre n.m. LITT. (Luxure)

style n.m. *Des exercices de style. Des meubles de style. Le style baroque. Le style Empire, Renaissance.* – Est familier et invariable dans *des voitures style quatre-quatre.*

stylé, -e adj. *Un personnel stylé.*

stylisé, -e adj. *Une fleur stylisée.*

stylisme n.m. *Des écoles de stylisme.*
▸ **styliste** n.

stylo n.m. *Des stylos.* On écrit sans trait d'union *des stylos plume* (= à plume), *des stylos bille* (= à bille), et avec un trait d'union *un stylo-feutre, des stylos-feutres.*

suaire n.m. *Le saint suaire.*

suave adj.
▸ **suavité** n.f.

subalterne adj. et n.

subconscient n.m.

subdiviser v.t. et v.pr.
▸ **subdivision** n.f.

subir v.t. *Les épreuves qu'on lui a fait subir.* (*Fait* suivi d'un infinitif est invariable.) *Il a subi une grave défaite. La défaite qu'il a subie.* – REMARQUE Ne pas confondre le participe passé *subi, subie* avec l'adjectif ***subit***.

subit, -e adj. Avec un **t** qui ne se prononce pas au masculin. *Une mort subite. Un froid subit.* Ne pas confondre avec le participe passé ***subi*** du verbe *subir*.
▸ **subitement** adv.

subjectif, -ive adj. *Un point de vue subjectif* (≠ objectif).
▸ **subjectivement** adv.
▸ **subjectivité** n.f.

subjonctif n.m. Voir ce mot dans la partie grammaire.

subjuguer v.t. Avec **gu**, même devant *a* et *o* : *subjuguant, nous subjuguons. C'est un film qui nous a subjugués.*

sublime adj.

subliminal, -e, -aux adj. *Des images subliminales* (= qui nous atteignent inconsciemment).

submerger v.t. Avec **e** devant *a* et *o* : *submergeant, submergeons. Ils sont submergés de travail.*

submersible n.m. (Sous-marin)

subodorer v.t. (Pressentir, soupçonner)

subordonner v.t. S'emploie surtout au passif. *Cette vente est subordonnée à des conditions très strictes.*
▸**subordonné, -e** adj. et n.f. *Proposition subordonnée.* Voir ce mot dans la partie grammaire. ◆ n. *S'adresser à ses subordonnés.*
▸**subordination** n.f. *Des liens de subordination.*

suborner v.t. (Corrompre) *Suborner un témoin.*
▸**subornation** n.f. *La subornation de témoins.*

subrepticement adv. Avec **c**. *Entrer subrepticement* (= sans se faire voir).

subside n.m. Est du masculin. *Accorder d'importants subsides aux sinistrés.* – On prononce le plus souvent [subzid], quelquefois [supsid].

subsidiaire adj. On prononce [subzi]. *Une question subsidiaire* (= secondaire).
▸**subsidiairement** adv.

subsister v.i. On prononce [subzis]. *Rien ne subsiste du passé. Chercher des moyens de subsister dignement.*
▸**subsistance** n.f.

substance n.f.
▸**substantiel, -elle** adj. Avec un **t**. ➜ -tiel/-ciel

substantif n.m. Voir ce mot dans la partie grammaire.

substituer v.t. et v.pr. *Substituer une chose à une autre. Elle s'est substituée à sa mère.* – REMARQUE Ne pas confondre avec la construction du verbe *remplacer* : *remplacer une chose par une autre.* – ATTENTION Au futur et au conditionnel : *il substituera(it).*
▸**substitut** n.m.
▸**substitution** n.f.

subterfuge n.m. (Ruse, stratagème) *User d'un subterfuge pour…*

subtil, -e adj. Sans *e* au masculin. *Un esprit subtil. Une remarque subtile.* – REMARQUE Les adjectifs ***civil***, ***puéril***, ***subtil***, ***vil***, ***viril*** et ***volatil*** s'écrivent sans *e* au masculin. Mais on écrit *infantile, futile, habile, fragile,* etc.
▸**subtilement** adv.
▸**subtilité** n.f.

subtiliser v.t. *On lui a subtilisé sa montre, on la lui a subtilisée.*

subvenir v.t.ind. CONJ.10 Se conjugue avec l'auxiliaire ***avoir***. *Ses parents ont subvenu à ses besoins.*

subvention n.f.
▸**subventionner** v.t. Avec **nn**. *Une entreprise subventionnée.*

subversif, -ive adj. *Des propos subversifs.*

suc n.m. *Les sucs gastriques* (= liquides physiologiques). – *Tout le suc de l'histoire* (= ce qu'il y a d'essentiel, de succulent). Ne pas confondre avec ***sucre***.

succédané n.m. Avec **cc** qui se prononce [ks]. *Un succédané de caviar.*

succéder v.t.ind. et v.pr. CONJ.4 Avec **é** ou **è** : *nous succédons, ils succèdent.* – Avec **cc** qui se prononce [ks]. *Pierre a succédé à son père.* – ATTENTION Le participe passé de ce verbe transitif indirect est invariable. *Les gouvernements qui se sont succédé* (= l'un a succédé à l'autre, qui a succédé à l'autre…). Voir gramm. § 29(2).
▸**successeur** n.m. S'emploie pour un homme ou pour une femme. *Elle est le successeur de son père.* Mais on emploie plus fréquemment le verbe. *Elle a succédé à son père.*
▸**successif, -ive** adj.
▸**successivement** adv.
▸**succession** n.f. *Une succession d'événements.*

succès n.m. Avec **cc** qui se prononce [ks].

succinct, -e adj. Avec **ct**. On prononce [suksin] au masculin, et [suksint] au féminin.
▸**succinctement** adv. On prononce [suksint(e)man], sans faire entendre le **c**.

succion n.f. Avec **cc** qui se prononce [s].

succomber v.i. Avec **cc**. *Elles ont succombé à leurs blessures.*

succulent, -e adj. Avec **cc**. *Une viande succulente.*

succursale n.f. Avec **cc** et un seul **l**.

sucer v.t. Avec **ç** devant *a* et *o* : *il suçait, nous suçons.* – REMARQUE Le nom ***succion*** s'écrit avec **cc**.

sucette n.f.

sucre n.m. *Des morceaux de sucre. Des sucres. Du sucre candi. Du sucre d'orge. Des sucres d'orge. Des boissons pur sucre.*
▸**sucrer** v.t. *Il a trop sucré la pâte, il l'a trop sucrée.*
▸**sucrier** n.m.
▸**Sucrette** n.f. Mot déposé. Avec une majuscule.

sud n.m.inv et adj.inv. *Regarder vers le sud. Ma chambre est au sud. La façade sud. Un axe nord-sud. Des vents du sud. Habiter dans le sud de la France.* – S'écrit avec une majuscule pour désigner une région. *L'Amérique du Sud. Une ville du Sud, du Sud-Ouest. Le pôle Sud.* – REMARQUE On écrit avec un trait d'union les adjectifs et les noms de personnes dérivés d'un nom de pays : *Il est sud-américain, sud-africain. C'est un Sud-Américain, un Sud-Africain.* (Le nom de personne prend une majuscule.)
▸**sudiste** adj. et n. *Les nordistes et les sudistes.*

sudation n.f. (Transpiration)
▸**sudorifique** adj. (Qui fait suer)
▸**sudoripare** adj. (Qui sécrète la sueur) *Les glandes sudoripares.*

suédois, -e adj. et n. *Il est suédois. C'est un Suédois.* (Le nom de personne prend une majuscule.)

suer v.i. – ATTENTION Au futur et au conditionnel : *il su<u>e</u>ra(it).*
▸**suée** n.f. FAM. *Prendre une bonne suée.*
▸**sueur** n.f. *Ils étaient tout en sueur. Des sueurs froides.* – REMARQUE Les termes scientifiques s'écrivent avec un *d* (*sudation, sudoripare*).

suffire v.t.ind. et v.pr. Le participe est invariable. *J'espère que tous ces cadeaux vous ont suffi. Marie se suffit à elle-même, Marie s'est suffi à elle-même. – Cela suffit! Il suffit que j'aie le temps* (= subjonctif).
CONJUGAISON INDICATIF présent : *je suffis, tu suffis, il suffit, nous suffisons, vous suffisez, ils suffisent.* imparfait : *je suffisais, tu suffisais, il suffisait, nous suffisions, vous suffisiez, ils suffisaient.* futur : *je suffirai, tu suffiras, il suffira, nous suffirons, vous suffirez, ils suffiront.* passé simple : *je suffis, tu suffis, il suffit, nous suffîmes, vous suffîtes, ils suffirent.* CONDITIONNEL présent : *je suffirais, tu suffirais, il suffirait, nous suffirions, vous suffiriez, ils suffiraient.* SUBJONCTIF présent : *(que) je suffise, tu suffises, il suffise, nous suffisions, vous suffisiez, ils suffisent.* imparfait : *(que) je suffisse, tu suffisses, il suffît, nous suffissions, vous suffissiez, ils suffissent.* IMPÉRATIF : *suffis, suffisons, suffisez.* PARTICIPE présent : *suffisant.* passé : *suffi.*
▸**suffisant, -e** adj. *Une quantité suffisante.*
▸**suffisamment** adv.

suffisance n.f. PÉJOR. *Il est d'une telle suffisance!*

suffixe n.m. Voir ce mot dans la partie grammaire.

suffoquer v.i. et v.t. *La fumée a fait suffoquer Marie, ça l'a fait suffoquer.* (*Fait* suivi d'un infinitif est invariable.) – *Nous sommes suffoqués par cette nouvelle.*
▸**suffocant, -e** adj. Avec un **c**. *Une chaleur suffocante.* Ne pas confondre avec le participe présent invariable : *Suffoquant sous la chaleur, ils...* Voir gramm. § 31.
▸**suffocation** n.f. Avec **c**.

suffrage n.m. Avec **ff**. *Se soumettre au suffrage universel. – Accorder son suffrage à. Décompter les suffrages.*

suggérer v.t. CONJ.4 Avec **é** ou **è** : *il suggéra, je suggère.* Avec **gg** qui se prononce [gj]. *On lui a suggéré de se présenter. La solution que lui a suggérée Luc... Il a fait toutes les choses qu'on lui avait suggér<u>é</u> (de faire).* Voir gramm. § 28(3).
▸**suggestif, -ive** adj.
▸**suggestion** n.f. *Avez-vous des suggestions à faire?* – Bien prononcer le **t** : [sugjéstyon]. Ne pas confondre avec ***sujétion*** (= dépendance).

suicide n.m. *Des attentats(-)suicides.*
▸**suicider (se)** v.pr. *Ils se sont suicidés.*
▸**suicidaire** adj. *Une attitude suicidaire.*

suie n.f. Avec **e**. *Couvert de suie.*

suinter v.i.
▸**suintement** n.m.

S

suisse adj. et n. *Elle est suisse. C'est une Suisse.* (Le nom de personne prend une majuscule.) – REMARQUE Le nom féminin **Suissesse** ne s'emploie presque plus, sauf en sport.

suite n.f. *Une suite d'échecs.* – Reste au singulier dans *un article sans suite, des propos sans suite, par suite de, donner suite à, faire suite à, et ainsi de suite.* – Est au pluriel dans *une maladie sans suites* (= les suites d'une maladie). – **de suite** est correct au sens de « à la suite » : *trois jours de suite*, et familier au sens de « tout de suite ». – **suite à** s'emploie dans la correspondance administrative. Dans un autre type de courrier on dira ***en réponse à***. – **tout de suite** s'écrit sans trait d'union. – REMARQUE On écrit en un mot ***ensuite***, même dans l'expression *ensuite de quoi.*

suivre v.t. et v.pr. *Un complément suit ce verbe. Ce verbe est suivi d'un complément. La police suit les voleurs. Les voleurs sont suivis par la police.* – *Ils ont suivi une piste. Quelle piste ont-ils suivie? La piste qu'avaient suivie Pierre et Luc. Elles se sont suivies sur la route.* – *Marie s'est fait suivre par un grand spécialiste.* (*Fait* suivi d'un infinitif est invariable.) – REMARQUE Le verbe ***s'ensuivre*** s'écrit en un mot, sauf aux temps composés. → ensuivre

CONJUGAISON INDICATIF présent : *je suis, tu suis, il suit, nous suivons, vous suivez, ils suivent.* imparfait : *je suivais, tu suivais, il suivait, nous suivions, vous suiviez, ils suivaient.* passé simple : *je suivis, tu suivis, il suivit, nous suivîmes, vous suivîtes, ils suivirent.* futur : *je suivrai, tu suivras, il suivra, nous suivrons, vous suivrez, ils suivront.* CONDITIONNEL présent : *je suivrais, tu suivrais, il suivrait, nous suivrions, vous suivriez, ils suivraient.* SUBJONCTIF présent : *(que) je suive, tu suives, il suive, nous suivions, vous suiviez, ils suivent.* imparfait : *(que) je suivisse, tu suivisses, il suivît, nous suivissions, vous suivissiez, ils suivissent.* IMPÉRATIF : *suis, suivons, suivez.* PARTICIPE présent : *suivant.* passé : *suivi.*

‣**suivant, -e** adj. *Dans les jours suivants.* Ne pas confondre avec le participe présent invariable : *Les jours suivant dimanche.* Voir gramm. § 31(2). ◆ prép. Est invariable avant un nom : *Suivant les journaux* (= selon).

‣**suivi** n.m. *Le suivi d'une affaire.*

1. sujet n.m. Voir ce mot dans la partie grammaire. – *Le sujet d'un livre. Des remarques hors sujet.* (Mais on dit *des critiques sans objet.*) *C'est à quel sujet? J'irai lui parler à ton sujet, au sujet de tes vacances.*

2. sujet, -ette adj. *Elle est sujette au mal de mer. Des témoignages sujets à caution* (= douteux). ◆ n. *Un sujet britannique.* – REMARQUE Pour une femme on dit le plus souvent ***sujet***, et quelquefois ***sujette***.

sujétion n.f. LITT. Avec **é**. (Soumission, dépendance, assujettissement) *La sujétion économique.* Ne pas confondre avec ***suggestion*** (proposition).

sulfate n.m.

sulfure n.m.

sulfureux, -euse adj. *Une critique sulfureuse.*

sultan n.m. **sultane** n.f.
‣**sultanat** n.m.

summum n.m. On prononce [somom]. *Ils sont au summum de leurs possibilités.*

super n.m.sing. et adj.inv. **1.** Le nom masculin est l'abréviation de *supercarburant. Faire le plein de super.* – **2.** L'adjectif invariable est familier. *Les vacances étaient super! J'ai passé des super vacances!*

> **super-** Se joint sans trait d'union à un mot : ***supercarburant, supermarché, superproduction, superpuissance...***, sauf dans ***super-huit***.

superbe adj.

supercherie n.f.

superficie n.f.
‣**superficiel, -elle** adj.
‣**superficiellement** adv.

superflu, -e adj. et n.m.

supérieur, -e adj. et n. *Un film supérieur à un autre.* – Ce mot étant déjà un comparatif, on ne peut pas dire ✗ *plus supérieur*. On dit *bien supérieur, très supérieur.*
‣**supérieurement** adv.
‣**supériorité** n.f. Avec **o**.

superlatif n.m. Voir ce mot dans la partie grammaire.

supermarché n.m. En un mot. → super-

superposer v.t. et v.pr. *Des lits superposés. Les images se sont superposées.*
▸ **superposition** n.f.

supersonique adj. Avec un seul **n**.

superstition n.f.
▸ **superstitieux, -euse** adj.

superviser v.t.
▸ **supervision** n.f.

supplanter v.t. Avec **pp**. *Il a supplanté ses concurrents, il les a supplantés.*

suppléant, -e adj. et n.

supplément n.m. *Un supplément d'information. – En supplément. Sans supplément.*
▸ **supplémentaire** adj.

supplice n.m. *Ils sont, vous les mettez au supplice.*

supplier v.t. *Ils ont supplié Marie, ils l'ont suppliée. Je vous supplie de me croire.* – ATTENTION À l'indicatif imparfait et au subjonctif présent : *(que) nous suppliions.* – Au futur et au conditionnel : *il suppliera(it).*
▸ **supplication** n.f. LITT. *Ce ne sont que supplications* (= fait de supplier).
▸ **supplique** n.f. LITT. *Écoutez ma supplique* (= texte, discours).

support n.m. *Des supports papier* (= en papier). *Des textes supports.* Voir gramm. § 10.

supporter v.t. et v.pr. **1.** *Il ne supporte pas que j'aie* (= subjonctif) *raison. – Elles ne se supportent plus. Elles ne se sont jamais supportées.* – **2.** (Encourager, soutenir) En ce sens, **supporter** est un anglicisme dont l'emploi est critiqué, mais courant dans le domaine du sport.
▸ **supporter** n.m. ou **supporteur, -trice** n. On recommande la forme francisée. *Un fervent supporteur d'un parti politique.* Mais dans le domaine du sport, on emploie surtout le mot anglais **supporter** prononcé [tèr] ou [teur].

supposer v.t. **1.** (Présumer) Se construit avec l'indicatif. *On suppose qu'ils sont les auteurs du vol. Ce sont les auteurs supposés du vol.* – **2.** (Poser comme hypothèse) Se construit avec le subjonctif. *Supposons que j'aie raison.* – **à supposer que** : *À supposer qu'il pleuve.*
▸ **supposition** n.f.

suppositoire n.m.

suppôt n.m. Avec **ô**. *Des suppôts de Satan.*

supprimer v.t. et v.pr. *On a supprimé des mots, on en a supprimé quelques-uns.* → en[2] *– Quels mots avez-vous supprimés ? – Désespérée, elle s'est supprimée.* – ATTENTION Il n'y a pas de *s* à l'impératif, sauf devant ***en*** : *Supprime des plats, supprimes-en.*
▸ **suppression** n.f.

suppurer v.i. Avec **pp**. *La plaie suppure.*

supputer v.t. Avec **pp**.
▸ **supputation** n.f.

suprématie n.f. Avec **tie** qui se prononce [si].

suprême adj. Avec **ê**. *Les honneurs suprêmes.*
▸ **suprêmement** adv.

1. sur prép. *Le chat est sur la table* (≠ sous). – **sur ce** : *Sur ce, je vous quitte.* – **sur-le-champ** s'écrit avec des traits d'union.

> **sur-** Se joint sans trait d'union à un mot : ***suraigu, suralimentation, suralimenté, surbaissé, surchauffer, surdoué, surefjectif, surélever, surendettement, surestimer, surévaluer, surexcité, surexposé, surpeuplé, surproduction...***, contrairement aux mots formés avec *sous* qui s'écrivent avec un trait d'union.

2. sur, -e adj. (Acide) Sans accent circonflexe. *Un fruit sur.* Ne pas confondre avec ***sûr*** (certain).

sûr, -e adj. Avec **û**. *Elle est sûre qu'il viendra. Elle n'est pas sûre qu'il vienne* (= subjonctif pour le doute). *À coup sûr. En lieu sûr. Bien sûr.*

suranné, -e adj. LITT. (Désuet)

surbooking n.m. Faux anglicisme. On recommande ***surréservation***. – REMARQUE L'emploi de *surbooké* au sens de « débordé » est familier.

surcharge n.f. *Une surcharge pondérale.*

surclasser v.t. *Il a surclassé ses concurrents, il les a surclassés.*

surcoût n.m. Avec **û** comme dans ***coût***.

surcroît n.m. Avec **î**. *Un surcroît de travail.*

surdité n.f.

surdoué, -e adj. et n.

sureffectif n.m.

sûrement adv. Avec **û** comme dans ***sûr***.

surenchère n.f.
▸**surenchérir** v.i.

surestimer v.t. *Vous les avez surestimés.*

sûreté n.f. Avec **û** comme dans ***sûr***. *Ils sont en sûreté.*

surf n.m. Mot anglais. On prononce [seurf].
▸**surfer** v.i.
▸**surfeur, -euse** n.

surface n.f. *En surface.* – *Les grandes surfaces. Des techniciens de surface.*

surfait, -e adj. *Le spectacle était surfait.*

surgelé, -e adj. et n.m.

surgir v.i. *Ils ont surgi de nulle part.*

surhumain, -e adj.

sur-le-champ loc.adv. Avec deux traits d'union. *Ils sont arrivés sur-le-champ.*

surlendemain n.m. *Le surlendemain.*

surmener v.t. et v.pr. CONJ.2 Ave **e** ou **è** : *vous surmenez, il se surmène. Elle s'est surmenée.*
▸**surmenage** n.m.

surmonter v.t. *Luc a surmonté bien des difficultés. Toutes ces difficultés qu'avait surmontées Luc...*

surnager v.i. Avec **e** devant *a* et *o* : *il surnageait, nous surnageons.*

surnaturel, -elle adj. et n.m.

surnom n.m.
▸**surnommer** v.t. *On l'a surnommée « Piaf ».*

surnombre n.m. *Des effectifs en surnombre.*

surpasser v.t. et v.pr. *Ils se sont surpassés.*

surplace n.m. En un mot. *Faire du surplace.*

surplomb n.m. *Des terrasses en surplomb sur la mer.*
▸**surplomber** v.t. *Des rochers qui surplombent la mer.*

surplus n.m. On ne prononce pas le **s** final.

surprendre v.t. et v.pr. CONJ.33 *Je te surprends. Si on nous surprend. J'ai surpris Marie, je l'ai surprise en train de mentir. Elles se sont surprises à rire.*
▸**surprenant, -e** adj. *Une nouvelle surprenante.* Ne pas confondre avec le participe présent invariable : *Cette nouvelle surprenant tout le monde...* Voir gramm. § 31.
▸**surpris, -e** adj.

surprise n.f. *Quelle bonne surprise !* – S'emploie avec ou sans trait d'union après un nom. *Des visites surprises. Des pochettes-surprises.*

surréalisme n.m.
▸**surréaliste** adj. et n.

sursaut n.m.
▸**sursauter** v.i. *Le bruit a fait sursauter Marie, il l'a fait sursauter.* (*Fait* suivi d'un infinitif est invariable.)

surseoir v.t.ind. CONJ.22(b) *Surseoir à une décision.*

sursis n.m.
▸**sursitaire** adj. et n.

surtitre n.m. En un mot. Mais on écrit avec un trait d'union *sous-titre*.

surtout adv. *Il vient surtout le dimanche.*

surveiller v.t. et v.pr. *Il a surveillé les candidats, il les a surveillés. Marie s'est toujours surveillée.* – ATTENTION À l'indicatif imparfait et au subjonctif présent : *(que) nous surveillions.*
▸**surveillant, -e** n.
▸**surveillance** n.f.

survenir v.i. CONJ.10 Se conjugue avec l'auxiliaire ***être***. *Les incidents qui sont survenus.*

survêtement n.m. Avec **ê** comme pour ***vêtement***. En un mot, mais on écrit avec un trait d'union *sous-vêtement*.

survivre v.t.ind. et v.i. CONJ.31 *Ils ont survécu à ce drame. – Des mots anciens qui survivent.*
▸**survie** n.f. *Les chances de survie d'un blessé. Du matériel de survie.*
▸**survivance** n.f. *Une survivance du passé.*
▸**survivant, -e** adj. et n. *Il n'y a pas eu de survivant après la catastrophe.*

survol n.m.
▸**survoler** v.t. *Les régions qu'on a survolées.*

sus adv. **1.** S'emploie comme interjection. *Sus à l'ennemi ! –* **2.** (Plus) **en sus (de)**, se prononce [su] ou [sus]. – **3.** On écrit en un mot ***susnommé***, ***susmentionné*** au sens de « ci-dessus ».

susceptible adj. Avec **sc**.
▸**susceptibilité** n.f.

susciter v.t. Avec **sc**. *Les réactions que ce film a suscitées.*

suspect, -e adj. et n. Avec **ct** qui ne se prononce pas au masculin.
▸**suspecter** v.t. *On les a suspectés.*

suspendre v.t. et v.pr. *On a suspendu la séance, on l'a suspendue pour une heure. Ils se sont suspendus à une branche. Elle est suspendue à ses lèvres.*
▸**suspension** n.f. Avec **s**.

suspens (en) loc.adv. Sans *e*. On prononce [suspan]. *Les dossiers en suspens.*

suspense n.m. Mot anglais. Avec **e**. On prononce le plus souvent [suspèns]. *Des films à suspense.* Ne pas confondre avec ***en suspens***.

suspicion n.f. Avec **c**.
▸**suspicieux, -euse** adj.

sustenter (se) v.pr. *Ils se sont sustentés* (= ils ont mangé). S'emploie de manière plaisante ou littéraire.

susurrer v.t. et v.i. Avec un seul **s** intérieur qui se prononce [s] et **rr**. *Les quelques mots qu'il lui a susurrés à l'oreille.*

suture n.f. *Des points de suture.*
▸**suturer** v.t.

suzerain, -e n. Avec **z**.
▸**suzeraineté** n.f.

svelte adj. On prononce [svèlt] ou [zvèlt].
▸**sveltesse** n.f.

sweat-shirt ou **sweat** n.m. Mot anglais. On prononce [swit-] ou [swèt-cheurt]. *Des sweat-shirts. Des sweats.*

syllabe n.f.

syllogisme n.m.

sylviculture n.f. Avec **y**.

symbiose n.f.

symbole n.m. – REMARQUE Les symboles d'unités de mesure, d'unités monétaires, etc. s'écrivent sans point abréviatif. *Le symbole du franc était « F ». Le symbole de l'euro est €. Le symbole du sodium est « na ».*
▸**symbolique** adj. et n.f.
▸**symboliser** v.t. *La fleur de lys symbolisait la royauté.*

symétrie n.f. *Un manque de symétrie.* – REMARQUE On écrit *asymétrie* avec un seul **s** et *dissymétrie* avec **ss**.
▸**symétrique** adj.

sympathie n.f. Avec **th**.
▸**sympathique** adj. S'abrège familièrement en **sympa**. *Ils sont sympathiques. Ils sont sympas.*
▸**sympathiser** v.i. *Ils ont sympathisé.*
▸**sympathisant, -e** n. *Les adhérents et les sympathisants d'un parti politique.*

symphonie n.f.
▸**symphonique** adj.

symposium n.m. Avec **um** qui se prononce [om]. *Des symposiums.*

symptôme n.m. Avec **ô**.
▸**symptomatique** adj. Sans accent circonflexe.

synagogue n.f.

synchroniser v.t. *Des mouvements bien synchronisés.*
▸**synchronisation** n.f.

syncope n.f.

syndic n.m. *Des syndics de copropriété.*

syndicat n.m.
▸**syndical, -e, -aux** adj.
▸**syndicalisme** n.m.

S

▸ **syndicaliste** n.
▸ **syndiquer (se)** v.pr. *Ils se sont syndiqués.*

syndrome n.m. Sans accent circonflexe, contrairement à *symptôme*.

synergie n.f.

synonyme adj. et n.m. Voir ce mot dans la partie grammaire.
▸ **synonymie** n.f.

synopsis n.m. On prononce le **s** final. *Le synopsis d'un film* (= résumé).

synovie n.f. *Un épanchement de synovie.*

syntagme n.m. Voir ce mot dans la partie grammaire.

syntaxe n.f. Voir ce mot dans la partie grammaire.
▸ **syntaxique** adj.

synthé n.m. Abréviation de **synthétiseur**. *Des synthés.*

synthèse n.f. Avec **è**. *Faire une synthèse.* – *Des produits de synthèse.*
▸ **synthétique** adj. et n.m. Avec **é**. *Un esprit synthétique.* – *Une matière synthétique, du synthétique.*
▸ **synthétiser** v.t.

synthétiseur n.m. S'abrège en **synthé**.

syrien, -enne adj. et n. *Il est syrien. C'est un Syrien.* (Le nom de personne prend une majuscule.)

systématique adj.
▸ **systématiquement** adv.

systématiser v.t. et v.pr.

système n.m. *Le système solaire. Un système de valeurs. Des systèmes d'apprentissage.* – On écrit sans trait d'union *des ingénieurs système*.

T

t n.m. La lettre **t** s'emploie dans certaines liaisons. *Viendra-t-il ?* Voir gramm. § 21.

ta adj. possessif Voir *possessif* dans la partie grammaire.

tabac n.m. *Des bureaux de tabac.* – Est invariable comme adjectif de couleur. *Des pulls (couleur) tabac.* Voir gramm. § 8.
▸ **tabagie** n.f.
▸ **tabagisme** n.m.

table n.f. *Des tables de nuit, d'opération, de multiplication. Des tables à repasser. Jouer cartes sur table. Ils sont à table. Des tables d'hôte.* – *Ils ont fait table rase du passé.* – On écrit avec une majuscule *les Tables de la Loi.*
▸ **tablée** n.f.

tableau n.m. *Des tableaux d'affichage. Mettre des données en tableau(x).*

tabler v.t.ind. *Tabler sur quelque chose.*

tablette n.f. *Des tablettes de chocolat. Du chocolat en tablette.*

tableur n.m.

tablier n.m.

tabloïd ou **tabloïde** n.m. et adj. Avec **ï**.

tabou, -e adj. et n.m. *Des mots tabous. Des armes taboues. Les tabous sexuels.*

taboulé n.m.

tabouret n.m.

tabulation n.f.

tac – **du tac au tac** : *Ils ont répondu du tac au tac.*

tache n.f. (Marque) Sans accent circonflexe, comme tous les mots de la famille. *Des taches de sang. Des taches de rousseur. Un vêtement sans taches. Une réputation sans tache. Un traitement antitache.* Ne pas confondre avec ***tâche*** (travail).
▸ **tacher** v.t. et v.pr. *Il a taché ses vêtements. Il a des vêtements tout tachés.* – *Elle s'est tachée avec de l'encre.* Mais *Elle s'est taché les mains. Elle se les est tachées.* Voir gramm. § 29(2 et 3).

tâche n.f. (Travail, mission) Avec **â** comme dans les mots de la famille. *Être payé à la tâche. Avoir la lourde tâche de.* Ne pas confondre avec ***tache*** (marque).
▸ **tâcher** v.t. Ne s'emploie qu'avec ***de*** et l'infinitif, ou ***que*** et le subjonctif. *Je vais tâcher d'y penser. Tâchez que tout le monde vienne.*
▸ **tâcheron, -onne** n. PÉJOR.

tacheté, -e adj. Sans accent circonflexe. *Un pelage noir tacheté de blanc.*

tachycardie n.f. Avec **chy** qui se prononce [ki].

tacite adj. *Un accord tacite. Par tacite reconduction.*

taciturne adj.

tact n.m. Sans *e*. *Ils ont manqué de tact.*

tactile adj. Avec un **e**. *Des écrans tactiles.*

tactique n.f. et adj. *Changer de tactique. Des erreurs tactiques. Un plan tactique.*
▸ **tacticien, -enne** n.

taffetas n.m. Avec **ff**.

tag n.m. *Des tags.*
▸ **taguer** v.t. *Des murs tagués.*
▸ **tagueur, -euse** n.

tagine ou **tajine** n.m. *Des tagines d'agneau.*

tagliatelle n.f. On prononce le plus souvent le **g**. *Des tagliatelles* ou *tagliatelle.* Voir gramm. § 37.

taie n.f. *Des taies d'oreiller(s).*

taillable adj. LITT. *Ils sont taillables et corvéables à merci.*

taillader v.t. et v.pr. *Elle s'est tailladé les veines, elle se les est tailladées avec un cutter.* Voir gramm. § 29(2 et 3).

taille n.f. *Des pierres de taille.* – *Ils sont de taille à se défendre. Ce sont des erreurs de taille !*

taille-crayon n.m. *Des taille-crayons.*

tailler v.t. *Des crayons bien taillés.* – ATTENTION À l'indicatif imparfait et au subjonctif présent : *(que) nous taillions.*

tailleur n.m. *Des femmes en tailleur.* – *Des tailleurs de pierre.*

taillis n.m. Avec **s**.

tain n.m. (Matière) *Des miroirs sans tain.* Ne pas confondre avec ***teint***.

taire v.t. et v.pr. CONJ.25, sauf *il tait,* sans accent. *Elles ont tu leurs secrets. Elles les ont tus.* – *Tais-toi, taisez-vous ! Elle se tait, elle s'est tue. Ils se sont tus.*

tajine n.m. Autre orthographe de **tagine**.

talc n.m. Avec **c**. Le verbe s'écrit avec **qu**.

talent n.m. *Des auteurs de talent.*
▸**talentueux, -euse** adj.

talion n.m. Avec un seul **l**. *La loi du talion.*

talisman n.m. *Des talismans.*

talkie-walkie n.m. *Des talkies-walkies.*

Talmud n.m.sing. Avec une majuscule.
▸**talmudique** adj.

talon n.m. *Des chaussures à talons, sans talons. Des talons aiguilles.* – *C'est son talon d'Achille* (= point faible).
▸**talonnette** n.f. Avec **nn**.

talonner v.t. Avec **nn**. *Ses créanciers la talonnent. Ils l'ont talonnée pendant un an.*

talquer v.t. et v.pr. *Les mains talquées. Elle s'est talqué les pieds.* Voir gramm. § 29(2).

talus n.m. Avec **s**.

tambour n.m. *Des roulements de tambour. Partir sans tambour ni trompette. Tambour battant.* – On écrit avec un trait d'union *un tambour-major, des tambours-majors.*
▸**tambourin** n.m.

tambouriner v.i. *On tambourine à la porte.*

tamis n.m. Avec **s**. *Passer au tamis.*
▸**tamiser** v.t. *De la farine tamisée.* – *Une lumière tamisée.*

tampon n.m. *Des coups de tampon. Des tampons encreurs.* – S'emploie sans trait d'union après un nom. *Des zones tampons. Des mémoires tampons.*
▸**tamponner** v.t. et v.pr. Avec **nn**.

tam-tam n.m. *Des tam-tams.*

tan n.m. (Écorce de chêne) On prononce comme *temps.* – REMARQUE Les mots de la famille s'écrivent avec **nn** : *tanner, tanneur...*

tandem n.m. *Des tandems. Ils travaillent en tandem.*

tandis que loc.conj. On ne devrait pas prononcer le **s**.

tangent, -e adj. et n.f. *Des résultats tangents* (= limites).

tangible adj. *Des résultats tangibles* (= concrets).

tango n.m. *Des tangos.*

tanguer v.i. Avec **gu**, même devant *a* et *o* : *il tanguait, nous tanguons. Le bateau roule et tangue.*
▸**tangage** n.m. Sans *u*. Ne pas confondre avec le ***roulis***.

tanière n.f. Avec un seul **n**.

tanin n.m. *Le tanin du vin.*

tank n.m. *Des tanks.*

tanner v.t. Avec **nn**, comme tous les mots de la famille de ***tan***. *Tanner des peaux. Des peaux tannées.*

▸**tannage** n.f.
▸**tannerie** n.f.

tant adv. **tant que** conj.

• Comme adverbe de quantité, **tant** peut s'employer seul ou avec ***que*** : *Je l'ai tant aimé ! On a tant ri qu'on en a pleuré !* (= tellement).

• **tant de** : *J'ai tant de travail ! Tant de gens pensent que...* – Avec un complément au pluriel, l'accord se fait au pluriel, même si le nom est sous-entendu : *Il y en a tant qui pensent que... Il y a beaucoup de fruits, mais tant sont abîmés que...*

• Employé seul **tant** indique un nombre quelconque. *Gagner tant par mois. Le tant du mois* (et non ✕ *le temps*).

• S'emploie dans des expressions : *tant mieux, tant pis* (et non ✕ *tant pire*), *tant s'en faut* (= loin de là, bien au contraire), *(un) tant soit peu, tant bien que mal, tant et plus.*

• **en tant que** : *En tant que maire, je... Ils sont là en tant que témoins* (= comme).

• **tant et si bien que** est suivi de l'indicatif : *Tant et si bien que tout le monde est parti.*

• **si tant est que** est suivi du subjonctif : *Si tant est que j'aie raison* (= à supposer que).

• **tant qu'à** : *Tant qu'à l'inviter* (= si on l'invite), *invitons aussi sa sœur.* Ne pas confondre avec ***quant à*** : *Quant à l'inviter, n'y songez pas !* (= pour ce qui est de l'inviter). *Tant qu'à faire.*

• La conjonction **tant que** est suivie de l'indicatif : *Tant qu'il y aura des femmes* (= aussi longtemps que). – REMARQUE *Tant que j'y suis, tant que tu y es...* est jugé familier. À l'écrit on préférera *pendant que, puisque j'y suis...*.

tante n.f. On dit *la tante de Pierre*, et non ✕ *à Pierre.* – On écrit avec un trait d'union *grand-tante, grands-tantes.*

tantôt adv. Avec **ô**. *C'est tantôt l'un, tantôt l'autre.*

taon n.m. On prononce [tan] comme dans *faon* et *paon.*

tapage n.m. *Le tapage nocturne.*

tapant, -e adj. *À huit heures tapantes. À minuit tapant.* ➜ heure

tape n.f.

tape-à-l'œil adj.inv et n.m.

tapenade n.f.

taper v.i. et v.t. Avec un seul **p**. *Le soleil tape. – Il a tapé sa lettre à la machine, il l'a tapée à la machine.*

tapir (se) v.pr. *Elle s'est tapie dans l'ombre.*

tapis n.m. *Des tapis de jeu.* – On écrit avec un trait d'union *un tapis-brosse, des tapis-brosses.*

tapisser v.t. *Des murs tapissés de bleu.*

tapisserie n.f.

tapoter v.t. Avec un seul **t**. ➜ -oter
▸**tapotement** n.m.

taquet n.m.

taquin, -e adj. et n.
▸**taquiner** v.t. *Il a taquiné sa sœur, il l'a taquinée.*
▸**taquinerie** n.f.

tarabiscoté, -e adj.

tard adv. *Tôt ou tard. C'est trop tard !*
▸**tarder** v.i. *Ils ont tardé à nous répondre. Venez sans tarder.*
▸**tardif, -ive** adj.
▸**tardivement** adv.

tare n.f. Avec un seul **r**.

targuer (se) v.pr. Avec **gu**, même devant *a* et *o* : *il se targuait, nous nous targuons. Elle s'est targuée d'être la meilleure.*

tarif n.m. *Des billets à tarif réduit. Ils ont payé plein tarif, demi-tarif.*
▸**tarifaire** adj. *Une politique tarifaire.*
▸**tarifer** v.t. *Un acte tarifé* (et non ✕ *tarifié*).
▸**tarification** n.f.

tarir v.t. et v.pr. *Une source que la sécheresse a tarie. La source s'est tarie.*

tarot n.m. *Jouer aux tarots.*

t

tartare adj. et n.m. *Des steaks tartares.*

tarte n.f. *Une tarte au citron, aux fraises. Des tartes maison.*
‣ **tartelette** n.f.

tartine n.f. *Des tartines de confiture.*

tartre n.m. Avec **rtr**.

tas n.m. *Des tas de sable. Un tas de cailloux.* – Est familier au sens de « beaucoup » : *J'ai un tas de choses, des tas de choses à faire.* – **un tas de** : *Un tas de gens pensent que… Un tas de choses me reste* ou *me restent à faire.* Avec un complément au pluriel, l'accord se fait avec le complément ou avec l'expression de quantité. Voir gramm. § 39.

tasse n.f. *Des tasses à café, de café.*

tasser v.t. et v.pr. *Il a tassé ses affaires dans la valise, il les a tassées. Les gens se sont tassés dans l'autobus.*
‣ **tassement** n.m. *Un tassement de vertèbres.*

tâter v.t. Avec **â**.

tatillon, -onne adj. et n. Sans accent circonflexe. PÉJOR. *Une administration tatillonne.*

tâtons (à) loc.adv. Avec **â** comme dans les mots de la famille. *Avancer à tâtons.*
‣ **tâtonner** v.i.
‣ **tâtonnement** n.m.

tatouer v.t. *On lui a tatoué une fleur sur le bras. La fleur qu'on lui a tatouée. La fleur qu'elle s'est fait tatouer.* (*Fait* suivi d'un infinitif est invariable.) – ATTENTION Au futur et au conditionnel : *il tatouera(it).*
‣ **tatouage** n.m.

taudis n.m. Avec **s**.

taule n.f. FAM. (Chambre, prison…) → tôle

taupe n.f.

taureau n.m. *Des taureaux. Des cous de taureau.* – Le signe astrologique prend une majuscule. *Ils sont (du signe du) Taureau.*

tauromachie n.f.

tautologie n.f. Avec **au** d'abord et **o** ensuite.

taux n.m. *Des taux de change.*

taverne n.f.

taxe n.f. *Un prix hors taxes (H.T.). Un prix toutes taxes comprises (T.T.C.). La taxe sur la valeur ajoutée (T.V.A.).*
‣ **taxer** v.t. *Des produits lourdement taxés.* – *On ne peut nous taxer d'indifférence.*
‣ **taxation** n.f.

taxi n.m. *Des taxis. Des chauffeurs de taxi.*

tchador n.m.

tchèque adj. et n. *Il est tchèque. C'est un Tchèque.* (Le nom de personne prend une majuscule.)

te pron. personnel S'élide en **t'** devant une voyelle ou un *h* muet. *Tu t'amuses. Tu t'habilles.* Voir *pronom personnel* dans la partie grammaire.

Accord avec *t'*

1. *Il t'a vu, toi Pierre. Il t'a vue, toi Marie.* Le pronom **t'** est complément d'objet direct, l'accord se fait en genre selon le sexe de la personne représentée.

2. *Il t'a parlé, à toi Pierre. Il t'a parlé, à toi Marie.* Le pronom **t'** est complément d'objet indirect (ou second), le participe est invariable.

technique adj. et n.f. Avec **ch** qui se prononce [k].
‣ **techniquement** adv.
‣ **technicien, -enne** n.
‣ **technico-commercial, -e, -aux** adj. et n.

techno n.f. et adj.inv. *Écouter de la techno, des disques techno.*

technocrate n.
‣ **technocratique** adj.

technologie n.f. *Des matériels de haute technologie.*
‣ **technologique** adj.

teck ou **tek** n.m. *Des meubles en teck.*

teckel n.m. Avec **ck**.

tectonique n.f. *La tectonique des plaques.*

tee n.m. Mot anglais. *Des tees pour le golf.* On prononce [ti].

tee-shirt ou **T-shirt** n.m. Mot anglais. On prononce [ticheurt]. *Des tee-shirts, des T-shirts.*

Téflon n.m. Mot déposé. Avec une majuscule.

teigne n.f.

teindre v.t. et v.pr. CONJ.35 *Elle a teint ses cheveux, elle les a teints. Elle s'est teinte en blond.* Mais *Elle s'est teint les cheveux en blond.* Voir gramm. § 29(2).

teint n.m. *Un teint hâlé, un teint clair. Des fonds de teint. Des nappes grand teint. Des socialistes bon teint.* – REMARQUE On écrit *une glace sans tain*, avec *ain*.

teinte n.f. *Différentes teintes de bleu. Des demi-teintes.*
▸**teinter** v.t. *Des lèvres teintées de rouge.* Ne pas confondre avec ***tinter*** (sonner).

teinture n.f.

teinturerie n.f. *Aller à la teinturerie.*
▸**teinturier, -ière** n. *Aller chez le teinturier.*

tek n.m. Autre orthographe de **teck**.

tel, telle adj. et pron. indéfini

- Suivi d'un nom **sans article**, **tel** s'accorde avec ce nom. *Il a eu un tel courage, une telle énergie. Il viendra tel jour, à telle heure. Adressez-vous à tel ou tel député. Agir de telle ou telle façon. De telle sorte que.*

- Suivi d'un nom **avec un article** dans une comparaison, **tel** s'accorde aujourd'hui avec ce nom. *Elle est partie tel l'éclair.*

- **tel que** s'accorde avec le nom qui précède. *Des hommes tels que Pierre. Des activités telles que le tennis, la natation…*

- **comme tel, en tant que tel, tel quel** s'accordent normalement avec le nom. *C'est ma supérieure et je la reconnais comme telle. En tant que telle, votre réclamation n'est pas recevable. Ils ont laissé les dossiers tels quels* (et non ✕ *tel que*). – *Ils ont laissé leurs affaires telles quelles.* [Ne pas confondre avec ***telle(s) qu'elle(s)*** : *Ils ont laissé leurs affaires telles qu'elles étaient.*]

- Employé seul, **tel** est un pronom indéfini masculin singulier : *Tel est pris qui croyait prendre.*

- **un tel, une telle** s'emploient pour désigner une personne quelconque. On écrit aussi **untel, unetelle** en un mot. Avec une majuscule à la place d'un nom propre : *Monsieur Untel.*

télé n.f. Abréviation de **télévision**. Est invariable après un nom. *Les programmes télé.*

> **télé-** Se joint sans trait d'union à un mot, que ce soit au sens de « à distance » : ***télécharger, télécommander, télécopie, téléguider, télésurveillance, télétravail, télévente…***, ou au sens de « télévision » : ***téléachat, téléfilm, téléroman…***

télécabine n.f.

télécommande n.f.

télécommunication n.f.

téléfilm n.m.

télégénique adj.

télégramme n.m.

télégraphique adj. *En style télégraphique.*

téléguider v.t.

téléobjectif n.m.

télépathe n.
▸**télépathie** n.f.
▸**télépathique** adj.

téléphérique n.m.

téléphone n.m. *Un téléphone fixe, portable, mobile, cellulaire. Un téléphone mains libres.* – *Ils sont au téléphone. Des coups de téléphone.*
▸**téléphoner** v.t.ind. et v.pr. *Il a téléphoné à Marie. Ils se sont téléphoné* (= l'un à l'autre). Voir gramm. § 29(2). ◆ v.t. *Je lui ai téléphoné les horaires, je les lui ai téléphonés.* Voir gramm. § 28.
▸**téléphonique** adj.
▸**téléphonie** n.f.

télescope n.m. Sans accent sur le deuxième **e**.

télescoper v.t. et v.pr. Sans accent sur le deuxième **e**. *Les voitures se sont télescopées.*

télescopique adj. Sans accent sur le deuxième **e**. *Un balai télescopique.*

télésiège n.m.

téléski n.m.

téléspectateur, -trice n.

télévisé, -e adj. *Le journal télévisé (J.T.).*

téléviseur n.m.

télévision n.f. S'abrège en **télé**. *La télévision par câble, par satellite. Des émissions de télévision.* – S'emploie couramment pour ***poste de télévision*** ou ***téléviseur***. *Une télévision en couleur(s), des télévisions couleur.*

tellement adv. *Il est tellement fatigué qu'il n'a pas pu* (= indicatif) *venir. Il n'est pas tellement fatigué qu'il ne puisse* (= subjonctif) *venir.*

téméraire adj. et n.
▸**témérité** n.f.

témoigner v.i., v.t.ind. et v.t. *Être appelé à témoigner. Témoigner en faveur de quelqu'un. Témoigner contre.* – *Ils ont témoigné de ma présence, que j'étais présent. Ils en ont témoigné.* – *Permettez-moi de vous témoigner toute ma reconnaissance. L'amitié qu'il m'a toujours témoignée.*
▸**témoignage** n.m. *Recevez, en témoignage de...*

témoin n.m. Toujours au masculin. *Elle a été le seul témoin. Des témoins à charge. Cela s'est passé sans témoins. Ces archives sont les témoins, le témoin du passé.* – S'emploie sans trait d'union après un nom. *Des appartements témoins. Des lampes témoins.* – Est invariable en tête de phrase. *Nous savons tout, témoin ces lettres que nous avons trouvées.* – **prendre pour témoin(s)** : *Ils m'ont pris pour témoin. Ils nous ont pris pour témoins à leur mariage.* (*Témoin* est variable.) – **prendre à témoin** : *Ils ont pris tous leurs amis à témoin.* (*Témoin* est invariable.)

tempe n.f.

tempérament n.m.

température n.f.

tempéré, -e adj. *Un climat tempéré.*

tempête n.f. Avec **ê**. *Des tempêtes de neige. Des lampes-tempête.*

temple n.m.

tempo n.m. Mot italien. On prononce [tinpo] ou [tèm'po]. *Des tempos.*

temporaire adj. *Un emploi temporaire* (≠ définitif). Ne pas confondre avec ***temporel***.
▸**temporairement** adv.

temporal, -e, -aux adj. *La région temporale* (= des tempes).

temporel, -elle adj. et n.m. *Le spirituel et le temporel.*

temporiser v.i. *Il cherche à temporiser* (= gagner du temps).

temps n.m. Voir ce mot dans la partie grammaire. – **1.** *Quel temps fait-il ? Par temps de tempête, de neige, de pluie.* – *Ils travaillent à temps complet, partiel, à plein temps, à mi-temps. Ils sont arrivés à temps. Dans le temps* (= autrefois). *Dans les temps* (= à l'heure). – *Au temps pour moi !* → autant – **2.** Est au singulier dans : *au temps de, au temps où, au temps jadis, de tout temps, de leur temps, de temps à autre, en temps voulu, en temps normal, en temps et en heure, en même temps, en tout temps, (il y a, depuis...) quelque temps.* – Est au pluriel dans : *autres temps, autres mœurs ; les temps modernes ; ces derniers temps, ces temps derniers, ces temps-ci.* – On écrit au singulier ou au pluriel *par le temps qui court, par les temps qui courent.* – **tout le temps** s'écrit sans trait d'union. – **entre-temps** s'écrit avec un trait d'union. *Tout avait changé entre-temps.* – REMARQUE *Contretemps* s'écrit en un mot.

tenable adj. *Une situation qui n'est pas tenable.*

tenace adj. Avec **e**.
▸**ténacité** n.f. Avec **é**.

tenaille n.f. *Des tenailles.* – *Ils sont pris en tenaille(s).*

tenant, -e adj. *Séance tenante* (= immédiatement). ◆ n. *La tenante du titre.* ◆ n.m. *Un* *meuble d'un seul tenant. – Les tenants et les aboutissants d'un projet.*

tendance n.f. *Ils ont tendance à se lever tôt.* – Est invariable après un nom : *des couleurs très tendance.*

tendancieux, -euse adj. *Des propos tendancieux.*

tendon n.m.
‣**tendinite** n.f.

1. **tendre** adj.
‣**tendrement** adv.
‣**tendresse** n.f. *Des gestes de tendresse. La tendresse d'une mère.*
‣**tendreté** n.f. *La tendreté d'une viande.*

2. **tendre** v.t. et v.pr. CONJ.34 *Je tends, il tend. Il m'a tendu les journaux, il me les a tendus. Ils se sont tendu la main. Ils se sont tendu des pièges, les pièges qu'il se sont tendus.* Voir gramm. § 29(2 et 3). *Nos relations se sont tendues.* ◆ v.t.ind. *Marie tend à négliger son travail.* – ATTENTION Au conditionnel, on dit *vous tendriez* et non ✕ *tenderiez.*

tendron n.m.

ténèbres n.f.plur.
‣**ténébreux, -euse** adj.

teneur n.f. *La teneur d'une lettre.*

ténia n.m. – REMARQUE On n'écrit plus *tœnia.*

tenir v.i. et v.t.ind. CONJ.10 *La réparation va-t-elle tenir ? Elle n'a pas tenu. Il ne tient qu'à vous de… Je tiens à vous dire que…, j'y tiens. Il tient à ce que j'aie* (= subjonctif)… ◆ v.t. et v.pr. *Il a tenu plusieurs rôles. Quels rôles a-t-il tenus ? La séance s'est tenue hier. Ils se tiennent par la main. Ils se sont tenus par la main.* Mais *Ils se tiennent la main. Ils se sont tenu la main. Elles se sont tenu de longs discours. Les discours qu'elles se sont tenus.* Voir gramm. § 29(2 et 3). – REMARQUE Attention à l'accord du participe dans les différentes expressions. – Le participe est variable dans *tenir au courant, informé, en alerte, en laisse, pour responsable…*, parce qu'il y a un complément d'objet direct : *Je les ai tenus au courant. Ils nous ont tenus au courant.* – Le participe est invariable dans *tenir rigueur, tenir compagnie, tenir tête (à), tenir lieu de,* parce la locution forme un tout et il n'y a pas de complément d'objet direct : *On nous a tenu compagnie.* – **s'en tenir à** : *Tenez-vous-en à ce qu'on a dit. Ils s'en sont tenus aux faits.* – **un tiens vaut mieux que deux tu l'auras** s'écrit avec un *s* à *tiens.*

tennis n.m. On prononce le **s**. – Est masculin pour le sport. *Aimer le tennis.* ◆ n.f. Est féminin pour la chaussure. *Des tennis blanches.*
‣**tennisman** n.m. Le mot est un faux anglicisme qui ne s'emploie pas en anglais. Il n'y a donc aucune raison de lui appliquer un pluriel anglais. On écrira *des tennismans.*

ténor n.m.

tension n.f. *Sous tension. La tension artérielle.*

tentacule n.m. Est du masculin. *De grands tentacules.*
‣**tentaculaire** adj. Avec **ai**.

tente n.f. (Abri de toile) Avec **en**. *Dormir sous la tente.* Ne pas confondre avec ***tante***.

tenter v.t. *Si cela vous tente… Elle est très tentée d'y aller.* ◆ v.t. et v.pr. *Il a tenté l'expérience, il l'a tentée trois fois. J'ai tenté de le convaincre. Cette expérience ne s'est jamais tentée.*
‣**tentant, -e** adj. *Un projet tentant.*
‣**tentation** n.f. *Succomber à la tentation.*
‣**tentative** n.f. *Après plusieurs tentatives…*

tenture n.f.

tenu, -e adj. *Une maison bien, mal tenue. – Vous êtes tenus de répondre. Elle est tenue à l'obligation de réserve.* ➜ tenir

ténu, -e adj. Avec **é**. *Un fil ténu* (= très mince).

tenue n.f. *Des officiers en tenue. – Une bonne tenue de route. La tenue des comptes.*

ter adv. *Habiter au 23 ter, rue de Londres.*

térébenthine n.f. Avec **thi**.

Tergal n.m. Mot déposé. Il est recommandé de mettre une majuscule aux noms déposés.

tergiverser v.i.
▸**tergiversation** n.f.

terme n.m. **1.** Reste au singulier dans les expressions où le mot signifie « délai, échéance... ». *À court, à moyen, à long terme. Des enfants nés à terme, après terme, avant terme. Arrivé au terme de sa vie. Il sera président à terme. Des marchés à terme.* – **2.** Est au pluriel dans les expressions où le mot signifie « mot, propos... ». *Aux termes du contrat. En termes de médecine. En quels termes vous a-t-il parlé ? Être en bons, en mauvais termes avec quelqu'un.*

terminer v.t. et v.pr. *Il a terminé sa lettre, il l'a terminée. L'histoire s'est bien terminée. Les verbes qui se terminent par « -er » sont du premier groupe.*
▸**terminaison** n.f.
▸**terminal, -e, -aux** adj., n.f. et n.m. *Phase terminale. Les élèves de terminale. Le terminal d'un aéroport.*

terminologie n.f.
▸**terminologique** adj.

terminus n.m. On prononce le **s**.

termite n.m.

terne adj. *Une peau terne.*
▸**ternir** v.t. et v.pr. *Sa peau s'est ternie.*

terrain n.m. *Des terrains de sport, de jeu. Des hommes de terrain.* – **tout-terrain** est invariable et s'écrit avec un trait d'union. *Des véhicules tout-terrain.*

terrasse n.f. *Des cultures en terrasses.*

terrassement n.m. *Des travaux de terrassement.*

terrasser v.t. Avec **rr** comme dans ***terre***. *Cette nouvelle nous a terrassés.*

terre n.f. Avec une majuscule en astronomie, et une minuscule en langue courante. *La Terre tourne autour du Soleil. Remuer ciel et terre. Des tremblements de terre. Faire le tour de la terre. Planter en pleine terre. Ils sont tombés à terre. On les a mis en terre. Avoir les pieds sur terre.* – **par terre** s'écrit en deux mots. *Ils sont tombés par terre.* Ne pas confondre avec ***parterre*** (*un parterre de fleurs*). – **terre à terre** est invariable. *Ils sont très terre à terre.*

terreau n.m. *Des terreaux.*

terre-plein n.m. *Des terre-pleins.*

terrer (se) v.pr. *Ils se sont terrés.*

terrestre adj. *La vie terrestre. Un globe terrestre.* – REMARQUE On écrit en un mot *extraterrestre*.

terreur n.f. *Des cris de terreur.*

terrible adj.
▸**terriblement** adv.

terrien, -enne adj. et n.

terrier n.m. Avec **rr** comme dans ***terre***.

terrifier v.t. Avec **rr**. *Cette scène a terrifié les enfants, elle les a terrifiés.* – ATTENTION À l'indicatif imparfait et au subjonctif présent : *(que) nous terrifiions.* – Au futur et au conditionnel : *il terrifiera(it).*
▸**terrifiant, -e** adj. *Une vision du monde terrifiante.*

terrine n.f.

territoire n.m.
▸**territorial, -e, -aux** adj.

terroir n.m. *Des produits du terroir.*

terroriser v.t. Avec **rr** comme dans ***terreur***. *Ils sont terrorisés.*

terrorisme n.m. Avec **rr** comme dans ***terreur***.
▸**terroriste** adj. et n.

tertiaire adj. et n.m. On prononce [tersièr].

tertre n.m. (Butte) Avec **rtr**.

tes adj. possessif Voir *possessif* dans la partie grammaire.

test n.m. *Des tests d'intelligence.* – S'emploie le plus souvent avec un trait d'union après un nom : *des programmes-tests.* – REMARQUE Attention à ne pas ajouter de [e] dans l'anglicisme ***test-match*** : *des tests-matchs* [tèst'match] et non ✕ [tèste-].
▸**tester** v.t. *On a testé ta méthode, on l'a testée.*

testament n.m. *Léguer un bien par testament.* – On écrit avec une majuscule *Ancien Testament, Nouveau Testament.*
▸**testamentaire** adj.

testicule n.m. Est du masculin.

tétanie n.f. *Des crises de tétanie.*

tétanos n.m. On prononce le **s**.

têtard n.m. Avec **ê**.

tête n.f. Avec **ê**. *Des têtes d'ail. Des têtes de linotte. Des têtes de lecture. Une tête de Turc, des têtes de Turcs.* – *Des coups de tête. Un mal de tête, des maux de tête. Des voix de tête. Des femmes de tête. Des histoires sans queue ni tête.* – *Elles marchent tête haute, tête basse. Elles foncent tête baissée.* – *Calculer de tête. On leur a tenu tête. Ces idées qu'ils se sont mises en tête.* – **en tête** s'écrit en deux mots pour l'expression : *Ils sont en tête. En tête de liste. Je n'ai plus son nom en tête,* mais le nom s'écrit avec un trait d'union : *du papier à* ***en-tête***. – **tête nue** : *Ils sont sortis tête nue.* Mais *Ils sont sortis* ***nu-tête***, avec un trait d'union. ➜ nu – **tête à tête** s'écrit sans trait d'union pour l'expression : *Laissez-les en tête à tête, déjeuner tête à tête,* mais le nom s'écrit avec des traits d'union : *organiser un* ***tête-à-tête****, des tête-à-tête.* – **tête-bêche** est invariable. *Des chaussures rangées tête-bêche dans leur boîte.* – **tête-à-queue** est invariable et du masculin : *La voiture a fait un tête-à-queue.* – **tête-de-nègre** est invariable comme nom masculin et adjectif de couleur : *des manteaux tête-de-nègre.* – Est variable comme nom féminin (pâtisserie ou champignon) : *des têtes-de-nègre.*

téter v.t. CONJ.4 Avec **é** ou **è** : *nous tétons, ils tètent.*
‣ **tétée** n.f.
‣ **tétine** n.f.

têtière n.f. Avec **ê** comme dans ***tête***.

têtu, -e adj. Avec **ê** comme dans ***tête***.

texte n.m. *Un cahier de textes. Un commentaire, une explication de texte. Du traitement de texte.* – On écrit sans trait d'union l'expression *hors texte* : *des illustrations hors texte*, et avec un trait d'union le nom *hors-texte* : *des hors-texte.*
‣ **textuel, -elle** adj.
‣ **textuellement** adv. *C'est textuellement ce qu'il m'a dit.* – REMARQUE L'emploi de *texto* est familier.

textile adj. et n.m.

texture n.f.

thaïlandais, -e adj. et n. *Il est thaïlandais. C'est un Thaïlandais.* (Le nom de personne prend une majuscule.)

thalassothérapie n.f. S'abrège en **thalasso**.

thé n.m. *Des tasses de thé. Des thés à la menthe.* – Est invariable comme adjectif de couleur. *Des roses thé.*
‣ **théière** n.f.
‣ **théine** n.f.

théâtre n.m. Avec **â**. *Des pièces de théâtre. Du théâtre de boulevard. Des coups de théâtre.*
‣ **théâtral, -e, -aux** adj.

thème n.m. Avec **è**. *Des thèmes de réflexion. Classer par thèmes.*
‣ **thématique** adj. et n.f. Avec **é**.

théologie n.f.
‣ **théologique** adj.
‣ **théologien, -enne** n.

théorème n.m.

théorie n.f. *En théorie.*
‣ **théorique** adj.
‣ **théoriquement** adv.
‣ **théoricien, -enne** n.

thérapeute n. Avec un seul **h**, au début du mot. – REMARQUE Ce mot et ceux de la famille servent à former d'autres mots : *psychothérapeute, kinésithérapeute, chimiothérapie...*
‣ **thérapeutique** adj. et n.f.
‣ **thérapie** n.f.

thermes n.m.plur.
‣ **thermal, -e, -aux** adj. *Une cure thermale.*
‣ **thermalisme** n.m.

thermique adj. Avec **th**, de *therm(o)* qui signifie « chaleur ». *Une isolation thermique.*

thermomètre n.m.

Thermos n.f. On prononce le **s**. – Nom déposé. Avec une majuscule. *Des bouteilles Thermos* (= isothermes).

thermostat n.m. Avec **t**.

thèse n.f.

thon n.m.

thorax n.m.
▸**thoracique** adj. *La cage thoracique.*

thriller n.m. Mot anglais. On prononce [srileur].

thuriféraire n.m. LITT. (Flatteur) On prononce [turi].

thuya n.m. (Arbre) Avec **h**. *Des thuyas.*

thym n.m. Avec **ym**. On prononce [tin].

thyroïde n.f. et adj.
▸**thyroïdien, -enne** adj.

tiare n.f.

tibétain, -e adj. et n. *Il est tibétain. C'est un Tibétain.* (Le nom de personne prend une majuscule.)

tibia n.m. *Des tibias. Un protège-tibia, des protège-tibias.*

tic n.m. *Des tics de langage.*

ticket n.m. *Un carnet de tickets. Des tickets-repas, des tickets-restaurant.*

> **-tie** Se prononce [si] : *aristocratie, démocratie, ineptie, orthodontie, minutie, calvitie, péripétie...*, sauf après un *s* : *amnistie, dynastie, modestie...* et dans les mots *garantie, ortie, partie, répartie, sortie.*

tiède adj. Avec **è**.
▸**tiédeur** n.f. Avec **é**.
▸**tiédir** v.i.
▸**tiédissement** n.m.

> **-tiel/-ciel** Les adjectifs terminés par le son [syèl] s'écrivent avec **-tiel** : *confidentiel, démentiel, essentiel, présidentiel...*, sauf quelques mots qui s'écrivent avec **-ciel** : *artificiel, circonstanciel, officiel, superficiel* et *tendanciel.*

tien, tienne pron. possessif Voir *possessif* dans la partie grammaire. ◆ n.m. *Tu y as mis du tien.*

tiens → tenir

tierce n.f. *Une tierce en musique, à la belote.* → tiers

tiercé n.m.

tiers n.m. *Un tiers des personnes interrogées ont* ou *a dit oui.* Voir gramm. § 39. *Une bouteille remplie aux deux tiers. – Le tiers provisionnel. Le tiers payant. Une assurance au tiers. – Ne pas parler devant un tiers* (= une tierce personne).
▸**tiers, tierce** adj. *Le tiers temps pédagogique. Une tierce personne.* – REMARQUE On écrit avec un trait d'union *le tiers-monde.*

tige n.f.

tigre n.m. **tigresse** n.f.
▸**tigré, -e** adj.

tilleul n.m. *Des tilleuls.* – Est invariable comme adjectif de couleur. *Des pulls (couleur) tilleul.* Voir gramm. § 8.

timbale n.f. *Des timbales d'argent.*

timbre n.m. **1.** *Un beau timbre de voix.* – **2.** *Des timbres postaux. Des timbres-poste.* Mais *des timbres-amendes.* Voir gramm. § 34.
▸**timbré, -e** adj. *Une voix bien timbrée.*
▸**timbrer** v.t. *Timbrer une enveloppe. Une enveloppe timbrée.*

timide adj. et n.
▸**timidement** adv.
▸**timidité** n.f.

timing n.m. Mot anglais qu'on peut très facilement remplacer par les mots ***calendrier***, ***programme*** ou ***emploi du temps***.

timoré, -e adj. et n.

tintamarre n.m. Avec **rr**.

tinter v.t. (Faire un bruit) *Une clochette qui tinte.* Ne pas confondre avec ***teinter*** (colorer).
▸**tintement** n.m.

tintinnabuler v.i. Avec **nn**.

tintouin n.m. FAM. Avec **ouin**. → -oin/-ouin

> **-tion** Se prononce [sion] : *insertion, manipulation, solution...*, sauf après un *s* : *question, gestion...* et dans les formes verbales des verbes en *-ter* : *achetions, jetions...*

tique n.f. (Parasite) *Une tique. Les tiques d'un chien.* Ne pas confondre avec ***tic***.

tir n.m. *Des stands, des champs, des lignes de tir. Des armes de tir. Des tirs de barrage. Des tirs au but.*

tirade n.f.

tirage n.m.

tirailler v.t. *Elle se sent tiraillée par des sentiments contraires. Elle est tiraillée entre les deux.*
‣ **tiraillement** n.m.

tiramisu n.m. Mot italien. Avec **su** qui se prononce [sou]. *Des tiramisus.*

tire n.f. *Vol à la tire.*

tire-bouchon n.m. *Des tire-bouchons.* Voir gramm. § 34(3).

tire-d'aile (à) loc.adv.

tirelire n.f. En un mot.

tirer v.i. *Un journal qui tire à des milliers d'exemplaires. – Tirer à conséquence.* ◆ v.t. *Il a tiré Marie par la main, il l'a tirée par la main. – Ils ont tiré parti, avantage de.* ◆ v.pr. *Elle se sont tirées d'affaire. Nous nous en sommes tirés tant bien que mal.*

tiret n.m.

Emploi du tiret

1. Le tiret s'emploie dans un dialogue, chaque fois que l'interlocuteur change, avec un retour à la ligne.
– Tu crois que…
– Que dis-tu ?
– Je te demandais si…

2. Dans un texte structuré, une liste, un rapport, le tiret sépare les éléments d'une énumération, avec toujours un retour à la ligne.
Les questions portent sur :
– le travail ;
– les méthodes ;
– le nombre d'intervenants.

3. À l'intérieur d'une phrase, le tiret (simple ou double), plus fort que la virgule ou les parenthèses, met en relief un membre de la phrase. *Le bruit cessa enfin – il avait duré deux heures. Tous les participants – cadres et employés – ont voté.*

tirette n.f. *Un bureau à tirette.*

tireur, -euse n. *Des tireurs d'élite. Une tireuse de cartes.*

tiroir n.m. *Un meuble à tiroir(s). Une pièce de théâtre à tiroirs. Un nom à tiroirs.* – REMARQUE On écrit avec un trait d'union *tiroir-caisse : des tiroirs-caisses.*

tisane n.f.
‣ **tisanière** n.f.

tisser v.t. et v.pr. *Une veste tissée main. – Ils ont tissé des liens. Les liens qu'ils ont tissés.*
‣ **tissage** n.m.
‣ **tisserand, -e** n. Avec un **d**.

tissu n.m. *Des coussins en tissu. Des tissus de coton. – Un tissu de mensonges.* – REMARQUE On écrit avec un trait d'union *un tissu-éponge, des tissus-éponges.*

titan n.m. *Des travaux de titan.*
‣ **titanesque** adj. *Un travail titanesque.*

titane n.m.

titre n.m. *Des titres de noblesse, de propriété. Des titres de transport. Un titre d'œuvre, de film. Des titres d'œuvres, de films. Un concours sur titres et travaux. Des pages de titre. Lire les gros titres. Son nom apparaît en gros titre.* – Est invariable dans *à quel titre ? à juste titre, à titre gratuit, à plus d'un titre, au titre de, en titre.* – REMARQUE On écrit *sous-titre, banc-titre* avec un trait d'union et ***surtitre*** en un mot.

tituber v.i. *Il a trop bu et il titube.*
‣ **titubant, -e** adj. *Une démarche titubante.* Ne pas confondre avec le participe présent invariable : *Elle avançait, titubant dans la rue.* Voir gramm. § 31.

titulaire adj. et n.
‣ **titulariser** v.t. *On a titularisé Marie, on l'a titularisée. Elle s'est fait titulariser.* (*Fait* suivi d'un infinitif est invariable.)
‣ **titularisation** n.f.

toast n.m. Mot anglais. On ne prononce pas le **a**. *Des toasts.*
‣ **toasté, -e** adj.
‣ **toasteur** n.m.

toboggan n.m. Avec **gg**. *Des toboggans.*

toc n.m. FAM. (Faux) *Des bijoux en toc.*

tocade n.f. Autre orthographe de **toquade**.

tocsin n.m. *Sonner le tocsin.*

toge n.f. *Des professeurs en toge.*

togolais, -e adj. et n. *Il est togolais. C'est un Togolais.* (Le nom de personne prend une majuscule.)

tohu-bohu n.m.inv.

toi pron. personnel Voir *pronom personnel* dans la partie grammaire. – **1.** Attention au trait d'union et à l'ordre des pronoms avec un impératif. *Achète-toi la carte. Achète-la-toi* et non ✕ *achète-toi-la*. – **2.** *C'est toi qui iras* (= le verbe est à la 2ᵉ personne du singulier). *Lui et toi partirez à l'aube* (= le verbe est à la 2ᵉ personne du pluriel, on peut dire *vous*). Voir gramm. § 41(3).

toile n.f. *Des toiles d'araignée.* – *Des sacs en toile, de toile. Des toiles de jute.* – *Des toiles de fond.*

toilette n.f. *Des gants, des trousses, des cabinets de toilette.*

toise n.f.

toit n.m. Sans accent circonflexe. *Un toit de chaume, de tuiles, d'ardoises.*
▸**toiture** n.f.

tôle n.f. Avec **ô**. *Des plaques de tôle. De la tôle ondulée.* – REMARQUE Le mot d'argot s'écrit ***tôle*** ou plus souvent ***taule*** (= prison, chambre, entreprise, etc.).

tolérer v.t. CONJ.4 Avec **é** ou **è** : *tolérons, tolère. La direction ne tolérera plus les retards qu'elle avait tolérés jusqu'ici.*
▸**tolérable** adj.
▸**tolérant, -e** adj.
▸**tolérance** n.m.

tollé n.m. Avec **ll**. *Des tollés. Sa déclaration a déclenché un tollé général.* – REMARQUE Les tournures courantes *tollé d'indignation, de protestation* sont des pléonasmes, le **tollé** étant par lui-même un mouvement de protestation, d'indignation.

tomate n.f. *Une salade de tomates. Du jus de tomate. De la sauce tomate. Des sauces tomate* (= à la tomate). *Des tomates cerises.*

tombe n.f. *Se recueillir sur une tombe.*
▸**tombal, -e** adj. *Une pierre tombale.* Avec *als* ou *aux* au masculin pluriel, qui reste rare.
▸**tombeau** n.m. (Monument) *Des tombeaux.* – *Rouler à tombeau ouvert.*

tomber v.i. Se conjugue avec l'auxiliaire ***être***. *Marie est tombée par terre. La nuit est tombée.* – S'emploie en tournure impersonnelle. *Il tombe de la neige, il est tombé de la neige. Quelle neige il est tombé cette nuit !* Voir gramm. § 25(1). – REMARQUE Le participe passé s'accorde toujours avec le sujet, même dans les expressions : *Elles sont tombées malades, amoureuses, en panne, d'accord...* – **faire tomber, laisser tomber** : *J'ai fait tomber Marie, je l'ai fait tomber.* (*Fait* suivi d'un infinitif est invariable.) – *J'ai laissé tomber Marie, je l'ai laissée tomber. Elle s'est laissée tomber par terre.* → laisser – **tomber de Charybde en Scylla** (= de mal en pis). Bien prononcer [karibd]. ◆ v.t. Se conjugue avec l'auxiliaire ***avoir*** dans le domaine du sport ou dans des emplois familiers. *Un joueur de tennis qui tombe son adversaire. Tomber les filles. Il a tombé la veste.*
▸**tombant, -e** adj. *Des épaules tombantes.*
▸**tombé** n.m. *Le tombé d'un vêtement.*
▸**tombée** n.f. *À la tombée du jour, du soir* (= crépuscule).
▸**tombeur, -euse** n.

tombereau n.m. *Des tombereaux de sable, de fruits.*

tombola n.f. *Des billets de tombola. Des tombolas.*

tome n.m. *Une histoire de France en trois tomes.*

tomme n.f. (Fromage) Avec **mm**.

tommette n.f. Avec **mm**.

1. ton n.m. *Des imprimés ton sur ton.*

2. ton, ta, tes adj. possessif Voir *possessif* dans la partie grammaire.

tonalité n.f.

tondre v.t. CONJ.34 *On a tondu la pelouse, on l'a tondue.*
▸**tondeuse** n.f.

tonifier v.t. *Une lotion pour tonifier la peau. Une peau tonifiée.* – ATTENTION À l'indicatif imparfait et au subjonctif présent : *(que) nous tonifiions.* – Au futur et au conditionnel : *il tonifiera(it).*
▸**tonifiant, -e** adj.

tonique adj. et n.m.

tonitruant, -e adj. *Une voix tonitruante.*

tonne n.f. *Cela pèse deux tonnes (2 t).* – **une tonne de** : l'accord se fait selon le sens. *Il transporte une tonne de sable. La tonne de sable qu'il a transportée.* Mais, au sens de « beaucoup » : *Elle a lu une tonne de livres ! La tonne de livres qu'elle a lus !*
▸**tonnage** n.m. *Le tonnage d'un navire.*

tonneau n.m. *Des tonneaux.*

tonnelle n.f. Avec **nn** et **ll**.

tonner v. impersonnel *Il tonne.*
▸**tonnerre** n.m. *Des coups de tonnerre.* – *Un tonnerre d'applaudissements.*

tonsure n.f.

tonus n.m. On prononce le **s**.

top n.m. *Après le top sonore. Donner le top.* ◆ n.m. et adj.inv. Mot anglais qui signifie « sommet ». *Des tops en soie* (= hauts). *Il est au top de sa carrière* (= au sommet). *Ils sont au top niveau* (= au plus haut niveau). *Des documents top secret* (= ultraconfidentiels).
▸**top model** ou **top-modèle** n.m. *Des top models, des top-modèles.*

topaze n.f. Avec **z**.

topinambour n.m. *Des topinambours.*

topographie n.f. *Étudier la topographie d'une région.*
▸**topographique** adj.

toponyme n.m. (Nom de lieu)

toque n.f.

toquer (se) v.pr. FAM. *Elle s'est toquée de lui.*
▸**toquade** ou **tocade** n.f. S'écrit le plus souvent avec **c**.

torche n.f. *Torche électrique. Des lampes-torches.* – *Des parachutes en torche.*

torchon n.m.

tordre v.t. et v.pr. CONJ. 34 *Je tords, il tord. Il a tordu la barre, il l'a tordue. La barre s'est tordue sous le poids.* – *Marie s'est tordue de rire.* Mais : *Marie s'est tordu la cheville.* Voir gramm. § 29(1 et 2).

toréador n.m. Avec **é**.

torero n.m. Sans accent. *Des toreros.*

tornade n.f.

torpeur n.f.

torpille n.f.

torréfier v.t. Avec **rr** comme dans les mots de la famille. *Torréfier du café.*
▸**torréfaction** n.f.
▸**torréfacteur** n.m.

torrent n.m. *Il pleut à torrents.*
▸**torrentiel, -elle** adj. On prononce [sièl]. *Des pluies torrentielles.*

torride adj. Avec **rr**. *Une chaleur torride.*

tors, -e adj. *Des jambes torses.*

torsade n.f. *Une colonne à torsades. Des cheveux roulés en torsade.*

torse n.m. *Ils se promènent torse nu.*

torsion n.f.

tort n.m. Reste au singulier dans *à tort, à tort et à travers, à tort ou à raison, avoir tort, donner tort.* – Est au pluriel dans *aux torts (de).*

torticolis n.m. Avec **s**.

tortiller v.t. et v.pr. *Il tortille son mouchoir.* – *Marie s'est tortillée sur sa chaise.* – ATTENTION À l'indicatif imparfait et au subjonctif présent : *(que) nous tortillions.*

tortionnaire n. (Qui torture) Avec **nn**.

tortue n.f.

tortueux, -euse adj.

torture n.f. *Des instruments de torture.*
▸**torturer** v.t. et v.pr. *On les a torturés. Elle s'est torturée toute la nuit.*

tôt adv. Avec **ô**. *Tôt ou tard. Ils se lèvent tôt, bien tôt aujourd'hui. Il se lève aussi tôt, plus tôt que moi.* Ne pas confondre avec les

t

adverbes ***bientôt***, ***aussitôt***, ***plutôt***, en un mot.

total, -e, -aux adj. *Une joie totale. Des résultats totaux.* ◆ n.m. *Un total, des totaux.*
▸**totalement** adv.
▸**totaliser** v.t.

totalitaire adj. *Un régime totalitaire.*
▸**totalitarisme** n.m.

totalité n.f. *Il a joué sa fortune en totalité. – La totalité de ses biens a été vendue* ou *ont été vendus.* Voir gramm. § 39.

totem n.m. *Des totems.*

touche n.f. *Des touches de piano. Un téléphone à touches. Des lignes, des juges de touche. Peindre par touches.*

touche-à-tout n.inv. *Des touche-à-tout.* Voir gramm. § 33.

1. toucher v.t. et v.pr. *Sa remarque nous a touchés. Nous sommes très touchés de votre attention, par votre geste. – Les 200 € qu'il a touchés. – Nos mains se sont touchées. Ils se sont touché la main.* Voir gramm. § 29(2 et 3). ◆ v.t.ind. *Ne touche pas à ça ! N'y touche pas. L'histoire touche à sa fin.*
▸**touchant, -e** adj. *Une histoire touchante.* Ne pas confondre avec le participe présent invariable : *L'histoire touchant à sa fin...* Voir gramm. § 31.

2. toucher n.m. *Le sens du toucher. Sentir au toucher que.*

touffe n.f. *Une touffe de cheveux. Des touffes d'herbe.*

touffu, -e adj.

toujours adv. Avec **s**. *Pour toujours. Toujours est-il que...*

toupet n.m. *Il ne manque pas de toupet !*

toupie n.f.

tour n.f. et n.m. **1.** Est féminin pour la construction. *La tour Eiffel. La tour de Babel. Des tours de contrôle.* – **2.** Est masculin dans les autres sens. *Des tours de potier. – Faire le tour de. Tour de cou, de taille, de hanches, de poitrine. Un tour de reins. Des tours de chant. Des tours de force. Un tour de cartes. Le tour de main d'un cuisinier.* – Reste au singulier dans *à double (triple) tour, à tour de bras, à tour de rôle, tour à tour.* – **en un tour de main** : *Il l'a fait en un tour de main* (= très vite). Cette expression est plus moderne que ***en un tournemain***.

tourbillon n.m.
▸**tourbillonner** v.i. Avec **nn**.

tourelle n.f.

tourisme n.m.
▸**touriste** n. *Classe touriste.*
▸**touristique** adj.

tourment n.m.
▸**tourmenter** v.t. et v.pr. *Cette histoire nous a tourmentés. Vous vous êtes tourmentés pour rien.*

tourmente n.f. *Ils sont en pleine tourmente.*

tournage n.m.

tournant n.m.

tournebroche n.m. En un mot.

tourne-disque n.m. *Des tourne-disques.* Voir gramm. § 34(3).

tournedos n.m.

tournée n.f. *Ils sont en tournée.*

tournemain n.m. – **en un tournemain** est littéraire ou vieilli par rapport à ***en un tour de main*** (= très vite).

tourner v.i., v.t. et v.pr. *La Terre tourne autour du Soleil. Ils ont tourné à droite. – On a tourné la page. – Ils se sont tournés vers nous. – Une séquence tournée en extérieur.*

tournesol n.m. *Un champ de tournesols. Des huiles de tournesol.*

tournevis n.m.

tournis n.m. *Donner, avoir le tournis.*

tournoi n.m. *Un tournoi, des tournois de bridge.*

tournoyer v.i. CONJ.6 Avec **i** devant un *e* muet. *Les feuilles tournoient.* – ATTENTION À l'indicatif imparfait et au subjonctif présent : *(que) nous tournoyions.* – Au futur et au conditionnel : *il tournoiera(it).*

tournure n.f. *Les choses prennent tournure.*

tour-opérateur n.m. *Des tour-opérateurs.* – REMARQUE On recommande ***voyagiste*** pour remplacer cet anglicisme.

tourte n.f.

tourteau n.m. *Des tourteaux.*

tourtereau n.m. *Des tourtereaux.*

tourterelle n.f.

tous → tout

Toussaint n.f. Avec une majuscule.

tousser v.i.
▸**toussoter** v.i. Avec un seul **t**. → -oter
▸**toussotement** n.m.

tout, -e adj., adv., pron. indéfini et n.m.

• **tout, toute, tous** [tou], **toutes** est **adjectif** et s'accorde avec le nom auquel il se rapporte quand il signifie « n'importe quel, l'ensemble des, la totalité de ». *Tout homme est mortel. Toute peine mérite salaire.* – *Tous les hommes sont égaux en droit* (= l'ensemble des). *Il a plu toute la journée* (= la journée entière).

• **tout** est **adverbe** devant un adjectif quand il signifie « totalement, complètement, tout à fait ». *Il est tout content.* – ATTENTION Si l'adjectif ou le participe se rapportent à un nom masculin, **tout** est invariable : *Il est tout fier, ils sont tout fiers. Ils sont tout étonnés.* – Si l'adjectif ou le participe se rapportent à un nom féminin, on laisse **tout** invariable devant une voyelle ou un *h* muet : *Elle est tout étonnée, elles sont tout étonnées. Elle est tout heureuse, elles sont tout heureuses* ; mais on emploie **toute, toutes** devant une consonne ou un *h* aspiré : *Elle est toute contente, elles sont toutes contentes. Elle est toute honteuse, elles sont toutes honteuses.*

• **tout** est **adverbe** devant un participe ou un autre adverbe. *Il travaille tout en écoutant de la musique. Je vous le dis tout net.*

• **tout, tous** [tous'], **toutes** est **pronom indéfini**. *Tout est bien qui finit bien. C'est tout pour aujourd'hui. J'ai tout vu. Tous sont venus. J'ai beaucoup d'affaires mais toutes sont au lavage.* Le pronom s'emploie sans nom.

• Le nom **tout** a pour pluriel **touts**. *Jouer le tout pour le tout. Prenez le tout. En tout. Du tout au tout. Ils forment un tout homogène, des touts homogènes.*

• Entre dans des locutions sans trait d'union : ***tout à coup, tout à fait, tout à l'heure, tout de même, tout de suite, tout le temps***. – **tout le monde** est masculin singulier, l'accord se fait au masculin singulier : *Tout le monde viendra. Tout le monde est là* (et non ✕ *sont là*). *Tout le monde est content.* – **tout un chacun** est masculin singulier. *Tout un chacun sait que...*

Bien écrire *tout*

1. *Ils sont tous* [tous'] *contents. Elles sont toutes heureuses.* Il s'agit de l'adjectif, on peut dire *tous les garçons, toutes les filles.* – *Ils sont tout* [tou] *contents. Elles sont tout heureuses.* Il s'agit de l'adverbe, on peut dire *Ils sont très (tout à fait...) contents.*

2. tout autre : *C'est une tout autre chose* (= une chose totalement différente), *la vérité est tout autre.* Mais *Toute autre chose, toute autre précision serait inutile* (= n'importe laquelle).

3. tout premier, dernier... On écrit *dans les tout premiers jours de juillet. Tout* est adverbe entre l'article et le nom. Mais on écrit *tous les premiers jours du mois. Tous* est adjectif devant l'article.

Singulier ou pluriel ?

1. On écrit au singulier : *à tout bout de champ, à toute allure, à toute épreuve, à toute heure, à tout hasard, à tout moment, à tout propos, de tout temps, en tout cas, en toute amitié, en toute saison, en tout temps, tout compte fait, tout feu tout flamme, tout coton, tout plein, tout yeux tout oreilles.*

2. On écrit au pluriel : *à tous égards, à toutes jambes, en toutes lettres, toutes proportions gardées, tous feux éteints, tous azimuts.*

3. On écrit au singulier ou au pluriel : *à tout coup, à tous coups ; de tout côté, de tous côtés ; de toute(s) façon(s) ; de toute(s) sorte(s) ; en tout sens, en tous sens.*

tout-à-l'égout n.m.inv.

toutefois adv. En un mot.

tout-petit n.m. *Des jouets pour les tout-petits.*

tout-puissant, toute-puissante adj. Au masculin pluriel *tout* est invariable. *Ils sont tout-puissants,* mais : *Elles sont toutes-puissantes.*
▸**toute-puissance** n.f.

tout-terrain n.m.inv. et adj.inv. *Des véhicules tout-terrain, des vélos tout-terrain (V.T.T.).*

tout-venant n.m.sing. *Du tout-venant.*

toux n.f. *Des quintes de toux.*

toxicomane n. et adj.
▸**toxicomanie** n.f.

toxine n.f.

toxique adj. et n.m. *Des produits toxiques* (= qui empoisonnent). Ne pas confondre avec ***caustique***.
▸**toxicité** n.f.

trac n.m.

traçabilité n.f.

tracas n.m. Avec **s**.
▸**tracasser** v.t. et v.pr. *Cette histoire la tracasse. Elle s'est tracassée pour rien.*
▸**tracasserie** n.f. *Les tracasseries administratives.*

trace n.f. *Suivre à la trace. Un nettoyant qui ne laisse pas de traces.*

tracer v.t. Avec **ç** devant *a* et *o* : *il traçait, nous traçons. Les traits que nous avons tracés.*
▸**tracé** n.m. *Le tracé d'une route.*

trachée n.f. *La trachée-artère.*
▸**trachéite** n.f. On prononce [trakéit].

tract n.m. Sans *e*. *Distribuer des tracts.*

tractation n.f.

tracter v.t. *Une remorque tractée par un véhicule.*

tracteur n.m.

traction n.f. *Des tractions avant.*

tradition n.f. *Par tradition.*
▸**traditionnel, -elle** adj. Avec **nn**.
▸**traditionnellement** adv.
▸**traditionalisme** n.m. Avec un seul **n**.
→ -on

traduire v.t. CONJ.30 *C'est une pièce qu'il a traduite de l'anglais.* ◆ v.pr. *Sa timidité s'est traduite par un bégaiement.*
▸**traducteur, -trice** n.
▸**traduction** n.f.
▸**traduisible** adj.

trafic n.m. Avec un seul **f** et un **c**. *Du trafic de drogue. Des trafics d'influence. – Le trafic routier.*
▸**trafiquant, -e** n. Avec **qu**. *Des trafiquants de drogue.*
▸**trafiquer** v.t.

tragédie n.f.
▸**tragédien, -enne** n.

tragi-comédie n.f. *Des tragi-comédies.*
▸**tragi-comique** adj.

tragique adj.
▸**tragiquement** adv.

trahir v.t. et v.pr. *Il nous ont trahis. Ils se sont trahis.*
▸**trahison** n.f.

train n.m. *Un train à grande vitesse (T.G.V.). Un train autos-couchettes. Voyager en train, par le train. – Un train de mesures. Des trains de vie.* – Reste au singulier dans *aller bon train, mener grand train, à fond de train* (familier), *au train* ou *du train où vont les choses.* – **en train** s'écrit en deux mots. *Une mise en train. Ils sont très en train aujourd'hui.* Ne pas confondre avec le nom ***entrain*** : *Quel entrain aujourd'hui !* – **en train de** : *J'étais en train de lire quand…*

traîne n.f. Avec **î** comme dans ***traîner***. *Des robes à traîne. Ils sont à la traîne.*

traîneau n.m. Avec **î** comme dans ***traîner***. *Des traîneaux. Partir en traîneau.*

traînée n.f. Avec **î** comme dans ***traîner***. *Des traînées de poudre.*

traîner v.t. et v.pr. Avec **î** comme dans tous les mots de la famille. *Il traîne ses affaires* *par terre. Il les a traînées par terre. Marie s'est traînée jusqu'à la porte.* ◆ v.i. *Ne traînez pas en route.*

training n.m. Mot anglais. (Entraînement)

traire v.t. CONJ.26 *On a trait les vaches, on les a traites.*

trait n.m. *Des animaux de trait. – Tirer un trait. Des dessins au trait. Décrire à grands traits. Ils se ressemblent trait pour trait. Des traits d'esprit. Avoir trait à.*

trait d'union n.m. *Des traits d'union.*

Emploi du trait d'union

1. Le trait d'union permet de former les mots composés : *un sous-titre, un presse-citron, un je-ne-sais-quoi.* Voir gramm. § 33 et 34. – REMARQUE Le Conseil supérieur de la langue française recommande de souder certains de ces mots. Voir *Rectifications orthographiques*, p. 513.

2. On met un trait d'union entre deux mots pour indiquer une relation : *un billet Paris-Marseille, un bon rapport qualité-prix*, et avec les abréviations en *-o* : *les relations franco-américaines.* – REMARQUE Si l'un des deux mots est déjà un mot composé, on utilise la barre oblique : *un billet Paris/Aix-en-Provence.*

3. Dans l'écriture des nombres, le trait d'union s'emploie après les dizaines, sauf quand on emploie *et* : *vingt-deux*, mais *vingt et un.* Voir gramm. § 23.

4. Le trait d'union relie le pronom au verbe quand il y a inversion du sujet : *Viendrez-vous ? Viendra-t-il ?* Voir gramm. § 19. Ou après un impératif : *Donne-le-moi.* Voir gramm. § 17.

traitant, -e adj. *Un médecin traitant.*

traite n.f.

traité n.m. *Signer, conclure un traité.*

traitement n.m.

traiter v.t. et v.pr. *J'ai traité la question, je l'ai traitée* (= je l'ai étudiée à fond). Ne pas confondre avec ***traiter de***. – *L'affaire s'est traitée en un jour. – Il a traité Marie d'idiote, il l'a traitée d'idiote. – On les a bien traités. On les a mal traités.* Ne pas confondre avec ***maltraiter*** en un mot (= faire subir de mauvais traitements ou des violences). ◆ v.t.ind. – **traiter de** : *Il a traité de cette question dans son livre* (= il en a parlé). Ne pas confondre avec l'emploi transitif. – **traiter avec** : *Je ne traite pas avec ce genre d'individu.*

traiteur n.m.

traître adj. et n. Avec **î**. *Je ne comprends pas un traître mot. – Cette femme a été traître à sa patrie. Ils nous ont pris en traître(s).* – REMARQUE Le féminin **traîtresse** est vieux ou littéraire.
▸ **traîtrise** n.f.

trajectoire n.f.

trajet n.m.

trame n.f.

tramer v.t. et v.pr.

trampoline n.m. Avec **am**. Ne pas confondre avec ***tremplin***.

tramway ou **tram** n.m. *Des tramways. Des trams.*

tranche n.f. *Des tranches de pain. Du pain en tranches.*

tranchée n.f.

trancher v.t. et v.pr. *Des pains tranchés fin. On lui a tranché la gorge. Il a eu la gorge tranchée. – Elle s'est tranché la gorge.* Voir gramm. § 25(1). ◆ v.i. *Son opinion tranche sur celle des autres.*
▸ **tranchant, -e** adj. et n.m. *Une lame tranchante. Le tranchant d'une lame.*
▸ **tranché, -e** adj. *Des opinions tranchées.*

tranquille adj. Avec **ill** qui se prononce [il] comme dans *ville. On les a laissés tranquilles.* → -ill-
▸ **tranquillement** adv.
▸ **tranquilliser** v.t. et v.pr. *On les a tranquillisés. Ils se sont tranquillisés.*
▸ **tranquillisant** n.m.
▸ **tranquillité** n.f. *En toute tranquillité.*

trans- Se joint sans trait d'union à un mot : ***transalpin*** [z], ***transatlantique*** [z], ***transocéanique*** [s], ***transsaharien***, ***transsibérien***, ***transsexuel***, avec **ss**.

t

transaction n.f.
▸**transactionnel, -elle** adj. Avec **nn**. → -on *Un accord transactionnel.*

transat n.m. et n.f. **1.** Est masculin pour le siège. *Des transats.* – **2.** Est féminin pour la course. *Une transat en solitaire.*

transcendant, -e adj. Avec **sc**.

transcoder v.t.

transcrire v.t. CONJ.27 *On a transcrit ses messages en clair. On les a transcrits.*
▸**transcription** n.f.

transe n.f. S'emploie surtout au pluriel : *dans les transes de l'examen*, sauf dans l'expression *être en transe.*

transept n.m. On prononce le **p** et le **t**.

transférer v.t. CONJ.4 Avec **é** ou **è** : *nous transférons, ils transfèrent. Ses appels téléphoniques sont transférés sur mon poste.*
▸**transfert** n.m. Avec **t**. *Un transfert d'appel.*

transfigurer v.t. *La joie la transfigure. Elle est transfigurée.*

transformer v.t. et v.pr. *Ils ont transformé leur maison, ils l'ont transformée, ils l'ont fait transformer.* (*Fait* suivi d'un infinitif est invariable.) – *La grenouille s'est transformée en prince charmant.*
▸**transformation** n.f.
▸**transformateur** n.m. S'abrège en **transfo**.

transfuge n.

transfuser v.t. *On les a transfusés. Elle s'est fait transfuser.* (*Fait* suivi d'un infinitif est invariable.)
▸**transfusion** n.f.

transgénique adj. *Du maïs transgénique.*

transgresser v.t. *Ils ont transgressé la loi, ils l'ont transgressée.*
▸**transgression** n.f.

transhumance n.f. Avec **h**.

transi, -e adj. *Il fait froid, nous sommes transis* (= engourdis par le froid). – *Un amoureux transi.*

transiger v.i. Avec **e** devant *a* et *o* : *il transigea, nous transigeons.*

transistor n.m.

transit n.m. On prononce le **t**. *Ils sont en transit à Paris.*
▸**transiter** v.i.

transitif, -ive adj. Voir ce mot dans la partie grammaire.

transition n.f. *Sans transition.*

translucide adj. *Du verre translucide.*

transmettre v.t. et v.pr. CONJ.37 *Je transmets, il transmet. Vous transmettrez mes amitiés à... On vous a transmis l'information, on vous l'a transmise. Les qualités que nous ont transmises nos parents. Une maladie qui se transmet à l'homme.* – ATTENTION Au conditionnel, on dit *vous transmettriez* et non ✕ *transmetteriez.*
▸**transmissible** adj.
▸**transmission** n.f.

transparaître v.i. CONJ.36 Avec **î** devant un *t* : *il transparaît. Rien n'a transparu de ses intentions. Il n'a pas laissé ses sentiments transparaître, il ne les a pas laissés transparaître.* → laisser

transparent, -e adj.
▸**transparence** n.f. *Voir en transparence.*

transpercer v.t. Avec **ç** devant *a* et *o* : *il transperça, nous transperçons. La flèche lui a transpercé l'épaule. Il a eu l'épaule transpercée.*

transpirer v.i.
▸**transpiration** n.f.

transplanter v.t.
▸**transplantation** n.f.

transport n.m. *Des moyens de transport. Des frais de transport. Les transports en commun.*
▸**transporter** v.t. et v.pr. *On a transporté les marchandises, on les a transportées.* – *La police s'est transportée sur les lieux.*
▸**transportable** adj. *Le malade n'est pas transportable.*
▸**transporteur** n.m.

transposer v.t.
▸**transposition** n.f.

transsexuel, -elle adj. et n. Avec **ss**. → trans-

transvaser v.t.

transversal, -e, -aux adj. et n.f. *Une rue transversale.*

trapèze n.m. Avec **è**.
▸**trapéziste** n. Avec **é**.

trappe n.f. Avec **pp**.

trappeur n.m.

trapu, -e adj. Avec un seul **p**.

traquenard n.m. Avec **d**.

traquer v.t. *On a traqué les terroristes, on les a traqués. – Un air de bête traquée.*

traumatisme n.m.
▸**traumatique** adj. *Un choc traumatique.*
▸**traumatiser** v.t. *Cette histoire les a traumatisés.*
▸**traumatisant, -e** adj. *Un événement traumatisant.*

travail n.m. *Un travail, des travaux.* Voir gramm. § 32(4). *Avoir du travail. Des contrats de travail. Les travaux ménagers. Une entreprise de travaux publics.*
▸**travailler** v.i. et v.t. *Il n'a jamais travaillé. – Il a travaillé sa rédaction, il l'a bien travaillée.* – ATTENTION À l'indicatif imparfait et au subjonctif présent : *(que) nous travaillions*.
▸**travailleur, -euse** adj. et n.

travée n.f.

travers n.m. *Les qualités et les travers d'une personne. – À travers. Regarder de travers. Se coucher en travers du lit. Passer au travers de. À tort et à travers.*

traverse n.f. *Des chemins de traverse.*

traversée n.f.

traverser v.t. *Ils ont traversé la rivière, ils l'ont traversée à la nage. – Cette idée lui a traversé l'esprit.*

traversin n.m.

travestir v.t. et v.pr. *Ils se sont travestis.*

trébucher v.i.

trèfle n.m. Avec un seul **f**.

tréfonds n.m. Avec **s**.

treillis n.m. Avec **s**.

treize adj. numéral et n.m. Est invariable. *Ils sont treize.* – Se joint par un trait d'union à *soixante* et à *quatre-vingt* : *soixante-treize, quatre-vingt-treize.* Voir gramm. § 23.
▸**treizième** adj. et n.

tréma n.m. Voir ce mot dans la partie grammaire.

tremble n.m. (Arbre)

trembler v.i. *Ils tremblent de peur. La terre a tremblé.*
▸**tremblé, -e** adj. et n.m. *Une écriture tremblée. Un tremblé.*
▸**tremblant, -e** adj. *Une voix tremblante. Ils étaient tout tremblants Elles étaient toutes tremblantes.* Ne pas confondre avec le participe présent invariable : *Tremblant de peur, elle…* Voir gramm. § 31.
▸**tremblement** n.m. *Des tremblements de terre.*
▸**trembloter** v.i. Avec un seul **t**. → -oter

trémolo n.m. *Des trémolos.*

trémousser (se) v.pr. *Eles se sont trémoussées.*

trempe n.f. *Un homme de sa trempe ne ferait pas ça.*

tremper v.i., v.t. et v.pr. *Laisser le linge tremper. J'ai fait tremper ma chemise, je l'ai fait tremper.* (*Fait* suivi d'un infinitif est invariable.) – *Marie s'est trempée dans l'eau ? Non, elle s'est juste trempé les pieds.* Voir gramm. § 29(1 et 2).
▸**trempé, -e** adj. *Mes vêtements sont tout trempés.*
▸**trempage** n.m. *Le trempage du linge.*

tremplin n.m.

trentaine n.f. *Une trentaine de personnes ont été blessées. Une trentaine de personnes ont ou a voté.* – ACCORD L'accord se fait généralement au pluriel, sauf si c'est sur le nombre que l'on souhaite insister.
▸**trentenaire** adj. et n.

trente adj. numéral et n.m. Est invariable. *Ils sont trente, trente et un, trente-deux. Tous les trente-six du mois.* Voir *Écriture des nombres*, p. 527. – REMARQUE On écrit avec des traits d'union *se mettre sur son trente-et-un*.

▸**trentième** adj. et n. *Ils sont trentièmes. Il est trente et unième.*

trépas n.m. *Passer de vie à trépas.*
▸**trépasser** v.i.

trépidant, -e adj.

trépied n.m. Sans *s* au singulier.

trépigner v.i. – ATTENTION À l'indicatif imparfait et au subjonctif présent : *(que) nous trépignions.*

très adv. S'emploie devant un adjectif ou un adverbe. *Il est très gentil. Il roule très vite.* – Peut s'employer devant un nom sans article. *Ils sont très bébés. J'ai très peur.* Voir *superlatif absolu* dans la partie grammaire.

trésor n.m. *Des chasses au trésor. Des trésors de patience.* – On écrit avec une majuscule *le Trésor public.*
▸**trésorier, -ière** n.
▸**trésorerie** n.f.

tressaillir v.i. CONJ.15, sauf au futur et au conditionnel : *il tressaillira(it)*, mais on rencontre souvent *il tressaillera(it)*, sur le modèle de *il cueillera(it).*

tresse n.f.
▸**tresser** v.t.

tréteau n.m. *Des tréteaux.*

treuil n.m.

trêve n.f. Avec **ê**.

tri n.m.

triangle n.m.
▸**triangulaire** adj.

tribord n.m. Côté droit d'un navire. Ne pas confondre avec ***bâbord***.

tribu n.f. Nom féminin sans *e* comme *bru, glu, vertu.* (Groupe social) *Une tribu, des tribus.* Ne pas confondre avec ***tribut*** (contribution).
▸**tribal, -e, -aux** adj. *Des coutumes tribales.*

tribun n.m.

tribunal n.m. *Un tribunal, des tribunaux.*

tribune n.f.

tribut n.m. Avec **t**. (Contribution) *Payer un lourd tribut à.* Ne pas confondre avec ***tribu*** (groupe social).

tributaire adj. *Être tributaire de l'économie mondiale.*

tricher v.i. *Tricher à un jeu. Tricher sur la marchandise.*
▸**tricherie** n.f. *Il y a tricherie.* – REMARQUE L'expression *c'est de la triche* est familière.
▸**tricheur, -euse** n.

tricolore adj. *Le drapeau tricolore.*

tricot n.m.
▸**tricoter** v.t. *Des pulls tricotés main.*

tricycle n.m.

trident n.m.

trier v.t. *J'ai trié les lettres, je les ai triées. Des candidats triés sur le volet.* – ATTENTION À l'indicatif imparfait et au subjonctif présent : *(que) nous triions.* – Au futur et au conditionnel : *il triera(it).*
▸**trieuse** n.f.

trilingue adj.

trilogie n.f.

trimaran n.m. *Des trimarans.*

trimestre n.m. *Payer par trimestre.*
▸**trimestriel, -elle** adj.

tringle n.f. *Une tringle à rideaux.*

trinité n.f. Avec une majuscule au sens chrétien. *La sainte Trinité.*

trinquer v.i. *Trinquer avec quelqu'un. Trinquer à la victoire.*

trio n.m. *Des trios.*

triomphe n.m. *La pièce fut un triomphe. – On les a portés en triomphe.*
▸**triomphal, -e, -aux** adj. *Une arrivée triomphale. Un accueil triomphal* (= en triomphe). Ne pas confondre avec ***triomphant***.
▸**triompher** v.i. et v.t.ind. *Un parti qui triomphe. Faire triompher ses opinions. – Il a triomphé de ses adversaires, de sa peur.*
▸**triomphant, -e** adj. *Un sourire triomphant. Elle était triomphante* (= qui triomphe).

▸**triomphateur, -trice** n. LITT.

tripes n.f.plur. Avec un seul **p**.
▸**triperie** n.f.
▸**tripier, -ière** n.

triple adj. et n.m. *Un texte en triple exemplaire. Un triple saut, des triples sauts.*
▸**tripler** v.t. et v.i. *Il a triplé ses bénéfices. Ses bénéfices ont triplé.*

triplé, -e n.

tripot n.m. PÉJOR. Avec **t**.

tripoter v.t. FAM. Avec un seul **t**.

triptyque n.m. (Œuvre en trois parties) Avec **ty**.

trisomie n.f. *La trisomie 21.*
▸**trisomique** adj. et n.

triste adj.
▸**tristement** adv.
▸**tristesse** n.f.

trithérapie n.f.

triturer v.t. *Elle triturait son mouchoir.* – **se triturer les méninges, la cervelle** est familier. *Elle s'est trituré les méninges.*

triumvirat n.m. Avec un **t** final.

trivial, -e, -aux adj. Attention aux deux sens de ce mot, l'un neutre et l'autre péjoratif. *Une solution triviale* (= banale, évidente). *Un être trivial* (= grossier, vulgaire). Ainsi, *un langage trivial* peut signifier, selon les contextes, « courant » ou « grossier ».

troc n.m. Avec un **c**. Le verbe s'écrit avec **qu**.

troène n.m. (Arbuste) Avec **è**. – REMARQUE On a écrit *troëne*, comme on écrivait *poëme*.

troglodyte n.m. Avec **dy**. Désigne l'habitant d'une grotte, d'une caverne. L'emploi de ce mot comme adjectif est courant : *des villages, des habitations troglodytes*, mais le terme exact est ***troglodytique***.

trognon n.m.

trois adj. numéral et n.m. *Tous les trois jours.* – On écrit avec un trait d'union *vingt-trois, trente-trois*, etc., et sans trait d'union *cent trois, deux cent trois*, etc. Voir gramm. § 23. – REMARQUE On écrit avec un trait d'union *faire les trois-huit.*
▸**troisième** adj. et n. *Ils sont troisièmes.*
▸**troisièmement** adv.

trois-quarts n.m.inv. (Vêtement) Avec un trait d'union. *Un trois-quarts beige.* → REMARQUE La fraction s'écrit sans trait d'union : *trois quarts de litre.*

trombe n.f. *Des trombes d'eau. Ils sont partis en trombe.*

trombone n.m. Avec un seul **n**. *Des trombones à coulisse. Un trombone à pistons.*

trompe n.f. *Des trompes d'éléphant.*

trompe-l'œil n.m.inv. *Des peintures en trompe-l'œil. Des trompe-l'œil.* Voir gramm. § 33(1).

tromper v.t. et v.pr. *Il trompe ses clients, il les a toujours trompés sur la marchandise. – Marie s'est trompée de jour. Si je ne me trompe* (= sauf erreur de ma part).
▸**tromperie** n.f.
▸**trompeur, -euse** adj. *Une ressemblance trompeuse.*

trompette n.f. et n.m. **1.** Est féminin pour l'instrument. *Jouer de la trompette. Sans tambour ni trompette. Des nez en trompette.* – **2.** Est masculin pour la personne qui en joue à l'armée, dans une fanfare (= trompettiste).
▸**trompettiste** n.

trompette-de-la-mort n.f. (Champignon) Avec des traits d'union. *Des trompettes-de-la-mort.*

tronc n.m. Avec **c**. *Des troncs d'arbres.*

tronçon n.m. *Des tronçons d'autoroute. Couper en tronçons.*
▸**tronçonner** v.t. Avec **nn**.
▸**tronçonneuse** n.f.

trône n.m. Avec **ô**.
▸**trôner** v.i.

tronquer v.t. *Des textes tronqués* (= dont on a supprimé une partie).

trop adv. *Il a trop travaillé. Elle est trop gentille Il a trop de chance. Il a trop de livres.* ▷

– **trop de** peut être suivi d'un nom au singulier ou au pluriel. L'accord se fait avec ce nom. *Trop de monde pense que... Bien trop de gens pensent que... Trop peu de pluie est tombée.* Voir gramm. § 39(1). – REMARQUE Si le nom est sous-entendu ou s'il n'est pas repris dans la phrase, l'accord se fait de la même manière. *Il y a eu beaucoup d'inscrits, mais trop n'ont pas voté. Parmi toutes ces cravates, il y en a trop de démodées.*

trophée n.m. Nom masculin avec **ée** comme *lycée, musée, caducée, mausolée...*

tropique n.m.
▸**tropical, -e, -aux** adj. Avec **c**.

trop-perçu n.m. *Des trop-perçus.*

trop-plein n.m. *Des trop-pleins.*

troquer v.t. *Il a troqué ses livres contre des disques, il les a troqués.* – REMARQUE Le nom s'écrit ***troc***.

trot n.m. Avec un **t** final. *Au trot et au galop.*

trotte n.f. FAM.

trotter v.i.
▸**trottiner** v.i.

trottoir n.m. Avec **tt**.

trou n.m. *Des trous d'air, de mémoire. Des exercices à trous.*

troubadour n.m.

trouble adj. et adv. *Une vue trouble.* – Est invariable comme adverbe : *Ils voient trouble.* ◆ n.m. *Jeter le trouble dans l'esprit de quelqu'un. Des troubles du comportement.*
▸**troubler** v.t. et v.pr. *Sa remarque nous a troublés. Marie s'est troublée.*

trouble-fête n.inv. *Des trouble-fête.*

trouée n.f.

trouer v.t. *Des chaussettes trouées.* – ATTENTION Au futur et au conditionnel : *il trou<u>e</u>ra(it).*

troupe n.f. Avec un seul **p**, comme dans les mots de la famille (*s'attrouper, attroupement*). *Une troupe de comédiens. Des troupes de théâtre. Une troupe de garnements <u>a</u> ou <u>ont</u> débarqué.* Voir gramm. § 11. – REMARQUE Au sens militaire, on dit *envoyer les troupes* ou *la troupe.*

troupeau n.m. *Des troupeaux.*

trousse n.f. *Des trousses de toilette. Une trousse à outils.* – **aux trousses de** : *Nous sommes à ses trousses.*

trousseau n.m. *Des trousseaux.*

trouvaille n.f.

trouver v.t. *J'ai trouvé mes clés, je les ai trouvées. Une lettre qu'avaient trouvée mes parents. J'ai trouvé des fleurs. Combien en as-tu trouvé<u>es</u> ? J'en ai trouv<u>é</u> beaucoup.* → en[2] – *Je trouve ces livres intéressants, je les ai trouvés intéressants.* – REMARQUE Avec des tournures comme ***trouver intéressant, utile, nécessaire, indispensable***, etc., **de** + infinitif, le participe passé et l'adjectif sont invariables : *J'ai trouvé intéressant de vous raconter les événements. Ces événements que j'ai trouv<u>é</u> intéressan<u>t</u> de vous raconter.* ◆ v.pr. *Il se trouve que... Il s'est trouvé que... Nous nous sommes trouvés là.* – ATTENTION Il n'y a pas de *s* à la 2e personne de l'impératif, sauf devant ***en*** : *Trouve des exemples, trouves-en.*

truand n.m. Avec **d**.

trublion n.m. LITT. Avec **u**. Ne pas dire ✗ *troublion*, même si ce mot signifie « fauteur de troubles ».

truc n.m. Avec **c**. Le verbe s'écrit avec **qu**.

trucage n.m. Autre orthographe de **truquage**.

truchement n.m. *Par le truchement de* (= par l'intermédiaire de).

truculent, -e adj. Avec **en**.
▸**truculence** n.f.

truelle n.f.

truffe n.f.
▸**truffé, -e** adj. *Du foie gras truffé.*

truffer v.t. *Un texte truffé d'erreurs.*

truie n.f.

truisme n.m. LITT. *Un texte plein de truismes* (= évidences, lapalissades).

truite n.f. *Des truites meunière, au bleu.*

truquer v.t. *Des élections truquées.*
▸**truquage** ou **trucage** n.m. *Les trucages d'un film.*
▸**truqueur, -euse** n. PÉJOR. *Un truqueur aux cartes.* Ne pas confondre avec ***truquiste***.
▸**truquiste** n. *Les truquistes au cinéma.*

trust n.m. Mot anglais. On prononce [treust]. *Des trusts. Des lois antitrust.*
▸**truster** v.t.

tsar ou **tzar** n.m. L'orthographe avec **s** est aujourd'hui la plus fréquente. *Les tsars de Russie.* – REMARQUE Au féminin on dit ***tsarine*** ou ***tzarine***.
▸**tsariste** adj. *L'époque tsariste.*

T-shirt n.m. → tee-shirt

tsigane ou **tzigane** n. et adj. *La musique tsigane. Les Tsiganes.* (Le nom de personne prend une majuscule.)

tu pron. personnel Voir *pronom personnel* dans la partie grammaire.

tuba n.m. *Des tubas.*

tube n.m. *Des tubes de dentifrice. Des tubes à essai. Des robes-tubes.*

tubercule n.m. Est du masculin. *Un tubercule.*

tuberculose n.f.
▸**tuberculeux, -euse** adj. et n.

tubéreuse n.f.

tubulaire adj. *Une forme tubulaire.*

tuer v.t. et v.pr. *On les a tués ou ils se sont tués ?* – ATTENTION Au futur et au conditionnel : *il tuera(it).*
▸**tuerie** n.f. Avec un **e** muet.
▸**tueur, -euse** n. *Des tueurs en série.*

tue-tête (à) loc.adv.

tuile n.f. *Un toit de tuiles.*

tulipe n.f. *Un bouquet de tulipes. – Des lampes tulipes.*

tulle n.m.

tuméfié, -e adj. *Le visage tuméfié.*
▸**tuméfaction** n.f.

tumeur n.f. *Une tumeur maligne, bénigne.*

tumulte n.m.
▸**tumultueux, -euse** adj.

tumulus n.m. On prononce le **s**.

tuner n.m. On prononce le **r**. *Des amplis-tuners.*

tunique n.f.

tunisien, -enne adj. et n. *Il est tunisien. C'est un Tunisien.* (Le nom de personne prend une majuscule.)

tunnel n.m. Avec **nn**.

turban n.m.

turbine n.f.

turbo adj.inv. et n.m. *Des moteurs turbo. Des turbos.* – REMARQUE Se joint sans trait d'union à un nom : *turboréacteur.*

turbot n.m. (Poisson) Avec **t**.
▸**turbotière** n.f.

turbulence n.f.
▸**turbulent, -e** adj.

turc, turque adj. et n. *Le peuple turc. Elle est turque. C'est une Turque* (Le nom de personne prend une majuscule.) – REMARQUE Au féminin, le *c* disparaît, alors qu'il reste dans *grecque*.

turpitude n.f.

turquoise n.f. *Une bague avec une turquoise.* ◆ n.m. et adj.inv. Le nom de couleur est variable, l'adjectif est invariable. *Un beau turquoise. Des turquoises clairs et foncés.* Mais *des robes turquoise, des tons turquoise.* Voir gramm. § 8(2).

tutelle n.f. *Ils sont sous tutelle de l'État. Le juge des tutelles.*
▸**tutélaire** adj. Avec un seul **l**. *Notre ministre tutélaire.* Ne pas confondre avec ***titulaire***.
▸**tuteur, -trice** n.

tutoyer v.t. et v.pr. CONJ.6 Avec **i** devant un *e* muet : *il me tutoie. Nous nous sommes tutoyés.* – ATTENTION À l'indicatif imparfait et au subjonctif présent : *(que) nous tutoyions.* – Au futur et au conditionnel : *il tutoiera(it).*
▸**tutoiement** n.m. Avec un **e** muet.

tutu n.m.

t

tuyau n.m. *Des tuyaux d'arrosage.*

tuyauterie n.f.

tympan n.m. Avec **y**.

type n.m. **1.** *Ce n'est pas mon type d'homme, de beauté. Des types d'hommes, de beauté.* – Le complément est au singulier s'il s'agit d'un terme générique ou d'un mot abstrait ; au singulier ou au pluriel selon le sens, dans les autres cas. – **2.** *Un type d'erreurs assez fréquent* ou *fréquentes. Ce type d'erreurs est assez fréquent.* (Avec *ce*, l'accord se fait toujours avec *type*.) – **3.** S'emploie sans trait d'union après un nom. *Des formules types. Des listes types.*

typé, -e adj. *Un individu très typé.*

typhon n.m. Avec **y**.

typhus n.m. On prononce le **s**.

typique adj. Avec **y** comme dans ***type***. *Des plats typiques d'une région.*
▸**typiquement** adv.

typographie n.f. (Composition des textes)

typologie n.f. (Classement par types)

tyran n.m. *Cette femme est un tyran !*
▸**tyrannie** n.f. Avec **nn**.
▸**tyrannique** adj.
▸**tyranniser** v.t.

tzar n.m. → tsar

tzigane n. et adj. Autre orthographe de **tsigane**.

U

ubiquité n.f. On prononce [kui]. *Avoir le don d'ubiquité.*

ulcère n.m.

-ule/-ulle Les mots terminés par le son [ul] s'écrivent avec un seul **l** : *tentacule, crédule, édicule...* sauf *bulle* et *tulle* et l'adjectif féminin *nulle.*

U.L.M. n.m. Abréviation de *ultraléger motorisé.* On prononce toujours séparément [uèlèm].

ultérieur, -e adj. *À une époque ultérieure* (= plus tard).
▸ **ultérieurement** adv.

ultimatum n.m. Avec **um** qui se prononce [om]. *Des ultimatums.*

ultime adj.

ultra- Se joint sans trait d'union à un mot : ***ultrachic, ultracourt, ultramoderne, ultraplat, ultrasensible...***

ultrason n.m. *Des ultrasons.*

ultraviolet adj.masc. et n.m. *Des rayons ultraviolets (U.V.).*

ululer v.i. → hululer

1. un, une adj. numéral, n.m. et n.f. **1.** On écrit sans trait d'union *vingt et un, trente et un, cent un...* et avec un trait d'union *quatre-vingt-un.* Voir gramm. § 23. – **2.** S'accorde en genre devant le nom : *J'ai lu une page, vingt et une pages*, mais pas après le nom en langue soignée : *page un, page vingt et un.* – REMARQUE Il n'y a pas d'accord devant *mille* : *vingt et un mille pages.* – **3.** Dans un texte technique ou pour bien marquer qu'il s'agit du nombre et pas de l'article indéfini, on ne fait pas l'élision : *une différence de un euro.* ◆ **un** n.m.inv. Le nom de nombre est invariable. *Le système binaire note les zéros et les un.* – On ne fait pas l'élision ni la liaison : *de un à vingt ; le un, les | un.* ◆ **une** n.f. (Première page d'un journal) Est variable. *Lire toutes les unes.* (On ne fait pas la liaison.)

2. un, une article indéfini et pron. indéfini

• **un, une, des** : *un homme, une femme, des hommes et des femmes.* Voir *article* dans la partie grammaire.

• **(l') un, (l') une de** + nom pluriel : *Pierre est un des meilleurs architectes de la ville.* Avec un nom féminin, on peut dire *Marie est une des meilleures architectes de la ville* ou *un des meilleurs architectes* pour ne pas créer de sous-ensemble uniquement féminin.

• **(l') un, (l') une des... qui** ou **que** : *C'est un des films qui m'ont plu cette saison* (= un parmi les films qui...). *L'un des élèves que j'ai interrogés...* (= j'ai interrogé plusieurs élèves). *L'un des élèves, que j'ai interrogé* (= on ne parle que de celui-ci). L'accord se fait au pluriel ou au singulier selon le sens. – REMARQUE Avec **un de ceux, une de celles**, l'accord se fait toujours au pluriel. *Une de celles qui m'ont le plus aidé.*

• **un de ces, une de ces** + nom : s'emploie en langue courante pour indiquer une grande intensité : *J'ai eu une de ces peurs !* – REMARQUE Le nom se met spontanément au pluriel, même s'il s'agit d'un nom non-comptable : *J'ai une de ces faims !* mais on le laisse invariable s'il s'agit d'un mot en *-ail* ou en *-al* : *J'ai un de ces travail ! Un de ces mal de dents !*

• **l'un et l'autre, l'un ou l'autre** : *L'une et l'autre solution conviendront* ou *conviendra. L'un ou l'autre viendra* (= c'est soit l'un, soit l'autre). *L'un ou l'autre viendront* (= c'est indifférent). *Ni l'un ni l'autre n'a accepté* ou *n'ont accepté.*

unanime adj. *Un accord unanime.* – REMARQUE Des tournures comme *tous sont unanimes, ils sont tous unanimes* sont des pléonasmes à éviter. On dira simplement *Ils sont unanimes, le congrès est unanime,* etc.
▸ **unanimement** adv.
▸ **unanimité** n.f. *Élu à l'unanimité.*

uni, -e adj. *Des tissus unis.*

uni- Se joint sans trait d'union à un mot : ***unicellulaire, unicolore, unisexué...***

unifier v.t. *Unifier un pays. Des programmes unifiés.* – ATTENTION À l'indicatif imparfait et au subjonctif présent : *(que) nous unifiions* – Au futur et au conditionnel : *il unifiera(it).*
▸ **unification** n.f.

uniforme adj. et n.m. *Un ciel uniforme et triste.* – *Porter l'uniforme.*
▸ **uniformément** adv.
▸ **uniformité** n.f.

uniformiser v.t. *On a uniformisé les programmes, on les a uniformisés.*
▸ **uniformisation** n.f.

unijambiste adj. et n.

unilatéral, -e, -aux adj. *Des décisions unilatérales.*
▸ **unilatéralement** adv.

unilingue adj. On dit aussi ***monolingue***.

union n.f.

unique adj. *Pour la seule et unique fois que... Des vases uniques.*
▸ **uniquement** adv.

unir v.t. et v.pr. *L'amitié qui nous unit, qui nous a toujours unis. Elles sont restées unies. Ils se sont unis pour la vie.*

unisexe adj. *Des vêtements unisexes.*

unisson n.m. Avec **ss**. *Chanter à l'unisson.*

unité n.f. *Acheter des yaourts à l'unité.* – *Un parti qui manque d'unité. Les unités de mesure. Des unités de valeur (UV).*
▸ **unitaire** adj. *Au prix unitaire de...*

univers n.m. *L'univers de la science-fiction.* – Avec une majuscule en astronomie : *l'expansion de l'Univers.*

universel, -elle adj. *Le suffrage universel. Une loi universelle.*
▸ **universellement** adv.

université n.f.
▸ **universitaire** adj. et n.

untel, unetelle n. S'emploient avec une majuscule à la place d'un nom propre. *M. Untel est venu.* – REMARQUE Sans majuscule, on peut écrire *untel, unetelle* ou *un tel, une telle* en deux mots. *Si untel dit que... alors unetelle dira que...* → tel

uppercut n.m. Avec **pp** et on prononce le **t**.

uranium n.m.

urbain, -e adj. et n.
▸ **urbaniser** v.t. et v.pr. *Cette région s'est urbanisée.*
▸ **urbanisation** n.f.
▸ **urbanisme** n.m.
▸ **urbaniste** n.

urée n.f.

uretère n.m. Les *uretères* vont des reins à la vessie. Ne pas confondre avec ***urètre***.

urètre n.m. L'*urètre* va de la vessie à l'extérieur. Ne pas confondre avec ***uretère***.

urgence n.f. *D'urgence, de toute urgence. Des mesures d'urgence. En cas d'urgence. Des services d'urgence(s). Le service des urgences d'un hôpital.*
▸ **urgent, -e** adj. *Un cas urgent.* – REMARQUE Le verbe ***urger*** est très familier.
▸ **urgentiste** n.

urine n.f. S'emploie au pluriel dans *analyse d'urines, des urines claires...*
▸ **urinaire** adj. *Les voies urinaires.*
▸ **uriner** v.i.
▸ **urinoir** n.m.

urne n.f.

urologie n.f.
▸ **urologue** n.

urticaire n.f. ou n.m. Est féminin en langue scientifique et masculin en langue courante. *Un urticaire géant.*

us n.m. *Les us et coutumes.*

usage n.m. *Des formules d'usage. Ils ont fait usage de la force. Les méthodes en usage. Des appareils hors d'usage.*

usagé, -e adj. *Des vêtements usagés* (= qui ont déjà servi). Ne pas confondre avec ***usé*** (= abîmé).

usager n.m. *Les usagers d'un service public.*

user v.t.ind. *Il a usé de son influence.* ◆ v.t. et v.pr. *Il a usé ses chaussures, il les a usées. Marie s'est usée au travail. Un sujet usé.*

usine n.f.

usité, -e adj. *Un terme peu usité* (= rare), *très usité* (= courant).

ustensile n.m. *Les ustensiles de cuisine.*

usuel, -elle adj. *Le nom usuel d'une plante* (≠ scientifique).

usufruit n.m. *Avoir l'usufruit d'un bien.*
▸ **usufruitier, -ière** adj. et n.

usure n.f. **1.** *L'usure d'un appareil. Des guerres d'usure. À l'usure.* – **2.** *Des taux d'intérêt proches de l'usure.*
▸ **usuraire** adj. *Un taux usuraire.*
▸ **usurier, -ière** n.

usurper v.t. *Quelqu'un a usurpé son identité. Un titre usurpé.*
▸ **usurpation** n.f.
▸ **usurpateur, -trice** n.

utérus n.m. On prononce le **s**.
▸ **utérin, -e** adj. *La vie utérine.* – REMARQUE On écrit avec un trait d'union *intra-utérin, extra-utérin.*

utile adj. *Ces livres m'ont été très utiles. Je les ai jugés utiles.* Mais *Voilà les livres que j'ai jugé utile de vous conseiller.* (*Livres* est complément de l'infinitif *conseiller.*) Voir gramm. § 28(4).
▸ **utilement** adv.
▸ **utilité** n.f. *Ça m'a été d'une grande utilité. Je n'en vois pas l'utilité.*

utiliser v.t. *J'ai utilisé l'informatique. Quelle méthode as-tu utilisée ?*
▸ **utilisable** adj.
▸ **utilisation** n.f.
▸ **utilisateur, -trice** n.

utilitaire adj. et n.m.

utopie n.f.
▸ **utopique** adj. *Un projet utopique* (= qui n'est pas réalisable).
▸ **utopiste** adj. et n. (Rêveur, idéaliste)

U

V

va Forme du verbe **aller** (voir ce mot). S'écrit sans *s* à l'impératif, sauf devant ***y*** : *Va le voir ! Vas-y !* – S'emploie dans des expressions avec des traits d'union : *à la va-vite, à la va-comme-je-te-pousse, des va-t-en-guerre, jouer son va-tout.* – On écrit *à Dieu vat !* avec un *t* qui ne se prononce pas.

vacance n.f. *La vacance du pouvoir.* ◆ **vacances** n.f.plur. *Ils sont en vacances. Bonnes vacances !*
▸ **vacancier, -ière** n.

vacant, -e adj. Avec **c**. *Des postes vacants.* – Ne pas confondre avec le participe présent ***vaquant*** (de *vaquer*).

vacarme n.m.

vacation n.f.
▸ **vacataire** n. et adj.

vaccin n.m. Avec **cc** qui se prononce [ks].
▸ **vacciner** v.t. *Ils se sont fait vacciner.* (*Fait* suivi d'un infinitif est invariable.) *On les a vaccinés.*
▸ **vaccination** n.f. *Des carnets de vaccination.*

vache n.f.

vaciller v.i. Avec un **c** et non ✕ *sc*. On prononce [vasiyé]. – Ne pas confondre avec ***osciller***, avec *sc*, et qui se prononce [osilé].

vacuité n.f. LITT. (Vide)

vade-mecum n.m.inv. Mots latins sans accent et invariables. *Des vade-mecum*. On prononce [vadémékom].

va-et-vient n.m.inv. *Des va-et-vient.*

vagabond, -e adj. et n.f.
▸ **vagabonder** v.i.
▸ **vagabondage** n.m.

vagin n.m.
▸ **vaginal, -e, -aux** adj.

1. vague adj. et n.m. *Des terrains vagues. Rester dans le vague. Avoir du vague à l'âme.*
▸ **vaguement** adv.
▸ **vaguer** v.i. *Laisser vaguer son imagination* (= vagabonder). Ne pas confondre avec ***vaquer*** (= s'occuper).

2. vague n.f. *Des vagues de froid. Une vague de protestations. Sans faire de vagues.*
▸ **vaguelette** n.f.

vahiné n.f. Mot tahitien. Avec **é**. *Une vahiné.*

vaillant, -e adj. *Marie n'est pas très vaillante ce matin.* – *N'avoir pas un sou vaillant.*
▸ **vaillamment** adv. Avec **mm**. Voir gramm. § 9(2). *Ils se sont vaillamment battus.*

vain, -e adj. *Nos efforts n'ont pas été vains. Nos recherches sont restées vaines. Ce n'est pas un vain mot.* – **en vain** est invariable.
▸ **vainement** adv.

vaincre v.t. On ne prononce pas le **c** dans *je vaincs, tu vaincs, il vainc.* Le *c* devient **qu** devant *a, e, i, o* : *je vainquais, ils vainquent, il vinquit, nous vainquons.* – *Ces difficultés, nous les avons vaincues. Ils ne se sont pas avoués vaincus.*

CONJUGAISON INDICATIF présent : *je vaincs, tu vaincs, il vainc, nous vainquons, vous vainquez, ils vainquent.* imparfait : *je vainquais, tu vainquais, il vainquait, nous vainquions, vous vainquiez, ils vainquaient.* passé simple : *je vainquis, tu vainquis, il vainquit, nous vainquîmes, vous vainquîtes, ils vainquirent.* futur : *je vaincrai, tu vaincras, il vaincra, nous vaincrons, vous vaincrez, ils vaincront.* CONDITIONNEL présent : *je vaincrais, tu vaincrais, il vaincrait, nous vaincrions, vous vaincriez, ils vaincraient.* SUBJONCTIF présent : *(que) je vainque, tu vainques, il vainque, nous vainquions, vous vainquiez, ils vainquent.* imparfait : *(que) je vainquisse, tu vinquisses, il vinquît, nous vinquissions, vous vainquissiez, ils vainquissent.* IMPÉRATIF : *vaincs, vainquons, vainquez.* PARTICIPE présent : *vainquant.* passé : *vaincu.*

▸**vainqueur** n.m. et adj.masc. Le nom s'emploie pour un homme ou une femme. *Elle a été le grand vainqueur du concours.* L'adjectif ne s'emploie qu'avec un nom masculin. *Un air vainqueur, le groupe vainqueur.* Avec un nom féminin, on emploie ***victorieuse*** : *Une attitude victorieuse. L'équipe victorieuse.*

vair n.m. Vieux mot qui désignait une fourrure appelée aujourd'hui ***petit-gris***. Selon les interprétations, la pantoufle de Cendrillon était en *vair* ou en *verre*.

vaisseau n.m. *Des vaisseaux.*

vaisselle n.f.
▸**vaisselier** n.m. Avec un seul **l**.

val n.m. Au pluriel : *des vals* ou *des vaux*. Ce mot qui signifie « vallée » ne s'emploie plus que dans des noms de lieux : *le Val de Loire* ; ou dans l'expression *par monts et par vaux*.

valable adj.
▸**valablement** adv.

valet n.m.

valeur n.f. *Des valeurs refuges.* – Reste au singulier dans *de valeur, mettre en valeur, sans valeur.*

valeureux, -euse adj.

valide adj. *Un vieil homme encore valide.* – *Un passeport valide.*
▸**valider** v.t.
▸**validation** n.f.
▸**validité** n.f. *Un passeport en cours de validité.*

valise n.f. *Des mots-valises.*

vallée n.f.

vallon n.m.
▸**vallonné, -e** adj. Avec **nn**.

valoir v.i., v.t. et v.pr. CONJ. 19 **1.** Avec un complément qui répond à la question *combien ?* **valoir** est intransitif et son participe passé est invariable. *Combien vaut ce vase ? Ce vase vaut 50 €. Ce n'est rien à côté des 100 € qu'il aurait valu s'il n'avait pas été en solde !* Voir gramm. § 12. – **2.** Avec un complément qui répond à la question *quoi ?* **valoir** est transitif et son participe passé s'accorde avec le complément d'objet direct s'il est placé avant le verbe. *Ce travail m'a valu des compliments. Les compliments que ce travail m'a valus.* Voir gramm. § 28. – **il vaut mieux, il vaudrait mieux, mieux vaut, mieux vaudrait** : *Il vaut mieux y aller, que tu y ailles* (= subjonctif). Ne pas dire ✕ *il faut mieux.* – **vaille que vaille, rien qui vaille** sont invariables. – **à valoir** : *100 euros à valoir sur...* Mais le nom s'écrit avec un trait d'union. *Demander un à-valoir sur un contrat.* – **se valoir** : *Ils se valent. Ça se vaut* (= c'est équivalent).

CONJUGAISON INDICATIF présent : *je vaux, tu vaux, il vaut, nous valons, vous valez, ils valent.* imparfait : *je valais, tu valais, il valait, nous valions, vous valiez, ils valaient.* passé simple : *je valus, tu valus, il valut, nous valûmes, vous valûtes, ils valurent.* futur : *je vaudrai, tu vaudras, il vaudra, nous vaudrons, vous vaudrez, ils vaudront.* CONDITIONNEL présent : *je vaudrais, tu vaudrais, il vaudrait, nous vaudrions, vous vaudriez, ils vaudraient.* SUBJONCTIF présent : *(que) je vaille, tu vailles, il vaille, nous valions, vous valiez, ils vaillent.* imparfait : *(que) je valusse, tu valusses, il valût, nous valussions, vous valussiez, ils valussent.* IMPÉRATIF : *vaux, valons, valez.* PARTICIPE présent : *valant.* passé : *valu.*

valoriser v.t. et v.pr. *Un succès qui nous valorise, qui nous a valorisés aux yeux des autres. Une entreprise qui s'est valorisée.*
▸**valorisant, -e** adj. *Une profession valorisante.* Ne pas confondre avec le participe présent invariable : *Cette profession la valorisant...* Voir gramm. § 31 (2).
▸**valorisation** n.f.

valse n.f. *Des valses-hésitations.*
▸**valser** v.i.

valve n.f.

vampire n.m.

vandale n.m.
▸**vandalisme** n.m.

vanille n.f.

vanité n.f. *Sans vanité.*
▸**vaniteux, -euse** adj. et n.

vanne n.f.

V

vannerie n.f.

vantail n.m. Avec **an**. *Un vantail, des vantaux. Une porte à deux vantaux.*

vanter v.t. et v.pr. *On a vanté ses mérites. Elle se sont vantées de le connaître.*
▸**vantard, -e** adj. et n. PÉJOR.
▸**vantardise** n.f.

va-nu-pieds n.inv. *Des va-nu-pieds.* Voir gramm. § 33.

vapeur n.f. Reste invariable après un nom. *Des paniers vapeur. Des pommes vapeur.*

vaporeux, -euse adj.

vaporisateur n.m.

vaporiser v.t. *L'eau que l'on a vaporisée sur les plantes.*
▸**vaporisation** n.f.
▸**vaporisateur** n.m.

vaquer v.t.ind. *Il vaque à ses occupations.*

varappe n.f. Avec **pp**.

varech n.m. (Algues) Avec **ch** qui se prononce [k].

variable adj. Voir ce mot dans la partie grammaire. – *Un temps variable.* ◆ n.f. *Des constantes et des variables.*
▸**variabilité** n.f.

variante n.f. (Autre forme de) *Un texte et ses variantes. Des variantes orthographiques.* Ne pas confondre avec ***variation*** (changement).

variateur n.m. *Un variateur de température.*

variation n.f. *Des variations de température.*

varice n.f.

varicelle n.f.

varier v.i. et v.t. *Il n'a jamais varié dans ses opinions. – Pour varier les plaisirs. Des hors-d'œuvre variés.* – ATTENTION À l'indicatif imparfait et au subjonctif présent : *(que) nous variions.* – Au futur et au conditionnel : *il variera(it).*

variété n.f. *Une grande variété de fruits. Le pomelo est une variété de pamplemousse. Toutes sortes de variétés de pommes.* – Est toujours au pluriel dans *spectacle, émission de variétés.* Est au singulier ou au pluriel dans *musique, disque, chanteur de variété(s).*

variole n.f. Avec un seul **l**.

vasculaire adj.

vase n.m. et n.f. **1.** Est masculin pour le récipient. – **2.** Est féminin pour la matière.

vasistas n.m. On prononce le **s** final.

vasque n.f.

vaste adj.

va-t-en-guerre adj.inv et n.inv.

va-tout n.m.inv. *Jouer son va-tout.*

vaudeville n.m.

vau-l'eau (à) loc.adv. *Tout va à vau-l'eau.*

vaurien n.m.

vautour n.m.

vautrer (se) v.pr. *Ils se sont vautrés sur le canapé.*

va-vite (à la) loc.adv. FAM. *Tout faire à la va-vite.*

veau n.m. *Des veaux.*

vecteur n.m.

vécu, -e adj. et n.m. *Une histoire vécue. C'est du vécu.* → vivre[1]

vedette n.f. *Des vedettes de cinéma. Des articles qu'on met en vedette.* – S'emploie avec ou sans trait d'union après un nom. *Nos produits-vedettes. Nos acteurs vedettes.*
▸**vedettariat** n.m.

végétal, -e, -aux adj. et n.m.

végétarien, -enne adj. et n.

végétatif, -ive adj.

végétation n.f.

végéter v.i. CONJ.4 Avec **é** ou **è** : *nous végétons, ils végètent.*

véhément, -e adj. Avec **h**. *Des propos véhéments.*
▸**véhémence** n.f. *Un discours plein de véhémence* (= fougue).

véhiculaire adj. Une langue véhiculaire permet de communiquer entre groupes de langue maternelle différente. Ne pas confondre avec *une langue* ***vernaculaire***, propre à un pays, à une communauté.

véhicule n.m. *Des véhicules tout-terrain.*
▸ **véhiculer** v.t.

veille n.f. *Les veilles de fêtes. Des nuits de veille.*
▸ **veillée** n.f.

veiller v.i. et v.t. *Ils ont dû veiller, ils ont veillé toute la nuit. – On a veillé ma tante, on l'a veillée toute la nuit.* ◆ v.t.ind. *Veillez à votre santé, à ce que tout aille bien* (= subjonctif). – ATTENTION À l'indicatif imparfait et au subjonctif présent : *(que) nous veillions.*
▸ **veilleur, -euse** n. *Des veilleurs de nuit.*

veine n.f. *Les artères et les veines. Les veines du bois.* – **en veine** : *Ils sont en veine, ce soir* (= inspirés). – *Être en veine de compliments* (= en faire beaucoup). Ne pas confondre avec ***en verve***. – REMARQUE Est familier au sens de « chance ». *Avoir de la veine.*
▸ **veiné, -e** adj. *Un bois veiné.*
▸ **veineux, -euse** adj. *Une maladie veineuse.*

vêler v.i. Avec **ê**. *La vache a vêlé.*

vélin n.m. *Du papier vélin.*

véliplanchiste n. *Les véliplanchistes font de la planche à voile.*

vélo n.m. *Des vélos de course. Des vélos tout-terrain (V.T.T.).* – On dit *aller à vélo* ou, en langue courante, *en vélo.*
▸ **vélocross** n.m.
▸ **vélodrome** n.m.
▸ **vélomoteur** n.m.

vélocité n.f. LITT. (Rapidité)

velours n.m. Avec **s**. *Du velours côtelé.*
▸ **velouté, -e** adj. et n.m. *Une voix veloutée.*

velu, -e adj.

Velux n.m. Mot déposé. Avec une majuscule. Le terme générique est ***fenêtre de toit***.

vénal, -e, -aux adj. *L'amour vénal* (= obtenu contre de l'argent). *Un politicien vénal.*

vendange n.f. Avec **en** puis **an**. *Faire les vendanges.*
▸ **vendanger** v.t. et v.i.
▸ **vendangeur, -euse** n.

vendre v.t. et v.pr. CONJ.34 *Je vends, il vend. On a vendu nos livres, on les a vendus. Ils se sont bien vendus.*
▸ **vendeur, -euse** n.

vendredi n.m. *Tous les vendredis matin.*
→ jour

vénéneux, -euse adj. (Qui contient du poison) *Des champignons vénéneux. Une plante vénéneuse.* Ne pas confondre avec ***venimeux*** (qui produit du venin).

vénérer v.t. CONJ.4 Avec **é** ou **è** : *nous vénérons, ils vénèrent. Un maître vénéré.*
▸ **vénération** n.f.
▸ **vénérable** adj.

vénézuélien, -enne adj. et n. *Il est vénézuélien. C'est un Vénézuélien.* (Le nom de personne prend une majuscule.)

venger v.t. et v.pr. Avec **e** devant *a* et *o* : *il vengea, nous vengeons. Il a vengé Marie, il l'a vengée. Nous nous sommes vengés.*
▸ **vengeance** n.f. Avec **gea**.
▸ **vengeur, vengeresse** adj. *Le bras vengeur de… Un pamphlet vengeur. Une lettre vengeresse.*

véniel, -elle adj. *Un péché véniel. Une faute vénielle* (= pas grave).

venin n.m. *Cracher son venin.*
▸ **venimeux, -euse** adj. Avec un **m**. *Un serpent venimeux.* Ne pas confondre avec ***vénéneux***.

venir v.i. CONJ.10 *Je viens, il vient.* Se conjugue avec l'auxiliaire ***être***. *Ils sont venus, elles sont venues. – On a fait venir une infirmière, on l'a fait venir.* (*Fait* suivi d'un infinitif est invariable.) *Je les ai laissés venir. – Je les ai vus, entendus venir.* Voir gramm. § 30. – **à venir** : *Dans les jours à venir.* Ne pas confondre avec le nom ***avenir***. – **en venir à** : *Ils en sont venus aux mains. Elle en est venue aux mêmes conclusions que moi.* – **vienne** s'accorde en tête de phrase : *Vienne le printemps. Viennent les beaux jours.* – **premier venu, nouveau venu…** → venu

vent n.m. *Le vent du nord. En plein vent. Des coups de vent. Venir en coup de vent. Contre vents et marées. – Des instruments à vent.*
▸**venter** v. impersonnel *Il vente.*
▸**venteux, -euse** adj.

vente n.f. *Des produits mis en vente. Une vente aux enchères.* – S'emploie avec ou sans trait d'union après un nom : *des expositions ventes, des locations-ventes.*

ventiler v.t. *Ventiler un local. Une pièce bien ventilée. – Ventiler les dépenses.*
▸**ventilateur** n.m.
▸**ventilation** n.f.

ventouse n.f.

ventre n.m. *Des maux de ventre. Ils sont couchés à plat ventre. Ils sont venus ventre à terre.*
▸**ventral, -e, -aux** adj.

ventricule n.m.
▸**ventriculaire** adj.

ventriloque n. et adj.

ventripotent, -e adj.

venu, -e **1.** Ce participe passé s'emploie pour former des noms composés variables et sans trait d'union : *le premier venu, la première venue; le dernier venu, la dernière venue; un nouveau venu, une nouvelle venue.* – **2.** On écrit en deux mots *Vos remarques seront bien venues* et en un mot *Soyez les bienvenus, souhaiter la bienvenue.* On écrit en un mot *Vous êtes malvenu à vous plaindre* et en deux mots *Les tomates sont bien, mal venues cette année.*

venue n.f. *La venue du printemps. Surveiller les allées et venues de quelqu'un.*

vêpres n.f.plur. Avec **ê**.

ver n.m. *Un ver de terre, des vers de terre.* Ne pas confondre avec ***vers***.

véranda n.f. *Des vérandas.*

verbaliser v.i. et v.t. *La police les a verbalisés.*
▸**verbalisation** n.f.

verbe n.m. Voir ce mot dans la partie grammaire.
▸**verbal, -e, -aux** adj.

verbeux, -euse adj. PÉJOR. *Une explication verbeuse.*
▸**verbiage** n.m.

verdâtre adj. Avec **â**. → -atre/-âtre

verdict n.m. Avec **ct** qui se prononce. *Des verdicts très sévères.*

verdir v.i. *La campagne verdit.*

verdoyant, -e adj. *Une campagne verdoyante.*

verdure n.f.

véreux, -euse adj. Avec un seul **r**. *Un fruit véreux. – Une affaire véreuse.*

verge n.f.

verger n.m. *Les fruits du verger.*

vergeture n.f.

verglas n.m. Avec **s**.
▸**verglacé, -e** adj. Avec **c**. *Une route verglacée.*

vergogne n.f. – **sans vergogne** : *Il ment sans vergogne* (= sans scrupule).

véridique adj. *Un témoignage véridique* (= conforme à la vérité).

vérifier v.t. *J'ai vérifié les comptes, je les ai vérifiés. Vérifie si tout est en ordre. Vérifie que tout est en ordre.* ◆ v.pr. *Nos hypothèses se sont vérifiées* (= révélées exactes). – ATTENTION À l'indicatif imparfait et au subjonctif présent : *(que) nous vérifi<u>i</u>ons.* – Au futur et au conditionnel : *il vérifi<u>e</u>ra(it).*
▸**vérifiable** adj.
▸**vérification** n.f.
▸**vérificateur** n.m. *Un vérificateur d'orthographe.*

véritable adj.
▸**véritablement** adv.

vérité n.f. *En vérité. Un accent de vérité. Une vérité de La Palice* (= lapalissade). *On lui a dit ses quatre vérités.* – Est invariable dans *cinéma-vérité, des émissions-vérité.* – REMARQUE *Contrevérité* s'écrit en un mot.

verlan n.m.

vermeil, -eille adj. et n.m. (Couleur) *Un rouge vermeil. Des lèvres vermeilles. Peindre* *en vermeil.* ◆ n.m. (Matière) *Des couverts en vermeil.* – REMARQUE Est invariable dans *des cartes vermeil.*

vermicelle n.m. *Un potage au vermicelle* ou *aux vermicelles.*

vermillon adj.inv. et n.m. L'adjectif de couleur est invariable, le nom est variable. *Des rouges vermillon. Des vermillons.*

vermine n.f.

vermisseau n.m. *Des vermisseaux.*

vermoulu, -e adj. *Du bois vermoulu. Une poutre vermoulue.*

vermouth n.m. Avec **th**.

vernaculaire adj. Une langue **vernaculaire** est propre à un pays, à une communauté. Ne pas confondre avec *une langue **véhiculaire***, qui permet de communiquer entre plusieurs groupes.

vernir v.t. *On a verni la table, on l'a vernie. Des souliers vernis.*
▸**vernis** n.m. Avec **s**. *Du vernis à ongles rouge.*

vernissage n.m.

verre n.m. *Des tables en verre. Des verres de contact. Des verres à eau, à vin, à liqueur. Des verres à pied.* Voir gramm. § 13.
▸**verrerie** n.f.
▸**verrier** n.m. *Des artisans verriers.*
▸**verrière** n.f.

verroterie n.f. Avec un seul **t**.

verrou n.m. *Des verrous de sécurité. Tirer le verrou. Mettre quelqu'un sous les verrous. Fermés au verrou.*
▸**verrouiller** v.t. *On a verrouillé la porte, on l'a verrouillée.* – ATTENTION À l'indicatif imparfait et au subjonctif présent : *(que) nous verrouillions.*
▸**verrouillage** n.m.

verrue n.f. Avec **rr**. *Des verrues plantaires.*

1. vers n.m. Avec **s**. *Un texte en vers. Des vers libres.*

2. vers prép. *Il est venu vers nous. On se retrouve vers midi, vers les midi.*

versant n.m. Avec **t**. *Le versant nord d'une montagne.*

versatile adj. *Un caractère versatile.*

verse (à) loc.adv. En deux mots. *Il pleut à verse.* Ne pas confondre avec *une **averse***.

versé, -e adj. *Elle est peu versée dans l'art de convaincre.*

Verseau n.m. Le signe astrologique prend une majuscule. *Ils sont (du signe du) Verseau.*

verser v.t. et v.pr. *Ses parents lui ont versé une somme d'argent. La somme d'argent que lui ont versée ses parents. – Elle s'est versé deux verres d'eau. Les deux verres d'eau qu'elle s'est versés.* Voir gramm. § 29(2 et 3). – ATTENTION Il n'y a pas de *s* à la 2e personne de l'impératif, sauf devant ***en*** : *Verse-lui à boire. Verses-en davantage.* ◆ v.i. *La voiture a versé dans le fossé.*
▸**versement** n.m. *Des versements échelonnés.*

verset n.m. Avec **t**. *Les versets de la Bible.*

versification n.f.

version n.f. *Des films en version française (V.F.). Des films en version originale (V.O.).*

verso n.m. *Au verso d'une page* (≠ recto).

versus prép. Introduit une opposition. S'écrit le plus souvent **vs**. *L'homme vs l'animal...*

vert, -e adj. et n.m. *Un arbre vert. Une pomme verte. Des motifs verts.* Mais *des motifs vert foncé, vert clair. Des robes vert amande, bouteille, olive, pistache.* Voir gramm. § 8(3). – *Peindre en vert.*

vert-de-gris n.m.inv.

vertèbre n.f. Avec **è**.
▸**vertébral, -e, -aux** adj. Avec **é**. *La colonne vertébrale.*
▸**vertébré** n.m. *Le cheval est un vertébré.*

vertical, -e, -aux adj. et n.f. *Des lignes verticales. Des traits verticaux. Tracer une verticale. À la verticale.*

vertige n.m. *Des sensations de vertige.*
▸**vertigineux, -euse** adj.

V

vertu n.f. Nom féminin sans *e*, comme *bru, glu, tribu. Le vice et la vertu. – Les vertus d'un médicament. – En vertu des pouvoirs qui me sont conférés...*
▸ **vertueux, -euse** adj.

verve n.f. *Un discours qui ne manque pas de verve. Marie est en verve ce soir* (= elle est brillante). – Ne pas confondre avec ***en veine*** (= inspiré).

verveine n.f.

vésicule n.f. *La vésicule biliaire.*

vespéral, -e, -aux adj. LITT. (Du soir)

vessie n.f.

veste n.f. *Ils sont sortis sans veste.*

vestiaire n.m.

vestibule n.m.

vestige n.m. S'emploie surtout au pluriel. *Les vestiges d'une civilisation disparue.*

vêtement n.m. Avec **ê**. – REMARQUE On écrit *sous-vêtement* avec un trait d'union, et *survêtement* en un mot.
▸ **vestimentaire** adj.

vétéran n.m. Avec **an**. *Les vétérans de la dernière guerre.*

vétérinaire adj. et n.

vététiste n. *Les vététistes font du V.T.T.*

vétille n.f. On prononce [iy] comme dans *fille, broutille.*

vêtir v.t. et v.pr. Avec **ê**, comme dans les mots de la famille. *On a vêtu Marie d'un long manteau. On l'en a vêtue. Nous nous sommes vêtus pour la circonstance.* – REMARQUE Le verbe est littéraire, mais le participe passé est courant. *Elle était vêtue de noir.*

CONJUGAISON INDICATIF présent : *je vêts, tu vêts, il vêt, nous vêtons, vous vêtez, ils vêtent.* imparfait : *je vêtais, tu vêtais, il vêtait, nous vêtions, vous vêtiez, ils vêtaient.* passé simple : *je vêtis, tu vêtis, il vêtit, nous vêtîmes, vous vêtîtes, ils vêtirent.* futur : *je vêtirai, tu vêtiras, il vêtira, nous vêtirons, vous vêtirez, ils vêtiront.* CONDITIONNEL présent : *je vêtirais, tu vêtirais, il vêtirait, nous vêtirions, vous vêtiriez, ils vêtiraient.* SUBJONCTIF présent : *(que) je vête, tu vêtes, il vête, nous vêtions, vous vêtiez, ils vêtent.* imparfait : *(que) je vêtisse, tu vêtisses, il vêtît, nous vêtissions, vous vêtissiez, ils vêtissent.* IMPÉRATIF : *vêts, vêtons, vêtez.* PARTICIPE présent : *vêtant.* passé : *vêtu.*

vétiver n.m. On prononce le **r**.

veto n.m.inv. Mot latin invariable et sans accent. On prononce [véto]. *Des droits de veto. Des veto.*

vétuste adj. *Un immeuble vétuste.*
▸ **vétusté** n.f. *La vétusté des locaux.* Ne pas dire ✕ *vétusteté.*

veuf, veuve adj. et n.
▸ **veuvage** n.m.

veuillez → vouloir[1]

veule adj. LITT. (Lâche)
▸ **veulerie** n.f.

vexer v.t. et v.pr. *Il a vexé Marie, il l'a vexée. Elle s'est vexée.*
▸ **vexant, -e** adj. *Une remarque vexante.* Ne pas confondre avec le participe présent invariable : *Cette remarque vexant Marie...* Voir gramm. § 31 (2).
▸ **vexation** n.f. *Subir des vexations.*
▸ **vexatoire** adj. *Des mesures vexatoires.*

via prép. Mot latin qui signifie « en passant par ». *Un voyage Paris-Vienne via Berlin.* – REMARQUE *Des images transmises via un satellite.* Cet emploi de **via** avec un autre mot qu'un nom de lieu est critiqué. On dira selon les cas ***par, par l'intermédiaire de***.

viabiliser v.t. *Un terrain viabilisé.*
▸ **viabilisation** n.f.

viabilité n.f. **1.** *Un terrain sans viabilité.* – **2.** *La viabilité d'un projet.*

viable adj. *Un enfant né viable. – Un projet viable.*

viaduc n.m. Avec un **c** comme dans ***gazoduc, oléoduc***.

viager, -ère adj. et n.m. *Une rente viagère. Une maison vendue en viager.*

viande n.f.

vibraphone n.m. Avec *phone* qui signifie « son ».

vibratile adj. *Des cils vibratiles.* Avec *ile* et non ✕ *ible.*

vibrer v.i. *Les fenêtres vibrent. Cette musique fait vibrer Marie, elle l'a toujours fait vibrer.* (*Fait* suivi d'un infinitif est invariable.)
▸**vibrant, -e** adj. *Rendre un vibrant hommage à.*
▸**vibration** n.f.
▸**vibreur** n.m. *Un téléphone portable avec vibreur.*

vicaire n.m.

vice n.m. *Le vice et la vertu.*

> **vice-** Toujours invariable et avec un trait d'union devant un nom de grade, de fonction : ***vice-amiral, vice-consul, vice-président, vice-roi.*** *Des vice-présidents.*

vice versa loc.adv. Mots latins. *Quand Luc est calme, Marie est agitée et vice versa.* On prononce [vis-versa] ou [viséversa]. En deux mots. – REMARQUE Ne pas écrire ✕ *vice et versa.*

vichy n.m. *Une robe en vichy rose.*

vicié, -e adj. *Un air vicié* (= pollué).

vicieux, -euse adj. et n. *Un air vicieux* (= plein de vice). *Un cercle vicieux.*

vicinal, -e, -aux adj. *Des chemins vicinaux* (= entre des villages).

vicissitude n.f. LITT. Avec **c** puis **ss**. *Les vicissitudes de l'existence* (= changements, désagréments).

vicomte n.m. **vicomtesse** n.f.

victime n.f. *Ils sont victimes d'un chantage. La route fait de nombreuses victimes.*

victoire n.f.
▸**victorieux, -euse** adj.

victuailles n.f.plur.

vidange n.f.
▸**vidanger** v.t. Avec **e** devant *a* et *o* : *il vidangeait, nous vidangeons.*

vide adj. et n.m. *Des mots vides de sens. Des passages à vide.*

vidéo adj.inv. et n.f. Est invariable comme adjectif après le nom. *Des caméras vidéo. Des jeux vidéo. Des bandes vidéo.* – Est variable comme nom. *Visionner des vidéos.*

> **vidéo-** Se joint sans trait d'union à un mot : ***vidéoclip, vidéoclub, vidéoconférence, vidéodisque, vidéosurveillance, vidéothèque, vidéotransmission.***

vider v.t. et v.pr. *On a vidé les poubelles, on les a vidées. Les rues se sont vidées.* – REMARQUE On écrit avec **vide-** toujours invariable : ***un, des vide-ordures ; un, des vide-poches ; un vide-pomme, des vide-pommes.***

vie n.f. *Un enfant plein de vie. Ils sont en vie. Des corps sans vie. Des signes de vie.*

vieil adj.masc.sing. → vieux

vieillard n.m.

vieillerie n.f.

vieillesse n.f.

vieillir v.i., v.t. et v.pr. *Ils ont vieilli. On les a trouvés vieillis. Cette coiffure te vieillit. Marie s'est vieillie pour voir le film.*
▸**vieillissant, -e** adj.
▸**vieillissement** n.m. *Lutter contre le vieillissement. Des produits antivieillissement.*

vieillot, -otte adj. Avec **tt** au féminin. → -ote/-otte

viennoiserie n.f.

vierge adj. *Des feuilles vierges.* ◆ n.f. *De jeunes vierges. La Sainte Vierge.* – Le signe astrologique prend une majuscule. *Ils sont (du signe de la) Vierge.*

vietnamien, -enne adj. et n. *Il est vietnamien. C'est un Vietnamien.* (Le nom de personne prend une majuscule.)

vieux, vieille adj. et n. *Il est vieux, elle est vieille.* – REMARQUE Devant un nom masculin singulier commençant par une voyelle ou un *h* muet, on emploie **vieil** : *un vieil ami, un vieil homme.*

vif, vive adj. *Ils ont été brûlés vifs. Elles ont été brûlées vives. Ils l'ont dit de vive voix.* ▷

V

– *Des rouges vifs.* Mais *des pulls, des robes rouge vif.* **Voir gramm. § 8(3).** ◆ **n.m.sing.** *Dans le vif du sujet. Avoir les nerfs à vif.*

vigie n.f. *Sur un bateau, la vigie est montée en haut du mât.* – Ne pas confondre avec *un **vigile*** (= surveillant). – REMARQUE *Vigie* comme *sentinelle* sont des noms féminins qui désignent généralement des hommes.

vigilant, -e adj. *Ils sont restés vigilants.*
▸**vigilance** n.f. *Redoubler de vigilance.*

vigile n.m. *Des vigiles surveillent l'entrée du magasin.*

vigne n.f. *Des pieds de vigne. Des ceps de vigne.*
▸**vigneron, -onne** n.
▸**vignoble** n.m.

vignette n.f.

vigueur n.f. Avec **ueur**. *Manquer de vigueur. S'exprimer avec vigueur.*
▸**vigoureux, -euse** adj.
▸**vigoureusement** adv.

vil, -e adj. Sans *e* au masculin. *Un acte vil. Vendre à vil prix. Ce n'est qu'un vil criminel.* – REMARQUE Les adjectifs ***civil, puéril, subtil, vil, viril*** et ***volatil*** s'écrivent sans *e* au masculin. Mais on écrit *infantile, futile, habile, fragile,* etc.
▸**vilénie** ou **vilenie** n.f. LITT. Avec ou sans accent, mais on prononce toujours [viléni].

vilain, -e adj. et n.

vilebrequin n.m. Avec un seul **l**.

vilipender v.t. Avec un seul **l**. LITT. *On porte parfois aux nues ceux qu'on a autrefois vilipendés* (= critiquer, traîner dans la boue).

villa n.f. On prononce [vil-la].

village n.m.
▸**villageois, -e** n.

ville n.f. *Ils habitent en ville. Le centre-ville.*

Genre des noms de villes

1. En langue courante, les noms de villes entraînent l'accord au masculin : *Paris est grand. Le vieux Nice.* – REMARQUE Quand le nom se termine par un *e* ou qu'il comporte l'article féminin *la* l'usage est incertain. *Marseille et La Rochelle ont été choisies* ou *choisis pour…*

2. En langue littéraire, les noms de villes entraînent souvent l'accord au féminin : *Alger la blanche. Rome éternelle. Berlin détruite, Berlin reconstruite.* – REMARQUE Les noms de villes étaient autrefois féminins, d'où les noms propres tels que *La Nouvelle-Orléans, Louvain-la-Neuve.*

villégiature n.f.

vin n.m. *Un marchand de vin(s).*

Les noms de vins

1. On écrit *un vin de Bordeaux*, mais *du bordeaux,* sans majuscule, comme *du beaujolais, du champagne,* etc. Ce sont des noms communs.

2. Les noms simples prennent la marque du pluriel : *des bourgognes, des champagnes,* etc. Les noms composés sont invariables : *des saint-émilion.*

vinaigre n.m. *Des vinaigres d'alcool, de vin, de cidre, de framboise.*
▸**vinaigré, -e** adj.
▸**vinaigrette** n.f.
▸**vinaigrier** n.m.

vindicatif, -ive adj. LITT. *Une personne vindicative est portée à la vengeance.* – REMARQUE Pour un acte, un comportement, on dit ***vengeur***.

vindicte n.f. *Désigner quelqu'un à la vindicte publique. Échapper à la vindicte populaire.*

vingt adj. numéral et n.m.inv. *Tous les vingt jours. Vingt et un. Vingt-deux.* **Voir *Écriture des nombres*, p. 527.** – REMARQUE *Vingt* est invariable sauf dans *quatre-vingts* (voir ce mot).
▸**vingtième** adj. et n.f. *Ils sont vingtièmes.* – REMARQUE On écrit *vingt et unième, vingt-deuxième,* etc.

vingtaine n.f. *Une vingtaine de personnes ont été blessées. Une vingtaine de personnes ont ou a voté.* – L'accord se fait généralement au pluriel, sauf si c'est sur le nombre que l'on souhaite insister.

vinyle n.m. Avec **i** puis **y**.

viol n.m. *Condamné pour viol. Un viol de sépulture. Des viols de sépultures.*

violacé, -e adj. Avec un **c**. *Les lèvres violacées.*

viole n.f. (Instrument de musique) Avec **e**. *Des violes de gambe.*

violence n.f. *Avec violence, sans violence. Subir des violences.* – REMARQUE On écrit avec un trait d'union ***non-violence***.
▸ **violent, -e** adj. et n. Avec **en**. *Un homme violent.* Ne pas confondre avec le participe présent du verbe *violer*. – REMARQUE On écrit avec ou sans trait d'union ***non violent***. → non
▸ **violemment** adv. Avec **emm** qu'on prononce [am]. Voir gramm. § 9(2).

violenter v.t. *On les a violentés.*

violer v.t. *Ils ont violé la loi, ils l'ont violée. La pauvre femme s'est fait violer.* (*Fait* suivi d'un infinitif est invariable.)
▸ **violeur, -euse** n.

violet, -ette adj. et n.m. *Des rubans violets. Des fleurs violettes.* Mais *des rubans, des fleurs violet foncé.* Voir gramm. § 8(3).
▸ **violette** n.f. *Un bouquet de violettes. Des parfums de violette.*

violine adj. (Couleur)

violon n.m.
▸ **violoniste** n. Avec un seul **n**, comme le synonyme péjoratif ***violoneux***. → -on

violoncelle n.m.
▸ **violoncelliste** n.

vipère n.f. *Des langues de vipère.*

viral, -e, -aux adj. *Une maladie virale.*

virer v.i. *Ils ont viré à gauche.* ◆ v.t. *Les cent euros que lui ont virés ses parents.*
▸ **virage** n.m. *Un virage à gauche.*
▸ **virement** n.m. *Un virement sur un compte.*

virevolter v.i. Ne pas oublier le **e** qui ne se prononce pas.

virginal, -e, -aux adj.

virginité n.f.

virgule n.f.

Emploi de la virgule

La virgule correspond à une pause légère à l'oral.

1. Elle sépare les éléments d'une énumération (mots juxtaposés) : *Il y avait des pommes, des poires, des raisins et des fruits secs.*

2. Elle suit un complément circonstanciel déplacé en tête de phrase, un élément mis en relief en tête de phrase, un mot mis en apostrophe : *L'an dernier, nous sommes allés... Lui, il n'ira pas. Marie, reviens !*

3. On encadre avec des virgules une précision ou une explication (apposition, incise, relative explicative) : *Marie, sa mère, était... Je viendrai, je vous l'assure, demain. Son père, qui était un homme sage, lui dit que...*

4. La virgule se place **avant** certaines conjonctions ou certains adverbes qui introduisent une restriction ou une explication : *Il fait beau, mais (néanmoins, cependant, toutefois...) il y a des nuages. Il veut des cadeaux, par exemple (à savoir, en particulier...) des livres.*

5. La virgule se place **après** des mots comme *en outre, bref, premièrement, en conclusion*, etc.

6. On ne sépare **jamais** par une virgule simple le verbe de son sujet ou de son complément. On n'écrira pas ✕ *Les fleurs que j'ai cueillies, sont belles. J'ai bu ce soir avec des amis, du champagne.*

viril, -e adj. Sans *e* au masculin. *Un homme viril. Une voix virile.* – REMARQUE Les adjectifs ***civil, puéril, subtil, vil, viril*** et ***volatil*** s'écrivent sans *e* au masculin. Mais on écrit *infantile, futile, habile, fragile*, etc.
▸ **virilité** n.f.

virtuel, -elle adj. *La réalité virtuelle.*
▸ **virtuellement** adv.

virtuose n.
▸ **virtuosité** n.f.

virulent, -e adj. *Un poison virulent. – Des critiques virulentes contre...*
▸ **virulence** n.f.

V

virus n.m. On prononce le **s**. *Une maladie à virus. Le virus d'immunodéficience humaine (V.I.H.). – Des virus informatiques.* – REMARQUE Le verbe *virus(s)er* est du jargon informatique. On doit dire *infecter*.

vis n.f. On prononce le **s**. – REMARQUE On écrit ***tournevis*** en un mot.

visa n.m. *Des visas.*

visage n.m. *Ils sont filmés à visage découvert. Ils ont fait bon visage.*

vis-à-vis n.m. *J'avais Marie pour vis-à-vis au dîner. Une maison sans vis-à-vis.* – **vis-à-vis de** : *Vis-à-vis de ton père, ce n'est pas gentil* (= par rapport à, envers, à l'égard de). *Je ne sais que faire vis-à-vis de ce problème* (= face à, en ce qui concerne). Cette expression est critiquée, mais courante.

viscère n.m. Avec **sc**. Est du masculin. *Un viscère. Le foie, la rate, l'intestin... sont des viscères.*
▸ **viscéral, -e, -aux** adj. Avec **é**. *Un attachement viscéral à... Une haine viscérale.*
▸ **viscéralement** adv.

viscose n.f.

visée n.f. *Des visées politiques.*

viser v.t. *Il l'a visé à la jambe. – Sa remarque nous visait. C'est nous que sa remarque a visés.*
▸ **viseur** n.m.

visible adj.
▸ **visiblement** adv.
▸ **visibilité** n.f.

visière n.f. *Des casquettes à visière.* Voir gramm. § 13.

visioconférence n.f.

vision n.f. *Des troubles de la vision* (= vue). *Des champs de vision. – Avoir des visions.*

visionnaire adj. et n. Avec **nn**.

visionner v.t. *Les films que nous avons visionnés.*
▸ **visionneuse** n.f.

visite n.f. *Des cartes de visite. C'est l'heure des visites. Les heures de visite. La visite d'un musée. Ils sont en visite à Paris. Des droits de visite.* – **(se) rendre visite** : *Je lui ai rendu visite. Ils se sont rendu visite plusieurs fois.*
▸ **visiter** v.t. – **visiter un lieu** : *Nous avons visité la ville, nous l'avons visitée.* – **visiter quelqu'un** : *Visiter un prisonnier. Un représentant qui visite ses clients. Un médecin qui visite ses patients.* – REMARQUE En dehors de ces emplois, *visiter quelqu'un* est senti comme un anglicisme et certains recommandent de n'employer que *rendre visite à quelqu'un*.
▸ **visiteur, -euse** n.

vison n.m. *Des manteaux de vison.*

visqueux, -euse adj.

visser v.t.

visualiser v.t.
▸ **visualisation** n.f.

visuel, -elle adj. *L'acuité visuelle.*

vital, -e, -aux adj.
▸ **vitalité** n.f.

vitamine n.f.
▸ **vitaminé, -e** adj.

vite adv. *Ils courent vite. Venez au plus vite. Ils ont tout mangé, vite fait, bien fait.* – REMARQUE L'emploi de **vite** comme adjectif se rencontre dans les commentaires sportifs. *Un des coureurs les plus vites.* En langue courante on dit ***rapide***.

vitesse n.f. *La boîte de vitesses. Un changement de vitesse. À toute vitesse. En vitesse. À la vitesse grand V. Des vitesses-limites.*

viticole adj. *Une exploitation viticole* (= qui produit du vin).
▸ **viticulture** n.f.
▸ **viticulteur, -trice** n.

vitrage n.m. *Des fenêtres à double vitrage.*

vitrail n.m. *Un vitrail, des vitraux.* Voir gramm. § 32(4).

vitre n.f.
▸ **vitré, -e** adj. *Une porte vitrée.*
▸ **vitrerie** n.f.
▸ **vitrier** n.m.

vitreux, -euse adj. *Un regard vitreux.*

vitrifier v.t. *Du parquet vitrifié.*
▸ **vitrification** n.f.

vitrine n.f. *Les articles en vitrine.* – REMARQUE On écrit *faire du lèche-vitrine* ou *du lèche-vitrines*.

vitriol n.m.

vitrocéramique n.f. En un mot.

vitupérer v.t.ind. CONJ.4 Avec **é** ou **è** : *nous vitupérons, ils vitupèrent. Ils ne cessent de vitupérer contre tout le monde.*
▸ **vitupération** n.f.

vivable adj. *Ce n'est plus vivable.*

vivace adj.
▸ **vivacité** n.f.

vivant, -e adj. et n.m. *Les êtres vivants. – De son vivant, il…*

vivat n.m. On ne prononce pas le **t**. *Acclamé par des vivats.*

vive *Vive le roi ! Vive la mariée ! Vive les vacances !* Devant un nom pluriel, on laisse aujourd'hui **vive** invariable, comme on le fait avec ***c'était***. – REMARQUE Si le mot est employé avec *que*, l'accord se fait naturellement. *Que vivent les amoureux !*

vivement adv.

vivier n.m. *Un vivier de jeunes talents.*

vivifier v.t. *Le bon air vous vivifiera.*
▸ **vivifiant, -e** adj.

vivipare adj. et n. *Les mammifères sont vivipares.*

vivoter v.i. Avec un seul **t**. → -oter

1. vivre v.i. et v.t. CONJ.31 **1.** Avec un complément qui répond à la question *combien de temps* ? **vivre** est intransitif et son participe passé est invariable. *Il a vécu deux ans à Lyon. Les deux ans qu'il a vécu à Lyon.* – **2.** Avec un complément qui répond à la question *quoi ?* **vivre** est transitif et son participe passé s'accorde avec le complément d'objet placé avant le verbe. *Il a vécu des aventures insensées ! Quelles aventures il a vécues !* Voir gramm. § 12.

2. vivre n.m. *On lui a coupé les vivres.* – S'emploie au pluriel sauf dans l'expression *le vivre et le couvert.*

vivrier, -ière adj. *Les cultures vivrières.*

vocabulaire n.m.

vocal, -e, -aux adj. *Les cordes vocales.*

vocalise n.f. *Chanteur qui fait des vocalises.*

vocation n.f.

vociférer v.i. CONJ.4 Avec **é** ou **è** : *il vociférait, il vocifère.*
▸ **vocifération** n.f.

vodka n.f. *Des vodkas.*

vœu n.m. *Des vœux. Ils ont fait vœu de pauvreté. Formuler un vœu. Vos vœux seront exaucés. Adresser, présenter ses vœux, ses meilleurs vœux pour la nouvelle année. – À Marilou, avec tous mes vœux de bonheur, de santé et de prospérité, en ce jeudi 30 janvier.*

vogue n.f. *Les romans en vogue cette année.*

voguer v.i. Avec **gu**, même devant *a* et *o* : *il voguait, nous voguons.*

voici et **voilà** présentatifs

• Dans une opposition, on emploie **voici** pour ce qui est proche, et **voilà** pour ce qui est plus lointain : *Voici ma maison et voilà la sienne là-bas.*

• On emploie **voici** pour introduire quelque chose de nouveau, et **voilà** pour reprendre quelque chose dont il a été question : *Voici ce que j'ai à vous dire…* Mais : *« Je ne viendrai pas », voilà ce qu'il m'a dit.*

• La différence entre les deux mots ne se fait plus dans les autres emplois. *Le voici ! le voilà !* Et **voilà** tend à s'employer dans tous les cas. *Voilà ton père qui arrive. En veux-tu, en voilà !*

voie n.f. Avec un **e**. (Chemin) Ne pas confondre avec ***voix*** (organe de la parole). *Les voies de communication. La voie publique. La voie ferrée. La Voie lactée. Chercher sa voie. Mettre sur la voie. Être sur la bonne, la mauvaise voie. Être en bonne voie. Des espèces en voie de disparition. Les pays en voie de développement. Des voies de fait. Par voie de conséquence. – Les voies du Seigneur sont impénétrables.*

voilage n.m.

voile n.f. et n.m. **1.** Est du féminin pour la toile des bateaux. *La marine à voiles. Des planches à voile. Toutes voiles dehors !* – **2.** Est du masculin pour l'étoffe et les sens

figurés. *Un voile de mariée. Porter le voile. Le voile du palais. Avoir un voile devant les yeux.*
‣ **voiler** v.t. et v.pr. *Ses yeux se sont voilés de larmes. Un regard voilé. Elle s'est voilé la face.* Voir gramm. § 29.

voilette n.f. *Des chapeaux à voilette.* Voir gramm. § 13.

voilier n.m.

voilure n.f.

voir v.i., v.t. et v.pr. CONJ. 18 *Il voit mal, bien. – J'ai vu Aline, je l'ai vue. Toutes ces choses que Marie a vues. Toutes ces choses qu'a vues Marie. Des films comme celui-là, j'en ai vu beaucoup !* → en[2] *– Pierre et Marie se sont vus hier.* – **voir** + infinitif : *J'ai vu les enfants partir, je les ai vus partir. Les acteurs que j'ai vus jouer* (= les acteurs jouent). Mais *La pièce que j'ai vu jouer* (= par des acteurs). Voir gramm. § 30. *Elle s'est vue tomber. Elle s'est vue refuser l'entrée du musée à deux visiteurs* (= c'est elle qui refuse). Mais *Elle s'est vu refuser l'entrée du musée* (= c'est elle que l'on refuse). – **voir** introduit un renvoi : *Voir page 00.* – Ne pas confondre avec ***voire*** (= et même). – **avoir à voir avec** : *Cela n'a rien à voir avec lui.* – Ne pas confondre avec ***avoir***. – **vu** est invariable quand il est employé seul ou devant un nom : *Vu les circonstances...* → vu – ATTENTION À l'indicatif imparfait et au subjonctif présent : *(que) nous voyions.*

voire adv. Avec un **e**. *Ce n'est qu'un adolescent, voire un enfant.* – REMARQUE *Voire même* est un pléonasme, le mot *voire* signifiant « et même ».

voirie n.f. Sans *e* muet, malgré ***voie***. *Les services de la voirie.*

voisin, -e adj. et n.
‣ **voisinage** n.m.
‣ **voisiner** v.i. *Les roses voisinent avec les dahlias.*

voiture n.f. *Ils ont fait le voyage en voiture. Des voitures-balais.* – REMARQUE S'emploie aujourd'hui à la place de *wagon* quand il s'agit de transporter des voyageurs. On écrit avec un trait d'union *une voiture-bar, des voitures-bars ; une voiture-restaurant, des voitures-restaurants.*

voix n.f. Voir ce mot dans la partie grammaire. Avec **x**. *De vive voix. Avoir voix au chapitre. – Entendre la voix de la raison. – Donner sa voix à un candidat.* Ne pas confondre avec ***voie*** (chemin).

vol n.m. **1.** *À vol d'oiseau. En plein vol. Attraper au vol. Des spécialistes de haut vol.* – **2.** *Commettre un vol. Des vols à main armée. Des vols à l'étalage.*

volage adj.

volaille n.f.
‣ **volailler** n.m. Sans *i* après les **ll**. → -illier

volant, -e adj. et n.m.

volatil, -e adj. Sans *e* au masculin. *Un produit volatil. Une essence volatile.* – Ne pas confondre avec le nom ***volatile***. – REMARQUE Les adjectifs ***civil, puéril, subtil, vil, viril*** et ***volatil*** s'écrivent sans *e* au masculin. Mais on écrit *infantile, futile, habile, fragile,* etc.

volatile n.m. Avec **e**. *Les poules et autres volatiles.*

volatiliser (se) v.pr. *Ils se sont volatilisés.*

volcan n.m.
‣ **volcanique** adj.
‣ **volcanologie** n.f.
‣ **volcanologue** n. – REMARQUE On ne dit plus *vulcanologie, vulcanologue.*

volée n.f. *À la volée. À toute volée. De haute volée.*

voler v.i. *Les oiseaux volent.* ◆ v.t. *On lui a volé sa montre. La montre qu'on lui a volée. Marie s'est fait voler.* (*Fait* suivi d'un infinitif est invariable.)
‣ **voleur, -euse** n.

volet n.m.

volière n.f. Avec un seul **l**.

volley-ball ou **volley** n.m.

volontaire adj. et n.
‣ **volontairement** adv.
‣ **volontariat** n.m.
‣ **volontarisme** n.m.
‣ **volontariste** adj.

volonté n.f. *Des hommes sans volonté. Des fruits à volonté.*

volontiers adv. Avec **s**. On prononce [tyé].

volt n.m. (Unité de mesure). Sans *e*. *Un courant de cent volts (100 V).*
▸**voltage** n.m.

volte-face n.f.inv. *Des volte-face.*

voltige n.f. *Des exercices de haute voltige.*
▸**voltiger** v.i. Avec **e** devant *a* et *o* : *il voltigeait, nous voltigeons.*
▸**voltigeur** n.m.

volubile adj.
▸**volubilité** n.f.

volume n.m.

volumineux, -euse adj.

volupté n.f.
▸**voluptueux, -euse** adj.
▸**voluptueusement** adv.

volute n.f. *Des volutes de fumée.*

vomir v.i. et v.t.
▸**vomissement** n.m.

vorace adj.
▸**voracité** n.f.

vos adj. possessif → votre

vote n.m. *Des bulletins de vote. Mettre un projet au vote. Un vote à main levée.*
▸**voter** v.i. et v.t. *A voté ! Ils ont voté socialiste. Voter pour, contre. – On a voté la loi, on l'a votée à l'unanimité.*
▸**votant, -e** n.

votre adj. possessif **vôtre** pron. possessif L'adjectif n'a pas d'accent, le pronom en a un. *C'est votre maison, c'est la vôtre, elle est vôtre. Ce sont vos maisons, ce sont les vôtres.* Le pluriel de **votre** est **vos**. Le pluriel de **vôtre** est **vôtres**. Voir *possessif* dans la partie grammaire. – REMARQUE Dans les formules de politesse, on emploie *vôtre(s)* : *Sincèrement vôtre,... Claude. Sincèrement vôtres,... Claude et Serge.*

vouer v.t. et v.pr. *Vouer sa vie à la recherche. Ne plus savoir à quel saint se vouer. – Une entreprise vouée à l'échec.*

1. vouloir v.t. CONJ.20 *Je veux que tu viennes. Il veut que j'aie...* (= subjonctif). *Je voudrais bien que...* (= conditionnel) Voir gramm. § 15. – *Cette promotion, il l'a voulue.* Mais *Il a eu la promotion qu'il a voulu avoir.* Voir gramm. § 28(3). – **en vouloir à quelqu'un, s'en vouloir** : *Ils nous en ont beaucoup voulu. Elle s'en veut, elle s'en est voulu* (= à elle-même), *ils s'en sont voulu.* Le participe est invariable. Voir gramm. § 29(2). – REMARQUE S'emploie dans des formules de politesse à l'impératif. *Veuillez croire, cher Monsieur, à mes meilleurs sentiments.* ◆ v.pr. *Une analyse qui se veut objective, qui s'est voulue objective.*

2. vouloir n.m. Ne s'emploie que dans *bon vouloir. Selon le bon vouloir des uns et des autres.*

vous pron. personnel Voir *pronom personnel* dans la partie grammaire. Attention au trait d'union et à l'ordre des pronoms avec un impératif. *Achetez-vous une carte. Achetez-vous-en une* et non ✗ *achetez-en-vous une.*

Accord avec *vous*

1. *C'est vous qui irez* (= le verbe est à la 2e personne du pluriel). *Lui et vous partirez à l'aube* (= le verbe est à la 2e personne du pluriel.

2. *Il vous a vus. Il vous a vues.* Le pronom est complément d'objet direct, l'accord se fait en genre et en nombre.

3. *Il vous a parlé.* Le pronom est complément d'objet indirect (ou second), le participe est invariable.

4. Quand **vous** représente une seule personne (***vous* de politesse**), le verbe reste à la deuxième personne du pluriel, mais l'adjectif et le participe s'accordent en genre selon le sexe de la personne représentée. *Vous* (Marie) *êtes ravie de...*

5. Avec **beaucoup d'entre vous, la plupart d'entre vous, certains d'entre vous...** le verbe se met aujourd'hui à la 3e personne du pluriel. *Beaucoup d'entre vous pensent que...*

voûte n.f. Avec **û**. *Clé de voûte. La voûte céleste.*
▸**voûté, -e** adj. *Une cave voûtée.*

vouvoyer v.t. et v.pr. CONJ.6 Avec **i** devant un *e* muet : *il me vouvoie. Nous nous sommes vouvoyés.* – ATTENTION À l'indica-

tif imparfait et au subjonctif présent : *(que) nous vouvoyions*. – Au futur et au conditionnel : *il vouvoiera(it)*.
▸**vouvoiement** n.m. Avec un **e** muet. – REMARQUE Les termes ***voussoyer, voussoiement*** ne sont plus employés.

vox populi n.f.inv. Mots latins invariables.

voyage n.m. *Une agence de voyages. Des sacs de voyage. Ils sont en voyage d'affaires.*
▸**voyager** v.i. Avec **e** devant *a* et *o* : *il voyageait, nous voyageons.*
▸**voyageur, -euse** n.
▸**voyagiste** n.

voyant, -e adj. et n.m. *Des couleurs voyantes. – Le voyant rouge est allumé.* ◆ adj. et n. *Les voyants et les non-voyants.* Mais on écrit *malvoyant* en un mot. – *Consulter un voyant, une voyante.*
▸**voyance** n.f.

voyelle n.f.

voyeur, -euse n.
▸**voyeurisme** n.m.

voyou n.m. *Des voyous. Des États(-)voyous.*

vrac (en) loc.adv. *Des produits en vrac.*

vrai, -e adj. et n.m. *Une histoire vraie. Rester dans le vrai.* – Est invariable comme adverbe. *Ils parlent vrai. À vrai dire. À dire vrai.* – **vrai-faux** s'accorde : *des vrais-faux papiers, des vraies-fausses cartes d'identité.*
▸**vraiment** adv.

vraisemblable adj. Avec un seul **s**.
▸**vraisemblablement** adv.
▸**vraisemblance** n.f. *Selon toute vraisemblance.*

vrille n.f. On prononce [iy'] comme dans *fille*.

vrombir v.i. *Un moteur qui vrombit.*
▸**vrombissement** n.m.

V.R.P. n.m. Sigle de *voyageur de commerce, représentant, placier*. S'écrit avec ou sans points.

vs Se lit *versus* (voir ce mot).

V.T.T. n.m. Sigle de *vélo tout terrain*. S'écrit avec ou sans points. – REMARQUE Les adeptes du V.T.T. sont des ***vététistes***.

vu Ce participe passé est invariable quand il est employé comme une préposition ou comme une conjonction (avec *que*). *Vu les circonstances... Vu que je n'étais pas présent...* (= étant donné). ◆ n.m.sing. – **au vu de** : *Au vu des pièces produites...* – **au vu et au su de** : *Au vu et au su de tous* (≠ à l'insu). – **déjà-vu**, nom masculin, s'écrit avec un trait d'union : *Des impressions de déjà-vu.*

vue n.f. Reste au singulier dans *à courte vue, à vue, à vue de nez, à vue d'œil, à perte de vue, à première vue, de vue, don de double vue, en vue, en vue de, garde à vue, point de vue. Ils ont tiré à vue. Je les connais de vue. Des personnalités en vue. En vue d'un éventuel départ... Échanger des points de vue sur.* – Est au pluriel dans *échange de vues, avoir des vues sur*. – On écrit *prise de vue* en photographie et *prise de vue(s)* au cinéma. – **longue-vue** s'écrit avec un trait d'union. *Des longues-vues.*

vulcanologue n. On dit aujourd'hui **volcanologue**.

vulgaire adj. et n.m.
▸**vulgairement** adv.
▸**vulgarité** n.f.

vulgariser v.t. *Vulgariser les connaissances scientifiques.*
▸**vulgarisation** n.f.

vulnérable adj.
▸**vulnérabilité** n.f.

vulve n.f.

W-Z

W

w Se prononce [v] comme dans *wagon* ou [w] comme dans *watt*.

wagon n.m. *Des wagons. Des wagons-lits.* – REMARQUE On recommande ***voiture*** pour les personnes et ***wagon*** pour les marchandises.
▸**wagonnet** n.m.

Walkman n.m. Avec une majuscule. Nom déposé d'une marque de ***baladeurs***.

wallon, -onne adj. et n. *Il est wallon. C'est un Wallon.* (Le nom de personne prend une majuscule.)

wapiti n.m. (Animal) On prononce [oipiti]. *Des wapitis.*

waters n.m.plur.

watt n.m. On prononce [oit']. *Une ampoule de 100 watts (100 W).*

web n.m.sing. Abréviation de *world wide web* qui signifie « réseau mondial ». S'écrit avec ou sans majuscule. *Les adresses du web commencent par www. Des sites web.*

week-end n.m. Mot anglais. On prononce [ouikèn'd]. *Des week-ends.*

western n.m. Mot anglais. *Des westerns.*

whisky n.m. *Des whiskys.* Voir gramm. § 37.

X

x Se prononce [ks] comme dans *lynx, extérieur,* ou [gz] comme dans *examen*. En finale le **x** ne se prononce pas, sauf dans *six, dix, coccyx* où il se prononce [s].

Xième ou **X-ième** adj. *Et je vous le dis pour la X-ième fois...* On écrit aussi ***ixième***.

xénophobe adj. et n. (Qui n'aime pas les étrangers) On prononce [gzé].
▸**xénophobie** n.f.

xérès n.m. Mot espagnol. *Du vinaigre de xérès.* – On prononce [gzérès] à la française. L'orthographe *jerez* est rare.

xylophone n.m. (Instrument de musique) Avec **xy** qui se prononce [ksi].

Y

y- On ne fait pas la liaison devant les mots qui commencent par **y**, sauf devant *yeux*.

y adv. et pron.

• Est adverbe ou pronom adverbial pour indiquer le lieu. *J'y suis, j'y reste ! Il est dans la chambre, il y est. Il vit en France, il y vit depuis longtemps.* → il y a

• Comme pronom, **y** remplace un nom de chose complément indirect introduit par ***à***. *Je pense à cela. J'y pense.* Mais on dira *Je pense à Marie. Je pense à elle.* L'emploi de *y* pour représenter des personnes est familier ou régional.

• Après un verbe à l'impératif, on met un trait d'union entre le verbe et **y** : *Allez-y.* S'il y a un autre pronom, **y** se place en dernier, après un trait d'union. *Fiez-vous-y.* Et non ✗ *Fiez-y-vous.* – REMARQUE Si le verbe à l'impératif se termine par *a* ou *e*, on ajoute un *s* devant **y** : *penses-y, vas-y.* Voir *impératif* dans la partie grammaire.

yacht n.m. On prononce [yot']. *Des | yachts.*
▸**yacht-club** n.m. *Des yacht-clubs.*
▸**yachting** n.m.

yaourt n.m. On prononce le **t**. *Des | yaourts.* – REMARQUE Les orthographes ***yogourt*** ou ***yoghourt*** sont devenues rares.
▸**yaourtière** n.f.

yéménite adj. et n. *Il est yéménite. Ce sont des | Yéménites.* (Le nom de personne prend une majuscule.)

yeux n.m.plur. → œil

yiddish adj.inv. et n.m.inv. *Des mots | yiddish.*

yoga n.m. *Faire du yoga.*
▸**yogi** n.m. *Des | yogis.*

yogourt n.m. → yaourt

yougoslave adj. et n. *Il est yougoslave. C'est un Yougoslave.* (Le nom de personne prend une majuscule.)

Yo-Yo n.m. Le nom du jeu est déposé et doit s'écrire avec une majuscule. Mais on écrit en langue courante, avec ou sans trait d'union, *des effets yo-yo, faire des yoyos.*

Z

zaïrois, -e adj. et n. *Il est zaïrois. C'est un Zaïrois.* (Le nom de personne prend une majuscule.)

zakouski n.m. Mot russe. *Des zakouskis.* Voir gramm. § 37.

zapper v.i. Avec **pp**.
▸**zapping** n.m.

zèbre n.m.

zébré, -e adj.

zébu n.m. *Des zébus.*

zèle n.m. Avec **è**. *Travailler avec zèle. La grève du zèle.*
▸**zélé, -e** adj.

zen adj.inv. *Des sectes zen. Ils sont restés zen.* – REMARQUE L'emploi au figuré est familier.

zénith n.m. Avec **th**.

zéro adj. numéral et n.m. L'adjectif numéral est toujours au singulier. *Ils ont fait zéro faute.* – Le nom est variable. *Il y a trois zéros dans 1000.*

zeste n.m. *Des zestes d'orange.*

zézayer v.i. CONJ.5 *Il zézaye* ou *zézaie.*
▸**zézaiement** n.m.

zibeline n.f.

zigzag n.m. *Des routes en zigzag. Une route qui fait des zigzags.*
▸**zigzaguer** v.i. Avec **gu**, même devant *a* et *o* : *il zigzaguait, nous zigzaguons.*

zinc n.m. Avec un **c** qui se prononce [g].

zircon n.m.

zizanie n.f. *Semer la zizanie dans un groupe.*

zodiaque n.m. *Les signes du zodiaque.* – REMARQUE Ne pas confondre avec ***Zodiac***, nom déposé d'un type de bateau.

zombie n.m. Avec **e**.

zona n.m. *Des zonas.*

zone n.f. Sans accent circonflexe. *La zone dollar, euro. Zone industrielle (Z.I.). Zone d'urbanisation prioritaire (Z.U.P.). Zone d'aménagement concerté (Z.A.C.).*

zoo n.m. *Le zoo de Vincennes.*

zoologie n.f.
▸**zoologique** adj. *Un jardin zoologique.*

zoom n.m. Avec **oo** qui se prononce [ou].
▸**zoomer** v.i. *Zoomer sur un personnage.*

zouave n.m.

zozoter v.i. FAM. (Zézayer)

Z.U.P. n.f. S'écrit avec ou sans point. Abréviation de *zone d'urbanisation prioritaire.* Cet acronyme se prononce comme un mot normal. Voir *sigle* dans la partie grammaire.

zut interj. FAM. *Zut ! c'est bientôt fini !*

zygomatique adj. et n.m. Avec **y**. *Les (muscles) zygomatiques nous permettent de sourire.*

Annexes

Conjugaisons

On appelle *conjugaison* l'ensemble des formes que peut prendre un verbe.

Dans une forme verbale, on distingue le *radical* qui porte le sens du verbe et la *terminaison* qui varie selon la *personne* et le *nombre* (1re, 2e ou 3e personne du singulier ou du pluriel), le *mode* (indicatif, subjonctif...) et le *temps* (présent, futur...).

Dans la conjugaison d'un *verbe régulier* le radical ne change pas ; seule la terminaison varie, selon deux modèles : celui du verbe *chanter* ou celui du verbe *finir*.

Dans la conjugaison d'un *verbe irrégulier*, le radical peut changer et les terminaisons peuvent être propres à un petit groupe de verbes (*peindre*, *teindre*, *rendre*...) ou même à un seul verbe (*mourir*).

On classe traditionnellement les verbes en trois groupes.

- **Le 1er groupe** comprend les verbes du type *chanter* (tableau n° 1). Ce sont les plus nombreux. C'est dans ce groupe que se rangent presque tous les nouveaux verbes dont la langue s'enrichit.

– Infinitif **-er** ; participe présent **-ant**.

– Indicatif présent : **-e**, **-es**, **-e**, **-ons**, **-ez**, **-ent**.

- **Le 2e groupe** comprend les verbes du type *finir* (tableau n° 9). Quelques nouveaux verbes viennent parfois enrichir cette conjugaison : *alunir, amerrir*.

– Infinitif **-ir** ; participe présent **-issant**.

– Indicatif présent : **-s**, **-s**, **-t**, **-issons**, **-issez**, **-issent**.

On dit parfois que ces deux conjugaisons sont « vivantes ».

- **Le 3e groupe** comprend une série limitée de verbes irréguliers. On dit parfois que cette conjugaison est « morte » parce qu'elle n'accueille plus de nouveaux verbes.

– Infinitif **-ir**, **-re** ; participe présent **-ant**.

– Indicatif présent : **-s** (ou **-e**), **-t** (ou **-d**), **-ons**, **-ez**, **-ent**.

Table des verbes conjugués

Verbes auxiliaires

avoir
être

Tableaux modèles

• Verbes en *-er*

1 *chanter* et verbes particuliers en *-cer*, *-ger*, *-ier*, *-éer*, *-uer*
2 *acheter, geler, semer*
3 *jeter, appeler*
4 *céder*
5 *payer*
6 *nettoyer, essuyer*
7 *envoyer*
8 *aller*

• Verbes en *-ir*

9 *finir*
10 *venir, tenir*
11 *partir, mentir, dormir, servir*
12 *courir*
13 *mourir*
14 *ouvrir, offrir, souffrir*
15 *cueillir*

• Verbes en *-oir*

16 *recevoir*
17 *devoir*
18 *voir*
19 *valoir*
20 *vouloir*
21 *pouvoir*
22 *asseoir*
23 *savoir*

• Verbes en *-re*

24 *faire*
25 *plaire*
26 *extraire*
27 *écrire*
28 *lire, élire*
29 *dire*
30 *conduire*
31 *vivre*
32 *croire*

• Verbes en *-dre*

33 *prendre*
34 *rendre, perdre, pondre, tordre*
35 *peindre, craindre, joindre*

• Verbes en *-tre*

36 *connaître, décroître*
37 *mettre*

Remarques

1. Aux temps composés, l'auxiliaire donné dans les tableaux est celui du verbe modèle. D'autres verbes peuvent avoir la même conjugaison avec un auxiliaire différent.
2. Quelques verbes très irréguliers ou défectifs (*falloir*, *bouillir*, etc.) sont conjugués à leur ordre alphabétique dans la partie dictionnaire.

avoir

INDICATIF

Présent		Passé composé		
j'	ai	j'	ai	eu
tu	as	tu	as	eu
il	a	il	a	eu
nous	avons	nous	avons	eu
vous	avez	vous	avez	eu
ils	ont	ils	ont	eu

Imparfait		Plus-que-parfait		
j'	avais	j'	avais	eu
tu	avais	tu	avais	eu
il	avait	il	avait	eu
nous	avions	nous	avions	eu
vous	aviez	vous	aviez	eu
ils	avaient	ils	avaient	eu

Passé simple		Passé antérieur		
j'	eus	j'	eus	eu
tu	eus	tu	eus	eu
il	eut	il	eut	eu
nous	eûmes	nous	eûmes	eu
vous	eûtes	vous	eûtes	eu
ils	eurent	ils	eurent	eu

Futur simple		Futur antérieur		
j'	aurai	j'	aurai	eu
tu	auras	tu	auras	eu
il	aura	il	aura	eu
nous	aurons	nous	aurons	eu
vous	aurez	vous	aurez	eu
ils	auront	ils	auront	eu

CONDITIONNEL

Présent		Passé		
j'	aurais	j'	aurais	eu
tu	aurais	tu	aurais	eu
il	aurait	il	aurait	eu
nous	aurions	nous	aurions	eu
vous	auriez	vous	auriez	eu
ils	auraient	ils	auraient	eu

SUBJONCTIF

Présent			Passé			
que	j'	aie	que	j'	aie	eu
que	tu	aies	que	tu	aies	eu
qu'	il	ait	qu'	il	ait	eu
que	n.	ayons	que	n.	ayons	eu
que	v.	ayez	que	v.	ayez	eu
qu'	ils	aient	qu'	ils	aient	eu

Imparfait			Plus-que-parfait			
que	j'	eusse	que	j'	eusse	eu
que	tu	eusses	que	tu	eusses	eu
qu'	il	eût	qu'	il	eût	eu
que	n.	eussions	que	n.	eussions	eu
que	v.	eussiez	que	v.	eussiez	eu
qu'	ils	eussent	qu'	ils	eussent	eu

IMPÉRATIF

Présent	Passé
aie	aie eu
ayons	ayons eu
ayez	ayez eu

INFINITIF

Présent	Passé
avoir	avoir eu

PARTICIPE

Présent	Passé
ayant	eu
	ayant eu

GÉRONDIF

Présent	Passé
en ayant	en ayant eu

Attention au subjonctif présent : *qu'il ait,* avec un **t** ; *que nous ayons, que vous ayez,* sans *i* après le *y*.

être

INDICATIF

Présent

je	suis
tu	es
il	est
nous	sommes
vous	êtes
ils	sont

Passé composé

j'	ai	été
tu	as	été
il	a	été
nous	avons	été
vous	avez	été
ils	ont	été

Imparfait

j'	étais
tu	étais
il	était
nous	étions
vous	étiez
ils	étaient

Plus-que-parfait

j'	avais	été
tu	avais	été
il	avait	été
nous	avions	été
vous	aviez	été
ils	avaient	été

Passé simple

je	fus
tu	fus
il	fut
nous	fûmes
vous	fûtes
ils	furent

Passé antérieur

j'	eus	été
tu	eus	été
il	eut	été
nous	eûmes	été
vous	eûtes	été
ils	eurent	été

Futur simple

je	serai
tu	seras
il	sera
nous	serons
vous	serez
ils	seront

Futur antérieur

j'	aurai	été
tu	auras	été
il	aura	été
nous	aurons	été
vous	aurez	été
ils	auront	été

CONDITIONNEL

Présent

je	serais
tu	serais
il	serait
nous	serions
vous	seriez
ils	seraient

Passé

j'	aurais	été
tu	aurais	été
il	aurait	été
nous	aurions	été
vous	auriez	été
ils	auraient	été

SUBJONCTIF

Présent

que	je	sois
que	tu	sois
qu'	il	soit
que	n.	soyons
que	v.	soyez
qu'	ils	soient

Passé

que	j'	aie	été
que	tu	aies	été
qu'	il	ait	été
que	n.	ayons	été
que	v.	ayez	été
qu'	ils	aient	été

Imparfait

que	je	fusse
que	tu	fusses
qu'	il	fût
que	n.	fussions
que	v.	fussiez
qu'	ils	fussent

Plus-que-parfait

que	j'	eusse	été
que	tu	eusses	été
qu'	il	eût	été
que	n.	eussions	été
que	v.	eussiez	été
qu'	ils	eussent	été

IMPÉRATIF

Présent

sois
soyons
soyez

Passé

aie été
ayons été
ayez été

INFINITIF

Présent

être

Passé

avoir été

PARTICIPE

Présent

étant

Passé

été
ayant été

GÉRONDIF

Présent

en étant

Passé

en ayant été

Attention au subjonctif présent : *qu'il soit*, avec un **t** ; *que nous soyons, que vous soyez*, sans *i* après le *y*.

1 chanter — 1er groupe

INDICATIF

Présent	Passé composé
je chante	j' ai chanté
tu chantes	tu as chanté
il chante	il a chanté
nous chantons	nous avons chanté
vous chantez	vous avez chanté
ils chantent	ils ont chanté

Imparfait	Plus-que-parfait
je chantais	j' avais chanté
tu chantais	tu avais chanté
il chantait	il avait chanté
nous chantions	nous avions chanté
vous chantiez	vous aviez chanté
ils chantaient	ils avaient chanté

Passé simple	Passé antérieur
je chantai	j' eus chanté
tu chantas	tu eus chanté
il chanta	il eut chanté
nous chantâmes	nous eûmes chanté
vous chantâtes	vous eûtes chanté
ils chantèrent	ils eurent chanté

Futur simple	Futur antérieur
je chanterai	j' aurai chanté
tu chanteras	tu auras chanté
il chantera	il aura chanté
nous chanterons	nous aurons chanté
vous chanterez	vous aurez chanté
ils chanteront	ils auront chanté

CONDITIONNEL

Présent	Passé
je chanterais	j' aurais chanté
tu chanterais	tu aurais chanté
il chanterait	il aurait chanté
nous chanterions	nous aurions chanté
vous chanteriez	vous auriez chanté
ils chanteraient	ils auraient chanté

SUBJONCTIF

Présent	Passé
que je chante	que j' aie chanté
que tu chantes	que tu aies chanté
qu' il chante	qu' il ait chanté
que n. chantions	que n. ayons chanté
que v. chantiez	que v. ayez chanté
qu' ils chantent	qu' ils aient chanté

Imparfait	Plus-que-parfait
que je chantasse	que j' eusse chanté
que tu chantasses	que tu eusses chanté
qu' il chantât	qu' il eût chanté
que n. chantassions	que n. eussions chanté
que v. chantassiez	que v. eussiez chanté
qu' ils chantassent	qu' ils eussent chanté

IMPÉRATIF

Présent	Passé
chante	aie chanté
chantons	ayons chanté
chantez	ayez chanté

INFINITIF

Présent	Passé
chanter	avoir chanté

PARTICIPE

Présent	Passé
chantant	chanté
	ayant chanté

GÉRONDIF

Présent	Passé
en chantant	en ayant chanté

Les verbes qui se conjuguent sur ce modèle sont les plus nombreux.
Il n'y a pas de *s* à la 2e personne du singulier de l'impératif : *chante, parle,* sauf devant ***en*** ou ***y*** : *parles-en, retournes-y,* etc.

Particularités de certains verbes réguliers du 1er groupe

- Les verbes en **-cer** comme *placer, avancer, lancer*, etc. prennent une cédille sous le **c** devant un *a* ou un *o* : *il plaça, nous avançons.*

- Les verbes en **-ger** comme *juger, manger, nager,* etc. prennent un **e** après le *g* devant un *a* ou un *o* : *il jugea, nous mangeons.*

- Les verbes en **-guer** comme *conjuguer, narguer, naviguer,* etc. gardent le **u** après le *g*, même devant un *a* ou un *o* : *il conjugua, nous naviguons.*

- Les verbes en **-ier** comme *copier, prier, apprécier,* etc. ont deux **i** à l'indicatif imparfait et au subjonctif présent : *(que) vous appréciiez, nous copiions.*

- Les verbes en **-éer** comme *créer, agréer* ont deux **e** à certaines formes : *(que) je crée, tu crées, tu agrées* et trois **e** au participe passé féminin : *créée, agréée.*

- Attention à ne pas oublier le **e** muet au futur et au conditionnel pour tous les verbes en **-ier**, **-éer**, **-uer** : *nous copierons, vous créerez, ils salueraient, il jouera.*

- Attention à ne pas oublier le **i** à l'indicatif imparfait et au subjonctif présent pour :
  – les verbes en **-iller** comme *piller, tailler* : *(que) vous tailliez, nous pillions* ;
  – les verbes en **-gner** comme *peigner, baigner* : *(que) vous baigniez, nous peignions.*

2 acheter (geler, semer) — 1er groupe

INDICATIF

Présent		Passé composé		
j'	achète	j'	ai	acheté
tu	achètes	tu	as	acheté
il	achète	il	a	acheté
nous	achetons	nous	avons	acheté
vous	achetez	vous	avez	acheté
ils	achètent	ils	ont	acheté

Imparfait		Plus-que-parfait		
j'	achetais	j'	avais	acheté
tu	achetais	tu	avais	acheté
il	achetait	il	avait	acheté
nous	achetions	nous	avions	acheté
vous	achetiez	vous	aviez	acheté
ils	achetaient	ils	avaient	acheté

Passé simple		Passé antérieur		
j'	achetai	j'	eus	acheté
tu	achetas	tu	eus	acheté
il	acheta	il	eut	acheté
nous	achetâmes	nous	eûmes	acheté
vous	achetâtes	vous	eûtes	acheté
ils	achetèrent	ils	eurent	acheté

Futur simple		Futur antérieur		
j'	achèterai	j'	aurai	acheté
tu	achèteras	tu	auras	acheté
il	achètera	il	aura	acheté
nous	achèterons	nous	aurons	acheté
vous	achèterez	vous	aurez	acheté
ils	achèteront	ils	auront	acheté

CONDITIONNEL

Présent		Passé		
j'	achèterais	j'	aurais	acheté
tu	achèterais	tu	aurais	acheté
il	achèterait	il	aurait	acheté
nous	achèterions	nous	aurions	acheté
vous	achèteriez	vous	auriez	acheté
ils	achèteraient	ils	auraient	acheté

SUBJONCTIF

Présent		Passé		
que j'	achète	que j'	aie	acheté
que tu	achètes	que tu	aies	acheté
qu' il	achète	qu' il	ait	acheté
que n.	achetions	que n.	ayons	acheté
que v.	achetiez	que v.	ayez	acheté
qu' ils	achètent	qu' ils	aient	acheté

Imparfait		Plus-que-parfait		
que j'	achetasse	que j'	eusse	acheté
que tu	achetasses	que tu	eusses	acheté
qu' il	achetât	qu' il	eût	acheté
que n.	achetassions	que n.	eussions	acheté
que v.	achetassiez	que v.	eussiez	acheté
qu' ils	achetassent	qu' ils	eussent	acheté

IMPÉRATIF

Présent	Passé
achète	aie acheté
achetons	ayons acheté
achetez	ayez acheté

INFINITIF

Présent	Passé
acheter	avoir acheté

PARTICIPE

Présent	Passé
achetant	acheté
	ayant acheté

GÉRONDIF

Présent	Passé
en achetant	en ayant acheté

Ces verbes en **-eter** ou **-eler** prennent un accent grave sur le **e** au lieu de doubler le **t** ou le **l** devant un *e* muet comme le font les verbes *jeter* ou *appeler*.

Les noms en **-ement**, dérivés de ces verbes, prennent aussi l'accent grave : *martèlement, halètement, écartèlement.*

3 jeter (appeler) — 1er groupe

INDICATIF

Présent	Passé composé
je jette	j' ai jeté
tu jettes	tu as jeté
il jette	il a jeté
nous jetons	nous avons jeté
vous jetez	vous avez jeté
ils jettent	ils ont jeté

Imparfait	Plus-que-parfait
je jetais	j' avais jeté
tu jetais	tu avais jeté
il jetait	il avait jeté
nous jetions	nous avions jeté
vous jetiez	vous aviez jeté
ils jetaient	ils avaient jeté

Passé simple	Passé antérieur
je jetai	j' eus jeté
tu jetas	tu eus jeté
il jeta	il eut jeté
nous jetâmes	nous eûmes jeté
vous jetâtes	vous eûtes jeté
ils jetèrent	ils eurent jeté

Futur simple	Futur antérieur
je jetterai	j' aurai jeté
tu jetteras	tu auras jeté
il jettera	il aura jeté
nous jetterons	nous aurons jeté
vous jetterez	vous aurez jeté
ils jetteront	ils auront jeté

CONDITIONNEL

Présent	Passé
je jetterais	j' aurais jeté
tu jetterais	tu aurais jeté
il jetterait	il aurait jeté
nous jetterions	nous aurions jeté
vous jetteriez	vous auriez jeté
ils jetteraient	ils auraient jeté

SUBJONCTIF

Présent	Passé
que je jette	que j' aie jeté
que tu jettes	que tu aies jeté
qu' il jette	qu' il ait jeté
que n. jetions	que n. ayons jeté
que v. jetiez	que v. ayez jeté
qu' ils jettent	qu' ils aient jeté

Imparfait	Plus-que-parfait
que je jetasse	que j' eusse jeté
que tu jetasses	que tu eusses jeté
qu' il jetât	qu' il eût jeté
que n. jetassions	que n. eussions jeté
que v. jetassiez	que v. eussiez jeté
qu' ils jetassent	qu' ils eussent jeté

IMPÉRATIF

Présent	Passé
jette	aie jeté
jetons	ayons jeté
jetez	ayez jeté

INFINITIF

Présent	Passé
jeter	avoir jeté

PARTICIPE

Présent	Passé
jetant	jeté ayant jeté

GÉRONDIF

Présent	Passé
en jetant	en ayant jeté

Ces verbes en **-eter** ou **-eler** doublent le **t** ou le **l** devant un *e* muet au lieu de prendre un accent grave sur le **e** comme le font les verbes *acheter* ou *geler*.
Les noms en **-ement**, dérivés de ces verbes, doublent aussi le **t** ou le **l** : *ruissellement, amoncellement,* etc.

4 céder — 1er groupe

INDICATIF

Présent	Passé composé
je cède	j' ai cédé
tu cèdes	tu as cédé
il cède	il a cédé
nous cédons	nous avons cédé
vous cédez	vous avez cédé
ils cèdent	ils ont cédé

Imparfait	Plus-que-parfait
je cédais	j' avais cédé
tu cédais	tu avais cédé
il cédait	il avait cédé
nous cédions	nous avions cédé
vous cédiez	vous aviez cédé
ils cédaient	ils avaient cédé

Passé simple	Passé antérieur
je cédai	j' eus cédé
tu cédas	tu eus cédé
il céda	il eut cédé
nous cédâmes	nous eûmes cédé
vous cédâtes	vous eûtes cédé
ils cédèrent	ils eurent cédé

Futur simple*	Futur antérieur
je céderai	j' aurai cédé
tu céderas	tu auras cédé
il cédera	il aura cédé
nous céderons	nous aurons cédé
vous céderez	vous aurez cédé
ils céderont	ils auront cédé

CONDITIONNEL

Présent*	Passé
je céderais	j' aurais cédé
tu céderais	tu aurais cédé
il céderait	il aurait cédé
nous céderions	nous aurions cédé
vous céderiez	vous auriez cédé
ils céderaient	ils auraient cédé

SUBJONCTIF

Présent	Passé
que je cède	que j' aie cédé
que tu cèdes	que tu aies cédé
qu' il cède	qu' il ait cédé
que n. cédions	que n. ayons cédé
que v. cédiez	que v. ayez cédé
qu' ils cèdent	qu' ils aient cédé

Imparfait	Plus-que-parfait
que je cédasse	que j' eusse cédé
que tu cédasses	que tu eusses cédé
qu' il cédât	qu' il eût cédé
que n. cédassions	que n. eussions cédé
que v. cédassiez	que v. eussiez cédé
qu' ils cédassent	qu' ils eussent cédé

IMPÉRATIF

Présent	Passé
cède	aie cédé
cédons	ayons cédé
cédez	ayez cédé

INFINITIF

Présent	Passé
céder	avoir cédé

PARTICIPE

Présent	Passé
cédant	cédé
	ayant cédé

GÉRONDIF

Présent	Passé
en cédant	en ayant cédé

* L'Académie française admet l'accent grave sur le **e**, conforme à la prononciation : *je cèderai.* Voir Rectifications orthographiques p. 514

Les verbes en **-écer** prennent une cédille sous le **c** devant un *a* ou un *o* : *il rapiéça, nous rapiéçons.*

Les verbes en **-éger** prennent un **e** après le *g* devant un *a* ou un *o* : *il siégea, nous siégeons.*

5 payer — 1er groupe

INDICATIF

Présent	Passé composé
je paye/paie	j' ai payé
tu payes/paies	tu as payé
il paye/paie	il a payé
nous payons	nous avons payé
vous payez	vous avez payé
ils payent/paient	ils ont payé

Imparfait	Plus-que-parfait
je payais	j' avais payé
tu payais	tu avais payé
il payait	il avait payé
nous payions	nous avions payé
vous payiez	vous aviez payé
ils payaient	ils avaient payé

Passé simple	Passé antérieur
je payai	j' eus payé
tu payas	tu eus payé
il paya	il eut payé
nous payâmes	nous eûmes payé
vous payâtes	vous eûtes payé
ils payèrent	ils eurent payé

Futur simple	Futur antérieur
je payerai/paierai	j' aurai payé
tu payeras/paieras	tu auras payé
il payera/paiera	il aura payé
nous payerons/paierons	nous aurons payé
vous payerez/paierez	vous aurez payé
ils payeront/paieront	ils auront payé

CONDITIONNEL

Présent	Passé
je payerais/paierais	j' aurais payé
tu payerais/paierais	tu aurais payé
il payerait/paierait	il aurait payé
nous payerions/paierions	nous aurions payé
vous payeriez/paieriez	vous auriez payé
ils payeraient/paieraient	ils auraient payé

SUBJONCTIF

Présent	Passé
que je paye/paie	que j' aie payé
que tu payes/paies	que tu aies payé
qu' il paye/paie	qu' il ait payé
que n. payions	que n. ayons payé
que v. payiez	que v. ayez payé
qu' ils payent/paient	qu' ils aient payé

Imparfait	Plus-que-parfait
que je payasse	que j' eusse payé
que tu payasses	que tu eusses payé
qu' il payât	qu' il eût payé
que n. payassions	que n. eussions payé
que v. payassiez	que v. eussiez payé
qu' ils payassent	qu' ils eussent payé

IMPÉRATIF

Présent	Passé
paye/paie	aie payé
payons	ayons payé
payez	ayez payé

INFINITIF

Présent	Passé
payer	avoir payé

PARTICIPE

Présent	Passé
payant	payé ayant payé

GÉRONDIF

Présent	Passé
en payant	en ayant payé

Les verbes en **-ayer** ont deux conjugaisons, avec **y** ou avec **i**. Mais les formes avec **y** sont les plus fréquentes.
Il ne faut pas oublier le **i** à l'indicatif imparfait et au subjonctif présent : *(que) nous payions.*

6 nettoyer (essuyer) — 1er groupe

INDICATIF

Présent		Passé composé		
je	nettoie	j'	ai	nettoyé
tu	nettoies	tu	as	nettoyé
il	nettoie	il	a	nettoyé
nous	nettoyons	nous	avons	nettoyé
vous	nettoyez	vous	avez	nettoyé
ils	nettoient	ils	ont	nettoyé

Imparfait		Plus-que-parfait		
je	nettoyais	j'	avais	nettoyé
tu	nettoyais	tu	avais	nettoyé
il	nettoyait	il	avait	nettoyé
nous	nettoyions	nous	avions	nettoyé
vous	nettoyiez	vous	aviez	nettoyé
ils	nettoyaient	ils	avaient	nettoyé

Passé simple		Passé antérieur		
je	nettoyai	j'	eus	nettoyé
tu	nettoyas	tu	eus	nettoyé
il	nettoya	il	eut	nettoyé
nous	nettoyâmes	nous	eûmes	nettoyé
vous	nettoyâtes	vous	eûtes	nettoyé
ils	nettoyèrent	ils	eurent	nettoyé

Futur simple		Futur antérieur		
je	nettoierai	j'	aurai	nettoyé
tu	nettoieras	tu	auras	nettoyé
il	nettoiera	il	aura	nettoyé
nous	nettoierons	nous	aurons	nettoyé
vous	nettoierez	vous	aurez	nettoyé
ils	nettoieront	ils	auront	nettoyé

CONDITIONNEL

Présent		Passé		
je	nettoierais	j'	aurais	nettoyé
tu	nettoierais	tu	aurais	nettoyé
il	nettoierait	il	aurait	nettoyé
nous	nettoierions	nous	aurions	nettoyé
vous	nettoieriez	vous	auriez	nettoyé
ils	nettoieraient	ils	auraient	nettoyé

SUBJONCTIF

Présent		Passé		
que je	nettoie	que j'	aie	nettoyé
que tu	nettoies	que tu	aies	nettoyé
qu' il	nettoie	qu' il	ait	nettoyé
que n.	nettoyions	que n.	ayons	nettoyé
que v.	nettoyiez	que v.	ayez	nettoyé
qu' ils	nettoient	qu' ils	aient	nettoyé

Imparfait		Plus-que-parfait		
que je	nettoyasse	que j'	eusse	nettoyé
que tu	nettoyasses	que tu	eusses	nettoyé
qu' il	nettoyât	qu' il	eût	nettoyé
que n.	nettoyassions	que n.	eussions	nettoyé
que v.	nettoyassiez	que v.	eussiez	nettoyé
qu' ils	nettoyassent	qu' ils	eussent	nettoyé

IMPÉRATIF

Présent	Passé
nettoie	aie nettoyé
nettoyons	ayons nettoyé
nettoyez	ayez nettoyé

INFINITIF

Présent	Passé
nettoyer	avoir nettoyé

PARTICIPE

Présent	Passé
nettoyant	nettoyé
	ayant nettoyé

GÉRONDIF

Présent	Passé
en nettoyant	en ayant nettoyé

Les verbes en **-oyer** ou **-uyer** changent le **y** en **i** devant un *e* muet : *il nettoie, il essuie.*
Il ne faut pas oublier le **i** à l'indicatif imparfait et au subjonctif présent : *(que) nous nettoyions.*
Attention au **e** muet au futur et au conditionnel : *il nettoiera(it).*

7 envoyer

1er groupe

INDICATIF

Présent	Passé composé
j' envoie	j' ai envoyé
tu envoies	tu as envoyé
il envoie	il a envoyé
nous envoyons	nous avons envoyé
vous envoyez	vous avez envoyé
ils envoient	ils ont envoyé

Imparfait	Plus-que-parfait
j' envoyais	j' avais envoyé
tu envoyais	tu avais envoyé
il envoyait	il avait envoyé
nous envoyions	nous avions envoyé
vous envoyiez	vous aviez envoyé
ils envoyaient	ils avaient envoyé

Passé simple	Passé antérieur
j' envoyai	j' eus envoyé
tu envoyas	tu eus envoyé
il envoya	il eut envoyé
nous envoyâmes	nous eûmes envoyé
vous envoyâtes	vous eûtes envoyé
ils envoyèrent	ils eurent envoyé

Futur simple	Futur antérieur
j' enverrai	j' aurai envoyé
tu enverras	tu auras envoyé
il enverra	il aura envoyé
nous enverrons	nous aurons envoyé
vous enverrez	vous aurez envoyé
ils enverront	ils auront envoyé

CONDITIONNEL

Présent	Passé
j' enverrais	j' aurais envoyé
tu enverrais	tu aurais envoyé
il enverrait	il aurait envoyé
nous enverrions	nous aurions envoyé
vous enverriez	vous auriez envoyé
ils enverraient	ils auraient envoyé

SUBJONCTIF

Présent	Passé
que j' envoie	que j' aie envoyé
que tu envoies	que tu aies envoyé
qu' il envoie	qu' il ait envoyé
que n. envoyions	que n. ayons envoyé
que v. envoyiez	que v. ayez envoyé
qu' ils envoient	qu' ils aient envoyé

Imparfait	Plus-que-parfait
que j' envoyasse	que j' eusse envoyé
que tu envoyasses	que tu eusses envoyé
qu' il envoyât	qu' il eût envoyé
que n. envoyassions	que n. eussions envoyé
que v. envoyassiez	que v. eussiez envoyé
qu' ils envoyassent	qu' ils eussent envoyé

IMPÉRATIF

Présent	Passé
envoie	aie envoyé
envoyons	ayons envoyé
envoyez	ayez envoyé

INFINITIF

Présent	Passé
envoyer	avoir envoyé

PARTICIPE

Présent	Passé
envoyant	envoyé
	ayant envoyé

GÉRONDIF

Présent	Passé
en envoyant	en ayant envoyé

Il ne faut pas oublier le **i** à l'indicatif imparfait et au subjonctif présent : *(que) nous envoyions.*

8 aller — 1er groupe

INDICATIF

Présent	Passé composé
je vais	je suis allé
tu vas	tu es allé
il va	il est allé
nous allons	nous sommes allés
vous allez	vous êtes allés
ils vont	ils sont allés

Imparfait	Plus-que-parfait
j' allais	j' étais allé
tu allais	tu étais allé
il allait	il était allé
nous allions	nous étions allés
vous alliez	vous étiez allés
ils allaient	ils étaient allés

Passé simple	Passé antérieur
j' allai	je fus allé
tu allas	tu fus allé
il alla	il fut allé
nous allâmes	nous fûmes allés
vous allâtes	vous fûtes allés
ils allèrent	ils furent allés

Futur simple	Futur antérieur
j' irai	je serai allé
tu iras	tu seras allé
il ira	il sera allé
nous irons	nous serons allés
vous irez	vous serez allés
ils iront	ils seront allés

CONDITIONNEL

Présent	Passé
j' irais	je serais allé
tu irais	tu serais allé
il irait	il serait allé
nous irions	nous serions allés
vous iriez	vous seriez allés
ils iraient	ils seraient allés

SUBJONCTIF

Présent	Passé
que j' aille	que je sois allé
que tu ailles	que tu sois allé
qu' il aille	qu' il soit allé
que n. allions	que n. soyons allés
que v. alliez	que v. soyez allés
qu' ils aillent	qu' ils soient allés

Imparfait	Plus-que-parfait
que j' allasse	que je fusse allé
que tu allasses	que tu fusses allé
qu' il allât	qu' il fût allé
que n. allassions	que n. fussions allés
que v. allassiez	que v. fussiez allés
qu' ils allassent	qu' ils fussent allés

IMPÉRATIF

Présent	Passé
va	sois allé
allons	soyons allés
allez	soyez allés

INFINITIF

Présent	Passé
aller	être allé

PARTICIPE

Présent	Passé
allant	allé
	étant allé

GÉRONDIF

Présent	Passé
en allant	en étant allé

Selon les grammaires, ce verbe est considéré comme un verbe irrégulier du 1er groupe ou comme un verbe du 3e groupe.
À l'impératif, *va* prend un **s** devant ***y*** : *vas-y*.

9 finir

2e groupe

INDICATIF

Présent	Passé composé
je finis	j' ai fini
tu finis	tu as fini
il finit	il a fini
nous finissons	nous avons fini
vous finissez	vous avez fini
ils finissent	ils ont fini

Imparfait	Plus-que-parfait
je finissais	j' avais fini
tu finissais	tu avais fini
il finissait	il avait fini
nous finissions	nous avions fini
vous finissiez	vous aviez fini
ils finissaient	ils avaient fini

Passé simple	Passé antérieur
je finis	j' eus fini
tu finis	tu eus fini
il finit	il eut fini
nous finîmes	nous eûmes fini
vous finîtes	vous eûtes fini
ils finirent	ils eurent fini

Futur simple	Futur antérieur
je finirai	j' aurai fini
tu finiras	tu auras fini
il finira	il aura fini
nous finirons	nous aurons fini
vous finirez	vous aurez fini
ils finiront	ils auront fini

CONDITIONNEL

Présent	Passé
je finirais	j' aurais fini
tu finirais	tu aurais fini
il finirait	il aurait fini
nous finirions	nous aurions fini
vous finiriez	vous auriez fini
ils finiraient	ils auraient fini

SUBJONCTIF

Présent	Passé
que je finisse	que j' aie fini
que tu finisses	que tu aies fini
qu' il finisse	qu' il ait fini
que n. finissions	que n. ayons fini
que v. finissiez	que v. ayez fini
qu' ils finissent	qu' ils aient fini

Imparfait	Plus-que-parfait
que je finisse	que j' eusse fini
que tu finisses	que tu eusses fini
qu' il finît	qu' il eût fini
que n. finissions	que n. eussions fini
que v. finissiez	que v. eussiez fini
qu' ils finissent	qu' ils eussent fini

IMPÉRATIF

Présent	Passé
finis	aie fini
finissons	ayons fini
finissez	ayez fini

INFINITIF

Présent	Passé
finir	avoir fini

PARTICIPE

Présent	Passé
finissant	fini
	ayant fini

GÉRONDIF

Présent	Passé
en finissant	en ayant fini

Tous les verbes réguliers en **-ir** se conjuguent sur ce modèle.
Le verbe *haïr* prend un tréma dans toute sa conjugaison sauf au singulier de l'indicatif présent et de l'impératif : *je hais, tu hais, il hait ; hais.*

10 venir (tenir) — 3e groupe

INDICATIF

Présent	Passé composé
je viens	je suis venu
tu viens	tu es venu
il vient	il est venu
nous venons	nous sommes venus
vous venez	vous êtes venus
ils viennent	ils sont venus

Imparfait	Plus-que-parfait
je venais	j' étais venu
tu venais	tu étais venu
il venait	il était venu
nous venions	nous étions venus
vous veniez	vous étiez venus
ils venaient	ils étaient venus

Passé simple	Passé antérieur
je vins	je fus venu
tu vins	tu fus venu
il vint	il fut venu
nous vînmes	nous fûmes venus
vous vîntes	vous fûtes venus
ils vinrent	ils furent venus

Futur simple	Futur antérieur
je viendrai	je serai venu
tu viendras	tu seras venu
il viendra	il sera venu
nous viendrons	nous serons venus
vous viendrez	vous serez venus
ils viendront	ils seront venus

CONDITIONNEL

Présent	Passé
je viendrais	je serais venu
tu viendrais	tu serais venu
il viendrait	il serait venu
nous viendrions	nous serions venus
vous viendriez	vous seriez venus
ils viendraient	ils seraient venus

SUBJONCTIF

Présent	Passé
que je vienne	que je sois venu
que tu viennes	que tu sois venu
qu' il vienne	qu' il soit venu
que n. venions	que n. soyons venus
que v. veniez	que v. soyez venus
qu' ils viennent	qu' ils soient venus

Imparfait	Plus-que-parfait
que je vinsse	que je fusse venu
que tu vinsses	que tu fusses venu
qu' il vînt	qu' il fût venu
que n. vinssions	que n. fussions venus
que v. vinssiez	que v. fussiez venus
qu' ils vinssent	qu' ils fussent venus

IMPÉRATIF

Présent	Passé
viens	sois venu
venons	soyons venus
venez	soyez venus

INFINITIF

Présent	Passé
venir	être venu

PARTICIPE

Présent	Passé
venant	venu
	étant venu

GÉRONDIF

Présent	Passé
en venant	en étant venu

Le verbe *venir* se conjugue avec l'auxiliaire *être*. D'autres verbes se conjuguent sur ce modèle avec l'auxiliaire *avoir*.

11 partir (mentir, dormir, servir) — 3ᵉ groupe

INDICATIF

Présent		Passé composé		
je	pars	je	suis	parti
tu	pars	tu	es	parti
il	part	il	est	parti
nous	partons	nous	sommes	partis
vous	partez	vous	êtes	partis
ils	partent	ils	sont	partis

Imparfait		Plus-que-parfait		
je	partais	j'	étais	parti
tu	partais	tu	étais	parti
il	partait	il	était	parti
nous	partions	nous	étions	partis
vous	partiez	vous	étiez	partis
ils	partaient	ils	étaient	partis

Passé simple		Passé antérieur		
je	partis	je	fus	parti
tu	partis	tu	fus	parti
il	partit	il	fut	parti
nous	partîmes	nous	fûmes	partis
vous	partîtes	vous	fûtes	partis
ils	partirent	ils	furent	partis

Futur simple		Futur antérieur		
je	partirai	je	serai	parti
tu	partiras	tu	seras	parti
il	partira	il	sera	parti
nous	partirons	nous	serons	partis
vous	partirez	vous	serez	partis
ils	partiront	ils	seront	partis

CONDITIONNEL

Présent		Passé		
je	partirais	je	serais	parti
tu	partirais	tu	serais	parti
il	partirait	il	serait	parti
nous	partirions	nous	serions	partis
vous	partiriez	vous	seriez	partis
ils	partiraient	ils	seraient	partis

SUBJONCTIF

Présent		Passé		
que je	parte	que je	sois	parti
que tu	partes	que tu	sois	parti
qu' il	parte	qu' il	soit	parti
que n.	partions	que n.	soyons	partis
que v.	partiez	que v.	soyez	partis
qu' ils	partent	qu' ils	soient	partis

Imparfait		Plus-que-parfait		
que je	partisse	que je	fusse	parti
que tu	partisses	que tu	fusses	parti
qu' il	partît	qu' il	fût	parti
que n.	partissions	que n.	fussions	partis
que v.	partissiez	que v.	fussiez	partis
qu' ils	partissent	qu' ils	fussent	partis

IMPÉRATIF

Présent	Passé	
pars	sois	parti
partons	soyons	partis
partez	soyez	partis

INFINITIF

Présent	Passé
partir	être parti

PARTICIPE

Présent	Passé
partant	parti
	étant parti

GÉRONDIF

Présent	Passé
en partant	en étant parti

Avec **-s**, **-s**, **-t** à l'indicatif présent. Le verbe *partir* se conjugue avec l'auxiliaire *être*. D'autres verbes se conjuguent sur ce modèle avec l'auxiliaire *avoir*.
Les verbes comme *partir, mentir, sortir, dormir, servir* perdent la consonne finale du radical au singulier de l'indicatif présent et de l'impératif : *pars, mens, sors, dors, sers.*

12 courir — 3e groupe

INDICATIF

Présent	Passé composé
je cours	j' ai couru
tu cours	tu as couru
il court	il a couru
nous courons	nous avons couru
vous courez	vous avez couru
ils courent	ils ont couru

Imparfait	Plus-que-parfait
je courais	j' avais couru
tu courais	tu avais couru
il courait	il avait couru
nous courions	nous avions couru
vous couriez	vous aviez couru
ils couraient	ils avaient couru

Passé simple	Passé antérieur
je courus	j' eus couru
tu courus	tu eus couru
il courut	il eut couru
nous courûmes	nous eûmes couru
vous courûtes	vous eûtes couru
ils coururent	ils eurent couru

Futur simple	Futur antérieur
je courrai	j' aurai couru
tu courras	tu auras couru
il courra	il aura couru
nous courrons	nous aurons couru
vous courrez	vous aurez couru
ils courront	ils auront couru

CONDITIONNEL

Présent	Passé
je courrais	j' aurais couru
tu courrais	tu aurais couru
il courrait	il aurait couru
nous courrions	nous aurions couru
vous courriez	vous auriez couru
ils courraient	ils auraient couru

SUBJONCTIF

Présent	Passé
que je coure	que j' aie couru
que tu coures	que tu aies couru
qu' il coure	qu' il ait couru
que n. courions	que n. ayons couru
que v. couriez	que v. ayez couru
qu' ils courent	qu' ils aient couru

Imparfait	Plus-que-parfait
que je courusse	que j' eusse couru
que tu courusses	que tu eusses couru
qu' il courût	qu' il eût couru
que n. courussions	que n. eussions couru
que v. courussiez	que v. eussiez couru
qu' ils courussent	qu' ils eussent couru

IMPÉRATIF

Présent	Passé
cours	aie couru
courons	ayons couru
courez	ayez couru

INFINITIF

Présent	Passé
courir	avoir couru

PARTICIPE

Présent	Passé
courant	couru
	ayant couru

GÉRONDIF

Présent	Passé
en courant	en ayant couru

Avec **-s**, **-s**, **-t** à l'indicatif présent, mais **-e**, **-es**, **-e** au subjonctif présent.
Il y a deux **r** au futur et au conditionnel présent.

13 mourir — 3e groupe

INDICATIF

Présent		Passé composé		
je	meurs	je	suis	mort
tu	meurs	tu	es	mort
il	meurt	il	est	mort
nous	mourons	nous	sommes	morts
vous	mourez	vous	êtes	morts
ils	meurent	ils	sont	morts

Imparfait		Plus-que-parfait		
je	mourais	j'	étais	mort
tu	mourais	tu	étais	mort
il	mourait	il	était	mort
nous	mourions	nous	étions	morts
vous	mouriez	vous	étiez	morts
ils	mouraient	ils	étaient	morts

Passé simple		Passé antérieur		
je	mourus	je	fus	mort
tu	mourus	tu	fus	mort
il	mourut	il	fut	mort
nous	mourûmes	nous	fûmes	morts
vous	mourûtes	vous	fûtes	morts
ils	moururent	ils	furent	morts

Futur simple		Futur antérieur		
je	mourrai	je	serai	mort
tu	mourras	tu	seras	mort
il	mourra	il	sera	mort
nous	mourrons	nous	serons	morts
vous	mourrez	vous	serez	morts
ils	mourront	ils	seront	morts

CONDITIONNEL

Présent		Passé		
je	mourrais	je	serais	mort
tu	mourrais	tu	serais	mort
il	mourrait	il	serait	mort
nous	mourrions	nous	serions	morts
vous	mourriez	vous	seriez	morts
ils	mourraient	ils	seraient	morts

SUBJONCTIF

Présent			Passé			
que	je	meure	que	je	sois	mort
que	tu	meures	que	tu	sois	mort
qu'	il	meure	qu'	il	soit	mort
que	n.	mourions	que	n.	soyons	morts
que	v.	mouriez	que	v.	soyez	morts
qu'	ils	meurent	qu'	ils	soient	morts

Imparfait			Plus-que-parfait			
que	je	mourusse	que	je	fusse	mort
que	tu	mourusses	que	tu	fusses	mort
qu'	il	mourût	qu'	il	fût	mort
que	n.	mourussions	que	n.	fussions	morts
que	v.	mourussiez	que	v.	fussiez	morts
qu'	ils	mourussent	qu'	ils	fussent	morts

IMPÉRATIF

Présent	Passé	
meurs	sois	mort
mourons	soyons	morts
mourez	soyez	morts

INFINITIF

Présent	Passé
mourir	être mort

PARTICIPE

Présent	Passé
mourant	mort
	étant mort

GÉRONDIF

Présent	Passé
en mourant	en étant mort

Avec **-s**, **-s**, **-t** à l'indicatif présent, mais **-e**, **-es**, **-e** au subjonctif présent.
Il y a deux **r** au futur et au conditionnel présent.

14 ouvrir (offrir, souffrir) — 3e groupe

INDICATIF

Présent	Passé composé
j' ouvre	j' ai ouvert
tu ouvres	tu as ouvert
il ouvre	il a ouvert
nous ouvrons	nous avons ouvert
vous ouvrez	vous avez ouvert
ils ouvrent	ils ont ouvert

Imparfait	Plus-que-parfait
j' ouvrais	j' avais ouvert
tu ouvrais	tu avais ouvert
il ouvrait	il avait ouvert
nous ouvrions	nous avions ouvert
vous ouvriez	vous aviez ouvert
ils ouvraient	ils avaient ouvert

Passé simple	Passé antérieur
j' ouvris	j' eus ouvert
tu ouvris	tu eus ouvert
il ouvrit	il eut ouvert
nous ouvrîmes	nous eûmes ouvert
vous ouvrîtes	vous eûtes ouvert
ils ouvrirent	ils eurent ouvert

Futur simple	Futur antérieur
j' ouvrirai	j' aurai ouvert
tu ouvriras	tu auras ouvert
il ouvrira	il aura ouvert
nous ouvrirons	nous aurons ouvert
vous ouvrirez	vous aurez ouvert
ils ouvriront	ils auront ouvert

CONDITIONNEL

Présent	Passé
j' ouvrirais	j' aurais ouvert
tu ouvrirais	tu aurais ouvert
il ouvrirait	il aurait ouvert
nous ouvririons	nous aurions ouvert
vous ouvririez	vous auriez ouvert
ils ouvriraient	ils auraient ouvert

SUBJONCTIF

Présent	Passé
que j' ouvre	que j' aie ouvert
que tu ouvres	que tu aies ouvert
qu' il ouvre	qu' il ait ouvert
que n. ouvrions	que n. ayons ouvert
que v. ouvriez	que v. ayez ouvert
qu' ils ouvrent	qu' ils aient ouvert

Imparfait	Plus-que-parfait
que j' ouvrisse	que j' eusse ouvert
que tu ouvrisses	que tu eusses ouvert
qu' il ouvrît	qu' il eût ouvert
que n. ouvrissions	que n. eussions ouvert
que v. ouvrissiez	que v. eussiez ouvert
qu' ils ouvrissent	qu' ils eussent ouvert

IMPÉRATIF

Présent	Passé
ouvre	aie ouvert
ouvrons	ayons ouvert
ouvrez	ayez ouvert

INFINITIF

Présent	Passé
ouvrir	avoir ouvert

PARTICIPE

Présent	Passé
ouvrant	ouvert
	ayant ouvert

GÉRONDIF

Présent	Passé
en ouvrant	en ayant ouvert

Il n'y a pas de *s* à la 2e personne du singulier à l'impératif présent, sauf devant ***en*** : *ouvre les huîtres ; ouvres-en douze.*

15 cueillir — 3e groupe

INDICATIF

Présent	Passé composé
je cueille	j' ai cueilli
tu cueilles	tu as cueilli
il cueille	il a cueilli
nous cueillons	nous avons cueilli
vous cueillez	vous avez cueilli
ils cueillent	ils ont cueilli

Imparfait	Plus-que-parfait
je cueillais	j' avais cueilli
tu cueillais	tu avais cueilli
il cueillait	il avait cueilli
nous cueillions	nous avions cueilli
vous cueilliez	vous aviez cueilli
ils cueillaient	ils avaient cueilli

Passé simple	Passé antérieur
je cueillis	j' eus cueilli
tu cueillis	tu eus cueilli
il cueillit	il eut cueilli
nous cueillîmes	nous eûmes cueilli
vous cueillîtes	vous eûtes cueilli
ils cueillirent	ils eurent cueilli

Futur simple	Futur antérieur
je cueillerai	j' aurai cueilli
tu cueilleras	tu auras cueilli
il cueillera	il aura cueilli
nous cueillerons	nous aurons cueilli
vous cueillerez	vous aurez cueilli
ils cueilleront	ils auront cueilli

CONDITIONNEL

Présent	Passé
je cueillerais	j' aurais cueilli
tu cueillerais	tu aurais cueilli
il cueillerait	il aurait cueilli
nous cueillerions	nous aurions cueilli
vous cueilleriez	vous auriez cueilli
ils cueilleraient	ils auraient cueilli

SUBJONCTIF

Présent	Passé
que je cueille	que j' aie cueilli
que tu cueilles	que tu aies cueilli
qu' il cueille	qu' il ait cueilli
que n. cueillions	que n. ayons cueilli
que v. cueilliez	que v. ayez cueilli
qu' ils cueillent	qu' ils aient cueilli

Imparfait	Plus-que-parfait
que je cueillisse	que j' eusse cueilli
que tu cueillisses	que tu eusses cueilli
qu' il cueillît	qu' il eût cueilli
que n. cueillissions	que n. eussions cueilli
que v. cueillissiez	que v. eussiez cueilli
qu' ils cueillissent	qu' ils eussent cueilli

IMPÉRATIF

Présent	Passé
cueille	aie cueilli
cueillons	ayons cueilli
cueillez	ayez cueilli

INFINITIF

Présent	Passé
cueillir	avoir cueilli

PARTICIPE

Présent	Passé
cueillant	cueilli
	ayant cueilli

GÉRONDIF

Présent	Passé
en cueillant	en ayant cueilli

Il n'y a pas de *s* à la 2e personne du singulier à l'impératif présent, sauf devant ***en*** : *cueille des fleurs ; cueilles-en quelques-unes.*
Il ne faut pas oublier le **i** à l'indicatif imparfait et au subjonctif présent : *(que) nous cueillions.*

16 recevoir — 3ᵉ groupe

INDICATIF

Présent	Passé composé
je reçois	j' ai reçu
tu reçois	tu as reçu
il reçoit	il a reçu
nous recevons	nous avons reçu
vous recevez	vous avez reçu
ils reçoivent	ils ont reçu

Imparfait	Plus-que-parfait
je recevais	j' avais reçu
tu recevais	tu avais reçu
il recevait	il avait reçu
nous recevions	nous avions reçu
vous receviez	vous aviez reçu
ils recevaient	ils avaient reçu

Passé simple	Passé antérieur
je reçus	j' eus reçu
tu reçus	tu eus reçu
il reçut	il eut reçu
nous reçûmes	nous eûmes reçu
vous reçûtes	vous eûtes reçu
ils reçurent	ils eurent reçu

Futur simple	Futur antérieur
je recevrai	j' aurai reçu
tu recevras	tu auras reçu
il recevra	il aura reçu
nous recevrons	nous aurons reçu
vous recevrez	vous aurez reçu
ils recevront	ils auront reçu

CONDITIONNEL

Présent	Passé
je recevrais	j' aurais reçu
tu recevrais	tu aurais reçu
il recevrait	il aurait reçu
nous recevrions	nous aurions reçu
vous recevriez	vous auriez reçu
ils recevraient	ils auraient reçu

SUBJONCTIF

Présent	Passé
que je reçoive	que j' aie reçu
que tu reçoives	que tu aies reçu
qu' il reçoive	qu' il ait reçu
que n. recevions	que n. ayons reçu
que v. receviez	que v. ayez reçu
qu' ils reçoivent	qu' ils aient reçu

Imparfait	Plus-que-parfait
que je reçusse	que j' eusse reçu
que tu reçusses	que tu eusses reçu
qu' il reçût	qu' il eût reçu
que n. reçussions	que n. eussions reçu
que v. reçussiez	que v. eussiez reçu
qu' ils reçussent	qu' ils eussent reçu

IMPÉRATIF

Présent	Passé
reçois	aie reçu
recevons	ayons reçu
recevez	ayez reçu

INFINITIF

Présent	Passé
recevoir	avoir reçu

PARTICIPE

Présent	Passé
recevant	reçu
	ayant reçu

GÉRONDIF

Présent	Passé
en recevant	en ayant reçu

Sur ce modèle se conjuguent les verbes *apercevoir, concevoir, décevoir, percevoir.* Ces verbes prennent une cédille sous le **c** devant un *o* ou devant un *u* : *je reçois, il perçut.*

17 devoir 3e groupe

INDICATIF

Présent	Passé composé
je dois	j' ai dû
tu dois	tu as dû
il doit	il a dû
nous devons	nous avons dû
vous devez	vous avez dû
ils doivent	ils ont dû

Imparfait	Plus-que-parfait
je devais	j' avais dû
tu devais	tu avais dû
il devait	il avait dû
nous devions	nous avions dû
vous deviez	vous aviez dû
ils devaient	ils avaient dû

Passé simple	Passé antérieur
je dus	j' eus dû
tu dus	tu eus dû
il dut	il eut dû
nous dûmes	nous eûmes dû
vous dûtes	vous eûtes dû
ils durent	ils eurent dû

Futur simple	Futur antérieur
je devrai	j' aurai dû
tu devras	tu auras dû
il devra	il aura dû
nous devrons	nous aurons dû
vous devrez	vous aurez dû
ils devront	ils auront dû

CONDITIONNEL

Présent	Passé
je devrais	j' aurais dû
tu devrais	tu aurais dû
il devrait	il aurait dû
nous devrions	nous aurions dû
vous devriez	vous auriez dû
ils devraient	ils auraient dû

SUBJONCTIF

Présent	Passé
que je doive	que j' aie dû
que tu doives	que tu aies dû
qu' il doive	qu' il ait dû
que n. devions	que n. ayons dû
que v. deviez	que v. ayez dû
qu' ils doivent	qu' ils aient dû

Imparfait	Plus-que-parfait
que je dusse	que j' eusse dû
que tu dusses	que tu eusses dû
qu' il dût	qu' il eût dû
que n. dussions	que n. eussions dû
que v. dussiez	que v. eussiez dû
qu' ils dussent	qu' ils eussent dû

IMPÉRATIF

Présent	Passé
dois	aie dû
devons	ayons dû
devez	ayez dû

INFINITIF

Présent	Passé
devoir	avoir dû

PARTICIPE

Présent	Passé
devant	dû
	ayant dû

GÉRONDIF

Présent	Passé
en devant	en ayant dû

Attention à l'accent circonflexe sur le **u** du participe passé. Il n'existe qu'au masculin singulier : *dû,* mais *due, dus, dues.*

18 voir — 3e groupe

INDICATIF

Présent	Passé composé
je vois	j' ai vu
tu vois	tu as vu
il voit	il a vu
nous voyons	nous avons vu
vous voyez	vous avez vu
ils voient	ils ont vu

Imparfait	Plus-que-parfait
je voyais	j' avais vu
tu voyais	tu avais vu
il voyait	il avait vu
nous voyions	nous avions vu
vous voyiez	vous aviez vu
ils voyaient	ils avaient vu

Passé simple	Passé antérieur
je vis	j' eus vu
tu vis	tu eus vu
il vit	il eut vu
nous vîmes	nous eûmes vu
vous vîtes	vous eûtes vu
ils virent	ils eurent vu

Futur simple	Futur antérieur
je verrai	j' aurai vu
tu verras	tu auras vu
il verra	il aura vu
nous verrons	nous aurons vu
vous verrez	vous aurez vu
ils verront	ils auront vu

CONDITIONNEL

Présent	Passé
je verrais	j' aurais vu
tu verrais	tu aurais vu
il verrait	il aurait vu
nous verrions	nous aurions vu
vous verriez	vous auriez vu
ils verraient	ils auraient vu

SUBJONCTIF

Présent	Passé
que je voie	que j' aie vu
que tu voies	que tu aies vu
qu' il voie	qu' il ait vu
que n. voyions	que n. ayons vu
que v. voyiez	que v. ayez vu
qu' ils voient	qu' ils aient vu

Imparfait	Plus-que-parfait
que je visse	que j' eusse vu
que tu visses	que tu eusses vu
qu' il vît	qu' il eût vu
que n. vissions	que n. eussions vu
que v. vissiez	que v. eussiez vu
qu' ils vissent	qu' ils eussent vu

IMPÉRATIF

Présent	Passé
vois	aie vu
voyons	ayons vu
voyez	ayez vu

INFINITIF

Présent	Passé
voir	avoir vu

PARTICIPE

Présent	Passé
voyant	vu ayant vu

GÉRONDIF

Présent	Passé
en voyant	en ayant vu

Avec **-s**, **-s**, **-t** à l'indicatif présent, mais **-e**, **-es**, **-e** au subjonctif présent. Bien prononcer : *que je voie* [oi] et non ✕ *que je voye* [oiy'].
Il ne faut pas oublier le **i** à l'indicatif imparfait et au subjonctif présent : *(que) nous voyions*.

19 valoir — 3ᵉ groupe

INDICATIF

Présent		Passé composé		
je	vaux	j'	ai	valu
tu	vaux	tu	as	valu
il	vaut	il	a	valu
nous	valons	nous	avons	valu
vous	valez	vous	avez	valu
ils	valent	ils	ont	valu

Imparfait		Plus-que-parfait		
je	valais	j'	avais	valu
tu	valais	tu	avais	valu
il	valait	il	avait	valu
nous	valions	nous	avions	valu
vous	valiez	vous	aviez	valu
ils	valaient	ils	avaient	valu

Passé simple		Passé antérieur		
je	valus	j'	eus	valu
tu	valus	tu	eus	valu
il	valut	il	eut	valu
nous	valûmes	nous	eûmes	valu
vous	valûtes	vous	eûtes	valu
ils	valurent	ils	eurent	valu

Futur simple		Futur antérieur		
je	vaudrai	j'	aurai	valu
tu	vaudras	tu	auras	valu
il	vaudra	il	aura	valu
nous	vaudrons	nous	aurons	valu
vous	vaudrez	vous	aurez	valu
ils	vaudront	ils	auront	valu

CONDITIONNEL

Présent		Passé		
je	vaudrais	j'	aurais	valu
tu	vaudrais	tu	aurais	valu
il	vaudrait	il	aurait	valu
nous	vaudrions	nous	aurions	valu
vous	vaudriez	vous	auriez	valu
ils	vaudraient	ils	auraient	valu

SUBJONCTIF

Présent			Passé			
que	je	vaille	que	j'	aie	valu
que	tu	vailles	que	tu	aies	valu
qu'	il	vaille	qu'	il	ait	valu
que	n.	valions	que	n.	ayons	valu
que	v.	valiez	que	v.	ayez	valu
qu'	ils	vaillent	qu'	ils	aient	valu

Imparfait			Plus-que-parfait			
que	je	valusse	que	j'	eusse	valu
que	tu	valusses	que	tu	eusses	valu
qu'	il	valût	qu'	il	eût	valu
que	n.	valussions	que	n.	eussions	valu
que	v.	valussiez	que	v.	eussiez	valu
qu'	ils	valussent	qu'	ils	eussent	valu

IMPÉRATIF

Présent	Passé
vaux	aie valu
valons	ayons valu
valez	ayez valu

INFINITIF

Présent	Passé
valoir	avoir valu

PARTICIPE

Présent	Passé
valant	valu
	ayant valu

GÉRONDIF

Présent	Passé
en valant	en ayant valu

Avec **-x**, **-x**, **-t** à l'indicatif présent.
Le verbe *prévaloir* fait *que je prévale* au subjonctif présent.

20 vouloir

3e groupe

INDICATIF

Présent	Passé composé
je veux	j' ai voulu
tu veux	tu as voulu
il veut	il a voulu
nous voulons	nous avons voulu
vous voulez	vous avez voulu
ils veulent	ils ont voulu

Imparfait	Plus-que-parfait
je voulais	j' avais voulu
tu voulais	tu avais voulu
il voulait	il avait voulu
nous voulions	nous avions voulu
vous vouliez	vous aviez voulu
ils voulaient	ils avaient voulu

Passé simple	Passé antérieur
je voulus	j' eus voulu
tu voulus	tu eus voulu
il voulut	il eut voulu
nous voulûmes	nous eûmes voulu
vous voulûtes	vous eûtes voulu
ils voulurent	ils eurent voulu

Futur simple	Futur antérieur
je voudrai	j' aurai voulu
tu voudras	tu auras voulu
il voudra	il aura voulu
nous voudrons	nous aurons voulu
vous voudrez	vous aurez voulu
ils voudront	ils auront voulu

CONDITIONNEL

Présent	Passé
je voudrais	j' aurais voulu
tu voudrais	tu aurais voulu
il voudrait	il aurait voulu
nous voudrions	nous aurions voulu
vous voudriez	vous auriez voulu
ils voudraient	ils auraient voulu

SUBJONCTIF

Présent	Passé
que je veuille	que j' aie voulu
que tu veuilles	que tu aies voulu
qu' il veuille	qu' il ait voulu
que n. voulions	que n. ayons voulu
que v. vouliez	que v. ayez voulu
qu' ils veuillent	qu' ils aient voulu

Imparfait	Plus-que-parfait
que je voulusse	que j' eusse voulu
que tu voulusses	que tu eusses voulu
qu' il voulût	qu' il eût voulu
que n. voulussions	que n. eussions voulu
que v. voulussiez	que v. eussiez voulu
qu' ils voulussent	qu' ils eussent voulu

IMPÉRATIF

Présent	Passé
veux/veuille	aie voulu
voulons	ayons voulu
voulez/veuillez	ayez voulu

INFINITIF

Présent	Passé
vouloir	avoir voulu

PARTICIPE

Présent	Passé
voulant	voulu
	ayant voulu

GÉRONDIF

Présent	Passé
en voulant	en ayant voulu

Avec **-x**, **-x**, **-t** à l'indicatif présent.

21 pouvoir — 3ᵉ groupe

INDICATIF

Présent		Passé composé		
je	peux/puis*	j'	ai	pu
tu	peux	tu	as	pu
il	peut	il	a	pu
nous	pouvons	nous	avons	pu
vous	pouvez	vous	avez	pu
ils	peuvent	ils	ont	pu

Imparfait		Plus-que-parfait		
je	pouvais	j'	avais	pu
tu	pouvais	tu	avais	pu
il	pouvait	il	avait	pu
nous	pouvions	nous	avions	pu
vous	pouviez	vous	aviez	pu
ils	pouvaient	ils	avaient	pu

Passé simple		Passé antérieur		
je	pus	j'	eus	pu
tu	pus	tu	eus	pu
il	put	il	eut	pu
nous	pûmes	nous	eûmes	pu
vous	pûtes	vous	eûtes	pu
ils	purent	ils	eurent	pu

Futur simple		Futur antérieur		
je	pourrai	j'	aurai	pu
tu	pourras	tu	auras	pu
il	pourra	il	aura	pu
nous	pourrons	nous	aurons	pu
vous	pourrez	vous	aurez	pu
ils	pourront	ils	auront	pu

CONDITIONNEL

Présent		Passé		
je	pourrais	j'	aurais	pu
tu	pourrais	tu	aurais	pu
il	pourrait	il	aurait	pu
nous	pourrions	nous	aurions	pu
vous	pourriez	vous	auriez	pu
ils	pourraient	ils	auraient	pu

SUBJONCTIF

Présent			Passé			
que	je	puisse	que	j'	aie	pu
que	tu	puisses	que	tu	aies	pu
qu'	il	puisse	qu'	il	ait	pu
que	n.	puissions	que	n.	ayons	pu
que	v.	puissiez	que	v.	ayez	pu
qu'	ils	puissent	qu'	ils	aient	pu

Imparfait			Plus-que-parfait			
que	je	pusse	que	j'	eusse	pu
que	tu	pusses	que	tu	eusses	pu
qu'	il	pût	qu'	il	eût	pu
que	n.	pussions	que	n.	eussions	pu
que	v.	pussiez	que	v.	eussiez	pu
qu'	ils	pussent	qu'	ils	eussent	pu

IMPÉRATIF

Présent	Passé
inusité	*inusité*

INFINITIF

Présent	Passé
pouvoir	avoir pu

PARTICIPE

Présent	Passé
pouvant	pu ayant pu

GÉRONDIF

Présent	Passé
en pouvant	en ayant pu

* La forme *puis* s'emploie surtout dans une question : *puis-je entrer ?*
Avec **-x**, **-x**, **-t** à l'indicatif présent.
Il y a deux **r** au futur et au conditionnel.

22 a asseoir — 3e groupe

INDICATIF

Présent	Passé composé
j' assieds	j' ai assis
tu assieds	tu as assis
il assied	il a assis
nous asseyons	nous avons assis
vous asseyez	vous avez assis
ils asseyent	ils ont assis

Imparfait	Plus-que-parfait
j' asseyais	j' avais assis
tu asseyais	tu avais assis
il asseyait	il avait assis
nous asseyions	nous avions assis
vous asseyiez	vous aviez assis
ils asseyaient	ils avaient assis

Passé simple	Passé antérieur
j' assis	j' eus assis
tu assis	tu eus assis
il assit	il eut assis
nous assîmes	nous eûmes assis
vous assîtes	vous eûtes assis
ils assirent	ils eurent assis

Futur simple	Futur antérieur
j' assiérai	j' aurai assis
tu assiéras	tu auras assis
il assiéra	il aura assis
nous assiérons	nous aurons assis
vous assiérez	vous aurez assis
ils assiéront	ils auront assis

CONDITIONNEL

Présent	Passé
j' assiérais	j' aurais assis
tu assiérais	tu aurais assis
il assiérait	il aurait assis
nous assiérions	nous aurions assis
vous assiériez	vous auriez assis
ils assiéraient	ils auraient assis

SUBJONCTIF

Présent	Passé
que j' asseye	que j' aie assis
que tu asseyes	que tu aies assis
qu' il asseye	qu' il ait assis
que n. asseyions	que n. ayons assis
que v. asseyiez	que v. ayez assis
qu' ils asseyent	qu' ils aient assis

Imparfait	Plus-que-parfait
que j' assisse	que j' eusse assis
que tu assisses	que tu eusses assis
qu' il assît	qu' il eût assis
que n. assissions	que n. eussions assis
que v. assissiez	que v. eussiez assis
qu' ils assissent	qu' ils eussent assis

IMPÉRATIF

Présent	Passé
assieds	aie assis
asseyons	ayons assis
asseyez	ayez assis

INFINITIF

Présent	Passé
asseoir	avoir assis

PARTICIPE

Présent	Passé
asseyant	assis
	ayant assis

GÉRONDIF

Présent	Passé
en asseyant	en ayant assis

Ce verbe a deux conjugaisons. Voir page ci-contre.
Avec **-ds**, **-ds**, **-d** à l'indicatif présent et **-ds** à l'impératif.
Il ne faut pas oublier le **i** à l'indicatif imparfait et au subjonctif présent : *(que) nous asseyions.*

22 b asseoir — 3e groupe

INDICATIF

Présent	Passé composé
j' assois	j' ai assis
tu assois	tu as assis
il assoit	il a assis
nous assoyons	nous avons assis
vous assoyez	vous avez assis
ils assoient	ils ont assis

Imparfait	Plus-que-parfait
j' assoyais	j' avais assis
tu assoyais	tu avais assis
il assoyait	il avait assis
nous assoyions	nous avions assis
vous assoyiez	vous aviez assis
ils assoyaient	ils avaient assis

Passé simple	Passé antérieur
j' assis	j' eus assis
tu assis	tu eus assis
il assit	il eut assis
nous assîmes	nous eûmes assis
vous assîtes	vous eûtes assis
ils assirent	ils eurent assis

Futur simple	Futur antérieur
j' assoirai	j' aurai assis
tu assoiras	tu auras assis
il assoira	il aura assis
nous assoirons	nous aurons assis
vous assoirez	vous aurez assis
ils assoiront	ils auront assis

CONDITIONNEL

Présent	Passé
j' assoirais	j' aurais assis
tu assoirais	tu aurais assis
il assoirait	il aurait assis
nous assoirions	nous aurions assis
vous assoiriez	vous auriez assis
ils assoiraient	ils auraient assis

SUBJONCTIF

Présent	Passé
que j' assoie	que j' aie assis
que tu assoies	que tu aies assis
qu' il assoie	qu' il ait assis
que n. assoyions	que n. ayons assis
que v. assoyiez	que v. ayez assis
qu' ils assoient	qu' ils aient assis

Imparfait	Plus-que-parfait
que j' assisse	que j' eusse assis
que tu assisses	que tu eusses assis
qu' il assît	qu' il eût assis
que n. assissions	que n. eussions assis
que v. assissiez	que v. eussiez assis
qu' ils assissent	qu' ils eussent assis

IMPÉRATIF

Présent	Passé
assois	aie assis
assoyons	ayons assis
assoyez	ayez assis

INFINITIF

Présent	Passé
asseoir	avoir assis

PARTICIPE

Présent	Passé
assoyant	assis
	ayant assis

GÉRONDIF

Présent	Passé
en assoyant	en ayant assis

Le **e** de l'infinitif disparaît dans la conjugaison.
À l'impératif, on dit *assois-toi* ou *assieds-toi* et non ✕ *assis-toi*.
Il ne faut pas oublier le **i** à l'indicatif imparfait et au subjonctif présent : *(que) nous assoyions.*

23 savoir

3e groupe

INDICATIF

Présent	Passé composé
je sais	j' ai su
tu sais	tu as su
il sait	il a su
nous savons	nous avons su
vous savez	vous avez su
ils savent	ils ont su

Imparfait	Plus-que-parfait
je savais	j' avais su
tu savais	tu avais su
il savait	il avait su
nous savions	nous avions su
vous saviez	vous aviez su
ils savaient	ils avaient su

Passé simple	Passé antérieur
je sus	j' eus su
tu sus	tu eus su
il sut	il eut su
nous sûmes	nous eûmes su
vous sûtes	vous eûtes su
ils surent	ils eurent su

Futur simple	Futur antérieur
je saurai	j' aurai su
tu sauras	tu auras su
il saura	il aura su
nous saurons	nous aurons su
vous saurez	vous aurez su
ils sauront	ils auront su

CONDITIONNEL

Présent	Passé
je saurais	j' aurais su
tu saurais	tu aurais su
il saurait	il aurait su
nous saurions	nous aurions su
vous sauriez	vous auriez su
ils sauraient	ils auraient su

SUBJONCTIF

Présent	Passé
que je sache	que j' aie su
que tu saches	que tu aies su
qu' il sache	qu' il ait su
que n. sachions	que n. ayons su
que v. sachiez	que v. ayez su
qu' ils sachent	qu' ils aient su

Imparfait	Plus-que-parfait
que je susse	que j' eusse su
que tu susses	que tu eusses su
qu' il sût	qu' il eût su
que n. sussions	que n. eussions su
que v. sussiez	que v. eussiez su
qu' ils sussent	qu' ils eussent su

IMPÉRATIF

Présent	Passé
sache	aie su
sachons	ayons su
sachez	ayez su

INFINITIF

Présent	Passé
savoir	avoir su

PARTICIPE

Présent	Passé
sachant	su
	ayant su

GÉRONDIF

Présent	Passé
en sachant	en ayant su

24 faire — 3e groupe

INDICATIF

Présent	Passé composé
je fais	j' ai fait
tu fais	tu as fait
il fait	il a fait
nous faisons	nous avons fait
vous faites	vous avez fait
ils font	ils ont fait

Imparfait	Plus-que-parfait
je faisais	j' avais fait
tu faisais	tu avais fait
il faisait	il avait fait
nous faisions	nous avions fait
vous faisiez	vous aviez fait
ils faisaient	ils avaient fait

Passé simple	Passé antérieur
je fis	j' eus fait
tu fis	tu eus fait
il fit	il eut fait
nous fîmes	nous eûmes fait
vous fîtes	vous eûtes fait
ils firent	ils eurent fait

Futur simple	Futur antérieur
je ferai	j' aurai fait
tu feras	tu auras fait
il fera	il aura fait
nous ferons	nous aurons fait
vous ferez	vous aurez fait
ils feront	ils auront fait

CONDITIONNEL

Présent	Passé
je ferais	j' aurais fait
tu ferais	tu aurais fait
il ferait	il aurait fait
nous ferions	nous aurions fait
vous feriez	vous auriez fait
ils feraient	ils auraient fait

SUBJONCTIF

Présent	Passé
que je fasse	que j' aie fait
que tu fasses	que tu aies fait
qu' il fasse	qu' il ait fait
que n. fassions	que n. ayons fait
que v. fassiez	que v. ayez fait
qu' ils fassent	qu' ils aient fait

Imparfait	Plus-que-parfait
que je fisse	que j' eusse fait
que tu fisses	que tu eusses fait
qu' il fît	qu' il eût fait
que n. fissions	que n. eussions fait
que v. fissiez	que v. eussiez fait
qu' ils fissent	qu' ils eussent fait

IMPÉRATIF

Présent	Passé
fais	aie fait
faisons	ayons fait
faites	ayez fait

INFINITIF

Présent	Passé
faire	avoir fait

PARTICIPE

Présent	Passé
faisant	fait
	ayant fait

GÉRONDIF

Présent	Passé
en faisant	en ayant fait

Attention : *nous faisons, vous faites* et non ✕ *vous faisez*, comme pour les verbes *défaire, refaire, contrefaire.*

25 plaire

3e groupe

INDICATIF

Présent	Passé composé
je plais	j' ai plu
tu plais	tu as plu
il plaît	il a plu
nous plaisons	nous avons plu
vous plaisez	vous avez plu
ils plaisent	ils ont plu

Imparfait	Plus-que-parfait
je plaisais	j' avais plu
tu plaisais	tu avais plu
il plaisait	il avait plu
nous plaisions	nous avions plu
vous plaisiez	vous aviez plu
ils plaisaient	ils avaient plu

Passé simple	Passé antérieur
je plus	j' eus plu
tu plus	tu eus plu
il plut	il eut plu
nous plûmes	nous eûmes plu
vous plûtes	vous eûtes plu
ils plurent	ils eurent plu

Futur simple	Futur antérieur
je plairai	j' aurai plu
tu plairas	tu auras plu
il plaira	il aura plu
nous plairons	nous aurons plu
vous plairez	vous aurez plu
ils plairont	ils auront plu

CONDITIONNEL

Présent	Passé
je plairais	j' aurais plu
tu plairais	tu aurais plu
il plairait	il aurait plu
nous plairions	nous aurions plu
vous plairiez	vous auriez plu
ils plairaient	ils auraient plu

SUBJONCTIF

Présent	Passé
que je plaise	que j' aie plu
que tu plaises	que tu aies plu
qu' il plaise	qu' il ait plu
que n. plaisions	que n. ayons plu
que v. plaisiez	que v. ayez plu
qu' ils plaisent	qu' ils aient plu

Imparfait	Plus-que-parfait
que je plusse	que j' eusse plu
que tu plusses	que tu eusses plu
qu' il plût	qu' il eût plu
que n. plussions	que n. eussions plu
que v. plussiez	que v. eussiez plu
qu' ils plussent	qu' ils eussent plu

IMPÉRATIF

Présent	Passé
plais	aie plu
plaisons	ayons plu
plaisez	ayez plu

INFINITIF

Présent	Passé
plaire	avoir plu

PARTICIPE

Présent	Passé
plaisant	plu
	ayant plu

GÉRONDIF

Présent	Passé
en plaisant	en ayant plu

Avec un accent circonflexe sur le **i** de *plaît* : *s'il vous plaît.*
Le verbe *taire* se conjugue sur ce modèle, sauf pour : *il tait*, sans accent circonflexe.

26 extraire — 3e groupe

INDICATIF

Présent	Passé composé
j' extrais	j' ai extrait
tu extrais	tu as extrait
il extrait	il a extrait
nous extrayons	nous avons extrait
vous extrayez	vous avez extrait
ils extraient	ils ont extrait

Imparfait	Plus-que-parfait
j' extrayais	j' avais extrait
tu extrayais	tu avais extrait
il extrayait	il avait extrait
nous extrayions	nous avions extrait
vous extrayiez	vous aviez extrait
ils extrayaient	ils avaient extrait

Passé simple	Passé antérieur
inusité	j' eus extrait
	tu eus extrait
	il eut extrait
	nous eûmes extrait
	vous eûtes extrait
	ils eurent extrait

Futur simple	Futur antérieur
j' extrairai	j' aurai extrait
tu extrairas	tu auras extrait
il extraira	il aura extrait
nous extrairons	nous aurons extrait
vous extrairez	vous aurez extrait
ils extrairont	ils auront extrait

CONDITIONNEL

Présent	Passé
j' extrairais	j' aurais extrait
tu extrairais	tu aurais extrait
il extrairait	il aurait extrait
nous extrairions	nous aurions extrait
vous extrairiez	vous auriez extrait
ils extrairaient	ils auraient extrait

SUBJONCTIF

Présent	Passé
que j' extraie	que j' aie extrait
que tu extraies	que tu aies extrait
qu' il extraie	qu' il ait extrait
que n. extrayions	que n. ayons extrait
que v. extrayiez	que v. ayez extrait
qu' ils extraient	qu' ils aient extrait

Imparfait	Plus-que-parfait
inusité	que j' eusse extrait
	que tu eusses extrait
	qu' il eût extrait
	que n. eussions extrait
	que v. eussiez extrait
	qu' ils eussent extrait

IMPÉRATIF

Présent	Passé
extrais	aie extrait
extrayons	ayons extrait
extrayez	ayez extrait

INFINITIF

Présent	Passé
extraire	avoir extrait

PARTICIPE

Présent	Passé
extrayant	extrait
	ayant extrait

GÉRONDIF

Présent	Passé
en extrayant	en ayant extrait

Avec **-s**, **-s**, **-t** à l'indicatif présent, mais **-e**, **-es**, **-e** au subjonctif présent. Bien prononcer : *que j'extraie* [è] et non ✕ *que j'extraye* [èy'].
Il ne faut pas oublier le **i** à l'indicatif imparfait et au subjonctif présent : *(que) nous extrayions.*

27 écrire

3e groupe

INDICATIF

Présent	Passé composé
j' écris	j' ai écrit
tu écris	tu as écrit
il écrit	il a écrit
nous écrivons	nous avons écrit
vous écrivez	vous avez écrit
ils écrivent	ils ont écrit

Imparfait	Plus-que-parfait
j' écrivais	j' avais écrit
tu écrivais	tu avais écrit
il écrivait	il avait écrit
nous écrivions	nous avions écrit
vous écriviez	vous aviez écrit
ils écrivaient	ils avaient écrit

Passé simple	Passé antérieur
j' écrivis	j' eus écrit
tu écrivis	tu eus écrit
il écrivit	il eut écrit
nous écrivîmes	nous eûmes écrit
vous écrivîtes	vous eûtes écrit
ils écrivirent	ils eurent écrit

Futur simple	Futur antérieur
j' écrirai	j' aurai écrit
tu écriras	tu auras écrit
il écrira	il aura écrit
nous écrirons	nous aurons écrit
vous écrirez	vous aurez écrit
ils écriront	ils auront écrit

CONDITIONNEL

Présent	Passé
j' écrirais	j' aurais écrit
tu écrirais	tu aurais écrit
il écrirait	il aurait écrit
nous écririons	nous aurions écrit
vous écririez	vous auriez écrit
ils écriraient	ils auraient écrit

SUBJONCTIF

Présent	Passé
que j' écrive	que j' aie écrit
que tu écrives	que tu aies écrit
qu' il écrive	qu' il ait écrit
que n. écrivions	que n. ayons écrit
que v. écriviez	que v. ayez écrit
qu' ils écrivent	qu' ils aient écrit

Imparfait	Plus-que-parfait
que j' écrivisse	que j' eusse écrit
que tu écrivisses	que tu eusses écrit
qu' il écrivît	qu' il eût écrit
que n. écrivissions	que n. eussions écrit
que v. écrivissiez	que v. eussiez écrit
qu' ils écrivissent	qu' ils eussent écrit

IMPÉRATIF

Présent	Passé
écris	aie écrit
écrivons	ayons écrit
écrivez	ayez écrit

INFINITIF

Présent	Passé
écrire	avoir écrit

PARTICIPE

Présent	Passé
écrivant	écrit
	ayant écrit

GÉRONDIF

Présent	Passé
en écrivant	en ayant écrit

28 lire — 3e groupe

INDICATIF

Présent	Passé composé
je lis	j' ai lu
tu lis	tu as lu
il lit	il a lu
nous lisons	nous avons lu
vous lisez	vous avez lu
ils lisent	ils ont lu

Imparfait	Plus-que-parfait
je lisais	j' avais lu
tu lisais	tu avais lu
il lisait	il avait lu
nous lisions	nous avions lu
vous lisiez	vous aviez lu
ils lisaient	ils avaient lu

Passé simple	Passé antérieur
je lus	j' eus lu
tu lus	tu eus lu
il lut	il eut lu
nous lûmes	nous eûmes lu
vous lûtes	vous eûtes lu
ils lurent	ils eurent lu

Futur simple	Futur antérieur
je lirai	j' aurai lu
tu liras	tu auras lu
il lira	il aura lu
nous lirons	nous aurons lu
vous lirez	vous aurez lu
ils liront	ils auront lu

CONDITIONNEL

Présent	Passé
je lirais	j' aurais lu
tu lirais	tu aurais lu
il lirait	il aurait lu
nous lirions	nous aurions lu
vous liriez	vous auriez lu
ils liraient	ils auraient lu

SUBJONCTIF

Présent	Passé
que je lise	que j' aie lu
que tu lises	que tu aies lu
qu' il lise	qu' il ait lu
que n. lisions	que n. ayons lu
que v. lisiez	que v. ayez lu
qu' ils lisent	qu' ils aient lu

Imparfait	Plus-que-parfait
que je lusse	que j' eusse lu
que tu lusses	que tu eusses lu
qu' il lût	qu' il eût lu
que n. lussions	que n. eussions lu
que v. lussiez	que v. eussiez lu
qu' ils lussent	qu' ils eussent lu

IMPÉRATIF

Présent	Passé
lis	aie lu
lisons	ayons lu
lisez	ayez lu

INFINITIF

Présent	Passé
lire	avoir lu

PARTICIPE

Présent	Passé
lisant	lu
	ayant lu

GÉRONDIF

Présent	Passé
en lisant	en ayant lu

Sur ce modèle se conjugue le verbe *élire*.
Attention au passé simple : *ils lurent, ils élurent* et non ✕ *ils lirent, ils élirent*.

29 dire — 3ᵉ groupe

INDICATIF

Présent	Passé composé
je dis	j' ai dit
tu dis	tu as dit
il dit	il a dit
nous disons	nous avons dit
vous dites	vous avez dit
ils disent	ils ont dit

Imparfait	Plus-que-parfait
je disais	j' avais dit
tu disais	tu avais dit
il disait	il avait dit
nous disions	nous avions dit
vous disiez	vous aviez dit
ils disaient	ils avaient dit

Passé simple	Passé antérieur
je dis	j' eus dit
tu dis	tu eus dit
il dit	il eut dit
nous dîmes	nous eûmes dit
vous dîtes	vous eûtes dit
ils dirent	ils eurent dit

Futur simple	Futur antérieur
je dirai	j' aurai dit
tu diras	tu auras dit
il dira	il aura dit
nous dirons	nous aurons dit
vous direz	vous aurez dit
ils diront	ils auront dit

CONDITIONNEL

Présent	Passé
je dirais	j' aurais dit
tu dirais	tu aurais dit
il dirait	il aurait dit
nous dirions	nous aurions dit
vous diriez	vous auriez dit
ils diraient	ils auraient dit

SUBJONCTIF

Présent	Passé
que je dise	que j' aie dit
que tu dises	que tu aies dit
qu' il dise	qu' il ait dit
que n. disions	que n. ayons dit
que v. disiez	que v. ayez dit
qu' ils disent	qu' ils aient dit

Imparfait	Plus-que-parfait
que je disse	que j' eusse dit
que tu disses	que tu eusses dit
qu' il dît	qu' il eût dit
que n. dissions	que n. eussions dit
que v. dissiez	que v. eussiez dit
qu' ils dissent	qu' ils eussent dit

IMPÉRATIF

Présent	Passé
dis	aie dit
disons	ayons dit
dites	ayez dit

INFINITIF

Présent	Passé
dire	avoir dit

PARTICIPE

Présent	Passé
disant	dit
	ayant dit

GÉRONDIF

Présent	Passé
en disant	en ayant dit

Attention : *nous disons, vous dites* et non ✗ *vous disez*, comme pour le verbe *redire*.
Mais *prédire, contredire, médire, interdire* font : *vous prédisez, contredisez, médisez, interdisez.*

30 conduire — 3e groupe

INDICATIF

Présent	Passé composé
je conduis	j' ai conduit
tu conduis	tu as conduit
il conduit	il a conduit
nous conduisons	nous avons conduit
vous conduisez	vous avez conduit
ils conduisent	ils ont conduit

Imparfait	Plus-que-parfait
je conduisais	j' avais conduit
tu conduisais	tu avais conduit
il conduisait	il avait conduit
nous conduisions	nous avions conduit
vous conduisiez	vous aviez conduit
ils conduisaient	ils avaient conduit

Passé simple	Passé antérieur
je conduisis	j' eus conduit
tu conduisis	tu eus conduit
il conduisit	il eut conduit
nous conduisîmes	nous eûmes conduit
vous conduisîtes	vous eûtes conduit
ils conduisirent	ils eurent conduit

Futur simple	Futur antérieur
je conduirai	j' aurai conduit
tu conduiras	tu auras conduit
il conduira	il aura conduit
nous conduirons	nous aurons conduit
vous conduirez	vous aurez conduit
ils conduiront	ils auront conduit

CONDITIONNEL

Présent	Passé
je conduirais	j' aurais conduit
tu conduirais	tu aurais conduit
il conduirait	il aurait conduit
nous conduirions	nous aurions conduit
vous conduiriez	vous auriez conduit
ils conduiraient	ils auraient conduit

SUBJONCTIF

Présent	Passé
que je conduise	que j' aie conduit
que tu conduises	que tu aies conduit
qu' il conduise	qu' il ait conduit
que n. conduisions	que n. ayons conduit
que v. conduisiez	que v. ayez conduit
qu' ils conduisent	qu' ils aient conduit

Imparfait	Plus-que-parfait
que je conduisisse	que j' eusse conduit
que tu conduisisses	que tu eusses conduit
qu' il conduisît	qu' il eût conduit
que n. conduisissions	que n. eussions conduit
que v. conduisissiez	que v. eussiez conduit
qu' ils conduisissent	qu' ils eussent conduit

IMPÉRATIF

Présent	Passé
conduis	aie conduit
conduisons	ayons conduit
conduisez	ayez conduit

INFINITIF

Présent	Passé
conduire	avoir conduit

PARTICIPE

Présent	Passé
conduisant	conduit
	ayant conduit

GÉRONDIF

Présent	Passé
en conduisant	en ayant conduit

Les verbes *nuire, luire, reluire* font *nui, lui, relui* au participe passé.

31 vivre — 3e groupe

INDICATIF

Présent		Passé composé		
je	vis	j'	ai	vécu
tu	vis	tu	as	vécu
il	vit	il	a	vécu
nous	vivons	nous	avons	vécu
vous	vivez	vous	avez	vécu
ils	vivent	ils	ont	vécu

Imparfait		Plus-que-parfait		
je	vivais	j'	avais	vécu
tu	vivais	tu	avais	vécu
il	vivait	il	avait	vécu
nous	vivions	nous	avions	vécu
vous	viviez	vous	aviez	vécu
ils	vivaient	ils	avaient	vécu

Passé simple		Passé antérieur		
je	vécus	j'	eus	vécu
tu	vécus	tu	eus	vécu
il	vécut	il	eut	vécu
nous	vécûmes	nous	eûmes	vécu
vous	vécûtes	vous	eûtes	vécu
ils	vécurent	ils	eurent	vécu

Futur simple		Futur antérieur		
je	vivrai	j'	aurai	vécu
tu	vivras	tu	auras	vécu
il	vivra	il	aura	vécu
nous	vivrons	nous	aurons	vécu
vous	vivrez	vous	aurez	vécu
ils	vivront	ils	auront	vécu

CONDITIONNEL

Présent		Passé		
je	vivrais	j'	aurais	vécu
tu	vivrais	tu	aurais	vécu
il	vivrait	il	aurait	vécu
nous	vivrions	nous	aurions	vécu
vous	vivriez	vous	auriez	vécu
ils	vivraient	ils	auraient	vécu

SUBJONCTIF

Présent			Passé			
que	je	vive	que	j'	aie	vécu
que	tu	vives	que	tu	aies	vécu
qu'	il	vive	qu'	il	ait	vécu
que	n.	vivions	que	n.	ayons	vécu
que	v.	viviez	que	v.	ayez	vécu
qu'	ils	vivent	qu'	ils	aient	vécu

Imparfait			Plus-que-parfait			
que	je	vécusse	que	j'	eusse	vécu
que	tu	vécusses	que	tu	eusses	vécu
qu'	il	vécût	qu'	il	eût	vécu
que	n.	vécussions	que	n.	eussions	vécu
que	v.	vécussiez	que	v.	eussiez	vécu
qu'	ils	vécussent	qu'	ils	eussent	vécu

IMPÉRATIF

Présent	Passé
vis	aie vécu
vivons	ayons vécu
vivez	ayez vécu

INFINITIF

Présent	Passé
vivre	avoir vécu

PARTICIPE

Présent	Passé
vivant	vécu
	ayant vécu

GÉRONDIF

Présent	Passé
en vivant	en ayant vécu

32 croire

3e groupe

INDICATIF

Présent

je	crois
tu	crois
il	croit
nous	croyons
vous	croyez
ils	croient

Passé composé

j'	ai	cru
tu	as	cru
il	a	cru
nous	avons	cru
vous	avez	cru
ils	ont	cru

Imparfait

je	croyais
tu	croyais
il	croyait
nous	croyions
vous	croyiez
ils	croyaient

Plus-que-parfait

j'	avais	cru
tu	avais	cru
il	avait	cru
nous	avions	cru
vous	aviez	cru
ils	avaient	cru

Passé simple

je	crus
tu	crus
il	crut
nous	crûmes
vous	crûtes
ils	crurent

Passé antérieur

j'	eus	cru
tu	eus	cru
il	eut	cru
nous	eûmes	cru
vous	eûtes	cru
ils	eurent	cru

Futur simple

je	croirai
tu	croiras
il	croira
nous	croirons
vous	croirez
ils	croiront

Futur antérieur

j'	aurai	cru
tu	auras	cru
il	aura	cru
nous	aurons	cru
vous	aurez	cru
ils	auront	cru

CONDITIONNEL

Présent

je	croirais
tu	croirais
il	croirait
nous	croirions
vous	croiriez
ils	croiraient

Passé

j'	aurais	cru
tu	aurais	cru
il	aurait	cru
nous	aurions	cru
vous	auriez	cru
ils	auraient	cru

SUBJONCTIF

Présent

que	je	croie
que	tu	croies
qu'	il	croie
que	n.	croyions
que	v.	croyiez
qu'	ils	croient

Passé

que	j'	aie	cru
que	tu	aies	cru
qu'	il	ait	cru
que	n.	ayons	cru
que	v.	ayez	cru
qu'	ils	aient	cru

Imparfait

que	je	crusse
que	tu	crusses
qu'	il	crût
que	n.	crussions
que	v.	crussiez
qu'	ils	crussent

Plus-que-parfait

que	j'	eusse	cru
que	tu	eusses	cru
qu'	il	eût	cru
que	n.	eussions	cru
que	v.	eussiez	cru
qu'	ils	eussent	cru

IMPÉRATIF

Présent

crois
croyons
croyez

Passé

aie cru
ayons cru
ayez cru

INFINITIF

Présent

croire

Passé

avoir cru

PARTICIPE

Présent

croyant

Passé

cru
ayant cru

GÉRONDIF

Présent

en croyant

Passé

en ayant cru

Avec **-s**, **-s**, **-t** au présent de l'indicatif, mais **-e**, **-es**, **-e** au subjonctif présent. Bien prononcer : *que je croie* [oi] et non ✕ *que je croye* [oiy'].
Il ne faut pas oublier le **i** à l'indicatif imparfait et au subjonctif présent : *(que) nous croyions.*

33 prendre — 3e groupe

INDICATIF

Présent	Passé composé
je prends	j' ai pris
tu prends	tu as pris
il prend	il a pris
nous prenons	nous avons pris
vous prenez	vous avez pris
ils prennent	ils ont pris

Imparfait	Plus-que-parfait
je prenais	j' avais pris
tu prenais	tu avais pris
il prenait	il avait pris
nous prenions	nous avions pris
vous preniez	vous aviez pris
ils prenaient	ils avaient pris

Passé simple	Passé antérieur
je pris	j' eus pris
tu pris	tu eus pris
il prit	il eut pris
nous prîmes	nous eûmes pris
vous prîtes	vous eûtes pris
ils prirent	ils eurent pris

Futur simple	Futur antérieur
je prendrai	j' aurai pris
tu prendras	tu auras pris
il prendra	il aura pris
nous prendrons	nous aurons pris
vous prendrez	vous aurez pris
ils prendront	ils auront pris

CONDITIONNEL

Présent	Passé
je prendrais	j' aurais pris
tu prendrais	tu aurais pris
il prendrait	il aurait pris
nous prendrions	nous aurions pris
vous prendriez	vous auriez pris
ils prendraient	ils auraient pris

SUBJONCTIF

Présent	Passé
que je prenne	que j' aie pris
que tu prennes	que tu aies pris
qu' il prenne	qu' il ait pris
que n. prenions	que n. ayons pris
que v. preniez	que v. ayez pris
qu' ils prennent	qu' ils aient pris

Imparfait	Plus-que-parfait
que je prisse	que j' eusse pris
que tu prisses	que tu eusses pris
qu' il prît	qu' il eût pris
que n. prissions	que n. eussions pris
que v. prissiez	que v. eussiez pris
qu' ils prissent	qu' ils eussent pris

IMPÉRATIF

Présent	Passé
prends	aie pris
prenons	ayons pris
prenez	ayez pris

INFINITIF

Présent	Passé
prendre	avoir pris

PARTICIPE

Présent	Passé
prenant	pris ayant pris

GÉRONDIF

Présent	Passé
en prenant	en ayant pris

Avec **-ds**, **-ds**, **-d** à l'indicatif présent et **-ds** à l'impératif.

34 rendre (perdre, pondre, tordre) — 3e groupe

INDICATIF

Présent	Passé composé
je rends	j' ai rendu
tu rends	tu as rendu
il rend	il a rendu
nous rendons	nous avons rendu
vous rendez	vous avez rendu
ils rendent	ils ont rendu

Imparfait	Plus-que-parfait
je rendais	j' avais rendu
tu rendais	tu avais rendu
il rendait	il avait rendu
nous rendions	nous avions rendu
vous rendiez	vous aviez rendu
ils rendaient	ils avaient rendu

Passé simple	Passé antérieur
je rendis	j' eus rendu
tu rendis	tu eus rendu
il rendit	il eut rendu
nous rendîmes	nous eûmes rendu
vous rendîtes	vous eûtes rendu
ils rendirent	ils eurent rendu

Futur simple	Futur antérieur
je rendrai	j' aurai rendu
tu rendras	tu auras rendu
il rendra	il aura rendu
nous rendrons	nous aurons rendu
vous rendrez	vous aurez rendu
ils rendront	ils auront rendu

CONDITIONNEL

Présent	Passé
je rendrais	j' aurais rendu
tu rendrais	tu aurais rendu
il rendrait	il aurait rendu
nous rendrions	nous aurions rendu
vous rendriez	vous auriez rendu
ils rendraient	ils auraient rendu

SUBJONCTIF

Présent	Passé
que je rende	que j' aie rendu
que tu rendes	que tu aies rendu
qu' il rende	qu' il ait rendu
que n. rendions	que n. ayons rendu
que v. rendiez	que v. ayez rendu
qu' ils rendent	qu' ils aient rendu

Imparfait	Plus-que-parfait
que je rendisse	que j' eusse rendu
que tu rendisses	que tu eusses rendu
qu' il rendît	qu' il eût rendu
que n. rendissions	que n. eussions rendu
que v. rendissiez	que v. eussiez rendu
qu' ils rendissent	qu' ils eussent rendu

IMPÉRATIF

Présent	Passé
rends	aie rendu
rendons	ayons rendu
rendez	ayez rendu

INFINITIF

Présent	Passé
rendre	avoir rendu

PARTICIPE

Présent	Passé
rendant	rendu
	ayant rendu

GÉRONDIF

Présent	Passé
en rendant	en ayant rendu

Avec **-ds**, **-ds**, **-d** à l'indicatif présent et **-ds** à l'impératif. De même pour les verbes en **-andre**, **-erdre**, **-ondre**, **-ordre** : *il répand, il perd, il pond, il tord*.
Les verbes *rompre, corrompre, interrompre* font : *il rompt, il corrompt, il interrompt,* avec **-pt**.

35 peindre (craindre, joindre) — 3e groupe

INDICATIF

Présent	Passé composé
je peins	j' ai peint
tu peins	tu as peint
il peint	il a peint
nous peignons	nous avons peint
vous peignez	vous avez peint
ils peignent	ils ont peint

Imparfait	Plus-que-parfait
je peignais	j' avais peint
tu peignais	tu avais peint
il peignait	il avait peint
nous peignions	nous avions peint
vous peigniez	vous aviez peint
ils peignaient	ils avaient peint

Passé simple	Passé antérieur
je peignis	j' eus peint
tu peignis	tu eus peint
il peignit	il eut peint
nous peignîmes	nous eûmes peint
vous peignîtes	vous eûtes peint
ils peignirent	ils eurent peint

Futur simple	Futur antérieur
je peindrai	j' aurai peint
tu peindras	tu auras peint
il peindra	il aura peint
nous peindrons	nous aurons peint
vous peindrez	vous aurez peint
ils peindront	ils auront peint

CONDITIONNEL

Présent	Passé
je peindrais	j' aurais peint
tu peindrais	tu aurais peint
il peindrait	il aurait peint
nous peindrions	nous aurions peint
vous peindriez	vous auriez peint
ils peindraient	ils auraient peint

SUBJONCTIF

Présent	Passé
que je peigne	que j' aie peint
que tu peignes	que tu aies peint
qu' il peigne	qu' il ait peint
que n. peignions	que n. ayons peint
que v. peigniez	que v. ayez peint
qu' ils peignent	qu' ils aient peint

Imparfait	Plus-que-parfait
que je peignisse	que j' eusse peint
que tu peignisses	que tu eusses peint
qu' il peignît	qu' il eût peint
que n. peignissions	que n. eussions peint
que v. peignissiez	que v. eussiez peint
qu' ils peignissent	qu' ils eussent peint

IMPÉRATIF

Présent	Passé
peins	aie peint
peignons	ayons peint
peignez	ayez peint

INFINITIF

Présent	Passé
peindre	avoir peint

PARTICIPE

Présent	Passé
peignant	peint
	ayant peint

GÉRONDIF

Présent	Passé
en peignant	en ayant peint

Avec **-s**, **-s**, **-t** à l'indicatif présent.
Il ne faut pas oublier le **i** à l'indicatif imparfait et au subjonctif présent : *(que) nous peignions.*

36 connaître — 3e groupe

INDICATIF

Présent	Passé composé
je connais	j' ai connu
tu connais	tu as connu
il connaît	il a connu
nous connaissons	nous avons connu
vous connnaissez	vous avez connu
ils connaissent	ils ont connu

Imparfait	Plus-que-parfait
je connaissais	j' avais connu
tu connaissais	tu avais connu
il connaissait	il avait connu
nous connaissions	nous avions connu
vous connaissiez	vous aviez connu
ils connaissaient	ils avaient connu

Passé simple	Passé antérieur
je connus	j' eus connu
tu connus	tu eus connu
il connut	il eut connu
nous connûmes	nous eûmes connu
vous connûtes	vous eûtes connu
ils connurent	ils eurent connu

Futur simple	Futur antérieur
je connaîtrai	j' aurai connu
tu connaîtras	tu auras connu
il connaîtra	il aura connu
nous connaîtrons	nous aurons connu
vous connaîtrez	vous aurez connu
ils connaîtront	ils auront connu

CONDITIONNEL

Présent	Passé
je connaîtrais	j' aurais connu
tu connaîtrais	tu aurais connu
il connaîtrait	il aurait connu
nous connaîtrions	nous aurions connu
vous connaîtriez	vous auriez connu
ils connaîtraient	ils auraient connu

SUBJONCTIF

Présent	Passé
que je connaisse	que j' aie connu
que tu connaisses	que tu aies connu
qu' il connaisse	qu' il ait connu
que n. connaissions	que n. ayons connu
que v. connaissiez	que v. ayez connu
qu' ils connaissent	qu' ils aient connu

Imparfait	Plus-que-parfait
que je connusse	que j' eusse connu
que tu connusses	que tu eusses connu
qu' il connût	qu' il eût connu
que n. connussions	que n. eussions connu
que v. connussiez	que v. eussiez connu
qu' ils connussent	qu' ils eussent connu

IMPÉRATIF

Présent	Passé
connais	aie connu
connaissons	ayons connu
connaissez	ayez connu

INFINITIF

Présent	Passé
connaître	avoir connu

PARTICIPE

Présent	Passé
connaissant	connu
	ayant connu

GÉRONDIF

Présent	Passé
en connaissant	en ayant connu

Les verbes en **-aître** ou en **-oître** prennent un accent circonflexe sur le **i** devant un *t* : *il connaît, il décroît.*

Le verbe *croître* a un **î** sur toutes les formes que l'on peut confondre avec celles du verbe *croire* : *je croîs, tu croîs,* etc., et au participe passé, *crû.*

37 mettre — 3ᵉ groupe

INDICATIF

Présent	Passé composé
je mets	j' ai mis
tu mets	tu as mis
il met	il a mis
nous mettons	nous avons mis
vous mettez	vous avez mis
ils mettent	ils ont mis

Imparfait	Plus-que-parfait
je mettais	j' avais mis
tu mettais	tu avais mis
il mettait	il avait mis
nous mettions	nous avions mis
vous mettiez	vous aviez mis
ils mettaient	ils avaient mis

Passé simple	Passé antérieur
je mis	j' eus mis
tu mis	tu eus mis
il mit	il eut mis
nous mîmes	nous eûmes mis
vous mîtes	vous eûtes mis
ils mirent	ils eurent mis

Futur simple	Futur antérieur
je mettrai	j' aurai mis
tu mettras	tu auras mis
il mettra	il aura mis
nous mettrons	nous aurons mis
vous mettrez	vous aurez mis
ils mettront	ils auront mis

CONDITIONNEL

Présent	Passé
je mettrais	j' aurais mis
tu mettrais	tu aurais mis
il mettrait	il aurait mis
nous mettrions	nous aurions mis
vous mettriez	vous auriez mis
ils mettraient	ils auraient mis

SUBJONCTIF

Présent	Passé
que je mette	que j' aie mis
que tu mettes	que tu aies mis
qu' il mette	qu' il ait mis
que n. mettions	que n. ayons mis
que v. mettiez	que v. ayez mis
qu' ils mettent	qu' ils aient mis

Imparfait	Plus-que-parfait
que je misse	que j' eusse mis
que tu misses	que tu eusses mis
qu' il mît	qu' il eût mis
que n. missions	que n. eussions mis
que v. missiez	que v. eussiez mis
qu' ils missent	qu' ils eussent mis

IMPÉRATIF

Présent	Passé
mets	aie mis
mettons	ayons mis
mettez	ayez mis

INFINITIF

Présent	Passé
mettre	avoir mis

PARTICIPE

Présent	Passé
mettant	mis
	ayant mis

GÉRONDIF

Présent	Passé
en mettant	en ayant mis

Attention à ne pas ajouter de *e* muet au conditionnel : *nous mettrions* et non ✗ *nous metterions.*
Le verbe *battre* fait : *je battis* au passé simple, *que je battisse* au subjonctif imparfait et *battu* au participe passé.

Rectifications de l'orthographe

Résumé d'après le rapport du Conseil supérieur de la langue française, publié au *Journal officiel* du 6 décembre 1990.

Dans son discours du 24 octobre 1989, le Premier ministre a proposé à la réflexion du Conseil supérieur de la langue française cinq points concernant l'orthographe :
- le trait d'union ;
- le pluriel des mots composés ;
- l'accent circonflexe ;
- le participe passé des verbes pronominaux ;
- diverses anomalies.

C'est à partir de ces cinq points que les propositions de rectifications orthographiques suivantes ont été élaborées.

Ces rectifications ont reçu un avis favorable de l'Académie française à l'unanimité, ainsi que l'accord du Conseil de la langue française du Québec et celui du Conseil de la langue de la Communauté française de Belgique. Ces rectifications sont modérées dans leur teneur et dans leur étendue. L'Académie française en enregistre et en recommande certaines dans son dictionnaire (9e édition, 1993) en précisant qu'aucune des deux graphies ne peut être tenue pour fautive. Elle indique en outre que l'ensemble des modifications est soumis à l'épreuve du temps.

1. Le trait d'union

a) Mots composés. Un certain nombre de mots remplaceront le trait d'union par la soudure. On écrira par exemple un ***portemonnaie*** en un mot, comme déjà un ***portefeuille***, un ***risquetout*** comme déjà un ***faitout*** (verbe + nom ou verbe + *tout*) ; ***autostop***, ***lieudit***, ***branlebas*** (éléments nominaux et adjectivaux) ; ***blabla***, ***froufrou***, ***grigri*** (onomatopées et mots expressifs) ; ***apriori***, ***statuquo*** (mots d'origine latine employés comme noms) ; ***baseball***, ***hotdog***, ***cowboy***, ***harakiri*** (mots d'origine étrangère).

b) Écriture des nombres. On liera par un trait d'union les numéraux formant un nombre complexe, qu'il soit inférieur ou supérieur à cent : ***vingt-et-un***, ***cent-trois***.

2. Le pluriel des mots composés

- Les noms composés d'un verbe et d'un nom suivront la règle des mots simples, et prendront la marque du pluriel sur le second élément quand ils sont au pluriel : un ***pèse-lettre***, des ***pèse-lettres*** ; un ***garde-meuble***, des ***garde-meubles***.
- Il en va de même des noms composés d'une préposition et d'un nom : un ***après-midi***, des ***après-midis*** ; un ***sans-abri***, des ***sans-abris***.

- Cependant, quand le nom prend une majuscule ou quand il est précédé d'un article singulier, il ne prend pas la marque du pluriel : des ***prie-Dieu***, des ***trompe-l'œil***, des ***trompe-la-mort***.

3. Le tréma et les accents

a) Le tréma.

- On placera le tréma sur la voyelle qui est prononcée (et non sur le *e* muet) : ***aigüe***, ***ambigüe*** (au lieu de *aiguë, ambiguë*).
- On munira d'un tréma le *u* des mots en *gu*, *geu* pour éviter une prononciation défectueuse : ***gageüre***, ***argüer***.

b) L'accent grave ou aigu sur le e. Conformément à la prononciation :

- on accentuera sur le modèle de *semer* les futurs et conditionnels des verbes du type *céder* : je ***cèderai***, ***j'allèguerais*** (au lieu de *je céderai*, *j'alléguerais*) ;
- dans les inversions interrogatives, on munira d'un accent grave le *e* de la première personne du singulier : ***puissè-je*** ;
- l'accent est modifié sur certains mots qui avaient échappé à la régularisation déjà entreprise par l'Académie française et qui se conforment ainsi à la règle générale d'accentuation : ***allègement***, ***allègrement***, ***crèmerie***, ***évènement***.
  REMARQUE : les dictionnaires courants enregistrent déjà un grand nombre de ces modifications et donnent les deux orthographes.

c) L'accent circonflexe. Il ne sera plus obligatoire sur le *i* et sur le *u*, où il ne note pas de différence de prononciation (comparer *voûte* et *doute*), excepté :

- dans la conjugaison pour marquer une terminaison : *nous suivîmes*, *nous voulûmes*, *qu'il suivît*, *qu'il voulût*, comme *nous aimâmes*, *qu'il aimât* ;
- dans les mots où il permet de distinguer des homographes : *dû*, *jeûne*, *mûr*, *sûr* et le verbe *croître* dont la conjugaison est en partie homographe de celle du verbe *croire*.

Comme c'était déjà le cas pour *dû*, les adjectifs *mûr* et *sûr* ne prendront l'accent qu'au masculin singulier. Par analogie, les dérivés des noms et des verbes ne prendront pas l'accent : ***sûr*** mais ***sureté*** ; ***croître*** mais ***accroitre***.

Les personnes qui ont déjà la maîtrise de l'orthographe ancienne pourront, naturellement, ne pas suivre cette nouvelle norme.

Cette mesure entraîne la rectification de certaines anomalies étymologiques en établissant des régularités. On écrira ***mu*** comme déjà *su, tu, vu, lu* ; ***plait*** comme déjà *tait, fait* ; ***piqure*** comme *morsure* ; ***traine*** comme *gaine* ; ***assidument*** comme *absolument*.

Aucune modification n'est apportée aux noms propres et le circonflexe est maintenu dans les adjectifs dérivés de ces noms (*Nîmes, nîmois*).

d) Les verbes en *-eler* et *-eter*. L'emploi de l'accent grave pour noter le son [e] ouvert, comme dans *je gèle, j'achète,* sera étendu à tous les verbes de ce type, sauf pour les verbes *appeler* et *jeter* (et les verbes de leurs familles), dont les formes avec deux *l* ou deux *t* sont les mieux stabilisées dans l'usage. On conjuguera donc sur le modèle de *geler* et d'*acheter* : il ***chancèle***, il ***chancèlera*** ; il ***étiquète***, il ***étiquètera***.

Les noms en *-ement* dérivés de ces verbes suivront la même orthographe : ***amoncèlement***, ***ruissèlement***, ***nivèlement***, ***volètement***.

4. Le participe passé des verbes pronominaux

Il est apparu que ce problème d'orthographe grammaticale touchait à la syntaxe et qu'il ne pouvait être résolu en même temps que les autres difficultés abordées. En effet, on ne peut séparer les règles concernant le participe passé des verbes pronominaux de celles concernant le participe passé des verbes non pronominaux.

Une seule proposition de rectification est donc faite : le participe passé de ***laisser*** suivi d'un infinitif sera rendu invariable, comme l'est déjà le participe passé de *faire* suivi d'un infinitif (que ce soit à la forme pronominale ou avec l'auxiliaire *avoir*) : ***Elle s'est laissé mourir. Elle s'est laissé séduire. Je les ai laissé partir.***

5. Les mots empruntés aux langues étrangères

Le processus d'intégration des mots empruntés conduit à la régularisation de leur graphie, conformément aux règles générales du français. On tiendra compte cependant du fait que certaines graphies étrangères, anglaises en particulier, sont devenues familières à la majorité des utilisateurs du français.

a) Accents. On munira d'accents les mots empruntés à la langue latine ou à d'autres langues, lorsqu'ils n'ont pas valeur de citation (*requiem, Ave* par exemple) : ***désidérata***, ***facsimilé***, ***mémento***, ***placébo***, ***véto*** par exemple pour les mots d'origine latine ; ***allégro***, ***braséro***, ***édelweiss***, ***révolver*** par exemple pour les mots empruntés à d'autres langues.

REMARQUE : les dictionnaires enregistrent déjà nombre de ces formes.

b) Graphies. On recommande aux lexicographes de poursuivre la francisation des mots empruntés, et, en particulier, de choisir la graphie la plus proche du français chaque fois que plusieurs orthographes sont possibles : ***litchi***, ***canyon***, ***musli***, ***conteneur*** par exemple. Pour la finale en *-er* des anglicismes prononcée comme dans *fleur*, on préférera le suffixe français *-eur*. La finale en *-eur* sera la règle chaque fois qu'il existe un verbe à côté du nom anglais : ***squatteur*** comme déjà ***kidnappeur***.

c) Singulier et pluriel. Les noms ou adjectifs d'origine étrangère ont un singulier et un pluriel réguliers : un ***zakouski***, des ***zakouskis*** ; un ***ravioli***, des ***raviolis*** ; un ***scénario***, des ***scénarios*** ; un ***jazzman***, des ***jazzmans*** ; un ***match***, des ***matchs*** ; un ***lied***, des ***lieds***. (On choisit comme forme de singulier la forme la plus fréquente, même s'il s'agit d'un pluriel dans l'autre langue.)

Il en est de même pour les noms d'origine latine : des ***maximums***, des ***médias*** ; sauf s'il s'agit de mots ayant conservé valeur de citation : des *mea culpa*.

Comme il est normal en français, les mots terminés par *s*, *x* et *z* restent invariables : des ***boss***, des ***kibboutz***, des ***box***.

REMARQUE : le pluriel des mots composés étrangers se trouvera simplifié par la soudure (des ***covergirls***, des ***ossobucos***).

6. Les anomalies

Les rectifications proposées par l'Académie (1975) sont reprises et sont complétées par quelques rectifications du même type.

a) Certaines orthographes ne se conforment pas aux règles générales de l'écriture du français (***ign*** dans ***oignon***) ou à la cohérence d'une série (***chariot*** et ***charrette***). Ces graphies seront modifiées : ***ognon*** ; ***charriot*** ; ***boursouffler*** ; ***combattif*** ; etc.

b) On écrira avec un seul *l* comme dans *casserole* les noms en *-olle* afin de régulariser la terminaison en *-ole* : ***barcarole***, ***corole***, ***girole***.

c) On écrira sans *i* après les deux *l* (comme dans *poulailler*) les noms en *-illier*, où ce *i* ne s'entend pas, afin de régulariser la terminaison en *-iller* : ***joailler*** ; ***quincailler*** ; ***serpillère***.

d) Le *e* muet ne sera pas suivi d'une consonne double dans les mots suivants qui rentrent ainsi dans des alternances régulières : *prunelle*, ***prunelier*** comme *noisette*, ***noisetier*** ; *dentelle*, ***dentelière*** ; ***interpeler*** comme *appeler*.

Tableau résumé des rectifications proposées

	ancienne orthographe	nouvelle orthographe
1 a	un porte-monnaie	**un portemonnaie**
b	vingt-trois, cent trois	**vingt-trois, cent-trois**
	vingt et un	**vingt-et-un**
2	un cure-dent(s)	**un cure-dent**
	des cure-dent(s)	**des cure-dents**
	un pèse-lettre	**un pèse-lettre**
	des pèse-lettre(s)	**des pèse-lettres**
3 a	aiguë	**aigüe**
	gageure	**gageüre**
b	je céderai	**je cèderai**
	puissé-je, aimé-je	**puissè-je, aimè-je**
	événement	**évènement**
c	la route, la voûte	**la route, la voute**
	il se plaît, il se tait	**il se plait, il se tait**
d	il ruisselle, il amoncelle	**il ruissèle, il amoncèle**
4	elle s'est laissée aller	**elle s'est laissé aller**
	elle s'est laissé inviter	**elle s'est laissé inviter**
5 a	un revolver	**un révolver**
b	un squatter	**un squatteur**
c	des jazzmen, des lieder	**des jazzmans, des lieds**
6 a	chariot, charrette	**charriot, charrette**
	imbécile, imbécillité	**imbécile, imbécilité**
b	casserole, corolle	**casserole, corole**
c	volailler, joaillier	**volailler, joailler**
d	appeler, interpeller	**appeler, interpeler**
	prunellier, dentellière	**prunelier, dentelière**

Les mots à ne pas confondre

Nous donnons ici des listes de mots sur lesquels les erreurs sont les plus fréquentes.

1. Les homonymes

Il s'agit de mots qui ont une prononciation identique mais des orthographes différentes.

Les homonymes grammaticaux

a et à
bientôt et bien tôt
ça, çà et sa
ce et se
c'est et s'est
ces et ses
ci, si et s'y
davantage et d'avantage
des et dès
et et est
hors et or
la, l'a et là
leur et leurs
mais et mes
ni et n'y
notre et nôtre
on et ont
ou et où
peut et peu
plutôt et plus tôt
pourquoi et pour quoi
près et prêt
quand, quant et qu'en
quelque et quel que
qu'elle, quel et quelle
quoique et quoi que
sans et s'en
sitôt et si tôt
soi et soit
son et sont
sur et sûr
tant et temps
tous et tout
votre et vôtre

Les autres homonymes

A

acquis et acquit
amande et amende
anche et hanche
ancre et encre
archer et archet
auspice et hospice

B

bailler, bayer et bâiller
balade et ballade
basilic et basilique
baume et bôme
béni et bénit
bouleau et boulot
box et boxe
brut et brute
but et butte

C

cahot et chaos
cane et canne
cène et scène
censé et sensé
cerf et serf
cession et session
chaîne et chêne
chair, chaire et chère
chic et chique
chœur et cœur
colon et côlon
comptant et content

compte, comte et conte
cor et corps
cote et côte
coté et côté
cou, coup et coût
cour, courre, cours et court
crêpe et crèpe

D

date et datte
dégoûter et dégoutter
délacer et délasser
dessein et dessin
détoner et détonner
différend et différent

E

empreint et emprunt
exprès et express

F

far, fard et fart
filtre et philtre
flamand et flamant
foi, foie et fois
fond, fonds et fonts
for et fort
foret et forêt

G

gaz et gaze
gêne et gène
glaciaire et glacière
golf et golfe
goûter et goutter
grâce et grasse
guère et guerre

H

héraut et héros

I

intercession et intersession

J

jarre et jars
jeune et jeûne
joue et joug

L

lacer et lasser

M

maire, mer et mère
mâle et mal
martyr et martyre
mas et mât
matin et mâtin
mite et mythe
mur et mûr

N

numéraux et numéro

P

pain et pin
pair et paire
panser et penser
pâte et patte
pause et pose
pécher et pêcher
pic et pique
pinçon et pinson
piton et python
plain et plein
plastic et plastique
poêle et poil
poids, pois et poix
poignée et poignet
poing et point
porc, pore et port
pou et pouls

R

racket et raquette
rai et raie
raisonner et résonner
reflex et réflexe
relax et relaxe
rêne et renne

repaire et repère
ris et riz

S

sain et saint
sale et salle
satire et satyre
saut, sceau, seau et sot
sceller et seller
sceptique et septique
script et scripte
séant et céans
sèche et seiche
seing et sein
serein et serin
serment et serrement
session et cession
subi et subit

T

tache et tâche
tain et teint
tante et tente
taule et tôle
teinter et tinter
terme et thermes
tome et tomme
tors et tort
tribu et tribut
turbo et turbot

V

vaine et veine
vair, ver, verre, vers et vert
vanter et venter
vice et vis
voie et voix
volatil et volatile
volt et volte

2. Les paronymes

Il s'agit de mots de formes plus ou moins voisines et qui, de ce fait, sont souvent pris l'un pour l'autre.

A

abjurer et adjurer
acceptation et acception
aéronautique et astronautique
affection et infection
affleurer et effleurer
aménager et emménager
amnistie et armistice
amoral et immoral
attention et intention
avanie et avarie

B

bibliographie et biographie
bimestriel et bimensuel

C

carnassier et carnivore
civil et civique
coasser et croasser
collision et collusion
colorer et colorier
compréhensible et compréhensif
conjecture et conjoncture
constructeur et constructif

D

décade et décennie
donataire et donateur

E

effraction et infraction
élucider et éluder
émerger et immerger
émigrer et immigrer
éminent et imminent
enfantin et infantile
éruption et irruption
évoquer et invoquer
exception et acception

G

gradation et graduation
gradé, gradué et graduel

H

habileté et habilité
hiberner et hiverner
humaniste et humanitaire

I

imminent et éminent
implosion et explosion
impudique et impudent
inapte et inepte
incident et accident
inclinaison et inclination
infecter et infester
injection et injonction
intégralité et intégrité
investissement et investiture

J

judiciaire et judicieux
justesse et justice

L

littéraire et littéral
luxueux, luxurieux et luxuriant

M

méritant et méritoire

N

naturaliser et nationaliser
naturiste et naturaliste
notable et notoire
numération et numérotation

O

officiel et officieux
oiseux et oisif
oppresser et opprimer
original, originel et originaire

P

pacifique et pacifiste
partial et partiel
pénitencier et pénitentiaire
péremption et préemption
perpétuer et perpétrer
personnifier et personnaliser
plaidoirie et plaidoyer
précepteur et percepteur
prédication et prédiction
prolonger et proroger

R

racial et raciste
rebattre et rabattre
recouvrer et recouvrir

S

sauveteur et sauveur
signaler et signaliser
social et sociable
somptuaire et somptueux
stalactite et stalagmite
suggestion et sujétion

T

teindre et teinter
temporaire et temporel
tendresse et tendreté
triomphal et triomphant

V

vénéneux et venimeux

Masculin ou féminin?

Dit-on *un* ou *une astérisque* ? Nous donnons ici une liste des noms sur lesquels les erreurs sont les plus nombreuses. Nous n'avons pas retenu les noms qui peuvent s'employer au masculin ou au féminin (*un* ou *une après-midi*), puisque aucune forme n'est fautive. Chaque nom est suivi de son genre (m. = masculin ; f. = féminin). S'il ne s'emploie qu'au pluriel, l'indication est donnée (plur. = pluriel).

A

acné (f.)
acolyte (m.)
aérogare (f.)
agape (f.)
agora (f.)
agrume (m.)
alcôve (f.)
algèbre (f.)
alvéole (f.)*
amalgame (m.)
ambre (m.)
amiante (m.)
anagramme (f.)
anathème (m.)
anicroche (f.)
antidote (m.)
antipode (m.)
antre (m.)
aparté (m.)
aphte (m.)
apogée (m.)
apothéose (f.)
appendice (m.)
arcane (m.)
argile (f.)
armistice (m.)
aromate (m.)
arrhes (f. plur.)
asphalte (m.)
astérisque (m.)
augure (m.)
auspice (m.)
autoradio (m.)
azalée (f.)

C

camée (m.)
camélia (m.)
câpre (f.)
catacombes (f. plur.)
cerne (m.)
codicille (m.)
coriandre (f.)

D

dartre (f.)
décombres (m. plur.)
dupe (f.)

E

ébène (f.)
échappatoire (f.)
écritoire (f.)
edelweiss (m.)
effluve (m.)
égide (f.)
élytre (m.)
emblème (m.)
en-tête (m.)
éphéméride (f.)
épilogue (m.)
épitaphe (f.)
épithète (f.)
équivoque (f.)
errata (m. plur.)
escarre (f.)
esclandre (m.)
espèce (f.)
exutoire (m.)

G

gemme (f.)
girofle (m.)

H

haltère (m.)
hémisphère (m.)

I

icône (f.)*
idylle (f.)
immondices (f. plur.)
interclasse (m.)
interstice (m.)
intervalle (m.)
interview (m. ou f.)
ivoire (m.)

J

jade (m.)

M

méandre (m.)
météore (m.)
météorite (f.)

O

oasis (f.)
obélisque (m.)
obsèques (f. plur.)
octave (f.)
ogive (f.)
omoplate (f.)
opercule (m.)
opuscule (m.)
orbite (f.)
orque (f.)

P

pécule (m.)
pétale (m.)
planisphère (m.)
pléthore (f.)
poulpe (m.)
prytanée (m.)

R

réglisse (f.)

S

sévices (m. plur.)
stalactite (f.)
stalagmite (f.)

T

ténèbres (f. plur.)
tentacule (m.)
topaze (f.)
tubercule (m.)

U

urticaire (f.)*

V

volte-face (f.)

* ***Alvéole*** est encore considéré comme masculin par certains dictionnaires et par certains textes médicaux ; ***icône*** est souvent employé au masculin en informatique, mais dans ce cas il s'agit du mot anglais *icon* ; ***urticaire*** est fréquent au masculin en langue courante (*un urticaire géant*), mais cet usage n'est pas enregistré dans les dictionnaires usuels.

Les éléments de formation des mots
(principales racines grecques ou latines)

élément	sens	exemples
A		
a	sans (*a* privatif)	*apolitique, amoral*
aéro	air	*aéroport, aérosol*
agro	champ	*agriculture*
algie	douleur	*névralgie, antalgie*
ambi	les deux, de part et d'autre	*ambidextre, ambivalence*
andro	homme, mâle	*androgène, androïde*
anthropo	être humain	*anthropologie, philanthrope*
anti	opposé à, contraire à	*antibiotique, antonyme*
aqua	eau	*aquarelle, aquarium*
archéo	très ancien	*archéologie, archaïque*
archie	commandement	*anarchie, hiérarchie, monarchie*
arthro	articulation	*arthrose*
astro	astre, étoile	*astrologie, astronomie*
auto	soi-même	*autodidacte, autonomie*
B		
biblio	livre	*bibliobus, bibliographie, bibliothèque*
bi	double, deux fois	*bicentenaire, bimensuel, bicolore*
bio	vie	*antibiotique, biographie, biologique*
C		
carni	chair	*carnivore, incarner*
céphale	tête	*céphalopode, céphalée*
chromo	couleur	*monochrome, polychrome*
chrono	temps	*chronologie, chronomètre*
cide	qui tue	*insecticide*
calor	chaleur	*calorifuge*
cardio	cœur	*cardiaque, cardiologue*
chiro	main	*chiromancie, chiropracteur, chirurgien*
ciné	mouvement	*cinétique*
cole	de la culture	*vinicole*
	qui habite	*arboricole*
co, con	avec	*copropriétaire, concitoyen*
cosmo	univers, monde	*cosmopolite*
cratie	puissance, pouvoir	*démocratie, aristocratie, bureaucratie*
cyclo	cercle	*bicyclette, hémicycle*

D		
dactylo	doigt	*dactylographier*
démo	peuple	*démagogie, démocratie, démographie*
dermo	peau	*dermatologue, épiderme*
didacte	enseigner	*autodidacte, didactique*
digito	doigt	*digicode, digital*
dis	différent, séparé, sans	*dissymétrie, dissemblable*
doxe	opinion	*orthodoxe, paradoxe*
drome	piste de course	*hippodrome, vélodrome*
dynamo	force	*dynamique, dynamomètre*
E		
éco	maison, environnement	*écologie, économie, écosystème*
épi	à la surface de	*épicentre, épiderme, épitaphe*
équi	égal	*équation, équilibre, équité, équivalent*
F		
fère	qui porte	*mammifère*
G		
game	mariage	*bigamie, polygame*
gastro	estomac	*gastéropode, gastrite*
gène	qui crée	*anxiogène, cancérogène, allergène*
géo	terre	*géographie, géologue*
gone	angle, coin	*hexagone, pentagone, polygone*
grapho	écrire	*graphologue, biographie, orthographe*
gyne	femme	*gynécée, gynécologie, misogynie*
H		
hélio	soleil	*héliogravure, héliotrope*
hémato	sang	*hématologie*
hémo	sang	*hémorragie, hémostatique*
hétéro	autre	*hétéroclite, hétérogène, hétérosexuel*
hippo	cheval	*hippocampe, hippodrome*
homo	semblable	*homéopathie, homologue, homonyme*
hydro	eau	*hydraulique, hydraté, hydravion*
hyper	au-dessus, le plus haut degré	*hypermarché, hypertension*
hypno	sommeil	*hypnose, hypnotique, hypnotiser*
hypo	au-dessous, base, fondement	*hypotension, hypothèse*
I		
iatre	médecin	*gériatre, pédiatre, psychiatre*
icono	image	*iconoclaste, iconographie*
iso	égal	*isocèle, isotherme*
ite	inflammation	*otite, arthrite*

K

kiné	mouvement	*kinésithérapeute*

L

litho	pierre	*lithographie, paléolithique*
logo	parole, discours, science	*dialogue, biologie, généalogie*

M

macro	grand, global	*macrocosme*
manie	folie	*cleptomanie, mythomanie*
méga	très grand	*mégapole, mégalomanie*
méta	changement, transformation	*métamorphose, métaphysique*
métro	mesure	*métronome, périmètre*
micro	petit	*microbe, microphone, microscope*
miso	haine	*misanthrope, misogyne*
mono	seul, un	*monarchie, monologue, monopole*
morpho	forme	*métamorphose, morphologie*
myo	muscle	*myocarde, myopathie*
mytho	fable, légende	*mythologie*

N

nécro	cadavre, mort	*nécrologie, nécrophage, nécropole*
néo	nouveau	*néologisme, néophyte*
neuro	nerf	*neurologue, neurosciences*

O

oligo	rare, peu nombreux	*oligarchie, oligo-éléments*
ome	maladie, tumeur	*angiome, fibrome*
omni	tout	*omnisport, omnivore*
onyme	nom	*anonyme, pseudonyme, synonyme*
ortho	droit	*orthodoxe, orthographe, orthophonie*
ovo	œuf	*ovipare, ovocyte, ovulation*

P

paléo	ancien	*paléolithique*
pan	tout	*panacée, panorama, panthéon*
para	à côté de	*parascolaire, parapsychologie*
patho	affection, maladie	*pathologique, psychopathe*
péd	enfant	*pédagogie, pédiatre*
pédi	pied	*orthopédie, pédicure*
péri	autour de	*périmètre, périphérique*
phago	manger	*anthropophage, phagocyte*
philo	qui aime	*bibliophile, philanthrope, philosophe*
phobe	crainte, peur	*agoraphobe, claustrophobe*
phone	voix, son	*mégaphone, phonétique, téléphone*

photo	lumière	*photocopie, photographie*
physio	nature	*physiologie, physionomie*
pluri	plusieurs	*pluridisciplinaire*
pneumo	souffle, poumon	*pneumatique, pneumonie*
podo	pied	*podologue*
poli	ville, cité	*métropole, politique*
poly	plusieurs, nombreux	*polygone, polysémie, polyvalent*
psycho	âme, esprit	*psychiatre, psychisme, psychologue*
pyro	feu	*pyrogravure, pyromane*
R		
radio	rayon	*radioactivité, radiologie*
rhino	nez	*rhinite, rhinocéros*
S		
scope	examiner	*microscope, télescope*
soma	corps	*somatique, psychosomatique*
syn	avec, ensemble	*sympathie, synergie*
T		
techn	savoir-faire, habileté	*technocrate*
télé	au loin	*télépathie, téléphone, télescope*
théo	dieu	*athée, polythéisme, théologie*
thèque	lieu de rangement	*bibliothèque, cinémathèque, vidéothèque*
thérapie	soin, cure	*chimiothérapie, psychothérapie*
thermo	chaleur	*thermomètre, isotherme*
thèse	action de poser	*hypothèse, synthèse*
tomie	couper, séparer	*trachéotomie*
topo	lieu	*toponyme*
typo	marque, caractère	*atypique, prototype, typographe*
V		
vore	manger	*carnivore, herbivore, omnivore*
X		
xéno	étranger	*xénophile, xénophobe*
Z		
zoo	animal	*zoologie*

L'écriture des nombres

Les nombres s'écrivent soit en toutes lettres (un, deux, trois, etc.), soit en chiffres arabes (1, 2, 3, etc.), soit en chiffres romains (I, II, III, etc.). Pour l'écriture en lettres, voir aussi grammaire, § 23.

1	un	I
2	deux	II
3	trois	III
4	quatre	IV
5	cinq	V
6	six	VI
7	sept	VII
8	huit	VIII
9	neuf	IX
10	dix	X
11	onze	XI
12	douze	XII
13	treize	XIII
14	quatorze	XIV
15	quinze	XV
16	seize	XVI
17	dix-sept	XVII
18	dix-huit	XVIII
19	dix-neuf	XIX
20	vingt	XX
21	vingt et un	XXI
22	vingt-deux	XXII
23	vingt-trois	XXIII
24	vingt-quatre	XXIV
25	vingt-cinq	XXV

26	vingt-six	XXVI
27	vingt-sept	XXVII
28	vingt-huit	XXVIII
29	vingt-neuf	XXIX
30	trente	XXX
40	quarante	XL
50	cinquante	L
60	soixante	LX
70	soixante-dix	LXX
80	quatre-vingts	LXXX
90	quatre-vingt-dix	XC
100	cent	C
200	deux cents	CC
300	trois cents	CCC
400	quatre cents	CD
500	cinq cents	D
600	six cents	DC
700	sept cents	DCC
800	huit cents	DCCC
900	neuf cents	CM
1 000	mille	M
2 000	deux mille	MM
10 000	dix mille	$\overline{X}$
100 000	cent mille	$\overline{C}$
1 000 000	un million	$\overline{M}$

Prononciation et orthographe

Nous donnons ici la liste des sons du français tels que nous les avons présentés dans l'ouvrage (en gras) et tels qu'ils sont le plus souvent donnés dans les dictionnaires courants (en alphabet phonétique entre crochets).

Sons		orthographe courante		orthographe plus rare	
voyelles orales					
a	[a]	a, à	*bras, là*	e, ea	*solennel, femme, Jeanne*
	[ɑ]	â, hâ	*pâte, hâvre*		
e	[ə]	e	*premier*	ai, on	*faisan, monsieur*
eu	[ø]	eu, eû, heu	*feu, jeûne, heureux*	œu	*bœufs*
œu	[œ]	eu, heu	*fleur, bonheur*	œ, œu	*œil, œuf*
				u	*club*
é	[e]	e, é, he	*pied, pré, hectare*	ay, æ	*payer, et cætera*
		er	*manger*	œ	*fœtus*
è	[ɛ]	e, è, ê, hê	*bec, près, être, hêtre*	ay, ey	*paye, asseyent*
		ai, ei, aî, hai	*chaise, pleine, chaîne, haine*	ë	*Noël*
i	[i]	i, î, y, ï, hi	*il, gîte, cycle, maïs, hibou*	ee, ea, ie	*week-end, leader, lied*
o	[o]	o, ô	*sot, côte*	a	*hall*
		au, eau	*baume, seau*	aô, ow	*Saône, bungalow*
		ho, hau, heau	*cahot, haut, heaume*	aw	*crawl*
	[ɔ]	o, ho	*or, homme*	oi, u, oo	*oignon, album, alcool*
u	[y]	u, û, hu	*mur, mûre, cahute*	eu	*eusse*
ou	[u]	ou, oû, hou	*fou, goût, houe*	aou, aoû, où	*saoul, août, où*
				ew, oo, ow	*interview, footing, bowling*
voyelles nasales					
an	[ɑ̃]	an, am	*vanter, lampe*	aon, aen, ean	*faon, Caen, Jean*
		en, em	*lente, embellir*		
in	[ɛ̃]	in, im	*fin, impossible*	yn, ym, în	*lynx, thym, vînt*
		ain, aim	*sain, faim*		
		en, ein	*examen, plein*		
on	[ɔ̃]	on, om	*ton, sombre*	un	*acupuncture*
un	[œ̃]	un, um	*brun, parfum*	eun	*à jeun*

	semi-voyelles ou semi-consonnes				
y	[j]	il, ill y, i	*rail, paille* *yeux, lieu*	ï, hi, hy	*faïence, hier, hyène*
ui	[ɥ]	u	*aiguille*	hu	*huile*
w	[w]	w	*western*	ou	*ouistiti*
	consonnes				
b	[b]	b	*bond*		
d	[d]	d	*doux*		
f	[f]	f, ph	*touffe, phare*	v	*leitmotiv*
g	[g]	g, gu	*gare, guet*	gh, c	*ghetto, second*
k	[k]	k, c, qu, q ch	*kilo, cou, qui, coq* *chœur*	cq, kh cch	*becquée, khôl* *bacchantes*
l	[l]	l	*loup*		
m	[m]	m	*tome*		
n	[n]	n	*âne*		
p	[p]	p	*pont*	b	*absolu*
r	[r]	r	*rat*	rh	*rhume*
s	[s]	s, ss, sc c, ç	*sac, passé, science* *cent, ça*	sth, z, x t	*asthme, quartz, dix* *nation*
t	[t]	t	*tas*	th	*théâtre*
v	[v]	v	*avoir*	w	*wagon*
z	[z]	z, s	*zèbre, rose*	x	*deuxième*
ch	[ʃ]	ch	*chat*	sh, sch	*shampoing, schéma*
j	[ʒ]	j, g, ge	*jeu, manger, Georges*		
gn	[ɲ]	gn	*agneau*		

Abréviations et symboles

titres

docteur	Dr ou D^{r}
madame	Mme ou Mme
mesdames	Mmes ou Mmes
mademoiselle	Mlle ou Mlle
mesdemoiselles	Mlles ou Mlles
maître	Me ou M^{e}
maîtres	Mes ou M^{es}
monsieur	M.
messieurs	MM.
professeur	Pr ou P^{r}

correspondance, adresses

arrondissement	arr.
avenue	av.
boulevard	bd ou boul.
faubourg	fg
boîte postale	B.P.
en ville	E.V.
aux bons soins de	c/o (*care of*)
Compagnie	Cie ou Cie
Établissements	Ets ou E^{ts}
Société	Sté
notre référence	N/Réf.
par ordre	p.o.
pièce jointe	p.j.
post-scriptum	P.-S.
pour copie conforme	p.c.c.
s'il vous plaît	S.V.P.
répondre s'il vous plaît	R.S.V.P.
tourner s'il vous plaît	T.S.V.P.

textes divers

c'est-à-dire	c.-à-d.
et cætera	etc.
confer	cf.
idem	id.
page	p.
pages	pp.
numéro(s)	n^{o} et n^{os}
avant midi	a.m. (*ante meridiem*)
après midi	p.m. (*post meridiem*)
avant Jésus-Christ	av. J.-C.
après Jésus-Christ	apr. J.-C.
siècle	s.
environ	env.
Notre-Dame	N.-D.
premier, première	1er, 1re
deuxième, troisième…	2e, 3e…

symboles

copyright	© ou (c)
marque déposée	® ou (r) (*registered*)
paragraphe	§
« et » commercial	&
arobas	@ (*adresse électronique*)

unités de mesure

(*il n'y a jamais de point*)

litre	l
mètre	m
kilomètre	km
gramme	g
kilogramme	kg
heure	h
minute	min
seconde	s

Grammaire alphabétique

A

abréviation

L'abréviation est un procédé qui permet d'écrire ou de nommer de manière plus courte. On distingue plusieurs types d'abréviations.

- L'abréviation uniquement **écrite** d'un mot au singulier ou au pluriel.

M. pour *monsieur*	*MM.* pour *messieurs*
p. pour *page*	*pp.* pour *pages*

On écrit une ou plusieurs lettres, mais on prononce le mot entier. (On trouvera le tableau des principales abréviations utilisées en français dans les Annexes p. 530).

ATTENTION Les symboles, les abréviations d'unités de mesure ou d'unités monétaires ne prennent jamais la marque du pluriel.

Il a parcouru 100 km dans la matinée.
Cela coûtait autrefois 100 F.

- L'abréviation **orale** et **écrite** de mots jugés trop longs.

bac pour *baccalauréat*
prof pour *professeur*

De nombreuses abréviations de ce type, jugées familières à leur apparition, deviennent courantes avec le temps. Ainsi, *prof* est toujours senti comme familier, mais *bac* ne l'est plus ; *stylo* a remplacé *stylographe, cinéma* a remplacé *cinématographe,* mais *ciné* est toujours senti comme familier.

> REMARQUE La langue familière, populaire ou argotique a aussi recours, pour l'abréviation, à la terminaison en **-o** : *projo* pour *projecteur, mécano* pour *mécanicien.*

- L'abréviation d'un **groupe de mots** par le recours au **sigle** qui se prononce

– soit en détachant chacune des lettres :

H.L.M., C.G.T.

– soit comme un mot ordinaire :

SMIC, ONU.

On parle alors d'**acronyme**.

> REMARQUE Certaines grammaires réservent le nom d'**abréviation** au premier type décrit ci-dessus et parlent de **réduction** pour le deuxième type, et de **siglaison** pour le troisième type.

absolu

emploi absolu d'un verbe transitif

On dit d'un **verbe transitif** qu'il est **employé absolument** quand il est employé **sans son complément d'objet**.

J'ai soif, je vais boire !
(sous-entendu : une boisson quelconque)

REMARQUE Certains verbes peuvent changer de sens lorsqu'ils sont employés absolument. C'est le cas du verbe *boire*, qui peut alors prendre le sens particulier de « boire de l'alcool » : *On a trop bu hier soir.*

Les dictionnaires dans ce cas peuvent donner le verbe comme intransitif ou noter l'emploi absolu par l'abréviation ***absol.*** ou ***absolt.***

superlatif absolu → superlatif

abstrait/concret

Les noms **abstraits** désignent des actions, des états, des qualités, des idées, des propriétés, des sciences, etc., par opposition aux noms **concrets** qui désignent des personnes, des objets, des choses.

abstrait	concret
la lecture	*un livre*
l'admiration	*un homme*
la jeunesse	*un jeune*
la justice	*un magistrat*
l'élasticité	*un élastique*
la médecine	*un hôpital*

Un très grand nombre de noms abstraits sont formés à partir d'adjectifs ou de verbes.

Pierre est gentil. → *la gentillesse de Pierre*
Je l'admire. → *J'ai de l'admiration pour lui.*

REMARQUE Les noms abstraits s'emploient en général au singulier. Ils peuvent changer de sens lorsqu'ils sont employés comme des noms comptables concrets (au singulier ou au pluriel) : *J'aime la lecture* (= l'action de lire). *Racontez vos lectures de vacances* (= les livres que vous avez lus).

accent

L'accent est un signe qui se place sur une voyelle et qui peut en modifier la prononciation. Dans certains cas, l'accent permet de distinguer des homonymes.

l'accent aigu (´)

L'accent aigu se place sur la voyelle **e** qui se prononce alors [é] fermé : *une église, un éléphant, le passé.*

▷

a

ATTENTION Il n'y a pas d'accent aigu devant les lettres finales *d, f, z,* ou le *r* de l'infinitif : *un pied, une clef, un nez, le rez-de-chaussée, chanter.*

Il y a toujours un accent aigu sur le *e* du participe passé des verbes en **-er** : *chanté, allé, aimé.*
Pour ne pas confondre avec la terminaison de l'infinitif, qui se prononce de la même manière, il suffit de remplacer le verbe en **-er** par un verbe en **-ir**.
J'ai chanté. On dirait *J'ai fini* et non pas ✕ *J'ai finir.*

Dans certains mots, le **é** se prononce [è] ouvert. On trouvera ces mots dans la partie dictionnaire et, en général, on admet aujourd'hui les deux orthographes : *événement* ou *évènement, allégement* ou *allègement.*

Au futur et au conditionnel des verbes du type *céder*, on écrit **é** mais on prononce [è] ouvert. La dernière édition du *Dictionnaire de l'Académie,* en accord avec les propositions de rectifications orthographiques parues au *Journal officiel* du 6 décembre 1990, admet les formes avec l'accent grave conformes à la prononciation actuelle : *il cédera* ou *il cèdera*, *il céderait* ou *il cèderait*. Voir *Rectifications orthographiques*, p. 514.

l'accent grave (`)

L'accent grave se place :
– sur le **e** qui se prononce alors [è] ouvert à la fin d'une syllabe ou devant un **s** final : *une mère, un procès* ;

– sur le **a** dans des mots invariables comme : *deçà, delà, déjà, voilà, holà.*

REMARQUE Sur le **a** ou sur le **u**, l'accent grave permet de distinguer des homonymes :
çà (adverbe de lieu)/*ça* (pronom)
à (préposition)/*a* (du verbe *avoir*)
où (pronom relatif ou adverbe de lieu)/*ou* (conjonction = *ou bien*)
là (adverbe de lieu)/*la* (article ou pronom).

l'accent circonflexe (^)

L'accent circonflexe se place :
– sur le **e** de certains mots qui se prononce alors le plus souvent [è] ouvert : *fenêtre, chêne* ; mais pas toujours : *tête* se prononce [è] ouvert et *têtu* se prononce [é] fermé ;

– sur le **a** de certains mots pour noter un [a] long postérieur (prononcé de l'arrière de la bouche) : *pâte* ; mais on ne fait plus toujours la différence aujourd'hui entre *pâte* et *patte* ;

– sur le **o** de certains mots pour noter le son [o] long fermé, mais pas toujours : *côte* se prononce [o] fermé, mais *côtelette* se prononce [o] ouvert. Dans de nombreux mots, on ne fait plus la différence aujourd'hui entre [o] fermé et ouvert : *hôpital, hôtel,* etc. ;

– sur le **i** et le **u**, sans indiquer de prononciation particulière : *île, traître, sûr*.

REMARQUE Les origines de l'accent circonflexe sont diverses et sa présence n'est pas toujours régulière.
– Il a pu noter une voyelle ou un *s* disparus : *âge* (de *eage*), *hôpital* (de *hospital*) ; mais pas toujours : *soutenir* (de *soustenir*).
– Il a pu transcrire un *o* grec : *diplôme* ; mais pas toujours : *axiome*.
– Les mots d'une même famille ne comportent pas toujours l'accent circonflexe du mot de base : *grâce/gracier* ; *jeûner/déjeuner*.

Pour toutes ces raisons, l'accent circonflexe est une des principales difficultés du français et il fait partie des propositions de rectifications orthographiques. **Voir *Rectifications orthographiques*, p. 514.**

Dans la plupart des cas, seul le recours au dictionnaire peut lever la difficulté. Toutefois, quelques séries peuvent être maîtrisées.

IL Y A TOUJOURS UN ACCENT CIRCONFLEXE §1

– sur le **a** du suffixe **-âtre** des adjectifs comme : *rosâtre, bleuâtre, rougeâtre*, mais jamais sur les noms de médecins spécialistes : *pédiatre, psychiatre*... :

Le nez du psychiatre est rosâtre.

– sur le **i** devant un **-t** des verbes en **-aître** et en **-oître** : *paraître, connaître, naître*, etc., ou *croître, décroître, accroître* :

Il paraît que la température décroît.

– sur le **i** devant un **-t** des verbes *plaire, déplaire, complaire* :

S'il vous plaît.

– sur le **a**, le **i** et le **u** dans les terminaisons **-âmes**, **-âtes**, **-îmes**, **-îtes**, **-ûmes**, **-ûtes** du passé simple : *nous eûmes, vous fûtes*

– sur le **a**, le **i** et le **u** dans les terminaisons **-ât**, **-ît**, **-ût**, **-înt** du subjonctif imparfait (3ᵉ personne du sing.) ; ce qui peut permettre de distinguer cette forme de celle du passé simple (3ᵉ personne du sing.) :

il eut (passé simple) ; *qu'il eût* (subjonctif)
il fut (passé simple) ; *qu'il fût* (subjonctif)
qu'il vînt, qu'il aimât, qu'il finît, qu'il connût (subjonctif)

– sur le **u** du participe passé masculin singulier des verbes *mouvoir, devoir, croître* : *mû, dû, crû*.
Mais attention *ému, décru* sans accent.

Enfin, l'accent circonflexe permet de distinguer des homonymes :

tâche (travail)/*tache* (salissure)
mûr (maturité)/*mur* (cloison)
sûr (certain)/*sur* (préposition).

Il permet en particulier de différencier les pronoms possessifs *n<u>ô</u>tre* et *v<u>ô</u>tre* des adjectifs possessifs *n<u>o</u>tre* et *v<u>o</u>tre* : *n<u>o</u>tre maman* (= adjectif), *la n<u>ô</u>tre* (= pronom).

accompli → aspect

accord

On dit d'un mot qu'il s'accorde avec un autre quand il prend les marques du genre (masculin ou féminin), du nombre (singulier ou pluriel) et, dans certains cas, de la personne de cet autre mot. Les mots qui s'accordent sont donc tous variables. Ce sont les **déterminants**, les **adjectifs**, les **noms** et les **pronoms**, les **verbes** et les **participes**. Les mots qui vont « commander » l'accord sont essentiellement le nom et le pronom.

les mots qui s'accordent

- La plupart des **déterminants** dans le goupe du nom s'accordent en genre et en nombre avec le nom qu'ils introduisent.

  <u>un</u> chapeau/<u>des</u> chapeaux

- **L'adjectif qualificatif** s'accorde en genre et en nombre avec le nom (ou le pronom) auquel il se rapporte. → adjectif qualificatif

  C'est *une <u>belle</u> fille./Elle est <u>belle</u>.*

- **Le nom** s'accorde en nombre et éventuellement en genre avec le nom (ou le pronom) auquel il se rapporte, quand il est attribut ou apposé. → attribut et apposition

  Marie est <u>avocate</u>.
  Pierre et Marie sont <u>avocats</u>.
  Les girafes (féminin) *sont des <u>animaux</u>* (masculin).

- **Le pronom** s'accorde en genre, en nombre et parfois en personne avec le nom ou « la personne » qu'il représente. → démonstratif, possessif, interrogatif, et pronom personnel

  Ce livre est <u>le mien</u>, <u>celui-ci</u> est à toi.
  <u>Lequel</u> veut-il ?

> REMARQUE Certains pronoms ne varient pas eux-mêmes, mais ils jouent un rôle de relais et transmettent le genre et le nombre du nom qu'ils représentent. → relatif
> *J'ai vu une <u>pièce</u> <u>qui</u> était très intéressant<u>e</u>.*

- **Le verbe conjugué** s'accorde en personne et en nombre avec son sujet. → verbe

  Je cours.
  Ils courent.

> REMARQUE Aux temps composés, c'est l'auxiliaire qui s'accorde : *J'<u>ai</u> couru. Ils <u>ont</u> couru.*

- **Le participe présent** est invariable,

  <u>Obéissant</u> à son maître, la chienne s'assit.

Employé comme un adjectif, il s'accorde avec le nom ou le pronom auquel il se rapporte. *C'est une chienne très obéissante.*

- **Le participe passé** dans les temps composés du verbe peut :

– être invariable, *Elle a couru.*
– s'accorder avec le sujet, *Elle est partie.*
– s'accorder avec le complément d'objet direct. *Marie, je l'ai vue.*

→ participe passé

Employé comme un adjectif, il s'accorde avec le nom (ou le pronom) auquel il se rapporte. *C'est une femme blessée, meurtrie vexée.*

les mots qui commandent l'accord : règles générales de l'accord

Lorsqu'il n'y a qu'un nom ou un pronom qui commande l'accord, il n'y a pas de difficulté : le nom a un genre et un nombre, le pronom a le genre et le nombre du nom qu'il représente. *Elle* (féminin singulier) *est belle* (féminin singulier).

Mais lorsqu'il y a plusieurs mots qui commandent l'accord, on peut hésiter.

PLUSIEURS NOMS COMMANDENT L'ACCORD §2

1. Les noms sont tous au **masculin**, l'accord se fait au **masculin pluriel**.
Pierre, Jacques et Paul sont gentils.

2. Les noms sont tous au **féminin**, l'accord se fait au **féminin pluriel**.
Anne, Marie et Jeanne sont gentilles.

3. Les noms sont au **masculin** et au **féminin**, l'accord se fait au **masculin pluriel**. *Anne, Marie et Jacques sont gentils.*

4. Si tous les noms au singulier représentent le même être ou la même chose, l'accord se fait au singulier.
Un homme, un malheureux est venu nous voir.

5. Si les noms sont synonymes, l'accord se fait avec le dernier.
Donnez-moi une feuille, un papier assez grand pour…

6. Si les noms sont repris par un mot qui les résume, l'accord se fait avec celui-ci : *Les maisons, les voitures, les arbres, tout était détruit …/la ville entière était détruite.*

UN MOT AVEC SON COMPLÉMENT COMMANDE L'ACCORD §3

L'accord se fait selon le sens :
le ministre de la Justice français
C'est le ministre qui est français. On peut dire : *le ministre français de la Justice.*
le ministre de l'Éducation nationale
Il s'agit de l'*Éducation nationale* et non d'un *ministre national.*

a

§ 4 UN MOT AVEC UN COMPLÉMENT AU PLURIEL COMMANDE L'ACCORD

1. Si le mot est un **quantitatif**, l'accord se fait avec le complément au pluriel.
→ quantitatif *Beaucoup de gens sont venus.*
La plupart d'entre eux sont repartis.

2. Si le mot est un **collectif**, l'accord se fait avec le collectif ou avec son complément. → collectif *Une nuée d'oiseaux traversa* ou *traversèrent le ciel.*

REMARQUES **1.** Certains mots entraînent des difficultés particulières d'accord : *avoir l'air, et, ou, ni, ainsi que, un des, des meilleurs, une sorte de, une espèce de*, etc. Ces difficultés sont expliquées pour chacun de ces mots à leur ordre alphabétique dans la partie dictionnaire. – **2.** Pour le choix entre singulier et pluriel, en particulier dans les compléments du nom (*la gelée de fraise* ou *de fraises*). → complément du nom

acronyme

Un acronyme est un **sigle** qui se prononce comme un mot normal.

SMIC, SICAV

REMARQUE Certains acronymes sont devenus de véritables noms communs comme *ovni* (= objet volant non identifié). Ils peuvent prendre alors la marque du pluriel : *un ovni, des ovnis.*

actif

Dans la phrase active, le verbe est à la voix (ou forme) active. C'est le sujet du verbe qui « fait l'action », par opposition à la voix passive où le sujet « subit » l'action. → passif

actif	passif
Le chat a mangé la souris.	*La souris a été mangée par le chat.*

adjectif

Ce terme vient d'un mot latin (*adjectivum*) qui signifie « qui s'ajoute ».

Dans la phrase, l'adjectif vient compléter, préciser ou déterminer un nom. On distingue deux grandes catégories d'adjectifs : les **adjectifs qualificatifs** et les **adjectifs déterminatifs** (possessifs, démonstratifs, etc.), que les grammaires contemporaines classent dans les déterminants.

Aline m'a montré une robe rouge.

Dans cette phrase, le mot *rouge* décrit, qualifie, précise le nom *robe* ; c'est un **adjectif qualificatif**.

Aline m'a montré sa robe.

Mais dans cette phrase, le mot *sa* ne décrit pas la robe, il indique une relation de possession. Il remplace l'article *la* ou *une*. C'est un **adjectif possessif** appelé aussi **déterminant possessif**.

Les adjectifs déterminatifs sont :

l'adjectif possessif	*Aline m'a montré sa robe.* → possessif
l'adjectif démonstratif	*Aline veut cette robe.* → démonstratif
l'adjectif numéral	*Aline veut deux robes.* → numéral
l'adjectif interrogatif	*Quelle robe veut Aline ?* → interrogatif
l'adjectif exclamatif	*Quelle robe !* → exclamatif
l'adjectif indéfini	*Aline veut plusieurs robes.* → indéfini
l'adjectif relatif	*Aline a une robe, laquelle robe est rouge.* → relatif

adjectif qualificatif

L'adjectif qualificatif, qu'on appelle aussi simplement **adjectif**, est un mot variable qui est toujours en rapport avec le nom. Il indique une qualité, une propriété, une caractéristique de l'être ou de la chose que le nom (ou le pronom) désigne. Dans les dictionnaires, il est le plus souvent noté ***adj.***

REMARQUE L'adjectif peut avoir un complément : *Pierre est fier de son fils. Aline sera contente de te voir / que tu viennes.*

les fonctions de l'adjectif

L'adjectif qualificatif est un **constituant facultatif** du **groupe du nom**.

Un petit enfant joue dans la cour.
(on peut dire : *Un enfant joue dans la cour.*)

L'adjectif qualificatif peut aussi être un **constituant essentiel** du **groupe du verbe**.

Pierre est gentil.
(on ne peut pas dire ✕ *Pierre est*)

- L'adjectif est **épithète** ou **mis en apposition** dans le groupe du nom.

épithète	*Une grande fleur bleue pousse dans le jardin.*
apposition	*Cette fleur, grande et bleue, pousse dans le jardin.*

- L'adjectif est **attribut** du sujet ou du COD dans le groupe du verbe.

attribut du sujet	*Ton frère est très gentil.*
attribut du COD	*J'ai trouvé ton frère très gentil.*

l'accord de l'adjectif

RÈGLE GÉNÉRALE

Quelle que soit sa fonction, **l'adjectif s'accorde** en **genre** (masculin ou féminin) et en **nombre** (singulier ou pluriel) avec le nom ou le pronom auquel il se rapporte.

a

REMARQUES **1.** Lorsque le nom est sous-entendu, l'accord se fait avec ce nom : *Tu veux une bille verte ? – Non, j'en veux une bleue.* – **2.** Si l'adjectif est employé comme adverbe, il reste invariable : *Ces livres sont cher.*

§ 5 ACCORD DE L'ADJECTIF LORSQU'IL Y A PLUSIEURS NOMS

1. L'adjectif se rapporte à tous les noms, coordonnés ou juxtaposés.

– Si ces noms sont au **masculin**, l'adjectif se met au **masculin pluriel** :

Pierre, Jacques et Paul sont gentils.
Il a un pantalon et un manteau neufs.

– Si ces noms sont au **féminin**, l'adjectif se met au **féminin pluriel** :

Anne, Marie et Jeanne sont gentilles.
Elle a une jupe et une robe neuves.

– Si ces noms ont un **genre différent**, l'adjectif se met au **masculin pluriel** :

Pierre, Marie et Jean sont gentils.
Elle a une robe et un manteau neufs.

2. L'adjectif ne concerne qu'un seul de ces noms, il s'accorde logiquement avec celui-ci. *Elle a une robe et un manteau neuf.*
(seul le manteau est neuf)

3. Les noms juxtaposés ou coordonnés désignent le même être ou la même chose, l'adjectif s'accorde avec le dernier nom.

Il parle avec un calme, une sérénité exceptionnelle.
Je voudrais une feuille, un papier assez grand.

4. Les noms juxtaposés sont repris, résumés par un nom ou un pronom, l'adjectif s'accorde avec ce nom ou ce pronom.

Les rues, les magasins, la ville entière était déserte.
Les rues, les magasins, tout était désert.

§ 6 ACCORD DE L'ADJECTIF AVEC UN MOT ET SON COMPLÉMENT

1. S'il s'agit d'un nom quelconque et de son complément, l'accord se fait selon le sens. *un pot de peinture vert*
(c'est le pot qui est vert)
un pot de peinture verte
(c'est la peinture qui est verte)

2. S'il s'agit d'un nom **collectif** ou d'un **quantitatif**, l'accord se fait soit avec le collectif ou le quantitatif, soit avec le complément. → collectif et quantitatif

une bande d'enfants joyeux
une bande d'enfants joyeuse et dissipée
Une dizaine de jours ont été pluvieux.
Cette dizaine de jours était désagréable.

ACCORD LORSQU'IL Y A PLUSIEURS ADJECTIFS POUR UN NOM AU PLURIEL §7

1. Plusieurs adjectifs au **pluriel** se rapportent au mot pluriel dans sa globalité.
Des enfants gais et rieurs jouaient dans la cour.

2. Plusieurs adjectifs épithètes au **singulier** se rapportent à un même nom au pluriel.
Étudier les civilisations grecque et romaine.
(= la civilisation grecque et la civilisation romaine)

ACCORD DES ADJECTIFS DE COULEUR §8

1. Les **adjectifs simples** désignant une couleur (*bleu, vert, jaune, blanc*, etc.) sont **variables**. Ils suivent la règle générale et s'accordent en genre et en nombre avec le nom auquel ils se rapportent.
un papier blanc, une feuille blanche, des tissus blancs
une fleur jaune, des tissus bleus, des cheveux blonds

2. Lorsque l'**adjectif** de couleur est **issu d'un nom** désignant une chose dont la couleur, caractéristique, sert de référence, il reste **invariable**.
des tissus orange
(= de la couleur de l'orange, entre rouge et jaune)
des jupes marron
(= de la couleur brune du marron)
des bijoux turquoise
(= de la couleur de la turquoise, entre bleu et vert)

3. Lorsque l'adjectif de couleur est suivi d'un mot qui précise une teinte, une nuance, c'est un **adjectif** de couleur **composé** qui reste **invariable**.
des jupes bleu foncé
des cheveux blond cendré
des vestes vert bouteille

Lorsque l'adjectif composé est formé de deux adjectifs de couleur, on met un trait d'union : *des yeux bleu-vert*.

4. Lorsqu'un objet comporte **plusieurs couleurs,** les adjectifs de couleur restent **invariables**.
un drapeau bleu, blanc, rouge
des drapeaux bleu, blanc, rouge

Ainsi on écrira *des cravates bleu et rouge* pour désigner plusieurs cravates avec chacune du bleu et du rouge, mais on écrira *des cravates bleues et rouges* pour désigner un ensemble formé de cravates bleues et de cravates rouges.

adjectif verbal → participe présent

a

adverbe

L'adverbe est un **mot** (ou une locution) **invariable** qui modifie, précise le sens d'un autre mot ou d'une phrase. Il peut se trouver dans le groupe du nom, dans le groupe du verbe, être mobile dans la phrase comme un groupe prépositionnel ou s'employer seul.

les adverbes de manière, de temps, de lieu

Ils sont équivalents à un complément circonstanciel de manière, de temps ou de lieu.

- **Les adverbes de manière** : ce sont les adverbes en **-ment** et des adverbes comme *bien, mal, exprès, ainsi,* etc.

  Il m'a reçu gentiment.
  (= avec gentillesse)

- **Les adverbes de temps** : *aujourd'hui, après, avant, toujours, quelquefois, tout à l'heure,* etc.

  Je viendrai demain.
  (= dans 24 heures)

- **Les adverbes de lieu** : *ailleurs, ici, là-bas, loin, près, dehors, dedans,* etc.

  Il y avait du monde partout.
  (= dans tous les endroits)

> REMARQUE *Comment, quand, où* sont des **adverbes interrogatifs** de **manière**, de **temps** et de **lieu** : *Comment vas-tu ? Quand viendras-tu ? Où vas-tu ?* → interrogation

les adverbes de quantité

Dans le groupe du nom ou le groupe du verbe, ils marquent la quantité ou l'intensité. Ils peuvent modifier un adjectif, un verbe, un autre adverbe.

C'est assez grand. *Un très gentil garçon.*
Tu parles trop. *Roule moins vite !*

Employé avec *de* et un nom complément, l'adverbe de quantité peut être considéré comme un **déterminant**. *Beaucoup de coureurs ont abandonné.*

ATTENTION Pour les problèmes d'accord avec un adverbe de quantité et son complément. → quantitatif

> REMARQUE *Combien, comme* sont des adverbes interrogatifs ou exclamatifs : *Combien en as-tu pris ? Comme tu es beau !*

les adverbes de négation

Ne… pas, ne… plus, ne… point, ne… jamais servent à former les phrases négatives.
→ négation *Je n'aime pas ce film.*

les adverbes d'opinion

Oui, si, non, sûrement, peut-être, etc. peuvent s'employer seuls dans des réponses.

Tu viendras ?
– *Oui.* (= je viendrai)
– *Non.* (= je ne viendrai pas)
– *Je viendrai peut-être.*

les adverbes de liaison

Alors, ensuite, puis, enfin, pourtant, en effet, etc. servent à relier deux phrases ou deux éléments de la phrase avec des valeurs diverses (temps, relation logique : cause, conséquence, concession, etc.).

Il s'est assis, puis il a pris un journal.
Il a commandé une entrée puis un plat.
Pourtant il n'avait pas très faim.
Il n'avait pas très faim pourtant.

les adjectifs employés comme adverbes

Certains adjectifs s'emploient au masculin singulier comme des adverbes. Ils sont alors invariables.

Ces livres sont chers. (adjectif)
Ces livres coûtent cher. (adverbe invariable)

les adverbes en *-ment*

Certains adverbes en **-ment** sont dérivés d'adjectifs aujourd'hui disparus ou formés sur des radicaux différents : *notamment, précipitamment, sciemment, brièvement,* etc. Seul le dictionnaire peut lever la difficulté. Mais la plupart des adverbes en **-ment** se forment selon les règles suivantes.

LA FORMATION DES ADVERBES EN *-MENT, -AMMENT, -EMMENT* §9

Les adverbes en **-ment**, **-amment**, **-emment** se forment à partir de l'adjectif.

1. L'adverbe en **-ment** se forme le plus souvent à partir du **féminin** de l'adjectif.

fier → fière → fièrement
vif → vive → vivement
grand → grande → grandement
doux → douce → doucement
lent → lente → lentement
fou → folle → follement

REMARQUES **1.** Si l'adjectif masculin se termine déjà par **e**, on ajoute **-ment** : *logique → logiquement ; propre → proprement.* Mais le **e** peut prendre l'accent aigu : *aveugle → aveuglément ; intense → intensément.* – **2.** Si l'adjectif masculin se termine par **é**, **i**, ou **u**, on ajoute **-ment** : *aisé → aisément ; poli → poliment ; vrai → vraiment* (mais *gai → gaiement*) ; *absolu → absolument* (mais *assidu → assidûment**, *cru → crûment**).

*L'accent circonflexe marque la chute du *e* du féminin.

2. L'adverbe en **-amment** ou en **-emment** (toujours prononcé [a]) se forme à partir du **masculin** de l'adjectif en **-ant** ou en **-ent**.

bruyant → bruyamment	*différent → différemment*
brillant → brillamment	*prudent → prudemment*
courant → couramment	*violent → violemment*

affirmatif

Toute phrase, qu'elle soit déclarative, interrogative, exclamative ou impérative, peut être **affirmative** ou **négative.**

affirmatif	*Il parle. Parle-t-il ? Il parle ! Parle !*
négatif	*Il ne parle pas. Ne parle-t-il pas ?*
	Il ne parle pas ! Ne parle pas.

affixe

On regroupe généralement sous le terme **affixes** les préfixes, éléments qui se placent au début d'un mot (*défaire, refaire*), et les suffixes, qui se placent à la fin d'un mot pour en modifier le sens et/ou la catégorie grammaticale (*admirable, admiration*).

Certaines grammaires appellent **affixes** les terminaisons des verbes qui marquent le temps, la personne et le nombre.

agent (complément d'~)

Ce mot signifie « qui agit ». Dans la phrase passive, le **complément d'agent** indique qui fait l'action exprimée par le verbe. Il correspond au sujet de la phrase active. Il est toujours précédé des prépositions *par* ou *de.* On l'appelle aussi **complément du passif**. → passif

passif

Pierre a été blessé par Jacques. (compl. d'agent)

Elle est aimée de tout le monde. (compl. d'agent)

actif

Jacques a blessé Pierre. (sujet)

Tout le monde l'aime. (sujet)

aigu → accent

analyse

Analyser, c'est étudier en décomposant un ensemble en unités.

- En grammaire traditionnelle, on distingue l'analyse grammaticale et l'analyse logique.

– **L'analyse grammaticale** étudie chaque **mot** pour donner sa **nature** et sa **fonction** dans la phrase.
– **L'analyse logique** étudie les **propositions** (indépendantes, principales ou subordonnées) que la phrase comporte.

- En grammaire moderne, l'**analyse en constituants** décrit la phrase comme une structure hiérarchisée (représentée le plus souvent par un arbre) dans laquelle chaque constituant est un **groupe de mots** (plus ou moins étendu), lui-même analysable en constituants de rang inférieur, eux-mêmes analysables en constituants de rang inférieur, etc. jusqu'aux mots eux-mêmes. → constituant et groupe

animé/non-animé

On distingue les noms **animés** (noms de personnes ou d'animaux) des noms **non-animés** (noms de choses, concrètes ou abstraites). Les noms animés peuvent encore être sous-catégorisés en **humains/non-humains**. C'est sur cette distinction que se fondent certaines règles grammaticales.

- En général les noms animés varient en genre selon le sexe : *un directeur, une directrice ; un chien, une chienne* ; alors que les noms non-animés ont un genre fixe : *une table, un tableau.*
- Certains mots grammaticaux sont réservés aux noms non-animés : *quelque chose, quoi, rien* ; d'autres aux animés humains : *qui, quelqu'un, personne.*

antécédent

Ce mot signifie « qui précède, qui est placé avant ». On appelle **antécédent** le nom, le groupe du nom ou le pronom que le **pronom relatif** reprend dans une subordonnée relative.

J'ai lu les livres ***que*** *tu m'as prêtés.*
J'ai préféré ceux ***dont*** *je t'ai déjà parlé.*

ATTENTION Savoir reconnaître l'antécédent est essentiel pour faire correctement l'accord du participe passé avec l'auxiliaire *avoir.* → § 28

REMARQUE Dans certaines grammaires, on appelle aussi **antécédent** tout mot ou groupe de mots repris par un pronom : *J'ai vu* ***Jeanne***, ***elle*** *m'a parlé de toi.*

antéposé/postposé

Antéposé signifie « placé avant », par opposition à **postposé** qui signifie « placé après ».

Dans le groupe du nom, l'article est toujours **antéposé** au nom (ce qui ne signifie pas « juste avant »). *Un grand jardin.*

REMARQUE Certains adjectifs peuvent changer de sens selon qu'ils sont antéposés ou postposés : *Napoléon était un grand homme, mais il n'était pas un homme grand.*

antonyme

On dit de deux mots que ce sont des **antonymes** lorsqu'ils ont des sens opposés, **contraires**, par opposition aux **synonymes** qui ont des sens proches ou **identiques**. De nombreux dictionnaires donnent les **antonymes** ou **contraires** d'un mot à la fin de l'article (ou de la définition) après les abréviations ou le symbole suivants : ANT. ; CONTR. ; ≠.

lisible ≠ illisible
un peu de ≠ beaucoup de
gai ≠ triste

apostrophe (signe graphique)

L'apostrophe (') est la marque de l'**élision**, c'est-à-dire de la disparition d'une voyelle dans certaines circonstances.

- Certains mots du vocabulaire comportent une apostrophe. Ils sont peu nombreux : *aujourd'hui, prud'hommes, presqu'île, quelqu'un.* Quelques verbes formés avec le préfixe *entre* se sont écrits avec une apostrophe : *entr'apercevoir, s'entr'aimer*. Mais la tendance est à la soudure des deux éléments : *entr'apercevoir* ou *entrapercevoir.*
- Des mots comme *le, la, je, me, te, se, ne, de, ça* s'élident en *l', j', m', t', s', n', d', ç'* devant une voyelle ou un *h* muet.

l'histoire (= la)
l'hôpital (= le)
j'ai faim (= je)
s'endormir (= se)

On trouvera dans la partie dictionnaire les mots susceptibles de s'élider.

apostrophe (mot mis en ~)

Apostropher, c'est interpeller. On dit d'un mot qu'il est **mis en apostrophe** quand il sert à désigner la personne (ou la chose personnifiée) à qui l'on s'adresse, qu'on interpelle. Les noms de titres (*docteur, sire, monseigneur,* etc.) sont souvent mis en apostrophe.

Pierre ! viens ici !
Taisez-vous, les enfants !
Toi, je ne te parle plus.
Ô rage, ô désespoir…
Votre Majesté, je vous remercie.
Docteur, je viendrai demain.
Croyez bien, cher Monsieur, que…

apparent → sujet

apposition

L'apposition est une **fonction** du nom, du pronom, de l'adjectif ou de la proposition subordonnée relative. Elle correspond, par le sens, à une fonction d'attribut.

- **Le nom apposé** :

– peut suivre directement le nom :

le roi Louis XIV
mon ami Pierre
une femme médecin, des femmes médecins

– peut être séparé du nom par la préposition *de* :

la ville de Paris
le mois de janvier

– peut être séparé du nom par une virgule à l'écrit, par une pause à l'oral :

Pierre, mon ami, est venu.

- **Le pronom apposé** est placé entre deux virgules :

Aline, elle, n'est pas venue.

- **L'adjectif apposé** est le plus souvent :

– placé entre virgules : *Pierre, très gentil, a bien voulu m'aider.*

– placé après la préposition *de* avec des mots comme *quelqu'un, quelque chose, rien* ou un numéral : *C'est quelqu'un de gentil.*
Il n'y avait rien d'intéressant.
Il y en a deux de bons.

- **La subordonnée relative apposée** est placée entre virgules :

Pierre, qui est mon ami, est venu me voir.

RÈGLE GÉNÉRALE

Le nom ou **l'adjectif apposés s'accordent** avec le nom auquel ils se rapportent. C'est comme si les deux termes étaient liés par le verbe *être* ou un équivalent : *des femmes médecins* (= des femmes qui sont médecins).

ATTENTION L'apposition se confond parfois avec le complément du nom sans préposition, et il est souvent difficile de savoir s'il faut faire ou ne pas faire l'accord.

COMMENT DISTINGUER L'APPOSITION ET LE COMPLÉMENT DU NOM SANS PRÉPOSITION ? § 10

Dans l'**apposition**, le mot apposé désigne le **même être** ou le **même objet** que le nom auquel il est apposé et il y a accord.

des dates limites (ces dates sont des limites)
des femmes médecins (elles sont médecins)

Dans le **complément du nom**, le nom complément désigne un **autre être** ou **objet** que le nom dont il est complément et il n'y a pas d'accord.

des tartes maison (faites à la maison)
des produits minceur (pour la minceur)

article

L'article est un mot qui se place avant le nom et qui en indique le genre (masculin ou féminin) et le nombre (singulier ou pluriel). Les articles font partie des **déterminants**. Ils peuvent être séparés du nom par un adjectif et/ou un autre déterminant.

l'article défini

	masculin	féminin
singulier	*le, l'*	*la, l'*
pluriel	*les*	*les*

L'article défini s'emploie :

– devant un nom bien déterminé ou dont on a déjà parlé ou qui est supposé connu :
C'est le chien de Pierre. Où est le chien ?

– devant un nom pour désigner l'espèce, le genre ou la généralité :
l'homme et l'animal

– devant un nom collectif ou non-comptable (au sing. ou au plur.) :
la foule, le bétail, les cieux

– devant des noms abstraits, des noms de sciences :
l'amour de la philosophie.

REMARQUE *Le* et *la* s'élident en *l'* devant un mot commençant par une voyelle ou un *h* muet.

• **L'article défini contracté** est le résultat de la réunion des prépositions *à* ou *de* et des articles *le* et *les*.

	masculin	féminin
singulier	*au, du*	
pluriel	*aux, des*	*aux, des*

REMARQUES **1.** Il n'y a pas d'article défini contracté au féminin singulier. – **2.** Il ne faut pas confondre *du* et *des* avec l'article partitif.

L'article défini contracté s'emploie :

– devant des noms au pluriel (masc. ou fém.) :
Pensez aux amis !
le rat des villes et le rat des champs

– devant un nom masculin singulier qui commence par une consonne ou un *h* aspiré :
la chasse au papillon
la pêche au hareng
un homme du Nord.

l'article indéfini

	masculin	féminin
singulier	*un*	*une*
pluriel	*des* ou *de**	*des* ou *de**

* On emploie de préférence *de* devant un adjectif : *Le marronnier et l'érable sont de beaux arbres.*

L'article indéfini s'emploie devant un nom lorsque l'être ou l'objet qu'il désigne est « indéterminé », pas précisé.

Un homme est venu.
(on ne sait pas qui)

Il s'emploie aussi devant des noms désignant des types, des espèces.

Picasso est un artiste.
Le marronnier et l'érable sont des arbres.

l'article partitif

	masculin	féminin
singulier	*du*	*de la*
pluriel	*des*	*des*

L'article partitif s'emploie devant un nom non-comptable pour désigner une « partie » d'une matière. *Acheter du pain, de la viande et des épinards.*

Il ne faut pas confondre l'article **partitif** avec l'article défini contracté.

Quelquefois le nom est « sous-entendu ». L'article se retrouve seul avec l'adjectif. Ne pas oublier alors de faire l'accord de l'adjectif.
Quelle bille veux-tu ? *– Moi, je veux la verte.*
– Moi, j'en veux une bleue.

aspect

Cette notion recouvre tous les procédés grammaticaux qui permettent de présenter « sous un certain aspect » le déroulement ou l'accomplissement de l'action exprimée par le verbe.

- L'aspect peut être rendu par un temps.

temps		aspect
temps composé	*Il a mangé. Il est arrivé.*	accompli
temps simple	*Il mange. Il arrive.*	non-accompli

- L'aspect peut être rendu par l'emploi de verbes ou de locutions verbales qui jouent le rôle d'auxiliaires. Ce sont des **auxiliaires d'aspect** toujours **suivis de l'infinitif**.

auxiliaires		aspect
aller + inf	*Il va manger.*	**futur proche**
être sur le point de + inf.	*Il est sur le point de partir.*	**futur immédiat**
venir de + inf.	*Il vient de partir.*	**passé immédiat**
être en train de + inf.	*Il est en train de lire un livre.* (l'action est en cours de réalisation)	**progressif**
se mettre à + inf. *commencer à* + inf.	*La pluie se met à tomber.* (l'action est au début de sa réalisation) *Il commence à pleuvoir.*	**inchoatif**
cesser de + inf. *finir de* + inf.	*Il a cessé de travailler.* *La pluie a fini de tomber.*	**achèvement**
faire + inf. *laisser* + inf.	*Je fais construire une maison.* (l'action est faite par quelqu'un d'autre) *Il a laissé tomber son verre.*	**factitif ou causatif**

REMARQUE On classe souvent, par commodité, avec les auxiliaires d'aspect les verbes auxiliaires *pouvoir* et *devoir* qui présentent l'action comme possible ou probable, éventuelle ou nécessaire. Ce sont des **auxiliaires modaux**.

pouvoir + inf. — *Il peut pleuvoir demain.*
Cet enfant pouvait avoir cinq ans.

devoir + inf. — *Il doit être environ 10 heures.*
Je dois partir.

aspiré

On dit du **h** qu'il est **aspiré** quand il interdit la liaison et l'élision (l'apostrophe).

Ainsi on dit : *un* | *hamster* et non ✕ *un* [-n-]*hamster*
des | *hamsters* et non ✕ *des* [-z-]*hamsters*

et on dit et on écrit : *le hamster* et non ✕ *l'hamster.*

Le **h aspiré** s'oppose au **h muet** qui permet la liaison et l'élision.
un [-n-]*homme, l'homme, les* [-z-]*hommes*

La plupart des dictionnaires accompagnent du symbole * les mots qui commencent par un **h aspiré**.

assertive (phrase ~)

Certaines grammaires préfèrent parler de phrase assertive ou d'assertion plutôt que de phrase déclarative. → déclarative

attribut

L'attribut est une **fonction** d'un mot (ou d'un groupe de mots) qui permet de mettre en étroite relation ce mot (ou ce groupe de mots) avec le sujet ou le complément d'objet du verbe.

RÈGLE GÉNÉRALE

Si l'**attribut** est un adjectif ou un nom, il **s'accorde** avec le **sujet** ou le **complément d'objet**.

- **L'attribut du sujet.**

Marie est très intelligente. (Marie : sujet ; intelligente : attribut)

Elle a été nommée présidente. (Elle : sujet ; présidente : attribut)

Il s'appelle Miki. (Il : sujet ; Miki : attribut)

Cette relation se fait par l'intermédiaire de verbes d'état comme *être, devenir, paraître, rester*, etc., ou de verbes comme *s'appeler, se nommer*, etc.

- **L'attribut du complément d'objet.**

J'ai trouvé Marie très intelligente. (Marie : COD ; intelligente : attribut)

On l'a nommée présidente. (l' : COD ; présidente : attribut)

Cette relation se fait par l'intermédiaire de verbes comme *appeler, nommer, élire*, etc., ou de verbes d'opinion comme *juger, trouver, penser*, etc.

On l'a appelé Miki.
Je l'imaginais plus grande.

REMARQUES

1. L'attribut peut être introduit par *de, en, pour* ou *comme* : *On l'a traité d'idiot ; on l'a traitée d'idiote. Il se conduit en maître. Il a été choisi comme chef.*

2. Un pronom, un adverbe ou une locution adverbiale, un infinitif, une subordonnée introduite par *que* peuvent aussi être attributs.

pronom	*Si j'étais toi...*
adverbe	*Je me sens bien, à l'aise.*
infinitif	*Souffler n'est pas jouer.*
subordonnée	*La vérité est que cela me plaît.*

3. Il ne faut pas confondre l'attribut et un complément circonstanciel qui ne crée aucune relation d'identité ou de qualité avec le sujet.

attribut	*Pierre est un garçon.*
complément circonstanciel	*Pierre est dans le jardin./Pierre est ici.*

a

attribution (complément d'~)

C'est une ancienne dénomination qui recouvrait ce qu'on appelle aujourd'hui **complément d'objet indirect** (COI) : *Penser à quelqu'un*, ou **complément d'objet second** (COS) : *Donner quelque chose à quelqu'un*.

auxiliaire

Ce mot signifie « qui aide ». Les auxiliaires sont des **verbes qui**, à côté de leur emploi au sens plein, **s'emploient avec d'autres verbes**.

– **Les auxiliaires proprement dits** *avoir* et *être* s'emploient avec le **participe passé** pour former les temps composés de la conjugaison.

– **Les semi-auxiliaires**, **auxiliaires d'aspect** ou **auxiliaires modaux**, s'emploient avec l'**infinitif**. Ce sont des verbes ou des locutions verbales comme *aller, venir de, commencer à, être sur le point de, pouvoir, devoir*, etc. → aspect. Deux de ces semi-auxiliaires sont traités dans certaines grammaires comme des auxiliaires de temps. Ce sont les verbes *aller* et *venir de*.

les auxiliaires *avoir* et *être* (+ verbe au participe passé)

- L'auxiliaire ***avoir*** s'emploie :

– pour former les temps composés des verbes *avoir* et *être* :

J'ai eu un cadeau.
(= passé composé du verbe *avoir*)
J'ai été content.
(= passé composé du verbe *être*)

– pour former les temps composés de tous les verbes transitifs (directs ou indirects) à la voix active :

Le chien a mangé sa pâtée.
Le chien a obéi à son maître.

– pour former les temps composés de très nombreux verbes intransitifs :

On avait couru dans l'herbe.

ATTENTION Pour l'**accord** du participe passé avec l'auxiliaire ***avoir***. → § 28

- L'auxiliaire ***être*** s'emploie :

– pour former les temps composés de quelques verbes intransitifs comme *aller, venir, partir, arriver, devenir*, etc. à la voix active :

Il est venu à Paris.
Elle est venue à Paris.

– dans la conjugaison à la voix passive :

Le voleur est arrêté par la police.

– pour former les temps composés des **verbes pronominaux** :

Elle s'est enfuie.

ATTENTION **1.** Le participe passé employé avec l'auxiliaire ***être*** s'accorde avec le **sujet.** – **2.** Pour l'**accord** du participe passé des **verbes pronominaux.** → § 29

- Les auxiliaires ***avoir*** + ***être*** (au participe passé) s'emploient pour former les temps composés du passif.

Le voleur a été arrêté par la police.

- Les auxiliaires ***avoir*** + ***avoir*** (au participe passé) s'emploient pour former les temps surcomposés de la voix active.

passé composé *Quand il a fini de manger.*
passé surcomposé *Quand il a eu fini de manger.*

Les auxiliaires ***avoir*** et ***être*** sont toujours suivis d'un **participe passé**. Pour ne pas confondre le participe passé en **-é** et l'infinitif en **-er** des verbes du 1er groupe, il suffit de remplacer le verbe en *-er* par un verbe en *-ir*.

J'ai mangé. avec **-é**

Avec le verbe *finir* on dirait : *J'ai fini,* et non ✕ *J'ai finir.*

les auxiliaires *aller* et *venir de* (+ verbe à l'infinitif)

- L'auxiliaire ***aller*** (+ infinitif) s'emploie :

– au présent à la place du futur, le plus souvent pour exprimer un futur relativement proche : *On va regarder la télévision tout à l'heure.*
(= on regardera la télévision tout à l'heure)

– à l'imparfait pour exprimer un futur dans le passé :

On allait partir quand le téléphone sonna.

- L'auxiliaire ***venir de*** (+ infinitif) s'emploie au présent ou à l'imparfait pour exprimer un passé proche ou immédiat dans le présent ou dans le passé.

Il vient de sortir.
Je venais de sortir quand l'orage a éclaté.

a

B

barbarisme/solécisme

● **Le barbarisme** est une faute qui consiste à employer un mot qui n'est pas conforme à la langue, par exemple :

– un mot dont le sens n'est pas approprié :

✕ *l'irruption d'un volcan*
au lieu de *l'**éruption** d'un volcan*
✕ *l'acceptation d'un mot*
au lieu de *l'**acception** d'un mot*

– un mot qui n'existe pas alors que d'autres mots sont disponibles dans le vocabulaire :

✕ *boitation*
au lieu de ***boitement**, **boiterie*** ou ***claudication***

– une forme fautive, en particulier dans les conjugaisons :

✕ *Ils concluèrent*
au lieu de *Ils **conclurent***.

● **Le solécisme** est une faute de syntaxe, de construction, par exemple :

✕ *pallier à un inconvénient*
au lieu de ***pallier** un inconvénient* (transitif direct)
✕ *malgré qu'il soit*
au lieu de ***bien qu'il** soit*
✕ *le fils à madame Durand*
au lieu de ***le fils de** madame Durand*
✕ *aller au coiffeur*
au lieu de *aller **chez le coiffeur.***

REMARQUES **1.** On regroupe souvent sous le seul terme de **barbarisme** toutes ces fautes. – **2.** Certaines de ces formes fautives, lorsqu'elles sont très répandues, finissent par entrer dans les dictionnaires mais accompagnées de remarques sur leur emploi *familier, incorrect* ou *critiqué*. – **3.** La langue courante ayant tendance à préférer les formes régulières aux formes irrégulières, les dictionnaires enregistrent des mots comme *émotionner* ou *solutionner* qui sont venus concurrencer des verbes plus difficiles à conjuguer comme *émouvoir* ou *résoudre*.

but

→ complément circonstanciel et subordonnée circonstancielle

C

cardinal

Un **adjectif numéral cardinal** indique le nombre, la quantité : *un, deux, trois, quatre*, etc., par opposition à l'adjectif numéral **ordinal** qui indique l'ordre, le rang : *premier, deuxième, troisième*, etc. → numéral

catégorie grammaticale

Donner la catégorie grammaticale ou la classe grammaticale d'un mot, c'est dire s'il s'agit d'un nom, d'un adjectif, d'un verbe, etc. → nature des mots

causatif → aspect

cause → complément circonstanciel

cc

Abréviation de complément circonstanciel.

cédille

La cédille se place sous la lettre **c** devant *a, o, u,* pour indiquer le son [s].

ATTENTION Les verbes en *-cer* prennent donc un **ç** devant *a* et *o*.

Il avance, mais *il avançait, nous avançons.*

circonflexe → accent

circonstanciel → complément circonstanciel et subordonnée

C

classe grammaticale

Donner la classe ou la catégorie grammaticale d'un mot, c'est dire s'il s'agit d'un nom, d'un adjectif, d'un verbe, etc. → nature des mots

COD

Abréviation de complément d'objet direct.

COI

Abréviation de complément d'objet indirect.

collectif

Un nom **collectif** désigne un ensemble d'éléments (une « collection ») dont la nature est précisée par un **complément au pluriel**. Des noms comme *troupe, foule, bande, nuée*, etc. sont des collectifs. Le collectif se distingue du **quantitatif** qui peut avoir un complément au singulier ou au pluriel. → quantitatif

§ 11 ACCORD AVEC UN COLLECTIF

1. Si le collectif est employé avec *un, une,* l'accord se fait indifféremment :

– avec le **collectif au singulier** :

Une nuée d'oiseaux s'est envolée.
Une bande d'enfants très gaie.

– ou avec le **complément au pluriel** :

Une nuée d'oiseaux se sont envolés.
Une bande d'enfants très gais.

2. Si le collectif est employé avec *le, la, mon, ma, ce, cette*, etc. ou avec un adjectif épithète, l'accord se fait avec le nom collectif au singulier :

Cette foule de badauds était impressionnante.
Une foule impressionnante de badauds était arrivée.

On trouvera pour chaque nom collectif des exemples d'emploi dans la partie dictionnaire.

commun → nom

comparaison (complément de ~) → complément circonstanciel

comparatif

Le **comparatif** et le **superlatif** forment ce qu'on appelle le degré de l'adjectif, de l'adverbe et du verbe.

Dans le mot **comparatif** il y a le mot *comparer*. Le **comparatif** sert à établir une relation d'**égalité**, d'**infériorité** ou de **supériorité** entre deux choses, deux êtres, deux situations. Cette comparaison porte sur la notion exprimée par un **adjectif**, un **adverbe** ou un **verbe**. Elle se fait le plus souvent au moyen d'adverbes de quantité et de la conjonction *que*.

- **Comparatif de l'adjectif**

égalité	*Il est aussi gentil que toi.*
infériorité	*Il est moins gentil que toi.*
supériorité	*Il est plus gentil que toi.*

- **Comparatif de l'adverbe**

égalité	*Il lit aussi vite que toi.*
infériorité	*Il lit moins vite que toi.*
supériorité	*Il lit plus vite que toi.*

- **Comparatif du verbe**

égalité	*Il mange autant que toi.*
infériorité	*Il mange moins que toi.*
supériorité	*Il mange plus que toi.*

On appelle **complément du comparatif** le nom ou le pronom qui est l'autre terme de la comparaison. Dans nos exemples, le pronom *toi* est complément du comparatif.

1. L'adjectif *bon* et l'adverbe *bien* ont des formes particulières au comparatif de supériorité : *meilleur* et *mieux*.

Ce gâteau est meilleur que celui-là.
Pierre travaille mieux que toi.

On ne doit donc pas dire ✕ *plus bon* ou ✕ *plus bien*.

2. L'adjectif *mauvais* a deux comparatifs de supériorité : *plus mauvais* ou *pire*. On ne peut donc pas dire ✕ *plus pire*.

complément

Ce terme désigne une des **fonctions** que peut avoir un mot, un groupe de mots ou une proposition dans la phrase. Le complément complète, précise le sens de l'élément complété.

- **Le complément complète quoi ?**

un nom — *une tasse à* ***café***
des maisons de ***campagne***
*une foule d'****amis***

C

un pronom	*J'aime bien ton disque, je préfère celui de* ***ton frère.***
un adjectif	*Je suis content de* ***toi****, de* ***te voir****, que* ***tu sois là.***
un adverbe	*Il habite loin d'****ici****. J'ai beaucoup de* ***bonbons.***
un verbe	*Pierre mange une* ***pomme****. Je veux que* ***tu viennes.*** *Pierre parle à* ***Paul****. Jacques pense à* ***partir****.* *Pierre donne* ***un fruit*** *à Paul. Pierre dit à Paul de* ***partir****.* *Pierre vit à* ***la campagne****. Le train part à* ***trois heures****.* *Il m'a répondu avec* ***gentillesse****.* *On travaille pour* ***son avenir****.*
la phrase tout entière	***En automne****, les feuilles jaunissent et tombent.*

REMARQUES **1.** Pour savoir si le complément du nom doit être au singulier ou au pluriel. → complément du nom – **2.** Si le nom complété est un collectif (*foule, nuée*, etc.) ou un quantitatif (*beaucoup de, la plupart de*, etc.), il peut y avoir des difficultés d'accord. → collectif et quantitatif – **3.** Tous les compléments du verbe ne sont pas de même nature. → complément d'objet et complément circonstanciel

• Le complément peut être quoi ?

Tous les mots, à l'exception des adjectifs et des mots grammaticaux, et toutes les propositions subordonnées peuvent être compléments.

un nom	*Je lis un livre dans le jardin.*
un pronom	*Je le lis dans le jardin. Je pense à toi.*
un verbe à l'infinitif	*Je veux partir. Quelle joie de le revoir !*
un participe, un gérondif	*Il est tombé en rentrant de l'école.*
un adverbe	*Je pars d'ici.*
une subordonnée*	*Je veux que tu viennes.* *Je viendrai si tu viens.* *C'est l'homme dont je t'ai parlé.* *J'entends les oiseaux chanter.* *L'ayant entendu, je lui ai ouvert la porte.*

*Toutes ces subordonnées ne sont pas de même nature. → subordonnée

complément direct ou indirect

Un complément est **direct** quand il est construit **sans préposition**, il est **indirect** quand il est introduit **par une préposition**.

direct	*Pierre regarde la télévision (COD) tous les soirs (c de temps).*
indirect	*Pierre téléphone* ***à*** *sa fille (COI)* ***à*** *chaque instant (c de temps).*

complément essentiel ou non essentiel

On dit d'un complément qu'il est **essentiel** quand le mot qu'il complète ne peut s'employer sans lui, sauf à changer de sens.

essentiel	*Pierre fabrique des vêtements.* (on ne peut pas dire ✗ *Pierre fabrique*) *Pierre va à la campagne.* (on va toujours quelque part) *Pierre est fier de son fils.* (mais Pierre n'est pas forcément *un homme fier* : le mot change de sens) *Agir conformément à la loi.*
non essentiel	*Pierre lit un livre dans son lit.* (on peut dire : *Pierre lit un livre.*)

complément d'agent → agent

complément circonstanciel (cc)

Le complément circonstanciel précise les conditions, les « circonstances » dans lesquelles une action se fait, un événement se produit.

● **Les principaux compléments circonstanciels** répondent aux questions *quand ? où ? comment ? avec quoi ? pourquoi ? dans quel but ? à quelle condition ?*

temps	*Nous sortirons après le dîner/après avoir dîné/ quand nous aurons fini de dîner/ce soir.*
lieu	*Pierre travaille à Paris/près de chez moi.*
manière	*Il m'a parlé avec gentillesse.*
moyen	*Voyager en train. Écrire avec un stylo.*
cause	*Il est parti à cause de toi/parce que tu ne lui parlais plus.*
but	*Je fais cela pour ton plaisir/pour te faire plaisir/ pour que tu sois content.*
accompagnement ou privation	*Je pars avec toi/sans toi.*
concession ou opposition	*Je sortirai malgré la pluie/bien qu'il pleuve.*
condition	*Avec un peu de chance, on réussira.* (= si on a de la chance) *J'irai si tu viens aussi/ à la condition que tu viennes aussi.*
conséquence	*Il a tant travaillé qu'il a réussi.*
comparaison	*J'ai agi comme toi/comme tu aurais agi.*

C

- **Le complément circonstanciel peut être quoi ?**

un nom, un groupe du nom ou un pronom	*Je pars avec Pierre/avec mon ami/avec toi.*
un infinitif	*Il travaille pour réussir.*
un participe	*Il m'a parlé en souriant.* *Ayant terminé son livre, il le referma.*
une subordonnée	*On partira quand tu le voudras.* → subordonnée

Certaines grammaires ajoutent l'adverbe (de manière, de temps ou de lieu).

Il m'a parlé gentiment.
(= avec gentillesse)
Il a longtemps travaillé ici.

REMARQUES **1.** Le complément circonstanciel peut être direct (sans préposition) ou indirect (introduit par une préposition) : *Nous sortons ce soir* (= direct). *Nous sortons après le dîner* (= indirect). – **2.** Le complément circonstanciel peut être introduit par une conjonction de subordination, lorsqu'il s'agit d'une subordonnée circonstancielle. Dans ce cas, ce sont les conjonctions de subordination qui commandent le mode du verbe. On trouvera toutes ces conjonctions dans la partie dictionnaire.

complément de verbe ou complément de phrase ?

Si le complément circonstanciel est étroitement lié au verbe, il n'est pas mobile dans la phrase, il fait partie du groupe du verbe (GV), c'est un complément de verbe. S'il est mobile dans la phrase, c'est un complément de phrase.

complément de verbe	*Les enfants vont à l'école.*
complément de phrase	*Les enfants vont à l'école tous les matins.* (on peut dire : *Tous les matins les enfants vont à l'école.*)

complément de mesure (prix, poids, distance, etc.)

Le complément de mesure répond à la question *combien ?*

Le film a duré deux heures.
Un litre d'eau pèse un kilogramme.

§ 12 COMPLÉMENT DE MESURE OU COMPLÉMENT D'OBJET DIRECT ?

Il ne faut pas confondre le **complément de mesure** (sans préposition) qui répond à la question *combien ?* avec le **complément d'objet direct** (lui aussi sans préposition) qui répond à la question *quoi ?*

Avec un complément de mesure, le verbe est intransitif (sans COD) et le participe passé est invariable.

Pierre pèse 50 kilos.
Les 50 kilos que Pierre avait pesé autrefois.
Ce livre m'a coûté 10 euros.

Les 10 euros que ce livre m'a coûté.
Il a vécu deux ans chez nous.
Les deux ans qu'il a vécu chez nous.

ATTENTION Certains de ces verbes peuvent se construire avec un complément d'objet direct ; ils sont alors transitifs et le participe passé s'accorde avec le COD placé avant le verbe.
Le marchand pèse la farine.
La farine que le marchand a pesée.
Ce travail lui a coûté des efforts.
Les efforts que ce travail lui a coûtés.
Il a vécu des drames.
Les drames qu'il a vécus.

complément du nom

Un nom (ou un groupe du nom) est complément du nom quand il précise, complète le sens d'un autre nom.
une tasse à café
le bateau de mon père
une pièce en or

REMARQUE Lorsque c'est un infinitif, un adverbe ou une subordonnée qui complète un nom, les grammaires contemporaines préfèrent parler de **complément de nom** ou de « constituant du groupe du nom » : *la joie de se revoir ; une machine à laver ; les gens d'ici ; le fait que tu partes*. Elles réservent le terme de **complément du nom** au seul nom complément qu'elles appellent aussi **complément déterminatif**.

- Constituant du groupe du nom, le complément du nom est un nom ou un groupe du nom qui peut lui-même avoir des expansions.
le petit chat de Jeanne
Le petit chat de ma voisine s'est enfui.
Le petit chat de ma gentille voisine du dessus s'est enfui.

- Quand le nom complément est sans article, on hésite souvent sur le nombre (singulier ou pluriel) à lui donner. Les règles suivantes permettent de lever la plupart des difficultés.

C

COMPLÉMENT DU NOM AU SINGULIER OU AU PLURIEL ? § 13

1. Le complément est au singulier ou au pluriel quand on peut indifféremment le considérer comme un nom non-comptable ou un nom comptable :
de la confiture de fraise ou *de fraises*

2. Le complément est au singulier s'il s'agit :

– d'un nom non-comptable (nom de matière, nom abstrait) :
un paquet de café ; des paquets de café

une pièce en or ; des pièces en or
un accès de fièvre ; des accès de fièvre

– d'une caractéristique unique :
un bateau à moteur ; des bateaux à moteur
(chaque bateau a un moteur)
un fruit à noyau ; des fruits à noyau
(chaque fruit a un noyau).

3. Le complément est au pluriel s'il s'agit :

– d'un nom comptable : *un sac de billes ; des sacs de billes*

– d'une caractéristique au pluriel :
un bateau à voiles ; des bateaux à voiles
(chaque bateau a plusieurs voiles)
un fruit à pépins ; des fruits à pépins
(chaque fruit a des pépins).

ATTENTION Lorsque le groupe nom + complément est au pluriel, le complément garde le nombre (singulier ou pluriel) qu'il avait au singulier.
des paquets de café
des bateaux à moteur
des sacs de billes
des fruits à pépins

REMARQUES **1.** Les compléments du nom permettent de créer des noms composés (avec ou sans trait d'union) : *le chemin de fer, une pomme de terre, un pied-de-biche, une clé à molette,* etc. → pluriel des mots composés – **2.** Parfois la préposition disparaît : *le rayon bricolage* (= du bricolage).
Il ne faut alors pas confondre le complément du nom et l'apposition. → § 10

complément du nom	*les rayons bricolage* (seul le premier nom prend la marque du pluriel)
apposition	*des écoles pilotes* (les deux noms prennent la marque du pluriel)

complément d'objet (COD, COI, COS)

Le complément d'objet indique sur quoi ou sur qui porte l'action exprimée par le verbe. Étroitement lié au verbe, le complément d'objet est un **constituant du groupe du verbe**.

Le complément d'objet peut être :

direct (sans préposition)	*Le menuisier fabrique des meubles.*
indirect (avec préposition)	*Pierre pense à son voyage.*

On appelle **verbes transitifs** les verbes qui se construisent avec un complément d'objet.

REMARQUE Certains verbes pronominaux se construisent aussi avec un complément d'objet : *se rappeler quelque chose* (direct) ; *se souvenir de quelque chose* (indirect).

complément d'objet direct (COD)

Le COD répond en général aux questions *quoi ? qu'est-ce que ?* (pour les choses), *qui ? qui est-ce que ?* (pour les personnes).

Le menuisier fabrique quoi ? – *Le menuisier fabrique des meubles.*
Qui as-tu rencontré ? – *J'ai rencontré Pierre.*

Le COD peut être une subordonnée ou un infinitif (même précédé de *de* ou de *à*, s'il répond à la question *quoi ?*) : *Je veux que tu partes. Je veux partir. Il demande à sortir. On lui demande de sortir.*

On appelle **verbes transitifs directs** les verbes qui se construisent avec un complément d'objet direct.

ATTENTION Reconnaître le COD **placé avant le verbe** est essentiel pour faire correctement l'accord du participe passé des verbes conjugués avec *avoir*. → § 28

RECONNAÎTRE LE COD PLACÉ AVANT LE VERBE § 14

Placé avant le verbe (ou l'auxiliaire), le COD peut être :

un nom ou groupe du nom	*Quels fruits cueilles-tu ?*
un pronom personnel	*Ces cerises, je les cueille pour vous.*
le pronom relatif *que*	*Les cerises que je cueille sont superbes.*

Aux temps composés, le COD commande l'accord du participe passé.

Quels fruits as-tu cueillis ?
Ces cerises, je les ai cueillies pour vous.
Les cerises que j'ai cueillies sont superbes.

REMARQUES **1.** Il ne faut pas confondre le COD avec l'attribut du sujet : *Pierre deviendra avocat.* – **2.** Il ne faut pas confondre le COD avec les compléments de mesure (prix, poids, etc.) : *Pierre pèse 80 kilos.* → § 12

C

complément d'objet indirect (COI)

Le complément d'objet indirect est introduit par une préposition (le plus souvent *à* ou *de*) et répond en général aux questions *à quoi ? de quoi ?* (pour les choses), *à qui ? de qui ?* (pour les personnes).

À quoi penses-tu ? – *Je pense aux vacances.*
De quoi parles-tu ? – *Je parle des vacances.*
À qui parles-tu ? – *Je parle à Pierre.*

On appelle **verbes transitifs indirects** les verbes qui se construisent avec un complément d'objet indirect : *penser à, parler de, obéir à*, etc.

Reconnaître le COI est essentiel pour faire correctement l'accord du participe passé des verbes à la forme pronominale. Si le pronom réfléchi est COI, il n'y a pas d'accord. Si le pronom réfléchi est COD, il y a accord avec le sujet. → § 29

COI	*Ils se sont parlé.* (se : COI)	(= parler à quelqu'un)
COD	*Ils se sont regardés.* (se : COD)	(= regarder quelqu'un)

complément d'objet second (COS)

Certains **verbes transitifs** peuvent se construire avec deux compléments d'objet, l'un direct, l'autre indirect ; ce deuxième complément est alors appelé **complément d'objet second**. *Donner quelque chose à quelqu'un.* (quelque chose : COD ; à quelqu'un : COS)

Le COS recouvre ce qu'on appelait autrefois le *complément d'attribution*.

S'il y a accord du participe passé, c'est toujours avec le complément d'objet direct (placé avant le verbe).

voix active	*J'ai écrit une lettre à Pierre.* (une lettre : COD ; à Pierre : COS) (COD après → pas d'accord) *La lettre que j'ai écrite à Pierre.* (La lettre que : COD ; à Pierre : COS) (COD avant → accord)
voix pronominale	*Pierre et Marie se sont écrit des lettres.* (se : COS ; des lettres : COD) (COD après → pas d'accord) *Les lettres que Pierre et Marie se sont écrites.* (Les lettres : COD ; se : COS) (COD avant → accord)

complétive (subordonnée ~)

La proposition subordonnée complétive est une proposition subordonnée introduite par la conjonction *que* (subordonnée conjonctive) ou construite à l'infinitif (subordonnée infinitive). La subordonnée complétive est équivalente à un groupe du nom, sujet, complément d'objet d'un verbe ou attribut. → subordonnée

Je veux que tu me fasses un cadeau.
(= je veux un cadeau de ta part)
J'entends les oiseaux chanter.
(= j'entends le chant des oiseaux)

complexe → phrase

composé

- **Un mot composé** est formé de plusieurs mots unis ou non par des traits d'union. *Arc-en-ciel* ou *chemin de fer* sont des mots composés.

ATTENTION Le pluriel des mots composés est souvent délicat. → pluriel

- Dans la conjugaison, **les temps composés** se forment avec l'**auxiliaire** et le **participe passé** : *j'ai chanté,* passé composé, s'oppose à *je chantai,* passé simple. Le passé composé, le plus-que-parfait, le passé antérieur, le futur antérieur sont des temps composés.

- **Les temps surcomposés** ont deux auxiliaires.

Quand il a eu fini de parler...

comptable/non-comptable

- On dit d'un nom qu'il est **comptable** lorsqu'il désigne des êtres ou des choses que l'on peut compter (*un, deux, trois*). Les noms comptables peuvent donc être au **singulier** ou au **pluriel** et s'emploient avec tous les types de déterminants.

un chapeau, des chapeaux ; une rue, des rues

- On dit d'un nom qu'il est **non-comptable** lorsqu'il désigne une chose qu'on considère dans sa globalité (nom de matière, par exemple) ou lorsqu'il désigne une qualité, un état, un concept (nom abstrait).

Les noms non-comptables s'emploient le plus souvent avec l'**article défini** (*le, la, les*) ou l'**article partitif** (*du, de la, des*) et sont presque toujours au **singulier**, quelquefois au pluriel.

le verre, le papier, le liège, la chance, le bonheur, l'orgueil, la beauté
la chevelure (singulier)
ou *les cheveux* (pluriel) [globalité]

Cette distinction est très utile :

– pour savoir si le nom complément doit être au singulier ou au pluriel :

comptable au pluriel	non-comptable au singulier
J'ai beaucoup de chapeaux.	*J'ai beaucoup de chance.*
des rangées de livres	*des tables de verre*

– pour former le pluriel des mots composés :

	singulier	pluriel
non-comptable	*un chasse-neige*	*des chasse-neige*
comptable	*un tire-bouchon*	*des tire-bouchons.*

REMARQUE Certains noms non-comptables peuvent s'employer comme des noms comptables et prendre la marque du pluriel. Dans ce cas, ils changent de sens.

non-comptable	comptable
J'ai une statue en ivoire. (= la matière)	*Je collectionne les ivoires.* (= les objets en ivoire)

J'ai de la chance. (= être chanceux) | *Je n'ai plus que deux chances de réussir.* (= occasions favorables).

concession → complément circonstanciel

concordance des temps

Lorsqu'il y a une proposition principale et une proposition subordonnée, le temps employé dans la subordonnée peut varier selon le temps de la proposition principale.

- **La principale** est au **présent** ou au **futur** de l'**indicatif**.

– Si la subordonnée est à l'indicatif, le verbe est au temps que le sens exige (présent, passé, futur) : *Je pense qu'elle arrive / qu'elle est arrivée / qu'elle arrivera.*
Tu lui diras que je viens / que je suis venu / que je viendrai.

– Si la subordonnée est au subjonctif, le verbe est au présent ou au passé :
Il faut qu'il vienne / qu'il soit arrivé avant 6 heures.
Il faudra bien qu'il ait pensé à tout et qu'il arrive à l'heure.

- **La principale** est à un **temps passé** de l'**indicatif**.

– Si la subordonnée est à l'indicatif, le verbe est à l'imparfait, au plus-que-parfait ou au conditionnel présent (futur du passé) pour exprimer le futur :
Il pensait que j'arrivais / que j'étais arrivée,
que j'arriverais... (avec *-rais* et non ✕ *-rai*).

– Si la subordonnée est au subjonctif, le verbe est à l'imparfait ou au plus-que-parfait dans la langue littéraire, au présent ou au passé dans la langue courante moderne :
Je voulais qu'il vînt et qu'il fût arrivé avant toi.
Je voulais qu'il vienne et qu'il soit arrivé avant toi.

REMARQUE Quand le propos de la subordonnée a une portée générale, on peut employer le présent de l'indicatif : *Il disait que la Terre tourne autour du Soleil.*

concret → abstrait

condition (subordonnée de ~)

La subordonnée de condition exprime la condition nécessaire pour que l'action de la principale se produise. *Je viendrai si tu es d'accord.*
Je viendrai à condition que tu sois d'accord.

Dans cette phrase, la proposition principale *je viendrai* exprime une action ou un fait soumis à une condition, la subordonnée *si tu es d'accord* (ou *à condition que tu sois d'accord*) exprime la condition nécessaire à l'action.

ATTENTION Il ne faut pas confondre la proposition **subordonnée de condition** introduite par *si* avec le mode conditionnel. → conditionnel

La conjonction *si* est toujours suivie de l'indicatif. Elle n'est jamais suivie du conditionnel. On ne dira donc jamais ✕ *si j'aurais su*, mais *si j'avais su.*

Si tu le veux, *je viens / je viendrai / il viendra.* (indicatif présent ou futur)

Si tu le voulais, *je viendrais / il viendrait.* (conditionnel présent)

Si tu l'avais voulu, *je serais venu / il serait venu.* (conditionnel passé)

conditionnel

Le conditionnel est un des **modes personnels** du verbe. Le conditionnel

– présente un fait comme imaginaire :

Nous serions des géants et nous dominerions le monde !

– introduit une hypothèse, une supposition :

Au cas où tu pourrais venir, préviens-nous.

– présente un fait comme possible mais pas sûr :

Il y a eu un incendie. Il y aurait dix victimes.

– soumet un fait, une action à une condition exprimée à l'imparfait : → condition

Si j'étais riche, je ferais le tour du monde.

– atténue une demande (conditionnel dit « de politesse ») :

Pourrais-je parler au directeur, s'il vous plaît ?

– s'emploie pour donner un conseil :

Tu devrais aller voir ce film, il est formidable !

– permet d'exprimer le futur dans un contexte au passé (futur du passé) :

Je savais qu'il arriverait bientôt.

Malgré son nom, le **conditionnel n'exprime pas la condition** et ne s'emploie jamais après *si*. On ne dira donc jamais ✕ *si j'aurais su...* → condition

§ 15 BIEN FORMER LE CONDITIONNEL PRÉSENT

1. Les terminaisons du conditionnel présent sont : *-rais, -rais, -rait, -rions, -riez, -raient* et non ✗ *-erais, -erais,* etc.
Il faut donc dire pour les verbes en *-tre* : *vous mettriez* et non ✗ *vous metteriez*, et écrire pour les verbes en *-re* : *vous concluriez* et non ✗ *vous conclueriez*.
En revanche, il ne faut pas oublier le *e* du radical des verbes en :

-ier	*vous copieriez*	du verbe *copier*
-uer	*vous remueriez*	du verbe *remuer*
-éer	*vous créeriez*	du verbe *créer*
-yer	*vous nettoieriez*	du verbe *nettoyer.*

2. Quand on hésite entre la terminaison en *-rais* du conditionnel et celle en *-rai* du futur, il suffit de mettre le verbe à la troisième personne.

	Si c'était possible, j'aimerais que tu viennes.
On dirait	*Si c'était possible, il aimerait que tu viennes.*
et non	✗ *Si c'était possible, il aimera que tu viennes.*

conjonction

Une **conjonction** est un mot invariable qui sert à mettre en relation, à « joindre » deux mots, deux groupes de mots ou deux propositions.

les conjonctions de coordination *mais, ou, et, donc, or, ni, car*

Elles relient deux mots, deux groupes de mots ou deux propositions qui ont la même fonction dans la phrase.

Pierre aime le chocolat **et** *le café.*
(*et* relie deux noms COD)
Pierre **et** *moi sommes du même avis.*
(*et* relie un nom et un pronom sujets)
Pierre chante **et** *Jacques écoute.*
(*et* relie deux propositions)

REMARQUE Certains adverbes, ou locutions adverbiales, jouent le même rôle qu'une conjonction de coordination, en particulier pour coordonner deux propositions : *puis, pourtant, en effet, ensuite, par contre, alors, cependant, toutefois, néanmoins,* etc.

les conjonctions de subordination

Elles relient une proposition subordonnée à une autre proposition dont elle dépend.
Les principales conjonctions de subordination sont : *que, quand, parce que, puisque, si, comme,* etc. → subordonnée
On trouvera à leur ordre, dans la partie dictionnaire, toutes ces conjonctions avec l'indication du mode (indicatif ou subjonctif) qu'elles demandent.

conjonctive (subordonnée ~)

La subordonnée conjonctive est introduite par une conjonction de subordination.
→ subordonnée

conjugaison

La **conjugaison** est l'ensemble des formes que prend le verbe en fonction de la personne, du temps et du mode auxquels il est employé.
De manière courante, on parle de **forme conjuguée** d'un verbe pour désigner toutes les formes du verbe autres que l'infinitif et les participes (présent et passé).

On trouvera les modèles de conjugaison pages 472 à 512.

conséquence → subordonnée circonstancielle

constituant

En grammaire contemporaine, on analyse la phrase en **constituants**. Au lieu d'avoir une vision linéaire, continue de la phrase, avec une analyse mot par mot comme on le faisait autrefois, on décrit la phrase comme une structure hiérarchisée (représentée le plus souvent par un arbre). On identifie les constituants majeurs (groupes de mots plus ou moins étendus) qu'on décompose en constituants de rang inférieur, eux-mêmes décomposables en constituants de rang inférieur, etc., jusqu'aux mots eux-mêmes.

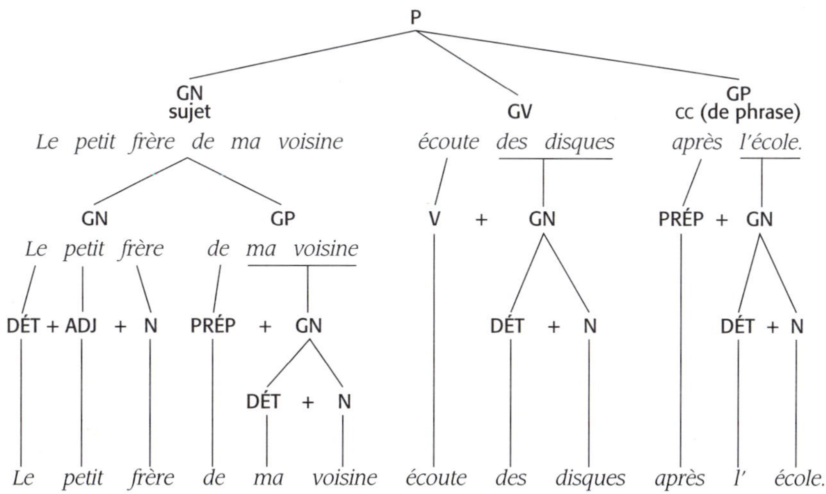

P = phrase, GN = groupe du nom, GV = groupe du verbe, GP = groupe prépositionnel, DÉT = déterminant, ADJ = adjectif, N = nom, PRÉP = préposition, V = verbe.

• Cette représentation permet de faire comprendre la fonction des groupes de mots à l'intérieur de la phrase.
Qui écoute des disques ? *Le petit frère de ma voisine* (groupe du nom sujet).
Le petit frère de ma voisine écoute quoi ? *des disques* (groupe du nom COD de écouter).
Quand le petit frère de ma voisine écoute-t-il des disques ? *après l'école* (complément circonstanciel de temps).

REMARQUE Cette représentation permet aussi de faire comprendre que *voisine* est complément d'un nom puisque ce mot se situe à l'intérieur d'un groupe du nom (GN), et que *disque* est complément d'un verbe puisque ce mot se situe à l'intérieur d'un groupe du verbe (GV), etc. → groupe et phrase

• Dans un deuxième temps, on peut analyser la **fonction de chaque mot** à l'intérieur de son groupe.

Le : article défini masculin singulier qui détermine le nom *frère*
petit : adjectif masculin singulier épithète du nom *frère*
frère : nom masculin singulier, noyau du groupe sujet, sujet du verbe *écouter*
de : préposition qui introduit un complément de nom
ma : adjectif possessif féminin singulier qui se rapporte au nom *voisine*
voisine : nom féminin singulier complément du nom *frère*, etc.

construction

La **construction d'une phrase** est la manière dont les éléments (mots ou propositions) de cette phrase sont agencés. On dit d'une phrase qu'elle est bien construite quand elle est conforme à la grammaire.

On parle de **construction d'un mot** lorsque, pour être correctement employé, ce mot doit répondre à certains critères définis par la syntaxe, la grammaire. Ainsi,

– *il faut que* se construit avec le subjonctif :
Il faut que tu viennes.

– *faute de* se construit avec un nom ou un infinitif :
Faute de grives on mange des merles.
Ce n'est pas faute de l'avoir prévenu.

– *succéder* se construit avec un complément d'objet indirect introduit par *à* :
Il a succédé à son père.

En général les dictionnaires donnent des renseignements sur les constructions des mots.

contracté → article défini

coordination

La **coordination** permet de relier, dans la phrase, deux ou plusieurs éléments (mots, groupes de mots ou propositions) qui ont la même fonction et le plus souvent la même nature.

Les éléments sont **coordonnés** par une conjonction de coordination (*mais, ou, et, donc, or, ni, car*) ou par un autre mot (adverbe ou locution conjonctive) jouant le même rôle (*puis, ainsi que,* etc.).

On peut coordonner :

– deux mots ou groupes de mots de même fonction :

Pierre ***et*** *son petit chien viendront demain.*

– deux propositions de même nature :

Il fait beau ***mais*** *il fait froid.*
(= deux propositions indépendantes)
Je veux que tu viennes ***et*** *que tu amènes ton frère.*
(= deux propositions subordonnées)

La **juxtaposition** est un cas particulier de coordination : les éléments sont séparés par une virgule. Dans la phrase : *Pierre, Marie, Jacques et Paul viendront*, *Marie* et *Jacques* sont juxtaposés ; *Paul* est coordonné.

COS

Abréviation de complément d'objet second.

C

D

déclarative (phrase ~)

Demain, c'est l'automne.

On dit d'une phrase qu'elle est **déclarative** quand elle sert simplement à donner une information, à énoncer ou à déclarer quelque chose, à faire un récit, etc., par opposition à la phrase **interrogative** (qui pose une question), **exclamative** (qui exprime un sentiment), ou **impérative** (qui donne un ordre).

À l'écrit, la phrase déclarative commence par une majuscule et se termine par un point.

défectif

On dit d'un verbe qu'il est **défectif** lorsque certaines des formes de sa conjugaison (personne, temps ou mode) n'existent pas ou ne sont pas usitées. Ainsi *frire, clore, choir* sont des verbes défectifs.

Il ne faut pas confondre le verbe défectif et le verbe impersonnel.

défense

On appelle parfois **défense** l'ordre négatif.

Ne viens pas.
Ne pas se pencher par la portière.

défini → article

degré

On appelle degré de l'adjectif, de l'adverbe ou du verbe la possibilité qu'ils ont de se mettre au comparatif ou au superlatif.

démonstratif

Les **adjectifs** et les **pronoms démonstratifs** servent à montrer, à distinguer parmi d'autres des êtres ou des choses. Ils permettent aussi de reprendre ce qu'on vient de mentionner ou quelquefois d'annoncer ce qu'on va mentionner.

l'adjectif démonstratif

	singulier	pluriel
masculin	*ce, cet**	*ces*
féminin	*cette*	*ces*

* On emploie **cet** devant un mot masculin singulier commençant par une voyelle ou un *h* muet. On emploie **ce** devant une consomne ou devant certains mots masculins qui interdisent la liaison : *ce grand homme ; ce ouistiti ; ce yaourt.*

• L'adjectif démonstratif fait partie des déterminants ; on l'appelle parfois **déterminant démonstratif**. Il peut se substituer à l'article dans le groupe du nom.

Je veux un gâteau. / Je veux ce gâteau.

Comme l'article, il prend la marque du genre (masculin ou féminin) et du nombre (singulier ou pluriel) du nom qu'il détermine.

• L'adjectif démonstratif peut être renforcé par les particules *-ci* ou *-là* qui sont liées au nom par un trait d'union.

Je préfère ce chapeau-là.

REMARQUES **1.** Normalement *-ci* marque la proximité et *-là* l'éloignement, mais cette distinction est rarement faite en langue courante. La particule *-là* est la plus fréquente. – **2.** La forme renforcée avec *-ci* peut marquer le temps présent : *Nous irons ces jours-**ci***. La forme renforcée avec *-là* peut marquer le temps passé : *Cette année-**là**, il avait fait beau.* – **3.** On emploie les deux formes pour indiquer une opposition ou un choix : *Tu préfères **ce** chapeau-**ci** ou **ce** chapeau-**là** ?*

le pronom démonstratif

• **Le pronom démonstratif masculin** ou **féminin** remplace un groupe du nom avec lequel il s'accorde en genre et en nombre. Il peut avoir deux formes, une forme simple et une forme composée.

		singulier	pluriel
masculin	simple	*celui…*	*ceux…*
	composé	*celui-ci, celui-là*	*ceux-ci, ceux-là*
féminin	simple	*celle…*	*celles…*
	composé	*celle-ci, celle-là*	*celles-ci, celles-là*

• **Les formes simples** ne s'emploient jamais seules. Elles sont suivies de la préposition *de* ou d'un pronom relatif.

Quelle route prendre ? – *Celle **de** gauche ou celle **de** droite ?*
– *Celle **qui** va à la poste ou celle **qui** va à la gare ?*

• **Les formes composées** s'emploient seules.

Quelle route prendre ? – *Celle-ci ou celle-là ?*

REMARQUE Lorsqu'il n'y a pas de choix, d'alternative, on emploie plus souvent la forme composée avec *-là*. Mais, comme pour l'adjectif démonstratif, la forme composée avec *-ci* indique plutôt ce qui est proche (dans l'espace ou le temps) et la forme composée avec *-là* indique plutôt ce qui est plus loin.

d

le pronom démonstratif neutre

Il ne s'emploie qu'au singulier. Le pronom neutre reprend ou annonce un fait, une proposition, une idée, une chose quelconque.

- **ce** (ou **c'**) s'emploie :

– avec le verbe *être* : *C'est gentil./Ce serait gentil.*

– avec un pronom relatif : *Voilà* ***ce que*** *je voulais dire. Prends* ***ce qui*** *te plaît.*
C'est ***ce dont*** *je voulais parler.*

- **ceci** s'emploie rarement en langue courante, sauf pour annoncer quelque chose : *Je vais vous dire ceci.*

- **cela** (ou plus souvent **ça** en langue courante) s'emploie :

– avec un autre verbe que le verbe *être* :
Cela m'intéresse/ça m'intéresse.

– pour reprendre une phrase, un mot à sens général :
Tu aimes le cinéma ? Oui, j'aime ça.
Qui t'a dit ça ?

– dans de nombreuse expressions :
Comment ça va ? C'est ça ! Ça y est !

dénombrable/indénombrable

On emploie parfois ces termes à la place de comptable/non-comptable.

dérivé

Un dérivé est un mot formé à partir d'un autre mot par l'ajout d'un **suffixe** (à la fin du mot) ou d'un **préfixe** (au début du mot). La dérivation permet ainsi de former des familles de mots.

- **Les suffixes** permettent de former :

des noms

– à partir d'un verbe : *admirer → admiration / admirateur*

– à partir d'un adjectif : *élégant → élégance*
propre → propreté

– à partir d'un nom : *abricot → abricotier*
Bouddha → bouddhisme
maison → maisonnette

des adjectifs

– à partir d'un nom : *président → présidentiel*

– à partir d'un verbe : *accepter → acceptable*

des verbes

– à partir d'un nom : *réforme → réformer*

– à partir d'un verbe : *friser → frisotter*

– à partir d'un adjectif : *grand → grandir*

des adverbes

– à partir d'un adjectif : *prudent → prudemment.*

● **Les préfixes** ne modifient pas la nature du mot mais modifient son sens, sa valeur. Ils peuvent indiquer :

– la privation, l'absence : *un groupe apolitique* (= sans politique)

– le contraire : *un texte illisible*

– la répétition : *Il faut revoir ce film.*

– l'opposition : *Il est antimilitariste.*

– l'intensité : *Il est hypersensible.*

désinence

On appelle **désinence** la terminaison d'un verbe qui marque le temps, la personne et le nombre.

Ainsi les désinences de l'imparfait de l'indicatif sont : *-ais, -ais, -ait, -ions, -iez, -aient.*

Dans certaines grammaires, la désinence est aussi appelée **affixe**. En langue courante on emploie le mot **terminaison**.

déterminant

On regroupe aujourd'hui sous le terme **déterminants** un ensemble de mots qui « introduisent » le nom, en portant, le plus souvent, les marques de genre (masculin ou féminin) et de nombre (singulier ou pluriel) de ce nom.

Le déterminant est un **constituant du groupe du nom**.

Le premier des déterminants est l'**article** : *le, la, les* ou *un, une, des*. On distingue deux groupes de déterminants :

– ceux qui vont pouvoir se substituer les uns aux autres, mais jamais se cumuler, se combiner entre eux. Ce sont :

l'article	*le chapeau ; la balle* → article
l'adjectif possessif	*mon chapeau ; ma balle* → possessif
l'adjectif démonstratif	*ce chapeau ; cette balle* → démonstratif
l'adjectif interrogatif	*quel chapeau ? quelle balle ?* → interrogation
l'adjectif exclamatif	*quel chapeau ! quelle balle !* → exclamation
l'adjectif relatif	*Il a un chapeau, lequel chapeau ne peut pas plaire à tout le monde.* → relatif

– ceux qui peuvent être employés soit seuls soit en combinaison avec d'autres. Ce sont :

l'adjectif numéral	*J'ai deux chapeaux ; mes deux premiers chapeaux.* → numéral
l'adjectif indéfini	*Quelques hommes sont venus.* *Les quelques hommes qui sont venus.* → indéfini

ATTENTION Quelquefois le nom est sous-entendu. Le déterminant se retrouve seul avec l'adjectif. Ne pas oublier alors de faire l'accord. *Quelle robe prends-tu ? Je prends la bleue, ma bleue, cette bleue-là.*

direct

• **Un complément** est **direct** quand il est directement lié au verbe sans préposition.

Pierre mange une pomme. (une pomme : COD)

Jean vient ce soir. (ce soir : cc de temps)

• **Le style** (ou **discours**) **direct** reproduit exactement les paroles de quelqu'un.

Alors, il a dit : « Je viendrai demain ». → style

• **L'interrogation directe** pose directement une question. → interrogation

Est-ce qu'il vient ? Qui doit venir ?

• **Le verbe transitif direct** appelle un complément d'objet direct. Ainsi les verbes *manger* (quelque chose) ou *lire* (un livre) sont des verbes transitifs directs. → transitif

discours → style

E

élision

L'**élision**, c'est la suppression de la voyelle finale d'un mot devant un autre mot commençant par une voyelle ou un *h* muet. → apostrophe

ellipse

Il y a **ellipse** lorsqu'un ou plusieurs éléments de la phrase ne sont pas exprimés alors qu'ils pourraient l'être.

Je fais mon repas et lui le sien.

Dans cette phrase, il y a ellipse du verbe *faire* (= *Je fais mon repas et lui fait le sien*).

REMARQUE On parle aussi d'ellipse lorsqu'un ou plusieurs éléments d'un groupe de mots ne sont pas exprimés : *un tabac* (= un bureau de tabac).

emphase → mise en relief

épithète

Ce mot désigne une des fonctions de l'adjectif.

une jolie fleur
une fleur magnifique

L'**adjectif épithète** se rapporte directement au nom, sans l'intermédiaire d'un verbe d'état (par opposition à l'**adjectif attribut**) et sans pause à l'oral ni virgule à l'écrit (par opposition à l'**adjectif apposé**).

RÈGLE
L'adjectif épithète s'accorde en genre (masculin ou féminin) et en nombre (singulier ou pluriel) avec le nom auquel il se rapporte. → adjectif

essentiel → complément

exclamative (phrase ~)

La **phrase exclamative** permet d'exprimer un vif sentiment d'admiration ou d'horreur, de joie ou de peine, de colère, de surprise, etc. À l'écrit, elle commence par une majuscule et se termine par un point d'exclamation.

Que c'est beau !

Le plus souvent, la phrase exclamative est introduite par *comme, que, ce que, qu'est-ce que* ou par l'adjectif exclamatif *quel* :

Comme c'était beau !
Que c'était beau !
Ce que c'était beau !
Qu'est-ce que c'était beau !
Quel beau temps ! Quelle belle histoire !

La phrase exclamative peut se réduire à un seul mot, une interjection.

Aïe ! Bravo !

expansion

En grammaire moderne, on appelle **expansions** du groupe du nom (ou du groupe du verbe) les éléments qui viennent s'ajouter au noyau du groupe sans en modifier la fonction. Si l'on supprime ces expansions, la phrase reste correcte.

Le petit chien noir de la voisine dort.

Dans cette phrase, les mots *petit*, *noir* et *de la voisine* sont des expansions du groupe du nom *le chien*. Si l'on supprime ces éléments la phrase reste correcte.

Le chien dort.

explétif

Un mot explétif peut être supprimé sans modifier ni le sens, ni la correction de construction de l'énoncé. Son emploi est donc facultatif.

- Ainsi *ne* est dit **explétif** quand il n'a pas la valeur d'une négation. On le rencontre :

– avec des verbes au subjonctif introduits par *avant que, à moins que* :

Sortons avant qu'il ne pleuve.

– après des verbes comme *craindre* :

Je crains qu'il n'arrive trop tard.

– avec des verbes à l'indicatif dans des comparaisons :

Il est moins bête que je ne le pensais.

- Certaines grammaires considèrent aussi comme explétif le *l'* utilisé devant *on* :

Si l'on pense que...
Il faut que l'on parte.

expression

Une **expression** est un ensemble de mots dont le sens global est indépendant du sens propre de chacun des éléments qui le composent.

Les bras m'en tombent. (= je suis abasourdi)

Mettre la puce à l'oreille à quelqu'un. (= l'alerter)
Tomber des nucs. (= être étonné)

Une **expression**, c'est donc une manière de dire, le plus souvent imagée, à ne pas confondre avec la **locution,** plus proche du mot composé.

expression — *Frapper à la bonne porte.*
(= trouver le bon interlocuteur)

locution — *Une journée portes ouvertes.*
(= où les portes sont ouvertes)

F

factitif

On dit d'un verbe qu'il est **factitif** quand le sujet **fait faire** l'action.
Dans la phrase *Les Durand construisent une maison à la campagne*, le verbe *construire* signifie « faire construire ». → aspect

famille de mots

On appelle le plus souvent **famille de mots** un ensemble de mots ayant le même radical, ou le même mot de base.

Ainsi *fabriquer*, *fabrication*, *fabricant*, *fabrique* sont de la même famille. De même *neiger*, *neigeux*, *déneiger* sont de la famille du mot *neige*.

On dit que les mots de la famille sont des **dérivés** du mot de base. Certains considèrent aussi comme étant de la même famille qu'un mot de base des mots obtenus par **composition** et ajoutent :

chasse-neige à la famille de *neige*
remonte-pente à la famille de *pente*
sous-chef à la famille de *chef*.

D'autres enfin étendent la notion de **famille de mots** à des racines étymologiques et considèrent par exemple que les mots *chef* et *capitaine* sont de la même famille parce qu'ils viennent tous deux du latin *caput*, qui signifie « tête ».

féminin

Le féminin est un des deux genres du français.

- Pour les noms à genre fixe, seul le dictionnaire permet de dire s'il s'agit d'un mot masculin ou féminin.

Toutefois, certaines terminaisons de mots indiquent qu'il s'agit plutôt d'un nom féminin. C'est le cas par exemple des mots terminés par :

-tion	*attention, parution, fondation...* (mais *bastion*)
-erie	*boulangerie, charcuterie...*
-aie	*chênaie, futaie, monnaie...*
-ise	*bêtise, prise, valise...*
-ité	*humanité, conformité, modernité...*
-ette	*belette, fourgonnette, emplette* (mais *squelette*).

● Pour les mots à genre variable, le féminin se forme à partir du masculin.

LA FORMATION DU FÉMININ

§ 16

RÈGLES GÉNÉRALES

1. Pour former le féminin on ajoute un **-e** à la forme du masculin : *grand* → *grande* ; *cousin* → *cousine* ; *banal* → *banale* ; *idiot* → *idiote*, etc. – **2.** Les mots terminés par *-e* au masculin ne changent pas au féminin : *un pantalon large, une jupe large* ; *un artiste, une artiste.*

masculin	féminin	
-er, -ier	-ère, -ière	*léger, légère* *fermier, fermière*
-et	-ète ou -ette	*inquiet, inquiète* *muet, muette*
-el, -il, -eil	-elle, -ille, -eille	*cruel, cruelle* *gentil, gentille* *pareil, pareille*
-eur	-eure ou -euse	*meilleur, meilleure* *danseur, danseuse*
-teur	-teuse ou -trice	*menteur, menteuse* *acteur, actrice*
-eux	-euse	*sérieux, sérieuse*
-ien, -ion	-ienne, -ionne	*chétien, chrétienne* *lion, lionne*
-on	-onne	*breton, bretonne* *bon, bonne*
-f	-ve	*vif, vive* *veuf, veuve*
-eau	-elle	*jumeau, jumelle* *beau, belle*

REMARQUES **1.** De nombreux noms et adjectifs ont un féminin particulier : *doux* → *douce* ; *roux* → *rousse* ; *gros* → *grosse* ; *blanc* → *blanche* ; *maître* → *maîtresse* ; *laïc* → *laïque* ; *vieux* → *vieille* ; *fou* → *folle* ; etc. Seul le recours au dictionnaire permet de lever la difficulté. – **2.** Pour certains noms de métiers, de titres ou de fonctions qui n'étaient employés qu'au masculin, il apparaît aujourd'hui des emplois au féminin, soit dans la langue familière : *la professeur de français, la banquière* ; soit dans la langue officielle : *la ministre, la députée.* On trouvera ces mots dans la partie dictionnaire avec leurs indications d'emploi.

f

figuré → sens

fonction

Ce terme désigne le rôle que joue un élément de la phrase (mot, groupe de mots ou proposition) par rapport au verbe ou à un autre élément de cette phrase. Le terme « **fonction** » se distingue donc du terme « **nature** », qui dit à quelle catégorie un mot ou une proposition appartiennent (nom, verbe, adjectif, subordonnée, etc.).

Voici la liste des principales fonctions que l'on trouvera plus développées à leur ordre alphabétique.

sujet (d'un verbe)	*Le petit chat dort.* *Il dort.*
épithète (d'un nom)	*Le petit chat dort.*
attribut (d'un nom ou d'un pronom)	
– du sujet	*Il est mignon.*
– du complément d'objet	*Je le trouve mignon.*
apposition	*Le roi Louis XIV.*
apostrophe	*Pierre, viens ici !*
complément	
– de l'adjectif	*Il est fier de son fils.*
– du nom	*le livre de Pierre*
– du pronom	*celui de Jacques*
– de l'adverbe	*Il a beaucoup d'amis.*
– du verbe	
objet direct	*Il mange une pomme.*
objet indirect	*Il parle à Pierre.*
objet second	*Il donne une pomme à Pierre.*
– circonstanciel	*Il se promène dans le jardin.*

futur

Temps de l'indicatif, le **futur** marque un fait à venir par rapport au moment où l'on parle. *Il viendra demain.*

Le futur peut aussi s'employer à la place de l'**impératif** pour donner un ordre, une consigne. *Vous taperez ce texte en trois exemplaires.* (= tapez ce texte en trois exemplaires)

Les terminaisons du futur sont : *-rai, -ras, -ra, -rons, -rez, -ront* et non ✕ *-erai, -eras*, etc.
Il faut donc dire pour les verbes en *-tre* : *vous émettrez* et non ✕ *vous émetterez*, et écrire pour les verbes en *-re* : *vous conclurez* et non ✕ *vous concluerez*.

En revanche, il ne faut pas oublier le **e** du radical des verbes en :

-ier	*vous copierez*	*du verbe copier*
-uer	*vous remuerez*	*du verbe remuer*
-éer	*vous créerez*	*du verbe créer*
-oyer	*vous nettoierez*	*du verbe nettoyer.*

REMARQUES **1.** On emploie souvent *aller* + infinitif à la place du futur : *Il va venir demain.* – **2.** Dans un contexte au passé, on emploie le conditionnel présent à la place du futur (**futur du passé**) : *Il disait qu'il partirait bientôt.*

f

G

générique

- On dit d'un mot qu'il est **générique** quand il désigne un « genre », une classe d'êtres ou d'objets qui ont chacun un nom particulier. Ainsi *poisson* est un terme générique qui regroupe la carpe, le brochet, le maquereau, etc.
- L'article défini permet de donner au nom un **sens générique**, c'est-à-dire qu'il désigne alors l'espèce, le genre, l'ensemble.

L'homme est mortel.

Dans cette phrase, *l'homme* désigne l'ensemble des êtres humains.

genre

Il y a deux genres en français : le **masculin** et le **féminin**. Seul le nom a par nature un genre que donne le dictionnaire. Les adjectifs, les déterminants, les pronoms et les participes prennent le genre du nom avec lequel ils s'accordent.

- Tous les **noms de chose** ont un **genre fixe** et **arbitraire** et seul le dictionnaire peut lever les difficultés éventuelles.

masculin	féminin
un arbre	*une plante*
le théâtre	*la poésie*
un papier	*une feuille*

On trouvera p. 522 la liste des principaux mots sur le genre desquels on hésite.

REMARQUE Pour certains noms dérivés, le suffixe peut fournir une indication sur le genre. En voici quelques exemples :

masculin	féminin
-age : *le marquage*	-tion : *une punition*
-ement : *le commencement*	-erie : *la tricherie*
-isme : *le socialisme*	-ité : *l'irritabilité.*

- La plupart des **noms d'animaux** ont un **genre fixe**.

masculin	féminin
un moustique	*une mouche*
un insecte	*une araignée*
un crocodile	*une girafe*

Mais quelques noms d'animaux, en particulier les noms d'animaux domestiques, ont un genre variable, qui correspond au sexe.

masculin	féminin
un chien	*une chienne*

- Le genre des **noms de personnes** correspond presque toujours au sexe.

– Il peut y avoir un **nom pour le masculin** et un **nom pour le féminin**.

masculin	féminin
un homme	*une femme*
un garçon	*une fille*

– Il peut n'y avoir qu'un **même nom** pour les **deux genres** et seul le déterminant indique s'il s'agit d'un masculin ou d'un féminin.

masculin	féminin
un artiste	*une artiste*

– Le **genre** peut être variable : le nom **change de forme** au féminin. → féminin

un avocat	*une avocate*

- Certains noms ont un **double genre** que donne le dictionnaire.

un ou *une après-midi*
un ou *une interview*

REMARQUE Certaines grammaires considèrent qu'il y a un troisième genre, le **neutre**, pour les pronoms qui représentent une phrase ou un fait auquel on se réfère. *C'est vrai, je te le dis.* Pour d'autres grammaires, il ne s'agit que d'un emploi particulier du masculin.

gérondif

Le gérondif est un des emplois du **participe présent**. Il se forme avec la préposition ***en*** : *en chantant* ; *en lisant* ; *en marchant.*

Le gérondif est équivalent à un complément circonstanciel (surtout de temps ou de manière).

Je l'ai rencontré en sortant de chez moi.
Si on y allait en courant ?
C'est en forgeant qu'on devient forgeron.

Une langue correcte veut que le sujet du gérondif soit le même que le sujet du verbe principal.

On ne dira donc pas : ✗ *En attendant* (sujet = je) *de vous revoir, veuillez* (sujet = vous) *croire...*

mais : *En attendant* (sujet = je) *de vous revoir, je vous prie* (sujet = je) *de croire...*

GN

Abréviation de groupe du nom ou groupe nominal.

GP ou G prép.

Abréviation de groupe prépositionnel.

groupe

Un groupe est une suite de mots organisés autour d'un mot central appelé **noyau**, **centre** ou **tête**. Chaque groupe est un des constituants de la phrase. → constituant
Chaque groupe peut lui-même comporter un autre groupe.

groupe du nom ou groupe nominal (GN)

- Le **nom** (avec son déterminant) est le **noyau** du groupe nominal.

Le chat dort.
GN

- Le groupe nominal peut se réduire à un seul mot : un nom proprc ou un pronom.

Pierre dort. / Il dort.
GN GN

- Le nom noyau peut être accompagné d'autres mots ou groupes de mots.

un adjectif — *Le petit chat dort.*
un groupe du nom — *Le petit chat de ma voisine dort.*
une relative — *Le petit chat qui s'appelle Mistigri dort.*

On appelle expansions ces constituants facultatifs du groupe du nom.

- Le groupe du nom peut occuper toutes les fonctions du nom dans la phrase.

sujet — *Le petit chat de ma voisine dort.*
complément — *J'ai vu le petit chat de ma voisine.*
attribut — *Le petit chat de ma voisine est un gentil chat.*
c circonstanciel — *Tous les soirs, le petit chat de ma voisine rentre à la même heure.*

groupe du verbe ou groupe verbal (GV)

- Le groupe du verbe est le **noyau de la phrase**. C'est autour de lui que s'organisent les fonctions principales de sujet et de complément.
- Le groupe du verbe peut se réduire au verbe seul, noyau du groupe.

Pierre mange.

- Le verbe noyau peut être accompagné d'autres mots ou groupes de mots.

un adverbe — *Pierre mange beaucoup.*
un groupe du nom complément
– d'objet direct — *Pierre mange une pomme.*
– d'objet indirect — *Pierre parle à son petit frère.*
– circonstanciel — *Pierre mange avec une fourchette.*
une subordonnée — *Pierre veut que tu viennes.*
un attribut — *Pierre est mon frère.*

groupe prépositionnel (GP) ou groupe du nom prépositionnel (GN prép.)

Le **groupe prépositionnel** est introduit par une préposition. Il a toutes les fonctions des compléments indirects :
– à l'intérieur d'un groupe du nom :

Le petit chat de ma voisine.

– à l'intérieur d'un groupe du verbe :

Il parle à Pierre. (COI)
Il va à Toulouse. (CC de lieu)

– comme complément circonstanciel de phrase :

Après le dîner, nous irons au cinéma. (CC de temps)

groupes de verbes

On classe traditionnellement les verbes en trois groupes :
– les verbes du 1er groupe en *-er*,
– les verbes réguliers du 2e groupe en *-ir*,
– les verbes irréguliers du 3e groupe. Voir p. 471.

GV

Abréviation de groupe verbal ou groupe du verbe.

g

H

homonyme

Deux mots sont **homonymes** quand ils ont la **même orthographe** ou la **même prononciation** mais qu'ils désignent des choses tout à fait différentes.

Le mousse a pris un bain avec de la mousse.

On distingue :

– les **homographes**, la graphie, c'est-à-dire l'orthographe, est identique :

un mousse, la mousse

les **homophones**, la prononciation est identique et l'orthographe différente :

danse, dense
vert, vers, ver, verre
censé, sensé, etc.

Dans certains dictionnaires les homonymes sont notés, le plus souvent, après l'abréviation ***hom.***

Dans certaines grammaires ou certains ouvrages spécialisés, on classe parmi les homonymes des mots comme :

président (nom masculin) : *un président*
président (du verbe *présider*) : *ils président.*

Ce type d'homonyme n'est que très rarement noté dans les dictionnaires.

humain → animé

I

imparfait

Temps de l'indicatif et du subjonctif, l'**imparfait** est un temps du passé.

l'imparfait de l'indicatif

- Dans le passé, ce temps s'emploie pour exprimer :

– une action qui dure, en particulier par opposition à une action passée ponctuelle (passé simple) : *Il pleuvait très fort.*
Le tonnerre grondait et soudain l'orage éclata.

– une action qui se répète : *Tous les jours, il se levait à 5 heures et prenait son petit déjeuner à 5 h 30.*

– une action qui se déroule dans un récit :
Des fumées noires s'élevaient au-dessus de la ville.

– un état, un aspect habituels (imparfait de description) :
Ses cheveux blonds tombaient sur ses épaules.

- Sans relation avec le passé, l'imparfait de l'indicatif exprime une condition, un souhait ou un regret. → condition et conditionnel

Ah ! si j'étais riche...
Si je le savais, je te le dirais.

Les terminaisons de l'imparfait sont : *-ais, -ais, -ait, -ions, -iez, -aient.*

1. Pour les verbes du 1er groupe, il ne faut pas confondre la finale en *-ais* de l'imparfait et la finale en *-ai* du passé simple.

imparfait *Tous les soirs je tirais les rideaux et fermais les volets.*
passé simple *Ce soir-là, je tirai les rideaux, fermai les volets et montai me coucher.*

Pour vérifier s'il s'agit de *-ais* ou de *-ai*, il suffit de mettre le verbe à la 3e personne du singulier. *Tous les soirs, il fermait les volets...* (imparfait)
Ce soir-là, il ferma les volets... (passé simple)

2. Il ne faut pas oublier le **-i** des terminaisons *-ions* et *-iez* pour les verbes en :

-ier	*nous copiions*	du verbe *copier*
-gner	*nous gagnions*	du verbe *gagner*
-yer	*nous broyions*	du verbe *broyer.*
-iller	*nous brilliions*	du verbe *briller*

l'imparfait du subjonctif

Ce temps s'emploie de plus en plus rarement en français courant où il est le plus souvent remplacé par le présent du subjonctif. On le rencontre toutefois en langue écrite. *Il sortit sans que personne s'en aperçût.*

On le rencontre aussi, surtout à la troisième personne du singulier, dans certaines formules : *Je ne l'aurais jamais choisi, fût-il le meilleur !*
Plût au ciel que…
Nous irons, dussions-nous y aller à pied !

Il y a toujours un accent circonflexe à la 3e personne du singulier de l'imparfait du subjonctif, mais il n'y en a jamais à la 3e personne du singulier du passé simple. *il eut* (passé simple)/*qu'il eût* (subjonctif)
il fit (passé simple)/*qu'il fît* (subjonctif)
il fut (passé simple)/*qu'il fût* (subjonctif)

impératif

le mode impératif

L'impératif est le mode du verbe qui permet d'exprimer l'ordre.
Parle !
Parlons !
Parlez !

L'impératif permet aussi de présenter :
- un conseil : *Prenez la rue Delambre.*
- un souhait : *Passez de bonnes vacances.*
- une invitation : *Asseyez-vous.*
- une prière : *Mon Dieu ! Faites que tout se passe bien !*
- une hypothèse : *Frappe-moi et tu verras ce que tu verras !*

REMARQUES **1.** L'impératif n'a que trois personnes : la 2e personne du singulier et les 1re et 2e personnes du pluriel. – **2.** Pour exprimer l'ordre, le conseil, etc. à la 3e personne, on emploie le subjonctif : *Qu'il vienne ! Qu'ils partent !* – **3.** Certaines grammaires présentent l'impératif comme le mode de la **défense**, quand il est à la forme négative : *Ne criez pas !* Mais on peut toujours considérer qu'il s'agit d'un ordre, d'un conseil, d'une invitation, d'un souhait, d'une prière, d'une hypothèse à la forme négative.

§ 17 IMPÉRATIF ET PRONOM PERSONNEL COMPLÉMENT

1. Quand l'impératif est suivi d'un pronom personnel complément, celui-ci est lié au verbe par un **trait d'union**.
Tu veux ce gâteau ? Prends-le.
Suivez-moi. Prenez-en. Allez-y.

S'il y a deux pronoms compléments, il y a deux traits d'union, sauf si l'un des pronoms est élidé (avec apostrophe).

Donne-le-lui.
Donne-lui-en.
Donne-m'en.

2. Quand, à la 2e personne du singulier, l'impératif ne se termine pas par *s*, on ajoute un **s** qui permet la liaison devant **en** et **y** et qu'on prononce donc [z]. C'est le cas des verbes en *-er*, du verbe *aller* et des verbes du 3e groupe comme *cueillir*, *ouvrir*...

Parle ! Parles-en à ton père.
Va le chercher ! Vas-y.
Cueille ces fleurs ! Cueilles-en.

Le **-s** de liaison est à la fin du verbe, jamais entre deux pronoms compléments. Il n'y a donc aucune raison d'ajouter, à l'oral, un son [z] entre deux pronoms.
On ne dira donc pas : ✗ *donne-moi-z-en*, mais *donne-m'en*
✗ *donnez-lui-z-en*, mais *donnez-lui-en*.

la phrase impérative

La **phrase impérative** se caractérise par l'emploi du mode **impératif**.

Racontez-moi tout ça.
Mais parlez donc !

À l'écrit elle commence par une majuscule et se termine par un point ou un point d'exclamation. C'est un type de phrase. → phrase

impersonnel

Ce mot signifie « sans marque de personne ».

les modes impersonnels

L'**infinitif**, le **participe**, le **gérondif** sont des modes impersonnels, non conjugués, par opposition à l'indicatif, au conditionnel, au subjonctif et à l'impératif qui sont des modes personnels, c'est-à-dire conjugués.

chanter, chantant, en chantant

les verbes impersonnels

Quelques verbes, en particulier les verbes « météorologiques » comme *pleuvoir, neiger, venter* et le verbe *falloir* par exemple, ne s'emploient qu'à la 3e personne du singulier avec le pronom sujet *il*. Ce sont des **verbes impersonnels**.

Il pleut. Il neige. Il vente. Il faut que...

REMARQUE Un grand nombre de verbes personnels peuvent s'employer en **tournure impersonnelle**.
Il fait beau. (du verbe *faire*)
Il est vrai que... (du verbe *être*)
Il se trouve que... (du verbe *trouver*)

Il est arrivé un incident. (du verbe *arriver*), etc.

On appelle **sujet apparent** ou **sujet grammatical** le pronom *il*, et **sujet réel** ou **logique** la subordonnée ou le groupe de nom qui désigne ce dont on parle. → sujet

incise

Une incise est une sorte de phrase qui se place à l'intérieur ou à la fin d'une phrase. *C'est vrai, avoua-t-il, c'est moi qui l'ai pris.*

- L'incise la plus fréquente est celle qui permet de rapporter un discours.

..., dit-il. ..., ajouta-t-il. ..., répondit-il.

L'incise est marquée par des pauses à l'oral et une ou deux virgules à l'écrit.

Dans la langue soutenue ou à l'écrit, il y a toujours **inversion du sujet** avec, le cas échéant, l'ajout d'un *-t-* de liaison. → § 21

..., dit-il. ..., remarqua-t-il.

- Les autres incises, sans inversion du sujet, sont toujours marquées par des pauses à l'oral et par des virgules ou des tirets à l'écrit.

Vous n'allez pas, je suppose, me dire le contraire.
Un homme – je ne le connais pas – est venu te demander.

- À l'oral et dans la langue familière on trouve des incises sans inversion du sujet et même introduites par *que*. Mais il s'agit là d'une tournure populaire ou argotique.

C'est vrai, il m'dit, c'est moi qui l'ai pris.
Mais vas-y, qu'i'm'dit, tu risques rien !
à rétablir en *Mais vas-y, me dit-il, tu ne risques rien !*

indéfini

l'article indéfini → article

l'adjectif indéfini

L'adjectif indéfini fait partie des **déterminants**. On l'appelle parfois **déterminant indéfini**. Il s'accorde (le plus souvent) en genre et en nombre avec le nom qu'il introduit. Il peut être employé avec un autre déterminant.

Nul, aucun, pas un, certain, chaque, tel, plusieurs, quelque, autre, etc. sont des adjectifs indéfinis.

aucun homme
aucune femme
aucune autre femme
Je voudrais une autre bière.
Je voudrais deux autres bières.

L'adjectif indéfini apporte le plus souvent une idée :
– de quantité (nulle ou indéterminée) : *aucun, nul, quelques,*
– de ressemblance ou de différence : *même, autre, tel.*

le pronom indéfini

Le plus souvent, le **pronom indéfini** est un adjectif indéfini employé seul.

adjectif indéfini	*Aucun homme n'est venu.* *Plusieurs livres m'intéressent.*
pronom indéfini	*Aucun n'est venu.* *Plusieurs m'intéressent.*

Il peut aussi avoir une forme spécifique.

adjectif indéfini	*Chaque élève a son cahier.*
pronom indéfini	*Chacun a son cahier.* *Personne n'est venu.* *Rien ne va.* *On raconte que...*

On trouvera tous ces mots à leur ordre alphabétique dans la partie dictionnaire avec leurs particularités d'emploi.

indénombrable

On emploie parfois ce mot à la place de **non-comptable**. → comptable

indépendante → proposition

indicatif

L'indicatif est un des **modes personnels** du verbe. C'est le **mode de la réalité**. L'indicatif permet de situer un fait, une action par rapport à l'instant présent ou à un instant de référence.

L'indicatif s'emploie pour énoncer :
- un fait certain ou qu'on présente comme tel : *Il pleut. Il a plu. Il ne pleut plus. Je crois qu'il viendra.*
- une condition après *si* : *Si c'était possible, je viendrais.*
- une vérité : *La Terre tourne autour du Soleil.*

indirect

Indirect s'oppose à **direct**.

- **Un complément indirect** est introduit par une **préposition**.

Le chien dort sous la table. → complément circonstanciel
Il pense à sa pâtée. → complément d'objet indirect

- **Le style** ou **discours indirect** est un discours rapporté.

Alors je lui ai dit qu'il ferait mieux de venir. → style

- **L'interrogation indirecte** est introduite par *si* ou par un **mot interrogatif**.

Demande-lui si sa sœur vient. → interrogation
Je lui ai demandé quelle heure il était.

- **Un verbe transitif indirect** appelle un complément d'objet indirect introduit par une préposition. Ainsi les verbes *penser à, parler de, dépendre de* sont des verbes transitifs indirects. → transitif

infinitif

L'infinitif sert à « nommer » le verbe. C'est sous cette forme qu'on trouve les verbes dans le dictionnaire.

Ainsi, pour avoir le sens du mot *présidaient*, il faut chercher l'infinitif *présider* dans le dictionnaire.

- L'infinitif est un **mode impersonnel** (non conjugué), qui s'emploie en particulier :

– à la place de l'impératif dans des consignes, des recettes, des proverbes :

Cocher la case choisie.
Prendre les œufs et les casser.
Bien faire et laisser dire.

– dans des phrases interrogatives pour exprimer le doute :

Que faire ? Qui croire ?

– dans des phrases exclamatives pour exprimer le souhait, la surprise, etc. :

Ah, te revoir un jour !
Moi, lui parler à nouveau ! jamais !

– dans des récits après *de* :

Et tout le monde de rire.

– dans les subordonnées infinitives :

J'entends les oiseaux chanter. → subordonnée

REMARQUE L'infinitif peut avoir un sujet, un complément ou introduire un attribut : *Je vois les gens passer.* (sujet)
Je t'ai vu manger des fruits. (complément d'objet)
Il veut devenir avocat. (attribut)

- L'infinitif, qui exprime une action, peut jouer le **rôle d'un nom** et en avoir toutes les fonctions.

sujet	*Travailler n'est pas ce qu'il aime le plus.*
complément du nom	*une machine à coudre*
complément de l'adjectif	*Je suis content de partir.*
complément d'un verbe	*Je veux te voir. Je te dis de venir.* (COD)
	Je pense à partir bientôt. (COI)
	Téléphone avant de partir. (CC de temps), etc.

interjection

L'interjection est un mot **invariable**, le plus souvent employé avec un point d'exclamation. Cette catégorie grammaticale est notée ***interj.*** dans les dictionnaires.

L'interjection peut exprimer :

– un sentiment :	*Ah ! Oh ! Bravo !* (étonnement, surprise, admiration)
– une sensation :	*Aïe ! Ouille !* (douleur) *Brrr !* (froid, peur) *Pouah !* (dégoût) *Mmm ! c'est bon.* (envie)
– un état d'esprit :	*Euh !* (hésitation, doute) *Zut ! bof !* (dépit) *Hi-hi !* (moquerie)
– un ordre :	*Chut !*
– un bruit :	*Et plouf ! tout est tombé à l'eau, vlan !* → onomatopée
– un appel, une demande :	*Allô ! Hé ! Ho ! Hep ! Hein !*

REMARQUE Certains mots (ou groupes de mots) qui ne sont pas des interjections par nature peuvent être employés comme des interjections. C'est le cas de mots comme : *Flûte ! M... ! Attention ! Silence ! Gare ! Courage ! Ciel ! Halte ! Stop !*

interrogatif (mot ~)

On regroupe sous le terme **mots interrogatifs**, les adjectifs, pronoms et adverbes interrogatifs, ainsi que le mot invariable *est-ce que.*

l'adjectif interrogatif

	singulier	pluriel
masculin	*quel*	*quels*
féminin	*quelle*	*quelles*

L'adjectif interrogatif fait partie des déterminants. On l'appelle parfois **déterminant interrogatif**. Il s'accorde en genre (masculin ou féminin) et en nombre (singulier ou pluriel) avec le nom auquel il se rapporte et sur lequel porte l'interrogation.

Quel permet d'interroger sur une personne ou sur une chose.

Quelle heure est-il ?
À quel professeur parlais-tu ?

REMARQUE L'adjectif interrogatif a la même forme que l'adjectif exclamatif : *Quelle histoire !*

les pronoms interrogatifs

Ils font porter la question sur une personne ou sur une chose.

- **Les pronoms invariables**

– **qui** interroge sur les personnes :

Qui êtes-vous ?
Chez qui allez-vous ?
À qui pensez-vous ?

– **quoi** interroge sur quelque chose :

À quoi pensez-vous ?
De quoi parlez-vous ?

– **que** (**qu'**) interroge sur une chose ou quelquefois sur une personne :

Que mangez-vous ?
Qu'est-il pour vous ? – Mon fils.

- **Les pronoms variables**

	singulier	pluriel
masculin	*lequel*	*lesquels*
féminin	*laquelle*	*lesquelles*

Ces formes composées de l'adjectif interrogatif *quel* et de l'article défini *le* (*la, les*) permettent d'interroger sur une personne ou une chose parmi d'autres et peuvent se combiner avec les prépositions *à* et *de*, comme l'article défini contracté.

	singulier + *à* ou *de*	pluriel + *à* ou *de*
masculin	*auquel, duquel*	*auxquels, desquels*
féminin	*à laquelle, de laquelle*	*auxquelles, desquelles*

Voici deux livres. Lequel préférez-vous ?
Auquel de ces personnages vous identifiez-vous ?
Lesquelles d'entre vous viendront ?

l'adverbe interrogatif

Il permet d'interroger sur une « circonstance » de l'action ou de l'état que le verbe exprime. On répond par un complément circonstanciel.

Les adverbes *quand ? où ? pourquoi ? comment ? combien ?* interrogent sur le **temps**, le **lieu**, la **cause**, la **manière**, la **quantité**.

le mot interrogatif *est-ce que*

Le mot interrogatif *est-ce que* s'emploie seul dans l'interrogation totale (on répond par *oui* ou par *non*). *Est-ce que tu viens ?*

Combinés avec un autre mot interrogatif dans l'interrogation partielle, *qui est-ce qui ?* (pour les personnes), *qu'est-ce qui ?* (pour les choses) s'emploient comme sujets : *Qui est-ce qui vient ?*
Qu'est-ce qui roule ?

Qui est-ce que… De qui est-ce que… Qu'est-ce que… À quoi est-ce que… Sur quoi est-ce que… Quand est-ce que… Où est-ce que… Pourquoi est-ce que… etc. s'emploient dans les autres fonctions.

REMARQUE Ces formules appartiennent plutôt à la langue orale ou familière. Elles sont à éviter à l'écrit. → interrogative

interrogation

l'interrogation totale ou partielle

● **L'interrogation totale** porte sur l'ensemble de la phrase. La question appelle une réponse par *oui*, *si* ou *non*.

Tu viendras ? – *Oui, je viendrai.*
– *Non, je ne viendrai pas.*
Tu ne viendras pas ? – *Si, je viendrai.*
– *Non, je ne viendrai pas.*

● **L'interrogation partielle** porte sur un élément de la phrase. Elle appelle une réponse (autre que *oui* ou *non*) qui apporte une information. → interrogative

Qui parle ? – *Pierre.*
Quand partons-nous ? – *Demain.*

l'interrogation directe ou indirecte

● **L'interrogation directe**, c'est simplement la question que l'on pose à quelqu'un. Elle s'exprime dans un type de phrase, la phrase interrogative.

● **L'interrogation indirecte** s'emploie :

– pour reprendre une question :
Viens-tu ? (direct)
Eh ! je te demande si tu viens. (indirect)

– pour rapporter une question :
Il m'a demandé pourquoi je ne pouvais pas venir.

– pour « évoquer » une question après des verbes comme *savoir, ignorer, se demander*, etc. : *J'ignore s'il viendra.*
Je me demande quand il arrivera.

Il n'y a plus de phrase interrogative, plus de point d'interrogation et jamais d'inversion du sujet. La question est exprimée dans une subordonnée.

Lorsque l'on passe de l'interrogration directe à l'interrogation indirecte, le mot interrogatif peut changer. → interrogatif

§ 18 TRANSFORMER UNE INTERROGATION DIRECTE EN INTERROGATION INDIRECTE

interrogation totale	*Viens-tu ?*	
	Est-ce que tu viens ?	*Je te demande* ***si*** *tu viens.*
interrogation partielle	*Qui vient ?*	
	Qui est-ce qui vient ?	*Je te demande* ***qui*** *vient.*
	Qui as-tu vu ?	
	Qui est-ce que tu as vu ?	*Je te demande* ***qui*** *tu as vu.*
	Que fais-tu ?	
	Qu'est-ce que tu fais ?	*Je te demande* ***ce que*** *tu fais.*
	Qu'est-ce qui te gêne ?	*Je te demande* ***ce qui*** *te gêne.*
	De quoi parle-t-il ?	*Je te demande* ***de quoi*** *il parle.*
	Quand viens-tu ?	*Je te demande* ***quand*** *tu viens.*
	Tu payes combien ?	*Je te demande* ***combien*** *tu payes.*
	Quelle heure est-il ?	*Je te demande* ***quelle*** *heure il est.*

REMARQUE L'emploi de *est-ce que* dans l'interrogation indirecte est familier avec *qui* (*Demande-lui qui est-ce qui vient*) et à rejeter dans les autres cas. On ne dira donc pas : ✕ *Je lui ai demandé de quoi est-ce qu'il parlait.*

interrogative (phrase ~)

La phrase interrogative permet d'**interroger**, de **poser une question** à un interlocuteur. C'est un type de phrase utilisé uniquement en style direct. À l'écrit, la phrase interrogative commence par une majuscule et se termine par un point d'interrogation.

Viendra-t-il ?
Qui parle ?
Quand partez-vous ?

- Quand la question appelle une réponse par *oui* ou par *non*, la phrase interrogative a trois constructions possibles :

– sans mot interrogatif avec inversion du sujet :
Viendras-tu ?

– sans mot interrogatif et sans inversion du sujet :
Tu viendras ?

– avec *est-ce que* et sans inversion du sujet :
Est-ce que tu viendras ?

REMARQUE Si la question est négative, on répond par *si* ou par *non* : *Tu ne viendras pas ? – Si* (je viendrai). – *Non* (je ne viendrai pas).

On appelle **interrogation totale** ce type de questions qui porte sur la phrase entière.

- Quand la question appelle une autre réponse que *oui* ou *non*, il y a toujours un **mot interrogatif**, renforcé ou non par *est-ce que,* et l'inversion du sujet est possible ou impossible selon les cas.

Que veut-il ?	*Il veut quoi ?*	*Qu'est-ce qu'il veut ?*
Quand vient-il ?	*Il vient quand ?*	*Quand est-ce qu'il vient ?*
Qui vient ?		*Qui est-ce qui vient ?*
À qui parles-tu ?	*Tu parles à qui ?*	*À qui est-ce que tu parles ?*

On appelle **interrogation partielle** ce type de questions qui porte sur un élément de la phrase.

ATTENTION Les formules : ✕ *c'est qui qui…, c'est qui que…, à qui c'est que…*, etc. sont à rejeter.

intransitif

On dit d'un verbe qu'il est **intransitif** lorsque l'état ou l'action qu'il exprime ne concerne que le sujet. *Pierre est heureux. Il deviendra un champion.*
Aline marche vite. Elle va vite.

Les verbes *être, devenir, marcher, aller* sont des verbes **intransitifs**.

Les **verbes intransitifs** n'admettent pas de complément d'objet.

Les principaux verbes intransitifs sont :

les verbes d'état	*être, sembler, paraître, devenir, rester,* etc.
les verbes de mouvement	*aller, marcher, venir, partir,* etc.
des verbes qui indiquent une transformation	*Il a grandi. Le lac a gelé. Les températures ont baissé.*

REMARQUE De nombreux verbes peuvent avoir un emploi intransitif et un emploi transitif (avec un complément d'objet).

intransitif	*Les températures baissent.*
transitif	*On baisse le rideau.*

Les dictionnaires notent les verbes intransitifs ou les emplois intransitifs d'un verbe le plus souvent abrégés en ***v.i.***, ***v. intr.***, ou ***v. intrans.***

ATTENTION Il ne faut pas confondre l'attribut après un verbe intransitif avec le complément d'objet d'un verbe transitif.

attribut	*Il deviendra un grand avocat.*
COD	*Il a consulté un grand avocat.*

Aux temps composés, les verbes intransitifs se conjuguent avec l'auxiliaire *avoir* ou quelquefois *être*. Conjugué avec l'auxiliaire *avoir*, le participe passé des verbes intransitifs est invariable : *Ils ont couru*. Conjugué avec l'auxiliaire *être*, le participe passé des verbes intransitifs s'accorde avec le sujet : *Ils sont venus.*

invariable

Invariable signifie « qui ne varie pas ».

- On dit d'un **mot** qu'il est **invariable** quand il n'est pas concerné par le genre (masculin ou féminin) ou le nombre (singulier ou pluriel) : les *prépositions*, les *adverbes*, les *conjonctions*, les *pronoms relatifs* (sauf *lequel*), les *noms de lettre* (*a*, *b*, *c*, etc. : *Il y a trois a dans blablabla.*) et les *noms de nombres* (à l'exception de *zéro* : *Il y a deux quatre dans quarante-quatre.*).
Dans ce cas les dictionnaires n'indiquent pas obligatoirement l'invariabilité. Ce sont des **mots invariables par nature**.

- On dit d'un **mot** qu'il est **invariable en nombre** quand il ne prend pas la marque du pluriel. C'est le cas :

– des noms terminés par **s** ou **z** :

un nez, des nez

– de certains mots composés :

un abat-jour, des abat-jour

– de certains adjectifs de couleur issus de noms :

des rubans orange, marron, turquoise.

Dans ces deux derniers cas, les dictionnaires indiquent que le mot est invariable par l'abréviation ***inv.*** ou ***invar.***

- On dit d'un **mot** qu'il est **invariable en genre** quand il n'a pas de forme spécifique pour le féminin. C'est le cas :

– de tous les noms ou adjectifs qui se terminent par **-e** :

un (ou *une*) *architecte*
un spectacle (ou *une pièce*) *grandiose*

– de certains noms ou adjectifs comme *amateur, acquéreur* ou *chic,* qui n'ont pas de forme spécifique pour le féminin :

une sportive amateur
un garçon chic, une fille chic.

Dans ce dernier cas, les dictionnaires indiquent l'invariabilité en genre.

- On dit enfin d'un **participe passé** qu'il est **invariable** quand il ne s'accorde ni en genre ni en nombre. → participe passé

inversion du sujet

Il y a inversion du sujet quand le **sujet** est **placé après le verbe** alors que l'ordre habituel est *sujet - verbe.* *Il viendra.* → *Viendra-t-il ?*

L'inversion du sujet se rencontre :

– dans des tournures poétiques :

Tombe la pluie, souffle le vent.

– dans une des formes de la phrase interrogative :

Comment allez-vous ?
Est-ce vous ?

– dans l'incise : *« Il pleut.*
– Il grêle même », rétorqua Pierre.

– après certains adverbes ou locutions adverbiales :

Encore faut-il que…
Toujours est-il que…
Tout au plus a-t-il…
À peine avait-il ouvert la porte que…

– dans les subordonnées relatives :

Ce sont des histoires dont parlaient déjà nos parents.

TRAIT D'UNION ET LIAISON DANS L'INVERSION DU SUJET § 19

1. Lorsqu'il y a inversion du sujet, le pronom sujet est lié au verbe par un trait d'union. *Venez-vous ?*

2. Si le verbe se termine par *-e* ou *-a*, on ajoute un **-t-** pour permettre la liaison.

Aime-t-il le chocolat ?
Va-t-elle à l'école ?
A-t-on le temps ?

3. Si le verbe se termine par *-d* ou *-t*, on fait la liaison en prononçant [t].

Prend-il le train ?
Aiment-elles le chocolat ?

i

J

juxtaposition

On dit que deux ou plusieurs éléments – noms, adjectifs ou propositions – sont **juxtaposés** lorsque, placés l'un à côté de l'autre, ils sont séparés par une virgule à l'écrit, une pause à l'oral. Les **éléments juxtaposés** sont toujours de **même nature** et ils ont la **même fonction**.

Va, cours, vole...
Il y avait des fruits, des fleurs, des bonbons...

La juxtaposition est un type de coordination, sans conjonction de coordination.

Le cas le plus fréquent de juxtaposition se rencontre dans l'énumération, et très souvent le dernier élément est coordonné au précédent par *et* ou *ou*.

Tu veux une pomme, une glace **ou** *un gâteau ?*
Elle est belle, agréable, sympathique **et** *intelligente.*
J'aimerais que tu viennes, que tu apportes un jeu
et *que tu sois de bonne humeur !*

Dans la plupart des cas, s'il y a addition d'éléments différents, l'accord avec des noms juxtaposés se fait au pluriel, mais il peut se faire avec le dernier terme si les mots concernent le même être ou le même objet.
Un mendiant, une fillette, un vieil homme ont frappé à ma porte. (= pluriel)
Un mendiant, un malheureux, un pauvre hère a frappé à ma porte. (= singulier)

L

liaison

« Faire la liaison », c'est prononcer la dernière consonne d'un mot devant un autre mot commençant par une **voyelle** ou un **h** muet.

En langue courante, un grand nombre de liaisons ne se font pas, alors qu'elles se font en poésie ou en langue littéraire. Il y a toutefois des cas où la liaison doit toujours se faire, d'autres où elle est facultative, d'autres enfin où elle ne se fait jamais.

QUAND FAIT-ON LA LIAISON ?

§ 20

1. La liaison se fait toujours :

– entre l'article et le nom : *les* [-z-] *enfants*

– entre l'adjectif et le nom :
un grand [-t-] *homme*

– entre le pronom et le verbe (ou l'auxiliaire) :
Nous [-z-] *aimons.*
Vous [-z-] *avez aimé.*
Vous les [-z-] *entendez.*

– entre l'adverbe et le mot qui suit :
C'est bien [-n-] *aimable.*
trop [-p-] *aimable*
très [-z-] *aimable*

– entre certaines prépositions et le mot qui suit :
sans [-z-] *aucun doute*
chez [-z-] *eux*

– dans des expressions toutes faites :
de temps [-z-] *en temps*

– dans des mots composés :
un arc [-k-] *-en-ciel*

– après *dont, quand, c'est* : *C'est* [-t-] *un enfant.*
Quand [-t-] *on pense que…*

2. La liaison est facultative :

– entre le verbe et le complément :
Il veut [-t-] *un cadeau.*
Il veut | *un cadeau.*

– après certaines prépositions :
dans [-z-] *une heure*
dans | *une heure*

– après un nom : *des pays* [-z-] *amis*
des pays | *amis.*

3. La liaison ne se fait jamais :

– devant un **h** aspiré : *un* | *héros*

– devant certains mots d'origine étrangère commençant par une voyelle ou **y** :
un | *ouistiti*
un | *yaourt*

– après *et* : *un garçon et* | *une fille*

– devant *onze, un* (numéral) :
Il veut | *un ou deux cadeaux.*

– après un **s** de pluriel dans un mot composé :
des arcs [-k-] *-en-ciel*

– après un nom au singulier terminé par une consonne muette :
un temps | *idéal*
un drap | *usé*
un loup | *effrayant.*

REMARQUE En liaison, le **d** se prononce **t** : *Quand* [-t-] *on pense que*… Le **f** peut se prononcer **v** : *J'ai neuf* [-v-] *ans.*

§ 21 LE *-T-* DE LIAISON

Quand il y a inversion du sujet (dans une phrase interrogative ou une incise), on intercale un **-t-** entre le verbe à la 3e personne, terminé par **-e** ou **-a**, et les pronoms sujets *il*, *elle* ou *on.*

Pense-t-il venir ?
Va-t-il bien ?
Oui il fait beau, répéta-t-il.
Joue-t-on encore à ce jeu ?

On ne met donc pas de **-t-** après un verbe qui se termine par **-d**. Ainsi, on écrira *répond-il* et non : ✕ *répond-t-il.*

lieu → complément circontanciel

locution

En grammaire, une **locution** est un groupe de mots qui équivaut à un **mot composé sans trait d'union**. Elle joue le même rôle qu'un mot simple.

On trouve ainsi :

des locutions adjectives	*des produits* *<u>bon marché</u>* (= pas chers)
des locutions adverbiales	*Il travaille* *<u>sans cesse</u>.* (= continuellement) *Je viens* *<u>tout de suite</u>.* (= immédiatement)
des locutions verbales	*se rendre compte* (= constater) *il y a* (= il existe, on trouve, cela fait, etc.) *faire peur* (= effrayer) *avoir l'air* (= sembler, paraître)
des locutions prépositives	*à cause de, d'après, au lieu de, de peur de, afin de*
des locutions conjonctives	*attendu que, pourvu que, de peur que, afin que*
des locutions interjectives	*Mon Dieu ! Juste ciel !*
des locutions nominales	*chemin de fer, pomme de terre*

(qu'on peut considérer comme des noms composés)

REMARQUES **1.** Les dictionnaires peuvent indiquer ou non la locution. Ainsi une locution comme *d'emblée*, que l'on trouvera à *emblée (d')*, sera notée ***loc. adv.*** ou simplement ***adv.*** ; *afin de* sera noté ***prép.*** ou ***loc. prép.*** ; *afin que* sera noté ***conj.*** ou ***loc. conj.***, etc. – **2.** On confond souvent **locution** et **expression**. → expression

Les **locutions adjectives** sont presque toujours **invariables** comme les adjectifs de couleur composés.

des produits bon marché
des robes bleu foncé

Les **locutions nominales** suivent les règles du **pluriel des noms composés**. → pluriel

des pomme<u>s</u> de terre
des chemin<u>s</u> de fer

M

manière → adverbe et complément circonstanciel

masculin → genre

mesure → complément de mesure

mode

Le mode est une des catégories de la conjugaison, avec le temps et la voix.

- **Les modes impersonnels** sont ceux qui ne se conjuguent pas. Ce sont l'**infinitif**, le **participe** et le **gérondif**.

> REMARQUE Le verbe à un mode impersonnel peut jouer le même rôle qu'un mot d'une autre nature. Ainsi :
> – le verbe à l'infinitif peut jouer le rôle d'un nom : *J'ai envie de boire.* (= J'ai envie d'une boisson.) ;
> – le participe peut jouer le rôle d'un adjectif : *un enfant gâté ;*
> – le gérondif peut jouer le rôle d'un adverbe, d'un complément circonstanciel : *Il roule en étant prudent.* (= Il roule avec prudence.)

- **Les modes personnels** se conjuguent. Ce sont l'**indicatif**, le **conditionnel**, le **subjonctif** et l'**impératif**.

> REMARQUES **1.** Certaines grammaires considèrent que le conditionnel appartient à l'indicatif, en particulier parce qu'il est utilisé comme futur du passé : *Il disait qu'il partirait.* – **2.** On attribue traditionnellement à chaque mode un rôle particulier, celui de présenter sous un certain aspect l'action ou l'état que le verbe exprime :
> – la *réalité* pour l'indicatif,
> – l'*ordre* pour l'impératif,
> – le *but*, le *souhait*, la *possibilité* pour le subjonctif,
> – l'*éventualité* ou l'*imaginaire* pour le conditionnel.

monosémique → sens

morphologie

La **morphologie** est la partie de la grammaire qui étudie et décrit la forme des mots et leurs terminaisons, leurs désinences. L'autre partie de la grammaire est la **syntaxe** qui décrit et étudie les relations qu'entretiennent les mots, les uns avec les autres, dans les phrases. Ainsi :

– la formation du féminin ou du pluriel d'un mot, les terminaisons des verbes dans la conjugaison ou encore la formation des mots dérivés relèvent de la **morphologie** ;

– les fonctions des mots dans la phrase ou les constructions des verbes, des adjectifs, les règles d'accord relèvent de la **syntaxe**.

mot

L'ensemble des mots d'une langue constitue le *vocabulaire* de cette langue. Les dictionnaires présentent un inventaire plus ou moins étendu de ce vocabulaire.

mot lexical ou mot grammatical

Du point de vue du sens, on distingue deux grands ensembles de mots.

– **Les mots lexicaux** désignent des **êtres**, des **objets**, des **actions**, des **états**, etc. pour lesquels on peut formuler une définition. Ce sont les noms, les adjectifs, les verbes, les adverbes. Leur nombre peut augmenter au fur et à mesure que des objets nouveaux, des notions nouvelles, des faits de société nouveaux apparaissent et ont besoin d'être nommés.

Ces mots nouveaux s'appellent des *néologismes*.

– **Les mots grammaticaux** ou **mots-outils** n'ont pas de sens précis par eux-mêmes mais ils permettent d'établir des relations grammaticales dans la phrase. Ce sont les **déterminants**, les **prépositions**, les **conjonctions** et les **pronoms**. Leur nombre est limité.

mot simple ou mot composé

Du point de vue de la forme, on distingue deux grands ensembles de mots.

– **Les mots simples** sont constitués d'une seule suite de lettres entre deux blancs :

arc, chemin, pomme

– **Les mots composés** sont constitués de plusieurs mots liés ou non par un trait d'union : *arc-en-ciel, chemin de fer, pomme de terre,* etc.

mot de liaison

On appelle parfois **mots de liaison** les conjonctions comme *et, ou, mais*... ou des adverbes comme *en effet, pourtant,* etc., qui permettent d'indiquer une suite dans les propos. → coordination.

mot-phrase → phrase

moyen → complément circonstanciel

muet

On dit d'une **lettre** qu'elle est **muette** lorsqu'elle ne se prononce pas, qu'elle soit à l'intérieur ou à la fin d'un mot. Ainsi :

– le **p** est muet dans *coup*,
– le **e** est muet dans *tutoiement*.
– le **l** est muet dans *fusil, outil, persil, gentil*...

On dit en particulier du **h** qu'il est muet quand, placé au début du mot, il permet la liaison et l'élision (marquée par une apostrophe) :

un [-n-] *homme, l'homme, les* [-z-] *hommes.*

Le **h muet** s'oppose au **h aspiré** qui interdit la liaison et l'élision :

un | *hamster, le* | *hamster, les* | *hamsters.*

N

nature des mots

Donner la nature d'un mot, c'est dire s'il s'agit d'un nom, d'un adjectif, d'un verbe, etc. Le dictionnaire indique la nature de chaque mot avant d'en donner la définition.

La **nature** d'un mot indique la **catégorie** ou **classe grammaticale** à laquelle appartient ce mot, par opposition à la **fonction** d'un mot qui indique le **rôle** de ce mot dans la phrase. On trouvera toutes ces catégories, plus développées, à leur ordre alphabétique.

catégorie		exemple
nom	Mot qui nomme, désigne un être ou une chose et qui a un genre grammatical (masculin ou féminin)	*table, cheval, homme, ciel, politique, religion*
déterminant	Mot qui introduit le nom avec différentes valeurs	*une table, mon histoire, cet homme,* etc.
pronom	Mot qui se substitue à une personne ou qui remplace un nom ou un élément quelconque de la phrase	*je, tu, on, il, elle, le, qui, que, le mien,* etc.
adjectif	Mot qui qualifie le nom et qui s'accorde avec lui en genre et en nombre	*un grand homme, la voiture présidentielle, des enfants sages*
verbe	Mot-noyau de la phrase qui indique ce que fait ou ce qu'est un être ou une chose	*Une voiture roule. Un oiseau vole. Le ciel est bleu.*
préposition	Mot invariable qui introduit un complément	*parler à quelqu'un, entrer dans une pièce, jouer avec des dés,* etc.
conjonction	Mot invariable qui relie deux mots ou deux propositions avec ou sans rapport de dépendance	*et, ou, mais, quand, parce que*
interjection	Mot invariable qui exprime un sentiment, une émotion	*Ah ! Oh ! Aïe !*

ATTENTION Un mot peut changer de nature.

- Un **adjectif** peut devenir un **adverbe** ou un **nom** :

Cette robe est chère. (= adjectif)
Cette robe coûte cher. (= adverbe)
Ce sont de beaux objets. (= adjectif)
Aimer le beau. (= nom)

- Un **verbe** peut devenir un **nom** :

On regarde le soleil se coucher. (= verbe)
On regarde le coucher du soleil. (= nom)

- Une **préposition** peut devenir un **nom** ou un **adverbe** :

Il y a des solutions pour ce problème. (= préposition)
Peser le pour et le contre. (= nom)
On ira au cinéma après le dîner. (= préposition)
Dînons d'abord, nous irons au cinéma après. (= adverbe)

- Un **nom** peut devenir un **adjectif** :

Aimer la couleur des turquoises. (= nom)
Elle a un pull turquoise. (= adjectif).

négatif/négation

Toute phrase, qu'elle soit déclarative ou interrogative, exclamative ou impérative, peut être **affirmative** ou **négative**.

L'affirmation correspond à l'adverbe **oui**, la négation à l'adverbe **non**.

La **négation** permet de « nier » un fait, une phrase entière ou un élément d'une phrase. Cette négation se fait au moyen de mots dits « négatifs ».

les mots négatifs

- **ne... pas** (ou parfois **point**) fait porter la négation sur la phrase entière.

Je ne viendrai pas.

- **nul, aucun, pas un... ne** ne font porter la négation que sur un élément de la phrase.

Aucun visiteur n'est venu.

- **jamais, plus, guère, personne, rien... ne** sont les négations respectives de *toujours, encore, beaucoup, quelqu'un, quelque chose.*

Oui, il vient toujours le dimanche.
Non, il ne vient jamais le dimanche.
Oui, il est encore là.
Non, il n'est plus là.
Quelqu'un est venu ?
Personne n'est venu.
Oui, j'ai vu quelque chose.
Non, je n'ai rien vu.
Rien ne marche.

- **non** s'emploie seul dans une réponse négative.

Tu viendras ? – Non.

> **1.** Il est fréquent à l'oral d'omettre le *ne,* mais la langue écrite l'exige. On ne doit pas écrire : ✕ *j'irai pas* mais *je n'irai pas.* – **2.** On ne doit pas oublier le *ne* après le pronom *on* : *On n'ira pas.*

neutre

pronom neutre

Il y a deux genres en français, le **masculin** et le **féminin**, mais on parle parfois de **neutre** pour des pronoms comme *le, ce, ceci, cela, ça* lorsqu'ils représentent une phrase ou un fait auquel on fait référence.

Tu viendras ? Cela se peut.
C'est ce à quoi je faisais allusion.

Certains considèrent aussi comme neutre le pronom *il* sujet des verbes impersonnels. *Il pleut. Il arrive que...* Pour d'autres, il s'agit d'un emploi particulier du masculin singulier.

phrase neutre

On oppose la **phrase neutre** à la **phrase emphatique**, avec une **mise en relief**.

neutre	*Mon père viendra ce soir.*
emphatique (= mise en relief)	*Mon père, lui, viendra ce soir.*

nom

Le nom est un mot qui sert à nommer, à désigner une chose ou une personne.

groupe du nom → groupe

nom commun

Le **nom commun** est commun à un ensemble de personnes, d'animaux ou de choses d'une même espèce. Il constitue, avec les adjectifs, les adverbes, les verbes et les mots grammaticaux, le vocabulaire d'une langue.

- Le nom commun est le seul mot qui a par nature un **genre** (masculin ou féminin) que le dictionnaire donne et dont l'article rend compte. → genre
- Le nom commun peut être au **singulier** ou au **pluriel**. → nombre

n

- On distingue différentes **catégories de noms communs**.

concret / abstrait	*un livre ; la lecture*
animé / non-animé	*un chien ; un cahier*
humain / non-humain	*un homme ; un chien*
comptable / non-comptable	*une bille, deux billes ; l'admiration, le bétail*
collectif / quantitatif	*la foule, un troupeau, une armée ; quantité de, un tiers de*

REMARQUES **1.** Le nom commun est parfois appelé **substantif**. – **2.** Dans les dictionnaires, on le note le plus souvent ***n.*** et on précise ***n. m.*** ou ***n. masc.*** ; ***n. f.*** ou ***n. fém.***

nom propre

Le **nom propre** est un nom particulier, il est propre à une personne, à un animal ou à une chose. Il donne son **identité**. Il ne fait pas réellement partie du vocabulaire de la langue. Il s'écrit avec une majuscule. Sont des noms propres : les prénoms, les noms de famille, les noms de peuples, les noms géographiques (pays, villes, fleuves, etc.), les noms de planètes (Mars, Terre, Soleil), les noms de voitures, de bateaux, etc. ou, enfin, les noms de firmes, de sociétés, de marques.

- Le nom propre peut ou non être accompagné d'un **déterminant**.

Paris / Le Havre

- Le nom propre peut, dans certains cas, prendre la marque du pluriel. → pluriel

les fonctions du nom

Le nom propre ou le nom commun peut occuper toutes les fonctions dans la phrase.

sujet	*Pierre est mon frère.*
attribut	*Pierre est mon frère.*
	Ils sont cousins.
apposition	*Pierre, mon frère, est plus âgé que moi.*
	des femmes médecins
apostrophe	*Pierre ! Viens ici !*
complément	
– du nom	*une tasse de café*
– de l'adjectif	*Il est fier de son travail.*
– de l'adverbe	*C'est loin de Paris.*
– du verbe	*Il mange une pomme.* (= COD)
	Il parle à Pierre. (= COI)
	Il entre dans la salle. (= CC de lieu)

L'ACCORD DU NOM § 22

1. Lorsque le nom occupe une fonction identique à celle d'un adjectif (**attribut**, **apposition**), il **s'accorde en nombre** (singulier ou pluriel) et parfois en **genre** (masculin ou féminin), si le nom est variable en genre.

Elles ont été témoins de l'accident.
Ils sont cousins, elles sont cousines.

2. Lorsque le nom est **complément du nom** sans article, il se met au singulier ou au pluriel selon le sens. → complément du nom

des plaquettes de beurre
un sac de billes

3. Lorsque le nom suit directement un autre nom, avec ou sans trait d'union :

– il s'accorde s'il est équivalent à un adjectif épithète attribut ou apposé :

des écoles pilotes

– il reste invariable s'il est équivalent à un complément introduit par une préposition : *des tartes maison* (= faites à la maison)
des produits minceur (= pour la minceur).

nombre

expression du nombre → numéral, collectif et quantitatif
écriture des nombres en chiffres Voir Annexes p. 527
écriture des nombres en lettres → numéral

nombre grammatical : singulier ou pluriel

Il y a deux « nombres » en grammaire, le **singulier** et le **pluriel**.
Pour les noms et adjectifs qui connaissent les deux nombres, le pluriel se forme à partir du singulier. → pluriel

Le **nombre** indique la **quantité** : un ou plusieurs.
Les noms au **singulier** désignent **un** être ou **un** objet.
Les noms au **pluriel** désignent **plusieurs** êtres ou **plusieurs** objets.

Les autres mots variables (déterminants, adjectifs, pronoms, verbes) vont **s'accorder en nombre** (au singulier ou au pluriel) avec le **nom**.

REMARQUES **1.** Certains noms au singulier peuvent désigner un ensemble d'êtres ou de choses. Ce sont des noms collectifs : *le bétail, la foule.* – **2.** Certains noms ne s'emploient qu'au pluriel pour désigner une seule chose : *des ciseaux* (= une paire de ciseaux) ; *des lunettes* (= une paire de lunettes) ; *des funérailles* (= un enterrement).

nominal

groupe nominal → groupe du nom
phrase nominale → phrase

non-comptable → comptable

noyau

On appelle **noyau** l'élément principal d'un ensemble plus important. Ainsi :
- le **groupe du verbe** est le noyau de la phrase,
- le **verbe** est le noyau du groupe du verbe,
- le **nom** est le noyau du groupe du nom.

numéral (adjectif ~)

On distingue les **adjectifs numéraux cardinaux** qui indiquent le nombre, *un, deux, trois*, etc., et les **adjectifs numéraux ordinaux** qui indiquent le rang, la place : *premier, deuxième, troisième.*
Les adjectifs numéraux font partie des **déterminants**. On les appelle parfois **déterminants numéraux**.

les adjectifs numéraux cardinaux

Ce sont :

des mots simples	*un, deux, trois, cent*
des mots composés	
– par addition	*dix-huit* (= 10 + 8), *trente et un* (= 30 + 1)
– par multiplication	*deux cents* (= 2 × 100)
– par multiplication et addition	*deux cent trois* [= (2 × 100) + 3]

§ 23 ÉCRITURE DES ADJECTIFS NUMÉRAUX CARDINAUX

1. On met normalement un **trait d'union** dans les **composés inférieurs à cent** sauf s'ils sont coordonnés par *et.*

vingt et un
vingt-deux

2. Les adjectifs numéraux cardinaux sont **invariables** sauf *un*, *cent* et *vingt* :
– **un** s'accorde en genre (masculin ou féminin) :

J'ai lu vingt et un chapitres.
J'ai lu vingt et une pages.

– **cent** prend un *s* quand il est multiplié : *deux cents pages*, sauf quand il est suivi d'un autre numéral : *deux cent trois pages*, ou quand il est employé comme ordinal : *page deux cent* (= la deux centième page) ;
– **vingt** ne prend un *s* que dans le nombre *quatre-vingts* : *Il a quatre-vingts ans*, sauf quand il est suivi d'un autre numéral : *Il a quatre-vingt-deux ans*, ou quand il est employé comme ordinal : *Ouvrez vos livres page quatre-vingt* (= la quatre-vingtième page).

3. Mille est toujours invariable : *trois mille soldats.*

ATTENTION **Million** et **milliard** ne sont pas des adjectifs, mais des noms. Ils prennent donc la marque du pluriel : *trois milliards et deux cents millions de personnes.*

les adjectifs numéraux ordinaux

Ces adjectifs indiquent le rang, l'ordre. Ils sont formés d'un numéral cardinal auquel on ajoute la terminaison **-ième**.

deuxième, troisième, vingt et unième

REMARQUE Certains adjectifs numéraux sont des mots particuliers : *premier* (qui s'emploie pour le rang 1, mais on dit *vingt et unième* pour le rang 21), *second* (qui s'emploie parfois à la place de *deuxième*).

ACCORD DES ADJECTIFS NUMÉRAUX ORDINAUX § 24

1. Les adjectifs numéraux ordinaux s'accordent en nombre.

Ils sont cinquièmes ex-aequo.

2. Les adjectifs *premier* et *second* s'accordent aussi en genre.

Il est premier, elle est première.
Ils sont premiers, elles sont premières.

ATTENTION Lorsque deux adjectifs numéraux se rapportent au même nom au pluriel, ils restent au singulier : *les dix-septième et dix-huitième siècles.*

n

O

objet → complément d'objet

onomatopée

Une **onomatopée** est un mot qui imite un **bruit** :

plouf ! bang ! badaboum !

Ces mots sont invariables quand ils sont utilisés comme des interjections. Ils peuvent être variables quand ils deviennent des noms.

Le dictionnaire fait la différence entre l'interjection et le nom issu de l'onomatopée.

interjection	*Cocorico ! on a gagné !*
nom masculin	*Être salué par des cocoricos.*

ordinal

Un adjectif numéral **ordinal** indique l'ordre, le rang : *premier, deuxième, troisième*, etc., par opposition à l'adjectif numéral **cardinal** qui indique le nombre, la quantité : *un, deux, trois, quatre*, etc. → numéral

ordre → impératif

P

paradigme

• En grammaire moderne, un paradigme est un ensemble d'éléments qui peuvent se substituer les uns aux autres à la même place dans la phrase, dans le même syntagme.
Ainsi dans la phrase *Le chat est gentil* on peut remplacer :

– l'article *le* par un autre déterminant :

Ce chat est gentil.
Mon chat est gentil...

– l'adjectif *gentil* par un autre adjectif :

Le chat est méchant.
Le chat est gris...

On dit que les déterminants, qui sont en nombre limité, forment un **paradigme court** (comme tous les mots grammaticaux), et que les adjectifs, dont le nombre n'est pas limité, forment un **paradigme long** (comme tous les mots lexicaux).

• En grammaire traditionnelle, on appelle paradigme l'ensemble des terminaisons d'un verbe qui se substituent les unes aux autres pour constituer la conjugaison.

paronyme

Les paronymes sont des mots qui sont presque **homonymes**. Ils se ressemblent à une ou à quelques lettres près. Ce sont des mots que l'on prend souvent l'un pour l'autre alors qu'ils ont des sens bien différents.

collision/collusion
recouvrer/recouvrir
compréhensif/compréhensible
acceptation/acception
social/sociable
allocution/allocation

Il arrive qu'on classe aussi dans les paronymes certains **homophones**, mots qui se prononcent de la même façon mais qui n'ont pas la même orthographe : *censé, sensé ; ver, vers, verre, vert.*
On trouvera une liste des principaux paronymes pages 520-521.

participe

- **Le participe** est un des modes impersonnels (sans forme conjuguée) du verbe. Il existe un **participe présent** en **-ant** et un **participe passé** en **-é**, **-i**, **-u**, **-s** ou **-t** selon la conjugaison du verbe.

> REMARQUE Il existe une forme composée du participe (*ayant chanté, étant venu*) que les grammaires classent soit comme une forme composée du participe présent, soit comme une forme composée du participe passé.

- **Le participe** peut s'employer comme un **verbe**, avec un complément et un sujet (exprimé ou non) ou comme un **adjectif** (dans de nombreux cas).

verbe	*<u>Connaissant</u> l'histoire, il put nous raconter la suite.* *Le chat <u>parti</u>, les souris dansent.*
adjectif	*Une famille <u>accueillante</u> accueille bien tout le monde.* *Un homme <u>blessé</u> est un homme qui a été blessé.*

On appelle **participe absolu** ou **subordonnée participe** la proposition dont le verbe est au participe. → subordonnée

ATTENTION
1. Faire la différence entre un **adjectif** en **-ant** et le **participe présent** d'un verbe est essentiel pour savoir si le mot s'accorde ou non. → participe présent
2. Le **participe passé** pose de nombreuses difficultés d'accord. → participe passé

participe passé

- Le participe passé s'emploie :

– avec l'auxiliaire *être* ou *avoir* pour former les temps composés des verbes à la voix active ou pronominale :

actif (avec *avoir* ou *être*)	*Elle a couru. Elle est arrivée.*
pronominal (avec *être*)	*Elle s'est promenée.*

– avec l'auxiliaire *être* pour former la conjugaison passive :
Le bandit est recherché par la police.

– seul comme un adjectif : *Une chanson très connue.*

– dans les propositions participes : → subordonnée participe
Le chat parti, les souris dansent.

- Contrairement au participe présent qui se termine toujours par **-ant**, le participe passé a des terminaisons différentes selon les verbes.

1er groupe	en **-é** : *chanté*
2e groupe	en **-i** : *fini*
3e groupe	en **-i** : *cueilli*
	en **-u** : *voulu*
	en **-s** : *pris*
	en **-t** : *peint*

● Contrairement au participe présent qui est toujours invariable, le participe passé peut être invariable ou variable en genre (masculin ou féminin) et en nombre (singulier ou pluriel), par le phénomène de l'accord.

ACCORD OU PAS ACCORD ? §25

1. Le participe passé ne s'accorde pas :

– si le verbe est **impersonnel** (avec *avoir*, *être* ou à la forme pronominale) :

Il a neigé.
Il a fait chaud hier !
Quelle chaleur il a fait hier !
Il est arrivé deux grands malheurs.
Il s'est produit des faits étranges.

– si le verbe, conjugué avec l'auxiliaire *avoir*, est **intransitif** (= sans complément d'objet) : *Ella a couru.*
Ils ont grandi.

– si le verbe est **transitif direct** et que son **complément d'objet direct** (COD) le **suit** dans l'ordre normal **sujet-verbe-COD** :

Ils ont mangé des pommes.
verbe COD

– si le verbe est **transitif indirect** (= avec un complément d'objet indirect introduit par une préposition) : *Elle a succédé à son père.*
Ils ont parlé à Jacques.

– si le verbe à la forme **pronominale** est issu d'un verbe **transitif indirect** :

Ils se sont succédé.
Ils se sont parlé.

– si le verbe **pronominal** a un **complément d'objet direct** (COD) **placé après :**

Elles se sont offert des cadeaux.
Elle s'est lavé les mains.

2. Le participe passé s'accorde :

– avec le **sujet** d'un verbe **intransitif** conjugué avec l'auxiliaire *être* :

Elle est partie très loin.
Ils sont devenus de bons amis.

– avec le **sujet** d'un verbe au **passif** (auxiliaire *être*) :

La souris sera mangée par le chat.
Les voleurs ont été arrêtés par la police.

– avec le **sujet** d'un verbe **essentiellement pronominal** qui n'a pas de complément d'objet (COD) : → § 29

Elle s'est enfuie.
Ils se sont emparés de la ville.

– avec le COD placé **avant** un verbe **transitif** conjugué avec l'auxiliaire *avoir* :

→ § 28 *Quels beaux films j'ai vus !*
Les fleurs que j'ai cueillies sont belles.

– avec le COD placé **avant** un verbe **pronominal** conjugué avec l'auxiliaire *être* :

→ § 29 *Quels beaux cadeaux elles se sont offerts !*

ATTENTION Quand il y a deux auxiliaires, à certains temps composés ou surcomposés, c'est le dernier, lui-même au participe passé, qui va déterminer les règles d'accord. *Ils ont été prévenus trop tard.* (= auxiliaire *être*)
Quand ils ont eu fini de dîner. (= auxiliaire *avoir*)

§ 26 ACCORD DU PARTICIPE PASSÉ EMPLOYÉ SEUL

RÈGLE

Le participe passé employé sans auxiliaire s'accorde en genre (masculin ou féminin) et en nombre (singulier ou pluriel) avec le nom ou le pronom auquel il se rapporte, **comme un adjectif.**

Marie, assise par terre, écoutait attentivement.
Vue d'en haut, la mare avait l'air minuscule.
Terrible accident : une femme tuée, six hommes blessés.

REMARQUE Certains participes passés, employés devant un nom ou après un verbe, jouent le rôle de prépositions ou d'adverbes. Ils sont invariables. *Excepté une fillette blonde, tous étaient bruns. Passé huit heures, les portes sont fermées. Veuillez trouver ci-joint deux chèques.* Ces emplois sont notés dans la partie dictionnaire.

§ 27 ACCORD DU PARTICIPE PASSÉ EMPLOYÉ AVEC L'AUXILIAIRE *ÊTRE*

RÈGLE

Le participe passé des verbes conjugués avec l'auxiliaire ***être* s'accorde** en genre (masculin ou féminin) et en nombre (singulier ou pluriel) **avec le sujet**. *Pierre est parti. Aline est partie. Pierre et Aline sont partis. La soirée a été réussie.*

REMARQUES **1.** Le sujet peut se trouver après le verbe : *Quel rôle est appelée à remplir une secrétaire ?* – **2.** Le participe passé des verbes impersonnels est invariable. *Il est arrivé deux catastrophes.* – **3.** Pour les verbes pronominaux les règles d'accord sont délicates. → § 29

§ 28 ACCORD DU PARTICIPE PASSÉ EMPLOYÉ AVEC L'AUXILIAIRE *AVOIR*

RÈGLE GÉNÉRALE

Le participe passé conjugué avec l'auxiliaire ***avoir*** ne s'accorde jamais avec le sujet. **Il s'accorde avec le complément d'objet direct** (COD) quand celui-ci est **placé avant le verbe**. Sinon, il reste invariable.

sans accord	*Ils ont marché*. (pas de COD)
	Ils nous ont parlé. (*nous* est COI)
	Tu as cueilli de belles fleurs. (COD après le verbe)
avec accord	*Quelles belles fleurs tu as cueillies !* (COD avant le verbe)
	Ces fleurs, je les ai cueillies pour toi.
	Cette lettre, je l'ai écrite.
	Les fleurs que j'ai cueillies pour toi sont belles.
	Tu nous as entendus ?
	(= des garçons ou des garçons et des filles)
	Tu nous as entendues ?
	(= des filles)

ATTENTION Le pronom transmet le genre (masculin ou féminin) et le nombre (singulier ou pluriel) de ce qu'il représente.

CAS PARTICULIERS

1. Avec le pronom ***en***, le participe passé est le plus souvent invariable : *As-tu mangé des cerises ? – Oui, j'en ai mangé.* (= de cela). *Des films comme ça, je n'en ai jamais vu !* Mais il peut s'accorder si c'est l'idée de pluriel qui prédomine : *Tant de livres ! Combien en as-tu achetés ?*

2. Avec le pronom ***l'***, le participe passé est invariable si le pronom représente une phrase : *Elle est plus forte que je l'avais pensé.*

3. Avec des verbes comme *dire, donner, devoir, croire, vouloir, permettre*, etc. il ne faut pas confondre le COD du participe et le COD d'un autre verbe (exprimé ou non). Ainsi, le participe s'accorde logiquement avec son COD dans : *J'ai entendu les choses que tu m'as dites.* Mais il est invariable dans : *J'ai fait toutes les choses que tu m'as dit (de faire), que tu as voulu (que je fasse).* Le mot *choses* étant COD du deuxième verbe *faire*.

4. Suivi d'un **infinitif** le participe passé s'accorde logiquement avec son complément d'objet direct, mais pas avec celui de l'infinitif. → § 30 *Marie, je l'ai entendue chanter.* (= J'ai entendu Marie [COD] qui chantait.)

REMARQUES **1.** Il ne faut pas confondre le complément de mesure d'un verbe intransitif qui répond à la question *combien ?* et le complément d'objet direct d'un verbe transitif qui répond à la question *quoi ?*

	Il a vécu deux ans en Angleterre. (mesure)
	Les deux ans qu'il a vécu en Angleterre… (invariable)
Mais :	*Il a vécu deux drames.* (COD)
	Les deux drames qu'il a vécus… (accord)

2. Il ne faut pas confondre le sujet réel d'un verbe impersonnel et un complément d'objet direct.

	Il a fait une chaleur d'enfer hier ! (verbe impersonnel)
	Quelle chaleur il a fait hier ! (invariable)
Mais :	*Il a fait une promenade hier.* (COD)
	La promenade qu'il a faite hier… (accord)

P

§ 29 ACCORD DU PARTICIPE PASSÉ DES VERBES PRONOMINAUX

RÈGLE GÉNÉRALE

Le participe passé des verbes pronominaux **s'accorde avec le sujet** (comme normalement avec l'auxiliaire *être*) **sauf si le pronom réfléchi est complément d'objet indirect** (COI). Dans ce cas, il suit les règles d'accord du participe conjugué avec l'auxiliaire *avoir* : il reste invariable ou il **s'accorde avec le COD placé avant**.

1. Accord avec le sujet (comme avec l'auxiliaire *être*).

a) Le pronom réfléchi ne représente rien.

Elles se sont enfuies.
Ils se sont emparés de la ville.
Elle s'est aperçue de son erreur.
Ses disques se sont bien vendus.

Il s'agit de verbes **essentiellement pronominaux** ou de verbes pronominaux de **sens passif.** → verbe pronominal

b) Le pronom réfléchi est COD. Il représente le sujet.

Elle s'est regardée dans la glace. (= elle-même)
Ils se sont aimés. (= l'un l'autre)

Il s'agit de verbes transitifs directs (avec COD) employés à la forme pronominale : *regarder, aimer, habiller, laver,* etc.

2. Participe toujours invariable (comme avec l'auxiliaire *avoir*).

a) Il n'y a pas de COD et le pronom réfléchi est COI.

Ils se sont parlé. (= l'un **à** l'autre)
Les présidents qui se sont succédé.
(= l'un a succédé **à** l'autre qui a succédé **à** l'autre, etc.)

Il s'agit de **verbes transitifs indirects** employés à la forme pronominale : *parler, mentir, nuire, plaire, succéder à quelqu'un,* etc.

b) Il y a un COD placé après le verbe.

Elles se sont offert <u>des cadeaux</u>.
COI COD

Ils se sont écrit <u>des lettres</u>.
Elle s'est permis <u>de téléphoner</u>.
Elle s'est lavé <u>les mains</u>.

Il s'agit de verbes **transitifs à deux compléments**, l'un direct, l'autre indirect, employés à la forme pronominale : *donner, offrir, dire, écrire, demander quelque chose à quelqu'un*, etc. ou de constructions analogues : *se casser une jambe ; se laver les mains.* Le complément d'objet direct suit le verbe, donc il n'y a pas d'accord.

3. Accord avec le COD placé avant le verbe (comme avec l'auxiliaire *avoir*).

<u>Quels cadeaux</u> elles se sont offerts !
COD verbe

Les lettres qu'ils se sont écrites.
Les droits qu'elles se sont arrogés.
Quelle jambe s'est-il cassée ?

Il s'agit le plus souvent de **verbes transitifs à deux compléments** employés à la forme pronominale : *donner, offrir, dire, écrire, demander, acheter quelque chose à quelqu'un*, ou de constructions analogues : *la jambe qu'il s'est cassée.* Le complément d'objet direct est placé avant le verbe, donc le participe s'accorde.

ATTENTION Il ne faut pas confondre : *Elle s'est lavée* (= elle-même ; *s'* est COD) et *Elle s'est lavé les mains* (= les mains à elle, *s'* est COI).

REMARQUE Le participe passé des **locutions verbales** est variable ou invariable selon les cas. Seul le recours au dictionnaire permet de lever la difficulté : *Elle s'est rendu compte de son erreur* (= invariable). *Elle s'est rendue maître de la situation* (= variable).

ACCORD DU PARTICIPE PASSÉ SUIVI D'UN INFINITIF §30

1. Avec l'auxiliaire *être*, l'infinitif qui suit le participe ne modifie en rien les règles d'accord. *Ils sont partis chercher du pain.*

2. Avec l'auxiliaire *avoir*, il faut faire attention au complément d'objet direct (COD).

Si le COD est complément du participe et sujet de l'infinitif, il y a accord.

Marie, je l'ai entendue chanter.
COD verbe

(= J'ai entendu Marie qui chantait.)

Si le COD est complément de l'infinitif, il n'y a pas d'accord.

Ces airs, je les ai entendu chanter.
COD verbe

(= J'ai entendu [quelqu'un] chanter ces airs.)

REMARQUE Le participe est invariable si on peut ajouter *par* et un complément indiquant qui fait l'action exprimée par l'infinitif : *Ces airs, je les ai entendu chanter par Damia.*

3. Avec les verbes pronominaux les règles sont les mêmes.

avec accord *Elle s'est vue mourir.*
sans accord *Elle s'est laissé embrasser.* (par quelqu'un)

CAS PARTICULIERS

1. Le participe passé ***fait*** suivi d'un infinitif est toujours **invariable**.

La robe qu'elle a fait faire.
La robe qu'elle s'est fait faire.

P

2. Le participe passé ***laissé*** suivi d'un infinitif est **variable**.

Elle s'est laissée tomber.

Elle s'est laissé séduire (par quelqu'un*)*.

Mais certaines grammaires, comme le texte des *Recommandations officielles de 1990*, le donnent invariable sur le modèle de *fait*. **Voir *Rectifications orthographiques*, p. 515.**

participe présent

Le participe présent d'un verbe est toujours terminé par **-ant**, quelle que soit la conjugaison de ce verbe.

1er groupe	*chantant*
2e groupe	*finissant* (***-issant***)
3e groupe	*cueillant, concluant, mourant, vivant*, etc.

Le participe présent peut s'employer seul :

Nous recherchons une secrétaire parlant l'anglais.

ou après la préposition **en** : → gérondif

Ils sont arrivés en courant.

participe présent et adjectif verbal

On appelle **adjectif verbal** l'adjectif formé à partir du participe présent.
Le participe présent est toujours **invariable**, **l'adjectif verbal** est **variable** : il s'accorde en genre (masculin ou féminin) et en nombre (singulier ou pluriel) avec le nom auquel il se rapporte.

participe présent	*Vivant au loin, elle n'était au courant de rien.*
adjectif verbal	*C'est une enfant très vivante.*

§ 31 PARTICIPE PRÉSENT INVARIABLE OU ADJECTIF VERBAL VARIABLE ?

1. Le **gérondif,** participe présent précédé de *en,* est toujours **invariable**.

Elle est arrivée en courant, en dansant.

2. La forme en **-ant** est un **participe présent invariable** :

– s'il y a un sujet (exprimé ou non) ou un complément (on peut remplacer le participe présent par une forme conjuguée) :

Les chiens obéissant à leurs maîtres faisaient le guet.

(= les chiens qui obéissent à leurs maîtres…)

– si on peut l'encadrer avec la négation *ne… pas* :

Ne croyant pas pouvoir réussir, elle a abandonné.

3. La forme en **-ant** est un **adjectif verbal variable** :

– si on peut l'employer comme attribut (après le verbe *être*) :

Ces chiens sont obéissants.

– si on peut lui substituer un autre adjectif :

Une jeune fille croyan<u>te</u>. (= pieuse)

– si on peut l'employer avec des adverbes comme *très* :

C'est une musique très dansan<u>te</u>.

ATTENTION Quelquefois, adjectif verbal et participe présent n'ont pas la même orthographe tout en ayant la même prononciation.

– Verbes en -ger, -guer, -quer

verbe	participe présent	adjectif verbal
diverger	*divergeant*	*divergent*
négliger	*négligeant*	*négligent*
fatiguer	*fatiguant*	*fatigant*
naviguer	*naviguant*	*navigant*
communiquer	*communiquant*	*communicant*
suffoquer	*suffoquant*	*suffocant*

– Autres verbes

verbe	participe présent	adjectif verbal
adhérer	*adhérant*	*adhérent*
équivaloir	*équivalant*	*équivalent*
influer	*influant*	*influent*
résider	*résidant*	*résident*

partitif → article

passé composé

● Ce temps de l'indicatif marque une **action accomplie** au moment où l'on parle.

→ aspect *J'ai fini, on peut partir.*

Dans ce cas le passé composé s'oppose au présent : *je finis* (ce n'est pas fait).

● Le passé composé se substitue en langue courante au passé simple pour indiquer :

– une action passée ponctuelle (ou une succession d'actions ponctuelles) :

Il est sorti, il a marché, il a couru.

– un fait qui s'est produit à un moment particulier ou une action qui s'est accomplie pendant un temps défini situé à l'intérieur d'une période passée plus large :

Il faisait beau quand soudain un orage <u>a éclaté</u>.

Il a vécu de 1932 à 1999.

Dans ces exemples, le passé composé s'oppose à l'imparfait.

passé simple

- Ce temps de l'indicatif ne s'emploie plus guère qu'à l'écrit ou en langue recherchée, dans un récit. Le passé simple s'oppose à l'imparfait et permet d'exprimer :

– une action passée ponctuelle (ou une succession d'actions ponctuelles) :

Il sortit, marcha puis courut jusqu'au puits.

– un fait qui s'est produit à un moment particulier ou une action qui s'est accomplie pendant un temps défini (avec un début et une fin) situé à l'intérieur d'une période passée plus large :

Il faisait beau quand soudain l'orage éclata.
Il vécut de 1932 à 1999.

- Le passé simple s'emploie dans les incises, le plus souvent à la 3e personne :

J'ai peur, avoua-t-il, il fait noir.

> Il n'y a jamais d'accent circonflexe à la 3e personne du singulier du passé simple : *il eut, il dit, il fut, il fit,* etc., alors qu'il y en a toujours à la 3e personne du singulier du subjonctif imparfait : *qu'il eût, dût, fût, fît,* etc. Il y a toujours un accent circonflexe aux 2e et 3e personnes du pluriel du passé simple : *nous eûmes, nous dîmes, vous fûtes, vous fîtes, nous chantâmes,* etc.

passif

Certaines phrases peuvent être à l'**actif** ou au **passif**.

phrase active : le sujet agit, fait l'action exprimée par le verbe.

La voiture a renversé le cycliste.
sujet — COD

phrase passive : le sujet subit l'action exprimée par le verbe.

Le cycliste a été renversé par la voiture.
sujet — c d'agent

On remarque que le **complément d'objet direct** de la phrase active est devenu le **sujet** de la phrase passive. Et le **sujet** de la phrase active est devenu le **complément d'agent** (= qui agit) de la phrase passive.

REMARQUE À l'exception de rares verbes comme *obéir*, seuls les verbes transitifs directs (avec un COD) permettent de mettre une phrase au passif.

> Dans la phrase passive, le **participe passé** employé avec l'auxiliaire *être* **s'accorde toujours avec le sujet** : *La souris est poursuivie par le chat.*

conjugaison passive

Dans la conjugaison passive il n'y a pas de temps simple. C'est l'auxiliaire *être* qui se conjugue au temps correspondant de la voix active. Le verbe, lui, est toujours au participe passé. Voici quelques exemples à l'indicatif.

	présent	imparfait	futur
actif	*j'aime*	*j'aimais*	*j'aimerai*
passif	*je suis aimé*	*j'étais aimé*	*je serai aimé*

sens passif d'un verbe pronominal

On dit d'un verbe employé à la forme pronominale qu'il a une valeur de passif quand il correspond à une phrase active dont le sujet est *on*.

verbe pronominal passif	*Ces livres se vendent très bien.*
verbe actif	*On vend très bien ces livres.*

REMARQUE Dans cette construction, il n'y a pas de complément d'agent.

personnel

mode personnel → mode

pronom personnel → pronom personnel

phonétique

La phonétique, c'est l'étude et la description des sons du langage.

L'alphabet phonétique international permet de transcrire tous les sons. Voir *Prononciation et orthographe*, p. 528.

Quand on dit de quelqu'un qu'il écrit **phonétiquement**, on veut dire qu'il écrit les mots comme ils se prononcent, avec les lettres de l'alphabet du français. Mais écrire en phonétique, ou en alphabet phonétique, c'est transcrire les mots avec les signes conventionnels de l'alphabet phonétique international.

	phonétiquement	alphabet phonétique international
château	*chato*	[ʃato]
psychologie	*psikologi*	[psikɔlɔʒi]

Les dictionnaires donnent en général la prononciation des mots en alphabet phonétique international.

phrase

● On peut définir la phrase :

– comme **un ensemble organisé de mots** ayant une **unité de sens** et qui, à l'écrit, commence par une majuscule et se termine avec un point ;

– comme **un ensemble organisé de mots** comportant au moins un élément qui désigne ce dont on parle, **le groupe sujet,** et un autre élément qui exprime ce qu'on en dit, **le groupe du verbe**. C'est dans ce sens qu'on dit à quelqu'un : « *Faites une phrase* » (sous-entendu : complète) ;

– comme **l'expression d'une idée, d'un sentiment, d'une demande**, etc. Dans ce cas, la phrase peut ne comporter qu'un seul mot « *Chut!* » ou un ensemble complexe d'éléments « *Je souhaite que vous vous taisiez sur-le-champ.* »

● On peut analyser la phrase :

– selon ce qu'elle permet d'exprimer, ce sont les *types de phrases* ;

– selon les éléments qui la composent, c'est-à-dire selon sa *structure*.

les types de phrases

● **La phrase déclarative :** *Le train part à 5 heures.*
Elle est utilisée pour donner une information, une opinion, faire un récit, etc. À l'écrit, la phrase déclarative commence par une majuscule et se termine par un point.

● **La phrase interrogative :** *À quelle heure le train part-il ?*
Elle est utilisée pour poser une question. À l'écrit, elle commence par une majuscule et se termine par un point d'interrogation. → interrogation et interrogative

● **La phase impérative :** *Viens ici ! Écoute-moi.*
Elle est utilisée en particulier pour donner un ordre. Son verbe est à l'impératif. À l'écrit, elle commence par une majuscule et se termine par un point d'exclamation ou un point. → impératif

● **La phrase exclamative :** *Que c'est beau !*
Elle permet d'exprimer un sentiment vif d'admiration, de rejet, de regret, d'espoir, etc. À l'écrit, elle commence par une majuscule et se termine par un point d'exclamation. → exclamatif

REMARQUE Une phrase peut être aussi :
– **affirmative** ou **négative** : *Je viens./Je ne viens pas.* → négation
– **neutre** ou **emphatique** : *Pierre viendra./Pierre, lui, il viendra.* → relief
– **active** ou **passive** : *Pierre t'a vu./Tu as été vu par Pierre.* → passif

les structures de la phrase

La phrase verbale comporte au moins un verbe.

● **La phrase simple**

Elle ne comporte qu'**une seule proposition avec un verbe conjugué**. C'est une proposition indépendante.

– La phrase *minimale* est composée d'un sujet et d'un verbe.
Pierre lit.
Le chat dort.

– La phrase *étendue* comporte des adjectifs, des adverbes, des compléments.

Le petit Pierre lit un livre d'histoire.
Le gros chat gris dort profondément sur le tapis.

REMARQUES **1.** Le verbe peut être à l'infinitif dans des consignes, des recettes : *Battre les œufs en neige.* – **2.** La phrase peut se réduire à un verbe à l'impératif : *Viens !*

● La phrase complexe

Elle comporte plusieurs propositions, donc plusieurs verbes.

– Les propositions ont le même statut. Elles sont **juxtaposées** (séparées par une virgule) ou **coordonnées** (liées par une conjonction de coordination).

Les feuilles tombent, c'est l'automne.
Pierre lit et Marie écrit.

– Les propositions n'ont pas le même statut. L'une dépend de l'autre. Il y a une proposition **principale** dont dépend une proposition **subordonnée**.

Je veux (principale) *que tu viennes.* (subordonnée)

On dînera (principale) *quand le film sera fini.* (subordonnée)

REMARQUE On peut bien sûr combiner tous ces éléments : *Nous dînerons quand le film que Pierre regarde et qui n'est pas très intéressant sera terminé.*

La phrase non verbale ne comporte pas de verbe.

● La phrase nominale

On la rencontre dans :
– des exclamations : *Délicieux, ce gâteau ! Au diable l'avarice !*
– des inscriptions : *Sortie de secours*
– des interrogations : *Pourquoi tout ce bruit ?*
– des réponses : *(Qui est venu ?) – Jean.*

● Les mots-phrases

Ce sont essentiellement :
– les interjections : *Aïe ! Zut !*
– des adverbes d'opinion dans des réponses :
Oui, non, peut-être…

REMARQUE Les noms employés seuls peuvent, selon les grammaires, être classés dans les phrases nominales ou dans les mots-phrases : *Silence !*

P

pléonasme

Faire un pléonasme, c'est dire deux fois la même chose dans le même groupe de mots. Certains pléonasmes ne sont plus perçus comme des fautes tant ils ont été employés : *un joyeux luron* ou *un gai luron*
(un luron est déjà une personne gaie)
une petite maisonnette
(une maisonnette est déjà une petite maison)

– d'autres sont voulus pour insister :
Je l'ai entendu de mes propres oreilles.
Je l'ai vu de mes yeux.

– d'autres enfin sont toujours considérés comme des fautes à éviter :
descendre en bas
monter en haut
sortir dehors
s'entraider mutuellement
s'avérer vrai
marcher à pied
se réunir ensemble
avoir le monopole exclusif de...
prévoir avant, etc.

pluriel

pluriel des mots simples

RÈGLE GÉNÉRALE

Les noms et les adjectifs prennent un **s** au pluriel : *le gentil garçon, les gentils garçons.*

§ 32 PLURIELS PARTICULIERS

1. Les mots terminés par **-s**, **-x**, **-z** ne changent pas au pluriel :
un procès, des procès
un prix, des prix
un nez, des nez.

2. Les mots terminés par **-ou** suivent la règle générale et prennent un **s** au pluriel : *flou, flous*
cou, cous

sauf les noms *bijou, caillou, chou, genou, hibou, joujou, pou* qui prennent un **x** :
des choux, des bijoux.

3. Les mots terminés par **-al** font leur pluriel en **aux** :
royal, royaux
un cheval, des chevaux

sauf les adjectifs *banal, bancal, fatal, final, glacial, natal, naval, tonal*, qui prennent un **s** : *des chantiers navals*

et de nombreux noms comme *bal, cal, carnaval, cérémonial, chacal, étal, festival, pal, récital, régal, santal* ; des termes de chimie : *penthotal* ; des mots d'origine étrangère : *corral* ; des mots déposés : *Tergal* ; des mots d'argot : *futal* (= pantalon).

4. Les mots terminés par **-ail** font leur pluriel en **s** :
un détail, des détails

sauf *bail, corail, émail, soupirail, travail, vantail, vitrail,* qui font leur pluriel en **aux** : *un bail, des baux.*

5. Les mots terminés par **-eau** font leur pluriel en **x** :
le beau château, les beaux châteaux.

6. Les mots terminés par **-eu**, **-au** font leur pluriel en **x** :
un cheveu, des cheveux
un étau, des étaux ;

sauf *bleu, feu* (= décédé), *émeu* (= oiseau d'Australie), *pneu, lieu* (= poisson), *landau* et *sarrau* qui prennent un **s**.

pluriel des mots composés

Le pluriel des mots composés dépend de la nature et de la fonction des mots principaux qui les composent. Très souvent le recours au dictionnaire est nécessaire, mais les règles suivantes permettent de former correctement le pluriel de la plupart des mots composés.

MOTS COMPOSÉS INVARIABLES § 33

1. Les mots composés :
– de deux verbes : *un laissez-passer, des laissez-passer*
– d'une phrase ou d'une expression :
un je-ne-sais-quoi, des je-ne-sais-quoi
des on-dit
des cessez-le-feu
des face-à-face (= être face à face).

2. Les adjectifs composés de couleur :
des robes bleu clair, vert olive, jaune-orangé.

3. Les mots composés :
– d'un verbe et d'un complément non-comptable :
un abat-jour (qui abat le jour), *des abat-jour*
des pare-brise, des cache-misère

– d'un verbe et d'un complément au pluriel :
un casse-pieds, des casse-pieds (= qui casse les pieds)
un sèche-cheveux, des sèche-cheveux.

P

§ 34 MOTS COMPOSÉS VARIABLES

Les autres mots composés sont variables, mais la marque du pluriel peut porter soit sur les deux termes, soit sur le premier terme, soit sur le second.

1. Les deux termes prennent la marque du **pluriel** quand il s'agit :
– d'un nom et d'un autre nom dans un rapport d'apposition ou de coordination : *des chefs-lieux, des locations-ventes*
– d'un adjectif et d'un nom :
les basses-cours
– d'un nom et d'un adjectif :
des coffres-forts
– de deux adjectifs : *des paroles aigres-douces.*

2. Seul, **le premier terme** prend la marque du **pluriel** quand il s'agit d'un nom et de son complément (avec ou sans préposition) :
des timbres poste (= de la poste)
des arcs-en-ciel
des chefs-d'œuvre
des assurances-vie (= sur la vie).

3. Seul **le deuxième terme** prend la marque du **pluriel** quand il s'agit :
– d'un mot invariable (adverbe, préposition, préfixe, abréviation, point cardinal) et d'un mot variable : *des haut-parleurs ; des non-dits*
des en-têtes ; des à-côtés
des rencontres franco-espagnoles
les pays sud-américains.
– d'un verbe et de son complément comptable :
un tire-bouchon, des tire-bouchons

REMARQUE De nombreux noms composés d'un verbe et de son complément peuvent rester invariables ou prendre la marque du pluriel sur le nom. C'est le cas en particulier de mots comme *presse-citron* : *des presse-citron* ou *des presse-citrons* ; *essuie-glace* : *des essuie-glace* ou *des essuie-glaces*. Les dictionnaires ne sont pas tous d'accord entre eux et ce point fait partie des propositions de rectifications orthographiques. **Voir *Rectifications orthographiques*, p. 513.**

pluriel des noms propres

§ 35 NOMS PROPRES DE PERSONNES

Les noms propres de personnes sont **invariables** :
les Martin, les Durand
sauf quand ils désignent des familles illustres, des dynasties :
les Bourbons, les Tudors.

On écrira donc, sans marque du pluriel :

Au musée, j'ai vu deux Renoir.
(= deux tableaux de Renoir)

REMARQUE Quand ils désignent des types humains, certains noms propres deviennent des noms communs et prennent la marque du pluriel comme *des don Juans, des harpagons*.

NOMS PROPRES DE LIEUX

§ 36

Les noms propres de lieux sont **invariables**, sauf quand plusieurs lieux existent sous la même dénomination.

On écrira donc, sans la marque du pluriel :

Y a-t-il deux France ?
(= sens figuré, imagé)

mais, avec la marque du pluriel :

les deux Amériques
les deux Savoies

REMARQUE Certains noms propres de lieux deviennent des noms communs quand ils désignent une production locale (vin, fromage...). Ils prennent alors la marque du pluriel.

En Bourgogne, on a goûté plusieurs bourgognes.
(= vins de Bourgogne)

pluriel des mots étrangers

PLURIEL FRANÇAIS OU ÉTRANGER ?

§ 37

Les mots étrangers peuvent garder leur pluriel d'origine ou suivre les règles du français. Lorsque le mot est bien intégré dans la langue, le pluriel français est à privilégier. On écrira donc *des sandwichs*, *des matchs*, *des spaghettis*. Mais les formes *des sandwiches*, *des matches*, *des spaghetti* (pluriel italien) ne sont pas fautives.
On remarquera toutefois :
– que garder le pluriel anglais en *-es* n'est ni conforme au français ni conforme à la prononciation de ce pluriel en anglais ;
– que certains mots étrangers sont des pluriels dans leur langue d'origine (*spaghetti* par exemple), et que nous les employons au singulier en français : *Il n'y avait plus un seul spaghetti dans la boîte*. Il n'y a alors plus aucune raison de ne pas leur faire suivre les règles du français : *un spaghetti, des spaghettis.*

REMARQUES **1.** Lorsqu'un mot étranger a donné naissance en français à d'autres sens ou à des familles de mots, la francisation est de rigueur. Ainsi, *scénario* s'emploie dans d'autres domaines que le cinéma et ce mot

P

a donné *scénariste*, *scénariser*. Le mot *squat* a donné *squatter* et *squatteur*. Il est alors logique d'associer des suffixes français à un mot de base francisé. De même, *media* (à l'origine pluriel latin de *medium* utilisé dans l'expression américaine *mass media*) devient tout naturellement un nom commun masculin singulier (*un média* avec *é*, *des médias*), qui a donné les dérivés *médiatique, médiatiser*. etc. – **2.** Les dictionnaires indiquent l'orthographe ou le pluriel pour les formes étrangères qui peuvent être conservées dans des publications spécialisées.

Quand on choisit le pluriel français, on fera bien attention à ce que l'orthographe du mot soit aussi francisée. Ainsi on écrira : *un scénario* (avec *é*), *des scénarios* à la française ou *un scenario* (sans accent), *des scenarii* à l'italienne.

polysémique → sens

ponctuation

Les signes de ponctuation permettent de marquer des arrêts entre des phrases ou des pauses à l'intérieur d'une phrase. Ce sont le *point*, le *point-virgule*, le *point d'exclamation*, le *point d'interrogation*, la *virgule*, le *tiret*, etc. On trouvera tous ces mots dans la partie dictionnaire.

possessif

L'adjectif possessif introduit le nom en établissant un lien de possession, d'appartenance, de dépendance ou simplement d'étroite relation entre le « possesseur » et l'être ou la chose que le nom désigne.

Le pronom possessif reprend, avec les mêmes valeurs, le groupe formé par l'adjectif possessif et le nom.

	Jean (= possesseur) *a une chemise.*
adjectif possessif	*C'est sa chemise.*
pronom possessif	*C'est la sienne.*

l'adjectif possessif

L'adjectif possessif fait partie des **déterminants**. On l'appelle parfois **déterminant possessif**. Il s'accorde en genre et en nombre avec le nom qu'il détermine mais sa forme varie selon la « personne » du « possesseur ».

possesseur	nom déterminé	
	singulier masc. | fém.	pluriel masc. ou fém.
singulier 1re pers. (= je) 2e pers. (= tu) 3e pers. (= il, elle, on)	 *mon | ma** *ton | ta** *son | sa**	 *mes* *tes* *ses*
pluriel 1re pers. (= nous) 2e pers. (= vous) 3e pers. (= ils, elles)	 *notre* *votre* *leur*	 *nos* *vos* *leurs*

*Devant un mot féminin commençant par une ***voyelle*** ou un ***h*** muet, on emploie *mon, ton, son*.

C'est sa fille, c'est son adorable fille.

C'est ma destinée, c'est mon histoire.

ATTENTION Les adjectifs possessifs *notre* et *votre* n'ont pas d'accent circonflexe.

REMARQUE Le choix de l'adjectif possessif peut poser des difficultés avec des pronoms indéfinis comme *on, chacun, tout le monde,* etc. On trouvera les réponses à ces difficultés à chacun de ces mots dans la partie dictionnaire.

Lorsqu'on ne sait pas s'il faut écrire *leur* ou *leurs*, on peut transformer la phrase en employant *notre* ou *nos*.

Ils sont partis avec leur voiture.

(On dirait : *Nous sommes partis avec notre voiture.* Il n'y en a qu'une.)

Ils sont partis avec leurs voitures.

(On dirait : *Nous sommes partis avec nos voitures.* Il y a plusieurs voitures.)

le pronom possessif

Le pronom possessif s'accorde en genre et en nombre avec le nom qu'il représente et sa forme varie, comme pour l'adjectif possessif, selon la « personne » du « possesseur ».

possesseur	nom représenté	
	singulier masc. | fém.	pluriel masc. | fém.
singulier 1re pers. (= je) 2e pers. (= tu) 3e pers. (= il, elle)	 *le mien | la mienne* *le tien | la tienne* *le sien | la sienne*	 *les miens | les miennes* *les tiens | les tiennes* *les siens | les siennes*
pluriel 1re pers. (= nous) 2e pers. (= vous) 3e pers. (= ils, elles)	 *le nôtre | la nôtre* *le vôtre | la vôtre* *le leur | la leur*	 *les nôtres* *les vôtres* *les leurs*

ATTENTION Les pronoms possessifs *le nôtre*, *le vôtre* ont un accent circonflexe.

REMARQUE Quand il est attribut, le pronom possessif peut s'employer sans *le, la* ou *les*. *Vous êtes mienne. Considérez ce livre comme vôtre.* Il ne faut alors pas oublier l'accent circonflexe.

postposé → antéposé

préfixe

Des éléments comme *dé-, il-, in-, re-,* etc. sont des préfixes. Ils se placent au début d'un mot de base pour en modifier le sens avec, le plus souvent, des valeurs de répétition, d'opposition ou de privation. → dérivé

Le préfixe ne modifie pas la catégorie grammaticale du mot de base.

adjectif	*lisible/illisible*
verbe	*faire/refaire/défaire*
nom	*compréhension/incompréhension*

préposition

Les prépositions sont des **mots invariables** qui introduisent des compléments avec lesquels elles forment un **groupe prépositionnel** (GP).

● **Les principales prépositions** *à, de, en, sur, par* peuvent :
– être de simples outils de relation entre un mot et son complément :

chercher à faire
croire en l'avenir
finir de parler
compter sur quelqu'un
être remarqué par quelqu'un
être content de quelque chose
être fort en mathématiques

– introduire une indication particulière sur la nature de cette relation :

une tasse à café (= destination)
une tasse de café (= contenu)
une tasse en porcelaine (= matière)
un voyage de Paris (= origine) *à Lyon* (= destination)

● **Les autres prépositions** ou **locutions prépositives** donnent presque toujours une indication sur la nature du complément.

chez un ami (= lieu)
pendant les vacances (= temps)
à cause de toi (= cause)
pour réussir (= but)

Mais une même préposition peut établir plusieurs types de relations. En voici quelques exemples : *Écrire avec un stylo.* (= moyen)
Parler avec gentillesse. (= manière)
Partir avec un ami. (= accompagnement)
C'était après/avant Noël. (= temps)
Habiter après/avant l'église. (= lieu)
Lundi vient après dimanche/avant mardi. (= ordre)
Circuler dans Paris. (= lieu)
Partir dans trois jours. (= temps)
Vivre dans la misère. (= manière)

RÉPÉTITION DE LA PRÉPOSITION § 38

On répète les prépositions *à, de, en* devant plusieurs compléments coordonnés : *On a parlé de tout et de rien.*
Sauf s'il s'agit :
– d'expressions toutes faites :
en mon âme et conscience
– de termes qui désignent le même être ou objet :
Il parle de son voisin et ami Pierre.

présent (de l'indicatif)

Le **présent** est un temps du verbe qui exprime une action qui se produit ou un état qui existe au moment où l'on parle.
Je regarde la pluie qui tombe.

Il s'emploie aussi pour indiquer :
– une action qui se répète : *Tous les soirs, il regarde la télévision.*
– une vérité générale : *Qui se ressemble s'assemble.*
– un futur proche : *Dépêchez-vous, le train arrive !*
Vous descendez à la prochaine ?
– le futur après *si* : *Si tu arrives assez tôt, on pourra écouter un disque.*

On appelle **présent de narration** l'emploi du présent dans un texte au passé, pour donner plus de vie, de rythme au récit.
Ce jour-là, le roi convoque ses conseillers...
Soudain quelqu'un s'exclame...

présentatif

Les **présentatifs**, comme le mot l'indique, servent à présenter, à introduire, à désigner quelqu'un ou quelque chose par rapport à une situation donnée. *Voici, voilà, il y a* et *c'est* sont des présentatifs.

P

Voici Pierre et voilà sa femme Jeanne.
Il y a un bébé qui crie.
Qui est à l'appareil ? – C'est Pierre.

Il y a ne s'emploie qu'au singulier :

Il y avait un homme, il y avait des hommes.

C'est peut s'employer au singulier ou au pluriel : *C'est moi, c'est nous, c'est ou ce sont eux.* On trouvera ce présentatif dans la partie dictionnaire avec des exemples d'emploi.

principale → proposition

progressif → aspect

pronom

On dit souvent que le **pronom** est « mis pour un nom » mais ce n'est pas toujours le cas.

- Le pronom peut remplacer :

– un nom	*Pierre est venu. → Il est venu.*
– un groupe du nom	*Ma petite sœur va au cinéma. → Elle va au cinéma.*
– un adjectif	*Elle est gentille. – Oui, elle l'est.*
– un verbe	*Tu m'écriras ? – Oui, je le ferai.*
– un adverbe	*Va là-bas. – Oui, j'y vais.*
– une phrase	*Il fait de la musique et cela lui plaît.*

- Le pronom peut représenter une personne :

– celle qui parle	*Je viens.*
– celle à qui l'on parle	*Tu viens ?*

- On distingue :

– les pronoms démonstratifs	*celui, celle, ceci, cela...* → démonstratif
– les pronoms possessifs	*le mien, le tien...* → possessif
– les pronoms indéfinis	*aucun, personne, on...* → indéfini
– les pronoms interrogatifs	*qui, que, lequel...* → interrogatif
– les pronoms relatifs	*qui, que, quoi, dont, où, lequel...* → relatif
– les pronoms personnels	*je, tu, moi...* → pronom personnel

pronom personnel

Le **pronom personnel** varie selon ce qu'il représente (une personne, une chose, une phrase), selon sa fonction (sujet, complément, attribut) et selon la place qu'il occupe dans la phrase. Les pronoms personnels sujets permettent de former la conjugaison du verbe. Ils correspondent aux « personnes » du verbe, d'où leur nom.

les pronoms de la 1re et de la 2e personne

Ils **représentent** toujours des **personnes**. On les appelle parfois **noms personnels** ou **pronoms nominaux**.

	sujet	autres fonctions	formes toniques
singulier			
1re pers.	*je (j')*	*me (m'), moi*	*moi*
2e pers.	*tu*	*te (t'), toi*	*toi*
pluriel			
1re pers.	*nous*	*nous*	*nous*
2e pers.	*vous*	*vous*	*vous*

Ces pronoms n'ont pas de genre par eux-mêmes mais l'accord se fait selon le sexe de la personne ou des personnes qu'ils représentent.

Pierre et toi, Jacques, vous êtes fatigués.
Jeanne et toi, Aline, vous êtes fatiguées.

● **nous** dit « de majesté » ou de « de modestie » et **vous** dit « de politesse » peuvent représenter une seule personne. Le verbe est au pluriel mais l'accord se fait au singulier.

Merci monsieur, vous êtes gentil.
Merci madame, vous êtes gentille.
[Le roi] *Nous sommes content de vous accueillir ici.*

● **me** et **te** sont compléments d'objet (direct ou indirect) toujours placés avant le verbe ou l'auxiliaire. On dit parfois qu'ils sont **atones**, **non-accentués** ou « **conjoints** » (= ils ne peuvent pas être « séparés » du verbe).

Pierre me regarde. Pierre m'a vu.

Ils s'emploient aussi dans la conjugaison pronominale, comme **pronoms réfléchis**.

Je me promène. Tu te promènes.

● **moi** et **toi** ne sont jamais placés directement avant le verbe et ils peuvent s'employer seuls. On dit parfois qu'ils sont **accentués**, **toniques** ou « **disjoints** ».

Qui a crié ? – Moi. Regarde-moi.
Donnez-moi un bonbon. C'est toi qui parles ?
Je rentre chez moi.

P

les pronoms de la 3e personne

Ils **représentent** des **personnes** ou des **choses**, ont un genre (masculin ou féminin) et varient selon leur fonction et leur place dans la phrase.

	sujet	COD	COI	formes toniques
singulier				
masculin	*il*	*le (l')*	*lui*	*lui*
féminin	*elle*	*la (l')*	*lui*	*elle*
pluriel				
masculin	*ils*	*les*	*leur*	*eux*
féminin	*elles*	*les*	*leur*	*elles*

● **il** s'emploie aussi dans les tournures impersonnelles ou avec les verbes impersonnels. *Il est arrivé un accident. Il pleut.*
Dans ce cas *il* ne représente rien.

● **le** (ou **l'**) s'emploie aussi comme pronom neutre pour remplacer un adjectif, un verbe ou une phrase. *Elle est gentille ? – Oui, elle l'est.*
Tu veux venir ? – Oui, je le veux.
Tu crois qu'il viendra ? – Oui, je le crois.

REMARQUE On classe souvent le pronom indéfini *on* parmi les pronoms sujets de la 3e personne du singulier. Il représente une ou des personnes et l'accord des adjectifs ou des participes se fait souvent selon le sens : *Alors Marie, on est contente ? Nous, on est venus.*

les pronoms réfléchis

On les appelle « réfléchis » parce qu'ils renvoient au sujet, ils le représentent. Ils sont toujours compléments.
Je rentre chez moi.
Certains d'entre eux s'emploient dans la conjugaison pronominale.
Je me promène, tu te promènes, etc.

personnes	conjugaison pronominale	autres fonctions
je	*me*	*moi*
tu	*te*	*toi*
il, elle	*se*	*lui, elle*
on	*se*	*soi*
nous	*nous*	*nous*
vous	*vous*	*vous*
ils, elles	*se*	*eux, elles*

REMARQUES **1.** Dans la conjugaison pronominale, l'action du sujet porte sur le sujet. Le pronom réfléchi est complément d'objet direct : *Je m'habille* ; ou indirect : *Je me donne du temps.* – **2.** Le pronom *soi* est le pronom réfléchi utilisé chaque fois que le sujet est un pronom indéfini désignant une personne ou que le sujet (représentant une personne) n'est pas exprimé : *Que chacun s'occupe de soi. Il faut penser à soi.*

les pronoms toniques, accentués ou disjoints

Ce sont les formes *moi, toi, lui, elle, eux, nous, vous, eux, elles.*

● Qu'on les appelle toniques, accentués ou disjoints selon les grammaires, ces pronoms ont la particularité de pouvoir s'employer seuls ou séparés du verbe :
– seuls dans une réponse : *Qui parle ? – Lui.*
– après *c'est* : *C'est moi qui...*

– après une préposition : *On va chez eux.*
– dans une mise en relief : *Ma sœur, elle, viendra.*
Nous, nous irons aussi.
– comme compléments d'un comparatif :
Il est plus fort que toi.

● Ces pronoms peuvent être renforcés par l'adjectif *même* auquel ils sont alors liés par un trait d'union. *J'ai fait cela moi-même.*

les pronoms *en* et *y*

D'une manière générale **en** s'emploie à la place d'un nom, précédé de la préposition *de* ou de l'article partitif *du, de la, des,* et **y** s'emploie à la place d'un nom précédé de la préposition *à* : *Je suis content de mon cadeau. J'en suis content.*
Tu veux de la confiture ? Tu en veux ?
Je sais jouer à la belote. Je sais y jouer.

REMARQUES **1.** Le pronom *en* représente **le plus souvent** un nom de chose, le pronom *y* représente **toujours** un nom de chose. On trouvera dans la partie dictionnaire d'autres exemples d'emploi de *en* et de *y*. – **2.** Le participe passé employé avec *en* est le plus souvent invariable : *Des filles comme elle, je n'en ai pas vu beaucoup !* → § 28

pronominal

verbe pronominal → verbe
voix pronominale → voix

proposition

Une **proposition** est un ensemble de mots organisés autour d'un **verbe** et qui a son unité, son sens. Une proposition exprime une idée.

En grammaire traditionnelle, on analyse la **phrase** en **propositions**. Ainsi, dans la phrase *Cendrillon s'enfuit/quand minuit sonna* il y a deux verbes conjugués, donc deux propositions.

proposition indépendante

La **proposition indépendante** est une proposition qui se suffit à elle-même, elle ne dépend d'aucune autre, et aucune autre ne dépend d'elle.
Le ciel est bleu aujourd'hui.

Plusieurs **propositions indépendantes** peuvent être juxtaposées (séparées par une virgule) ou coordonnées (liées par une conjonction de coordination).
Le ciel est bleu, le soleil brille et c'est agréable.
Ces trois propositions énoncent trois idées successives, autonomes. Elles pourraient être séparées par des points.

P

proposition principale et proposition subordonnée

Dans la phrase *Cendrillon s'enfuit/quand minuit sonna*, les deux propositions énoncent deux idées qui sont liées l'une à l'autre.

On appelle **proposition subordonnée** la proposition introduite par la conjonction de subordination *quand* : « *quand minuit sonna* » ; et **proposition principale** la proposition dont elle dépend : « *Cendrillon s'enfuit* ».

ATTENTION

1. Une proposition peut-être subordonnée à une autre et principale pour une autre.

Je partirai quand j'aurai fini ce livre qui est très intéressant.

2. Une proposition principale peut avoir deux subordonnées ou plus.

Je partirai quand j'aurai fini ce livre et si je le veux à ce moment-là.

propre

nom propre → nom

sens propre → sens

Q

qualificatif → adjectif

quantitatif

On regroupe sous le terme **quantitatifs** des adverbes ou des noms de quantité, ainsi que les expressions de fractions ou de pourcentages, qui s'emploient avec un complément introduit par *de*. Selon les cas, ce **complément** peut-être au **singulier** ou au **pluriel** :

peu de
la plupart de
quantité de
bon nombre de
la moitié de

Les **quantitatifs** se distinguent des noms **collectifs** qui sont toujours suivis d'un complément au pluriel. → collectif

§ 39 ACCORD AVEC UN QUANTITATIF

1. Avec un **adverbe de quantité** comme *peu, beaucoup, trop,* etc., l'**accord** se fait le plus souvent **avec le complément.**

Peu de gens pensent comme toi.
Beaucoup de vaisselle fut cassée.

Quelquefois **l'accord** se fait **avec l'adverbe** si on insiste sur l'expression de la quantité.

Trop d'amis vaut mieux que pas d'amis du tout.

2. Avec des **expressions de quantité** comme *la plupart de, nombre de, quantité de,* etc., **l'accord** se fait toujours **avec le complément**.

La plupart des gens sont venus.
Quantité de livres ont été abîmés.

3. Avec des noms comme *dizaine, centaine, millier, million,* etc., l'**accord** se fait le plus souvent **avec le complément** au pluriel :

Une dizaine de personnes sont venues.
Un millier d'habitants ont été évacués.

Ou **avec le nom** au singulier si c'est sur lui qu'on insiste :

Cette douzaine d'œufs vous suffira.

q

4. Avec l'expression d'une **fraction** ou d'un **pourcentage** (ou des mots comme *majorité, minorité*), l'**accord** se fait **avec le complément** ou **avec l'expression** de la fraction ou du pourcentage.

La moitié des invités sont repartis/est repartie.
20 % de la population pense/pensent ceci.

question → interrogation et interrogative

R

radical

On appelle **radical** la partie d'un mot qui subsiste quand on lui enlève les marques du pluriel, du féminin, les terminaisons de conjugaison, les préfixes ou les suffixes. Ainsi le radical de *chanter, chanteuse* est *chant*.

Quelques verbes très irréguliers ont plusieurs radicaux, c'est le cas par exemple du verbe *aller*.

all*- ons*
aill*- e*
v*- a*
i*- rai*

réciproque

On dit d'un **verbe pronominal** qu'il a un sens **réciproque** quand son sujet représente plusieurs personnes ou plusieurs choses qui agissent l'une sur l'autre.

objet direct

Pierre et Marie <u>se</u> quittent.
Pierre et Marie <u>se sont quittés</u>.
(= Pierre quitte Marie et Marie quitte Pierre.)

objet indirect

Pierre et Marie <u>se</u> plaisent.
Pierre et Marie <u>se sont plu</u>.
(= Pierre plaît à Marie et Marie plaît à Pierre.)

Le pronom ***se*** reprend les deux sujets.

réduction

En grammaire moderne, on appelle **réduction** l'exercice qui consiste à supprimer les **expansions** à l'intérieur d'un groupe du nom ou du verbe.

Le petit chien de la voisine/dort.
GN — GV

Dans cette phrase, on peut réduire le groupe du nom en supprimant les expansions *petit* et *de la voisine*. La phrase reste correcte : *Le chien dort.*
Le groupe du nom *le chien* comporte ses constituants essentiels : le déterminant *le* et le nom *chien*.

réél → sujet

réfléchi

● Un **pronom réfléchi** représente toujours le sujet qui fait l'action. → pronom personnel

● On dit d'un **verbe pronominal** qu'il a un sens **réfléchi** quand le sujet fait l'action sur lui-même, c'est-à-dire qu'il est à la fois sujet et objet (direct ou indirect) de l'action exprimée par le verbe.

objet direct

Marie s'habille toute seule.
Marie s'est habillée toute seule.
(= elle habille elle-même)
Les enfants s'habillent tout seuls.
Les enfants se sont habillés tout seuls.
(chacun s'habille soi-même)

objet indirect

Marie se ment.
Marie s'est menti.
(= elle ment à elle-même)

relatif (adjectif ~)

	singulier	pluriel
masculin	*lequel*	*lesquels*
féminin	*laquelle*	*lesquelles*

L'adjectif relatif est un **déterminant** qui s'emploie surtout dans le style juridique, administratif ou littéraire. *Vous nous avez adressé un courrier, lequel courrier nous a beaucoup étonnés.*

Ce déterminant joue avec le nom qu'il introduit le même rôle qu'un **pronom relatif**. On dirait en langue courante :

Vous nous avez adressé un courrier qui nous a beaucoup étonnés.

relatif (pronom ~)

Qui, que, quoi, dont, où et *lequel* sont des pronoms relatifs.

le rôle des pronoms relatifs

Les pronoms relatifs ont la particularité d'être à la fois des pronoms et des mots qui introduisent une proposition subordonnée.

Je lis une histoire. Cette histoire est intéressante.
Je lis une histoire qui est intéressante.

Dans cet exemple, le pronom relatif ***qui*** représente le nom *histoire* et introduit une proposition subordonnée.

On appelle **antécédent** le nom (ou le pronom) que le pronom relatif reprend et **subordonnée relative** la proposition subordonnée qu'il introduit.

Le pronom relatif permet à un nom qui a déjà une fonction dans la proposition principale d'en avoir une autre dans la proposition subordonnée. Ainsi, dans notre exemple, le nom *histoire* est complément d'objet direct du verbe *lire* dans la principale (*Je lis quoi ? – une histoire*) et sujet du verbe *être* dans la subordonnée, par l'intermédiaire du pronom relatif ***qui***.

la forme des pronoms relatifs

On distingue les pronoms dits « simples », invariables, *qui, que, quoi, dont, où* et le pronom dit « composé », variable, *lequel*.

Le choix du pronom relatif dépend de ce que son antécédent désigne (une personne, une chose) et de la fonction qu'il occupe dans la subordonnée relative (sujet, complément…).

● **qui** et **que** représentent des personnes ou des choses.

– **qui** est sujet ou complément après une préposition.

sujet	*Je lis une histoire qui est intéressante.*
(personne ou chose)	*J'ai rencontré un homme qui était intéressant.*
complément	*L'homme chez qui je vais.* (CC de lieu)
(personne)	*L'homme à qui je parle.* (COI)

– **que** (ou **qu'**) est complément d'objet direct ou attribut.

COD	*L'histoire que je lis est intéressante.* (= je lis une histoire)
	L'homme que j'ai rencontré était intéressant.
attribut	*L'enfant que j'étais a grandi.* (= j'étais un enfant)

ACCORD AVEC *QUI* ET *QUE* § 40

Les pronoms relatifs **qui** et **que** transmettent dans la subordonnée le genre, le nombre et parfois la personne de leur antécédent. S'il y a lieu, il ne faut pas oublier de faire l'accord.

1. Accord avec *qui* sujet

L'attribut du sujet s'accorde avec le sujet :

Je lis une histoire qui est intéressante.

Le participe passé employé avec l'auxiliaire *être* s'accorde avec le sujet :

Ils ont trois amis qui ont été blessés dans l'accident.

Le verbe s'accorde en personne et en nombre avec le sujet :

C'est moi qui viendrai. (= 1re pers. du singulier)

C'est lui qui viendra. (= 2e pers. du singulier)

C'est nous qui viendrons. (= 1re pers. du pluriel)

r

2. Accord avec *que* ou *qu'* complément d'objet direct (COD)

L'attribut du COD s'accorde avec le complément d'objet :
Voilà les livres que je trouve les plus intéressants.

Le participe passé employé avec l'auxiliaire *avoir* s'accorde avec le COD placé devant le verbe : *Les fleurs que j'ai cueillies sont à toi.*

Le participe passé des verbes pronominaux s'accorde avec le COD placé avant le verbe : *Voilà les cadeaux que je me suis offerts.*

- **quoi** représente un indéfini ou une phrase ; *quoi* est toujours précédé d'une préposition. *Y a-t-il quelque chose en quoi je puis vous être utile ?*
Il plia sa serviette, après quoi il se leva de table.

- **dont** est complément d'un nom, d'un adjectif, d'un verbe introduit par la préposition *de* ; *dont* représente des personnes ou des choses.

complément du nom *C'est la maison dont les volets sont bleus.*
(= Les volets de la maison sont bleus.)

complément de l'adjectif *C'est un élève dont je suis fier.*
(= Je suis fier de cet élève.)

COI du verbe *Voilà l'homme dont je t'ai parlé.*
(= Je t'ai parlé de cet homme.)

Quand il est complément de nom, *dont* peut indiquer l'appartenance, la possession. *Voilà l'homme dont le fils est policier.*
(= Le fils de cet homme est policier.)
L'idée de possession ou d'appartenance étant déjà indiquée par *dont*, on ne dira donc jamais : ✕ *Voilà l'homme dont son fils est policier.*

- **où** est toujours complément de lieu ou de temps.

CC de lieu *La ville où je suis né.*
Le pays d'où je viens.

CC de temps *Le jour où je l'ai rencontré.*

Où, qui est déjà complément de lieu, ne peut pas s'employer avec *y* ou *en*.
On ne dira donc jamais : ✕ *Voilà la ville où j'y ai trouvé...*
✕ *Cette ville d'où j'en viens.*

- **lequel**

Cette forme, dite composée, du pronom relatif est variable en genre (masculin ou féminin) et en nombre (singulier ou pluriel).

	singulier	pluriel
masculin	*lequel*	*lesquels*
féminin	*laquelle*	*lesquelles*

– Comme sujet, *lequel* s'emploie surtout dans la langue juridique ou administrative. En langue courante, on emploie *qui*.

Il avait un témoin, lequel n'est pas venu.

– En langue courante, *lequel* s'emploie toujours après une préposition, dans toutes sortes de fonctions, comme représentant d'un nom de chose ou de personne.

La gentillesse avec laquelle il m'a parlé...
(= Il m'a parlé avec gentillesse.)
Le mur sur lequel on a posé un tableau.
(= On a posé un tableau sur le mur.)
Les candidats parmi lesquels il faut choisir.
(= Il faut choisir parmi les candidats.)

– **Lequel** se combine avec les prépositions *à* et *de*, comme l'article défini.

	singulier	pluriel
masculin		
+ *à*	*auquel*	*auxquels*
+ *de*	*duquel*	*desquels*
féminin		
+ *à*	*à laquelle*	*auxquelles*
+ *de*	*de laquelle*	*desquelles*

ATTENTION La langue courante, orale et relâchée, a tendance à rendre *lequel* invariable. Cela n'a aucune raison d'être.

relative (subordonnée ~)

La subordonnée relative est introduite par un **pronom relatif** qui a son antécédent dans la proposition principale.

Je lis une histoire qui m'intéresse.
antécédent relative

Dans les grammaires contemporaines, la subordonnée relative fait partie du groupe du nom. On peut en effet la remplacer par un adjectif.

Je lis une histoire intéressante.

La subordonnée relative complète toujours son antécédent.

On distingue deux types de relatives :

● La relative déterminative

Elle ajoute un élément indispensable au sens de l'antécédent ou de la principale.

J'ai lu le livre dont tu m'as parlé.
J'ai lu le livre que tu m'as offert.
J'ai lu le livre qui est sur mon bureau.

On ne peut pas la supprimer sans rendre la phrase obscure. Elle n'est jamais séparée de la principale par une virgule.

La relative appositive ou explicative

Elle n'est pas indispensable au sens de l'antécédent. Elle ajoute une précision, une circonstance au sens de la principale.

La Tamise, qui coule à Londres, est un grand fleuve.
Le bandit, que la police recherchait, a été retrouvé mort.
Ce roman, dont on a tiré un film, est passionnant.
Le verre, qui était déjà fêlé, s'est brisé.

On peut la supprimer sans rendre la phrase obscure. Elle est placée entre virgules.

relief (mise en ~)

On appelle **mise en relief** ou **emphase** les procédés qui permettent de mettre en valeur un élément de la phrase. La phrase mise en relief ou emphatique s'oppose à la phrase **neutre**. → phrase

- Les principaux procédés de mise en relief sont :

– le **déplacement** d'un élément de la phrase :

neutre	*Il vient nous voir tous les soirs.*
mise en relief	*Tous les soirs, il vient nous voir.*

– la reprise par un **pronom** :

neutre	*Mon frère a une voiture de sport.*
mise en relief	*Mon frère, lui, a une voiture de sport.*

– l'emploi d'un **présentatif** :

neutre	*Pierre arrive.*
mise en relief	*Voilà Pierre qui arrive.*
	C'est Pierre qui arrive.

S

sens

Le dictionnaire donne le **sens**, la signification des mots par la **définition**.

● Un mot peut n'avoir qu'**un seul sens** ; il s'agit essentiellement de termes scientifiques ou spécialisés : *cétacé* (mammifère marin), *parallélépipède* (en géométrie), *paramécie*, etc. On dit que ces mots sont **monosémiques**.

Un mot peut avoir **plusieurs sens** : *souris* (animal ; femme en argot ; outil informatique…). On dit qu'il est **polysémique**.

En général, les dictionnaires séparent les différents sens d'un mot par des numéros ou des symboles de séparation.

● Un mot peut avoir un **sens propre** (son sens premier, en général concret) et un **sens figuré** (= imagé, et le plus souvent abstrait) que les dictionnaires notent parfois ***fig.***

sens propre	sens figuré
un <u>chemin</u> de terre	*le <u>chemin</u> du succès*
un pull <u>noir</u>	*des idées <u>noires</u>*
L'<u>âne</u> est un animal.	*Cet homme est un <u>âne</u>.*

sigle

Un **sigle** est une **abréviation** constituée des initiales (ou de certaines lettres) de plusieurs mots.

H.L.M. : <u>h</u>abitation à <u>l</u>oyer <u>m</u>odéré.
C.N.R.S. : <u>C</u>entre <u>n</u>ational de la <u>r</u>echerche <u>s</u>cientifique.

Aujourd'hui, les sigles s'écrivent de plus en plus souvent sans point entre les lettres et même les majuscules ont tendance à disparaître.
Un sigle qui peut se lire et se prononcer comme un mot ordinaire est un **acronyme**.

SICAV, SMIC

Ces acronymes s'écrivent de plus en plus souvent en minuscules.
Les sigles et les acronymes prennent le genre du mot principal qui les compose.

CGT est du féminin
(= <u>Confédération</u> générale du travail).
CNRS est du masculin.

Les sigles de noms communs sont invariables : *des HLM.*
Les acronymes peuvent être invariables : *des SICAV*, ou prendre la marque du pluriel quand ils sont devenus de véritables noms communs : *des ovnis* (= objets volants non identifiés).

signe orthographique

Les signes orthographiques s'ajoutent aux lettres de l'alphabet. Ce sont en français les accents, le tréma, la cédille. Voir ces mots.

REMARQUES **1.** Certaines grammaires ajoutent le trait d'union qui sert à former les mots composés : *un arc-en-ciel.* – **2.** D'autres langues ont d'autres signes, que les dictionnaires notent le plus souvent : le *ñ* espagnol, par exemple, qu'on prononce [gn].

simple

● **Le mot simple** s'oppose au **mot composé**. → mot

mot simple	*arc*
mot composé	*arc-en-ciel*

● **La phrase simple** s'oppose à la **phrase complexe**. → phrase

phrase simple	*Le soleil brille.*
phrase complexe	*Le soleil brille quand c'est l'été.*

● **Le temps simple** s'oppose au **temps composé**. → temps

temps simple	*Pierre mange.*
temps composé	*Pierre a mangé.*

singulier

Un mot peut être au **singulier** ou au **pluriel**. → nombre

Il y a un homme qui te demande.

● Le singulier permet :

– d'indiquer une quantité égale à 1 pour les noms comptables :

singulier	*Le chat dort.* (= il y en a un seul)
pluriel	*Les chats dorment.* (= il y en a plus d'un)

– d'indiquer une collection, un ensemble ou une pluralité d'objets pour des noms non-comptables ou des collectifs :

le bétail, la foule

– d'indiquer la généralité pour des mots abstraits, non-comptables :

la chance, l'amour

– de donner un caractère générique à un nom comptable :

L'homme est un animal.

solécisme → barbarisme

style direct / indirect

Lorsqu'on s'adresse à quelqu'un, on lui parle de manière directe avec tous les types de phrases qui répondent aux besoins de la communication : informer, questionner, donner un ordre, s'exclamer.

La phrase peut être :

déclarative	*Je reste à la maison aujourd'hui.*
interrogative	*Est-ce que tu viendras ?*
impérative	*Venez tout de suite !*
exclamative	*Comme je suis content !*

Lorsqu'on rapporte les propos de quelqu'un ou qu'on raconte une histoire, on peut utiliser le style (ou discours) **direct**, **indirect** ou **indirect libre**.

● **Le style** (ou **discours**) **direct** consiste à reprendre tels quels les propos que l'on rapporte.

– À l'écrit, on emploie des guillemets :

Il a dit : « Je suis resté à la maison hier. »

– À l'oral, il y a une pause entre les deux phrases.

● **Le style** (ou **discours**) **indirect** fait intervenir une personne qui rapporte les propos. Les propos rapportés se retrouvent alors dans une **proposition subordonnée** :

déclarative	*Il dit qu'il est resté à la maison hier.*
interrogative	*Il m'a demandé si je viendrai demain.*
impérative	*Il m'a ordonné de venir tout de suite.*
exclamative	*Il nous a dit combien il était content.*

● **Le style** (ou **discours**) **indirect libre** est propre à l'écrit, au récit, au roman. Il n'y a plus de proposition principale d'introduction (*il dit*, *il raconte*, *il demande*, etc.). Le texte est le plus souvent au passé :

Pierre comprit : les autres voulaient qu'il parte.
Qu'ils aillent au diable !
Ils allaient voir ce qu'ils allaient voir !

S

subjonctif

Le subjonctif est un des modes personnels du verbe. Il s'emploie après ***que*** sauf dans certaines formules.
Le subjonctif permet d'exprimer :

– un souhait	*Je souhaite que tu viennes.*
	Je voudrais bien que tu viennes.
	Vive le roi !
	(= Que le roi vive.)

▷

	Puisses-tu dire vrai ! (= Pourvu que tu dises vrai.)
– l'obligation ou l'ordre	*Il faut que tu viennes.* *Qu'il entre !**

*Dans cet emploi, le subjonctif à la 3e personne remplace l'impératif.

D'une manière plus générale, le subjonctif indique **le doute**, **le virtuel**, **le possible**, alors que l'indicatif indique ce qui est réel, sûr, effectif.
C'est ainsi que l'on dira :

à l'indicatif	*Je suis sûr qu'il viendra.*
au subjonctif	*Je ne suis pas sûr qu'il vienne.*

REMARQUE Le subjonctif s'emploie aussi obligatoirement après des conjonctions de subordination telles que *pour que, avant que, bien que,* etc., que l'on trouvera dans la partie dictionnaire.

subordonnée (proposition ~) ×

Le mot « subordonné » signifie « qui dépend de ». La **proposition subordonnée** dépend de la **proposition principale**. → phrase

On distingue différents types de subordonnées.

● **Avec un mot introducteur**, un mot « subordonnant » :

– les subordonnées **conjonctives** (**complétives** ou **circontancielles**) introduites par une **conjonction de subordination** (*que, quand, pour que, bien que*, etc.) ;

– la subordonnée **interrogative indirecte**, introduite par *si* ou un mot interrogatif (*qui, quel, quoi, pourquoi*, etc.) ;

– la subordonnée **relative** introduite par un pronom relatif (*qui, que, quoi, dont, où*).

● **Sans mot introducteur :**
– la subordonnée **infinitive** dont le verbe est à l'infinitif ;
– la subordonnée **participiale** dont le verbe est au participe.

subordonnée conjonctive complétive

Introduite par la conjonction *que*, la **subordonnée complétive** peut être complément d'objet du verbe, attribut du sujet ou sujet du verbe de la principale. Elle joue le rôle d'un nom.

sujet	*Que tu partes si tôt ne me plaît pas du tout.*
attribut	*La vérité est que je me plais ici.*
COD	*Il dit qu'il va bientôt se marier.*
COI	*Je ne m'attendais pas à ce que tu viennes.*
complément du nom	*Je suis triste à l'idée que tu nous quittes.*
complément d'un adjectif	*Nous sommes fiers que tu aies réussi.*

subordonnée conjonctive circonstancielle

Introduite par une conjonction (ou une locution conjonctive) de subordination, autre que la conjonction *que*, la **subordonnée circonstancielle** est **complément circonstanciel**. Comme les groupes du nom compléments circonstanciels, elle peut être mobile dans la phrase. → complément circonstanciel

cc de temps	*Quand il écoute de la musique, il est heureux.*
cc de but	*J'ai fait cela pour que tu sois content.*
cc de cause	*Un jour, parce que tu ne te seras pas réveillé, tu rateras les cours.*
cc de concession	*On sort bien qu'il ne fasse pas beau.*
cc de comparaison	*J'ai agi comme tu aurais agi.*
	Il fait moins beau que tu me l'avais dit.
cc de condition	*J'irai si tu viens aussi.*
	J'irai à condition que tu viennes aussi. → condition

REMARQUE *J'ai fait cela pour que tu sois content et que tes amis le soient aussi.* Quand il y a coordination de subordonnées de même nature (temps/cause/but), on peut ne pas répéter la conjonction et employer *que*.

subordonnée interrogative indirecte

Introduite par la conjonction *si* ou par un mot interrogatif, la subordonnée interrogative indirecte est complément du verbe de la principale. → interrogation

Je me demande si tu seras d'accord.
Je ne sais pas pourquoi tu n'es pas d'accord.

subordonnée relative

Introduite par un pronom relatif (*qui, que, quoi, dont, où*), la subordonnée relative complète un nom ou un groupe du nom de la principale, son **antécédent**. → relative

J'ai vu le film dont tu m'as parlé.
J'ai lu les livres que tu m'as prêtés.

subordonnée (ou proposition) infinitive

Son **verbe** est à **l'infinitif** et il n'y a pas de conjonction de subordination.

J'entends les oiseaux chanter.
Pierre pense venir demain.

La subordonnée infinitive peut être équivalente à :

– une subordonnée relative : le **sujet** de l'infinitif est **différent** du sujet de la principale :

infinitive	*J'entends les oiseaux chanter.*
relative	*J'entends les oiseaux qui chantent.*

– une subordonnée complétive : le **sujet** de l'infinitif est **identique** au sujet de la principale :

infinitive	*Pierre pense venir demain.*
complétive	*Pierre pense qu'il viendra demain.*

S

– un complément circonstanciel : le **sujet** de l'infinitif est **identique** au sujet de la principale :

infinitive	*Je te téléphonerai avant de prendre la route.*
c. circonstanciel	*Je te téléphonerai avant mon départ.*

Le sujet du verbe conjugué et du verbe à l'infinitif devant être unique,
on doit dire : *Le téléphone a sonné juste avant mon départ.*
et non : ✗ *Le téléphone a sonné avant de partir.*
(= ce n'est pas le téléphone qui part)

REMARQUE Certaines grammaires réservent le terme de proposition ou subordonnée infinitive aux seuls cas où l'infinitif a un sujet différent de celui de la principale, essentiellement avec des verbes comme *entendre, écouter, voir, sentir*, etc.

subordonnée participe (ou participiale)

Son **verbe** est au **participe présent** ou **passé** et il n'y a pas de conjonction de subordination.

- La subordonnée participe peut être équivalente à

– une subordonnée relative :

participiale	*Les soldats, partis très tôt, avaient marché jusqu'au soir.*
	Les soldats, chantant à tue-tête, avançaient rapidement.
relative	*Les soldats, qui étaient partis très tôt, avaient marché...*
	Les soldats, qui chantaient à tue-tête, avançaient vite.

– une subordonnée circonstancielle :

participiale	*Le chat parti, les souris dansent.*
	Se réveillant toujours à l'aube, il n'est jamais en retard.
circonstancielle	*Quand le chat est parti, les souris dansent.*
	(= cc de temps)
	Parce qu'il se réveille tôt, il n'est jamais en retard.
	(= cc de cause)

- La subordonnée participe peut avoir un **sujet différent** de celui de la principale. Dans ce cas, il est bien sûr **toujours exprimé**.

Le chat parti, les souris dansent.
Tous les vacanciers partant demain, nous partons ce soir.

- La subordonnée participe peut avoir le **même sujet** que celui de la principale. Dans ce cas, il n'est **pas exprimé**.

Ayant fini son travail, il monta se coucher.
Courant pour attraper le bus, je ne l'ai pas vu arriver.

- Lorsque la subordonnée participe comporte un **gérondif** (*en* + participe présent), il n'y a toujours qu'**un seul sujet**. → gérondif

En vous remerciant de votre courrier, je vous prie de...

Si un seul sujet est exprimé, il est obligatoirement identique pour la subordonnée et pour la principale.

On dira donc : *En descendant du bus, j'ai fait tomber mon sac.*

et non : ✕ *En descendant du bus mon sac est tombé.*

(= ce n'est pas le sac qui descend du bus)

REMARQUE Certaines grammaires réservent le terme de **proposition participe** ou **subordonnée participe** aux seuls cas où le participe a un sujet différent de celui de la principale. *Le chat parti, les souris dansent. Les vacanciers partant demain, nous partirons ce soir. Dieu aidant, nous vaincrons.* On l'appelle aussi **participe absolu**.

substantif

Un substantif est un **nom**. On dit d'un mot qu'il est **substantivé** quand il est employé comme un nom. Ainsi les adjectifs *beau*, *pur* et *vrai* sont substantivés dans la phrase : *Aimer le beau, le pur, le vrai.*

suffixe

Des éléments comme *-tion, -ement, -age, -isme, -iste,* etc. sont des suffixes. Ils se placent à la fin d'un mot pour former d'autres mots de la même famille. → dérivé

Contrairement au **préfixe**, le suffixe modifie la catégorie grammaticale du mot de base :

verbe → nom *admirer → admiration*

verbe → adjectif *habiter → habitable*

nom → adjectif *méthode → méthodique*

sujet

- Une phrase simple comporte un **sujet** et un **verbe**.

Les oiseaux volent.

sujet verbe

Le **sujet** désigne la personne, l'animal ou la chose **dont on parle** et le **verbe** indique **ce qu'on en dit**.

REMARQUES **1.** On dit traditionnellement que le sujet désigne la personne, l'animal ou la chose qui fait l'action exprimée par le verbe : *Pierre dîne. La voiture roule* ; qui subit l'action exprimée par le verbe : *Le bandit est poursuivi par la police* ; qui est ou passe dans l'état exprimé par le verbe (et son attribut) : *Le temps devient orageux.* Mais ces définitions ne conviennent pas avec de nombreux verbes qui n'indiquent pas vraiment une action (*penser, craindre, rester, demeurer*, etc.). C'est pourquoi on préfère aujourd'hui la définition donnée ci-dessus. – **2.** On ▷

décrit aussi le **sujet** ou **groupe sujet** (pour ne pas restreindre la notion de sujet à un seul mot) comme l'un des deux constituants essentiels de la phrase avec le **verbe** ou **groupe verbal**. Ainsi la phrase *Le frère de ma voisine m'a prêté un livre* comporte deux constituants : *Le frère de ma voisine* (groupe sujet (GS)) *m'a prêté un livre* (groupe verbal (GV)). – **3.** Enfin, dans certaines grammaires, on appelle **thème** ce dont on parle et **propos** ce qu'on en dit.

● **La fonction de sujet** peut être occupée par :

un nom	*Pierre dîne.*
un pronom	*Il dîne.*
un groupe du nom	*Le frère de ma voisine dîne.*
un infinitif	*Souffler n'est pas jouer.*
une proposition	*Qu'il fasse froid ne me gêne pas.*

Reconnaître le sujet est essentiel pour faire correctement l'accord du verbe. Le sujet répond aux questions ***Qui est-ce qui ?*** pour les personnes et ***Qu'est-ce qui ?*** pour les choses. *Qui est-ce qui dîne ? Le frère de ma voisine dîne.*
Qu'est-ce qui devient orageux ? Le temps devient orageux.

● Dans la phrase, **le sujet se place** ordinairement **avant le verbe**, mais il peut être placé **après**. → inversion *C'est une histoire que nos parents nous racontent.*
C'est une histoire que nous racontent nos parents.

sujet réel (ou logique) et sujet apparent (ou grammatical)

● Avec les **verbes impersonnels**, il n'y a pas de véritable sujet. On dit que le pronom *il* est un **sujet apparent** (ou **grammatical**). Le pronom ne fait que commander l'accord du verbe à la 3e personne du singulier. → impersonnel
Il pleut. Il neige. Il vente.

● Dans les **tournures impersonnelles**, il y a un **sujet apparent** (ou **grammatical**) et un **sujet réel** (ou **logique**) qui désigne réellement ce dont on parle. Dans la phrase :
Il est arrivé deux grands malheurs.
il est sujet apparent ou grammatical ; *deux grands malheurs* est le sujet réel ou logique. On peut dire : *Deux grands malheurs sont arrivés.*

De même dans la phrase : *C'est possible qu'il dise vrai.*
c' est sujet apparent ou grammatical ; *qu'il dise vrai* est sujet réel ou logique. On peut dire : *Qu'il dise vrai est possible.*

superlatif

Dans les degrés, le **superlatif** indique **le plus haut degré**.

● **Le superlatif relatif** s'emploie lorsqu'il y a une idée de **comparaison**. Il se forme avec l'article défini *le, la, les* et les adverbes *plus* ou *moins*. Le superlatif relatif peut être suivi d'un complément introduit par *de*.

adjectif*

– infériorité	*Elle est <u>la</u> moins sage* (de la classe).
– supériorité	*Ils sont <u>les</u> plus sages* (de la classe).

adverbe

– infériorité	*Elle roule <u>le</u> moins vite* (de tous).
– supériorité	*Elle roule <u>le</u> plus vite* (de tous).

verbe

– infériorité	*C'est cette histoire qui m'intéresse <u>le</u> moins.*
– supériorité	*C'est cette histoire qui m'intéresse <u>le</u> plus.*

**Le plus* et *le moins* varient en genre et en nombre lorsqu'ils modifient un adjectif.

● **Le superlatif absolu** s'emploie sans idée de comparaison. Il se forme avec un adverbe de quantité qui indique un degré extrême : *très, extrêmement, infiniment,* etc. Pour l'adjectif on peut indiquer le plus haut degré avec un suffixe en **-issime** ou un préfixe comme **ultra-**, **extra-**...

adjectif	*une femme <u>très</u> belle*
	un livre rariss<u>ime</u>
	des haricots verts <u>extra</u>-fins
adverbe	*Il roule <u>très</u> vite, <u>extrêmement</u> vite.*
verbe	*Je vous remercie <u>infiniment</u>.*

1. Comme pour le comparatif, l'adjectif *bon* et l'adverbe *bien* ont des formes particulières au superlatif de supériorité : *le meilleur* et *le mieux*.

C'est <u>la meilleure</u> des tartes.

C'est lui qui travaille <u>le mieux</u>.

On ne peut donc pas dire : ✗ *le plus bon* ou ✗ *le plus bien*.

2. L'adjectif *mauvais* a deux superlatifs de supériorité : *le plus mauvais* ou *le pire*. On ne peut donc pas dire : ✗ *le plus pire*.

surcomposé

On dit d'un **temps** qu'il est **surcomposé** quand il a recours à deux auxiliaires. Ainsi :

temps simple	*Je mange.*
temps composé	*J'<u>ai</u> mangé.*
temps surcomposé	*Quand il <u>aura</u> <u>eu</u> fini de manger.*

syllabe

Une syllabe, c'est une ou plusieurs lettres que l'on prononce d'un seul trait. S'il n'y a qu'une lettre, c'est une voyelle. S'il y a plusieurs lettres, ce groupe de lettres comporte au moins une voyelle. Ainsi le mot *<u>a</u> - <u>mour</u>* a deux syllabes.

REMARQUES **1.** Certaines lettres muettes à l'oral dans la langue courante peuvent se faire entendre en poésie, dans les chansons, etc., et modifient ainsi le nombre de syllabes d'un même mot. *Je t'aim(e)rai tout(e) ma vi(e)* en langue courante, *Je t'ai-me-rai tout-te ma vi-e* si on fait entendre les lettres muettes. – **2.** On remarque à l'oral une tendance fâcheuse à ajouter des *e* à la fin de certains mots qui se terminent par une consonne, *son ex-mari* devenant *son ex-*[e] *mari*, *un match magnifique* devenant *un match*[e] *magnifique*. Cela n'a aucune raison d'être.

synonyme

On dit de deux mots qu'ils sont synonymes lorsqu'ils ont le même sens ou à peu près le même sens, un sens voisin, un sens proche.

Ainsi des termes comme *bru* et *belle-fille, finir* et *terminer, commencer* et *débuter, soustraire* et *retrancher* sont synonymes.
Toutefois, il n'existe pas vraiment de mots que l'on puisse substituer les uns aux autres dans une synonymie parfaite.Tout dépend du contexte d'emploi du mot.

– *Voiture, auto, automobile, bagnole* ou *tire* désignent le même objet mais ne s'emploient pas dans les mêmes circonstances. *Bagnole* et *tire* sont des mots argotiques qu'on n'emploie pas en langue standard. On dira une *voiture de course* mais jamais ✕ *une automobile de course*, mais on pourra aller au « *salon de l'auto* » s'acheter une *voiture*.

– Une séance de film peut *commencer* ou *débuter à 18 heures* mais on ne peut pas ✕ *débuter son repas par un hors-d'œuvre*.

● La plupart des synonymes ne sont synonymes d'un mot que pour un de ses emplois et presque toujours il y a une nuance ou un degré d'intensité différents.

De bons fruits :
des fruits délicieux / excellents / savoureux, etc.

Un bon élève :
un élève doué / travailleur / consciencieux.

Un bon produit :
un produit efficace.

Un homme bon :
un homme généreux / bienveillant.

● De nombreux dictionnaires donnent les synonymes à la fin des définitions des mots ou après les exemples d'emploi d'un mot. Ils sont en général introduits par le symbole = ou l'abréviation ***syn.*** On trouve aussi des dictionnaires de synonymes.

syntagme

Un syntagme est une suite de mots qui a une unité dans l'ensemble hiérarchisé de la phrase. C'est le terme de linguistique qui équivaut à **groupe**. On distingue ainsi le syntagme nominal (= groupe du nom), le syntagme verbal (= groupe du verbe), le syntagme prépositionnel (= groupe prépositionnel) et le syntagme adjectival (= groupe adjectival). → constituant

syntaxe

La **syntaxe** est la partie de la grammaire qui décrit et étudie les relations qu'entretiennent les mots les uns avec les autres dans les phrases. L'autre partie de la grammaire est la **morphologie**, qui décrit et étudie la forme des mots et leurs terminaisons, leurs désinences.

Les fonctions des mots dans la phrase ou les constructions des verbes, de l'adjectif et les règles d'accord relèvent de la **syntaxe**.

La formation du féminin ou du pluriel d'un mot, les terminaisons des verbes dans la conjugaison ou encore la règle de formation des mots dérivés relèvent de la **morphologie**.

T

temps

complément de temps → complément circonstanciel et subordonnée circonstancielle
concordance des temps → concordance

temps du verbe

Dans la conjugaison, le verbe prend une marque spéciale pour situer l'action (ou l'état) dans le temps par rapport au moment où l'on parle ou par rapport à un moment pris comme référence. Chaque mode, **infinitif**, **participe**, **indicatif**, **conditionnel**, **subjonctif**, **impératif**, comporte un nombre plus ou moins étendu de temps.

L'indicatif en comporte huit, parmi lesquels on distingue :
– les **temps simples**, sans auxiliaire, pour lesquels c'est la terminaison du verbe qui varie :
Je marche. (= présent)
Je marchais. (= imparfait)
Je marchai. (= passé simple)
Je marcherai. (= futur)

– les **temps composés**, avec un auxiliaire, pour lesquels c'est la terminaison de l'auxiliaire qui varie, le verbe étant au participe passé :
J'ai marché. (= passé composé)
J'avais marché. (= plus-que-parfait)
J'eus marché. (= passé antérieur)
J'aurai marché. (= futur antérieur)

– Il existe aussi des **temps surcomposés** (avec deux auxiliaires) ; dans ce cas, c'est la terminaison du premier auxiliaire qui varie, le deuxième étant au participe passé, tout comme le verbe.*J'ai eu marché* .

transitif

Lorsqu'un verbe exprime une action (au sens large), cette action peut ne concerner que le sujet du verbe. *Pierre court.*
sujet verbe

L'action peut aussi porter sur un « objet » (chose ou personne) qu'on appelle **complément d'objet**. *Pierre fabrique un meuble.*
sujet verbe COD

Annie coiffe sa sœur.
sujet verbe COD

On dit d'un **verbe** qu'il est **transitif** lorsqu'il admet un **complément d'objet** (*fabriquer, coiffer,* etc.). Il est **intransitif** lorsque l'action qu'il exprime ne concerne que le sujet (*courir, partir, fuir,* etc.). → intransitif

● Un verbe transitif peut être :

– **direct** avec un **complément d'objet direct** (COD) sans préposition :

Pierre mange une pomme.
COD

– **indirect** avec un **complément d'objet indirect** (COI) introduit par une préposition :

*Le tabac nuit **à** la santé.*
COI

● Un verbe transitif peut avoir **deux compléments d'objet**, l'un **direct** (COD), l'autre **indirect** qu'on appelle **complément d'objet second** (COS). → complément d'objet

*Pierre donne un cadeau **à** sa sœur.*
COD COS

● Les principaux verbes transitifs sont :

des verbes d'action	*fabriquer, construire, écrire, manger...*
des verbes d'opinion	*penser, juger...*
des verbes d'énonciation	*dire, affirmer...*
des verbes de perception	*regarder, voir, écouter...*

REMARQUES **1.** De nombreux verbes peuvent avoir un emploi transitif : *On baisse le rideau* et un emploi intransitif : *Les températures baissent* (intransitif). – **2.** Un verbe transitif peut-être employé sans son COD, on dit qu'il est **employé absolument** : *J'ai soif, je veux boire* (sous-entendu quelque chose). – **3.** Certains verbes transitifs peuvent se construire avec un infinitif complément d'objet précédé de *de* ou de *à*. Cet infinitif est COD s'il répond à la question *Quoi ?* : *Il demande de sortir, à sortir.* Il est COI s'il répond à la question *À quoi ?, De quoi ?* : *Il parle de partir. Il pense à venir.*

Les dictionnaires notent les verbes transitifs ou les emplois transitifs d'un verbe, le plus souvent abrégés en ***v.t.***, ***v.tr.*** ou ***v.trans.*** Ils précisent s'il s'agit de verbes transitifs indirects ***v.t.i.***, ***v.t.ind.*** ou ***v.tr.ind.***

Aux temps composés, les verbes transitifs se conjuguent toujours avec l'auxiliaire *avoir*. **Le participe passé s'accorde** avec le **complément d'objet direct** (COD) s'il est **placé avant** le verbe.

Quelles belles choses j'ai vues !

Le **participe passé des verbes transitifs indirects** est **invariable**.

Elle a succédé à son père.

ATTENTION Il ne faut pas confondre le complément de mesure d'un verbe dans son emploi intransitif qui répond à la question *Combien ?* et le complément d'objet de ce verbe dans son emploi transitif qui répond à la question *Quoi ?* → complément de mesure

c de mesure	*Pierre a vécu 82 ans.*
COD	*Pierre a vécu de grandes choses.*

tréma

Le **tréma** est un signe qui se place sur le **i**, le **u**, ou le **e** pour indiquer que **la voyelle** qui précède doit être prononcée séparément : *héroïne, Saül, Noël*. Le tréma permet en particulier de différencier :

-ai- (*paire*) de **-a | ï-** (*haïr*)
-oi- (*roi*) de **-o | ï-** (*héroïne*)
-oin- (*coincer*) de **-o | ïn-** (*coïncider*)
-gue (*algue*) de **-gu | ë** (*aiguë*)

REMARQUES **1.** Dans les noms propres, le tréma peut soit jouer le même rôle de détachement des voyelles, *Noël, Saül,* soit indiquer qu'une voyelle ne se prononce pas, *Staël* [stal]. – **2.** Le tréma fait partie des propositions de rectifications orthographiques. **Voir *Rectifications orthographiques*, p. 514.**

U

unipersonnel

Un verbe **unipersonnel** ne se conjugue qu'à une seule personne, la troisième. Certaines grammaires considèrent comme une seule et même catégorie les **verbes impersonnels** et les **verbes unipersonnels**. D'autres font la différence : le verbe impersonnel n'admet comme sujet que le pronom singulier *il* (*il neige, il pleut*, etc.) et le verbe unipersonnel admet d'autres sujets au singulier ou au pluriel.

Ainsi *pleuvoir* est impersonnel dans *Il pleut*, mais **unipersonnel** dans *Les injures pleuvent sur lui*.

V

variable

D'une manière générale, les noms, les adjectifs, les déterminants sont variables en genre et en nombre : ils peuvent être au masculin ou au féminin, au singulier ou au pluriel. Les verbes et certains pronoms varient aussi en personne. → invariable

verbe

Le verbe est le **constituant principal de la phrase**. C'est autour de lui que vont s'organiser les autres éléments de la phrase. La phrase simple comporte au moins un verbe. *Regarde !*

D'autres mots vont avoir une fonction par rapport à ce verbe.

Pierre regarde le ciel.
sujet (Pierre) — complément (ciel)

● **Le verbe exprime ce qu'on dit** d'une personne ou d'une chose (son sujet). On classe parfois les verbes selon leur sens général. Voici quelques exemples :

verbes d'état	*être, devenir, paraître, sembler…*
verbes d'action	*marcher, courir, dormir, sauter…*
verbes d'opinion	*penser, juger, croire, estimer…*
verbes d'énonciation	*dire, affirmer, répondre, demander…*
verbes de perception	*entendre, écouter, voir, sentir…*
verbes de mouvement	*marcher, courir, voler…*

REMARQUES **1.** Certains verbes peuvent avoir des emplois purement grammaticaux à côté de leurs emplois au sens plein. Ce sont des auxiliaires ou semi-auxiliaires : *avoir, être, aller, commencer à…* → auxiliaire et aspect – **2.** Quelques verbes, les plus courants, servent à former des **locutions verbales** : *il y a, avoir l'air, avoir peur, faire peur, prendre froid, se rendre compte…*

● **Le verbe porte** dans ses terminaisons **les marques du mode, du temps, de la personne et du nombre**. On appelle **conjugaison** l'ensemble des formes que peut prendre un même verbe.

Dans les dictionnaires, on trouve un verbe sous sa forme à **l'infinitif**, forme qui permet de le nommer : *chanter, venir, parler,* etc.

ACCORD DU VERBE AVEC LE SUJET

§ 41

RÈGLE GÉNÉRALE

Le verbe s'accorde en personne (1re, 2e ou 3e personne) et en nombre (singulier ou pluriel) avec le sujet. Pour trouver le sujet, on pose la question : *Qui est-ce qui ?* ou *Qu'est-ce qui ?*

	singulier	pluriel
1re pers.	*Je viens.*	*Nous venons.*
2e pers.	*Tu viens.*	*Vous venez.*
3e pers.	*Le chien aboie.* *Il aboie.*	*Les chiens aboient.* *Ils aboient.*

Quand le verbe est conjugué à un temps composé, c'est l'auxiliaire (*avoir* ou *être*) qui s'accorde en personne et en nombre avec le sujet : *J'ai couru.* → *Nous avons couru. Le chat est parti.* → *Les chats sont partis.*
Le participe passé, lui, suit des règles particulières d'accord. → participe passé

ATTENTION **1.** Le sujet peut se trouver placé après le verbe : *Voilà ce que diront tes amis.* – **2.** Le sujet peut être très éloigné du verbe : *Tous les soirs, le petit chat de ma voisine, qui habite au 5e étage et qui est très gentille, vient sur le rebord de ma fenêtre.*

CAS PARTICULIERS

1. Dans les tournures impersonnelles, le sujet est le pronom neutre *il*. Le verbe impersonnel est à la 3e personne du singulier, quel que soit le sujet réel.

Il tombe de gros flocons.
Il s'est passé différents événements ce jour-là.

2. Le verbe a **plusieurs sujets au singulier**. Il se met au pluriel. → accord

Pierre, Marie et Jacques viennent demain.

Sauf si les sujets représentent le même être ou la même chose.

Un mendiant, un pauvre hère, a frappé à ma porte.

V

3. Un des sujets est un pronom personnel (1re, 2e ou 3e personne).

– Le verbe se met à la 1re personne du pluriel si on peut dire *nous*.

Toi et moi irons au cinéma.
Pierre et moi irons au cinéma.

– Le verbe se met à la 2e personne du pluriel si on peut dire *vous*.

Pierre et toi irez au cinéma.
Lui et toi irez au cinéma.

– Le verbe se met à la 3e personne du pluriel si on peut dire *ils, eux* ou *elles*.

J'ai vu Pierre. Lui et Jacques viendront demain.

4. Le sujet est le pronom relatif *qui*. L'accord se fait avec l'antécédent (= ce que le pronom remplace). *Moi qui suis ici...*

(1re personne du singulier)

▷

C'est toi qui as vu le film.
(2e personne du singulier)
C'est toi et moi qui lui porterons...
(1re personne du pluriel, on peut dire *nous*)
Pierre et moi qui sommes amis...
(1re personne du pluriel)
Je suis celle qui peut t'aider.
(3e personne du singulier)
Nous ne sommes pas de ceux qui pensent ça.
(3e personne du pluriel)

5. Le groupe sujet comporte un numéral autre que *un* ou *zéro*. Le verbe est au pluriel, quelquefois au singulier.

Cent euros ne lui suffiront pas.
Vingt ans est un bel âge.
(= c'est l'idée globale qui domine)

6. Le groupe sujet comporte un collectif précédé de *un* ou *une*. Le verbe s'accorde avec le collectif ou avec le complément au pluriel. → collectif

Une foule de gens votera pour lui.
Une foule de gens voteront pour lui.

7. Le groupe sujet comporte un quantitatif. Le verbe s'accorde avec le complément. → quantitatif

Peu de gens voteront pour lui.
Beaucoup de monde est venu.
Beaucoup d'enfants aiment jouer.

REMARQUE Certains mots entraînent des difficultés particulières : *et, ou, ni, l'un des, comme, ainsi que, c'est,* etc. On trouvera tous ces mots dans la partie dictionnaire.

verbe attributif

Dans certaines grammaires, on appelle **verbes attributifs** des verbes comme *être, devenir, paraître* qui admettent un **attribut** du sujet.

Le ciel est bleu.
Le temps devient orageux.

verbe impersonnel

Certains verbes, en particulier « météorologiques », ne s'emploient qu'à la 3e personne du singulier avec le pronom neutre *il* pour sujet. On dit qu'ils sont impersonnels. → impersonnel

Il neige. Il pleut.

Aux temps composés, le participe passé des verbes impersonnels est toujours invariable : *Il a neigé. Il a plu.*

verbe intransitif ou transitif

● On dit d'un **verbe** qu'il est **intransitif** quand il n'admet pas de complément d'objet. → intransitif
Les fantômes existent-ils ?
Aline vient.
Les fleurs poussent.

Les verbes intransitifs se conjuguent avec l'auxiliaire *avoir* ou quelquefois *être*. Aux temps composés, le participe passé des verbes intransitifs conjugués avec l'auxiliaire *avoir* est invariable.
Les fantômes n'ont jamais existé.
Le participe passé des verbes intransitifs conjugués avec l'auxiliaire *être* s'accorde avec le sujet. *Ils sont venus.*

● On dit d'un **verbe** qu'il est **transitif** quand il admet un complément d'objet. → transitif

transitif direct	*Pierre mange une pomme.* (COD : une pomme)
transitif indirect	*Pierre parle* ***de*** *politique.* (COI : politique)
transitif à deux compléments	*Pierre donne une pomme* ***à*** *Jacques.* (COD : une pomme ; COS : Jacques)

Les verbes transitifs se conjuguent toujours avec l'auxiliaire *avoir*. Aux temps composés, le participe passé s'accorde avec le complément d'objet direct si celui-ci est placé avant le verbe : *La pomme que Pierre a donnée à Jacques.* (COD : que)

verbe pronominal

On appelle **verbe pronominal** un verbe qui s'emploie avec un **pronom réfléchi** (*me, te, se, nous, vous, se*).

Aux temps composés, les verbes pronominaux se conjuguent toujours avec l'auxiliaire *être*.

● Verbes essentiellement pronominaux

Ce sont des verbes comme *s'abstenir, s'enfuir, se méfier, se souvenir, s'écrier*, etc.

Ces verbes n'existent qu'à la forme pronominale et le pronom réfléchi ne représente rien. Il ne s'analyse pas.

Les dictionnaires notent cette catégorie de verbes sous la forme abrégée ***v.pr.***, ***v.pron.*** ou ***v.pronom.*** et présentent le verbe à l'infinitif avec le pronom réfléchi *se*. ▷

V

Aux temps composés, le participe passé des verbes essentiellement pronominaux s'accorde en genre et en nombre avec le sujet.

Ils se sont enfuis.
Elle s'est souvenue de ses vacances.
Ils se sont emparés de la ville.

REMARQUES **1.** Le verbe *s'arroger* se construit avec un complément d'objet direct. L'accord se fait avec le COD s'il est placé avant : *Elle s'est arrogé des droits. Les droits qu'elle s'est arrogés.* – **2.** Certains verbes sont essentiellement pronominaux uniquement dans un de leurs emplois. C'est le cas, par exemple, du verbe *s'apercevoir* (= se rendre compte), dont le sens est bien distinct de celui du verbe *apercevoir* : *Elle s'est aperçue de son erreur. Elle s'est aperçue dans la glace.*

● Construction pronominale

La plupart des **verbes transitifs (direct, indirects** ou **à deux compléments)** peuvent s'employer **à la forme pronominale**. Dans ce cas, le pronom réfléchi qui représente le sujet est complément d'objet direct (COD) ou complément d'objet indirect (COI).

– **Verbe transitif direct**
À la forme pronominale, le pronom réfléchi est COD.

Marie se regarde dans la glace. (elle-même)
(Marie regarde *qui ?* – Marie)
Pierre et Marie s'aiment. (l'un l'autre)
(Pierre aime Marie ; Marie aime Pierre)

Aux temps composés, le participe passé des verbes transitifs directs employés à la forme pronominale s'accorde avec le sujet que le pronom réfléchi reprend.

Marie s'est regardée dans la glace.
Pierre et Marie se sont embrassés. (l'un l'autre)

– **Verbe transitif indirect**
À la forme pronominale, le pronom réfléchi est COI.

Marie se ment. (à elle-même)
(Marie ment *à qui ?* – à Marie)
Pierre et Marie se plaisent. (l'un à l'autre)
(Pierre plaît à Marie et Marie plaît à Pierre)

Aux temps composés, le participe passé des verbes transitifs indirects employés à la forme pronominale est invariable.

Marie s'est menti. (à elle-même)
Pierre et Marie se sont plu. (l'un à l'autre)

– **Verbe transitif à deux compléments**
À la forme pronominale, le pronom réfléchi est COI et il y a un complément d'objet direct.

Marie s'offre une robe.
(Marie offre *quoi ?* – une robe ; *à qui ?* – à elle-même)

Aux temps composés, le participe passé des verbes transitifs à deux compléments employés à la forme pronominale s'accorde avec le COD si celui-ci est placé avant le verbe. *Marie s'est offert une robe.*
verbe COD

La robe que Marie s'est offerte.
COD verbe

● **Verbe pronominal réfléchi ou réciproque**

On dit d'un **verbe pronominal** qu'il a un **sens réfléchi** quand on peut dire *lui-même, elle-même, eux-mêmes, elles-mêmes*. Le sujet peut être au singulier ou au pluriel.

Marie se regarde dans la glace.
Les enfants s'habillent.

On dit d'un **verbe pronominal** qu'il a un **sens réciproque** quand on peut dire *l'un l'autre, l'un à l'autre, les uns les autres*, etc. Le sujet a toujours un sens pluriel même s'il s'agit du pronom *on*.

Pierre et Marie se sont embrassés.
(= l'un l'autre)
Les enfants se sont battus dans la cour.
(= les uns contre les autres)
Ils se sont écrit des lettres.
(= l'un à l'autre)

● **Verbe pronominal à sens passif**

Ces livres se vendent bien.
Ce genre d'objet ne se trouve pas partout.

Ces constructions pronominales correspondent à des phrases actives dont le sujet est *on*.

On a bien vendu ces livres.
On ne trouve pas partout ce genre d'objet.

Aux temps composés, le participe passé des verbes pronominaux à sens passif s'accorde avec le sujet.

Ces livres se sont bien vendus.

V

voix

La voix est l'une des formes que peut prendre le verbe pour indiquer le rôle du sujet par rapport à l'action exprimée par le verbe.

● Il existe deux voix en français : la **voix active** et la **voix passive**.

À la **voix active**, le sujet fait l'action : il agit, il est *actif*.

À la **voix passive**, le sujet subit l'action : il n'agit pas, il est *passif*.

voix active *La police arrête le voleur.*
voix passive *Le voleur est arrêté par la police.* → passif

Seuls les verbes **transitifs** peuvent permettre la voix active ou passive.

● Certaines grammaires ajoutent la **voix pronominale**, c'est-à-dire la construction pronominale des verbes transitifs : le sujet fait l'action sur lui-même.

voix active	*Marie baigne sa petite fille.*
voix pronominale	*Marie se baigne.*

Achevé d'imprimer en France par Gibert Clarey S.A.- N° 03050094 - Dépôt légal N° 36390 - Janvier 2004